本书出版得到华夏英才基金资助，特此感谢！

本书系

国家社会科学基金项目"淮河流域经济开发史（1840~1949）"

（项目批准号 02BZS045）

安徽大学"211 工程"项目"徽学与地域文化"的成果

华夏英才基金学术文库

近代淮河流域经济开发史

吴春梅　张崇旺　朱正业　杨立红　著

科学出版社
北　京

内 容 简 介

淮河流域在中华文明起源与中国社会历史发展进程中占有极其重要的地位。近代是中国经济的转型期，也是淮河流域经济从传统向近代演变的开始。本书以转型发展为切入点，围绕淮河流域的经济开发，以专题的形式，从农业、工业、交通运输、商业、城市和金融以及导淮等方面，探讨了各级政府的经济开发政策和措施、不同群体和组织在经济开发中的作用及相互影响，展现了近代淮河流域经济开发的历史全貌。

图书在版编目（CIP）数据

近代淮河流域经济开发史／吴春梅等著．—北京：科学出版社，2010
（华夏英才基金学术文库）
ISBN 978-7-03-029891-1

Ⅰ.①近⋯　Ⅱ.①吴⋯⋯　Ⅲ.①淮河－流域－地区经济－经济史－研究－近代　Ⅳ.①F127.54

中国版本图书馆 CIP 数据核字（2010）第 264196 号

责任编辑：郝莎莎／责任校对：赵桂芬
责任印制：赵德静／封面设计：黄华斌　陈　敬

科 学 出 版 社 出版
北京东黄城根北街 16 号
邮政编码：100717
http://www.sciencep.com

中国科学院印刷厂 印刷

科学出版社发行　各地新华书店经销

*

2010 年 12 月第　一　版　　开本：16（787×1092）
2010 年 12 月第一次印刷　　印张：39 3/4　插页：1
印数：1—1 800　　　　　　　字数：940 000

定价：85.00 元
（如有印装质量问题，我社负责调换）

序

茅家琦

　　淮河流域是一块曾经被历史的荣耀深深浸润过的土地，史前时期有辉煌的蒙城尉迟寺、蚌埠双墩等文化遗址，历史时期的楚都寿春、宋都开封、明中都凤阳，以及相继出现的一批影响中国历史的重要人物如管子、老子、庄子、曹操、朱元璋，显示了淮域历史发展的厚重与风云际会。唐宋时期，斜贯淮域的汴河漕运成为唐宋王室的生命线，淮域经济与文化发展因之而日形繁荣。北宋以后，黄河夺淮数百年，导致淮域水系紊乱，水患频仍，经济社会开始衰落；当今的淮域仍然是我国经济欠发达的地区之一。因此，加强对淮河流域经济开发的研究，深入剖析人口、战争、环境、政策、地域文化传统等诸多要素在淮域的纠合和演进，总结其发展规律和经验教训，具有重要的历史意义和现实价值。

　　长期以来，学界对近代淮河流域经济开发的整体性研究较为薄弱。令人欣喜的是，安徽大学等的一批中青年学者完成的《近代淮河流域经济开发史》，是他们精诚合作、辛勤耕耘而结出的硕果。

　　通读全书，我以为以下几点值得引起学界的重视：

　　第一，整体推进，专题深入。淮域属于豫皖苏鲁交界之地，受行政区划的影响，以往关于近代淮河流域的研究，或局限在某一行政区划，或局限于某一方面，如水利、灾荒等。这些切片研究成果，难以彰显近代淮河流域整体经济社会发展全貌。《近代淮河流域经济开发史》从经济开发的角度，将淮河流域作为一个整体，通过专题研究，从农业生产方式、农产品商品化和农村市场、工业、交通、商业、城市和金融、导淮方略及其实践等方面，探讨了近代淮河流域经济开发的轨迹，考察了近代淮河流域经济开发的内在动因及其制约因素，这不仅将已有的研究向前推进了一步，而且对区域经济史的研究也是一大贡献。

　　第二，视野开阔，新意颇多。从近代化的历程看，后发展的国家和地区，国家政权在经济开发中的地位至关重要，淮河流域也不例外。作者从经济开发的视角，分析了国家和地方政权的决策系统、民间组织和科研院所在淮河流域近代经济开发中的角色和作用，令人耳目一新。此外，作者在深入研究和广泛占有资料的基础上，提出了一些不同于以往的新认识，如指出近代淮河流域的农业改革，无论是技术还是组织层面，都在不同程度地展开，新的生产和经营方式开始出现，农业发展出现了新的动向；近代淮河流域农村市场的发育程度远低于邻近的黄河流域和长江流域，除了水患频仍、战乱不断、苛捐杂税繁重外，"缺失独立的中心口岸市场的直接辐射和带动"是较为重要的原因；近代淮河流域的金融业与工业资本的落后与相互制约，相当程度上阻碍了淮河流域社会经济的进一步发展；淮河流域新式交通的出现对经济格局的影响十分深远；导淮是一个系统工程，淮河的治理必须处理好各种利益关系等等。这些新颖观点助于把切当代淮域经济社会发展的脉搏，具有较强的应用价值，体现了历史学经世致用的功用。

第三，资料丰富，方法多样。作者对散见于档案、报刊、方志、年鉴、文史等历史文献中的资料，尽可能地做到搜罗无遗，旁征博引，用力甚勤，值得称道。同时进行实地考察，获得了大量第一手资料。在研究中，以历史学为基础，注意学科间的交叉渗透，并将近代淮河流域经济开发置于中国经济发展的宏观视野下，通过综合考察与个案分析、定量与定性相结合，揭示淮河流域经济开发的阶段性特征及其规律。

由于资料分散、研究地域又较为宽广等原因，全书的资料使用略有阶段、地域上的不平衡。同时，近代淮河流域灾害及其救治的内容还有待充分展开，希望作者在以后的研究中进一步加以完善。此外，随着《淮河流域经济开发史》的古代、近代部分的推出，期待这批富有活力的学者继续关注当代，写出高质量的《当代淮河流域经济开发史》。我有机会向读者推荐这部很值得一读的好书，感到十分荣幸。

目　　录

插 表 目 录

导　　论

淮河虽然不是中国最长的一条河流，却是中国境内最重要的南北自然地理和人文地理分界线。"橘生淮南则为橘，生于淮北则为枳"。说明，从很早时候起，人们就已经认识到这条南北地理分界线的重要性。

历史上的淮河流域曾经是较为富庶的区域之一，"走千走万不如淮河两岸"，说明了淮河流域曾是令人留恋的美好家园。这里是道家文化的发源地，也曾培育出管仲、华佗、曹操等文化名人。黄河夺淮以后，淮河长期泛滥成灾，严重制约了淮域经济社会的发展。

淮河流域在中华文明史上具有无可替代的重要地位。当今，我国正在实施中部崛起战略。无论从历史的视角，还是现实的需要，淮域都有很多问题值得我们深入研究，等待我们探索。本书侧重从经济开发的视角，探讨近代淮域经济开发的轨迹，考察淮域经济开发的内在动因及其制约因素，为当今淮域的经济社会发展提供有益的借鉴。

一、近代淮河流域的行政区划

淮河流域位于北纬 31°~36°，东经 112°~121°，西起桐柏山、伏牛山，东临黄海，南以大别山、江淮丘陵、通扬运河及如泰运河南堤与长江分界，北以黄河南堤和泰山为界与黄河流域毗邻，面积约 27 万平方公里[①]。

晚清至民国时期，淮域范围不断变化，行政建制也有相应调整。作为一个地理单元，其范围主要依淮河水系而定[②]。历史上，淮河水系不断变迁，淮域范围相应的也不断调整。

---

① 参见水利部治淮委员会《淮河水利简史》编写组：《淮河水利简史》，水利电力出版社，1990 年；水利部淮河水利委员会《淮河志》编纂委员会：《淮河·综述志》，科学出版社，2000 年；王鑫义：《淮河流域经济开发史》，黄山书社，2001 年。

② 本书所考察的淮河流域，其行政区域遵循以下原则：以县级政区为基本单元，其辖地全部属于淮河流域，径直列入；其县府治所及部分辖地属于淮河流域，也被列入；而其部分辖地属于淮河流域但县府治所不在淮河流域，则不列入。同时，按照当时的行政隶属关系进行划分。

（一）晚清时期

清代的地方行政区划实行省、府（直隶州）、县（州）三级建制。淮域涉及河南、安徽、山东、江苏、直隶5个省，其中除直隶省大名府的东明县外，河南省有3个直隶州和7个府，安徽省有2个直隶州和2个府，江苏省有2个直隶州和3个府，山东省有1个直隶州和3个府。具体分述如下[①]：

1. 河南省

汝州（今汝州市），辖鲁山、宝丰、郏县、伊阳（今汝阳）。

许州（今许昌市），辖长葛、襄城、临颍、郾城。

光州（今潢川县），辖光山、固始、商城、息县。

河南府（洛阳市），辖登封。

卫辉府（今卫辉市），辖考城（今兰考）。

归德府（今商丘市），辖商丘、宁陵、柘城、鹿邑、虞城、夏邑、永城、睢州（今睢县）。

开封府（今开封市），辖祥符、陈留（今开封）、荥阳、汜水（今荥阳）、荥泽（今荥阳）、密县（今新密）、杞县、新郑、中牟、尉氏、通许、鄢陵、兰仪（今兰考）、洧川（今尉氏）、禹州、郑州。

汝宁府（治汝阳县，今汝南县），辖有汝阳、正阳、上蔡、西平、遂平、确山、新蔡、罗山、信阳州（今信阳市）。

南阳府（今南阳市），辖叶县、桐柏、舞阳。

陈州府（今淮阳县），辖淮宁、扶沟、太康、西华、商水、项城、沈邱。

2. 安徽省

泗州（今泗县），辖五河、天长、盱眙（今属江苏省）。

六安州（今六安市），辖霍山。

颍州府（今阜阳市），辖阜阳、颍上、霍邱、蒙城、太和、涡阳、亳州。

凤阳府，辖凤阳、灵璧、怀远、定远、凤台、宿州、寿州（今寿县）。

3. 山东省

济宁州（今济宁市），辖金乡、鱼台、嘉祥。

---

① 参见谭其骧：《中国历史地图集》，中国地图出版社，1987年。

曹州府（今菏泽市），辖菏泽、定陶、郓城、巨野、城武（今成武）、曹县、单县。

兖州府（今兖州市），辖滋阳、汶上、宁阳、曲阜、泗水、滕县（今滕州）、邹县（今邹城）、峄县（今枣庄）。

沂州府（今临沂市），辖兰山、郯城、费县、沂水、蒙阴、日照、莒州（今莒县）。

4. 江苏省

海州（今连云港市），辖赣榆、沭阳。

徐州府（今徐州市），辖铜山、萧县（今属安徽省）、砀山（今属安徽省）、丰县、沛县、睢宁、宿迁、邳州。

淮安府（今淮安市），辖山阳、桃源（今泗阳）、安东（今涟水）、清河（今淮阴）、盐城、阜宁。

扬州府（今扬州市），辖江都、甘泉（今扬州）、宝应、兴化、东台、泰州、高邮州（今高邮市）。

（二）北京政府时期

中华民国建立后，北京政府对行政区划进行调整：一是保留清代的省、县；二是将省辖的府、州、厅改置为县；三是"道"继续保留，并将以监察职能为主的机构，演变为完整的行政机构，作为介于省、县之间的行政单位。地方行政区划实行省、道、县三级制。其中位于淮域的有直隶、河南、安徽、山东、江苏5省，除直隶省大名道的东明县外，河南省有开封道、河洛道、汝阳道；安徽省有淮泗道；江苏省有淮扬道与徐海道；山东省先有济宁道、胶东道，后有兖济道、琅琊道、曹濮道。同时，淮域各省新置或改置了一些县，或废除一些县。具体如下①：

1. 河南省

1912年，新置河阴县。1913年，开封、归德、陈州、汝宁等府及禹州、睢州、许州、郑州、汝州、信阳、光州等州改置为县。1913年，祥符县更名为开封，淮宁更名为淮阳，汝阳更名为汝南。

开封道（今开封市），辖开封、陈留（今开封）、杞县、通许、尉氏、洧川（今尉氏）、鄢陵、中牟、兰封（今兰考）、禹县（今禹州）、密县（今新密）、新郑、商

---

①　参见周振鹤：《中国行政区划通史·中华民国卷》，复旦大学出版社，2007年。

丘、宁陵、鹿邑、夏邑、永城、虞城、睢县、考城（今兰考）、柘城、淮阳、商水、西华、项城、沈邱、太康、扶沟、许昌、临颍、襄城、郾城、长葛、郑县（今郑州）、荥阳、河阴（今荥阳）、荥泽（今荥阳）、汜水（今荥阳）。

河洛道（驻陕县），辖临汝、鲁山、郏县、宝丰、伊阳。

汝阳道（今信阳市），辖桐柏、确山、信阳、罗山、潢川、光山、固始、息县、商城。

2. 安徽省

1912 年，六安、寿州、宿州、亳州、泗州等州改置为县。

淮泗道（驻凤阳县），辖凤阳、定远、凤台、怀远、灵璧、寿县、宿县（今宿州）、阜阳、颍上、太和、霍邱、蒙城、涡阳、亳县（今亳州）、六安、霍山、泗县、五河、天长、盱眙（今属江苏省）。

3. 山东省

1913 年，济宁、莒州等州改置为县。

1914 年，山东省分为济南、东临、济宁、胶东等 4 道。

济宁道（今济宁市），辖济宁、滋阳（今兖州）、曲阜、宁阳、邹县（今邹城）、滕县（今滕州）、泗水、汶上、峄县（今枣庄）、金乡、嘉祥、鱼台、临沂、郯城、费县、蒙阴、莒县、沂水、菏泽、曹县、单县、城武（今成武）、定陶、巨野、郓城。

1925 年，山东省重新划为济南、东昌、泰安、武定、德临、淄清、莱胶、东海、兖济、琅琊、曹濮等 11 道。其中位于淮河流域的有兖济、琅琊、曹濮 3 道。

兖济道（今济宁市），辖济宁、滋阳、曲阜、宁阳、汶上、泗水、邹县、滕县、峄县、金乡、嘉祥、鱼台。

琅琊道（今临沂市），辖临沂、日照、郯城、莒县、沂水、费县、蒙阴。

曹濮道（今菏泽市），辖菏泽、曹县、单县、城武（今成武）、巨野、郓城。

4. 江苏省

1912 年，新置灌云县。同年，泰州、高邮、海州改置为县，同年，废除甘泉县。

淮扬道（驻淮阴县），辖淮阴、淮安、泗阳、涟水、阜宁、盐城、江都、东台、兴化、泰县（今泰州）、高邮、宝应。

徐海道（驻铜山县），辖铜山、丰县、沛县、萧县（今属安徽省）、砀山（今属安徽省）、邳县（今邳州）、宿迁、睢宁、东海、灌云、沭阳、赣榆。

（三）南京国民政府时期

南京国民政府建立后，宣布取消道级建制，实行省、县两级管理。淮域行政区划略有变动，以 1948 年为限，主要包括[①]：

1. 河南省

1929 年，新置民权县。1933 年新置经扶县。1931 年，废河阴县，将河阴、荥泽合并，设立广武县。河南境内的主要包括：1928 年，设立郑州市，1931 年裁撤。1929 年，设立开封市，1936 年裁撤。具体包括：汜水（今荥阳）、广武（今荥阳）、荥阳、郑县（今郑州）、中牟、兰封（今兰考）、考城（今兰考）、民权、陈留（今开封）、通许、宁陵、睢县、虞城、夏邑、永城、商丘、柘城、鹿邑、太康、淮阳、西华、商水、扶沟、杞县、鄢陵、尉氏、洧川（今尉氏）、长葛、鲁山、宝丰、许昌、襄城、郾城、舞阳、漯河、临颍、禹县（今禹州）、新郑、密县（今新密）、登封、西平、郏县、项城、临汝、确山、正阳、叶县、遂平、汝南、新蔡、桐柏、罗山、息县、潢川、光山、固始、商城、经扶（今新县）、开封。

2. 安徽省

安徽境内主要包括：1932 年，新置嘉山县。1934 年，新置临泉、立煌县。1947年，设立蚌埠市。具体包括亳县（今亳州）、太和、阜阳、颍上、临泉、涡阳、蒙城、宿县（今宿州）、灵璧、怀远、凤台、泗县、五河、凤阳、定远、盱眙（今属江苏省）、嘉山（今明光）、天长、寿县、霍邱、六安、霍山、立煌（今金寨）以及蚌埠市。

3. 山东省

山东境内主要包括：1931 年新置鄄城县，1936 年废除鄄城县。具体包括菏泽、定陶、曹县、单县、巨野、嘉祥、济宁、郓城、鱼台、金乡、宁阳、城武（今成武）、峄县（今枣庄）、滕县（今滕州）、邹县（今邹城）、曲阜、滋阳（今兖州）、泗水、费县、临沂、蒙阴、日照、郯城、莒县、沂水。

4. 江苏省

江苏境内主要包括：1935 年，设立连云市。1945 年，设立徐州市。具体包括砀

---

① 参见丁文江等：《中国分省地图》，上海申报馆，1948 年；金擎宇：《中国分省新地图》，亚光与地学社，1948 年。

山（今属安徽省）、萧县（今属安徽省）、丰县、沛县、铜山、邳县（今邳州）、睢宁、宿迁、赣榆、东海、灌云、沭阳、泗阳、淮阴、涟水、淮安、阜宁、宝应、盐城、高邮、兴化、东台、江都、泰县（今泰州）以及徐州市、连云市（今连云港市）。

二、学术史回顾

以淮域作为研究对象，从淮河水利发其端，民国时期宋希尚、杨杜宇、宗受于等学者对此较为关注，比较有代表性的有：宋希尚的《说淮》，杨杜宇的《导淮之根本问题》，宗受于的《淮河流域地理与导淮问题》等①。新中国建立后，尤其是改革开放以来，对淮域的分区研究和专题研究，更加得到重视。

（一）关于近代淮河流域农业生产方式的转变

1. 近代农业科技研究

研究成果主要体现在以下方面：一是宏观上对晚清至民国时期各级政府有关农业改革政策和措施的研究，主要有曹幸穗的《启蒙与体制化：晚清近代农学的兴起》、《从引进到本土化：民国时期的农业科技》②，吴祖鲲、刘小新的《中国近代农业教育的兴起及其特点》等③。这些研究成果分析了晚清至民国时期各级政府对运用近代农业科学技术改造中国传统农业的重视，确立的发展近代农业科技的兴农措施，并走向体制化。二是对淮域各省农业改革的专门研究，主要有张玉法的《民国山东通志》、《中国现代化的区域研究——山东省》，王树槐的《中国现代化区域研究——江苏省》，谢国兴的《中国现代化的区域研究——安徽省》，庄维民的《近代山东农作物新品种的引进及其影响》等，以上研究成果都涉及淮域部分。三是分析了农作物新品种的引进、新技术的推广等的影响，如庄维民认为，近代农作物新品种的引进，一定程度上促进了淮域山东农业生产力的提高，推动了农业经济沿着集约化、区域化以及商品化的方向发展，并促进农业经济内部发生一系列变迁④。

---

① 宋希尚：《说淮》，南京京华印书馆，1929 年；杨杜宇：《导淮之根本问题》，新亚细亚月刊社，1931年；宗受于：《淮河流域地理与导淮问题》，南京钟山书局，1933 年。

② 曹幸穗：《从引进到本土化：民国时期的农业科技》，《古今农业》2004 年第 1 期；曹幸穗：《启蒙与体制化：晚清近代农学的兴起》，《古今农业》2003 年第 3 期。

③ 吴祖鲲、刘小新：《中国近代农业教育的兴起及其特点》，《长白学刊》2003 年第 6 期。

④ 谢国兴：《中国现代化的区域研究——安徽省》，1991 年；张玉法：《中国现代化的区域研究——山东省》，1982 年；王树槐：《中国现代化区域研究——江苏省》，1984 年；张玉法等编：《民国山东通志》，山东文献杂志社，2002 年；庄维民：《近代山东农作物新品种的引进及其影响》，《近代史研究》1996 年第 2 期。

2. 垦殖公司研究

　　垦殖公司的兴起是伴随近代农业改革出现的新型农业经营方式。1934 年胡焕庸将中央大学地理系李旭旦等人的两淮考察资料汇编，出版了《两淮水利盐垦实录》，为研究两淮水利、垦殖、盐务提供了翔实的资料①。1984 年孙家山在《苏北盐垦史初稿》中对苏北盐垦区的自然概况、历史简貌、盐垦区概况、性质和经营方式、租佃制度以及公司经营失败的原因等进行了系统的分析②。

　　关于垦殖公司的性质，严学熙认为，虽然公司将土地租给农民或股东分散经营，但不能因此否定公司的资本主义性质，"在张謇规划、号召和推动下开拓的淮南盐垦区，把资本主义生产方式引入了中国的农业生产部门，的确是中国近代农业史上的一大创举。这在一定程度上改变了淮南盐垦地区的生产结构和社会经济结构，影响及于全国，作出了历史性的贡献"③。林刚从工业与农业、农户相结合的角度进行了研究，认为垦殖公司的经营方式反映了"资金支持与原料供给：新型的大工业—大农业—农户经营组合"。他认为这种大工业与小农经济的改造，还体现在水利工程兴利等方面，这样大规模的兴利工程和现代技术的运用是传统的小农经济无法实现的④。羽离子则从工业化的角度进行研究，将两淮垦殖业与苏北地区的工业化相结合，认为"近代苏北垦殖完全不同于历史上任何时期的封建农业，而是一场大规模的泛工业化的革命活动"。"所有这些垦殖公司与农场构成了在资本主义大工业化中的不可或缺的环链。苏北垦牧是南通的工业化运动所引起的。正是苏北垦牧为大工业提供了原料和市场。"

　　关于垦殖公司的历史作用，丁长清、慈鸿飞则将包括苏北垦殖公司在内的农业公司的作用概括为四个方面：第一，"引进新式农业组织，筹集农业资金"。第二，有助于向城市提供粮食和棉花，促进工业和城市的发展。第三，有助于安置流民。"苏北盐垦公司容纳和安置了 5 万多农户，30 余万人就业。"第四，"引进新式农机具和农业科技，开始科学种田"。1935 年 7 月中央棉花改进所兼管江苏棉产改进事宜，在流域的东台、盐阜、徐州设立植棉指导所，"这些所又在盐垦公司设立推广区、良种繁殖场、试验场"。"办农垦训练班，学制二年半，为公司培训植棉技术人才。"⑤

---

① 胡焕庸：《两淮水利盐垦实录》，中央大学地理学系出版社，1934 年。
② 孙家山：《苏北盐垦史初稿》，农业出版社，1984 年。
③ 严学熙：《张謇与淮南盐垦公司》，《历史研究》1988 年第 3 期。
④ 林刚：《张謇与中国特色早期现代化之路》，《中国经济史研究》1997 年第 1 期。
⑤ 丁长清、慈鸿飞：《中国农业现代化之路》，商务印书馆，2000 年。

3. 农会、合作社与农业金融研究

中国近代的农业改革，不仅涉及技术层面，也涉及农会和合作社等组织层面。对民国时期合作运动的研究，学界较为关注。研究者主要从制度变迁、合作社与乡村借贷、合作社与技术植入、动因与作用等方面进行探讨，其中一些成果涉及淮域各省。姚兆余从农业技术植入的视角对 1927～1937 年江苏农村合作运动进行了分析①。汪效驷对民国时期安徽合作运动进行了考察②。李金铮则从新型借贷关系的产生和组织转型的视角对合作社进行考察，认为"合作社的建立与发展是近代中国乡村经济组织、乡村借贷关系转型与近代化的重要标志之一，是中国乡村借贷关系史上前所未有的新现象"③。

晚清以来，伴随农业改革的展开，现代农业金融也开始出现。中国农业银行作为第一家专门服务农贷的全国性金融机构，1943 年中国农业银行总管理处出版了《中国农业银行之农贷》，对农贷的宗旨、农行的运行机制进行了阐述，并对农贷的效果进行了评估④。部分涉及淮域各省。邹晓昇、黄静对其职能进行了动态的考察，指出"通过不断调整农贷发放方法，逐渐形成一套具有现代特性的，比较完整的农贷制度，建立了独具特色的农村金融格局"⑤。

与现代农业、金融相对应的是对高利贷的研究。徐畅认为，高利贷作为一种广泛的社会经济现象，对其影响要进行全面分析，"从较长的时段看，高利贷猖獗不仅意味着农村贫困化，而且也反映了商品经济发展引起的货币资本需求，并且小农借高利贷经营副业也获得了相应的比较利益"，如凤阳的烟草种植及其对资金的需求⑥。王天奖对河南农村高利贷的盛行、特点和影响进行了研究，并列有部分地区现金借贷利率变化表，其中涉及淮域的有许昌、信阳、镇平、鲁山等地。《安徽近代经济轨迹》中的《安徽各县农村借贷利息比较》涉及太和、颍上、五河等地⑦。

4. 地权、赋税与农民负担研究

1933 年行政院农村复兴委员会以村为单位，对江苏省 13 个县的地权状况进行调

---

① 姚兆余：《农村合作运动与农业技术的植入：以民国时期江苏省为例（1927—1937）》，《中国农史》2008 年第 4 期。

② 汪效驷：《民国时期安徽农村合作运动》，《安徽师范大学学报》2005 年第 5 期。

③ 李金铮、邓红：《二三十年代华北乡村合作社的借贷活动》，《史学月刊》2000 年第 2 期。

④ 中国农业银行总管理处编：《中国农业银行的农贷》，1943 年。

⑤ 邹晓昇、黄静：《论中国农民银行的农贷运行机制》，《河北大学学报》2004 年第 4 期。

⑥ 徐畅：《高利贷与农村经济和农民生活关系新论——以 20 世纪二三十年代苏、浙、皖三省农村为中心》，《江海学刊》2004 年第 4 期。

⑦ 王天奖：《近代河南农村的高利贷》，《近代史研究》1995 年第 1 期；王鹤鸣、施立业：《安徽近代经济轨迹》，安徽人民出版社，1991 年。

查，涉及淮域的有邳县、铜山、盐城、兴化、东台、泰县等县。调查显示，一方面地权集中是普遍现象，一方面地权状况各地存在差异。关于田赋，苏南与苏北不尽相同，苏南正税重，附税较轻，苏北则正好相反，并列有邳县等13县正附税比较表[1]。农村复兴委员会对河南的调查也采用相似的办法，涉及淮域的有许昌、镇平、洧川、新郑、郾城、临颍、信阳等县。调查者认为，由于各地自然环境的差异，"豫南信阳、罗山、光山、固始和息县……田权集中的程度很高，因此佃农的成分特别多"，"高利贷的势力在许昌一带特别猖獗"。农民负担，主要是田赋和临时摊派，"田赋的负担，毕竟还有一定的限度，惟有摊派则丝毫没有把握，随时有可能发生"[2]。此外，贾贵浩、王天奖、董建新也对此进行了研究[3]。至于安徽的情形，《安徽近代经济轨迹》列有《安徽省各县人民税捐负担》和《安徽省各县田赋一览表》。池子华等对淮域江苏、安徽境内农民所受的苛捐杂税的重压进行了研究，并认为这是导致农民离村的原因之一[4]。

5. 根据地土地改革研究

研究成果主要有侯志英等编著的《豫东南土地革命战争史稿》、苏北抗日斗争史稿编写组编著的《苏北抗日斗争史稿》等。这些研究成果着重考察了豫东南、苏北根据地的土地改革方面的情况[5]。此外李柏林以淮北抗日根据地为个案，探讨根据地的减租减息以及由此引起的社会变迁。刘鹏考察了山东根据地的土地政策及其实施过程。宋传伟等探讨了山东抗日根据地实行减租减息政策与村政改造的互动关系[6]。

（二）关于近代淮河流域农产品商品化和农村市场的研究

1. 农产品商品化研究

卜凯的《中国农家经济》对安徽、河北等7省17处进行调查研究，其中涉及淮

① 行政院农村复兴委员会：《江苏省农村调查》，商务印书馆，1934年。
② 行政院农村复兴委员会：《河南省农村调查》，商务印书馆，1934年。
③ 贾贵浩：《论1912～1937年河南租佃制度的特点》，《河南大学学报》2006年第3期；王天奖：《晚清时期河南地权分配蠡测》，《史学月刊》1993年第6期；王天奖：《民国时期河南的地权分配》，《中州学刊》1993年第5期；董建新《1927～1937年河南田赋研究》，河南大学硕士学位论文，2007年。
④ 池子华：《中国近代流民》，社会科学文献出版社，2007年；张安东：《民国时期安徽农民离村成因探析》，《农业考古》2009年第1期。
⑤ 侯志英等：《豫东南土地革命战争史稿》，河南人民出版社，1990年；苏北抗日斗争史稿编写组：《苏北抗日斗争史稿》，江苏人民出版社，1994年。
⑥ 刘鹏：《山东革命根据地的土地政策》，山东大学硕士学位论文，2006年；李柏林：《减租减息与淮北抗日根据地的社会变迁》，广西师范大学硕士学位论文，2005年；宋传伟等：《减租减息与山东抗日根据地的村政改造》，《法制与社会》2007年第10期。

域怀远、宿县、新郑、开封等处。丛翰香主编的《近代冀鲁豫乡村》对近代冀鲁豫乡村的粮食作物结构及其分布、各主要粮食作物的地区分布及其发展趋势、粮食作物总产量和单位面积产量进行了分析，部分论及了淮域河南、山东境内的小麦、高粱等粮食作物商品化问题。张瑞静则对近代华北农产品商品化及其特点作了深入探讨，也部分涉及了淮域河南、山东农产品商品化问题①。

关于棉花种植商品化的研究，全群旺认为，适宜的气候、政府部门的大力扶持、社会各部门的推动、棉花价格的上涨和植棉的高收益、销售渠道的畅通，是华北植棉业迅速发展的首要条件②。贾滕着重论述了近代华北棉花商品化发展的表现及其促进因素及不利影响③。程淑英论述了20世纪二三十年代河南棉花发展过程、商品化趋势及其在河南农业生产中的地位。刘晖认为近代铁路的修建促进了铁路沿线地区棉花生产的区域化与商品化，郑州亦发展成为近代中国三大原棉转运市场之一。在影响近代郑州棉业发展的诸多因素中，铁路的作用最为显著，这也是铁路交通功能型城市近代工商业发展的普遍特征④。

关于河南烟草种植商品化问题，朱兰兰从微观的角度探讨了20世纪初至30年代河南烟草业发展的特点及对近代河南经济、社会生活的影响⑤。

2. 农村市场研究

《港口—腹地和中国现代化进程》对上海、天津、济南（代表青岛口岸市场）在鲁南腹地的市场圈叠合区之竞争格局、河南近代交通发展与经济变迁进行了分析，其中涉及鲁南、豫西南、豫东南的市场结构变迁问题。陈为忠则对青岛与上海港的交叉区域济宁市场及沂州、海州市场进行了论述⑥。

关于淮域集市、庙会的研究，李正华对乡村集市进行了回顾，对其一般特点进行概括和总结，并对乡村集市的经济、地理、政治、社会因素进行了深入分析，对集市社区变迁与乡村现代化问题提出了思考⑦。何莉宏重点对民国时期华北乡村集市的变迁进行了探讨⑧。贾贵浩对近代河南集市数量和分布、集市贸易及出现的新变

---

① 卜凯：《中国农家经济》，商务印书馆，1937年；丛翰香：《近代冀鲁豫乡村》，中国社会科学出版社，1995年；张瑞静：《近代华北农产品商品化及其对乡村社会的影响》，西北大学硕士学位论文，2006年。

② 江沛、王先明主编：《近代华北区域社会史研究》，天津古籍出版社，2005年。

③ 贾滕：《试论二十世纪前三十年华北的棉花商品化发展》，河南大学硕士学位论文，2007年。

④ 程淑英：《二十世纪二、三十年代的河南植棉业》，郑州大学硕士学位论文，2002年；刘晖：《铁路与近代郑州棉业的发展》，《史学月刊》2008年第7期。

⑤ 朱兰兰：《20世纪初至30年代英美烟公司与河南烟草业》，郑州大学硕士学位论文，2004年。

⑥ 复旦大学历史地理研究中心：《港口—腹地和中国现代化进程》，齐鲁书社，2005年；陈为忠：《山东港口与腹地研究（1860~1937）》，复旦大学硕士学位论文，2006年。

⑦ 李正华：《乡村集市与近代社会——20世纪前半期华北乡村集市研究》，当代中国出版社，1998年。

⑧ 何莉宏：《民国时期华北乡村集市的变迁》，河南大学硕士学位论文，2006年。

化、集市的作用和局限性、集市与乡村社会的互动关系、乡村集市与乡村近代化等问题进行了分析①。这些成果在论述近代华北、河南、江淮集市时，也涉及了淮域河南、山东以及安徽沿淮地区。

（三）关于近代淮河流域交通开发研究

1. 铁路建设与经济变迁研究

近代淮域交通开发研究主要集中在铁路建设方面，秦熠探讨了铁路的修建对淮河流域中下游地区社会经济变迁的影响，认为随着通过淮域连接中国南北东西干线铁路的建成，淮域交通体系以铁路为中心得以重组，进而推动了农业商品化和工矿业的发展，少数城市迅速崛起，从而使城镇体系和商业网络发生显著变化，农村社会经济和结构有所改变，区域经济重心由运河沿线转往铁路沿线②。朱华友、郭红以京沪铁路和宿州市为例，分析了铁路运输对区域经济结构发展的时间和空间影响③。吴应铣、郭孟良以河南为中心，考察了铁路运输、经济变迁和社会演化之间的关系。张艳春以陇海铁路修筑前后河南的经济变迁为中心，探讨了河南经济变迁与陇海铁路之间的互动关系④。宋谦分析了京汉、陇海两铁路的建成对郑州城市发展的影响⑤。李雁、王庆国分别从不同视角探讨了铁路的建成对徐州近代经济产生的影响。费春认为江苏近代交通变迁对江苏省经济尤其是南北差异产生了重要影响⑥。

2. 铁路筹款与外债研究

朱从兵探讨了建筑芦汉铁路的资金来源，包括商股、官币和洋债三项。认为清政府对芦汉铁路的政策经历了由商办到官督商办的过程，在当时历史条件下，虽有一定的合理性，但举借外债，丧失路权，又带有时代的悲剧性。马陵合探析了在芦汉铁路筹建过程中的借用外债问题以及洋务官员在外债举借过程中逐步形成的带有

① 贾贵浩：《1895～1937 年河南集市研究》，《安徽农业科学》2008 年第 11 期。
② 秦熠：《铁路与淮河流域中下游地区社会变迁（1908～1937）》，《安徽史学》2008 年第 3 期。
③ 朱华友、郭红：《京沪铁路对宿州市经济结构发展的时空影响》，《哈尔滨学院学报》2001 年第 3 期。
④ 吴应铣、郭孟良：《发展、经济落后与衰退的现象——河南铁路运输业的引进》，《殷都学刊》1992 年第 2 期；张艳春：《抗战前陇海铁路沿线河南段的经济变迁》，河南大学硕士学位论文，2007 年。
⑤ 宋谦：《铁路与郑州城市的兴起（1904～1954）》，郑州大学硕士学位论文，2007 年。
⑥ 李雁：《津浦、陇海铁路的修建对徐州近代经济的影响》，《徐州教育学院学报》2006 年第 3 期；王庆国：《试论铁路交通对近代徐州经济的影响》，《杭州电子科技大学学报》2007 年第 1 期；费春：《江苏近代交通的变迁与经济梯度差异的形成》，《江苏社会科学》1995 年第 6 期。

明显思想倾向的外债观①。林春花、刘义程考察了芦汉铁路的筹建过程，并分析了向比利时借款的原因。姜新分析了津浦铁路借款合同的影响，指出仅以投降妥协论之并非恰当②。

3. 关于淮域各省铁路建设历程研究

仲一虎考察了近代江苏人的铁路交通意识，江苏铁路的建设历程，探讨了近代江苏铁路形成南北两线格局的原因。杜涛考察了李鸿章等人动议修筑淮阴铁路的情形。荀德麟分析了清江浦（今淮阴）至徐州清徐铁路，以及清江浦至海州（今连云港）的海清两铁路的筹建过程③。章银杰考察了陇海铁路东段及其附属港口的艰难建设过程，并以路港一体为中心，探析了路、港的多维影响。马陵合、廖德明探讨了张静江与淮南铁路的关系，以及淮南铁路通车后带来的经济价值。廖德明分阶段梳理了近代安徽铁路的建设历程，并探讨了安徽铁路对社会经济发展的促进作用④。

（四）关于淮河流域工业和手工业研究

1. 工业和手工业的研究

姜新对苏北工业发展概况、特点、因素进行了考察，探讨了苏北近代工业发展与区域环境、政府政策、外来影响之间的关系，探讨了苏北工业发展的经验教训。司长玉考察了民国开封工业的发展概况。阎建宁考察了影响晚清苏北工业发展的因素⑤。解学东探讨了民国时期河南工业发展的概况及其经营特点。薛毅考察了清代河南采煤业

① 朱从兵：《近代芦汉铁路的筹款问题》，《广西师范大学学报》1990年第4期；《论芦汉铁路的外债问题》，《历史教学》1996年第5期；马陵合：《晚清铁路外债观初探——以芦汉铁路为中心》，《史学月刊》2001年第6期。

② 林春花、刘义程：《浅析芦汉铁路的筹建及借用"比款"的原因》，《井冈山师范学院学报》2004年第3期；姜新：《津浦铁路借款合同评议》，《徐州师范学院学报》1994年第1期。

③ 杜涛：《淮阴议修铁路考》，《淮阴师范学院学报》1996年第3期；仲一虎：《近代江苏铁路交通研究》，扬州大学硕士学位论文，2007年；荀德麟：《清徐、海清铁路始末》，《江苏地方志》1996年第4期。

④ 章银杰：《近代徐连经济区形成和发展研究》，苏州大学硕士论文，2007年；马陵合、廖德明：《张静江与淮南铁路——兼论淮南铁路的经济意义》，《安徽师范大学学报》2005年第1期；廖德明：《近代安徽铁路及其与社会经济的发展》，安徽师范大学硕士学位论文，2005年。

⑤ 司长玉：《民国时期开封城市经济近代化转型研究》，河南大学硕士学位论文，2006年；姜新：《苏北近代工业史》，中国矿业大学出版社，2001年；孙宅巍等：《江苏近代民族工业史》，南京师范大学出版社，1999年；唐文起等：《江苏近代企业和企业家研究》，黑龙江人民出版社，2003年；阎建宁：《晚清苏北工业发展述论（1882～1911年）》，《河北大学学报》2005年第2期；解学东：《试析民国时期的河南工业》，《河南大学学报》1992年第5期；《试论民国时期河南工业经营发展的特点》，《史学月刊》1992年第1期。

的一般情况①。王传荣探析了近代山东草辫业的发展历程。荆世杰等探析了近代山东矿业在经受不断的外来冲击下的现代化发展脉络②。

2. 煤矿业研究

余明侠将徐州煤矿作为考察对象，探讨了徐州煤矿的发展演变过程，旁及地质勘探、交通运输、工人生活、政局变化等相关领域，并探讨了左宗棠等在徐州煤矿兴建与发展过程的作用③。王汉筠考察了中兴煤矿的曲折发展历程以及企业生产管理水平和市场经营情况④。王鹤鸣等考察了近代安徽矿业方面的相关情况⑤。

3. 根据地工业研究

朱超南、朱玉湘等分别考察了淮北、山东抗日根据地财经工作的发展历程，鄂豫皖根据地的工业情况。陆文培考察了淮北抗日根据地的纺织业情况。岳宝爱、王礼琦等分析了山东抗日根据地私营工业与公营工业的政策因素⑥。

（五）关于近代淮河流域商业、城市和金融研究

1. 近代淮域商业、城市和金融的综合性研究

吕伟俊等探索了山东区域现代化的历史进程、模式选择、发展规律和特点，其中涉及了淮域山东南部地区现代化进程问题。王树槐对清末民初江苏的金融业如货币发行、钱庄、新式银行等进行了探讨，并对江苏的商会及商业学校、贸易、城市人口、城市建设等进行了深入探讨。谢国兴对清代中期至1980年代淮域天长、凤阳县（偏重北部沿淮与津浦铁路沿线地带）的市镇都市化程度即市镇分布（结构）与演变趋势进行了论述。刘世永等对近代河南的商业、金融业进行了讨论，简要论述了开封、郑州、

① 解学东：《试析民国时期的河南工业》，《河南大学学报》1992年第5期；《试论民国时期河南工业经营发展的特点》，《史学月刊》1992年第1期；薛毅：《清代河南的采煤业》，《中州煤炭》1987年第4期。
② 王传荣：《近代山东草辫业发展探析》，《中国社会经济史研究》1991年第2期；荆世杰等：《近代山东的矿业—外力冲击下的现代化的艰难行进》，首届"地球科学与文化"学术研讨会暨地质学史专业委员会第17届学术年会论文集，2005年10月。
③ 余明侠：《徐州煤矿史》，江苏古籍出版社，1991年。
④ 王汉筠：《中兴煤矿企业史研究（1880~1937）》，苏州大学硕士学位论文，2003年。
⑤ 王鹤鸣：《安徽近代煤铁矿业三起三落》，《淮北煤炭师范学院学报》1986年第3期。
⑥ 岳宝爱等：《山东抗日根据地政府的私营工商业政策及其启示》，《发展论坛》1998年第9期；王礼琦：《山东抗日根据地公营工业的改革》，《历史教学》1984年第2期；王礼琦：《山东抗日根据地公营工厂劳动报酬制度的演变》，《中国工业经济》1983年第10期；陆文培：《淮北抗日根据地纺织运动初探》，《阜阳师范学院学报》1986年第3期。

许昌、漯河、郾城、信阳等城市商业和金融。庄维民对近代山东的开埠通商、对外贸易、商人资本、商路变迁、市场结构等问题进行了深入论析，其中涉及了淮域的鲁南地区。张民服等对近代河南社会与豫商的生存环境、豫商的形成和发展、同乡会与近代豫商、近代豫商的特点等进行了研究，部分涉及了近代淮域河南的商道、城市和金融。尚姗姗探讨了京汉铁路对河南经济所产生的影响，其中论及了京汉铁路对河南传统商路的颠覆以及京汉铁路与郑州、驻马店、许昌等现代工商业城市兴起等问题①。

2. 商业及商人组织研究

王书成对近代郑州商业发展状况作了探讨②。翁飞等对 20 世纪初安徽蚌埠的商业和商会活动作了论述③。袁晓霞在其硕士论文中对苏中地区近代商会产生发展的过程及其原因、性质、特征以及作用等进行了探讨④。

3. 城市研究

涉及近代淮域城市的研究成果颇为丰富⑤。何一民不仅在人口、城市等级、空间分布研究方面涉及淮域的扬州、徐州、开封等城市，而且还将蚌埠、郑州作为因铁路而兴的典型城市加以论述⑥。董鉴泓主编的《中国城市建设史》专门论述了因铁路修建而发展起来的新兴城市蚌埠和郑州。隗瀛涛主编的《中国近代不同类型城市的综合研究》以现代化为主线对近代中国的城市类型进行划分，其中"铁路交通与近代城市"部分论及了蚌埠、徐州、连云港⑦。夏祥红对 1895～1937 年苏中区域的三个城市南通、扬

---

① 吕伟俊等：《山东区域现代化研究》（1840～1949），齐鲁书社，2002 年；王树槐、谢国兴的著作见前注；刘世永等：《河南近代经济》，河南大学出版社，1988 年；庄维民：《近代山东市场经济的变迁》，中华书局，2000年；张民服、戴庞海：《豫商发展史》，河南人民出版社，2007 年；尚姗姗：《京汉铁路与沿线河南经济变迁（1905～1937）》，华中师范大学硕士论文，2008 年。

② 王书成：《解放前的郑州商业》，《中州今古》1987 年第 2 期。

③ 翁飞等：《安徽近代史》，安徽人民出版社，1990 年。

④ 王兴亚：《清代河南的商业会馆》，《中州学刊》1997 年第 6 期；袁晓霞：《近代苏中地区商会研究》，扬州大学硕士学位论文，2005 年。

⑤ 武斯作：《中原城市史略》，武汉人民出版社，1980 年；傅崇兰：《中国运河城市发展史》，四川人民出版社，1985 年；戴均良：《中国城市发展史》，黑龙江人民出版社，1992 年；彭安玉：《近代江苏市镇化初探》，《江苏社会科学》1993 年第 4 期；宁越敏：《中国城市发展史》，安徽科学技术出版社，1994 年；顾朝林：《中国城镇体系——历史现状展望》，商务印书馆，1996 年；曹洪涛、刘金声：《中国近现代城市的发展》，中国城市出版社，1998 年；靳润成：《中国城市化之路》，学林出版社，1999 年；傅崇兰、黄志宏：《中国城市发展史》，社会科学文献出版社，2008 年；王树槐：《清末民初江苏省城市的发展》，台湾"中央研究院"《近代史研究所集刊》第 8 辑；等等。

⑥ 何一民：《中国城市史纲》，四川大学出版社，1994 年。

⑦ 隗瀛涛：《中国近代不同类型城市的综合研究》，四川大学出版社，1998 年。

州和泰州，以市政为切入点，对三市城市现代化进行了市政层面上的微观研究①。熊亚平则以 1905～1937 年间驻马店、漯河等重要市镇为例，通过考察铁路与其工商业发展、人口增长及街市扩展等方面的关联作用，阐明铁路对华北内陆传统工商业市镇发展及华北区域社会近代化进程的重要影响②。季鹏指出，古代扬州因运河而兴，近代扬州却因运河而衰，其原因在于，近代扬州已经缺乏原有的良好地理环境和交通条件，城市近代化难以实现。蔡云辉揭示了近代战争与城市衰落间的内在联系，对扬州、徐州因频繁战乱而呈现长期性和阶段性衰落的关系进行了个案分析。鲍成志指出，开封和扬州由于近代交通地理变迁而趋于衰落。何一民从社会政治经济变动、交通地理变迁、战争、自然灾害角度考察了开封、徐州、扬州等部分城市在近代趋于衰落的深层次原因。金兵、王卫平认为，近代清江浦的衰落是由多方面原因造成的，漕运的没落、河工的废弛、灾害的侵袭、战乱的破坏、城乡经济结构的单一都是导致其衰落的原因。而近代交通线路、交通方式的变更，对于作为交通枢纽的清江浦的打击更为关键③。杨光对周家口镇经济发展所依托的生态环境和明清时期的经济、近代周家口镇的经济、社会转型及制约性因素进行了分析④。

　　在已有的近代淮域城市研究成果中，以专论河南郑州和开封、江苏海州（今连云港）和徐州、安徽蚌埠、山东济宁的研究成果较多。如对河南郑州和开封的研究，吴翰青、赵耕莘从名称位置、古今沿革、古迹名胜、气候物产、道路交通、教育宗教、风俗习惯等方面对开封的基本状况进行了概述。李长傅对开封进行了历史地理视角的创新研究。程子良、李清银对开封城市发展历史进行系统深入的研究⑤。司长玉以民国时期开封城市经济近代化转型为研究对象，分析了开封城市经济近代化转型的背景、内容、特点及其制约因素。郝鹏展立足于历史地理学，在分析郑州近代以来城市发展的自然、历史背景的基础上，结合城市规划学的理论和方法，对郑州在民国时期城市规划内容和城市发展的脉络进行论述。宋谦论述了铁路与郑州运输业、工商业、街道布局、河南省会迁郑的关系。马华则认为，民国时期开封、郑州城市发展是一个缓慢的进程，受资本主义的影响，开封、郑州城市的工业化、人口数量、商业及城市居民

　　① 夏祥红：《近代苏中城市市政现代化研究（1895～1937）》，扬州大学硕士学位论文，2002 年。

　　② 熊亚平：《铁路与华北内陆传统工商业市镇的兴衰（1905～1937）》，《河北大学学报》2006 年第 5 期。

　　③ 季鹏：《地理环境变迁与城市近代化——明清以来扬州城市兴衰的思考》，《南京社会科学》2002 年第 12 期；蔡云辉：《战争与近代衰落城市研究》，社会科学文献出版社，2006 年；鲍成志：《近代中国交通地理变迁与城市兴衰》，《四川师范大学学报》2007 年第 4 期；何一民：《近代中国衰落城市研究》，巴蜀书社，2007 年；金兵、王卫平：《论近代清江浦城市衰落的原因》，《江苏社会科学》2007 年第 6 期。

　　④ 杨光：《近代周家口镇社会经济转型研究》，河南大学硕士学位论文，2008 年。

　　⑤ 吴翰青、赵耕莘：《开封城市一瞥》，审美书局，1932 年；李长傅：《开封历史地理》，商务印书馆，1958 年；程子良、李清银：《开封城市史》，社会科学文献出版社，1993 年。

的社会生活方式都有所改变，城市化水平有所提高，但整体上呈现不平衡的畸形特点①。

对江苏海州和徐州的研究，徐德济等对清末民初海州地区的经济发展和实业开发、商镇和港埠、连云港的兴建等问题进行了探讨②。阎建宁主要论述了近代连云港经济发展的原因、状况、影响及特点，剖析了连云港实业兴起与经济发展的原因③。章银杰考察和探讨了徐连地区的前近代状况、东陇海路的筹筑历程和对该地区产生的多维影响④。

对安徽蚌埠的建设研究成果主要有张晓芳《蚌埠城市历史地理研究》、任文杰《交通变革与蚌埠城市化进程（1911～1938）》。张晓芳对1978年以前的蚌埠城市历史地理的相关内容进行了研究和探讨，内容包括蚌埠城市兴起的历史地理基础、近现代城市形成、发展与地理环境的互动关系、近现代城市空间形态的发展演变以及对近现代城市化规律的探讨。任文杰则主要探讨了新式交通的出现对蚌埠城市经济社会所产生的深远影响⑤。

对山东济宁研究主要有：王守中等对近代济宁城市的工商业做了一定的分析，于景莲对1840～1938年间济宁城市现代化的历史前提，以及经济、政治、医疗文教事业现代化进程及其影响因素进行了探讨⑥。

4. 金融研究

关于近代淮域城市金融的研究，仅见几部论著稍有论及。王新峰主要对河南农工银行的业务开展、纸币发行以及历史作用等方面进行了梳理。陈宝宏对民国时期河南典当业的兴衰以及典当业与河南社会经济之间的关系进行了分析⑦。

① 司长玉：《民国时期开封城市经济近代化转型研究》，河南大学硕士学位论文，2006年；郝鹏展：《论近代以来郑州的城市规划与城市发展》，陕西师范大学硕士学位论文，2006年；宋谦：《铁路与郑州城市的兴起（1904～1954）》，郑州大学硕士学位论文，2007年；马华：《民国时期河南的城市化发展——以开封和郑州为例》，《平顶山工学院学报》2006年第6期。

② 徐德济：《连云港史》，人民交通出版社，1987年。

③ 阎建宁：《近代连云港经济发展研究（1894～1937）》，复旦大学硕士学位论文，2000年。

④ 章银杰：《近代徐连经济区形成和发展研究：以路、港的筹筑为中心的考察》，苏州大学硕士学位论文，2007年。

⑤ 张晓芳：《蚌埠城市历史地理研究》，复旦大学博士学位论文，2007年；任文杰：《交通变革与蚌埠城市化进程（1911～1938）》，复旦大学硕士学位论文，2006年。

⑥ 王守中、郭大松：《近代山东城市变迁史》，山东教育出版社，2001年；于景莲：《济宁城市现代化研究（1840～1938）》，山东大学硕士学位论文，2002年。

⑦ 周葆鉴：《中华银行史》，商务印书馆，1923年；姜宏业：《中国地方银行史》，湖南出版社，1991年；王新峰：《河南农工银行研究》，河南大学硕士学位论文，2008年；陈宝宏：《民国时期河南省典当业研究》，河南大学硕士学位论文，2008年。

5. 根据地商业研究

关于淮域各根据地的商业，大多从淮域根据地和解放区财政经济对敌斗争的角度进行论述，对淮域根据地和解放区商业建设的系统性和相对独立性研究还需进一步深入①。

（六）关于导淮研究

1. 导淮人物研究

张謇作为导淮史上的重要人物，研究成果有庄安正的《对张謇导淮几个问题的探讨》、须景昌的《张謇与淮河水利》、张雷的《实业家张謇与淮河治理》等②。这些研究成果认为，张謇不仅是导淮的积极倡导者，而且是有力的推行者。他创办学校，培养导淮人才，采用科学方法对水文、雨量等进行测量，提出江海分疏的导淮方案，对推动我国导淮事业由传统向近代的转变奠定了基础。

2. 导淮工程研究

对南京国民政府导淮工程的研究，张红安分析了南京国民政府的导淮计划，抗战全国爆发前前导淮工程在苏北的实施、战时的被迫停顿和水利设施的破坏，战后复堤工程的进展情况。吴晓晴对南京国民政府在导淮中的得失进行了分析。徐海燕从导淮准备、工程的实施、征地与土地整理方面进行研究③。水利部淮河水利委员会编写的《淮河水利简史》论述了远古至民国时期历届政府关于淮河的水利工程，对明清以来的淮河水利工程从导淮、水旱灾害与农田水利、航运与交通、西方水利工程技术的引进与应用、苏皖边区的水利建设等方面进行了研究，并附有《清代淮河流域主要水灾统计表》、《清代沂沭泗地区主要洪水灾害充计表》、《近代淮河流域大水旱灾害统计表》。

---

① 黄安等：《略论淮南抗日根据地的商业》，《淮北煤炭师范学院学报》1985 年第 2 期；陈新元：《江苏抗日根据地商业述略》，《江苏商论》1988 年第 3 期；陆文培：《淮北抗日根据地的货币发行与货币斗争》，《财贸研究》1986 年第 3 期；王波：《江苏抗日根据地、解放区公营商业》，《江苏经贸职业技术学院学报》1992 年第 1 期；丁乃祥：《试析淮北地方银号和豫皖苏边地方银号间的关系》，《中国钱币》2004 年第 1 期。

② 庄安正：《对张謇导淮几个问题的探讨》，《江海学刊》1996 年第 1 期；张雷：《实业家张謇与淮河治理》，《治淮》1998 年第 6 期；须景昌：《张謇与淮河水利》，《南通大学学报》2007 年第 5 期。

③ 张红安：《试析南京国民政府在苏北的"导淮"》，《南京师范大学学报》2001 年第 1 期；吴晓晴：《抗战前南京国民政府的导淮入海工程》，《民国档案》2002 年第 4 期；徐海燕：《南京国民政府的导淮事业》（1927 ~ 1937），南京师范大学硕士学位论文，2006 年。

三、研究思路与主要内容

本书的研究思路主要包含相互关联的四个方面：一是各级政府在经济开发中的作用；二是精英群体和民间组织、金融机构的角色和功能；三是侧重经济的转型；四是分专题进行论述。

近代以来，无论是全国性还是区域性的经济开发，一般都与国家的宏观政策和地方政府的举措密切相关。基于此，本书探讨近代淮域的经济开发，首先从国家层面入手，对晚清至民国时期历届中央政府经济开发的政策进行宏观考察，分析在这个大背景下，淮域各省经济开发的政策，尤其是涉及淮域部分的经济政策。如南京国民政府建立后十年经济建设时期经济开发的各项政策，尤其是面对农业、农村、农民问题的日趋严重，行政院农村复兴委员会成立之后，其应对农业问题的各项举措及其对淮域的影响；豫皖苏鲁四省政府的经济政策特别是对淮域部分的政策，如江苏省对苏北的开发政策等。

其次探讨了绅商、民间组织和高等院校在淮域经济开发中的作用。晚清以来，随着社会的转型，社会结构和组织也相应发生变化，绅商群体开始出现，并扮演重要的角色。如张謇对淮河治理由传统向近代的转变，具有开创之功；他对新式垦殖公司的推动，体现了农工商一体化的发展思路。华洋义赈会救灾思路的转变，变消极的救助为积极的发展，由此展开的对淮域农村合作社的推动；中国农民银行通过合作贷款、高等学校在品种试验与推广等方面在淮域的农业改革与发展同样起到了非常重要的作用。

通过对各级政府和以上群体及机构在淮域经济开发中的作用的分析，试图探讨政府、民间等在近代淮域经济开发的不同作用及其相互影响。

近代淮域经济开发，其特点是注入了新的要素，即新技术的引进与应用，新的交通和通信方式的出现，新兴工业的从无到有，新式组织的应运而生，由此带来的生产方式的一系列变举，导致经济格局和经济重心的相应变动，尽管这时期与发达地区相比，淮域的经济开发显得滞后，但一系列的变化亦已发生。论著着重从"转型"的角度探讨近代淮域经济的开发历程，以此为主线展开研究。与古代相比，近代淮域经济开发的时间较短，变革又在不同的领域展开，为便于深入探讨，论著分专题进行研究，这也构成了本书的基本框架结构。

论著由六章组成，围绕经济开发，分别从农业、工业、交通运输、商业、城市和金融以及导淮等方面展开。

第一、二章主要论述近代淮域的农业经济开发进程。第一章着重探讨淮域近代农业科学技术的引进、新的农业生产方式的出现，考察了近代淮域农业生产关系，根据地的土地改革；指出新的生产要素的注入，昭示了传统农业的发展方向。第二章则从经济作物种植、粮食生产、畜牧与水产业的发展入手，论述了近代淮域的农产品商品化趋势，并以此为背景，重点讨论近代淮域农村市场结构的嬗变，以及集镇市场的演进、庙会市场的活跃、农村市场网络的初步形成等问题；指出缺乏中心市场和独立的口岸市场的带动与辐射是导致近代淮域经济发展滞后的一个重要原因。

第三章对近代淮域的工业进行研究。考察了各级政府和社会各界发展工业的举措和建议，并以淮域制茶、榨油、酿造、土布及草辫等手工业为例，梳理其发展变化历程及其制约因素；探讨了纺织、制烟、食品加工、电力等新式工业的演变与发展进程，重点揭示平民工厂在纺织业发展中的作用；以煤炭工业为个案，厘清矿业法规政策的历史演变，从纵向层面缕析煤炭业的曲折发展过程，从横向层面剖析煤炭业的生产经营状况及其成效；考察了淮域根据地工业发展的政策和措施，探析了根据地工业发展的不同路径。指出近代淮域工业发展与资源禀赋密切相关，在发展工业时注重就业问题则是其显著特色。

第四章对近代淮域交通运输业进行研究。着重考察了中央政府与地方政府开发交通的规划与举措，细致勾勒了淮域航运、公路、铁路、邮政、电报、电话等新式交通发展的艰难历程与建设实绩，详细梳理了木帆船、牛马车等传统运输工具的近代革新与传统运输业的发展情状，并以淮域安徽为例，对抗战时期驿运工作的开展以及绩效与不足作了深入探讨。指出交通运输方式由传统向近代嬗变是一个渐进过程，新式交通方式的引入，对近代淮域经济结构与社会发展产生了深远影响。

第五章对近代淮域的商业、城市和金融进行整体性研究，分析了近代中央和地方政府在振兴淮域商业经济中所起的地位和作用，指出近代淮域传统商业有所发展的同时，新式商业也在起步，商人组织渐向近代转型；在分析清末民初漕运衰落、新式交通变革等因素基础上，探讨了淮域商路的变迁及城市空间结构的变化；研究了近代淮域传统典当业的阶段性起伏、钱庄业近代转型的艰难之路和新式银行的曲折发展，指出近代淮河流域社会经济发展长期滞后制约了金融业的发展，反过来金融业的不发达在相当程度上又阻碍了淮域社会经济的进一步发展；对根据地商业政策、货币发行、公私商业发展状况的探讨，则体现了近代历史发展的复杂性、独特性和淮域经济开发的区域不平衡性等特点。

第六章对晚清至民国时期的各种导淮方略进行研究，着重分析了南京国民政府的导淮方略及其实践，多维利益格局对导淮方略和进程的影响，并对近代的导淮事业及其经验教训进行总结，指出治理淮河，导淮入海，从晚清时期的议论，到民国时期呼声的高涨，灾情的频发，随着南京国民政府的建立，导淮逐渐由方案的探讨进入到实践层面，并在1931年大水灾后逐渐全面展开；指出在当时的社会环境下，导淮实际上无法真正实施。

第一章 近代淮河流域农业
生产方式的演变

淮河流域是我国传统的农业区域。晚清以来，随着全国农业改革的展开，淮域的农业改革开始启动。这期间的农业改革不仅包括政府机构中各级农业机关的建立，农业法律法规的颁布，也包括现代农业金融机构的建立，农会和合作社的应运而生，经营方式的转变，根据地的土地改革等方面的内容。随着农业改革的推进，淮域的农业开始了由传统向近代的转变。

第一节 传统农业的近代改造

中国自古以农立国，鸦片战争后，中国被强行卷入到世界一体化进程之中，到 19 世纪末，随着"振兴实业"的提出，有识之士提出了"兴农学"的主张，要求运用近代科学技术对传统农业进行改造，在政府和社会各界的推动下，淮域的农业改革渐次展开。

一、传统农业改造的提出

19 世纪末 20 世纪初对农业的改革，一个重要的特点是，将农业的改造与工商业的发展相结合，对农工商之间的关系有了新的认识与思考。1897 年张謇指出："立国之本不在兵也，在乎工与农，而农为尤要，盖农不生则工无所作，工不作则商无所鬻，相应之势，理所固然。"[①] 成为清政府新政改革纲领性文件的《江楚会奏变法三折》（以下简称《三折》）指出："富国足民之道，以多出土货为要义，无农以为之本，则工无所施，商无所运。今日欲图本富，首在修农政。"[②] 随着社会的发展和时代的变迁，社会各界强调运用先进的科学技术对传统农业进行改造，促使农工商协调发展。

19 世纪末 20 世纪初提出的农业改革问题，到 20 年代末则进一步发展到对农村和农民问题的关注，认为农民、农业问题的解决是稳定农村进而稳定社会的前提。这一

---

① 《张季子九录·实业录》卷1。
② 《光绪政要》卷27。

时期对传统农业的改造已扩展到对农村、农民问题的重视，将农业、农村、农民问题作为一个整体，试图统筹解决。

二、农业机构的建立

中国近代农业改革的发端是振兴实业的需要，而不是自身演变的结果，因此，在推动农业改革的进程中，政府的作用非常重要。在《三折》中，刘坤一、张之洞建议"立衙门，颁印信，作额缺，不宜令他官兼之，以昭示国家敦本重农之意"①。主张在政府机构中建立专门机构负责农业的改革与发展。从晚清至民国时期建立的有关农业改革机构的类型看，主要包括三方面：一是各级政府建立的旨在对农业进行宏观规划的管理机构。二是中央一级综合性和专业性的农业研究机构。三是中央与地方建立的农事实验场。

1. 农业管理机构的设立

清政府的农业改革始于1903年商部的建立，1906年商部扩展为农工商部，农业更加受到重视。清政府被推翻后，农矿部负责农业方面的事宜。南京国民政府成立后，鉴于农业的衰败，农村的凋敝，1933年成立了农村复兴委员会。棉业改革是这期间农业改革的重要内容，为切实加强对棉业乃至棉纺织业的领导，统筹规划其发展，1933年全国经济委员会成立了棉业统制委员会，颁布了《全国经济委员会棉业统制委员会暂行组织条例》。棉业统制会的设立，使中央政府组织中有了专门负责棉业及纺织业发展规划的机构，一定程度上推动了棉业及纺织业的发展。

淮域各省主管实业的机构先是实业厅继而建设厅，各厅都设有专门负责农业改革的机构。各厅还先后设立农业推广处，负责农业先进技术的推广。如安徽省1916年省长公署成立，下辖实业厅，实业厅设三科，第二科办理农林。1927年省长公署易名为政务委员会，建设厅负责实业，下辖四科，其中第二科主办农林。1929年建设厅设农业推广处，专门负责农业推广事宜。抗战爆发后，1944年初成立了省农业改进所，内设总务、技术、推广三科，掌管全省农林改进事宜。

2. 中央农业研究机构的建立

中央一级综合性的农业研究机构的建立始于1931年成立的中央农业实验所，实验所隶属实业部。实验所还办有《农报》、《农情报告》，发表《研究报告》、

---

① 《光绪政要》卷27。

《浅说》，传播农业科学知识，交流农业信息。专业性的研究机构有 1933 年中央棉产改进所的设立，1935 年全国稻麦改进所的设立，以及同年底设立的直接由实业部管辖的全国稻麦改进管理委员会。中央一级综合性与专业性农业研究机构的建立，对推动农业科学技术的研究与进步，并在指导全国包括淮域农业改良方面发挥了重要作用。

3. 农事试验场的建立与整顿

农事试验场的建立始于 20 世纪初。在淮域建立的较早从事农业试验的试验场主要有 1903 年在山东济南创办的山东农事实验场，其职责是"考天时，验土质，试肥料，选种类"，以达到"开风气，启民智，考有良法，劝民仿种的目的"①。1918 年山东在临清成立了山东省立棉业试验场，其职责是"掌棉花之栽培育种，土壤肥料病虫害各项试验及棉作调查，讲演会、展览会、委托试验等"。1930 年扩充山东省立第一棉业实验场。安徽于 1908 年在凤阳建立了农事试验场。1916 年江苏在清江成立了第一农事试验场，1929 年发展为省立杂谷试验场，并在淮阴设立分场。1919 年在铜山县成立了第二试验场，1928 年改组为徐州麦作试验场，1929 年更名为江苏省立麦作试验场，主要从事麦作试验，兼办棉业试验。为进一步发挥县级农业试验场在改良良种方面的作用，江苏省政府于 1919 年通饬各县每县设立模范农场 5 所以上，"县立农场之主旨在改良种植，为农民模范，如能切实办理，收效甚巨……当此科学昌明之际，对于学理上之研究，亦不容偏废"②。在江苏省政府的推动下，到 20 年代初，淮域江苏各县陆续建立了模范农场，具体情况见表 1-1：

表 1-1　淮域江苏各县模范农场表

县别		所在地	面积（亩）	成立日期	主任姓名	种植类别	收获数量（元）	备考
淮扬道	淮阴	第一市太史庄	10 000	1920 年 5 月	乔国桢	小麦、番薯、山药、美棉	——	外有四所
	淮安	附郭河下四圩门外	9100	1919 年 5 月	丁乃嘉	棉、桑、稻、麦、烟草、玉蜀黍	——	外有四所

---

① 李文治主编：《中国近代农业史资料》第 1 辑，三联书店，1957 年，第 874 页。
② 《省长公署指令》，《江苏实业月志》第 11 期。

县别		所在地	面积（亩）	成立日期	主任姓名	种植类别	收获数量（元）	备考
淮扬道	泗阳	东门外	8000	1919 年 6 月	陶其文	麦、豆、玉蜀黍、芝麻、美棉	——	仅设一所
	涟水	城南农业试验场	10 000	1919 年 3 月	丁鸿文	大、小麦、黄豆、棉花、玉蜀黍	40 000	外有四所
	阜宁	四方	2626	1919 年 3 月	陈为森	棉花、森林、苗圃、园艺	——	仅设一所
	盐城	城北甘棠精舍南	10 200	1919 年 8 月	院寿慈	稻、麦、桑棉、果树、芝麻	37 680	外有四所
	东台	城北	32	1919 年 4 月	邱家赎	麦、豆、棉、稻、园艺	240	外有附区在城东义盛圩边
	兴化	东三乡林泽庄	240	1919 年 4 月	成启昌	专种中、美棉	——	外有六所
	泰县	城四九里沟	1700	1920 年 5 月	范志诚	中、美棉、芝麻、豆、栗、桑	——	仅有范氏私立景农场一所
	高邮	泽南市	15 800	1920 年 5 月	陈捷	棉、稻、蔬菜	——	外有七所
	宝应	松袁庄南分	8600	1919 年 3 月	朱鸿	稻及豆类	——	外有四所

续表

县别		所在地	面积（亩）	成立日期	主任姓名	种植类别	收获数量（元）	备考
徐海道	铜山	北门外洪佛寺	8500	1920年5月	陈亭午	中美棉、黄豆、花生	64 000	外有四所
	丰县	城东南郭外	7800	1919年8月	王祖信	大小麦、美棉、黄豆、山芋、芝麻、高粱	——	外有四所
	沛县	蒋庄	12 500	1919年6月	阎汉亭	专种小麦	65 000	外有四所
	萧县	邱庄	9700	1919年8月	陶武烈	美棉、通棉、落花生	——	外有四所
	砀山	北关外土山下	2000	1919年4月	黄济川	小麦、棉花、甜瓜	7684	仅设一所
	邳县	城河东岸	10 000	1919年7月	戴化行	小麦、高粱、烟、棉	26 000	外有四所
	宿迁	东郭外先农坛	15 380	1919年11月	邹节轩	麦、桑、果、木、蔬菜、花生	——	外有六所
	睢宁	城四三里井	2025	1919年11月	王蔷臣	大小麦、棉、豆、玉蜀黍、芝麻、高粱	10 000	外有四所
	东海	城北郊田	5500	1919年4月	黄清	棉、稻、烟、靛及芝麻	——	外有四所
	灌云	板浦市	9500	1919年4月	王枢	大小麦、棉、豆、玉蜀黍	——	外有二所
	沭阳	西城外鲍家港	1200	1919年6月	仲漱渠	麦、豆、棉、花生	26 760	外有四所
	赣榆	西关镇竹园庄西	10 022	1919年6月	孟广节	小麦、黄豆	58 160	外有四所

说明	1919年春，通饬各县筹设农场5所以上，或因设备困难仅设一二所者，其种植及收获数量系根据1921年度各场所呈报者填列，有因水灾、风灾、虫害呈报歉收者均从宽

资料来源：江苏省长公署统计处：《江苏省政治年鉴·实业》，文海出版社，第381～382页。

各地农事试验场的建立，在育种、土壤检测等方面虽然取得了一些成绩，但农事试验场尤其是县级农事试验场由于经费、人才等方面的限制，以及机构本身存在的重叠与分散，往往很难有效开展工作。为加强规范与指导，1933 年国民政府行政院颁布《各省县农业机关整理办法纲要》（以下简称《纲要》）。《纲要》共 5 条，对省立、县立农事试验场的经费及职能作了明确规定。从其指导思想看，侧重点是对县级农事试验场的整顿，以切实发挥其作用。第 1 条指出："各省省立农事试验研究及其他农业机关应由省农政主管厅就原有之经费加以整理，删去浮烂重复，以期增加效能"，并规定"限文到两个月内将整理情况呈报实业部备核。"第 2～5 条侧重对县立农事试验场的指导，鉴于"举行农事试验研究必须有相当之经费、人才及设备，方能得相当之效果，各县农事试验机关经费、人才大抵均感不足，既不能从事有效之试验研究，其人员又多不赴乡村实地工作，故应改为农业推广所或农业指导员办事处，俾所有职员均赴乡村实地指导，扶助农民将省立、国立或其他农事试验研究机关所得优良方法及材料，推行于各地农村，效益可资普及。至于各场原有之田亩仍继续经营，以繁殖种子或做示范之用。"《纲要》明确规定："各县县立农事试验场、农业改良场或农场，每年在六百元以下者，应就原有经费酌改为示范农田或种子繁殖场圃"；"每年经费在六百元以上二万元以下者，应就原有经费改为农业推广所或农业指导员办事处"；"每年经费在二万元以上者，应就原有经费加以整理，仍从事试验研究工作。"[①]

整顿农事试验场得到各省响应，河南省在 1932 年底将"原有农林局十三机关合并，改为五区农林局"。其中第一所农林局设在开封，第二所设在信阳。安徽省的各类农事试验场有 36 处，由于资金紧张，基础薄弱，人才缺乏，"其结果成纸上谈兵，一筹莫展"，本着"裁并机关，集中经费"的原则，由 36 处改组为 13 处，其中设在凤阳的省立第二模范农场，"农地 1110 亩，房屋 3 座，牲器、畜具、仪器、机器、械具具有，柞树 60 000 株，山地千亩"。设麦作科、柞蚕科，主要从事小麦、蚕柞的试验研究；颁布了《安徽省立第二模范农场章程》，对农场的职责、权限作了明确规定。具体内容如下[②]：

第一条 本场直隶于安徽省政府建设厅办理农事改良及推广事宜。

第二条 本场范围以凤阳明陵为本部，南山为分区。

第三条 本场因作业之支配设置左列各科：麦作科、柞蚕科。

第四条 本场设场长一人，综理场务，由建设厅任免之。

第五条 本场设技师二人，受场长之指挥、监督，办理技术上一切事务，由建设厅任免之。

---

① 《各省县农业机关整理办法纲要》，中央农业推广委员会：《农业推广》第 5 期，1933 年。

② 《改组省立农林各场案》，《安徽建设》第 2 期，1929 年。

第六条　本场设助手及事务员共二人，受场长之指挥、监督，办理技术上事务上一切事务，由场长呈请建设厅核准任用之。

第七条　场长常驻本部，但至少每月应至每分区巡视一次。

第八条　本场分区应有一技师常驻负责。

第九条　本场对于技术上之设施应受省立农事试验场之指挥。

第十条　本场为提倡起见，在技术上遇有人民之请求指导者，应予以相当之辅助。

第十一条　本场每周应召开场务会议一次，讨论一切进行事宜，其规则另订之。

第十二条　本场服务规则由建设厅另订之。

重组后的农场地位有所提高，技术力量得到了加强，其中有三点值得注意：一是开始重视技术推广，并强调要满足农民的技术需求；二是强调场长的巡视之责，分区应有技师常驻，这是对以往农场负责人及技术人员不能深入第一线的补救；三是因地制宜，进行专项研究。"本省原来农林等机关之多，经费之少，国内各省罕有其匹！其设施方面，均枝节进行，绝未见有一具体设计方案，经此次改组之后，已严订服务规则，以为执行业务之标准，振刷精神，努力建设。"

它反映出，适应形势发展的需要，一方面农事试验场本身的建设须加以规范，一方面在实验与推广方面须切实发挥作用。这可从江苏省对农事试验场的改良计划中看出。1933 年《江苏省农业改良计划》指出："苟有组织完备，经济充裕，人才丰富之试验场一所，较之分设试验场，收效固大，而尤合于经济试验。言其利，则集中力量于一场，房屋之费可省，实验室与图书馆既设于一处，比较完备。他如书籍及一切设备亦有同样之利益，而在试验工作集中一处，尤有减少设计重复之益。"如难以集中，可先将同类事业合并为较大之组织，进行专项研究，"联络各试验场之工作及指示合作研究之问题"，"研究各场应进行之事业及解决冲突与重复之问题"，"研究亟要之问题并审查各场工作是否适应需要"[①]。整顿后的农业试验机关在经费、人员由分散趋于集中的同时，也有助于集中精力，因地制宜，从而有助于研究试验的有效展开。

农事试验尤其是县立农事试验的实践以及实际存在的问题使《纲要》侧重对县立农事试验场加以整理规范，但它也体现了这时期农业改革的发展动向：一是根据现有条件，因地制宜，分类管理，发挥优势，有条件的进行试验研究，条件不具备的则侧重推广，同时注重良种繁殖，以保证推广材料的供应；二是随着试验的展开，尤其是育种的推进，推广材料的供给，对农业推广较为重视，县级机构作为重要的行政组织，

---

① 《江苏省农业改良计划》，中国第二历史档案馆，全宗号 422（2），案卷号 1410。

县立农事试验场则起着将试验材料推广到乡村的纽带作用，将县立农事试验场改造为农业推广组织，这具有一定的针对性。

4. 农业推广机构的建立

农业推广虽然可以追溯到 20 世纪初，但均零星展开，缺少系统性，机构并不健全，亦缺少推广计划。南京国民政府成立后，开始着手建立从中央到地方的农业推广组织体系。1928 年中央成立了农业推广委员会。1929 年国民党第三次代表大会首次对农业推广予以强调。同年农矿部、内政部、教育部联合颁布了《农业推广规程》，1933 年三部在已有基础上，结合实际，对章程进行修改，颁布了《修正农业推广规程》（以下简称《规程》）。修正后的《规程》规定：各地须在省、县两级建立农业推广组织；对农业指导员的任职资格做了硬性规定，以确保推广人员的基本素养；规定农业推广须有经费支持。要求省、县两级政府根据情况，确定经费："农业推广经费分省费及县费两种，由省政府酌量该省及各县情形分别确认"，"实业部、教育部、内政部于必要时得会同呈请国民政府酌拨专款以补助农业推广经费"，"农业推广之进行得由农民团体补助经费"。值得注意的是，《规程》开始将女子作为推广对象，纳入到推广体系之中。《规程》规定："各县得设乡村家政指导员，此项指导员必须以具有相当学识经验之女子充之。"①《农业推广规程》及《修正农业推广规程》的颁布，使农业推广开始成为农业改革的重要组成部分，成为农业推广的重要法律依据。

为指导省农业推广委员会的建立，1930 年中央农业推广委员会制订了《省农业推广委员会组织纲要》。它对人员组成、任职资格等方面都有明确规定：省农业推广委员会有"国立或省立专科以上农业学校、省农业主管机关会同教育厅、民政厅、省党部及其他有关系之法定机关、团体，各派一人组织之"；相关人员的任职资格必须具备以下条件："省农业指导员由专科以上农业学校毕业，富有经验者充任之"。"主任委员应以省农政主管机关或专门以上农业学校所派委员担任，于必要时得由中央农业推广委员会议决指定之。"②省农业推广委员会人员的组成反映了农业推广涉及面之广，推广工作之复杂。

随着中央农业推广委员会的建立与农业推广章程的颁布，淮域各省先后建立了各级农业推广组织。1929 年安徽省建设厅设立农业推行处，并着手县级农业推广所的设立。1931 年江苏省政府成立了农业推广委员会，颁布了《江苏省农业推广委员会组织章程》，并在1932 年改组为江苏省实业厅农业推广处。1933年河南省成立了农业指导

① 《修正农业推广章程》，安徽省档案馆，全宗号1，目录号1，卷号138。
② 蔡鸿源：《民国法规集成》第 55 册，黄山书社，1999 年。

委员会。1935 年山东省成立了山东省实业厅农业推广委员会。

中央《修正农业推广章程》公布后，各省根据本地情况，分别颁布了县推广所章程，着重加强县级推广组织的建立。江苏 1933 年颁布了《江苏省县农业推广所通则》。河南省颁布了《河南省各县农业推广所组织章程》，同年底又颁布了《河南省改设各县农业推广所办法》，其中第 2 条规定："各县原有农场、苗圃、经费合计全年在六百元以上者，改为县农业推广所，其不足六百元者，改为种子繁殖场"。第 3 条还对推广经费来源作了规定："各县农业推广所经费，就原有农场、苗圃经费合并拨充，其开支情形须另编预算，呈候核准后施行。"第 5 条规定："各县原有之农事试验场改为农场，其所办之试验研究工作一律停止，专事繁殖省内外各农业机关试验有效之优良品种，推广于民间。"[①]"凡农场苗圃经费在六百元以上者，改为农业推广所，设农业指导员一人或二人，其不足六百元者，改为种子繁殖场。"

"县农业推广所是亲农之官，正是农业推广的重心。"中央与省府对县级农业推广机构建立的重视，一定程度上推动了县级农业推广所的建立。安徽省亳县在 1931 年成立了"亳县农业推广所"，蒙城县在 1936 年奉省政府令将苗圃、森林施业所、农业推广所、农林场改为农业推广所[②]。

江苏省政府 1933 年规定，将各县原有县农业改良场改为县农业推广所，淮域内的启东、阜宁、涟水、宿迁、赣榆等县随之成立了农业推广所。

河南省县级农业推广所的设立进展较快，到 1933 年底，"本省一百十一县中，设立农业推广所者九十县，设立种子繁殖场者十一县，所有各该场所之技术及推广事务，均受所在地之省立农林局指导监督"。

为进一步加强县农业推广机构的建设，1935 年底国民政府行政院通过了《县农业推广所组织规程》。《规程》旨在进一步推动县农业推广所的组织建设，同时扩充其职能，充分发挥其在推广方面的作用。与此前相比，《规程》主要解决县农业推广所的属性即地位问题，同时进一步明确其职责。《规程》第 1 条对县农推所的地位作了明确规定："县农业推广所隶属县政府并受省农业主管机关之指导"，确定了县农业推广所的法律地位，以为其作用的发挥创造有利条件；其业务范围包括：增产，各种优良品种、农具、肥料等的繁殖与推广，病虫害及各种灾害防治，水土保持，农村合作与金融，农仓以及农会组织的建立等，并规定"县农业推广所得视业务之需要于县内重要农业区域得设推广所办事处"。值得注意的是，这时的农业推广已不再单纯局限于技术层面，它更涉及农村金融、农业合作等影响农业发展的深层次

---

① 《蒙城县农业推广所概况调查表》，安徽省档案馆，全宗号 1，目录号 1，卷号 306。
② 《蒙城县农业推广所概况调查表》，安徽省档案馆，全宗号 1，目录号 1，卷号 306。

问题①。

抗战全面爆发后，安徽沿淮各县大多沦陷，原有设施遭到严重破坏。"抗战军兴后，本省沦为战区，农林建设机构，在二十六七年间遂全部陷于停顿状态，原有农林基础，几至摧毁殆尽。"② 泗县、宿县、灵璧、五河、盱眙、凤阳完全沦陷，推广机构基本陷于瘫痪状态。但是，另一方面，抗战对军民衣食的迫切需要也使这时期各级政府对农业推广机构的建立更加重视。1938 年行政院成立了农产促进委员会，"负全国农业推广事业统筹推广之责"。在 1943 年的农业规划中，加强农业改进部分共三项，其中二项即是强调农业推广所的设立。在此推动下，同年安徽省政府颁布《安徽省农业改进所组织规程》，规定"安徽省政府为谋统筹改进全省农业起见，设置安徽省农业改进所，直隶于建设厅"。改进所设总务、技术、推广三科。推广科的职责是："掌理农林渔牧之调查、宣传及其他有关推广事项。"③ 1943 年安徽省着手加强县级推广机构的建设与恢复。截至 1945 年，颍上、临泉、阜阳、六安、霍邱、怀远、凤阳等 15 县建立了农业推广所④。

战后农业推广机构的设置，其重心是加强县级农业推广处的建立与恢复，并加强指导，以切实发挥其在农业推广中的枢纽作用。为此，各地加快了县农业推广所的建立步伐。1946 年安徽省设立了农业推广委员会（后改为安徽省农业善后推广辅导委员会），同年 8 月召开第三次会议，通过了"请由本会转请安徽省政府转令各县迅予健全农业推广所，提高工作人员素质，增设技术指导人员，指拨县农业复员专款，以加强农业物资之推广效能"的议案⑤，将加强县级农业推广机构的建立作为实施农业推广的重要环节。为进一步加强督察、指导，安徽省善后农业推广辅导委员会在全省设立 3 个农业推广辅导所，其中设在淮域的有位于蚌埠的皖北辅导所，六安的皖中辅导所。到 1947 年辅导所增至 5 处，包括六安的皖中辅导所、蚌埠的皖东辅导所、阜阳的皖北辅导所，并在重点产棉县阜阳、怀远设有 2 个植棉辅导所。辅导所的职责是，指导所辖各县农业推广所的工作。

为进一步了解各县农业推广所的设置情况，切实加强指导，1946 年安徽省农业改进所对各县农业推广所情况进行调查，并制定了调查表格，要求各县填报农业推广所的情况，以便加强督察，见表 1-2：

① 《县农业推广所组织规程》，农林部农业推广委员会：《农业推广通讯》第 7 卷第 2 期，1945 年。

② 黄同仇：《安徽概览》，安徽省档案馆 1986 年，第 104 页。

③ 《安徽省建设厅关于农业改进计划纲要及预算方面的电文》，安徽省档案馆，全宗号 1，目录号 1，卷号 556。

④ 《八年来之建设》，安徽省政府秘书处：《八年来之安徽》，安徽省图书馆藏，1946 年。

⑤ 《安徽省农业推广辅导委员会第三次会议》，安徽省档案馆，全宗号 1，目录号 1，卷号 381。

表 1-2　蒙城县农业推广所概况调查表

<table>
<tr><td>所名</td><td colspan="6">蒙城县农业推广所</td></tr>
<tr><td>所址</td><td colspan="6">蒙城县城内</td></tr>
<tr><td>沿革</td><td colspan="6">查本所设立有年，前为苗圃森林施业所、农林推广所农林场 1946 年 7 月 1 日奉县政府令遵照省令改为农业推广所</td></tr>
<tr><td rowspan="3">员役人数</td><td rowspan="2">职员</td><td colspan="2">主任</td><td colspan="3">王健甫</td></tr>
<tr><td colspan="2">指导员　1 人</td><td colspan="2">助理指导员　无</td><td>课员　1 人</td></tr>
<tr><td>工人</td><td colspan="2">长工 12 人</td><td colspan="3">勤务 2 人</td></tr>
<tr><td rowspan="2">经费</td><td colspan="2" rowspan="2">经常费</td><td>管理费</td><td>无</td><td colspan="2" rowspan="2">临时费　　元</td></tr>
<tr><td>事业费</td><td>80 000 元</td></tr>
<tr><td rowspan="4">产品收入</td><td>种类</td><td>数量</td><td>单位</td><td>单价</td><td>复价</td><td>收入合计</td></tr>
<tr><td>小麦</td><td>9 市斗</td><td>市斗</td><td>2300 元</td><td>20 700 元</td><td rowspan="3">43 050 元</td></tr>
<tr><td>黄豆</td><td>8 市斗 5 升</td><td>市斗</td><td>2100 元</td><td>17 850 元</td></tr>
<tr><td>美棉</td><td>15 市斤</td><td>市斤</td><td>300 元</td><td>4500 元</td></tr>
<tr><td rowspan="3">田地</td><td colspan="3">山场</td><td colspan="3"></td></tr>
<tr><td colspan="3">旱地</td><td colspan="3">林场 188 市亩，农场 25 市亩</td></tr>
<tr><td colspan="3">水田</td><td colspan="3"></td></tr>
<tr><td rowspan="2">房舍</td><td>名称</td><td colspan="2">办公室（职员住内）</td><td>主任住室</td><td>林警住室</td><td>厨房</td></tr>
<tr><td>间数</td><td colspan="2">3 间</td><td>2 间</td><td>2 间</td><td>1 间</td></tr>
<tr><td rowspan="2">设备</td><td colspan="2">名称</td><td colspan="2">铁锹</td><td colspan="2">铁铲</td></tr>
<tr><td colspan="2">数量</td><td colspan="2">2</td><td colspan="2">2</td></tr>
<tr><td>农业概况</td><td colspan="6">本年阴雨连下，农林生产均不见佳，自改组后竭力整理农林各场，广有树苗试用绿肥推广……以备明春栽植花卉，惟限于金费，一切诸感困难</td></tr>
<tr><td>其他</td><td colspan="6">本所农场虽有农场 25 市亩，林场 188 市亩，均系田地无主，古墓占十分之九五，所余边界空地作为农场，乱后分栽德槐及育苗场所，无如地势低下，土质浇薄，农林生植均不茂盛，每年收入不足交规定收益</td></tr>
<tr><td>备注</td><td colspan="6">① 本所事业费虽县预算列，年交 8 万元，非经呈准，不准动之，本年事业费并未动用，仍存县库
② 本年县预算列，收本所全年收益为 10 万元，因农场无多</td></tr>
</table>

表1-3 亳县农业推广所概况调查表

所名	亳县农业推广所			
所址	涡北汤陵			
沿革	1931年成立，抗战期间业务遂形停顿，1944年鉴于事实需要，呈请省府，于古城设立农林场，是年11月奉准成立，1946年4月1日复奉令改农推所			

员役人数	职员	主任	王锡康		
		指导员 1人	助理指导员 1人		课员 1人
	工人	长工8人	勤务2人		

经费	经常费	管理费	1920元	临时费 元
		事业费	10 000元	

产品收入	种类	数量	单位	单价	复价	收入合计
	小麦	7石2斗	斗	2100元		
	高粱	4石2斗	斗			
	芝麻	7斗	斗			
	玉蜀黍	1石3斗	斗			
	谷子	4石6斗	斗			
	黄豆	1石7斗	斗			
	谷	1石	斗			
	菜豆	3斗	斗			
	小豆	7斗	斗			

田地	山场	无
	旱地	145亩
	水田	无

房舍	名称	办公室	储藏室	工房	厨房
	间数	3间	1间	2间	1间

设备	名称	凳子	犁耗锄	雨量器	驴	水车
	数量	15件	6件	1具	1头	1套

业务概况	①推广改良麦种 ②推广改良蚕种 ③推广蔬菜种子 ④育苗 ⑤指导挖塘养鱼 ⑥督促乡镇完成苗圃等

其他	

备注	产品收入栏内自高粱以下各作物均未出售，故未填列收入合计

表1-4　凤台县农业推广所概况调查表

所名	凤台县农业推广所						
所址							
沿革							
员役人数	职员	主任		胡应章			
		指导员　人		助理指导员　1人		课员　1人	
	工人	长工　　8人		勤务2人			
经费	经常费	管理费		23 040元		临时费　　元	
		事业费		60 000元			
产品收入	种类	数量	单位	单价	复价	收入合计	
田地	山场			15亩2分			
	旱地			28亩			
	水田			10亩2分			
房舍	名称	办公室	职员宿舍	储藏室	厨房	工人宿舍	农具室	畜舍
	间数	3间	6间	3间	2间	3间	3间	4间
设备	名称						
	数量						
农业概况	整理麦作示范区播种小麦31亩，森林移植区10亩，育苗8亩，蔬菜园2亩，麦作品种试验区5亩，并办理各乡肥田粉登记及采集林种事宜						
其他							
备注							

表 1-5 凤阳县农业推广所概况调查表

所名	凤阳县农业推广所					
所址	凤阳府城小北门外关帝庙					
沿革						
员役人数	职员	主任		张健斌		
		指导员 1 人		助理指导员 1 人		课员 1 人
	工人	长工 16 人		勤务 2 人		
经费	经常费	管理费		元		临时费 元
		事业费		2200 元		
产品收入	种类	数量	单位	单价	复价	收入合计
田地	山场			农场 1 块		
	旱地			80 亩		
	水田					
房舍	名称			凤阳府城小北门外关帝庙		
	间数			3 间		
设备	名称	议事桌	公文橱	公事桌	木床	长木凳	方凳
	数量	1 张	1 架	2 张	2 张	大小 4 个	4 个
业务概况	业务积极推展，除商同凤阳财委会租用公产水旱田地 72 亩，分期按时播种，督导工作颇有成效，惟因限于经费物力，致于推广业务影响颇艰					
其他	①沿革一栏：查本所先前并无此项组织，故无从查填；②产品收入一栏：本所奉令组织成立时，在 1946 年，为期甚浅，产品毫无收入；③田地一栏：本所先无组织，故水旱天地均无，此次组织成立系完全租用凤阳财委会小北门外公产水旱田地计 72 亩					
备注						

表1-6 怀远县农业推广所概况调查表

所名	怀远县农业推广所			
所址	怀远县建国镇大圣寺内			
沿革	1946年5月奉令成立			
员役人数	职员	主任1人		
		指导员 1人	助理指导员 1人	课员 1人
	工人	长工 6人	勤务2人	
经费	经常费	管理费	4 485 600元	临时费20 880 元
		事业费	100 000元	

产品收入	种类	数量	单位	单价	复价	收入合计

田地	山场	
	旱地	兼办农场场圃三亩,迄今仍被淹没水中
	水田	

房舍	名称	办公室	员工宿舍	温室	门户暨厨房
	间数	3间	3间	1间	3间

设备	名称	
	数量	

业务概况	①本所自组织成立以来,因田地始终被水淹没,故一切业务全系推广工作,如推广蔬菜种子,指导农民捕蝗,推广肥田粉,协助农民银行办理农贷,推广拌种、药剂等工作。②本所原系1员2役,现因推广业务繁忙,不支应付,自11月份始增加为3员8役。本所各项业务正拟展开中
其他	
备注	管理费栏内所填系本所全体员工薪金及实物折价,手续费:推广费,临时费:办公费

表1-7 寿县农业推广所概况调查表

所名	寿县农业推广所					
所址	寿县西大街					
沿革	1933年1月1日奉命成立，同年9月奉命裁撤，业务并入县农林场办理，1946年5月间奉命恢复					
员役人数	职员	主任 1人				
		指导员 1人		助理指导员 1人		课员 1人
	工人	长工 16人		勤务2人		
经费	经常费	管理费			元	临时费 元
		事业费		全年10万 元		

产品收入	种类	数量	单位	单价	复价	收入合计
	菜豆	3市石8斗	斗	尚未确定		
	稻	11市石6斗	斗	尚未确定		
	林苗	30万株	株	尚未确定		

田地	山场		无			
	旱地		60市亩			
	水田		无			

房舍	名称	办公室	检牛室	厨房	员工宿舍	仓库
	间数	3间	1间	1间	2间	1间

设备	名称	寒暑表	农具		耕牛	
	数量	1支	18件		1条	

业务概况	①地上作业：播种2905小麦15亩，大白花豌豆2亩，采集国槐、刺槐、臭椿、苦栋、梧桐等树种15市石，育苗700余床。②推广工作：推广2905小麦28 000市亩，有机肥料18 000市亩。③督导工作：督导捕灭蝗蝻13乡，共19 369市亩
其他	
备注	

资料来源：表1-2至表1-7来源于《省府关于填报各县农业推广所概况调查表与各县府的来往文电》，安徽省档案馆，全宗号1，目录号1，案卷号306。

从调查表反映的情况看，淮域安徽各县农业推广所尚处于起步阶段，发挥的作用是有限的。1947年安徽省政府制定了进一步充实农业推广工作方案，主要包括：第一，恢复县农业推广所，在40个县已成立农推所的基础上，"其余二十三县在经费与条件下，一律设置齐全"。第二，加强县农推所机构建设。将县分为三个等级，加强人员配备：一等县10名，依次递减为9，8，7名。经费方面，将农业推广所经费列入县财政预算：一、二等县占总预算5%，三、四等县4%；在各县设立固定推广办事处：一等县4个，二等县3个，三、四等县2个。江苏、河南、山东也同样积极着手加快县级农推所的恢复与建立①。

"机构乃推广的动力"，晚清以来的农业推广机构虽不断调整，且并不完善，但却成为农事试验与农业推广的组织与实施中心。

三、农事试验与农业推广

淮域的良种试验不仅包括国外优良品种的引进与培育，也包括对国产品种的改良，以及抗病虫害试验等方面，涉及小麦、棉花、大豆等多项种类，而以小麦、棉花取得的成效最大。小麦优良品种试验始于东南大学、金陵大学农科的农场试验，以及邀请外籍专家来华讲学、指导，培养人才。从淮域看，江苏、安徽起步较早，其中，徐州、宿州、开封走在前列。

1. 良种引进与培育试验

淮域的良种培育试验，主要采取以下几种办法：第一，注重发挥高等院校如金陵大学、东南大学、南通大学在农业研究方面的优势，尤其是金陵大学，它在小麦优良品种的培育方面取得了重要进展，育成的金大2905、金大61成为淮域小麦推广的主要优良品种。第二，发挥中央一级研究机构的技术优势。1931～1934年，中央农业实验所每年举办冬季讨论会，使"中级农业人员，咸能明瞭世界最新式之技术与管理"。1934年与棉产改进所联合举办棉业讨论会，商讨棉业改进事宜；举行麦作试验，包括抗病、促短生长、肥料、仓库虫害防治、杂交试验等。鉴于蝗灾的严重，同年还召开了苏浙皖鲁冀豫湘七省治蝗会议。1935年全国稻麦改进所举办江浙皖三省治蝗会议。抗战全面爆发后，为满足粮食供应的迫切需求，农业生产更加得到重视。1940年中央成立了农林部，"继之以中央粮食增产委员会与各式督导团之组织，中央与地方协力推进，技术与行政配合进行"②，重点加强良种的推广。从其指导思想看，"意在运用政治经济力量，发挥技术效能，谋全国麦产之改进"。"其所举办事项，不仅在督率辅导各省之麦作育种事项，而尤在使良种如何普及。曾与金融机关合作而有成效"。第三，加强中央与地方在研究领域的合作。中央一级的农业研究机构及高等院校技术力量雄厚，研究水平较高，地方农事试验机关比较重视与其合作，尤其是金陵大学农学院农事研究水平高、起点早，备受青睐，金大也重视与地方的合作。开封、宿州、徐州的麦作育种工作开展较早，这与金陵大学的推动及合作密不可分。山东济南齐鲁大学农场也

---

① 《省府关于填报各县农业推广所概况调查表与各县府的来往文电》，安徽省档案馆，全宗号1，目录号1，卷号3060。

② 蔡旭：《近年来我国麦产改进工作概况》，农林部农业推广委员会：《农业推广通讯》，第7卷第6期，1945年。

与金大农学院合作，育成改良小麦济南 1195。河南开封农事试验场与金大合作，育成开封 124 号①。第四，淮域的一些试验场独立进行的良种试验与培育，取得的成绩主要有：徐州麦作场育成的徐州小红麦，济南齐鲁农场育成的齐鲁 1-296，江苏省立麦作试验场育成的 405、438，"及选良繁殖之火燎芒、小红芒等小麦"②。

淮域是农作物病虫害的高发区，农作物遭受损失较大，农事试验场在对小麦育种的同时，逐渐对其抗击病虫害的侵袭亦予以一定的重视。育成的开封 124、南宿州 61、南宿州 141-9、徐州 1-438、徐州 1-405、济南 1-195 均具有抗病力强等优点，一定程度上有助于减少因病虫害造成的损失。

从对棉花品种的试验看，淮域山东、河南以美棉为主，这与山东、河南气候、土壤宜于种植美棉有关。试验的内容主要包括以下几个方面：一是品种比较，包括美棉中的脱字棉、爱字棉、斯字棉的比较试验；中、美棉品种的比较试验等。如农商部第四棉业试验场 1921 年的试验成绩报告指出："采取美棉及中棉多种，各用同一之栽培法及试验，以观成绩之优劣，其优良品种即拟推广种植并将所余种子分给农民试种，品种不良者逐渐淘汰。本年试种之成绩观之，美棉以脱里斯为最优……自明年起专种脱里斯一种，其他各种美棉及中国棉一律淘汰，专以养成纯种为目的。"③ 二是栽培试验，包括摘心试验、灌溉试验、肥料试验、行株距混合试验。内容有不同时间所开之花，对于结铃、吐絮、品质、产量等的影响、棉花吸收营养素总体之研究、天然杂交百分数之研究、不成熟籽棉之研究、棉铃室数与脱落之研究。河南省在 1935 年以前育种的材料主要以脱字美棉为主，因其在河南种植历史甚久，且成绩颇佳。"在方法上，并不按铃行、株行之一定程序，如有优良品系之发现，则尽量繁殖，以求缩短育种年限。"但在 1935 年，"美棉品种比较试验表证，竟以斯字棉 4 号、3 号、德字棉 531 号为最佳，诸如产量、品质及早熟等，均非其他品种所及"④。自 1936 年，斯字棉的繁殖亦开始得到重视。

淮域山东主要以脱字棉为主。1918 年设在临清的第一棉业试验场，选育脱字棉进行试验。其后临清棉作改良分场（1925 年改为省立棉作改良分场）继续进行脱字棉之育种与繁殖，"选择母本，以具有原来状态者为主，尤注意其品质及早熟，以谋质量同时俱进，而收改良推行之效。民国二十一年行二次比较试验，品质产量均甚优良。二十二年重新征集中美棉纯种举行试验，复编订中美棉育种大纲，以期选育新优良纯系，现已设立引擎轧花厂，预备秋后轧取附近领种农户籽棉之种子"。山东省立棉作改良场，亦重点进行脱字棉的试验，"所育成之脱字棉三十六号，早熟丰

---

① 参见王志军、惠富平：《西方育种技术引入与民国时期华北麦作改进》，《古今农业》2006 年第 2 期。

② 《江苏省农业推广办理经过及今后计划》，中央农业推广委员会：《农业推广》第 11 期，1936 年。

③ 《农商部第四棉业试验场民国十年度试验成绩报告》，中国第二历史档案馆，全宗号 1038，案卷号 2046。

④ 河南省棉产特刊第 1 种，《河南省棉产改进所概览》，1937 年。

产。……绒长一寸以上，纱厂用纺四十二股线"①。脱字棉成为山东推广的主要优良棉种。

山东省同时还进行中棉试验，以改良品种。1934 年，"中棉高级试验之十六纯系，据以往试验经过，比第一次育成之正大第六十四号及齐细第四号两系中棉品质、产量均较优良，将来可望成立数系纯良中棉"②。

"凡属农作物，各有其地方适应性，宜于甲县者，未必宜于乙县。"因此，各农事试验场对农作物适应性试验较为重视。以棉花而言，引进的美棉脱字棉因适应在华中及华北产棉区种植，山东省即以脱字棉为地方试验的主要棉种，并划定棉作地方试验区。江苏省"举行地方试验，以观其是否适宜于各该县之风土，全省各县业经举行此种试验者"。江苏、河南亦对小麦、棉花、玉米等进行区域适应或比较试验。

从当时情况看，淮域农事试验的内容主要包括三方面：将引进的国外优良品种以及国内科研机构培育的良种进行地方适应性试验；各农事试验场进行品种培育试验；传播农业科学知识。小麦、棉花、高粱、大豆等是流域主要农作物，从试验情况看，小麦、棉花试验成绩较为显著，亦以在小麦、棉花等优良品种的推广方面取得了一定成绩。

2. 良种推广

所谓农业推广，按照 1929 年实业部《农业推广规程》规定，其宗旨为："普及农业科学知识，增高农民技能，改进农业生产方法，改善农村组织、农民生活及农民合作。"从其宗旨看，农业推广的内容非常广泛，不仅包括农业实物、农业知识、农业技术、农业方法、农业训练及农民组织等技术层面的工作，也触及组织、观念等制约农业发展的深层次问题。与此相对应，农业推广材料，"除优良品种而外，尚有普及农业科学之知识材料，增高农民技能之技术材料，改进农民生产之方法材料，改善农民组织、农民生活及农民合作之组织材料"③。

推广的方法主要是由地方适应性试验到举办特约农田，再划定农业推广区。地方适应性试验在确立某一品种适应本地区可以推广后，"即由各县负责办理农业推广之人员，选择诚笃之农民，及土质适中之农田"，"划作特约农田"，不仅提供良种，"并随时派员前往指导耕耘、施肥、防害等工作"，对特约农田从种子、耕作方法、施肥、防治病虫害等方面进行全方位的指导，"以与附近农田相比较，借以实地示范而引起一般农民之注意，促其换植良种，及改良耕作方法"。特约农田旨在引起示范效应，产生导向作用，"办理特约农田使农民于某种作物已有相当信仰之后，然后扩大种植面积，设

①　金城银行总经理处天津调查分部：《山东棉业调查报告》，1935 年，第 27、28 页。
②　金城银行总经理处天津调查分部：《山东棉业调查报告》，1935 年，第 27 页。
③　钱天鹤：《农业推广之材料问题》，农林部农业推广委员会：《农业推广通讯》第 7 卷第 2 期，1945 年。

立农业推广区，规划一二十方里或数多镇之相当区域，责其一律种植优良品种，加以指导，俟收获后，设法收回良种，以供其他区域大规模推广之用"。

（1）小麦优良品种的推广

淮域的农业推广虽然可以追溯到1910年左右，但有组织、有系统的推广则始于20世纪20年代。淮域的小麦良种推广在全国率先展开，首先在江苏、安徽实施[①]。淮域江苏各县是主要的小麦产区。以1933年为例，江苏省立麦作试验场对小麦优良品种的推广，主要在以下几个方面展开：

一、在各推广区办理特约示范麦田两处至四处，其办法如下：

（1）特约示范麦田面积，以二亩至五亩为限，以二分之一播种本场小麦，以二分之一播种当地最优良之小麦，各用其向来之播量，及一切管理方法以资比较。

（2）特约示范麦田，须在大道之旁，在整理面积中，在土质前作，及施肥量均须相同。

（3）本场播种之小麦种子，不由田主备价购买，惟于将来收获后，须偿还播用之种子。

（4）比较小麦，须分别收获脱粒，设本场小麦产量，不及当地品种，此损失由本场赔偿之。

（5）特约示范麦田之本场小麦，在必要时，得照最高市价收回，以为推广之用。

二、本场派员前往指导，得携带关于麦作之各项浅说散发，以资参考。

三、推广区，原接受本场推广之农民所需麦种，完全由本场照当时市价供给之。

四、推广区农民所播用本场小麦，其粒充实纯洁而无病虫害者，本场须照最高市价收回，以为推广之用。

五、小麦零星脱售，其价格为粮商所抑制，本场拟与面粉厂接洽购用本场推广之小麦，其收获后，有急于需款而脱售者，必受贱价之影响，本场拟与农民银行接洽，办理抵押借款，以调和经济[②]。

江苏省立麦作试验场除推广金大61等优良品种外，其育成的萧县火燎芒、沛县小红芒亦开始推广。截至1936年，推广面积已增至6000亩，以铜山及萧县为中心。此外，其育成的徐州438，亦在萧县、砀山推广，"较普通种子可增至百分之二十以上"，产生了一定的经济效益，并成为战后在徐属地区推广的主要品种。

---

①　蔡旭：《近年来我国麦产改进工作概况》，农林部农业推广委员会：《农业推广通讯》第7卷第6期，1945年。

②　《江苏省立麦作实验场——1933年推广计划》，中央农业推广委员会：《农业推广》第5期，1933年。

战后，"为复耕问题，更进一步而谋如何增进食粮生产暨奠定农业改进之基础"，联合国救济总署、行政院救济总署苏省分署、农林部农业推广委员会、江苏省农林改进委员会，特拨发面粉 40 吨，换取江苏省立麦作试验场在推广的 438 号改良麦种，"贷给灾区贫农，以资救济，除明年加二成收回外，更予以合理之统制，全部种子不至流失，以资扩大推广之用"。从 1947 年的贷款计划看，贷款对象为"以贷放地区内曾受灾害之贫农为对象"，贷放地区，"四三八号种子，在抗战期间，推广地区仅及于萧砀两县。兹为减少运输费用，免误播期，使于集中管理起见，就收换附近地区举行贷放，俾将来得以实行统制，为向其他各县扩大推广之用。铜、丰、沛、睢四县则各配少数，集中繁殖，以作示范麦田"。

河南省 1933 年开始在开封推广开封 124，由设在开封的第一农林局广泛推广，"凡属于作业区域内之县份，每县各发三十斤，先由县农业推广所栽培繁殖，再分给保甲长依次推广于农户。于不属于作业区域县份，农业推广所有愿领种者，亦酌量分给，广为繁殖"[1]。在推广过程中，河南农推所亦注意在技术上予以指导，如 1948 年农推所派员赴开封、商丘考察推广小麦生长情形[2]。

淮域安徽各县的良种推广也开始展开，1936 年怀远县民教馆举办特约农田，推广优良小麦品种，"民教馆生机组为实验农产增加收获起见，特于距城东北五里之祖师庙举办特约小麦农田，试种金陵大学南宿州大一号麦种，计面积二亩，田主为农民宋筱齐，如来年丰收获益，超过播种土种之邻地，其超出之数，概归田主，否则由该馆补足"[3]。1937 年安徽省政府在建设计划中关于小麦的推广规划是："由省立麦作改良场与全国稻麦改进所合作，以凤阳为中心，向淮河流域十九县普遍推广二九〇五号小麦二万亩。"[4] 抗战期间，安徽在未沦陷的淮域地区继续推广良种，其中太和县推广面积达到 1200 亩[5]。以 1941 年为例，推广的成绩如下表：

表 1-8　推广优良麦种成绩表

县别	品种名称	推广面积（市亩）	增加产量（市担）
立煌	秃芒	120	18
霍山	红皮小麦	8200	160
六安	芒小麦	200	40
临泉	二九〇五号小麦	50	20
合计		8570	238

资料来源：《推广优良麦种成绩表》，《安徽建设》第 2 卷第 1 期，1941 年。

---

① 《河南省之经济建设》，《十年来之中国经济建设》，1937 年。

② 《河南省农业改进所三十七年度元月份推广工作月报表》，中国第二历史档案馆，全宗号 437，案卷号 107。

③ 《怀远举办特约农田》，《大公报》1936 年 12 月 25 日。

④ 《安徽省政府二十六年度建设行政计划》，《经济建设》第 15 期，1937 年。

⑤ 《安徽省粮食增产总督导团三十二年度粮增成效报告》，中国第二历史档案馆，全宗号 23，案卷号 00451。

战后的农业推广，主要在"粮食作物种子推广"、"肥料推广"、"病虫害防治"等方面展开。这可以从 1946 年度农林部粮食作物推广计划中看出。计划显示，淮域的粮食推广以小麦为主，小麦的推广则以优良品种为导向，如表1-9：

表1-9　1946 年度淮域各省粮食作物推广区域及事业一览表

省市别	选定之水稻或小麦推广区	推广区之等级	办理之事业	如何办理	备注
江苏省	徐州小麦推广区域包括铜山、萧县、砀山等三县	一等	整理原有徐州小麦推广区，进行收购种子扩大推广	由本会协同江苏省农业推广机关配合进行，其经费、人员以平均负担为原则	徐州在战前为中农所及江苏省省立麦作试验场推广改良小麦"小红芒"、"火燎芒"等品种已达相当数量，对于该项推广区原有之各品种纯度似宜加以整顿。又敌伪在该区是否推广其他品种似应加以调查。该区小麦运供沪、锡面粉厂应用甚为方便，改良该区小麦裨益面粉工业之处至巨
安徽省	皖北小麦杂粮推广区域包括宿县、凤阳、怀远、灵璧、泗县、亳县、太和等七县	一等	小麦：战前中农所在皖北之推广南宿州 60 号及 61 号小麦，又安徽省立麦作试验场在凤阳一带推广之金大 2905 号均已达到相当之数量，似宜从速加以整顿，扩大推广，以收事半功倍之效。杂粮：调查原有推广品种收集材料进行示范，大量推广	由本会协同安徽省农业改进机关配合办理，其经费、人员以平均负担为原则	皖北小麦产区为沪、锡面粉厂原料之重要来源，该区小麦增产，裨益于沿海民食至巨
河南省	豫中小麦杂粮推广区域包括开封、中牟、郑县、新郑、商丘、陈留、通许等七县	一等	战前中农所及金陵大学合作农场在豫中一带推广开封 124 号小麦，颇著成效，似宜从速整理，扩大推广区并加入新品种从事示范，以奠立河南省推广事业之基础。又陕省出口之杂粮品种如高粱、小麦、马铃薯等似亦可在豫省相当之区域着手示范	由本会协同豫省农业改进机关配合办理，其经费、人员以平均负担为原则	豫省连年灾歉，农业方面需利用各项材料从事救济，以往推广小麦确具成绩

续表

省市别	选定之水稻或小麦推广区	推广区之等级	办理之事业	如何办理	备注
山东省	济南小麦杂粮蔬菜推广区包括济南市、禹城、德县等县市	一等	小麦杂粮：调查以往推广之品种收集材料进行示范。蔬菜：优良美国菜种之推广并继续引进新品种	由本会协同山东省农业改进机关配合办理，其经费、人员以平均负担为原则	济南为山东省会所在地，机关学校林立，对于食粮及蔬菜需要量至巨
山东省	济宁小麦杂粮推广区域包括济宁、曲阜、兹县、邹县等四县	二等	调查以往推广之品种，收集材料进行示范	由本会商同省农业机关配合办理，其经费、人员以平均负担为原则	该区为山东省农产丰富之区，应从速整顿推广材料，大量推广以增生产，宜与省方合作办理

说明：《一览表》涉及全国其他地区，本表仅选取与淮域有关的部分。以下表中涉及全国其他地区的也仅选取与淮域有关的部分，特此说明。

资料来源：《农林部农业推广委员会三十五年度粮食作物推广实施计划》，中国第二历史档案馆，全宗号399，案卷号6698。

表 1-9 显示，农林部农业推广委员会在战后的农业推广计划中，关于淮域的粮食作物推广在已有基础上，以小麦的推广为中心，这是继续推广的有利条件。对推广材料，采取以下办法筹集："一、稻麦杂粮种子——本计划所选之推广区域均系以往办有基础之据点，本年以纯化其品种为工作重心。于作物成熟之前派员往各该区域举行田间检定，对于种植改良品种之农田指导去杂留种，凡拔除其杂种，给价收买，以免农民损失，而资鼓励。二、原始纯种之筹措——田间检查时选其纯度较高者（纯度约在百分之九十八），由本会出资收购，作为原始纯种以充示范农田应用，藉供农民观摩而资繁殖。又本部各省推广繁殖站所产之纯种亦得由本会让购备用。三、普通纯种——根据本计划所需要之种子数量，就选定之农户定购普通纯种（纯度约在百分之九十五以上）由本会出种价四分之一，订约预购并另行组织合作社、农会或种子改良会等农民团体，介绍农贷，由农民团体出自向前述本会订约预购之农户购种，然后收回本会所付定洋。"

总的来看，金大2905、金大62等小麦优良品种在淮域的推广较为普遍，到1934年，金大62 "已普遍秦淮河流域，农家用此种者，估计十分之三四，面积约十万亩以上"。为加大推广力度，1934 年金陵大学与中国银行等机构合作推广，"二九〇五号本年更以作物改良会之方式推广种植，共计九十九村，面积凡一万八千亩，收获后准备收回，全作种用"①。金大2905"为改良品种种推广区域最广者"，"其在各省之一般产量每亩约260斤左右，该品种非常丰产，且其品质亦佳"②。南宿州141-9"适于淮北平原种植。抗日战争前，已有大量推广。抗战期间，淮域农民仍自发串种，面积不断扩大。战后调查，1947年该品种种植面积在怀远等6县已达122万亩"。徐州438则成为徐属地区推广的主要品种。

（2）棉花优良品种的推广

棉纺织业是近代重要的工业部门，由于机器纺织对棉花品质的要求，到20世纪初中央及地方政府开始认识到引进优良品种、提高棉质的必要性与迫切性，并率先引进美棉，以提高棉花品质。淮域的美棉引进可以追溯到清末新政时期。1904年山东省"以千数百金购入美棉大宗，散布产棉各县试种"。1907年再购入美棉60包分发多处。"但由于该时期美棉品种引进基本是以直接引种为主，推广方法简单粗疏，即逐年输入大批棉种，未经驯化便行分发，缺乏科学的选优去劣程序，以致数年后品种逐渐退化，加之买卖价格与土种不相上下，美棉推广逐渐迟缓。"③

淮域是重要产棉区，各省对棉种推广均较为重视。江苏、河南棉种推广的指导思想是：一为在素不种棉之区提倡植棉，以期增加棉田面积，如江苏徐州。一为在棉种退化之区换以优良之棉种，以期改良品种，如江苏盐城区、河南太康区④。

山东省产棉区分为鲁西、鲁南、鲁北三大区，其中鲁南区是比较集中的区域。淮域山东的美棉引进与推广始于1920年代。1918年"在临清设立的棉业试验场专门试验、驯化和繁育引进的美棉……重点驯化繁育的品种为脱字棉。在连续繁育成功后，实业厅又于民国十一至十三年间陆续购进多批脱字棉新棉种，集中在鲁西、鲁北棉区推广"⑤。其中临清逐渐成为鲁西一带美棉的重要产区。山东省划定了棉作示范区与推广区，并由省立第一、二棉业试验场"分负指导监督之责"⑥。到30年代初，淮域山东除嘉祥、鱼台两县外，其余各县均有美棉种植，从下表大致可以看出美棉种植的进展概况，见表1-10：

①　《实业》，《十年来中国之经济建设》，1937年。

②　《近年后方各省推广稻麦改良品种概况》，农林部农业推广委员会：《农业推广通讯》第7卷第6期，1945年。

③　参见张玉法等编：《民国山东通志》第3册，山东文献杂志社，2002年，第1478、1479页。

④　《水利·公路·蚕棉》，《十年来之中国经济建设》。

⑤　参见张玉法等编：《民国山东通志》第3册，第1479页。

⑥　《棉业之推广》，《一年来复兴农村政策之实施状况》。

表 1-10　淮域山东各县洋棉面积表　　　　　　（单位：亩）

县别	1926 年	1927 年	1928 年	1929 年	1930 年	1931 年	1932 年	1933 年
菏泽					46 397	69 000	67 000	100
曹县					219 070	220 000	220 000	1000
城武					5230	6000	6000	
单县					83 745	85 000	30 824	
定陶					1434	2000	2000	500
巨野					1257		1275	

资料来源：实业部国际贸易局：《中国实业志·山东省》，第 5 编，1934 年，第 141 ~ 143 页。

表 1-10 显示，菏泽、曹县、城武、单县等美棉推广在 1930 年以后获得较大发展，考其原因，"固由于风土之宜棉，而历年各方之推广，促其发展，亦为其主要原因"。[1] 30 年代初山东省政府颁布了《山东省各县种植美棉奖励章程》，奖励分奖章与褒奖二种；奖章分金质、银质、铜质三个等级；给奖分改良棉种及提倡植棉二种。改良棉种奖励办法包括："一、不产棉县份领种省立棉场所育之美棉种面积在十五亩以上，著有成绩者。二、产棉县份能改种棉场，所育之美棉种面积在二十亩以上，著有成绩者。"提倡植棉奖励主要是"创设植棉场，研究棉业三年以上，确有成绩者"[2]。

在淮域各县的美棉栽种中，临清"常在三十万亩以上"，曹县"常在二十万亩以上"，禹城"则在十万亩左右"[3]。据 1935 年的调查，"鲁省自种植美棉以来，迄今已遍布山东棉产各区"，就数量言，临清、清平等地产量为最多，其中临清在产棉各县中，"就质量方面言，以临清所产为最优"[4]。可见，在山东的棉产区中，属于淮河流域的产棉区，在数量、质量上都有一定的地位。

但是，另一方面，由于受气候、土壤等方面的影响，鲁南区与其他各区相比，棉花品质较低，"棉产之品质，则首推鲁北，次为鲁西，更次为鲁南"[5]。由于气候原因，鲁南的美棉推广受到影响，"鲁南区洋棉之种植面积极少，多为中棉籽棉，中棉抵抗力强，出穰率高，故农民多喜种之"。

由于美棉的产量较高，纤维较长，价格因而较中棉为高。"鲁省棉田，除因特殊之灾害，不利于洋棉之生长外，普通洋棉之产量，均较中棉为佳，每亩相差约在十斤至三十斤之间，民国十九年菏泽洋棉之每亩产量较中棉多至四十五斤（籽花），但亦有与中棉收量不相上下或更少于中棉者，其原因在气候之突变，致碍洋棉之生长。"

---

① 实业部国际贸易局：《中国实业志·山东省》，第 5 编，1934 年，第 119 页。
② 山东省政府建设厅：《建设法规汇编》，第 155、156 页。
③ 山东省政府建设厅：《建设法规汇编》，第 140 页。
④ 金城银行总经理处天津调查分部：《山东棉业调查报告》，1935 年，第 24 页。
⑤ 金城银行总经理处天津调查分部：《山东棉业调查报告》，1935 年，第 3 页。

美棉推广的限制影响了鲁南区棉农的收入，"鲁南区之生长成本及收益情形，与其他两区稍有差异，因该区多种中棉，成本高而售价廉，每亩成本约合六元五角，其中人工为二元八角，稍低于美棉之三元二角，但畜工则高出美棉数倍，美棉每亩所需畜工不过六角，而中棉则需二元六角。所产籽棉数量为约七十五斤，售价不过九元，美棉则每亩可收一百二十斤，价值在十四元左右，除成本外，中棉每亩盈利不过三元，美棉则可获益八元有余"①。因此，如何进一步加强对鲁南区的棉种改造，引进、培育适宜于该区的优良棉种，是鲁南区亟待改进的主要问题。

而且，即使在临清这样美棉推广较为集中的地区，同样存在着棉种退化以及种植方法不当的问题。"自输种美棉后，近已成为美棉重要产区，但棉种退化驳杂，亟待改善。"②

淮域江苏美棉推广虽起步较早，但进展缓慢，"该县土地宜棉，近来种者渐多，虽大半土种，未能与江南等县竞争。若能设一棉事试验场，多采取美国及南通等处良好种子，分别种植，次等试验，以资改良，于棉业实不无裨益"。砀山等地情形，亦相类似。由于缺少改良，棉业无甚进展。培育优良品种，改进种植方法是徐海地区棉业改良必须面对和解决的问题。为此，1920 年江苏省划定在 20 个县设立植棉实验场，萧县、宿迁、如皋涵盖其中。30 年代初，根据全省土地、气候等方面的情况，江苏省政府将全省产棉区划分为"通海、淞沪、盐垦、徐淮、金陵五大棉区"，其中位于淮域的有通海、盐垦、徐淮三区。在推广过程中，江苏省政府注意加强技术力量的指导，"每区设一棉田试验场所，其棉田面积，须在五百亩以上，担任全区种子及栽培技术之改良，并供给最良棉种与各县农民"。同时，"各县分设植棉指导所，每所应有棉田十亩至三十亩，并规定大县至少应设二十所，小县应设十所，分布地点要求匀称，此外即为办理特约棉田，大县至少五十处，小县至少十处"③。江苏省立麦作试验场对在徐属地区推广美棉尤为重视，并积极与棉业统制会、中央大学以及银行合作，以推动"纯系脱字棉推广工作"。据统计，1935 年在铜山、萧县推广美棉 6255.3 亩，分布 189 村庄，领种者计 1377 户，共发出棉子 31 759 斤，贷出款项 12 505 元④。

对盐垦区植棉的重视是江苏棉业发展的重要组成部分。淮南盐场"近百年来，海势东迁，河淤成陆……茂草日以盛，盐产日以薄"。1906 年张謇创办通海垦牧公司，负责植棉，其后一些公司陆续创办，但荒地面积仍很广大，到 1935 年，"尚有一千三百万亩荒地未垦"，"若均开垦，则苏省之棉业，将增至百分之三十以上，年产总值约一万六千二百五十万元，目下利弃于地，实属可惜"⑤。鉴于盐垦区土壤等方面的独特性，

---

① 金城银行总经理处天津调查分部：《山东棉业调查报告》，1935 年，第 97、98 页。
② 金城银行总经理处天津调查分部：《山东棉业调查报告》，1935 年，第 79 页。
③ 《棉业之推广》，《一年来复兴农业政策之实施状况》。
④ 《江苏省立麦作试验场推广美棉》，《农报》第 1 卷第 12 期，1934 年。
⑤ 李积新：《江苏盐垦事业概况》，《东方杂志》第 21 卷第 11 号，1924 年。

1930 年江苏省立棉作试验场设立盐垦分场。江苏省政府还成立"垦殖专区协进委员会",进一步加强对盐区垦殖植棉的推动。

淮域河南亦是重要的产棉区域,美棉推广亦开始展开,如 1924 年实业厅指令许昌县知事"督斥各农事机关勤加视察,务使依法栽培,以获厚利",并要求将美棉栽培情况填表具报[①]。但由于受洋棉竞争的影响,"种植者日少"。为改变这种局面,1929 年河南省政府通令各县推广美棉,并制定了本年度推广美棉办法,划定推广区域,以 20 个县为重点,其中属于淮域的有开封、郑州、荥阳、氾水、汤阴、杞县、太康等县;制定了棉种分给办法、栽培指导等事项,"分给棉种后,由厅随时派员考察指导外由各该建设局派员带赴植棉区域挨户指导,务使农户栽培得法,免受各种损失,其成绩表所列各项,农户未能填注者,并须随时询问,代为填注";加强宣传,"凡推广区内各县建设局须于植棉期前,先将美棉利益、栽培方法及领种手续普遍宣传,并招集宜棉各村村长开会,讨论分给棉种办法。务使家喻户晓,藉收推广之实效。"收获后,"须征集本地所有棉产,开展览会一次,以资比较"[②]。

棉业统制会成立后,"以河南棉业亟待改进",1934 年春在太康设立植棉指导所,举办推广工作。"同年七月,复感事业有立予扩展之必要,又与河南省政府合作,于太康成立河南省棉产改进所,而以太康指导所属之。"河南省棉产改进所的设立,进一步推动了河南省的棉改工作。同年鉴于棉区辽阔,为加强指导,河南省棉产改进所划分全省为 19 个改进区,分区择要进行推广工作。其中淮域的有新郑区、太康区、商丘区、确山区、禹县区、项城区、开封区、潢川区等。并在重要产棉区,"各设一植棉指导所(初设时或仅设一指导区或指导员办事处)担任该区域内之棉产改进指导工作"。

1937 年河南省棉产改进所制定了本年度推广办法,内容为:第一,本年推广办法分棉种管理区及普遍区两种。棉种管理区除另有条例规定外,其贷种办法与普通推广区同。第二,规定普通推广区的贷种办法、时间、数量,贷发棉种于棉农,取集中及直接方式,集中本所棉作场及指导员驻在地周围直径 15 里以内。借用棉种须于 3 月 20 日前填写志愿书,三月底前换取借种凭证及执照,4 月 10 日前领取棉种,每市亩市秤六斤。第三,划定本年度棉种数量及品种分配:开封改进所:脱字棉 30 担,面积 500 亩;郑州指导所:脱字棉 800 担,面积:普通区 5000 亩,管理区 10 000 亩;太康指导所(包括淮阳、商水办事处):脱字棉 18 000 担,面积:普通区 20 000 亩,涉及太康、杞县、淮阳、商水等县,管理区 10 000 亩,主要在太康县境内;确山指导区:脱字棉 800 担,面积 15 000 亩;商丘指导区:脱字棉 2400 担,面积 30 000 亩。第四,规定指导员的职责:"每指导员在其指导之普通推广区域内须择适当地点十处以上,各特约一比较有知识热心植棉之棉农农田作为示范农田,其栽培方法,悉受该指导员之指导"。

① 《河南实业厅指令许昌县知事会呈一件》,《河南实业周刊》第 2 卷第 38 期。

② 《河南建设厅民国十八年推广美棉办法》,《河南建设月刊》第 2 卷第 3 期,1929 年。

第五，规定示范农田面积须在 5 亩以上，所用之棉种必须是改进所推广之棉种，但一切资本、劳力，改进所不负协助之责。耕种方法以条播和点播为限，行距须在 2～2.5 市尺之间，不得小于 2 市尺。株距须在 1～1.5 市尺之间，不得小于 1 市尺。中耕、除草、防除病虫害等须受指导员之指挥，依限期行之。在棉株生长期内，指导员到田间实行去劣选种，棉农不得拒绝，并须与以种种便利。收花时棉农须将白花、霜花、烂花或殭瓣花等分别采摘储藏。第六，规定棉花归还棉种数量、时间，依照借种数量加半，并限 12 月底前缴齐。

为解决优良品种的推广问题，河南省政府采取了一系列措施，以便从组织和资金上进行推进：一是推动与合委会的联系，通过合作社推动改良。《河南省棉产改进所、河南农村合作委员会双方人员工作联系办法》正是为了推动棉产推广区域合作社的成立，以推动棉业的改良。《联系办法》第 1 条、第 2 条分别规定："各县在棉产推广区域以内应尽先组织各种合作社"，"凡属推广棉产区域内之棉农，应促其一律加入各该区域内合作社为社员。"第 5 条规定："推广棉产区内各种合作社棉种之改良、加工、运销诸事宜，由棉产改进所人员负责，尽显办理，并由各县合作办事处及办公室或区特派员办事处协助进行。"二是与金融机构合作，帮助棉农获得贷款，缓解资金压力。《中国农业银行与河南省棉产改进所推进全省植棉区域内凿井贷款合约》、《河南省棉产改进所代棉农向开封中国农民银行收付凿井贷款办法》、《河南省棉产改进所与农本局订立贷款合同》。侧重点是解决推广区棉农的生产贷款问题。如果说此前凿井贷款，其动因在于"推进河南省植棉指导区内凿井灌田，以防棉农受旱"，那么农本局的贷款种类已扩展为生产、凿井、利用、运销四大类。特别需要指出的是，《贷款合同》明确规定，对贷给甲方（河南省棉产改进所）的资金用途、业务改进，乙方（农本局）有监督之权，以确保专款专用。第 12、13 条规定："乙方得随时派员调查贷款之用途及各项业务之进行，如认为合作组织失当，或业务经营不合，或借款用途违约时，乙方得即通知甲方提早收回贷款，或予以收回贷款"，"乙方对于棉花产销贷款范围内之事业，如有改进意见，得向甲方提出建议，经商洽后，甲方负责推行之。于必要时，乙方并得派员或推荐人员协助之。"

在政府的推动下，到抗战全面爆发前，淮域河南的美棉推广进展良好，几乎扩展到淮域各县，具体情况见表 1-11：

表 1-11　淮域河南各县棉产统计表

县别	棉田亩数			产棉数量		
	华棉	美棉	合计	华棉	美棉	合计
	亩	亩	亩	斤	斤	斤
陈留	8911	102	9013	467 827	4182	472 009
杞县	71 000	13 500	84 500	1 974 000	486 000	2 460 000

续表

县别	棉田亩数			产棉数量		
	华棉	美棉	合计	华棉	美棉	合计
	亩	亩	亩	斤	斤	斤
尉氏	3900	1700	5600	81 810	2527	84 337
鄢陵	4455	45	4500	356 400	4500	360 900
中牟	70	80	150	1050	1600	2650
禹县	46 000		46 000	598 980		598 980
新郑	350	200	550	17 000	10 000	27 000
宁陵	34 522		34 522	2 071 320		2 071 320
永城	3580	1100	4680	223 000	71500	294 500
夏邑	7000	2500	9500	284 000	125 000	409 000
睢县	108 000	12 000	120 000	8 640 000	720 000	9 360 000
民权	16 800	1200	18 000	1 512 000	120 000	1 632 000
柘城	2340	160	2500	117 000	11 200	128 200
淮阳	110 000	1500	111 500	2 475 000	45 650	2 520 650
西华	7500	4700	12 200	130 000	91 260	221 260
商水	2500		2500	170 000		170 000
项城	4000	1000	5000	120 000	34 000	154 000
太康	175 000	200 000	375 000	4 095 000	5 200 000	9 295 000
沈邱	1500	160	1660	90 000	13 000	103 000
许昌	7800	3700	11 500	624 000	351 500	975 500
襄城	250	100	350	5500	1500	7000
长葛	2825	1545	4370	26 950	15 815	42 765
郑县	2000	40 000	42 000	36 400	810 560	846 960
广武	1200	28 400	29 600	96 000	2 408 000	2 504 000
叶县	1910	730	2640	57 000	29 000	86 000
上蔡	75 050	170	75 220	4 504 800	6800	4 511 600
确山	3000	500	3500	60000	15 000	75 000
新蔡	1848	1232	3080	110 880	98 560	209 440
西平	15 000	6300	21 300	1 150 000	535 000	1 685 000
遂平	2900	300	3200	210 000	20 000	230 000
信阳	2100	300	2400	84 000	15 000	99 000
商城	750		750	15 000		15 000
临汝	700	5000	5700	21 260	92 500	113 760
鲁山	4000	700	4700	156 000	2350	158 350
郏县	700	300	1000	16 000	12 150	28 150

续表

县别	棉田亩数			产棉数量		
	华棉	美棉	合计	华棉	美棉	合计
	亩	亩	亩	斤	斤	斤
宝丰	4300	4300	8600	12 120	13 250	25 370

资料来源:《河南建设概况》,1933 年,第 71 ~ 75 页。

抗战全面爆发后,河南省自 1940 年开始恢复办理棉种推广,据《河南省农业改进所二十九年至三十三年棉增工作总报告》,到 1941 年棉种推广扩展到 20 个县,涉及淮域的有郑州、临汝、四平、许昌等县,推广棉种数量及播种面积亦在逐年增加。

淮域安徽虽然不是主要产棉区,在安徽省政府的推动下,美棉推广亦有所推进,从下表中可以看到美棉的推广情况,见表 1-12:

表 1-12　1935 年淮域安徽各县棉产调查估价表

县别	棉田面积（亩）			每亩子棉产量（斤）			缫棉率		总产量（斤）		
	中棉	美棉	合计	中棉	美棉	合计	中棉	美棉	中棉	美棉	合计
阜阳	93 000	7000	100 000	24	26	50	25%	26%	558 000	47 320	605 320
太和	75 230	24 725	99 955	60	60	120	25%	30%	1 128 450	445 050	1 573 500
涡阳	12 005		12 005	30		30	25%		90 037		90 037
六安	2500	10	2510	80	110	190	32%	33%	64 000	363	64 363
亳县	75 000	5000	80 000	50		50	22%		855 555		855 555
盱眙	1987	662	2649	130	140	270	30%	25%	77 493	23 170	100 663
定远	5850	500	6350	45	60	105	20%	30%	52 650	9000	61 650
临泉	49 167		49 167	40		40	25%		491 670		491 670
五河	120		120	30		30	30%		1080		1080
泗县	1200		1200	20		20	35%		8400		8400
颍上	500		500	20		20	25%		2500		2500
霍山	1575	4725	6300	30	34	64	28%	30%	13 230	48 195	61 425
灵璧	向不产棉										
怀远	收获量极微										

资料来源:《安徽省各县二十四年份棉产调查估价表》,安徽省建设厅:《安徽一年来之农村救济及调查》,1936 年。

为加大推广力度,安徽省政府在 1937 年计划由省立棉蚕改良场与中央棉产改进所合作,扩大在淮域的棉花种植与推广面积,制定了《发展安徽棉业计划大纲》。《大纲》拟从四个方面推动:一是增加棉田面积。"划定寿县棉田五万亩",凤阳、怀远、凤台各一万亩,并制定了分年推广计划。二是提高棉花品质,"改良棉花的品质供给三十二支以上细纱原料"。三是加强组织管理，对棉花的生产、销售，进行"统制管理，设立推广棉业管理处"，并在轧花、打包方面进行规范管理，以保证良种不致混杂。四是从种子、资金等方面给予支持，"特约棉农暂定每户十亩，每户贷给种子七十斤，计银三元五角，肥料费十五元。每十户贷给条播器及中耕器各一具，每户约摊银六元，用合作社方式贷出资金"①。但抗战爆发使计划搁浅。

总的来看，淮域各省对优良棉种的推广有所差异。山东省以脱字棉的推广为主，江苏省既有脱字棉，亦有省立棉作试验场育成的青茎鸡脚棉以及驯化脱字棉和改良鸡脚洋棉，河南则包括脱字棉、斯字棉、德字棉等，安徽既有美棉，也有中棉，其比例视各地的气候、土壤等因素而定。

3. 病虫害的防治

注重对病虫害防治，加强农作物抵御病虫害侵袭能力，提高防治技术是近代农业改革的重要内容，也是这时期农业推广的有机组成部分。中国传统农业由于防治意识淡薄，防治技术落后，病虫害危害较为严重。淮域是病虫危害较为严重的地区，社会各界意识到病虫害防治的重要性，加强了对这方面的研究，内容主要包括两部分：其一，在育种的同时，逐渐意识到培育良种的抗病虫害侵袭能力；其二，加强对病虫害防治技术的研究与推广。如江苏省立棉作试验场在1930年以前对棉花育种，"均以产量和品质为唯一标准，而于抵抗病害方面未注意，故有植物低矮而茎细弱，不堪病虫害者，以前未发现病虫害也"。今后"育种当于抵抗病害方面为极重要之标准"②，培育的"青茎鸡脚棉第三号"及改良鸡脚洋棉时，鉴于其易受病虫害侵袭，在培育时即注意增强其抗病力，育成的"青茎鸡脚棉第三号"，"叶形如鸡脚，抗卷叶虫害力强"。"改良鸡脚洋棉"，"叶形如鸡脚，不易受卷叶虫害"③，颇适应在盐垦区种植，成为盐垦区推广的主要棉种。

引进国外优良棉种如何避免其携带的虫菌，趋利避害，也引起了时人注意。1920年江苏实业厅呈请省长公署，要求在通商口岸设立检查所，加强检查："美国高地棉种输入中国者不下数百种，劝导种植不遗余力，然其有无虫菌遗传毒性不可知也。设曰无之，其能不为吾国固有之虫菌所嗜食及滋殖亦不可知也。或者在美为良种，至华而因土质气候之关系，虫菌乃得滋生……不幸而有一于此，即是贻棉业无穷之害，其或殃及其他作物……呈请省长指令实业厅长于通商大埠外舶停卸之处酌量设立棉种检查所，延请精于农棉及昆虫细菌学专家主持其事，实施检测熏炙手术，严防病害之潜入，

---

① 《发展安徽棉业计划大纲》，安徽省档案馆，全宗号1，目录号1，卷号665。
② 《江苏省立麦作试验场民国十九年度工作报告》，中国第二历史档案馆，全宗号422（乙），案卷号721。
③ 《苏省农业推广办理经过及今后计划》，中央农业推广委员会：《农业推广》第11期，1936年。

以图棉业发达而防外种流弊。"① 呈文得到江苏省政府的批准。在引进美棉时注意防止病虫侵袭，说明防治意识的加强。

研究病虫害的防治技术是一个重要方面。1932 年江苏省政府会议决定在实业厅暂行附设植物病虫害防治委员会，以加强组织领导。1934 年江苏省政府委员会议修正通过了三个关于病虫害防治的文件：其一为江苏省各县防治虫害人员奖惩规则，规定奖励由民政、财政、建设三厅会同执行，惩戒依照公务员惩戒办法办理。其二为江苏省各县县长防除虫害考成章程。其三为各县捕蝗治螟用费办法。文件不仅明确了相关防治病虫害人员和县长的责任，也在一定程度上为江苏省的病虫害防治提供了经费上的保证。

召开防治会议，培养防治人才，是加强病虫害防治的有效手段。中央农业实验所成立后，每年召开防治会议，如 1934 年召开的苏浙皖鲁豫湘冀七省治蝗会议，专门研究防治蝗虫技术的改进，有力地推动了淮域各省在技术上的交流合作。

各地通过病虫害的试验，防治技术有所突破。如江苏省立麦作试验场经多年研究，发现徐属地区麦作病虫害的类型为"徐属小麦病虫害，以线虫病为最烈，黑穗病尚不多见。大麦裸麦，以坚黑穗病为最剧烈，虫害为蝼蛄蛴螬为患最大"。由于找到了小麦、大麦等致病之源，因而发明了不同的防治方法②：

1、小麦线虫病预防法，以盐水选种为主，如该种小麦，兼有黑穗病之发生者，得兼行温汤浸种。

2、大麦裸麦坚黑穗病之预防方法，用温汤浸种或碳酸粉拌种。

3、各推广区选种，所用食盐，每处至多限用四十斤，由本和场购买，碳酸铜粉，亦由本场赠送，以资提倡。

此外，为推广防治方法，并给农民提供便利，试验场规定："各推广区使用之温度计、拌种箱等，均由本场供给，用毕送还；且本场有代为购置之义务。""如红砒农民购买不便，由本场代购。"除材料上的供应外，还在技术上给予指导："防除虫害，用俗谷拌种法，由本场推广人员指导调制。"

淮域是蝗虫多发地区，安徽省建设厅农林局研制了一种名为"氟砂酸钠"的杀虫药剂。氟砂酸钠为一种白色粉状物，具剧毒，用以调制毒饵，诱杀蝗蝻，功效甚著，施用方法，"一如撒播种子，用手掬握毒饵，在蝗蝻群区及其四周均匀撒布。"防治得到中央技术力量的支持，"所有毒饵由农林部派来技术人员负责，配备后经治蝗督导处及治蝗工作队分配给各乡镇公所，由农林部技术人员携带杀虫药品，会同治蝗人员使

---

① 《江苏省实业厅呈省长公署》，《江苏实业月志》第 13 期，1920 年。

② 《江苏省立麦作试验场》（民国二十二年份推广计划），中央农业推广委员会：《农业推广》第 5 期，1933 年。

用"①。据统计，1941～1945 年安徽省防治麦病共 83 950 市亩，增产 24 563 市担。

河南省则在 1934 年对全省农作物病虫害种类及其危害进行调查，发现黑穗病是小麦、大麦的主要致病之由。棉花的主要病虫则是棉铃虫②。

注重防治知识的宣传、普及，提高农民的防治能力是又一举措。1930 年江苏省立麦作试验场"以宣传麦作病虫害为主要工作，去年秋季曾派员分赴徐属各县宣传小麦线虫病预防法、麦类黑穗病预防法及信谷拌种预防小麦虫害的效果和制法等法等，并实行示范指导，所至之处颇受农民之欢迎"③。河南省还编写介绍杀虫药剂使用方法材料，推行对棉铃虫的防治。

此外，江苏省还采取奖励的办法，以调动农民的积极性。1922 年"徐海各属螟灾，迭委候补知事多人，分赴各县查办，颇著成效。""然官办之效，究不如地方人民自办为宜。"自 1923 年采用奖励办法，手段有二："一为收买。每捕获螟虫 50 头，给价铜钱一枚。一为业主贴补佃户办法。每掘烧稻根一亩，业主贴给佃户食米三升。""以上三种办法，均已行之有效。"④

4. 土壤检测与化学肥料的使用

对土壤成分进行检测，进而确定各种肥料的使用，是这时期农业推广的有机组成部分。近代以来，运用科学知识与手段对土壤的性质、成分进行鉴别，以改良农业生产，提高农业生产水平越来越受到重视。商部成立后即着手进行这方面的工作。进入民国时期，除农事试验场继续进行试验外，中央到地方的各级农业机关亦成立了相应的机构，如中央农业实验所的植物生产科即设有土壤肥料系。中央农业试验所关于淮域土性测定的结论是："中农所各省地力测定结果，氮素肥料普遍缺乏，淮河流域之红壤与黄壤，复感磷质缺乏。"

土壤测定不仅有利于农作物的栽培试验，也为肥料的使用提供了科学依据，如"关于硫酸铔肥料之施用量，战前徐州、济南多个试验场之结果，均以每亩施用二十斤为最经济"⑤。1929 年河南省通令各县采送土壤肥料以备化验："农田耕作，首重土宜，施用肥料，尤关收获。特通令各县，将境内肥瘠适中之地，足以代表全县土壤之性质者，采送土壤一份，如有大部分相异之壤，亦须分采，所有各种肥料，每种亦各采送

① 《安徽省建设厅农林局关于捕蝗发粉情形与各省来往文电》，安徽省档案馆，全宗号 1，目录号 1，卷号 312。

② 《河南农作物产量及病虫害损失调查表》，中国第二历史档案馆，全宗号 422（2），案卷号 1480。

③ 《江苏省立麦作试验场民国十九年度工作报告》，中国第二历史档案馆，全宗号 477（乙），案卷号 721。

④ 《江苏组织螟虫考察团》，中国第二历史档案馆，全宗号 1038，案卷号 2046。

⑤ 蔡旭：《近年来我国麦产改进工作概况》，农林部农业推广委员会：《农业推广通讯》第 7 卷第 6 期，1945 年。

一份，每份重量，须在十斤左右，以便化验成分，藉资改进。"①

　　战后联合国救济总署救济物资化肥的发放也为化学肥料的推广使用提供了条件。以淮域安徽为例，寿县、霍邱、六安、盱眙、凤台、定远、亳县、涡阳、太和、临泉、阜阳、颍上、宿县、灵璧、泗县、五河、怀远、蒙城等县都得到了化学肥料，具体数量如表1-13：

表1-13　淮域安徽农业善后推广辅导委员会无代价散发推广肥料数量分配表

县别	数量（吨）	推广费（元）	推广机关	督导机关
寿县	150	750 000	农推所	一区农场
亳县	5	25 000	同上	二区农场、省农林局
涡阳	50	250 000	同上	同上
太和	50	250 000	同上	一区农场、省农林局
凤台	150	750 000	同上	同上
临泉	5	25 000	同上	同上
阜阳	150	750 000	同上	同上
颍上	50	250 000	同上	同上
宿县	300	1 500 000	同上	二区农场、省农林局
灵璧	5	25 000	县府	同上
泗县	5	25 000	同上	同上
五河	50	250 000	同上	同上
怀远	150	750 000	农推所	同上
蒙城	50	250 000	同上	同上
霍邱	5	25 000	同上	同上
六安	5	25 000	同上	同上

　　资料来源：《安徽省农业推广辅导委员会无代价散发推广肥料分配表》，安徽省档案馆，全宗号1，目录号1，案卷号381。

四、农田水利的兴修与技术改进

　　"政莫要于养民，养民莫大于水利。"加强水利建设是发展农业生产的基础与前提。从这时期淮域水利建设的内容看，主要包括三方面：第一，加强行政管理。各省成立了专门的水利工程委员会，对全省的水利事业进行规划。第二，注重农业灌溉，加强农田水利基本建设，同时采用新式灌溉工具。第三，加强淮河干支流堤坝建设，预防灾害发生。

　　关于新式农具对农业生产的重要性，刘坤一等在《三折》中已有述及。为鼓励新

---

① 《通令各县采送土壤肥料以备化验》，《河南建设月刊》第2卷第3期，1929年。

工具的采用，使其切实发挥作用，各省都出台了相应的政策。如 1933 年山东省通过了《山东省建设厅提倡使用抽水机灌溉办法》。《办法》规定，"山东省建设厅为提倡使用抽水机灌溉农田起见，特准县政府购置柴油抽水机"，"凡原用旧式方法灌田者以不妨害上下游原有之灌溉为限"，"凡用柴油抽水机灌田者须将以往所用机器灌田情形及其所得利益之比较，制成统计，以资提倡"。

山东、河南两省对农田灌溉较为重视，除了在灌溉工具上进行改进，引进新式工具外，对凿井灌溉也较为重视。河南省成立了凿井班，在各地进行凿井。山东省对凿井从资金上进行支持，1935 年修正通过了《山东省各县凿井贷款办法》。《办法》明确规定，为普及凿井，将凿井贷款列入预算，并规定，"本规则所称之井以用于灌溉农田者为限"，专为农业生产之用。

与河南、山东重视凿井，侧重发展农田灌溉不同，安徽地处淮河中游，淮河泛滥始终是困扰农业生产的重要问题。加强对淮河大堤的修建成为安徽省政府兴修水利工程的一项重要内容，尤其是抗战全面爆发后，"日寇南侵，将黄河南岸之花园口及赵口两处，炸毁堤岸，黄水失道，南侵入淮，本省沿淮十八县，大半淹没"。省政府加强组织建设，"扩大水利组织，成立水利工程测量大队一队，防黄工程处十处，水位站十五处，雨量站二十一处"。水利工程的重点是，"以修筑江淮堤岸，防止水祸为主"[①]。安徽的水利建设也得到了金融机构的支持，在安徽省与四行的贷款中，即有专项农田水利贷款。如 1940 年省政府与四行签订了 100 万元的农用水利贷款，其用途为："甲、筑坝开渠之灌溉工程。乙、汲水灌溉工程。丙、蓄水库工程。丁、排除农田积水工程。"在各级组织的共同努力下，淮域安徽各县从 1939～1945 年完成的土方为 17 753 万公方，详见表 1-14：

表 1-14 流域施工筑堤及受益亩数统计表

年度别	施工县数	堤段长度（公尺）	完成土方（公方）	保障田亩（亩）
总计	11		177 537 953	331 075 893
1939	11	936 135	10 750 480	4 092 724
1940	11	1 611 660	31 587 219	27 289 560
1941	11	2 061 886	24 775 850	38 502 476
1942	11	1 997 833	23 818 434	37 207 577
1943	11	1 893 694	31 005 355	40 658 000
1944	11	2 198 409	27 123 459	150 310 880
1945	11		28 477 136	33 014 676

资料来源：安徽省政府：《安徽政绩简编》，1946 年，第 6 页。

---

① 安徽省政府：《安徽政绩简编》，1946 年，第 5 页。

五、改革的效应

近代淮域农业科学技术的引进和使用，为传统农业注入了新的发展要素，农工商一体化的发展理念为传统农业注入了新的发展动力，揭开了近代淮域农业改革的序幕。

第一，政府的重视与投入为农业改革的展开提供了一定的前提与保障。各级农业机关及其专业性的农业改良组织的在淮域初步建立，为农业改革提供了一定的制度保障。这种制度体系包括：从中央到地方的各级政府机构中建立了负责农业改革与发展的机构，为农业改革提供了组织保证；各级农业推广组织的建立，为农业科学技术转化为生产力提供了有效途径，进一步推动了研究与生产、理论与实践的有机结合；组织的机构建立为农业经费的投入提供了保障，在各级政府的预决算中，农业经费逐渐占有一席之地。

第二，农业科学研究、实验网络体系的初步建立为品种改良提供了良好的技术支撑。传统农业与现代农业的差异在于，传统农业是经验性的，技术含量低，政府对农业投入少。现代农业的一个重要特征是农业科学技术水平高，科学技术对农业的贡献大。近代淮域初步建立了各级农业研究机构，其中高等院校、实业机构是这时期一支重要的科研力量，发挥了不可替代的作用，政府机关、高等院校、企业组织对农业改革的重视，初步形成了农业改革的合力，尤其是高等院校、企业组织的积极参与，一定程度上弥补了政府投入的不足，在农业科学技术改良方面发挥了积极的作用。

第三，推广机构之间的配合促进了资源的整合。农业推广是一个系统工程，需要各方面的密切配合。以农业推广为契机，政府、合作社、农会、科研机构、企业、银行等机构意识到相互合作的重要性，加强了相互之间的联系；同时重视对推广人才的培养，以及对推广对象——农民的重视，初步形成了涵盖各方面的推广体系，并综合运用行政、经济、宣传等手段，传播农业科学知识，重视提高种植优良品种农民的收益，产生了一定的效果。以纺织业为例，政府、企业、金融等机构形成了棉业改良的合力，共同致力于优良品种的引进、培育以及对国产土棉的改造。由于改良棉质提高棉纺织品竞争力的需要，华商纱厂联合会同样积极推动对棉业的改良，通过"公司+农户"的方式，形成生产、销售体系。

在政府组织的贷款中，农业推广逐渐占有相当比重。1943年中国农民银行在报告中指出："三十二年农业推广贷款大部系与农林部统筹办理，一年以来尚著成效。本年度本行农贷业务仍以协助农业推广为中心工作之一。"[1] 战后在农贷业务中，农业推广经费仍占有一定的比重，如1947年对淮域江苏各县的贷款，规定了农推经费的份额[2]。

---

① 《农业推广贷款总类》，中国第二历史档案馆，全宗号399，案卷号6695。

② 《农业生产贷款登记单》，中国第二历史档案馆，全宗号399，案卷号8288。

社会各组织对农业推广的重视，使这时期农业推广得以初步展开的重要因素。

第四，对推广对象——农民的重视，形成了这时期农业推广的一个显著特色。新技术的传播对象是农民，各级政府与农事试验机构均意识到通过各种方式对农民进行教育，提高农民知识水平，转变思想观念的重要性。只有提高广大农民的认识水平，并使农民在实际中体验到种植优良品种的有利之处，推广才能真正落到实处。对推广对象的重视有利于推广工作的有效展开，并有利于提高农民的科学文化水平，这也是农业现代化进程中不可缺少的重要因素。

第五，农工商一体化的发展思路为农业改革拓展了广阔的空间。现代社会各个部门之间关联度高，一个行业的发展，必然需要其他部门的支持与带动。作为国民经济基础产业的工业与农业在经济发展中更是相互依存，不可分割。在这方面，纺织业是一个较为典型的案例。正是基于棉纺织业对优质棉花的需求，推动了对棉花品种的改良，良种推广得以展开，并带动了淮域棉花种植面积的扩大。为棉纺织业提供优质原料是这时期农业改革的一个重要动因，如"江苏省立麦作试验场鸡脚棉花纤维品质，曾托南通学院纺织科举行鸡脚棉成纱强力试验，其试验方法，先将鸡脚棉试纺二十支纱，同时取做好之二十支三道粗纱，在另一细纱机上试纺二十八支纱，每种纱行强力检查一百次；试验结果，二十八支纺之强力为四八点八五磅，据试验人报告，纺成之鸡脚棉二十八支细纱，条干均匀，松紧合度"[1]。在安徽省建设厅 1936 年的棉业发展规划中，改良棉花品质，供给二十支或三十支细纱原料即是其三大目标之一。农业与工业的相互促进更是提高国际竞争力，抵制经济侵略的不可缺少的因素。经济委员会在成立棉统会告国人书中曾这样指出："我棉田遍布各省，而制棉工业亦有四千余年之历史。乃国家漏厄仍以棉货为独巨，已有工厂且岌岌若不可终日，此其故何哉？一言以蔽之，曰不能随时代演进以应缓急需要而已。农者不能应工厂原料之需求，则外棉自可源源而来，制造者不能应消费者之需求，则非国产之装品何怪其不胫而走。"[2] 只有密切农工商之间的联系，才能提升竞争力，进而推动经济的发展。近代以来，随着工业的进步，农业已不再是一个自给自足的单位，而与工商业有密切的关联。它也从一个侧面说明，在中国这样一个传统的农业大国，在农业现代化之路上，引入各方面的力量，利用各种条件，因势利导，因地制宜，实现资源的有效配置，实现农业转型的必要性与迫切性。

第二节　近代农业生产组织的出现

中国传统农业以家庭为单位，一家一户从事农业生产，缺少联络与组织。19 世纪

---

[1] 《江苏省立棉场试验鸡脚棉纺纱强力》，《农报》第 1 卷第 3 期，1934 年。

[2] 《全国经委会发表统制棉业告国人书》，《政务周刊》第 38 期。

末随着对传统农业的改造，提升农产品竞争力的需要，以及西方的影响，淮域各省开始出现了新的农业组织—农会、合作社以及新型经营方式—垦殖公司。

一、农会的建立

建立农会的呼声始于 19 世纪末。上海是西方近代农业知识最先输入之地，1896 年有识之士率先在上海成立了农学会，其宗旨是研究农艺，并在次年创办了《农学报》，宣传、推广农业知识。戊戌变法时期康有为在奏折中亦要求建立农学会。1898 年光绪帝下诏，要求各地广开农会。1907 年农工商部奏请在各省省城和府厅州县建立农务总会与分会，并制订了《简明农会章程》。

在各省成立农务总会的基础上，1910 年清政府颁布了《全国农务联合会章程草案》，规定农务联合会："以联络全国农业机关，调查全国农业状况，规划、劝导全国农业改良与进行为宗旨"；"以交换农产种子、农器用法为入手改良方法，以所调查及试验之笔记、报告、刊行农业杂志为发表意见机关，余依能力所及，随时兴办。"① 从其名称可以看出，农学会或农务会，其基本职责是从事农业科学知识的传播及农业改良事宜等技术性工作，并未涉及农民组织层面。

在这一时代背景下，山东省 1907 年将济南的省农桑总会改为农务总会，各州县改为农务分会。安徽农务总会于 1908 年成立，1913 年在寿县、六安、盱眙、等县设立了分会，"而又以盱眙农会设立为最早"②。从 1919 年《安徽省六十县经济调查表》中可以看出，农会组织在淮域相当县份已经建立，并在劝导农民改良种植，宣讲科学知识等方面开始发挥作用。如蒙城县，"蒙邑产棉不敷本地之用，常仰给河南棉花运入，现在农会会员劝导农民多加种植，产额谅可增加"③。"泗邑各乡土质颇宜种棉，惟以种棉利息较种他项农产为优，现在县境农民颇知讲求，并由农会设法提倡改种美棉，推广种植地亩。"④ 从对宿县、灵璧、凤台、阜阳、颍上、亳县、太和、盱眙等县的调查看，农民大多没有能力接受教育，"知识浅陋"，"欲求其进步，非于乡区设立农会，多派熟悉农业人员随时劝导，不易收其效果"。

1927 年南京国民政府颁布《农会法》后，农会开始以《农会法》的名称命名，凸显了农会的作用，确定了农会的法律地位，而且它将"发展农民经济，增进农民知识，改善农民生活"放在首位，这比以往单纯的"以图农事之改良"，内涵更为丰富，范围更加宽广。以《农会法》的颁布为契机，淮域各省农会组织发展到一个新的阶段。从

---

① 李文治：《中国近代农业史资料》第 1 辑，第 867 页。

② 《中华全国农务联合会第一次会议纪要》，文海出版社。

③ 《安徽省六十县经济调查表》第 4 类，棉，第 836 页。

④ 《安徽省六十县经济调查表》第 4 类，棉，第 860 页。

淮域各省发展态势看，江苏发展最快，到1931年5月，淮域江苏各县基本建立了县、乡农会。同年底淮域山东各县亦大致成立了县、乡农会，见表1-15。

到1931年淮域山东各县也基本建立了合作社，如表1-16。

表1-15　淮域江苏各级农会一览表

县名	县农会	区农会数	乡农会数	会员数
淮安	县农会	7	173	12 356
泗阳	县农会	5	100	12 356
盐城	县农会	14	260	31 983
高邮	县农会	11	128	22 450
宝应	县农会	7	99	5545
铜山	县农会	12	114	9000
砀山	县农会	7	105	12 340
邳县	县农会	10	226	14 488
宿迁	县农会	10	200	10 000
睢宁	县农会	8	125	13 301
沭阳	县农会	10	118	7396
阜宁	县农会	9	226	
东台	县农会	7	125	6931
兴化	县农会	6	97	19 470
泰县	县农会	11	169	
沛县	县农会	7	112	
东海	县农会	7	81	6668
灌云	县农会	9	237	
赣榆	县农会	7	58	5693
淮阴	县农会	6	141	8923
涟水	县农会	5	115	2070
江都	县农会	10	206	86 000
丰县	县农会	6	68	10 880
萧县	县农会	10	171	19 301

资料来源：实业部劳动年鉴编辑委员会：《民国二十一年中国劳动年鉴·第二编·劳动运动》，文海出版社，第52～54页。

表 1-16　淮域山东各级农会一览表

县名	县农会数	区农会数	乡农会总数	会员总数
滋阳	县农会	6	24	2023
宁阳	县农会	9	59	3235
滕县	县农会	11	42	3205
泗水	县农会	5	37	1116
汶上	县农会	10	60	3170
峄县	县农会	5	31	7595
嘉祥	县农会	4	14	1896
临沂	县农会	15	228	37 490
郯城	县农会	5	46	4288
费县	县农会	5	15	1209
莒县	县农会	6	52	7985
沂水	县农会	6	42	3694
成武	县农会	20	105	9574
定陶	县农会	5	57	5709
巨野	县农会	7	100	5909
郓城	县农会	6	38	7520
日照	县农会	7	49	2973
济宁	县农会	7	21	31 271
曲阜	县农会	5	69	3450
金乡	县农会	9		7000
鱼台	县农会	9	45	7605
菏泽	县农会	6	57	4352
曹县	县农会	10	196	45 000
单县	县农会	7	52	32 000

资料来源：实业部劳动年鉴编辑委员会：《民国二十一年中国劳动年鉴·第二编·劳动运动》，文海出版社，第 62～65 页。

与江苏、山东相比，安徽较为缓慢，淮域河南也有所进展，见表1-17：

表1-17 淮域河南各级农会一览表

县别	县农会	区农会总数	乡农会总数	会员总数
登封	县农会	8	29	4532
鄢陵	县农会	3	37	1921
密县	县农会	1	40	8340
商水	县农会	6		1480
禹县	县农会	4	10	1981
洧川	县农会	3	13	918
开封	县农会			2464
氾水	县农会	3	25	1673
陈留	县农会	4	22	1323
扶沟	县农会	4		703
襄城	县农会	3	9	481
西平	县农会	7	28	1464
确山	县农会	7	21	849
尉氏	县农会	5	74	6000

资料来源：实业部劳动年鉴编辑委员会：《民国二十一年中国劳动年鉴·第二编·劳动运动》，文海出版社，第60~61页。

农会的业务主要有两方面：一是协助政府的农业改良，包括土地、种子、肥料等的培育与推广、病虫害防治、农村教育、公共图书馆等；一是农会本身的事业，如设立陈列所、展览会等。

二、农业合作与农业金融

合作社作为一种新型的农民组织，其在当时的应运而生，有其历史的背景。所谓合作社，"谓依平等原则，在互助组织之基础上，以共同经营方法，谋社员经济之利益，与生活之改善，而其社员人数及资本额均可变动之团体"①。面对农村经济的崩溃趋势，在农村组织合作社，加强农民之间的合作，"灵活农村金融"，得到社会各界的

---

① 《合作社法》，《农报》第1卷第3期，1934年。

重视。1934 年国民政府颁布《合作社法》，对合作社的性质、社员、社股及盈余、会议、解散及清算等都作了明确规定，成为第一部从国家层面规范合作社建立和运行的法律①。

（一）农业合作社的创办与发展

在淮域合作社发展中，江苏省起步最早，发展势头最好。1928 年，江苏省政府颁布《江苏省合作社暂行条例》，合作社开始取得法人资格；同年省政府成立江苏省农民银行，"以实力协助农民合作事业之发展"。从下表可以看出到 1933 年淮域四省合作社的进展情况，见表 1-18：

表 1-18　淮域各省合作社社数社员数及股本额增加比较表

省市别	合作社数		增加数	社员数		增加数	股本额（元）		增加数
	1932 年	1933 年		1932 年	1933 年		1932 年	1933 年	
江苏	1609	1897	288	47 561	55 192	7631	483 518	473 164	10 354（减）
安徽	16	1742	1726	439	50 408	49 969	12 825	98 697	85 872
山东	114	225	141	6882	14 800	7918	49 242	305 298	256 056

资料来源：《二十二年全国合作社概况统计》，《合作月刊》第 6 卷第 1 期，1933 年。

从表 1-18 不难看出，截止 1933 年江苏、山东合作社发展最快，安徽进展缓慢，河南尚未启动，各省很不平衡。到 30 年代初，江苏省合作社的发展进入到一个新的阶段："由简陋之单营合作社，进而繁盛之兼营合作社；从只知合借之信用合作社转变至流畅农产之运销合作社；从孤独与散漫之合作社，扩张至集体与新式之合作社工厂及合作农场；从区域单位之合作社，进而至全省运销合作社联合社之创立。"到 1932 年末，淮域江苏大部分地区都基本建立了合作社，且种类较为齐全。

江苏省政府对合作社的考评工作也颇为重视，1936 年颁布了《江苏省合作社考绩规则及考绩分等表》，"通饬各县分别予以初评，再由建设厅派员分往各县根据初评成绩实施抽查，评加考核，然后依照最后评定，其成绩在乙等以上者，予以奖励，在丁等以下而无法整现者，则予以解散，使有一社即有一社之功效"②。

淮域山东合作社的兴起与发展与 1931 年的水灾密切相关。1931 年黄河发生罕见水灾，鲁南地区受灾严重。同年，华洋义赈会、中国银行、民生银行、菏泽县政府在菏泽县组织农村互助社，赈灾贷款，并由互助社逐渐发展为合作社，到 1935 年菏泽县成立的信用合作社有 88 处，社员 2356 人；机织合作社 1 处，社员 12 人；机织批发合作

---

① 《合作社法》，《农报》第 1 卷第 3 期，1934 年。
② 《江苏省之经济建设》，《十年来中国之经济建设》，维新印刷公司，1937 年，第 4 页。

社 1 处, 社员 161 人; 仓库 5 处, 存粮 1 532 778 斤①。

在社会各界的推动下, 淮域山东合作社到 30 年代初获得了一定程度的发展, 见表 1-19:

表 1-19　淮域山东合作社一览表

县名	社　　数									社员数 (人)	股金总额 (元)
	信用	生产	储藏	运销	购买	利用	消费	兼营	合计		
滋阳											
曲阜							1		1	216	428
宁阳							1		1	19	290
邹县	4	1					1		6	197	1234
滕县	5	1							6	239	3184
泗水	2			1			2		5	209	1160
峄县	5								5	106	1105
济宁							1		1	287	584
嘉祥	1								1	28	84
鱼台	2								2	20	260
临沂	1	2							3	49	2135
费县	12	1					1		14	449	5420
莒县	2	2					3		7	282	1973
沂水	5			1					6	196	2411
曹县		1		1	1		1		4	265	20 982
单县	1								1	39	439
定陶	1	1							1	13	330
巨野					1				1	98	695
郓城	3				2				5	94	1155
日照	8	1		1			2		12	360	3761

资料来源: 实业部劳动年鉴编辑委员会:《民国二十二年劳动年鉴·第三编·劳动设施》, 文海出版社, 第142~145 页。

淮域安徽合作事业的发端同样与华洋义赈会密切相关。1931 年江淮发生特大水灾, 国民政府成立水灾救济委员会, 委托华洋义赈会办理皖赣农赈事宜。1932 年义赈会在

---

① 金城银行总管理处天津调查分部:《山东棉业调查报告》, 1935 年, 第108 页。

安庆设立办事处，"运用合作方式，举办农赈事宜，皖省沿长江、淮河一带，受灾较重之怀宁等二十五县，均经该会派员下乡指导难户组织互助社，承受贷款。至五月底止，农赈结束，该会复依据农赈方案，将收回之农赈贷款，移充合作基金，继续推行合作"①。在安徽率先成立互助社的 25 县中，属于淮域的有寿县、霍邱、凤台、怀远、凤阳、五河、泗县、灵璧、宿县、阜阳等十县，具体情况见下表：

表 1-20　淮域安徽农赈概况表

县别	互助社社数	放款总额	收回	未到期	已到期
凤阳	86	29 958.00	16 585.84	5862.66	7509.50
怀远	87	33 000.00	19 169.42	11 391.00	2439.58
五河	89	33 000.00	18 457.98	795.00	13 747.02
灵璧	78	30 000.00	23 973.08	244.00	5782.92
凤台	96	33 000.00	712.87		32 287.13
寿县	80	28 688.00	4452.14		24 235.86
阜阳	79	27 397.00	1125.00		26 272.00
霍邱	123	32 879.00		32 879.00	
宿县	97	34 893.00	16 585.92	14 387.24	3919.84
泗县	80	35 639.00	16 362.36		19 276.64

资料来源：实业部劳动年鉴编纂委员会：《民国二十二年中国劳动年鉴·第三编·劳动设施》，文海出版社，第 136-137 页。

1934 年 4 月安徽省奉命成立农村合作委员会，皖省合作事业开始纳入政府统一管理、规划之中。淮域合作社的发展进入到一个新的阶段，省合委会制订了推进各县合作事业发展的方针："第一，派遣指导员下乡对农民进行宣传，使其了解合作功能，而自动组织各种合作社。第二，指导业经组织之合作社经营各种业务，并轮流挑选其中职员或社员，每年定期集合，施以短期训练，授以必需之知识与技能，养成其自动管理社务及经营业务之能力，使渐能脱离指导者之指导。第三，尽力促成合作社之各级联合，由合作社组织区联社，再由区联社进而组织省联合社，完成全省农村合作之组织系统，俟各级联合社组织健全以后，农民对合作事业，能自动计划，自动经营，自谋发展，则本会指导之责，即可还诸合作者自身负责办理矣。"② 在省合委会的推动下，淮域安徽到 1935 年初除临泉正在筹备外，其余皆成立了合作社。

在此基础上，1936 年安徽省开始成立了区联合社，见表 1-21：

---

① 黄浪如：《安徽省合作事业进展之现状》，《农友》第 5 卷第 1 期，1937 年。

② 《省农村合作委员会三年来工作概况》，《安徽政务月刊》第 29 期，1937 年。

表 1-21　淮域安徽各县合作组织分布区域数量统计表

县别	合 作 社			区 联 合 社			备考
	社数（个）	社员数（人）	股金数（元）	社数（个）	社员数（人）	股金数（元）	
六安	215	12 136	30 571	7	102	2940	
霍山	30	1291	2820				
寿县	59	1514	4649	1	13	270	
霍邱	35	1026	2787				
凤台	49	1453	5342	1	10	200	
怀远	45	1326	4815	1	12	200	
凤阳	65	1739	6469	1	12	290	
泗县	31	816	2010				
盱眙	109	9426	43 575	4	38	4990	
五河	54	1507	4066	1	10	260	
灵璧	62	1950	5541	1	20	510	
宿县	37	1122	3174	1	16	390	
蒙城	60	4124	17 682	2	29	1590	
阜阳	40	1390	2995				
颍上	84	5687	17 893				
涡阳	75	5316	20 172	2	17	1110	
亳县	69	5580	13 336				
太和	51	3690	7574				
立煌	57	3127	9116	4	29	1300	
临泉							本年四月始派员前往筹备，此刻正积极推行

资料来源：《省农村合作委员会三年来工作概况》，《安徽政务月刊》第 29 期，1937 年。

　　淮域河南合作事业的发端始于中国农民银行的推动。随着鄂豫皖革命根据地的建立，国民党认为"三分军事，七分政治"，为收拾人心，设立了鄂豫皖赣四省农民银行，并设四省农民合作指导员训练所，招收学生进行训练，毕业后到各地指导建立合作组织。1934 年 2 月农行在郑县、从事合作宣传，并正式指导其组织合作社，及贷放生产资金。同年 4 月河南省成立了省农村合作委员会，主持全省合作行政，"对于合作组织之指导，经营业务之督促等，均列为合作行政之首要工作。至同年五月，本行为谋合作行政统一，除专负贷放之责外，其他如宣传指导等工作，概交由合作委员会接办"。合委会还着手在各县设立合作办事处，并派驻负责人，以切实加强推进工作，"择定环境较优，需要迫切之县"进行推动，在第一批成立合作组织的 14 县中，属于淮域的有开封、郑县、商丘、许昌、淮阳、汝南等县。具体情况如表 1-22：

表1-22 淮域河南各县合作社种类及数量统计 （单位：个）

县别	信用合作社		利用合作社		运销合作社		供给合作社		总计		
	单营	兼营	单营	兼营	单营	兼营	单营	兼营	单营	兼营	合计
郑县	27			2					27	2	29
许昌	10	14		1					10	15	25
开封	3		2	2		7			5	9	14
商丘	11	1		2					11	3	14
汝南	5			1			1		6	1	7
禹县	1	1		3					1	4	5
淮阳			2						2		2
襄县						1				1	1
荥阳	1								1		1
总计	58	16	4	11		7	1		64	34	98

资料来源：《河南省农村合作事业报告》，《合作月刊》第6卷，第11期，1934年。

从表1-22中我们不难看到，如同淮域其他省份一样，在淮域河南的合作社发展中，一开始同样是信用合作发展最快；从下表中我们同样可以看到，信用合作的社员最多，这与当时农村金融的压力不无关联，见表1-23：

表1-23 淮域河南各县合作社社员人数统计表 （单位：人）

县别	信用合作社	利用合作社	运销合作社	供给合作社	总计
郑县	802	69			871
许昌	750	26			776
开封	120	200	685		1005
商丘	340	123			463
汝南	181	37		50	268
禹县	34	70			104
淮阳		57			57
襄县			39		39
荥阳	32				32
总计	2259	582	724	50	3615

资料来源：《河南省农村合作事业报告》，《合作月刊》第6卷，第11期，1934年。

由于政府的重视与民众的响应，淮域河南的合作组织此后发展迅猛，到 1936 年春，已由 14 县发展到 65 县，覆盖到淮域大多数县份。

合作社的种类，从《合作社法》的规定看，主要包括信用、供给、生产、运销、消费等类型，从合作社的功能看，信用合作是其基本功能，尤其在初期，几乎成为唯一功能。以淮域河南为例，截至 1936 年底，合作社借款情况如表 1-24：

表 1-24　淮域河南各县农村合作社借款还款概况表　　　　　　（单位：元）

县别	借款数	还款数	结余数
郑县	152 705	29 580	123 125
禹县	130 772	76 281	54 491
荥阳	28 536	1230	27 306
中牟	6725		6725
郾城	6110		6110
临颍	12 885		12 885
密县	17 980	6660	11 320
商丘	86 760	27 798.50	58 961.50
开封	75 228	10 003	65 225
兰封	12 700	2258	10 442
陈留	3788		3788
襄城	153 744	18 767	134 977
淮阳	19 932	7232	12 700
许昌	118 005	37 399	80 606
杞县	11 400		11 400
新郑	55 532	2371	53 161
商城	15 059		15 059
光山	22 721		22 721
长葛	18 314		18 314
信阳	5669		5669
遂平	5680		5680
确山	16 150		16 150
潢川	7540		7540
西平	7065		7065

资料来源：《河南省农村合作事业回顾及展望》，《农友》第 5 卷第 1 期，1937 年。

随着合作社业务的拓展，政府及金融机构的引导，合作社业务逐渐由信用借款向生产贷款演变，合作社开始从消极的救助向积极的生产方向发展。这种转变反映了在合作社与金融机构对贷款条件的一些硬性规定上。如安徽省规定："第一、借款须用于增加生产之途。第二、申请金额，有数目之限制，贷款之发放，亦有严密之监督，务使根据原来计划使用，并为防异端之发生。"从 1933 年 10 月《安徽省合作放款用途统计表》不难看到，在各种贷款中，生产贷款已占有相当的份额，见表 1-25：

表 1-25　安徽省合作放款用途统计表

用　途	借款社员数	借款总数	占总数之（%）
牲　口	953	18 708.50	30.59
农　具	1008	16 175.00	26.44
种　子	599	9434.50	15.44
肥　料	492	7706.00	12.60
修盖房屋	232	3929.50	6.44
还旧债	101	1782.00	2.91
粮　食	88	1147.00	1.87
开　垦	24	537.00	0.87
赎　地	14	233.00	0.38
修　圩	14	201.00	0.33
婚　丧	5	93.00	0.15
其　他	75	1214.00	1.98
总　计	2604	61 160.50	100.00

资料来源：实业部劳动年鉴编辑委员会：《民国二十二年中国劳动年鉴·第三编·劳动设施》，文海出版社，第 141 页。

表 1-25 反映的虽是全省的情形，淮域安徽当然也包括其中。抗战时期，银行对放款用途的规定更加明确。《四联总处扩大农业贷款范围》将贷款分为 8 类：农业生产贷款、农业供销贷款、农村副业贷款、农业储押贷款、农业推广贷款、运输工具贷款、农田水利贷款、佃农购买耕地贷款，并对各类贷款的用度、额度、期限、对象、保障等作了明确的规定[①]。《中国农民银行农贷新原则》规定，"贷款或投资范围，以左列各种事业为限，以后视实际需用，得随时扩大之"[②]：

　　（甲）　收购经试验有效之改良农产品种，以为推广之用者；

　　（乙）　加工制造肥料（如骨肥等）；

　　（丙）　制造防治农作病虫害，具有特效之药剂；

　　（丁）　制造经试验有效之改良农具。

此外，还规定上列种子及各项制造出品，应由农业推广机关，尽量向农民推广，俾收普遍之效。

从银行对贷款用途的规定看，其重点是生产领域。淮域各省合作社亦能因地制宜

---

① 陈禾章等编著：《中国战时经济志》，《中国战时重要经济法规》，文海出版社，1973 年，第 1~7 页。

② 陈禾章等编著：《中国战时经济志》，《中国战时重要经济法规》，文海出版社，1973 年，第 11 页。

开展工作，以推动生产的发展，如淮域山东以发展特种运销业务为重点，淮域江苏侧重发展盐垦事业，淮域河南则以"凿井兴复水利为救农之本"。河南省合委会成立后，"该会以豫省水利不兴，影响农业至巨，特于提倡合作运动之始，即确定以举办凿井兴复水利为救农之本，乃于廿四年十月间，成立凿井班六班，派出开封、郑县等处，各核准成立登记之合作社试行开凿井眼，嗣以成绩甚佳，乃陆续增加班次，扩充凿井县份"。截至1936年11月，凿井班取得的成绩如表1-26：

表1-26　河南省农村合作委员会派出凿井班分布淮域各县区暨凿井概况统计表

县别	现有班次	完成井数	开始日期	截止日期	泉眼最深	泉眼最浅	备考
襄城	4	63	1月2日	11月30日	184尺	37尺	
长葛	5	72	4月18日	11月11日	150尺	33尺	本年4月派到
新郑	3	19	1月5日	11月15日	383尺	35尺	
禹县	2	104	1月5日	10月31日	98尺	12尺	
许昌	1	32	1月5日	10月23日	223尺	30尺	
郑县	1	2	1月14日	3月7日	40尺	40尺	
密县	1	7	1月5日	8月30日	130尺	60尺	
开封	1	33	1月5日	11月20日	175尺	85尺	
商丘	1	36	2月1日	11月26日	284尺	73尺	
太康	1	5	10月9日	11月24日	106尺	95尺	
荥阳	1	2	8月24日	11月30日	185尺	114尺	
洧川	9	9	8月13日	11月30日	217尺	130尺	
杞县	1	6	8月24日	11月16日	148尺	96尺	

资料来源：《河南省农村与合作情报》，《农友》第4卷第4期，1936年。

从合作社的业务看，除信用业务外，储押业务颇受重视。储押的农产品种类以当地所出主要农产品为主。

值得一提的是在运销合作社中，棉花运销合作社的迅速发展。棉花运销合作社的快速发展与棉业统制会的成立及推动密切相关。棉业统制会的成立，动因在于洋棉的大量输入，不仅冲击了棉农的利益，也使得中国的棉纺织业深受影响。以鲁南为例，"棉花自收获后，一年间价格之涨落颇巨，籽棉一担之价格，常相差一元至五元。普通棉花在收获时，价格较贱，后则逐渐高涨。春间价格高昂，而棉农每因经济拮据关系，多随摘随卖，不能待善而沽"[①]。在棉业统制会的推动下，各省棉业改进所以及银行等金融机构亦积极推进，形成了从中央到地方、联系社会各界的合力。如1934年江苏省棉产改进所在东台、铜山、萧县成立了棉花产销合作社，同年江苏省农民银行亦在盐城、如皋建立了棉花产业合作社。河南省棉产改进所于1934年在太康、杞县、淮阳成

① 金城银行总经理处天津调查分部：《山东棉业调查》，1935年，第47页。

立了棉花运销合作社，河南棉花运销合作社还得到了中国银行的支持，中国银行与河南省合作事业委员会在襄城组织了 65 个运销合作社[①]。

战后，中国农民银行对棉花加工运销业务继续从资金上予以支持。1947 年核定的淮域江苏的贷款数额如表 1-27：

表 1-27　淮域江苏省棉花运销贷款概况表　（单位：千元）

县别	核定额度	实际贷出额	贷款社团	业务概况
萧县	450 000	435 700	6	运销皮棉 700 担
铜山	100 000	126 050	2	运销皮棉 200 担
丰县	300 000	283 680	5	运销皮棉 400 担
沛县	100 000	99 300	1	运销皮棉 160 担
宿迁	100 000	94 150	1	运销皮棉 150 担
砀山	50 000	42 400	1	运销皮棉 70 担

资料来源：《各省棉花加工运销贷款概况》，中国第二历史档案馆，全宗号 399，案卷号 8133。

解决农村经济问题是合作社的主要功能，此外非经济的活动如教育、公益事业等也是其功能之一。从当时情况看，无论是政府抑或金融、民间团体创办的合作社，对民众的教育都比较重视，试图从经济与教育入手解决农村问题，推动农村经济与社会事业的发展。

（二）农业金融组织的建立

合作事业的发轫与推进离不开金融的支持，淮域农业金融主要包括以下几方面：一是中国农民银行以及各省地方银行等银行体系；一是农民借贷所等相关金融机构；一是农业仓库等。而这几个方面又相互关联，如中国农民银行同时附设农民借贷所、农业仓库等。

1. 农业金融机构的建立

中国第一所以农民为放款对象的地方农民银行始于 1928 年成立的江苏农民银行。江苏农民银行成立后在各地设立分行。截止 1932 年，在淮域设立的分行有：设在如皋的第 11 区分行，盐城的第 13 区分行，徐州的第 14 区分行以及在沭阳设立的代理处，资金分别为 80 000、50 000、50 000 元。从其放款方针看，侧重生产放款："就当地生产之需要为放款之目标，如品种之改进，肥料之选用，耕种之改良，合作介绍新式农具，农产品初步之制造，农产品之运输，提倡副业等等。"

---

① 徐畅：《抗战前中国棉花产销合作述论》，《中国社会经济史研究》2004 年第 3 期。

为进一步"调剂农村金融,改进农村经济",江苏省政府于 1934 年设立江苏省农村金融救济委员会,其任务是:"甲、关于筹办全省农业仓库及其他调剂农村金融之设计事项。乙、关于其他改进农村经济及生活状况之建议事项。"

安徽省于 1936 年组建了安徽地方银行,总行设在芜湖,蚌埠设有分行。次年将业务扩展到全省,同时加强与中国农民银行、中国银行以及苏浙赣等省地方银行的联系,并在重要商埠筹备增设业务机关。到 1939 年安徽省地方银行在霍山、立煌、六安、霍邱、寿县、定远、阜阳、临泉设立分库,并在阜阳设立地行分行,霍山、六安、定远、临泉、霍邱设立办事处。1940 年资金增至 500 万元,设支行于六安,正阳关、田家庵、颍上、叶集、苏家埠、蒙城、亳县等地均设有办事处。

1941 年安徽省政府与四行联合办事总处签订农贷合约,将全省划为战区与普通区,鉴订农贷总额 1200 万元,计战区立煌等 52 县为 700 万元,普通区皖南等 10 县为 500 万元。战区的立煌、涡阳等 11 县获得农贷支持,见下表(表 1-28):

表 1-28　1941 年度淮域安徽战区各县农贷数额表

县别	社数	贷款数额及金额					合计
		信用	生产	供给	消费	运销	
立煌	6		3 380 000				3 380 000
涡阳	21	3 617 000	290 000	492 000			4 399 000
太和	12	944 000	1 020 000		490 000		2 454 000
霍山	18	814 500	1 450 000		570 000	1 150 000	3 984 500
霍邱	6	365 000	766 000		500 000		1 631 000
蒙城	7	1 471 000		96 000		207 000	1 774 000
颍上	23	1 728 500	1 440 000	300 000	894 000	2 508 000	6 870 500
临泉	16	2 047 000	1 480 000			2 700 000	6 227 000
阜阳	11	1 458 500	500 000				1 958 500
六安	52	6 510 000	960 000		500 000	3 301 000	11 271 000
亳县	12	1 425 000	1 080 000	200 000			2 705 000

资料来源:《1941 年度淮域安徽战区各县农贷数额表》,《安徽建设》第 2 卷第 1 期,1941 年。

鉴于银行大多设在大城市和省会城市,受诸多条件的限制,贷款难以深入到基层。为改变这种状况,1940 年国民政府颁布《县银行法》,规定:"县乡银行为金融主体,适应战时条件,稳定战地金融",要求加强县级银行的建立。同年安徽省制定了《安徽省各县筹设县银行通则》和《安徽省各县筹设县银行分期进行表》,对各县筹设银行的进展进行规划,并将各县公股资金列入财政预算。在省政府的推动下,到 1948 年,"全省共有县、市银行 56 家",位于淮域的见表 1-29:

表 1-29　1948 年淮域安徽县市银行一览表

银行名称	开业、注册日期	资本（法币）
蚌埠市银行	1945 年 12 月 1 日试业，1946 年 4 月注册	资本总额 5000 万元，实收 2500 万元，内公股 500 万元，商股 2000 万元
太和县银行	1944 年 8 月注册，1946 年 1 月开业	资本总额 50 万元，实收 54.5 万元，内公股 20.5 万元，商股 34 万元
六安县银行	1945 年 7 月注册，1946 年 1 月 6 日开业	资本 75 万元，内公股 35 万元，商股 40 万元
立煌县银行	1946 年 3 月注册，同年 5 月开业	最初资本总额 60 万元，1945 年 7 月增资至 100 万元，内公股 30 万元，商股 70 万元
阜阳县银行	1945 年 7 月注册，同年 10 月开业	最初资本 61 万元，后增资至 400 万元，1946 年 4 月 1 日增资至 4000 万元，内公股商股各半
宿县银行	1946 年 2 月 15 日试业，同年 3 月 8 日注册	最初资本总额 300 万元，后增资至 1000 万元，内公股 200 万元，商股 800 万元
凤台县银行	1943 年 5 月试业	最初资本 40 万元，1946 年 7 月增资至 400 万元，后又增资至 1000 万元，内公股商股各半
蒙城县银行	1947 年 4 月试业	资本 200 万元，内公股商股各 100 万元
寿县银行	1946 年 10 月注册，1947 年 1 月开业	最初资本总额 53 万元，后增资至 173 万元，实收 156 万元，内公股 80.7 万元，商股 75.3 万元
颍上县银行	1943 年 4 月开业	最初资本 50 万元，1935 年 7 月增资至 80 万元，内公股商股各半
霍山县银行	1943 年 5 月开业，1944 年 4 月注册	资本总额 50 万元，内公股商股各 25 万元，后公商股增资 500 万元，总资本为 1050 万元
临泉县银行	1945 年 1 月开业，1946 年 9 月注册	资本总额 30 万元，1946 年 4 月增资至 270 万元，后增资至 450 万元，内公股 110 万元，商股 340 万元
怀远县银行	1943 年 9 月开业，同年 9 月注册	资本总额 40 万元，实收 329 180 万元，内公股 5 万元，商股 279 180 元
霍邱县银行	1945 年 3 月 15 日开业	最初资本总额 100 万元，后增至 1000 万元
亳县银行		资本总额 10 万元

资料来源：安徽省地方志编纂委员会：《安徽省志·金融志》，方志出版社，1999 年，第 102～106 页。

1932 年成立的鄂豫皖赣四省农民银行（1935 年 4 月 1 日更名为中国农民银行）既是国民党争取民心的一种手段，也与农村经济的衰败息息相关。中国农民银行主要面向农村放款，并在各地设立分行，以救济农村金融。截至 1935 年 12 月在淮域河南的放款情况如表 1-30：

表 1-30　中国农民银行淮域河南合作社组贷概况表　　　　（单位：元）

县别 \ 贷款性质金额	信用		利用		运销		供给		总计	
	借款数	还款数	借款数	还款数	借款数	还款数	借款数	还款数	借款数	还款数
郑县	7 141 500	2 068 750	664 500	88 833					7 806 000	2 157 583
荥阳	718 000	158 000							718 000	158 000
许昌	3 727 200	248 000							3 727 200	248 000
襄城	119 000	112 000			1 756 600	848 900			1 875 600	960 900
密县	1 698 000								1 698 000	
陈留			320 000						320 000	
兰封	740 000		450 000						1 190 000	
杞县	514 000		626 000						1 140 000	
淮阳	550 200	323 996	146 500	19 482			26 500	13 000	723 200	356 478
开封	1 332 100	632 500	4 370 600	478 200					5 702 700	1 110 700
商丘	2 328 200	468 050	494 500	140 500					2 822 700	608 550

资料来源：《河南省之合作事业》，《农友》第 4 卷第 1 期，1936 年。

2. 农民借贷所的设立

作为现代金融组织的银行虽然开始向农村放款，但一方面其放款大多以合作社为单位，一方面基本设在大中城市，银行的贷款一般难以触及乡村，对贫穷农民的金融救济仍然有限。各省设立的农民借贷所是对银行的一个补充与延伸。1933 年安徽省开始设立农民借贷所，颁布了简章，内容为："第一条，本县为救济贫农防止高利贷起见，依据安徽农民借贷所办法大纲及参照本县情形，于每县设一农民借贷所。第二条，每借贷所资本暂定二千元，由县府令各区就该县富户或殷实商店，劝募投资。第三条，借贷所专放款于本县贫农，供农业生产事项之用。第四条，借贷数目，每户自五元至三十元，不得超过定额，但前款未还者，不得有第二次之续借。"① "借贷所的性质及资本筹集方式分三种：县立借贷所由县政府筹拨地方公款；公立由县政府筹拨地方公款和劝募地方富绅投资；私立由地方富绅投资。借贷所资本额 1 万 ~3 万元，收定半款即开始放款。"到 1937 年，颖上、霍山、立煌、阜阳设有农民借贷所。借贷所一般附设农业仓库兼营储押放款及农民储蓄。抗战全面爆发后，业务基本停止②。

山东省政府同样积极推动农民借贷所的建设，颁布了《山东省各县农民贷款所组织章程》，规定"农民贷款所以扶助农民经济之发展，提倡合作事业之进行，以低利贷

---

① 行政院农村复兴委员会：《一年来复兴农村政策之实施状况》，第 110 页。
② 安徽省地方志编纂委员会：《安徽省志·金融志》，方志出版社，1999 年，第 171 页。

款于农民所组织之合作社为目的"。关于资金来源："一县地方公款充之，筹足国币三千元时即行开办。"贷款用途："限于经营生产事业之农民合作社，凡合作社收受贷款时，全体社员共同负无限责任。"贷款利率，"最高不得逾月利一分"①。山东省合作事业指导委员会同样积极推动。"省合作事业指导委员会，为提倡合作事业扶助农民经济发展起见，呈准该省实业厅，令各县速设农民贷款所；并划定各县十九年度至二十一年度建设特捐之一部，为贷款所之基金。由合作指导委员会主其事，并由该会拟订山东省各县农民贷款办法十条"。办法对贷款的对象、利率、条件等均作了规定："1. 农民借贷所贷款只限于农民所组织之经营生产事业之合作社，而有相当担保者行之。2. 农民贷款数目，须依各合作社股金之多寡，成绩之优劣，及抵押品为标准。"利率最高不得超过 1 分，以一年为限，须有一定的抵押品。

除农民借贷所外，为减少高利贷的剥削，各地还设立各种以抵押贷款方式旨在救济贫农的组织。如安徽省在 1936 年颁布了《安徽省各县农业质库章程》，它对农业质库的宗旨、种类、息金等均作了明确规定："安徽省政府为调剂本省贫农资金起见，创设农行质库制度。"为进一步调剂农村金融，次年安徽省政府又颁布了《农民动产押款暂行章程》。农业质库与动产押款旨在为农民尤其是贫苦农民的资金周转提供方便，以尽量减少高利贷盘剥。

淮域各省农民借贷所的建立，对融通淮域的农村金融具有一定的辅助作用。

3. 农业仓库的设立

"我国原有仓储亦名义仓，为官业之一种，专备荒年救济之用"，始于 20 世纪 30年代设立的农业仓库，"其性质已不相同"。此种仓库，不仅附设于农民银行、农民借贷所、信用合作社等金融机关内，"略同于普通银行之堆栈或仓库"，而且政府亦设立专门的农业仓库。这时期农业仓库的主要功能是："农民于收获后，急于需款时，可将食粮及其他农产品向仓库抵押借款，即所谓储押放款。免受奸商之操纵，迫而贱价出卖，甚而无处出卖。""此种设施既可调济社会食粮供求，又能流通农村金融，发展农民生产，同时消费者亦免受物价昂贵之痛苦，实为救济我国农村经济衰落之善策。"②

1932 年江苏省各界"决议推进各县设立农业公共仓库，并拟具办法十条"。1934年江苏省政府通过了《农业仓库规程》及筹办农业仓库暂行办法大纲。大纲规定："（一）江苏省政府为调剂农村金融起见，先于各县重要市镇，设立农业仓库，先行办理食粮储押事务。（二）仓库之储押食粮，以米稻豆麦为限。（三）仓库所储藏之食粮，以农民直接来仓储押者，及江苏省政府为调节食粮收买者为限，其以营利为目的者不得受押。"关于款项的筹措，由省政府向农民银行、江苏银行负责办理，以 500 万

---

① 山东省建设厅：《山东省建设法规汇编》，第 166 页。
② 实业部劳动年鉴编辑委员会：《民国二十一年中国劳动年鉴·第三编·劳动设施》，第 104 页。

元为限。先行在三县试办，其中属于淮域的有扬州、高邮两县。鉴于苏南、苏北经济状况的差异，对苏北采取的政策，主要是由政府收购，"盖贫苦之乡，储押不受欢迎，非收买不可，由政府以较高之价格，向农民收集，其价格可较农民售出价高一角至二角，而与市价又相符合；即系采用联合运销之性质，对于农民经济裨益不浅"。仓库组成，规定各县仓库，由县政府成立管理委员会负责设立，委员人选，"除县长外，由农民代表，及借款银行代表，当地团体代表，共同参加"。

金融机关亦附设农业仓库。江苏省农民银行经营仓库业务始于 1929 年，并在铜山、如皋设有仓库。

安徽省的农业仓库设立于 1936 年，同年在流域设立仓库的有宿县、凤阳等县。山东省政府亦积极筹设农业仓库，到 1933 年 6 月底，有 24 个县报告设立，并拟在同年底推广到各地。

各省合作社亦积极办理农业仓库。安徽省政府"以推进合作，兴办农业仓库，为发展农村经济主要业务"，1934 年拟定了各县农村合作社兼营粮食储押办法大纲，规定"合作社得设置仓库兼营粮食储押，社员得以仓库向合作社抵押借款，借款利息不超过月息一分五厘"[1]。

需要指出的是，中共地方政权在淮域建立的金融组织，在发展农业生产、救济农民上起到了非常重要的积极作用。这期间建立的银行主要有：1931 年在六安建立的皖西北特（道）区苏维埃银行，业务范围包括六安、霍山、霍邱、固始、商城。1941 年在淮北建立的淮北地方银号，并在泗东、淮宝、盱凤嘉、泗五灵凤、泗阳、泗南、淮泗、洪泽等八县设有分号。1942 年在盱眙组建淮南银行，同时在高邮、盱眙设立支行，在津浦路西建立了路西分行和 4 个支行。华中银行于 1945 年 8 月在盱眙成立，后迁至淮阴，原华中地区各抗日民主根据地银行改为华中银行的辖属机构。其中淮南银行改为三分行，淮北地方银行改为七分行。1946 年 6 月分行及其辖属机构全部停业。随着解放战争进入反攻阶段，1947 年 10 月复建华中银行，行址位于江苏省射阳县境内。1948 年在河南宝丰成立了中州农民银行，同年底迁到郑州。

从各个时期、各个银行的业务看，其对农业生产贷款都予以一定重视，并将其作为主要业务之一。如皖西北特（道）区苏维埃银行，拨付合作社基金，在一定范围内发放农业贷款。在淮北地方银号的贷款中，农业放款达 50%，合作放款和其他放款占10%。除经常性贷款外，还有急需贷款和临时贷款，如 1943 年急需贷款包括麦种 2800石，水灾区牛草贷款 2500 石粮等。在淮南银号的贷款中，农业贷款的比重较大，包括耕牛、种子、水利、救灾等项[2]。

---

① 行政院农村委员会：《一年来复兴农村政策之实施状况》，第 200 页。
② 参见安徽省地方志编纂委员会编：《安徽省志·金融志》，方志出版社，1999 年，第 116 ~ 120 页。

三、垦殖公司的出现

发展现代大农业，扩大农场种植面积，是现代农业的发展趋势。进入 20 世纪，在对传统农业进行技术改造的同时，一种新的生产方式——垦殖公司开始出现。淮域的各个省份都建立了这种新的农业公司（或曰大农场），但影响较大、具有典型定义的还是地处江苏苏北的盐垦公司。

据孙家山考证，"'盐垦'一词，初出现于清朝晚年，约在光绪二十七年（1901），通海垦牧公司成立，盐垦名称，才开始出现并渐渐引起人们的注意。""旧时产盐之地得以放垦。盐垦之名，也就从此成立"[①]。苏北滨海地区，由于是著名的盐产地，被视作灶地禁区，以致禁止垦殖，但由于"海势东迁，沙淤成陆，旧时停荡，潮汐不至，漏气遂淡。茂草日以盛，盐产日以薄。商灶墨守旧规，不知改革，加以历来积习，不易更张；故盐商处此，实惟有坐以待毙而已。及至民国初元，盐法变更，淮南盐额有逐年递减之议。"在实业家张謇的推动下，民国初年，"垦殖之风，遂遍于通泰两属之各场"。1914 年淮南垦务局成立，并在同年颁布《垦务章程》，推动了盐区垦殖事业的发展。到 1924 年"淮南沿海各盐垦、垦殖、垦牧公司，综其数，计在四十以上，约占地长六百余里；摘其可垦及不可垦之地，大都二千数百万亩，投资在三千万元以上"[②]。具体情况如表 1-31。

表 1-31 盐垦公司一览表

地区	公司名称	资本（元）	地亩总数（亩）	已垦亩数（亩）	创办人	开办年月	地址
东台	大赍	800 000	130 000	50 000	张退公	1917 年	角斜
	宝丰	100 000	20 000		金季平		角斜
	益昌		20 000		陈桂一		丰利
	泰源		300 000		韩紫石		安丰
	东兴	400 000	100 000			1919 年	东台
	中孚	800 000	520 000				潘家镢
	遂济	160 000	150 000			1919 年	丁溪
	通遂	350 000	400 000			1918 年	小海
	裕华	5 000 000	270 000		陈公洽	1922 年	西团
	大丰	2 000 000	850 000	150 000	张退公	1918 年	小港镇
	瑞丰	200 000	10 000		汪鼎和		西团
	同丰	100 000	2000				刘庄

---

① 孙家山：《苏北盐垦史初稿》，农业出版社，1984 年，第 1 页。

② 李积新：《江苏盐垦事业概况》，《东方杂志》第 21 卷第 11 号，1924 年。

续表

地区	公司名称	资本（元）	地亩总数（亩）	已垦亩数（亩）	创办人	开办年月	地址
盐城	太和		600 000				伍佑
	大佑	750 000	200 000	40 000	张孝若	1920 年	伍佑南岸洋
	通兴		100 000				盐城
	大纲	1 200 000	240 000		张退公	1919 年	上冈
阜宁	华城	1 200 000	750 000	50 000	张謇公	1918 年	鲍家墩
	阜余	600 000	60 000	20 000	章静轩	1919 年	海河镇
	阜通	120 000	20 000		张海珊		苇荡营
	大生	400 000	70 000		章维善		洋河南
	合德	500 000	60 000	20 000	束勋严		洋河南
	藕庚堂	100 000	10 000		蒋碬堂		洋河南
	大新	250 000			顾愉青		通阳港
	众志	6000	3000		束勋严		
	恺宜堂	50 000	10 000		张佩年		华成之西
	同仁	40 000	4000				洋河南
	庆余	30 000	3000		秦亮夫 徐陶庵		洋河南
	永业		8000		张忍百		海神庙
	四有		4000		陈友慈		苇荡营
	三益						
	新通	120 000	130 000		许洋初		黄河北
	余泽		2000				北双洋边
	新南	500 000	270 000			1920 年	黄河北
	习善堂		2500		张佩年		北涧
	阜康						洋河南
	张亚记		5000		张亚威		苇荡营
	赵云记		5000		赵飞鹏		黄河南
	通益	300 000			吴寄之		

资料来源：李积新：《江苏盐垦事业概况》，《东方杂志》第 21 卷第 11 号，1924 年。

盐垦公司建立在滨海盐渍之地，水利工程的兴修是垦殖的前提。"非筑堤建闸，不足以防止潮水的侵袭；非浚河开沟，不足以降低地下水位并排除土壤中的多余水分和盐分。"[①] 盐垦公司在兴修水利工程时大多采用科学方法。据林刚研究，"各类堤坝上的

---

① 孙家正：《苏北盐垦史初稿》，第 43 ~ 45 页。

涵洞在设计工程时，都严格依据当地历史上的水文资料周密设计。如1924年大丰、裕华两公司合筑海堤之高度，根据附近王家舍历年最大潮汛水位高度11米之数据，设计大堤标高为12米。由于设计合理，工程质量好，大丰、祝华两公司自海堤修复后，基本上挡住了海潮的侵袭"[1]。

苏北垦殖公司的兴起与当时特定的历史条件相联系。垦殖公司的兴起与发展源于棉纺织业对棉花需求的迫切。从垦殖公司发展的时间上可以看到，其与国内棉纺织业的发展黄金时间基本吻合。对优质原棉的需求，推动了垦殖公司对棉花品种的改良，并由于纺织业的发展带动了垦殖事业的推进，"于是举千数百万亩蔓草荒烟之地，一变而阡陌相距，田庐相望，诚吾国最近二十年来农业界之盛举也"[2]。公司对育种等农业技术的重视，同样有助于推动传统农业的近代转型，如为推动盐垦区棉种的进一步改良，以为纺织业提供可资利用的原料，大生纺织公司、南通学院农科在1932年制定了改良江北棉产计划，从1933年1月起，"按月准拨棉作改良经常费一千元"，在苏北先从盐垦区入手，推广优良棉种，并制定了推广计划表，如表1-32[3]：

表1-32　盐垦区推广美棉计划表

年份	脱字棉		山东棉		换种总亩数（亩）
	购种数量（担）	换种亩数（亩）	购种数量（担）	换种亩数（亩）	
第一年（1933年）	500	5000	1000	10 000	15 000
第二年	500	20 000		30 000	50 000
第三年	500	65 000		90 000	155 000
第四年		195 000		270 000	465 000
第五年		585 000		810 000	1 395 000
第六年		1 755 000		淘汰	1 755 000

资料来源：《改良江北棉产计划书》，《中华农学会报》第109期，1932年。

推广的办法是，在垦殖区，"选择相当地点，以为推广中心，广为宣传精求指导，务使良种向外传播，由近及远，更求中心附近之若干农户，时当换用更良之种，推陈出新，逐渐进步"，如"东台大丰公司境内，以大中集为中心，用推广员三人，试用激进自动办法，以脱字棉及山东棉，同时推广"。

在重视优良品种推广的同时，垦殖公司还重视社会改造。作为苏北垦殖事业的创始人，张謇的思想对垦殖事业有深刻影响。张謇深受清末地方自治思想的影响，对地方自治较为重视。他主张以工业的发展带动地方经济与社会的发展，奠定地方自治的

---

[1]　林刚：《张謇与中国特色的早期现代化道路》，《中国经济史研究》1997年第1期。

[2]　李积新：《江苏盐垦事业概况》，《东方杂志》第21卷第11号，1924年。

[3]　孙恩：《南通大生纺织公司南通学院农科改良江北棉产计划书》，《中华农会学报》第109期，1932年。

基础。在这种思想指导下，张謇创办的通海垦牧公司"有自治公所，有学校、有警察所"。地方自治色彩较为浓厚。其后创办的各垦殖公司一定程度上受其影响，如大丰盐垦公司，"新建一市曰新丰集，街衢宏广，无异商埠；有警察所，以维公安；有学校，以教育乡童"[①]。

学校教育、自治公所等机构的建立表明，垦殖公司已开始脱离传统的小农经济的经营模式，而具有乡村建设的意味。从1934年对盐垦区各公司调查的情况看，各公司都设有自治、保卫、学校等机构，俨然一自治单位，见表1-33：

表1-33　1934年江苏省垦殖棉区公司学校教育一览表

公司名称	已垦面积（亩）	人数		教育状况				社教事业
		总数（人）	学龄儿童统计（人）	学校		私塾		
				数目（个）	学生数（人）	数目（个）	学生数（人）	
大赉	90 000	10 000	2000	5	300	2	80	无
泰源	20 000	2000	400	2	100	无	无	无
大丰	354 850	50 000	10 000	5	500	30	800	无
裕华	43 905	2871	600	3	200	无	无	无
商记垦团	11 959	566	100	无	无	1	48	无
大纲	30 000	2000	400	1	30	3	40	无
大学基产处	30 000	1000	200	无	无	3	70	无
合德	35 500	4000	800	4	500	8	200	无
合计	616 214	72 437	14 500	20	1630	47	1238	无

资料来源：施珍：《江苏省垦殖棉区考察报告》，《中华农学会报》第124期。

此外，垦殖公司还建立了自治组织，见表1-34：

表1-34　1934年江苏省垦殖棉区乡镇建设一览表

公司名称	已垦地面积（亩）	乡镇数（个）
大赉	90 000	4
泰源	20 000	1
大丰	354 850	4
裕华商计垦团	43 905	1
	11 959	
大纲	30 000	1
大学基产处	30 000	1

① 李积新：《江苏盐垦事业概况》，《东方杂志》第21卷第11号，1924年。

公司名称	已垦地面积（亩）	乡镇数（个）
合德	35 500	1
合计	572 309	13

资料来源：施珍：《江苏省垦殖棉区考察报告》，《中华农学会报》第124期。

　　垦殖公司虽然在兴起之初蓬勃发展，但大多惨淡经营。1934年春，全国经济委员会棉业统制委员会、江苏省建设厅、江苏省棉产改进所、江苏省立麦作试验场、上海银行农业部等各机关，"为明瞭该区域情形暨推广改良棉种，提倡棉花运销合作起见，特合组考察团"，对如皋、东台、兴化、盐城、阜宁等县境内的大赉、泰源、大丰、祝华、商记垦团等9个公司进行考察。考察内容包括公司资本、垦殖、租佃、植棉、教育状况等，并有详细考察报告。考察报告指出："盐垦区域缺乏资本，实为极明显之事实。"见表1-35：

表1-35　垦殖公司的资本情况统计表

公司名称	股本额（元）	负债额（元）	已垦地（亩）	未垦地（亩）	总面积（亩）
大赉	700 000	420 000	90 000	50 000	140 000
泰源	700 000	无	20 000	140 000	160 000
大丰	1 943 000	2 600 000	354 850	651 500	1 006 350
裕华	2 500 000	770 000	43 905	178 670	222 575
商记垦团	320 000	无	11 959	38 459	50 418
大纲	1 200 000	150 000	30 000	100 000	130 000
大学基产处	400 000	150 000	30 000	70 000	100 000
合德	700 000	无	35 500	无	35 500
华成	1 250 000	930 000	200 000	400 000	600 000
合计	9 420 000	5 020 000	772 309	1 602 629	2 374 938

资料来源：施珍：《江苏省垦殖棉区考察报告》，《中华农学会报》第124期。

　　从表1-35不难看出，除3家公司外，其他公司大多背负债务，这是影响垦区成绩的主要原因。"未垦地如此之多者，虽原因不一，而资本缺乏，实其最大原因，即已垦之地，亦因缺乏资本，各项工程，未能完成，蓄淡拒卤，徒成空话，水患旱灾，无可避免，故亦渐趋退化。"因为资金匮乏，各公司大多将土地租与佃农，这样不仅可收一笔押租费，而且也可以利用佃农的力量进行垦殖。资金问题不仅阻碍了垦殖公司的良性运转，垦区农村金融的枯竭也制约了垦殖事业的发展，"盐垦区域之农村金融，极形枯乏，农民忍痛而负重利之债者，比比皆是，利率最低者三分，普通者五分，甚有高至加一，或加一以上者"。此外，由于佃权的不确定，也影响了农民对土地改良投入的积极性。"惟各公司方面，对于土地改良，多委诸佃农，佃农贫穷者固无余力，富有者则大多以佃权尚未确定，地非己有，亦存观望，于是未垦之地，固鲜改良之望，即已垦之地，亦转趋退化，甚有已种数年棉花之良田，反变为不毛之地者，故盐垦区域之土地，不患无改良之法，而患无以实行。"①

近代苏北垦殖公司的大量创办与其特有的地理环境密不可分，如果没有广袤的荒滩野地，垦殖公司也就难以产生。独特的地理条件与特有的发展机遇相结合，造就了苏北的垦殖事业。尽管垦殖公司的经营状况大多不尽如人意，但它反映了近代以来有识之士对农工商一体化的重视及其实践。它表明，由于地理条件与历史发展的差异性，中国农业的现代化之路没有固定的模式，必须因地制宜。

在苏北出现的垦殖公司，其价值在于，它已不是简单的开垦荒地，而是将垦区内的农业种植作为棉纺织业的一环进行经营，根据棉纺织业发展的实际需要，不断对棉花品种进行改良。它在体现农业与工业、农民与市场紧密联系的同时，也表明了农业发展在现代社会发展中的基础地位。

四、运行与绩效

如果说科学技术的引进侧重从现代科技方面推动传统农业转型，那么新式农业组织和新型农业经营方式的出现则是在制度设计上的创新，其作用主要表现在以下几方面：

第一，制度设计上的创新。20 世纪初以来，农会、合作社等新型组织在淮域的出现，使传统农村社会开始出现异质因素。在农会这样的组织设计中，一方面它反映了南京国民政府试图通过农会实行社会动员，将触角延伸到社会基层，进而控制农村的思路；另一方面它也体现了社会本身发展的需要，在品种改良、知识传播等方面，农会一定程度上发挥了联系政府与农民的桥梁作用，它将政府的政策传达、贯彻到农民之中。

合作社作为一种新型的社会组织，它将农民开始纳入到组织体系之中，不仅使分散的力量得到了一定程度的整合，提高了农民的组织化水平，而且也有助于政府以及社会各界实现社会动员，将农业科学知识、技术传播到农村地区，推动对农村社会的改良。如农民加入棉花产销合作社，"必须种植产销社提供的改良棉种，并通过集中轧花以保证棉种的纯洁性"。"产销社社员所产棉花送缴产销社运销，并保证棉花纯洁，不掺假掺水，同时还要服从产销社进行分级。"② 社员在尽义务的同时，可以获得资金、棉种、运销服务等的支持。

从这时期淮域合作社的发展历程看，农业合作与农业金融相互关联，金融机

---

① 施珍：《江苏省垦殖棉区考察报告》，《中华农学会报》第 124 期。
② 转引自徐畅：《抗战前中国棉花产销合作社述论》，《中国社会经济史研究》2004 年第 3 期。

构的支持与推动是合作社发展的一个重要因素,如四省农民银行1934年在其业务报告中指出:"本行既以农民为名,顾名思义,自以救济农民为唯一使命,是以合作之指导组织、贷放款项又为本行最重要之基本义务。"它表明,银行界在对农村的贷款上已不再是单纯的资金投入,而是以此为媒介,推动对农村社会的更为广泛的改造。

第二,合作贷款对生产的支持和强调,有助于推动农业生产的发展。土地、资本、劳力是现代农业的三个要素。中国农民银行等金融机构的出现,为农业生产提供了新的融资渠道,其对贷款用途的规定,有助于促进农业生产的发展。以菏泽县为例,《菏泽农村互助社贷款规程》对贷款用途作了如下规定:"一、菏泽县灾区农民,依据农村互助社章程组织成立互助社领得认可证者,得依据本规程之规定,向贷款办事处请求贷款。二、互助社请求贷款应将该社各社员请贷之数及用途在贷款请求书内详细填明,每一社员请贷之数,不得超过二十五元,用途之限于生产之用……六、各互助社员于款项贷到后,经其本社发觉其用途与先所填写者不相符时,应立即追交其贷款,取消其社员资格。七、各互助社于贷款用途不符之社员,未经该社自行检举,而为乡农学校或贷款办事处发觉者,应即追交该社之全部贷款,收回其认可证。"请求贷款须填明贷款用途,如果互助社发现社员贷款与用途不符,不仅追回贷款,而且取消其社员资格。如被贷款单位发觉,则取消互助社资格,以防互助社弄虚作假。不仅如此,《菏泽县农村贷款手续大要》第10条还规定:"各互助社于取得贷款分贷社员后,应注意社员之贷款用途是否与贷款请求书所填写者相符;如有不符者,亟应纠正。"[①] 这实际上规定了互助社对贷款用途的检查、监督之责。

金融机构除对贷款用途有明文规定外,还组织对合作社贷款用途等的抽查,以便了解情况。从1942年中国农民银行对霍邱、六安两县合作社抽查的情况看,被抽查的合作社,贷款种类基本属于生产类别,见表1-36:

表1-36　淮域安徽战区贷款抽查报告表

霍邱县

户名:张家圩 蔗油生产社	合同号数: 00805	借款种类:生产	借款金额: 3000元	借款:1942年4月2日	社(会)址: 张家圩
				还款:1943年4月2日	
借款用途是否正当	用途正当		实得金额与核放金额是否相符		相符
借款日期与实际收款日期相距几日	相距十六日		借款利率与核放利率是否相符		相符
领款时有无复杂情事及困难问题	无		核放借款期间是否合乎需要		适合需要

① 金城银行总经理处天津调查分部:《山东棉业调查报告》,1935年,第103~105页。

续表

霍邱县

户名：张家圩 蔗油生产社	合同号数： 00805	借款种类：生产	借款金额： 3000 元	借款：1942 年 4 月 2 日	社（会）址： 张家圩
				还款：1943 年 4 月 2 日	
还款日期是否合乎季节	适合季节		转放社（会）员是否与账册相符		相符
借款转放社（会）员后有无剩余，数目若干，如何处理			转放社（会）员利率若干		
承借贷款除利息外有无其他负担	无		借款有无转贷非社（会）员情事		无
自筹资金若干，其成数是否与借款成数相符	自筹 570 元，相符		借款（或还款）用费若干		无
账册凭据是否齐全，其名称为何	齐全，有日记、总账		社（会）员份子如何，职员办事有无把持情事		份子纯良，无把持情事
社（会）址是否适中，邻近社（会）名称	适中，邻近五塔寺乡社		调查时与何人接谈		理主 张述良
资金运用情形	借款拟购榨油原料及食盐用品，款尚存社				
调查者总评	该社布置较差，社员对社尚信仰，而经营榨油业务已稍著成效				
备注					

说明：

1. 表列各栏调查者应视借款性质分别填写。

2. 本表于抽查各级合作社及各级农会均适用之。

3. 本表一式三份，两份送处存转，一份自存。

4. 本表于调查后当日填制，随同工作日记表，按句寄出，不得拖延。

中国农民银行驻皖农贷办事处调查者　　（盖章）　1942 年 5 月 6 日

霍邱县

户名：忠义亭土布 生产社	合同号数： 0676	借款种类：生产	借款金额： 4500 元	借款：1942 年 3 月 4 日	社（会）址： 叶集
				还款：1943 年 12 月 4 日	
借款用途是否正当	正当		实得金额与核放金额是否相符		相符
借款日期与实际收款日期相距几日	三月二十三日领到，相距十九日		借款利率与核放利率是否相符		相符
领款时有无复杂情事及困难问题	无复杂情事及问题		核放借款期间是否合乎需要		适合需要

续表

霍邱县

户名：忠义亭土布生产社	合同号数：0676	借款种类：生产	借款金额：4500 元	借款：1942 年 3 月 4 日		社（会）址：叶集
				还款：1943 年 12 月 4 日		
还款日期是否合乎季节			转放社（会）员是否与账册相符			
借款转放社（会）员后有无剩余，数目若干，如何处理			转放社（会）员利率若干			
承借贷款除利息外有无其他负担	无		借款有无转贷非社（会）员情事			
自筹资金若干，其成数是否与借款成数相符			借款（或还款）用费若干			借款及还款每次需 25 元
账册凭据是否齐全，其名称为何	进货、销货日记		社（会）员份子如何，职员办事有无把持情事			组社份子纯良，职员无把持情事
社（会）址是否适中，邻近社（会）名称	社址适中，邻近有叶集镇社		调查时与何人接谈			经理李运青，记账员于圣全
资金运用情形	该社全部资金除生产设备外均用于颜料及土线及洋纱之用					
调查者总评	查该社职员热心，业务管理得当，所出产品质量均佳，对于军需民用不无贡献					
备注	领款日期与借款日期相距较远，原因系天雨之故					

中国农民银行驻皖农贷办事处调查者　　（盖章）　1942 年 4 月 22 日

霍邱县

户名：关外镇东岳保社	合同号数：00063	借款种类：生产	借款金额：3000 元	借款：1942 年 3 月 4 日		社（会）址：东关东岳
				还款：1943 年 3 月 4 日		
借款用途是否正当	用途正当		实得金额与核放金额是否相符			相符
借款日期与实际收款日期相距几日	相距十五日		借款利率与核放利率是否相符			相符
领款时有无复杂情事及困难问题	无		核放借款期间是否合乎需要			适合需要
还款日期是否合乎季节	无社员多系商业，亦无不合		转放社（会）员是否与账册相符			相符

续表

霍邱县

户名：关外镇东岳保社	合同号数：00063	借款种类：生产	借款金额：3000 元	借款：1942 年 3 月 4 日	社（会）址：东关东岳
				还款：1943 年 3 月 4 日	
借款转放社（会）员后有无剩余，数目若干，如何处理	无		转放社（会）员利率若干		月息一分二厘
承借贷款除利息外有无其他负担	无		借款有无转贷非社（会）员情事		无
自筹资金若干，其成数是否与借款成数相符	自筹 750 元，与借款数相符		借款（或还款）用费若干		无
账册凭据是否齐全，其名称为何	不全，现有日记、放款分户		社（会）员份子如何，职员办事有无把持情事		无
社（会）址是否适中，邻近社（会）名称	适中，邻近县信联社		调查时与何人接谈		沙舜卿、秦绍展
资金运用情形	分放社员				
调查者总评	该社社务处理失当，社员精神涣散，业务前途无开展希望				
备注					

说明：

1. 表列各栏调查者应视借款性质分别填写。

2. 本表于抽查各级合作社及各级农会均适用之。

3. 本表一式三份，两份送处存转，一份自存。

4. 本表于调查后当日填制，随同工作日记表，按旬寄出，不得拖延。

中国农民银行驻皖农贷办事处调查者　　（盖章）　1942 年 5 月 3 日

霍邱县

户名：五塔寺乡社	合同号数：00058	借款种类：生产	借款金额：4200 元	借款：1942 年 3 月 4 日	社（会）址：五塔寺
				还款：1943 年 3 月 4 日	
借款用途是否正当	用途正当		实得金额与核放金额是否相符		相符
借款日期与实际收款日期相距几日	相距十四日		借款利率与核放利率是否相符		相符
领款时有无复杂情事及困难问题	无		核放借款期间是否合乎需要		适合需要
还款日期是否合乎季节	否		转放社（会）员是否与账册相符		相符

续表

霍邱县

户名：五塔寺乡社	合同号数：00058	借款种类：生产	借款金额：4200 元	借款：1942 年 3 月 4 日 还款：1943 年 3 月 4 日	社（会）址：五塔寺
借款转放社（会）员后有无剩余，数目若干，如何处理	无		转放社（会）员利率若干		月息一分四厘
承借贷款除利息外有无其他负担	无		借款有无转贷非社（会）员情事		无
自筹资金若干，其成数是否与借款成数相符	自筹 1320 元，相符		借款（或还款）用费若干		取款用 60 元
账册凭据是否齐全，其名称为何	齐全，进销货，股金，放款总账		社（会）员份子如何，职员办事有无把持情事		份子纯粹，无把持情事
社（会）址是否适中，邻近社（会）名称	适中，邻近邵岗埠乡社		调查时与何人接谈		理主尚企胜
资金运用情形	分放社员作生产资金及供给社员食盐杂货等费用				
调查者总评	查该社社务处理得当，业务正常，对社员食盐供需尤著成效。又该社取款费用达 60 元之多，系代刘经受雇人赴颍上取借款收据及迟延两日伙食所致。查刘经受由颍来霍忘带收据，是其职责疏忽，延误时日已经不合，本人不派人往取，再饬合作社雇人取回尤为不合。				
备注					

中国农民银行驻皖农贷办事处调查者　　（盖章）　1942 年 5 月 6 日

霍邱县

户名：灶王庙乡社	合同号数：00809	借款种类：生产	借款金额：2450 元	借款：1942 年 4 月 2 日 还款：1943 年 4 月 2 日	社（会）址：灶王庙
借款用途是否正当	用途正当		实得金额与核放金额是否相符		相符
借款日期与实际收款日期相距几日	相距十日		借款利率与核放利率是否相符		相符
领款时有无复杂情事及困难问题	无		核放借款期间是否合乎需要		适合需要
还款日期是否合乎季节	不适合季节		转放社（会）员是否与账册相符		相符
借款转放社（会）员后有无剩余，数目若干，如何处理	有剩余十元存社		转放社（会）员利率若干		月息一分五厘

续表

霍邱县

户名：灶王庙乡社	合同号数：00809	借款种类：生产	借款金额：2450 元	借款：1942 年 4 月 2 日 还款：1943 年 4 月 2 日	社（会）址：灶王庙
承借贷款除利息外有无其他负担	无		借款有无转贷非社（会）员情事		无
自筹资金若干，其成数是否与借款成数相符	自筹 745 元，相符		借款（或还款）用费若干		无
账册凭据是否齐全，其名称为何	齐全，股金、储金、分户		社（会）员份子如何，职员办事有无把持情事		纯良，无把持情事
社（会）址是否适中，邻近社（会）名称	适中，邻近关外镇东岳保社		调查时与何人接谈		龚仲伍
资金运用情形	分放社员				
调查者总评	该社职员忠实，做事热心，社员均系良民，业务可望发展				
备注					

中国农民银行驻皖农贷办事处调查者　　（盖章）　1942 年 5 月 3 日

霍邱县

户名：双圩沟信社	合同号数：00806	借款种类：生产	借款金额：3320 元	借款：1942 年 4 月 2 日 还款：1943 年 4 月 2 日	社（会）址：双圩沟
借款用途是否正当	用途正当		实得金额与核放金额是否相符		相符
借款日期与实际收款日期相距几日	相距十一日		借款利率与核放利率是否相符		相符
领款时有无复杂情事及困难问题	无		核放借款期间是否合乎需要		适合需要
还款日期是否合乎季节	否		转放社（会）员是否与账册相符		相符
借款转放社（会）员后有无剩余，数目若干，如何处理	无		转放社（会）员利率若干		月息一分四厘
承借贷款除利息外有无其他负担	无		借款有无转贷非社（会）员情事		无
自筹资金若干，其成数是否与借款成数相符	自筹 1600 元，相符		借款（或还款）用费若干		二十元

续表

霍邱县

户名：双圩沟信社	合同号数：00806	借款种类：生产	借款金额：3320 元	借款：1942 年 4 月 2 日 还款：1943 年 4 月 2 日	社（会）址：双圩沟
账册凭据是否齐全，其名称为何	齐全，总账、日记、放款、储金		社（会）员份子如何，职员办事有无把持情事		份子纯良，无把持情事
社（会）址是否适中，邻近社（会）名称	适中，邻近古城保社		调查时与何人接谈		理主罗宗藩，司库罗裕祥
资金运用情形	分放社员作农业生产费用				
调查者总评	该社出信用外并兼营供销业务，且设有木料厂一所，社员精神专聚，办事热心，社业务前途可望发展				
备注					

中国农民银行驻皖农贷办事处调查者　（盖章）　1942 年 5 月 4 日

六安县

户名：独古村信社	合同号数：374	借款种类：生产	借款金额：1625 元	借款：1942 年 4 月 2 日 还款：1943 年 4 月 2 日	社（会）址：独古村
借款用途是否正当	正当		实得金额与核放金额是否相符		相符
借款日期与实际收款日期相距几日	相距约及二月		借款利率与核放利率是否相符		相符
领款时有无复杂情事及困难问题	无		核放借款期间是否合乎需要		合乎需要
还款日期是否合乎季节	适合		转放社（会）员是否与账册相符		相符
借款转放社（会）员后有无剩余，数目若干，如何处理	无剩余		转放社（会）员利率若干		12%
承借贷款除利息外有无其他负担	无		借款有无转贷非社（会）员情事		无
自筹资金若干，其成数是否与借款成数相符	相符		借款（或还款）用费若干		十余元
账册凭据是否齐全，其名称为何	有社员名册、入社志愿书		社（会）员份子如何，职员办事有无把持情事		社员悉多系农民，职员尚称职

续表

中国农民银行驻皖农贷办事处调查者　（盖章）　1942 年 5 月 4 日

六安县

户名：独古村信社	合同号数：374	借款种类：生产	借款金额：1625 元	借款：1942 年 4 月 2 日	社（会）址：独古村
				还款：1943 年 4 月 2 日	
社（会）址是否适中，邻近社（会）名称	地点适中，邻社为独龙涧信社		调查时与何人接谈		理主张镜波
资金运用情形	贷放社员购买麻麦等种子及买豆饼等肥料				
调查者总评	该社旧贷早清，社员纯朴，职员尚能尽责，贷款信用可无问题				
备注					

中国农民银行驻皖农贷办事处调查者詹运生（盖章）　1942 年 5 月 5 日

六安县

户名：独山区生运联社	合同号数：836	借款种类：生产	借款金额：15000 元	借款：1942 年 4 月 2 日	社（会）址：独山镇
				还款：1943 年 4 月 2 日	
借款用途是否正当	正当		实得金额与核放金额是否相符		完全相符
借款日期与实际收款日期相距几日	相距十五日		借款利率与核放利率是否相符		相符
领款时有无复杂情事及困难问题	没有		核放借款期间是否合乎需要		合乎需要
还款日期是否合乎季节	尚合		转放社（会）员是否与账册相符		
借款转放社（会）员后有无剩余，数目若干，如何处理			转放社（会）员利率若干		
承借贷款除利息外有无其他负担	无		借款有无转贷非社（会）员情事		无
自筹资金若干，其成数是否与借款成数相符	尚相符合		借款（或还款）用费若干		40 余元
账册凭据是否齐全，其名称为何	齐全		社（会）员份子如何，职员办事有无把持情事		商人占多数
社（会）址是否适中，邻近社（会）名称	适中，邻社普济村信社		调查时与何人接谈		理主陈祝如
资金运用情形	购买桐子，置办榨具，并偿还旧贷七千元				
调查者总评	该社历史颇久，廿七年曾遭敌损失，廿八年恢复业务营运渐有可观，去年决算获利八千余元，前途颇有希望。但负责人私益，业务悉赖雇员经理，且彼此之间意见未能十分融洽。				

续表

六安县

| 户名：独山区生运联社 | 合同号数：836 | 借款种类：生产 | 借款金额：15000 元 | 借款：1942 年 4 月 2 日 | 社（会）址：独山镇 |
| | | | | 还款：1943 年 4 月 2 日 | |

备注

资料来源：《安徽战区农贷》，中国第二历史档案馆，全宗号 399，案卷号 6485。

中国农民银行驻皖农贷办事处调查者詹运生（盖章）　1942 年 5 月 5 日

　　调查表显示，调查者不仅关注资金的用途，对贷款能否顺利发放给社员，社员是否受到额外勒索，社务是否被把持，是否有其他因素影响贷款作用的发挥。从调查的情况看，合作社基本情况总体良好，但也存在一些问题，如还款日期不适合季节等。对调查中发现的问题，中农行及时作了批示，如对灶王庙乡社、双圩沟信社还款日期不适合季节的问题，中农行在批示中指出："希皖建厅加以注意，此后核放新贷时应求改善。"它表明，金融机构不仅希望通过贷款促进生产，也希望及时发现问题，保持贷款工作的良性运行。

　　对于贷款用途，政府机构也从编制计划、实施监督方面进行一定的把关。如江苏省建设厅训令，"办理农贷事前应严其计划是否切合实际，事后应评审其用途是否确实，以期杜绝流弊而赴事功。奉查本县第一次普通农贷四千万元业经三、四月份由本厅介绍，县府保证，贵行直接贷款完毕……自应派员督查"[1]。

　　这时期中共地方银行的建立及其对农业生产的低利贷款，不仅将触角延伸到淮域最偏远的地区，而且在促进生产的发展上起到了重要的作用。它在改善农民生活的同时，也使中共政权进一步获得了民众的拥护、信任和支持。

　　第三，各种层次的农业金融机构的设立，一定程度上有助于减轻农民负担。高利贷使农民背负沉重的压力。如河南许昌，"一般贫农，每当春季青黄不接之时，常感缺食之虞，其唯一救济办法，即为借贷度日，以待收获，普通月息五分或六分"[2]。山东鲁南区在互助社成立前，"农民生产资金周转……并无银行银号之接济，专赖私人之借贷，利率常自月息二分至五分之间；商店放款利率平均为月息二分"。

　　合作社与金融机构的贷款利率相对较低。如华洋义赈会、中国银行、民生银行、菏泽县政府在菏泽县组织互助社，举办贷款，"贷款之利率，华洋义赈会月息四厘，中国银行月息八厘，民生银行月息九厘，两银行均允许合作社回扣二厘，为社中公费。互助社放款于农民为月息六厘至一分"[3]。在农村金融枯竭的情况下，信用贷款对盘活农村金融起到了一定的作用，尽管这种作用是有限的，但在一定程度上，有助于拓宽

[1]　《江苏省各县农村概况调查及有关农贷的来往函件》，中国第二历史档案馆，全宗号 399，案卷号 8142。

[2]　《许昌县农业概况调查》，《河南建设季刊》第 1 期，1934 年。

[3]　金城银行总管理处天津调查分部：《山东棉业调查报告》，1935 年，第 99 页。

农民的借款渠道，有利于缓解农村的金融压力。如光山县，"农民苦受高利贷之剥削及谷贱伤农之损失，自豫省合委会在该县推行合作以来，现已组成三十余社，俱系单营信社业务，亦可见其金融窘迫之一般矣。去年该县县府曾由九区专署领得河南公务员储金赈洋五千元，决以此五千元赈款作基金，由合作办事处组织预备社承借，现已放出两千余元矣，现经本行潢川分行调查准予贷放者，计有简家围孜等十一社，其他各社亦均在办理申借手续中"①。镇平县 1931 年农民借贷所成立后，到 1933 年印行纸币10 万，已发出 2 万。"四乡信用社成立的有六十所，放款三万左右，利率均为月利一分。"②

当然，组织作用的发挥需要有良好的社会环境，制约于各种因素，合作社与农业金融在淮域经济发展中所起的作用是有限的。

第一，无论合作社，还是金融机构，其放款对象大多是合作社社员，而社员所占的人口比重相对较低，亟须获得救助与扶持的贫困农民往往很难获得资金的支持。加入合作社需具备一定的条件，如《山东乡村建设研究院菏泽实验区农村互助社章程》规定：社员资格，"备具下列三项者为合格：一、年在二十岁以上，世居本庄，身为家主者，不分性别。二、品性纯良，安分种田，素有信用，而无烟赌等不良嗜好。三、自有田产十亩以上者"③。安徽农村合作社社员到 1936 年，"仅六万余人，尚未达全省农村人口总额千分之五"④。从 1947 年对江苏省东台县的调查看，全县仅有乡镇社3 个，人数 1000，专营合作社 1 个，人数 115，农产改良会 47 个，人数 1500。虽然 1人入社，代表 1 户入社，但在全县 230 000 户中，也仅有 2615 户，仅占 0、1% 左右⑤。时人黄朗如指出："无可讳言的，我国合作事业的基础，目前还是建筑在农村中的中产阶级……大部分的贫农，便不能不徘徊于'合作之门'以外！享不到便利贷款的便宜，任其自生自灭。"⑥

第二，从区域看，淮域无论经济发展水平，还是交通建设都较为滞后，而金融机构大多选择交通便利、物产丰富之处设立机构。各银行尤其是商业银行，"对于放款地域之选择，似皆有一定之标准，即非系比较富庶之省份，即交通便利之县镇或农业经营条件比较优良之区处"⑦。因此，淮域获得的资金支持普遍较低。

第三，政府机构对银行尤其是农民银行虽有农贷放款比例的规定，但实际运行中往往很难真正得到贯彻。从 1934 年各银行农贷在放款总额中所占比例看，以农民为对

---

① 《河南省农村与合作情报》，《农友》第 4 卷第 4 期，1936 年。
② 行政院农村复兴委员会：《河南省农村调查》，第 111 页。
③ 金城银行总管理处天津调查分部：《山东棉业调查报告》，1935 年，第 102 页。
④ 《江苏省各县农村概括调查及有关农贷的来往函件》，中国第二历史档案馆，全宗号 399，案卷号 8142。
⑤ 《江苏省各县农村调查及有关农贷的来往函件》，中国第二历史档案馆，全宗号 399，案卷号 8142。
⑥ 转引自赵泉民、忻平：《资金构成与合作社的"异化"》，《华东师范大学学报》2006 年第 3 期。
⑦ 章有义编：《中国近代农业史资料》第 3 辑，第 183 页。

象的中国农民银行仅占17.77%，上海银行、中国农工银行分别占2.84%、1.75%，其他均不到1%。虽然农村资金紧缺，但以追逐利润为目的各银行并不将农村作为放款的首选。淮域地瘠民贫，交通落后，治安混乱，放贷风险较高，自然难以得到银行资金的青睐。贷款只是杯水车薪，难以从根本上解决问题。此外，贷款的延续性也是一个重要问题。以山东菏泽为例，1931年大水灾后各机构均在资金上予以支持，也取得了一定的效果，但却难以持久。"互助社成立迄今已三载有余，施行贷款以来，颇著成效，惟以组织及贷款方法不甚周密，致常受他人指责，且水灾以后中国银行贷款收回，华洋义赈会已停止救济，款项来源断绝，各社渐行解散。"[1] 因此，如何保持资金的供给，不仅对合作社的维持至关重要，也是救济农村乃至发展农业生产的关键因素。

此外，贷款本身存在的问题，一定程度上也影响了农贷作用的发挥。如据江苏省东台县政府反映，1947年中农行贷款5亿元给东台县，"早经奉令办理。兹值青黄不接，农民需款孔亟，纷纷申请贷款，而东台中农行以经办人员他调，未便贷放。"此外，政府方面同样存在效率低下的问题。1947年"中农行合作事业管理局驻苏北合作辅导第一团报称，该团协助处放黄泛区贷款，所有合作社贷款照章应有县政府盖章担保，惟各该县府对于保证文书往往积压甚久"[2]。银行与政府在贷款方面存在的问题，不能不对贷款的效益产生负面影响。

农会、合作社、垦殖公司，作为发展农业生产、提高农民收益的手段与方式，其尝试与实践、经验与教训，值得我们深入总结与思考。

第三节　近代淮河流域的农业生产关系

在传统农业社会，土地是最基本的农业生产资料，土地关系构成了最基本的农业生产关系。淮域自古以来是我国主要的农业区域，考察淮域农业生产的改革与发展，不能不考察淮域的土地关系。

一、土　地　关　系

淮域的土地关系既受人、地关系的制约，更与土地分配制度密切相关。同时因为工商业的不发达，绝大多数人口从事农业生产，人、地关系较为紧张。此外，受土地分配制度的影响，人、地关系更趋尖锐。在鄂豫皖发生起义后，曾有记者对其原因进行调查，调查结果，"土地制度不良"排在首位。如河南省商城县，"地势多山，而出

---

① 金城银行总管理处天津调查分部：《山东棉业调查报告》，1935年，第107页。
② 《江苏省各县农村概况调查及有关农贷的来往函电》，中国第二历史档案馆，全宗号399，案卷号8142。

产特丰，故富庶甲全省。惟土地多为大地主所把持，故盛行佃农制度。自耕之农民占绝对之少数"①。

30 年代初，河南省对全县农村经济状况进行调查，包括农地分配、农佃状况、雇农以及童工工资等方面，见表1-37：

表 1-37 淮域河南各县农村经济概况表

县别	农地分配						农户			雇农						童工			
										长工工食		短工工资		工作时间		每日工资		工作时间	
	10亩以下	10至30亩	30至50亩	50至100亩	100至200亩	200亩以上	自耕农	佃农	半自耕农	每年工资	每年膳食及其他	农忙时	平常时	农忙时	平常时	农忙时	平常时	农忙时	平常时
	%	%	%	%	%	%	%	%	%	元	元	角分	角分	小时	小时	角分	角分	小时	小时
杞县							70	5	25	20	28	36	23	9.3	7	13	10	7	5
尉氏										20	40	45	35	10	8	20	10	8	6
洧川	90	6	3	1			70	5	25										
鄢陵	35	44	12	7	1	1	45	15	40	40	60	54	31	11	8	24	18	8	6
兰封	30	30	20	10	9	1	90	3	7	15	40	25	20	10	8	5	2	8	6
禹县	43	32	20	4.4	0.6		38.3	19.6	42.1	38	47	36	12	11	8	15	10	8	5
新郑	8	50	23	12	5	2	55	15	30	25	25	40	30	12	10	15	10	10	8
宁陵	52	22	11	11	3	1	55	25	20	12	36	18	17	10	8	3	1	10	8
鹿邑	40	30	20	7	2	1	70	20	10	12	42	30	20	14	10	10	7	12	8
虞城	40	30	15	10	4	1	40	35	25	12	38.5	40	25	12	11	20	10	11	10
民权	47.6	25	14.7	9.2	2.5	1	56.7	15	28.3	9.3	31	22	10	10	8	20	15	8	6
考城	30	20	20	16	8	6	40	35	25	10	35	40	35	12	8	15	10	8	7
西华	75	17	6	2			96	2	2	10	25	70	30	12	10	30	15	10	6
商水	20	25	35	10	7		70	10	20	13	25	35	22	10	8	10	8	8	6
项城	60	15	10	7	5	3	60	20	20	26	40	90	50	10	8	30	10	8	6
扶沟	5	30	35	23	5		80	8	12	14	30	17	12	12	10				
许昌	62	25	11	1.5	0.5		80	7.78	11.45	25	24	54	29	11	8	15	7	9	7
临颖	70	20	9	0.5	0.3	0.2	90	6	4	25	23	50	25	9.3	8			9	8
郾城	30	20	20	7			65	20	15	25	23	50	25	9.3	8	10	5	7.3	6
长葛	40	30	20	6	3	1	50	20	30	35	30	40	20	12	10	10	5	6	4
郑县	39	28	20	10	2	1	77	12	11	30	40	40	20	10	6	15	10	7	5
荥阳	50	20	15	8	5	2	70	10	20	30	40	40	35	10	8				
广武	28.1	28	28.6	13.5	1.3	0.5	84.2	0.7	15.1	23	43.5	85	40	12.3	12	28	12	11	9
泌阳	31	26	21	14	5	3	37	29	34	7	18	32	27	14	10	10	10	8	3.3

---

① 《政务周刊》第 1 期。

续表

县别	农地分配						农户			雇农						童工			
										长工工食		短工工资		工作时间		每日工资		工作时间	
	10亩以下	10至30亩	30至50亩	50至100亩	100至200亩	200亩以上	自耕农	佃农	半自耕农	每年工资	每年膳食及其他	农忙时	平常时	农忙时	平常时	农忙时	平常时	农忙时	平常时
	%	%	%	%	%	%	%	%	%	元	元	角分	角分	小时	小时	角分	角分	小时	小时
汝南	40	20	20	15	3	2	50	30	20	16	22	44	20	12	10				
上蔡	40	28	17	10	4	1	35	40	25	16	20	65	40	11.3	9.3				
确山	40	30	16	8	4	2	65	12	23	20	36	77	45	12.3	10.3	12	8	10	8
新蔡	35	30	20	10	3	2	63	27	10	15	30	45	35	14	10	10	3	10	8
西平	53	20	18	5	3	1	70	20	10	20	56	80	40	12	8	20	10	8	6
遂平	53	30	13	2	1	1	56.7	19.6	23.7	20	30	70	45	10	8				
信阳	28	25	20	14	8	5	37	28	35	26	36	85	45	10	8	20	10	9	8
罗山	35	30	18	10	4	3	19	55	26	13	49.5	65	45	12	10	30	20	11	9
光山	30	40	20	6	3	1				17.2	20	40	18	11	10			11	8
息县	20	30	30	15	10	5	60			17.2	20	40	18	11	10	5	4	9	6
临汝	35	30	25	7	2	1		30	50	22	45	46	36	10	8	20	15	9	7
鲁山	10	20	30	20	10	10	65	15		36	35	45	45	10	8	10	7	8	6

资料来源：《河南省各县农村经济概况表》，《河南建设季刊》第1期，1934年。

表1-37反映的虽然只是1933年调查时的状况，并不能完整体现晚清以来河南土地的变动情况，但在各县中，自耕农在50%以下（从45%～19%不等）的有10县，约占28%；超过90%（包括90%）的仅3县，最高的是西华，达96%；最低的是罗山，为19%。罗山、光山佃农比例最高，分别为55%、50%。

淮域以农业为主，居民大多数从事农业生产。如河南省光山县"二十多万人口，百分之九十九皆业农，几于无处不是农村，无人不是农夫。在一家中纵有一二经商，也大半是做得行商……他们全家仍系以耕地为主，而且这种生意是有季节性的，除了某一时期在外奔走外，依然都免不了持锄担草的生活"[1]。山东省也不例外，"大体说来，为农民区域，经济基础，完全建筑在农村上面"[2]。由于居民大多从事农业，佃农、半自耕农必须租种地主的土地，所受的剥削与压迫日趋沉重。从对河南商城、光山的调查情形看，农民所受的剥削主要有：其一，押金的增加与租期的缩短。租期由五年缩为四年，再缩为三年，押金同样不断增加。其二，地租的不断加重。稻秸之外，复有所谓麦秸（地中之麦）、鱼秸（塘中之鱼）、鸭秸、油秸、棉秸、柴秸（山中之柴）、

---

[1]　曾鉴泉：《各地农民调查状况》（河南省光山县），《东方杂志》第24卷第16号，1927年。

[2]　集成：《各地农民调查状况》（山东省），《东方杂志》第24卷第16号，1927年。

草稞等。总之，凡田中所产、家中所畜饲无不按五五均分。此外，逢年过节，"尤应该拿着礼物来向地主拜年叩节"。其三，承担的劳役。如河南商城，"地主修房盖屋及一切苦力所用之人工均出之佃农而不给值。如地主外出以轿代步，轿夫即由佃农充之，甚至所用之仆妇亦由佃农征调"。在光山县，"每家佃户，应该为某家之忠仆，广山械斗之习未除，每遇两姓弄武，其中异姓帮手，必是该姓佃户"。这样，"佃农与地主间，原是一种契约的维系，但在习惯上，二者相互间却发生了主仆般的义务与权利，俨然变成一种上下的统属关系"。由契约关系沦为统属关系，说明佃农地位的下降。与地位下降相关联的是农民所受的超经济剥削，两极分化不断加深。"农民终日孜孜勤苦所获之代价，悉献之地主尚有不足。富者愈富，骄横愈甚，贫者愈贫，时感失业之危险，因不满现状而怀反抗之念，乃所当然。地方当政者复置若罔闻，与土豪勾结，朋比为奸，益激农民之愤。"[1]

鉴于土地问题的严重性，1931 年，国民政府在《土地法》的《第一编·总则》第二章第 14~15 条规定：私人或团体拥有土地须有最高限额，多余部分须分划出卖，否则依法征收："地方政府对于私有土地，得斟酌左列情形，分别限制个人或团体所有土地面积之最高额；但应经中央地权机关之核定：一、地方需要；二、土地种类；三、土地性质。私有土地受前条规定限制时，由主管地政机关规定办法，限令于一定期限内，将额外土地分划出卖。不依前项分划出卖者，该管地方政府得依土地征收法征收之。"对于租种地主的土地，《第三编·土地使用》在租率与押金、租期与土地买卖等方面同样作了明确规定。关于租率与押金，第 177 条规定："地租，不得超过耕地正产物收获总额千分之三十七点五。约定地租超过千分之三百七十五者，应减为千分之三百七十五；不及千分之三百七十五，依其约定。""出租人不得预收地租，并不得收取押金。"如果只能部分支付地租，第 179 条规定："承租人不能按期支付应交地租金之全部，而先以一部支付时，出租人不得拒绝收受，承租人亦不得因其收受而推定为减租之承诺。"关于地值税，第 178 条规定："耕地之地值税，由承租人代付者，应于地租金内扣除之。"对于租期以及相关的土地买卖，第 172~175 条规定："依定有限期之契约，租用耕地者，于七月届满时，除出租人收回自耕农外，如承租人继续耕作，视为不定期限，继续契约。出租人出卖耕地时，承租人依同样条件，有优先承买之权。承租人纵经出租人承诺，仍不得将耕地全部或一部转租于他人。本法施行后，同一承租人继续耕作十年以上之耕地，其出租人为不在地主时，承租人得依法请求征收其耕地。"对于收回自耕的土地再次出租，第 184 条规定："收回自耕之耕地再出租时，原承租人有优先承租之权。自收回自耕之日起未满一年而再出租时，原承租人得以原租用条件承租。"对于欠租问题，第 180 条规定"地租积欠达两年之总额时"，出租人可

---

① 《政务周刊》第 1 期。

以收回。并规定，"承租人纵经出租人承诺，仍不得将耕地全部或一部转租于他人"①，否则收回。

上述规定体现了《土地法》保护小农利益的旨趣，但法律的规定与执行是两回事。河南商城、光山的情况表明，《土地法》并没有能够真正得到实施。且不论租率，《土地法》规定地租仅限于正产物，但商城并非如此，租期也是不断缩短，商城"地主待遇佃农之苛为全国所无"。

对商城的调查，还反映出这样一个事实，地主之所以能够对农民随心所欲进行压榨，与人、地矛盾尖锐不可分割。"昔日地主所收之租谷为二分之一，且仅限于水田中所生产之稻，其无水之地种所产之产物及柴草悉归佃农，押金亦甚微。演至近日，人口日繁，佃农增多，地主乃大事压迫。"佃农的增多反映了农村经济的衰败，也反映了人、地矛盾的加深。1933年河南省建设厅派员对许昌县农业概况进行调查。此项调查甚为详细，包括户数、人口、亩数、约当总面积百分比、约当人口总面积百分比。具体情况见表1-38：

表1-38　许昌县农业概况调查表

项别 亩别	户数（户）	人口（人）	亩数（亩）	约当耕地总 面积百分比	约当人口 总数百分比
一亩至十亩	37 730	168 599	733 585	41%	42%
十亩至三十亩	16 583	100 176	669 196	38%	25%
三十亩至五十亩	6402	49 062	221 327	13%	13%
五十亩至一百亩	1634	18 831	95 664	5%	5%
百亩以上	353	6766	46 676	3%	2%
公有地			4117	0.2%	
无土地	13 646	60 161			12%
合计	76 348	403 595	1 770 565		

资料来源：姚晓艇：《许昌县农业概况调查》，《中华农学报》第121期。

从表中不难看出，拥有1～10亩的农户最多，约占人口总数42%，拥有耕地733585亩，约占耕地总面积41%；10～30亩约占人口总数25%，约占耕地总面积38%。这两部分的人口与耕地均为最多，分别为67%和79%。百亩以上者约占人口总数2%，约占耕地总面积3%②。1933年行政院农村复兴委员会在镇平县的调查，也能反映这方面的情况。在该县凉水泉乡的王庄，调查员指出，"这要算山区中的大庄，但全村还不到四十户，耕地的缺乏是显然的事情，因为所有的面积几乎为山地所占有。凉水泉全部六百多家，只有耕地七十多顷，五十亩以上的三家，七十亩以上的一家，

---

① 《土地法》，《东方杂志》第27卷第13号，1930年。

② 姚晓艇：《许昌县农业概况调查》，《中华农学报》第121期。

大多是四五亩七八亩的小土地所有者"①。从前面的《河南省各县农村经济概况表》中,我们可以看出,虽然河南省境内淮域各县自耕农所占比重较高,但大多不超过 30 亩,30 ~ 50 亩约占 17%。

当然,即使在河南省,各地土地占有情形也不尽相同,信阳、罗山、光山、固始、商城和息县,"大地主较多,田权集中的程度很高,因此,佃农的成分特别多,租佃关系也就成为本区农村生产关系中主要的关系"②。

此外,由于隐瞒土地现象的严重,土地的真正占有情形与调查表所反映的存在一定差距。如自 1934 年,河南省进行土地陈报,先后完成的有商丘、淮阳、汝南、太康、睢县、禹县、陈留、鹿邑、襄城、叶县、方城、沈邱、项城等县。土地陈报的结果表明,土地漏报现象极其严重。从 1941 年《河南财政》的统计数据,我们大致可以看到这一点,见表 1-39。

土地漏报现象由来已久。河南省的土地陈报率先展开,说明其土地隐瞒现象的严重,而有能力做到这一点的大多以地方有势力者为多。因此真正的土地集中情形可能要比调查所反映的现状更为严重。这也可以从财政部土地陈报的动因中看出。1933 年财政部第二次全国财务会议议决的各案中,土地陈报位于第一,"总理有言,土地问题解决,则民生主义即可解决,是土地问题实为民生主义之中心。而田亩之先事整理,尤为刻不容缓之图"③。办理土地陈报,是为了进一步改革税则与征收制度,整顿田赋积弊,减轻农民负担,同时增加收入。从河南省土地陈报的标语中亦可看到这一点。标语共 12 条,第 2 条指出:"土地陈报是本省整理田赋的一件大事。"第 5 条强调:"要廓清田赋积弊必须举办土地陈报。"第 8、9、12 条强调必须配合政府完成此项工作:"反对土地陈报便是阻挠建国大业","凡帮助土地陈报的便是良好公民","阻挠土地陈报的定要从严惩办"。此外,还从利益分配上调动县政府的积极性,"土地陈报后所有溢增赋额全数归县"④,有能力阻挠土地陈报的当然不是一般农民,而是地主,土地陈报触动了其既得利益,才会遭到反对,所以才有"增加赋额全数归县"的决定。从江苏省在淮域的土地陈报看,甚至遭到地主的武装反抗。

淮域江苏各县农民土地占有情形,"淮北农民以田地资产之差,大别为三类:拥田数百亩,而有雇工及佃农为之耕种者,曰大农;田不逾百亩,而家人亲操农作者,曰小农;已无寸土,或有亦不逾数亩,而租大农之田以为业者,曰佃农",各类比例,大农为 2% ~ 3%,小农为 20%,余则为佃农⑤。在行政院农村复兴委员会 1933 年组织的

①　行政院农村复兴委员会:《河南省农村调查》,商务印书馆,1934 年,第 112 页。

②　行政院农村复兴委员会:《河南省农村调查》,第 1 页。

③　《第二次全国财务会议汇编》,华东印书局,1934 年,第 2 页,。

④　《土地陈报标语》,《河南财政》第 12 页,1941 年。

⑤　冯和法:《中国农村经济资料》,上海黎明书局,1933 年,第 488 页。

表 1-39 淮域河南各县办理土地陈报前后地额赋额比较暨省应得百分数目表

县别	陈报前亩数	陈报后亩数	陈报后增出亩数	原有省县收入数 省	原有省县收入数 县	改定科则后省县收入数 省	改定科则后省县收入数 县	溢增省县收入数 省	溢增省县收入数 县	省县收入百分分配数 省	省县收入百分分配数 县
商丘	1 037 345 545	3 217 557 717	2 180 212 172	121 125 190	137 719 390	166 398 219	249 597 329	45 273 029	111 877 939	40	60
淮阳	1 599 166 450	1 645 309 829	46 143 379	186 542 070	245 178 780	201 103 745	301 655 616	14 561 675	56 476 836	40	60
太康	1 101 355 211	2 738 891 454	1 637 536 243	137 517 900	152 117 480	154 768 769	232 153 153	17 250 869	80 035 673	40	60
陈留	511 762 000	694 825 317	183 063 317	66 919 410	74 046 450	78 382 077	95 800 317	11 462 667	21 753 867	45	55
汝南	2 738 909 600	3 009 157 000	270 247 400	87 942 840	115 586 360	131 402 908	198 604 362	43 460 068	83 018 002	40	60
禹县	856 819 760	1 494 717 439	637 897 679	107 184 640	114 015 810	119 971 604	179 957 408	12 786 964	65 941 598	40	60
滩县	919 109 620	1 661 434 689	742 325 069	127 958 710	123 007 980	142 673 087	174 378 217	14 714 377	51 370 237	45	55
鹿邑	2 997 878 512	3 209 676 256	211 797 744	121 584 320	162 108 830	131 800 150	224 416 471	10 215 830	62 307 641	37	63
襄城	664 599 419	1 295 221 222	630 621 803	71 184 240	147 517 310	79 072 160	153 493 018	7 887 920	5 975 708	34	66
叶县	792 497 210	1 652 752 654	860 255 444	62 404 400	143 017 950	72 079 460	153 168 851	9 675 060	10 150 901	32	68
沈邱	510 415 743	1 009 455 672	499 039 929	33 479 410	98 524 750	47 509 146	110 854 674	14 029 736	12 329 924	30	70
项城	1 045 692 920	1 341 139 628	295 446 708	49 296 740	158 734 170	53 457 170	160 371 520	4 160 430	1 637 350	25	75

资料来源:《河南省各县办理土地陈报前后地额赋额比较暨省应得百分数目表》,《河南财政》第 8~9 页,1941 年。

调查中，可以看到，即使在江苏的淮域地区，地权分布也有差异，"大致淮北一带旱田区域，田权分配的不均最相悬殊：一万亩以上的地主每县至少有一两家"，"射阳河以南长江以北的所谓贫瘠区域中，中等地主比较占优势，田权集中的高度较淮北为低"，"在东部沿海一带，土地关系因盐垦情形而呈现出特异的状态"[①]。调查还涉及 1928 ~ 1933 年间地权分配及农田使用的变化，见表 1-40：

表 1-40　盐城 7 村村户变迁表　　　　　　（单位：户）

类别	1928 年	1933 年					
	户数	地主	富农	中农	贫农	其他	总计
富农	28		24	4			28
中农	59		1	55	2	1	59
贫农	56			1	55		56
其他	14	1			2	11	14
总计	157	1	25	60	59	12	157

通过对资料的分析，调查者认为，"在这样单纯的村户变迁中，很清楚地看出……贫农的底数在一年年地增加……中农的摇落固然已显著的很，而尤其显著得使人触目惊心的，便是成为江苏北部特色的富农的没落，这一批农业经营中最有希望的分子，不但没有发展的前途，而且竟至不克保持原有的地位"[②]。

从《东方杂志》1929 年刊登的《各地农民状况调查》看，河南光山县"佃农最多，约占百分之七十，地主则不到百分之二十，自耕农约占百分之四，半自耕农约占百分之四，雇农最少，至多不过百分之二"。两相比较，尽管并不完全吻合，但它基本反映了土地集中现象的严重。因此，尽管"光山在河南比起来也算土地肥美，而且山林茂密，雨泽充足，适于农田"，但农民却是普遍的贫困。1933 年行政院农村复兴委员会在河南省的许昌和镇平两县的调查也揭示了农村经济逐渐衰败的现象，见表 1-41：

表 1-41　许昌 5 村各类村户变迁表

类别	1928 年		1933 年								备注
	户数	百分比	收租地主	经营地主	富农	中农	贫农	雇农	其他	总计	
收租地主	4	0.87	1	1	1		1			4	
经营地主	1	0.26		1						1	
富农	21	4.73			19	3				22	因分家增加 1 户
中农	94	21.17	2		2	74	21			99	因分家增加 5 户

---

① 行政院农村复兴委员会：《江苏省农村调查》，上海商务印书馆，1935 年，第 3 页。

② 行政院农村复兴委员会：《江苏省农村调查》，上海商务印书馆，1935 年，第 19 页。

1928 年			1933 年							备注
类别	户数	百分比	收租地主	经营地主	富农	中农	贫农	雇农	其他	总计	
贫农	275	61.94				1	276	1	5	283	因分家增加 7 户，外村搬来 1 户
雇农	10	2.25					1	8	1		
其他	39	8.78			1		4		34	39	
总计	444	100	3	2	23	78	303	9	40	458	
		百分比	0.65	0.44	5.02	17.03	66.16	1.97	8.73	100	

资料来源：行政院农村复兴委员会：《河南省农村调查》，第 18 页。

1947 年中央农业试验所农业经济系对淮域江苏各县地权状况进行调查，内容包括农佃情形、田地买卖价格、完纳田赋情形，从 1912～1946 年，分五个时间段。见表 1-42：

表 1-42　农业情形概况调查表

这个表内所调查的事情，在我们调查上是一个重要的工作，每一个调查员皆须查填，从这个调查可以大概看出，贵处的农业情形和经济情形，并且我们将来一切农业的调查和计算都要作为根据的，所以要请台端多费一点时间务必力求详细准确。填好之后请即投邮，我们接到此表，当即正式登记，按期寄发调查表及农报

丙、贵处的农佃情形请填入下表：

年份	完全耕种自己田地的自耕农占几成	完全租种人家田地的佃农占几成	也租种也自种的半自耕农占几成
1912	60%	40%	
1931	70%	30%	
1936	70%	30%	
1941	80%	20%	
1946	90%	10%	

丁、贵处历年田地买卖的价格请填入下表（用国币计算）：

年份	每一亩水田	每一亩平原旱地	每一亩山坡旱地
1912	28 元	35 元	
1931	40 元	70 元	
1936	40 000 元	90 元	
1941			
1946	200 000 元	1 800 000 元	

戊、贵处历年完纳的田赋请填入下表（用国币计算）：

年份	每一亩水田一年内总共纳税多少	每一亩平原旱地一年内总共纳税多少	每一亩山坡旱地一年内总共纳税多少
1912	0.9 元	0.9 元	
1931	0.9 元	0.9 元	
1936	1 元	1 元	
1941			
1946	0.9 元	0.9 元	

填表人姓名：崇绍文，调查区域：江苏省淮安县第一区，调查日期：1947 年 12 月 30 日

丙、贵处的农佃情形请填入下表：

年份	完全耕种自己田地的自耕农占几成	完全租种人家田地的佃农占几成	也租种也自种的半自耕农占几成
1912	80%	12%	8%
1931	85%	10%	5%
1936	85%	10%	5%
1941	90%	8%	2%
1946	90%	8%	2%

丁、贵处历年田地买卖的价格请填入下表（用国币计算）：

年份	每一亩水田	每一亩平原旱地	每一亩山坡旱地
1912		10 元	
1931		40 元	
1936		50 元	
1941		300 元	
1946		180 万元	

戊、贵处历年完纳的田赋请填入下表（用国币计算）：

年份	每一亩水田一年内总共纳税多少	每一亩平原旱地一年内总共纳税多少	每一亩山坡旱地一年内总共纳税多少
1912		2 角	
1931		3 角	
1936		3 角	
1941		2 元 5 角	
1946		免征	

填表人姓名：史玉昌，调查区域：江苏省淮阴县凌桥乡镇，调查日期：1947 年 12 月 16 日

续表

丙、贵处的农佃情形请填入下表：

年份	完全耕种自己田地的自耕农占几成	完全租种人家田地的佃农占几成	也租种也自种的半自耕农占几成
1912			
1931			
1936	七	一	二
1941	八	一成半	半
1946	七	二	一

丁、贵处历年田地买卖的价格请填入下表（用国币计算）：

年份	每一亩水田	每一亩平原旱地	每一亩山坡旱地
1912			
1931			
1936		20～40	
1941		15 000	
1946		800 000	

戊、贵处历年完纳的田赋请填入下表（用国币计算）：

年份	每一亩水田一年内总共纳税多少	每一亩平原旱地一年内总共纳税多少	每一亩山坡旱地一年内总共纳税多少
1912			
1931			
1936		5 分	
1941		8.5 角	
1946		18 000 元	

填表人姓名：杨致和，调查区域：江苏省淮阴汤集乡，调查日期：1947 年 12 月 15 日

丙、贵处的农佃情形请填入下表：

年份	完全耕种自己田地的自耕农占几成	完全租种人家田地的佃农占几成	也租种也自种的半自耕农占几成
1912	70%	12%	18%
1931	75%	10%	15%
1936	75%	10%	15%
1941	78%	9%	13%
1946	78%	9%	13%

丁、贵处历年田地买卖的价格请填入下表（用国币计算）：

年份	每一亩水田	每一亩平原旱地	每一亩山坡旱地
1912		10 元	
1931		15 元	

丁、贵处历年田地买卖的价格请填入下表（用国币计算）：

1936		25 元	
1941		25 元	
1946		200 000 元	

戊、贵处历年完纳的田赋请填入下表（用国币计算）：

年份	每一亩水田一年内总共纳税多少	每一亩平原旱地一年内总共纳税多少	每一亩山坡旱地一年内总共纳税多少
1912		2 角 5 分	
1931		2 角 8 分	
1936		3 角	
1941		2 角 5 分	
1946		免征	

填表人姓名：朱永健，调查区域：江苏省淮阴县三树乡，调查日期：1947 年 12 月 14 日

丙、贵处的农佃情形请填入下表：

年份	完全耕种自己田地的自耕农占几成	完全租种人家田地的佃农占几成	也租种也自种的半自耕农占几成
1912			
1931	十分之九	十分之零点四	十分之零点六
1936	同上	同上	同上
1941	同上	同上	同上
1946	同上	同上	同上

丁、贵处历年田地买卖的价格请填入下表（用国币计算）：

年份	每一亩水田	每一亩平原旱地	每一亩山坡旱地
1912			
1931		24 元	
1936		40 元	
1941		50 000 元	
1946		200 000 元	

戊、贵处历年完纳的田赋请填入下表（用国币计算）：

年份	每一亩水田一年内总共纳税多少	每一亩平原旱地一年内总共纳税多少	每一亩山坡旱地一年内总共纳税多少
1912			
1931		1 角 5 分	
1936		同上	
1941		5 元	
1946		2000 元	

填表人姓名：王佩琇，调查区域：江苏省淮阴县宋集乡镇，调查日期：1947 年 12 月 13 日

丙、贵处的农佃情形请填入下表：

年份	完全耕种自己田地的自耕农占几成	完全租种人家田地的佃农占几成	也租种也自种的半自耕农占几成
1912	10%	15%	75%
1931	15%	20%	65%
1936	20%	25%	55%
1941	25%	20%	55%
1946	25%	20%	55%

丁、贵处历年田地买卖的价格请填入下表（用国币计算）：

年份	每一亩水田	每一亩平原旱地	每一亩山坡旱地
1912		7 元	
1931		23 元	
1936		55 元	
1941		350 元	
1946		240 000 元	

戊、贵处历年完纳的田赋请填入下表（用国币计算）：

年份	每一亩水田一年内总共纳税多少	每一亩平原旱地一年内总共纳税多少	每一亩山坡旱地一年内总共纳税多少
1912		0.15 元	
1931		0.3 元	
1936		0.35 元	
1941		3 元	
1946		免征	

填表人姓名：刘月兴，调查区域：江苏省淮阴五联乡镇，调查日期：1947 年 12 月 13 日

丙、贵处的农佃情形请填入下表：

年份	完全耕种自己田地的自耕农占几成	完全租种人家田地的佃农占几成	也租种也自种的半自耕农占几成
1912	85%	5%	10%
1931	88%	4%	8%
1936	89%	4%	7%
1941	92%	3%	5%
1946	95%	2%	3%

丁、贵处历年田地买卖的价格请填入下表（用国币计算）：

年份	每一亩水田	每一亩平原旱地	每一亩山坡旱地
1912		15 元	
1931		36 元	

丁、贵处历年田地买卖的价格请填入下表（用国币计算）：

1936		40 元	
1941		76 元	
1946		23 万元	

戊、贵处历年完纳的田赋请填入下表（用国币计算）：

年份	每一亩水田一年内总共纳税多少	每一亩平原旱地一年内总共纳税多少	每一亩山坡旱地一年内总共纳税多少
1912		2 角 3 分	
1931		3 角 2 分	
1936		3 角 6 分	
1941		8 角 9 分	
1946		免征	

填表人姓名：陈纶，调查区域：江苏省泗阳县，调查日期：1947 年 12 月 14 日

丙、贵处的农佃情形请填入下表：

年份	完全耕种自己田地的自耕农占几成	完全租种人家田地的佃农占几成	也租种也自种的半自耕农占几成
1912	90%	3%	7%
1931	90%	3%	5%
1936	90%	同上	4%
1941	92%	1%	同上
1946	93%	同上	2%

丁、贵处历年田地买卖的价格请填入下表（用国币计算）：

年份	每一亩水田	每一亩平原旱地	每一亩山坡旱地
1912		白洋三块	无
1931		20 元	无
1936		22 元	无
1941			无
1946			无

戊、贵处历年完纳的田赋请填入下表（用国币计算）：

年份	每一亩水田一年内总共纳税多少	每一亩平原旱地一年内总共纳税多少	每一亩山坡旱地一年内总共纳税多少
1912			
1931			
1936			
1941			
1946			

填表人姓名：管国屏，调查区域：江苏省宿迁县洋北乡镇，调查日期：1948 年 1 月 10 日

续表

丙、贵处的农佃情形请填入下表：

年份	完全耕种自己田地的自耕农占几成	完全租种人家田地的佃农占几成	也租种也自种的半自耕农占几成
1912	4	5	1
1931	5	3	2
1936	5	3	2
1941	5	3	2
1946	2		

丁、贵处历年田地买卖的价格请填入下表（用国币计算）：

年份	每一亩水田	每一亩平原旱地	每一亩山坡旱地
1912		15 元	
1931		18 元	
1936		20 元	
1941		700 元	
1946		70 000 元	

戊、贵处历年完纳的田赋请填入下表（用国币计算）：

年份	每一亩水田一年内总共纳税多少	每一亩平原旱地一年内总共纳税多少	每一亩山坡旱地一年内总共纳税多少
1912		3 角 4 分	
1931		4 角	
1936		5 角	
1941		30 元	
1946		5000 元	

填表人姓名：胡干，调查区域：江苏省萧县古城乡镇，调查日期：1948 年 6 月 26 日

资料来源：中央农业试验所：《农业概况调查表》，中国第二历史档案馆，全宗号 424，案卷号 638。

调查者希望通过此项调查，对农村各方面情形及演变趋势有基本的了解，因而深入到乡镇，时间跨度 35 年，涉及淮安、淮阴、泗阳、萧县、宿迁等县，其中在淮阴调查的乡镇最多，有 5 个乡镇。从调查的资料看，不仅各县情形不同，即使同县之间各乡镇也有很大差异，如淮阴县的 5 个乡镇除五联乡外，其他乡镇的自耕农均在 70% 以上，五联乡镇的自耕农最高不超过 25%；除萧县外，其他县均在 70% 以上。调查也显示，农民须完纳的田赋虽处于增加之中，但数量不是很大。但问题并非如此简单，实际上，正税的多少只是一个方面，从附税中我们才可以真正看到农民负担的大致情形。

二、农 民 负 担

从当时情况看，农民负担主要包括以下几个方面：地租以及与之相关联的劳役的加重；长期以来的赋税积弊；赋税征收过程中存在的种种问题。以河南省为例，"由赋政失修及胥吏舞弊鱼鳞册破坏，而土地久不检查，簿籍早失补缀。有田无赋，有赋无田，田多赋少，田少赋多，土劣勾结把持，大户抗纳。公开舞弊，累代积年"。不仅河南如此，"田赋积弊，全国各省大略相同"①。如果说前面的情况是一种常见的现象，存在于中国社会的各个时期，那么晚清以来的各项改革尤其是 20 世纪初以来随着改革的不断扩展，农民的负担也不断加重。

以 1933 年安徽为例，"查安徽各县地方经费，大半依靠田赋附加收入，地方办一事，首即请求加征附税。甚至因事实需要所迫，不经请求即行征收，或各乡就地自筹"，就安徽地域而言，"皖北情形较皖南尤甚"，如表 1-43 所示：

表 1-43　淮域安徽各县田赋正附税比较表

县别	带征赋税额数	比率
凤阳	0.512	51.2
五河	0.674	67.4
怀远	0.895	89.5
泗县	0.904	90.4
霍山	0.920	92.0
阜阳	0.971	97.1
太和	1.220	122.0
凤台	1.284	128.4
定远	1.350	135.0
寿县	1.500	150.0
颍上	1.560	156.0
亳县	1.722	172.2
盱眙	1.747	174.7
蒙城	1.780	178.0
宿县	1.922	199.2
涡阳	2.012	201.2
灵璧	2.042	204.2

说明：淮域安徽带征附税系指对正税一元带征之数，正税比较率为100。

资料来源：实业部劳动年鉴编纂委员会：《民国二十二年中国劳动年鉴·第一编·劳动状况》，文海出版社，第 529 ~ 531 页。

---

① 河南省政府秘书处：《河南财政》，第 2 页，1941 年。

淮域江苏也不例外，江苏的田赋，可划分为南北两区，江南正税很重，附加税不过是正税的 2~3 倍，江北则正好相反，附加税大多超过正税 8 倍或 10 倍，"甚至有超过十五六倍以至二十五六倍"，具体情况见表 1-44：

表 1-44　邳县等 13 县田赋正附税比较表

县别	省县正税（单位：元）	省县附税（单位：元）	比率（正税＝100）
邳县	6.2	40.7	656.45
铜山	16.4	114.3	696.95
盐城	11.1	94.6	852.25
兴化	11	78.8	716.36
东台	9.9	31.4	317.17
泰县	7.5	71.8	957.33

资料来源：行政院农村复兴委员会：《江苏省农村调查》，第 63 页。

河南省的财政状况不仅是"经常支出超过经常收入"，而且"临时支出超过临时收入"，于是巧立名目，增加税收，导致附税远远超过正税。

三、整顿田赋附加

苛捐杂税以及田赋征收中的积弊，不仅加重了农民的负担，也使农产品的销售更加困难。1933 年农村复兴委员会对小麦滞销进行调查，其中"苛捐杂税，阻碍麦产销路"即为原因之一。鉴于"苛捐杂税最为扰民"，行政院 1933 年议决："一、现有田赋附加，无论已否超过正税，自二十三年年度起，不得以任何急需名目，再有增加。二、各县区乡镇之临时亩捐，摊派应严加禁止。三、附加带征期满，或原标的已不复存在者，应即予废除，不得再变更用途继续征收。四、田赋附加现已超过正税者，应限期递减，并以土地呈报所增赋额尽先充抵补减附加之用"。并通过决议，规定"关于废除田赋附加地方费用不足，由中央另筹抵补"。同时通过了改革田赋征收制度的决议，内容包括：一、经征机关与收款机关应须分立。由县政府指定当地银行，农业仓库，或合作社收款，若无此等机关，则由县政府财政局或派科员在柜收款；二、串册应注明正附税银元数及其总额，并须预发通知单；三、禁止活串；四、不得搋串游征；五、不得预征；六、确定征收费，并由征款项下开支，不得另征；七、革除一切陋规；八、田赋折合国币，应酌量情形，设法划一。

财政部议定自 1934 年 7 月起至 1934 年 12 月底为止，"由地方斟酌情形，分别先后逐一废除"。并制定了改革税则的具体措施："一、在各地办理土地陈报以后，如所报地价可资为按价征税之依据者，即照报价划为若干等级，每等酌定平均价格，按百分之一征税为原则，附加税名目一律取消，其所得税款之分配，以省得百分之四十，县得百分之六十为原则，并得按照各县地方情形酌量增减之。二、在土地未实行清丈以前各县田赋不能按照陈报地价征收者，则参照报价及收益，将原有科则删繁就简，改并为新等则征收，但附加不得超过正税总额，其在原科则轻征之区，以正附税并计部超过地价百分之一为原则。三、现有田赋附加，无论已否超过正税，自二十三年度起，不得以任何急需任何名目，再有增加。四、各县区乡镇之临时亩捐摊派应严加禁止。五、附加带征期满，或原标的已不复存在者，应即予废除，不得再变更用途继续征收。六、田赋附加现已超过正税者，应限期递减，并以土地陈报所增赋额尽先充抵补，减轻附加之用。"如何弥补废除田赋附加后的地方财政问题，财政部决定，"关于补废除田赋附加地方费用不足，暂由印花税项下拨补"。此外，为防止征收中的营私舞弊，同时对田赋征收制度进行改革，主要包括："一、经征机关与收款机关应须分立，由县政府指定当地银行、农业仓库或合作社收款，若无此等机关，则由县政府财政局或派科员在柜收款。二、串册应注明正附税银员数及其总额，并须预发通知单。三、禁止活串。四、不得携串游征。五、不得预征。六、确定征收费，并由正款项下开支，不得分征。七、摒除一切陋规。八、田赋折合国币，应酌量情形，设法划一。"

按照统一部署，淮域各省制定了减轻田赋附加计划。从其思路看，不外两方面：一是将整理地籍后增加的收入，作为减轻赋税的抵补。二是加强预算，使收支平衡，减少临时摊派[1]。如山东省规定，附加税率每正税一元原带征一元五角以上者，均减至一元五角，以有如有抵补款项，再行递减，期至正附相等为止[2]。

1935年安徽省对各县田赋附加税率进行核减，从下表可以看出核减后淮域各县田赋附加均有下降之势，见表1-45。

从1936年安徽省整理田赋后的收入来源看，田赋附加虽然仍是主要来源，但已从1934年的5 889 367元下降到4 481 934元，减少了1 407 433元。而从前后的县地方收入来源看，中央补助款达到2 363 963元，超过田赋收入的50%，从而一定程度上减轻了农民的负担。

江苏省的田赋附加"民初尚少，民十六以来骤增，现今统计全省附税不同之名目，多至一百零五种"。其减轻计划是："一、编订预算以近年实收数为度，凡整顿征收剔除中饱所增之实收，一律作为减轻赋税之用，不得以专款名义，分割支配。二、整理地籍挤出之无粮地升科者，其溢出税额除省税外，亦全部作为减轻赋税之抵补。"[3] 淮域各县核减情况有所进展，见表1-46。

---

[1]　行政院农村复兴委员会：《一年来复兴农村政策之实施状况》，第47~51页。
[2]　《山东省之经济建设》，《十年来之中国经济建设》，第4页。
[3]　行政院农村复兴委员会：《一年来复兴农村政策之实施状况》，第49页。

表 1-45 1935 年淮域安徽核减各县田赋附加税率表

县别	原有数		核定数		说　明
	税率（正税每元之田赋附加）	收入额数	税率（正税每元之田赋附加）	收入额数	
	元	元	元	元	
六安	1.837 13	246.960	1.437 29	193.200	
立煌	1.000 00	7.505	1.500 00	103.010	
寿县	1.500 00	128.145	1.000 00	128.145	
霍邱	1.000 00	82.711	1.500 00	49.117	
凤台	1.417 75	42.270	1.417 75	42.270	一、核定数一栏所列各
怀远	0.800 00	64.400	0.300 00	64.000	县数系 1935 年度办理
凤阳	1.174 40	32.637	1.000 00	28.309	县地方预算时之核定县
定远	1.270 00	86.288	1.000 00	67.943	数；二、泗县已于 1936
泗县	0.801 00	39.248	1.500 00	90.000	年减至百分之百，阜临
盱眙	1.303 70	77.910	1.000 00	58.140	颍测量已完成，涡亳测
五河	1.350 00	116.974	1.000 00	21.661	量已开始，即日举办陈
灵璧	1.449 90	55.780	1.000 00	33.519	报预计于 1937 年至少
宿县	1.411 80	142.918	1.361 80	137.856	减至百分之百，其余各
蒙城	1.912 51	80.231	1.375 91	57.746	县均俟土地陈报完成一
阜阳	1.901 68	226.186	1.500 00	178.410	律核减以符中央明令逐
颍上	1.267 00	34.602	1.000 00	27.310	年裁减之旨
涡阳	1.500 00	74.718	1.500 00	74.745	
亳县	1.632 00	149.249	1.500 00	187.177	
太和	1.708 00	104.002	1.500 00	91.337	
临泉	0.901 68	48.148	1.500 00	80.092	

资料来源：《核减各县田赋附加税率表》，《安徽政务月刊》第 29 期，1937 年。

表 1-46 淮域江苏各县先行废除地方杂捐表

县别	捐款名目	征收方法	全年数目（元）	用途	备考
铜山	公益捐	按货征收	16 800	公安	类似通过税
	保卫捐	由各区保卫团自收	900	保卫	苛细
萧县	土产捐	按车征收	1800	地方事业	类似通过税
东海	鸡子捐	按货征收	300	公安	苛细
	甲牌捐	由各甲牌自收	500	保卫	苛细
	保卫摊捐	由保卫团收	800	保卫	苛细
灌云	保卫商铺捐	保卫团自收	3836	保卫	重复
邳县	保卫商捐	保卫团自收	4000	保卫	重复

县别	捐款名目	征收方法	全年数目（元）	用途	备考
江都	仙女镇杂捐	对物征收	120	教育	苛细
泰县	小宝带桥捐	按货征收	25 000	公安教育等项	类似通过税

资料来源：《一年来复兴农村政策之实施状况》，第65~68页。

　　苛捐杂税尤其是田赋附加的不断加重，与田赋积弊不无关联。"田赋积弊，全国各省大略相同，其积弊之深，即村妇愚夫亦莫不知之。盖中国田赋有悠久之历史，积弊相沿，不仅为租税中最恶劣者，且已为腐败政治之代表。其欺瞒中饱，根深蒂固，到处皆同。"册籍混乱，相互勾结，经征人员上下其手，使田赋征收问题重重，且大多难以足额征收。河南省1936年的额征数仅为当年赋税的50%，1937年仅超过60%[1]。因此，进行土地陈报，改变征收制度，建立经征队伍是淮域各省大多采取的做法。这是为废除苛捐杂税而采取的必要措施。但是，另一方面，捐税的增多，又与晚清以来国家政权功能的扩展有一定关联，正如时人所指出的："捐税之种类，固甚繁多，唯各省市县各种税捐，多有一定之用途，且达相当之数额，应如何由地方分别删汰整理，另筹抵押，或如何与中央协图裁废，均有赖于中央与各地方于切实调查研究之后，再加切实磋商，倘能虚怀研求，必当有解决之途径。"[2] 这不仅说明了社会改革的复杂性与多面性，也表明这时期农民隐性负担的加重及其解决的困难。

四、根据地的土地改革

　　废除封建土地所有制，解决农民的土地问题，是中国民主革命的中心内容。20世纪20至40年代，中国共产党先后在淮河流域创建多个革命根据地[3]。土地革命时期的鄂豫皖革命根据地；抗日战争时期，主要有淮北、淮南、山东、苏北、苏中等根据地；解放战争时期，先后创建山东、华中、晋冀鲁豫、华东、中原等解放区。作为中国共产党领导下的独立区域，根据地的土地改革与国统区有着很大的差异。

（一）土地改革政策

　　1927年8月中共中央召开八七会议，确立了土地革命和武装反抗国民党统治的总方针，提出发动农民解决土地问题的具体主张。1928年7月，中共六大通过了《土地

---

① 河南省政府秘书处：《河南财政》，第2、3页。

② 《一年来复兴农村政策之实施状况》，第46页。

③ 中国共产党在不同时期创建的根据地，称谓有所不同：土地革命时期，一般称革命根据地或苏区；抗战时期，一般称抗日根据地或边区；解放战争时期，一般称解放区。为行文方便，下文统一称之为根据地。

问题决议案》，指出土地革命的主要对象是地主阶级。八七会议和中共六大推动了全国各根据地土地改革运动的兴起。

土地革命时期，位于淮河流域的鄂豫皖革命根据地，地跨湖北、河南、安徽三省，由鄂豫边、豫东南和皖西三块根据地组成，是中共早期创建的规模较大、坚持时间较长的根据地。鄂豫皖苏区按照中央的指示精神，结合本地实际，先后制定、颁布了一系列土地政策、法规。

1929 年 6 月，鄂东北联席会议通过了《临时土地政纲》、《中小商人和富农问题》及《公积祖积问题》等法令。1929 年 12 月，鄂豫边代表大会制定并通过《鄂豫边革命委员会土地政纲实施细则》和《群众运动决议案》。1930 年 4 月，六安县第六区苏维埃大会通过了《雇农工资办法》、《手工业工人办法》、《森林办法》及《土地政纲实施细则》。此外，还有各种《土地问题决议案》及减租减息令等。其中《临时土地政纲》、《鄂豫边革命委员会土地政纲实施细则》和《土地政纲实施细则》是鄂豫皖根据地的三大土地政纲。

鄂豫边、皖西的《土地政纲实施细则》与《临时土地政纲》相比，内容更全面，更完善，涉及土地改革中的诸多问题，其要点有：一、关于没收土地的范围。除原规定没收"豪绅地主土地"、"反革命分子土地"外，增加了"富农剩余土地"、"祠堂、庙宇、祖积、公积土地"以及"一切公产、官地"条款。二、关于土地分配的对象。修改了已租的土地仍归原佃农耕种的条款，规定将没收土地统一分配给无地或少地的农民、愿意耕种的富农、愿意耕种的工人、职业革命家、红军的官兵、退伍的士兵、愿耕种的小贩、其他职业者以及豪绅反动派无反动嫌疑的家属。三、关于土地分配的标准。新条款规定，土地分配是以乡为单位，以产量为标准，以粮食的实际需求为主要条件，基本按人口平均分配。四、关于中农和富农的问题。新条款规定，保护中农的利益，中农的土地不动，既不分进土地，也不拿出分配。富农享有土地所有权，没收其剩余的土地，愿意耕种的富农可以分配到土地[①]。

从土地政策、法规的演变轨迹来看，后一种政纲是对前一种政纲的补充、修正和创新。这既是认识深化的结果，又有策略上的考虑，其目的是尽可能减少新制度推行的阻力及避免新制度带来的震荡，以保证土地改革的顺利进行。

九一八事变后，民族危机日益严重。面对新形势，中国共产党及时调整了对富农、地主的土地政策。1935 年 12 月，中共中央做出《关于改变对富农策略的决定》，规定：对于富农，只没收其出租的土地，并取消其高利贷，富农所经营的（包括雇工经营的）土地、商业以及其他财产则不能没收。1937 年 2 月，中共中央致电国民党五届三中全

---

① 《鄂东北临时土地政纲》、《鄂豫边革命委员会土地政纲实施细则》及《六安六区土地政纲实施细则》内容，参见湖北省档案馆：《鄂豫皖革命根据地财经史资料选编》，湖北人民出版社，1989 年，第 398～400、406、407、443～445 页。

会，提出停止没收地主土地的政策。之所以作出这样的调整，毛泽东解释道："实行'耕者有其田'的土地革命，正是孙中山先生曾经提出过的政策，我们今天停止实行这个政策，是为了团结更多的人去反对日本帝国主义，而不是中国不要解决土地问题。"[①]

抗日战争爆发后，中国共产党提出了减租减息政策。1937年8月25日，中共中央政治局在洛川召开扩大会议，确定把减租减息作为抗战时期解决农民土地问题的基本政策。为进一步贯彻减租减息政策，1942年1月，中共中央通过了《关于抗日根据地土地政策的决定》，对土地政策作了全面具体的规定。

减租减息的主要含义有：一、实行减租减息。农民是抗战的基本力量。减轻地主对农民的封建剥削，借以改善农民生活，调动农民抗日与生产的积极性。二、农民交租交息。保存地主对土地和财产的所有权，借以联合地主阶级一致抗日。三、对于富农，其一部分封建性质的剥削，租息照减，同时保护其资本主义生产，以奖励富农生产与联合富农。减租减息的办法有：一、地租，一般以二五减租为原则，即不管何种租制，一律比抗战前租额减低25%，特殊情况可适当多减或少减，但须以能发动农民抗日和团结各阶级抗日为原则。二、利息，一般减到不超过当时社会经济借贷关系所允许的程度，通常在减息后定为年息一分左右。抗战前已形成借贷关系的，以一分半为计算标准，如付息超过原本1倍者，停利还本；超过2倍者，本利停付。

为改善人民生活，发展农业生产，团结抗战力量，提高人民的抗战积极性，巩固根据地政权，淮域各边区政府认真贯彻中央指示精神，先后颁布了有关减租减息的法规、条例、办法等。在淮北根据地，颁布了《淮北苏皖边区减租缴租条例》（1942年6月）、《淮北苏皖边区当地押地赎地办法》（1942年6月）、《淮北苏皖边区救济灾荒借贷付息还本暂行办法》（1942年6月）、《淮北苏皖边区增加雇工工资调剂劳资关系办法》（1942年6月）、《淮北苏皖边区土地租佃条例》（1943年5月）、《淮北减租退租补充办法》（1945年6月）等。在山东根据地，颁布了《减租减息暂行条例》（1940年11月）、《山东省租佃暂行条例》（1942年5月）、《山东省改善雇工待遇暂行办法》（1942年5月）、《山东省借贷暂行条例》（1942年5月）等。在淮南根据地，颁布了《减租减息条例》（1940年）、《津浦路西三七分租与改善佃东关系暂行条例》（1942年5月）、《津浦路西借贷付息暂行办法》（1942年5月）、《津浦路西典当暂行条例》（1942年5月）等。此外，还有《淮北苏皖边区修正改善人民生活各种办法》（1941年12月）、《津浦路东抗战时期施政纲领》（1941年2月）等涉及相关减租减息的内容。各根据地制定的政策、办法，内容虽不尽相同，但其目的都是改善原有不合理的租佃关系、借贷关系、雇佣关系，支持抗战，维护统一战线。

以淮北、淮南根据地为例，将其制定的减租减息政策和办法，归纳如下：

淮北根据地减租减息政策的主要内容有：关于减租问题。分租，原来对半分者改

---

① 《毛泽东选集》第2卷，人民出版社，1991年，第368页。

为三五、六五分（即收粮 1 石，地主分 3 斗 5 升，佃户分 6 斗 5 升）；四六分者改为三七分；三七分者改为二五、七五分；原租不到三七分者酌减。已实行三七分租的地区，仍照三七分租。包租，一律减二五（按原租减去二成五，原租 4 斗减 1 斗），满收满缴，半收半缴，不收不缴。接近敌占区的地区，依具体情况，规定较低的减租率。取消各种陋规，废除年礼、节礼、分场酒等额外负担及无报酬之劳役，地主如用佃户做工，一律照当时工资付价。关于减息问题。借钱还钱，分半付息；老债还本；利过本，停付利，分期还本；利倍本，停付利，减半还本。借粮还粮，借粗还粗，借细还细，利加二成；借粗还细，一斗还一斗；借粮时以款代粮者，以借粮论，照上述办法，付息还本。抗属的战前借贷，如无力偿还者，本息一律延期偿还。办理低利借贷，由乡镇政府协同当地民众团体，组织农民借贷所或贫民借贷所实行。其基金来源：收回以前农行贷款转给借贷所；未经政府查明而由群众查出归公之庙产、公产按全年收入 40% 给借贷所；向富有之户商借；由政府设法筹备。关于增资问题。雇工工资一律改钱资为粮资，具体标准为：大领以能养活家口一个人至一个半人为标准，工资折成粮食 700 ~ 1000 斤；二领以能养活一个人为标准，计粮食 500 ~ 700 斤；小伙计工资以养活半个人为标准，计粮食 200 ~ 500 斤。女工工资，依上述标准酌量计算。粮食工资，粗细各半，分春夏秋结算。双方遵守契约，雇主不得无故解聘，雇工应积极参加劳动，不得怠工。

淮南边区政府制订了"让息还债办法"，具体内容包括：借麦：借麦还麦，另补利息。按债权人和债务人的家境状况，决定补偿利息，一般来说，借 1 斗需偿还 1 斗 1 升至 1 斗 3 升。借稻：借稻还稻，外补利息，秋后还稻。借豆饼：借饼还饼，额外不加。借钱：借钱还钱，外补利息，等麦涨价，本利全还。同时，成立减息委员会，由债权人、债务人、农抗、士绅代表组成。一方面，保护债务人的利益，反对债权人对债务人的不合理剥削，另一方面，也照顾到债权人的利益。

解放战争时期，1945 年 11 月，中共中央发布指示，强调："目前我党方针，仍然是减租而不是没收土地。"[1] 在中央的指示下，各解放区积极开展减租减息运动。

1946 年 4 月，苏皖边区政府颁布了《没收汉奸土地放领办法》，规定：没收汉奸的一切土地，由当地没收汉奸财产管理机构负责登记管理和放领。对没收的土地实行廉价放领，其价格视当地地价而定，以不得高于 50%，不低于 10% 为准；没收的汉奸土地发给贫苦民众承领，下列之人有承领的优先权：成家或准备成家的荣誉军人；贫苦的抗烈属；贫苦而土地不多的原佃户；反汉奸的积极分子而缺乏土地者。同时规定在放领被没收的汉奸土地时，对有永佃权及定期租佃权的汉奸土地，必须依法保障原佃户佃权。承领土地者必须以自耕自种为限，并规定在 5 年以内不得出租或出售[2]。

① 《毛泽东选集》第 4 卷，人民出版社，1991 年，第 1173 页。

② 安徽省档案馆等：《安徽革命根据地财经史料选》（三），安徽人民出版社，1983 年，第 82、83 页。

与此同时，各解放区普遍进行减租减息运动。1945年12月，在淮北分局的工作报告中，提出要在新区坚决贯彻减租法令，关于减租：包租一律二五减租；分租按照各老解放区定例；敌伪时期的加租以及转嫁于佃户身上的捐税负担要退还佃户；额外剥削要取消；押租、上庄钱退给佃户；租额过高要重新评定，最高不超过35%；虚田查实，实地交租；保障佃权，不得无理抽地等。关于减息：新中国成立前所借之款，年利不得超过2分；利过本停利还本；利倍本停利分期还本；利两倍于本，本利停付。当铺一般可减轻利息，延长死当期。悬租银租利息减半。关于增资：增资标准有：一是钱资改粮资养活一口人到两口人。一是"水涨船高"照新中国成立前实际工资（钱折成粮）增加30%～50%，各行业制定工资待遇标准要适当提高。另外还规定，在处理减租、减息和增资问题时，要考虑到地主、债权人和资方的利益①。

从政策方面来看，淮域各边区对新解放区采取的减租减息的办法也有所不同。如山东解放区规定，继续实行抗战时期的"二五"减租和分半减息的办法。而在苏皖解放区则规定实行"分租制"。具体办法如下：减租的幅度按照原有的租负程度确定，原为50%减为35%，原为40%减为30%，原为30%减为25%。佃户欠地主的旧租，一律免缴，如欠租已变为债务关系者，仍按欠租办法处理。减息方面，新借债者月利2分，至多不超过5分；借粮还粮者，加息2成，至多不超过5成。长短工工资根据老解放区的工资标准，酌予减少。计件工资采取水涨船高办法，按成数比例规定②。

1946年春，随着阶级矛盾的上升，内战的可能性增大，为应对形势变化，争取民众的支持，中共中央决定改变抗战时期的减租减息政策，满足广大农民的土地要求。1946年5月4日，中共中央发出了《关于清算减租及土地问题的指示》，指出：坚决拥护农民一切正当的主张和正义行动，批准农民已经获得和正在获得的土地。同时提出了解决土地的办法："农民应站在合法和有理地位中，通过没收分配大汉奸土地等获得土地。对待小地主的态度应与对待大地主、豪绅、恶霸的态度有所区别"；"一般不变动富农的土地，如在清算、退租、土地改革时期，由于广大群众的要求，不能不有所侵犯时，亦不要打击得太重，应使富农和地主有所区别，应着重减租而保存其自耕部分"；"坚决用一切方法吸收中农参加斗争，并使其获得利益，决不可侵犯中农土地，凡中农土地被侵犯者，应设法退还或赔偿，整个运动必须取得全体中农的真正同情和满意，包括富裕中农在内。"③《五四指示》是中共在新的条件下提出的解决土地问题的新方式。根据不同的对象，采取不同方法，实现土地所有权转移。

根据《五四指示》，华中分局颁布了《关于土地政策新决定的指示》，规定：没收和分配汉奸的土地；允许地主以土地抵偿债务，在保障佃权中允许土地与农民按三七

---

① 安徽省档案馆等：《安徽革命根据地财经史料选》（三），第18、19页。
② 安徽省档案馆等：《安徽革命根据地财经史料选》（三），第80、81页。
③ 中央档案馆：《解放战争时期土地改革文件选辑》，中共中央党校出版社，1981年，第2～4页。

或二八比价分地自耕，押租重者，可按押租退田；发动农民与地主清算旧账，清算后一律以土地抵还；鼓励地主献田给农民，献出土地应交给农会，经过群众讨论统筹公平分配；对于政权不巩固的边区，鼓励农民赎田买田①。

处理特殊土地问题是土地改革的重要内容。所谓特殊土地，主要指各种形式的公有地及无法确定产权的土地。特殊土地性质复杂，情况各异，需要特殊的政策来对待。对公学田，除各乡或村一部举办乡学村及安置复员军人外，其他分给农民。可留一部分作公田，但不宜过多；庙田、族田、祠堂田、社田及会田，原则上一律分给农民。同时因涉及宗教、宗族关系，应予以尊重。可留一部分自用，其余分给农民；教会和外国人土地，原则上教会土地一律清算分配，教民同样得到土地。至于外国人在华的土地，应当收回，非法取得的土地退还原主或分给农民；荒地、林地、湖地、草滩，尽量分配给农民开垦或耕种，或以村为单位分配，由农会负责管理；盐垦公司的土地，可以发动农民向公司清算押租及其租账，以取得土地所有权。

1947 年夏，人民解放军由战略防御转入战略进攻，为进一步争取民众对战争的支持，满足农民对土地的需求，中共中央决定及时彻底地废除封建土地制度。1947 年 7 ~9 月，中共中央在河北平山县西柏坡村召开全国土地会议。大会通过了《中国土地法大纲》。《大纲》就土地改革机构、土地没收对象、土地分配办法、地权及财产所有权等问题作了规定，提出彻底消灭封建压迫和封建剥削制度，彻底平分土地，依靠雇贫农的阶级路线，一切权力交给农会。

（二）土地改革措施

土地革命时期，为了贯彻土地改革的政策，保障土改运动顺利进行，鄂豫皖苏区采取了广泛宣传和动员、成立专门机构——土地委员会等多项措施。

为了使广大农民认识到土地改革的必要性和重要性，鄂豫皖苏区的党组织和各级政府举办土地改革训练班，召开各种会议，广泛宣传党的土地政策及土改的意义。1929 年，鄂豫边联席会议宣布："使党的土地政纲深入到农民中去。"② 同年，六霍县委也指出："利用一切的名义以便号召"，"要先准备数个善于鼓动的人，以便在群众斗争情绪低落时乘机鼓动，以提高群众斗争情绪与决心"③。在土改实践中，各级政府发动和组织农民群众与地主作斗争，清点地主财产，烧毁田契债票以及分粮斗争等。如1929 年冬，在独山的一次分粮斗争中，参与的贫农有 200 人，共扒地主的稻有 700 石，扣留大米达 100 多石④。通过各种形式宣传动员，打破了农民"听天由命"的思想束

①　安徽省档案馆等：《安徽革命根据地财经史料选》（三），安徽人民出版社，1983 年，第 90 页。
②　谭克绳等：《鄂豫皖革命根据地斗争史简编》，解放军出版社，1987 年，第 256 页。
③　安徽省档案馆等：《安徽革命根据地财经史料选》（一），第 5 页。
④　中央档案馆等：《鄂豫皖苏区革命历史文件汇集》第 4 册，1985 年，第 166、167 页。

缚，他们在土改运动中的角色不再是被动的参与者，而是主动的生力军。

为了保证土地改革高效、稳定、有序地推进，鄂豫皖苏区各级政府成立了土地委员会，负责领导与实施土地制度的改革工作。土地委员会主席均由党和政府主要领导人充当，委员由农民选举产生，贫农、雇农占大多数，也有少数是中农。这样，土地委员会不仅置于党和政府领导之下，而且还密切了与群众之间的联系。土地委员会下设水利局、没收分配科和土地培养科三个职能部门。其中水利局，办理修塘、筑堰、开沟、开河等事务；没收分配科，主要办理土地调查登记、发放土地使用证及制定新区土地的没收、分配等办法；土地培养科，研究土质的优劣、施肥的办法及适宜种植的作物，并帮助农民运输和购买肥料等①。土地委员会及其附属机构的设立，使土地改革的安排与变迁有了固定的职能机构，避免了无头管理、职责不明、相互推诿的现象。

鄂豫皖苏区的土地改革运动大致分为三个阶段：

（1）土地改革运动的初步开展

这一阶段的土地改革主要以"五抗"运动（即抗租、抗课、抗税、抗债、抗捐）为中心内容。八七会议后，安徽、河南的党组织依照会议精神，先后提出在农村开展土地革命。1928 年 7 月，中共鄂东党组织召开尹家咀会议，会议决定在光山、罗山等县部分地区，普遍发动群众，开展大规模的"五抗"运动。1929 年 5 月，豫东南的商城县南部地区也开展"五抗"和分粮斗争。1929 年 10 月，皖西的六安、霍山等县大部分地区普遍开展减租减息运动，一般的大地主减租七成，小地主减租六成②。同年冬，六安第六区颁布了减租法令，解决农民减租与地主抗租问题。

（2）土地改革的深入发展

随着根据地的不断巩固和扩大，以及政治形势与经济状况的好转，广大农民已不满足于"五抗"斗争，进一步提出了分配土地的要求。鄂豫边特委于 1928 年 8 月底召开了松树岗会议，着重讨论土地问题，并提出了土地分配的原则和办法，如没收豪绅地主的土地财产，按人口分给贫农、雇农等③，标志着土地改革进入了以分配土地为中心内容的阶段。

1929 年 5 月，中共鄂东北特委结合一年来土地改革实际，召开了联席会议。会后，开展了大规模的"打土豪，分田地"运动。至 11 月，鄂豫边光山县的柴山、观音、官堰等区，豫东南商城县的和区、乐区，初步完成了土地的没收和分配。同年 12 月，鄂豫边根据地召开全区苏维埃代表大会，会议决定再次掀起土地改革的高潮。到 1930 年春，除了已分配的土地重新进行调整外，新扩大的根据地也完成了没收地主土地和分配土地的工作。

①　安徽省档案馆等：《安徽革命根据地财经史料选》（一），安徽人民出版社，1983 年，第 124、125 页。
②　中央档案馆等：《鄂豫皖苏区革命历史文件汇集》第 4 册，1985 年，第 166 页。
③　侯志英：《豫东南土地革命战争史稿》，河南人民出版社，1990 年，第 124 页。

（3）土地改革运动的全面展开

在武装斗争节节胜利和各地苏区政权普遍建立的背景下，鄂豫皖根据地于1930年6月完成了统一。为了进一步扩大和巩固土地改革的成果，鄂豫皖苏区在总结以往土地改革经验的基础上，全面开展了以分配土地为中心的土地改革运动。

从鄂豫皖苏区的土地改革进程来看，由于各地政权成立的时间先后不一，土地改革的步调也不相一致。鄂豫边苏区开展得最早，豫东南苏区次之，皖西苏区最晚。这场土地改革是循序渐进的，经历了由局部到全部、由不彻底到彻底的过程。

抗战时期，淮河流域各边区政府除制定相关政策外，还采取其他各种措施，推动减租减息全面深入的开展。

1941年5月，为保证农业生产的正常进行，津浦路东政府动员地主回乡收租。规定只要地主"不通敌"、"不破坏新四军"、"不违反政府法令"，可以一律回家收租，并保证其身家性命财产之安全。且过去政府代营之租谷如数领取。而一时因各种原因暂时无法回乡收租者，政府保证其能收取应得之租额。并准予将其租额由政府就地保存或发卖。如生活确有困难，经查实核准后，允许其将收得之租谷，运回自行食用①。

为救济中小地主，进一步改善租佃关系，保障群众利益，争取大部分中小地主参加抗战。1942年4月，淮南路东召开了参议会议，专门商讨解决租佃关系问题的办法。具体内容如下：银租改粮租，愿改三七分租者听之，原包粮租的仍执行二五减租；原主二佃一公粮改主三佃七，即从总收获量中扣除公粮再分租；种子问题，原东方出种的地区归东方负担，原归佃方出种的地区仍归佃方负担。最困难的小地主及贫农之种子，如遇荒年可向借贷所暂借②。

1944年5月，淮北边区政府积极推动土地复查工作。指出，实行减租减息，取消苛捐杂税，增加工资等政策后，农民的生产积极性日益提高，生活也逐渐改善。但是，由于产权模糊、负担不均、土地纠纷不断等因素制约，农业生产受到严重制约。解决的主要办法就是进行土地复查。其基本任务：第一，解决土地纠纷，清除土地积弊。发动群众，私滩、私地归还原主，公滩、公地由公家统一筹划，廉价放领给地少的农民承领。第二，清查所有土地，确定农民的产权。逐个清丈审查所有土地，验证契约证照。产权合法的土地，发给营业执照，非法获得的土地，予以清除。第三，改进粮赋征收，明确农民负担。调查人口、户数、地亩、土质、产量，编造串册，每年的公粮田赋即照此征收。

解放战争时期，中国共产党根据国内形势的变化，循序渐进地推动土地改革，逐步满足了广大农民的土地要求。各解放区按照中共中央的文件精神，有步骤地推动土地改革向纵深方向发展，直至废除封建土地制度，实现"耕者有其田"。这一时期的土

---

① 安徽省档案馆等：《安徽革命根据地财经史料选》（一），安徽人民出版社，1983年，第197页。

② 安徽省档案馆等：《安徽革命根据地财经史料选》（一），第204页。

地改革以《五四指示》和《中国土地法大纲》为标志，大致分为三个阶段：减租减息的继续实行、土地改革的初步进行和土地改革的全面展开。

（1）减租减息的继续实行

抗战结束后，为了适应国内外形势要求，中国共产党没有立即没收分配地主的土地，而是继续实行减租减息政策。但是，由于所处的时代环境不同，这一时期的减租减息与抗战时期的减租减息差别很大。减租减息与反奸清算斗争紧密联系，清算的内容十分广泛，包括土地、财产、地租、高利贷以及苛捐杂税等。在清算的基础上，各解放区普遍进行减租减息运动。

为贯彻减租减息，增加工资，切实改善人民生活，扶助工农运动的发展，1945年12月，苏皖边区第七行政区联席会议通过施政纲要，确定地主、债主、雇主要依法减租减息增资，佃农债户要交租交息，工人要遵守劳动纪律，要调整东佃劳资关系，救济灾民难民及失业工人①。在苏皖边区政府1946年的工作计划中，规定彻底实行减租减息，保证交租交息政策，制定统一的土地法②。

（2）贯彻《五四指示》，开展土地改革

1946年，中共中央发出"五四指示"后，各个解放区积极贯彻指示精神，推动土地改革运动的发展。中共华东局于1946年9月发出《关于土地改革的指示》。规定实现耕者有其田的办法，"中小地主可留下比中农多半倍的土地，其房屋、农具、耕牛，一般不抵偿负欠"，"抗日军人、抗日干部家属之属于地主豪绅者，可比中农多留一倍土地，房屋、家具、农具、耕牛均不动。"③解决土地问题方式多种多样，包括没收、清算、献田等。采取步骤大致包括调查、清算、分配、复查及庆祝等方面：以村或乡为单位，在一个分配的范围内，可以适当的抽肥补瘦，抽多补少，如有些地区土地过少或过多，可以两个村（或乡）为单位，在群众同意之下进行调剂；基本上以人口为单位，不分男女老少，一律平分；由群众公议，征得群众同意，由组织调处委员会领导没收清算及分配工作；确定产权，要由地主本人写契给农民，如地主逃亡，可由代管人写契，如代管人也没有，可由当地政府写给田契；公田由政府发给土地执照④。

分配土地的原则：首先分给无地和地少的农民，尤其是穷苦的抗属烈属干属及复员军人，当地失业工人及返乡贫民亦应照顾。对于中农，应使其得些利益，凡中农利益被侵犯者，应设法退还或赔偿。对于富农，主要是在减租中清算其封建剥削部分，一般不变动其租种土地，使其能维持富农生活。对于汉奸豪绅恶霸要作坚决斗争⑤。

---

① 安徽省档案馆等：《安徽革命根据地财经史料选》（三），安徽人民出版社，1983年，第39页。
② 安徽省档案馆等：《安徽革命根据地财经史料选》（三），第40页。
③ 中共山东省委党史研究室：《解放战争时期山东的土地改革》，山东人民出版社，1993年，第210页。
④ 安徽省档案馆等：《安徽革命根据地财经史料选》（三），安徽人民出版社，1983年，第117~119页。
⑤ 安徽省档案馆等：《安徽革命根据地财经史料选》（三），第90~92页。

在土改过程中，也存在着不足和缺点。各解放区还有不少地区尚未进行土地改革，在已经实行的地方，发展也不平衡，甚至出现两种错误倾向。一是照顾的对象过多，以致不能满足基本群众的土地要求；二是明显侵犯了中农的利益和过重地打击了富农。1947 年 2 月，中共中央决定开展土地改革复查的工作。对于过去土改不彻底的地方，"必有认真检查，实行填平补齐，务使无地和少地的农民都能获得土地，而豪绅恶霸分子则必有受到惩罚"①。

为了贯彻中央关于土改复查的指示，华东局召开会议先后发布《关于目前贯彻土地改革，土改复查并突击春耕的指示》、《关于复查补充指示》。1947 年 5 月，中共淮北区党委发出《关于开展土地复查工作的指示》，指出：为解决土地纠纷，确定产权，固定粮赋的征收量，今年夏秋两季，在中心区域内，应以开展土地复查工作为中心。规定土地复查必须有明确的阶级路线：对于基本群众如有瞒报土地现象，应采取启发、动员、劝说的方式；对于一般地主，采取动员劝请方式为主，希望能够主动将隐瞒土地或侵占土地如实退出来；对于大地主则采取发动群众进行公开斗争。清查出来的土地，应有计划招募贫农及无产者承领耕种②。

（3）贯彻《中国土地法大纲》，彻底实行土地改革

为贯彻《中国土地法大纲》，晋冀鲁豫、华中、山东等解放区召开了有关土地问题的会议，制定了补充条例，发布指示和各种文件。淮北地区早在全国土地会议期间就提出领导农民武装分配土地，直接实行耕者有其田。规定：消灭地主阶级，彻底分配其土地和浮财；新式富农要照顾，旧式富农的土地要分配，坏富农的浮财要分配，好一些的富农，只分地不分浮财；中农有两种：汉奸恶霸成分的，土地要分配；一般的富中农，可以分配一部分土地，不分其浮财③。

针对土改中存在的问题，诸如侵犯中农利益、错误划分阶级成分等，1947 年 12 月，中共中央召开会议，讨论土改的具体政策，对土改中出现的"左"倾错误进行纠正。之后，中央发布一系列指示，规定了解放区土改中的政策和方法。如《怎样划分农村阶级》、《关于土地斗争中的一些问题的决定》、《关于纠正划分阶级上"左倾"的错误指示》、《老区半老区的土地改革与整党工作》、《新解放区土地改革要点》、《1948 年土地改革工作和整党工作》等。

各解放区也分别召开土地会议，发出相关指示，纠正土改中的错误。1948 年 1 月，豫皖苏区党委在《关于贯彻土地改革的指示》中指出："在没收分配封建阶级土地财产时，应当注意中农经济上的需要，在划分阶级时，不要错误将中农划

---

① 《毛泽东选集》第 4 卷，人民出版社，1991 年，第 1216 页。

② 安徽省档案馆等：《安徽革命根据地财经史料选》（三），安徽人民出版社，1983 年，第 165 页。

③ 安徽省档案馆等：《安徽革命根据地财经史料选》（三），第 167～169 页。

到富农中去"，"在农会委员会中，在政府中，必须吸收中农积极分子参加工作。"[1]

1948 年 6 月和 10 月，江淮地区先后召开两次土地会议。第一次会议主要内容：能维持贫雇农生活及再生产的能力；按分配单位（村或乡）贫雇农得到的数量与质量已达到最高限度为满足；不侵犯中农土地和财产，地主、富农也同样分配一份土地和财产；下中农在平分中可进田，中农一般不动，富裕中农的多余在自愿交出的基础上进行分配；征收富农多余的土地与财产，没收地主的全部财产[2]。第二次会议主要内容：在老区，土改比较彻底的地区，土改方针是"用抽补方法在较小范围内调剂土地与部分生产资料，确立产权，巩固贫雇中农的团结"；土改不彻底的地区，土改方针是"用抽补方法在较大的范围内调剂土地及生产资料，确立产权，巩固中农。"在新区，采取分地区分阶段进行土改。第一，中立富农，专门打击地主。对于恶霸地主，大、中、小地主区别对待。第二，一部分地主土地，包括富农出租和多余的土地[3]。

在这一阶段，有些新收复区仍实行减租减息运动。在控制区，凡是没有分土地的地方，即应停止分配土地的宣传，开展减租减息运动；在游击区，按照环境需要与群众的要求，适当实行减租减息；在新区，先站稳，再进行宣传组织，然后有步骤地实行减租减息。

（三）土地改革成效

淮域各根据地政府制定了一系列行之有效的政策与措施，广大军民认真贯彻，齐心协力，克服重重困难，土地改革取得了显著成效。

在土地改革前，鄂豫皖地区的土地集中程度尤为严重。从皖西地区来看，土地分配状况大致是："属于地主、官僚、军阀的有 60%，属于商业资本的只有 10%，属于农民的有 30%"[4]。如在金寨县古碑区，占全区人口总数 95.8% 的贫雇农，只占全区土地总数的 19%，而占人口总数 4.2% 的地主富农，却占有全区土地总数的 81%。在六安县七邻湾，占总人口 4.2% 的地主富农，占有土地总数的 80%[5]。

土地革命时期，鄂豫皖苏区通过土地改革，基本达到了预期的效果。在豫东南苏区，到 1930 年底，商城有 103 个乡 12 万多人，新县有 64 乡 19 万多人，光山有 93 个乡 10 万多人，分得了土地[6]。在皖西苏区，到 1931 年春，除了老根据地有 40 万人获

① 安徽省档案馆等：《安徽革命根据地财经史料选》（三），第 245～246 页。
② 安徽省档案馆等：《安徽革命根据地财经史料选》（三），第 285～287 页。
③ 安徽省档案馆等：《安徽革命根据地财经史料选》（三），第 436 页。
④ 中央档案馆等：《鄂豫皖苏区革命历史文件汇集》第 4 册，1985 年，第 64 页。
⑤ 谭克绳等：《鄂豫皖革命根据地斗争史简编》，解放军出版社，1987 年，第 247 页。
⑥ 侯志英：《豫东南土地革命战争史稿》，河南人民出版社，1990 年，第 296 页。

得土地外，新开辟的根据地共约 100 万人分得了土地①。截至 1932 年 6 月，鄂豫皖苏区除少数新开辟根据地因战争影响而未能分配外，其余地区土地分配都先后完成。广大农民获得土地后，非常高兴，"因为过去批一点田地尚花费许多经济（寄庄酒席酬谢人），现在一文钱不要花，尚得好土地使用，自由耕种，对苏维埃的认识比从前要好得多"②。

抗战时期，减租减息运动的开展，使淮域根据地在土地关系、借贷关系与阶级关系等方面发生了巨大的变化。

（1）借贷关系的变化。以淮南根据地的东庙区七贤乡为例，债务人不断减少，债权人也发生变动。债务人方面，全乡债务人 70 户，共解决 56 户，占总户数的 80%。其中应桥村债务人 9 户，解决 2 户；叶桥村 29 户，解决 27 户；闵山村 12 户，解决 4户；长山村 20 户，解决 5 户；双井村 15 户，全部解决；龙庙村 7 户，解决 3 户。债权人方面，由地主、富农、商人占绝大多数，向以中农占大多数转变，雇工债权人也日益增多。关于七贤乡 3 个村的调查统计，如表 1-47 所示：

表 1-47　1943 年减息后东庙区七贤乡 3 个村各阶层债权户数统计表　　（单位：户）

村名＼阶层	地主	富农	中农	商人	雇工	合计
叶桥村		5	6	1	1	13
双井村	1	2	10	2		15
长山村	1	2	4	1	2	10
合　计	2	9	20	4	3	38
所占比例	5.3%	23.7%	52.6%	10.5%	7.9%	100%

注：七贤乡共有 6 个村，其中应桥村、闵山村、龙庙村 3 个村因调查资料不详，未列入。

资料来源：《安徽革命根据地财经史料选》（一），安徽人民出版社，1983 年，第 256～257 页。

由表可知，上述三个村债权人共有 38 户，其中中农最多，有 20 户，占 52.6% 强；富农次之，有 9 户，约占 23.7%；商人有 4 户，约占 10.5%；雇工有 3 户，约占7.9%；地主最少，有 2 户，占 5.3% 弱。

（2）土地关系的变化。表现为土地所有权变动，土地由集中走向分散，农民从地主富农手里买进或当进或赎回的土地增多，地主富农手中的土地逐渐向贫农、中农转移。以淮南根据地的盱嘉县安乐乡为例，减租减息前后，土地关系发生了较大的变化。具体如表 1-48、表 1-49 所示：

①　中共河南省委党史研究室等：《鄂豫皖革命根据地史》，安徽人民出版社，1998 年，第 344～346 页。
②　安徽省档案馆等：《安徽革命根据地财经史料选》（一），安徽人民出版社，1983 年，第 55 页。

表1-48　减租减息前安乐乡各阶层户数、人数、土地分配比例表

阶层	户数（户）	百分比（%）	人数（人）	百分比（%）	土地（石）	占总土地百分比（%）	户均（石）	人均（石）
大地主	1	0.34	12	0.87	367.97	52.09	367.97	30.66
中地主	4	1.35	27	1.96	112.07	15.86	28.02	4.15
小地主	14	4.71	53	3.84	91.85	13.00	6.56	1.73
富农	29	9.76	234	16.97	40.83	5.78	1.41	0.17
中农	71	23.91	407	29.51	69.00	9.77	0.97	0.17
贫农	110	37.04	415	30.09	1.80	0.25	0.02	0.004
雇农	49	16.50	166	12.04	0.40	0.06	0.008	0.002
手工工人	6	2.02	28	2.03	公田（石）22.50	3.19		
小商人	8	2.69	22	1.60				
游民	5	1.68	15	1.09				
合计	297	100	1379	100	706.42	100		

注：石在某些地区作为计田面积单位，下文同。

资料来源：《安徽革命根据地财经史料选》（一），安徽人民出版社，1983年，第283~284页。

表1-49　减租减息后安乐乡各阶层户数、人数、土地分配比例表

阶层	户数（户）	百分比（%）	人数（人）	百分比（%）	土地（石）	占总土地百分比（%）	每户平均（石）	每人平均（石）
大地主	1	0.23	19	0.94	307.82	43.36	307.82	16.2
中地主	5	1.15	46	2.30	114.72	16.16	22.94	2.49
小地主	8	1.84	31	1.55	68.14	9.60	8.52	2.20
富农	38	8.76	289	14.44	105.41	14.85	2.77	0.36
中农	112	25.81	570	28.49	89.3	12.58	0.80	0.16
贫农	213	49.08	815	40.73	1.2	0.17	0.006	0.001
游民	6	1.38	17	0.85	0.5	0.07	0.08	0.03
雇农	40	9.22	174	8.70	公田22.76	3.21		
手工工人	11	2.53	40	2.00				
合计	434	100	2001	100	709.85	100		

资料来源：《安徽革命根据地财经史料选》（一），安徽人民出版社，1983年，第285~287页。

上表显示，安乐乡减租减息后，各阶级土地占有状况的最大变化是：大地主占有土地由52.09%下降为43.36%，而中农由9.77%上升为12.58%；大地主人均土地由30.66石下降为16.2石。

在某些地区，农村出现中农化趋势，中农占有土地明显增多。如苏北根据地的盐阜区，减租减息后，中农由占有土地总数的 17.8% 上升为 28.9% [①]。

（3）阶级关系的变化。减租减息使得地主的经济地位削弱和下降，农民的经济地位上升，封建剥削制度大大削弱，农民生活有很大的改善。据统计，1944 年底，苏北根据地滨海县的 6 个乡，360 个佃户有 130 户上升为中农，880 多户农民买进田 550 亩，典进田 100 多亩[②]。再以淮北根据地为例，淮宝丰乐乡一个村调查：减租前地主 11 户有地 2240 亩，减租后有地 1358 亩，每户减少 98 亩。佃农 18 户，减租前有地 238 亩，减租后有地 409 亩，每户增加 9 亩。泗宿新行二个村的调查：地主 11 户，原有地 8468 亩，减租后有地 7027 亩。农民方面，有 21 户买进 225.7 亩，有 88 户当进地 677.3 亩，有 20 户算旧账进地 223.7 亩。泗南半城区莲荷井村的调查：全村 104 户，雇农兼贫农 6 户均已上升，自耕贫农 41 户中有 32 户上升，佃贫农 15 户中有 11 户上升，佃中农 13 户中有 12 户上升，自耕中农 24 户中有 6 户上升，富农 1 户已上升，地主 4 户仍保持原状[③]。具体表现为：雇工因在增加工资、春荒借贷、免税等方面受益，大部分上升为贫农，这表现在许多雇农买地、当地；贫农因在减租减息、春荒借贷、贷款方面受益，多上升为中农，这表现在许多贫农还清了债，减少了债，赎回了土地，甚至有些还买了土地；部分中农因在借贷、减租方面受益，也向富裕中农转变；富农与地主普遍省吃俭用，而且加强劳动，参加生产，改造了自己[④]。

通过减租减息运动，淮域抗日根据地取得了显著成效。据淮南根据地的一份统计，淮南路东 24 个乡在 1941 年秋季的减租统计共 8783.76 石。19 个乡的赎当田统计，贫农赎田 693 户，被赎 117 户，赎回田 526 石，被赎田 235 石；中农赎田 312 户，被赎 270 户，赎回田 1086 石，被赎 1616 石；富农赎田 189 户，被赎 209 户，赎回田 531 石，被赎田 948 石；中小地主赎田 60 户，被赎 133 户，赎回田 400 石，被赎田 558 石；大地主赎田 72 户，被赎 38 户，赎回田 57 石，被赎田 145 石[⑤]。

在淮北根据地，1940 年 3 月开始实行减租，到 1941 年减租范围达 22 个区 98 个乡，减租 9000 石，受益佃农 9000 余户；1942 年减租范围增至 39 个区 196 个乡，减租 31 366 石，受益佃农 19 240 户；1943 年增至 65 个区 412 个乡，减退租 50 896 石，受益佃农 42 756 户；1944 年增至 899 个乡，减退租 112 118 石[⑥]。另外，在苏北根据地的盐阜地区，佃农总数为 5.6 万多户，减租减息后多得粮食 2200 多万斤，平均每户 360

① 何东等：《中国共产党土地改革史》，中国国际广播出版社，1993 年，第 292 页。

② 《新华日报》，1945 年 1 月 26 日。

③ 《解放日报》，1944 年 1 月 22 日。

④ 豫皖苏鲁边区党史办公室：《淮北抗日根据地史料选辑》第 3 辑第 1 册，1984 年，第 346 页。

⑤ 《淮南抗日根据地》编委会：《淮南抗日根据地》，中共党史资料出版社，1987 年，第 176～177 页。

⑥ 豫皖苏鲁边区党史办公室：《淮北抗日根据地史料选辑》第 3 辑第 2 册，第 54 页。

多斤①。

解放战争时期，淮域解放区的土地改革循序渐进，逐步深入，在清算汉奸土地、减租减息、没收地主土地等方面取得了明显成效。

在清算汉奸土地方面，苏皖解放区的清算范围占全部解放地区的85%强，经过清算，有30万农民获益，从汉奸恶霸手中收回被侵占的土地7.6万余亩，得到减租粮3000余石②。在山东解放区的蒙阴县，1946年3月至5月，汉奸恶霸地主向农民退回赔偿的土地约3.2万亩，粮食47.6万余斤③。在苏皖边区的七分区，包括泗县、泗宿、泗阳、邳阳等县，没收汉奸的土地达7万余亩④。

在减租减息方面，农村阶级结构与土地关系进一步发生变化。从阶级结构看，农民的成分普遍上升，原有雇工除一部分参军外，大部分都上升为贫农。贫农多数变成了能自给自足的中农，中农也富裕起来，少数变成了丰衣足食、买田当地的富农。从土地占有情况看，以淮北殿发乡为例，通过减租减息，地主所有土地由729.6石降为596.6石，占农村土地总面积的78.9%降为64.6%；农民所有土地由143.8石增至276.8石，占农村土地总面积的21.1%升至35.4%。另外，133石细种（包括分田）已经由地主转移到农民手里了⑤。

在没收地主土地方面，1947年9月，豫皖苏区党委明确指示进行土地改革。开展的重点，发动群众继续深入向地主开展斗争，把地主多留的土地及隐瞒的土地，彻底清查出来，再分配给广大群众，要真正做到从各方面彻底消灭地主阶级⑥。经过努力，取得了较好的效果。正如中共中央所总结："各区都有约2/3的地方执行了中央1946年5月4日的指示，解决了土地问题，实现了耕者有其田。"⑦此外，在土改中，一些开明地主和士绅自愿无偿地将所占有的土地献出，交给政府或农民，这种方式被称之为献田。如，在华中解放区，曾任淮北参议会委员、淮北行政专员、苏皖边区政府民政厅长等职的陈荫南献地1135亩⑧。在华东解放区，山东沂南刘丽泉、刘昇连等数千名地主士绅献田2400亩⑨。

经过土地改革，农村阶级出现"两头小中间大"的中农化结构，地权分配也发生相应变化，地主、富农占有的大量土地，大多转移到贫雇农手中，贫雇农也由此上升为中农。这反映了土地改革取得的成效。当然，在土改中出现"左"的错误，这些问

① 《解放日报》，1945年1月8日。

② 《解放日报》，1946年6月7日。

③ 《解放日报》，1946年6月2日。

④ 成汉昌：《中国土地制度与土地改革》，中国档案出版社，1994年，第565页。

⑤ 安徽省档案馆等：《安徽革命根据地财经史料选》（三），安徽人民出版社，1983年，第51页。

⑥ 安徽省档案馆等：《安徽革命根据地财经史料选》（三），第207页。

⑦ 《毛泽东选集》第4卷，人民出版社，1991年，第1215页。

⑧ 《解放日报》，1946年7月25日。

⑨ 《解放日报》，1946年11月20日。

题也不容忽视，对此后的土改产生了较大的影响。

总之，淮河流域根据地的土地改革，经过土地革命时期、抗日战争时期、解放战争三个阶段。由于土地改革的深入，消灭了封建剥削制度，改变了不合理的土地占有关系，实现了农民多年来要求获得土地的愿望。广大农民的革命与生产积极性大大提高，他们积极进行农业生产，踊跃投身革命，这对于根据地的经济建设以及政权巩固与发展起了重要作用。

第二章 近代淮河流域农产品商品化和农村市场

随着外国资本主义的入侵，近代工业的发展，城市人口的增加，农副产品等工业原料和人们粮食消费的需求量也随之大增，这大大促进了淮河流域经济作物如茶麻、蚕桑、棉花、烟草、花生、果木花卉、蓝靛、药材等种植面积的扩大，并向专业化趋势发展。与此同时，国内城市人口激增以及经济作物种植商品化的发展，又推进了淮域粮食作物种植以及畜牧渔业的商品化进程。而口岸的开辟，近代铁路、公路以及轮运交通的发展，又使得各地区间经济联系日趋紧密，淮域传统农村市场的商品结构、流通结构以及价格结构由此发生了新变化，集市贸易进一步发展，庙会市场日渐活跃，由产地市场、专业市场、中转市场、集散市场、中心市场组成的层级农村市场网络初步形成。淮域农村市场网络通过交通的改进以及众多的口岸，逐渐融进整个民族国家的商品流通体系，并与世界市场体系相连。淮域城乡之间的内在联系也通过这一农村市场网络逐渐加强，农业生产越来越多地卷入市场经济和现代社会。

第一节 农产品商品化

鸦片战争以前，淮河流域各地的农产品商品化已经有了一定的发展。战后，由于外国资本主义对淮域各地农产品的不断掠夺，19世纪70年代以来，民族资本又经营了一批近代工厂企业，都需要农产品。同时，随着农村家庭手工业和农业的分离，自给自足的自然经济开始解体，这就刺激了农业生产商品化的发展，于是淮域农产品商品化程度比以前有了新的提高。

一、经济作物种植面积及专业化趋势进一步扩大

在国内市场经济的影响下，近代淮域各地经济作物诸如茶、麻、桑、棉、烟草、花生、果木、花卉、药材等的种植面积及其专业化趋势有了进一步的扩大，"往昔种高粱及豆子之地亩，多改种花生、棉花、烟叶，此系为人所共见"。农业生产种植结构出

现了前所未有的调整与变化，而"出口货之增多，未始不由此"①。

（一）茶麻种植

淮域安徽六安、霍山、霍邱以及河南的信阳、罗山、光山、固始、商城等县地处大别山北麓，历来是著名茶叶种植区。1840 年以前，六安州就出产"黄牙"、"小岘春"、"瓜片"等名茶，且所产之茶商品化程度较高，霍山县每年采茶时，"校尉、寺僧、富商大贾，骑纵布野，倾囊以值，百货骈集，开市列肆，妖冶招摇，亦山中胜事"②。茶除了满足本地需要而外，还销往全国各地，不仅宿州一带"陆路不通江浙货，居民多尚六安茶"③，而且"河南山陕人皆用之"，甚至产茶较多的南方人也"谓其能消垢腻，支积滞，亦共宝爱"④。淮域所产茶叶一直以内销山东、河南、山西、陕西等地为主，这种内销为主的贸易方式在近代一直没有多大改变，"上等名茶贡针，次等茶名旗枪，开片又次之。均销本国，除本省及江苏略有销数外，其余概销北方各省"⑤。至 19 世纪末 20 世纪初，随着茶叶内销市场规模的扩大，淮域茶叶种植又开始了较快的发展。主要表现在：

一是茶田面积的扩大和茶叶产量的提高。"瓜片"、"梅片"、"毛峰"、"白毫"、"针攀"，仍为霍山之特产。"霍山产茶最富之区，当推西南两乡，东北两乡次之"，主要有西乡的乌梅尖、诸佛庵、奇独山、黑石渡、西石门、黄溪涧、地桑冲、桃源河、落儿岭、黄栗梢、仙人冲、千笠寺等；南乡的大化坪、舞旗河、管家渡、东流河、黄尾河、白果树、黄洋店、上青、黄薛坪、包杨二河；东乡的东石门、梅子关、山王河；北邻的小七畈、舒家庙、夏符桥⑥。1940 年，立煌县茶农有 112 000 人，霍山茶农有 95 783 人，六安茶农则高达 122 304 人⑦。茶的种植面积在逐渐地扩大，1916 年度安徽六安县茶田面积约为 157 872 亩，霍山县茶田面积约为 2800 亩，霍邱县茶田面积约为 29 201 亩⑧，合计为 189 873 亩。至 1942 年时，六安为 114 580 亩，立煌为 92 612 亩，霍山为 88 017 亩⑨，合计为 295 209 亩。26 年间，淮域安徽茶田种植面积新增 105 336 亩，其中主要产区霍山县增长最快，26 年间净增 85 217 亩。信阳地区毛尖茶的生产至

---

①　青岛市档案馆编：《帝国主义与胶海关》，档案出版社，1986 年，第 306 页。

②　转引自《安徽茶叶史略》，《安徽史学》1960 年第 3 期。

③　弘治《直隶凤阳府宿州志》卷下，张茂：《宿道春行》。

④　许次纾：《茶疏·茶谱》。

⑤　《论说·振兴安徽茶叶论》，《安徽实业杂志》第 31 期，第 7 页。

⑥　陈序鹏：《皖北茶业状况调查》，《安徽建设》第 8 号，1929 年 8 月。

⑦　《安徽省二十九年度统计年鉴》，第 84 页。

⑧　《统计·民国五年安徽省农商统计表》，《安徽实业杂志》第 17 期，第 9～18 页。

⑨　《皖西茶叶概述》，《安徽建设》第 2 卷第 6 期，1942 年 6 月。

1937 年达到全盛，信阳、罗山、固始、商城、光山 5 县合计茶叶种植面积为 11 065 亩①。茶叶产量也有了提高，"霍山每年产茶量，以篓计算，当在三十万篓（每篓十斤）以上，不出口绕关，及漏税者尚不在内。若以市价计之，约十余万元"②。1937 年，信阳地区毛尖茶产量达到新高，为 595 000 斤③。

二是茶的种植开始了近代转型。传统种茶多是农户分散经营，本小利薄，不利于茶叶种植的规模化经营。而 20 世纪初期，随着全国茶叶改良的积极推进，产茶区的茶叶种植、加工、运销等环节出现了令人可喜的进步。如淮域河南信阳的茶社，便是一种近代新式生产经营性组织。"信阳地当豫、鄂交界，西南多山，颇宜植茶。"④ 1909 年前后，信阳人甘以敬合同商会会长王子谟等人在信阳的震雷山北麓开山种茶，并成立"元贞茶社"。1910 年，甘周原又邀集陈玉轩、王选青等人，组织"宏济茶社"（后改为"车云山茶社"），集股 2000 多股，在车云山开山植茶⑤。约在 1917 年，"有茶商陈某，由江西购来茶种，在南乡震雷山试行栽培，颇收成效。于是企业家相继而起，竞集资金，组织茶社，广行种植"。信阳的茶社发展很快，至 1925 年时，信阳"西乡之车云山、南乡之震雷山、广益山、万寿山、森森山、龙潭山一带，所在皆有茶社"。茶社"每年旧历正、二月间下种，六七八等月勤行锄草，一二年后，即可采茶"。所产茶名为"本山毛尖"，"茶味清香，天然趣味，不亚龙井"。虽然"甫经试办，资本均不甚多，产茶尚少。现年出茶叶二万余斤，不敷本地之用，悉由信阳茶庄收买"⑥，但是这毕竟代表了茶叶种植的新方向。

麻，有苎麻、大麻、黄麻、胡麻之分，苎麻为丝及夏布的主要原料，淮域各地皆有种植，但以淮域山东、安徽最为集中。山东曲阜、滕县为苎麻的主要产地。大麻可制渔网、麻线、麻绳等物，济宁一带盛产⑦。淮域安徽的六安、怀远、寿县、凤台、阜阳、霍邱、亳县、太和、涡阳、五河县皆有苘麻、火麻、寒麻、楚麻的种植，以苘麻为主。《安徽省六十县经济调查简表》就载有 1919 年度上述产麻县份的种植情况。参见表 2-1。

表 2-1　淮域安徽各县麻类种植统计表

县别	产地	种类	面积（亩）	产量（石）
六安	南乡、西乡	火麻、寒麻、楚麻	32 961	65 922

① 政协信阳市委员会文史资料征集组整理：《信阳毛尖茶概述》，《河南文史资料》第 2 辑，河南人民出版社，1979 年，第 142 页。

② 陈序鹏：《皖北茶业状况调查》，《安徽建设》第 8 号，1929 年 8 月。

③ 《信阳毛尖茶概述》，《河南文史资料》第 2 辑，第 142 页。

④ 《信阳植茶之成绩》，《中外经济周刊》第 137 号，1925 年 11 月 7 日，第 41 页。

⑤ 《信阳毛尖茶概述》，《河南文史资料》第 2 辑，第 137 ~ 139 页。

⑥ 《信阳植茶之成绩》，《中外经济周刊》第 137 号，1925 年 11 月 7 日，第 41 页。

⑦ 《分省地志·山东》，上海中华书局，1935 年，第 40 ~ 45 页。

续表

县别	产地	种类	面积（亩）	产量（石）
怀远	东乡、西乡、南乡、北乡	苘麻	21 876	21 876
寿县	东乡、南乡、西乡	苘麻	560	392
凤台	仁寿乡、德化乡、丰和乡	苘麻	7000	1750
阜阳	东乡、西乡、南乡、北乡	粗麻	1130	2825
霍邱	南乡	火麻	560	336
亳县	东乡、西乡、南乡、北乡	顷麻	1040	520
太和	东乡、西乡、南乡、北乡	麻	5000	3500
涡阳	东乡、西乡、南乡、北乡	苘麻	1490	1490
五河	东乡、西乡、南乡、北乡	苘麻	4892	2641.68
合计			76 509	101 252.68

资料来源：《安徽省六十县经济调查简表》（中），第五类《麻》。

1934 年，六安、霍邱、阜阳的麻产量又有提高，分别为 106 000 担、44 000 担、64 700 担[①]。淮域安徽产麻尤以六安、霍邱、立煌县最负盛名。"立煌之东部、六安之沿河一带，霍邱之西南，均系沙质土壤，无不宜麻。"其所种之麻，均为大麻，古称火麻，品种甚多，可别分为细麻和粗麻。细麻多产于立煌县属麻埠一带，年产约 3 万担，由麻商购运打捆，用船筏贩运，经蚌埠装火车分销山东青岛、烟台等地者，年约 1 万担；销江苏镇江南北一带者，约 1 万担；运销江淮各县者，约 8 千担。粗麻多产六安、霍邱，丰年时约 17 万担，"凡江淮河水泊之地多用之，运销外省者亦为青岛、烟台、镇江等地。民国七八年间，曾有英德商洋行派镇江麻商代为采办"。据调查，1934 年前后，六安、立煌、霍邱三县分别产麻 106 000 担、42 000 担、44 000 担，总计192 000 担[②]。

（二）植桑饲蚕

植桑养蚕，是中国农民的传统。但淮河流域的蚕桑业在明清以来已渐趋衰落，很多地方俨然没了植桑养蚕的习惯。如清代薛福保就说："淮、扬之间，民耳不闻蚕桑之宜，目不睹纺织之勤，妇子终日遨嬉，仰一人而食。"[③] 甘泉县"居人少事蚕织，未擅

---

①　《安徽省统计年鉴》（1934 年度），第 321 页。

②　汤雨霖：《六立霍茶麻产销状况调查报告》，安徽省政府秘书处公报室编印：《安徽政务月刊》第 13 期，1935 年 11 月，第 12、13 页。

③　薛福保：《青萍轩文录》卷 1，《江北本政论》。

其利"①。淮阴"蚕桑向不讲求"②。高邮"民素不饲蚕"③。涟水也是"蚕桑事业，向不讲求，妇女取野桑饲蚕者，亦寡"④。即使有些地方还存在植桑养蚕的生产民俗，也因为多饲土蚕而不知改良，养蚕不讲新法，植桑又不加注意，故而成效不大。如河南太康在"民国纪元前，县民皆育土蚕，废时多而成功少"⑤。许昌县"为出丝之地，养蚕者甚多，惟不知研究新法，又于植桑多不注意"⑥。

清末民初，随着中央政府兴实业、振商务等一系列政政策的推行，蚕桑作为一种重要的实业得到了淮域地方政府的高度重视。淮域地方官不遗余力地推广着蚕桑种植，为振兴当地的蚕桑事业做出了很大的努力，这主要表现在：

其一，筹资购买优良的湖桑，并招募浙江湖州人以教农民植桑饲蚕技术。如1878年，任兰生署凤颍六泗道时，创办课桑局，"刊《蚕桑摘要》，购发桑秧"，"募浙湖人教民育蚕缫丝，开衣食之源"⑦。1881年，河南永城知县陈梦莲，署荥泽知县华蓁，"于去岁夏间收买桑甚种出子桑各数十万株"，代理祥符县事试用知州姚拜飓，"当创办之始，即捐银一千两，助买桑条蚕种，且劝谕乡民领种湖桑至四万六千余株，其勤恳爱民，尤为通省之冠"⑧。1898年，江苏高邮知州章西园刺史莅任后，为地方兴利"爱购湖桑三万株，课民领种"⑨。同年的山阳县程仙舫"遣人至杭州购桑秧数万株，刻下已到淮安，分给农民领种矣"⑩。1905年，江宁布政司曾派员赴浙江购运桑秧150 000株分发各处，计六合、江都、甘泉、高邮、兴化、泰州等处各分得10 000株，宝应、山阳、盐城各分得5000株，"各属自桑秧运到后，乡民走领者颇不乏人"⑪。1905～1907年间，"农工商务局总办何观察，因汴省蚕桑之利尚未大兴，特购桑秧二十万株，派员遍种于北城外堤根一带"，"荥泽县旧种湖桑，成活一百余株，境内间有土桑，近已劝令广栽"，"太康县领种湖桑四百株"，"扶沟县领种湖桑三百株"，许州"领种湖桑八百株，成活五百株"，临颍县"领种湖桑四百株，成活二百六十株"，襄城县"领种湖桑八百株，成活二百五十一株"，郾城县"领种湖桑八百株，成活六百二十七株"，"长葛县领种湖桑一千株，俱在官地种植，成活六百六十七株，并劝民多种土桑，冀广

---

① 民国《甘泉县续志》卷7上，《物产考第七上》。
② 章有义编：《中国近代农业史资料》第2辑，生活·读书·新知三联书店，1957年，第191页。
③ 李文治编：《中国近代农业史资料》第1辑，生活·读书·新知三联书店，1957年，第427页。
④ 章有义编：《中国近代农业史资料》第2辑，第191页。
⑤ 民国《太康县志》卷3，《政务志·农业》。
⑥ 民国《许昌县志》卷6，《实业·蚕业》。
⑦ 光绪《凤阳府志》卷17，《宦绩传》。
⑧ 李文治编：《中国近代农业史资料》第1辑，第889页。
⑨ 《秦邮兴利》，《农学报》第33册，1898年。
⑩ 《淮安植桑》，《农学报》第50期，1898年。
⑪ 《实业》，《东方杂志》2年5期，1905年。

蚕业"①。

其二，倡设课桑园或课桑公局。一方面，是为了培育官桑以增加地方财政收入；另一方面，也可以让乡民获得优良桑种和植桑饲蚕技术上的帮助。如清代地方大员方濬颐"承乏两淮"时，就"重念邠上农桑之义，欲儆其惰厉其勤，为课桑之举"，于（扬州）湖东江氏净香园故址，鸠工筑屋一区，名为课桑局。在局之前后，"亦种数千株以为官桑"。同时"檄属吏买桑于吴兴，分给农民领种十余万株"②。此种课桑局重在厉勤儆惰，以冀化民成俗。而同治时期高邮郡城设立的湖桑局，"俾民愿种者领之"，可知主要是为了向民间提供桑种③。不过，官办的课桑局多因管理不善或倡导植桑官员离任，最后多不了了之。如"昔漕运总督黎公培敬、两江总督左公宗棠曾捐赀购湖桑数百万株，分布于淮扬各州县。彼时盐民领种者多，而地之肥硗，桑之枯菀，灌溉之勤惰，有司以民事无与于己，置之不问，桑皆焉萎，而蚕织之利未由兴焉"④。这种桑树种发完了事、其他一概不管的经营管理方法，显然不可能使淮域大地，绿桑遍野。还有一种与此相类似的情况是，本届地方官重视蚕桑的推介，而后继者却全然不再当回事，往往是前任一走，蚕桑事业便告衰落。如清代桐城人姚莹有一篇《屠琴坞课桑图记》，叙述了仪征知县屠琴坞在扬州教人种桑纺织的经过说："扬州习鹾业者多，闾阎仰食于盐，反置耕田为末，习织之事不闻。以是士女惰逸，风俗难以复古。君为令，独远致桑数千本，教之树艺，一时蚕织大盛。岂非务本善俗者乎？乃君去此十余年后，为政者不能继之，而桑政大坏，民习如故，莫之挽，是可慨也。"⑤ 在高邮，1903 年知州洪槼捐廉 340 千，购买湖桑苗 2 万株，在扬河厅署旧址创西课桑局，"委邑人马维高择地种植。马因就此围墙平地开塘筑堆，雇工栽插，只容七八千株"。于是，知州洪槼又择东门外城根向南一带地，创设课桑东局，"两头编篱，中设茅屋，其外临河，内栽桑一万株"，"委邑人胡钟麐董理两局，共费八百七十余缗。又拨地方讼案罚锾七百余缗，交马董存典生息，为两园常年费"，高邮的课桑事业可谓红红火火。但是由于地方蚕业不旺，桑叶收入不抵课桑局支出，1906 年时"马董专办工局，遂辞桑园，且将存本四百八十元尽数拨归工局，而胡董亦辞职宦游。继其后者苦于无米为炊，皆不旋踵辞去。于是东园桑渐枯槁，西园枝条尚茂，亦但存形式而已"⑥。

其三，编写刊刻蚕桑知识读物或创办蚕桑学校以推广蚕桑教育。如在淮域山东滋阳县，1900 年，知县徐庚熙撰写了《农桑辑要略编》，并与民讲种植之法，"手摘《萃

① 《实业》，《东方杂志》4 年 4 期，1907 年。
② 方濬颐：《二知轩文存》卷 21，《湖上桑田记》。
③ 李文治编：《中国近代农业史资料》第 1 辑，第 427 页。
④ 光绪《盐城县志》卷 4，《食货·物产》。
⑤ 姚莹：《东溟文后集》卷 9。
⑥ 民国《三续高邮州志》卷 1，《实业志·营业状况·桑园工局》。

编》中种桑法数十条，以附《辑要》之后，广散民间，冀与斯民先课种桑焉"①。而蚕桑学校的普遍兴办，是推广蚕桑教育、振兴蚕桑事业的重要渠道。如安徽亳州在1917年由高士读等人倡议，创办蚕桑学校。1922年，从曹锟贿选总统付给亳县选票金6000元中拨出3000元作为蚕校基金，正式创立亳县蚕校。该蚕校辟有78亩桑园，购买湖桑12 000株。1924年拟定校名为"安徽亳县私立振实初级蚕桑科职业学校"。1925年，亳县蚕校与上海百司福缫丝公司洽定，由该公司购买杂交蚕种1万张，一半交给蚕校，一半由蚕校发给农民饲养，均不收种价。蚕茧则按牌价由该公司统一收购。不久因豫匪攻破亳县而停办。1929年，恢复办校，并招收24名学生，催青喂蚕。1935年，该校又购买60余亩地辟为桑园，全部栽植湖桑。1948年，亳县蚕桑学校最终停办②。在蒙城，1918年，田杰英经安徽省教育厅批准创立了蒙城县立乙种蚕桑学堂，当年即招收40名学生。1920年，学生增至120人，开设甲、乙两个班。每周四上一堂栽桑、养蚕知识课。该校前后开办了7年，培养了500多名能独立栽桑养蚕的学生③。在金寨，1915年在南溪地区的笔架山兴办乙种蚕科学校，1918年改为甲种蚕科学校。学校开设蚕桑课，并有养蚕、制作、缫丝的实习园地。该校1929年停办，前后招收十班学生，毕业七班，培养了大批蚕桑人才④。河南太康县在1911年创办了乙种蚕校，1915年创办了甲种蚕校，"提倡新法，并推广新圆、诸桂、新昌等新式蚕种，蚕业渐臻发达，输出茧丝，其价值年达十数万元"⑤。山东郯城县在1905年经山东商务局备案，创立了乙种蚕业学堂，为学生提供了学习养蚕、桑树栽培技术的良好平台。同期，费县成立了乙种蚕业学校，设农、林、蚕三科。该校校长刘亭范尤擅长蚕科，自行设计的蚕室、蚕架很受群众赞许⑥。沂水县在1915年创设县立乙种蚕业学校（1925年改为县立职业学校），学校有2处桑园，共23亩，全部栽植桑树和桑苗。除了开设文化课外，还开有植桑、养蚕课。该职业学校课余时间，由教师带领学生到桑园学习植桑剪枝技术。到养蚕时节，学校停课一个月，让学生采桑喂蚕⑦。

其四，设立蚕桑试验场，以向农民推广植桑养蚕技术。淮域各地这种蚕桑试验场

①　张蓬洲：《百年沉浮话蚕桑》，兖州县政协文史资料委员会编：《兖州文史资料》第5辑，1991年，第128页。

②　参见鲍玉璞：《亳县蚕桑学校》，政协亳县委员会文史资料研究委员会编：《亳县文史资料》第2辑，1985年，第36～38页。

③　参见蔡端章等：《蒙城蚕桑学堂》，政协安徽省蒙城县委员会文史资料研究委员会编：《漆园古今》第9辑，1991年，第161～163页。

④　参见吕自煌：《笔架山甲种蚕科学校》，中国人民政治协商会议金寨县委员会文史资料委员会编：《金寨文史》第1辑，1984年，第101～103页。

⑤　民国《太康县志》卷3，《政务志·农业》。

⑥　参见《近代临沂桑蚕业》，中国人民政治协商会议临沂市委员会编：《临沂文史集萃》第3辑，第499、500页。

⑦　参见《沂水县立乙种蚕业学校略述》，沂水文史精粹编委会编：《沂水文史精粹》，山东文艺出版社，1999年，第281～283页。

对推广植桑事业，发挥了很好的作用，也取得了明显的成效。如淮阴县设置了蚕桑改良区，组织蚕桑合作社，向广大养蚕户编发了《养蚕浅说》，蚕桑事业蒸蒸日上。至抗战前，淮阴的三、四、五区桑树就达 461 514 株，计收桑叶 4 615 140 斤①。扬州蚕桑事业，"自省立蚕桑场设立以后，始逐渐发达，如南乡之新洲、扬子桥，西山之大仪，东乡之宜陵、大桥，莫不桑树绵绵，饲蚕之户，亦见增多"②。盐城县在 1934 年 3 月间，"经农业推广所赴省立原蚕种制造所领来湖桑苗六千株，发给全邑民众栽植"，并"由该所从事培育湖桑苗，以供人民领种"。江都县在 1934 年还成立蚕桑改良区及民教实验区，征集良种，示范育蚕，共计特约示范蚕户 85 家，受指导饲育者 1500 余家，分发蚕种 5000 余张③。

其五，制定保护蚕桑、奖励蚕桑事业的规约和章程。如 1866 年，鲁山县府在赵村北来河社就立碑保护柞蚕坡，碑文曰："本社地方坡多地少，土薄石厚，全赖构稍蚕坡树养蚕取利，……根株者非数年不成，甚属艰难。如有不法窃取嫩芽，砍伐栎稍刨绝，睹拿获送官究办"。至光绪年间，鲁山官府与民间更加重视柞蚕的发展，在四棵树、鸡冢等蚕区立碑建章，把保护蚕坡、点橡植作、爱养蚕蚁、严禁抽半和樽节草木等五条作为政令法规④。20 世纪 30 年代，为促进宜蚕各县蚕桑事业的发展，山东省政府也制定颁布了《山东省各县蚕桑奖励章程》，对养蚕、栽桑、栽桑苗以及蚕桑大县县长的奖励标准都分别作了具体规定⑤。

清末民国时，除了官方倡导植桑饲蚕事业外，民间士绅也是推动淮域蚕桑商品化生产的一支重要力量。如在邳县，1916 年就有商人刘维和等捐助桑秧 11 000 株⑥。在淮阴，自 1918 年至 1923 年，"叠由邑绅张福增、朱绍文、乔国桢等，捐募的款，购买湖桑数万株，分给各市乡种植，再由省立第三农校蚕科每年分给蚕子于各市乡，以为提倡。现二市之顺河集及陈家集一带、三市之大新庄、四市之三柯树、五市之五里庄等处，鉴于蚕桑有利可图，饲养日多，茧丝产额，遂较前加增矣"。在涟水，"县有劝桑局，由邑绅朱荣主持，提倡蚕桑事宜，颇抱热忱，数年来，劝种给苗，不遗余力，由是，渐见成效。城内现有商办茧灶二处，各市乡亦多有茧行。茧丝产额，大非昔比矣"⑦。

地方政府和民间士绅在淮域推广植桑饲蚕的努力，极大地推进了淮域蚕桑生产的

---

①　《淮阴县蚕桑改良区》，《江苏建设月刊》第 4 卷第 2 期，1937 年 2 月 1 日，第 326 页。

②　《申报》1921 年 6 月 3 日。

③　《报告·各县二十三年度推进农村副业报告》，《江苏建设月刊》第 3 卷第 2 期，1936 年 2 月 1 日，第 21、22 页。

④　赵振华：《鲁山县柞蚕简史》，中国人民政治协商会议鲁山县委员会文史资料研究委员会编：《鲁山文史资料》第 1 辑，1985 年，第 117、118 页。

⑤　山东省政府建设厅：《山东省政府建设厅现行各项章则汇编》，1935 年，第 163～166 页。

⑥　临时实业视察员唐绍垚：《徐海道区邳县实业视察报告书》，《江苏实业月志》第 9 期，1919 年，第 27 页。

⑦　章有义编：《中国近代农业史资料》第 2 辑，第 191 页。

商品化进程，桑田面积在不断的扩大，养蚕户数也日趋增多，蚕丝产量大大提高。

一是桑田面积的扩大。淮域安徽的育蚕县份计有阜阳、太和、颍上、亳县、涡阳、蒙城、宿县等县，其中以亳县、太和、阜阳、涡阳四县较为发达①。据有关资料统计，1916 年淮域安徽桑田面积为：六安县为 5489 亩，霍山县为 240 亩，寿县为 230 亩，凤台县为 618 亩，阜阳县为 113 亩，太和县为 3140 亩，涡阳县为 137 亩，泗县为 60 亩，盱眙县为 1000 亩，天长县为 40 亩，五河县为 38 亩，合计 11 105 亩②。到 1928 年时，原先基本没有蚕桑种植的一些县都有桑田的出现，如凤阳 63 亩、怀远 574 亩、宿县 391 亩、颍上 91 亩、霍邱 691 亩、亳县 67 亩、蒙城 350 亩。其他原有桑田分布的一些县份，桑田在原有基础上多有增长。如寿县 230 亩、凤台 725 亩、阜阳 1754 亩、太和 1460 亩、涡阳 149 亩、泗县 82 亩、盱眙 1127 亩、天长 554 亩、五河 67 亩、六安 3897 亩、霍山 254 亩。此年，淮域安徽的桑田合计为 12 526 亩，比 1916 年净增 1421 亩③。阜阳县不但种桑养蚕，而且还"桑苗繁盛，速销河南"④。江苏产茧丝为三大区，即太湖西北区、太湖东北区、江北区（南京与镇江在内），江北共 17 县产茧丝，其中淮域的高邮、江都、宿迁、宝应、沭阳、东台、淮安、萧县、铜山各县俱产⑤。而"扬州蚕业为江北冠"⑥。其他如铜山县，"本地桑树除野桑不计外，附郭县有及周姓所有共计五千余株。马沟市之卢楼，及宝光乡之苏家湖，各有桑一万五千株。又马沟市商会长李开芝曾于民国三年派人至浙江西湖蚕桑学校，毕业后，归种桑树甚多"⑦。丰县"近年购植湖桑四千株"⑧。育蚕之风，"高邮湖西、江都洲圩多有出产"⑨。江都县"东乡宜陵大桥各地多植桑，除饲蚕外，兼售桑苗"⑩。河南的许昌县"近因提倡蚕业，购求湖桑于城北公植桑园，又于城外花台角皆植之"，又"椿蚕，饲樗叶（即真椿树），长成，结茧叶上，其茧丝形色同山丝。民国七年由山东购来种子及饲育法，城西已有养之者，成绩颇佳，果能提倡，即辟一大利源"⑪。河南鲁山、方城、临汝、确山、商城等县皆饲山蚕⑫。淮域山东气候良好，适宜蚕桑，其中以铁路沿线最为繁盛，沂水、菏泽之西乡迁善、永平、吕陵，东乡赵王河沿岸及南乡各村庄暨春官、三官庙、钓鱼台、

---

① 缪毓辉：《中国蚕丝问题》，商务印书馆出版，1937 年，第 64 页。

② 《统计·民国五年安徽省农商统计表》，《安徽实业杂志》第 17 期，第 9 ~ 18 页。

③ 《中国丝业近状谈》，《商业杂志》第 3 卷第 3 号，1928 年 3 月。

④ 林传甲总纂：《大中华安徽省地理志》，中华印刷局，1919 年，第 290 页。

⑤ 《中国丝业近状谈》，《商业杂志》第 3 卷第 3 号，1928 年 3 月。

⑥ 柳肇嘉编著：《江苏人文地理》，上海大东书局，1930 年，第 16 页。

⑦ 临时实业视察员唐绍垚：《徐海道区铜山县实业视察报告书》，《江苏实业月志》第 9 期，1919 年 12 月。

⑧ 张星烺：《徐州实业调查记》（续），《地学杂志》第 4 年第 10 号（总第 40 号），1913 年 10 月。

⑨ 徐谦芳：《扬州风土记略》卷之下，《物产》。

⑩ 民国《续修江都县志》卷 6，《实业考第六·树艺》。

⑪ 民国《许昌县志》卷 6，《实业·蚕业》。

⑫ 吴世勋：《分省地志·河南》，上海中华书局，1927 年，第 34 页。

屯汉台、安家庄，滋阳之何庄、颜店、新嘉驿、故乡村，滕县城附近，植桑比较普遍。所植桑以湛桑、荆桑、鲁桑三种居多。其中蒙阴、鱼台县植桑养蚕业较为发达，日照、沂水、莒县、蒙阴、费县山茧也盛产①。郯城县也是"蚕桑，颇称发达，计栽湖桑三千五百株，鲁桑、椹桑、荆桑等三万一千四百余株"②。光绪后期，过去一些蚕桑业不发达的地区，也开始了载桑育蚕。如宁阳县，过去"向苦乏桑，蚕之利甚微"。1906 年，"创辟桑场二区，共植椹桑三万零五百余株"③。至 1935 年，宁阳仍然是"夏季放柞蚕、樗蚕颇盛"。郯城县"桑树颇盛，产丝约万元"。临沂县"桑树亦多，年产丝价值八万元"④。1931 年，《山东农村报告》称："滋阳县旧有桑树 10 万余株，又新植 5 千余株，养蚕比济宁、嘉祥、巨野等县尚称发达。"⑤

　　二是养蚕户数增多。据《实业厅造送各县蚕桑情况表》约略统计，淮域安徽在1919 年时春蚕茧和茧丝的制造户数分别是：六安 950 户，霍山 60 户，寿县 315 户，凤台县 800 户，阜阳县 810 户，太和县 830 户，涡阳县 630 户，泗县 100 户，盱眙县 500户，天长县 560 户，五河县 120 户，怀远县 1200 户，宿县 830 户，亳县 170 户，蒙城县 100 户，总计 7975 户⑥。其中，阜阳之气候，"蚕桑最宜，淮河以北、颍水夹岸土壤，全属沙质土壤，以之经营蚕桑，实属天然利源"。1926 年，"乡间饲育达 10 万户，计有 30 余万元之收入"⑦。至 20 世纪 30 年代中期，阜阳、颍上、亳县、蒙城、太和、涡阳六县的育蚕户数分别达到 2200 户、55 户、480 户、460 户、900 户、160 户⑧。同治时期的江苏高邮，也是"近年湖东西以农兼桑者不可胜计，至丝成时，江南贩私者无岁不至"⑨。江苏"睢宁素产茧丝，每逢春夏之交，万户千门，类皆供奉马头娘以求厚利"，由于养蚕户数增多，导致桑叶供不应求，"今岁春光明媚，桑叶柔青，课功不暇，房开处处，养育愈多，……闻有某姓家，养蚕甚多，无所谋其食叶"，只得卖掉耕牛以求桑叶，"后仍觉食之不足，意欲轻抛，其女竭力阻止。后其女外出采桑，其父将蚕尽数坑埋，其女归，憾不欲生，最后自缢而死"⑩。这则事例，既反映了当时淮北一带植桑饲蚕之蔚然成风，也一定程度上反映出清末以来淮域各地蚕桑生产商品化的发展势头。在河南鲁山饲养柞蚕地区，农民生活已经离不开养蚕，有"一年蚕，半年粮"

① 《分省地志·山东》，第 40 ~ 45 页。

② 光绪《郯城县乡土志·农业》。

③ 光绪《宁阳县乡土志》。

④ 《分省地志·山东》，第 211、219、218 页。

⑤ 张蓬洲：《百年沉浮话蚕桑》，兖州县政协文史资料委员会编：《兖州文史资料》第 5 辑，1991 年，第 135页。

⑥ 《统计·实业厅造送各县蚕桑情况表》，《安徽实业杂志》第 29 期，1919 年。

⑦ 桑介甫：《阜阳县蚕业情形调查》，《安徽建设》第 3 卷第 4 号，1931 年 6 月。

⑧ 缪毓辉：《中国蚕丝问题》，第 70 页。

⑨ 李文治编：《中国近代农业史资料》第 1 辑，第 427 页。

⑩ 《益闻录》，第 979 号，1890 年。

和"宁舍老婆娘，不舍蚕丝行"之谚。1921～1933年，鲁山柞蚕处于鼎盛时期，有蚕坡百余万亩，年养柞蚕2.5万筐左右，年产茧4万多担。蚕区有2万户，8万多人口，其中有2万多个劳动力从事养蚕、缫丝生产，蚕丝收入占总收入的80%左右。当时每斤丝价值银币8圆，可换购小麦480斤，全县年产丝24万斤，即可换购小麦1.15亿斤，蚕区人均可得小麦1440斤。正是如此高的收益，故有些农民卖地买蚕坡，以专业经营茧丝生产。如熊背乡草店村的吴廷奇就卖地2亩，用以购买一个筐的蚕坡①。民国时期，山东全省养蚕户一度达到168 000户，其中淮域的蒙阴、鱼台、郓城、菏泽、日照、沂水、莒县、滋阳等地，皆是蚕桑较为发达之地，养蚕户数也相当的多②，参见表2-2。

表2-2 1932年实业部国际贸易局调查的淮域山东各县养蚕户数表

县别	养蚕户数（户）	县别	养蚕户数（户）
滋阳	2500	蒙阴	28 000
滕县	1000	莒县	3742
泗水	2000	沂水	10 000
汶上	20 000	菏泽	129
峄县	500	曹县	1200
金乡	2000	单县	2000
嘉祥	100	城武	5000
鱼台	200	定陶	3000
临沂	4500	巨野	300
郯城	800	郓城	3000
费县	4000	日照	120
合计	37 600	合计	56 491
总计		94 091	

资料来源：参见缪毓辉：《中国蚕丝问题》，第52～56页。

三是蚕丝产量的提高。据有关资料进行不完全统计，1919年淮域安徽的六安、霍山、寿县、凤台、阜阳、太和、涡阳、泗县、盱眙、天长、五河、怀远、宿县、亳县、蒙城15县产春蚕茧分别为840石、220石、100石、1510石、340石、800石、200石、150石、500石、200石、200石、960石、540石、250石、100石，总计为6910石；产丝分别为6000斤、1200斤、540斤、10 000斤、3000斤、1400斤、1300斤、900

① 赵振华：《鲁山县柞蚕简史》，中国人民政治协商会议鲁山县委员会文史资料研究委员会编：《鲁山文史资料》第1辑，1985年，第118、119页。
② 《分省地志·山东》，第40～45页。

斤、2000 斤、1100 斤、1000 斤、5800 斤、2000 斤、1200 斤、500 斤，总计为 37 940 斤[①]。1925 年《太和县志·物产志》载："地宜蚕。其丝有黄白红绿各色，质坚而润，较邻县特优，本境所传蚕种也。向皆辇鬻豫省。今则除湖州蚕种纯白色输出外，岁计本境蚕种丝五六千斤，尽销本境（城内有织绸业）。"在江苏宿迁，同治《宿迁县志·风俗物产志》云："蚕桑之利渐兴。春夏之交，商贩云集，买茧抽丝，以之南售。"至 1946 年还有"蚕桑之利，昔时年产茧十五万斤，后经地方推广，已可达二十万斤"[②]之记载。宝应县，"蚕桑以西区平阿、广沛二乡为最多，向以野桑为饲料，近则渐有培植家桑者。茧丝产额，较前数十年约增三分之一"[③]。河南祥符县民间多土桑，收茧无多，每年也收 1200 余斤。1906 年，淮域河南各县产茧数分别是：尉氏 1500 斤，鄢陵 2000 余斤，禹州 290 斤，新郑 1600 余斤，淮阳 1000 余斤，商水 1300 余斤，项城 5500 余斤，沈邱约有 6000 斤，太康 5500 余斤，许州直隶州 143 000 余斤，睢州约 9000 余斤，桐柏约 6500 斤，舞阳 3000 余斤，汝阳 2500 余斤，正阳 8000 余斤，上蔡 2000 余斤，郑州 700 余斤，荥阳约有 2000 斤，临颍约 600 余斤，襄城 4100 余斤，郾城 5000 余斤，长葛 2000 余斤，商丘 60 000 余斤，鹿邑 6000 余斤，永城 10 000 余斤，虞城 1000 余斤[④]。光绪《鹿邑县志》引《佩弦斋记》云："邑重蚕桑，其丝细而泽，高于他邑。向皆辇鬻汴城，今则远商麇至，岁售恒数千万金，可坐待善贾矣。"淮域山东的郓城县产蚕茧量也很高，"年产额约一千四百余斤"[⑤]。

（三）棉花种植

19 世纪中前期，英国棉纺工业革命引发了世界棉花市场的强劲需求，导致中国棉花输出的扩大。加之，19 世纪末 20 世纪初，我国民族棉纺工业的兴起与发展，国内纱厂的棉纱需求量自然也随之激增。于是在国际的牵引之外，更加上国内棉纱的需求，推动了纱花对流，也即推动了棉产商品化。淮域各地的棉花生产商品化进程就是在这样的宏观背景下展开的。但即使出现了有利于棉花生产的客观条件，而没有中央和地方官府强有力的人为推动，淮域棉花商品化生产的进程也会大为迟缓。清末民初中央和淮域的一些地方官府在推动棉花商品化生产的过程中，就做了不少努力。如光绪年间，江苏清河"县境产棉甚稀，知县万青选教以蚕桑纺织之法，刊为图说，编示乡民，棉织浸广"[⑥]。同时期的江苏阜宁知县阮本炎曾捐廉遣人下江南购棉种，并"置器募师，

① 《统计·实业厅造送各县蚕桑情况表》，《安徽实业杂志》第 29 期，1919 年。

② 《江苏各县市志略·宿迁》，《江苏文献》（台北）第 9 期，1975 年 1 月 20 日，第 22 页。

③ 章有义编：《中国近代农业史资料》第 2 辑，第 190、191 页。

④ 河南商务议员胡翔林报告：《河南全省乙巳年农工商政简明表》，《商务官报》第 18 期、第 20 期、第 22 期、第 25 期、第 27 期，合订本第 1 册，1906 年。

⑤ 光绪《郓城县乡土志·农业》。

⑥ 光绪《清河县志》卷 2，《疆域·物产》。

设局兴事。邑妇女诚相率而习之,以织补耕之不足"①。民国初年,中央和淮域各级政府颁布提倡和奖励植棉的法令,成立各级植棉实验场和棉场,提倡美棉,发布棉种,设立棉花检验机构,为淮域植棉的发展提供了保障。由于市场需求的推动,以及淮域各地官府和民人的努力,淮域棉花商品化生产在清末民国时期获得了新的发展,棉花种植面积有所扩大,棉花产量有所提高。

清末时,淮域安徽产棉区域,以定远、涡阳为最,"岁收或三千余石,或四十余万斤不等"②。民国初年,淮域安徽境内各县棉业获得了一定的发展,产棉县份增加,棉花品种增多,产量也有很大的提升。如临泉的棉花因适合风土,产量也颇充裕,曾由县府向南京金陵大学农学院,购来美棉3000斤,分发农民,"妥为培植,以广传播"③。到1934年,淮域安徽少数产棉县的棉花产量又有大幅度提高,如六安、凤台、阜阳、太和分别增至675担、54 374担、26 580担、35 998担④。抗战时期,淮域安徽境内各县多属沦陷区和半沦陷区。日寇对淮域的侵略以及为了对沦陷区进行疯狂掠夺以支持不义战争的需要,一方面大肆毁坏棉田,另一方面强行将原有棉田改种鸦片,使得淮域安徽的棉花商品化生产遭受重大挫折。

淮域江苏棉田渐广,棉业渐兴。铜山县年产棉花三四万担⑤。萧县"土地宜棉,近来种者渐多",是著名的产棉之乡,1919年岁产棉就达79 000担,值银96万元⑥。1934～1935年,萧县在陶楼、玻里、孙庄、黄口四区进行了美棉种植的推广,第一年因准备不足遇有挫折,第二年取得了很大的成功,当年实际棉田14 781亩,亩产最高达200余斤,最少的亦达80余斤,平均约为120余斤。因之,植棉推广所在对1936年全县农户欲种美棉的田亩进行调查登记,结果达到了10万亩以上⑦,"棉花年产约十五万担"。丰县"棉田占一万三千余亩,年产棉花约万担,为境内物产之大宗"⑧。同治年间,江苏宿迁县"则遍树木棉,闲习纺织矣"⑨。至1946年,还是"棉花田乡俱有,年产花衣约四千担之谱,除农户自织所用外,余均销南通"⑩。民国初年,江苏涟水县对于向来不甚讲求的棉花,"亦注意推广种植,较前不止加倍"⑪。淮安原无棉产,"自民国九年,大茂垦殖公司,将新垦之土地二千余亩,悉植棉作,于是淮安衣被所需,

---

① 李文治编:《中国近代农业史资料》第1辑,第891页。

② 李文治编:《中国近代农业史资料》第1辑,第421页。

③ 民国《临泉县志略·经济》。

④ 《安徽省统计年鉴》(1934年度),第321页。

⑤ 殷惟龢编:《江苏六十一县志》上卷,上海商务印书馆,1936年,第61页。

⑥ 临时实业视察员唐绍垚:《徐海道区萧县实业视察报告书》,《江苏实业月志》第9期,1919年12月。

⑦ 《萧县美棉推广概观》,《江苏建设月刊》第3卷第4期,1936年4月1日。

⑧ 殷惟龢编:《江苏六十一县志》下卷,上海商务印书馆,1936年,第161页;第263页。

⑨ 李文治编:《中国近代农业史资料》第1辑,第418页。

⑩ 《江苏各县市志略·宿迁》,《江苏文献》(台北)第9期,1975年1月20日。

⑪ 《选载·淮扬道区实业视察报告》,《农商公报》第71期,1920年6月。

始得有所供给"①。扬州甘泉北乡滨湖一带，"近年蚕业与棉价贵，亦有植桑种棉花者，但不及江都东乡之盛"②。据《续修江都县志》载，江都则是"近年乡民知棉为大利，亦多种棉花者"③。

淮河下游的东台、盐城、阜宁东部新冲积出的土地，昔为产盐区，随着清末放垦，农垦公司在其地纷纷出现。这些近代新式农垦企业，多植棉。东台原产盐区"今为产棉区，有大赉、泰源、中孚、东兴、遂济、通遂、裕华、大丰等公司，名曰公司，实为地主，而租其田亩于佃户而已"④。盐城、阜宁"近年种棉之户日多，棉产渐增，商业因以兴盛提倡，盐、阜实业者，舍棉莫属"。且"随着海渐渐东迁，涸出之田日多，南通张謇及其他资本家在此大兴垦殖，自南通至阜宁，各地垦务公司不下三四十家，且多注重棉作，成绩尚佳。盐城、阜宁出产棉花，民国八年阜宁、盐城运出花衣约计五万余担，其余在本地土销者，尚未列入。九年收成歉收，但种植甚广，故产量较八年尤多"⑤。有个别公司（如大有晋）还一度强制农民，禁止种植棉花以外的任何作物。据1935年统计，各公司棉田，合计约百万亩左右⑥。

清末民国时，淮域河南产棉区域，以通许、商水为最，"收数少亦二三百万斤"。商丘、虞城、项城、汝阳、罗山等县次之，尉氏、鄢陵、西华、荥泽、睢州等县又次之，棉质分紫花、白花、大花、懒花四种，睢州又有洋棉花一种，"岁收约十五万余斤"。此外，郾城产红花，"岁收均约三千斤上下"。"罗山产长丝棉，收数多少不等"，而只有中牟、新郑等县不产棉⑦。在许昌县，"至于棉花，各村尤普通种之"⑧。郑县植棉历史悠久，1933年棉田达45 000余亩，该县种植的多是美棉，中棉不过偶尔见之。尉氏县农民多以棉作为副业，每户种植不过二三亩，仅谋自用，故分布甚形散漫，全县计约6000亩，历年产额常在千担左右。禹县棉花种植在1934年达到88 000亩。临汝县东北纸坊店，党庄及县西南之一带岗地，多以植棉，常年棉田达60 000余亩。太康县棉田面积常达30余万亩，产额10万担左右，为豫东各县之冠，1936年更达40万亩，产额15万担，为历年最高纪录。县西自逊母口以西，植棉最多，约占耕地30%以上，有花窝之称。他如县北之龙曲高郎，县东之马头，县南之马厂、老冢、大东庄、叶岗等处附近，种植亦盛。淮阳县西棉花种植甚多，1936年全县棉花种植八九万亩，产额15 000余担。杞县棉田多分布南乡傅集一带，1936年棉田近75 000亩，产额

---

① 刘家璠：《各省棉产情形》，《农商公报》第87期，1921年10月。
② 民国《甘泉县续志》卷6，《实业考第六·树艺》。
③ 民国《续修江都县志》卷6，《实业考第六·树艺》。
④ 李长傅：《分省地志·江苏》，上海中华书局，1936年，第328页。
⑤ 《著译门：江苏盐城阜宁之棉业》，《农商公报》第86期，1921年9月15日。
⑥ 孙家山：《苏北盐垦史初稿》，农业出版社，1984年，第88页。
⑦ 李文治编：《中国近代农业史资料》第1辑，第426页。
⑧ 民国《许昌县志》卷6，《实业·农业》。

14 000 余担。睢县棉田种植逐年增加，1934 年曾达 8 万余亩，棉田多分布县西南，以孙聚寨附近更为集中。宁陵县棉田多分布在县西北之荒沙河两岸，1936 年计棉田 2 万余亩，产额 4000 担。扶沟县全县棉田 43 000 余亩，产额万余担。西华县棉田 3000 余亩，产额 700 余担。陈留县棉田 22 000 余亩，产额 6000 余担。商丘县棉田 5 万余亩，产额 8000 余担。虞城县西北棉花种植颇多，1936 年全县棉田 66 000 亩左右，产额 9000 余担。永城县棉田甚多，1936 年竟达 15 万亩左右。夏邑县 1936 年棉田达 48 000 余亩，产额 8000 余担。鹿邑县棉田有 67 000 余亩，产额 5700 余担。郾城县棉田约 23 000 余亩，产额 5000 余担。确山各区皆产棉，以城西五十里瓦岗一带为多，约占耕地的 5%；城西北蚁蜂店次之，约占耕地 4%；城北驻马店一带及城南新安店以南，仅占耕地 1% 以下；至城东南四十五里邢河黄山一带，尚占耕地 2%。正阳县棉作渐旺，1936 年棉田达 42 000 亩，产额 15 000 余担[①]。

20 世纪初，淮域山东各地的植棉专业化趋势比较明显。据 1908 年《山东实业统计》载，山东的棉田累计 200 多万亩。其中鲁西、鲁北与鲁西南三大棉区的棉田，分占全省总棉田的 61%、17% 与 14.5%。鲁南棉区包括黄河以南、津浦路以西各县，产棉县份以曹县、菏泽、单县、定陶为著，尤以曹县为最。曹县地多砂质土壤，颇宜植棉，为鲁南产棉区产棉最多的县。以东南一带较多，青堌集附近尤为美棉区域[②]。1922年，山东植棉超过百顷的有 28 个县，其中曹县为 3667 顷，单县为 860 顷，巨野 1000顷，郓城 1351 顷，定陶 270 顷，菏泽 480 顷，金乡 120 顷[③]。1935 年，曹县有棉田 8万余亩，产子棉 2 万担。单县"棉田七万六千余亩，产子棉二万五千担"。宁阳有棉田1200 亩，产棉 2 万斤。蒙阴县"棉田颇广"。巨野"棉田占全县十之一，多在玉山集、六营、章缝集、安兴集一带"[④]。菏泽产棉以东乡为最盛，南乡金堤集一带次之。单县棉产分布于南部郭村集、黄冈集及杨楼一带，其他地方种植甚少[⑤]。定陶"棉桑为著，棉田二万七千亩"[⑥]，产棉区主要分布在西乡之桥楼、朱楼以及东乡之西台集、黄店一带[⑦]。郓城等地产棉极少，如光绪年间郓城县全境种棉只有 280 顷[⑧]。城武县"棉田颇广，多在九女集、汶上集、天宫庙、常村等处，约一万五千亩"。嘉祥县"棉田在郎山屯、董家桥、独山庄、王家庄、柳家庄一带为多"[⑨]。其他如沂水、莒县、费县皆有一

① 河南省棉产改进所：《河南棉业》，1936 年 12 月，第 56 页；第 59 页；第 60 页；第 62 页；第 64、65 页；第 66 页；第 67 页；第 68 页；第 70 页；第 74 页；第 76 页；第 77 页；第 79 页；第 82 页；第 83 页。

② 金城银行总经理处天津调查分部编：《山东棉业调查报告》，1936 年，第 90 页。

③ 《山东省民国十一年度棉业调查》，见林修竹《茂泉实业文集》，民国间石印本，第 81～107 页。

④ 《分省地志·山东》，第 231 页；第 233 页；第 211 页；第 214 页；第 227 页。

⑤ 《山东棉业调查报告》，第 93 页；第 94 页。

⑥ 《分省地志·山东》，第 230 页。

⑦ 《山东棉业调查报告》，第 94 页。

⑧ 光绪《郓城县乡土志·农业》。

⑨ 《分省地志·山东》，第 232 页；第 226 页。

定数量棉花的种植。

鲁南棉产区多产中棉，1924年，菏泽、曹县、郓城、单县、城武、定陶、巨野各县，棉花产额约2万担[①]。至1930年，最高产量曾达56万担。但1932年水灾后，鲁南棉区多被淹没，棉田及棉产量急剧减少，1933年仅仅5000余担，产品除供给当地絮作纺织之用外，无余裕运出[②]。鲁南产棉区地处黄河南岸，水灾频繁，使当地棉花商品化进程严重受阻。

（四）烟草种植

明代中期，烟草由吕宋（今菲律宾）传入我国，起初只是在闽、粤、赣等地种植。20世纪以前，我国的烟草种植并不普遍，主要分布在湖南、湖北、江西、甘肃等省。烟草作为一项商品化经营，在近代以后才有了进一步发展。在烟草种植区，烟草是外销的主要大宗农产商品。

淮域山东、河南、安徽的一些县份是我国烟草的重要产区。20世纪初，淮域烟草种植业出现较大的增长势头，至30年代，因国内卷烟工业的发达，对烟草原料需求增大，淮域的烟草生产始呈腾飞之势，种植面积急剧扩大，并逐步形成一些有名的专门化的烟草产区。据载，安徽、河南、山东三省的烤烟产量，1916年为240万磅，1920年为2400万磅，1924年为7000万磅，30年代已经超过1亿磅以上[③]。而山东、河南、安徽三省的主要产烟区多分布在淮域。烟草是近代以来淮域经济作物中比较重要的、发展相当快的、商品化程度较高的一种。这主要表现在：

（1）烟草种植极为广泛，淮域的各个县域几乎都有分布。如太和烟草，"沙河沿，产者极佳"[④]。五河县的烟草"近时种之者多，而获利亦可补谷之不足"[⑤]。淮域安徽的定远、凤阳、怀远、泗县、灵璧、宿县、凤台、寿县、霍邱等县，为我国美种烤烟区之一，烟田分布，以定远与凤阳为最广，次为灵璧与怀远[⑥]。凤阳县"近城一带所产烟叶较他处为佳，七八月间商贩四集，贫民颇资以佐食用之缺"[⑦]。1914年，定远县在能仁寺、凉寺、韩巷子开始种植烟草，1916年引入靠山、黄圩、年岗、芝麻、西卅店等地。1919年，该县开始大面积种植烤烟，主要由凤阳武店的南洋烟草公司负责收购[⑧]。

① 《中国年鉴》（1924年），《外国贸易·棉花及棉货输出统计》，第1701页。
② 《山东棉业调查报告》，第90、110页。
③ 章有义编：《中国近代农业史资料》第2辑，第201页。
④ 民国《太和县志》卷4，《食货·物产》。
⑤ 光绪《五河县志》卷10，《食货四·物产》。
⑥ 《烟草产销》，1948年9月，转引自杨国安编著：《中国烟业史汇典》，光明日报出版社，2002年，第968页。
⑦ 光绪《凤阳县志》卷4，《舆地·物产》。
⑧ 定远县地方志编纂委员会编：《定远县志》，黄山书社，1995年，第358页。

　　淮域江苏的丰县、沛县、砀山、铜山、萧县、邳县、宿迁、沭阳、淮安等县，亦有烟草分布，以丰县与邳县栽培最多①。如丰县距城四五里西北乡一带，种烟者十家之中，约居七家。"盖该县多清沙地土，性宜于种烟故也。"沛县地多沙质，颇宜于种植烟草，尤以夏阳乡之夏镇为最。砀山县所产烟草甚少，东乡虽间有种者，为数亦无多。清末，铜山西北乡所产烟草为数较多，"盖因鸦片甫有明令禁种，凡系沙地，多种烟草故也"。萧县当前清宣统年间，每年所产烟草几百万斤。邳县产烟之区最广，土质最宜，而以城东沂河东岸一带为尤盛，计长10余里，宽二三里，"几半为种烟之地"。宿迁县产烟之地甚少，仅北乡沟头市一带间有种者。睢宁县所产烟草为数不多，该县产烟之区以凌城市为最，湖宋乡槁口旧朱集等处次之，其余各乡更属寥寥②。

　　淮域河南的伏牛山东麓区，即平汉铁路沿线及其两侧之平原地带，全属美种烤烟，包括长葛、许昌、临颍、郾城、禹县、郏县、襄城、叶县、舞阳及上蔡等县，其中产量之丰，首推襄城，约占全省烤烟总产量33%，其次为许昌，约占24%，郏县约占15%，禹县约占11%。襄城县属颍桥周围六七十华里以内之区域，尤为美种烤烟分布集中地③。据20世纪30年代初年《河南统计月报》记载，河南产烟县份39个，年产量总计为75万余担，其中襄城、禹县、临颍、长葛、舞阳、许昌、郏县、鲁山等八县所产烟草合计为35万余担，约占总产量47%④。许昌一带，烟草种植面积已占当地总耕地面积的13%⑤。

　　淮域山东烟草区主要分布于津浦铁路沿线及其两侧地带的宁阳、济宁、滕县、峄县，鲁西黄河南岸平原地带的单县、鱼台、定陶、菏泽、郓城，鲁中山地区的蒙阴、沂水、莒县等，其中以沂水烟田分布最广⑥。如光绪《宁阳县乡土志·物产》载："本境烟质柔润。都门大贾恒萃资购取，于滋阳北乡碾末运去，以供鼻烟之用。"又《西务志》云："烟叶销售直隶客商，岁约一百二十万斤。"光绪《郓城县志》所载物产有地瓜、烟叶⑦。滋阳、沂水、莒县遍种烟草⑧。"兖州一带仍以土烟为主要作物，兖州城内种有多量烟草，年产约二三万石。"⑨

　　（2）美种烟草的种植规模不断扩大。19世纪前半叶，淮域各地烟草种植还比较少，属于零星种植，且多属于土烟。清末，河南中部种植烟叶的地方，只有襄城、叶

　　①　《烟草产销》，1948年9月，转引自杨国安编著：《中国烟业史汇典》，第968页。

　　②　《调查江苏徐属烟草报告》，《农商公报》1920年11月转录《江苏实业杂志》第14期。

　　③　《烟草产销》，1948年9月，转引自杨国安编著：《中国烟业史汇典》，第966页。

　　④　河南省政府秘书处统计室编印：《河南统计月报》第2卷第8期，表6"主要特用作物面积及产量"，1936年，第42~60页。

　　⑤　陈翰笙：《帝国主义工业资本与中国农民》，复旦大学出版社，1984年，第75页。

　　⑥　《烟草产销》，1948年9月，转引自杨国安编著：《中国烟业史汇典》，第967页。

　　⑦　光绪《郓城县乡土志·农业》。

　　⑧　《分省地志·山东》，第40页。

　　⑨　实业部档案，转引自杨国安编著：《中国烟业史汇典》，第947页。

县两处。并且这两处的农民，也没有把种植烟叶，作为唯一的生活。至1913年，"英美烟公司派员调查华北烟草种植状况，勘得山东、河南、安徽等省土壤、气候极适烟叶之种植，于是由美输入洋种"。因此，英美烟草公司的势力开始伸张到河南、山东等省农村，"该公司为了价廉物美，大量的生产，便有计划的暗示给农民改用英美种子，告诉肥料的改良，熏烟的方法，以及其他增加烟叶产量，改良烟叶本质的道理和设计。因此，烟叶的种植，马上就扩大了。不几年，以许昌为中心的烟叶生产，便普遍到附近的十几个县了。这是除了佃农、雇农以外，几乎每家必种烟叶"①。1918年，南洋兄弟烟草公司购运美国烟种，将烟草栽植法编印成书，传播于山东坊子、安徽刘府、河南许昌一带，广劝种植，并设厂烤烟叶，每岁收购烟叶，为额甚巨②。第一次世界大战以后，国际和国内卷烟工业的发展，扩大了对美种烟的需要。于是在1913~1918年间，英美烟草公司和南洋兄弟烟草公司在山东潍县、安徽凤阳、河南襄城等地不断扩大分发美烟种子，淮域烟草种植开始扩张。河南许昌、襄城一带，在1918~1919年左右，农家种烟草的面积还是很少。1919年后逐渐扩展，1934年种烟的各区中，差不多有24%~40%的耕地都种植烟叶③。1921~1926年，各地区美种烟的生产仅增加7.6%；1926~1931年，增加18%点多。在往后的4年中，则急剧上升为31%④。据1933~1934年山东潍县、河南襄城、安徽凤阳三县共六个典型村的调查，种植烟草的农户已占到该地全体农户的63.4%⑤。

（3）淮域烟草种类、种植面积和产量逐渐增多。以1919年淮域安徽境内烟草种植为例参见表2-3，一战后，淮域安徽各县烟草种植面积和产量皆有所增长，总计为140 085亩，产量为229 181.5石。其中凤台、凤阳、亳县、定远、太和增长幅度都很大。抗战时，烟草种植大受影响，"胜利以还，地方不靖，种烟不若以往踊跃"，美烟面积，据1946年估计，共约十一二万亩，仅及抗战前1/3，"以遭受水患，收成低者，仅一二成，最高者亦不过四五成，故实际产量只有十六万市担左右"。到1947年，"以烟叶高涨及交通线两侧禁种高粱之故，栽培面积可期增加一倍以上，约达二十三四万亩左右"。"入夏以来，雨水尚称调顺，适合烟草之生长，一般发育茂盛，早烟已生六七叶，大者叶长四五寸，正举行中耕培土及施肥工作；晚烟则正在移植中，各地虽间有发生土蚕及青虫等，但经加捕捉，为害不大，平均可望七成"，收产量以每市亩150~200市斤计，本年烟叶产量可达30万市担以上⑥。

---

① 章有义编：《中国近代农业史资料》第2辑，第152页；第160页。
② 《参与西湖博览会各公司工厂纪略》，《商业月报》9卷8号，1929年8月。
③ 章有义编：《中国近代农业史资料》第2辑，第203页。
④ 章有义编：《中国近代农业史资料》第3辑，生活·读书·新知三联书店，1957年，第636页。
⑤ 陈翰笙：《帝国主义工业资本与中国农民》，第22页。
⑥ 《烟草月刊》，1947年9月，转引自杨国安编著：《中国烟业史汇典》，第1175页。

表 2-3　淮域安徽各县烟草生产情况一览表

县别	产地	种类	面积（亩）	产量（石）
六安	东乡、西乡	土烟叶	330	399.6
怀远	东乡、南乡	洋烟、土烟	1315	920.5
凤阳	城区、西乡、南乡	洋烟、土烟	30 000	51 000
宿县	东乡、西乡、南乡、北乡	土烟	80	64
定远	东乡、西乡、南乡、北乡	洋烟、土烟	11 500	5750
灵璧	中乡、南乡、北乡	土烟	500	575
凤台	仁乐乡、德化乡、丰和乡	红烟、黄烟	66 000	132 000
阜阳	东乡、西乡、南乡、北乡	土烟	350	1050
颍上	东乡、西乡、南乡、北乡	淡巴菰	1860	1488
亳县	东乡	花叶、粗叶	12 220	12 220
蒙城	在城乡、会安乡、崇仁乡、纯化乡	红花烟、蓝花烟	2673	2138.4
太和	西乡、南乡	土烟	5000	10 000
涡阳	东乡、西乡、南乡、北乡	大叶烟	1869	1869
泗县	西乡、南乡	土烟	1250	2000
盱眙	东乡、西乡、南乡、北乡	土烟	2386	3579
五河	北乡、西乡	土烟	2752	4128
合　计			140 085	229 181.5

资料来源:《安徽省六十县经济调查简表》（中），第七类，《烟草》。

江苏萧县在 1909～1911 年间，每年所产烟草几百万斤。清末的丰县所产烟草为数颇多，"计每年种烟之区，约占地四千数百亩，可收烟一百数十万斤"[①]。19 世纪 20 年代，沛县烟叶因烟质较佳，行销于山东某些地区。清末每年产额约为 40 万斤。受山东市场需求的刺激，烟草种植"产量现正与年俱增"[②]。睢宁全县种烟之地 800 余亩，每亩约可收烟 300 余斤，计每年全县所产烟草 20 余万斤。邳县全县每年种烟之地，约 3000 亩，平均每亩收烟约 400 斤，共计产额约 120 万斤。沛县种烟之地，在前清末年，不过 1000 余亩，每年产额不过 40 余万斤。"今则逐渐增多者"，种烟之地，计约 2000 余亩，每年产额约可收烟叶 60 余万斤。铜山全县种烟之地，约 1500 亩，一年所出合计 525 000 余斤[③]。至 1933 年，淮安、砀山、丰县、邳县、沭阳 5 县烟草产量分别为 5000 担、50 担、27 500 担、15 000 担、100 担[④]，可知，丰县、邳县烟草种植发展很快。

---

① 《调查江苏徐属烟草报告》，《农商公报》1920 年 11 月转录《江苏实业杂志》第 14 期。
② 章有义编:《中国近代农业史资料》第 2 辑，第 203 页。
③ 《调查江苏徐属烟草报告》，《农商公报》1920 年 11 月转录《江苏实业杂志》第 14 期。
④ 《烟叶》，1940 年，转引自杨国安编著:《中国烟业史汇典》，第 953 页。

河南种植面积和产量"均驾乎他省"①。1934 年在河南许昌、襄城一带种烟的各区中，差不多有24%～40%的耕地都用于种植烟草②。另据河南省建设厅之调查，1939 年的许昌、襄城、罗山、临颍、鲁山、郏县等66 县之烟田面积达653 582 亩，产额达1 136 939 担。种植面积与产额，均较1933 年豫省府所报告者为多。河南农工银行经济调查室于1939 年仅调查许昌、襄城、郏县、唐河、邓县、鲁山、临颍、上蔡、罗山、禹县等10 县，植烟面积即达59 万余亩，产量达104 万余担。"依此观察，则我豫烟叶，无论就生产面积与生产质量言，所占之地位，均在全国其他各省之上也"③。1943 年，淮域的许昌、襄县、郏县、长葛、西平、禹县、宝丰、临颍、扶沟、舞阳、郾城、鄢陵12 县烟田面积总计达227 897.2 亩，产量达11 975 258 市斤。至1944 年，烟田增至269 500 亩，产量增至25 006 000 市斤④。抗战胜利以后，"山东、安徽因时局关系，品质较差，产量锐减，国内各烟厂均仰给于豫烟"。而"惟近来市场缺乏管制，烟叶掺杂之风，日益严重，烟厂蒙其损失者，不下数百亿元，若不及时取缔，则豫烟之外销，必每况愈下，影响国计民生，实非浅鲜"，"政府有鉴于此，爰于农林部中设立烟产改进处，从事改进增产工作"。1947 年，由烟改处、豫建厅，会同上海烟业工会筹组河南省烟叶检验委员会，内置委员19 人，由农林部烟产改进处3 人，河南省建设厅1 人，财政部河南区货物税局1 人，河南省参议会1 人，许昌、襄城县参议会各1 人，许昌、襄城烟行公会各2 人，烟区所在地行政督察专员1 人，上海卷烟工厂同业公会及上海烟行同业公会各3 人组成，由烟改处处长沈宗瀚及豫建设厅厅长宋彤分任正副主任委员。9 月16 日在开封召开成立大会，决定设立检验执行机构。河南省烟叶检验所由烟改处简任技正胡锡文兼任所长，所址暂设许昌西大街九十二号，所下并分设许昌、襄城检验站，从事实际检验工作⑤。由于烟价逐步高涨，以及政府之倡导，据烟叶有关方面初步估计结果，1947 年河南省许昌等县美烟栽培面积，共计81 万余市亩，平均比上年增加20.4%。其中以临颍增加70%为最高；叶县、方城、舞阳、长葛增加50%次之；许昌、襄城、郏县、禹县增加20%为最低。许昌等10 县当年烟叶总产量可达1 073 000 余市担，比1946 年约增加16%⑥。1947 年后，淮域河南烟草产区成为内战的主要战区，受此影响，烟草种植大幅下滑。据许昌专署调查资料统计，许昌专区1947年植烟面积为656 426 亩，至1949 年下降为252 505 亩，比1947 年减少了403 921 亩，下滑了61.53 个百分点；烟叶产量从1947 年的98 463 900 斤下降到1949 年的

①　《河南之烟叶》，1939 年1 月，转引自杨国安编著：《中国烟业史汇典》，第1196 页。

②　章有义编：《中国近代农业史资料》第2 辑，第203 页。

③　《河南之烟叶》，1939 年1 月，转引自杨国安编著：《中国烟业史汇典》，第1196 页。

④　财政部烟类专卖局档案，转引自杨国安编著：《中国烟业史汇典》，第1509 页；第1511 页。

⑤　《烟草月刊》，1947 年12 月，转引自杨国安编著：《中国烟业史汇典》，第1211 页。

⑥　《烟草月刊》，1947 年9 月，转引自杨国安编著：《中国烟业史汇典》，第1212 页。

51 559 300 斤，减少了 46 904 600 斤，下滑了 47.63 个百分点①。

烟草亦为淮域山东主要产品之一，每年之产额计滋阳即前兖州 120 万～300 万斤，曲阜 20 万斤，宁阳 60 万斤。此外产烟较少者，如泗水 2 万斤，鱼台76 000 斤，沂水10 万斤。滕县则种植烟草之地 100 亩，汶上 100 亩，峄县 1000，济宁 3000 亩，蒙阴 2000 亩，菏泽即前曹州 10 000 亩，曹县 1000 余亩，单县 100 亩，巨野 10 000 亩。此外费县、郯城亦植有烟草，每年每亩之产量，各地不同②。至 1933 年，淮域山东的曲阜、宁阳、峄县、济宁、嘉祥、郯城、费县、沂水、菏泽、单县 10 县烟草种植总面积为 70 170 亩，总产量为 279 660 担。其中单县一县烟草种植面积就从 1925 年的 100亩增加到 1933 年的 6 万亩③。

（4）形成了以许昌、凤阳为中心的两大全国著名的烟草专门化生产区域。许昌一带种植美种烟叶，始于 1920 年。初由英美烟公司携带种子，散放许昌附近农户，并派员常驻乡间指导种植及教授熏炕。初试结果，成效颇著，次年种植区域即行扩大。1922 年，该公司更在许昌西关外，置地建筑收烟厂，大量采购，农民以获利甚丰，多弃其粮食生产，改种烟叶。1924 年南洋兄弟烟草公司亦步英美烟公司之后，在许昌设立收烟厂并装置新式熏烟机器。他如沪汉烟商，亦皆相率来许，设庄采购，于是不数间年，许昌之烟叶生产，突飞猛进，驰名全国。至 1927 年，"河南政治当局以外人不得在内地营商，没收英美烟公司在许烟厂；加以连年内战，匪患频仍，一般烟农不能将其烟叶，直接运许，辗转传递，经过若干中间人之手，层层剥削，无利可获；同时烟商因感于风险，亦不敢尽量采购，烟叶产量因之大减"。④ 以至于时人张锡昌于 1934年发表文章说：近 5 年来，种烟的面积和区域已无扩张的趋向。同时新式的耕种方式和大规模的农业经营，并没有在种烟区域发现，这说明了农作物的商品化并没有促进生产方法的变化⑤。至 1936 年，英美烟公司在许昌宣布停磅，"自是之后，烟叶市场无人操纵，得以顺利输出，农民获利优厚，种植面积更行推广"。襄城县原以生产土烟出名，"自民国十一二年间，一般烟农因见于许昌种植美种烟叶获利优厚，乃相率仿效，改种美种烟叶。该地又以土地气候之适宜，所产烟叶，品货优良，特为一般烟商所乐购，降至于今，前之种植土烟田亩，已有百分之八十以上改种美种烟叶矣。他如郏县、禹县、鄢城、临颍、长葛等县农民见许襄种植美种烟叶获益之厚，亦均于民国二十二年间，先后种植。世人不察，多道许昌烟叶生产之盛，实不知许昌之烟叶多来自其附近之各县，而其生产反远不如襄郏等县之多也"⑥。

---

① 《中国烟草》第 7 期，1950 年 11 月，转引自杨国安编著：《中国烟业史汇典》，第 1214 页。

② 《上海总商会月刊》，1925 年 5 月，转引自杨国安编著：《中国烟业史汇典》，第 1181 页。

③ 《烟叶》，1940 年，转引自杨国安编著：《中国烟业史汇典》，第 952 页。

④ 《河南之烟叶》，1939 年 1 月，转引自杨国安编著：《中国烟业史汇典》，第 1195 页。

⑤ 张锡昌：《河南农村经济调查》，《中国农村》第 1 卷第 2 期，1934 年 11 月。

⑥ 《河南之烟叶》，1939 年 1 月，转引自杨国安编著：《中国烟业史汇典》，第 1195 页。

安徽凤阳"向种烟草，其种类为本地种，叶小而薄，调制亦用土法，收量颇多，系供本地及徐泗一带制条丝烟之用"。凤阳所产之烟在1915年前仅种土烟，每年不过2万包之谱。一战爆发后，"轮舶缺乏，凡制纸烟公司，咸有原料缺乏之憾。凤阳沿津浦路线，交通方便，且向产烟草，故南洋兄弟烟草公司首先趋至于邑之西南之刘府集，设立公司，散布携来之美国烟种，教以栽培法，教以造坑调制法，而所获烟叶与舶来品无异。且转运亦灵便，故原料充足，而获利颇丰。英美烟公司继至于门台子车站（在凤阳县城之北约十里）造宽大之堆栈，广散种子，收罗烟叶，近则愈推愈广，凡向之种本地种者，今皆改种美棉矣"①。自1916年之后，凤阳城区及西南各乡烟地多改种美国烟种，产额也较前约增1倍②。仅几年光景，烤烟便在凤阳的刘府、武店和十五营一带，逐渐取代了晒烟的传统地位。随着栽培技术的广泛普及，烤烟种植面积不断扩大，到了30年代，烟田已越出县界，跨过淮河，延伸到定远、五河、怀远、灵璧。至抗日战争前夕，安徽凤阳和山东的潍坊、河南的襄城，已发展成为我国最大的三个烤烟产地。

（五）花生种植

花生，又名长生果，近代以前仅在福建、广东地区种植。近代以后，其他地区也迅速发展。淮域江苏、河南、山东是花生的集中产区。淮域江苏"乾隆中，土人犹未解种植法，至播种时，辄佣闽粤人种之"，至光绪初年，"则盈畴被野，与豆麦等矣"。铜山县"落花生，农家种者多，与番薯等。土人货之南方，与瓜子金簪菜同为大宗"。睢宁县花生"按今民间布种，溥如五谷，远近倚为油粮③。阜宁县"条黄两岸出产大宗"④。

淮域河南花生的种植主要分布在豫东的中牟、开封、民权、商丘等县。豫东一带，花生种植原仅供给本地榨油及茶食之用，光绪年间传入洋花生的种子，种收皆易，民间多种之，"荒沙之区，向所弃置之地，今皆播种花生，而野无旷土矣。民国以来，渐为出口货之大宗物产。出产花生之区域，自郑州以东归德以西皆有之；惟开封附近一带，约三百英方里之面积，出产为最多，中牟、开封、兰封三县，尤标特色"⑤。中牟县"以产落花生著称，近年产量增加，输出日多"⑥。通许、陈留两县花生种植面积占

---

① 郑玎：《凤阳县烟叶调查记》，《安徽实业杂志》（复刊）第20期，1919年2月。

② 《安徽省六十县经济调查简表》（中），第七类，《烟草》，第1176页。

③ 李文治编：《中国近代农业史资料》第1辑，第438页。

④ 《报告·各县二十三年度推进农村副业报告》，《江苏建设月刊》第3卷第2期，《农村副业专号》，1936年2月。

⑤ 《农商公报》第65期，1919年12月。

⑥ 《分省地志·河南》下编，第71页。

全部耕地面积比重由先前的20%到1924年增长至50%①。据1917年调查资料，开封西北乡及东乡一部，原来"土地多半沙漠，在前清时，民智未开，不知开垦，咸弃而不顾。近数年来，生齿日繁，实业渐兴，此邦人士亦渐知辟地利，以助财源矣。闻此项沙地，种花生为最宜之，种者日多，出产亦增，销路颇广，每年产额平均计算不下数百万斤云"②。此后，花生成为"开封农作物中之巨额产品，每年花生熟后，花生行及市民群相购置，露天曝晒，去壳囤集，待价而沽。十一二月间，南商北来，陇海道上货车络绎不绝者，俱装运花生米（花生之去壳者），经徐州而南下者也。近年，少数花生米商人感觉运费过重，乃有变生为熟之法：买花生米后，就地榨油，卖其糟粕，而独运油以去"③。据1936年花生米贸易资料统计，中牟花生米产量为35万担，外销量为25万担；开封产量为65万担，外销量为40万担；民权县产量为15万担，外销量为10万担；商丘产量为6万担，外销量为3.5万担④。四县当年花生的商品率分别为71.4%、61.5%、66.7%、58.3%。

花生自乾隆年间引种山东后，至道光朝已逐渐发展成重要的商品化农业生产。起初引种的花生品种产量低，故花生种植的发展较为缓慢。同治年间，美国长老会传教士梅理士（Mills）在山东引种美国花生而获得成功。因美种大花生具有颗粒大、味道美且产量高等优点，所以引入后很快在山东得到广泛传播。如在兰山县（今临沂）"落花生大小两种。自光绪时，大者盛行，小者几废"⑤。民国《重修莒志》载："落花生，俗曰长生果，旧惟有小者，清光绪间始输入大者，曰洋花生，领地沙土皆艺之，易生多获，近为出口大宗。"⑥光绪《郓城县志》所载农产，"六谷以外，并种花生"⑦。光绪《峄县志·物产》载："近察其地（县西境）宜落花生，居民艺之，亩岁得十余石。南商每以重价购之。由是境内人远近皆传植之。贩鬻日众。居民衣食皆给，而以羡并殖其业焉。"山东花生在1908年因德国人从青岛贩卖出口而种植大盛，山东花生颗粒富于油，为他省所不及。而以泰安、临沂等地所产尤著⑧。就产量而言，1914～1929年，山东花生产量为14 970 000担，占全国总产数的29%，乐陵、峄县、莒县三大花生生产地，年产分别为75万斤、60万斤和205.6万斤⑨。据1935年《分省地志·山

①　章有义编：《中国近代农业史资料》第2辑，第207、206页。

②　本校毕业生洪尔鲁所作调查：《各省商业之调查·开封》，中国商业函授学校：《商业杂志》第1年第3期，1917年6月10日，第12、13页。

③　萧愚：《开封小记》，《禹贡》（半月刊）第4卷第1期，1935年9月1日，转引自顾颉刚、谭其骧主编：《禹贡》（合订本）第4卷上，花山文艺出版社，1994年，第95～101页。

④　《国际贸易情报》第2卷第14期，1937年。

⑤　民国《临沂县志》卷3，《物产》。

⑥　民国《重修莒志》卷23，《舆地志·物产》。

⑦　光绪《郓城县乡土志·农业》。

⑧　《山东省经济近况》，《申报》1923年3月4日。

⑨　林修竹：《山东各县乡土调查录》，商务印书馆，1920年。

东》记载，蒙阴、巨野、菏泽、曹县、滕县皆以落花生为农产出产大宗。1935年，菏泽的花生种植面积达14 012亩，产量为28 024担[①]。

在一些大面积种植花生的县域，已出现了花生排挤粮食乃至其他经济作物的倾向，这说明淮域花生的专业化种植趋势有了进一步发展。如民国时期的山东曲阜县落花生"榨油、剥米，运销上海、青岛，为本县出口货之大宗"[②]。据1925年对河间等16个调查地区被花生排挤的作物及比较有利情况的咨询答案统计，"被花生排挤的作物，山东为小麦和大豆，直隶、河南为高粱及小米；湖南、湖北则为稻米、棉花和红薯。根据河南一个地区的报告，编篓子的柳条，也被花生所代替了"[③]。现把这次咨询调查涉及淮域河南的开封、陈留、通许、睢县以及淮域江苏的睢宁县被花生排挤的作物与种花生比种其他作物比较有利的特点制成（表2-4），从中可以反映出近代淮域花生商品化生产的快速发展趋势。

表2-4　1925年淮域花生排挤其他作物情况表

地区	被花生排挤的作物	种花生比种其他作物有利之点
河南开封，甲	柳木	比较有利
乙	高粱、大豆和青豆	最适宜于土壤
陈留	高粱、小麦、大豆	利润较高，有较强的抗风力和抗涝力
通许	小麦、豆类、高粱、小米	比较有利
睢县	豆类、小米、高粱	即使成本很高，收益仍较大
江苏睢宁，甲	各种作物	收入为其他谷物的四倍
乙	各种作物	比较有利得多

资料来源：章有义编：《中国近代农业史资料》第2辑，第213页。

（六）果木花卉种植

果木，有柿、梨、枣、栗、杏、桃、李等多种。淮域安徽太和县"四境皆产大枣，惟东北及西南淤地产者佳，往往时有枣贡，后裁。以饧渍之制成，贩行他省"[④]。太和樱桃，沿沙河西岸二里许最纯，以饧渍之制成，名桃脯。"贩行他省，称上品"。太和椿"俗名香椿、红椿、油椿，四境繁殖，惟东南名陶桥沿沙河岸及西北杨家寨等处十五里内，春初芽发，早采者贵，晚则质老味淡，尤以谷雨节前为佳，盐渍制成，经岁不腐，名曰椿芽，贩行远近各省，极擅名"[⑤]。凤阳"长淮南北果园数顷，出梨、粟、

---

① 《山东棉业调查报告》，1936年，第91、92页。
② 民国《续修曲阜县志》卷2，《舆地志·疆域·物产》。
③ 章有义编：《中国近代农业史资料》第2辑，第213页。
④ 民国《太和县志》卷4，《食货·附商会》。
⑤ 民国《太和县志》卷4，《食货·物产》。

桃、榴、柿诸果，而榴为多且佳"，"临淮乡出瓜子，夏末秋初，商贩收买，此皆地利之养人者也"①。砀山产梨最为有名，在本地价甚廉，所产之梨可以运至他方，获利较厚，亦地方大宗出产②。砀山梨以李庄附近所产最为出名，味甘水充，放置妥善，并能历久不坏。年销外埠，大约三四千担③。萧县果品以石榴为著名④，而"果类之枣梨，自古有燕项兔头之名，甘脆异于常品"⑤。该县葡萄出产也颇多，1934 年开始在当地试办葡萄酒厂，制定商标，报部注册⑥。淮域江苏江都县"树艺则江洲一带多植果树，以桃、梨为大宗。近年亦产花红，而枸橼尤香色俱美，修竹成林。春时笋市甚盛，农隙则伐隔年老竹，编制器具。杂树若桑、榆、槐、柳之属具备，柳为多，用亦甚广"。⑦淮域河南开封果树，有柿、梨、枣、栗、杏、桃、李等，"梨子、柿子、枣子，每年运往境外者亦多"。⑧开封兴隆火车站附近产沙梨，极为著名⑨。虞城、商丘产木瓜⑩。汝州还出现了资本主义性质的果木种植企业，如 1916 年商人汪某集资 10 万两，在汝州、洛阳创办河南植树公司，种植果树及其他树木⑪。此外，灵宝、新郑之枣，行销南省。陈州之青沙梨子，郑县鸭梨，永城县的枣脯，也很有名⑫。永城境内产梨、枣、花红、石榴、木瓜、胡桃、葡萄等果，"以枣为盛，合邑皆产；分长枣、圆枣、红枣、鸡心枣、核桃枣诸种，皆以形色命名。又有水枣、酸枣、苹果枣三种，生食亦宜。所制枣干，旧以入贡，远近著称"，岁出枣干约十余万斤，"销本省及江苏、安徽等省"⑬。鹿邑县的柿子、核桃产量也大，光绪《鹿邑县志·物产》载："柿多红柿、黄柿、牛心柿，四境皆繁殖。西北乡民多制饼，利与山东曹郡埒"；"核桃。县境无山，而此果最盛。产贾家滩者，壳薄仁肥，尤称嘉品。商贩岁至，石量车载，其利又出柿饼之上矣"。淮域山东土壤适于果树，费县之梨，曹州之柿，比较出名⑭。曹县的木瓜、红枣、白梨、与皮硝，均为输出大宗。滋阳之栗、嘉祥、东平之西瓜皆有盛产⑮。郓城盛产木

① 光绪《凤阳县志》卷 4，《舆地·物产》。

② 张星烺：《徐州实业调查记》（续），《地学杂志》第 4 年第 10 号（总第 40 号），1913 年 10 月。

③ 《陇海全线调查·砀山县》，1932 年，第 85、86 页，中国第二历史档案馆：全宗号六六九，案卷号 2928。

④ 《分省地志·江苏》，第 354 页。

⑤ 《江苏各县市志略·萧县》，《江苏文献》（台北）第 22、23 期合刊，1972 年 11 月。

⑥ 《各县二十三年度推进农村副业报告》，《江苏建设月刊》第 3 卷第 2 期，《农村副业专号》，1936 年 2 月。

⑦ 民国《续修江都县志》卷 6，《实业考第六·树艺》。

⑧ 萧愚：《开封小记》，《禹贡》（半月刊）第 4 卷第 1 期，1935 年 9 月 1 日。

⑨ 《陇海全线调查·开封县》，1932 年，第 140 页，中国第二历史档案馆：全宗号六六九，案卷号 2928。

⑩ 民国《商丘县志》卷 1，《物产》。

⑪ 《时报》1906 年 10 月 30 日。

⑫ 王幼侨：《河南方舆人文志略》，北平西北书局，1932 年，第 51～70 页。

⑬ 《分省地志·河南》下编，第 208 页。

⑭ 《山东省经济近况》，《申报》1923 年 3 月 4 日。

⑮ 《分省地志·山东》，第 231 页；第 40 页。

瓜、石榴和秋桃①。曲阜果类物产以柿为大宗，"去皮作饼，运销南方，获利颇厚"②。鱼台县山楂、桃、枣皆有余额，可供输出③。

花卉，以牡丹、芍药的种植最为有名。商丘"牡丹非商产也，南盛于亳，北盛于曹，商界曹、亳之间，好事者往往艺之，以供清玩，而迩来颇闻于四方，征求者麇至"④。鄢陵"以养花为生者，不下数十村，开封各园之莳花者，半藉鄢陵"⑤。山东菏泽种植的牡丹、芍药也经常运销福建、广东和北京，光绪《菏泽县志·物产》云："牡丹、芍药各有百余种。土人植之，动辄数十百亩，利厚于五谷。每当仲春花发，出城迤东，连阡接陌，艳若蒸霞。土人载之，南浮闽粤，北走京师。至则得厚值以归。每岁辄往，有常期。"又光绪《曹县志·物产》载："牡丹非土产也，好事者买莳园圃"，"曹距州仅百里。昔当盛时，而捆载往返，童仆连络，故佳艳时获怡赏，亦重价多相购植"。江苏江都"附郭缺口门外芍药田数里，花时市花茎核则为药品。宝塔湾附近种花为业者甚多"⑥。甘泉县"附郭堡城人多以种花为业，春月季，秋菊，冬唐花，岁获利颇丰"⑦。

此外，蓝靛、药材、甘蔗、林木等的种植，随着社会需求量的增多，其商品化程度也都有了不同程度的提高。蓝靛原是一种商品化程度很高的染料作物，随着棉纺手工业的发展，淮域蓝靛的种植范围也逐渐扩大。19世纪下半叶，随着洋靛大量进口，土靛种植受到一定程度的冲击。如安徽寿县产有小蓝靛、槐靛两种，在清末民初时曾行销江浙两省，"近日种靛者，颇获利"⑧。后因为洋靛抵制，所以种量减少，不易销售。抗战时，还有少量人种植，"供给本乡各集土染坊之用，产区占全县地亩千分之点五"⑨。灵璧县是"全境种靛，因欧战洋靛不来，大获厚利"。涡阳也是"现种靛者颇能获利"⑩。亳县、蒙城、太和、颍上也有蓝靛的种植。江苏沛县"洋靛输入之前，地方植靛甚多。自洋靛入境，各染坊以土靛工繁费巨，难以获利，皆改用洋靛，虽所染之布彩色灿耀，而不如土靛之耐久，故人多喜用。土靛染者，然以种种原由，及植靛之地需用肥料太多，复加洋靛之竞争，乡人多不愿植之"。丰县、砀山蓝靛"以前植者

---

①　光绪《郓城县乡土志·农业》。

②　民国《续修曲阜县志》卷2，《舆地志·疆域·物产》。

③　《分省地志·山东》，第235页。

④　民国《商丘县志》卷1，《物产》。

⑤　《河南方舆人文志略》，第51～70页。

⑥　民国《续修江都县志》卷6，《实业考第六·树艺》。

⑦　民国《甘泉县续志》卷6，《实业考第六·树艺》。

⑧　《大中华安徽省地理志》，第285页。

⑨　安徽省档案馆藏档案：全宗号8目录号3卷号52。

⑩　《大中华安徽省地理志》，第284页；第300页。

甚众，近几绝迹矣"①。清河县"货之大者有棉、靛、红花"②。兴化"蓝靛一业，产额日见增加，销路亦极形畅旺"③，"近城圩岸多植大小蓝，为染色之原料"，但"自舶来品输入内地，土靛几于绝迹"，"近年西靛缺乏，价格奇昂，土靛复乘时种植，但远不如从前矣"④。

淮域安徽亳州、河南禹州等地的药材采种就一直很兴盛。入近代后，淮域的药材采种业得到进一步的发展。如亳县向为产药区域，白芍、菊花均为出产大宗，其他如瓜篓、桑白、二丑等，产量亦丰⑤。涡阳的药材则有紫菀、白芷、车前、半夏、枸杞、紫苏40余种，"皆在县北隅，而赵旗屯、义门集一带为最多。赤白芍、紫菀、括蒌、白菊、白扁豆为出产大宗，行销最广。义门集又为药草荟萃之所，南北药商络绎不绝，亦土产之一大收入也"⑥。五河县有所谓淮山药的，"以近淮为良，有二种：一曰龙骨山药，一曰玉版山药，形扁，曝干之入药，功用皆同种之者，普亦大利也"⑦。凤阳南山，"山中多药材，二三月间采药成群"⑧。定远县"采药山中，拣选得法，价值较昂，利益较厚"。盱眙县出品药物极多，有魁丹参、苦参、龙胆草、车前、紫金龙、秋桔梗、金佛草、白鲜皮、天花粉、香附等。在明光集，还有国人自办的明光医院，专门就当地中药材自制明光眼药、明光补丸。灵璧县药材有半夏、香附、薄荷输出⑨。淮域江苏宿迁"药材如石斛、杜仲、半夏、枸杞、金银花、地骨皮、紫苏、益母等品质优良"⑩。江都县宜陵镇"附近小湖地产药品半夏，亦颇销行"⑪。淮域河南许昌县"石固种药物、辣子"⑫。"河南之禹州盛产蝎，以可为祛疯之乐，汉口人辄往购之"，同治末年，"鄂商至禹采蝎者益多，恒致巨富"⑬。亳县、禹县不仅盛产药材，而且还形成了有全国影响的药材市场。

怀远西乡的甘蔗，也有一定的种植面积和产量，1919年调查时，面积达1253亩，产量为3759石，销售额为3759石，由西乡产地运往县城销售⑭。可见，怀远西乡的甘蔗全部流向了市场，商品化生产程度很高。

①　张星烺：《徐州实业调查记》（续），《地学杂志》第4年第10号（总第40号），1913年10月。

②　光绪《清河县志》卷2，《疆域·物产》。

③　临时实业视察员李鹍声：《淮扬道区兴化县实业视察报告书》，《江苏实业月志》第8期，1919年11月。

④　民国《兴化县续志》卷4，《实业志·酿造》。

⑤　民国《亳县志略·经济·商业》。

⑥　民国《涡阳县志》卷8，《物产》。

⑦　光绪《五河县志》卷10，《食货四·物产》。

⑧　光绪《凤阳县志》卷4，《舆地·物产》。

⑨　《大中华安徽省地理志》，第278页；第314页；第284页。

⑩　《江苏各县市志略·宿迁》，《江苏文献》（台北）第9期，1975年1月20日，第22页。

⑪　民国《续修江都县志》卷6，《实业考第六·商业》。

⑫　民国《许昌县志》卷6，《实业·农业》。

⑬　徐珂：《清稗类钞·迷信类·蝎王挟暴风以至》。

⑭　《安徽省六十县经济调查简表》（中），第八类，《甘蔗》。

经济林木种植主要集中于大别山区，如光绪《霍山县志·物产》云："杉木本霍邑之上材"，"乡中最喜种植，比户皆然，西南乡尤多且善，每岁出境，亦为大宗"。漆树因经济价值高，"近年黑石渡一带，有太湖人赁地种植，粪培得法，一树能取汁斤余。每斤可售千钱，土人渐有效之者"。乌桕"为英山出产大宗，霍惟西乡有之"。淮北平原路边、沟头及房前屋后皆有一定数量的种植，如据1918年报告，涡阳县境新植杂树13万株，次年达14万余株，其中"泡桐宜沙地，涡河两岸弥望成荫，十年之桐，大可盈抱，其用最广，亦县中木料大宗出产也"[①]。在徐州，1924年陇海路通车后，"市面发达，建筑营造，需用木材极多"，于是"各地农民，闻风兴起，栽植林木者日渐增多"，以致省立第二农事试验场将所育之30万余株苗木全部抛出后，仍不敷销售，只得"设法向南京、青岛各大林场，添购苗木数万，以应造林农民之需求矣"[②]。

二、粮食商品化程度的提高

除了经济作物以外，淮域粮食商品化生产也有新的发展。在传统市场中，淮域粮食作为商品已经存在，但大多在地方小市场交换，进入长途贩运的不多（漕粮不能算作商品）。近代以后，由于经济作物种植的扩大，促使社会对粮食需求量的增加，淮域有大批粮食开始从生产过剩地区流向不敷地区，粮食商品化进程大大加快。而近代城市经济的发展，以及粮食加工业，特别是酿酒业的兴旺，都促进了淮域粮食商品化程度的加深与扩大。

淮域粮食作物主要有稻、麦以及粟、豆等杂粮。稻米主要盛产于淮域南部沿淮以及苏北里运河平原地区。而大麦、小麦则是淮北平原最为普遍的粮食作物。杂粮则各地或多或少都有出产。

（一）稻类作物

安徽沿淮地区的六安、霍山、霍邱、颍上、寿县、凤台、凤阳、定远、五河、怀远、泗县、盱眙、天长、宿县，皆有水稻的种植。具体的产地、稻米种类、种植面积、产量、销售额和出售率，可参见表2-5。

表 2-5　1919 年淮域安徽各县稻米生产情况表

县别	产地	种类	面积（亩）	产量（石）	销额（石）	出售率（%）
六安	东乡、西乡、南乡、北乡	粳米、糯米	108 993	1 580 489.85	261 800	16.56
霍山	东乡、西乡、南乡、北乡	稻	300 240	725 762.4	382 289	52.67

①　民国《涡阳县志》卷8，《物产》。
②　《徐州林业好现象》，《民国日报》1924年3月11日。

续表

县别	产地	种类	面积（亩）	产量（石）	销额（石）	出售率（%）
霍邱	东南乡、西北乡	糯米、粳米	36 200	28 960	16 500	56.98
颍上	南乡、北乡	红印籼	22 525	18 020	3260	18.09
寿县	东南乡、西乡	米	924 750	924 750	94 000	10.16
凤台	德化乡、仁寿乡、丰和乡	籼米、糯米	146 880	146 880	25 450	17.33
凤阳	东乡、西乡、南乡、北乡	籼米、糯米	235 300	188 160	18 816	10
定远	东乡、西乡、南乡、北乡	籼米	48 000	48 000	20 000	41.67
五河	北乡、西南乡、西乡	米	5119	2661.88	800	30.05
怀远	东乡、西乡、南乡、北乡	米	42 241	38 016.9	14 900	39.19
泗县	东乡、西乡、南乡、北乡	粳米、糯米	7600	5320	3000	56.39
盱眙	东乡、西乡、南乡、北乡	粳米、糯米	183 248	119 111.51	74 000	62.13
天长	东乡、西乡、南乡、北乡	粳米、糯米	229 087	229 087	114 000	49.76
宿县	北乡	香稻米	123	115.005	19	16.52
合计			2 290 306	4 055 334.545	1 028 834	25.37

资料来源：《安徽省六十县经济调查简表》（上），第一类，《米》，第 45～47 页；第 53～55 页；第 185～187 页；第 181～183 页；第 165～167 页；第 177～179 页；第 157～159 页；第 173～175 页；第213～215 页；第 201～203 页；第 205～207 页；第 161～163 页；第 209～211 页；第 169～171 页。

从表中可以看出，霍山、霍邱、定远、泗县、盱眙、天长的稻米出售率都很高，都超过了 40% ，分别是 52.67%、56.98%、41.67%、56.39%、62.13%、49.76%。

江淮平原也是重要的稻米生产地，淮安之洋籼稻、大白籼稻、白糯稻，扬州之晚稻，皆属最优之品，"淮扬诸县之米，岁获九千万石"[1]。江苏宝应农产品以米麦为大宗，"年产米约百余万石"[2]。高邮"农产以稻为大宗"[3]，年产米约有一百五十万石[4]。兴化县"农家皆种早禾"[5]，"农产物米为最多，年产约有二百七八十万石"。阜宁县出产以米为大宗，年产在二百万石以上。泰县"农产物以米为最多，年产约三十万石"[6]。盐城西乡下湿，农人以稻为重。稻有早禾、中禾、晚禾之分，其中晚禾收获俱晚，收入亦薄，农人视之如同荞麦，非旱干之年不播此种。而中禾则因其质重味厚而在市场上颇受欢迎，价值也比早禾高。"至早禾，俗有拖犁归、秋前五者，兴化志亦有此称。其胜于中禾者有二，栽莳最先，不忧夏旱，一也；刈获最早，不忧秋潦，二

① 《江苏人文地理》，第 15 页。
② 《江苏六十一县志》下卷，第 207 页。
③ 民国《三续高邮州志》卷1，《实业志·物产》。
④ 《江苏六十一县志》下卷，第 199 页。
⑤ 咸丰《重修兴化县志》卷3，《食货志·物产》。
⑥ 《江苏六十一县志》下卷，第 215 页；第 228 页；第 216 页。

也。当腹枵室罄之际，得此便可充馁，馈贫粮莫良于此"。[①]　由此可知，盐城之民种拖犁归、秋前五等早稻品种的比较多，年产米在200万石以上[②]。江都濒临长江，洲圩众多，地宜水稻，"洲圩防秋汛，多种早稻"[③]，江都农产物以米为大宗，年产约有200万石[④]。扬州北湖地区民人，还依据地形高低、土壤和水源条件，因地制宜的种植习性不同的稻种，"湖滨之田宜稻，居民多力农。其田自下下以至上上，相去二三丈，为等六七。最下者为湖荡、草场，种菱、种茭草，或长芃、古三秘。至旱之岁，亦栽稻。次之为滩田，栽五十子。再上为高圩田，栽六十子及望江南。又上则为车田，又上为中车田，又上为高车田，俱栽大头秈。再上则为冈田，冈田去水远，运水多费人力，每任其莱"[⑤]。这种不同稻种组合种植的方式，削减了水旱灾害对水稻生产的负面影响，有效地保证了水稻产量的提高。稻米属于细粮，相对于杂粮来说，市场价格较高。因此，在淮域江苏这个稻米主产区，农民为获取现金收入，以购买家庭必须的生产和生活用品，多出售稻米，而自己则改吃杂粮，这在一定程度上促进了稻米产品的商品化。如淮安"综计淮安出产，首稻米，盛产于东南"，"稻丰收，颇运往他处，杂粮多为农民所食"[⑥]。又"江北里下河产米最多，别无出产土货，农民多自食杂粮，而以米出售为日用资生之计"[⑦]。

　　淮河上游的桐柏、罗山、潢川、光山、固始、商城等县域，也是稻米的重要出产地。如桐柏县城"米庄极盛，近来汉口米贩，每居青黄不接之时，贱价收买运出，年年米价加昂"[⑧]。"罗山产米颇丰，因近铁路，军饷常由此采买。"[⑨]　潢川县"每年米市为各县冠。光、固大米尤驰名全省"[⑩]。据《淮关统志》载，河南固始县素称产米之乡，每年客贩运至清江浦卸卖[⑪]。咸丰时期的宋雪帆也说：庐州府属之三河、运漕两处，即有河南光、固等处产米转运而来。每处每年出粮不下数百万石[⑫]。以许昌为中心的烟草种植业的发达带动了当地生活水平的提高，因此"该地农民食品，米麦兼用"[⑬]。

①　光绪《盐城县志》卷4，《食货·物产》。

②　《江苏六十一县志》下卷，第224页。

③　民国《续修江都县志》卷7上，《物产考第七上》。

④　《江苏六十一县志》上卷，第51页。

⑤　《扬州北湖小志》卷1，《叙农第四》。

⑥　《各省农事述》，《农学报》第57期，1898年。

⑦　张之洞：《张文襄公奏稿》卷36，《查明江海各口运米情形议定封禁开禁办法折》。

⑧　林传甲总纂：《大中华河南省地理志》第5篇，武学书馆，1920年，第280页。

⑨　《分省地志·河南》，第196页。

⑩　《大中华河南省地理志》第5篇，第310页。

⑪　《淮关统志》卷6，《令甲》。

⑫　宋雪帆：《水流云在馆奏议》卷上，《请饬严断滨江接济疏》。

⑬　张昌厚：《豫省农民生活之所见》，见陈伯庄：《平汉沿线农村经济调查》，交通大学研究所生活经济组专刊第4号，1936年，调查年为1934年。

以许昌为中心的烟草专业种植区域，因毗连淮河上游稻米生产区，故而当地农民食用的稻米有相当部分来自于这一地区。

（二）麦类作物

近代以来，小麦一直是淮河以北地区占据主导地位的粮食作物，种植广泛，产量较高。据 1913 年调查，安徽凤台县农产品"运出以小麦、黄豆两种为出境大宗"[①]。又据 1919 年《安徽省六十县经济调查简表·麦》记载，淮域的亳县、蒙城、太和、阜阳、颍上、寿县、霍邱、凤台、凤阳、宿县、灵璧、怀远、五河、定远、天长、六安、霍山等皆产麦。盱眙"本县农民总数占全县人口百分之八十五，土地肥沃，出产丰饶，每年除自给外，尚有大量输出，其最著者为麦、豆、秣三项"。"麦类输出年约五十万石，豆秣各在二十万石以上，其他杂谷尚无精确统计。"[②] 江苏的主要麦产区也是在淮北一带，淮安、淮阴诸县之元麦、大黄皮小麦，铜山、砀山等县之淮麦、真白小麦，灌云、东海诸县之旱麦、穬麦，"均富于淀粉，质种品佳，为为淮北之主要食品"[③]。而灌云县"农产物以二麦为大宗，常年数量约七十五万石，价值三百万元"[④]。淮安出产，首稻米，"次二麦，东南北皆有"[⑤]。淮域河南、山东境内是小麦的最重要出产地，而且产量都比较高。参见表 2-6。

表 2-6　1924～1929 年淮域山东、河南小麦常年产量 50 万担以上的县份统计表

县名	产量（担）	县名	产量（担）	县名	产量（担）	县名	产量（担）	县名	产量（担）
山东									
菏泽	73	曹县	147	单县	110	金乡	57	巨野	118
郓城	69	汶上	72	滕县	273	鱼台	76		
峄县	60	郯城	113	临沂	92	莒县	113		
河南									
临汝	80	新郑	71	尉氏	58	通许	85	项城	106
睢县	94	永城	193	鹿邑	80	沈邱	60	商水	55
淮阳	58	太康	108	扶沟	89	西华	82	叶县	95
上蔡	106	郾城	66	许昌	74	襄城	69	汝南	261
舞阳	62	信阳	70	确山	73	遂平	75		
正阳	59	新蔡	117	息县	91	杞县	74		

资料来源：《统计月报》1932 年 1～2 期合刊，第 36、37 页；第 40、41 页。

---

① 《安徽凤台县商业调查表》，《安徽实业杂志》第 7 期，1913 年 5 月。

② 民国《盱眙县志略·经济·农业》。

③ 《江苏人文地理》，第 15 页。

④ 《选载：徐海道区灌云县实业视察报告》（江苏省长公署第四科投稿），《农商公报》第 53 期（第 5 卷第 5 册），1918 年 12 月 15 日。

⑤ 《各省农事述》，《农学报》第 57 期，1898 年。

淮域麦类作物不仅种植面积广、产量大，而且商品率也在不断提高。据《安徽省六十县经济调查简表·麦》的不完全统计，1919 年淮域安徽麦的出售率达到 26.41%。参见表 2-7。

表 2-7　　1919 年淮域安徽各县麦类作物生产情况表

县别	产地	种类	面积（亩）	产量（石）	销额（石）	出售率（%）
亳县	东乡、西乡、南乡、北乡	大麦、小麦	440 850	264 510	26 000	9.83
蒙城	在城乡、会安乡、崇仁乡、纯化乡	大麦、小麦	737 268	412 870.08	23 588	5.71
太和	东乡、西乡、南乡、北乡	大麦、小麦	280 000	224 000	142 000	63.39
涡阳	东乡、西乡、南乡、北乡	大麦、小麦	645 569	322 784.5	64 055	19.84
阜阳	东乡、西乡、南乡、北乡	大麦、小麦	1 332 101	732 655.55	146 000	19.93
颍上	东乡、西乡、南乡、北乡	大麦、小麦	576 850	432 637.5	88 100	20.36
寿县	东乡、西乡、南乡、北乡	大麦、小麦	629 352	472 014	144 000	30.51
霍邱	东乡、西乡、南乡、北乡	大麦、小麦	56 666	45 332.8	5820	12.84
六安	东乡、西乡、南乡、北乡	大麦、小麦	80 000	112 000	91 000	81.25
霍山	东乡、西乡、南乡、北乡	大麦、小麦	700	1400	1400	100.00
凤台	德化乡、仁寿乡、丰和乡	大麦、小麦	406 009	324 807.2	80 000	24.63
怀远	东乡、西乡、南乡、北乡	大麦、小麦	76 422	61 113.76	54 600	89.34
定远	东乡、西乡、南乡、北乡	大麦、小麦	24 000	16 800	700	4.17
五河	东乡、西乡、南乡、北乡	大麦、小麦	472 231	255 004.74	102 000	39.00
灵璧	中乡、南乡、北乡	大麦、小麦	1 070 000	385 200	25 000	6.49

续表

县别	产地	种类	面积（亩）	产量（石）	销额（石）	出售率（%）
宿县	东乡、西乡、南乡、北乡	大麦、小麦	108 473	108 473	104 000	95.88
泗县	东乡、西乡、南乡、北乡	大麦、小麦	429 700	343 760	100 000	29.09
天长	东乡、西乡、南乡、北乡	大麦、小麦	152 751	61 100.4	10 550	17.27
合计			7 518 942	4 576 463.53	1 208 813	26.41

资料来源：《安徽省六十县经济调查简表》（上），第二类，《麦》，第413~415页；第417~419页；第421~423页；第425~427页；第401~403页；第405~407页；第381~383页；第409~411页；第261~263页；第269~271页；第397~399页；第377~379页；第389~391页；第453~455页；第393~395页；第385~387页；第441~443页；第449~451页。

　　其中，霍山、六安、宿县、怀远县麦的出售率都很高，分别达100%、81.25%、95.88%、89.34%，主要原因可能是霍山、六安是稻米主产区，小麦不是居民的主要食粮，所以大部分都予以出售。而宿县、怀远则位于铁路和淮河水陆交通干线上，粮食流通快捷，是故麦的出售率也很高。另据时人储应时研究，过去淮北各县每年有大量小麦出口，颍上、阜阳、临泉、太和、阜阳、涡阳、蒙城、凤台等7县，在1931年计产小麦630万担，米29万担，杂粮1295万担，合计共1954万担，以之供给该7县4 048 898人（1930年度统计）一年之食，计可余7 393 306担①。

　　淮域豫南各县小麦的出售率也在不断增长，"冬季麦作，因能与黄豆、芝麻、高粱接种，故其算得面积百分率甚高，事实上殆为全种"②。20世纪二三十年代，卜凯（Buck. John Lossing）调查新郑县小麦的出售比例是28.6%，开封是24.6%③。而在10年之后，这一比例大大上升。新郑的自耕农把59.2%的小麦投向了市场，佃耕农的出售比例更高达90%。平汉路局调查该省沿线自耕农谷物产销状况17处，只有1处无售出，其余16处售出比例最高为长葛县和尚桥，达85.4%，最低为信阳的11.6%。信阳在淮南，本非重要产麦区。17处平均，小麦售出比例为42%。调查佃耕农谷物产销情形14处，小麦均有出售，比例最高为和尚桥，达91.7%；最低为亢村驿，为35.7%；14处平均达62%④。

　　近代淮域小麦商品率的大幅度提高，除了人口增长、工商业发达和市镇经济的繁

　　① 储应时：《安徽战时经济建设论丛》，1945年4月，第60页。

　　② 陈伯庄：《平汉沿线农村经济调查》，交通大学研究所生活经济组专刊第4号，1936年，第26页，调查年为1934年。

　　③ 卜凯：《中国农家经济》，张履鸾译，商务印书馆，1937年，第276页。

　　④ 陈伯庄：《平汉沿线农村经济调查》附表9、10。

荣等社会经济因素的拉动外，还有两个主要的动因，即交通条件的改善和近代面粉工业的兴起和发展。

平汉、津浦、陇海三大铁路干线以及通航条件较好的淮河干流河道在淮域交汇，使得地处交通要道上的县域之麦的买卖比较快捷方便，因此导致传统社会储粮备荒的观念逐渐淡化，粮食商品化趋势得到进一步增强。从上述淮域安徽、河南小麦的出售率来看，平汉沿线、津浦沿线的一些地区小麦的出售率就相对高于地处内陆、交通不太方便地区的小麦出售率。

清末以来，国内尤其是淮域面粉工业得到了很大的发展，小麦需求大增。如 1905 年，许鼎霖、严信厚、沈云沛、朱幼鸿在海州新浦创办海丰面粉股份有限公司，股份规银 20 万两[①]。同年十二月初一日，刘寿祺、王德楷在江苏淮安清河县西圩门外创办大丰面粉股份有限公司，股份规银 10 万两[②]。1907 年，杨奎绥、陈薰、汪大奎、盛炳纪在泰州西门九里沟地方创办泰来机器面粉股份有限公司，另设总账房于上海后马路，股份洋 12 万元。同年六月，朱畴创办裕亨面粉股份有限公司，总厂在扬州府，分厂在徐州府窑湾镇，股份规银 20 万两，每股一百两，为股份有限公司[③]。1908 年，朱荣康创办窑湾裕亨机器面粉股份有限公司，总厂在扬州府高邮州，分厂在徐州府窑湾镇，股份银 10 万两[④]。新兴的面粉公司都专用机器磨面，这就扩大了对小麦的需求。宣统年间，海州有海丰面粉公司，"历年用麦仅三万数千石"[⑤]。1933 年，江苏省建设厅冬电实业部，据铜山省立麦作试验场电称："徐州一带，本为产麦区域，自给者外，大半运销外埠。往年津、济行商，多莅徐采运，或运销国外，或供给面粉厂取用，即沪、锡两埠面粉厂，亦间取给于此，因之农村经济得以调剂裕如。"[⑥] 淮域山东小麦不仅产量丰富，而且品质特优。30 年代上海面粉业行家认为国产小麦以山东济宁的白麦及苏、锡之杜黄为佳。皮薄粉多，色泽尤美。山东的硬小麦堪与加拿大小麦匹敌，含面筋质 30%～32%，制粉率则在 75% 左右[⑦]。南部沂沭河流域的临沂县"农殖种类以麦为最重，故全年收获亦以麦为最多"[⑧]。西南部黄河以南运河以西地区为山东省的一大产粮区，经济作物比例较低，小麦的种植比例则极高，为国内著名的黄豆冬麦产区[⑨]。山东省在 1920 年前把小麦列入"输出品"的县份仅有济阳、肥城、滕县、泗水、峄县、济宁、鱼台、莘县、寿光诸县，另有十来个县在"输出品"项下列有"粮"、"粮食"、

① 《商务官报》第 5 期，1908 年，《商务官报》第 3 册，台湾故宫博物院印行，第 91 页。

② 《商务官报》第 7 期，1908 年，《商务官报》第 3 册，第 131 页。

③ 《商务官报》第 13 期，1908 年，《商务官报》第 3 册，第 253 页。

④ 《商务官报》第 4 期，1909 年，《商务官报》第 4 册，第 68 页。

⑤ 《中国大事记补遗》，《东方杂志》7 年 6 期，1910 年。

⑥ 章有义编：《中国近代农业史资料》第 3 辑，第 417 页。

⑦ 上海商业储蓄银行：《小麦及面粉》，1932 年 7 月，第 5～7 页。

⑧ 民国《临沂县志》卷 9，《实业》。

⑨ 陈伯庄：《平汉沿线农村经济调查》。

"杂粮"、"五谷"等①。它至少表明当时该省小麦的县际和跨省贸易并不那么重要。到30年代初期，这一情况就有较大的改观。据胶济铁路管委会在1932～1933年间的调查，所有小麦运至面粉厂林立之都市销售，经制成面粉后，再分销各地。运销济南，间也运销青岛装船输出②。

小麦在北方属于细粮，与南方的大米相埒。据学者研究，在巨大的人口压力下，"粜精籴粗"成为华北地区人们维持生存的一种重要手段。在这样的背景下，农民会减少一些粗粮的种植，而尽量扩大小麦的种植面积，因为这样的安排不仅从换取现金方面来说是有利的，而且，一亩小麦所能换取的粗粮显然大大超过种植一亩粗粮的数量，因此，从养家糊口的角度看也是合适的。正因为这样，青岛、济南、天津等地的一些面粉厂直接运粗粮到产麦区换取小麦。这样使得华北的小麦种植面积和出售率大大提高③。而淮域小麦主要运销上海、武汉，而武汉、上海的面粉企业又远离高粱等杂粮的主要产区，于是"粜精籴粗"就不容易实现。在淮域这种不容易直接换取粗粮的地方，小麦可能主要作为现金作物出售。《平汉沿线农村经济调查》就云："如淮河流区，皖北、豫南各地，亦售出小麦，分销沪汉。惟沪汉两地，距离高粱区甚远，购麦商不能利用换粮方法。麦农既无高粱籴入，为谋粮食自给计，非其小麦之粜出成数，必较河北麦农为少，即其夏季耕作，必然夺商品作物之地，以种高粱，而补其缺。"④ 所以我们从前文看到1919年皖北麦的平均出售率为26.41%，这个数字相对于华北地区来说是比较低的。

其他还有豆类、高粱等杂粮作物的种植也日益商品化。如豆类作物，包括豌豆、蚕豆、黄豆、燥豆、绿豆、红豆、豇豆、大豆、小豆等多个品种，安徽、江苏、河南、山东四省淮域皆有种植。如据《安徽省六十县经济调查表》资料记载，1919年，淮域安徽六安、凤阳、怀远、寿县、宿县、定远、灵璧、凤台、阜阳、颍上、霍邱、亳县、蒙城、太和、涡阳、泗县、盱眙、天长、五河19县各种豆类的播种面积，总计4 024 868亩；产量总计1 492 171.18石；销额总计822 729石⑤。涡阳县普遍种植黄白豆，"湖地种植尤多"，"由涡河外运农产广销，只此一种"⑥。淮域江苏沛县产黄豆，淮安产青豆⑦。山阳秋豆产量大，有大黄豆、大乌豆、大青豆、绿豆、蚕豆、豌豆、青

---

① 林修竹：《山东各县乡土调查录》，商务印书馆，1920年。

② 胶济铁路管理委员会辑：《胶济铁路经济调查报告》，《农业》，胶济铁路车务处，1933年，第3～5页。

③ 参见丛翰香主编：《近代冀鲁豫乡村》，中国社会科学出版社，1995年，第277页。

④ 陈伯庄：《平汉沿线农村经济调查》。

⑤ 《安徽省六十县经济调查简表》（上），第三类，《豆》，第497～499页；第589～591页；第593～595页；第597～599页；第601～603页；第605～607页；第609～611页；第613～615页；第617～619页；第621～623页；第625～627页；第629～631页；第633～635页；第637～639页；第641～643页；第657～659页；第661～663页；第669～671页。

⑥ 民国《涡阳县志》卷8，《物产》。

⑦ 《江苏人文地理》，第17页。

小豆、赤小豆、黑小豆，田园间皆有。"江南大贾，携赀贸易，舟载以去，名曰豆客，故淮秋豆之名，流传甚远"①。铜山县豆的种植面积在抗战前达 1 881 000 亩，占江苏全省的 8.07%；产量为 911 000 石，占全省第二位②。河南大河以南、京汉铁路以东地方及唐、白河流域南阳府一带，是黄豆的主要产区。前者南起信阳，北至临颍，西至泌阳，东至光州、新蔡，广袤 89 600 方里。主要产地为陈州、汝宁。驻马店货水分少，油分多，其地方西方所产较东方所产尤佳。河南黄豆有早、中、晚三种，早的于阴历八月中旬上市，晚的于十月上市③。正阳县也盛产大豆，每年输出 20 万包④。淮域山东豆类品种很多，以菏泽、曹、单、滕县、阳谷、汶上、郓城、济宁等处为盛⑤。1924～1929 年，滕县、曹县、郓城、郯城、莒县大豆产量都超过了 50 万担，分别为 124 万担、122 万担、54 万担、84 万担、91 万担⑥。1935 年，菏泽大豆种植面积达 854 549 亩，产量为 1 538 188 担⑦。

豆类可以直接作农产品出售，但多进行简单的农产品加工，制成豆油、豆饼这种新的农产品予以出售。如据《淮关统志》记载，晚清淮关额内"向以豆饼为大宗，豆饼出产之处，自豫东、徐州而来者，谓之西河；自东省运河而来者，谓之北河；自凤、颍、洪湖而来者，谓之南河。豫东有收，则商贩辐辏；岁歉则商贩稀少"⑧。江都县盛产豆类，"大桥一带产紫豆，收获期较早，仙女镇一带产青豆，收获期较晚，制为豆油、豆饼为出产大宗"⑨。其中，"东郭乡地产豆、豆油、豆饼，岁销银币约八万"⑩。

高粱，淮域各地皆有所产，史载"徐海一带产高粱，可以酿酒"⑪。赣榆县的"高粱产额极巨，亦为民食所赖，多以酿酒，太和市年耗高粱至一万数千石"⑫。1924～1929 年，淮域山东高粱年均产量在 50 万担以上的县份有曹县 56 万担，巨野 63 万担，济宁 75 万担，滕县 272 万担⑬。

经济作物和粮食作物的商品化生产，虽然有了专门化的发展趋势，但由于各地土壤、水热条件的不同，在形成商品生产专门化趋势的同时，在小区域内也存在经济作物和粮食作物因地制宜地展开多种经营，形成合理的组合种植结构，进而削减这种专

---

① 民国《续纂山阳县志》卷 1，《疆域·物产》。

② 转引自江苏省中国现代史学会：《江苏近现代经济史文集》，1983 年，第 237 页。

③ 陈重民编纂：《今世中国贸易通志》，上海商务印书馆，1924 年，第 97 页。

④ 《大中华河南省地理志》第 5 篇，第 295 页。

⑤ 《分省地志·山东》，第 33 页。

⑥ 《统计月报》1932 年 1、2 期合刊，第 36、37 页。

⑦ 金城银行总经理处天津调查分部编：《山东棉业调查报告》，1936 年，第 91、92 页。

⑧ 《淮关统志》卷 6，《令甲》。

⑨ 民国《续修江都县志》卷 7，《物产考》。

⑩ 民国《续修江都县志》卷 6，《实业考第六·商业》。

⑪ 《江苏人文地理》，第 17 页。

⑫ 《江苏六十一县志》下卷，第 235 页。

⑬ 《统计月报》1932 年 1、2 期合刊，第 36、37 页。

门化程度加深的趋势。如晚清以来的泰州"四乡以农为耕耘,播种各有不同。泰城内高田多种蔬菜,东乡由泰城至姜堰镇,旱田多,水田少。旱田多种麦、粟、秫、秫、豆、芝麻、花生、棉花。姜堰东官河南多高田,河北多水田,种麦栽秧。西乡与东乡相等,南乡多旱田。北乡多水田,种麦者少,只种稻一熟,谓之沤田。间有高处名曰'垎岸',奇零不成亩,以十缸水为一亩,一缸水为一分,名为'八卦洲'"①。

三、畜牧、水产等副业商品化生产的发展

近代淮域经济作物种植面积的扩大、专门化区域的形成与发展,以及粮食作物的商品率提高,都说明淮域自给自足的自然经济在外国资本主义冲击之下开始解体,也说明了淮域的农业生产日益服从于市场的需要。在此推动下,淮域包括畜牧、水产在内的副业商品化生产得到了发展,开启了近代淮域副业商品化的进程。

(一) 畜禽饲养

近代淮域畜牧业生产,主要是牛、马、骡、驴、羊、猪以及鸡鸭等家禽的饲养。在淮域广大地区,马、牛是一种重要的生产工具。其他的猪、羊、鸡鸭之类多属于面向市场的副业。

牛、马、骡、驴、羊、猪是淮域安徽、江苏、河南、山东各县的主要副业。如光绪《霍山县志·物产》云:"牛,农家字养甚勤,多有出境者。"涡阳地多牛,"农人畜以代耕";马也多,"农人半用以耕地";骡作为也农家畜以助牛马之力所不及,为农家要畜②。淮域江苏的阜宁县农家养牛亦盛,"大农每家五六头,小农每家二三头,草原较大之处,其所畜之数则较多",其牛原多销往江南,"贩之者至黄桥而止。民国十九年,山东人远道来购,于是牛始北行"。该县在明清之际饲养驴也最多,各镇俱有驴市,"今惟西北、东北两乡商贩畜以转运",其数较骡马为多③。淮域河南农民"蓄牛甚多",而"淮河以南,水田较多,多养水牛,余则尽为黄牛"④。在太康县,据民国《太康县志》记载:"农家以马牛为常畜,孳牧亦甚繁盛。"在鄢陵县,民国《鄢陵县志·物产》曰:"牛多行于豫北及河北。"淮域山东济宁之牛,来源为泗水、嘉祥、鱼台、巨野、定陶等县,其销路为徐州、南京、上海。

淮域草荡资源丰富,故养羊业也很兴盛。在太康县,据民国《太康县志》记载,

---

① 民国《续纂泰州志》卷4,《风俗》。
② 民国《涡阳县志》卷8,《物产》。
③ 民国《阜宁县新志》卷12,《农业志·畜牧》。
④ 《分省地志·河南》,第37页。

"平民以养鸡、养羊为多"，"皮毛输出周口亦获厚利"①。羊毛是毛织物之重要原料，山东蒙阴、沂水、临沂、曲阜、宁阳、东平等地皆为饲羊中心②。据专家调查，山东牛羊总数为60万头，战前山东牲畜出口50万头③。济宁饲养牛羊历史悠久，附近各县年产150万只以上，连同菏泽等其他各县总计年产300多万只④。曹县养羊户达28 090户，滕县养羊户为242 000户。山东饲羊最多的是单县，计34万头，滕县名列第三，为13万头⑤。江苏沿淮两岸农家也多畜羊，"冬季售于酒肆，以供肉用"。⑥

猪的饲养，所在多有，而以淮域江苏、河南较为发达，史载"鲜猪亦为（江苏）江北大宗出产"⑦。灌云县"家畜甚丰，猪尤有巨量输出外埠"⑧。泗阳、宿迁、睢宁"每年产牛甚多，牛贩每人赶牛四五头，由产地沿运河大路步行赴鲁，每年入鲁者约三千头"，最后多沿胶济铁路运销青岛⑨。淮阴"六畜亦富，尤多马羊，每千百成群，纵牧河岸"⑩，"农村之副业最普遍者，厥为养猪养鸡二者，猪只年运出口，约值二三百万元。"⑪涟水县1934年"自经力事推进后，养猪户数，增加至五百一十余户"，"增加生产一万七千余元"⑫。阜宁县农民每家常畜十头至二十头猪，"贾客以时设市于镇，购而屠之，渍以盐，以巨舟载之南去。有曰帮猪商贩，豢之舟中，运销于泰州、东台，或苏、沪一带者亦众"⑬。在淮域河南，据《河南》一书记载："饲猪之风，自许昌以南即盛，肉、油运输汉口。大河沿岸，乡民有恒产者，家有饲猪，而城市之民则否。许昌、信阳则盛于城市，信阳居民，有一家养猪数头者，若他处乡民之畜鸡然"，以致于信阳大街上经常见警察禁止放猪之布告⑭。光山县，据民国《光山县志约稿·食货志·表》载，1919～1920年，"猪年约万头，出售麻城宋埠，价值十二万元"。

淮域农户还多以畜鸡鸭为副产，各地皆有一定的发展。如安徽太和"饲鸡者盛"⑮。

①　民国《太康县志》卷3，《政务志·牧畜业》。

②　《分省地志·山东》，第40～45页。

③　《山东省经济近况》，《申报》1923年3月4日。

④　参见黄扬濂：《建国前的济宁皮毛行业》，山东省政协文史资料委员会编：《山东工商经济史料集萃》第1辑，山东人民出版社1989年5月版，第128页。

⑤　张玉法等编：《民国山东通志》第3册，卷15，《农业志》，山东文献杂志社，2002年，第1505页。

⑥　民国《阜宁县新志》卷12，《农业志·畜牧》。

⑦　《江北农村副业凋零》，《中国农村》1卷8期，1935年5月。

⑧　《江苏各县市志略·灌云县》，《江苏文献》（台北）第14期，1975年6月20日，第24页。

⑨　《陇海全线调查·邳县》，1932年，第48页，中国第二历史档案馆：全宗号六六九，案卷号2928。

⑩　《江苏六十一县志》上卷，第136页。

⑪　邱缵祖：《江都等五县农业副产暨农村副业情形意见书》，《江苏建设季刊》第1卷第2期，1934年6月，第51页。

⑫　《报告·各县二十三年度推进农村副业报告》，《江苏建设月刊》第3卷第2期，《农村副业专号》，1936年2月。

⑬　民国《阜宁县新志》卷12，《农业志·畜牧》。

⑭　《分省地志·河南》，第184页。

⑮　民国《太和县志》卷4，《食货·物产》。

在淮阴，养鸡成了最普遍的农村副业①。阜宁县"前清中叶本县地多荒废，刍牧易求，养牲者众，嗣后田野日治，草源锐减，草价斯昂，牧养之家于牛羊之类无敢多置，及豕及鸡鸭之利，已驾牛羊之上矣"，农户多养鸡二三十头，少亦四五头②。兴化"东部农村多以畜鸡牧豕为副业，刘庄、白驹一带畜鸡犬多且肥壮"③。河南"饲鸡为专业者，但乡村居户之饲育家禽三五头者，比比皆是"④。太康县"平民以养鸡、养羊为多，鸡几无家无之"⑤。许昌县"养鸡养猪，土人虽不知研究学术而由经验所得，饲育有法，营业亦甚发达"⑥。

　　淮域各地皆适宜鸡的饲养，但养鸭因需要水面或水田，故多集中于水网密集地区。如高邮"农民多以蓄鸭为副业，每年输出，为数甚巨"⑦，尤其是"河东水田便于养鸭，故每年输出极多"⑧。兴化"又有以养鸭为副业"，"养鸭者多以数百计，食料充足，获利较巨"⑨。阜宁县的射河流域养鸭业十分兴旺，"每鸭一群多千余头，少者数百头"⑩。山东鱼台、滕县、济宁县养鸭也多，且有外销。1933 年前后，鱼台县养鸭达 3 万只，滕县有 21 万只⑪。

　　鸡、鸭不但是重要的肉类产品，而且其所产之卵，也因富营养而深受人们的欢迎。是故，鸡蛋、鸭卵为近代淮域的又一重要畜牧产品。如太和鸡蛋"岁出约三万篓，向贩行阜阳，近沪商收厂设此"。⑫涡阳县输出之品，"以鸡蛋为大宗，每岁输款不下五十余万圆"⑬。江苏山阳"鸡蛋随地散之，或坐列贩卖，或方筐圆筐舟载而南，其卵尤得善贾"⑭。阜宁鸡蛋岁有大宗输出，概以上海为第一销场。鸭蛋销售兴化以南，咸蛋销青岛⑮。高邮"阖境鸡鸭蛋甚多"⑯，"所制咸鸭蛋及皮蛋，尤驰名于大江南北，称曰高邮咸蛋及高邮皮蛋"⑰。兴化"春秋两季产蛋最旺，销售蛋行日辄二三百石，淡期亦达

---

① 邱缵祖：《江都等五县农业副产暨农村副业情形意见书》，《江苏建设季刊》1934 第 2 期，第 51 页。
② 民国《阜宁县新志》卷 12，《农业志·畜牧》。
③ 民国《兴化县续志》卷 4，《实业志·农村副业》。
④ 《分省地志·河南》，第 35 页。
⑤ 民国《太康县志》卷 3，《政务志·牧畜业》。
⑥ 民国《许昌县志》卷 6，《实业·农业》。
⑦ 《江苏各县市志略·高邮县》，《江苏文献》（台北）第 13 期，1980 年 2 月 15 日。
⑧ 民国《三续高邮州志》卷 1，《实业志·物产》。
⑨ 民国《兴化县续志》卷 4，《实业志·农村副业》。
⑩ 民国《阜宁县新志》卷 12，《农业志·畜牧》。
⑪ 张玉法等编：《民国山东通志》第 3 册，卷 15，《农业志》，（台）山东文献杂志社，2002 年，第 1506 页。
⑫ 民国《太和县志》卷 4，《食货·物产》。
⑬ 民国《涡阳县志》卷 8，《食货志》。
⑭ 民国《续纂山阳县志》卷 2，《建置·街市》。
⑮ 民国《阜宁县新志》卷 12，《农业志·畜牧》。
⑯ 民国《三续高邮州志》卷 1，《实业志》。
⑰ 《江苏各县市志略·高邮县》，《江苏文献》（台北）1980 年第 13 期。

百石。鸭之肥硕者间产双黄及双壳之别"①。"下河水鸭多生蛋，间有双黄格外黄，卖上江南船满载，也曾供给到文闱"②，正是江苏里下河地区盛产鸭蛋的真实写照。河南鹿邑县的盐渍鸭蛋能和高邮的相媲美，光绪《鹿邑县志·物产》载："唐桥店鸭卵大多脂，以盐渍之，美过南方高邮州所制，土人谓之唐蛋。"太康县"每年输出鸡卵于开封、郑州、许昌、周口等处，价值颇巨。"③淮域山东滕县"鸡卵，近为出口货"④。

（二）水产养殖和捕捞

淮河流域河流纵横，湖泊众多，又有绵长的海岸线，渔业生产和贸易的历史十分悠久。时至近代，淮域的淡水养殖、捕捞和海洋渔业又得到了长足发展，水产品的贸易日趋兴旺。

淮河流域适宜淡水鱼虾之类水产事业的发展。如安徽霍邱"县北滨淮鱼虾之利，尤胜夏秋之交，网罟四集，盈尺之鳞，填满街巷，或至滞而不得鬻"⑤。凤台地处淮滨，"近水滨者多以渔为业"，"贩卖谋利"⑥。五河虾米生湖中，小于常虾，"夏四月，渔人得虾曝干而成虾米，货于市，为利最厚"；而干鲫即常鲫，因夏月得鱼不容易保鲜，故"渔者以盐浸之曝干而贩往他处，北湖者尤佳"⑦。河南许昌县"南颍北溵，石梁、椹涧贯其中，沟渠潆洄，鱼虾滋生。近因鱼价昂贵，有专养以为营业者"⑧。山东南阳湖、微山湖、独山湖皆良好的淡水鱼场，渔业发达。鱼台县鱼产量达3万担⑨。

淮域江苏水网更加密集，淡水养殖和捕捞事业更为发达。如沛县之瀲山湖及萧县之岱湖、铜山县濒临微山湖之乡，皆有渔业捕捞⑩。阜宁县的射河流域、南北两洋皆为产鱼之地，营渔业者按水面之大小岁纳水租。北洋流域的苇荡营官地也有居民岁纳水租专营渔业⑪。盐城县河荡面积约占陆地面积的1/5，1934年县农业推广所进行了养鱼知识的广泛宣传，并派员指导，还在县属选定了特约鱼池11处，与池主签订规约，指导其筑池及饲养方法。后又派员赴扬州等地购买青鲢鱼各苗约3万尾，除了少数损伤

---

① 民国《兴化县续志》卷4，《实业志》。
② 韦柏森：《高邮竹枝词》，光绪年间刊本。
③ 民国《太康县志》卷3，《政务志·牧畜业》。
④ 宣统《滕县续志稿》卷1，《土地志·物产》。
⑤ 同治《霍邱县志》卷3，《食货志四·物产》。
⑥ 光绪《凤台县志》卷1，《舆地志·风俗》。
⑦ 光绪《五河县志》卷10，《食货四·物产》。
⑧ 民国《许昌县志》卷6，《实业·渔业》。
⑨ 张玉法等编：《民国山东通志》第3册，卷15，《农业志》，第1508页。
⑩ 《徐属七县农村副业之概述》，《江苏省建设季刊》第1卷第2期，1934年6月，第52页。
⑪ 民国《阜宁县新志》卷12，《农业志·畋渔》。

外，计散放各池养殖者，约二万数千尾①。兴化"全县渔船无虑数千只，恒于每年清明前后会集附城庄舍放菱，五月、冬至两期麇集来城，与鱼行交易"②，尤其是"西部、中部河湖、港汊、草荡、淤淮各处，繁殖鱼鳖、虾蟹，农民于秋冬风雪之时，率撒网设簖张卡，冀取各物集于城市，以其所得，藉资生活"③。甘泉县"北境滨湖，人习渔业，岁所产甚丰"，"而野鸭亦为美味，以黑足为上，黄足次之"④。江都县"东南滨江，延袤近百里，以捕鱼为业者甚多。寻常若鳊、鲢、鲤、鲫之属，四时具备，春初虎头鲨，仲春银刀，春夏之间鲥鱼、石首最为珍品。晚秋蟹市亦盛，惟味不及湖乡之美。渔具有大网、小网及钩叉等，捕蟹则用簖，间有畜鹈取鱼者。家畜之鱼为塘鱼，间岁一取，多于冬令水涸时。惟鳞色黑肉老，微带土气，乡人以价较贱，亦争市之。年来畜鱼者颇获利，江都为鱼米之乡，自轮舶火车通行，贩运沪上，而本地水产之入市者转日见少，且甚贵云"⑤。1934年，江都县农业推广股、民众教育馆、民教实验区、县农会及合作指导所等机构对渔业养殖进行了宣传推广，并"在新洲及杨三乡等处，无价发给鱼苗二万余尾，并指导组织成立养鱼合作社"⑥。水产捕捞和人工饲养业的发展，使得这一带的水产名特产甚多，且远销各地。如徐谦芳《扬州风土记略》就记载，江都三江营产鲥鱼，瓜洲产鲚鱼，高邮露筋湖产白海参，宝应产银鱼，兴化产野鸭、桃花鹅，湖西下河产鱼吓尤多。蟹产于湖者为湖蟹，产于江者为江蟹，兴化中堡庄且以产醉蟹著名。向者淮南各盐场以虾米、泥嬴等海产品著名，扬州人喜食之，每年出产甚多。东台产鲜吓，白如玉，肉如脂，味甘美，远方人争羡之⑦。

　　淮河下游的江苏、山东沿海地区，海洋渔业也颇为发达。在淮域江苏，海洋渔业以海州为中心，1935年春，"渔期将至，海头湾、西墅等渔业重地，复呈活跃之状，各黄花网、探网、圆网渔船，皆搁置海边从事修理，或染晒网具，准备出渔，昔口枯寂、宁静之沙滩一时顿成繁荣闹杂之场所"⑧。早春时节，渔民就已为鱼汛的到来做好了充分准备，修船染网、筹措粮油、渔盐等出海必需品，是年盛渔季节，海州湾内帆樯如林，渔产累累，盛况空前。翌年，渔业又大获丰收，"渔船进口迄本月三十日已千余只，约价值百余万元"⑨。海州属之灌云、东海、赣榆三县皆盛富渔产，而首推灌云。

　　① 《报告·各县二十三年度推进农村副业报告》，《江苏建设月刊》第3卷第2期，《农村副业专号》，1936年2月。

　　② 民国《兴化县续志》卷4，《实业志·渔业》。

　　③ 民国《兴化县续志》卷4，《实业志·农村副业》。

　　④ 民国《甘泉县续志》卷6，《实业考第六·渔业》。

　　⑤ 民国《续修江都县志》卷6，《实业考第六·渔业》。

　　⑥ 《报告·各县二十三年度推进农村副业报告》，《江苏建设月刊》第3卷第2期，《农村副业专号》，1936年2月。

　　⑦ 徐谦芳：《扬州风土记略》卷之下，《物产》。

　　⑧ 《水产月刊》第1卷第11期，1935年。

　　⑨ 《水产月刊》第3卷第7期，1936年。

灌云县"水产极丰，石首、黄花、鲞鱼、带鱼、虾、蟹、鲤、蛎等，年产共有二三十万担左右"[①]，"全县经营渔业之繁盛地有四，曰灌河口，曰埒子河，曰鹰游山，曰西墅，灌河口有渔民二百余户，埒子河口有渔民百余户，西墅距临洪口二十里，在云台山之西北，其东北半里许，扼有竹子岛，遥对秦山，有渔民百五六十户，西墅东八里为墟沟，墟沟居云台山之麓，其东北十里即鹰游山，有渔民四百余户……每逢盛渔时期，常有山东渔船三四百艘，阜宁盐城等县渔船数百艘，蝟集是岛，其渔业之发达，可以想见"[②]。赣榆县之东境，濒海居民，多以捕鱼为业。每年春汛，"鱼虾应时而至，至贩者麕集。鲜者行销本境，咸者运销上海、山东等处"。常年产额，黄花鱼约9万9千余石，刀鱼约10万余石，带鱼约3万余石[③]。淮南的盐城地亦滨海，"每届鱼汛，出海捕鱼，帆船尝数十艘不等。所获除通常品不计外，如经鱼、乌鱼、刀鱼、银鱼、鲨鱼、黄花鱼、支鱼及虾蟹等类，为数颇巨。所出鱼皮、银鱼、虾米、海虾，各销市，遍及大江南北"[④]。阜宁县的外海渔业也有一定的规模，据统计，淤黄、双洋、射河三口有海洋渔船130余艘[⑤]。在淮域山东，日照县地滨海，有石臼所渔港，渔民60余户360余人，出入渔港船只达90余只，入港渔产共计150余万斤；金家沟口渔港有渔民70余户300余人，渔船90余只，入港渔产达100万余斤；涛雒口渔港有来自即墨县渔民30余家180余人，入港渔产六七十万斤；东湖渔港有渔民50余户270余人，渔船40余只，渔产100万余斤；桐家口渔港有渔民60余户200余人，渔船60余只，渔产100万斤；岚山头渔港有渔民一百数十户六百五六十人，渔产一百四十只，渔产300万余斤。这些渔港多有鱼市，盛产的海鱼或由小贩运销内地，或由鱼行运销上海[⑥]。

需要注意的是，农民的副业生产不仅仅限于上述畜牧、水产业，其范围还应包括家庭手工业、补农不足的商业以及季节性的佣工等等，民国《兴化县续志》对此作了非常精到的概括："此外一般农民有以经商为副业者，或开槽坊酿酒，或设机厂榨油，或以杂货、洋货为贩买，或牙行以图佣金，或运杂粮以谋利益。其贫农无恒产之妇女，除在家编制□摺津贴之食外，每当秋谷登场后，来城服炊爨、浣濯之役，藉博工资，补助家计。更有扶老携幼，结伴泛舟，南往无锡、苏、常、沪、杭各地，佣工以裕生计，各乡农民之辛勤如此"[⑦]。

简而言之，近代淮域的自然经济虽然仍占主要地位，但就农产品商品化的深度和广度来说，都比清代前期又有了一定的发展。到19世纪末20世纪初，几乎一切类别的

① 《江苏各县市志略·灌云县》，《江苏文献》（台北）第14期，1975年6月20日，第24页。

② 《江苏人文地理》，第21、22页。

③ 临时实业视察员俞训渊：《徐海道区赣榆县实业视察报告书》，《江苏实业月志》第10期，1920年1月。

④ 临时实业视察员陈时泌：《淮扬道区盐城县实业视察报告书》，《江苏实业月刊》第2期，1919年5月。

⑤ 民国《阜宁县新志》卷12，《农业志·畋渔》。

⑥ 《调查：日照县属渔港》，《山东省立水产试验场季刊》第2期，1925年。

⑦ 民国《兴化县续志》卷4，《实业志·农村副业》。

农产品都被卷入到商品市场上来。不过，这种农产品商品化的进程，在广大的淮域不可能是直线、同步推进的，存在着结构、时间和地域上的显著差异。

从结构上看，近代淮域不同种类的农产品商品化呈现出不平衡性的发展。传统农产品如茶叶、蚕丝、棉花等受到国际市场价格波动的影响，时有发展，时有衰退，略有起伏。而向来为我国主要染料原料的土靛，则由于洋靛的进口而变得一蹶不振。是故，为扭转茶叶、蚕丝、棉花商品化生产衰颓的势头，淮域地方官府和民间社会曾努力进行了茶叶、蚕桑和棉产的改良与推广，并取得了相当的成绩，一定程度上延缓了淮域茶叶、蚕丝、棉花商品化衰颓的进程。花生、烟草等农产品则由于国际和国内市场的强劲需求，种植面积日渐扩大，并向专业化种植趋势发展。

从时间上看，甲午战争之前，淮域自然经济基本上没有受到大的冲击，农产品商品化进程比较迟缓。清末民初，随着外国资本主义势力逐渐深入内地以及本国民族工商业的兴起，淮域农产品商品化进程大大加快，尤其是 20 世纪二三十年代，迎来了农产品商品化生产的快速发展的较好时期。抗战以后，淮域是战乱的重灾区，加之水旱频繁，国统区、沦陷区都不同程度地实施粮食管制，使得农业生产受到严重破坏。同时，"农民故步自封，不知利用科学方法改良品种、辨别土宜、预防灾害，以致收获之数远不如人。举衣食住行之要需，皆不足以自给"① 的状况日益加剧，这都使除了烟草等少数农产品外的大多数农产品的商品化发展一度出现逆转趋势。

从地域上看，淮域农产品商品化进程受近代交通、工业、城市布局和外国资本主义势力深入内地程度的不同影响，也表现出了不平衡性：一是地处平汉、津浦、陇海铁路沿线以及通航条件比较好的淮河干流沿岸地区，农产品商品化程度较高。如平汉沿线的淮域河南"农村的作物商品化，似已达极度，交通之赐，可谓利用无遗"②；其他一些州县，也有数量不等的商品粮运出。自从津浦路建成，运输条件改善，铁路附近的泗县，据民国《泗县志·经济》记载，20 世纪二三十年代时"农业产品，每年除自给外，麦豆高粱，尚多输出"，蚌埠更因津浦路的通车而成为皖北小麦、杂粮的集散市场。二是郑州、开封、海州、徐州、淮安、扬州、泰州、蚌埠、许昌等城市城郊的农产品商品化较高。各城郊农村都普遍种植蔬菜和园艺作物，以供给城市日益增长的需要。如淮安城郊"园圃之中，百蔬葱郁，萝卜亦广担入城者，终岁无缺，盐渍之饷远方，其利良厚"③。许昌县"园蔬各保有之，惟近城之地肥料充裕，栽培亦佳"④。其他农作物也主要是为供给该城市的工业生产和城市居民的生活需要。如开封南乡及东乡之大部，多小麦、高粱、豆类，每年颇足开封境内之用。"近年虽迭有别县麦面在开

① 民国《太康县志》卷3，《政务志·农业》。
② 陈伯庄：《平汉沿线农村经济调查》。
③ 民国《续纂山阳县志》卷1，《疆域·物产》。
④ 民国《许昌县志》卷6，《实业·农业》。

封相当地畅销，然开封面粉每日流出境外以为军需之用者，数量亦不在少"[1]。三是经济作物如茶叶、烟草、花生等集中种植地区，如安徽六安、河南信阳的茶叶种植区以及河南许昌、安徽凤阳为中心的烟草集中种植区，农产商品化程度较高。

第二节　农村市场

所谓农村市场，有人理解是指集市，是以农村定期集市为核心的经济流通机构[2]。但就现代经济学来看，农村市场还应指市场的交易规模、市场的内部结构以及市场网络。农村市场网络则是指农村市场的运作机制，如市场层次、市场组织等。集市实际上也是一种网络。网络一词可以集中说明市场本身的系统性。而从市场体系角度去理解农村市场，农村市场应该是商品市场和要素市场的有机统一体。其中，商品市场应是农村市场体系的主体。限于资料以及相关章节已经部分涉及要素市场，故本节探讨的农村市场，主要是指农村商品市场，且主要涉及的是农村商品市场的内部结构、集市贸易制度、庙会市场以及农村商品市场网络。

一、农村市场内部结构的变迁

随着小生产的自然经济的逐渐解体，农产品商品化的发展，农村商品市场规模的扩大，以及近代因素日益渗透、影响，近代淮域农村市场的内部结构产生了一些新变化。

（一）商品结构的变化

淮域传统农村市场上流通的主要是粮食、盐、茶叶、药材、土烟等农副产品和手工制品，这些货物多是农民之间或者农民与手工业者之间的一种余缺调剂。随着近代上海、汉口、青岛等口岸的开埠通商，以及淮域海州、徐州、济宁、郑州、蚌埠商埠自开，淮域农村市场逐渐被卷入世界资本主义市场体系中，日益成为外国资本主义工业品的推销地和原料购买地。因此大量的洋货和机制品，如鸦片、棉纱、布匹、煤油、糖、火柴、肥皂、伞、玻璃、化妆品、香烟等数十种开始进入淮域农村市场。如在19世纪30年代的开封农村市场，"红绿洋布已渐取蓝白棉布而代之，煤油已将代替菜籽

---

① 萧愚：《开封小记》，《禹贡》（半月刊）第4卷第1期，1935年9月1日。

② 〔日〕中村哲夫：《清末华北的农村市场》，张仲礼主编：《中国近代经济史论著选译》，上海社会科学院出版社，1987年，第180页。

油，普通烟叶将让位于纸烟卷"①。山东济宁洋线按年约计百余万斤，洋布按年约计七八万匹，洋火按年约计千余箱，洋油按年约计四五千箱②。菏泽"自通商以还，舶来品充斥乡间，农民手工业，日趋崩溃，昔日男耕女织之论调，今则男耕而女闲矣。……以前农民吸旱烟，皆是土产，现在大多数吸洋烟，至少一村庄有一份卖洋烟的；以前农民点灯用自己的棉子取油、豆子取油、芝麻取油等等——取油，现在都点煤油；以前农民种棉花穿棉布，现在大多数买洋花线子或买洋布；以前农民取火用火石及火纸，现在都用洋火；以前农民用本地打的钉，现在好多用洋钉；其他如礼帽、台灯、化妆品、洋药房、种种洋货，不可枚举"③。滕县在 1909～1911 年间，"外来货物，其销售之多者，惟纸、烟为最，洋线、洋油、茶叶次之"④。峄县，进口货物每年洋线有千件，值银八九万两⑤。郯城县输入品有洋线、石油、煤烛、洋瓷等⑥。1931 年"九一八"事变后，日货走私深入中国各个角落，"现在（1936 年）就是直通国都的京沪线上，也充满了私货"，"此外，比较小的县份，也有私货出现。例如江苏北角的沛县，素称交通梗塞之区，然据五月十二日该县通讯，近来却有许多远道小贩，肩负着人造丝织品兜销，每匹十元，比市价便宜一半。从这里，我们又可看到私货的无孔不入"⑦。1938 年，萧县沦陷前黄口镇较大的有字号的代卖行就有 12 家，经营国货商品仅占 30% 至 40%，外货占 60% 至 70%⑧。

与此同时，大批农副土特产品如茶叶、烟叶、棉花、芝麻、花生、黄豆、皮毛等，通过市场网络，源源不断地输往国外。如镇江开设有洋行经营芝麻出口至欧洲，"亳州、徐州、宿州所产，取道铁路运输益便。亳州多白芝麻，周家口多黄粒，其品质以周家口为第一，徐州次之，亳州最劣。集于镇江者，由上海转口，输出外国"⑨。因此，正如马扎亚尔说的："北方的农业区域，包括着河北、山东、河南、安徽北部和江苏北部。在这个区域的人口是最稠密的，同时中国最大多数的铁路也是汇聚在这个区域……这个区域与许多大的都市连接着通到海，同时又经过铁路同世界的市场（上海、天津、青岛）联系着。在河北的农产品是棉花，它占有重大的地位；在山东西部的平原，是棉花与花生，东部是烟草与土丝；在河南是棉花、烟草和芝麻……按这个区域殖民化的专门分类来讲，它正如同非洲的几个区域一样，是供给大不列颠帝国棉花与

① 萧愚：《开封小记》，《禹贡》（半月刊）第 4 卷第 1 期，1935 年 9 月 1 日。
② 光绪《济宁州乡土志·商务》。
③ 何云龙：《菏泽农村的写实》，《农业周报》4 卷 4 期，1935 年 4 月 12 日，第 488 页。
④ 宣统《滕县续志稿》卷 1，《土地志·物产》。
⑤ 光绪《峄县乡土志·商务》。
⑥ 光绪《郯城县乡土志·商业》。
⑦ 章有义编：《中国近代农业史资料》第 3 辑，第 426 页。
⑧ 萧县工商志编写领导小组：《萧县工商行政管理志》，1984 年 12 月，第 29 页。
⑨ 《今世中国贸易通志》，第 121 页。

油子的主要原料地……"①

由此可知，近代淮域农村市场上流通的商品种类在日益增多，交易数量和交易规模也不断扩大，商品结构由单一性结构转变为进出口商品为主导，洋货、土货长期共存的商品结构。在这种商品结构中，输入的大多是机制洋货，输出的主要是农副土特产一类的初级产品。如安徽定远物产主要有五谷、杂粮、棉花、靛、西瓜子、药材，"运出以陆陈行为大宗，棉花、靛次之。豆油饼、酱油、酒次之。输入以洋布故衣为大宗，其次为铁货、洋货、洋靛、盐、煤油等数"②。山东宁阳县 1929 年输出花生米 140 万斤、烟叶 5 万余斤、小麦 500 余万斤、姜 50 余万斤、草帽辫 34 万斤，而从六安输进茶叶 25 000 斤，从济南输进粗洋布 2500 匹，煤油 15 000 筒③。郓城"输出品，花生油、半夏、香附、帽辫、蚕丝等；输入品，洋线、石油、煤烛、洋瓷等"④。即使有少数机制品出口，但也多是农副产品的粗加工而成。如 1898 年，江苏兴化王长庚独资创办同茂丰蛋厂，以土法炕制干蛋白及湿蛋黄，运销沪上、荷兰、德、英、美、法等外商洋行，获利甚厚⑤。1905 年，句容商人杨姓集股本 2 万元在高邮设立蛋厂，本号裕源湧，为合资有限公司。越三年，归夏玉之独资开办，改号同康，增资至 6 万元，"此厂用木质机器两架，每日雇女工打蛋八万枚，分理黄白，药制火炕，装桶入箱，运出外洋销售"⑥。山东滕县麦茎辫"用本境麦茎交织而成，土人购之，转售外洋"⑦。这种商品结构上的变化，还可从下面淮域河南各州县进出口贸易情形表以及淮域江苏各县进出口货物之分析表中得到进一步的认识（表2-8、表2-9）。

表 2-8　淮域河南各州县进出口贸易情形表

地区	输入贸易	输出贸易
祥符县	稻米、小麦、高粱、粟米、煤	硝、毛羽、皮角、汴绸、汴绉、绉纱
陈留县	脂麻、棉纱、洋油、洋布、夏布	小麦、桃、杏、李、鸡蛋、高粱、花生、红芋、西瓜、枣、苹果、花红；本年秋收较好，各市镇贸易情形，粮坊生意较旺
杞县	烟丝、烧酒二宗最巨，秋冬贸易更旺	高粱、粟谷、苞谷、绿豆、黑豆、芝麻、棉花、花生、萝卜、柿饼

① 章有义编：《中国近代农业史资料》第 2 辑，第 217 页。

② 《安徽定远县商业调查表》，《安徽实业杂志》第 7 期，1913 年 5 月。

③ 《附录·山东省宁阳县输出输入货物调查表》，《山东建设公报》第 6 期，1929 年 11 月 10 日。

④ 光绪《郓城县乡土志·商业》。

⑤ 民国《兴化县续志》卷 4，《实业志·蛋厂》。

⑥ 民国《三续高邮州志》卷 1，《实业志营业状况·商业》。

⑦ 宣统《滕县续志稿》卷 1，《土地志·物产》。

续表

地区	输入贸易	输出贸易
通许县	煤炭来自新郑，纸张杂货来自周家口，烟叶来自襄城，蒸酒来自吕潭、朱仙镇，洋货等物均自省城购取	小麦、花红行销省城、周家口，棉花行销长葛等地，香油、白油行销省城，布匹行销乡境
尉氏县	洋纱、洋碱、马尾、洋油灯、草席，贸易情形秋冬比春夏旺	罗布、柳条布、毛刷、毛巾、洋胰
鄢陵县	洋布、洋线、洋油、纸张、红白糖、冰糖、颜料、洋火、南阳绸贩丝绸等	梭布、大布为大宗，梭布15万余匹，大布1300余匹，行销省城及山西解州、湖北老河口等处
中牟县	以烟酒二宗为巨	小麦、黄豆、黑豆、红枣、瓜子
禹州	洋线、洋布、洋油、洋烛、绸缎、纸张、糖、烟叶、钢铁、药材等项	牛皮、煤、石炭、棉布、钧磁、土药、烟丝
密县	脂麻、棉花	金银花、煤、石炭、茧绸、棉绸、草辫、白麻纸
新郑县	粮食、棉花、洋布、烟叶	油料、木炭、土药、红枣、梨铁勺
淮宁县	洋广杂货、粗磁、洋布、药材、茶叶、米	小麦、高粱、豆类、芝麻、猪羊、棉布、蒲包、蒲席、蒲扇、麻油、土药、猪牛羊皮
商水县	大米、茶叶、金针菜、红枣、瓜子、夏布、烟丝、土药、梭布、纸张、锡箔、洋布、洋线、洋油、羊绒	脂麻、小麦、黄豆、高粱、油、酒、布、纸、皮革、畜产品
项城	输入货物并无大宗，因县境距周家口不远，民间均赴该处购买	小麦、皮毛、土药、脂麻、豆类
沈邱县	大米、铁货、纸张、杂货等均系零星销售，不成大宗	小麦、皮毛、土药、脂麻、黄豆、黑豆等
太康县	烟丝、红白糖、茶叶、煤炭为多	小麦、皮毛、脂麻为大宗，火硝、碱、金针菜次之，茧丝次之
扶沟县	烟丝、烟叶、药材、洋布、洋油为大宗	小麦、粱、粟、黄豆、黑豆、豌豆、脂麻、棉花、蓝靛、花生、红花、麻、酒等
郑州	煤、铁、布匹、纸张为多，余皆零星杂货	稻米、硝、碱为多，行销省城周家口及邻近州县
荥阳	煤炭为大宗	柿饼、瓜子、绫绢为大宗，瓜子约18万斤，行销周家口
许州	棉花、洋纱各色洋布、纸、蔗糖等类	棉布153 000余匹，行销山陕两省，土药7300余斤，行销京津、湖北等处

续表

地区	输入贸易	输出贸易
临颍县	洋布、洋火、洋油三宗来自许州、周家口等处	布匹一项共输出 6700 匹，行销山西省
襄城县	杂货、洋货、药材、铜铁、粗磁器等	土药 10 万余斤，烟叶 360 余万斤，铜器 100 余斤，石磨 1 万余盘
郾城县	京货、杂货、棉花、洋布、洋纱、洋油	脂麻 9 万余石，小麦 17 000 余石，黄豆 6 万余石，麻油 5 万余斤，羊皮 1 万余张，猪 900 余口，鸡 7000 余只
长葛县	石炭、铁货、棉花、煤、洋线、洋布、洋颜料、洋火柴、洋扣、洋针、白糖、红糖、各色杂货、纸张	红枣 1500 余斤运往周口，土药 4 万余两运往天津
商丘县	洋布、绸缎、洋烛、洋油、红白糖、大米、海菜、纸张	土药行销省城、怀庆、光州及天津、庐州、芜湖等处，销由江皖等处委员采办，牛羊皮行销上海，万寿绸行销省城及周口等处
宁陵县	洋布、杂货、药材等项	酒行销省城、杞县，土药行销省城、周口，硝碱均行销江南等处
鹿邑县	零星洋货、杂货，不成大宗	草帽辫为大宗，春夏间输出 20 余万斤，秋冬间输出 40 余万斤，均系洋庄商贩收买，运至上海
夏邑县	大米、烟叶为大宗，香油、铁器次之，漆又次之	土药为大宗，蓝靛次之
永城县	米粮、红白糖为大宗，洋布、纸张、洋油、洋线次之	烟土为大宗，金针菜次之，枣干又次之，行销镇江、亳州等处
虞城县	除颜料、纸张外，间有洋货，均极零星，不成大宗	以小麦、黄豆、高粱为大宗，均行销邻境之商丘刘口及江南砀山、山东曹县等处
睢州	洋布、红白糖、纸张为大宗	高粱、棉花、蓝靛、甘蔗、花生、金针菜、瓜子、麻油、酒、土药，行销亳州及邻近州县，小麦、粟、米行销兰仪县曲兴集，黄豆行销山东、周口等处，脂麻行销障、卫等府，硝碱行销湖北、江南等处，布行销皖北
考城县	糯米、大米、红糖、白糖、洋布、夏布、皮货及零星杂物	小麦一宗行销兰仪县境之曲兴集，豆一宗行销北直竹林河口
柘城县	洋布、纸张及零星杂物	土药、蒸酒、棉花、脂麻、茧丝、牛羊皮张
登封县	惟三月、十月间中岳庙会，洋布、绸缎、纸张、磁器、磁瓦等类贩卖较多	无大宗

续表

地区	输入贸易	输出贸易
桐柏县	糖、油、纸张等类	境内山道崎岖，无富商大贾。棉布行销舞阳、南召、蒸酒行销唐县，山茰行销南阳、南召，牛皮行销汉口，桔梗、山楂行销禹州
舞阳县	民间日用杂货	黄豆、脂麻、油、酒，合计一年输出黄豆14 000石，脂麻13 000石，脂麻油4000斤，酒3万斤
叶县	棉花、洋布、杂货、纸张、洋货	花生5万石，脂麻27 500石，行销湖北，铜器3594件，行销本省及云贵等省
汝阳县	绸缎、洋布、火柴、洋线、糖纸、大米、海菜、丝、铜、铁、锡等器、雨伞	黄豆、脂麻、小麦、蓝靛、蜂蜜、猪鸡皮革，行销汉口、周口、陈州、南阳、省城、信阳、罗山等处
正阳县	柿、枣、糖纸、油、茶、铁钉、柿饼	豆饼152 000斤，豆油82 000斤，黄豆73 000石，粉皮、粉条7600斤，白布5600匹，猪4300只，羊皮5600张，正阳绸220匹，行销汉口等处
上蔡县	布、油、酒、纸杂货、洋货	芒麻15万数千斤，脂麻11 000石，烟叶50余万斤，行销周口等处

资料来源：河南商务议员胡翔林报告：《河南全省乙巳年农工商政简明表》，《商务官报》第18期、第20期、第22期、第25期、第27期，1906年，合订本第1册。

在苏北进口货物中，我们可以看到"洋广杂货较多者，江南北各县均有，尤以江北各县更为普遍。进口货物中棉纱较多者为铜山、丰县、东海、江都、宿迁、睢宁、邳县。盖各县手工纺织业均相当发达（如土布毛巾针织业），故需用棉纱颇多。进口货物中煤油较多者，以江北各县最为普遍，盖各地无电灯厂之设备，居民多用煤油灯，故此项货物入口甚为普遍也。出口小麦较多者有丰县、泰县、高邮、江都、宝应、宿迁、淮安、沭阳、淮阴各县。出口以杂粮为大宗者有铜山、砀山、沛县、丰县、东海、灌云、涟水、泰县、赣榆、高邮、淮安、泗阳、睢宁、邳县等。动物及其产物出口较多的有铜山、涟水、东台、泰县、赣榆、淮阴、沭阳。本项内包括猪及火腿鸡鸭水产物及蛋。棉花出口较多的有盐城、东台。食盐出口较多的有扬州、灌云、东台、盐城、阜宁等地"[1]。不过，这种商品结构的变化在促进近代淮域农村市场发育的同时，也一定程度上给淮域的社会经济发展带来了严重的危害："今日吾国之危机在国际工商业之侵掠，外人输入货物无一非以科学方法所制造，故出产多而成本廉，且又善于迎合中国人之心理，凡所出品皆鲜艳可爱。其销售也，亦以最新之方法招徕顾主，推广市场，较吾国以笨重土法所制之货物及守旧之经营方法，实有天壤之别。无怪乎舶来品日益充斥，几遍于穷乡壤，致我工商业日见消沉，几沦于破产也。"[2]

---

① 《中国实业志·江苏省》，实业部国际贸易局编纂发行，1933年，第100页。

② 民国《太康县志》卷3，《政务志·附论》。

表2-9 淮域江苏各县进出口货物之分析表

县名	进口						出口					
	最多		次之		再次		最多		次之		再次	
	名称	数量	名称	数量	名称	数量	名称	数量	名称	数量	名称	数量
江都	匹头	100余万元	煤炭	90万元			酱菜		糯稻	13万石		
	丝织品	数万元	木材	100万元			漆器	5000余件	大麦	3400石		
	洋广货		糖	2万元			小麦	88万石	蛋			
	南北货		油	2万余元			籼稻	82万石				
高邮	油糖	100余万元	火油,香油		西药	1万元	稻子	200万石	大麦	20万石	双黄蛋	1万元
	箔纸	数万元	面粉		竹木茶	10万元	小麦	60万元	茨菇	15万石	蒲签	10担余
	杂货	160万元	朴席		药材	10万元	黄豆		荸荠	20万石	鱼虾	100万斤
	绸布	数万元	食盐		估衣	1万余元	绿豆		野鸭	7~8万只	蟹	10万斤
			棉花	3万元								
宝应	布匹	4万匹	绸缎	200匹	海味	2000斤	稻	200万石	黄豆	6万石	藕粉	5000斤
	煤油	2万箱	稻花	1万包	铜锡器	2000斤	小麦	60万石	鱼虾	5万石	蒲和	5000株
	桐油	1500桶	锡箔	1万株					鸡鸭	110万只	蟹	4000担
	煤炭	720吨	茶叶	5000件					鸡蛋	500万枚		
	药材	400担	烟叶	2000件								
	京广货	10万元	木	5万根								

续表

县名	进口 最多 名称	数量	进口 次之 名称	数量	进口 再次 名称	数量	出口 最多 名称	数量	出口 次之 名称	数量	出口 再次 名称	数量
淮安	煤油	4万箱	棉花	800包	海味	30担	米	30万石	葡萄干	8万担	蚕茧	
	煤炭	4000吨	锡箔	6000条	食盐	2万担	麦	30万担	变鸭蛋	80万枚		
	纸烟	2400箱	药材	500担			黄豆	20万石				
	布匹	36 000匹	茶叶	300担			杂粮	10万石				
	钱屏纸	5000段	烟叶	1600件								
	绸缎	200匹	桐油	500筒								
	京广货	12万元										
淮阴	煤油	12万箱	茶叶	1500担	石炭	5千担	小麦	100万石	鸡蛋	800万石	豆饼	5万块
	纸烟	12 000箱	药材	1200担	绍兴酒	2万缸	黄豆	13万斤	烧酒	5万斤	豆蔻	4万担
	煤炭	2万吨	锡箔	1万条	漆	2000斤	猪	4万头				
	食米	21万石	烟叶	3000件	水果	2万元	牛皮	4000担				
	布匹	113 000件	桐油	800筒			鸡鸭	9万只				
	绸缎	1000匹	海味	30担			杂粮	40万担				
	木材	30万元	食盐	10万担			面粉					
	京广货	30万元	棉纱	600件								
	纸张	5000令										
	棉花	1000包										

续表

县名	进口 最多 名称	数量	进口 次之 名称	数量	进口 再次 名称	数量	出口 最多 名称	数量	出口 次之 名称	数量	出口 再次 名称	数量
泗阳	糖	900 包	煤炭	1000 吨	洋纱	300 件	金针菜	9 万担	绿豆	2 万担	芡实	9000 担
	纸	1500 块	煤油	1800 箱			花生仁	1 万担	花生	20 万担	酒	9 万元
	铁	200 担	卷烟	1500 箱			芝麻	8000 石	生油	500 担		
	土布	500 条	洋布	350 匹			黄豆	5 万石	小麦	10 万石		
宿迁	煤油	3 万箱	白糖	4000 包	食盐	5000 包	小麦	9 万石	绿豆	5000 石	每票 120 担	
	棉纱	1500 件	红糖	1500 包			金针菜	900 票	渣糕	2 万罐		
	卷烟	1500 箱	煤炭	8000 吨			芝麻	300 票	丝	5 万两		
	布匹	250 卷	米	1500 石			大豆	10 万石				
睢宁	棉纱	2000 件	小麦	100 担	卷烟	500 箱	芝麻	5 万担	金针菜	2000 担		
	糖货	100 吨	绿豆	5000 担	煤油	6000 箱	花生	2 万担				
	洋货布匹	500 件					黄豆	2 万担				
	杂货	200 吨										
铜山	布匹	20 万匹	卷烟	6000 件	烟叶	18 000 件	花生仁	3 万余担	芝麻	5000 吨	牛皮	1200 吨
	棉纱	2 万件	煤油	2 万听	大米	5 万石	鸡子	3 万件	小麦	1 万余吨	花生	5000 吨
	红白糖	85 000 包	皮稿	25 万根	煤炭	5 万石	黄豆	1 万余吨	瓜子	6000 吨	猪子	1 万口
	食盐	30 万石	单桶	16 万段	广货	6000 箱	豆饼	5000 吨	酒	2000 余件	黄菜	1 万吨

续表

县名	进口						出口					
	最多		次之		再次		最多		次之		再次	
	名称	数量	名称	数量	名称	数量	名称	数量	名称	数量	名称	数量
萧县	食盐	6万石	砂糖	13 000包	茶叶	1万斤						
	煤油	4万箱	煤炭	600万担	烟叶	240担						
	香烟	1080箱	纱线	2万斤								
	各色布匹	5000匹	洋广杂货	2万元								
砀山	杂货	2000吨	京货	1000吨	广货	400吨	花生米	2000余吨	瓜子	600余吨	黄菜	80吨
							杂粮	2000余吨				
丰县	棉纱	5000件	红糖	500包			花生	2万斤				
	煤油	3000桶	卷烟	6000箱			芝麻	100石				
	洋火	1500箱					黄豆					
	洋布	500匹					小麦					
							烟叶					
沛县	京广货		烟叶		裘革				黄豆		小麦	
	煤油		煤炭		文具						红粮	
	杂货		棉纱		药材							
	盐		杉木		米							
邳县	棉纱	2000件	卷烟	900箱	化妆品	100箱	花生	15 000担	芝麻	1万担	酒	1万担
	糖货	150吨	煤油	6000箱	玻璃	20箱	瓜子	5000担	绿豆	2万担	豆饼	500万片
	洋货布匹	1000件	火柴	300箱			豆	3万担	高粱	1万担		
	杂货	500吨	铁货	200吨			小麦	3万担				

续表

县名	进口						出口					
	最多		次之		再次		最多		次之		再次	
	名称	数量	名称	数量	名称	数量	名称	数量	名称	数量	名称	数量
沭阳	布匹	1万匹	绸缎	100匹	海味	500斤	小麦	3万担	药材	600担		
	煤油	1万箱	棉花	500包	铜锡器	300斤	大麦	10万石				
	桐油	1万箱	锡箔	1500条			鸡鸭	15万只				
	煤炭	400吨	茶叶	1000件			黄豆	20万石				
	药材	200担	烟叶	600包								
	京广货	1万元	木	2千根								
东海	棉纱	5000～6000件	红糖	1万余件	纸类	1万余块	杂粮	1万余担	生米	60万～70万担	豆饼	100余担
	布匹	4000～5000件	白糖	1万余件	洋火	5000～6000箱						
灌云	纸烟	1300箱	土布	5000箱			盐	500万担	大豆	15 000石		
	煤油	50万听					麦	5万石				
	糖	1万石					绿豆	15 000石				
							豆饼	20万片				
赣榆	(纸)花尖	2万块	土布	3000余件	煤油	1万余箱	豆饼	30万片	柿饼	1000余包	白果	300余包
	(纸)小屏	1万余块	木料	5万枝	火柴	2000箱	生油	3万篓	黄梨	700余包	金银花	200余包
	红糖	1万包	煤炭	7万～8万吨	扫把	3万捆	生仁	8万包	核桃	400万包		
	白糖	1万余包	旧铁	2000担			披猪	1万余担	栗子	400余包		

续表

县名	进口						出口					
	最多		次之		再次		最多		次之		再次	
	名称	数量	名称	数量	名称	数量	名称	数量	名称	数量	名称	数量
涟水	厂布	6000匹	海味	200斤			花生油	5000担				
	麻	3000斤	煤油	2万听			猪	3万口				
	药材	6000斤	火柴	1万听			黄豆	5万担				
	糖	4万斤					豆油	100担				
	箔	1500条										
	纸	500块										
盐城	木植		药材		磁陶		棉花	100万石	豆		鸡	
	煤炭		纸张		料器		稻	1000万石	盐		鸭	
	洋油		桐油		铜铁		麦	200万石	蛋			
	香烟		麻						蟹			
	杂货		面粉									
	豆油											
东台	布匹	50万匹	洋广杂货	4万~5万元			陆陈	5万担				
	煤炭	1万余吨	煤油	5万箱			海味	1000担				
	南货	100万元					盐	6~7千引				
	京绸	10万元					棉	1万担				
泰县	绸缎布匹	100万元	化妆品	6万~7万元	药	4~5万元	米麦	30万~40万担				
	南北货	100万元	茶叶	12万元			油饼	10余万元				
	煤铁	2万~30万元	棉花	16 000元			蛋鸡鸭	10余万元				
	煤油	60万元	木料	3万元			酒	5万元				

资料来源:《中国实业志·江苏省》,实业部国际贸易局编纂发行,1933年,第102~118页。

（二）商品流通结构的变化

淮域传统农村市场的流通主要是农民与农民、农民与手工业者之间的直接交换，少见以商人为中介的间接交换，因此，商品基本上是在区域内或国内范围流通。入近代以后，淮域农村市场逐渐被纳入外国资本主义在中国造成的商品分销和原料购销网，成了世界资本主义商品流通市场体系的一部分。例如，英美烟草公司在山东、河南、安徽的主要烟叶产区，建立了收购机构，并在中国开办了一些烤烟、制烟、包装用品、印刷等工厂，通过自己的机构和买办系统，形成了完整而广泛的烟制品销售网和原料收购网。英美烟草公司还以山东的坊子、河南许昌、安徽的门台子为中心，通过买办，用贷种、贷肥、贷款等方法大力推广美国烟种，以控制烟农生产。据三省六个典型农村的调查，种美国烟的农户占全体农户的 63.4%，有 24%~40% 的耕地都种植烟叶①。接受英美烟公司贷种、贷肥、贷款的烟农所生产的烟叶，必须卖给英美烟叶公司，价格也由公司统一规定。

此外，中国民族工业尤其是面粉工业、纺织工业等轻工业在 19 世纪 70 年代以后得到了长足的发展，大量的民族工业产品也通过淮域农村市场网络涌入淮域农村各地。如在安徽临淮有"今淮第一火柴，资本五万元"，分销沿淮各地②。太和县有"兴国州纱首巾，颍淮间行之"③。江苏灌云县"现在地方居民日常所用手巾、毛巾、大布等物，无一不自外输入"④。河南太康县"轧花业近来逐渐发达，轧房收买籽棉，轧作皮棉，转售于商贩，颇获厚利"⑤。1931 年，山东济宁济丰宝记面粉公司与济丰面粉公司订立租用合同，加注宝记两字，每年出产面粉 50 万袋，价值 125 万元，行销本地及津浦、陇海一带⑥。

工业品流入淮域农村市场和淮域农副产品大量流入城市市场乃至国际市场，这种对流使得淮域农村商品流通突破了本区域或国内界限，进入长距离的商品贸易更为频繁。如安徽亳县全境均系平原，无荒山废地，故农业产品，每年除自给外，尚可输出。其最著者为小麦、高粱、芝麻、黄豆，小麦产量全县每年约 40 万石，高粱每年约 20 万石，芝麻每年约 5 万石，黄豆每年约 8 万石。此外尚有菊花、白芍、金针、瓜子、棉花、落花生等，也为每年输出大宗⑦。江苏东海出口物品以豆油、豆饼为大宗，高粱次之。豆油、豆饼多销往浒浦、常熟等地，高粱则专销青岛。淮阴出口物品以小麦及黄

---

① 陈真等编：《中国近代工业史资料》第 2 辑，生活·读书·新知三联书店，1958 年，第 144 页。

② 《大中华安徽省地理志》，第 276 页。

③ 民国《太和县志》卷 4，《食货·物产》。

④ 《选载：徐海道区灌云县实业视察报告》，《农商公报》第 53 期（第 5 卷第 5 册），1918 年 12 月 15 日。

⑤ 民国《太康县志》卷 3，《政务志·工业》。

⑥ 《中国实业志·山东省》，实业部国际贸易局编纂发行，1934 年，第 224（丁）页。

⑦ 民国《亳县志略·经济·农业》。

豆为大宗，活猪、鸡蛋次之，小麦多销往上海、无锡，黄豆专销常州。淮安出口物品以小麦与豆子为大宗，小麦则专销江堰、无锡等处，豆子则专销扬属各地及常州①。山东曲阜县农产小麦、花生为大宗，黄豆、黑绿豆红粮谷稻次之，小麦、花生，"本处各商购销转售他埠，均须由铁路运输"②。滕县"麦、豆（即菽）、高粱（即秫），以上三种，土人购之转售南北"；"枣、梨，东山随地种植，土人购之转售江南"；香椿芽，"土人盐之，转售外省"③。这种长距离的贸易在近代中国是在逐渐发展的，淮域也不例外。美国学者德·希·珀金斯对此做过研究，认为：1910 年以前，在一个集市城镇中的贸易或在邻近的集市城镇之间的贸易占中国农村商业的统治地位。大约有全部农业产量的 20%~30% 是在这个有限的地区之中进行买卖。只有 5% 到 7% 是运到离开本地一百英里以外的地方去销售，再有 1%~2% 则运销国外。到 20 世纪 20 年代和 30 年代已经开始有重大变化。对外贸易仍旧只占中国农产品的 3%，但是长距离国内贸易却达到农业产量的 10% 或者更高一点④。长距离贸易的发展，促进了淮域农村市场层级网络的形成。

（三）市场主体结构的变化

传统社会的农村市场活动的主体主要是农民、手工业者和少量的专门商人。迄近代，由于社会结构的变迁，出现了诸如市民群体之类的新兴社会力量。这些新兴社会力量都直接或间接的参与了淮域农村市场的活动，这样就给淮域农村市场注入了新的因素，使近代淮域农村市场主体结构出现了新变化。这主要表现在：

一是农民弃农经商者增多。如安徽涡阳"出外营商者，亦日见甚多"⑤。民国时期江苏高邮"油业、南货向惟句容、太平（指太平洲，今改扬中县）人执其牛耳，今归邑人自行营运，较三十年前有过之无不及"⑥。民国时期河南农业经济衰落，弃农经商的农民激增，许昌农民外出做小贩及劳工的占总农户的 17.86%⑦；淮阳"商贾向少，土人民间农隙间有肇牵负贩者。然逐利甚微，近日市镇营业，土著渐多"⑧。据初步统计，全国 15 个省有河南商人的足迹，特别是郑州、漯河、鄢陵等地有一批农民加入商业队伍，清前中期那种 84% 州县地人不经商的状况有所改变⑨。淮域从商者增多，还可

---

①　《中国实业志·江苏省》，第 99 页。

②　沈云龙主编：《中国近代史料丛刊》（236）三编第二四辑，文海出版社有限公司印行，第 64 页。

③　宣统《滕县续志稿》卷 1，《土地志·物产》。

④　（美）德·希·珀金斯：《中国农业的发展》（1368~1968 年），上海译文出版社，1984 年，第 182 页。

⑤　《大中华安徽省地理志》，第 300 页。

⑥　民国《三续高邮州志》卷 1，《实业志·营业状况·商业》。

⑦　河南省地方史志编纂委员会编纂：《河南省志》第 42 卷，《商业志》，河南人民出版社，1993 年，第 28 页。

⑧　民国《淮阳县志》卷 2，《舆地志》。

⑨　张文彬主编：《简明河南通史》，中州古籍出版社，1996 年，第 346、347 页。

从淮域各地商人在域外各地市镇建立起众多的地域性、行业性会馆窥见一斑。如1875年，兖、徐、淮、阳、苏五府属客商捐资在苏州创建里"江鲁公所"。[1] 1885年，安徽潜山、太湖、英山、霍山、六安五邑旅汉苓商在汉口五彩河街建立了安苓公所[2]。

二是买办商业资本家开始出现。如沭阳经理王安君系淮安巨族，先世以商业起家。王安君"既具寄怀之才，仅经营恒益泰南货一业，殊不足以展其抱负。于是兼为欧美行商之代理人。历年经理太古洋行之车糖，卜内门公司之纯碱，美孚洋行之火油、洋烛，诚信卓著，顾客争趋之。沭阳有分庄一，经营垂数十年，日益发达"。沭阳为清江浦英美烟公司营业范围地之一，该公司主任袁玉书，"屡以该地销数浅薄为忧，闻君之名，因以经理委托焉。君感其知遇，不辞劳瘁，多方经营，卒能使本公司各种纸烟畅销于沭境"[3]。

三是地主兼营商业的情况日趋普遍。据山东46县调查，在131家经营地主中，兼营商业的就有64家。这些兼营商业的地主开设的商店有：杂货铺、酒店、棉花店、布铺、油店、丝店、绸缎铺、锅店、茶庄、木器铺、药店、酱园、饭店、盐店、菜籽店、炭窑、铁器铺、点心铺、菜店、客栈、估衣店、绣花店、猪店、粮店、皮袄铺、碱店等等，其中以杂货、酒店和布铺为最常见。譬如，光绪年间淮域的菏泽通坰集就有地主贾让、张长礼靠经商起家，分别占有土地300亩、1060亩，雇工经营面积分别达300亩、960亩，并各开杂货铺和钱店；巨野谢集的谢明合经商起家，占地220亩，全部雇工经营，并开有酒店；金乡胡集村的朱振邦以经商起家，占地8000亩，雇工经营2000亩，租佃经营6000亩；临沂朱夏村刘埙经商起家，占地1000亩，雇工经营200亩，租佃经营800亩，并开酒店场、染坊各1处；郯城县曹庄吴庆让，以经商起家，除经营农业外，还兼营酒店、油坊、杂货店各1处，另外还在本村及其附近的郭庄、王瞳一带放债，月利率3分[4]。又据1926年《河南实业公报》记载："考城县巨富吕某，独居一寨，昼夜出入，皆有数十壮丁，巡逻护卫。家中储藏无论金银米粮，皆不可以数计。上年省城金子二十八两银子一换，吕某买两万余两，后金子涨价至五十二两银子一换，吕某始行出售，计此一次交易，即赚银子四五百万之多，其财富可想而知。惟寨墙坚固，防御周延，故土匪虽屡次染指，而莫可如何。"[5] 1934年，李鼐在《山东农村观感纪莒县之行》中云：山东莒县城东或说汁河东崖的张家庄子是该县最大的地主庄园。传说姓张的从明末迁来张家庄子，起初租种于姓地主的土地，几十年后，便承袭了衰落的于姓地主财产，摇身一变为当地的大家族和大地主。清末时，张家出了两个举人，

① 彭泽益主编：《中国工商行会史料集》（下册），中华书局，1995年，第1027页。

② 彭泽益主编：《中国工商行会史料集》（上册），第139页。

③ 《英美烟公司月报》，1923年12月1日，第42~45页，转引自上海社会科学院经济研究所编：《英美烟公司在华企业资料汇编》第2册，中华书局，1983年，第596页。

④ 景甦、罗崙：《清代山东经营地主底社会性质》，山东人民出版社，1959年，附表二；第114页。

⑤ 《河南实业公报·纪闻》，1卷6期，1926年。

于是开始挤于缙绅之林。张姓地主在城里设立一个叫同泰的银号。到了 1912 年，同泰就不单是银号而且兼营酒店，资本达 6 万千钱。继而投资 3 万元，成立成泰商号，做点心兼办杂货①。随着商业的发展，也有先在市镇从事工商业起家，进而转向农村购买土地的。抗战前后，山东兰陵县的农村业主就因此逐渐转移集中到镇上的大地主手里，有些地主在市镇上兼营工商，他们把商业上所得的盈利，拿到乡里，购买土地。如该县台儿庄最大的地主尤利成就是洋油公司、京货店、铁货店等大商业的老板。又如台儿庄附近 14 个庄子的土地中，有 25 户地主，在市镇上就有 17 户，出租土地 3176 亩，另外有 2 户在滕县②。这些地主兼营的商业，从本质上讲，已不再属于传统商业的范畴，而是从属于近代民族商业的性质。

（四）价格结构的变化

传统社会农村市场上主要是农村小生产者之间以获取使用价值为目的的交换，虽有一些商人参与其中谋取一定额外利润，但总体而言仍属于等价交换。随着近代通商口岸的纷纷开辟，国内外工业品和淮域农副产品互有进出，无论是进口商品还是出口商品的价格水平都深受国际市场的影响，而且中间又被居间商所操纵，工农产品的价格剪刀差日益扩大。

在近代淮域农村市场中，居间商往往采取压价、压级，甚至把持行市的手段，以剥削农民。在买卖双方讨价还价时，居间商往往把价格压低到农民不愿卖的程度才成交，这样居间商以付出次级的价格收购到了农民手中的高级好货。例如，对于河南烟叶的收购，英美烟公司收购分 18 级，南洋兄弟烟草公司分 12 级，产地烟行只分 4 级，每个级别的差异往往不为烟农所熟悉，烟农只好听凭商贩上下其手任意决定。其他分级较多的商品如茶叶、棉花、丝茧等都存在这种现象。据光绪《霍山县志》记载："土人不辨茶味，唯燕齐豫楚需此日用。每隔岁，经千里挟资而来，投行预质。牙侩负诸贾子母，每剥削茶户以偿之。银则熔改低色，称则任意轻重，价则随口低昂，且多取样茶，茶户莫能与较。……军兴后，厘捐日益，浮费繁多，商人成本既重，则转而抑减民值。近日行户渐增，竟有夤缘茶商预订价值把持行市者。黠贩收买，则又搀老叶，加水潮。茶商得以借口，故茶价愈趋愈下。光绪以来，每斤银贵不过钱余，贱时才七八分，以是民用益绌。"③ 又如 1934 年，铜山城中货物仇货很多，商人非常精明，所谓"南京北京，商人不如徐州精"。城中的商人对于农人是极其欺诈之能事，往往向农民索价高出价格两倍以上。农民所产小麦、大豆、高粱、菉豆、花生、茧等，为要避免

---

① 章有义编：《中国近代农业史资料》第 2 辑，第 322、323 页。

② 《兰陵县台儿庄土地关系调查》，华东军政委员会土地改革委员会编：《山东省华东各大中城市郊区农村调查》，1952 年，第 86 页。

③ 光绪《霍山县志》卷 2，《物产》。

豪绅等有权者的勒索，和高利贷者的没收，一遇新谷登场，便大批出卖，城市富商及外帮商典，大发纸币，收买低廉的农产品，农民往往尽其所有，完全卖光，六月间农家大都家无粒粮[1]。由于农民没有价格制导权，工农产品剪刀差更形扩大，农村市场贸易入超甚巨，从而导致农村资金外流，日益贫困，进而扼杀了农村经济的生机，农民购买力萎缩，农村市场难以扩展。

淮域农村市场内部结构的变化，在一定程度和范围内冲击着淮域部分地区的经济结构。如光绪年间的徐州，"案土人织布，向用棉；近年则多用洋纱，棉布渐少"[2]。在安徽霍山，"咸同以前，乡民用制机织布者，名家机布，今已无传"[3]，说明咸丰、同治以后霍山农村市场上的洋布基本上取代了传统的手工机布，进而导致传统手工机布业失传。在河南，太康县"织布业亦有可观，所织布疋纱粗、幅窄，坚实耐用，向为输出大宗。惜自洋布输入后，渐被压倒"[4]。洋染料的输入还破坏着淮域鄢陵等众多县域的蓝靛和红花种植；洋纸冲击着禹州、密县土纸生产；洋布排斥了禹州、西华、信阳、上蔡的土布市场[5]。

此外，农产品商品化的发展以及农村市场结构的变化，使得农民对市场的依赖性也越来越高：一是有些商品化程度高的作物种植开始以市场为转移。如河南许昌和尚桥农民多种美烟，通常每亩产量100斤。1929年为种烟黄金时代，每担80元，"农民见大利所在，多舍弃种杂粮而来种烟"。1930年种烟者太多，生产过剩，加以市面不好，"烟价狂跌，每斤仅值几分，尚乏顾主"，"农民眼看着一堆堆的烟叶，饥不能食，寒不能衣，所耗工料，又付之东流，以亏累不堪，因而自杀者不在少数"[6]。二是农民的生产资料和消费资料的获得都渐渐的离不开市场。如同治《叶县志》卷一云：河南叶县"商之为用，从前贸迁于市者止有盐铁之需，其俗俭朴，如衣服则棉布，蚕缣取之女红，饮食则市脯，园蔬问诸集镇。今其俗有佩服着文绣、宴会烹海错者，以故晋魏贾贩操赢狙集，力稿所获，半归廛肆"[7]。1935年，李作周也发表文章说："商品经济发展的结果，对于农村的破坏力更远非几百年前可比了。现在（安徽）凤阳的农民，那一家不要向市场上去买些商品来，以满足他们衣食的需要。洋油、洋布、洋糖的销路，比十年前增加了好几倍。但是现在已到了一个停迟的状态。原因是很清楚的，民国二十年时，小麦每块钱八升，去年（一九三四）冬天每块钱可买二斗四升；粮价这

①　李惠风：《江苏铜山县的农民生活》，《中国农村》第1卷第1期，1934年，第78页。
②　李文治编：《中国近代农业史资料》第1辑，第510页。
③　光绪《霍山县志》卷2，《物产》。
④　民国《太康县志》卷3，《政务志·工业》。
⑤　参见张文彬主编：《简明河南通史》，中州古籍出版社，1996年，第346、347页。
⑥　陈伯庄：《平汉沿线农村经济调查》，附件1，1936年，第31页。
⑦　同治《叶县志》卷1，《舆地·风俗》。

样低落，叫农民怎样买得起昂贵的生活必需品呢？农民的生活自然一落千丈。"①

不过，我们对近代淮域农民依赖市场的程度，以及农村市场内部结构的变化，不能估计过高。迄民国时期，淮域尤其是灾患比较严重、生态环境比较恶劣的广大淮北地区农村的自给自足经济依然占主导地位。1930 年，吴寿彭所亲历的淮域江苏农村就是如此，他说：江北人民的生活的单位是各个"土围子"，或说是"寨"，或叫做"集"，或叫做"庄"。人民就在这小小部落的自足经济之中生活，从田里种植麦子，自己磨成面粉，制成馍馍，这样生长着。在每个集子大概总有一个铁匠制作而供给农民的器械，总有几个布机与纺纱机，供给农民的衣着。在这江北的郊原，仍然衣着粗朴的土布的，除了难得的一二留学沪、宁各埠而归去的学生，竟有带回哔叽西装之外，事实上资本主义还没有侵入。于是五天一大集、三天一小集的赶更大的市镇上的买卖，而获得一切奢侈品及其他应用的东西②。据卜凯对安徽、河北等 7 省 17 处调查研究，1921～1925 年农民生产的农产品除 47.4% 自用外，其余 52.6% 是出售的，而同期淮域的怀远、宿县、新郑、开封出售部分则分别是 35.2%、40.3%、37.6%、32.8%，自用部分则分别高达 64.8%、59.7%、62.4%、67.2%③。这说明，淮北地区的农产品商品化程度和农民依赖市场度明显低于同期的全国平均水平，与沿江、沿海、沿铁路交通线的较为发达地区相比，更存在相当大的差距。

二、集市的发展

集市的历史悠久，它是最简单的市场形式。其主要功能为"农末相资，市有定期，便民也"④。集市在淮北又称作集落，史载"各县中尚有通行集落制度者，即居民择定日期地点，使生产者与购买者得以集合，适为一种交通不便利，人口稀少，货币未通时一种临时商场制度。此种制度又以淮北为流行，集与落二字意义，性质相同，大概每年举行一两次者谓之集，每半月旬日五日举行一次者，谓之落"⑤。集市上交易的主体一般都是农民，即"来者无非农"⑥，也有"生产者与购买者直接交易处，有一种代客买卖之商家，在集落中介绍交易"。农民彼此交换的"物品多各种农产物、牲畜、手工品，或各乡镇特产"⑦。如安徽凤阳的"村落间市集，不过菽粟布缕等物而已"⑧；凤

---

① 李作周：《重重负担下的凤阳农民》，《中国农村》第 1 卷第 9 期，1935 年，第 71、72 页。

② 吴寿彭：《逗留于农村经济时代的徐海各属》，《东方杂志》第 27 卷 6 号，1930 年 3 月。

③ 卜凯：《中国农家经济》，第 275 页。

④ 同治《金乡县志》卷 1，《建置》。

⑤ 《分省地志·江苏》，第 159 页。

⑥ 《扬州北湖续志》卷 3，阮元：《夕阳归市》，扬州丛刻本。

⑦ 《分省地志·江苏》，第 159 页。

⑧ 光绪《凤阳县志》卷 3，《市集》。

台县东顺河集、刘隆集、芦沟集、陈家集，县北之刘巴集、袁家集、石家集、清泉集、王家集、万福集，"亦买卖乡人必需之物品，国货居多"①；霍邱县"墟市，依傍村落，不过米布蔬薪，居民自为贸易焉耳"②。河南光州"附近居民交易，不过粮食、布、棉、牛驴、菜果之属"③。

近代淮域集市的发展主要表现在集市数量增多、开市频率提高和专业集市的兴盛三个方面：

（一）集市数量增多

集市制度在传统社会已经广泛地存在，并有相当程度的发展。近代以降，随着农产品商品化趋势的扩大，淮域集市的发展一直处于上升趋势。如安徽涡河上游有义门集，下游有高炉集、西阳集，浍河之滨有触殿集、旧城集，以及县南之佛镇集、延陵集、董家集、刘家集，北乡之重兴集、新兴集，"皆乡人所走集也"④。宿州旧管200集，1864年拨19集入涡阳县，光绪年间仍管181集⑤。怀远县在1819年，以县城为中心，在其东南西北分布有集市60个。时过境迁，集市多变，唯沿涡、淮两水集市昌盛不衰。抗日战争时期，日寇肆虐，集市大部凋零。1946～1949年，集市复苏，县内大小集市92个⑥。盱眙河稍桥为县城、明光间陆路所经，县东枳桥头、蒋家坝，为往来江苏要途，津里、石坝接近明光，"皆为乡民所走集"⑦。江苏丰县属市集有李寨、宋楼、华山、刘元集、赵庄集、丁庄、常店、顺河集、罗口等⑧。在河南鹿邑县，1753年，该县"城以外集凡四十有六"。至1896年，该县集市达55处，新增9处⑨。夏邑县旧有韩道口集、王村集等集市19个，至民国初年已新增李集、李店集、赵庄集等集市45个⑩。桐柏县在清末民初时集市发展也较快，有城关、金桥、吴城、固县、光武、黄岗、竹园、鸿仪河、栗园、平氏、月河店、陈留店、毛家集、北新集、王宽店、固庙、新集、安棚、大河、申家铺等29处，还有一些小型的露水集市（一般日出即散）。1947年前，一些小的集市及露水集市先后废停⑪。在商丘，旧志所记集市只有34个，

---

①　《大中华安徽省地理志》，第280页。

②　同治《霍邱县志》卷2，《营建志四·市镇》。

③　光绪《光州志》卷1，《建置志·市集》。

④　《大中华安徽省地理志》，第300页。

⑤　光绪《宿州志》卷3，《疆域》。

⑥　怀远县商业局编印：《怀远县商业志》（1911～1985）上册，未刊稿，1986年，第69、70页。

⑦　《大中华安徽省地理志》，第314页。

⑧　《分省地志·江苏》，第357页。

⑨　光绪《鹿邑县志》卷3，《建置》。

⑩　民国《夏邑县志》卷1，《地理志·集市》。

⑪　桐柏县地方史志编纂委员会编：《桐柏县志》第21卷，《商业》，中州古籍出版社，1995年。

至民国初年，"今已加其二十，可见四十余年生聚，实林林总总矣"。① 山东临沂县，民国初有 62 个集市②。宁阳东庄、大孟庄、卡集"亦为村民买卖之场"。巨野县市集有大义市，在县南 70 公里；龙堌集则在蒙阴县西，临北渠河上，"独山集则县北之交易场也"。郓城县市集有黄堆集、郭官屯、潘溪渡、旛杆庙、南玉皇庙、罗楼等处。鄄城县南之董口集、临濮集皆为繁盛市场。定陶的黄店集、姑庵集、陈家集、孟海集、保宁集、隆化集、王店集、田家集、折桂集各处，"商况并盛"③。

（二）开市频率提高

随着近代工业以及农产品商品化的发展，淮域集市在数量增加的同时，集市结构也出现了新变化。开集日期和市场规模，因时因地而有所不同。淮域河南境内村镇逐日集或隔日集或每旬四集的地方比较普遍。其中西华、荥阳、鄢陵、中牟、商水、信阳等地都很突出。如汝州，道光年间集市中，每日集有纸坊镇、张家寨集 2 处；单日集有党家屯、王家堂等 15 处；双日集有范家集、安家洼等 9 处④。光州"其乡镇集市，或以刚日，或以柔日，皆各有定期"⑤。民国《太康县志》记载 21 镇、67 个集市，轮堡会 35 个，单日集有高家店集、高阳集、马厂集、马头、王隆等 23 处，双日集有黄米口、党村、撞庄村等 30 处。都是单日集或双日集⑥。西华县内集市 47 处，逐日集 12 处，隔日集 35 处⑦。鄢陵县集市 21 处，全为隔日集⑧。中牟县每日集有四关集、店李口镇、韩庄集 3 处，单日集有白沙镇、兴隆集、芝麻冈镇、张庄镇集、水沱寨、谢庄集、刘家集、杏树镇 8 处，双日集有郑店集、董冈集、杨桥镇、黄店镇集、三官庙集、树头村集、三户李集、万胜镇、板桥集、仓寨集 10 处⑨。荥阳县单日集的有贾峪镇、后王镇、祥符营镇、曹李集、茹寨集、苏寨集、双楼郭集、罗圈寨集、高庙集 9 处，双日集有须水镇、崔庙镇、遇隆镇、刘胡同集、三李集 5 处⑩。信阳集市 91 处，全为隔日集⑪。商水县集市 39 处，其中逐日集 17 处，隔日集 18 处⑫。逐日集或隔日集之普遍，原因是多方面的。除了传统习惯之外，集镇有固定铺面的商号数量不多，可能是

---

① 民国《商丘县志》卷 1，《封域》。
② 民国《临沂县志》卷 1，《疆域·集市》。
③ 《分省地志·山东》，第 211 页；第 227 页；第 228 页；第 229 页；第 230 页。
④ 道光《汝州志》卷 3，《市集》。
⑤ 光绪《光州志》卷 1，《建置志·市集》。
⑥ 民国《太康县志》卷 2，《舆地志·九区乡镇一览表》，。
⑦ 民国《西华县续志》卷 7，《建设志·商业》。
⑧ 民国《鄢陵县志》卷 5，《地理志》。
⑨ 民国《中牟县志》2，《地理志·镇集》。
⑩ 民国《续荥阳县志》卷 3，《建置志·集镇》。
⑪ 民国《重修信阳县志》卷 6，《建设志》。
⑫ 民国《商水县志》卷 5，《地理志》。

重要原因之一。因此，农村土产外销和乡村居民对日常生活用品的需求，都不得不仰赖经常性的集市贸易。

淮域安徽、江苏、山东境内市集多每旬 4 日或 3 日集期，逐日集或隔日集比较少见。如安徽五河县每日逢市的只有有茅滩集、顺河街；逢二、四、七、九日为期的有钟阳集、姚官集、马家集、张家滩集；逢三、五、八、十为期的有甄胡集、马家集、双河集①。凤阳府市旧例一、六日东门集，三、八日南门集，五、十日西门集，二、七日北门集②。泗阳各镇交易习惯，多半 10 日 4 集，"单以众兴而论，则以一、三、六、八日为逢集之期，每年商业以秋天为最盛"。③甘泉县境西多冈阜，北为湖乡，"水路交通少有不便，故各乡镇皆为定期市"，其中陈家集、杨兽医坝逢一、六；刘家集、古井寺、庙头镇、方家巷逢二、七；移居集逢二、五、九；谢家集逢四、七、十；甘泉山、铁牌甸、裔家集、公道桥逢三、八；大仪集、三里庵逢四、九；黄珏桥逢一、五、十；槐子桥逢二、五、八；吉家酒甸逢三、六、九。市易无定期的则有杭家集、雨膏桥、老坝桥④。山东金乡县"集在关，月无虚日，南关北关，每二十日各三集（一、二、三日连集轮转），东关亦二十日三集（六、七、八日，随南关集后），西关每二十日十一集（四、九南街，五、十北街，又南街逢六，北街逢七，西街逢八，随北关集后）"，"集之在乡皆十日四集"⑤。临沂城内市集每日 1 次，乡镇间市集 200 余处，每 5 日 1 次；莒县城关每日 2 集，乡村 5 日 1 集；沂水城市集每日 1 次，乡镇间市集每 5 日 1 次；单县城内各关每日轮集，乡镇多间日集会 1 次；定陶县市集每逢二、五、八日或三、六、九日交易⑥。

淮域农村定期市集的发展，从一个侧面说明了近代淮域农村商品经济发展水平低于同期的江南地区。因为同期的江南集镇没有时间间隔，"像苏州府、松江府、杭州府、嘉兴府、湖州府一带，商品经济的发展在全国居于领先地位，这一地区的市，大多已超越定期市的阶段，成为经常市，不再是四乡农家定期赶集的集市，而是每天都有频繁交易活动的经济中心地"⑦。

（三）专业集市的兴盛

近代淮域集市发展的又一个新趋势，就是以买卖单一的特种物品为目的的专业集市的增多和繁荣。如安徽霍邱县城西河下有果市、柴市；东南关有麦市、菜市、米市，

---

①　光绪《重修五河县志》卷 3，《疆域五·市集》。

②　光绪《凤阳县志》卷 3，《市集》。

③　《中国实业志·江苏省》，第 76～81 页。

④　民国《甘泉县续志》卷 6，《实业考第六》。

⑤　同治《金乡县志》卷 1，《建置》。

⑥　《中国实业志·山东省》，第 129（乙）至 138（乙）页。

⑦　樊树志：《明清江南市镇探微》，复旦大学出版社，1990 年，第 35 页。

城内有鱼市，县城及四乡各镇有稻市，三河尖有豆市[①]。近代淮域专业集市发展比较兴旺的是牲畜的交易。如太和"惟黄牛繁殖，县北肥河口集岁以秋季成牛市"；"土驹良并繁殖，县北洪山庙岁以二月一日成骡市，鲁豫客商贩此"[②]。界首牲畜交易市场，位于县城颍河南岸的牛行街。从30年代初私人办牛行开始，牲畜交易一直繁盛，牲畜经纪人有300余人，日上市量高达4000多头，日成交千头左右。1941～1945年，牲畜交易更盛，当时有私人牛行105家，4000余人参与交易。各种牲畜日上市量达万头以上，成交量3000头左右，成为全国颇具盛名的牲畜集散地之一[③]。淮域江苏涟水县程集以猪牛之集散为盛[④]。甘泉县的猪牛集，专以猪牛为市。如大仪集牛市，逢四逢九；槐子桥牛市，逢二逢五逢八；三里庵牛市，逢三逢八，猪市逢四逢九；黄珏桥牛市，逢五逢十，猪市同；方家巷牛市，逢二逢七，猪市同；龙尾田牛市，逢一逢六；东家院牛市，逢一逢四逢七[⑤]。徐谦芳也说："扬州西山产牛，多聚于大仪。每月逢集六次，他集不尽有，有亦不及也。"[⑥] 又民国《甘泉县续志》卷六云："惟大仪牛市称盛，每岁售牛二万余头，他集镇合计亦二万余头。"[⑦] 每集上市的苗猪、肥猪、种猪有数百头。市场占地面积4～5亩。牛市以瓜洲镇、太平街为最。瓜洲牛市在抗战时期最为繁盛，夏历每旬逢四、九为期。高峰时牛上市量达千头，河南、安徽、山东等省农户赶来交易。其时牛行有10多家。埠丰兴牛行业务成交量为最大。该牛市还与日本立华洋行有业务往来，每次运牛至镇江都有百头左右。太平街牛市，有安徽、浙江的牛种进入交易。当地饲养的子牛（幼龄牛）亦占相当比例。公道、赤岸、黄珏、杨寿等沿湖乡村农户利用滩涂草地放养，待成熟后重新投入市场。甘泉有20多家牛行，常年从安徽、浙江、江西一带购回成牛投入牛市交易[⑧]。河南周口的牲口市也很繁盛，"沿街植椿如林，相距咫尺，用系牛马驴骡。南北两寨，按奇偶日，隔日交迭为市；或买或卖，有不远千里而来者；其商区可达山东、直隶之南部，江苏、安徽之北部"[⑨]。

三、庙会市场的活跃

庙会源于古时诸侯之会，《周礼·春官·大宗伯》云："诸侯时见曰会。"因古时

---

① 同治《霍邱县志》卷2，《营建志四·市镇》。
② 民国《太和县志》卷4，《食货·物产》。
③ 界首市地方志编纂委员会编：《界首县志》，黄山书社，1995年，第238页。
④ 《分省地志·江苏》，第337页。
⑤ 民国《甘泉县续志》卷6，《实业考第六》。
⑥ 徐谦芳：《扬州风土记略》卷下，《物产》。
⑦ 民国《甘泉县续志》卷6，《实业考第六·商业》。
⑧ 邗江县地方志编纂委员会编：《邗江县志》，江苏人民出版社，1995年，第427页。
⑨ 《分省地志·河南》，第202页。

诸侯之会，常在天子或盟主的宗庙中进行，由此而形成了最早的庙会。以后庙会逐渐由宫廷移向民间，演变成为定期性的合宗教、娱乐和商贸为一体的民众集体活动。

庙会是市集、市镇之外的农村另一种商品交易形式，是整个农村交易系统中的重要环节。从其经济职能来说，除了少数庙会具有某一特定农副产品大宗集散功能外，大多数庙会主要以服务本地为宗旨，大宗商品的集散功能较弱。从农村市场的层次等级来说，庙会多属于集市以外的农村市场中的产地市场。与联系区域市场的集散市镇相比，有些大庙会与集镇贸易融为一体，有些小庙会成为其补充，神祇崇拜与市场活动合而为一，庙会亦即成为货会，两者相辅相成，构成农村社会的商业贸易体系。因本节重在讨论近代淮域的农村市场，故仅涉及与农村市场交易有关的庙会，突出的是庙会的经济职能，而庙会所具有的宗教、文化、民俗和社会的功能，则不在论述之列。

（一）庙会的分布与会期

庙会的分布带有一定的地域性，我国北方地区居多。庙会源于神祇活动，但在经济上也有其存在的必要性。当集市和市镇的发展尚不能满足农民和商贾购销商品的要求时，庙会便成为补充形式。道光时河南《鄢陵县志·风俗》云："城乡之有会，犹江浙之有集，闽广之有墟也。"这里作者把北方的庙会等同于南方的集、墟，已经突出了庙会的交易功能。不过，作为农村市场，集市和庙会在形式上还是有所区别的。乾隆《临清直隶州志》云："定期者曰集，不定期者曰会。"当然，这种区分也是相对的，因为庙会并非全无定期，只不过不是数日举行一次，而是以年或季节为周期进行贸易。《蒙城县政书》所记民国初年安徽蒙城县正月至四月的 50 处庙会以及 1933 年调查资料所记的济宁县四乡春季庙会情况，就具有典型性，参见表 2-10、表 2-11。

表 2-10　蒙城县正月至四月庙会一览表

逢会日期	庙集名称	村名
二月初二	丹凤集华祖庙会 马家庙会	高隍镇丹凤村 小涧镇白铁村
二月初八	岳坊寺庙会 觉佛寺庙会 茅古寺庙会	小涧镇岳坊村 小涧镇驼涧村 板桥镇黄町村
二月初九	田家集会	乐土镇西顶中村
二月十二	涡沟寺庙会 奶奶庙会	小涧镇涡沟村 小涧镇驼店村
二月十五	乌衣集庙会 王家店庙会	板桥镇尉迟村 乐土镇八堡村

续表

逢会日期	庙集名称	村名
二月十九	何家庵庙会	高隍镇蒋町村
	蒋町寺庙会	高隍镇白朴村
二月二十	郭家集庙会	楚村乡西顶西村
二月二十三	灵山寺庙会	小涧镇狼町村
二月二十五	芦沟集庙会	乐土镇湖桥村
	金牛寺庙会	高隍镇蒋里村
	唐家集庙会	板桥镇尹町村
二月二十八	齐山庙庙会	小涧镇东里村
二月二十九	全家集会	双涧镇孙村
三月初三	小新家集庙会	高隍镇丁家村
	董家天齐庙庙会	高隍镇八堡村
	罗家集庙会	立仓乡湖沟村
	板桥集庙会	板桥镇邵板村
三月初五	瓦埠集庙会	板桥镇广福村
三月初七	篱笆集庙会	高隍镇青坊村
三月初八	张家集庙会	板桥镇常户村
三月初十	古路岗庙会	立仓乡黑河村
三月十五	双涧集太山庙庙会	双涧镇双涧村
	高隍庙庙会	高隍镇高隍村
	枣木桥太山庙庙会	立仓乡王里町村
三月十八	赵家集庙会	板桥镇张町村
	陈仙桥庙会	楚村乡九堡村
	大兴集焦家庙庙会	楚村乡十二三堡村
三月二十一	移村集庙会	双涧镇白沙村
	代家集庙会	板桥镇代町村
三月二十三	三义集庙会	乐土镇泥沟村
三月二十四	柳林寨庙会	双涧镇草寺村
	小赵集庙会	高隍镇关庄村
三月二十五	王家集太山庙庙会	双涧镇永定村
三月二十八	坛城集庙会	小涧镇坛城村
	黄隆集寺庙会	双涧镇黄隆村
	吕望集太山庙庙会	乐土镇太公村
	薛家集庙会	楚村乡西东顶村
四月初一	立仓集庙会	立仓乡冯炉村

续表

逢会日期	庙集名称	村名
四月初四	乐土铺庙会	乐土镇五堡村
四月初五	顺河村庙会	乐土镇赤塘村
四月初八	许町集庙会	板桥镇许町村
	仓厂集庙会	乐土镇港沟东村
	安坛寺庙会	高隍镇南代安村
四月十二	楚村铺庙会	楚村乡十保村

资料来源：江汪虎：《蒙城县政书》癸编，《统计报告·各集各庙逢会日期一览表》，第16、17页。

表2-11　济宁县四乡春会集期一览表

会名	庙名	庙会所在地			集会时期	集会时及起会人
		区别	距城（里）	位置		
南大寺		正北	20	二十里堡迤西	二月初二至初九，八天	
大长沟		西北	45	长沟街里	二月初十至十三，四天	
店子庙		西南	40	王家集西	二月十六至二十，五天	
白家寺		正南	45	张官屯	二月十五至十八，四天	1902年和尚起
寺堌堆	大觉寺	正南	25	郝家庄东	二月二十四至二十九，六天	古会
喻屯		正南	40	喻屯东街	三月初一，一天	1902年
王家集		西南	35	王家集街里	三月初六至初九，四天	
王贵屯		西南	35	王贵屯河北	三月初六至初九，四天	李怀文、李成灏等
潭口集		西南	50	潭口集南大庙	三月十五至十七，三天	
王家堌堆		西面	45		三月十二至十七，六天	
陆家庙		西南	35	王家集南	三月二十一至二十四，四天	
李家屯		正西	30	李家屯	三月十五至十七，三天	
天齐庙		西南	35	王家集北	三月二十八至三十，三天	
旷山	泰山娘娘	正西	35	旷山顶	四月初六至初九，四天	
鲁桥		东南	60	鲁桥街上	四月初八至十一，三天	
王贵屯		正南	35	王贵屯河北街里	四月初六、十六、二十六各两天	1902年李怀文等
邵坨寺	邵坨寺	西北		邵家堌堆	三月十八日	

资料来源：李联棠：《济宁县寺堌堆庙会》（1933年7月调查），李文海主编：《民国时期社会调查丛编》（宗教民俗卷），福建教育出版社，2004年，第228、229页。

（二）庙会市场交易盛况

庙会是与集市既有联系又有区别的定期交易形式。集市交易的项目相对单一，间隔时间也比较短，交易时间一般不超过 1 天，交易项目多属于粮、棉、布、帛，交易对象一般以农民为主，另有少数小商小贩和城镇居民；而庙会则包含宗教、文化娱乐、交易等多项内容，间隔时间也较长，多为 1 月或 1 个季度甚至 1 年举办 1 次，交易时间相对较长，一般 1～15 天乃至 1 月不等，交易时除了粮、棉、布、帛外，还有农具、种子、牲畜及百货杂陈，交易对象主要是农民，但商人也是重要的参与者。

随着近代淮域农产品商品化的发展，庙会市场交易异常的活跃，庙会已为浓厚的商业气息所充斥。如"江苏徐州的庙宇在一年中有一定的时期为人们敬神而开放。这些仪式吸引着周围几十里的香客。人们便利用这些时候举行庙会，出售手工制品。这些庙会是在那些不作宗教敬香用的庙宇内举行的。经常是划定某些庙宇作庙会场所，参加庙会营业的人与庙内和尚之间，有着一种合作的办法。庙会上出售的东西，一般都是农具、铁器、木制家庭用具、草席、陶器以及其他日用的小东西"[①]。近代淮域具有农村市场交易功能的庙会众多，限于篇幅，我们以李文海主编《民国时期社会调查丛编》所收入的山东济宁县寺堌堆庙会[②]、莒县浮来山庙会[③]和障流山庙会[④]以及河南淮阳太昊陵庙会[⑤]调查资料为中心，对淮域庙会市场交易盛况作以勾勒，以收管窥一斑之功效。

（1）济宁县寺堌堆庙会

寺堌堆本名大觉寺，在济宁南乡第六区景村地方，距城 25 里，起源于元至正年间，敬神烧香，实为这会成立的最大原因。集会时期，每年自阴历二月二十四日起，至二十九日止，集会 6 天。集会人数为 2 万～10 万左右。可是笨重物品，如木料、扫帚、木料等，二月二十二至二十三日已预运到，酒馆、饭店、茶棚等，也都预搭整齐。只待二十四日交易。买卖的物品分为 10 大类：一是牛、驴、骡、马、猪、羊等。牛、驴、骡、马为此会销卖品之第一大宗，税额约占全县 1.7% 以上。外省之牛、驴、骡、马贩多先期来下标于济宁城里的各钱店，届时赴会买了牲口，回城兑款。骡马市从寺堌堆下正西，至西北，转东北，长达 2 里许，占全会面积 4/10。盛时牲口有 1 万～2 万

① 章有义编：《中国近代农业史资料》第 2 辑，第 272 页。

② 李联棠：《济宁县寺堌堆庙会》，1933 年 7 月调查，李文海主编：《民国时期社会调查丛编》（宗教民俗卷），福建教育出版社，2004 年，第 225～227 页。

③ 李蒲：《浮来山庙会》，1933 年 6 月调查，李文海主编：《民国时期社会调查丛编》（宗教民俗卷），第 239～243 页。

④ 孙乐辰：《障流山庙会》，李文海主编：《民国时期社会调查丛编》（宗教民俗卷），第 243、244 页。

⑤ 郑成合：《淮阳太昊陵庙会概况·四商业》，李文海主编：《民国时期社会调查丛编》（宗教民俗卷），第 271～284 页。

头，卖 1000～2000 头；最不济亦上 1000～2000 头，卖 400～500 头。10 年衰旺平均，约上牲口 3000～4000 千头，卖 800～900 头。至于猪羊，为数亦销一千数百头。二是树木材料。木材销售，以松柏大宗，每岁 1 万～2 万元。其余若槐、榆、枣柳、桑、杨等木，以及楸杪等料，销路很广。梁椽扁椽、门窗隔扇、桌椅、床橙、案、大小车、犁、耙、耩、耧、木锨、木杠棒、锨柄、锸杆之类销路都很广。三是竹杪扫帚、木杈。竹杪扫帚，岁销万余把子，桑木杈仔、白蜡杈仔，岁销万余杆，余如白蜡杆仔、桑木槐木锨柄仔、木鞭杆、竹鞭挑梢等销路都很大。木料市由寺西南至东南，自成数道街，约占全会面积 4/10。四是铁器。铁锨、锄、镰镆、菜刀、刀、屈戌等一切农用家伙，销路都很广。五是竹披、杞柳、芦苇编制器具。竹篮、筛仔、竹席、荆篓、杞柳筐、竹筷、芦席、席摺仔、席囤、篓仔、柳条、小孩玩具、大人木马之类，销路都广。六是皮革货。缰络、笼头等皮货销售亦广，每年约 1 万元。七是陶器。大砂缸、砂盆、黑砂锅、瓷缸、瓷盆、细瓷碗、宜兴砂壶、柘沟罐子、鲁二碗、彭城碗、红绿黄琉璃盆罐、红土盆罐、岩山黑碗、蒜臼仔、石蒜臼仔、磨石，销售都很广。八是新旧衣裙袜鞋等。九是书籍、学习用具。十是高棚。卖梳篦的棚，俗号为高棚，销路甚钜，习俗庙会要无此棚，便不算完会。

（2）莒县浮来山庙会和障流山庙会

浮来山在莒县城西 30 里，山上有佛爷庙，阴历一月十六日有庙会，会期只有 1 天。每奉会期，附近 30 里内的农民都赶回购买农具。据调查，1932 年农具商（日照和莒县东部人多）1 天农具总卖出估计有 5000 元左右，而工业品占很少的一部分。浮来山庙会人数约 1 万人，农民占 50%，乞丐占 1%，赌钱的占 10%，小孩子占 9%，妇女占 20%，商人占 10%。浮来山庙会"绝不带多量物品交易性质，故牲畜市自来即没有，此外粮食等市场更付阙如"，可见此庙会市场是专门的农具市场。

障流山庙会会期是 1 年 3 期，阴历一月九日、四月八日、九月九日，这三天都是神仙诞日。赶会的人数以一月九日为多，有 1 万余人，四月八日、九月九日赶会人少，每期不过 200 人。一月九日庙会，买卖以火药为大宗，儿童玩具亦不少，器具以木货为最多，香货、杂货摊和卖食物的也不少。四月八日和九月九日庙会，以卖香、纸、箔、鞭为最多，除此以外便是卖些食物和水果。

（3）淮阳太昊陵庙会

淮阳县即旧陈州府治，在开封东南 290 里，西距周家口 60 里，距平汉铁路漯河车站 150 里，东隔鹿邑便属安徽，有汽车路北经太康、杞县、陈留达开封。西经周家口达漯河，东可达皖属亳州，为豫东汽车交通中心。在经济上、政治上、军事上足称豫东重镇。汉高帝时置淮阳国，1734 年升陈州为府，置淮宁县为首县，直至清末。1911 年，裁县归府，次年年又裁府复县，改淮宁为淮阳县。1932 年创行政督察员制，设河南第七区行政督察专员公署于淮阳，专员兼任县长，属一等县。传说复太昊伏羲都于陈（即今开封府陈州），且有太昊陵，历代皆遣官致祭。庙会期为每年的阴历二月一日至三月三日，会期时，周围五六百里以内，远如山东曹州、安徽正阳关一带，河南南阳以及郑州以西各县民众，都来朝祖。会期，每日赶会的人数约 10 万人之上。

近代淮阳太昊陵庙会的市场交易，一直盛况空前。全庙内外凡 8 条大街，在陵的墙垣以外的，为蔡河南北二街，及北大关南北大街，其他均在陵的墙垣以内。不过在墙垣内，有几处地方不成其为街，如游艺区和统天殿前，都是这儿一家，那儿一家，横七竖八的一大片。午朝门内甬路上及午门前阙口，都是卖香的占多数，连其他处的卖香的，共计 109 处。儿童玩具，也多数是占在午朝门内甬路上，共 54 家。卖纸货的共 13 家。卖妇女所用盛物红匣的共 18 家。卖泥狗的共 152 三家。营业的游艺，一共 23 家。各街的买卖摊铺类别及铺数，可参见表 2-12。

表 2-12 太昊陵庙会各大街摊铺类别及总数表

类别	家数	类别	家数	类别	家数	类别	家数
饭馆	160	茶馆	37	干果铺	19	蔬菜	62
杂货摊	179	理发	9	菜蔬种子	9	菜蔬	62
文具书籍	34	首饰	11	眼药	6	鱼	8
木货	42	玩具	70	药品	5	针店	15
煤	1	柿饼	3	京货	41	帽	12
木柴	10	皮货	1	刺绣	1	锡货	7
黍秸	15	干面	5	酒馆	5	肉	4
卷烟	3	纸扎	3	社戏	3	酒摊	4
基督教宣讲棚	1	回教宣讲棚	1	带子	22	路会	4
梳子棒锤等	32	角骨铺	6	铜货	4	铜铁货	10
馍	54	说书	1	陶器	12	游艺	31
甘蔗	43	竹器	49	柳条器	12	竹木秆	59
香	109	纸货	13	红匣	18	泥狗	152

资料来源：郑合成：《淮阳太昊陵庙会概况·四商业》，李文海主编：《民国时期社会调查丛编》（宗教民俗卷），第 273、274 页。

由此可以看出，太昊陵庙会期间，乡间农民所购买的多是最低生活资料品。交易方式完全是直接交易，中间并不经经纪人之手，即由生产者直接到消费者。交易的对象，也以当地农副产品和手工业品为主。如"所谓甘蔗俗名都是叫做甜黍秸，是附近农村的产物，渣子多糖分少，吃者都是用以解渴，所以越人多处卖甜蔗的越多。或是挑着，或是推着。一二十枚，可以买得五六棵，可谓闲坐消遣，或急渴时作为解渴之妙品"；"铁货大部都是铁丝、铁钉及农事上用的犁杓等品，铜货大多数是些比较精致的壶、盅、杓之类，都是些手工业，自己制炼铜铁锡，再自己制成器皿"；"卖帽的以瓜皮小帽最多，都带着许多帽衬，当场制造"；"至于带子也是乡间妇女们的副业，用本地粗线织成，各色都有，远看去，布纹颇类麻袋，坚韧异常"；出售"篮、筛、帘、圆竹槽、勺子、鞭竿、筷笼、鸟笼、床、网篮、水桶、笼嘴、鹌鹑圈、竹竿、鸡筐、烟袋、笛、箫、筐等，共凡49家，以售篮及帘者为最多。售此类者以淮阳西60里周家口人最多，大半都是售竹帘子。临颍人最远，多卖篮子"；"簸箕、斗、筐、簸箩、脚篓、把斗、水桶等物，售者凡12家，以售各种斗者为最多，售此类物品者，以西华县红花集人最多"；售竹竿及木杆的共17家，以周家口人最多；出售零星木器，如瓢、柞面棍、甩子把、算盘、凳、锅盖、木碗、钱板、拖盘、小木车、枪、马后棍、响蛋等品的，以柘城县人最多且最远；卖其他笨重木器如大车、小车、马车、门扇、棺材、椅、槽、窗板、犁地车、大桌、木掀头等，共50余家，以淮阳当地人为最多；文具只不过是些笔墨纸砚之类，都是附近出产，书籍有些石印的，原产地最多为亳州，次为周家口。

太昊陵庙会对豫东农村社会经济的发展有着积极的促进作用，因为"这庙会卖东西的，大半平常的主要职业并不做买卖，来这庙会做生意，只是一年中一部分闲暇时间，做成的物品，或者是自己地里长的东西，弄来出售，即偶有贩人家商品来卖的，也只是因为在这一个时期，没有别的职业可做，所以抽出些成本来，做些买卖，企图赚些钱用，所以这个庙，在豫东农村经济上的作用极大。不但他们，可给这里获得交换有无的便利，并可以作为一种附带收入。在淮阳北关一带，都把这一个庙期，当作一个大秋的收入看待"。

四、农村市场网络的形成

随着农产品商品化的发展，土货、洋货在农村市场的对流，集市、庙会市场交易的活跃，以及以近代新式交通网络为主干的新商路的确立，淮域传统农村市场体系逐步解体，并不断重新组合，商品市场的层次性日趋明显。从总体上看，近代淮域农村商品市场可分为产地市场、专业市场、中转市场、集散市场和中心市场五个层次①，以上海、青岛、天津等口岸市场为指归的近代淮域农村市场网络已初步形成。

（一）产地市场

产地市场，即是指遍及淮域农村的集市和众多的集散功能较弱的庙会。农村集市具有产地市场的功能，而少数集市还具有专业市场的功能。乡村庙会市场多属于产地市场，只有少数跨地域范围较大的庙会才具有集散市场的功能。关于近代淮域集市数量的增多、开市频率的提高、专业集市的兴盛等集市发展状况，以及庙会分布与交易

---

①　此处关于近代淮域农村市场体系五个层次的划分，参考和借鉴了庄维民《近代山东市场经济的变迁》（中华书局，2000年）第三章中有关近代山东市场类型研究的成果。

盛况，前文已经述及，不再赘述。这里论及的集市，侧重考察近代淮域农村市场体系中的集市网络。

集市市场原多是附近小生产者之间进行的余缺调剂，仅有少量商品通过集市进入大区域范围内流通。进入近代以后，这些市场增添了新的内容和功能，商品来源有周围地区的农副产品和手工业品，也有来自远距离的洋货和机制品；商品结构既有供给农民日用的消费品和手工业原料，也有供给上级市场乃至世界市场的土特产品；商品交易主体除了小生产者外，还有来自上级市场的坐庄、行栈、贩运商和经纪人；商品运输既有传统的水陆运输，也有新式的铁路、公路运输。对于农村生产者来说，产地市场既是其产品的销售地，也是生活必需品的购置地。如亳县"县北之小颜集、大颜集，县东之小余集，县西之牛市集，县南之古城集，均为乡间收买土货之机关"[1]。

集市一般都有一定的交易时间和场所，以方便农民进行交易活动。而集市与集市辐射相交区域便是"乡脚"乡民交易活动的范围。如民国初年的《蒙城县政书》详细列出了镇以下各集市所辖市场辐射圈，并详列逢集日期、逢集人数、在集居住的户数等情况参见表2-13。这样，淮域各地众多的集市本身就构成了一个市场交易网络。

表2-13 蒙城县集市情况一览表

乡镇	集名（离城里数）	坐落村名	逢集日期	逢集人数	居集户数
双涧镇	全家集（15）	孙村	1、6、4、9	160人	50户
	双涧集（30）	双涧村	2、5、7、10	320人	210户
	王市集（30）	永定村	3、8	100人	10户
	移村集（45）	白沙村	1、6、4、9	200人	150户
	界沟集（60）	界沟村	3、8	100人	70户
	黄隆集（60）	黄隆村	4、9	160人	90户
	柳林寨（45）	草寺村	1、6、4、9	130人	40户
	王家桥（20）	三堡村	1、6、3、8	90人	16户
立仓乡	白马庙（50）	小湖村	3、8	80人	35户
	立仓集（65）	冯炉村	1、6	160人	60户
	枣木桥（80）	良善村王里町村	2、7	240人	40户
	古路岗（95）	黑河村	5、10	150人	70户
	罗家集（80）	湖沟西村	3、8	160人	80户
	邹家圩集（85）	湖沟东村	5、10	70人	45户

---

[1] 《大中华安徽省地理志》，第302页。

乡镇	集名（离城里数）	坐落村名	逢集日期	逢集人数	居集户数
乐土镇	乐土铺（30）	五堡村	1、6、4、9	260 人	80 户
	顺河集（60）	赤塘村	10 日 5 集	240 人	60 户
	王家店（45）	八堡村	10 日 5 集	90 人	30 户
	仓场集（50）	港沟东村	10 日 5 集	100 人	20 户
	吕望集（25）	吕望村太公村	10 日 5 集	180 人	15 户
	芦沟集（30）	湖桥村	10 日 5 集	100 人	14 户
	三义集（45）	泥沟东西村	10 日 5 集	300 人	120 户
楚村乡	郭家集（60）	西顶西村	10 日 5 集	120 人	20 户
	陈仙桥（50）	九堡村	10 日 5 集	180 人	30 户
	楚村铺（60）	十堡村	10 日 5 集	300 人	70 户
	田家集（45）	西顶中村	10 日 5 集	120 人	320 户
	大兴集（85）	十二三堡	10 日 5 集	400 人	130 户
	薛家集（70）	西顶东西村	10 日 5 集	400 人	110 户
高隍镇	牛王铺（25）	南代安村	10 日 5 集	120 人	50 户
	蒋町集（50）	蒋町村	10 日 5 集	300 人	60 户
	周家集（60）	谢町村	10 日 5 集	400 人	30 户
	丹凤集（35）	丹凤村	10 日 5 集	400 人	40 户
	望町集（40）	望町村	10 日 5 集	350 人	50 户
	中町集（50）	七堡村	10 日 5 集	100 人	15 户
	董家集（60）	八堡村	10 日 5 集	400 人	115 户
	高隍庙（50）	高隍村	10 日 5 集	600 人	150 户
	河沟集（50）	青坊村	10 日 5 集	300 人	35 户
	篱笆集（60）	青坊村	10 日 5 集	400 人	20 户
	小赵家集（35）	关庄村	10 日 5 集	300 人	30 户
	小辛家集（18）	丁家村	10 日 5 集	200 人	40 户
	彭家集（50）	青坊村	10 日 5 集	200 人	35 户
小涧镇	小涧集（25）	柳沟村	1 日 1 集	300 人	280 户
	马家集（50）	义丰村	10 日 5 集	300 人	40 户
	坛城集（45）	坛城村	1 日 1 集	400 人	70 户
	芮津集（35）	芮津村	2、7、4、9	40 人	30 户

续表

乡镇	集名（离城里数）	坐落村名	逢集日期	逢集人数	居集户数
板桥镇	板桥集（30）	邵板村	10 日 5 集	400 人	110 户
	乌衣集（35）	尉迟村	10 日 5 集	300 人	50 户
	瓦埠集（50）	广福村	3、8、5、10	80 人	40 户
	赵家集（50）	张町村	2、5、7、10	400 人	70 户
	许町集（45）	许町村	2、7、4、9	350 人	60 户
	戴家集（45）	代町村	1、6、4、9	100 人	20 户
	张家集（35）	常户村	10 日 5 集	200 人	40 户
	唐家集（25）	尹町村	2、7、4、9	200 人	30 户

资料来源：江汪虎：《蒙城县政书》癸编，《统计报告·四乡集市一览表》，第 12 ~ 15 页。

近代淮域集市社区网络，在满足淮域乡民的经济生活需要方面有着重要的功效。若将之置于层次结构的农村市场体系当中，我们还可以发现，近代淮域农村集市既是高一级专业市场、中转市场、集散市场、中心市场的最终销售点，又是本地外流货物的收购点，在一定程度上起到了聚散各地农副产品，沟通城乡经济联系，促进商品流通的重要作用。

（二）专业市场

专业市场，是专指一种或某类生产资料和生活资料的贸易场所，既可是农村产地市场，又可以是更高层次的专业集散市场。专业市场不同程度地反映出了生产的专业化、地区分工等特点。专业集市（参见前揭文）属于产地市场，故这里论述的专业市场属于高于产地市场层次的专业集散市场。

19 世纪末以后，淮域农业经济变迁的一个突出特点就是经济作物种植面积扩大，粮食作物商品化程度提高，农村手工业更加发展。适应这一变迁，以棉花、烟草、油料、商品粮及手工业品为主要特征的专业市场也应运而生。

棉花专业市场。棉花在近代淮域农产商品化的总进程中一直占着显要的地位，大宗的棉花集散市场因此而兴。如河南太康县盛产棉花，龙曲、高郎、马头、马厂、老家等市镇棉产颇丰，逊母口镇一带，棉田占耕地 30% 以上，有"花窝"之称[1]，太康因此形成了较大规模的棉花集散市场，吸引了周围的西华、扶沟以及淮阳、杞县、睢县等县的棉花在该县集散。太康的逊母口、常营"因富棉产，时有大商出入其间，农民经济赖以活动"[2]。逊母口有花行数家，因资本不充裕，无力大宗收购，代办性质者

---

[1] 金陵大学农学院农业经济系：《河南湖北安徽江西四省棉产运销》，铁村大二泽，东京生活社，1940 年，第 71、83 页。

[2] 民国《太康县志》卷 3，《政务志·商业》。

多。所收棉花多运往郑州、许昌及归德等处。此外，新郑花行有 19 家，禹县花行 10 余家，确山花行以驻马店为最多①。此外，河南商丘县棉市也非常旺盛，据《民国日报》对商丘棉市盛况的记载"现值棉市上市之际，所有城关花行以及轧花上工厂均先后开张多家，而以城内红阁东之裕华、霍华两轧花厂规模宏大，各有轧花车十数架，每日轧花数千斤。门首絮堆积如山，买入卖出之交易额颇巨。其他棉花之交易为数尚不可胜计，有蒸蒸日上之势"②。豫南潢川县的棉花集散市场，更是"北通许昌，南济武汉，每届秋令，车马辐辏"③。而山东曹县的棉花多以县城为集中地，然后销往河南、江苏、济宁等地。

烟草专业市场。河南许昌产烟区大都距离许昌火车站五六十华里之外，产烟区内各镇因之成为烟草集散中心。许昌县城西 50 华里的石固镇，便是一个集散烟草的大镇。镇内居民 443 户 2807 人，烟行不下 50 家④。襄城产烟最盛，因交通及运输关系，其距许昌较近地带之烟，多直接运许昌，距许昌较远者，则多运至襄城城内，"在襄收买烟叶之客商，分申许两帮，许商购买者，则多运许待价转售；申商则随购随运，不复在许停留"，因此襄城便成了烟草集散地。郏县因距许昌较远，农民多不将烟叶直接运许昌。距襄城较近者，运襄出售，其余则集中于冢头镇，老官营，三教堂及郏县城内，由烟行代许昌、上海客商收购运许昌。宝丰县境内无烟行，所产烟叶多系在襄城、郏县城内出售，故襄、郏、宝三县烟叶，大部分交易，均系先集中襄城及郏县之冢头镇，然后运至许昌，由平汉铁路向外输出。临颍所产烟叶，有半数以上运许昌出售，亦有一部由临颍顺平汉路出境者。鲁山烟叶多由许昌烟商委托当地烟行收购运许昌。长葛县烟农多直接运许昌出售。禹县烟叶，则多由烟行在城内及张得镇、石固、许昌属泉店等地集中收购，然后运许昌⑤。

油料作物专业市场。淮域的油料作物主要有大豆、花生、芝麻。地处油料作物产地又在交通运输网络和连接外销市场等方面处于有利地位的集镇，得以较快速度发展为大豆、花生、芝麻的专业市场。河南大河以南所产黄豆多运汉口，以驻马店、郾城、周家口为最大专业市场。由京汉路驻马店、确山、新安店、明港等站，运往汉口，谓之火车豆，年约百数十万石⑥。鲁南是花生的主要产地，蒙阴县所产花生多经过大汶口镇销往济南，或经过济南销往青岛。日照县所产花生经胶县王台镇，海运青岛或上海。杞县、开封、通许、中牟、商丘、永城等县，是淮域河南境内花生的主要产区，开封

①《河南棉业》，1936 年，第 98、99 页。

②《河南棉业之发达》，《民国日报》，1919 年 10 月 24 日。

③《大中华河南省地理志》第 5 篇，第 310 页。

④ 陈伯庄：《平汉沿线农村经济调查》，附录"平汉沿线农村见闻杂述"，1936 年。

⑤ 河南农工人银行经济调查室：《河南之烟叶》，1939 年，转引自杨国安编著：《中国烟业史汇典》，第 1196 页。

⑥《今世中国贸易通志》，第 97 页。

县朱仙镇以多产花生见称①。汉口所集芝麻，河南产占 8/10。河南年产 119 000 余担，郾城、周家口（25 000 吨）、驻马店（1 万吨）、遂平（3000 吨）、西平（5000 吨）、临颍（5000 吨）、许州（1000 吨）、漯湾河（6 万吨）、确山（1 万吨），为最大专业市场。其中漯湾河、周家口两处尤盛，漯湾河每年集散额可达七八万吨。德商瑞记、礼和、儹利，日商三井、三菱、大仓皆于此收买②。据实业调查人云，"芝麻宛陈两郡大收，均在漯河售出，由火车运往南省"。③

商品粮专业市场。淮域是我国重要的粮食产区，故粮食市场历来比较发达。如安徽怀远、蚌埠是重要的粮食集散地。江苏涟水县的佃湖镇，以麦及杂粮之集散为大宗④。东台县"扼盐城之南，为盐城米稻运往泰县海安必经之地，故城西下坝之关桥一带，米市兴盛，杂粮稻行，多至六十余家"。而该县的溱潼镇"跨泰县界，为米稻集散地，繁盛仅亚于县治"。仙女庙为"江北米市之总汇，商业极盛"⑤，系江苏四大米市之一。泰县姜堰镇，"为上下河枢纽，由高邮、兴化、东台运载大小麦来姜销售，每年至少以数十万石计。宁波、上海商船麇集。如皋沙绅元炳，设萃丰押汇堆栈公司于镇北，而各行栈及居户之堆积者，复仓廪山积。他如庄猪、豆及各项杂货销市亦旺。商贾辐辏，交通便利，诚一绝好市场"⑥。淮域河南境内也是主要产麦区，以集结和中转大宗粮食而著称的大镇不乏存在。如河南商丘县的马牧集镇因陇海路经过并设有车站，镇内有商铺近百家，商务繁盛，有"小归德"之称⑦。该镇"为豫东粮食集合之大镇"⑧，镇内"以粮业为最巨，居民约六百余户，每年至多可运出粮食一万二三千吨"⑨。郾城县漯河镇便是该县及周边襄城、舞阳、遂平、西华、临颍乃至周口镇的粮食集散地。位于沣水、汝水会口之漯河湾，东临平汉线郾城车站，有寨垣，人口约 1万，"水陆四达，舟车辐辏，故商务颇盛。汉口北来之货，多于此销行本省南部各地；而土产之芝麻、黄豆、鸡蛋、牛羊皮、茧绸等亦由此输出"⑩，"为汉口吸收中原农产之中心"⑪。《河南省经济调查报告》指出："民国以来，漯河之商业日渐发达，市场之活跃与否，全视粮食是否畅销为转移，故粮食业为漯河之命脉。"⑫ 1901 年前，漯河有粮

①　参见丛翰香主编：《近代冀鲁豫乡村》，中国社会科学出版社，1995 年，第 153 页。

②　《今世中国贸易通志》，第 121、122 页。

③　《时报》1906 年 10 月 6 日。

④　《分省地志·江苏》，第 337 页。

⑤　《江苏六十一县志》上卷，第 131、132 页；第 132 页；第 50 页。

⑥　临时实业视察员李鹍声：《淮扬道区泰县实业视察报告书》，《江苏实业月志》第 8 期，1919 年 11 月，第 32 页。

⑦　《分省地志·河南》，第 206 页。

⑧　《陇海全线调查·各站运出粮食调查表》，1932 年，中国第二历史档案馆：全宗号 669，案卷号 2928。

⑨　《陇海全线调查·商丘县》，1932 年，第 101 页，中国第二历史档案馆：全宗号六六九，案卷号 2928。

⑩　《分省地志·河南》，第 166、167 页。

⑪　《大中华河南省地理志》第 4 篇，第 94 页。

⑫　崔宗埙：《河南省经济调查报告》，1945 年，转引自丛翰香主编：《近代冀鲁豫乡村》，第 158、159 页。

坊只 10 余家，粮食成交量大概每天不过二三百石。京汉铁路通车后，周家口、北舞渡粮食市场逐渐转向漯河，粮商云集漯河，至 1914 年达 200 余家，每天成交的总和最低约 80 万市斤，最高约 260 万市斤，每天在漯河码头停泊的买粮船只有 100 多艘。1917～1928 年间，漯河车站的转运公司扩展到 48 家。后几经战火破坏，漯河粮食市场趋于衰颓[①]。在山东，麦为中等人家之主食，产麦区域 4200 万亩，烟台、济宁等地为贸易中心[②]。鲁西南夙有山东粮仓之称。除了济宁是重要的粮食集散中心外，济宁城西 20 华里之安居镇亦甚繁荣。鲁西南的金乡、单县、郓城、曹县、巨野、汶上等县出产的杂粮均在此镇集散，粮行 8 家。该镇其昌盛期为光绪宣统年间[③]。峄县境内韩庄镇，位于津浦铁路与大运河会合处，水陆交通便利，商业兴盛，市街建筑跨运河两岸，居民 1500 户，商号 150 家，其中大商号 9 家，粮行为 8 家，另 1 家为船行，并设有厘金局，县境内出口粮食，皆在此集散[④]。

草帽辫专业市场。草帽辫是一种手工业品，据《中国实业志·山东省》记载，草帽辫（亦称麦辫）业起源极早，清季渐臻发达。自民国初年至十三四年间，为其最昌盛时期，此后逐渐衰落。据 1919 年侵日军青岛守备军民政部编的《山东之物产》第一编《麦秆真田》记载，淮河流域山东、河南境内的麦辫集散市场主要有宁阳县城、临沂县马头镇、鹿邑县城。宁阳中庄、大王山地区草帽辫于宁阳县城集散，一战前就有辫庄 12 个。郯城县出产的草帽辫于马头镇集中，集散额为 2000 包，一战后有辫庄 15 个。归德地区（包括柘城、太康、朱桥以及亳州）的草帽辫在鹿邑县城集中，集散额为 4000 包，一战后有辫庄 10 余个[⑤]。

（三）中转市场

中转市场多位于水陆交通的枢纽处，不以本身消费为主，而是转运各地商品和沟通口岸与内地的商品流通为主。近代淮域的中转市场主要有山东沿海的涛雒口、江苏沿海的响水口、濒临长江的江都霍家桥、陇海路沿线的商丘朱集镇等。

涛雒口，属于山东日照县。沿海航路通达上海、浒浦、盐城、海州、青岛及大连。其农产品输出以莒州、沂水、蒙阴为货源地，陆路运输使用小车、马车和骆驼，单是

①　参见刘植生：《漯河粮市史料》，中国人民政治协商会议全国委员会文史资料委员会编：《文史资料存稿选编》，经济（下）22，中国文史出版社，2002 年，第 248～262 页。

②　《山东省经济近况》，《申报》1923 年 3 月 4 日。

③　〔日〕《山东省济宁县城さ中心とせ\u308b农产物流通に关する——考察》，第 73 页，1942 年。东京大学东洋文化研究所藏。转引自丛翰香主编：《近代冀鲁豫乡村》，第 139 页。

④　侵华日军青岛守备军民政部铁道埠编：《调查资料》第 27 辑，"大运河及盐运河沿岸都邑经济事情"，1921 年。日本东京大学东洋文化研究所藏。转引自丛翰香主编：《近代冀鲁豫乡村》，第 157 页。

⑤　参见丛翰香主编：《近代冀鲁豫乡村》，表 2.5 "山东、河北、河南麦辫产地及集散市场和集散额"，第 177、178 页。

每月由莒州抵涛雒港的运货骆驼就有 100 余头。涛雒港民船输出的货物，大部分为莒州、沂水、蒙阴等地所产的花生、花生油、腌猪、牛皮、柿饼等农产品，由南方和青岛输入的货物基本上也是在沂州地区消费。据 1917 年统计，涛雒港每年由沿海民船输出的货物为：花生油 2.3 万篓（每篓 180 斤，最多时达 7 万篓），花生 2.5 万包（每包 2000 斤，最多时达 7 万包），腌猪 2.5 万头，牛皮 3000 张，柿饼 3000 包；输入货物为：煤油 5000 箱、火柴 4 万箱、糖 2500 包、土布 2000 件、洋布 100 包、洋纱 1200 件、棉花 1000 包、面粉 10 万包、南纸 3 万块、高粱 1 万包、玉米 3000 包①。

响水口镇，属江苏灌云县，在灌河上流，距海口 110 里，"海舶出入，多在此地下缆"②，有轮船通海州、青岛③。20 世纪初以来，"南北客商多会集于响水口，采办土产货物，南运上海、汕头、厦门，北运烟台、龙口天津，约三千吨。轮船航行无阻，莫不称便"④，"为由大连来豆油进口及本县蚕豆麦之出口市场"，"出口之去路全为青岛、大连二埠，间亦有往上海者"，"每年出入口货为数甚巨"⑤。响水口"轮运货物可以抵外汇者，有鸡蛋、芝麻、牛皮等货；可以为上海、天津、青岛、烟台面粉厂原料者有小麦；可以为龙口、烟台粉坊原料而制粉干运销南洋香港者有绿豆；可以为汕头、厦门帮运回闽粤而为植甘蔗肥料者有豆饼。其他物产大宗，如苞米、红粮、黄豆、安豆、棉花、花生、披猪、鸡鸭等物，均为江北地方出超"⑥。可见，响水口镇是近代淮域重要的土、洋货中转中心。正因如此，1937 年 5 月，响水口地方绅商呈请江苏省政府和实业部批准该地修建港口以及兴筑新浦至响水口的陇海路支线，并自开商埠。事虽未果，但响水口在近代淮域所奠定的中转市场地位却是不容置疑的。

霍家桥，距江都 12 里，南濒江口，系水陆交通之冲，"受水较浅之江轮可达"⑦，民国时期，上海、霍家桥之间开辟有内河航道⑧，"进出商货，多在此地装卸，商业人烟，遂以兴盛"⑨。苏北的土产若豆、麦、鸡、鸭、鸡蛋、蔬菜、鱼、蟹之属"胥由兹运沪；而粗笨之货，由沪运扬，亦多赖此输转焉"⑩。1932 年调查资料显示，苏北农产

---

① 〔日〕青岛守备军民政部：《调查资料》第 10 辑，《南山东及江苏沿岸诸港调查报告书》1919 年，第 135、140、141 页，转引自庄维民：《近代山东市场经济的变迁》，第 130、131 页。

② 殷惟龢编：《江苏六十一县志》上卷，第 144 页。

③ 《分省地志·江苏》，第 367 页。

④ 《江苏省灌云县响水镇商会等呈请开辟响水镇为港埠》，1937 年 5 月，中国第二历史档案馆：全宗号四二二（4），案卷号 2613。

⑤ 《中国实业志·江苏省》，第 86 页。

⑥ 《江苏省灌云县响水镇商会等呈请开辟响水镇为港埠》，1937 年 5 月，中国第二历史档案馆：全宗号四二二（4），案卷号 2613。

⑦ 徐谦芳：《扬州风土记略》卷之下，《交通》。

⑧ 单树模：《镇江的兴起和发展》，见南京师范学院地理学江苏地理研究室编：《江苏城市历史地理》，江苏科学技术出版社，1982 年，第 149 页。

⑨ 殷惟龢编：《江苏六十一县志》上卷，第 49 页。

⑩ 徐谦芳：《扬州风土记略》卷之下，《交通》。

品"运长江一带者，可由运河顺流而下，直达扬州霍家桥，分运上下游"，自1930年厘卡取消后，"运河上下运行无阻，货运顿旺"。原因在于自宿迁县新安镇火车站由内河运转上海，较由陇海路大浦站出口，"运输费约廉百分之四十，而运输日期亦相差无几，故商人咸舍车运，而群趋水道矣"①。还有一个重要原因就是镇江"近年江岸沙滩日涨，以致舟车不能啣接"，以至于"江北贸易之进出，遂多改道由轮直运霍家桥"②。实际上，霍家桥瓜分了部分镇江中转至无锡、上海等地的市场功能。

商丘朱集镇，自陇海铁路在此设站通车以后，顿成闹市，为豫东进出口最大之车站。此镇距县治15里，有胶皮车400多辆每日接送旅客。车站附近有旅馆20余家，转运公司有七八家，营业发达，随时增加。该站"输出除本县之出产外，大部来自皖亳，盖亳县为皖北商业荟萃区域"。太和、涡阳、蒙城、颍上、亳县皆皖北大县，有相当部分的货物如药材、芝麻、黄豆、牛羊皮、草帽辫等，都经亳县集中，运往商丘朱集镇站，然后经陇海路至大浦，转运上海，或经徐州转津浦路转运上海③。

（四）集散市场

集散市场，既可以是综合性的，也可以是专业性的。专业集散市场前文已述及，故这里所说的集散市场，则是指一定经济区城内的商品贸易中心，是综合性的集散市场，与中心市场和进出口市场有着紧密的联系。综合性的集散市场既是所在地区商品消费的主要货源地，又是该地区产地市场农副产品的集散地，商品消纳范围往往扩及周围数十个县。集散市场虽然也存在服务本地的经济功能，但主要以大宗商品集散为主，进行中间层次的转手贸易，交易者以商贾为主，以获利为目的，通过集市和商贾使集市和地区市场连为一体，成为市场网络。因此，集散市场是沟通城乡市场和各地经济联系的重要枢纽，它的形成归根到底是植根于农副产品的商品化。因而它们发展的早与迟、快与慢，完全取决于各地区农副产品商品化生产的推进程度。

近代淮域综合集散市场众多，多数县城以及一些中心市镇都是重要的综合商品集散市场。举其大要，有安徽的蚌埠、六安，江苏海州、徐州、兴化，河南郑州、许昌、信阳、驻马店、周家口，山东济宁、兖州、滕县等。

蚌埠，在1912年津浦铁路正式通车后，很快取代了临淮关而成为豫东、皖北的重要商品集散地和商品中转中心。蚌埠市场以物资中转为主，盐粮集散为大宗。车装食盐运到蚌埠后，除小部分市销外，绝大部分由淮、涡、淝等河及蚌宿、蚌阜、蚌合等公路，散销至皖北、豫东及鄂东北40余县的广大农村④，据冯和法著《论中国国内贸

① 《陇海全线调查·宿迁县》，1932年，第30、31页，中国第二历史档案馆：全宗号六六九，案卷号2928。
② 殷惟龢编：《江苏六十一县志》上卷，第16页。
③ 《陇海全线调查·商丘县》，1932年，第102~104页。
④ 蚌埠地方志编纂委员会：《蚌埠市志》卷6，《商贸》，方志出版社，1995年，第412页。

易》一文中称，1933 年通过蚌埠远销皖北、豫东的淮盐不下千万担①。盐交易的扩大，刺激了粮油及其他行业的发展。"凡长淮流域所产粮谷以及颖河、山河一带所产黄豆、大米等，均舟运到蚌。装包车运出口，南赴上海、无锡，北赴济南、天津等处。"②《论中国国内贸易》一文记载："皖北以小麦、黄豆、高粱、芝麻等类为大宗。故粮业在蚌埠亦占重要位置。"经过蚌埠中转集散的货流量非常大，由蚌埠运浦口的货物，每日达六七百吨，待运货物常有 5000 吨③。据《安徽省二十三年度统计年鉴》记载，由蚌埠车站运出的黄豆、麦、米等货物达 378 250 吨，运进的酒、服饰、纸、火柴、染料等物品达 95 935 吨。1937 年，"本埠商业巨轴首推盐粮、转运两业，曩岁，转运业尤形发展，设立公司一百余家"④。"凡此区内各镇输出之货物，麇集于此。其输出货物，以农产物麦、黄豆、烟叶为主，其次为六安等地之竹、木、茶、麻、油，以及淮南大通烈山等矿之煤，宝丰、信丰两厂之面粉"，"其输入货物，为盐、布、棉纱、糖纸、煤油，以及日用货品"⑤。与此同时，北京、天津的工业品也车运蚌埠，再从这里运往两淮广大农村。故《安徽省一瞥》曾对蚌埠做了如下描述："蚌埠虽为新兴的市场，然而地势旷阔，河岸高固，且为津浦铁路渡淮的中点，水有轮船，陆有火车，凡颖、涡、浍、寿等流域的货物，都从本埠出口，而沪宁入口的货物，也聚于此，以分布于淮河各县。"⑥

六安，濒临淮河支流淠河上游东岸，扼公路中心，交通便利，人烟稠密，商业发达，"盛产米、茶、麻、盐、茯苓等物，均集中于此，尤以茶为主"⑦，立煌、霍山、六安、舒城、岳西一带茶区，每年产额达 800 余万市斤，"大亦被敌寇直接收购或利用奸商，大量走私，集中六安，运销鲁省"⑧。可见，六安不仅是淮域茶叶集散中心，也是皖西其他货物的主要集散地。皖西地区的茶、米、麻等农产品经六安运往合肥，换进洋布、煤油、砂糖、纸张、食盐等货物，再转销霍山、霍邱等地⑨。

海州位于江苏东北部，东临黄海。光绪年间，徐海地区输出的粮食、豆、豆饼等，多集中于淮安，然后分销南北。1868 年，黄河断流，豫东捻军达海州、沭阳一带，淮徐以及安徽凤阳、颖州地区原经淮安中转的大宗黄豆、豆饼、豆油等货皆改经临洪口、青口出海去上海、青岛、苏杭，海州诸港集散地位逐渐奠定。海州建港之后，陇海铁

① 冯和法：《论中国国内贸易》，《国际贸易导报》第 5 卷第 8 号，1933 年 8 月。

② 《总商会月报》第 5 卷第 3 号，1925 年 3 月。

③ 〔日〕东亚同文会：《支那省别全志·安徽省》。

④ 《皖北日报》1937 年 4 月。

⑤ 《蚌埠经济概况》，《安徽地方银行旬刊》第 1 卷第 7 期，1937 年 5 月 1 日。

⑥ 胡去非、严新农：《安徽省一瞥》，上海商务印书馆，1931 年。

⑦ 《安徽概览》，1944 年编，安徽省档案馆印，1986 年，第 13 页。

⑧ 上海市档案馆编：《日本在华中经济掠夺史料》，第 346 页。

⑨ 冯之：《二十世纪初安徽主要城镇商业简况》，中国人民政治协商会议安徽省委员会文史资料研究委员会编：《工商史迹》，安徽人民出版社，1987 年，第 170、171 页。

路东展至此，使中部各省成为它的经济腹地，进而发展成为一大集散口岸市场。"至东海之进出口贸易，以棉纱、布匹、红糖、白糖、火柴、纸类为大宗，估计每年进口，棉纱一万余件，布匹五六千件，红糖四五千件，白糖万余件，火柴五六千箱，纸万余块。出口货物以杂粮、花生米、豆饼为主要，估计每年出口杂粮百万担，花生米六七十万担，豆饼百万担；此外，盐纸出口亦为主要货物，每年出产为数甚巨。"海州大浦港，在东海县境内，当陇海路之终点，系海陆运输之中心。沿陇海铁路的陇、秦、豫、苏四省物产，均由大浦出口，其进出口货物，又可畅销沿线各埠，直至兰州。加以陇海线东跨津浦，西贯平汉，运输便利，商品进出，得由大浦为其吐纳之口①。大埔港的进出口贸易，在1918～1920年，是一个连续增长的过程，1918年货物进出口数为62 209吨，1919年增至113 111吨，1920年更达145 814吨②。从1921年开始下降，一直未能恢复到1920年前的水平，原因是锦屏磷矿由海州进出口的减少，陇海铁路材料运输已经完毕，以及该路屡被水患以及内战的频繁③。1934年以后，随着连云港部分的泊位使用，大浦港逐渐废弃。1933年以后，连云港进入建设和贸易的发展期。1934年连云港货物吞吐量是174 518.67吨，1935年为347 806.80吨，是1934年的1.99倍。1936年，吞吐量为509 657吨，又比1935年增长47%。而1937年上半年货物吞吐量就达418 203吨，已达1936年全年货物吞吐量的82%④。1935～1937年，由于中兴煤矿（即今天的枣庄煤矿）所产之煤经由连云港输出，使连云港的输出入货种发生了根本变化，即从原来的输出农副产品为主的中转港变为以输出煤炭为主的中转港口。连云港的埠际贸易主要是青岛、上海，而以上海为主。1936年连云港与青岛之间的贸易数仅占连云港当年吞吐量的9.1%，其中输入量占全年输入货物的11.6%，输出量占当年输出的货物的8.4%。而1936年和1937年上半年，连云港与上海间的贸易货物各占连云港当时吞吐量的49.2%和55.5%，其中输入分别占当时连云港输入货物的58.5%和66.2%，而输出则占当时连云港输出货物的46.9%和53.6%⑤。1939年日军占领连云港后，使之变成了掠夺华北重要物资如煤、铁矿石、盐等的集散港。据日本青岛商工会议所1941年调查推算，当时，河南、陕西、山西、苏北、鲁南等地出产大量的棉花、小麦、豆类、花生等农产品，每年经过连云港输出的数量可达100万吨⑥。

---

① 《中国实业志·江苏省》，第78页；第67页。

② 青岛市档案馆：《华洋贸易统计册》，转引自阎建宁：《近代连云港经济发展研究（1894～1937）》，复旦大学硕士毕业论文，2000年，第20页。

③ 《胶海关民国十四年华洋贸易统计报告书》，1925年。

④ 刘俊峰：《陇海铁路终端海港》、田北隆美：《连云港调查报告》，转引自阎建宁《近代连云港经济发展研究（1894～1937）》，复旦大学硕士毕业论文，2000年，第24页。

⑤ 参见徐德济主编：《连云港史》（古、近代部分），人民交通出版社，1987年，第110页；第112、113页。

⑥ 田北隆美：《连云港调查报告书》，转引自德济主编：《连云港史》（古、近代部分），第138页。

徐州，位于江苏省的北部，居津浦、陇海两路交接之处，两路通车使这个在军事地理上的重镇兼具商业集散市场的地位。如铜山、砀山等县及山东滕县、河南归德等地所产棉花，"每年之由徐州之运往上海者，实非少数"①。1925 年的徐州，"小麦出口20 285 吨，花生仁出口 18 070 吨，豆饼出口 4970 吨，杂粮出口 1247 吨，麦粉出口15 830 吨，黄菜瓜子出口 893 吨，鸡蛋出口 15 830 吨，猪出口 2003 吨，羊皮出口 216吨，高粱酒出口 2327 吨，芝麻出口 92 吨，统共价值 750 万元"②。1932 年，铜山县的大许家站附近所产小麦、杂粮输出者，皆用牛车运赴徐州销售；大湖站附近年产花生、小麦约 300 多吨，均集于徐州粮市③。徐州还是海州渔产的中转站。"海州地濒黄海，鱼盐生产甚富。乌贼每斤售铜圆一百二十枚，较徐州市价低至九分之八"，因而海州海产"自皆由徐州运达于内地矣"④。

兴化，是里下河地区重要的综合商品集散市场。兴化以布疋、棉麻、油盐、糖、竹木为著，烟酒、磁、陶、绸缎、杂粮、铅丝、钉铁、锅、席、国药、桐油、碱、炭、西药、纸张、煤油、洋烛、肥皂、火柴、卷烟次之，"输入之货，南来自沪、镇，经过扬、泰；北来自盐城、宝应、淮安、淮阴等县"，大多集中于兴化县城，然后分布于各镇；"输出之品，米稻为大宗，大小麦、黄豆、菜籽次之。鸡、鸭蛋、鱼虾近年亦远销沪上。凡商店，大者多营批发。粮行贸易为数甚巨，油坊、杂货、布疋亦称盛焉"⑤。

郑州，在 1905 年平汉、陇海两铁路线通车后，成了豫、陕、甘、晋西南等地的物资中转集散中心。"郑州扼南北之咽喉，路线交错，五方杂处，陕甘新晋、直鲁豫鄂之货物土产，行销周转，悉由此经过，转运公司林立，堆栈触目皆是，行商坐贾，此往彼来。"⑥ 1932 年郑州车站转运出主要货品，计棉花约 6000 吨，小麦约 600 吨，大米约600 吨，瓜子、红枣等 400 余吨，其他共计 3000 余吨。该站"大宗输出皆由他处运到，转口之货物也"，"如本路大浦之淮盐运赴豫南者，许昌烟叶运赴上海者，余如南北之杂粮，陕西之棉花、药材、皮毛等，均到郑集合分转"⑦。而郑州商务以棉花为大宗，郑州与上海、天津、汉口，共同构成了我国著名的四大棉市中心。1926 年时，有消息称："陕晋各地产棉虽多，而其运售，大多集中于郑州，以待各纱厂前来采办"，"是以郑州一埠，赖棉业以振兴市面"⑧。总的来看，集中郑州的棉花，包括豫、陕、晋三省的产品，以豫省为最多。陕省次之，晋省最少。豫省境内陇海沿线的棉花，分别集中

① 临时实业视察员唐绍垚：《徐海道区铜山县实业视察报告书》，《江苏实业月志》第 9 期，1919 年，第 7页。

② 《徐州农产输出之调查》，《民国日报》1926 年 7 月 24 日。

③ 《陇海全线调查·铜山县》，1932 年，第 62、63 页。

④ 《陇海路东段完成后之徐州（海产由铁路运销内地）》，《申报》1925 年 10 月 10 日。

⑤ 民国《兴化县续志》卷 4，《实业志·商品》。

⑥ 《实业界消息：郑州商务近况》，《安徽实业杂志》第 3 卷第 5 号，第 20～22 页。

⑦ 《陇海全线调查·郑县》，1932 年，第 159、163 页。

⑧ 《纪闻·郑州之花纱市况》，《河南实业周刊》第 4 卷第 25 期，1926 年 1 月 30 日。

于阌乡、灵宝、陕州、洛阳、巩县等处，然后运郑州。陕西泾渭两流域所产，则先集中于咸阳、渭南、泾阳、三原等处。洛阳下流所产者，先集中于朝邑；山西汾河下流所产者，先集中于韩城、荣河等处，最后也大部由陇海路运往郑州。此外黄河以北豫省境棉花也有一部分集中安阳、新郑等处，由平汉路运往郑州，但不若运赴天津者之多。总计三省聚集于郑州的棉花，常达三四十万担。陕西每年运销棉花约 40 余万包（每包 200 斤），河东（山西蒲州潞村一带）一带 14 万~15 万包，河南 20 余万包，计秦、晋、豫三省消棉重量超过 1.06 亿斤，法美各国洋行及日本三菱日信各行，买去 2/3，中国各工厂消纳 1/3①。郑州棉花除一小部分留供本地消费外，大都由陇海路东下海州，然后转运上海，其由平汉路运往汉口的，或陇海路转津浦北上天津抑或销往青岛等地的乃是少数。

　　许昌，在清代以前，工商业十分落后，京汉路通车后，许州"乃京汉铁路之中段，东接鄢陵，西连禹州，南临临颍，北至长葛，周围四百里，货物产销之聚处也"，从而一跃成为周围 40 余县的商品集散市场。民国年间，许昌城内有丝行 26 家，绸布行 30 余家，钱铺 20 余家。运进各货，以由山西、汉口、四川等处为大宗，如丝由南阳、湖北、四川运来；棉花由彰德、洛阳、湖北、山西办进；盐，由天津。至各种洋货及烟、油、纸等，均由汉口输入。出口货，芝麻、鸡蛋均销往汉口，并有蛋厂一处。布销榆次、太谷、平遥等处②。许昌大宗集散产品主要是烟叶、丝绸、毛皮。"经营丝绸业者，从前约有十余家，专售豫西山丝绸，名曰府绸，转销蒙古、苏俄。"③ 茧绸产地以山东为第一，河南、四川次之。河南重要产地为汝州、鲁山、南召、镇平，品质优于山东绸（光泽佳，无糊粉），全省织机约 2500 架，产额约 30 万匹，以许昌为聚散场。由平汉路运至汉口，汉口有洋商泰和、瑞林两行，专办出口，每年出口约 3000 担左右④。许昌、襄城、郏县、禹县、鲁山、宝丰、长葛、临颍、郾城等县境内多产美种熏烟，"每年冬季新烟上市，由各行商向各城乡收买，汇聚许昌，经平汉路转销上海，每年约收烟 10 万包，每包平均价值 20 元，约共值洋 200 万元，因过市即停磅不收，且多系行商，来去无定，散处各县乡镇，无固定门市"⑤。据 1936 年调查，"鲁山烟行七家，运许烟叶达 1 204 754 斤。于此可见襄、郏、鲁、禹、长等县烟叶，向许昌集中之一斑矣。至由许昌散往何地，其由平汉铁路南下，直运汉口，除留汉一部外，余则悉转上

　　① 《郑州棉花市场之今昔观》，《中行月刊》1934 年 5 月 8 卷 5 期，第 165 页；狄豫福：《郑州棉市之调查》，《国际贸易导报》2 卷 12 期，1931 年 12 月 10 日；陈篯人：《郑州棉花市场概况》，《中行月刊》2 卷 10 期，1931 年 4 月；《实业界消息：郑州商务近况》，《安徽实业杂志》第 3 卷第 5 号。

　　② 桂绍熙：《最近各省金融商况调查录》，上海国光印刷厂，1916 年，第 23 页。

　　③ 实业部中国经济年鉴编纂委员会编辑：《中国经济年鉴续编》（1935），商务印书馆，1935 年，第（N）506 ~（N）507 页。

　　④ 《今世中国贸易通志》，第 47 页。

　　⑤ 《中国经济年鉴续编》（1935），第（N）506 ~（N）507 页。

海，占总输出数百分之七十以上；其由平汉铁路北上转往天津青岛等埠者亦有，惟为数较少，仅占百分之三十以下耳"①。抗战爆发后，许昌的烟叶及纸烟继续营业，"盖因后方需纸烟甚多，故设法西运，牟利颇厚，又因上海各大都市需要卷烟原料，故烟叶则东运"②。此外，许昌毛皮集散亦颇繁盛，业此者有张裕盛、义盛源、义盛东、曹明盛、同义福、恒记、义庆长 7 家，全系代客买卖，运往汉口，专收佣金，所运以牛羊皮为多，羊毛次之③。

信阳，在信阳车站之西，城周 9 里余，为楚豫冲衢，"俗云小汉口"④。"入北门而南，至小南门街；折而东，接于南大街，南至南门；趋北折东，至东大街，抵东门皆城内繁盛之街市"。"北门及西门大街多香店"。"城内有最多之商店两种：一为首饰店，一为药材店；而药材店尤多"。京汉铁路经过，信阳车站为豫南之一大站，"淮河流域，商货出入之要"。"市街路宽平，商店屏列，触目皆奢侈品，而舶来品尤多"。信阳城周围原为大片农田，"铁路通后，展筑马路；沿路商店日增，居民日众。旧日商业以城内南门大街为盛，嗣移于车站西之共和里，今则为车站之大马路、横马路等街所夺；共和里仅余货栈数家，余则尽为民居"。"东门外及车站皆有米行，由京汉路运至北方各都市，次于米者为芝麻、黄豆，回民采购牛皮、牛油，运往汉口。竹箬近由日本收买；又有洋商设厂收买猪肠。"⑤ "西乡锅厂一所，年出铁锅，运销济南等处，年约二十万圆。又产麻运江西，竹销三河尖、罗山一带，每年约有十七八万元。进口货，以芦盐为大宗，每年约销十五万引，值洋三百万元。次则煤油、卷烟、洋布、煤炭、靛青、纸张、磁器、洋广杂货等，均由汉运进，每年约值一百万元云。"⑥

驻马店，原为确山县一小镇，光绪年间还是单日逢集，有饭店、杂货店、理发店等 10 余家。自平汉铁路南北贯通并在此设站后，交通便利，商贾云集，贸易渐盛，人口达 4 万人，遂成大镇。"东通汝南，西通唐河、南阳，汉口北来之货，豫南输出之货，多集散于此，故商务颇盛。"⑦ 出口货以杂粮为大宗，芝麻最多，每年产额 5 万吨，黄豆 1 万吨，十分之九运往汉口销售。小麦年产 1 万吨，除自用外，全部运往平津一带。次为牛羊皮，每年产额各 500 吨，分销沪、汉。进口货以食盐、纸烟、洋广货、煤油为大宗。食盐每年销售 20 万包，约值 300 余万元。纸烟 4000 箱，价值百万元，英美出品占多数。洋广货每年约销 60 万元。煤油，亚细亚美孚石油两公司煤油每年约销3 万箱，值 30 余万元。洋靛年销 30 万元左右。各种进口货运销东西两处四乡者居多。

① 《河南之烟叶》，1939 年 1 月，转引自杨国安编著：《中国烟业史汇典》，第 1197 页。
② 《调查·许昌收复前后经济概况》，《河南农工银行月刊》第 1 卷第 3 期，1946 年，第 24 页。
③ 《中国经济年鉴续编》（1935），第（N）506～（N）507 页。
④ 《大中华河南省地理志》第 5 篇，第 268 页。
⑤ 《分省地志·河南》，第 181～184 页。
⑥ 《最近各省金融商况调查录》，第 25 页。
⑦ 《分省地志·河南》，第 170 页。

1932 年，全市商户大小约 800 家，资本自数百元至一二千元者居多①。至 1936 年，商户增至 1500 余户，到新中国成立前夕还有商户 865 户。粮食、芝麻等农产品交易活跃，旺季时日交易量达 150 吨左右，每年外运量达 6 万余吨，其中大豆占 60%，芝麻占 30%，市场繁盛程度远超过了县城②。

周家口，"为镇江商品由运入淮之集散场，市分河南、河北、河西三部"③。在清初尚是一个仅有居民数户的小市集。清朝后期，贾鲁河淤塞，一代名镇朱仙镇衰落。光绪年间，周家口因为"诸河会流之地，由沙河通淮河，由淮河通运河，由运河通长江，水道四达，舟车辐辏"④ 而取代朱仙镇，成为河南豫东输出入货物的最大集散中心。民国时期，"是镇为水陆冲途，循淮河、大运河及其支流而下，得行其贸易于安徽、江苏诸省，而在镇江为尤盛。若山西、直隶、及本省内部亦通贸易。自铁路开通后，与汉口贸易亦渐盛"⑤。出口产品以芝麻、牛羊皮为大宗，小麦、黄豆、金针菜次之，茶叶又次之。"芝麻约值三四百万两，牛羊皮约值二百万两，均运汉，转销粤、申、镇及外洋。小麦、黄豆约值一百万两，运销北省，黄豆有南行者。金针菜约值六十万两，销镇江。茶叶由六安州进口，约值四十万两，转销京、津、济南一带"。输入货物，以糖纸为大宗，约值 200 万两。次则芦盐，约值 100 万两。又次为洋货、布匹及杂货等，约值 100 万两⑥。

济宁，濒运河右岸，下达镇江，上通黄河，当南北运河来往之中枢，是鲁南最大的集散市场。津浦铁路建成通车以前，济宁系运河沿岸中心地点，东自沂州，西至开封，南达徐州，北抵济南，莫不以此为百货转运之起点。商业之盛，甲于全省。津浦铁路通车后，一度衰落，但后因修建有兖济支线以及北通济南，南通曹、单，西至菏泽，北抵郓城，东达滋阳的公路，"蔚为山东西南部之贸易中心，足与济南互相颉颃"，"输出入货物或济南、芝罘、青岛，或从镇江、上海"，"布匹、杂货、陶器、棉货、丝米为主要输入品"，"牛皮、牛油、落花生油、小麦、烧酒及盐等为大宗输出品"⑦。大量商品经铁路"自上海、青岛贩运至此"，除在地区内分销外，还进一步向鲁西扩展，"散布于曹州一带"⑧。

兖州，是鲁南仅次于济宁的第二大集散市场。兖州经津浦路输出的货物以花生、花生油、小麦、烟叶、豆饼、土布、香椿、畜产品为大宗，输出地偏重江南地区，民

① 《中行月刊》第 5 卷第 4 期，1932 年。

② 张民服、戴庞海主编：《豫商发展史》，河南人民出版社，2007 年，第 404 页。

③ 《大中华河南省地理志》第 4 篇，第 94 页。

④ 《分省地志·河南》，第 201 页。

⑤ 孔廷章、郑宇等编译：《中华地理全志》卷 1 上，《黄河中流地方·山西河南两省》，1914 年 9 月印刷、发行，1918 年 6 月 4 版，第 88、89 页。

⑥ 《最近各省金融商况调查录》，第 22 页。

⑦ 《分省地志·山东》，第 225 页。

⑧ 白眉初：《鲁豫晋三省志·山东省》，1925 年，第 163 页；林修竹：《山东各县乡土调查录》。

国初期，每年向北京、德州、济南等地输出烟叶 2000 吨、纸烟 100 吨，向上海输出香椿 300 吨、小麦 2000 吨、豆类 700 吨、豆油 300 吨、蛋制品 300 吨。输入货主要有砂糖、火柴、棉布、棉纱等。铁路开通初期，日用商品大部分从济南、天津输入，20 年代初，改以上海为最大货源地。当时每年经铁路输入棉纱 600 吨、布 3000 匹、煤油 450 吨、火柴 840 吨、砂糖 500 吨、煤 13 200 吨①。

滕县，在鲁南是仅次于济宁、兖州的第三大货物集散市场。在津浦铁路通车前，滕县进出口货物运输主要通过运河。民国以后，滕县运河商运逐渐停顿，"交通惟恃津浦路线"②，"出产以花生、杂粮为大宗，新秋上市，运销南省，均由申、镇两镇采办。黄梨、黑枣、山查等出品次之"③。

（五）中心市场

中心市场在市场体系中属于较高层次的市场类型，它既是区域商品集散中心，具有集散一省乃至数省范围内商品的功能，同时由于人口密集，工业和手工业比较发达，具有以零售业为主体的消费市场功能。淮域面积广大，而只有河南省会城市开封称得上中心市场。

自北宋以来，开封就是著名的消费中心。近代的开封仍是河南省政治中心，人口已达 20 余万，是一个达到中等规模的消费城市。其商业交易以豫东豫北各地农村为主，而以农产物的集散和布匹、日用品等贸易为大。民国时期"开封与七省连疆，为中州之地，南有汴洛衔接京汉，东有开徐贯穿津浦，交通便利，商贾辐辏，市面商业日见发达"④。开封长途贸易主要是输出农产品，输入工业制品。陇海铁路通车后，铁路运输成为开封对外长途贸易的主要运输形式，根据《陇海铁路开封站近五年输运货物统计表》⑤ 统计，从 1929 ~ 1933 年的五年中，共计输运货物 54 063 077 吨，其中农产品为 25 632 886 吨，几乎占五年来陇海路开封站输运货物总数的一半。开封外销的经济作物以芝麻、黄豆、花生为大宗，顺铁路向上海、无锡、武汉、广州等地输出，远销南洋及欧美各国。开封附近各地盛产花生及其他油料，其中花生是大宗输出的土特产，形成了豫东地区最大的油品油料集散地。民国初年，河南引进了意大利花生种子，此种花生适应开封多沙的地质，收成好，出油多，销路广，种植面积逐年扩大，市场交易量增加。从而吸引黄河北岸的原武、阳武、封丘、延津及附近各县的花生集中到开封市场，开封市内油品消费量不大，以向外输出为主，主要外销天津、徐州、

---

① 青岛守备军铁道部：《调查资料》第 19 辑，《兖州博山间铁道沿线调查报告》，1921 年，第 112 ~ 115 页，转引自庄维民：《近代山东市场经济的变迁》，第 92 页。

② 宣统《滕县续志稿》卷 2，《建置·交通》。

③ 《最近各省金融商况调查录》，第 11 页。

④ 《最近各省金融商况调查录》，第 21 页。

⑤ 河南省政府秘书处统计室编印：《河南统计月报》第 1 卷第 12 期，1935 年，第 106 页。

无锡、上海、武汉、广州等地。至"民国二十年，已有油脂行业11户，花生行增至72户，每月外销沪、穗等地60万斤"①。附近物产集中于开封的还有牛皮年约10万斤，山羊皮年5万~6万斤，羊毛约6万斤，棉花约5万斤，一部分供本市制造毡帽、皮革及织布之用，一部分输出②。开封输入的大宗商品以布匹、纸烟、化妆品等工业制成品为主，多由杭州、天津、上海、武汉等地运来。

在传统的封闭市场结构中，地方市场的域界影响着更大范围内更广泛地域之间的商品流通，加之铁路时代以前，粮食流通多以地区转地区的方式实现，不能实现直接的跨地区流通。地区内也因流通少，受丰年歉年和季节等因素影响，粮食价格波动剧烈。随着近代淮域交通的改进和各地区间经济联系的加强，原来仅能在产地消费的农副产品和手工业品脱离小范围的区域流通，成为重要的出口商品，加入到全国乃至世界流通范围；远道而来的洋货、土货得以逐步渗入到最终消费地，淮域各地以及淮域同别的区域甚至海外的联系日益加强。由此，传统的封闭式的市场结构开始解体，代之而起的是一个半开放式的市场结构。在这种半开放式的市场结构中，以地域为界的地方市场相互融合，并逐渐融进了整个民族国家的商品流通体系。关于这一点，最好的明证就是原来剧烈波动的丰歉差价和季节差价趋于平缓，相差悬殊的地区差价趋于一致。1937年，导淮委员会高宝湖区土地经济检查报告中有一段文字为此做了很好的注脚，云："淮安、宝应、高邮、江都四县，农作物中，向以小麦与稻米为主要品，故各种粮价之涨落，胥视小麦及稻米之市价为消息。民国十八年，江北大旱，米谷价值本应飞涨，而事实上竟不然者，则以沪、锡各公司购入大宗坎、澳洋麦。十九年收获尚丰，而各种粮食价格反高者，则以外国粮食进口减少（按是年小麦进口仅二百七十余万担——村），沪、锡各机厂公司，在江北一带尽量采买故也。迨民国二十年，江北各县惨遭洪水，海关洋米输入，又较十九年减少，米价似应飞涨，乃以水灾救济会借入大宗美麦，而各海关洋麦面粉之进口，总计比十九年多二三倍（其实多十倍——村），昔之以米为食粮者，改用麦粉，故米之供给虽少，市价仍未上涨故也。"③当然，近代淮域的这种半开放的市场结构，并不完全是因为淮域生产力的发展导致经济活动规模扩大的结果，在很大程度上是外国资本主义影响的结果。因为在近代中国社会中，资本主义生产方式的发展过程是与外国资本主义在中国影响的扩大和加深，密切联系在一起的。

当然，我们也要看到近代淮域农村市场的发育程度还远低于邻近的黄河流域和长江流域，主要表现在：一是集散功能的市镇发育程度较低。以江苏为例，至20世纪中叶，苏北地区具有集散功能的城镇只有80多个，仅占全省的8%左右，而苏南这类城

---

① 王命钦：《开封商业志》，中州古籍出版社，1994年，第78页。
② 参见李长傅：《开封历史地理》，商务印书馆，1958年，第39~48页。
③ 章有义编：《中国近代农业史资料》第3辑，第417页。

镇已发展到上千个，占全省的 80% 以上①，可见两者在市场发育程度上相差甚远；二是缺乏中心市场对淮域社会经济的整体带动和辐射。近代淮域只有开封一个中心市场，但开封既地处淮域边缘，又因商路变迁和频繁水患、战乱的困扰，自身已日趋衰落，带动和辐射淮域经济发展的功能非常有限，仅偏于豫东南一隅。而淮域的豫南、鲁南、皖北只能靠域外的武汉、济南、南京中心市场的边缘辐射和带动，这大大影响了近代淮域市场的整体发育水平。三是缺失独立的口岸市场之直接辐射和带动。近代淮域由于黄河长期夺淮而导致淮河以入江水道为主，没有自己独立的出海口，淮河下游沿海地区又因为黄淮造陆，为砂质海岸，变动无居，基本上没有形成优良港口的条件；淮河下游的黄海沿岸还由于介于青岛、上海两大口岸市场之间，即使有着良好建港条件的海州较早的自开为商埠，但由于距离青岛、上海太近而被吸纳成为青岛、上海中心口岸市场的交叉腹地，未形成自己独立的口岸市场，而只是成了青岛、上海的次级区域口岸市场。如此，淮域农村各层次市场多以武汉、济南、南京（津浦铁路通车前主要为镇江）这些域外中心市场或区域集散市场为中介，与天津、青岛尤其是上海中心口岸市场相连接，最终成了天津、青岛和上海中心口岸市场的交叉腹地或间接腹地。缺失独立的中心口岸市场的直接辐射和带动，是造成近代淮域农村市场发育程度相对较低，社会经济发展滞缓的一个重要因素。

---

① 彭安玉：《近代江苏市镇化初探》，《江苏社会科学》1993 年第 4 期。

第三章　近代淮河流域的工业

近代以降，由于国内外市场的扩大及西方资本主义的入侵，中国经济发生了重大变化。一方面传统手工业发生嬗变，并出现新的手工行业；另一方面产生新式机器工业，并得到不断发展。在此背景下，淮河流域制茶、榨油、酿造、纺织等传统工业或沿着原有的路径扩大再生产，或采用新设备进行机器生产；同时，因应市场需求与经济发展需要，草辫等新兴手工业与电力等机器工业应运而生。近代淮域手工业与机器工业是并行存在的，它们之间既是竞争关系，又是互补关系。煤炭工业作为淮域的一项支柱产业，在全国占有重要的地位。此外，在中国共产党创立的根据地，工业发展的举措及发展道路有着自身的独特性。本章所考察的"工业"，就广义上而言，既包括手工业，又包括机器工业。

第一节　手工业的嬗变与发展

淮河流域的手工业生产具有悠久的历史。鸦片战争以来，受各种有利条件的助推，淮域手工业发展呈现新的变化，其中部分手工行业在原有基础上继续发展，同时，也出现适应国内外市场需求的新的手工行业。在淮域手工业发展过程中，各级政府和社会各界发挥了重要的作用，同时，因多种因素的掣肘，手工业发展之路步履维艰。

一、工业发展的举措

实行政策干预，促进经济发展，是政府的一项重要职能。就政府而言，无论是设立机构，抑或是出台政策，对于手工业与新式工业的发展，都提供了有利的政策环境和制度环境。由于近代政策环境与制度环境对淮域手工业与新式工业的作用是一致的，加上政策措施包含手工业和新式工业两个方面，在此仅作总体性介绍。

19 世纪 60 年代，洋务运动兴起，开启了中国近代工业化的大门。甲午战争后，民族危机空前严重，民间关于设厂救国、保护华商、发展民族实业的呼声不断高涨。1895 年 7 月，清政府发布"恤商惠工"的上谕，决定进行制度变革，采取了一系列推动实业发展的举措，如要求各省设立商务局，各省以下的府州县设立通商公所等。1898 年，在中央设立农工商总局及铁路矿务总局。此外，提倡私人办实业，奖励发明创造等。20 世纪初，清政府实行"新政"，经济方面的内容包括：①设立经济行政部门。1903 年，清政府在北京设立商部，作为统辖全国工商实业的最高机构，以振兴商务实业为宗旨。1906 年，商部又扩展为农工商部。各省也相继设立劝业道等工商机构，初步建立了从中央到地方的垂直式工业管理系统。②制定和颁布一系列奖商行商法规。如《公司律》、《破产律》、《奖励公司章程》、《改订奖励公司章程》、《奖给商勋章程》、《华商办理实业爵赏章程》等。

中华民国建立后，在"实业救国"思潮影响下，北京政府制定了一系列鼓励工业发展的经济法规，包括：对企业和企业家权益的保护，如《公司条例》、《商人通例》等；保护、扶持工业中的各种合法活动，如《公司注册规则》、《暂行工艺品奖励章程》、《公司保息条例》等。为整顿经济秩序，促进经济发展，南京国民政府先后制定和修订了一系列经济法规，至抗战前，一共颁布了 200 多项经济法规。法规数量之多，涉及范围之广，大大超过了晚清和北京政府时期。其中与工业相关的法规有：《公司法》、《工厂法》、《奖励工业技术暂行条例》、《小工业及手工业奖励规则》、《工业奖励法》等①。与此同时，国民政府还设立新式的工商管理组织机构。1927 年设立实业部，统筹全国工商实业。1928 年实业部改称工商部。1931 年又将工商部与农矿部合并为实业部。另外，还陆续设立一些专门机构管理经济事务。1928 年成立建设委员会，1931年成立经济委员会，1935 年成立资源委员会等。

淮域各省政府先后建立了与中央对应的垂直式工商管理组织机构，如商务局、农矿厅、工商厅、实业厅、建设厅以及经济委员会等，省级以下政府又建立相对应的组织机构。同时，各省政府还颁行了一系列相关的法规与政策。如安徽省政府先后颁布《安徽农林工商事业建设方案》、《安徽矿业建设方案》、《安徽矿业之新规划》等，提出设立国货陈列馆等要求②。

中央政府设立与调整工商管理组织机构，颁布与实施一系列政策、法规，激发了全国各地的工商界纷纷设厂开矿，掀起了兴办实业的热潮，有力地推动了近代工业的发展。同时，也为近代淮域工业的发展创造了良好的条件。

二、手工业的缓慢发展

近代淮河流域的手工业门类较多，既有制茶、榨油、酿造、土布等传统手工业，也有草辫等新兴手工业。

---

① 有关民国时期法规的具体内容，可参见蔡鸿源：《民国法规集成》，黄山书社，1999 年。
② 《十八年度安徽农林工商事业建设方案》，《安徽建设》第 9 号，1929 年 9 月；《十八年度安徽矿业建设方案》，《安徽建设》第 8 号，1929 年 8 月；《安徽矿业之新规划》第 3 卷第 4 号，1931 年 4 月。

（一）制茶业的曲折发展

淮域产茶区主要集中于江苏的扬州、涟水一带，河南的固始、商城、光山、信阳、罗山等县，山东的济宁、宁阳等县，以及皖西的六安、金寨[①]、霍山、霍邱等县。相对而言，皖西茶叶产量较大，品质较优，在全国亦占有重要地位。兹以皖西茶业为重点，作一探析。

近代以来，皖西地区农村经济凋敝，自然灾害频发，农民生活入不敷出。茶叶生产作为一种副业，成为农民维持生存、改善生活的重要途径。皖西是安徽的两大产茶区之一，土壤、气候适宜，品质优良，"若细按其天惠品质，实非南茶（注：皖南茶叶）所能望其项背"[②]。

皖西地区以种植绿茶为主，其中，六安"瓜片"、霍山"黄芽"名扬中外。皖西茶叶种类众多，就采摘期而言，在谷雨前采制的茶叶，如银针、雀舌、毛峰、霜针等，名为小茶，在立夏前后采制的茶叶，则名为大茶；初春采者为春茶，夏季采者为子茶；第一次采摘者为头茶，第二、三次采摘者为二茶、三茶。就色泽而言，颜色黄者为黄茶，黑者为黑茶。就产地而言，有南山茶、东山茶、西山茶等。就形状而言，有瓜片、梅片、菊花茶、黄芽等。根据其芽形大小和品质高低，黄芽又分为白毫、龙芽、雀舌、麦颗、莲心、霜针、银针等。可谓名目繁多，不胜枚举。

皖西茶叶以内销为多，且内销区域很广。每逢采茶季节，各地茶商从四面八方云集至此，纷纷进山投行采买。茶叶的畅销刺激产量居高不下，光绪年间，六安茶叶年产量曾超过 45 000 担，霍山茶叶年产量达 37 000 担以上[③]。到了民国时期，皖西茶业渐趋衰落，从下列调查表中可以窥见一斑（表 3-1）。

表 3-1　皖西六安等县部分年份茶叶产量统计表　　　　（单位：担）

县别	1929 年	1930 年	1938 年	1939 年	1940 年	1941 年
六安	36 300	36 300	23 700	26 646	34 464	20 106
霍山	23 500	35 000	20 000	23 438	26 515	12 040
霍邱	3400	3400	—			
立煌	—	—	12 000	22 933	24 180	17 536
合计	63 200	74 700	55 700	73 017	85 159	49 682

资料来源：安徽省政府统计委员会编印：《六、立、霍茶麻产量一览表》，《安徽省统计年鉴》，1934 年，第 322 页；《安徽省各县绿茶产量统计表》，《安徽统计年鉴》（1939 年），第 323 页；王兴序：《安徽茶业之概况》，《安徽建设》第 5 号，1929 年 5 月；《安徽全省茶叶产销状况调查统计表》，《安徽建设》第 2 卷第 10 号，1930 年 10 月。

---

① 皖西的金寨于 1932 年始设县治，称立煌县（系由六安、霍山、霍邱及河南商城、固始等县各划一部而成）。1947 年更名为金寨县。

② 陈序鹏：《皖北茶业状况调查》，《安徽建设》第 8 号，1929 年 8 月。

③ 汤雨霖：《六立霍茶麻产销状况调查报告》，《安徽政务月刊》第 13 期，1935 年 11 月。

由表 3-1 可知，民国时期，皖西茶叶产量虽有起伏，但总体呈逐渐下降趋势。

民国时期皖西茶业的衰落，引起社会各界的广泛关注。正如时人呼吁：茶业"苟欲改良，必先研究茶叶优美之成因，非实地试验，焉得有效。彼徒纸上空谈，斤斤曰改良者，究何济于事实？况业茶农工，既不知精求，国家又乏机关研究，以天然之品质。听奸商之假冒，不能制造清洁，以投社会之欢迎，而且污秽将事，实有碍于卫生，自问如此，又何怪华茶一落千丈，几有不可挽回之势？现当局有鉴于斯，恢复各茶业机关，以图挽救"①。

关于茶业研究者和管理者提出改进皖西茶业的建议和办法，归纳起来，主要有②：

（1）关于茶业宣传方面。一、编印文字材料，分发给茶农。二、组织茶业巡回讲演队，广泛宣传。三、举办茶叶品评会，谋求改进推广的方法。四、设立茶业讲习所，传授茶叶的生产和制作方法。五、举办茶业展览会，予以奖励和改进。

（2）关于茶业生产加工方面。一、茶事试验。主要有肥料、土壤、化学、气候、病虫害以及茶树的移植、剪枝、条播、轮播、压穗等试验。二、茶树栽培。多采用条播法，既适合茶树生长，又可保留土中养分，且便于管理。三、茶叶制作与包装。采用机械进行制作，消除用手足揉搓等不良做法，降低成本，改进包装办法，以保其固有之色香味。四、茶叶销路。派人了解国内外市场状况，设立茶业交易所、分销处等。

（3）关于其他方面。一、设立茶业改良试验机构。设立茶业研究机构，借鉴国外先进方法，指导茶农进行生产加工等。二、制定奖励与补助条例。凡能改良茶叶品质、生产方法者，给予一定的奖励；如若亏本，则给予适当的补助；倘有所发明，给予专利。三、指导茶农组织各种合作社。由建设厅农业合作委员会派员指导，帮助组织信用、生产、运销等各种合作社，以通力合作。此外，筹设茶业银行及茶业检查所等。

上述建议建立在调查研究基础之上，内容广泛，涉及茶叶试验、生产加工、茶业组织机构及奖励办法等诸多方面，具有很强的针对性与可操作性，为皖西茶业的改革提供了借鉴与参照。

为振兴茶业，安徽省政府设立茶业研究和实验机构、建立茶业改良场，对茶叶的生产及销售环节等进行改革。同时，实行间作也是挽救皖西茶业的重要生产方式。皖西地区农民，一般以粮食生产为主业，以茶叶种植为副业。若仅靠种植茶树，常常入不敷出。通过施行间作，可以增加收益，具体如表 3-2 所示：

---

① 陈序鹏：《对于改良安徽茶业之意见》，《安徽建设》第 2 号，1929 年 2 月。

② 陈序鹏：《对于改良安徽茶业之意见》，《安徽建设》第 2 号，1929 年 2 月；汤雨霖：《六立霍茶麻产销状况调查报告》，《安徽政务月刊》第 13 期，1935 年 11 月；傅宏镇：《改进安徽茶业之管见》，《建设季刊》第 1 卷第 1 期，1933 年 1 月。

表 3-2　皖西地区茶叶每亩产量及生产费用统计表　　　（单位：元）

项目	支出		收入			盈余
	摘工费	管理费	春茶	子茶	间作	
费用	9.60	10.50	24.00	6.00	2.50	12.40

注：每亩地价、开垦费、种植费等项支出为 20.8 元。

资料来源：汤雨霖：《六立霍茶麻产销状况调查报告》，《安徽政务月刊》第 13 期，1935 年 11 月。

由表 3-2 可知，实行间作，每亩茶园每年收入为 32.5 元，支出为 20.1 元，收支相抵，每年可获纯利 12.4 元。如果管理得当，茶叶的产量还会增加，收益会更高。若不实行间作，还需多出地价、开垦费等项支出 20.8 元，累计支出 40.9 元，超出收益 8.4 元，就会造成亏本。

皖西茶业的改革，虽然取得了一定的成效。但是，由于时局动荡、兵燹不断等，导致皖西茶叶外销阻滞，价格低落，茶农因无利可得纷纷放弃茶叶生产。可以说，皖西茶业恢复与发展举步艰难。

（二）榨油业的缓慢发展

榨油业的种类很多。根据原料不同，可分为豆油、棉油、桐油、茶油、菜油、花生油、柏油、亚麻油、芝麻油、蓖麻油、橄榄油、椰子油、桂油、玉米油、核桃油等数十种。根据用途不同，可分为两种：一种是食用油，如豆油、菜油、花生油、芝麻油等，除作食用外，在当时还用来燃灯、润发及制作肥皂、润滑油等；一种是非食用油，如桐油，主要用于油漆、舟船、建筑等项。从油制品的用途来看，榨油业并非严格意义上的食品工业。

近代以来，由于榨油业生产规模扩大，以及所需原料充裕，榨油业获得较快发展，各种油制品畅销于国内外，成为中国大宗出口商品之一，一度占出口商品总量的第三位[1]。在出口的各类油制品中，以桐油、豆油、花生油为最多，茶油、棉油、蓖麻油、麻油次之，菜油、樟脑油、薄荷油等较少。在桐油出口方面，输往美国最多，输往德国次之；在豆油出口方面，输往美国、日本、欧洲较多；在花生油出口方面，以输往欧洲、东南亚、日本居多。据统计，1912 年，中国植物油出口总量为 172 万余担，出口总值为 1723 万余两。到 1929 年，出口总量达 263 万余担，出口总值达 4239 万两，分别较 1912 年增加 91 万余担与 2516 两。1912～1929 年的 18 年间，中国植物油出口总量与出口总值一直呈增长态势[2]。

榨油业与油料作物的分布密切相关，而淮域油料作物分布十分广泛。以淮域山东

---

① 实业部国际贸易局：《中国实业志·江苏省》第 8 编，1933 年，第 385 页。

② 杨大金：《近代中国实业通志》上册，南京中国日报印刷所，1933 年，第 388～389 页。

为例，大豆主要分布在滕县、汶上、峄县、临沂、郯城、菏泽、曹县、单县、郓城等地；花生以蒙阴、曲阜、兖州、济宁、滕县、莒县、日照为多；棉籽以嘉祥、菏泽、成武、定陶、巨野等为多；芝麻以济宁、金乡、嘉祥、菏泽、单县、成武、定陶、巨野、鄄城等为多；菜籽主要分布于嘉祥等少数县份①。再如淮域河南，花生主要产于中牟、郑州、兰考等地；芝麻主要产于郾城、周口、驻马店、遂平、西平、临颍、许昌、漯河、确山等地②。

榨油业分为旧式油坊和新式机器油厂两种。淮域的榨油业大多属于旧式油坊，资本少，设备差，使用人力或畜力，以手工生产为主。

就经营性质而言，榨油业可分为专营与兼营两种。有专榨棉油、豆油、花生油、菜油者，亦有兼榨各种油类者，甚至还有榨油之外，兼营轧花或碾米者。专营者以专门榨油为业，不作其他生产活动，每年生产时间较长；兼营者将榨油作为副业，工作时间受到一定限制。专营者资本较大，工人较多，设备亦较完善，兼营者规模相对较小。至于生产时间，受地域及原料等因素影响，而长短各异。如在淮域安徽，专营麻油的增荣油坊全年工作时间达315天，而兼营豆油、花生油、菜油、麻油者，通常只有280天③；在江苏，兼营榨油者每年至多只能开工6个月，少则三、四个月。棉油厂以11月为最旺，菜油厂以7月为最旺，黄豆榨油厂亦以7月为最旺④；在山东，专营者是常年生产，兼营者主要集中于11月、12月及次年1月生产⑤。

淮域安徽的榨油业，主要分布于六安、霍邱、太和、泗县等地，具体情况如表3-3所示：

表3-3　淮域安徽部分县制油厂统计表　　　　　　　　（单位：元）

县别	牌号	设立年份	资本总额	原料总价	年总产值
六安	同裕和	1894	10 000	14 560	25 480
	张全盛	1896	10 000	12 688	22 204
	金同兴	1893	8000	8320	14 560
	王义兴	1914	3000	2400	7280
霍邱	朱福源	1909	600	440	728
太和	增荣号	1912	6000	5040	8064
泗县	荣兴号	1892	5600	4800	8400

资料来源：《安徽省各县制造工业统计表》，《安徽实业杂志》第1卷第11号，1920年。

---

① 实业部国际贸易局：《中国实业志·山东省》第8编，1934年，第173～175页。
② 杨大金：《近代中国实业通志》上册，第384～385页。
③ 《安徽省六十县经济调查简表》（中），第10、11类，1919年，第1521～1536、1681～1692页。
④ 实业部国际贸易局：《中国实业志·江苏省》第8编，1933年，第388页。
⑤ 实业部国际贸易局：《中国实业志·山东省》第8编，1934年，第163页。

另据《安徽省六十县经济调查简表》统计，上述油坊的职工数、售价、成本、盈亏状况如表 3-4：

表 3-4　1919 年淮域安徽部分油坊经营性质、职工数及盈亏状况一览表

厂名	经营性质	职工数	原料产地	销售市场	每担盈利（元）
同裕和	股份制	28	本地	县城	3.2
张全盛	独资制	22	本地	县城	3.2
金同兴	独资制	18	本地	县城	3.2
王义兴	独资制	17	本地	县城	3.2
朱福源	独资制	4	本地	县城	3.7
增荣号	独资制	3	本地	县城、河南周口	1.4
荣兴号	独资制	9	本地	—	—

资料来源：《安徽省六十县经济调查简表》（中），第 10、11 类，第 1521~1536、1681~1692 页。

由表 3-4 可以看出，经营性质除同裕和为股份制外，其余皆为独资制。职工数以同裕和最多，最少者仅为 3 人，原料产地与销售市场以本地为主，因节省了大量运费，均有少量盈利。

淮域江苏的榨油业，主要分布于灌云、阜宁、宿迁、邳县、睢宁、兴化、铜山、丰县、沛县、东海、赣榆等县。1870 年，王顺龄在扬州创办的王广顺油坊，是当时规模较大的油坊，拥有职工 50 余人。直至 20 世纪 40 年代初，该油坊仍然经营不衰。创办于 1879 年的兴化源隆油坊，拥有资本 2 万元，员工 100 余人[①]。据调查，1933 年淮域江苏榨油业的经营状况，如表 3-5 所示：

表 3-5　淮域江苏榨油业经营状况一览表

县别	家数	工人总数	资本总额（元）	年产总值（元）
灌云	7	175	175 000	300 000
阜宁	17	212	88 000	1 426 801
宿迁	35	305	17 500	1 170 000
邳县	45	312	35 000	353 355
睢宁	109	802	250 000	1 275 500
砀山	19	111	10 000	3545
兴化	9	52	4500	100 000
铜山	105	909	350 000	833 000
丰县	133	824	105 000	200 165
沛县	35	392	17 500	154 000

① 扬州市地方志编纂委员会：《扬州市志》，中国大百科全书出版社上海分社，1997 年，第 1254 页。

县别	家数	工人总数	资本总额（元）	年产总值（元）
萧县	45	403	25 000	301 826
东海	7	199	30 000	742 500
赣榆	30	139	105 000	470 000
合计	596	4835	1 212 500	7 330 692

资料来源：实业部国际贸易局：《中国实业志·江苏省》第8编，1933年，第389、390页。

由表3-5可知，被调查的596家油厂资本总额为1 212 500元，平均每厂2034元。各县资本总额以铜山最多，计350 000元，其次为睢宁，计250 000元，兴化最少，计4500元。596家油厂共有工人4835名，平均每厂8名，其中铜山工人最多，计909名。由于苏北劳动力充裕，各县榨油厂多就地招募工人。甚至还有一些苏南的油厂工人也多从泰县、盐城、阜宁、兴化等地招募。

淮域山东的榨油业分布十分广泛。其中，兼制豆油及花生油者分布于蒙阴、鄄城、日照等县，有82家；兼制豆油、花生油及其他油者分布于金乡、嘉祥、郯城、菏泽、曹县、单县、鄄城、成武、巨野、济宁等县，有323家[1]。淮域山东榨油业的基本情况如表3-6所示：

表3-6　淮域山东榨油业状况统计表

县别	家数	职工数	资本数（元）	每家平均资本（元）	年产总值（元）	每家平均年产值（元）
曲阜	5	36	4650	930	15 270	3054
宁阳	10	65	16 350	1635	49 960	4996
泗水	1	7	4000	4000	6878	6878
汶上	20	127	29 900	1495	129 083	6454
济宁	18	168	82 800	4600	42 053	2336
金乡	46	309	74 900	1625	—	—
鱼台	15	92	26 500	1766	—	—
菏泽	26	—	17 800	684	—	—
曹县	30	—	4430	148	—	—
成武	20	—	3740	187	—	—
定陶	36	191	67 000	1861	—	—
巨野	16	—	13 900	868	—	—
郯城	20	60	52 510	2625	80 790	4039
日照	5	36	17 500	3500	50 698	10 159

[1]　实业部国际贸易局：《中国实业志·山东省》第8编，1934年，第169～170页。

续表

县别	家数	职工数	资本数（元）	每家平均资本（元）	年产总值（元）	每家平均年产值（元）
郯城	70	—	—	—	19 196	2982
蒙阴	70	—	—	—	400 400	5720
莒县	—	—	—	—	300 000	—
单县	63	—	—	—	794 500	12 769
鄄城	18	—	8300	461	253 080	14 060
嘉祥	34	—	—	—	—	—

注：菏泽、曹县、成武、巨野、郯城、蒙阴、莒县、单县、鄄城、嘉祥10县职工数未详；郯城、蒙阴、莒县、单县、嘉祥5县资本数未详；金乡、菏泽、曹县、成武、定陶、巨野、嘉祥7县产值未详。

资料来源：实业部国际贸易局：《中国实业志·山东省》第8编，1934年，第165～168页。

由表3-6可知，职工数总体不多，每家平均七八人。就县别而言，金乡最多，达209人；其次是定陶，为191人；最少的是泗水，仅有7人。各县资本总额已知者为424 280元，每家平均资本为1484元。就县别而言，济宁最多，达82 800元，其次是金乡，为74 900元，最少为成武，为3740元。就每家平均资本而言，以济宁最多，达4600元，其次为日照，为3500元，曹县最少，为148元。

从油制品销售状况来看，淮域江苏所产的油制品大多运销上海，然后出口至国外。其中，花生油多用铁箱盛装，每箱容量分28斤、25斤、8斤、4斤四种。豆油与棉油或用篓装，或用桶装。篓分大篓、小篓两种，大篓每只装330斤，小篓装160斤，铁桶每只可装340斤[1]。淮域山东油制品外销以花生油为最多，豆油次之，其他多行销本省。其中，花生油外销以美国、英国及东南亚销量最大，内销则以广州、厦门、福州、温州、宁波、芜湖、南京、苏州、大连、天津等地居多。豆油多行销欧美、日本等地，在国内则以苏、浙、闽、粤等省为多，而运往上海者居十之八九[2]。另外，所产豆饼、花生饼等一般作为肥料多在本地销售，输出外地者较少。

（三）酿造业的缓慢发展

近代以前，中国酿造业主要是自产自销。清末通商以来，洋酒输入中国的数量与年俱增。中国人所需之酒，除国内各厂供给外，还仰赖于国外进口。1887年，进口酒年总值仅为数十万两，专供在华外国人饮用。至1899年，增至100余万两，进入民国时期，洋酒输入步伐加快，1912年为300多万两，1930年升至600多万两，其中1928年高达800多万两。而国酒出口总值变化较小，1912年为80多万两，1930年降至60

---

① 实业部国际贸易局：《中国实业志·江苏省》第8编，1933年，第401页。

② 实业部国际贸易局：《中国实业志·山东省》第8编，1934年，第197页。

多万两，最高年份1920年仅有100多万两，此后基本呈逐年递减之势。两者比较，洋酒进口总值远远大于国酒出口总值①。国外酿酒业后来居上的一个重要原因就是采用新法生产，不仅提高了生产效率，质量也得到了较大的提升。

淮域酿造业产生较早。近代以来，由于国内外市场需求的扩大，淮域酿造业得到不同程度的发展，但与全国大部分地区一样，淮域酿造业也基本以手工生产为主。

酿造业包括酿酒、制酱、制酱油、酱菜、造醋等，有专营与兼营两种。专营者多为普通商贾，他们在城市设厂立肆，兼批发零售，或供本地，或销往他县。兼营者多为富裕农民或地主，他们利用所获农产品设坊酿酒，产品或运往市集销售，或为市集的酒肆代酿。农民兼营者往往将酿酒作为一种农家副业，选在农闲时酿造经营，产量多寡视年景丰歉而定。专制酒者称为糟坊或酒坊，往往兼制醋。专制酱及酱油者称为酱园，亦兼制酒及醋等，专营造醋者甚少。

在酿造业中，酿酒业为主打行业。其原料主要有高粱、玉米、黄米、小麦、南米、玫瑰、木瓜等。因原料不同，酒的种类也不相同，可分为白酒（又称烧酒）、黄酒、木瓜酒、玫瑰酒等几种。酱油业的原料主要有大豆、麦粉等。造醋业则以红粮、黄米、麦曲、麦子等为主要原料。

在淮域江苏，宜种大麦，以生产白酒居多。因生活水平相对较低，大都以盐为代用品，酱油产量较小。兹将苏北酿造业的出口种类、家数、产量及产值等，列表如下（表3-7）：

表3-7　苏北酿造业状况调查表

县别	家数	出口种类	年产量（担）	年产值（元）	县别	家数	出口种类	年产量（担）	年产值（元）
泗阳	8	白酒	6040	90 600	沭阳	24	白酒	5500	100 000
宿迁	36	白酒	8000	96 000	江都	110	酱，酱油	30 000	282 000
砀山	17	白酒	2200	33 000	赣榆	49	白酒	9280	148 480
丰县	32	白酒	4536	99 792	东海	26	酱油，白酒	7930	102 820
沛县	42	白酒	9000	180 000	泰县	400	白酒	78 400	940 800
邳县	31	白酒	6000	72 000	盐城	35	白酒	5880	70 560
萧县	43	白酒	1500	30 000	兴化	23	白酒	3920	47 040
铜山	81	白酒	9500	185 000	东台	245	白酒	47 040	564 480
睢宁	16	白酒	3000	51000					

资料来源：实业部国际贸易局：《中国实业志·江苏省》第8编，1933年，第455~457页。

① 杨大金：《近代中国实业通志》上册，南京中国日报印刷所，1933年，第430~431页。

由表 3-7 可知，苏北各县多以酿酒为主，仅江都及东海造酱、制酱油。从家数上看，泰县最多，有 400 家；其次是东台，有 245 家；再次是江都，有 110 家；其余县相对较少，泗阳县仅有 8 家。从产量与产值上看，以泰县为最，产量达 78 400 担，产值达 940 800 元；其次是东台，产量为 47 040 担，产值为 564 480 元；再次是江都，产量为 30 000 担，产值为 282 000 元；萧县最少，产量仅为 1500 担，产值为 30 000 元。

除专业糟坊、酒坊外，为了用酒糟养猪，苏北各县农家养猪多者往往也自酿白酒，名为糟户。据统计，苏北各县共有糟坊及糟户 3500 余家[①]。

在淮域河南酿造业中，以酿酒业较为兴盛，尤其是白酒。各地酒坊，多以本地产的高粱、大麦、小麦、玉米、豌豆、红薯、柿子、枣等为原料，其中高粱为主要原料。具体如表 3-8 所示：

表 3-8　淮域河南酿酒业状况统计表

县别	家数	资金额（元）	产量（斤）	县别	家数	资金额（元）	产量（斤）
新蔡	42	12 500	366 000	郑县	12	6020	33 600
确山	88	33 750	445 800	遂平	2	2200	15 000
光山	86	17 260	439 680	新郑	27	1850	10 800
郾城	36	22 800	687 200	郏县	27	13 500	24 670
舞阳	32	32 950	68 420	扶沟	5	9500	47 500
临汝	28	18 200	196 000	尉氏	3	450	5500
固始	75	15 100	323 500	密县	5	3000	5600
长葛	37	3620	34 800	中牟	8	12 800	21 700
临颍	14	7100	35 300	荥阳	7	2000	4457
桐柏	7	3800	7700	禹县	7	5800	14 400
汝南	11	11 200	50 150	洧川	28	28 000	182 240
叶县	62	31 600	18 600	商水	3	4050	7000
许昌	53	26 950	123 160	襄城	41	12 300	123 000
鄢陵	31	46 500	154 700	息县	15	6000	45 000
宝丰	17	23 800	476 000	上蔡	6	8000	33 600
鲁山	22	19 000	176 000				

资料来源：河南省建设厅：《河南建设述要》（1939～1941 年），第 267～270 页。

从表 3-8 可知，在所调查的 31 个县中，家数最多的是确山，其次是光山，分别为 88 家和 86 家。低于 10 家的有 10 个县，其中尉氏、商水只有 3 家；遂平最少，仅有 2 家。资本最多的是鄢陵，达 4600 元，最小的是尉氏，只有 450 元，相差 10 余倍。产量最多的是郾城，达 687 200 斤；最小的是荥阳，只有 4457 斤，相差 10 多倍。

---

① 实业部国际贸易局：《中国实业志·江苏省》第 8 编，1933 年，第 463 页。

淮域山东酿酒业向来十分发达。一般人皆嗜白酒，饮绍酒与黄酒者颇少。曲阜、宁阳、汶上、金乡、嘉祥、鱼台、菏泽、曹县、成武、定陶、巨野、郓城、鄄城、郯城、莒县、单县、滕县等县白酒产量较大。此外，菏泽等地产玫瑰酒与木瓜酒，但数量有限。具体如表3-9所示：

表3-9 淮域山东酿酒业家数、资本额、职工数及年产值统计表

县别	家数	资本额（元）	职工数	年产值（元）	县别	家数	资本额（元）	职工数	年产值（元）
济宁	2	39	19 000	9600	成武	8	—	4600	3600
邹县	10	92	19 700	22 680	定陶	3	9	1850	1049
曲阜	8	109	65 000	14 400	巨野	28	112	18 300	308 448
宁阳	10	233	123 000	110 850	郓城	13	91	7452	11 970
汶上	20	135	48 600	56 500	鄄城	16	48	12 400	82 280
金乡	12	99	37 000	53 072	郯城	50	1400	—	107 500
嘉祥	33	99	12 900	27 075	莒县	320	—	—	72 000
鱼台	12	72	32 700	94 481	单县	40	120	—	309 060
菏泽	22	66	9840	164 910	滕县	40	90	—	20 000
曹县	28	84	63 600	237 591					

资料来源：实业部国际贸易局：《中国实业志·山东省》第8编，1934年，第293~296页。

由表3-9可以窥见，淮域山东酿酒企业的家数、资本、职工人数、年产值等基本概况。从家数看，莒县最多，有320家，郯城50家，滕县、单县各40家，其余县较少，最少的为济宁，仅有2家。

从资本上看，宁阳最多，为123 000元；曲阜、曹县次之，分别为65 000元与63 600元；再次为汶上县，有48 600元；介于3万~4万元之间者，有金乡、鱼台县；介于1万~2万元之间者，有济宁、邹县、嘉祥、巨野、鄄城；1万元以下者，有郓城、菏泽、成武、定陶等。就每家平均资本而言，宁阳最多，为12 300元；济宁次之，为9500元；曲阜第三，为8125元；嘉祥最少，仅有391元，与宁阳相差30多倍。

从职工人数看，郯城最多，为1400人；定陶最少，仅有9人。若平均计算，每家约有职工5或6人；至于各县平均职工数，首推郯城、宁阳两县，均在20人以上。

从年产值看，在10万元以上者，单县最多，为309 060元，依次为巨野、曹县、菏泽、宁阳、郯城；介于5万~10万元之间者，有汶上、金乡、鱼台、鄄城、莒县；介于1万~5万元之间者，有滕县、郓城、曲阜、嘉祥、邹县；1万元以下者，有济宁、成武、定陶，其中，定陶年产值仅有1049元。每家平均年产值，以宁阳、巨野最多，各为11 000余元；莒县最少，仅205元。

淮域安徽酿造业也很兴盛。在酿酒方面，1925年前，亳州城内大小糟坊最多时达

54 家，其中"天源永"糟坊月出酒 2000 余斤。1934 年，萧县官办民生工厂酿制葡萄酒[①]。在制酱方面，怀远的酱品加工闻名四方。酱园店主要有"黄长盛"、"陈德丰"、"德新成"、"刘和泰"、"公盛"、"王泰昌"、"玉美"、"刘同泰"、"韩德和"、"张太和"、"德新"等。为了提高产品质量与市场竞争力，一些酱园店不惜高薪从扬州、南京等地聘请技师。其中以创办于 1915 年的"黄长盛"酱园店规模最大、历史最久，拥有资本 5000 元。该园生产的酱菜品质优良，价格合理，包装严密，携带方便，不仅风靡淮北，还远销南京、上海等地[②]。

销售方式可分为就地销售与外地销售两种，前者系指将产品在一个相对较小的范围（主要在一县）内销售，后者指将产品销售到本县以外的地区。

淮域江苏酿造的黄酒、酱油及醋，主要供本地消费。而盛产的白酒除供本地消费外，还销往邻县及南京、南通、镇江等地，甚至远销至安徽、河南、山东、上海等地，至于行销国外者，为数极少。海安是苏北地区白酒的重要外销点。本地酒栈主要从事代客收买，由卖方开价，买方还价。若买卖双方成交，酒栈扣除佣金。在销售淡季，酒栈则自行收买，囤积出售。因苏北双沟镇盛产名酒，中外商船往来不断，一船船陈坛老酒源源外销，双沟镇被誉为"淮北小上海"。

淮域山东产酒较多的县除自给外，亦销往外地一部分。如宁阳产酒，多运至泰安、鱼台、莱芜、东平等地销售，滕县产酒则运销于济宁、浦口等处。产酒较少的县，主要供给本地，销往外县者很少，销往省外者则更少。济宁玉堂酱园经营酱、醋、酱菜、酒等，产品销售遍及山东各地，远及河南、河北、江苏、天津、北京、上海、浙江等地。

此外，淮域酿造业工艺先进，产品质量良好，并多次在国内外展销会上获奖。

在酿酒产品中，以优质高粱为原料，以小麦、大麦、豌豆制作的高温大曲为发酵剂，采用传统混蒸工艺，经老窖适温，长期缓慢发酵、分甑蒸馏、分段摘酒、分等入库、分组贮存、精心勾兑而成，具有甜、绵、软、净、香的独特风格，曾在各种展览会上多次获奖。苏北的洋河大曲与双沟大曲十分有名。如，洋河大曲，在 1915 年举行的全国名酒展览会上获一等奖；同年，参加巴拿马国际博览会，获"国际名酒"称号和金质奖章；1923 年，参加全国物品展览会荣获一等奖；同年，在南洋国际名酒赛会上，又获"国际名酒"殊荣。再如双沟大曲，"全德糟坊"的双沟大曲于 1910 年参加南洋劝业会展评，位列名酒第一，荣获金质奖章[③]。泰州枯陈药酒、高邮陈瓜酒、兴化米甜酒以及宝应佛手酒、陈瓜酒及绿豆烧酒均在国内外展览会上获奖[④]。

---

①　安徽省地方志编纂委员会编：《安徽省志·轻工业志》，方志出版社，1998 年，第 9 页。

②　蚌埠市政协文史办公室等：《蚌埠工商史料》，安徽人民出版社，1987 年，第 313~314 页。

③　江苏省政协文史资料研究委员会：《江苏工商经济史料》，1989 年，第 281、283 页。

④　扬州市地方志编纂委员会：《扬州市志》，中国大百科全书出版社上海分社，1997 年，第 1270 页。

安徽凤台县洛涧"老虎油"补酒和嘉山县明光白酒在 1930 年"南洋劝业赛会"上同时获"金边玻匾奖"。濉溪酒分别在 1931 年与 1934 年"铁路沿线土特产展览会"上获"甲级名酒奖"[①]。山东济宁玉堂酱园生产的白酒先后于 1910 年南洋劝业会、1914 年山东展览会、1915 年巴拿马博览会上获得金奖[②]。

在其他酿造品中，扬州酱菜讲究色、香、味、型，具有鲜、甜、脆、嫩四大特色，既可作佐料，又可作餐菜。扬州酱菜有 30 多个品种，其中以乳黄瓜、嫩牙姜、什锦菜、宝塔菜最受青睐，在各种评比中曾多次获奖。1911 年和 1915 年分别在南洋物产交流会和巴拿马国际博览会上获奖；1929 年和 1930 年又先后获得江苏省农矿产品展览会、西湖博览会金质奖章；1931 年在全国铁路沿线特产展览会上被评为优等奖，仅展览期间销量就达 2000 多箱[③]。

（四）土布业的发展与衰落

纺纱织布是中国传统的家庭手工业之一。近代以来，由于西方机制纺织品源源不断的输入，中国手工纺织业逐步走向解体。淮河流域对外开放较晚，土布业作为家庭的重要副业，受到冲击相对较小，一度得到发展。随着中国门户的进一步开放，以及商品经济的发展，淮域土布业日益走向衰落。

淮河流域是中国重要的棉花产地。在农村，每值农闲，家庭成员多织造土布。山东的定陶、成武、单县、巨野、菏泽、郓城等地棉花产量较大，土布业较为兴盛。据记载：郯城县"桑树颇盛，产丝约万元。森林亦多，陶瓷、土布次之"；定陶县"棉田27 000 亩，马集西台集两处最盛……纺织业甚发达，所织之布，以'陶布'最著名"；鱼台县"土布、苇蓆、簑衣、毛毯，为主要家庭工业品"[④]。生产工具多系旧式木机，早期用手抛梭，后略加改良，用手拉梭，工作效率有了较大提高。兹将淮域山东土布产量及产值列表如下（表 3-10）：

表 3-10　淮域山东土布产量及产值统计表

县名	年产量（匹）	年产值（元）	县名	年产量（匹）	年产值（元）
曲阜	5400	11 800	泗水	7200	21 600
成武	7500	22 500	峄县	30 000	50 000
定陶	180 000	540 000	济宁	500	1100
巨野	88 761	266 283	金乡	50 000	110 000
郓城	300 000	600 000	嘉祥	19 000	57 000

---

① 安徽省地方志编纂委员会编：《安徽省志·轻工业志》，方志出版社，1998 年，第 9 页。

② 傅崇兰：《中国运河城市发展史》，四川人民出版社，1985 年，第 309～312 页。

③ 江苏省政协文史资料研究委员会：《江苏工商经济史料》，1989 年，第 276～278 页。

④ 《分省地志——山东》，上海中华书局，1935 年，第 219、230、235 页。

县名	年产量（匹）	年产值（元）	县名	年产量（匹）	年产值（元）
宁阳	800	4800	鱼台	15 000	31 500
邹县	120 000	720 000	临沂	50 000	150 000
菏泽	500 000	1 500 000	曹县	7000	30 000
滕县	78 000	156 000	单县	12 500	37 500

注：郓城生产的土布中，还有紫花布1万匹，花条布1万匹，价值合计为44 000元。

资料来源：实业部国际贸易局：《中国实业志·山东省》第8编，1934年，第50、51页。

从表3-10可知，菏泽、郓城较多，产额分别为50万匹、30万匹，产值分别为150万元、60万元；定陶、邹县次之，产额分别为18万匹、12万匹，产值分别为54万元、72万元；宁阳、济宁相对较少，产额分别为800匹、500匹，产值分别为4800元、1100元。

淮域河南数十年来尽管遭受外货的冲击，然因原料充足、价格低廉，手工纺织业在农村仍然十分普遍。抗战爆发后，各主要产棉区域迭遭沦陷，纺织工厂或被轰炸，或远迁后方，棉纱供应渐形短绌，以致纱布价格日趋高涨。为增加棉布产量，保障军民衣被所需，在省政府的积极倡导下，各地农户在农闲时节采用旧式布机织造土布，大力推广纺织业。兹将1940年淮域河南土布产销的调查情况，列表如下（表3-11）：

表3-11　淮域河南土布业调查统计表

县名	家数	工人数	资本（元）	产量（匹）	县名	家数	工人数	资本（元）	产量（匹）
商城	61	123	4830	21 960	汝南	6000	6000	—	20 000
荥阳	1190	—	—	11 900	西平	1232	1625	2690	55 614
确山	155	155	—	24 760	遂平	4	4	700	290
鄢陵	820	830	1000	208 800	临颍	173	180	—	30 476
许昌	3518	7024	—	139 585	叶县	17	34	15 160	1022
郾城	262	390	—	28 036	舞阳	39	78	18 000	5500
临汝	42	56	5535	4559	郑县	17	41	3370	1140
尉氏	109	—	6500	1635	项城	92	118	15 940	4185
禹县	745	450	—	110 914	郏县	140	185	5423	14 584
宝丰	143	287	40 100	3739	固始	214	268	24 600	33 030

注：除商城、鄢陵、许昌、郾城等县的部分土布销往外地外，其余县的土布一般都在本县销售。

资料来源：河南省建设厅：《河南建设述要》（1939～1941年），第275～277页。

从各县产量来看，鄢陵、许昌、禹县年产量较高，达 10 万匹以上；商城、荥阳、确山、郾城、汝南、西平、临颍、郏县、固始年产量在 1 万～10 万匹之间；临汝、宝丰、遂平、叶县、舞阳、郑县、项城年产量则在 1 万匹以下。

在淮域江苏，土布业亦为农家副业之一，主要种类有纱布、织布、套布、印花布等。所需原料，为手纺纱或为机制纱，一部分取自于无锡、江阴、南通等地的华商纱厂，也有一部分来自于上海及其他省份。据统计，光绪年间，徐州土布业有 18 家，1919 年达 250 家，1929 年增至 800 个，抗战前减至 400 个，抗战期间为 200 个，1949年降至 160 家[1]。兹据实业部 1932 年调查，苏北宿迁等县的土布生产情况大致如表3-12 所示：

表 3-12　苏北四县土布生产状况统计表

县名	原料来源地	设备（木机、纺车梭子、牵纱架）	产量	备注
宿迁	上海、无锡、河南、青岛	230 架	80 000 匹	
萧县	本地、无锡	—	24 000 匹	
睢宁	无锡、上海、青岛	—	280 000 匹	每机可出布 510 匹
邳县	郑州豫丰纱厂	—	100 000 匹	

　　资料来源：实业部国际贸易局：《中国实业志·江苏省》第 8 编，1933 年，第 90 页。

淮域安徽一带植棉历史较久。为调动农民的植棉积极性，省建设厅拨款建设棉场一所，广泛宣传植棉知识，大力推广植棉。如，六安有棉田 8000 余亩，每年亩产籽棉约 40 斤，产棉 1056 担[2]。淮域各县所用粗纱多为手工纺制，织机大多使用木机，铁机因价格较高，采用较少。土布业所用原料有机纱、土纱两种，土纱由本地自纺，机纱多购自外地。生产出的土布以白大布、格子布、条子布、爱国布为最多，洋线布、线呢次之，且多用土法漂染。在颍上，1915 年创办的贫民习艺工厂拥有木机 10 架，资本7000 元，工人 20 名，原料主要购自上海、南京，日产布为 10 匹，年产布达 3000 匹。由于该厂设备完备，原料及劳动力供应充足，利润空间较大。每匹土布售价为 4.4 元，扣除原料费、物料费、薪金、机器折耗、包装费、运费、税捐等各种费用 2.45 元，盈利近 2 元[3]。另外，在界首的纺织厂年产量达 500 余万斤。其中裕民工厂生产的土纹布，在安徽与河南十分风行[4]。淮域安徽土布的产量、产值情况，如表 3-13：

---

① 徐州市地方志编纂委员会：《徐州市志》，中华书局，1994 年，第 583 页。
② 《安徽省二十三县之棉业》，《中国建设》第 11 卷第 4 期，1935 年 4 月。
③ 《安徽省六十县经济调查简表》（下），第 17 类，1919 年，第 2489～2492 页。
④ 韦光周：《界首一览》，1944 年，第 2 页。

表 3-13　淮域安徽土布产量与产值统计表

县别	产额（匹）	产值（元）	县别	产额（匹）	产值（元）
六安	70 000	245 000	定远	50 000	175 000
寿县	40 000	140 000	天长	3000	10 500
霍邱	60 000	21 000	宿县	400	1400
怀远	3000	10 500	阜阳	3000	10 500
凤阳	25 000	87 500	太和	15 000	60 000

注：除太和土布每匹 4 元外，其他县土布每匹 3.5 元。

资料来源：安徽省政府统计委员会：《安徽省统计年鉴》，1934 年，第 330 页。

由表 3-13 可见，六安土布产量与产值最高，分别为 7 万匹、245 000 元；霍邱、定远次之，产量分别为 6 万匹、5 万匹，产值分别为 21 万、175 000 元；宿县最少，产量与产值分别为 400 匹、1400 元。

淮域各县所织的土布，一部分供本县居民消费，还有一部分销往附近各县。淮域山东各县生产的土布，一般由所织农户将土布运至集市，由布商或买主选购。由布庄收购外销之土布，还需交漂染坊漂染，或交压布厂整理，才能售与外地商人。淮域安徽各县自织之土布或零售于布贩，或批发给普通布号①。在淮域江苏，部分县的土布销售状况列表于次（表 3-14）：

表 3-14　淮域江苏土布销售状况统计表

县名	每匹售价（元）	销售地点	年销量估计
宿迁	2.5	本县	—
萧县	1.1	本县	—
睢宁	2.7	本县及灵璧、明光	20 余万匹
邳县	2.5	本县及邻县	10 万匹以内

资料来源：实业部国际贸易局：《中国实业志·江苏省》第 8 编，1933 年，第 95 页。

由表 3-14 可知，宿迁、萧县、睢宁、邳县生产的土布主要满足本县及邻县所需，销售其他地区很少。

此外，布庄在苏北土布交易中发挥关键性作用。如兴化、阜宁、高邮、宝应、东台、扬州等处客商赴南通采办土布，均有布庄代为办理。布庄收买土布主要通过以下途径：一是派专门人员到各地零星采购，然后转发布庄，由布庄自行整理，分发出口各帮；二是在布庄规定的时间内，由织户捎布来庄，进行交易。而布庄销售土布的渠道主要有：其一，由经纪人代向各布匹客帮接洽，成交后，给予经纪人一定数额的佣

---

① 《安徽全省土布产量统计表》，《经济建设半月刊》第 17 期，1937 年 8 月。

金；其二，由买方邮托代办，或直接派人往购，彼此往来交易，均以现款支付①。

总之，淮河流域的土布业规模化程度低。农户大多拥有一、二台木机，农暇之余安机织造，资金有限，生产设备落后，土布质量远低于机织布的质量。这些因素决定了土布业在市场竞争上最终走向衰落的命运。

（五）草辫业的兴起

草辫业最早兴起于欧洲。19 世纪 60 年代，在福建，有人传授草辫制法，此为中国草辫业之发端。之后，草辫生产也由福建渐次推广至安徽、山东、河南等省。因气候、土质关系，北方各省的草辫业发展较快，逐渐超过了南方各省，其中尤以山东最为著名。因草辫生产主要用来制作草帽，故又称为"草帽辫"。草辫业作为一种新兴的手工业，在淮河流域分布较广。

草帽辫以制作草帽者最多，也有制作箱盒、花盆及玩具等，但为数较少。草辫的主要原料为各种麦类的茎秆，因麦秆不同，草辫的种类也有所不同。麦秆以圆形面编制者称为圆草辫，麦秆以裂开面编制者称为扁草辫。圆草辫又有平边与花边之分，前者用麦秆白色部分制作，后者用麦秆黄色、白色部分共编；扁草辫有毛边、平边两种，前者辫边有棱，后者辫边平滑。如《商务报》曾对麦秆作了具体说明：每一麦草可分 4 节，第 1 节为草的本干，编成后光滑鲜艳；第 2 节坚韧洁白，价格最贵；第 3 节黄白兼色，可组成精巧花纹；第 4 节金黄色，所编者细腻黄亮②。

中国草帽辫的出口始于 19 世纪六七十年代，因价格低廉，颇受欧美市场欢迎，输出量日益增加。据统计，1908～1911 年中国草帽辫的年出口量在 10 万～14 万担之间，年均出口量为 117 017 担。除外销外，中国内地的年消费额约占出口量的 1/20，约 6000 担，两项合计为 12 万多担，价值为 720 万～780 万两之间③。

到了民国时期，欧美草帽的流行样式已发生变化，而中国草帽辫的编法、整理与漂白技术已经落后，生产出的产品无法供欧美人作上等冠帽之用。同时，受英、法、德、美等国经济危机的影响，对草帽辫的需求大为减少。中国草帽辫的出口量因之日减。第一次世界大战结束后，对美销售虽已逐渐恢复，但欧洲销量仍不到战前的一半，如 1918～1919 年的销量只有原来的 40%④。

据统计，1912 年草帽辫的对外输出数量最大，为 127 000 担，1929 年输出数量最小，为 37 000 担⑤。从出口量来看，中国草帽辫的出口呈下降趋势。

---

① 实业部国际贸易局：《中国实业志·江苏省》第 8 编，1933 年，第 98 页。
② 《草帽辫的制造法》，《商务报》，实业，第 66 期。
③ 《山东麦秆草帽辫之调查》，《农商公报》第 4 卷第 37 期，1917 年 8 月 15 日。
④ 《山东麦秆草帽辫之调查》，《农商公报》第 4 卷第 37 期。
⑤ 杨大金：《近代中国实业通志》上册，南京中国日报印刷所，1933 年，第 581～582 页。

草帽辫主要分布于长江以北产麦区域。淮域四省占有重要地位，尤其是山东、河南两省。1912 年，农商部对全国草辫业作了基本调查。兹将淮域四省草辫的产量、产值等情况，列表如下（表 3-15）：

表 3-15　淮域四省草帽辫产量与产值等统计表

省份	制造户数	职工数	麦秆制		秫秆制		合计	
			数量	价额（元）	数量	价额（元）	数量	价额（元）
江苏	114	241	89 840 件	5859	—	—	89 840 件	5859
安徽	9918	18 983	320 452 顶	117 120	8600 顶	1250	329 052 顶	118 370
河南	839	2155	9 312 001 斤	1 726 455	340 斤	185	9 312 341 斤	1 726 640
山东	943	3274	10 297 400 斤	6 201 313	102 200 斤	74 000	10 399 600 斤	6 276 310

资料来源：农商部总务厅统计科：《中华民国元年第一次农商统计表》上卷，中华书局，1914 年，第 92、93 页。

淮域山东编织草帽辫的县份有宁阳、嘉祥、临沂、郯城、莒县、菏泽、曹县、日照、蒙阴等①。此外，淮域安徽亳州与河南柘城、太康、商丘、夏邑、荥阳等也是生产草帽辫的重要县份。其中，河南荥阳的草帽辫厂主要有裕龙、万顺成等多家，现将其基本情况列表如下（表 3-16）：

表 3-16　河南荥阳草帽辫工厂调查表

名称	成立年月	工人数	资本（元）	出品	月产量
裕龙	1928 年 9 月	10	1000	草帽、套帽	6000 顶、300 打
万顺成	1922 年 2 月	18	2000	草帽、草辫	10 000 顶、9000 斤
豫顺长	1926 年 3 月	10	1000	草帽	6000 顶
冠五	1926 年 3 月	10	1000	草帽	6000 顶
祥顺长	1925 年 3 月	10	1000	草帽	6000 顶
乾和顺	1925 年 3 月	16	2000	草辫	18 000 斤
瑞丰	1926 年 3 月	12	1000	草辫	10 000 斤

资料来源：刘景向：《河南新志》卷 5，1929 年刊本，中州古籍出版社 1990 年重印，第 261、262 页。

草帽辫的品质优劣，可以根据其价格作出判断。扁草辫，下等品每箱由 50 两起，最上等品每箱最高达 350 两。圆草辫，下等品每箱由 10 两起，最上等品每箱高至 320 两。淮域主要制作圆草辫，如马头圆草辫年产量为 2000 箱，每箱价格为 10～20 两。鹿邑圆草辫年产量为 4000 箱，每箱价格为 20～50 两②。从价格上，可以判断淮域的草帽辫质量一般，多属下等品。

---

① 《中国草帽缏之制造与销路》，《工商半月刊》第 1 卷第 11 号，1929 年 6 月。
② 《山东麦秆草帽辫之调查》，《农商公报》第 4 卷第 37 期，1917 年 8 月 15 日。

　　淮河流域的草帽辫出口商埠，南方主要为上海，北方有天津、烟台、青岛等。以河南鹿邑为例，草帽辫运输路线有南北两条：一条是运往济宁，经津浦铁路到达济南，再输送至青岛；另一条是通过淮河水运及津浦铁路，运至浦口或镇江，再通过长江水运或沪宁铁路运至上海①。

　　草帽辫对外输出的流通链条，大致为商贩→辫庄→辫行→外商几个环节。具体为：一、商贩在产地附近市场收买草帽辫，或直接到农户家收买，然后送至辫庄。二、辫庄，系指在集散市场买卖草帽辫者，其将收买的草帽辫整理及包装后送至辫行。规模较大者资本为 20 万两左右，小者不过二、三万两，多数在 5 万两以内。如，宁阳有辫庄 12 家，鹿邑也有辫庄 10 余家②。三、辫行，介于外商与辫庄之间，以买卖为主要业务，一方面与辫庄联络，另一方面与外商往来，但也有极少数辫行兼营直接输出海外的业务。四、外商，首先在通商口岸接受欧美市场订货，然后向辫行订货，与辫行进行交易。通过以上交易环节，将国内草帽辫生产与国际市场联系起来，延伸了草帽辫的市场销售网络。

　　草辫业作为在国外市场的需求下应运而生的手工业，当地政府及相关部门在其发展过程中发挥了重要作用。

1. 制订各种政策及规章

　　各级地方政府对草辫业均持支持态度，纷纷设局加以指导与鼓励，制订相关奖励规则，并协助制订工厂简章等，如蒙城县政府协助制订《草帽辫工厂的简章》就是一例。兹摘录如下：

　　（1）宗旨：由政府提倡并联合富绅组织工厂，为普通民众谋求利益。

　　（2）集股：先筹款 1000 元，再招集 200 股，每股 5 元，共计 2000 元，发行股票，照章分红，如有转兑增入者，均听其便。

　　（3）招生：延聘技师，分 4 期招生，每班 40 名，每期 1 个月，毕业后轮流更换，以便推广。

　　（4）员司名额：设总理 1 人，由知县兼任，协理 1 人，由知事选择正绅任之，坐办、管账各 1 人，庶务、文牍各人，技师 1 人，夫役 2 人，厨役 1 人，均由总协理分别委用。

　　（5）费用：技师、夫役、厨役等均按月酌给薪金，其余员工概不支薪，按股分红，藉以酬劳③。

　　简章对工厂集股、招工、薪酬等方面作了具体规定，为草帽辫的发展提供了制度保障。

----

① 《山东麦秆草帽辫之调查》，《农商公报》第 4 卷第 37 期，1917 年 8 月 15 日。

② 《山东麦秆草帽辫之调查》，《农商公报》第 4 卷第 37 期。

③ 江汪虎：《蒙城县政书》，1924 年，第 6 页。

2. 在工厂设立草帽辫科

地方政府及相关职能部门十分重视草帽辫的制作与生产。河南省建设厅在《河南省各县贫民工厂章程中》中规定，各厂应设的科目主要有四个，草辫科即是其中之一①。该章程颁布后，各工厂纷纷添设草帽辫科，以加强对草帽辫的管理。如，在汝南县实业局的倡导下，在该县女工厂添设草帽辫科，聘请技师进行技术指导，并负责采购生产工具。技师的往返费用由实业局提供②。在此机构的推动下，汝南县的草辫业呈现出蒸蒸日上之势。

3. 其他方面的措施

在蒙城，地方官员亲赴乡镇动员、督办草帽辫生产。政府派人分赴山东、河南等地学习，延聘技师，招收本地人员进行培训，并规定每户无论男女必须有 1 人参加培训，所有司事及学徒的伙食等费用均由工厂支付。学成后，分批到各地传授草帽辫编制技术。在不到半年的时间，共培训学员 14 760 名。此外，设立草辫研究会及试验场，经费来自于工厂股本。该厂所领义赈款 2000 元，股本绅股 2000 元，合计 4000 元，全部拨至研究会③。类似研究会的创办，有利于草帽辫编制技术的改进。

总之，草辫业作为新兴的手工业，受国际市场影响很大。当国际需求较大时，草辫业就得到了发展；当国际需求较少时，草辫业就会停滞不前。当然，生产技术的滞后，也是影响草辫业的重要因素。

三、手工业发展的制约因素

淮河流域手工业在发展的同时，因受兵燹匪患、自然灾害、国外商品输入、农村经济衰败等外部因素的制约，以及规模狭小、经营分散、技术设备落后、生产率低下、市场竞争力缺乏等自身因素的影响，导致淮域手工业发展缓慢，甚至停滞。综而言之，淮域手工业发展的制约因素很多，不同行业有所不同，不同区域也有所差别，主要有：

（1）市场竞争的冲击

就茶业而言，茶叶原是中国最大的出口商品。19 世纪八九十年代起，印度、锡兰等地的茶叶，在产量、质量、价格、包装、运输等方面均优于中国茶叶。许多国外市场被其挤占，中国茶叶出口量明显降低。据统计，从 1880 ~1888 年，中国茶叶出口累

---

① 《河南省各县贫民工厂章程》，《河南建设月刊》第 1 卷第 5 期，1928 年 8 月。
② 《汝南县女工厂添设草帽辫科》，《河南实业公报》第 1 卷第 3 期，1927 年 7 月。
③ 江汪虎：《蒙城县政书》，1924 年，第 6 页。

计下降 2000 多万磅①。1889 年，中国输往英国的茶叶总量为 9250 万磅，而印度、锡兰两地达 12 239.9 万磅。1894 年，这两地销往英国的茶叶总量增至 18 663.2 万磅，中国则降至 5437.2 万磅②。民国时期，印度、锡兰等主要产茶国的茶叶输出量则急剧上升。至 1913 年，印度、锡兰、爪哇茶叶输出量占 70%，而中国茶叶仅占 30%③。自 1927 ～ 1931 年，中国茶叶的输出量下降幅度较大，从 1927 年的 1.159 亿磅下降至 1931 年的 0.5 亿镑。而 1931 年印度茶叶的输出量为 3.674 亿磅，是中国的 7 倍多，锡兰的输出量为 2.471 亿磅，是中国的近 5 倍④。英国茶叶市场被印度和锡兰占领，美国市场则被日本逐步占领。中国茶叶年产量为 450 万担，输往国外则不足 100 万担，主要靠国内市场销售，明显供过于求⑤。

作为全国重要的产茶区，19 世纪后期，安徽茶叶输出量一度占全国总量的 2/3⑥。国外市场的激烈竞争，对包括皖西在内的安徽茶区产生较大冲击。

不仅如此，印度、锡兰、日本茶叶还大量输入中国，并呈逐年递增趋势，国内市场备受冲击。据统计，1929 年，印度输华茶叶为 1824 磅，爪哇为 599 005 磅，日本为 11 000 磅；至 1931 年，分别达 1 165 799 磅、1 310 134 磅、223 000 磅⑦。同时，国内一些省份的茶业生产则后来居上。1916 年，湖南茶叶产量超过安徽，跃居第一，浙江、广西等省与安徽不相上下⑧。在国内外茶叶的强势挤压下，皖西茶业走向衰落。

再如酿酒业，近代以前，中国酿造业主要是自产自销。清末通商以来，洋酒输入中国的数量与年俱增。1887 年，进口酒年总值仅为数十万两，专供在华外国人饮用；至 1899 年，达 100 余万两；至 20 世纪二三十年代，增至 500 万两以上，较 1887 年增长 30 余倍。虽然国产酒也向国外输出，但数量十分有限。洋酒输入总值远远大于国酒输出总值。据统计，1912 ～ 1930 年，洋酒输入中国总值增长很快，1912 年为 3 252 110 两，1930 年升至 6 404 396 两，1928 年高达 8 178 111 两。与此相反，国酒输出总值变化不大，甚至出现下降趋势。两者比较，其中，1928 年入超达 7 335 203 两⑨。由于国外酒厂采用机器进行生产，生产效率大大提高，产量不断增加，大量洋酒输入中国，冲击了本国的酿酒业。而淮河流域则是全国酿酒业的集中产地之一。

榨油业方面，同样因销路不畅而受到影响较大，如，宁阳，"产黄豆甚丰，榨油工

---

① 姚贤镐：《中国近代对外贸易史资料》第 2 册，中华书局，1962 年，第 1211 页。
② 彭泽益：《中国近代手工业史资料》第 2 卷，中华书局，1962 年，第 181 页。
③ 杨大金：《近代中国实业通志》上册，南京中国日报印刷所，1933 年，第 445 页。
④ 徐方幹：《近五年外茶入华数量》，《中华农学会报》第 117 期，1933 年 10 月。
⑤ 吴承洛：《一月来之实业》，《时事月报》第 7 卷第 1 期，1932 年 7 月。
⑥ 王鹤鸣，施立业：《安徽近代经济轨迹》，安徽人民出版社，1991 年，第 166 页。
⑦ 徐方幹：《近五年外茶入华数量》，《中华农学会报》第 117 期。
⑧ 许道夫：《中国近代农业生产及贸易统计资料》，上海人民出版社，1983 年，第 238 页。
⑨ 杨大金：《近代中国实业通志》上册，第 430 ～ 431 页。

业，由来已久，油充食品，饼作肥料，关系人民生计者甚巨，迨至清末，花生油之贸易日盛，榨油者遂兼榨花生，惟目前以该县花生油之销路不畅，故榨油一业，几告停工"。济宁，"在民国15年最称发达，家数亦增，至民国20年营业衰败，家数骤减，原因系捐税过重，销路滞塞之故"[1]。

（2）税负繁重

捐税繁重，生产成本增加，从而降低了产品的市场竞争力。如淮域山东花生油在榨油前后需交纳两次货物统税，出口花生油税捐包括铁路货捐每担为0.155元，海关出口税每担为0.465元，海关附加税每担为0.225元，原料税每担为0.48元，统捐每担为0.3元，出口花生油每担共需缴纳1.625元，几乎占花生油售价的8%[2]。正因为如此，嘉祥，"前数十年，全县油坊仅20余家，现已增至40余家，正在发展时期，但近以政府之油坊税加重，营斯业者，大有不胜担负之苦"。济宁"在民国15年最称发达，家数亦增，至民国20年营业衰败，家数骤减，原因系捐税过重"[3]。再如，淮域山东酒税按月抽收，一般白酒每百斤抽正税2.8元，公卖费2.8元，黄酒每百斤缴正税0.88元，公卖费0.88元。而曹县、单县酒税更高，白酒每百斤需缴15.6元。此外，凡设肆售卖者，须交纳牌照税，每季自4元至8元不等[4]。

在制茶业方面，税负问题更为典型。1931年起，为了提高茶叶税率，安徽省政府在皖西毛坦厂、管家渡、七里河、两河口、八里滩、麻埠及霍山县城设立茶税局，各税局下设分卡。如霍山税局下设卡8所：诸佛庵、落儿岭、青莲河、团墩、小七畈、杭树冲、下符桥、大河厂；管家渡税局下设卡4所：大化坪、舞旗河、黄洋店、东界岭；黄栗杪税局下设卡6所：东界岭、中界岭、西界岭、长善冲、枣树坳、看花台[5]。关卡林立，层层加码，茶叶税率不断提高。同时，安徽茶税历来南轻而北重，皖西茶税是皖南茶税的2倍。以每百斤计算，皖西茶税就比皖南多缴1.75元。据统计，仅霍山一地，每年茶税约8万元，除去各局坐支外，实收7万余元[6]。此外，还有"照票费"、"酒钱"、"草鞋钱"、"印子钱"等名目众多的茶税。繁重的赋税，无形中提高了茶叶的生产成本，极大地削弱了皖西茶叶的市场竞争力。

在茶叶交易过程中，皖西茶农还备受茶商的种种剥削和勒索。如：一、"扣样"。茶户将茶叶卖入茶行时，由掌秤者在袋中取出茶叶少许，置于样盘中。一般每百斤取样2斤，多者四五斤，不计入售价。二、"折秤"。茶行根据市场行情、茶叶质量等，决定用秤的大小。刚开市时，用秤较小，每百斤可合行秤70斤，即所谓"七折秤"；

①　实业部国际贸易局：《中国实业志·山东省》第8编，1934年，第159～160页。
②　实业部国际贸易局：《中国实业志·山东省》第8编，第201页
③　实业部国际贸易局：《中国实业志·山东省》第8编，第159～160页。
④　实业部国际贸易局：《中国实业志·山东省》第8编，第312页。
⑤　陈序鹏：《皖北茶业状况调查》，《安徽建设》第8号，1929年8月。
⑥　陈序鹏：《皖北茶业状况调查》，《安徽建设》第8号，1929年8月。

待茶价渐低，用秤越来越大，从 7 折降至 6 折、5 折，甚至 3 折左右，称为"倒折秤"。三、"行银折价"。即"由茶斤重折算行银，再由行银折算钱文，更由钱文折成洋钞"。各地行银折价不一，霍山每两行银合钱 480 文，六安麻埠采取"二折一"法，六安毛坦厂实行"大折小"法。"由于折算方法复杂，几经辗转，抹尾扣零，茶户所亏，常致不少。"① 诸如此类的盘剥手段，五花八门，严重挫伤了茶农的生产积极性。许多茶农因无利可图，纷纷弃茶，茶叶生产日益萎缩。

（3）交通相对滞后

民国时期，淮河流域交通运输发生了巨大变革，下文对此有专门论述。但某些地区的交通运输仍然不能满足淮域工业的发展需求，如皖西地区的茶叶运输。

民国皖西的对外交通主要依靠水路和陆路两种方式。该地区虽然河流较多，但多属滩多水浅的支流，通行能力非常有限。除六安的淠河下游、立煌的史河下游、霍邱的大洪河，可通行小船到达江淮地区外，其他如霍山的潜水和漫水（今黄尾河），立煌的湄水和决水（今史河），由于河身较浅，一年四季，仅能通行篾筏。一遇水浅之时，只能用篙撑运货物，费时费力，十分不便②。

自 20 世纪二三十年代起，皖西相继修建了六霍、六寿、六叶、安六、舒六等多条公路，逐渐形成以六安为中心向外辐射的公路网络。但是，因没有统一的规划和技术标准，所修公路，大部分是利用原有驿道和大道因陋就简改建成的土路，稍遇雨雪，车辆便无法通行。而且，汽车等新式交通工具极为缺乏。就陆路而言，皖西茶叶外运仍以畜力和人力等传统运输方式为主。

皖西茶叶内销区域十分广泛，近者有河南、山东、江苏、浙江等省，远者可达北京、天津、河北及东北等地。按茶商户籍及销售地域不同，可分为苏庄（以江苏苏州籍为主）、口庄（以河南周口籍为主）、鲁庄（以山东籍为主）、本庄（本地商贩）、杂庄（附近各县商贩）等。除销售本地及邻县外，皖西茶叶主要外运路线有：一路由苏庄采办至江苏地区，再由海路运销东北；一路由口庄各号经淠颍二河运至周口，再由周口分销至山东、河北、河南、山西、陕西及内蒙古等地。民国以降，苏庄和口庄相继停办，鲁庄逐步垄断了皖西茶叶市场，原有外运路线发生变更：其一，霍山、霍邱、立煌及六安西南产茶，由颍河西上，循淮河向东至蚌埠，再由津浦线达山东，即北线；其二，六安南部的毛坦厂一带产茶，由中梅河出三河，过巢湖，经芜湖至浦口，再转火车北上山东，即南线③。南北两线殊途同至，山东成为皖西茶叶最大的内销市场，其中立煌、六安、霍山属于淮域，而舒城、庐江、岳西不属于淮域，兹从总体上将具体运销路线列表如下（表3-17）：

————————

① 《安徽皖西各县之茶业》，《中国建设》第 11 卷第 4 期，1935 年 4 月。

② 汤雨霖：《六立霍茶麻产销状况调查报告》，《安徽政务月刊》第 13 期，1935 年 11 月。

③ 汤雨霖：《六立霍茶麻产销状况调查报告》，《安徽政务月刊》第 13 期，1935 年 11 月。

表3-17　皖西各县茶叶运销概况表

县别	运往地点	经过地点	运输工具
立煌	济南	苏家埠、六安、正阳关、原墙集、亳县、商丘、徐州	竹筏、帆船、土车、牛车、马车、火车
六安	济南	正阳关、原墙集、亳县、商丘、徐州	帆船、土车、牛车、马车、火车
霍山	济南	西河口、苏家埠、六安、正阳关、原墙集、亳县、商丘、徐州	肩挑、竹筏、帆船、土车、牛车、马车、火车
舒城	济南	毛坦厂、青山、六安、正阳关、原墙集、亳县、商丘至徐州或由合肥、乌江至浦口	肩挑、竹筏、帆船、土车、牛车、马车、火车
庐江	济南	无为、襄安、芜湖至浦口或由三河、合肥、乌江至浦口	汽船、帆船、肩挑、土车、汽车、牛车、马车、轮船、火车
岳西	济南	霍山、西河口、苏家埠、六安、原墙集、亳县、商丘、徐州	肩挑、帆船、土车、牛车、马车、火车

资料来源：黄同仇等：《安徽概览》，1944年，安徽省档案馆1986年重印，第177页。

　　由表3-17可知，皖西茶叶首先通过帆船、肩挑、土车、牛车、马车等传统运输方式，运至铁路站点商丘、蚌埠、徐州或浦口，然后再通过火车运抵山东济南。由于皖西距离上述铁路站点较远，通过传统方式运输，不仅运效低，运输成本亦较高。交通不便，可以说是制约皖西茶叶外销的重要因素之一。

（4）生产设备落后

　　淮域手工业生产设备相对简陋。酿酒使用的生产工具主要有木榨、锅、磨、甑、缸等，榨油所用生产工具主要有石磨、石碾、铁蒸篦、石槽、地榨、缸、锅等。这些工具多由本地制造，质量较差，生产效率低下，产品难上档次，与机制产品相比，存在较大差距。如制茶业，采用土砖所砌的炒茶灶作为搓揉工具，很容易将土灰搀入茶叶之中。由于茶叶制作"纯袭旧规，不知采用科学制法，迎合新趋势，故其销路，不出国门一步"[1]。再如榨油业，在六安"所制之油多为土法，较之外货，以机械制造者似觉稍逊"，"所制之油，仅敷行销本地之用"[2]。在霍邱，"制油器具不外磨、碾、榨各三项，设备不甚完全"，"土法制造，故其业务不易扩张。"在太和，"制油店铺，全系土法，设备不甚完全"[3]。有些油产品为了出口还要进行二次加工，淮域山东出口的土制油产品，部分运至青岛的外国油厂进行再加工。经营此类工作的厂家，为数

---

① 陈序鹏：《皖北茶业状况调查》，《安徽建设》第8号，1929年8月。
② 《安徽省六十县经济调查简表》（中）第10类，第1524页。
③ 《安徽省六十县经济调查简表》（中）第11类，第1588页。

亦多①。

（5）资本不足

一般而言，淮域油厂多属旧式油坊，规模较小，资本不大。同时，淮域油坊的经营性质基本以独资、合资为主，虽然可以节约交易成本、监督成本，但亦具有先天不足，那就是资本需求不足，规模难以扩大。从淮域安徽部分县榨油企业看，六安，"业务既不易于扩张，是以资本亦少增加之变迁"②。霍邱，"油业资本无多"，"油业资本历年无大增减"，"近年营业虽畅，惟以资本不充，以致获利有限"。太和，"业务既不易于扩张，故其资本亦少增减之变迁"③。再从前述统计资料看，无论是地区资本总量，还是每家资本平均拥有量，平均每家资本数千元，少则只有数百元。在淮域山东酿酒业中，宁阳平均每家资本为 12 300 元，济宁为 9500 元，曲阜为 8125 元，嘉祥最少，仅有 391 元。在江苏泗阳，平均每家资本为 5375 元，铜山仅为 509 元。而新式机器企业平均每家资本数万元，高者达数十万元。如周口启新榨油公司拥有资本为 10 万元，阜阳裕兴榨油公司拥有资本达 20 万元④。

（6）价格低落

油制品的价格与销量及社会经济状况相关。若外销迟滞，加之农村经济破产与金融枯竭，油制品的价格自然就会跌落。如 1933 年山东各县油价，平均计算，豆油每百斤约 17 元，花生油每百斤 20 元，芝麻油每百斤 22 元，棉油每百斤 13 元，菜籽油每百斤约 20 元。豆饼、麻饼、花生饼每百斤 3~4 元，棉饼每百斤约 2 元。而在当时，原料价格相对较高，如豆子每百斤 4.5~5 元，花生每百斤 3~4 元，棉籽每百斤 2 元，芝麻每百斤 10 元，菜籽每百斤 4~5 元。据换算，大豆每百斤大致可出油 12 斤，花生每百斤可出油 40 斤，棉籽每百斤可出油 9 斤，芝麻每百斤可出油 45 斤，菜籽每百斤可出油 30 斤⑤。如此推算，除去原料费用，几乎无利可图。以泗水为例，"设槽打油，起源颇早，及至民国初年全县大小油坊不下 400 余家，营业之盛，为从来所未有，现则已减至百余家，营业赔累不堪，推其原因，则在货价之低落。前值千元之货今售不能得半值"⑥。再如，1933 年山东白酒每斤最高价为 0.2 元，最低价仅为 0.15 元，黄酒每斤为 0.08~0.1 元，木瓜与玫瑰露酒每斤为 0.3 元，酒糟每百斤为 1~1.8 元不等⑦。酒价逐年下降，导致利润空间有限，一些规模较小的作坊，因无法应对激烈的市场竞争被迫歇业或倒闭。而在制茶业中，因制作方法简单，制作工具简陋，加上销路不畅，价格

---

① 实业部国际贸易局：《中国实业志·山东省》第 8 编，1934 年，第 195 页。
② 《安徽省六十县经济调查简表》（中）第 10 类，第 1524 页。
③ 《安徽省六十县经济调查简表》（中）第 11 类，第 1584 页；第 1588 页。
④ 杨大金：《近代中国实业通志》上册，南京中国日报印刷所，1933 年，第 399~400 页。
⑤ 实业部国际贸易局：《中国实业志·山东省》第 8 编，1934 年，第 200 页；第 173~175 页。
⑥ 实业部国际贸易局：《中国实业志·山东省》第 8 编，第 159~160 页。
⑦ 实业部国际贸易局：《中国实业志·山东省》第 8 编，第 312 页。

自然降低。据统计，1929 年，皖西茶叶每担售 20～30 元，而皖南茶叶每担售价达 80～100 元，是皖西茶价的 3 倍多。诚如时人所叹："同一品质，因制法销路之不同，价格遂相悬如此，何皖北茶农之不幸耶"①!

（7）其他制约因素

以制茶业为例，茶叶生产包括茶树栽培、茶园管理、茶叶采摘等环节，这些环节如存在不足，势必导致茶业发展受到限制。一、茶树栽培。皖西茶区大多垦殖多年，新开茶园较少。茶农拥有茶地一般在 10 亩左右，多分散经营。而且，茶农的栽培知识与技术极为匮乏，不仅不知浸种选种为何事，就连茶树的行距与株距亦参差不齐。二、茶园管理。茶园管理包括中耕、除草、整枝、施肥、防害等工作。茶农对于茶园管理，向不注意。据调查，六安、霍山等县的茶树，"每年耕耘一次，施肥一次，间有不耕耘，不施肥，简直与野生无异"，且"山高地区，不事整理，一遇雨水，则土中养分流出，遂致茶树早衰，生叶减少"②。至于病虫害，多顺其自然，毫无防治办法。三、茶叶采摘。皖西茶叶天然品质优良，但因采摘不得法，很难成为佳品。茶叶以嫩为贵，如延续数日，叶片就会变老。但为了增加重量，茶农有意不去采摘，等嫩叶长大，老叶、嫩叶连同枝杆一同摘下。霍山黄芽就是一例，"山户每每将芽养至六七寸深，连茎带叶，一同摘下，只求量之重，不求质之精"③。栽培、管理、采摘方法的不科学，极大地影响了茶叶的质量。此外，在加工包装环节上，也存在一些弊端。如皖西茶叶多用篾篓包装，包扎疏松，易受空气、潮气侵蚀，时间一长，色泽、香味备受影响。

再如榨油业，因原料匮乏而受影响，如六安，"因所产原料难以增加，故其业务不易扩张。""油之价格多以原料高低为转移，如遇市面金融滞塞，亦易受其影响"④。霍邱，"油价涨落，全视原料价格高低，行销畅滞为转移"⑤。金乡，"民国 10 年前后，菜油畅销，榨油业异常发达，已臻最盛。近因秋收不丰，已见衰落，现时全县尚有油坊 46 家"⑥。还有受战争的影响，如郓城，"以十年前为发达，油坊林立，自九一八事变发生，东三省沦为异域，影响郓城金融业颇巨，因之农村破产，此项工业日就衰落矣"⑦。

综观淮河流域的近代手工业发展历程，主要表现为：其一，从规模看，由个体独资经营转向合资经营，由一家一户生产向手工作坊、手工工场演变，融资渠道更加多元，生产规模不断扩大。其二，从生产工具看，由木质向木铁合制、铁质工具转变，

---

① 陈序鹏：《皖北茶业状况调查》，《安徽建设》第 8 号，1929 年 8 月。
② 陈序鹏：《对于改良安徽茶业之意见》，《安徽建设》第 2 号，1929 年 2 月。
③ 陈序鹏：《皖北茶业状况调查》，《安徽建设》第 8 号。
④ 《安徽省六十县经济调查简表》（中）第 10 类，第 1524 页。
⑤ 《安徽省六十县经济调查简表》（中）第 11 类，第 1584 页。
⑥ 实业部国际贸易局：《中国实业志·山东省》第 8 编，1934 年，第 159～160 页。
⑦ 实业部国际贸易局：《中国实业志·山东省》第 8 编，第 159～160 页。

生产效率大大提高。其三，从经营绩效看，受多种因素影响，有的行业生产状况较好，有的行业生产状况较差；有的工厂在某一时间内经营较好，有的工厂则旋开旋闭。

第二节　新式工业的产生与发展

近代工业，按照南京国民政府颁布的《工厂法》解释，就是指雇用工人在30人以上的工厂，采用汽力、电力、水力等动力和机器进行生产[①]。淮河流域近代工业起步较晚，发展缓慢，但是，淮域新式机器工业的出现，起到示范和辐射作用，对淮域经济的发展产生一定的影响。总体而言，近代淮域企业使用机器作动力较少，工业化程度较低。在纺织、食品加工、制烟等近代企业中，还大量存在着传统手工生产。因此，机器生产与手工生产两者之间难以截然区分开来。

一、平民工厂与纺织业的发展

淮河流域是中国棉花的重要产地。手工纺织业在历史长河中得到较快发展。鸦片战争后，由于西方机织品的大量流入，淮域的纺织业出现了不同的发展路径。一部分纺织作坊仍沿着原有的发展路径，采用手工方式扩大规模，如土布业等（前文已经述及），这种道路发展相对缓慢。一部分作坊经历了从手工作坊到手工工场，再到机器工厂的发展道路，实现了生产方式的近代转型，发展相对较快。

（一）从手工作坊向机器工业转变

近代以来，为适应纺织业的发展变化，纺织业的行政管理机构历经多次演变。清代，各省设有织造机构。如江苏设立的江宁、苏州织造局，主要生产各种丝织品，并承造供给朝廷使用的衣物。此外，还有负责织造行政事务的官署，主要管理当地民营纺织业，兼管征税。民国时期，各省设立实业厅，后改为建设厅，统辖农业、水利、工矿等，纺织业亦在内。各县先后建立劝业所，后改为实业局，纺织业亦归其管理。抗战后，南京国民政府成立经济部纺织事业管理委员会，1948年改为花纱管理委员会，并在各地设办事处，控制棉花、棉纱、棉布等销售。同年底，中国纺织建设公司在上海成立，主要行使经济部赋予的权力，管理纺织品的原料、销售及市场。

晚清时期，随着纱厂的创建，棉纱供应日益充裕，加之生产工具改良，纺织业获得较快发展。淮域江苏出现了一些规模较大的纺织工厂。如1898年淮阴创办的南洋广

---

① 1929年南京国民政府颁布的《工厂法》规定：用汽力、电力、水力发动机器之工厂，平时雇用工人在30人以上的，适用本法。参见蔡鸿源：《民国法规集成》第55册，黄山书社，1999年，第394页。

利织布公司，拥有织机 200 多台。当地居民纷纷效仿，逐步发展到 100 多家[①]。1903年，连云港先后创办海州织布厂、海州毛巾洋胰厂。1905 年，扬州创办张胜和棉织厂，有毛巾机 4 台、手摇袜机 2 台[②]。1905 年，徐州创办的劝工厂，拥有职工 500 人，生产经营毛巾、花条布、毛毡等，是当时规模较大的手工工场[③]。清末民初，淮域安徽也出现一批新式纺织工厂，现将 1918 年的调查统计情况，列表如下（表 3-18）：

表 3-18　淮域安徽部分县份织布工厂一览表

厂名	地址	设立年份	职工数	数量（匹）	价额（元）
资生习艺厂	五河	1913	16	2000	4000
德隆祥	盱眙	1912	12	800	2500
仁济工艺厂	凤阳	1909	50	2000	4500
广仁女工艺厂	凤阳	1912	28	1000	2400
新民女工艺厂	凤阳	1912	26	900	2200
新民织布公司	凤阳	1912	30	1500	3500
裕生织染工厂	寿县	1916	18	500	800
贫民工艺厂	灵璧	1914	30	600	800
官立工艺厂	太和	1914	30	2000	3400
贫民习艺工厂	颍上	1916	18	800	1200
万隆	霍邱	1911	18	5300	1500

资料来源：《实业厅造送各县现设织布工厂一览表》，《安徽实业杂志》第 25 期，1918 年。

由表 3-18 可知，在年产量方面，霍邱万隆织布厂最高，达 5300 匹；五河资生习艺厂、凤阳仁济工艺厂及太和官立工艺厂年产量亦达 2000 匹。在年产值方面，凤阳仁济工艺厂最高，为 4500 元；其次是五河资生习艺厂，产值为 4000 元。无论产量抑或产值，都表明上述工厂具有一定的生产规模。

第一次世界大战爆发后，西方资本主义国家无暇东顾，洋布输入锐减，淮域民族纺织业以此为契机获得进一步发展。在地方各级政府的倡导下，一批省立工厂和县立工厂（县立工厂指平民工厂，下文专门述及）如雨后春笋般涌现。如，江苏实业厅在淮阴、徐州、连云港分别建立省立第四工厂、第七工厂、第八工厂，投资总额近 20 万元，主要购置先进的机器设备。其中第四工厂购买织布机和织毯机 200 台，织袜机 10多台，第八工厂购买织布机 120 台。使用机器设备后，不仅生产效率明显提高，产品的品种也显著增多，第七工厂不仅可以织直纹布，而且还可织斜纹布和卡其布。第八

---

① 淮阴市地方志编纂委员会：《淮阴市志》，上海社会科学出版社，1995 年，第 760 页。

② 扬州市地方志编纂委员会：《扬州市志》，中国大百科全书出版社上海分社，1997 年，第 1284 页。

③ 徐州市地方志编纂委员会：《徐州市志》，中华书局，1994 年，第 589 页。

工厂可以生产毛巾、花布、棉毯、线袜等①。

此间，河南开封成立了多家官办工厂。1920 年成立的济民工厂，拥有铁机 80 台，职工 100 余人，主要从事纺织品生产。1922 年，冯玉祥先后创办 4 个公立织布厂与 2 个妇女习艺所，有铁机 200 余台，职工 600 余人。1925 年创办的惠民工厂，有铁机 30 台，毛巾机 30 台，职工 100 余人②。从设备数量与职工人数来看，这些纺织工厂在当时算得上规模较大的。

1925 年五卅运动后，全国掀起抵制日货运动，国货畅销，淮域纺织业发展步伐加快，一些工厂在投资扩充设备的同时，纷纷建立新厂。郑州豫丰纱厂是当时淮域规模最大的商办工厂。该厂由实业家穆藕初于 1920 年创办。初期，职工有 4000 名，纱锭有 1 万枚。1927 年，职工增至 5111 名，纱锭达 5 万余枚，最高日产达 130 包（每包 370 斤）③。后受战争等因素影响，一度歇业。1934 年，工厂进行改革，产量日增，纺纱部每日可出纱 75 包。织布部共有织机百余台，每日可出布 280 匹。生产的纱布销往徐州、许昌、新郑等地④。

苏北地区也创建一批规模较大的纺织工厂。1929 年，泰县姜堰的泰纶布厂改称泰县第一工场泰纶元记染织股份有限公司，设总厂和 3 家分厂，职工 1000 余名，织布机 560 多台，其中铁机 20 台，提花织机 6 台，部分使用引擎，可生产各种粗细色织布。该厂生产的永华格与自由呢曾荣获南京国民政府实业部一等奖⑤。此外，宿迁、邳县、睢宁、淮阴等地，也有一些机器织布厂。其中，宿迁一家织布厂规模较大，有工人 62 名，织布机 49 台，资本总额达 15 000 元⑥。

针对许多纺织厂生产工具落后，生产效率低下的状况，一些有识之士呼吁对生产工具进行改良。如汤治中提出改良河南纺织业的建议，主要有：其一，改良织机。从济南等地采购新式织机，每日可织布 150 尺，较之原来织机效率提高 1/3 以上，且可变换齿轮。其二，在开封、郑州、信阳等地设立织机制造所⑦。

抗战时期，机制纺织业勃兴，手工纺织业逐渐衰落。生产工具不断改进，脚踏织机、铁木织机普遍使用，产品的花色品种更多。1942 年，上海中和棉业有限公司在泰县开办中亚纱厂，开始使用动力纺纱机。是年，又开办大中纱厂，有纱锭 1200 枚。1944 年，泰县开办华泰纺织股份有限公司⑧。此外，襄城、汝南、西平、新蔡等县的

① 姜新：《苏北近代工业史》，中国矿业大学出版社，2001 年，第 88～89 页。

② 刘世永等：《河南近代经济》，河南大学出版社，1988 年，第 31 页。

③ 刘世永等：《河南近代经济》，第 44 页。

④ 《郑州纺织与机器工业概况》，《工商半月刊》第 7 卷第 21 号，1935 年 11 月。

⑤ 扬州市地方志编纂委员会：《扬州市志》，中国大百科全书出版社，1997 年，第 1287 页。

⑥ 实业部国际贸易局：《中国实业志·江苏省》第 8 编，1933 年，第 39 页。

⑦ 汤治中：《改良家庭工业计划》，《河南建设》第 1 卷第 8、9 期合刊，1928 年 11 月。

⑧ 扬州市地方志编纂委员会：《扬州市志》，第 1287 页。

民生工厂亦恢复生产，主要生产纺织品。

织布业的勃兴，带动了染织业、制衣业等相关产业的发展。这些企业购买缝纫机等机器设备进行生产。在徐州，1890年有服装店7家，鞋店11店，帽店4家。20世纪20年代，服装行业形成一定规模，业户达40余家。三聚鞋店、新大西服店、德利军服店工人最多时达40余人[1]。1914年，扬州开设西服店，至抗战前，西服店增至30多家[2]。1915年，滕县的广盛永服装店、张记便服店开业，1916年，枣庄的润增祥成衣店开业，主要承接来料加工服装。抗战爆发后，枣庄一带又开办一批服装店铺，如华丰服装店、三德军装店、卫源成服装店、玉盛服装店等。其中，以专门加工军服、警服的三德军装店最有名气。其他店铺主要加工品种有便服、旗袍、马褂等[3]。六安、立煌等地也有一些规模较大的染织厂、成衣厂等。现将1939年六安、立煌两县的三家工厂的调查概况，列表如下（表3-19）：

表3-19　六安、立煌两县三家工厂调查统计表

县名	厂名	业别	资本额（元）	设备数（台）	工人数
六安	皖西实业工厂	成衣业	4000	缝纫机50；织布机20	45
立煌	麻埠染织工厂	染织业	10 000	织布机30；织毛巾机10	80
	三民军服工厂	成衣业	5000	缝纫机30	50

资料来源：安徽省政府统计委员会：《安徽统计年鉴》（1939年），第309页。

纺织业与服装业、染织业密不可分。一方面，纺织业可为服装、染织等相关产业提供所需的原材料；另一方面，服装、染织等相关产业的发展，对纺织业的发展亦有重要的推动作用。

（二）平民工厂[4]

在纺织业的发展中，平民工厂发挥了重要作用。纺织工厂的组织形式有独资、合资及官办三种。平民工厂属于官办，资本相对雄厚，以生产布匹为主，其次为毛巾、线袜等。淮域平民工厂有的采用机器生产，有的仍为手工操作。为了完整地反映平民工厂在纺织业发展过程中的作用，现对平民工厂作一整体考察。

民国以降，"平民"一词在中国开始流行。设立平民工厂，成了社会各界建设的目标。1931年4月，实业部与内政部颁布《县市设立民生工厂办法及劝办工厂考成条

---

①　徐州市地方志编纂委员会：《徐州市志》，中华书局，1994年，第644页。
②　江苏省地方志编纂委员会：《江苏省志·纺织工业志》，江苏古籍出版社，1997年，第208页。
③　枣庄市地方史志编纂委员会：《枣庄市志》，中华书局，1993年，第750页。
④　平民工厂在不同时期称谓不同。1929年，实业部和内政部指示各县，将贫民工厂改为平民工厂。1933年，南京国民政府颁布民生工厂简章，通令各县将平民工厂一律改为民生工厂。为考察方便，文中一律称之为平民工厂。

例》，规定设厂的目的，即振兴地方工业，增加人民生产，制造人民需要的物品，抵制洋货，救济、消纳失业工人。在《县市政府设立民生工厂办法》中，就调查、组织、资金、制品、免税、奖励等设厂的具体办法作了明确规定。其中包括：在工厂未设立前，县市政府应先调查境内物产、原料及失业人数；然后，再由县市政府设法筹集或拨公款或加招商股，开办工厂；所制产品，政府给予减免税率的待遇；对于各县市政府办厂确有成效者，由上级政府酌予奖励①。

在《劝办工厂考成条例》中，强调要根据各地劝办工厂的成效考核地方主要领导。如，条例第 2 条规定，有下列情形之一者，分别给予升级、加俸、记功等奖励："举办工厂收容工人在 300 人以上者；筹划工厂资本在 5000 元或募集 10 000 元以上者；倡行本区内新手工艺三种以上者；设法改良工厂出口能推销国外者；保护工厂有特别成绩者。"再如，条例第 3 条规定，有下列情形之一者，予以惩罚："在职一年以上对于工厂之筹设或整理或创行新手工艺毫无成绩者；挪用公款致妨工厂进行者；工人失业在 500 人以上不设法救济者；原有资本 5000 元以下之工厂停顿不设法恢复者。"②

在中央政府的倡导和推动下，各省、市县先后制订各县平民工厂章程。河南省建设厅早在 1928 年就颁布了《河南省各县贫民工厂章程》，分总纲、办法、职员、科目、经费、考核及附则等。主要内容有：一、关于平民工厂的宗旨，规定："以改良工艺挽回利权，教养贫民发展生计为宗旨"。二、关于人员管理，规定："各工厂应设厂长一人，总理厂务事务员若干人，分掌会计、庶务、司库、营业等事项，技师若干人分掌各 科 技 术 事 项，至 工 徒 之 多 寡 就 各 地 之 情 形 由 工 厂 自 行 酌 定 之"。三、关于工厂生产种类，规定：应设的科目主要有织染科、编制科、缝纫刺绣科及草辫科四科。四、关于开办经费，规定："各工厂之开办费经常费由该管县政府就本县地方公款中筹拨之。"③

与此同时，各县也制订了平民工厂章程，如禹县制订的平民工厂章程，将本县平民工厂分为四等：甲等：固定基金至少 2500 元，流动基金 10 000 万元，并收容工徒在 50 名以上者；乙等：固定基金至少 2000 元，流动基金 8000 元，并收容工徒在 40 名以上者；丙等：固定基金至少 1500 元，流动基金 6000 元，并收容工徒在 30 名以上者；丁等：固定基金至少 1000 元，流动基金 4000 元，并收容工徒在 20 名以上者。此外，章程还规定了平民工厂的生产种类、职工年龄、工作时间与薪金等④。

由于得到各级政府的支持，平民工厂在各地如火如荼地兴办起来。淮域平民工厂

---

① 《市县设立民生工厂办法及劝办工厂考成条例》，中国第二历史档案馆，全宗号：422（2），案卷号：1。
② 《市县设立民生工厂办法及劝办工厂考成条例》，中国第二历史档案馆，全宗号：422（3），案卷号：1。
③ 《河南省贫民工厂章程》，《河南建设月刊》第 1 卷第 5 期，1928 年 8 月。
④ 《河南省各县民生工厂章程》，中国第二历史档案馆，全宗号：422（3），案卷号：202。

不仅数量较多，分布地域也很广。其中以淮域山东、河南居多，仅淮域山东就有 23 县设立平民工厂，具体如下表所示（表 3-20）：

表 3-20　淮域山东平民工厂调查统计表

县名	成立年月	工人数	资本（元）	年产量（匹）	年产值（元）	布机数
曲阜	1932 年 11 月	11	4000	700	2029	5
宁阳	1930 年 10 月	16	3800	1100	6450	8
邹县	1932 年 10 月	12	4860	500	4380	2
滕县	1932 年 4 月	13	3200	1800	5400	5
泗水	1919 年	24	1500	150	1050	6
汶上	1932 年 7 月	11	5100	5000	40 000	3
峄县	1933 年 11 月	9	6600	450	3510	1
金乡	1929 年	11	1800	1560	9105	5
鱼台	1933 年 3 月	11	5720	—	—	3
临沂	1933 年 3 月	14	5000	2700	14 400	6
郯城	1933 年 5 月	20	3000	1600	12 000	
费县	1931 年 8 月	12	5000	900	6360	6
蒙阴	1932 年 1 月	14	5000	500	2600	4
莒县	1932 年 11 月	12	2400	950	6650	5
沂水	1930 年 3 月	15	5500	1300	6450	10
菏泽	1929 年	70	22 000	2800	26 600	20
单县	1929 年 11 月	20	10 000	2200	10 700	6
成武	1932 年 9 月	11	3900	550	2050	5
定陶	1928 年 9 月	20	5227	365	2535	10
巨野	1932 年 12 月	12	1300	1200	4400	8
郓城	1931 年 4 月	18	8000	1800	6300	9
鄄城	1930 年 10 月	9	6000	240	1580	19
日照	1913 年	30	3800	760	5160	8

注：（1）费县平民工厂有两个，另一个平民工厂于 1933 年 2 月成立，有工人 8 名，资本数额 2000 元，产量 600 匹，产值 3450 元，布机数 4 台。（2）蒙阴县平民工厂的产量除布匹外，还有褥面 400 条，计 600 元。

资料来源：实业部国际贸易局：《中国实业志·山东志》第 8 编，1934 年，第 36～44 页。

由表 3-20 可知，平民工厂设立的时间大多在 1930～1933 年之间。工人数量大多在 10～20 人之间，其中，菏泽平民工厂人数最多，达 70 人。资本额大多集中在 3000～5000 元之间，菏泽与单县资本较雄厚，均超过 1 万元。各厂布机数量不多，一般在 10 台以下。

在淮域河南，有 33 县设立了平民工厂，而河南全省有 63 县平民工厂，因经费不足与成绩较差而裁撤 11 县，仅保留 52 县。淮域平民工厂超过一半以上，办厂成绩较为优异者有通许、禹县、淮阳、许昌、上蔡等县①。具体如下表所示（表3-21）：

表3-21 淮域河南平民工厂工人数和基金数统计表

县别	工人数	基金数（元）	县别	工人数	基金数（元）	县别	工人数	基金数（元）
开封	19	985	淮阳	22	3200	叶县	20	5985
通许	20	1900	西华	10	872	汝南	30	4800
尉氏	30	2180	商水	15	2600	上蔡	35	6250
鄢陵	14	1500	项城	15	1300	新蔡	—	2500
禹县	20	1847	太康	22	1659	西平	21	1390
密县	25	—	扶沟	15	1280	遂平	12	2170
商丘	20	2116	许昌	14	2700	信阳	6	3354
宁陵	10	—	临颍	15	1800	固始	10	1000
虞城	15	770	长葛	18	2890	登封	20	1450
夏邑	20	1825	郑县	11	780	临汝	10	2100
睢县	7	741	舞阳	2	1750	郏县	10	990

资料来源：李平衡等：《中国劳动年鉴》（1933年），第3次，1934年，第251~253页。

从表3-21可以看出，职工数大多在10~20人之间，其中尉氏与汝南两县工人数量最多；资本额均在1万元以下，其中，上蔡最多，达6250元，虞城、睢县、郑县则较少。

平民工厂以生产布匹为主。除此以外，大多平民工厂设有针织部和毛巾部，专门制造袜类、背心及毛巾。现将1934年淮域山东平民工厂的调查情况，列表如下（表3-22）：

表3-22 淮域山东平民工厂针织、毛巾产量、产值统计表

县名	针织业 年产量（打）	针织业 年产值（元）	毛巾业 年产量（打）	毛巾业 年产值（元）	县名	针织业 年产量（打）	针织业 年产值（元）	毛巾业 年产量（打）	毛巾业 年产值（元）
曲阜	750	1150	100	130	单县	1500	1500	500	500
邹县	173	596	500	750	定陶	620	992	350	490
汶上	500	1000	1000	1000	巨野	360	792	300	480
峄县	925	2405	1380	1932	鄄城	150	330	200	280
费县	1200	2760	1000	1300	郓城	400	1200	—	—
菏泽	200	400	500	750	日照	—	—	1000	600

注：各县针织、毛巾的价格有所不同。

资料来源：实业部国际贸易局：《中国实业志·山东志》第8编，1934年，第110、111、149、150页。

---

① 《行政院交办核拟河南省府呈关于民生工厂等》，中国第二历史档案馆，全宗号：422（3），案卷号：202。

就针织业来看，产量以单县、费县较高，分别为 1500 打与 1200 打；产值以费县、峄县较高，分别为 2760 元与 2405 元。就毛巾业来看，产量以峄县最高，为 1380 打，汶上、费县、日照次之，为 1000 打；产值以峄县最高，达 1932 元。

1919～1925 年，是淮域江苏毛巾业发展的黄金时期，尔后，逐步走向衰落。现将 1933 年宝应、阜宁、涟水及东台四县毛巾厂的基本情况，列表如下（表3-23）：

表3-23　江苏宝应等四县毛巾厂调查统计表

县名	厂名	成立年份	资本额（元）	工人数	年产量（条）
宝应	平民工艺厂	1919	2000	31	4320
阜宁	平民工艺厂	1928	1300	32	1954
涟水	平民工艺厂	1931	500	45	——
东台	平民工艺厂	1914	2000	15	20 000

资料来源：实业部国际贸易局：《中国实业志·江苏省》第 8 编，1933 年，第 303、304 页。

淮域平民工厂的原料以棉纱为主，大多从上海、无锡、济南、青岛等地购买。其他如颜料、化学原料等，则从国外进口。产品多在本地及邻县销售，或自己设立庄铺销售，或将产品运往各商铺代销。也有少量产品销往外地，淮域内的曲阜、曹县、徐州、蚌埠等地是重要的输出市场。

平民工厂的重要社会功能，就是解决城市失业贫民和流入城市的农民、灾民的就业与生活出路问题，维护社会稳定，其主旨是"以工代赈"。在生产经营过程中，平民工厂取得了一定的成效。这一点可从《蚌埠平民工厂 1934 年 5 月至 9 月营业收支表》得到证实。蚌埠平民工厂具体收支状况如下：1934 年 5 月，盈余 60.4 元；1934 年 6 月，盈余 100.5 元；1934 年 7 月，盈余 203.4 元；1934 年 8 月，盈余 198.5 元；1934 年 9 月，盈余 201.34 元[①]。在 1934 年 5 月至 9 月的 5 个月中，蚌埠平民工厂累计盈余 764.14 元。毫无疑问，由于得到政府的大力支持，平民工厂对纺织业的发展起到了积极的推动作用。但是，由于先天不足，企业生产缺乏有效的经营模式与运行机制，以致其生产绩效与初衷相差甚远。

二、制烟业的演变与发展

淮河流域的气候及土壤条件，适宜烟叶种植，制烟的原料也较为丰富。近代以来，随着经济的发展，人们之间的交往日益增多，卷烟作为社会交际的一种手段，备受人们青睐。而淮域制烟业在西方机制烟的冲击下，开始由手工生产向机制加工的转变。

---

① 《实业部蚌埠平民工厂 1934 年 5 月至 9 月营业收支表》，中国第二历史档案馆，全宗号：422（3），案卷号：2357。

（一）从晾晒烟到机器烤烟

淮域晾晒烟的种植历史悠久，种植范围较广。自从英美烟草公司在淮域许昌、凤阳等地投资兴建烤烟工厂，采用机器烤烟后，淮域烟叶产量大增，逐渐畅销国内外。

1. 晾晒烟的种植与加工

晚清时期，凤阳县一带所产烟叶外销至徐州、济南等地。所制的皮丝烟，油分足，弹性强，享誉省内外。每年秋季，来此购烟的豫、鲁、苏等省的客商络绎不绝。除凤阳以外，凤台、定远、亳县、太和等地的晾晒烟种植面积也较大，产量较高。晾晒烟已成为当地的大宗物产和主要税源。

据 1919 年统计，安徽全省晾晒烟种植面积达 186 979 亩，总产量达 26 176 640 斤。其中淮域凤台等 16 个县晾晒烟的种植面积为 140 088 亩，约占全省种植面积的 74.9%，总产量为 22 918 150 斤，约占全省总产量的 87.6%[①]。现将淮域安徽晾晒烟的种植面积与产量情况，列表如下（表 3-24）：

表 3-24　淮域安徽晾晒烟种植面积、产量统计表

县名	面积（亩）	亩产（斤）	总产量（斤）	县名	面积（亩）	亩产（斤）	总产量（斤）
六安	333	120	39 960	凤阳	30 000	170	5 100 000
怀远	1315	70	92 050	宿县	80	80	6400
定远	11 500	50	575 000	灵璧	500	115	57 500
凤台	66 000	200	13 200 000	阜阳	350	300	105 000
颍上	1860	80	148 800	亳县	12 220	100	1 222 000
蒙城	2673	80	213 840	太和	5000	200	1 000 000
涡阳	1869	100	186 900	泗县	1250	160	200 000
盱眙	2386	150	357 900	五河	2752	150	412 800

资料来源：安徽省地方志编纂委员会：《安徽省志·烟草志》，方志出版社，1998 年，第 4 页。

由表 3-24 可知，凤台县种植面积与总产量最大，分别为 6.6 万亩、1320 万斤；其次是凤阳，种植面积与总产量分别为 3 万亩、510 万斤；宿县种植面积与总产量最少，分别为 80 亩、6400 斤。

2. 烤烟的种植与加工

1913 年，英美烟公司派员到淮河流域进行调查，认为山东、河南、安徽等地的

---

① 安徽省地方志编纂委员会：《安徽省志·烟草志》，方志出版社，1998 年，第 4 页。

土壤与气候，适宜种植烟叶。同年，英美烟公司在河南许昌、安徽凤阳等地，大力推广种植美烟。为了使烟农改种烤烟，他们采取了一系列诱使农民种植烤烟的措施，如发放烟种、传授栽培方法、提供生产工具、传授烘烤技术、高价收购烟草等。丰厚的经济利润，对生活贫困的烟农有很大的诱惑力，仅二三年时间，烤烟便得到迅速发展。

烟草生产的季节性很强，每年秋季收购上来的原烟，含有大量的水分，容易霉变，必须复烤，才能长久存贮。1919 年，英美烟草公司在河南许昌、安徽凤阳投资兴建烤烟工厂，专营烟叶收购和复烤。随着栽培技术的普及，加上烟农的精心培植，以及良好的气候、土壤条件，淮域烤烟产量与质量均有很大提高。安徽凤阳一带和河南许昌一带成为中国重要的烤烟产地。1919 年，凤阳烟叶年产量为 7.88 万担，占全国烟叶产量的 23.1%，几乎达 1/4。因凤阳所产烟叶数量多，且质量好，凤阳周边几县出口的烟叶统称凤阳烟[1]。1919 年，河南各地共产烤烟 1000 万磅，仅许昌烤烟厂收购复烤额就达 7 578 819 磅，占全省年产额的 75.8%；1920 年，河南各地共产烤烟 1600 万磅，许昌烤烟厂收购复烤额达 14 330 545 磅，占全省年产额的 89.5%；1921 年，河南省各地共产烤烟 900 万磅，许昌烤烟厂收购复烤额为 8 305 574 磅，占全省年产额的 92.3%[2]。

烤烟业的发展为烟厂提供了充足的原材料。最初，华商及外商烟厂所用烟叶完全依靠进口。自从南洋烟草公司及英美烟公司推种烤烟后，一些烟厂开始采用国产烟叶为原料。淮域烟叶在国产烟叶中因产量大，质量优，深受华商烟厂的青睐。据统计，江苏的华商烟厂所用原料分别来自于安徽、河南、山东、湖北、广东五省，每年需求量为 116 776 500 担，其中淮域的烟叶量为 94 011 500 担[3]，占总量的 80.5%。兹将江苏的华商烟厂所用部分国产烟叶的来源及价格，列表如下（表 3-25）：

表 3-25　江苏华商烟厂所用淮域烟叶价格及数额统计表

产地	每担价格（元）	年产量（担）	烟叶颜色
河南郑县刘家庄	35	10 000	淡黄色
河南许州颖桥	45	35 000 000	浓黄褐色
河南襄城	50	25 000 000	淡黄色
安徽刘府县	50	20 000 000	淡黄褐
安徽凤阳邓家庄	22	14 000 000	黄色
安徽蚌埠李家庄	45	1500	黄褐色

资料来源：实业部国际贸易局：《中国实业志·江苏省》第 8 编，1933 年，第 426、427 页。

①　安徽省地方志编纂委员会：《安徽省志·烟草志》，方志出版社，1998 年，第 15 页。

②　刘世永等：《河南近代经济》，河南大学出版社，1988 年，第 23 页。

③　实业部国际贸易局：《中国实业志·江苏省》第 8 编，1933 年，第 426～427 页。

　　淮域烟叶不仅在国内畅销，在对外出口中亦占有重要地位。如在上海对外出口的烟叶中，凤阳烟与许昌烟享有盛名。据统计，1926~1933 年凤阳与许昌两地烟叶在上海市值情况，如下表所示（表3-26）：

表 3-26　凤阳与许昌两地烟叶在上海市值统计表　　　　　（单位：元）

年份	凤阳烟叶市值	许昌烟叶市值	年份	凤阳烟叶市值	许昌烟叶市值
1926	28 096	26 184	1930	33 909	40 104
1927	28 141	31 168	1931	31 583	41 267
1928	—	—	1932	—	42 500
1929	28 330	34 312	1933	—	60 753

　　资料来源：《我国烟业之产销近状》，《工商半月刊》第7卷第3号，1935年2月。

　　由表 3-26 看出，凤阳烟叶 1926 年市值为 28 096 元，到 1931 年，上升至 31 583元；许昌烟叶 1926 市值为 26 184 元，到 1933 年，上升至 60 753 元。这表明，凤阳与许昌两地烟叶在上海的市值呈持续上升趋势。

　　烟叶的运销途径主要有以下三种：一、作坊及工厂直接赴产地收买。厂家或作坊主在烟叶产区设行，并派人到农家约定购买。如南洋兄弟烟草公司及英美烟公司在河南许昌、安徽凤阳就设有烟行。二、由商人在产区设庄向烟农收购，然后运销各地作坊及工厂，此种形式较为普遍。烟商有本地商人，也有外地商人，收购的烟叶运往上海等地销售。三、烟农自行运至作坊及工厂所设的庄行销售。

　　与此同时，中国进口国外烟叶的数量不断下降，其主要原因有：一、受国际金融市场影响，进口烟叶及纸烟价格太高，中国烟厂及消费者的购买量日益减少；二、国产烟叶及纸烟价格较低，在市场竞争中占据明显优势，对国外烟叶及纸烟在中国的倾销起到了一定的抵制作用；三、提高外烟进口的税率，促使国内烟厂更多地采用本国烟叶[①]。

（二）从手工制烟到机器制烟

　　中国烟品有旱烟、水烟及潮烟（黄烟）三种。近代以来，随着西方商品的大量涌入，卷烟也逐步进入中国市场。在西方卷烟的影响下，中国人开始设厂制烟。淮域的卷烟业经历了从手工生产向机器加工的嬗变。

1. 手工制烟

　　19 世纪末，外国卷烟进入中国市场后，因其携带便利，式样新颖，吸食者日益增

---

　　① 《我国烟业之产销近状》，《工商半月刊》第7卷第3号，1935年2月。

多，输入额骤然增加。1890 年，美商老晋隆洋行将卷烟输入中国，起初仅为数十万两，10 年后，增至 2780 万两以上。1902 年，英美烟公司率先在上海设厂制造卷烟，后又在湖北、天津、辽宁、山东等地设立分厂。在国货运动的影响下，1905 年，中国人创办了营口复记、北京大象、天津北洋、上海三星及德隆等卷烟工厂；1906 年，又在广州设立南洋公司。淮河流域的卷烟工厂就是在此背景下建立的。

烟丝制作是手工卷烟的一道重要工序。中国烟丝加工业起源于清代中叶。清末，仅阜阳就有 10 多家烟丝铺。同时，亳县、涡阳、蒙城、太和、颍上、凤台等县，亦有数十家毛烟生产作坊或工场。20 世纪 20 年代，因淮域烟丝制作技术精细，质量稳定，价格低廉，在生产上达到繁盛时期。如砀山有庆烟昌、福成、三火兴、复兴、合兴、义兴等多家店铺。六安的烟丝生产作坊达数十家，有烟工近 800 人，主要生产皮丝烟丝（高级烟丝）与天香烟丝（一般烟丝）。产品除满足当地消费外，还外销至邻县及河南商城、固始、光山等地。抗战时期，淮域安徽大部分市县都有手工刨烟店，其中，尤以寿县、亳县、阜阳、明光、凤阳、定远、涡阳等地产量较高。各县烟店多少不一，有的只有一两家，有的多达 20 多家。但受战乱、匪患、灾害等因素的影响，烟丝制作时好时坏，烟店也时开时歇[1]。

在枣庄地区，共有烟丝店 160 多家，其中，台儿庄 8 家，峄县 5 家，枣庄 4 家，滕县约 150 家。滕县水顺烟丝店创办于 1850 年，初期规模较小。之后，该店从安徽凤阳引进制烟技术，购置加工设备，经营规模逐渐扩大，日产量有 400 斤左右，全年产量达 10 万斤。1940 年，滕县引种烤烟后，烟丝店骤增。这些烟丝店都是前店后坊，前店对外营业，后坊负责加工制造。规模较小的烟丝店，多自产自销，而较大的烟丝店，除供当地居民吸用外，大部分销往徐州、商丘、济宁等地[2]。

据 1919 年调查，六安的手工卷烟工厂均为独资性质，全年生产时间为 300 天左右。生产工具有木榨、烟刀、烟刨、烟板等，其中，烟刀购自福建，其余均为本地制造。所需原料购自本县及邻县，产品多在本地销售，也有部分销往商城、固始等县。兹将 1919 年六安县五家卷烟工厂的创办时间、资本数、职工数、年产量及年产值等情况，列表如下（表 3-27）：

据当时调查统计，上述五个烟厂每石烟平均售价为 34 元，而生产成本为 17.14 元，收益大于支出。究其原因，主要是产品质量适中，价格低廉，原料及劳动力充裕，销量较好[3]。但是，若与机制烟相比，在质量上还存在很大差距。

1919 年，英美烟公司在凤阳的复烤厂建成投产。该公司收购时剩下的少量残次烟叶，农民可以自由出售。之后，凤阳及邻县农民尝试用自产烤烟和收购的残次烟叶生

①　安徽省地方志编纂委员会：《安徽省志·烟草志》，方志出版社，1998 年，第 54 页。
②　枣庄市地方史志编纂委员会：《枣庄市志》，中华书局，1993 年，第 722 页。
③　《安徽省六十县经济调查简表》（下），第 13 类，1919 年，第 2105~2128 页。

表 3-27　六安县五家手工卷烟工厂调查表

厂名	创办时间（年）	资本数（元）	职工数	年产量（石）	年产值（元）
江恒泰	1896	2300	7	150	5100
吕怡和	1893	3000	9	120	4080
同万顺	1916	2200	10	120	4080
恒盛和	1910	2600	9	150	5100
永和	1893	2000	7	120	4080

资料来源：《安徽省六十县经济调查简表》（下），第 13 类，1919 年，第 2105～2128 页。

产手工卷烟，改进卷制方法，并制成手摇卷烟机。蚌埠源昌号制造的手摇卷烟机，每台机子每小时产烟 6420 支。卷烟所需的盘纸等原料，从上海购进[1]。郑州手工卷烟业始于 1923 年。起初，仅有 3 家手工卷烟作坊，1927 年，发展到 80 家，1931年，发展到 500 家，职工达 2500 名。1930 年，建立同业公会，成为中国北方手工卷烟的中心[2]。

20 世纪 20 年代末，淮域江苏的手工卷烟业走向兴盛。卷烟厂分专业与兼营两种，专营者以城市居民为主，兼营者为城镇周边农民。到 1937 年，徐州手工卷烟户已达350 余家，日产卷烟 8000 包。如果以每年 200 天生产时间计算，徐州一地的卷烟产量高达 160 万包[3]。同期，淮阴、东海、涟水等地的卷烟作坊也都得到了不同程度的发展。

在淮域山东，1903 年，兖州创办琴记雪茄烟厂。不久，又有大中、华美、春华、金声、万兴等 10 余家较大规模的手工雪茄卷烟厂建成。其中，琴记烟厂生产的琴记牌雪茄、大中烟厂生产的桂花牌及蓉花牌雪茄烟，作料考究，做工精细，质量上乘。1934 年，蓉花牌雪茄烟在北京铁道部第 3 届铁路沿线物产展览会上，荣获金奖[4]。1935年，滕县利华烟厂建成，从蚌埠购进 12 台手工卷烟机，有职工 20 人，日产卷烟 1000包。同年，兴办永昌烟店，有手工卷烟机 2 台，兼营手工卷烟[5]。菏泽卷烟生产始于1935 年，多系手工卷烟，主要有"太东"、"信丰"、"振大"、"恒大"、"北大"、"怡和"、"曙光"等卷烟工厂[6]。

抗战爆发后，淮域大片地区相继沦陷，一些烟厂遭受破坏而被迫关闭。郑州手工

---

[1]　安徽省地方志编纂委员会：《安徽省志·烟草志》，方志出版社，1998 年，第 58 页。

[2]　郑州市地方史志编纂委员会：《郑州市志》，中州古籍出版社，1999 年，第 317 页。

[3]　姜新：《苏北工业史》，中国矿业大学出版社，2001 年，第 151 页。

[4]　兖州市地方史志编纂委员会：《兖州市志》，山东人民出版社，1997 年，第 220～221 页。

[5]　枣庄市地方史志编纂委员会：《枣庄市志》，中华书局，1993 年，第 723 页。

[6]　菏泽地区地方史志编纂委员会：《菏泽地区志》，齐鲁书社，1998 年，第 312 页。

卷烟厂一度只剩 20 余家，职工减至 100 多人[1]。为了解决卷烟短缺问题，一批手工卷烟工厂在后方相继建立，尤其在烟叶产区，手工卷烟作坊更为普遍。在阜阳，有手工卷烟店铺、作坊 500 多家；在蚌埠，卷烟作坊最多时达 340 家，日产卷烟 200 箱，有 100 多个品种；在亳县，有卷烟作坊 100 多家，界首有 24 家，临泉有数十家[2]。1940 年，滕县引种烤烟成功后，遂采用本地所产的优质价廉的烤烟，就地加工成烟丝。手工卷烟业因之获得普遍发展。据统计，1940 年，枣庄地区手工卷烟商户有 40 多家，到 1949 年，发展至 300 余户[3]。

2. 机制卷烟

烟草种植业的蓬勃发展，为淮域卷烟工业准备了充裕的原料。但是，手工卷烟业多是以家庭为单位的小规模经营，资金有限，设备简陋，包装粗糙，生产效率低下。卷烟业要发展，必须要进行改革，而改革首先要突破生产工具这个瓶颈。为此，淮域卷烟业或改良原有设备，或引进机器设备，开始向机器卷烟业迈进。

五卅运动后兴起的国货运动，给民族工业的发展创造了良好的机遇。当时，国人以吸外烟为耻，国产香烟的销路迅速打开，华商烟厂纷纷设立。据统计，1924～1927 年的四年间，上海烟厂从 14 家增至 182 家。但 1928 年以后，华商烟厂突见衰落。截至 1932 年 9 月底，仅存 60 家。考其原因，主要有：其一，洋商采用种种方法推销洋烟，如英美烟公司生产的大英牌香烟，不用大英二字，而改名为红锡包，其他牌子的香烟，在烟盒及烟支上不印公司名称，吸者难以辨别其是否为国货。其二，为迎合吸者贪便宜的心理，外商将中次档卷烟大幅降价。在残酷的价格战中，一些华商烟厂因资金少，规模小，难以为继。其三，卷烟统税实施后，洋商烟厂因有不平等条约的庇护，与华商烟厂相比税率较轻，在竞争中占有明显优势[4]。

从经营形式上看，卷烟工厂大致可分为以下几类：其一，自己无商标，完全代人制造卷烟；其二，自己仅有商标，产品完全由他厂代制；其三，自己有商标，可自主生产。

下面分省考察一下淮河流域部分烟厂的生产经营情况。

淮域河南。在许昌，早在 1920 年，南洋兄弟烟草公司即在此设立收烟厂，除经常收购各种烟叶运往各地外，也在厂内生产一些卷烟。据 1929 年调查，许昌有五家机制卷烟工厂均采用股份制形式经营，机器设备有卷烟机、切丝机、柴油机、发电机及磨刀机等。具体如表所示（表 3-28）：

---

① 郑州市地方史志编纂委员会：《郑州市志》，中州古籍出版社，1999 年，第 317 页。

② 安徽省地方志编纂委员会：《安徽省志·烟草志》，方志出版社，1998 年，第 59 页。

③ 枣庄市地方史志编纂委员会：《枣庄市志》，中华书局，1993 年，第 723 页。

④ 实业部国际贸易局：《中国实业志·江苏省》第 8 编，1933 年，第 412 页。

表 3-28　许昌五家卷烟工厂基本情况一览表

厂名	资本数 （万元）	员工数	月产额 （箱）	品牌名	销售地
新裕烟草公司	5	129	100	美人、八里桥	本省各县
华北卷烟工厂	2	82	100	太平门、美人	本地及郑州、漯河、长葛、新郑
振华烟草公司	5	255	300	华女、民国	本省各县
河南烟草股份 有限公司	10	143	120	八里桥、月美	本省各县

资料来源：刘景向：《河南新志》卷 5，1929 年刊本，中州古籍出版社 1990 年重印，第 258～260 页。

在漯河，1929 年，创建四友烟厂，产品销往周边各县。因销路不畅，于次年停产。1936 年，又创办大昌烟厂，公试、光华烟厂也相继开业。1946 年，又有裕民等 7 家烟厂开办，有职工 26 人。在激烈的市场竞争中，上述烟厂时开时停[1]。

在郑州，1947 年，新乡的利民烟厂迁移郑州，成为该市第一家机制卷烟厂。1948 年，协成、豫记以及远东实业社（后改为大众烟厂）等机制卷烟厂相继开业。至此，机制卷烟厂发展到 12 家。但受战争影响，实际开工生产的仅有利民、华新、豫丰、同心、龙兴、宏兴、兴关、天中、协成等 9 家，且生产能力不大[2]。

淮域山东。滕县的烟厂规模较大，设备较齐全。1936 年，滕县利华烟厂从济宁购置卷烟机 2 部，改手工卷烟为机器卷烟。此后，又先后创办益民烟厂、大中烟厂、新华烟厂、新大烟厂，生产机制卷烟[3]。

淮域江苏。在徐州，1939 年开办的陇海烟厂，是该市第一家机制卷烟厂，共有职工百余人，日产卷烟 7～10 箱。所需烟丝从上海购进，产品为半成品，利润不大。1941 年开办的东亚烟厂，系民办股份有限公司，有职工 375 人，卷烟机 15 台，切烟机 7 台，磨刀机 2 台，压扁机、加香机、干燥机各 1 台，日产卷烟 40 箱左右[4]。

淮域安徽。在阜阳，1939 年，兴办宏达烟厂，有职工 50 人，日产卷烟 4 箱，日产值 1000 元；1941 年，建立建华烟厂，后改名华昌烟厂。在亳县，1932 年，兴办福华烟厂，主要设备有切丝机、柴油机、发电机等，日产量 2 箱；1943 年，开办华丰烟厂，日产香烟 5 箱[5]。在界首，机器卷烟工厂有润昌、华成、新新、华夏、民生、永达等 5 家，日产量约 10 箱，年产量约 3 万余箱，所需烟叶购自河南襄城[6]。

---

① 漯河市地方志编纂委员会：《漯河市志》，方志出版社，1999 年，第 397 页。

② 郑州市地方史志编纂委员会：《郑州市志》，中州古籍出版社，1999 年，第 317 页。

③ 枣庄市地方史志编纂委员会：《枣庄市志》，中华书局，1993 年，第 723 页。

④ 徐州市地方志编纂委员会：《徐州市志》，中华书局，1994 年，第 601～602 页。

⑤ 阜阳市地方志编纂委员会：《阜阳地区志》，方志出版社，1996 年，第 365 页。

⑥ 韦光周：《界首一览》，1944 年，第 21 页。

在蚌埠，1925 年，创办大来烟厂，成为蚌埠第一家机器烟厂。该厂有职工 130 多人，原料烟叶采自凤阳，盘纸、香精购于上海①。1943 年底，创办兄弟烟厂。该厂采取彩车上街宣传、购者中彩有奖等一系列促销措施，很快将销路打开，产品不仅在当地畅销，还远销至徐州、开封、扬州等地。1945 年，创办江淮烟厂，生产的"精忠"牌香烟，颇受欢迎。1946～1947 年间，先后蜂拥而起大批烟厂。烟厂数量由 1944 年前的 2 家增至 1946 年的 45 家，最多时达 64 家，职工最多时达 3500 多人，占全市工人的 70%②。其中，规模较大的有大来、兄弟、裕民、汇丰、庆华、江淮、中兴、福丰等烟厂。

抗战胜利后，日伪烟厂全部被接管，饱受日本侵略压迫的民族工业获得较快发展。由于卷烟业产品销路广，利润丰厚，资金周转快，吸引很多人投资卷烟业。兹以淮域安徽为例，将 1941～1948 年机制烟厂基本情况列表如下（表 3-29）：

表 3-29　1941～1948 年淮域安徽机制烟厂一览表

厂名	所在地	性质	设立年月	员工数	月销量（箱）
淮北烟厂	阜阳	合资	1944 年 2 月	15	8
勤生烟厂	六安	合资	1945 年 8 月	6	10
新华卷烟厂	霍山	集资	1943 年 11 月	16	10
新新烟厂	临泉	合资	1943 年 2 月	16	75
华诚烟厂	临泉	合资	1946 年	50	73
永达烟厂	太和	合资	1946 年 2 月	15	63
公记华丰烟厂	蚌埠	合资	1945 年 9 月	22	40
庆华烟草公司	蚌埠	有限	1945 年 12 月	40	43
裕民烟草公司	蚌埠	股份	1945 年 9 月	50	40
大中烟厂	临泉	合资	—	50	3
大东烟草公司	界首	股份	1945 年 8 月	30	56
锚中烟厂	亳县	合资	1945 年 10 月	15	36
联大烟草公司	蚌埠	股份	1946 年 4 月	18	30
农民烟厂	蚌埠	合资	1946 年 6 月	27	30
兴华烟草公司	蚌埠	合资	1946 年 4 月	25	24
中华烟厂	蚌埠	股份	1946 年 4 月	14	20
大生烟公司	蚌埠	合资	1946 年 5 月	28	30
大中烟草工厂	蚌埠	有限	1946 年 5 月	40	25
天一烟草公司	界首	合资	1946 年 3 月	—	60
中兴烟厂	蚌埠	合资	1946 年 7 月	72	68

①　蚌埠市政协文史办公室等：《蚌埠工商史料》，安徽人民出版社，1987 年，第 109、111 页。

②　安徽省地方志编纂委员会：《安徽省志·烟草志》，方志出版社，1998 年，第 62～63 页。

续表

厂名	所在地	性质	设立年月	员工数	月销量（箱）
淮光烟厂	蚌埠	合资	1943 年 12 月	28	20
三三公记烟厂	亳县	合资	1945 年	15	33
胜利烟草公司	蚌埠	股份	1945 年 9 月	36	30
建华烟厂	阜阳	合资	1943 年	15	32
益中公司	涡阳	合资	1946 年 3 月	30	6
福华烟厂	亳县	独资	1947 年	28	32
振华烟公司	蚌埠	公司	1945 年 3 月	60	22
福民烟厂	蚌埠	合资	1946 年 1 月	16	19
大来烟草公司	蚌埠	股份	1944 年 9 月	80	20
中国兄弟烟草公司	蚌埠	股份	1945 年 8 月	50	85
平民烟厂	蚌埠	股份	1946 年 2 月	40	36
中和烟厂	蚌埠	合资	1946 年 2 月	20	20
顺利烟厂	蚌埠	合资	1946 年	15	20
派克烟厂	蚌埠	股份	1946 年 7 月	20	20
云成烟厂	蚌埠	合资	1946 年 7 月	17	30
汇中烟厂	蚌埠	合资	1946 年 11 月	30	80
亚洲烟厂	蚌埠	合资	1946 年 11 月	35	30
群兴烟厂	蚌埠	合资	1946 年 11 月	30	—
华联烟厂	蚌埠	合资	1946 年 11 月	34	30
立淮烟厂	蚌埠	合资	1946 年 9 月	50	34
义民烟厂	蚌埠	股份	1946 年 7 月	20	40
中美烟厂	蚌埠	合资	1946 年 11 月	30	28
蚌埠华侨烟厂	蚌埠	合资	1946 年 10 月	52	90
华丰公记烟厂	亳县	合资	1945 年 8 月	12	30
正□烟草公司	蚌埠	合资	1946 年 7 月	16	20
华中烟厂	蚌埠	合资	1946 年 10 月	32	50
建华烟厂	蚌埠	合资	1946 年 11 月	30	40
环球烟厂	蚌埠	合资	1946 年 11 月	37	30
华福烟厂	蚌埠	合资	1946 年 11 月	40	80
建成烟厂	蚌埠	合资	1946 年 9 月	35	30
金城烟厂	蚌埠	合资	1946 年 12 月	39	30
中国福来合记烟厂	蚌埠	合资	1946 年 12 月	24	60
华强烟厂	蚌埠	合资	1946 年 12 月	32	30
江淮烟厂	蚌埠	股份	1946 年 2 月	56	110
胜和烟厂	蚌埠	合资	1946 年 2 月	35	60

厂名	所在地	性质	设立年月	员工数	月销量（箱）
凯旋烟厂	蚌埠	股份	1946 年 4 月	25	20
同生烟厂	蚌埠	股份	1946 年 2 月	24	32
中友烟厂	蚌埠	合资	1946 年 12 月	25	30
裕成烟厂	蚌埠	合资	1946 年 12 月	30	30
裕淮烟厂	蚌埠	合资	1946 年 12 月	39	30
天香烟厂	蚌埠	合资	1946 年 1 月	49	30
三友烟厂	蚌埠	合资	1946 年 12 月	12	50
胜和福记烟厂	蚌埠	合资	1947 年 1 月	30	32
中和烟厂	蚌埠	合资	1946 年 12 月	42	90
福特烟厂	蚌埠	合资	1947 年 3 月	50	90
利华烟厂	亳县	合资	1946 年 6 月	16	30
建业烟厂	蚌埠	股份	1946 年 12 月	30	90
国民烟厂	蚌埠	合资	1946 年 1 月	40	30
中美友记烟厂	蚌埠	合资	1946 年 12 月	42	60
淮上义民烟厂	临淮关	股份	1946 年 12 月	12	20
复隆烟厂	蚌埠	合资	1946 年 10 月	15	40
蚌埠泗水桥卷烟生产合作社	蚌埠	合作社	1947 年 3 月	18	45
振华协记烟厂	蚌埠	合资	1945 年 7 月	40	40
汇丰烟厂	蚌埠	股份	1945 年 9 月	35	200
合记烟厂	寿县	合资	1941 年	30	14
瑞丰烟厂	蚌埠	合资	1947 年 3 月	24	60
久福烟厂	寿县	合资	1946 年 7 月	—	30
景华烟厂	蚌埠	—	1947 年	20	—
裕华烟厂	怀远	合资	1946 年 4 月	12	10
新华协记烟厂	霍山	合资	1947 年 4 月	16	20
大同烟厂	蚌埠	—	1947 年 3 月	40	30
中原烟厂	阜阳	合资	1947 年 5 月	15	20
联友合记烟厂	蚌埠	合资	1947 年 3 月	20	40
凤阳县临淮镇卷烟生产合作社	临淮镇	合作社	1947 年 6 月	12	30
弘毅烟厂	蒙城	合资	1947 年 7 月	15	25
鸿丰烟厂	蚌埠	独资	1947 年 8 月	—	150
中南葆记烟厂	蚌埠	独资	1947 年 10 月	24	100
凯旋协记烟厂	蚌埠	股份	1947 年 9 月	50	3

续表

厂名	所在地	性质	设立年月	员工数	月销量（箱）
中正街卷烟生产合作社	蚌埠	合资	1947 年 3 月	40	30
淮上烟厂	怀远	合资	1945 年 5 月	24	20
胜和义记烟厂	蚌埠	合资	1947 年 12 月	12	15
天成烟厂	寿县	合资	1947 年 12 月	30	24
富丰烟厂	蚌埠	合资	1948 年 2 月	20	67
联友荣记烟厂	蚌埠	独资	1948 年 1 月	20	40
振华公记烟厂	蚌埠	合资	1945 年 10 月	50	60
大同云记烟厂	蚌埠	合资	1948 年 10 月	12	40
淮光烟厂	蚌埠	合资	1946 年 11 月	50	40
益中烟厂	蚌埠	合资	1947 年 12 月	24	100

资料来源：安徽省地方志编纂委员会：《安徽省志·烟草志》，方志出版社，1998 年，第 65～70 页。

据统计，1946～1948 年，在安徽 136 家卷烟生产企业中，有 99 家位于淮河流域，占总数的 72.8%。其中，蚌埠有 72 家，占总数的 52.9%。从烟厂的经营性质来看，有独资、合资及股份制，其中，合资制 69 家，占总数的 69.7%。从烟厂设立的时间来看，1944 年前开业的有 8 家，1945 年开业的为 15 家，1946 年开业者有 53 家，1947 年开业者为 19 家，1948 年开业的有 3 家。尤以 1946 年开业最多，占一半以上。不难看出，随着国内战争的扩大，卷烟生产日趋衰落。从员工人数来看，50 人以上者有 4 家，尤以大来烟厂最多，有 80 人，多数在 50 人以下，部分烟厂仅有数人。从月销量来看，100 箱以上者有 5 家，尤以汇丰烟厂最高，月销 200 箱，多数在 100 箱以下，部分产量在 10 箱以下。

随着各行各业的发展，人们的社交活动日益频繁。与旱烟和水烟相比，香烟既美观体面，又携带方便。吸食卷烟已成为有钱人与社交场的一种社会时尚，卷烟市场日益扩大。同时，卷烟业的发展也带动了商业贸易及其他行业的发展。

三、食品加工业的发展

淮河流域由于食品原材料丰富，食品加工业相对发达。在近代淮河流域，榨油、酿造等食品业仍然以手工生产为主，对此前文已经述及。但是，也有部分食品企业开始购置机器扩大生产，从而实现从手工生产向机器生产的过渡。采用机器生产是食品加工业进一步发展的重要保证。

（一）制蛋业

制蛋业起源于欧洲。晚清时期，英商在南京、汉口、天津、芜湖等地创建蛋厂。

因销路畅通，利润可观，一批蛋厂应运而生。随着制蛋业发展，蛋产品逐渐成为中国出口的大宗。其中鲜蛋多半销往日本，蛋类、蛋粉则出口欧美等国，其他国家也有少量输入。1893 年，中国蛋类出口总值为一百二三十万两，蛋粉出口总值为 35 万余两[1]。民国以降，中国蛋产品出口量骤增。据统计，1912 年，中国蛋类、蛋粉出口总值分别为 198.4 万两、163.9 万两，合计 362.3 万两。至 1929 年，蛋类、蛋粉分别增至 3626 万两、3498.7 万两，合计 7124.7 万两[2]。1929 年中国蛋产品的出口总值比 1912 年增长近 20 倍。

淮河流域是中国制蛋业的主要基地。20 世纪初，淮域蛋品加工业迅速兴起。一方面，产品生产种类增多，包括干白、盐黄、蜜黄、蛋粉等；另一方面，突破传统作坊式生产模式，开始采用股份制经营。其中，宣统年间在许昌、驻马店、宿州设立的元丰蛋厂，1912 年在淮阴、徐州、济宁等地设立的宏裕昌蛋厂，1913 年在周口创设的裕丰蛋厂，均是当时规模较大的蛋厂。此后，淮域其他地区也纷纷集资兴办机器蛋厂。

淮域蛋产品，多集中在靠近铁路、水路等交通比较便利的地区销售。具体运输路线为：淮域江苏蛋产品，多沿津浦、京沪铁路及长江、运河，运抵上海；淮域山东蛋产品，多集中于济宁、兖州、济南，或沿津浦线南下，或沿胶济铁路运抵青岛；淮域安徽的蛋产品多集中于蚌埠；淮域河南的蛋产品多集中于郑州、许昌、洛阳、开封。

苏北地区的兴化、高邮、宝应、泰县、铜山等县盛产禽蛋，制蛋业比较发达。据 1919 年《江苏省实业视察报告书》记载，兴化、泰县、沛县、邳县等县都设有蛋厂，现胪列如下：①在泰县，有 1898 年创办的德和公司打蛋厂，以及 1917 年创办的元吉泰蛋厂，两厂共有工人 200 余名。②在沛县，同新祥蛋厂拥有资本 3 万元，职工 80 人，每年出产蛋白 1000 担，价值 10 万元，蛋黄 4000 担，价值 7.5 万元。③在邳县，有创办于 1898 年的同福蛋厂，以及创办于 1917 年的恒发祥蛋厂，两厂共有职工 380 人，每年出产蛋白 2000 担，价值 20 万元，蛋黄 8000 担，价值 12.4 万元。④在兴化，蛋厂较多。其中，1911 年创办的恒和蛋厂，每年生产蛋黄 3260 余担，蛋白 2120 余担，价值 7.79 万余元；1912 年创办的同茂丰蛋厂，每年出产蛋黄 3100 余担，蛋白 2050 余担，价值 7.41 万余元；1913 年创办的汉兴祥蛋厂，每年出产蛋黄 2480 余担，蛋白 1640 余担，价值 5.9 万余元[3]。铜山县也是蛋产品加工较集中的地区。自光绪末年至 1925 年间，先后创办蛋厂 5 家，资本总额 22 万元，年产值 63 万元。原料多来自于本县及沛县、丰县、萧山、砀县等邻县，产品有干蛋白、蛋黄、温盐黄、蜜蛋黄等[4]。另外，扬州也先后设立多家蛋厂。1928 年开办的华兴蛋厂，雇工 200 余人，年产蛋品约 1 万担；

① 杨大金：《近代中国实业通志》上册，南京中国日报印刷所，1933 年，第 480 页。
② 杨大金：《近代中国实业通志》上册，第 481～482 页。
③ 江苏省长公署第四科：《江苏省实业视察报告书》，商务印书馆，1919 年，第 201～231 页。
④ 实业部国际贸易局：《中国实业志·江苏省》第 4 编，1933 年，第 85 页。

1935 年，改名为中兴蛋厂，职工 300 多人，年产量约 2 万担；1948 年，汉兴祥蛋厂迁至扬州，改厂名为汉兴祥蛋品物产有限公司扬州蛋厂，主要生产蛋黄和干蛋白①。

　　皖北地区的制蛋业发展较快。津浦铁路通车不久，英国怡和洋行即派人到宿州实地调查，认为宿州地区适宜兴办蛋厂。其理由：一是宿州位于铁路线上，火车可直达各大城市及港口，便于产品销售；二是该地区向来盛产肉鸡和鲜蛋；三是该地区盛产五谷杂粮，养鸡饲料充裕；四是通过多次化验，证明该地区的鲜鸡蛋质量优于其他地区②。在亳州，规模较大的蛋厂有两家。一家是福兴蛋厂，资本约 3 万元，发动机 1台，飞黄机 2 台，年产蛋白 700 箱，蛋黄 2000 箱；一家是福义蛋厂，资本 2 万元，发动机 1 台，飞黄机 1 台，产量稍逊于福兴蛋厂，产品运销于京津一带③。

　　河南漯河蛋厂不仅数量较多，成绩也较佳。1912 年建立元丰蛋厂。至 1915 年，又先后设立元芳、祥盛魁、德和蛋厂，主要生产干蛋黄、干蛋白和盐黄等蛋制品，产品远销至日本、英国、德国、意大利等国。至 1939 年，又有美丰、鼎丰、同孚、益昌等7 家蛋厂先后建立，每日打蛋约 100 万枚，盈利可观。1923 年，鼎丰蛋厂盈利 30 万元，比建厂投入资本高出 10 万元④。

　　在山东济宁，有天成、同兴祥两家蛋厂。天成蛋厂创办于 1916 年，资本 1 万元，其产品由青岛鲁麟洋行代售。同兴祥蛋厂开设于 1923 年，资本 20 万元，产品直接运至上海销售，营业状况较好⑤。

　　据《近代中国实业通志》统计，淮域蛋厂有 25 家，部分蛋厂采用飞黄机器制造，也有一些蛋厂仍为手工生产。兹将淮域蛋厂的资本情况，列表如下（表 3-30）：

表 3-30　淮域部分蛋厂资本额统计表

厂名	厂址	资本（元）	厂名	厂址	资本（元）
大昌蛋厂	郑州	400 000	新增祥蛋厂	淮阴	40 000
华昌蛋厂	周口	40 000	华兴蛋厂	兴化	30 000
松源蛋厂	周口	45 000	汉兴祥蛋厂	兴化	35 000
美丰蛋厂	漯河	42 000	和兴蛋厂	宿迁	30 000
鼎丰蛋厂	漯河	30 000	宏昶蛋厂	宿迁	30 000
庆云蛋厂	开封	35 000	宏兴蛋厂	盐城	40 000
大昌蛋厂	开封	30 000	强盛蛋厂	徐州	30 000
庆丰蛋厂	开封	40 000	庆城蛋厂	睢宁	34 000
豫昌蛋厂	许昌	200 000	丰裕蛋厂	怀远	42 000

①　扬州市地方志编纂委员会：《扬州市志》，中国大百科全书出版社上海分社，1997 年，第 1254 页。
②　安徽省宿州市政协文史资料研究委员会：《宿州市文史资料》第 2 辑，1992 年，第 84～85 页。
③　刘治堂：《民国亳县志略》，1936 年，江苏古籍出版社 1998 年影印，第 563 页。
④　漯河市地方志编纂委员会：《漯河市志》，方志出版社，1999 年，第 394 页。
⑤　实业部国际贸易局：《中国实业志·山东省》第 4 编，1934 年，第 224 页。

续表

厂名	厂址	资本（元）	厂名	厂址	资本（元）
福义蛋厂	许昌	30 000	荣记蛋厂	宿州	36 000
同兴祥蛋厂	济宁	300 000	鼎记蛋厂	亳州	30 000
宏裕昌蛋厂	徐州	350 000	福昌蛋厂	阜阳	40 000
恒和蛋厂	兴化	40 000			

资料来源：杨大金：《近代中国实业通志》上册，南京中国日报印刷所，1933 年，第 485～487 页。

　　结合表 3-30，再依据《工商半月刊》记载，可将淮域蛋厂按照规模大小分为两类：一类是固定资本 20 万元，流动资本 30 万元，职工 1000 多人的大规模蛋厂，主要有大昌、豫昌、同兴祥、宏裕昌四家蛋厂；另一类是固定资本约 2 万元，流动资本约 3 万元，职工 300 余人的小规模蛋厂。如周口的华昌、松源，漯河的美丰、鼎丰，开封的庆云、大昌、庆丰，许昌的福义，淮阴的增新祥，兴化的恒和、华兴、汉兴祥，宿迁的宏昶、和兴，盐城的宏新，徐州的强盛，睢宁的庆城，怀远的丰裕，宿州的荣记，亳州的鼎记，阜阳的福昌等[1]。

　　第一次世界大战后，欧美各国以种种理由限制蛋品进口。如美国修订税则，规定美国进口中国蛋品税率比原来提高 20%[2]。同时，中国蛋产品的出口税及运费等亦有提高，制蛋业因利润空间越来越小而日趋衰退。如 1933 年，铜山县的蛋品出口总量较往年减少 2/3[3]。关于中国蛋制品出口衰落的原因，时人作了分析，归纳起来主要有：鸡种不良；产蛋地区交通不便，运费增多；制蛋方法落后；蛋品销售的中间环节较多，生产成本较高；税率过重；国际市场竞争激烈；外国政府限制华蛋进口，等等[4]。

（二）新式榨油业

　　中国的新式榨油业始于 1895 年英商太古洋行在营口经营的榨油厂。次年，盛宣怀于上海创设大德机器榨油厂，专营棉籽榨油，中国人自主创办的榨油厂即肇始于此。淮河流域农产品丰富，为粮油加工业提供了充足的原料。在近代，淮域先后创办了一批机器榨油企业。

　　在赣榆，1896 年，许鼎霖、沈云沛等人投资 30 万元，购置榨油机器设备 150 台，创办赣丰豆油公司[5]。1898 年，沈云沛又在连云港投资 20 万元，创建临洪油饼厂，采用木榨与铁榨等新老工具生产油饼。每年外销豆饼 30 万片，1904 年后，增至 80 万～

---

①　《蛋及蛋制品》，《工商半月刊》第 3 卷第 22 期，1931 年 11 月。
②　杨大金：《近代中国实业通志》上册，南京中国日报印刷所，1933 年，第 477 页。
③　实业部国际贸易局：《中国实业志·江苏省》第 4 编，1933 年，第 85 页。
④　《中国蛋制品出口失败之原因》，中国第二历史档案馆，全宗号：422（3），案卷号：486。
⑤　杨大金：《近代中国实业通志》上册，第 399 页。

100 万片①。

在东海，1933 年，共有榨油厂 7 家，资本总额达 3 万元，年产值 312 700 元。油厂每年需用黄豆 33 000 余石，主要从本县及灌云、沭阳、赣榆等县采购。产品以豆饼为主，豆油为辅，年产豆饼 227 000 片，豆油 11 000 担，总价值 312 700 元。春、秋、冬三季为生产旺季，传统与新式生产方式并用。其中，磨豆用机器，蒸熟用人工，榨油有用机器者，也有用木榨者②。

在扬州城区，抗战前后，有油厂近 20 家，分别为震泰、竞成、复兴洪记、森源、长丰、新丰、协和、集泰、王广顺、源丰、何公成、宝源和等。制油设备有筛机、轧机、榨油机等，每台轧机每小时可轧豆 10～20 担不等。每只榨床日产花生油 1～2 担。除豆油、花生油外，还可生产菜籽油、棉籽油、麻油等③。

总体上看，淮域新式油厂数量较少，资本较小。因其生产工艺落后，产品质量与生产规模难以长足发展。兹择一些规模较大的新式油厂，列表如下（表 3-31）：

表 3-31　淮域部分新式油厂调查统计表

厂名	厂址	成立年限	资本额	产品
临洪油饼厂	连云港	1898	30 万元	豆油
赣丰豆油公司	赣榆	1896	30 万元	豆油
源丰机器油坊	淮安	—	3 万两	豆油
裕兴榨油公司	阜阳	1896	20 万两	豆油
启新榨油公司	周口	1896	10 万元	豆油
裕华实业有限公司	济宁	1907	50 万两	豆油

资料来源：汪敬虞：《中国近代工业史资料》第 2 辑，科学出版社，1957 年，第 941 页；杨大金：《近代中国实业通志》上册，南京中国日报印刷所，1933 年，第 399、400 页；《各省工艺汇志》，《东方杂志》第 4 卷第 6 号，1907 年 8 月；《各省工艺汇志》，《东方杂志》第 4 卷第 12 号，1908 年 1 月。

由表 3-31 可知，这些榨油厂均位于交通比较便利的商埠，均以生产豆油为主。其中，济宁裕华实业有限公司实力最强，由济宁商人吕庆圻、吕庆堭等招股创办，拥有资本 50 万两。该公司除榨制豆油外，兼制火柴。此外，蚌埠宝兴面粉厂第二厂与之类似。因皖北盛产黄豆、芝麻及各种杂粮，该厂除生产面粉外，还兼营榨油④。

（三）面粉加工业

淮域北部盛产小麦，面粉是人们日常生活的主要食品。长期以来，中国的面粉加

---

① 汪敬虞：《中国近代工业史资料》第 2 辑，科学出版社，1957 年，第 941 页。

② 实业部国际贸易局：《中国实业志·江苏省》第 4 编，1933 年，第 71～72 页。

③ 扬州市地方志编纂委员会：《扬州市志》，中国大百科全书出版社上海分社，1997 年，第 1254 页。

④ 《宝兴面厂利用皖杂粮，在蚌创植物油厂》，《经济建设》（半月刊）第 7 期，1937 年 1 月。

工一直采用手工生产。19世纪末，随着洋粉进口量的日增，一些规模较大的机制面粉厂悄然出现。1896年，英商在上海创设增裕面粉公司。不久，上海的阜丰、无锡的保兴、杭州的利用、芜湖的益新、南通的大兴等华商面粉厂接踵而起。因机制面粉厂在生产效率与产品质量上占有绝对优势，对土粉市场产生极大的冲击，手工磨坊业日趋衰落。

淮域山东的新式面粉厂，一般为股份有限公司，拥有动力机器设备。其中，济宁济丰面粉公司规模较大，创办于1916年，拥有资本20万元，职工50人，年产量50万包，年产值125万元。1932年创建的沂水振华面粉厂规模较小，拥有资本5000元，工人7人，年产量7200包，年产值19 440元[1]。具体如下表所示（表3-32）：

表3-32 济宁济丰、沂水振华面粉厂调查统计表

县别	名称	设立年份	组织	资本数（元）	工人数	每年用麦量（包）	年产量（包）	年产值（元）	商标
济宁	济丰	1931	无限公司	100 000	50	240 000	500 000	1 250 000	宝塔
沂水	振华	1932	独资	5000	7	3300	7200	19 440	梅僧

注：济丰厂设立于1916年，系1931年转租成立加注宝记。

资料来源：实业部国际贸易局：《中国实业志·山东省》第8编，1934年，第436页。

淮域江苏是机制面粉厂比较集中的地区，尤以淮阴、东海、泰州、徐州、高邮为多。1905年，淮阴大丰面粉厂正式投产，有资本8.4万元，职工300多人。1910年后，改用钢磨，采用机器生产，年产面粉700万斤以上[2]。东海海丰面粉厂拥有资本20万元，年产值142万元。产品除供本地消费外，还销往河南、陕西、山东等省，产销额逐年递增。徐州宝兴面粉厂有资本20万元，职工300人，机磨12部，年产量47万包[3]。1926年创设的高邮裕亨面粉公司，有蒸汽机1台，发电机1台，钢磨13部，职工160余人，日产面粉1700余袋，麦皮240余袋，价值3500余元[4]。兹将1933年实业部对苏北海丰、大丰、泰来、宝兴等面粉厂的调查统计，列表如下（表3-33）：

表3-33 海丰、大丰等四家机制面粉厂调查统计表

厂名	地点	设立年份	资本额（万元）	机器数	年需小麦（万担）	年产量（万包）	商标
海丰	东海	1905	20	15	30	60	双地球、双龙球
大丰	淮阴	1905	10	12	15	40	和合

① 实业部国际贸易局：《中国实业志·山东省》第8编，1934年，第425页。

② 淮阴市地方志编纂委员会：《淮阴市志》，上海社会科学出版社，1995年，第743页。

③ 实业部国际贸易局：《中国实业志·江苏省》第4编，1933年，第71页；第85页。

④ 江苏省长公署第四科：《江苏省实业视察报告书》，商务印书馆，1919年，第210～211页。

续表

厂名	地点	设立年份	资本额 （万元）	机器数	年需小麦 （万担）	年产量 （万包）	商标
泰来	泰州	1907	22.4	13	45	90	三羊、金鼎
宝兴	徐州	1921	20	12	18	47	大钱

资料来源：实业部国际贸易局：《中国实业志·江苏省》第 8 编，1933 年，第 337 ~ 339 页。

此外，淮域河南开封、许昌、漯河等地的机制面粉业也较发达。在开封，1914 年成立的永丰面粉厂，有资本 4 万元，日产面粉 350 袋，后增至 550 袋，扩建后改为益丰面粉公司。此后成立的天丰面粉公司，有资本 22 万元，日产面粉 2000 袋。1925 年，又创办德丰面粉公司。在许昌，有 1925 年开办的裕民面粉公司。在漯河，有 1933 年开办的大新面粉厂等[1]。

淮域新式食品加工业主要以制蛋业、榨油业、面粉业为代表，在这些行业中，伴随着新式机器的引进，生产效率大大提高。

四、电力工业的产生与发展

近代工业是以机器生产为基础，而机器生产则以电力为主要动力。中国欲实现工业化，必先实现电力化。随着国民经济的发展，电力渐次应用于工业生产、电灯照明、通信、交通运输等诸多领域。20 世纪初，淮河流域电力工业开始起步，并逐步得到发展。

（一）电力工业的兴起

1882 年，英商筹资在上海创办了中国第一家电厂，开启中国电力工业之先河。此后，纺织、卷烟、面粉等行业纷纷投资建厂，城镇居民的用电照明也日益普遍，北京、天津、武汉、广州、青岛及东北等地先后建立了多家电力工厂。淮域电力工业大约起步于 20 世纪初。1905 年，民族实业家许鼎霖、张謇创办宿迁耀徐玻璃公司，安装一台发电机组，拉开了苏北电力工业的序幕[2]。1909 年，在开封建立的普临电灯公司，是淮域较早创办的电力企业[3]。中华民国建立后，淮域电力工业逐步发展起来。

淮域安徽的电力企业主要分布于蚌埠、宿州等地。

1916 年，宿州永盛打蛋厂成立，配有 45 千瓦的电机设备，所发电力主要供本厂动

---

① 刘世永等：《河南近代经济》，河南大学出版社，1988 年，第 45 ~ 46 页。

② 姜新：《苏北近代工业史》，中国矿业大学出版社，2001 年，第 78 页。

③ 杨大金：《近代中国实业通志》上册，南京中国日报印刷所，1933 年，第 531 页。

力和照明使用。次年，宿州耀宿电灯公司成立，资本 1 万元，购买 10 千瓦发电机组 1 台。起初，因发电量有限，只能惠及商会及政府机关。后来，增设 25 千瓦发电机组 1 台，进一步提高了发电能力①。

1919 年，蚌埠光华电灯公司设立，装有 50 千瓦发电机 1 台，少数市民开始用上电灯。1921 年，光华电灯公司易名为耀淮电灯股份有限公司。1924 年，新购汽轮发电机 1 台，装机容量增至 300 千瓦，日发电量达 2000 千瓦时②。

另外，1915 年，淮北普交加煤矿公司从安庆购置 1 台蒸汽发电机，主要用来照明③。1923 年，亳州开办荣记电灯公司④。

淮域山东的电力企业主要分布于济宁、滕县、邹县等地。

1911 年，枣庄中兴煤矿公司购买德国制造的蒸汽机 1 台，发电机 1 台。1913 年，中兴公司建立电机厂，购买德国制造的发电机 2 台，装机总量为 1440 千瓦，日发电量为 18 000 千瓦时左右。1922 年，该厂又购置德国制造的透平汽轮机与发电机各 2 台，装机总容量达 4640 千瓦。1924 年，中兴煤矿公司电机厂改组为中兴煤矿公司电务处⑤。

1918 年，济宁电灯股份有限公司成立，筹集股金 202 200 元，招募技术工人 11 名，普通工人 26 名，安装蒸汽发电机 2 台，柴油发电机 1 台，随后安装了蒸汽机发电组，并于 1920 年正式投产发电。1925 年，该公司遭军阀破坏，损失惨重，加之管理不善，致使企业负债累累⑥。

1920 年，滕县创办电灯股份有限公司，拥有资本 35 000 元，柴油机 2 台，发电机 2 台，主要供县城内的照明用电⑦。1922 年，邹县电灯公司开办。期间，创办的曹县电灯公司、菏泽耀华公司、临沂公司等，均旋开旋闭，昙花一现⑧。

淮域河南的电力企业分布于开封、信阳、商丘、郾城及许昌等地。

1914 年，郑州明远电灯公司创办，安装蒸汽发电机 1 台，1915 年开始发电，供附近街道与大商铺照明。1917 年，扩充装机容量，增设蒸汽发电机 1 台，次年向市区供电⑨。1919 年，信阳光华电灯公司创立，资本 10 万元，发电容量为 75 千瓦。1921 年，商丘华明电灯公司创办，资本 10 万元，发电容量为 80 千瓦。随后，郾城电灯公司和许昌耀华电灯公司相继创办，资本分别为 22 万元和 5 万元，发电容量均为 50 千瓦⑩。

① 宿州市政协文史资料研究委员会：《宿州市文史资料》第 2 辑，1992 年，第 93 ~ 94 页。
② 蚌埠市地方志编纂委员会：《蚌埠市志》，方志出版社，1995 年，第 354 页。
③ 淮北市地方志编纂委员会：《淮北市志》，方志出版社，1998 年，第 302 页。
④ 阜阳市地方志编纂委员会：《阜阳地区志》，方志出版社，1996 年，第 373 页。
⑤ 枣庄市地方史志编纂委员会：《枣庄市志》，中华书局，1993 年，第 601 页。
⑥ 济宁市地方志编纂委员会：《济宁市志》，中华书局，2002 年，第 577 ~ 578 页。
⑦ 枣庄市地方史志编纂委员会：《枣庄市志》，第 602 页。
⑧ 实业部国际贸易局：《中国实业志·山东省》第 8 编，1934 年，第 771 ~ 772 页。
⑨ 郑州市地方史志编纂委员会：《郑州市志》，中州古籍出版社，1999 年，第 344 页。
⑩ 刘世永等：《河南近代经济》，河南大学出版社，1988 年，第 46 页。

淮域江苏的电力企业主要分布于徐州、江都、泰县、东台、淮阴、淮安、高邮、兴化、东海等地。

1912～1927年，苏北地区先后设立电力企业20多家。其中，徐州有耀华电气公司、贾汪煤矿电厂等；江都有振扬电灯公司、光华电灯公司、大明电灯公司等；东台有东耀电灯公司、溱潼电灯公司；泰县有振泰电灯公司、咸明电灯公司、姜华电灯公司等；盐城有兴业电灯公司；兴化有兴兴电灯公司；宝应有宝明电灯公司；高邮有高邮电灯公司等；阜宁有淮东电灯厂；淮阴有利淮电灯公司；淮安有新华电灯公司；东海有新东电灯公司；丰县有丰县电灯公司①。其中徐州的两家电力企业大致情况如下：

徐州耀华电灯股份有限公司。1913年，南京劝业厂的直流发电机2台运往徐州，安装发电，命名为长江巡阅使署电灯厂。随着电灯用户的日益增加，1916年，电厂扩建并易名为徐州电灯厂。1917年，徐州电灯厂改官办为商办。1919年，又改名为耀华电灯股份有限公司。1921年，公司从上海定购发电机组2部，安装发电，用户数量不断增加。

徐州贾汪煤矿公司附属电厂。1917年，贾汪煤矿公司董事长袁世传为解决矿山用电，从天津购买3千瓦蒸汽发电机组，安装发电，电厂首先供应办公室及部分宿舍照明，后来逐步扩大规模，为矿山生产提供电力②。

这一时期，淮域电厂纷纷设立，数量较多。但是，由于政府在政策与措施方面的支持力度不够，加之战乱、管理不善等因素的影响，大多数电厂发电装机容量不大，经营效果不佳，甚至时开时停。

（二）电力工业的发展与挫折

南京国民政府成立后，淮域电力工业得到了较快的发展。但是，由于日本发动全面侵华战争，战火严重破坏了电力工业的基础，使电力工业遭受巨大挫折。

1. 电力工业的发展

国民政府十分重视电力工业的发展。1928年，原属交通部主管的电力工业改由建设委员会管理，并设立全国电气事业指导委员会，以主其事。抗战后，国民政府西迁，建设委员会、实业部及经济委员会合并为经济部，电力工业遂改由经济部工业司管理。同时，制定并颁布一系列相关的政策法规，如《民营公用事业监督条例》、《电气事业条例》、《电气事业取缔规则》、《电气事业注册规则》、《电业法草案》等。这些政策法规的颁布为电力工业的发展提供了法律上的保障。

---

① 《江苏电气业调查》，《工商半月刊》第5卷第12期，1933年6月。
② 姜新：《苏北近代工业史》，中国矿业大学出版社，2001年，第78～81页。

1928～1937 年，淮河流域电力工业发展速度加快，一些电力企业增购电力设备，扩大生产规模，发电能力明显提高。此外，一些新的电力企业也纷纷设立。淮域电力工业已从初期的照明转入动力领域。

1928 年，淮北普交加煤矿公司为扩大用电范围，在原发电设备的基础上，从蚌埠调拨 1 台蒸汽发电机，除为矿山提供生产及照明用电外，还供部分邻近地区照明①。1928 年，耀宿电灯公司从济南洋行购置发电机组 1 台，进一步扩大发电能力。此后，该公司供电正常，从未间断，每年售电量为 45 000 千瓦时左右②。

据 1933 年统计，淮域安徽电力企业有 10 多家，均属商办。其中部分电力企业的资本额如下表所示（表3-34）：

表3-34　淮域安徽部分电灯公司一览表

名称	所在地	资本（元）	名称	所在地	资本（元）
耀淮电灯公司	蚌埠	350 000	耀宿电灯公司	宿县	30 000
振通电灯公司	大通	100 000	安平电灯公司	宿县	10 000
光怀电灯公司	怀远	20 000	正阳电灯公司	正阳关	20 000
光华电灯公司	凤阳	30 000	先远电灯公司	怀远	—
光华电灯公司	临淮关	20 000	涡光电灯厂	涡阳	—

资料来源：安徽省政府秘书处：《安徽省概况统计》，1933 年，第 233 页；虞仲华：《安徽电政概况及其计划之拟议》，《安徽建设季刊》第 1 卷第 1 期，1933 年 1 月；杨大金：《近代中国实业通志》上册，南京中国日报印刷所，1933 年，第 529 页；阜阳地区地方志编纂委员会：《阜阳地区志》，方志出版社，1996 年，第 373 页。

从表 3-34 可知，蚌埠耀淮电灯公司与大通振通电灯公司规模较大，拥有资本分别为 35 万元与 10 万元。其他电灯公司规模不大，资本均在 1 万～3 万元之间。

针对当时安徽商办电力企业的发展现状，时人呼吁政府予以倡导与支持，具体建议包括：由建设厅每年轮派专门人员分赴各地电厂考察，如遇设备、工程等方面的困难，应详加指导。同时，编印介绍电力概况及其作用的小册子，连同电灯厂设计标准，一并分发各地③。

淮域山东的电力企业也纷纷购置设备，扩大生产。1934 年，中兴煤矿公司电务处购买 3200 千瓦容量的汽轮发电机 1 台④。兹将济宁电灯公司、滕县电灯公司、邹县电灯公司、郓城裕鲁公司的生产经营情况，列表如下（表3-35）：

① 淮北市地方志编纂委员会：《淮北市志》，方志出版社，1998 年，第 302 页。
② 宿州市政协文史资料研究委员会：《宿州市文史资料》第 2 辑，1992 年，第 94～95 页。
③ 虞仲华：《安徽电政概况及其计划之拟议》，《安徽建设季刊》第 1 卷第 1 期，1933 年 1 月。
④ 枣庄市地方史志编纂委员会：《枣庄市志》，中华书局，1993 年，第 601 页。

表 3-35　济宁、邹县等四家电灯公司调查统计表

厂名	济宁电灯公司	滕县电灯公司	邹县电灯公司	郓城裕鲁电灯公司
设立年月	1918 年 3 月	1920 年 4 月	1922 年 2 月	1933 年 5 月
组织	有限公司	有限公司	有限公司	合资
资本（元）	202 200	35 000	25 000	3000
职工数	35	20	9	4
设备数	蒸汽机 2 台 发电机 2 台	柴油机 2 台 发电机 1 台	柴油机 1 台 发电机 1 台	柴油机 1 台 发电机 1 台
燃料用量	煤 1800 吨	柴油 20 吨	柴油 30 吨	柴油 12 吨
年发电数（千瓦时）	130 000	60 228	52 500	20 000
用户数	210	210	200	200
每年电费收入总数（元）	58 500	14 420	18 375	6000

资料来源：实业部国际贸易局：《中国实业志·山东省》第 8 编，1934 年，第 778 页。

在上述四家电灯公司中，以济宁电灯公司规模最大，经营最佳，年发电量达 130 000 千瓦时，拥有用户 210 家，每年电费收入达 58 500 元。郓城裕鲁电灯公司相对薄弱，仅拥有资本 3000 元，虽然用户不少，有 200 家，但营业收入较少，每年只有 6000 元。

淮域河南电力企业通过不同方式，推动自身的发展。一方面，原有的电力企业寻求合作伙伴入股筹资，扩大生产。1933 年，明远电灯公司与上海财团合资经营，资本增至 30 万元，购置蒸汽发电机 2 台，改名为郑州明远电气公司。至此，该公司拥有发电机 4 台，装机总容量 450 千瓦，职工增至 80 余人，全市照明用户约 500 余家[1]。另一方面，新成立的电力企业不断添置设备，提升企业实力。1935 年，漯河创办华光电气厂，资本 3 万元，有 45 匹马力煤气内燃机带动的 24 千瓦发电机一组。翌年，又购买 80 匹马力煤气内燃机带动的 52 千瓦发电机一组，进一步扩大了生产规模[2]。兹据实业部 1933 年调查，淮域河南部分电厂的基本状况，如表所示（表 3-36）：

淮域江苏的电力工业也呈较快发展势头。以徐州煤矿为例，1929 年，因排放地下水及施工需要，增添柴油机发电组，可供给 700 盏电灯照明。1930 年，徐州煤矿改组为华东煤矿公司，生产规模迅速扩大，对于电力的需求也快速增长。为此，华东煤矿公司先后新建南场和夏桥两个发电厂。这样，徐州地区的发电能力从 300 多千瓦增至 800 千瓦[3]。据 1932 年调查，苏北地区已有 24 家电力企业，遍及 14 个县。其中，除耀华电气公司曾为官办外，其余均为商办。具体如下表所示（表 3-37）：

---

[1]　郑州市地方史志编纂委员会：《郑州市志》，中州古籍出版社，1999 年，第 344 页。

[2]　漯河市地方志编纂委员会：《漯河市志》，方志出版社，1999 年，第 415 页。

[3]　姜新：《苏北近代工业史》，中国矿业大学出版社，2001 年，第 136 页。

表 3-36　淮域河南部分电厂调查统计表

厂名	厂址	性质	成立年份	资本（元）	动力种类	发电容量（千瓦）
普临电灯公司	开封	商办	1909	300 000	蒸汽机	212
明远电灯公司	郑州	商办	1918	200 000	蒸汽机	240
光华电灯公司	信阳	商办	1919	100 000	蒸汽机	75
华明电灯公司	商丘	商办	1921	100 000	蒸汽机	80
郾城电灯公司	郾城	—	—	22 000	—	50
耀华电灯公司	许昌	—	—	50 000	—	50
豫丰纱厂	郑州	自备	1920	51 840	—	200

资料来源：杨大金：《近代中国实业通志》上册，南京中国日报印刷所，1933 年，第 531～540 页。

表 3-37　淮域江苏电气事业一览表

名称	地址	营业性质	设立年份	资本（元）	发电机数	原动力	电力种类	发电容量（千瓦）
兴业电灯公司	盐城	电灯	1921	50 000	1	蒸汽	交流	85
东耀电灯公司	东台	电灯	1919	70 000	2	柴油	交流	90
溱潼电灯公司	东台	非灯	1925	10 000	1	柴油	直流	15
益丰电灯公司	东台	电灯	1928	15 000	1	柴油	直流	20
振扬电灯公司	江都	电灯	1913	320 000	2	柴油	直流	1500
张万电灯公司	江都	电灯	—	30 000	1	柴油	直流	26
光华电灯公司	江都	电灯	1920	30 000	1	柴油	直流	30
大明电灯公司	江都	电灯	1925	10 000	1	柴油	直流	14
兴兴电灯公司	兴化	电灯	1922	50 000	1	蒸汽	交流	50
宝明电灯公司	宝应	电灯	1923	50 000	1	柴油	交流	50
高邮电灯公司	高邮	电灯	1921	50 000	1	蒸汽	直流	50
大新电气公司	高邮	电灯	—	40 000	1	柴油	直流	20
振泰电灯公司	泰县	电灯	1917	125 000	1	煤油	交流	100
咸明电灯公司	泰县	电灯	1925	25 000	1	柴油	直流	20
姜华电灯公司	泰县	电灯	1923	30 000	1	柴油	直流	50
海安市电气公司	泰县	电灯	—	25 000	1	蒸汽	交流	40
淮东电灯厂	阜宁	电灯	1923	9000	1	柴油	直流	18
利淮电灯公司	淮阴	电灯	1919	100 000	1	蒸汽	交流	40
新华电灯公司	淮安	电灯	1920	100 000	1	蒸汽	交流	62.5

续表

名称	地址	营业性质	设立年份	资本（元）	发电机数	原动力	电力种类	发电容量（千瓦）
新东电灯公司	东海	电灯	1922	75 000	2	柴油	交流	75
灌云电灯公司	灌云	电灯	—	5000	1	柴油	交流	75
杨家集电灯公司	灌云	电灯	—	1000	1	柴油	直流	20
耀华电气公司	徐州	电灯电力	1919	300 000	2	蒸汽	交流	575
丰县电灯公司	丰县	电灯	1922	—	1	蒸汽	直流	20

资料来源：《江苏电气业调查》，《工商半月刊》第 5 卷第 12 期，1933 年 6 月。

由上表可知，从电厂数量看，江都、泰县两县最多，有 4 家，其次是东台，有 3 家，再次是高邮，有 2 家，其余 10 个县只有 1 家；从发电机数量看，江都最多，有 5 台，其次是东台、泰县，有 4 台，再次是高邮、徐州、东海、灌云，有 2 台；从发电总量看，江都最多，为 1570 千瓦，徐州、泰县、东台紧随其后，其余 10 个县低于 100 千瓦；从资本总量看，除 1 家未统计外，10 万元以上（含 10 万元）有 5 家，1 万（含 1 万元）至 10 万元之间有 15 家，1 万元以下有 3 家。

2. 电力工业的衰落

抗战爆发后，由于日军的疯狂侵略，中国的电力工业遭到严重破坏。1938 年，日军侵驻淮域济宁、枣庄、郑州、宿州等地，对电力企业进行大肆损毁，并实行军事管制，致使该地电力公司被迫停产歇业。出于侵略需要，日军曾在占领区建立一些电厂，如徐州贾汪发电厂等，但这种畸形发展的模式无益于淮域电力工业的发展。

抗战胜利后，淮域电力企业一度得到恢复。但不久，内战爆发，淮域成为战争双方争夺的焦点。在战争影响下，淮域电力企业基本处于停产状态，远远不能满足社会发展的需要。淮域电力工业发展的希望再次化为泡影。

淮域电力企业以商办为主，官办数量较少，还有部分是企业自备发电厂，如贾汪煤矿发电厂、中兴煤矿发电厂等。电力用途以照明为主，工业生产为辅。以蚌埠为例，1941 年，商业照明用电占 44%，军事机关用电占 15%，工业用电仅占 1.5%，其余为生活用电。直到 1949 年底，蚌埠市政及生活照明用电仍占 89.9%，工业用电只占 9.8%[①]。

近代淮河流域的新式工业，与传统手工业相比，发生了质的变化，具体表现为：第一，传统手工业以人力、畜力作为动力，而新式工业则以蒸汽、柴油、电力为动力，采用新式机械进行生产。如制蛋业使用飞黄机，榨油业使用榨油机、筛机、轧机，制

---

① 蚌埠市地方志编纂委员会：《蚌埠市志》，方志出版社，1995 年，第 361 页。

粉业使用钢磨等。机器生产较传统的手工操作优越很多，如，在扬州，此前一般采用畜力拉动石磨制作面粉，或以人力用手臼、脚臼冲制，然后，用绢筛筛去麦皮和杂物，工艺简单，出粉率70%左右，外观黑而粗。而采用机器磨制的面粉，在产量、质量上均比旧式磨坊有较大的提高①。第二，新式食品加工厂通过集资形式积聚社会资金，扩大企业规模。无论是上面所列的新式蛋厂、油厂，还是面粉厂，企业资本均在万元以上，而海丰、大丰、泰来、宝兴等四家面粉厂的资本更是高达10万元以上。随着企业规模的扩大，其资本也在不断增长。20世纪30年代，海丰面粉厂资本增长了60.7%，大丰面粉厂增长42.9%，宝兴面粉厂增长200%②。就企业规模与生产能力而言，是旧式手工作坊所不能比拟的。第三，新式企业大多采用股份制组织方式，较传统作坊式的管理方式更加科学。如山东机制面粉厂，多为股份公司，大都采用董事会制。董事会由从股东中选任的若干董事组成，并选监察若干人。董事会推选总经理、经理、协理，掌理全厂会计、营业两科。各科又分若干股，科主任及各股职员，多由经理聘任③。经营管理形式的改变，极大地提高了企业的生产经营绩效。

第三节 煤炭工业的个案分析

近代以来，随着西方资本主义的侵入，以及中国工业化的持续推进，煤炭作为一种重要的能源，引起各方的重视。淮河流域煤炭资源储量丰富，为中国主要煤炭基地之一。在近代各种矿产资源的开发中，煤炭资源的开发成效最为显著，且在全国占有重要的地位。煤炭资源的开发是淮域经济进一步发展的关键，也是淮域工业化进程的重要组成部分。

一、矿业法规政策的演变

鸦片战争后，西方列强加快对中国矿产资源的掠夺步伐，清政府制定相关政策与法律，对矿业予以限制和规范。甲午战争后，外国侵略者直接在华设厂开矿。清政府在矿业政策上作了重要调整，一定程度地鼓励发展私营采矿业，有条件地允许外资逐步进入矿产部门。民国以降，中央政府进一步完善了矿业法规及政策。与此同时，各级地方政府及其他组织机构也制定了相应的法规和章程。这些政策和措施的出台有利于煤炭工业的发展。

① 扬州市地方志编纂委员会：《扬州市志》，中国大百科全书出版社上海分社，1997年，第1253页。
② 上海市粮食局等：《中国近代面粉工业史》，中华书局，1987年，第62页。
③ 实业部国际贸易局：《中国实业志·山东省》第8编，1934年，第422页。

（一）中央政府的法规政策

中央政府颁行的矿业法规经历了一个不断完善与发展的过程。其中以晚清政府的《大清矿务章程》、北京政府的《矿业条例》及南京国民政府的《矿业法》影响最大。

甲午战争后，外国侵略者依据不平等条约得以直接在中国投资设厂，中国面临着利权大量外溢的严重局面，矿产资源尤其是西方列强争夺的重点。面对此种危机，清政府认识到发展本国矿业、保护利权的重要性，矿业政策由禁止和限制民间开矿，转变为支持和鼓励发展私营采矿业。

针对"各省矿务，事权不一，办法各殊"①的弊端，清政府于1898年设立矿务铁路总局，负责统一路矿方面的行政管理及法规制定。同年，颁布《矿务铁路章程》，其中规定："矿、路分三种办法：官办、商办、官商合办，而总不如商办"；"承办矿务俱须设立学堂，以为储材之地"；"集股以多得华股为主，无论如何兴办，统估全工用款若干，必须先有已资及已集华股十分之三"；"凡办矿、路，无论洋股、洋款，其办理一切权柄，总应操自华商，以归自主"②。从内容条款来看，法规强调矿厂吸收民间资本与采用商办形式的重要性，重视培养有用之才，在一定程度上限制了洋股，保护了华商利益。

商部成立后，统一负责矿务、铁路的管理事宜。为规范采矿业，商部及其后的农工商部陆续出台了许多有关矿业方面的法规。1904年，颁行《暂行矿务章程》，其中规定："集股开矿总宜以华股占多为主，倘华股不敷，必须附搭洋股，则以不逾华股为限"；"洋商既愿附股，即为甘认此项各款章程，一律遵守勿越"；如果华商能够出资50万两以上开办矿务，经查验属实，由商部专门上奏清廷，请求予以优先和奖励。按该章程规定，开办矿务必须先领取探矿执照和开矿执照，并分别交纳5千、1万两的保证金③。章程限制了外商入股额度，鼓励和保护华商办理矿务。

但在实际推行过程中，由于保证金数额不菲，一般华商难以承受。因此，民间华商办矿并不理想。有鉴于此，商部于1905年对暂行章程酌予变通，大力倡导民间土法办矿。规定：凡资本在万两以上的矿商，可按其资本额的1/4和1/2分别交纳上述执照的保证金，即可核准其形式。1906年，再次对华商开矿予以优待，规定"华煤小矿占地在一方里以内者，照费银数减缴一半"④。章程的颁行，使华商因开矿费用巨大而望而却步的情形有所改观。

1907年，清政府在借鉴西方国家相关矿业法规的基础上，制定《大清矿务章程》。

① 宓汝成：《中国近代铁路史资料》第2册，中华书局，1963年，第527页。
② 全文见颜世清：《约章成案汇览》，清光绪上海点石斋石印本，乙篇，卷38（上），第1580～1583页。
③ 全文见颜世清：《约章成案汇览》乙篇，卷38（上），第1588～1594页。
④ 张晋藩：《中国法制通史》第9卷，法制出版社，1999年，第254页。

章程对矿区的地权、矿界、矿税、矿质、地股、执照、华商、洋商、矿工、矿警等作了详细规定。

关于申请开矿者的资格。规定，凡是因违法行为并受法律制裁的中国人，不能申请开矿。未与中国订立条约国家的国民以及不遵守中国法律或是曾违反中国法律或其本国法律并受惩罚者，也不能申请开矿。

关于外商在华开矿活动。规定，凡与中国订有条约国家的人民并愿意遵守中国法律者，方可与华商合股申请办矿，不准外商独自办矿。

关于矿业中的外资。规定，凡与中国订有条约国家的人民并愿意遵守中国法律者，始得与华商合股申请办矿，中外合资办矿，只能循下列两种途径：其一，业主以矿地作股与洋商合办，则专分余利，不认亏耗；其二，华商以资本入股与洋商合办，则权利均分，盈亏与共；华洋股本以各占一半为度；外国矿商不能充地面业主；外国人民概不准收买矿地；如无华人合股，断不准他国矿商独开一矿；凡关系矿务事件，无论何国领事及公使，均不得干预①。

晚清时期，在借鉴西方矿业法规的基础上，清政府结合矿业开发的实际，先后颁布《大清矿务章程》等矿业法规，从而使矿业政策逐步走向开放，矿业开发逐步走向规范。它废除了民间开矿的种种限制，规范了外国资本的在华投资，有利于中国矿业的良性发展，为其后的矿业立法提供了借鉴。与此同时，矿业管理不断完善，1898 年设立矿务铁路总局，管理全国路矿。1904 年，各省设立矿政调查局。1906 年，设置勘矿总公司。1907 年，改由农工商部总管矿政。

中华民国成立后，北京政府适应新形势的需要，陆续制定许多矿业单行法规。其中有 1914 年公布的《矿业条例》及《矿业条例施行细则》。

《矿业条例》分总则、矿区、矿业权、用地、矿工、矿税、矿业警察、裁决诉愿及诉讼、罚则等章②。一、关于矿业权，规定，中华民国公民或依中华民国法律成立的法人得依本条例取得矿业权；凡与中华民国签约的外国公民得与中华民国公民合股取得矿业权，但须遵守本条例及其他关系诸法律；外国公民所占股份不得超过全股份的 1/2；矿业权不得分割；矿业权除继承让与滞纳处分及强制执行外，不得为权利之目的，但采矿权得为抵押权之目的。二、关于矿税，规定，矿税分为矿区税和矿产税。矿区税按矿产种类和矿区面积缴纳；矿产税按矿产与出产地的平均市价缴纳。此外，对于矿区面积、矿警职能与矿工的工时、工资及建立矿业纠纷的仲裁机构和行政诉讼制度等也作了比较具体的规定。

从《矿业条例》及施行细则看，已呈现重矿商利益与采矿优先权的倾向。如对于金银铜铁及煤等第一类矿，"无论地面业主与非地面业主，应以呈请矿业权在先者，有

---

① 全文见《大清光绪新法令》第 10 类，《实业》，第 92 页。

② 全文见蔡鸿源：《民国法规集成》第 25 册，黄山书社，1999 年，第 105～125 页。

优先取得矿业权之权"；水晶、石棉、石膏、大理石等第二类矿，虽"地面业主有优先取得矿业权之权，但地面业主声明不愿取得矿业权，或注册一年以后尚未开业者"，"得另准他人取得其矿业权"。矿区若占用他人之土地，只需"给予相当之赔偿金"；矿产税则由原先的 3%、5%、10%，降低到按产地平均市价的 1%～1.5% 计。

矿业法规的颁行，有助于解除封建土地所有制对矿业发展的阻滞，对商民投资矿业是一种极大的鼓励。此后，北京政府先后制定颁布一系列矿业法律法规，从不同方面对《矿业条例》作了补充，不仅维护了矿业生产秩序，还促进了矿业的进一步发展。

南京国民政府成立以来，为协调矿业纠纷，推动矿业发展，在大量援用北京政府法规的基础上，积极筹划制定新法。1930 年，国民政府正式公布《矿业法》。

《矿业法》分为总则、矿业权、国营矿业、小矿业、用地、矿税、矿业监督、罚则及附则等部分①。其主要内容如下：一、关于矿产权。"中华民国领域内的矿藏均为国有，非取得矿业权，不得探采"。探矿权为 2 年，采矿权不得超过 20 年，限满展期亦不得超过 20 年。二、关于矿业权。"铁矿、石油矿、铜矿及适合炼冶金焦之烟煤矿。应归国营，由国家自行探采。""凡钨、锰、铝、锑、铀、铋、钾、磷等矿及第九条所列的铁、铜、石油及炼焦之烟煤等矿，农矿部认为有保留之必要时，得划定区域作为国家保留区，禁止人民设权探采"。而对于"交通不便地方"、"矿量甚微"、"矿业未发达之区域"，设定小矿权，以采矿为限，不得加入外国资本，以十年为限。此外，对于矿业权的设定、变更、移转、抵押、消灭亦作了具体规定。三、关于外资入股矿业。"中华民国人民经营矿业如系公司组织以股份有限公司为限，得许外国人入股，但须受限制：公司股份总额过半数应为中华民国所有；公司董事过半数以上应为中华民国人民；公司董事长及总经理等职应以中华民国人民充任。"

从 1930 年《矿业法》颁布施行到 1949 年 8 月为止，国民政府根据实际需要对其作了 7 次较重要的修正，2 次微小修正②。同时，对相关的配套法规亦进行多次调整。通过不断修正，《矿业法》日益完善。

《矿业法》的公布，进一步明确了国家矿产的勘探、开采、纳税等权限，在一定程度上保护了国家矿产资源免受人为破坏，维护了国家的矿产主权，也保护了矿商、矿工的某些正当权益，推动了中国矿产的深入开发。然而，《矿业法》又规定主要矿产品均由国家统制，已有民间开采者也将逐步收归国有，则限制和阻碍了民族资本经济的发展。

（二）地方政府、矿业机构与煤矿公司的政策与章程

为了加强对矿业的管理，推动矿业发展，淮域地方政府积极谋划，筹设矿务总局，

---

① 全文见蔡鸿源：《民国法规集成》第 55 册，黄山书社，1999 年，第 279～285 页。
② 傅英：《中国矿业法制史》，中国大地出版社，2001 年，第 42 页。

并制定矿务章程。

1904 年，安徽巡抚奏称："设全省矿务总局，以保自有之权利以立开办之基础。拟由绅先筹银 10 万两，更请酌拨官款以助之"①。1906 年，安徽省政府公布《安徽全省矿务总局章程》，包括办法、分职、权限、矿地、筹款、均利等六个方面，主要内容如下：第一，在安庆设立矿务总局，在总局下设有安徽全省矿务总公司，凡是招股等项事宜均由总公司负责。第二，全省矿务及总局用人行政，一切事宜皆由总董主持办理。另设有协董、议董、分董及监督等职，参与管理事务。第三，全省矿产除由总公司集股筹办外，而由商民禀请集股开办之矿，皆须由总局核议施行。如所开之矿运输不便，需修建铁路者，均先报由总局妥筹议定。第四，凡总公司开办之矿，除缴纳租税、开办费用及支付股息外，盈利部分作为公积金、酬金及股东分红等②。

在山东，最初负责矿务的机构为矿政调查局，主要负责调查矿产资源，分析矿质，协助民间矿务，经营官办矿务。1907 年，矿政调查局与华德路矿局合并为铁路矿政调查局，双方签订矿务合同。合同规定，招集华德股本；该机构应办之事，仅限于开矿一端，不得推及别项商务；勘矿期限自合同签押之日起延长 2 年，逾期由中国收回自办③。

除了地方政府与矿务部门制定的相关矿业政策外，各煤矿局与煤矿公司根据自身实际，也制定了相关章程，以明确公司的发展思路与发展措施。以徐州煤矿为例，1882 年，颁行的《徐州利国矿务招商章程》④ 指出，办矿的宗旨是"不请官本"，"概招商股办理"；办矿的方法是"仿用西法"，"购买机器"。一、关于集股办法与股息分配办法，强调以优先照顾旧股东为原则，规定："商股至银10 000 两，准派一人在局司事。"；"招集商股每漕平足银 100 两为一股，自一股至千百股，悉听入股者自便，以招集 5000 股为止。银两按期交清，给予股票并取利股折，俟煤铁运售之日起，每届一年结算一次。先提官利一分，下余花红银两，以二成酬劳办事诸人，八成按股均分。"二、关于人事安排与人才培养，规定矿务局设"总办"一人，全面负责。另设会办或帮办作为助手，及时注意培养。"在股人员中，择其品行端方才具出众者，禀请札委会办或帮办，以备随时接替而资熟手"⑤。

《矿业法》公布前后，国民政府对煤矿进行了整顿。强调矿区面积"以地面水平面积 15 公顷至 500 公顷为限"，"如因特别情形，经实业部查勘，认为必要时得增加之"。

---

① 《安徽巡抚诚同两江总督魏安徽先设全省矿务总局以保利权片》，《东方杂志》第 1 卷第 9 号，1904 年 11 月。

② 《安徽全省矿务总局章程》，《东方杂志》第 3 卷第 3 号，1906 年 4 月。

③ 《山东矿政局签定华德采矿公司矿务合同》，《东方杂志》第 4 卷第 12 号，1908 年 1 月。

④ 全文见《申报》，1883 年 1 月 14 日。

⑤ 参见余明侠：《徐州煤矿史》，江苏古籍出版社，1991 年，第 70~72 页。

而"采矿面积不及前条所定之最小限度者为小矿业"①。至 1933 年底，全国各省领采煤矿面积（小矿业在内）达 11 874 523.81 公亩。其中，山东 2 394 258.48 公亩，河南 1 118 696.17 公亩，江苏 123 881.09 公亩，安徽 602 680.83 公亩②。此后，资源委员会对一些主要煤矿进行扩大投资，增加采矿设备，扩大生产能力。同时，还投资兴建了一些新煤矿。

安徽的矿产资源比较丰富，此前虽有一些矿厂，但由于官商操纵垄断，人才缺乏，管理混乱，以致获利甚微，矿务凋敝。有鉴于此，安徽省政府加大对矿务的整顿力度，具体措施如下：第一，派专员前往各地，详细调查各矿经济状况。第二，根据调查情形，分别予以整顿：如办理不善的官矿，则接收之；欠税不缴的商矿，则取缔之；其有工程善者，则指导之；遭到种种困难者，则保护之。第三，选择适当地点，设立炉厂，炼焦铸铁；派地质调查队，详勘全省矿产；或以省款，或招商股，尽量开采。此外，还要求设立矿质化验所，开办矿业学校，筹设矿业银行③。

各级政府与煤矿公司制定和颁布了一系列的矿业法规、政策及措施，对于推动煤炭工业的发展具有重要意义。

二、煤炭业的曲折发展

淮河流域是中国重要的煤炭基地，煤炭储量丰富，以烟煤、无烟煤为主，分布情况大致如下：在淮域山东，主要集中于枣庄、兖州与济宁一带；在淮域安徽，主要集中于淮南、淮北、宿州一带；在淮域江苏，主要分布于徐州地区；在淮域河南，主要分布于平顶山、许昌与郑州以西地区。

按照煤系地层划分，淮域河南煤矿可分为禹密煤田、商信煤田，汝宝煤田等产煤区域，以禹密煤田规模最大。据调查，淮域河南煤矿具体分布如下（表 3-38）：

表 3-38　淮域河南煤田分布表

煤田名	分布区域	地质年代	煤产种类	距铁路线最近里数
禹密煤田	禹密两县为主要部、包有登封东部及郏县北部	石炭纪及石炭二叠纪	烟煤、半无烟煤	陇海铁路线以南相距 90 里
商固煤田	在商城、固始两县境内	侏罗纪煤系	烟煤、无烟煤	平汉铁路以东 360 里

---

① 全文见蔡鸿源：《民国法规集成》第 55 册，黄山书社，1999 年，第 279 ~ 285 页。

② 陆仰渊等：《民国社会经济史》，中国经济出版社，1991 年，第 353 页。

③ 李文华：《整顿本省矿务整个计划》，《安徽建设》第 1 号，1929 年 1 月。

续表

煤田名	分布区域	地质年代	煤产种类	距铁路线最近里数
汝宝煤田	分布于临汝、宝丰及鲁山县境	石炭二叠纪	烟煤、无烟煤	平汉路以西约250里
其他煤田	嵩县等县	石炭二叠纪及侏罗纪	烟煤及无烟煤	

资料来源：《河南矿业报告》（1933年），第3号1次，河南省地质调查所印行，1934年，第37、38页。

就禹密煤田而言，其产煤区较多，按其地形言之，该煤田由若干小煤区聚集而成，共计分为12区，兹列表如下（表3-39）：

表3-39　河南禹密煤田煤区具体分布统计表

煤区名	位置	占地面积
三峰	禹县西南15里至50里	约75平方公里
云盖山	禹县正西40里	约45平方公里
官山寨	禹县西偏北约50里	约15平方公里
滴水台	禹县西北花石头镇西约6里	约45平方公里
看花台	禹县西北由45里至20里	约20平方公里
超化镇	密县南15里	约19平方公里
岳庙	密县东南七八里	约6.5平方公里
小李寨	密县东南5里	约4平方公里
五里店	密县北5里	约4平方公里
岳村	密县东北30里	约3.5平方公里
王寨河	密县东北40里	约3平方公里
郏县北部煤区	郏县之极北部为该煤田之南边界	约5平方公里

资料来源：《河南矿业报告》（1933年），第3号1次，河南省地质调查所印行，1934年，第55、56页。

在淮域山东，中兴煤矿年产量达10万吨以上，被列为中国十大矿厂之一。其他煤矿规模都不大，且大部分采用土法开采。除中兴煤矿外，兹将20世纪初淮域山东部分煤矿的分布情况，列表如下（表3-40）：

表3-40　淮域山东部分煤矿分布统计表

地名	厂名	开办时间（年）	状况
沂州			郯城县孙霭廷自购煤窑机器，出租于窑户开采
滕峰交界之商家林			崔绅霖集股数十万两开办
日照、莒州			富绅丁君集股200万两，仿照西法开采
莒州		1905	集股开采杨家庄煤井

续表

地名	厂名	开办时间（年）	状况
莒县	阜丰煤矿股份有限公司	1912	资本 20 万元，工人 200 名，年产 5000 吨
宁阳	华丰合记煤矿公司	1910	资本 3 万元，用土法开采，获利颇多
郯城	集益煤矿有限公司	1912	资本 2 万元，工人 300 名，年产 4380 吨
费县	万盛煤局	1912	资本 800 元，工人 20 名，年产 112 吨
	义兴煤局	1912	资本 500 元，工人 40 名，年产 40 吨
	三盛煤局	1912	资本 1200 元，工人 30 名，年产 100 吨
	永兴煤局	1912	资本 400 元，工人 30 名，年产 65 吨
	复兴煤局	1912	资本 300 元，工人 40 名，年产 66 吨
	双盛煤局	1912	资本 500 元，工人 40 名，年产 70 吨
	义和煤局	1912	资本 800 元，工人 20 名，年产 65 吨
	义源煤局	1912	资本 500 元，工人 20 名，年产 35 吨
	西兴煤局	1912	资本 4000 元，工人 30 名，年产 380 吨

资料来源：彭泽益：《中国近代手工业史资料》第 2 卷，中华书局，1962 年，第 384、385 页；《各省矿务汇志》，《东方杂志》第 1 卷第 8 号，1904 年 10 月；《各省矿务汇志》，《东方杂志》第 2 卷第 2 号，1905 年 3 月；《各省矿务汇志》，《东方杂志》第 2 卷第 7 号，1905 年 8 月；实业部国际贸易局：《中国实业志·山东省》第 8 编，1934 年，第 28 页。

据统计，1875 ~ 1912 年山东省一共创设 50 家煤矿，资本总额不过 33 万元[1]。其中，位于淮域的煤矿有 16 个，主要分布于 8 个州县。此后，淮域又有多家煤矿先后设立。据 1930 年统计，主要分布于郯城的窑南头、窑北头，临沂的何家庄、山南头、祥马岭、泉子崖、张家林，滕县的庄庄、二十二社等地[2]。这些地区的大部分煤矿资金不多，规模较小，如费县裕民煤矿仅有资本 3 万元，郯城大成煤矿有资本 56 000 元[3]。

除上述所列煤矿外，淮域四省还有诸多大大小小的煤矿。煤炭作为一种重要的能源，是新式工矿业及交通运输业不可或缺的燃料。为解决新式工业对燃料的迫切需求，朝野上下对建立现代化煤矿给予了特别关注。在近代淮河流域，逐渐形成了中兴煤矿、徐州煤矿、淮北煤矿及淮南煤矿等规模较大的煤矿。兹概述如下：

（一）中兴煤矿

中兴矿区地跨山东峄县、滕县两县，矿厂在峄县东北的枣庄，故通常称之为峄县

---

[1] 张玉法：《中国现代化的区域研究：山东省》，"中央"研究院近代史所，1982 年，第 533 ~ 534 页。

[2] 山东省政府实业厅：《山东矿业报告》（1930 年），北洋印刷公司，1931 年，第 5 ~ 14 页。

[3] 实业部国际贸易局：《中国实业志·山东省》第 7 编，1934 年，第 5 页。

中兴煤矿。矿西有临枣铁路，与津浦路相接，南有台枣铁路，可直通大运河，交通运输极为便利。

早在 1879 年之前，就有人采用土法开采峄县煤田。1880 年，直隶总督李鸿章委候补知县戴华藻集股 2 万元开办中兴矿局，均为商股，但为官督商办性质，中兴煤矿公司即肇始于此①。与当时兴办的开平矿务局、徐州利国驿煤矿等相比，中兴煤矿的 2 万元资本算是较少的。

受资金掣肘，中兴矿局无力引进先进的机器设备，不得不沿用简陋的土法开采。但创办初的三年，因无法排干井里的积水，始终未能产煤。为了发展生产，中兴矿局扩大资本，添购新式排水设备，至 1881 年正式产煤。随着社会经济发展对煤炭需求的增大，中兴矿局的煤炭生产规模也在不断扩大，大量煤炭通过运河运往沿岸各地销售。

1895 年中日甲午战争后，山东巡抚李秉衡禁止中兴煤矿开采，营业一度停止。1897 年德国强占胶州湾后，通过订立不平等条约取得了胶济铁路的修筑权和沿线 30 里以内的矿山开采权。德商四次到枣庄矿区勘查，并商购煤田，但均遭拒绝。

1899 年，中兴矿局部分股东看到民族工业对煤炭的需求日增，决定重建中兴煤矿企业。以直隶候补道张莲芬为代表的股东，为解决资金不足和技术人员缺乏的困难，决定与德国合办，拟招股 200 万元，华股 6 成，德股 4 成，并将公司易名为华德中兴煤矿有限公司。同时，鼓励本地富绅入股，并对公司内外商的权力加以限制②。在义和团运动的影响下，峄县绅民为抵制德国垄断山东矿权，群起而抗争，要求取消外股，专集华股，筹集股本银 80 万两，并对公司进行改组，定名为商办中兴煤矿公司。

1905 年，由张翼等人出面在商部注册，原定股本 40 万元，拟添招新股 160 万元。次年，为解决煤炭运输问题，兴修台枣铁路。1908 年，公司股东奏请将公司改名为"商办山东峄县中兴煤矿公司"，注销"华德"字样，取消洋总办，由张莲芬任总理，戴绪万任协理。

此后，中兴煤矿产煤量大增，利润极为可观。年利润约 70 万两，以资本额 80 万两计，利润率达 87.5%；到 1914 年，资本增至 2 169 100 元，利润为 636 891 元，利润率为 49.6%；至 1918 年，资本增至 4 195 804 元，利润为 1 946 565 元，利润率为 46.4%；至 1920 年，利润率增至 69.2%③。

第一次世界大战期间，西方列强忙于战争，暂时放松了对中国的经济侵略，中国的民族工业获得了前所未有的发展，其中尤以上海、无锡、苏州、杭州一带发展最快。近代工业的发展，刺激了作为主要燃料的煤炭业的发展。中兴、贾汪、淮南等煤矿因

---

①　胡荣铨：《中国煤矿》，商务印书馆，1935 年，第 251 页。另一说为 1878 年在枣庄创办中兴矿局，参见中共枣庄矿务局委员会：《枣庄煤矿史》，山东人民出版社，1959 年，第 6 页。

②　中共枣庄矿务局委员会：《枣庄煤矿史》，第 12 页。

③　张玉法：《中国现代化的区域研究：山东省》，"中央"研究院近代史所，1982 年，第 527～528 页。

距离上述地区较近，迎来了发展的黄金时期。在这些煤矿中，就产量和设备而言，中兴煤矿优势最为明显。

至1922年，中兴煤矿公司扩充资本至1000万元，连同旧股，尽先招足750万元，成为中国人投资最大的公司。然而，由于战事频繁，交通阻塞，加上土匪滋扰，以致煤炭无法销售。1925年，该公司积欠款项达200万元。1926年，以矿产存煤作抵，募集公债300万元，以资弥补。1928年7月，宣告停工，历年损失累计达1 595 000余元①。1928年，因股东抗命，不纳军饷，奉令将该矿充公，由战地委员会派员接收清理。

1938年3月，日军占领中兴煤矿。占领期间，日本大肆掠夺煤炭资源，除部分自用和销售外，大部分或经连云港运往日本，或由铁路运至东北。兹将1938～1945年间日本掠夺中兴煤矿的煤炭数量，列表如下（表3-41）：

1946年，中国共产党在枣庄地区成立了矿务局，加强对该地区煤炭生产的管理。但不久，全面内战爆发，枣庄煤矿因遭战争的破坏，生产完全陷于停顿。1947年11月，枣庄获得解放，枣庄煤矿生产逐步走上正轨。

表3-41　1938～1945年日本掠夺中兴煤矿煤炭数量统计表　　（单位：吨）

年份	枣庄矿被掠煤量	陶庄矿被掠煤量	合计
1938	446 044	—	446 044
1939	1 473 551	—	1 473 551
1940	1 439 821	—	1 439 821
1941	2 399 674	—	2 399 674
1942	2 470 534	46 326	2 516 860
1943	2 132 407	107 593	2 240 000
1944	1 740 000	190 000	1 930 000
1945	346 880	39 257	386 137
合计	12 948 911	383 176	13 332 087

资料来源：中共枣庄矿务局委员会：《枣庄煤矿史》，山东人民出版社，1959年，第117页。

（二）淮北煤矿

淮北煤矿因位于安徽省宿县西北的烈山，故被称作烈山煤矿。位于津浦路的符离集站是该矿煤炭外运的主要中转站。

早在清朝末期，烈山煤矿已有商人发起组织公司进行经营。1901年，山东、安徽

---

① 胡荣铨：《中国煤矿》，商务印书馆，1935年，第251页。

的富商集股成立烈山煤矿合股公司，重开烈山煤矿。后几经变更矿主，到1905年，周玉山买得清廷道台官职，挤走徐州道台袁大化，控制烈山煤矿，改称普利公司，有股本10余万元，用土法开采。到1908年，最高日产量达300吨[①]。但因经费不足，运输困难，生产无法维持，遂决定吸收股本，引进先进的机器设备，进行合股经营。1915年，倪嗣冲家族加入，该矿改由倪氏兄弟控制。1917年开始招收新股，初有资本60万元，1922年增至100万元，1924年增至150万元（实际招收股金约135万元）[②]，并改名为烈山普益煤矿公司。该公司加大投资力度，开挖雷河，解决水上运输，购置机器，扩大采掘，并计划开采雷家坡的烟煤，修筑从烈山到符离集的铁路，拟在几年之内，平均日产700余吨，最高日产达千吨[③]。倪氏接办该矿后，"订立专价以节经费，购办机器以增产额，疏浚河道以便运输，资本既已充足，营业日臻发达，每年股东红利，可得二三分以上"[④]。

烈山煤矿在1925年以前，年有盈余，年产煤最多20余万吨，盈余最高达七八十万元。受战争影响，交通时常中断，存煤山积，资金无法周转。1925年因直奉战争爆发，导致津浦铁路外运中断，烈山煤矿所产煤炭输出大大减少，当年收益降至388 941元。1927年因北伐战争而停产。同年底，财政部派员接收时，存煤约20万吨[⑤]。

南京国民政府成立后，将烈山煤矿收归国有。为开拓市场，又于浦口、蚌埠、符离集等处，设置分局。1928年，改归农矿部管辖，改称烈山煤矿局。1928年5月至1930年8月，为烈山煤矿国营时期。由于屡遭兵燹，经营状况极差。特别是1929年底石友三兵变，对煤矿造成极大破坏。据1930年2月直辖烈山煤矿局局长等呈："烈矿因皖省事变所受损失，并整理善后事宜等因职等遵于上月31日赴蚌而符离集而烈山勘查，自石军非法占领矿局迄逃避止，所受损失据负责人之报告，关于现金及煤斤统计数达10万元以上，残破之经济枯竭。石军先后提去存款，勒收煤价运销煤斤三项之损失已达106 973元。该局所失损失尚巨，而矿井工程及局员个人之损失，尚不在内。此外，石在蚌埠所设财政厅派员赴矿强迫接收，并提运款项煤价共达四五万元之巨，工程营业两遭毁败"[⑥]。

1930年8月，应原普益公司股东之请求，政府决定发还公司部分股权，将烈山煤矿局改组为官商合办烈山煤矿公司，股本150万元，其中，官股占60万元，商股90万

---

①　安徽省地方志编纂委员会：《安徽省志·煤炭工业志》，安徽人民出版社，1993年，第21页。

②　谢国兴：《中国现代化的区域研究：安徽省》，第401页。

③　安徽省地方志编纂委员会：《安徽省志·煤炭工业志》，第21页。

④　胡荣铨：《中国煤矿》，商务印书馆，1935年，第286页。

⑤　谢国兴：《中国现代化的区域研究：安徽省》，"中央"研究所近代史所，1991年，第401页。

⑥　《铁道部提议烈山煤矿根本救济办法》，中国第二历史档案馆藏，全宗号：2，案卷号：3369。

元①。公司董事会由官、商各半组成，官董由农矿部派任。公司改组后，农矿部并未在经费上予以大力支持，官董对于公司业务也未积极参与。1931 年的大水又使烈山煤矿遭受巨大损失，元气颇伤，勉强维持到 1935 年夏，终致停工。1937 年 1 月，商股代表推举浦振群担任总经理，重新经营。但是，烈山煤矿资本不足，生产处于停滞状态。据 1928 年地质调查所估计，当时修护及改善旧有设备需 4 万元，修筑矿山至符离集的轻便铁路及购置机车至少需 58.2 万元，这些经费显然不是官办或官商合办时期所能筹措的②。抗战胜利后，烈山煤矿曾召开股东会议，添招新股，购置机器，准备复工，但因内战影响，一直未能开工。

（三）淮南煤矿

大通煤矿位于安徽怀远县西南部，地处寿县、怀远、凤台三县交界处。矿山修有轻便铁路，可直达淮河边的田家庵。由田家庵顺淮河而下，可到津浦线上的蚌埠站，然后再由津浦路将煤炭运销各地。

光绪年间，就有人在舜耕山一带进行开采，但因缺乏技术与资金，归于失败。1905 年，寿县人杜兴远筹集 3000 银元，雇工 100 余名，用土法进行开采，仍未获成功。此后不久，另一寿县人徐世忠又筹 2000 银元，雇工数十名，仍用土法在此开采，结果还是无功而返③。

1910 年，烈山煤矿总办段书云利用官方资本，又调用经验丰富的烈山矿人员负责设计和施工，改进开采技术，所产煤炭已达到火车、轮船的燃料使用标准。但受辛亥革命的影响，该地起义不断，煤矿开采无形中止。

津浦铁路通车后，蚌埠成为淮域重要的物资集散地与贸易中心。随着经济发展步伐加快，工业以及火车、轮船等新式交通工具对煤炭的需求日增。1912 年，怀远商人凌艮臣、杨耀南函请段书云，招股集资，创办大通煤矿合记公司。为了在与其他煤矿的激烈竞争中占优，段书云邀请枣庄煤矿总办戴理庵入股，并请来技术人员，土法和新法并用，取得了显著绩效。1922 年，由夏履平、张子彦二人承办，筹集股金 50 万元，易名为保记公司，承租期限 20 年，每出煤 1 吨，抽租金 5 角 5 分，大通、中兴各得其半④。保记公司自接办该矿以来，经营状况颇佳，产量逐年增加，历年皆有盈余。1923～1929 年，共产煤 38.4 万吨，平均年产近 5.5 万吨⑤。

淮南煤矿自创办以来，虽取得一定的成就，但其资金和技术略显薄弱，要想扩大

---

① 谢国兴：《中国现代化的区域研究：安徽省》，第 402 页。
② 谢国兴：《中国现代化的区域研究：安徽省》，第 402 页。
③ 安徽省政协文史资料委员会：《工商史迹》，安徽人民出版社，1987 年，第 55、56 页。
④ 胡荣铨：《中国煤矿》，商务印书馆，1935 年，第 293 页。
⑤ 安徽省地方志编纂委员会：《安徽省志·煤炭工业志》，安徽人民出版社，1993 年，第 21 页。

规模，必须改进技术，增加资本的投入。南京国民政府建立后，为提倡国煤生产，保证长江沿岸燃料的供给，建设委员会投资兴办了淮南煤矿，有矿区五个：九龙岗区、洞山区、长山区、上窑区、新城口区。1930年3月，淮南煤矿局成立，购地800亩，日产煤80吨。同时，为初步解决煤炭外运问题，修筑了轻便铁路。之后，洛河、蚌埠、浦口等煤厂相继建立。1932年1月，日产煤达300吨①。但受一二八事变的影响，煤矿一度陷入困难。1933年后，煤矿的产、运、销渐渐恢复，至1935年，年产煤达290 480吨②。

1936年，淮南铁路通车后，除拨定车辆载运客货外，每日固定11辆列车运煤，淮南矿的煤炭全部运往芜湖，停止蚌埠市场的供应。之后，淮南铁路又与大通矿订立合同，划出部分列车专供大通矿运煤。由于资本雄厚，技术先进，交通便捷，淮南煤矿投产以后，利润不断提高。

1938年，淮南煤矿局和大通煤矿公司被日军占领。占领期间，日本大肆掠夺煤炭资源，其中除少数就地销售外，主要用作铁路机车及船舶运输的燃料。1938年6月至1945年9月，日军从淮南煤矿掠夺煤炭405万多吨。具体如下表所示（表3-42）：

表3-42　1938~1945年日本掠夺淮南煤矿煤炭数量统计表　　（单位：吨）

年份	掠夺煤炭数	年份	掠夺煤炭数	年份	掠夺煤炭数	年份	掠夺煤炭数
1938	22 632	1940	435 057	1942	895 554	1944	882 046
1939	143 798	1941	771 485	1943	878 350	1945	25 901
总计	4 054 823						

资料来源：安徽省地方志编纂委员会：《安徽省志·煤炭工业志》，安徽人民出版社，1993年，第257页。

抗战胜利后，淮南煤矿局接收了淮南、大通两矿的资产，修复被日军破坏的淮南铁路。另外，还修建了一条由矿区直通蚌埠的铁路，从而使煤炭由蚌埠经津浦南段直达浦口。同时，淮南矿局又在新庄子、蔡家岗新开四座矿井。此后，淮南煤矿的煤炭产量逐步增加。据统计，1945年10月煤炭产量为1.2万吨，1946年底增至6.5万吨，1947年7月达8万吨③。

（四）徐州煤矿

徐州煤矿自创办以来，煤矿中心前后经历三次变化，即由利国驿到青山泉再到贾汪。其中贾汪煤矿位于江苏徐州铜山县，铺有轻便铁路与津浦路柳泉站相连。另外，

---

① 淮南煤矿局：《淮南煤矿六周年纪念特刊》，1936年6月，"总论"。

② 淮南煤矿局：《淮南煤矿六周年纪念特刊》，第68、69页。

③ 安徽省政协文史资料委员会：《工商史迹》，安徽人民出版社，1987年，第64页。

煤矿附近的泉河可与大运河相通。

1882 年，在两江总督左宗棠的支持下，胡恩燮父子招商承办利国驿煤矿。利国矿局在蔡山开挖了两座矿井，但继续深挖时，因地下水太大，遂半途而废。1884 年，胡恩燮又移至青山泉进行开采。青山泉煤矿采用西洋公司之法进行经营，并引进新技术与新设备，生产规模不断扩大，年产量达 3 万余吨。但是，由于当时徐州未通铁路，交通条件滞后，传统运输方式难以满足煤炭外运销售的要求，致使各井生产的煤越积越多①。矿局虽于徐州本地设立门市部，但每日销量有限，常常"积煤至数千吨"②，这种状况严重影响了煤矿的资金周转及扩大再生产。

贾汪煤田，前用土法开采数次，均归失败。吴味熊接办经营贾汪煤矿，先后开煤井 4 座，开采了七八年，因运销迟滞而停办。1908 年，接手的胡恩燮父子，将煤矿移至青山泉东的贾家汪，并招集股本，定名为贾汪煤矿公司。最初，开新井 2 座，旋因水盛，即行废弃，仍用老井戽水出煤，日产煤四五十吨。不久，因运输艰难，销路有限，又告停止③。

中华民国建立后，胡碧澂将徐州煤矿的全部产权转售给袁世传组织的贾汪煤矿公司。此时，津浦路已筑成通车，长期困扰徐州煤矿的运输问题基本得到解决。袁世传增加资本，修筑轻便铁路，营业日见发达。同时，贾汪公司又开凿深井，增添新式机器，并建立小型电厂。1917～1921 年，是贾汪公司出煤最旺的一段时期，日产量达六七百吨，获利颇厚④。徐州产煤已在上海、南京一带崭露头角。之后，因军阀混战，以致铁路运输阻滞，煤矿生产衰落。1927 年，终因亏损严重而无法维持下去。

1927 年 10 月，上海远记公司与贾汪煤矿公司签订为期两年的代办合同。旋因企业管理不善，并受军阀混战的影响而破产。1929 年，民族资本家刘鸿生接办徐州煤矿。1930 年，筹建华东煤矿公司。由于刘鸿生资金雄厚，措施得当，重视革新，华东煤矿公司发展十分顺利。1934 年，夏桥新矿投产。而且，井下已用电灯照明，新的设备不断引进。1934 年，年产量达 34 万余吨，1936 年增至 37 万余吨，呈现产销两旺的良好态势⑤。

1938 年，日军占领徐州煤矿。占领期间，日军在贾汪、夏桥以及韩桥矿区进行掠夺性开采，最高日产量达 2000 吨，全年运输量在 30 万吨左右，主要供日军使用⑥。具体详见下表（表 3-43）：

---

① 余明侠：《徐州煤矿史》，江苏古籍出版社，1991 年，第 111 页。

② 《申报》1885 年 5 月 2 日。

③ 胡荣铨：《中国煤矿》，商务印书馆，1935 年，第 412 页。

④ 胡荣铨：《中国煤矿》，第 412 页。

⑤ 余明侠：《徐州煤矿史》，江苏古籍出版社，1991 年，第 365 页。

⑥ 余明侠：《徐州煤矿史》，第 395 页。

表 3-43　　1938～1945 年日本占领时期贾汪煤矿年产量统计表　　　（单位：吨）

年份	产量	年份	产量	年份	产量	年份	产量
1938	20 238	1940	341 867	1942	458 756	1944	386 366
1939	241 184	1941	463 942	1943	332 138	1945	214 544
合计	2 459 035						

资料来源：余明侠：《徐州煤矿史》，江苏古籍出版社，1991 年，第 395 页。

　　1938～1942 年，日本在贾汪煤矿增添设备，开凿新井，产量一度有所增加。但是，这种掠夺性的开采，给煤矿造成了极大的破坏和浪费。

　　抗战胜利后，在华东公司的经营下，徐州煤矿引进许多先进的技术设备，诸如发电机、水泵、柴油机、运煤车及新式仪器等，同时，聘请专业人才，建立化验室，加强对煤炭的研究。1947 年夏，煤矿日产量达 1400 吨，12 月，增至 2000 吨，且供不应求[①]。徐州煤矿不仅保住了上海、南京一带的销售阵地，还积极向山东、安徽等邻省拓展市场。

　　在近代淮河流域，除上述规模较大的煤矿外，还有诸多规模较小的煤矿，如萧县的白土寨煤矿等。在开采方法上，大多数小矿均采用土法挖掘，稍大的煤矿则土法与机器并用，但机械化程度通常很低。尤其是那些采用传统方法开采的小煤矿，因资金不足，技术落后，往往半途而废，或被迫歇业。据史料记载：山东沂州南乡有煤窑数处，皆系土法开采，每遇大雨，行窑因积水即行辍工，窑户往往因此亏损[②]。日照、莒州地方煤质极佳，刘绅曾投资开采，因土法不行，无奈中止[③]。

三、煤炭业的生产经营及成效

　　煤炭业的发展受多方面因素的影响，不仅有外部因素，还有内部因素。就企业自身而言，主要表现在经营管理制度的创新、生产设备更新、资本规模扩大等。这些对于促进企业生产率的提高及取得良好的经营绩效有着积极的作用。

（一）经营组织与管理机构

　　企业采取何种组织与管理形式，直接关系到企业的生产经营绩效。在近代公司制度出现以前，中国传统的企业组织形式，主要有独资制与合伙制两种。随着西方列强在华兴办企业的增多，先进的公司制度也一同进入中国。同时，管理机构也进行相应

---

① 余明侠：《徐州煤矿史》，江苏古籍出版社，1991 年，第 402 页。
② 《各省矿务汇志》，《东方杂志》第 1 卷第 8 号，1904 年 10 月。
③ 《各省矿务汇志》，《东方杂志》第 2 卷第 2 号，1905 年 3 月。

的变革。

中国的公司法发端于 1903 年晚清政府颁布的《公司律》，从法律上对企业的组织形式及权利、义务等作了明确规定。1914 年，北京政府农商部颁布《公司条例》及《公司条例施行细则》。1929 年 12 月，南京国民政府公布了《公司法》。在晚清、民国历届政府的努力下，《公司法》得到不断的完善和充实。

1. 经营组织的变革

尽管在中国近代工业化初期，仍有许多企业采用独资制或合伙制，但随着工业化的持续推进，不论是官办企业、官督商办企业，抑或民办（也称商办）企业，已逐步试行股份制这种先进的企业组织形式。

在股份制公司的管理结构中，股东大会作为最高权力机构，决定公司的重大决策和一切重要人事的任免。股东大会闭会期间，董事会为行使职权的常设机构。总经理由董事会聘任，聘用各种管理人员，组建各种职能机构，形成以总经理为核心的管理体系。股份公司还设立监事会，以加强对董事会人员及经理人员的监督。股份公司因对产权结构作了重大调整，理顺了股东与管理者的责权利关系，既明晰了产权，又明晰了责任和利益。

淮河流域较大的煤矿公司大都采用股份制组织形式。如徐州煤矿仿照公司之法，实行较为完善的股份制。具体内容如下：

关于建立董监会议制度。董事会的召开，由董事长召集。会议有年会、例会之别。年会每年一次，例会每月一次，或者半月一次。遇有重大问题需要讨论时，可随时召集。监察人也有一定的会议制度，其责任主要是对企业内部存在的问题，以及各项措施是否正确，进行监督检查，可以提出书面意见或者质询。监察人常列席董事会，故又称董监会议。监察人的人数虽少，但对董事会及总经理以下各部门起到了一定的制约作用。

关于董事与股东大会的决策权。徐州煤矿成立初期，规定了矿务"不请官本"，"概招商股办理"。在股份制中，握有股票最多的股东成为公司的主要负责人。胡恩燮因投资最多，成为公司最大的股东，行使对矿局的经济管理之权。为打开煤炭销路，股东会决定修建铁路。此外，徐州矿局从利国驿迁至青山泉，再迁往贾汪，都是经过股东大会研究决定的①。

关于分红问题。根据股份公司规定，凡企业股东，均可从企业利润中分取股息。股息多少，由股东投资额（即股票）的多少决定，多者多分，少者少分。股东所得超过股息部分的利润，称为"红利"。在公布的《徐州利国矿务招商章程》中，规定集

---

① 余明侠：《徐州煤矿史》，江苏古籍出版社，1991 年，第 139、278 页。

资银 50 万两，分为 5000 股。"招集商股每漕平足银 100 两为一股，自一股至千百股，悉听入股者自便，以招集 5000 股为止。银两按期交清，给予股票并取利股折，俟煤铁运售之日起，每届一年结算一次。先提官利一分，下余花红银两，以二成酬劳办事诸人，八成按股均分"①。在胡碧澂经营青山泉煤矿时期，集股约 1600 余股，每张股票为 100 两，共计资金 16 万余两。胡氏曾经公布其开支情况：在"青山泉地方起造煤局添购煤地，收养煤夫，未能提分利息。总计以上实入实出之款，不过 16 万余两，细账俱在"②。

中兴煤矿自 1899 年开办以来，原有生产资料总值达 10 万余元，其中除矿局留下的部分折价作股 10 万元以外，都发行股票支付现金。后来的创办人张莲芬等人，取消德股，专集华股，约 100 万元。1915 年，又在武汉另招新股，前后共集股本 380 万元。1920 年，再添股本 500 万元。1922 年因扩充事业，又续收股本 250 万元，新旧股本增至 750 万元③。

淮北普益煤矿公司于 1915 年被倪嗣冲接办，初有资本 60 万元，1922 年增至 100 万元，1924 年增至 150 万元（实际招股股金约 135 万元）。1930 年 8 月，应原普益公司原股东请求，政府决定发还公司部分股权，将烈山煤矿局改组为官商合办烈山煤矿公司，股本 150 万元，其中官股占 60 万元，商股占 90 万元，公司董事会成员官、商各半，官董由农矿部派任④。

近代煤炭企业实行的股份制，是学习和效仿西方的产物。但是，由于受政治、经济及文化等因素的制约，股份制度移植到中国后，发生了很大变化，像董事会、监事会这样的管理组织，有的还停留在形式上。即使一些企业的股份制度付诸实施，但因经营状况不佳，加上内战频繁，在实践中往往无法真正得到贯彻，股东大会或中止、或解散，有的甚至成为摆设。

2. 管理机构的改革

为了适应新的公司制度以及进一步推动煤炭生产的需要，淮域煤矿公司加大管理机构变革的力度，建立起相应的管理机构与组织。

徐州煤矿公司，由总办（即总经理）全面负责，下设营业部及采矿部。不久，营业部移至天津，采矿部仍在徐州，由经理负责，主管矿局一切事宜。另有矿师负责全矿的技术工作。天津营业部由总经理兼管，下设业务与会计两股，负责煤炭销售及财务管理等。同时，还在上海、南京等地设立办事机构，由营业部管理，人员则由总办

---

① 《申报》1883 年 1 月 14 日。
② 《申报》1885 年 5 月 2 日。
③ 吴嘉义：《山东峰县中兴煤矿公司概况》，《安徽建设》第 16、17 号合刊，1930 年 5 月。
④ 谢国兴：《中国现代化的区域研究：安徽省》，"中央"研究院近代史所，1991 年，第 401 ~ 402 页。

决定。办事机构的增减、人员的多少，则根据公司的盈亏状况来决定。此外，在煤矿附近设立转运处，以方便煤炭的储存与就近销售①。后来，徐州煤矿公司的管理机构发生了一些变化。在驻矿总公司下面，设总事务处、总工程处、贾柳铁路管理处、保安队及各分公司②。

华东煤矿公司成立后，大力改革组织机构。到 1932 年，一些重要的组织机构相继建立。华东煤矿公司矿厂办事处，下设会计、工务、事务、警护四个处。公司实行矿长负责制，由矿长直接抓全矿的生产事宜，重视学有专长的人才，充分发挥技术人员的作用。为了节省行政经费开支和提高工作效率，矿厂各处的负责人，一律不设副职③。在上海设立华东煤矿公司总事务所，由董事长主持日常工作；在南京设立办事处，由总经理负责，下设总务、会计、运输、营业四科。后来，南京办事处改称华东煤矿公司总事所南京分所。

中兴煤矿公司，原设于天津，后迁至上海。由股东大会选举产生董事、监察，再由董事会推选总经理、协理。总经理提出驻矿经理、副经理人选，经股东大会通过聘任。矿厂组织大致分为两部分：一是驻矿经理处，二是总矿师办公处。其中，经理处管理矿厂一切事务及各厂处，总矿师办公处管理井上、井下、采钻等项工程④。

淮北煤矿在倪嗣冲承办时，营业部设在蚌埠。矿局设有经理、协理，管理矿内事务，其下设庶务、会计、材料等处。在符离集设转运处，在蚌埠、宿县、南京、寿县、颖上、萧县、铜山、永城及临淮关等地，设有分销处。自从归农矿部管辖后，改称烈山煤矿局，下设事务、工务、营业、会计四处，并设矿警队、稽查队等⑤。

20 世纪 20 年代初，保记公司承办淮南大通煤矿公司时，设总公司于蚌埠，1927 年移至上海。下设上海总公司、蚌埠分公司、大通煤厂、蚌埠煤厂、田家庵煤厂、怀远煤厂⑥。1930 年 3 月，淮南煤矿局成立，之后又相继设立煤厂、售煤处等⑦。

总之，煤矿公司组织形式与管理机构的改革，反映了企业管理组织从简单到复杂的演进历程。由于一些企业通过企业制度改组和向公司制度的转化，向社会公开发行股票，在一定程度上缓解了资本不足等问题。同时，降低了企业的管理成本，大大提高了生产效率。

当然，受各种因素影响，从企业组织到管理机构的改革，还不够完善，有待于进

---

① 余明侠：《徐州煤矿史》，江苏古籍出版社，1991 年，第 170 页。
② 胡荣铨：《中国煤矿》，商务印书馆，1935 年，第 413 页。
③ 余明侠：《徐州煤矿史》，第 279～281 页。
④ 吴嘉义：《山东峄县中兴煤矿公司概况》，《安徽建设》第 16、17 号合刊，1930 年 5 月；胡荣铨：《中国煤矿》，商务印书馆，1935 年，第 251～252 页。
⑤ 胡荣铨：《中国煤矿》，第 287 页。
⑥ 胡荣铨：《中国煤矿》，第 294 页。
⑦ 淮南煤矿局：《淮南煤矿六周年纪念特刊》，1936 年 6 月，第 78 页。

一步改进。一般而言，官办企业的变革比较缓慢，民办企业则比较灵活和务实。如在机构设置及职位安排方面，官办企业往往机构臃肿、人员冗滥，效率低于民办企业。即便是相同的管理体制，民办企业的组织结构往往更加有效。

（二）生产设备的更新与资产规模的扩大

煤炭工业之所以能够不断发展，是人才、技术、资金、管理等多方面合力作用的结果。一般而言，质量上乘的煤埋藏于地下深处。煤层越深，煤质越佳。如果采用土法往往只能浅采而止，无法继续深挖，甚至还会造成煤炭资源的极大浪费。可以说，更新生产设备，扩大生产规模，是煤炭发展的最直接动因。

1. 中兴煤矿

1899 年中兴煤矿兴办后，除原矿局留下的机器、局房等，又添租矿地，收购旧股东等开挖小窑所置的厂地、机件和存煤等生产资料。为了扩大生产规模，中兴公司添购机器，增开矿井，购造运煤船只、车辆等。至 1906 年，各种设备价值 70 余万元，比创办时的设备总值 10 余万元增加好几倍[1]。

民国初期，津浦铁路、台枣铁路、临枣支线先后通车，1913 年第一大井建成，中兴煤矿获得了良好的发展机遇。为了降低运输成本，中兴公司除与津浦铁路局签订廉价运煤合同外，还与陇海路签订合同，由中兴公司垫款兴建陇海路台赵支路和连云港码头，并投资购买轮船 7 艘及拖轮铁驳船多艘。津浦路承运中兴公司煤炭的运价，比原价降低 30% 以上，其中特别规定浦口"因有洋煤抵制，售价必廉，运价尤须从减"，每吨运价大约降低 50% 左右[2]。另外，中兴公司在浦口等地建设厂栈码头，浦口分厂就是中兴公司所有分销处中销煤最多的一处。由于采用新的技术设备，煤炭产量不断增加，生产成本逐步降低。在《中国矿业纪要》中，对中兴煤矿的机器设备等作了详细记载，其中机器设备主要有：关于矿井设备，有变电机、新式电绞车、锅炉、罐笼等；关于采煤设备，有切煤机等；关于井下运输设备，有小铁轨、煤车、电动畚箕、下坡电绞车、重力转轮、循环索等；关于通风设备，有通风机；关于排水设备，有电泵；关于动力设备，有发电机、锅炉；关于照明，有电灯、安全灯等[3]。

2. 徐州煤矿

徐州利国驿煤矿时期，主要采用的新式机器设备有钻探机、抽水机、提煤机、锅

---

① 中共枣庄矿务局委员会：《枣庄煤矿史》，山东人民出版社，1959 年，第 18 页。
② 中共枣庄矿务局委员会：《枣庄煤矿史》，第 21 页。
③ 实业部地质调查所等：《中国矿业纪要》第 5 次，1935 年，第 403~404 页。

炉、通风机。无论采煤运煤，均较土窑煤井方便。贾汪煤矿早期，受排水通风等条件的限制，只能开采上层及中层的煤，日产量一般仅数十吨，至多不过百余吨而已。常年煤产量约3万吨，与利国驿煤矿产量基本相当①。其发展缓慢的原因，主要有：一是矿井陈旧，巷道不深，土法开采，效率不高。二是排水、通风、运煤、提煤等机械化程度不高。三是运输工具落后。煤炭出厂后，用马车、牛车等运输，大大加重了成本。民国初期，贾汪公司对生产的各个环节加以改进，如采用先进的技术设备进行钻探，开凿新井；用铁制煤车运煤，采用提煤机将煤炭升到地面；购置蒸汽机、抽水机进行井下排水，等等。通过以上措施，大大提高了生产效率，降低了生产成本，产量明显增加。据统计，1917～1921年出煤最旺时期，日产煤六七百吨，获利颇丰②。

华东煤矿时期，在生产设备和技术方面采取了许多改进措施，整个煤矿的面貌焕然一新。第一，开凿新井。为了查勘煤炭，公司采用较为先进的钻机进行钻探，为开辟新井采掘煤炭创造有利条件。1933年10月，在夏桥矿区先后开凿了新1号井和新2号井，也是徐州煤矿最深的两口井。井下运输有煤车200辆。地面工程如机电厂、锅炉房等，都采用新式设备，生产率大大提高。第二，提煤。改进旧煤车，设计出运转比较灵活的新式煤车，并逐渐取代旧车，运输速度明显提高。第三，排水。由绞车提水，实现了排水方法的机械化。1933年夏桥矿井的井下排水即开始使用电力水泵，效率较以蒸汽为动力的旧式排水设施提高许多。第四，通风。1935年，夏桥新井采用电力通风设备流通空气，比原来多开孔道进行自然通风的方法先进得多。第五，发电。1930年，增添2台15千瓦直流发电机组。1931年，又购置2台60千瓦的柴油发电机组。1934年，为了适应煤炭开采，又在夏桥矿区建立一座自备发电厂。1936年，2台250千瓦的蒸汽机组建成。发电能力的提高，解决了煤矿的生产与照明问题③。

3. 淮南煤矿

淮南煤矿自创办至1932年底，共投资125万元，日产煤达700吨。矿厂分东厂、西厂两处，东厂设备有50马力立锅炉3台，90马力卧锅炉1台，西厂设备有50马力立锅炉3台，90马力卧锅炉2台。1933年后，在井下铺设铁轨，在井上安设绞车。同时，不断增购生产设备，其中有气泵3台，电泵2台，锅炉9台，柴油发电机1台，压风机2台，风钻17台，100马力机车2辆，50马力机车1辆。另外，还有装载10吨之煤车40辆，自备汽轮2艘，拖船、驳船各2只。1935年底，由煤矿至芜湖裕溪口的铁

① 余明侠：《徐州煤矿史》，江苏古籍出版社，1991年，第119页。

② 实业部国际贸易局：《中国实业志·江苏省》第7编，1933年，第1页。

③ 余明侠：《徐州煤矿史》，江苏古籍出版社，1991年，第337页；第301～310页。

轨铺成，购置机车 3 辆[1]。

相比之下，大通煤矿的生产设备要少得多，主要有 40 马力卷扬机 1 台，30 马力卷扬机 2 台，以及锅炉 6 台，大水泵 1 台，小水泵 2 台[2]。

淮南煤矿之所以经营状况良好，产量节节攀升。究其原因，除了领导有方、引用专才、管理得法之外，还有以下几个因素：其一，资金充裕。自 1930 年 3 月至 1932 年 6 月，投资额达 80 余万元；至 1934 年 6 月止，超过 150 万元（不包括薪俸、工饷、办公等管理费用）；1934～1937 年，又投资约 650 万元，合计 800 万元，若再加上利息支出，总投资约为 1000 万元[3]。淮南煤矿成立仅 7 年多时间，即有偌大之投资，而烈山煤矿历经近 30 年的经营，投资额尚且不过 150 万元，大通煤矿亦历经 30 年，股本也不过 200 万元左右。其二，淮南铁路具备客货两用功能，同时配备运煤车、汽车、火车、电话等交通通讯设备。其三，开掘新井，购置大量机器设备，包括柴油机、蒸汽机、交流发电机、马达等发电设备，锅炉、卷扬机、冷风机、鼓风机、抽水机、打钻机等动力机械，以及车床、钻床、短刨床、锯床、风车、机磨石等机械工具。

4. 淮北煤矿

1915 年，淮北普益煤矿公司开办，有资本 100 万元，1930 年改为官商合办。矿厂有锅炉 20 台，发电机 2 台，卷扬机 5 台。其中 8 号井下有水泵 1 台，日排水 400 吨，4 号井下有水泵 1 台，日排水 1600 吨。修理厂有刨床、钻床等生产工具。日产量二三百吨，以无烟煤为主[4]。

（三）煤炭生产的绩效分析

煤炭生产的绩效受内外各种因素的影响。从煤炭企业的产量与销量、成本与收益来看，淮域煤炭生产取得了一定的绩效。

1. 产量与销量

淮域规模较大的煤矿公司，由于管理得法，更新机器设备，改善运输条件，不断开掘新井，煤炭产量不断提高。据统计，1908～1937 年中兴煤矿的煤炭产量状况，如表所示（表 3-44）：

---

① 实业部地质调查所等：《中国矿业纪要》第 5 次，1935 年，第 447～448 页。

② 胡荣铨：《中国煤矿》，商务印书馆，1935 年，第 296 页。

③ 谢国兴：《中国现代化的区域研究：安徽省》，"中央"研究院近代史所，1991 年，第 401～403 页。

④ 实业部地质调查所等：《中国矿业纪要》第 4 次，1932 年，第 339 页。

表 3-44　1908～1937 年中兴煤矿煤炭产量表　　　　（单位：吨）

年份	产量	年份	产量	年份	产量	年份	产量
1908	101 438	1916	349 399	1923	727 960	1931	762 681
1909	162 983	1917	428 064	1924	795 737	1932	973 219
1910	145 425	1918	518 593	1925	779 739	1933	1 132 544
1912	250 000	1919	566 018	1926	603 440	1934	1 311 708
1913	250 000	1920	693 112	1927	259 765	1935	1 303 630
1914	248 424	1921	659 764	1929	139 458	1936	1 735 572
1915	144 825	1922	756 266	1930	355 502	1937	1 714 414

注：1911 年与 1928 年煤炭产量未计入。

资料来源：朱梅隽：《中兴煤矿公司之调查》，《时事月报》第 5 卷第 4 期，1931 年 10 月；胡荣铨：《中国煤矿》，商务印书馆，1935 年，第 256 页；中共枣庄矿务局委员会：《枣庄煤矿史》，山东人民出版社，1959 年，第 19 页，第 44～46 页；张玉法：《民国山东通志》第 2 册，第 13 卷，台湾山东文献杂志社，2002 年，第 1320、1321 页。

由上表可以看出，中兴煤矿在 1908～1937 年的 30 年间，除 1927 年因受战争及水灾等影响导致煤炭产量明显下降外，其余年份产量基本呈不断增长的趋势。1936 年一度达到最高峰，年产量达 173 万余吨，较 1908 年增加了十几倍。

自 1931～1935 年，淮南煤矿煤炭产量亦逐年增加。其中，1931 年产量为 30 994.9 吨，1932 年为 66 973.31 吨，1933 年达 164 812.42 吨，1934 年增至 217 700.54 吨，1935 年升至 290 480.58 吨[①]，五年内，产量增加了近 9 倍。

从销量上来看，中兴煤矿亦呈逐年递增的良好势头。兹将 1908～1914 年的煤炭销量情况，列表如下（表 3-45）：

表 3-45　1908～1914 年中兴煤矿煤炭销量统计表　　　　（单位：吨）

年份	销量	年份	销量	年份	销量
1908	101 479	1910	113 874	1913	278 646
1909	109 339	1912	120 757	1914	325 963

注：1911 年煤炭销量未列入。

资料来源：中共枣庄矿务局委员会：《枣庄煤矿史》，山东人民出版社，1959 年，第 19、22 页。

由表 3-45 可见，1908 年煤炭销量为 10 万余吨，到 1914 年，煤炭销量达 32 万余吨，比 1908 年高出 3 倍多。

淮南煤矿建成运营后，洛河、蚌埠、浦口、无锡等分厂相继成立。1933 年 6 月，

---

① 淮南煤矿局：《淮南煤矿六周年纪念特刊》，1936 年 6 月，第 68～69 页。

又与大通煤矿公司合组成立联合营业处，之后，合肥、水家湖、巢县售煤处相继营业。现将各厂历年煤炭销售状况，列表如下（表3-46）：

表3-46　淮南煤矿销售处历年销售煤炭统计表　　　　　（单位：吨）

厂名	1931 年	1932 年	1933 年	1934 年	1935 年
矿山[(1)]	2107. 36	4279. 80	2136. 30	2364. 30	8024. 91
洛河厂[(2)]	2199. 10	12 280. 63	19 640. 02	33 116. 48	37 461. 46
蚌埠厂[(3)]	185. 75	7349. 08	8230. 31	4658. 89	9221. 81
浦口厂[(4)]	—	35 085. 63	101 231. 955	133 662. 725	112 754. 55
蚌埠联合营业处	—	—	46 645. 32	79 035. 80	78 001. 30

注：（1）根据各月销量计算，原统计表有误，其中1931 年应为2007.36 吨；1933 年应为2036.3 吨；1934 年应为2172.63 吨；1935 年应为7924.91 吨。（2）根据各月销量计算，原统计表有误，其中1932 年应为12 279.23 吨；1933 年应为18 440.02 吨；1934 年应为35 599.4 吨；1935 年应为37 461.56 吨。（3）根据各月销量计算，原统计表有误，其中1933 年应为8225.4 吨。共计销煤29 640.93 吨。（4）根据各月销量计算，原统计表有误，其中1932 年应为35 085.64 吨；1934 年应为133 662.71 吨。

资料来源：淮南煤矿局：《淮南煤矿六周年纪念特刊》，1936 年6 月，第79～86 页。

从表3-46 可以看出，矿山、洛河厂、蚌埠厂等煤炭销量呈上升趋势，其中洛河厂1931 年销量为2199 吨，至1935 年达37 461 吨，增长17 倍以上。此外，无锡分厂在无锡本地、戚墅堰、上海等地的煤炭销量合计达141 577.08 吨；合肥、水家湖、巢县销售处的销量合计为2900.5 吨[①]。

2. 成本与收益

成本是反映煤矿生产发展的一项重要指标，成本的高低事关绩效的大小。影响生产成本的因素较多，效率无疑是其中一个重要的因素。

中兴煤矿，采煤成本包括工资、奖金、材料费、杂料费、提煤费、通风费、电灯费、抚恤费及其他各项费用等。1918 年，每吨煤炭成本需2.3 元，1922 年降为2.25元。后受战争等因素的影响，成本略有上升，1924 年为2.603 元，1925 年为2.575 元，1926 年为2.863 元，1927 年为2.706 元[②]。

20 世纪30 年代，由于机器设备更新，劳动强度加大，生产效率大大提高，采煤成本因之降低。兹将1931～1936 年中兴公司生产效率和采煤成本情况，列表如下（表3-47）：

---

① 淮南煤矿局：《淮南煤矿六周年纪念特刊》，1936 年6 月，第86～88 页。
② 胡荣铨：《中国煤矿》，商务印书馆，1935 年，第259～260 页。

表 3-47　1931～1936 年中兴公司生产效率和采煤成本统计表

年份	每工每班采煤量（公斤）	每吨煤的采掘成本（元）	年份	每工每班采煤量（公斤）	每吨煤的采掘成本（元）
1931	618	2.46	1934	788	2.08
1932	668	2.25	1935	926	1.95
1933	705	2.30	1936 上半年	1030	1.63

资料来源：山东省建设厅：《山东矿业报告》第 5 次，1936 年，第 240 页。

由表 3-47 可知，1931 年，每工每班采煤量为 618 公斤，以后年年增加，到 1936 年上半年，达到 1030 公斤。每吨煤的采掘成本也相应由 2.46 元降至 1.63 元。

淮南煤矿，因改进了生产设备，效率大大提高。1934 年，下井工数为 509 724 天，产煤 217 700.54 吨，平均每天产煤 0.427 吨；1935 年，下井工数为 525 885 天，产煤为 290 480.58 吨，平均每天产煤 0.552 吨，明显高于 1934 年[①]。随着效率的提高，管理费用的降低，生产成本也有所下降。1935 年的采煤成本比 1934 年下降 0.826 元。具体如下表所示（表 3-48）：

表 3-48　1934～1935 年淮南煤矿平均每吨煤成本统计表　　　（单位：元）

时间	采煤费	管理费	其他费用	合计
1934 年上半年	2.499	1.141	0.493	4.133
1934 年下半年	2.276	1.078	0.484	3.838
1935 年上半年	1.996	0.943	0.477	3.416
1935 年下半年	2.066	0.732	0.509	3.307

资料来源：淮南煤矿局：《淮南煤矿六周年纪念特刊》，1936 年 6 月，第 94 页。

运费也是影响成本的重要因素。不同的运输方式，运费大不一样，如人工运输运费较铁路运输高 3 倍多[②]。即便同是铁路运输，不同的路段运费也有很大差别。兹将 1934～1935 年淮南煤矿各段运费情况，列表如下（表 3-49）：

表 3-49　1934～1935 年淮南铁路各段平均每吨运费比较表　　　（单位：元）

路段名	1934 年上半年	1934 年下半年	1935 年上半年	1935 年下半年
矿洛	0.187	0.152	0.145	0.155
洛蚌	0.944	0.988	0.928	0.917
蚌浦	2.672	2.581	2.531	2.429
蚌锡	—	4.076	4.162	4.162

---

① 淮南煤矿局：《淮南煤矿六周年纪念特刊》，1936 年 6 月，第 70 页。

② 淮南煤矿局：《淮南煤矿六周年纪念特刊》，第 72 页。

路段名	1934 年上半年	1934 年下半年	1935 年上半年	1935 年下半年
浦戚	—	2.311	2.319	2.222
浦锡	—	2.257	2.439	2.241
浦沪	—	2.162	2.059	1.753
蚌戚	—	—	3.920	4.027
矿合	—	—	0.620	0.610
矿水	—	—	—	0.230
矿巢	—	—	—	1.035

资料来源：淮南煤矿局：《淮南煤矿六周年纪念特刊》，1936 年 6 月，第 94、95 页。

如表 3-49 所示，自 1934 年上半年至 1935 年下半年，运费价格时有起伏，但总体上，除蚌锡、蚌戚段外，矿洛、洛蚌、蚌浦、浦戚、浦沪、矿合等路段运费都是不断下降的。

此外，根据煤炭的成本与售价计算出的收入与支出，也可看出煤矿公司的绩效。如中兴煤矿公司，由于机器设备先进，交通便利，营业状况良好，从 1922～1926 年，基本上年年都有盈余。兹列表如下（表 3-50）：

表 3-50　1922～1926 年中兴煤矿收支状况统计表　　　（单位：元）

年份	收入	支出	盈余
1922	9 439 523.72	6 654 755.25	2 784 768.47
1923	10 392 385.24	6 759 101.60	3 633 284.64
1924	8 745 092.20	6 617 323.91	2 127 758.29
1925	7 438 174.96	6 694 936.90	744 238.06
1926	8 662 980.94	8 657 800.13	5180.81

资料来源：胡荣铨：《中国煤矿》，商务印书馆，1935 年，第 263、264 页。

由表 3-50 可见，1922～1926 年间，中兴煤矿每年收入都大于支出，基本以盈利为主。其中 1923 年盈余最多，达 360 余万元。

再以淮南煤矿为例，兹将 1934～1935 年各厂各处每吨煤的盈利状况作一比较，分别胪列于下（表 3-51）：

表 3-51　1934～1935 年淮南煤矿各厂处平均每吨煤盈利比较表　　（单位：元）

厂名、处名	1934 年上半年	1934 年下半年	1935 年上半年	1935 年下半年
矿山	1.802	2.119	1.520	1.474
洛厂	3.518	3.007	3.237	3.063
蚌厂	2.953	3.513	2.543	2.672

厂名、处名	1934 年上半年	1934 年下半年	1935 年上半年	1935 年下半年
浦厂	0.351	0.418	0.515	0.517
锡厂	—	0.261	0.621	0.873
戚栈	—	0.098	1.326	1.071
合站	—	—	4.991	5.094
水站	—	—	—	3.426
巢站	—	—	—	3.866

资料来源：淮南煤矿局：《淮南煤矿六周年纪念特刊》，1936 年 6 月，第 91～93 页。

从表 3-51 可以看出，1934～1935 年，矿山、洛厂、蚌厂等厂处每吨煤的盈利虽有起伏，但总体上以盈利为主，最高者每吨煤盈利 5 元以上。

在淮南煤矿的各厂各处中，虽有个别厂处偶有亏本外，绝大多数厂处都有盈利，只是盈利数额有所不同。相对来说，距离矿厂较近者，因运费较低，盈利较高，反之，距离矿厂较远者，获利甚微。例如：1928 年，每吨煤自矿山至田家庵，共计成本 6.07 元，售价 9.2 元，每吨盈利 3.13 元；每吨煤自矿厂至蚌埠，共计成本 8.12 元，售价 10.5 元，每吨盈利 2.38 元[1]。其中洛河矿厂盈利较大，1932 年，盈利为 20 251.46 元，1933 年升至 126 483.8 元，1934 年高达 241 855.46 元[2]。

总之，煤炭工业作为近代淮河流域的支柱产业。由于受外部的制度环境、交通环境的影响，以及企业自身经营管理制度、生产规模及机器设备等因素的推动，在生产经营过程中，取得了一定的绩效，当然，水灾、战乱等因素的制约，使煤炭工业的发展绩效大打折扣。

近代淮河流域是经济较为落后的区域，淮域工业在中国工业发展的宏观背景下，呈现出发展与迟滞双重面相。尽管推动因素与阻碍因素在相互牵制、相互抵消，但还是缓慢向前发展着。近代淮域工业的发展，主要表现为：其一，从原材料上看，淮域工业以资源开发型为主，如淮域是中国重要的农产品生产基地，农产品资源十分丰富，为食品加工业提供了充足的原料。同样，淮域丰富的煤炭储量，为煤炭工业的发展创造了条件。其二，从交通条件上看，随着京汉、津浦、陇海等铁路的通车，以及省道、县道等主干公路的修建，淮域交通环境得到明显改善，淮域工业布局基本以便利的交通线为主要依据，一批工业企业纷纷向铁路沿线转移。其三，从产品销售看，淮域工业产品绝大多数是为了满足当地人民的生产及生活需要，也有部分产品销往周边地区及通商口岸，还有少部分产品出口至海外。

---

① 胡荣铨：《中国煤矿》，商务印书馆，1935 年，第 298～299 页。

② 实业部地质调查所等：《中国矿业纪要》第 5 次，1935 年，第 450 页。

第四节　根据地的工业

中国共产党在新民主主义革命时期，先后在淮河流域创建多个革命根据地。根据地工业的发展也历经三个阶段，即土地革命时期、抗日战争时期、解放战争时期。与国统区相比，根据地作为中共领导的独立区域，由于所处的环境不同、工业基础不同，在发展工业的政策和措施上，以及工业发展路径上呈现出很大的差异性。

一、工业发展的政策与措施

土地革命时期，位于淮河流域的鄂豫皖根据地地处贫瘠的山区，交通闭塞，经济基础薄弱，以农业经济为主，工业生产十分落后。为了调动广大职工的生产积极性，提高生产效率，在严密封锁的战争环境下发展工业，保证战争供应与人民生活所需问题，苏区政府采取了一系列的政策和措施。

（1）颁布劳工保护办法与条例

为了改善工人待遇，提高其经济地位，1930 年 4 月，六安县第六区苏维埃大会制定并颁布《手工业工人办法》，其主要内容：废除工头剥削；将学徒工资提高一倍；手工业工资以日计算者，由工会酌量增加①。同年 12 月，六安苏区政府公布劳工条例，规定：实行八小时工作制，工人每月休息 3 天，若有疾病，工资照发，并由雇主支付医药费②。诸如此类改善工人待遇的规定，调动了广大工人的积极性，推动了苏区工业的进一步发展。

（2）完善工厂管理制度

各工厂普遍建立党的领导组织，工厂负责人一般由上级政府委派或任命。工厂管理层，一般由党委书记、厂长、副厂长组成，分管厂务、生产、党务及思想政治工作。1931 年 11 月通过的《中华苏维埃劳动法》规定，在公营工厂内部实行政治民主、经济民主和生产技术民主，后称三大民主。为贯彻在工厂内部实行民主管理的基本原则，各公营工厂建立了职工工厂管理委员会。1934 年 4 月临时中央政府颁布了《苏维埃国家工厂管理条例》与《苏维埃国家工厂支部工作条例》，确定公营工厂实行厂长负责制，并对管理、党务、财务、奖励等作了具体规定，改善了公营工厂的经营和管理状况，有利于增强职工的主人翁责任感。

---

① 安徽省档案馆等：《安徽革命根据地财经史料选》（一），第 15 页。
② 中央档案馆等：《鄂豫皖苏区革命历史文件汇集》第 4 册，1985 年，第 227 页。

（3）改革分配制度

苏区公营工厂在早期一律实行军事供给制，工人的吃穿由苏区政府统一提供。1932 年初，改供给制为工资制。工人工资的多少，主要依据其劳动量的大小、产品的数量和质量而定。分配制度的改革调动了广大职工的积极性，提高了生产效率。

（4）加强思想教育工作

各工厂十分重视对工人的思想教育工作。在工厂的招工条件中，特别要求职工有较高的政治素质。如规定，凡到工厂做工的工人，除负伤致残不能继续留在部队中的红军战士外，其余的都要经过苏维埃政府和工会组织的介绍，才能进入各军需工厂[①]。在工厂中，党员和团员要定期过组织生活，工会要开展民主生活会，以解决职工存在的思想问题。

抗日战争爆发后，从工业发展环境来看，抗日根据地通常位于分散的农村，且处在日伪包围之中，斗争激烈，发展大工业十分困难，主要表现为：敌人经常扫荡，流动性大，不易找到安全地带；技术人员缺乏；原材料缺乏，生产工具不足。但是，也存在一些发展工业的有利条件，如根据地内的岗地、湖地较多，敌人不易察觉；广大人民群众的大力支持。各边区政府从实际出发，结合各地特点，发展小型公营工业和合作工业，鼓励建立一些私营企业。

如何发展边区工业，解决工业发展中存在的问题，一直为中共中央所关注和重视。1942 年 12 月，毛泽东在延安高级干部会议上作《经济问题与财政问题》报告时强调指出：首先，"应该改革的是工厂机关化的不合理现象。目前我们有许多工厂在组织上非常不合理，人员众多，组织庞大，管理人员和直接生产人员的分配不适当，以及将管理大工厂的制度应用到我们的小工厂上面，这些现象必须迅速改变，使一切工厂实行企业化"；其次，"实行十小时工作制及计件累进工资制，借以提高劳动热忱，增加生产。八小时工作制，是将来大工业发展时应该实行的，目前则应一律实行十小时制，应使职工们了解这是抗战的需要。平均主义的薪给制抹杀熟练劳动与非熟练劳动之间的差别，也抹杀了勤惰之间的差别，因而降低劳动积极性，必须代以计件累进工资制，方能鼓励劳动积极性，增加生产的数量与质量。军工生产暂时不能实行计件工资制，亦应有计件奖励制度"；再次，"工厂应奖励最有成绩的工人与职员，批评或处罚犯错误的工人与职员。没有适当的奖惩制度，是不能保证劳动纪律与劳动积极性的提高的"[②]。

中共中央提出新民主主义国民经济的指导方针，必须紧紧地围绕发展生产、繁荣经济、公私兼顾、劳资两利这个总目标。淮域各边区政府按照中央的指示精神，制定和颁布了一系列发展工业的政策，如保护和奖励私营企业，实行合理的分配制度，重

---

① 谭克绳等：《鄂豫皖革命根据地财政经济史》，华中师范大学出版社，1989 年，第 97 页。

② 《毛泽东文集》第 2 卷，人民出版社，2001 年，第 463～464 页。

视工厂的企业化管理，鼓励技术革新，对工业企业给予必要的扶持等，藉以调动工商业者和人民群众开办工厂的积极性，推动边区工业健康稳定的发展。

（1）保护和奖励工业企业

为促进工业的发展，1941年1月，淮南路东施政报告指出：奖励和扶植兴办工业。如办织布厂、纸烟厂、造纸厂、油坊磨坊等，政府一律妥为保护，并加以奖励，尽可能帮助其解决资本不足问题。欢迎本地大户及外地资本家来此投资①。

1941年11月，淮北苏皖边区政府提出促进工业发展的办法，具体包括：奖励私人经营，公家帮助其解决困难，如代购代销、低息借贷；公商合办，商人不能独立自办者，政府协助；政府专办商人不能办的特种工业②。12月，又制订了保护工商业条例，规定：其一，私人经营工商业，无论独资或合股，一律准其营业贸易自由，并保障其合法利益。其二，工厂、商店、小作坊可雇用店员、学徒从事生产与经营。其三，为鼓励民生工商业的发展，对纺织、制纸、卷烟、制鞋、制革、油坊、钢铁、印刷等行业给予保护和优待。具体办法有：武装保护；给予运输上的便利；低利或无利贷款；给予技术上的协助；减收或免收税捐；给予奖励；给予购买原料及推销产品之便利。其四，欢迎外来资本家投资开发并给予必要与可能的协助。其五，对于合法经营的工商业者，不得干涉。违者一经查明属实，即依法予以严惩③。

1943年，苏北盐阜区制订了生产奖励办法，规定：凡从事工业、手工业生产，因改善生产方法而达到最高生产纪录者，经政府评定后，分别授予乡工业劳动英雄、区工业劳动英雄、县工业劳动英雄等荣誉称号，并分别予以300元、500元、800元以上的奖励④。

（2）实行合理的分配制度

为调动广大劳动者的生产积极性，边区政府实行合理的分配制度，具体包括：第一，实行公私兼顾的分红制。1944年4月，华中局规定，其超过生产计划部分，不论多少，70%归劳动者个人自己支配和使用，30%归该伙食单位（不再交给公家），除8个月伙食费外，其余经费如办公费、杂支费、特别费等，仍由公家照常发给，不予扣除⑤。第二，实行等级工资制。在新四军第二师，按照军队中的新供给制度规定，工人的待遇与其等级挂钩，按技术水平一般分为学员、普通工人、熟练工人、技师四个等级，待遇分别为：学员，日用品待遇同战士，津贴每月法币50～55元，一般学员为50元；普通工人，日用品待遇同战士，津贴每月法币60～70元；熟练工人，日用品待遇同部队排级干部，津贴每月法币70～80元；技师，日用品待遇同部队连级干部，津贴

---

① 安徽省档案馆等：《安徽革命根据地财经史料选》（一），安徽人民出版社，1983年，第186～187页。
② 安徽省档案馆等：《安徽革命根据地财经史料选》（二），第67页。
③ 安徽省档案馆等：《安徽革命根据地财经史料选》（二），第71页。
④ 江苏省档案馆等：《华中抗日根据地财政经济史料选编》（江苏部分），档案出版社，1985年，第360页。
⑤ 安徽省档案馆等：《安徽革命根据地财经史料选》（一），第358页。

每月法币 80~90 元①。

(3) 重视工厂的企业化管理

为了使工厂走向企业化，增加产值，提高效率，1945 年 6 月初，淮南津浦路东召开职工代表大会，向厂方提出建议：第一，明确规定厂方与工方之间关系及各自职责，消除过去行政与工会之间存在的一些矛盾与冲突。第二，克服部队化、行政化的管理作风，使工厂管理更加合理规范。一方面要使不懂技术的工厂干部学习业务，同时又要培养技术工人。第三，实行按劳取酬的薪工制。工作时间一般为 10 小时，并规定相应的生产任务及标准。第四，实行公私兼顾的分红制。除照顾厂方的扩大再生产外，还要考虑职工改善生活的需求，并将其中一部分作为公益金②。

抗战胜利后，中共中央十分重视保护和发展民族工业。在解放区，政府除专营特殊事业外，在优先发展国营经济的前提下，积极鼓励私人经营，并在价格、税收等方面予以照顾和倾斜。从工资政策上看，继续贯彻"劳资两利"的原则。由于军事斗争日趋激烈，经济危机不断加重，以及土地改革中的错误政策，解放区的工业一度十分萧条。1948 年 1 月，中共中央在《关于目前党的政策中的几个重要问题》指示中强调："必须避免对中小工商业者采取任何冒险政策，各解放区过去保护并奖励一切于国民经济有益的私人工商业发展的政策是正确的，今后仍应继续。"2 月，中共中央又发出《关于工商业政策》，指出："某些地方的党组织违反党中央的工商业政策，造成严重破坏工商业的现象。对于这种错误，必须迅速加以纠正。"③ 淮域各边区政府按照中央的指示精神，制定并采取了一系列的政策和举措。

1. 恢复工业的政策与措施

随着解放区的扩大，原有的工业政策显然已不能适应新的形势需要，各边区政府为此出台了相关保护工业的政策，通过各种办法恢复在运动中遭到错误打击的工业。

(1) 制定保护工业的政策

1948 年 3 月，皖西区行署公布了关于保护工商业政策，具体有：一、解放区内个人经营或集体合作的工厂、作坊、商店，均可自由经营。二、废除一切苛捐杂税，扶助小商小贩，豁免其营业税。三、凡被破坏的工商业，应予以恢复，如有困难，在开始恢复的 3 个月内，免交营业税。四、对于地主、富农经营的工商业，概不没收，而加以保护，允许其自由发展。五、欢迎外地工商业者到解放区投资生产，进行贸易，政府给予便利。六、凡爱国工商业者，对发展和建设工商业有积极建议者，政府一律

---

① 安徽省档案馆等：《安徽革命根据地财经史料选》（一），第 395 页。

② 《解放日报》1945 年 7 月 15 日。

③ 《毛泽东选集》第 4 卷，人民出版社，1991 年，第 1269 页；第 1285 页。

欢迎①。

1948 年 4 月，桐柏行政公署公布了保护工商业的政策，主要内容：一、坚决保护商人、资本家的合法财产及其经营不受侵犯。二、对于解放区建设的工商业，通过贷款、低税、免税等办法扶持其发展。三、对于地主、富农经营的工厂一律加以保护。四、彻底废除苛捐杂税②。5 月，华中行政办事处颁布"保护工商业办法"，规定："一切工商业，包括大小商店、工厂、作坊、行商、坐商，不论在城市或乡村，一律根据本办法加以保护。严格禁止清算没收工商业。""一切工商业者只要不违背政府法令，有自由经营及自由迁徙的权利，不得加以限制。过去如有在行动上予以限制的，一律取消。"③ 同年 10 月，豫皖苏政府制定相关政策，旨在防止非法侵害工业的行为发生，规定：凡已能够控制的市场，要加强工商联合会的组织和改造；建立工商业登记制度，不经许可，不能任意开闭④。

从各地制定的保护工业政策来看，内容大体一致，涉及合法经营的保护、税收和贸易的优惠等方面，显示了新政府保护工业的决心和能力，有利于解放区工业的恢复。

（2）恢复在农村运动中遭错误打击的工业

在解放区开展的各种运动，尤其是规模宏大的土改运动，是对解放区阶级关系、地权关系的一次大的调整，但在实际执行过程中也出现了一些侵犯工业的错误倾向。当时，认为地主的工业资本源自于封建土地剥削，主张对其进行斗争和没收的意见一度占据上风。因此，在土改中，不仅没收了地主、富农的企业，甚至对中农、贫农兼营的企业亦予以罚款或没收。类似政策的推行，严重阻碍了工业的恢复与发展。

为了恢复被破坏的工商业，各边区政府本着有错必纠、有错必改的精神，予以纠正。1948 年 9 月中原局发布《关于进一步恢复工商业的指示》，指出，在今后农民运动中，不应没收地主的工商业财产，而应留给其家属经营。对于已经破坏或错行没收、错行分配的工商业，必须给予适当补偿⑤。10 月，豫皖苏政府颁布相关规定，强调：凡过去被破坏的工厂、作坊、商店，除严重破坏者外，到年底要恢复到土改前或战前水平。造纸、制革、制烟等行业应尽力加以恢复和发展⑥。

与此同时，冀鲁豫边区政府制定了恢复工业的具体办法，主要有：一、对于被清算的工业企业，尚未分配给群众经营的，一律说服群众无条件全部退还原主；已分配给群众经营的，应当说服群众退还。政府通过贷款、订货等形式帮助其恢复生产。

---

① 安徽省档案馆等：《安徽革命根据地工商税收史料选》上册，第 242 ~ 243 页。

② 华中抗日根据地和解放区工商税收史料编写组：《华中抗日根据地和解放区工商税收史料选编》（中），第 125 页。

③ 《新华日报》1948 年 6 月 27 日。

④ 安徽省档案馆等：《安徽革命根据地工商税收史料选》上册，第 325 页。

⑤ 中共河南省委党史工作委员会：《中原解放区》（一），河南人民出版社，1987 年，第 172 页。

⑥ 安徽省档案馆等：《安徽革命根据地工商税收史料选》上册，第 325 页。

二、对于逃亡的资本家，要尽一切办法争取其回来，财产未分配的一律不准分配或破坏。如原业主回来，原数发还；如原业主未回来，暂由其家人代为接收和经营，等原业主回来时，原数退还。三、在清算中，群众多占部分应退还原业主，机关或公营工厂应将所占的资产退还原业主继续经营。四、被清算一部分或被罚款后仍继续经营的，根据情况退还一部或全部①。

2. 发展工业的政策与举措

为发展本地工业，各边区政府还采取了一系列的具体措施，从资金、技术、人才等方面予以支持。1948 年 9 月，豫皖苏三分区向 1927 户发放了工商业贷款，共计17 548 100 元。其中，手工业作坊 489 户，贷款 4 313 000 元②。1948 年 10 ~ 11 月，桐柏解放区二专署发放工商贷款 142.3 万元③。11 月，开封市政府 16 天共发放生产贷款773 万余元，其中手工业贷款 237 万余元，面粉、电力等工业贷款 416 万余元④。这些贷款的发放，不仅调动了广大人民群众的生产积极性，同时也扩大了企业的生产经营规模。

（1）扶持私营企业

在边区政府的土地改革中，一度存在着错误的思想，就是以斗争方式对待资本家，怕资本家赚钱，怕发展资本主义，不愿补偿工商业，否认工资有差别，不重视技术，不切实际地增加工资等。许多地区的私营企业都受到严重侵犯，甚至被当作官僚资本加以没收。正如 1948 年 11 月豫皖苏分局召开城市工作会议所总结：地方和军队错误地当作官僚资本没收了；军队作战时临时借用商号或粮行的粮食作了给养用；群众分了；并行并集影响了货物交易；为了防范漏税实行重罚⑤。

私营企业遭到破坏，引起边区政府的重视。处理好与私营经济的关系，事关边区的经济发展和政权稳定。边区政府及时纠正了过去的错误做法，指出，在解放区不怕发展资本主义，只要私营业主守法生产经营，一律加以保护。

1948 年 7 月，为了恢复与发展私营工商业，豫皖苏边区政府规定：对于私人企业被侵犯的房屋、机器及原材料，尚未分配或破坏的，或已分配还未损害消耗的，退还原主；资本不够，无力恢复的，予以适当帮助；不明政策逃亡的，争取回来，恢复营业；一切公营企业或合作社，不能垄断经营，也不享有任何特权。11 月，豫皖苏中央分局对被侵犯的工商企业予以补偿，具体办法包括：一、原资本较少者，如不补偿就

---

① 中共冀鲁豫边区党史工作组财经组：《冀鲁豫边区财经工作资料选编》，山东大学出版社，1989 年，第413 ~ 414 页。

② 安徽省档案馆等：《安徽革命根据地财经史料选》（三），安徽人民出版社，1983 年，第 347 页。

③ 本书编写组：《桐柏解放区革命史》，河南人民出版社，1990 年，第 161 页。

④ 申志诚：《中原解放区史》，河南人民出版社，1996 年，第 232 页。

⑤ 申志诚：《中原解放区史》，第 230 页。

不能恢复营业者，即全部补偿；二、原资本较大者，部分补偿后即可恢复营业者，即补偿其一部分，并给予无息贷款或免税的优惠；三、原资本较大者，且属机器工业，即可退还尚存的机器工具，并在贷款、免税及贸易等方面予以照顾①。12 月，鲁山县也制定了工商企业的赔偿原则，主要有：按没收时之市价赔偿；按赔偿时市价 6 折；没收后归农会经营的工商企业，动员其原物归还原主，在归还前所得之利润，分给群众。据统计，该县共赔偿损失达122 766 元，说服群众退还不应分配的工商企业，有 20万元以上，给予工商业贷款为 36 000 元②。

为解决私营企业资金短缺的难题，边区政府不仅从税收政策方面予以支持，还有重点地发放一些工业贷款。贷款期限一般为半年以上，主要采取无息方式。

（2）保护本地企业

外来商品的输入，严重冲击了本地产品的销售，阻碍本地经济的发展。为此，各边区政府制定了一系列政策，旨在保护本地工业，使工业生产走向自给之路。1946 年4 月，苏皖边区政府规定：一、凡本区不出产而日常必需的产品，奖励其输入；本区不能全部自给的产品，准其输入；本区能够自给的产品，禁止其输入。二、凡本区已能自给的产品，其同类产品应禁止输入；凡为生产所需的机器及其零部件等，奖励其输入；凡自给有余的产品，准其输出；凡自给不足的产品，禁止其输出③。此类政策的出台，保证了边区工业生产所需的产品及原材料，照顾了生产者的利益。

卷烟业作为根据地的重要产业，边区政府十分重视保护本地卷烟业。从税收来看，对外来香烟与本地纸烟采取不同的征税办法。1948 年 8 月，皖苏边区工商管理第三分局规定，对国统区的纸烟一律没收；友邻区烟基本按 20% 征税；对本地卷烟业予以贷款支持④。1948 年 10～11 月，江淮第一行政区专员公署先后颁布"暂时停征油坊及土制纸烟产销税"和"对外来土造香烟征税"的训令，规定，暂停征收土制纸烟产销税，外来香烟一律征税 15%⑤。1949 年 3 月，蚌埠市军事管制委员会规定：凡外来卷烟一律禁止进入，如经友邻纳税转销本市的外来卷烟，暂准补征税率 100%；本市出产的卷烟产销税率，自 4 月 1 日起改订为 40%⑥。从贸易来看，限制了外来香烟的进入，保护了本地产品。1948 年 10 月，江淮第二行政区专员公署规定，外来香烟一律禁止进口。市场上已有的外来香烟，进行登记，限期出售，违者予以没收⑦。

①　安徽省档案馆等：《安徽革命根据地工商税收史料选》上册，第 290～291 页；第 344 页。
②　王礼琦：《中原解放区财政经济史资料选编》，中国财政经济出版社，1995 年，第 388～389 页。
③　安徽省档案馆等：《安徽革命根据地工商税收史料选》上册，第 212～214 页。
④　华中抗日根据地和解放区工商税收史料编写组：《华中抗日根据地和解放区工商税收史料选编》（中），安徽人民出版社，1986 年，第 236 页。
⑤　安徽省档案馆等：《安徽革命根据地工商税收史料选》上册，第 337、345 页。
⑥　安徽省档案馆等：《安徽革命根据地工商税收史料选》下册，第 51 页。
⑦　安徽省档案馆等：《安徽革命根据地工商税收史料选》上册，第 324 页。

为解决销售问题，边区政府鼓励使用本地工业产品。1949 年 1 月，中原局通过关于提倡使用土货的决定，指出，凡各级机关部队，应一律提倡使用土货，各种非必需品应限制输入，必需品尽量利用土产品替代[①]。总之，诸如此类的规定，减少了外货的输入，同时，也有助于营造使用土货的社会氛围。

二、纺织业的发展

纺织业作为根据地的支柱产业，密切关联着根据地的政权巩固、经济发展以及民生所需。抗战时期，在中央"发展经济，保障供给"总方针的指引下，淮域各边区政府对纺织业尤为重视。从决策与组织两个层面积极应对。第一，做出开展纺织运动的决策。如淮北根据地确定的发展纺织业的基本思路："发展根据地内广大群众的纺织运动，使根据地内广大家庭妇女学会纺纱织布，发展家庭纺织工业，使能自力更生，逐渐走上自给自足之途。"[②] 第二，建立指导、督查纺织运动的管理机构——纺织推广委员会，由建设、文教、农救、妇救、银号、参议会等部门参加。下面以抗战时期的纺织业为个案，系统考察制度变革与根据地纺织业的发展。

淮域抗日根据地大多是产棉区，地理位置十分重要。由于长期笼罩在战争的阴霾之下，根据地的生产条件极为恶劣，经济发展十分缓慢。特别是 1943 年后，日伪一方面垄断棉花市场，掠夺棉花资源，破坏根据地的纺织业生产；另一方面加紧经济封锁，严禁纺织品进入根据地，企图使根据地军民缺衣少被。日伪对纱布实行统制政策，导致根据地布料价格飞涨。1943 年 4 月，淮南根据地的洋布价格比上年同期增长 10 倍[③]。淮北根据地 1943 年 8 月洋布每匹价格为 2300 元，11 月涨至 4200 元，至次年同期高达 18 500 元[④]。布价的暴涨，事关根据地的政权巩固和经济发展，也直接冲击着民众的生活，难怪当时群众纷纷抱怨："现在吃是不愁了，就是愁穿。"因此，发展纺织事业，解决军民的穿衣用布问题，成了淮域各边区政府面临的一项重大而紧迫的任务。

1. 广泛动员民众

如何把民众动员起来，使其成为纺织业生产与建设的积极参与者，是事关根据地纺织业发展的重要问题。各边区政府通过多种方式进行宣传动员，鼓励广大群众投身到纺织事业中来，主要方式有：

利用群众喜闻乐见的形式，如玩花灯、旱船、花挑等，唱纺纱小调，以及群众所

---

① 王礼琦：《中原解放区财政经济史资料选编》，中国财政经济出版社，1995 年，第 395 页。
② 安徽省档案馆等：《安徽革命根据地财经史料选》（二），安徽人民出版社，1983 年，第 169 页。
③ 安徽省档案馆等：《安徽革命根据地财经史料选》（一），第 226 页。
④ 安徽省档案馆等：《安徽革命根据地财经史料选》（二），第 254 页。

熟知的语汇，使群众在潜移默化中受到感染。如"要想穿得暖，纺纱织布带种棉"，"一天能纺 4 两线，吃一半来剩一半"，"要想发，学纺纱；要得富，学织布"，这些顺口溜通俗易懂，易被广大群众所接受。还有利用纺织小调，加上形体表演，生动活泼，妙趣横生，寓教于乐，具有很强的感染力，宣传效果很好①。

通过报纸等新闻媒体，刊登宣传纺织的典型事例。如淮北边区的《拂晓报》刊载了泗宿纺织英雄耿道元纺织前后生活的对比情况，在织布前连棉袄都没有，织布后不仅解决了温饱问题，还购置了土地。此外，该报还多次报道开纺织英雄大会、奖励纺织英雄的消息。这些活生生的例子，具有很强的说服力。

政府通过发布告示，进行宣传动员。如泗南等县发布告号召人民纺纱织布，行政公署公布奖励纺织英雄的办法。这种由政府自上而下号召，群众团体自下而上发动，上下有机配合的动员形式，在各边区政府十分普遍，有利于形成良好的纺织舆论环境。

召开各种形式的纺织展览会与纺织劳动英雄大会，奖励纺织英雄，提高纺织英雄的社会地位，在群众中掀起了一股学先进、做英雄的赶超热潮。

利用各种机会进行广泛动员，如会议动员、党内动员、群众系统动员、行政系统动员、大小会上宣传动员，提高了民众对发展纺织业紧迫性与重要性的认识及参与的积极性。

2. 实行互助合作

为支援抗战、保家卫国，大量民众踊跃参军，奔赴沙场。因此，作为战争的一个伴生现象，后方劳动力匮乏成为制约根据地纺织业发展的一大瓶颈。1943 年 1 月，中共中央机关报《解放日报》发表社论指出："经验证明，互助的集体的生产组织形式，可以节省劳动力，集体劳动强过单独劳动"②。在中央政府的大力倡导下，各边区政府做出了开展互助合作的制度安排。在开展互助合作过程中，边区政府不断摸索总结。由最初的运用行政手段，实施强制性的制度变革及安排，逐步转移到按照民主、互惠的原则，引导群众自愿组织互助合作的轨道上来。为使互助合作持久贯彻，根据地内采取了灵活多样的互助合作形式，既有纺织互助组、合作社，又有纺织厂。纺织厂中除少数为政府自办或与商人合办外，更多的是以集股方式组织群众兴办的。集股的方式也十分灵活，不论何人，只要服从决议，即有入股资格；股额不限；货币、实物、劳力均可入股；可自由入股，自由退股。

自愿是建立在互惠的基础上的，没有互惠就不会有自愿。为最大限度地让利给群众，提高他们参加互助合作的积极性，合作组织主动为其换纱换布、提供纺织工具。群众可以向合作社租贷纺织工具，也可以将自己的产品出售给合作社或与合作社进行

---

① 豫皖苏鲁边区党史办公室等：《淮北抗日根据地史料选辑》第 5 辑，1985 年，第 191~192 页。
② 《解放日报》1943 年 1 月 25 日。

交换。在山东根据地，纺织工人利用合作社的棉或线进行纺线织布，然后将产品交给合作社而领取一定数额的工资。"合作社将线和布出售后所得盈利，大致是 40% 按资金分红，40% 按劳力即纺线织布数量分红，10% 留作公积金或公益金，10% 用来奖励社员"[①]。可以说，参加互助合作组织，不仅风险小，成本低，而且比单独生产获利更多，群众入社自然十分踊跃。在淮南根据地的盱（眙）嘉（山）地区，至 1944 年 4 月，有互助小组 267 个，参加纺织合作社的社员有 5880 名，民众纺织厂所集民间股金达 501 278 元[②]。到 1945 年春，山东共有合作社 3000 多个，社员 70 万人，资金达 3800 万元[③]。群众不仅积极参与互助合作，纺织热情也日渐高涨。在淮南根据地，类似的事例俯拾皆是。如在古城区并山乡周冈村，"全村有纺车 84 辆，晚上有人纺到半夜，该区去年（注：1943 年）9 月间有纺车 655 辆，今年已增至 1000 多辆，还有织布机 50 辆"；在半塔合作社纺纱部，"每日平均收纱三四十斤以上。领花代纺及以纱换布者，每日络绎不绝"；在自来桥纺织合作社，"新制的 100 辆纺车，三日内全被领完"[④]。在群众的广泛参与下，互助合作运动成效日益凸显。淮北根据地的新行纺织合作社即是一个著例。从收纱换布方面来看，1944 年 4 月至 1944 年 12 月底，合作社共贷给织布户 4265 余斤纱，收回土布 1526 匹，盈利达 756 413 元。按照规定二八分红，合作社获利 150 862 元，织布户获利 605 551 元。从收棉换纱方面来看，1944 年 4 月至 1945 年 3 月，共卖出棉花 3688 斤，纺户向合作社以纱换花，获利 848 240 元[⑤]。

互助合作运动的开展，优化了劳动力资源的配置，提高了纺织业的生产效率。通过对淮北根据地孙成钧互助小组织布情况的量化分析，可以得到印证。该小组共有工人 7 名，织布机 7 台。每台机子织一次布要经过浆线子、打芦管子、刷线和上机几个步骤。在未组建互助组前，每台机子织一次布平均需要 7 天。通过合作成立互助组，消除了生产过程中的停工、窝工现象，每台机子织同样数量的布只需 3 天，每上一次机可以节省 4 天时间。平均每家每月上两次机，7 家每月共节省 56 天时间，除去家人的 16 天帮工，7 名织工共节省 40 天时间。按照每台机子每天织 1 匹布计算，则该小组每月就多生产 40 匹布。每匹布市场价为 500 元，每月可多收益 2 万元。合作社与织工实行二八分红制，这样，合作社一个月可以多赚 4000 元，参加劳动互助的每名织工可以多赚 2300 元。可见，有限的劳力通过合理的安排与分工，绩效大大增加。大家一致称赞道："这样互助起来，人工也不闲着了，机子也不闲着了，这个办法真是好"[⑥]！

各边区政府不仅是互助合作运动的倡导者和推动者，而且还从政策、资金等方面

---

① 朱玉湘等：《山东革命根据地财政史稿》，山东人民出版社，1989 年，第 230 页。

② 《解放日报》1944 年 4 月 30 日。

③ 朱玉湘等：《山东革命根据地财政史稿》，第 232 页。

④ 《解放日报》1944 年 2 月 1 日。

⑤ 安徽省档案馆等：《安徽革命根据地财经史料选》（二），安徽人民出版社，1983 年，第 287、288 页。

⑥ 安徽省档案馆等：《安徽革命根据地财经史料选》（二），第 225 页；第 226 页。

予以大力支持。淮北边区政府创办的地方银行就曾多次为合作社提供贷款，至 1944 年 12 月，提供贷款总额共 5000 万元左右。耿道元纺织合作社在 1944 年 5 月至 1945 年 6 月的一年余时间里，共获得包括黄豆、高粱、棉花等实物在内的贷款高达 109 万多元①。此外，对于参加纺织合作社的人员，边区政府还给予适当的优惠。如淮北苏皖边区颁布的《午季救国公粮公草征收办法》中的第 19 条规定："凡系纺纱织布以及经县政府登记许可之合作社，一律免征公粮"②。针对互助合作运动中存在的问题，边区政府及时总结，采取了相应的对策与措施：一、根据具体情况，实行公平合理的政策。如在计算工资时，要综合考虑劳动力的强弱、劳动时间的长短等因素。二、加强群众的思想教育，及时化解合作组织内部的矛盾。三、充分发挥群众的主体作用，注重集体生产的组织性、计划性。四、奖励互助合作，解决生产中遇到的问题。在边区政府的引领与调控下，互助合作制度得以持续的完善与深入，互助合作运动沿着良性的轨道健康发展着。

3. 重视人才与技术

人才与技术是经济发展不可或缺的重要因素。要想提高纺织业的生产效率与经济效益，以较少的投入获得较大的产出，必须倚重于人才与技术。和平环境是人才与技术滋生的土壤，在战火纷飞的动荡背景下，各根据地的人才与技术相对缺乏。为突破这一制约纺织业发展的瓶颈，各边区政府结合实际情况，做出了如下的制度变革与安排：

制定奖励办法。没有良好的激励机制，纺织业生产就会缺乏前进的动力。1942 年，苏北盐阜区制定"纺织奖励办法"，着重对纺织厂予以帮助与支持。其中第 8 条规定：纺织厂办理成绩确实优良者，政府得依下列各项办法予以特别奖励：政府低息贷款帮助其发展；一次给予 100 至 1000 元之奖金；颁发奖状③。为激发民众的劳动潜能与创造性，使有技术、有能力的人才脱颖而出，边区政府制定了一系列的奖励办法。如1943 年 12 月，淮北抗日根据地制定"纺织事业奖励办法"，主要根据纺织人员在生产和传授技术方面的贡献，给予程度不等的奖励：每天平均纺纱 4 两以上者，每月奖励棉花半斤；凡是传授纺纱技术者，每教会 1 人，奖励棉花 4 两；用土纱，用手传梭织布机，每天每机织布 1 个以上者，每月奖励棉花 1 斤；用土纱，用拉梭织布机，每天每机织布 4 丈以上者，每月奖励棉花 1 斤；凡是传授织布技术者，每教会 1 人，奖励棉花 3 斤④。除了物质奖励外，对于成绩特别突出者，授予"纺纱英雄"或"织布英雄"

① 安徽省档案馆等：《安徽革命根据地财经史料选》（二），安徽人民出版社，1983 年，第 280 页；第 289 页。

② 安徽省档案馆等：《安徽革命根据地财经史料选》（二），第 322 页。

③ 江苏省档案馆等：《华中抗日根据地财政经济史料选编》（江苏部分），档案出版社，1985 年，第 445 页。

④ 安徽省档案馆等：《安徽革命根据地财经史料选》（二），第 173～174 页。

的称号，并颁发奖状、登报表扬。对于外来技术人员，边区政府也一视同仁，制定了相应的奖励标准：凡教会1人纺纱者，奖励粮食2斤；凡教会1人织布者，奖励棉花4斤；凡在3星期内，将小组里每家都教会1人纺织者，除登报表扬外，还加倍奖励①。激励机制的贯彻实施，极大地激发了群众的潜在智慧，一些纺织工具的发明不断涌现。如在淮南根据地，来安的赵有刘发明了40根头的纺纱机，盱眙的胡逸民发明了脚踏纺纱机，天长的叶宝璋发明了桌上纺纱机等②。纺织技术的运用与纺织工具的发明，提高了纺织效率，一定程度上缓解了根据地棉织品严重不足的紧张局面。

改革分配制度。"干多干少一个样"，"干好干坏一个样"，原有的分配形式抑制了职工生产积极性与技术水平的提高，造成了人力资源的巨大浪费。改革工资、利润等分配制度，将劳动投入与劳动收益联系起来，是各边区政府推动纺织业发展的一大举措。1944年3月，淮南根据地的半塔合作社制定实施新的分配制度，打破了平均分配，较好地体现了"按劳分配"、"多劳多得"的原则。如规定："抽出4%的净利给职工分红，超过任务的加倍奖励"③。分配制度的改革，使群众的工作热情大大释放出来，产量有了显著增加。其中侯坤伦小组每个月"超过任务18斤（规定每月80斤），得奖360元，同时分红利60元，过去每月只出60斤布，现在织96斤，多得800元工资，胡智宝、唐一纯、王世立三个小组同样得到奖励和分红"④。"技术入股"与"按股分红"，是该分配制度的另一显著特点。如规定："初来的学徒算1股，以后能纺纱头小围子，能完成一定任务，算2股，能织布就算3股，工人能织2个墨子（注：一个墨子相当于一丈多布）的算4股，能织2个半墨子算5股，能织3个墨子算6股，织3个半墨子算7股，织4个墨子算8股"⑤。工人、学徒生产的产品，每日记账，月底结算。这种按照资本有机构成实行的分配制度，将个人的技术与收益直接挂钩，有效化解了"技术高的不肯下劲干，技术低的也不求进步"的现象，既保护了职工的合法利益，也调动了职工的生产积极性。

推广纺织技术。淮域根据地的原有纺织业基础十分薄弱。为适应军民穿衣用布的迫切需求，边区政府采取种种措施，多方动员社会各界力量学习、推广纺织技术。如淮北边区政府要求各级学校将劳动课改为纺织课，女生必须一律参加纺纱织布。通过一段时间的实践，成效较为显著。如在泗南实验学校，"大家不仅学会自打车、自纺、自织，并发明了三头纺纱机"⑥。

开办纺织技术培训班，培养技术骨干，也是普及和推广纺织技术的重要途径。淮

① 豫皖苏鲁边区党史办公室等：《淮北抗日根据地史料选辑》第5辑，1985年，第111页。
② 安徽省档案馆等：《安徽革命根据地工商税收史料选》上册，第126页。
③ 安徽省档案馆等：《安徽革命根据地财经史料选》（一），安徽人民出版社，1983年，第366页。
④ 安徽省档案馆等：《安徽革命根据地财经史料选》（一），第366页。
⑤ 安徽省档案馆等：《安徽革命根据地财经史料选》（一），第367页。
⑥ 安徽省档案馆等：《安徽革命根据地财经史料选》（二），第241页。

北根据地即在各县开办妇女干部培训班，期限为 10～15 天，课程"三分政治，七分技术"。培训结业后，带着棉花、纺车回到本村，再教授本地妇女学习纺织技术①。在淮南根据地的旧铺区，以乡为单位组织培训班。每乡选一个中心村，由技术人员传授纺织技术，然后各村再向这个中心村学习②。据统计，到 1944 年 5 月，淮北根据地的泗南、泗五灵凤、盱凤嘉、洪泽、泗阳、淮宝等六县，共培训干部 1289 人，组织小组 1241 个③。同时，各边区政府还注重利用外来人员的纺织技术。当时，有不少来自产棉区的灾民因不堪苛税重赋而逃到各根据地。这些群众中大多数能纺纱织布，有的技术还十分娴熟。为了发挥他们的技术专长，淮北边区政府不仅请他们向本地群众传授技术，还提供纺车和资金，鼓励他们自纺自织。而在淮南根据地的盱眙、嘉山等地，招请外地技术工人，"一面自己织布，一面教本地工人织布"④。

4. 产、供、销一体化服务

纺织业生产，涉及原料供给、产品生产与产品销售三个环节。在战乱频仍的特定环境下，受种种因素的制约，各根据地的纺织业发展并非一帆风顺。为消除产、供、销各个环节中的发展障碍，全力支持纺织业发展，各边区政府确定了产、供、销一体化服务的发展理念与发展思路。

关于棉花供应问题。纺织业越是发展，对棉花的需求量就越大。随着棉纺业的发展，各根据地的棉花供不应求，以致棉价大幅上扬，涨幅甚至大大超过土纱、土布。淮北根据地的半城和青阳两地较为典型，兹列表如下（表3-52）：

表 3-52　1944 年 1～6 月棉花、纱、布价格变动表　　　　（单位：元）

时间	半城	青阳		时间	半城	青阳	
	土纱价	土布价	棉花价		土纱价	土布价	棉花价
1 月 10 日	200	30	90	2 月 28 日	340	38	200
1 月 20 日	220	28	95	3 月 2 日	360	43	220
1 月 31 日	220	28	100	3 月 4 日	360	38	220
2 月 10 日	250	35	160	3 月 7 日	360	36	210
2 月 20 日	280	48	168	3 月 9 日	400	36	210
2 月 21 日	280	50	180	3 月 12 日	420	34	210
2 月 23 日	280	50	190	3 月 17 日	420	34	210
2 月 26 日	340	43	200	3 月 24 日	360	32	210

---

① 安徽省档案馆等：《安徽革命根据地财经史料选》（二），第 241 页。
② 《解放日报》，1944 年 2 月 1 日；《安徽革命根据地财经史料选》（一），第 280 页。
③ 豫皖苏鲁边区党史办公室：《淮北抗日根据地史料选辑》第 5 辑，1985 年，第 190 页。
④ 《解放日报》1944 年 4 月 30 日。

时间	半城	青阳		时间	半城	青阳	
	土纱价	土布价	棉花价		土纱价	土布价	棉花价
4 月 18 日	—	32	210	6 月 2 日	—	39	180
5 月 22 日	—	36	180				

注：（1）土纱、棉花以斤为单位。（2）土布以尺为单位。

资料来源：安徽省档案馆等：《安徽革命根据地财经史料选》（二），安徽人民出版社，1983 年，第 256 页。

由表 3-52 可见，棉花、土纱及土布的价格时有起伏，但总体趋势是不断上涨的。其中，棉花价格上涨最快，1 月份每斤为 90 元，6 月份升至 180 元，涨幅为 200%，3 月份一度升至最高，达到 220 元。而在同期，土纱价格每斤上涨 70%，土布每尺仅上涨 26%。棉花价格的涨幅远远超过土纱、土布，出现"棉贵布贱"的现象。纺纱织布生产成本的不断增加，使利润率下降，甚至无利或亏本，民众纺纱织布的积极性受到极大挫伤。

为了解决棉源问题，挽救纺织业的发展，各边区政府采取如下措施：其一，扩大植棉面积。边区政府要求各县制订植棉计划，动员民众广泛植棉。如淮北根据地要求农户植棉面积达到全地亩的 3%，土质适宜的可种 5%[1]。淮南根据地的安乐、殿发等地规定的植棉亩数更高，要求达到 10%[2]。政府为鼓励农户植棉，制定了相应的奖惩办法：如植棉收益低于种粮，其差额部分由政府补偿；如收益大于种粮，则归农户所有；如棉田种植其他作物，须加倍缴纳公粮。淮北根据地甚至还规定："凡纯粹植棉之地亩，不征公粮公草。"[3] 其二，推广植棉技术。淮北根据地向来植棉较少，且不讲求方法技术，产量极低，亩产一般只有一二十斤，而在萧县、砀山、宿县东部一带的产棉区，亩产高达 300 斤。即便是新棉区，如果种植得法，亩产也能达到 100 多斤[4]。为提高棉花产量，边区政府聘请技术人员到乡村指导农户科学植棉，并编印植棉技术小册子，散发给农户。其三，收购外地棉花。为解决本地棉花供给不足的问题，淮北边区贸易局多次组织人员到外地各产棉区，大量收购棉花。如淮泗贸易局经常到盐阜区去购买；淮宝贸易局到淮南路东去购买；盱凤嘉贸易局到淮南路西去购买；还有的到苏中等地购买。此外，边区政府还发动商人参与贩运，规定每进口 1 斤棉花，发给奖金 5 元[5]。

关于纺织生产问题。纺织生产是纺织业发展的中心环节。各边区政府对此十分重

---

① 安徽省档案馆等：《安徽革命根据地财经史料选》（二），安徽人民出版社，1983 年，第 275 页。

② 安徽省档案馆等：《安徽革命根据地财经史料选》（一），第 329 页。

③ 安徽省档案馆等：《安徽革命根据地财经史料选》（二），第 319 页。

④ 豫皖苏鲁边区党史办公室：《淮北抗日根据地史料选辑》第 5 辑，1985 年，第 112 页。

⑤ 豫皖苏鲁边区党史办公室：《淮北抗日根据地史料选辑》第 5 辑，第 196 页。

视，并积极予以帮助。第一，广泛动员与支持各方纺纱织布。淮南边区政府从自身做起，要求所有机关和部队的公职人员领车纺纱，规定"领车后半个月为学习时间，学会后每天规定一定时间纺纱，把全单位纺纱的人组成一个或二个组，选出组长领导，实行督促检查"[①]。为推动农户参与纺纱，有的地区强制要求每10个农户必须保证有6户纺纱[②]。对于一些特别纺户，采取记折制度，月终结账，纺织超过3斤，给以物质奖励[③]。为解决纺织生产中的资金匮乏问题，淮北边区政府还多次要求地方银行提供贷款。据统计，截至1944年12月底，该地方银行先后投入资金达3147多万元[④]。第二，大力发展纺织工具。边区政府通过多种途径解决生产工具不足的问题：鼓励农户自制纺车，并提供贷款帮助；支持合作组织制作纺车。如淮北半城合作社，用桑木、榆木打了34辆最合用的纺纱车，每辆作价仅百元，贷给社员[⑤]。同时，还注重纺织工具的改良。如淮南边区政府贷款支持马坝区民众纺织厂，进行纺车改良研究[⑥]。淮北根据地的成效更为显著，如在淮泗一带，一度提倡33个头的纺纱机，这种纺纱机需要3人操作，且须用洋纱作经线，不适宜大规模推广。后来，政府与技术人员在综合各地纺车优点的基础上，制作了单人手摇机。该车不仅操作方法简便，而且经纬土纱皆能使用[⑦]。据统计，截至1944年5月，整个淮北边区共发展纺车38 099辆，织布机750架[⑧]。到1945年春，山东根据地已有纺车50万辆，大小织机8万张，平均每30人有1辆纺车，每200人有1张织机。抗战胜利时，山东有纺车100万辆，织机16万张[⑨]，基本解决了根据地纺织工具的供给问题。

　　关于纺织品的销售问题。产品销售渠道的畅通是保证纺织业良性发展的重要一环。根据地纺织品的销售途径主要有两条：一部分产品直接供给机关与部队，自然不存在销售问题；相当大部分产品通过市场进行交易，从而受多方因素的制约。

　　抗战时期物价波动较大，淮北根据地的青阳、半城等地纱价涨幅一度超过了布价，这在前文已有述及。另外，质优价廉的外来布大量涌入，冲击着土布市场。技术落后、生产成本较大的土布，在与外来布的竞争中明显处于劣势。许多织户因织布亏本而被迫停工歇业，根据地纺织业发展面临进退维谷的困境。这可从下表青阳、半城两地的土布生产成本与价格变动中，窥见一斑（表3-53）。

---

①　安徽省档案馆等：《安徽革命根据地财经史料选》（一），第362页。

②　安徽省档案馆等：《安徽革命根据地财经史料选》（一），第329页。

③　《解放日报》，1944年4月30日。

④　安徽省档案馆等：《安徽革命根据地财经史料选》（二），第280页。

⑤　《解放日报》1944年3月10日。

⑥　《解放日报》1944年2月1日。

⑦　豫皖苏鲁边区党史办公室：《淮北抗日根据地史料选辑》第5辑，1985年，第108页。

⑧　豫皖苏鲁边区党史办公室：《淮北抗日根据地史料选辑》第5辑，第188、189页。

⑨　朱玉湘等：《山东革命根据地财政史稿》，山东人民出版社，1989年，第231、232页。

表 3-53　1944 年 3 月青阳、半城两地土布成本与价格变动表　　（单位：元）

时间	三斤土纱的价格	两个人的工资	一匹土布的价格	赢（＋）亏（－）
3 月 2 日	1080	100	1548	＋368
3 月 4 日	1080	100	1368	＋188
3 月 7 日	1080	100	1296	＋116
3 月 9 日	1200	100	1296	－4
3 月 12 日	1260	100	1224	－136
3 月 17 日	1260	100	1224	－136
3 月 24 日	1080	100	1152	－28

注：（1）价格一律以法币为单位。（2）每匹土布约需纱 3 斤，人工 2 个。

资料来源：安徽省档案馆等：《安徽革命根据地财经史料选》（二），安徽人民出版社，1983 年，第 257 页。

　　由表 3-53 可知，生产成本居高不下，土布价格持续下降，是织布利润降低、甚至亏本的主要原因。为提高本地布的市场竞争力，保证纺织户有利可图，淮北边区政府加强了对市场的管理与控制，如限制洋纱、洋布进口，收购已流入市场的洋纱、洋布；组织合作社，推销本地产的土纱、土布等。此外，边区政府还特别要求淮北地方银行出面予以支持，高价收购棉纱，然后再以所购棉纱交换织布户生产的土布，兑换比例是每 4 斤棉纱换一匹土布（即 3 斤）。按当时价格计算，银行每兑换一匹土布，要赔 500 元。"银行共收了 6000 匹土布，共赔了 300 万元（还有其他的损失未计）"[①]。在土布与外来布的市场博弈中，边区政府与银行主动承担风险和成本，最大限度地维护了纺织户的利益。

　　总之，在特定的战争环境下，为克服纺织业面临的困难，实现纺织品的自给自足，各边区政府实行了一系列的制度变革，既有从相关政策法规的层面予以推动，也有切实具体的帮助和扶持。通过广泛动员，群众成为运动的主体。政府与群众的互动，使制度变革的绩效十分显著，不仅为根据地的存在和发展夯实了经济基础与社会基础，而且对抗战胜利产生了积极影响。

三、其他工业的发展

　　鄂豫皖根据地创立前，工业基础十分薄弱，小农业与家庭手工业相结合的自然经济占有优势。在整个工业经济中，有一部分是国营工业，以手工生产军事用品为主，大部分为个体手工业，以手工劳动为基础，以简单机械为辅助。

　　根据地内大宗出产的是农副产品，很少有机器工业产品，只有一些个体手工业作

---

　　① 安徽省档案馆等：《安徽革命根据地财经史料选》（二），安徽人民出版社，1983 年，第 259 页。

坊，诸如纺织、酿造、榨油等。"边区农业生产品以谷、麦、棉花为大宗，其余副产品为杂粮、丝、竹木炭。此外，商城还出少数的铁和煤，除上项出产外，没有别的出产"①。这一点可从根据地所属县的调查报告中得到印证，如六安县委报告："东南乡主要的出产是米，西南和西乡主要的出产品是茶、麻"②。又如霍山县委报告："工商业是不大发达，城市的工业只有两个织布厂和几处木匠铺，乡村大的市镇，如黑石渡、落儿岭、诸佛庵、管驾渡、磨子潭等处，都没有工厂和作坊"③。再如霍邱县委报告："经济停滞在封建经济之下，以致城市的工业不发达，合计城内与大市镇如河口集、叶家集、洪家集等处，无任何一种产业工场之建立"④。仅有的工业也多规模小、产量低、技术比较落后。在工厂里从事劳动的工人，劳动强度大，工资待遇极低。如在六安，烟工每4天可作一捆，每捆工资1.5元；织布工人从早到晚可织1匹，工资600文，若1匹织不完，减扣工资；制衣工人日工资200～400文；木匠日工资2角，但学徒工资更少；码头工受工头剥削很重⑤。

鄂豫皖苏区政府采取了制订保护劳工的办法与条例、完善工厂管理制度、改革分配制度，以及加强职工的思想政治工作等政策和措施，依靠人民群众，积极兴办一些必需的和可能的军需企业与民用企业。而根据地内的工业，就是在极端艰苦的环境中建立和发展起来的。

（1）军需工业

1930年夏，鄂豫皖革命根据地完成了统一，这为工业的恢复与发展创造了条件。战争规模的扩大，使苏区党和政府进一步认识到发展工业的重要性。1931年2月，中共鄂豫皖特委提出："加强与充实兵工厂的内容，并切实加以扩大"，"特别注意军事工业的发展"⑥。当时苏区规模较大的军需企业，主要有：

鄂豫皖军事委员会兵工厂。它是根据地的第一个兵工厂。早在1928年7月建立修造组，开始修枪、造枪，规模逐步扩大。1930年2月，在光山县正式成立鄂豫边军事委员会兵工厂。4月，改名为鄂豫皖边区军事委员会兵工厂，建厂初期，有职工60多人。1931年9月，增至100余人，并扩大为两个生产车间。截至1933年2月，共生产"撇把子枪"3500余支，"汉阳造"步枪800余支，以及大量的子弹和大刀、长矛等⑦。

鄂豫皖缝纫厂。1929年创办，起初以手工缝制军装，1930年开始采用缝纫机，工

---

① 湖北省档案馆等：《鄂豫皖革命根据地财经史资料选编》，湖北人民出版社，1989年，第669页。

② 安徽省档案馆等：《安徽革命根据地财经史料选》（一），安徽人民出版社，1983年，第8页。

③ 中央档案馆等：《鄂豫皖苏区革命历史文件汇集》第4册，1985年，第152页。

④ 安徽省档案馆等：《安徽革命根据地财经史料选》（一），第18页。

⑤ 安徽省档案馆等：《安徽革命根据地财经史料选》（一），第1页。

⑥ 安徽省档案馆等：《安徽革命根据地财经史料选》（一），第40页。

⑦ 谭克绳等：《鄂豫皖革命根据地财政经济史》，华中师范大学出版社，1989年，第95页。

人由 20 名增至 100 余名。1931 年,已有一个总厂和四个分厂,其中,一分厂与四分厂位于光山县,主要生产衣、被、鞋、帽、绑腿等军用品。

（2）民用工业

为了满足苏区人民的生活需要,苏区党组织与政府尽力恢复原有厂矿与作坊。1931 年 4 月,皖西北苏区政府提出:"所有的煤矿必须设法开采。所倒闭的工厂,如纸、铁棚,必须相继恢复。在目前经济困难万状,只有努力建设苏区工业,才能有效缓解困难局面"[1]。对于纸棚、铁棚,"苏维埃目前无力设法建立,我们准备开合作社的形式或批给私人经营"[2]。同时,也创办了一些新的民用企业。

鄂豫皖苏区"五一"模范工厂。1931 年 5 月在光山县新集设立。它是根据地规模较大的综合性工厂,有职工 300 多人,下设缝纫厂、针织厂、鞋厂、石印厂。但是工厂设备较为简陋,仅有四、五十部土织布机和旧式缝纫机,以手工操作为主。

红日印刷厂。1929 年 12 月在商城创办,有工人 8 名,老式石印机 3 部,负责印刷商城县委机关报《红日报》等。随着工厂规模的不断扩大,工人增至 20 多名,并开始采用先进的活字印刷,印刷业务扩大到文件、宣传品及中小学课本等。

皖西北印刷公司。1931 年 5 月在六安麻埠建立,规模较大,主要负责印刷苏区政府发行的纸币和报刊等。

此外,还兴办了金寨造币厂、商城杨山煤矿、商城红日造纸厂等。

抗战爆发后,淮域各边区政府按照"集中领导,分散经营"的方针,动员党政军民为实现边区主要工业必需品的自给而努力。在边区政府的领导和扶持下,各项工业都得到不同程度的发展,其中包括卷烟、榨油及农具制造等行业。

（1）卷烟业

淮南根据地的凤阳县盛产烟叶。1940 年,新四军解放了凤阳县大部地区。为保护本地手工卷烟业的发展,淮南边区政府规定,禁止敌区香烟进入销售,并降低本地烟税。在此政策的保护与激励下,淮南各集镇的手工卷烟业得到前所未有的发展。最小集镇有一两台手卷机,大集镇有百余台卷烟机。所产卷烟除供给本地区外,还销往外地。

至于机制卷烟,淮南有新群、群众两家工厂,皆为官商合办。1942 年,群众烟厂兴办时,仅有资金二三万元,因资金周转不灵,不久被迫停工。后由政府投资帮助,并与新群公司合并,资本扩大到 1 亿数千万元,月产卷烟约 3 万箱,除供给根据地外,还向敌占区销售[3]。再如铜城镇自强机制卷烟公司,由于受外来烟、冒牌烟的冲击,卷

---

① 安徽省档案馆等:《安徽革命根据地财经史料选》（一）,第 45 页。

② 湖北省档案馆等:《鄂豫皖革命根据地财经史资料选编》,湖北人民出版社,1989 年,第 680 页。

③ 安徽省档案馆等:《安徽革命根据地工商税收史料选》上册,第 127、128 页。

烟产量一度下滑。边区政府采取了保护关税、限制外来烟输入等一系列的扶持政策，自强公司的卷烟生产逐步得到恢复与发展①。

（2）榨油业

榨油业的发展与原材料及市场需求等因素密切相关。当原材料价格低、市场需求大时，生产成本因之较低，榨油业就能得以发展，反之则停滞不前。淮北、淮南根据地盛产大豆、花生、棉籽、芝麻、蓖麻等油料作物。抗战爆发后，因捐税繁重、燃料奇缺，加上日伪对根据地的经济封锁，不少油厂开工不足或被迫歇业。为解决军民用油困难，边区政府决定拨出专款支持发展榨油业，同时规定，油产品在根据地内销售，自由流通，不再征税，而外销时需征税10%～15%②。

淮南、淮北根据地榨油业的经营规模一般不大，经营方式灵活多样，主要分为以下几种：一是由农民集资入股兴办的榨油合作社，多为季节性生产，农忙时歇业；二是由政府出资兴办；三是由地主、富农经营。其中规模较大的油坊均为自营和雇工生产。兹将铜城镇的榨油业基本情况，列表如下（表3-54）：

表3-54　铜城镇榨油业基本状况统计表

| 年份 | 油坊数 | 主要生产工具数 | | | | 年份 | 油坊数 | 主要生产工具数 | | | |
		麻碾	磨	豆碾	榨			麻碾	磨	豆碾	榨
1940	6	4	1	—	7	1943	14	5	7	7	7
1941	7	5	3	—	10	1944	14	6	9	8	29
1942	8	5	6	—	12	1945	13	6	9	8	29

注：1945年为上半年统计数字。

资料来源：安徽省档案馆等：《安徽革命根据地财经史料选》（一），安徽人民出版社，1983年，第502页。

由表3-54可以看出，1940～1943年，就油坊总数与生产工具而言，均有所增加。在边区政府的扶持下，淮南、淮北根据地的榨油业得到普遍发展，所产食油除供应当地军民食用外，每年还有20万担销往外地③。

（3）农具制造业

淮南天高农具厂是淮南根据地规模较大的工厂。从资金来源看，一方面，该厂吸收群众入股，共筹集股金691 400元，另一方面，向地方银行贷款，创办时向淮南银行贷款40万元，为扩大生产，后又向淮南银行借贷50万元。从原材料供应来看，由于本地缺乏铁和煤，原料大多委托商人或由政府出面帮助从淮北购买。工厂的发展离不开工人及技术人员，初期招收4人，后又增招14人。农具厂生产的产品有铲头、大锹、

① 安徽省档案馆等：《安徽革命根据地财经史料选》（一），安徽人民出版社，1983年，第480页。

② 安徽省档案馆等《安徽革命根据地工商税收史料选》上册，第124页。

③ 安徽省档案馆等：《安徽革命根据地工商税收史料选》上册，第124页。

锄头、镰刀、厨刀、锅铲等，主要用于满足群众的日常生产生活所需。1944 年 7～11月，出售农具 3 472 460 元，除去原料、工资等项支出外，净盈利 388 025 元。同时，农具厂还向军工等部门出售工具，获利达 1 424 700 元。此外，农具厂还投资自强公司30 万元，木业合作社 4 万元，皮革工厂 2 万元，其中从自强公司分得红利 12 万元，从皮革厂分得红利 8500 元①。

　　解放战争时期，淮域各边区政府积极贯彻中央指示精神，采取一系列推动工业发展的举措。伴随着解放区的不断扩大，工业恢复与发展取得了显著成效。

　　在周口市，工商业者由过去不敢领取营业执照，到主动去领取，数量逐月增加。如，1948 年 5 月份领照为 1047 户，6 月份增加了 413 户，7 月份又增加了 210 户②。在皖西地区，到 1948 年 11 月，六安县手工业作坊恢复了 2/3，毛坦厂工商业恢复了60%③。享负盛名的六安一品斋毛笔、大红袍雨伞、漆器、铁锅等传统产品又焕发出新的生机。

　　在豫皖苏第三分区，1948 年 8 月，濉溪市的酿酒企业由原来不到 2 家恢复到 27家，义门镇的工商企业由原来 142 家恢复到 406 家，还新增 177 家④。兹将豫皖苏三分区 6 县 58 个集市的工商业恢复情况，列表如下（表 3-55）：

表 3-55　豫皖苏三分区 1948 年 6～8 月工商业恢复统计表

县名	工商业家数			县名	工商业家数		
	原有	增加	现有		原有	增加	现有
雪商亳	966	917	1883	商鹿	382	544	926
商南	374	577	951	雪枫	190	155	345
雪涡	219	377	596	肖宿	62	189	251

资料来源：安徽省档案馆等：《安徽革命根据地财经史料选》（三），安徽人民出版社，1983 年，第 348 页。

　　由表 3-55 可知，雪商亳县企业增加的数量最多，达 917 家，其次是商南县，增加了 577 家，最少的雪枫县也增加了 155 家。6 个县原有工商企业 2193 家，恢复后增加了 2775 家，达到 4950 家。

　　再以郑州、开封、漯河、周口、朱集五地为例，可以进一步窥见工业恢复与发展变化的一些轨迹。具体如表所示（表 3-56）：

---

　　①　《解放日报》1945 年 9 月 26 日；《解放日报》1945 年 9 月 27 日。

　　②　华中抗日根据地和解放区工商税收史料编写组：《华中抗日根据地和解放区工商税收史料选编》（中），安徽人民出版社，1986 年，第 204 页。

　　③　安徽省档案馆等：《安徽革命根据地工商税收史料选》上册，第 351 页。

　　④　华中抗日根据地和解放区工商税收史料编写组：《华中抗日根据地和解放区工商税收史料选编》（中），第289 页。

表 3-56　郑州、开封、漯河、周口、朱集五地工业恢复与发展统计表

市别	项别 数目 时间	户数变化		资金变化		产量变化	
		户数	指数	数目	指数	折麦数	指数
郑州	1936 年 10 月前	507	100	138 075 500	100	108 640 000	100
	1948 年 9 月前	547	109.13	43 994 990	31.86	6 447 000	5.86
	1949 年 12 月前	1424	284.8	66 264 844	47.95	24 866 104	23.04
开封	1937 年前	84	100	13 445 000	100	98 050 000	100
	1946 年前	144	171	15 975 000	119	44 856 000	45.7
	1949 年前	265	315	4 870 000	36.3	22 750 720	23.2
漯河	1936 年前	341	100	20 540 000	100	23 376 000	100
	1946 年前	405	208.3	13 418 000	65.8	15 160 000	64.9
	1949 年前	699	375	8 630 000	42.01	26 104 000	111.5
周口	1937 年前	665	100	12 023 000	100	2 513 110	100
	1946 年前	697	104.8	4 226 000	35.15	768 316	30.6
	1949 年前	1102	165.7	4 911 000	40.8	1 453 614	57.8
朱集	1937 年前	—	—	—	—	—	—
	1946 年前	24	100	1 290 000	100	—	—
	1949 年前	37	154.1	1 800 000	146.5	—	—

注：（1）郑州、周口两市包括全市材料，开封、漯河、朱集系一部分。（2）资金、产量均以小麦 1 市斤为单位折算。（3）漯河市工业产量高的原因主要是抗战前没有烟厂。（4）朱集抗战前没有工业，故以国民政府统治时期为基期，表现为上升的。

资料来源：王礼琦：《中原解放区财政经济史资料选编》，中国财政经济出版社，1995 年，第 440、441 页。

由表 3-56 可知，郑州等五地工业恢复与发展呈现出如下特点：一、从各个时期的工业发展变化看，以抗战前最好，至 1949 年，除开封外，其余城市工业的恢复均未能达到战前水平。二、抗战后，工业恢复较快。就户数而言，呈普遍上升趋势。与南京国民政府时期相比，开封增加最多，达到 71 户。就资本量而言，也以开封恢复最快，漯河次之，郑州、周口较慢。三、1949 年工业变化较大，户数、资金、产量都有明显增加。

当然，根据地的工业建设在取得显著成绩的同时，受战争环境的影响，加上经验不足，也存在一些问题与不足，主要表现为：不把工厂当作企业办，而是当作机关办，不讲究经济效益、不考虑成本；官僚主义严重、管理混乱、浪费惊人，等等。

抗战时期，在贯彻"劳资两利"方面，存在以下两种弊端：第一，工资过高，妨碍资本家经营企业的积极性，阻碍了企业的扩大再生产，个别企业停滞不前，甚至被迫停业。有的地区，工人工资大多超过战前或比边区政权建立前高出好几倍。由于战争耗费大量的资财，造成工业发展经费短缺。一些企业仅能维持现状，无力扩大再生产。因此，工人工资的涨幅不能违背"劳资两利"的原则。也就是说，既要使工人的生活得到适当改善，又要使资本家有利可图。只有这样，才能使两者的积极性得到提高。第二，工资标准要区别对待，不能一概而论。确定工人工资的原则必须综合考虑多方因素：工人购买生活资料的费用，生产技术的高低，劳动强度的差别，企业利润的大小等。因为在不同的工业企业中，工人的劳动强度、生产技术、企业利润都有很大差别。各业工资分配要切合实际，兼顾多方面情况。同时，在新老解放区也要有区别。因为在新解放区，社会秩序不太稳定，群众运动没有基础，工资增长过快，必然影响各项工作开展。

解放战争时期，一些地区的干部或农会组织存在侵犯工业的情形。如在淮阳区沈邱县，某些农会没收地主油坊、卷烟机，导致该县工厂歇业者达 50 户①。而在一些地区，工商联合会组织机构臃肿、人浮于事。如在漯河市，工商联合会有 20 个，再加上各同业公会人员达上百名②。由于这些组织较多，人员庞大，造成实际工作中出现官僚作风、推诿扯皮等现象。

总之，按照中共中央的指示精神，淮域各根据地政府结合本地实际，制定了一系列恢复与发展工业的政策，并付诸实施。在社会各界的共同努力下，根据地的工业从无到有，逐步发展壮大，企业经济效益日益提高，职工生活也得到了改善。这对于根据地的经济发展、政权巩固以及战争胜利产生了重要的影响。但是，由于时局动荡不安，加之根据地不断变动，根据地政府很难集中精力进行工业建设。此外，根据地的各项工作都是围绕军事斗争的需要而展开的，工业建设也必须服务于这个大局。因此，在工业建设中不可避免地会出现一些问题和挫折。

---

① 王礼琦：《中原解放区财政经济史资料选编》，中国财政经济出版社，1995 年，第 437 页。

② 王礼琦：《中原解放区财政经济史资料选编》，第 439 页。

第四章　近代淮河流域的交通运输业

社会经济的发展需要以交通开发为先行，同样，交通开发也离不开社会经济的支持与推动。鸦片战争后，随着国门的被迫开启，以机械为动力的新式交通和以邮政、电报、电话为标志的近代通讯业开始兴起，交通运输业经历了一场前所未有的巨大变革。在这场由传统向近代嬗变的经济潮流中，淮河流域交通面貌亦随之发生了较大的变化。尤其是铁路的出现，缩短了淮域对外交往的时空距离，对近代淮域社会经济的发展产生了一定影响。

近代交通包括航运、铁路、公路、邮电和航空五个部分。因航空在我国起步较晚，对近代淮域社会经济产生的影响较小，故未将其纳入研究范畴。本章主要从航运、公路、铁路、邮电等四个方面，对近代淮域交通开发状况及其对社会经济的影响作一探讨。

第一节　航运业的历史变迁

淮河流域河流纵横，湖荡棋布，水运资源十分丰富，形成了一个以淮河干流为主体、覆盖整个流域的庞大水运网络。四通八达的河渠网络、丰富的水运资源，为近代淮河流域航运业的发展创造了得天独厚的自然条件。

一、轮运业的兴起

从 19 世纪中叶开始，在列强炮艇保护下的轮运业，逐渐由沿海、沿江向中国内河延伸，淮河流域航运业亦被悄然卷入这一潮流之中。一些小轮公司陆续创办，并不断增辟新航线，淮域已初步形成以主要城市为中心的小轮航运网络。适应淮域经济与航运业进一步发展的需要，一批具有近代化性质的港埠应运而生。

（一）轮运业的艰难起步

1. 民营小轮业的艰难问世

以机械为动力的轮船的问世与使用，可谓航运乃至整个交通运输领域的一大革命。因其具有安全、快捷、装载量大、获利高等特点，早在 19 世纪 60 年代，淮域一些官商即产生购买轮船、开办地方小轮运输业的愿望。对于地方官商发展轮运业的热情，很长一段时间内，清政府中的保守势力不但没有从政策上给予必要的扶持与鼓励，反而以"小轮行驶内河，流弊滋多，碍民生，妨国课，病地方"①为由，压制其发展。

甲午海战之后，巨额的战争耗费和战败赔款，加深了清政府的财政危机。为扩大税源，增加税收，清政府逐步解除中国商人自办轮运业的禁令，允许"通商省份所有内河，无论华、洋商均可行驶小轮船，藉以扩充商务，增加税厘"②。但在列强长期把持海关的情况下，清政府给予外商轮船以种种特权和优惠，而对华商船只却课以重税。如，外商轮船初到海关领取牌照时，只需"缴银十两，以后每年换牌一次缴银二两"，而华商轮船却"每月另缴官饷洋五十元，即专行搭客之船亦不能减"③。不仅如此，华商船只还备受地方税捐苛扰。如扬州、邵伯、湾头等地，就有"溜夫头"的私规，船只每次经过，都要强行索钱数百文。清江、盐河、洪泽、窑湾等地，每船经过必索洋元3～5元不等。邳县、宿迁有拦河私税，民船每次经过都被勒索三四元④。

受资金等多种因素的制约，初兴的民营轮运业大多规模较小，缺乏竞争力。在不平等的航业竞争中，不少小轮业主为经营谋生，或以合股形式将资本直接投向外国轮船企业，或另缴费用，悬挂外旗，千方百计谋求外商庇护。如1898年在扬州成立的顺昌和记小轮公司与丰和宝运小轮公司，均悬挂英旗，以英商旗号行驶于清江浦（今江苏淮阴）至镇江航线上。因利润可观，在随后的一年多时间内，航行于此线的小轮公司增至10家。其中，悬挂美旗3家，悬挂英旗5家，悬挂法旗和日旗各1家。至19世纪末，仅"镇江至淮河一带，约计悬挂洋旗之船几及二千余艘"⑤。由此可见，淮域近代航运业的产生是以航运主权丧失为沉重代价的。

面对华轮悬挂外旗、"诡寄"洋行的尴尬局面，部分有识之士发出"抵制外轮，挽回内河航权"的呼声。为保护航业，免挂外旗，1906年10月，江苏商船总会在镇江成立。不久，盐城、清江浦、扬州等地陆续设立商船分会，宿迁、正阳关等地分别设立支会。《商船公会简章》规定："凡商民船只领有旗牌行照者，应由商船公会注册，毋庸交纳费用。"如有"小轮冒称洋商者，应由商船公会查访属实，劝令改领商船公会旗牌行照。其不遵者禀请关道转商领事核办"⑥。此后，淮域各地轮船纷纷领取船牌，悬

---

① 赵尔巽等：《清史稿》卷150，志125，中华书局，1976年。

② 王彦威辑、王亮编：《清季外交史料》卷130，书目文献出版社，1987年，第15页。

③ 转引自樊百川：《中国轮船航运业的兴起》，中国社会科学出版社，2007年，第251页，关册，光绪二十四年（1898），下卷，广州口，第65、66页。

④ 郭孝义：《江苏航运史》（近代部分），人民交通出版社，1990年，第79页。

⑤ 交通部铁道部交通史编纂委员会：《交通史航政编》第1册，1935年，第103页。

⑥ 交通部铁道部交通史编纂委员会：《交通史航政编》第1册，1935年，第105页。

挂中国船旗——龙旗。至 1905 年，清江一带悬挂外旗的轮船"已一律改用龙旗"[①]。商船总会的成立，既维护了国家主权，也维护了民营轮运业的行业利益。

伴随淮域民族工商业的不断发展，轮运客货运输量不断攀升，一些官僚、士绅和实业家为追逐利润，纷纷投资轮船公司。1907 年，正阳关商务总会董事李德琪、钱庄老板王锦芳等人，招股集资 15 万两白银，在蚌埠成立"利淮河工小轮有限公司"，这也是淮域首家由地方商人创办的商业性轮船运输公司。该公司拥有从上海购买的"大联珠"、"小联珠"等三艘挖泥船和"利淮"、"皖北"、"正阳"号三艘小轮，航行于蚌埠经正阳关至清江浦一线，航程 467.5 公里，客货运输生意兴隆。不久，临淮关成立"便商轮船公司"，以一艘名为"祥贞"号的小汽轮当天往返于临淮关至五河之间。

2. 招商内河轮船公司与大达内河轮船公司的拓展经营

1902 年 10 月，洋务派控制下的轮船招商局创办招商内河轮船公司，总公司设在上海，并于扬州、清江杨庄、临淮关、正阳关等处设立分公司[②]。鉴于"清江到窑湾河路，约二百余里，上通山东安徽一带，为客商南下之要途，往来极伙。且土产极盛，贩运尤多。加以宿迁玻璃厂既设，运用物料，尤期从速"[③]，1906 年，招商内河轮船公司开辟清江北经宿迁至窑湾、西溯淮河至正阳关的航线，将经营范围拓展至淮河流域。

甲午海战后，淮域部分有识之士为挽回利权，开设一批航运公司。1903 年，张謇于南通创办的大达内河轮船公司即是其中的佼佼者。翌年，张謇利用其社会地位和政治影响，开辟南通至海安与扬州的航线。为便利商旅，发展航运业，1906 年，大达内河轮船公司添招股本 1 万元，购船行驶于下河、东台、盐城一带[④]。以上航线客货兼营，货物以粮食、棉花、盐及苏北地区的土特产为主。在激烈的市场竞争中，大达内河轮船公司主动为客商代运现金，客商只需按比例交纳一定数额的托运费，既方便又安全。便捷的服务赢得了客商的信任和好感，他们往往也愿意把采购和贩运的货物交给大达内河轮船公司托运。这一营销策略，不但为大达内河轮船公司赢得了良好的口碑，同时也争取了大量客货业务。

轮运的出现，打破了淮域长期以来以木帆船为主要水上运输工具的传统运输格局，为淮域航运业及经济发展注入了一股新鲜活力。然而，长期以来，列强把持海关、垄断航运运价，清政府又向民营企业征收高税。在不平等的行业竞争中，不少

---

① 《中外日报》1905 年 2 月 25 日。

② 交通部铁道部交通史编纂委员会：《交通史航政编》第 1 册，1935 年，第 216 页。

③ 《时报》1905 年 7 月 4 日。

④ 交通部铁道部交通史编纂委员会：《交通史航政编》第 1 册，1935 年，第 319 页。

资金有限、规模较小的地方轮运公司宣告倒闭。淮域初兴的民族轮运业只能在挫折中艰难前行。

（二）轮运业的进一步发展

一战爆发后，欧美列强忙于战争，无暇东顾。北京政府此期先后颁布一系列有利于民族工商业发展的法令，取缔霸占航道等陋规，进一步规范了航运市场。借此契机，淮域轮运业加快了发展步伐。

1. 民营小轮公司的创办

追逐利润最大化，是古今中外所有商人的共同特征。1914 年，江苏高邮士绅孙焕文看到经营淮河水运利润可观，即购买"新春"、"江运"、"锦江"等小轮船，创办"通达轮船公司"，于淮河中下游从事客货运输。1920 年，阜阳薛申五购买"津浦"、"福波"等轮船，创建"福淮轮船公司"，在蚌阜（蚌埠至阜阳）线上从事客货运输。至此，淮河已拥有利淮、通达、汇庆等 8 家民营轮船公司①。1929 年，原"利淮河工小轮公司"创始人王锦芳、周新停合伙购买汽船 2 艘，成立"通淮轮船公司"，亦在蚌阜线上经营。不久，怀远县商会会长杨跃南成立"便商轮船公司"，专营蚌怀短途客运。1930 年，淮南倪荣先创办"利达轮船公司"，在蚌田（蚌埠至田家庵）、田阜（田家庵至阜阳）、田正（田家庵至正阳）航线上经营客货运输。津浦铁路通车后，蚌埠一跃成为淮域中部的贸易和物资集散中心。为争揽货源，一些轮船公司先后迁至蚌埠。至 1933 年，蚌埠已有大小轮船公司 10 余家，兹择其要列表如下（表 4-1）：

表 4-1　1933 年蚌埠轮船公司（轮船局）一览表

公司或轮局名称	船名	船身质料	机器种类	制造时间	航线	吨位
裕淮	裕华	柚木壳	蒸汽机	1929 年	蚌埠-正颍	5.40
	裕淮源	柚木壳	蒸汽机	1925 年	蚌埠-正颍	4.50
	新裕淮	柚木壳	蒸汽机	1914 年	蚌埠-正颍	11.91
	新裕安	柚木壳	蒸汽机	—	蚌埠-正颍	12.09
	同森	柚木壳	蒸汽机	1918 年	蚌埠-正颍	28.08
兴淮	通江	柚木壳	蒸汽机	1928 年	蚌埠-正颍	8.40
	同济	柚木壳	蒸汽机	1928 年	蚌埠-正颍	7.50
	仁昌	柚木壳	蒸汽机	1928 年	蚌埠-正颍	4.10
振淮	兴昌	柚木壳	蒸汽机	1928 年	蚌埠-正颍	5.20
	三新	柚木壳	蒸汽机	1921 年	蚌埠-正颍	12.00
	豫大	柚木壳	蒸汽机	1928 年	蚌埠-正颍	6.50

---

① 《淮南近现代经济史料》，淮南市政协文史资料研究委员会、淮南矿务局编纂发行，1987 年，第 213 页。

续表

公司或轮局名称	船名	船身质料	机器种类	制造时间	航线	吨位
通达	天益	柚木壳	蒸汽机	1929 年	蚌埠-正颍	4.50
	飞龙	柚木壳	蒸汽机	1929 年	蚌埠-正颍	4.00
	宝平	柚木壳	蒸汽机	—	蚌埠-正颍	—
利淮	泰来	柚木壳	蒸汽机	1921 年	蚌埠-正颍	6.00
	裕顺	柚木壳	蒸汽机	1922 年	蚌埠-正颍	11.50
便商	江宁	柚木壳	蒸汽机	1917 年	蚌埠-正颍	19.80

资料来源：安徽省政府秘书处：《安徽省概况统计》，1933 年，第 235、236 页。

从船只数量及吨位看，上述轮船公司规模均较小，大多拥有轮船两三艘，最多的裕淮公司也仅有 5 艘。而且，所有轮船公司均航行于蚌埠至正颍一线，因客源有限，彼此之间形成一种恶性竞争。如为争揽生意，"利淮轮船公司"与"通达轮船公司"展开了一场激烈的竞争。"利淮公司"在蚌怀短班客轮上散发香烟，赠送毛巾，对旅客殷勤招待；在蚌正长班客船上增加搭客，以扩大营运额，并从盈利中提取红利一成，作为客船上的旅客招待费和船工补贴费，借以提高船工的工作积极性。双方竞争相持不下，最后经人调解，两家公司开隔日班，一场斗争方告平息[①]。

随着小轮公司的陆续创办与新航线的增辟，淮域已初步形成以主要城市为中心向外辐射的小轮航运网络。但受航道和经济发展水平等多种因素的制约，新辟航线以蚌埠和苏北地区较为密集。仅以蚌埠为中心向外辐射的航线就有蚌埠—正阳关、蚌埠—阜阳、蚌埠—亳县、蚌埠—三河尖、蚌埠—田家庵、蚌埠—临淮关、蚌埠—怀远等多条。行驶在这些航线上的轮运公司多以客运为主，顺捎小宗货物。输出之物多为茶、麻、禽、牛羊皮等农副产品，输入之物以洋布、煤油、食盐、杂货等为主。以盐城、清江浦、扬州为起讫点的航线亦有多条，如由大达内河轮船公司开辟并一直独家经营的南通至扬州线，分早晚两班对开，运输的货物以粮食、棉花、杂货等居多[②]。最初由大达公司独家经营的盐城至泰州线，1926 年后又有大生、太源、永隆等 5 家轮船公司开航此线。南通至盐城线为废黄河以南的一条南北向的重要航线。该线以运盐河及串场河为主要航道，全长 2200 公里，均可通行小轮，主要承运苏北垦区的农副产品及生活日用品。泰州至东坎（今滨海县）线，途经兴化、盐城、阜宁等县，全程 216 公里，是废黄河以南的又一条南北向航线，所运货物以纸、蛋、煤炭、豆油、布匹、棉花以及京广杂货等为多[③]。清江浦至灌云线，以盐河为基本航道，贯穿清江浦、涟水、灌云三县，全长 150 公里，是废黄河以北的一条南北向航线，主要运输食盐、石料、食粮

---

① 蚌埠市政协蚌埠市志编纂委员会：《蚌埠古今》第 1 辑，1982 年，第 66～68 页。
② 实业部国际贸易局：《中国实业志·江苏省》第 11 编，1933 年，第 181 页。
③ 实业部国际贸易局：《中国实业志·江苏省》第 11 编，1933 年，第 172 页。

等货物①。清江浦至宿迁线，途经泗阳，先后有利丰、淮北、东记等多家轮船公司经营该线，苏北徐淮等地的农副产品及土特产品均由此线运往上海。兹将苏北主要市县轮运航线概况，列表如下（表4-2）：

表4-2 苏北轮运航线概况表

航线起讫点	里程（公里）	经过地点
镇江—清江浦	198	扬州、邵伯、高邮、界首、氾水、宝应、平桥、淮安、板闸
镇江—扬州	30	瓜洲、八里铺、六浅、三汊河
镇江—邵伯	50	瓜洲、扬州
镇江—高邮	83	瓜洲、扬州、邵伯
镇江—泰州	105	瓜洲、扬州、邵伯、仙女庙、宜陵
镇江—宝应	138	瓜洲、扬州、邵伯、高邮、界首、氾水
镇江—阜宁	284	扬州、仙女庙、泰州、兴化、盐城
南通—扬州	200	唐闸、白蒲、如皋、海安、姜堰、泰州、宜陵、仙女庙、邵伯
南通—盐城	220	白蒲、丁堰、如皋、海安、安丰、东台、白驹、刘庄、伍佑
泰州—湖垛	125	周庄、兴化、沙沟
泰州—青沟	178	周庄、兴化、沙沟、东夏庄、湖垛
泰州—东坎	216	周庄、兴化、沙沟、东夏庄、湖垛、永兴镇、阜宁
盐城—千秋港	92	永丰、上冈、兴桥、合兴、耦耕镇
盐城—泰州	137	冈门、秦南仓、古殿堡、兴化、花家庄、周庄
海安—东台	50	仇湖、安丰、梁垛
兴化—高邮	53	河口、新庄、三垛、二沟、一沟
兴化—东台	54	湖东口、大垛、唐子镇、戴窑镇、丁溪镇
兴化—刘庄	74	西鲍、安丰、大营、白驹
益林—沙沟	63	杨集、马荡、射阳湖
高邮—大营	125	二沟、三垛、兴化、北安丰、白驹
扬州—清江浦	140	邵伯、高邮、界首、氾水、宝应、泾河、平桥
清江浦—灌云	150	西坝、涟水、时码、新安镇、张店
清江浦—宿迁	98	码头镇、杨庄、众兴镇、仰化集
邳县—杨庄	190	窑湾、皂河、宿迁、众兴

资料来源：郭孝义：《江苏航运史》（近代部分），人民交通出版社，1990年，第120页。

---

① 实业部国际贸易局：《中国实业志·江苏省》第11编，1933年，第169页。

新航线的开辟使淮域通航里程和轮船吨位显著增加，基本形成了以淮河干流为纬，以京杭运河为经，沟通淮域部分城镇的内河航运网络。

2. 近代化港埠的应运而生

随着淮域小轮航运业和经济的不断发展，对港埠的要求愈益提高。适应经济和航运业发展的需要，一批具有近代化性质的港埠应运而生。

连云港，濒临黄海，原是一个仅有 39 户居民的滨海渔村，名老窑，古属海州，民国初年属灌云县。距老窑 3 公里处是蜿蜒逶迤的东西连岛。东西连岛与南面云台山之间的海港宽 2 公里，是远洋船只停泊避风的天然海湾。孙中山在《建国方略・实业计划》中，将海州港列为介于东方与北方大港之间的"二等港"，并计划在这里建造一个可供巨轮停泊的进出口良港[①]。从此，老窑这个名不见经传的滨海渔村备受中外人士的瞩目与青睐。1915 年，为"使中原一带货物得一较直捷的出海路径"[②]，陇海铁路局将老窑同陇海铁路联系起来，筹划在此兴建一座海港码头，作为陇海铁路的东端终点及海上交通枢纽。

1925 年，陇海铁路分段修至新浦东边的大浦。大浦紧临洪河口，铁路当局鉴于施行连云港全部计划，"需费过多，一时不易实行，而陇海铁路又亟需要一港口以通海道。乃先就临洪口内大浦地方建筑临时木质码头三座，距离河口约十余公里，潮涨时千余吨之轮船可以驶入停泊"[③]。然而，1930 年后，临洪口航道日益淤塞，较大船只难以进出口岸，严重影响了煤炭等物资的输出，铁路营运备受牵连。1933 年 2 月，铁路当局正式提出建港报告，并在报告里第一次明确提出"连云港"这个名字。5 月，陇海铁路管理局与荷兰港务公司签订《建筑陇海路线终点海港码头合同》，将一号码头承包给荷兰港务公司。陇海铁路横贯甘肃、陕西、河南、安徽、江苏五省，货物运输量较大，仅有一座码头，尚难满足货物运输之需。1934 年 2 月，陇海铁路管理局决定在一号码头西加筑二号码头一座，专供装卸煤炭之用，亦由荷兰港务公司承办[④]。1936 年，连云港一、二号码头相继建成，并同大连、青岛、天津、上海、福州、厦门、香港、釜山等国内外 9 个海港建立了固定班轮联系。在 1936～1937 年上半年的一年半时间里，连云港的货物吞吐量达 603 987 吨，具体详见下表（表 4-3）：

---

① 孙文：《建国方略》，中州古籍出版社，1998 年，第 241 页。

② 凌鸿勋：《中国铁路志》，文海出版社，1983 年影印，第 408 页。

③ 国民党中央党部经济计划委员会：《十年来之中国经济建设》（1927～1936）上篇第 1 章，南京古旧书店，1990 年影印，第 9 页。

④ 国民党中央党部经济计划委员会：《十年来之中国经济建设》（1927～1936）上篇第 1 章，南京古旧书店，1990 年影印，第 9 页。

表 4-3　　1936～1937 年上半年连云港货物吞吐量一览表　　　（单位：吨）

输出入　时间　航线	1936 年		1937 年上半年	
	输入	输出	输入	输出
连云港—上海	58 902	191 714	40 555	191 372
连云港—青岛	11 701	34 535	10 870	15 538
连云港—天津	—	1579	5123	—
连云港—南京	22 618	—	—	—
连云港—广东	—	137	—	5598
连云港—宁波	—	2743	—	—
连云港—日本	—	174 840	—	141 718
其他航线	7426	3462	4741	3687
合计	100 647	409 010	61 289	356 913

资料来源：江苏省地方志编纂委员会：《江苏省志·交通志》，江苏古籍出版社，2001 年，第 296 页。

　　为推进业务，1933 年 11 月，陇海铁路局与招商局签订水陆联运合同，制订水陆联运细则，开中国铁路与航运界联合运输之先河。水陆联运手续简便，费用低廉，运输便捷，而且负责赔偿，货到付款，故颇受货商欢迎。为推动水陆联运，陇海铁路局积极应对：其一，免征连云港转口税，既减轻了货商的负担，又吸引了陇海铁路沿线货物的大量输入。其二，从 1934 年 7 月起，实行船位费豁免一年的政策。水陆联运的推广，使连云港的进出口贸易至抗战前一直保持着持续快速增长的势头。这一情况可从下表得到印证（表 4-4）。

表 4-4　　1934～1937 年上半年连云港货物进出口量统计表　　　（单位：吨）

年份	出口	进口	合计	出超
1934	151 761.00	2 275.67	174 518.67	129 003.33
1935	279 255.40	68 551.40	374 806.80	210 704.00
1936	409 011.02	100 646.00	509 657.00	308 365.00
1937（上半年）	356 913.00	6 129.00	418 203.00	295 623.00

资料来源：郭孝义：《江苏航运史》（近代部分），人民交通出版社，1990 年，第 134 页。

　　由表 4-4 可见，连云港的货物吞吐量在 1934～1937 年上半年的 3 年多时间里，增幅较大。1935 年是 1934 年的 2.15 倍，1936 年比 1935 年增长 36%，1937 年仅上半年就已达到 1936 年全年的 82%。连云港货物吞吐量的快速增长，与煤炭输出量的逐年递增密切相关。1935 年，连云港煤炭输出量占当年总出口量的 35%，是当年吞吐量的 28.1%；1936 年出口煤炭 28.4 万吨，占当年总出口量的 69.43%，是当年吞吐量的 56.3%；1937 年上半年出口煤炭 33.45 万吨，达同期总出口量的 93.7%，占同期吞吐量的 80%[①]。原以输出花生、棉花、大豆等农副产品为主的连云港，逐渐变为以输出煤炭为主的沟通海、陆、内河的一大中转港。

蚌埠港位于蚌埠市区北面，淮河中游南岸，上航 60 公里至田家庵，下航 157 公里至洪泽湖口。道光、咸丰年间，皖北盐商从江苏板浦、淮阴一带用船贩盐至蚌埠，然后运销附近各县，蚌埠遂逐渐成为沿淮重要的私盐集散地。1908 年 11 月，津浦铁路淮河大桥动工，为运送建桥物资和民工，一时间从蚌埠古渡向上游的淮河岸边，千帆云集，桅杆林立，排成十余里长的船队。1912 年，纵贯淮河流域的津浦铁路全线通车。在铁路运输的强大吸力下，商贾纷至，舟楫云集，蚌埠"逐渐成为皖北重镇及农产品集散和工业品推销的商业城市"[②]。

此后，为扩大蚌埠港区停泊区域，又先后开挖两口船塘，铁路和公路可直达塘边，为船舶停靠、装卸及避险提供了方便。随着码头港区的不断扩建，大大小小的船行增至 217 户，拥有各种木船、驳船 2000 余艘，往来于此的船只常在千条之多[③]。昔日的蚌埠古渡已发展成拥有装卸码头、可供客货轮船出入的近代化大港。一些商号纷纷将仓库、货栈、钱庄设于港区附近，居民、商店、酒馆日益增多，千里长淮第一港的地位和美誉由此而奠定。

此外，为开发淮南煤矿兴起的淮南港，沟通平（京）汉、津浦两路的信阳港，淠河、颍河与淮河交汇处的正阳关，大运河、运盐河与淮河交叉点的淮阴港，以及为盐运服务的燕尾港、陈家港、杨集港等沿海小型港口，在这一时期也都获得了不同程度的改善和发展。

二、木帆船业的发展

淮河流域水运资源丰富，长期以来，木帆船一直是主要的水上交通工具。然而，当历史的车轮驶入近代，在轮运业兴起和漕运废止的双重冲击下，淮域木帆船运输业渐趋萧条。面对挑战，木帆船扬长避短，充分发挥自身小巧灵活、成本低廉、可在滩多水浅的支流航行等优势，仍然在两淮盐运、商贸运输及支流短途客运等方面发挥着不可替代的作用。

---

①　郭孝义：《江苏航运史》（近代部分），人民交通出版社，1990 年，第 134 页。
②　蚌埠市政协文史办公室等：《蚌埠工商史料》，安徽人民出版社，1987 年，第 226 页。
③　郭学东：《蚌埠城市史话》，新华出版社，1999 年，第 67 页。

（一）木帆船业面临的挑战

1. 漕运罢停对木帆船业的冲击

隋唐以后，农业经济重心南移，"黄河流域农村经济或停滞不前，或趋向衰落，而江南地区却迅速发展"①。为满足京师食粮需求，由南而北的漕粮运输渐成定制。清前期，官府每年都要从江苏、安徽、山东、河南等省定额征收漕粮400万石左右，取道运河运抵北京。

清中叶以后，社会经济发生重大变迁，征漕各省农田水利工程年久失修，自然灾害频仍，农业生产急剧下降。同时，由乾隆五十一年（1786）到咸丰元年（1851）的65年间，征漕各省人口以年均35%的速度急剧膨胀。农民无力继续照例完纳漕粮，拖欠累累，农民抗粮斗争层出不穷。在征漕诸省农业生产衰落之时，北方各省的农业生产却徐徐发展，除供本地百姓食用之外，仍有富余。这时，京师即使没有长江流域漕粮的接济，食粮供应亦不成问题。社会经济的发展，使漕运制度逐渐失去了赖以存在的基础。

嘉庆以后，沟通南北的大运河因河道废弛、年久失修而淤滞愈甚。1855年，黄河在铜瓦厢（今河南兰考东坝以西黄河北岸）决口，运河被南北阻断。此后，清政府虽多次对运河进行局部疏浚，但效果并不明显。经由河运的漕粮对于京师来讲，仅为杯水车薪而已。

自咸丰至同治朝，征漕各省政府相继对漕运制度进行改革。如安徽、河南等省在减轻漕赋的同时，将漕粮按价折征银钱；江苏、浙江等省将漕粮改行海运；山东省因临近运道，继行漕粮河运旧制。然而，受商品经济的冲击，漕运改革收效甚微。

到了清末，大量的战争耗费及战败赔款，使清政府面临国库日益空虚、财政日渐匮乏的窘境。为弥补财政亏空，1901年，清政府颁布停漕令："漕政日久弊生，层层剥蚀，上耗国库，下胘民生。当此时事艰难，财用匮乏，亟宜力除靡费，逐加整顿。著自本年为始，直省河运海运，一律改征折色，责成各督抚认真清厘"②。至此，历经千余年的官运漕粮制度退出了历史舞台。

漕运罢停后，扬州、清江浦等沿河城镇的经济随之逐渐衰落，经济中心南移至长江流域，淮河流域为漕粮服务的木帆船运输业和制造业亦渐趋萧条。

2. 轮运业兴起对木帆船业的冲击

在轮（汽）船尚未出现以前，木帆船作为淮河流域的主要水上工具，一直主宰着

---

① 李文治、江太新：《清代漕运》，中华书局，1995年，第3页。
② 朱寿朋：《光绪朝东华续录》卷168，光绪二十七年（1901年）七月二日。

流域航运业。然而，鸦片战争以后，西方轮运势力凭借不平等条约取得的特权逐步由沿海、沿江向内河延伸。淮域航运业亦被卷入这一潮流之中。尔后，民营轮运业几经挫折而艰难起步，招商内河轮船公司亦跻身于淮域内河航线的经营。为争揽生意，各轮船公司竞相降价，互相倾轧。1903 年 4 月 19 日《中外日报》如是记载："往来清江各小轮又创为大减价字样，照定价只取一半，间系泰昌、顺昌两家与丰和争揽生意，故有是举"①。

在激烈的市场竞争中，原本在运量、运速等方面处于劣势的木帆船运输业遭受重创，许多船户被迫停业，淮域运输格局由此而发生重大变迁。但从生产力的角度来讲，落后的木帆船被先进的轮船逐渐取代，是历史的进步，是不以人的意志为转移的必然趋势。轮船作为淮河流域最早引入的以机械为动力的运输工具，开启了流域交通运输现代化之先河。

（二）木帆船业的顽强发展

在轮运业和漕运废止的双重打击下，淮域木帆船运输业虽然一度趋向衰落。但随着淮北盐场的增辟和城乡经济商品化程度的提高，木帆船充分发挥自身小巧灵活、成本低廉的优势，渐渐走出低谷，依然在社会生产和商旅交往中占有一席之地。

1. 木帆船盐运

淮河流域盛产海盐，不仅产量高，且品质优良，历史上曾供应内地八省。淮盐的运销，无论是运商贩销还是场坨短驳，均以木帆船运输为主。可以说，食盐是近代淮域木帆船业一项稳定而可靠的货源。

甲午战争后，清政府为赔偿巨额赔款，不得不增加盐产，以期多征盐课。地处淮河临洪口以南、其时全国最大的淮南盐场，受黄河夺淮和诸河泛滥的影响，特别是黄河北徙后，海岸逐年向东淤涨，潮汐不至，产量日渐减少。1907 年，两江总督兼盐政大臣端方奏准清政府于灌河北岸乐丰镇以西的沿海地带开辟滩地 40 份，产盐接济南销，定名为济南盐场。济南盐场增辟后，邻近地区的盐户相继来此筑池晒盐，一些官绅亦来此增补池滩，设立制盐公司。宣统年间，张謇等人增补池滩 80 份，创建大阜制盐公司。此后，又有大德、公济、大有晋、大源、庆日新、裕通等 6 家制盐公司相继创办，号称济南盐场七公司。至此，淮北盐场的范围包括板浦、中兴、临兴、济南四盐场，年均产量增加几近 20 万吨，占两淮盐产总量的 70% 左右。清政府为了简化盐税课征及运销手续，于淮阴西坝设置盐厘总局，撤销其他局卡，盐船可自赴总局完纳厘

① 聂宝璋、朱荫贵：《中国近代航运史资料》第 2 辑，下册，中国社会科学出版社，2002 年，第 953 页。

金。淮北盐的运销条件得到了明显改善。

根据销售口岸的远近和运输条件的差异，淮北盐的运输方式有河运、海运和陆运三种。其中，板浦、临兴、中正三盐场的产盐，首先用小木船驳运至盐坨集中，再由盐船经各运盐河道驶至板埔新关查验。供应皖、豫及淮北的食盐，用木帆船从板浦顺盐河运至淮阴西坝再行转运。供应灌云、涟水、沭阳等县的食盐，经板浦新关查验后直接运达。板浦盐关在极盛时，每天出关盐船多达 80 余艘，运量在 500 吨以上①。海运路线，首先用木帆船将盐由坨地驳运至各场出海口，再以轮船运至十二圩总栈。据《中国盐政实录》记载，1922～1929 年，淮北盐场运往十二圩的食盐为 3404.5 万担，占淮北食盐销售总额的 58%，年均运量高达 425.56 万担，多由木帆船承运。经常停泊在十二圩的木帆船约在 2000 艘以上②。"舳舻衔尾，帆樯林立"，即是当时木帆船盐运的真实写照。

2. 木帆船粮运

淮河流域气候温和，土地肥沃，是粮食等农副产品的重要产区，历史上素有"江淮熟，天下足"的美誉。近代以来，随着淮河流域和毗邻的江南地区社会经济的进一步发展，淮域农副产品的商品化程度日益提高。在利益趋高原则的驱动下，农副产品的运输多由运价低廉的木帆船承担。如五河，地处淮河中下游，县境内淮、浍、漴、潼、沱五条河流纵横交错，是"沟通南北、互通有无的天然的粮食集散地"③。每到六、七、八三月夏粮上市季节，仅小麦交易量就达一亿市斤，"河下每天有几千条船只停靠，上起部台子，下至五里矿，十余里长的水面船桅林立，真有千帆竞发、百舸争游的气势。夜晚，登高处极目河下，桅灯闪烁，一片灯火辉煌，恰似一座海上不夜都市，又犹如十里长龙，蔚为壮观"④。又如坐落在淮河之西、涡河之南的怀远，因水路交通便利，"成为具有一定规模的商埠，曾被誉为'小南京'"。如六安、霍山等地的茶、麻、竹木和其他土特产品，永城、柘城、涡阳、蒙城、亳县等地的黄梨、柿子、板栗等干鲜水果，源源不断运至怀远。"河下码头停泊的船只经常是桅杆林立，成百上千"⑤。

镇江为江淮地区名噪一时的米市，每年都吸引苏北地区的大量米粮来此交易。这些米粮基本上全靠木帆船运输。其中，高邮、宝应、兴化等地的米粮，取道运河南运，经过邵伯时，如市价较好即行出售，否则再由运河出瓜洲口南运至镇江。距离镇江较

① 郭孝义：《江苏航运史》（近代部分），人民交通出版社，1990 年，第 73 页。
② 郭孝义：《轮船兴起后的江苏木帆船》，《西北第二民族学院学报》（哲社版）1990 年第 2 期。
③ 蚌埠市政协文史办公室等：《蚌埠工商史料》，安徽人民出版社，1987 年，第 278 页。
④ 蚌埠市政协文史办公室等：《蚌埠工商史料》，安徽人民出版社，1987 年，第 283 页。
⑤ 蚌埠市政协文史办公室等：《蚌埠工商史料》，安徽人民出版社，1987 年，第 302 页。

近的江都县的米粮，亦由运河经瓜洲口运抵镇江。东台县的米粮，则由盐运河经泰县、仙女庙运至镇江，具体情况详见下表（表4-5）：

表4-5　苏北部分地区至镇江米粮运输情况一览表

地名	路程（公里）	日期（天）	运费（元）	地名	路程（公里）	日期（天）	运费（元）
扬州	30	1	0.14	兴化	115	3	0.25
仙女庙	60	1.5	0.20	界首	105	3	0.24
泰县	100	3	0.24	宝应	200	5	0.30
邵伯	50	1.5	0.18	东台	150	4	0.29
高邮	83	2	0.21				

资料来源：郭孝义：《江苏航运史》（近代部分），人民交通出版社，1990年，第71页。

由表4-5可知，路程远近不同，行程时间与运费差别亦较大。其中，宝应距离镇江最远，约200公里，行程5天，每石运费0.3元。距离镇江最近的为扬州，仅有30公里，需时1日，每石运费为0.14元，其余各地运费一般在0.2元左右。

借助水路交通的便利，乌龙集（今河南淮滨）、漯河、蚌埠、邵伯、清江浦等地，成为淮域农副产品和工业产品互市的经营市场或转运的重要枢纽。各地农副产品的集散和运销，多由木帆船承担。农副产品市场的繁荣，带动了木帆船业的发展。木帆船从事商贸运输，又进一步拉动了城乡之间、地区之间的物资交流与经济往来。

在新式交通运输方式的冲击下，淮域木帆船业之所以能够顽强向前发展，主要是由下列因素推动的。

第一，淮域轮运业发展的不充分为木帆船业创造了发展的空间。近代以来，轮运业在淮河流域虽有发展，但受日益淤塞的河道和社会经济发展滞后等诸多因素的掣肘，航运设施落后，轮船修造业基础薄弱，轮船数量少，船龄长，吨位小，航程短，运能低。这一点可以从前面的1933年蚌埠轮船公司（轮局）一览表得以证实，表中所列的6家轮船公司规模均较小，不仅轮船数量少，吨位亦不大，多在4～10吨之间。淮域轮运业发展的缓慢与不充分，无法满足水上运输的需要。木帆船依旧是淮域水上运输不可或缺的交通工具。

第二，淮域航道状况为木帆船业的发展提供了客观条件。淮河流域河流纵横，水系发达。但受历史上黄河长期南泛夺淮的影响，淮河干支流航道屡遭泥沙淤塞，许多河段水浅且窄。清末以来，在社会各界的广泛关注下，导淮委员会和一些有识之士提出一系列"复淮"、"导淮"方案与措施，但受战争、资金、技术等多种因素的制约，大都流于议论，成效甚微。除淮河干流和较大支流可通行小轮外，多数支流及港湾河汊依然是木帆船驰骋的天地。

第三，充分发挥自身优势，是淮域木帆船业发展的主观条件。淮域木帆船船型众多，大小不一。大者百吨左右，小者仅1吨上下，可满足不同航道、不同货物的运输需求。除个别吨位较大的木帆船外，多数船体小巧，吃水较浅，对航道的要求较低。无论是较大的干支河流，还是乡村小河，只要有水路的地方，木帆船几乎皆可通达。此外，木帆船主要依靠人力和风力行驶，不需要燃料和润滑油等，技术含量较低，修理、保养都很简单，运输成本极为低廉。对于那些价廉量大、不求运输速度的物品而言，如盐、米、煤、铁、木材等，木帆船是最为实惠与便捷的交通运输工具。

三、船舶修造业的新旧并存

淮河流域盛产木材、桐油、麻等造船材料，又有淮河水系，沂、沭、泗水系和京杭运河相贯通，造船业历史十分悠久。在近代，以家庭为单位的淮域手工修造船工场根据不同水系的航道条件与运输需求，制造出许多类型各异的优质木帆船。与此同时，随着小轮公司的相继创办，轮船修造业开始在淮河流域逐渐起步。

1. 木帆船修造业的发展

近代以来，随着轮船的出现和漕运的罢停，淮域官办船厂纷纷解体，造船工匠东分西散，各自谋生，在水运条件较好的城镇和农村，逐步形成一家一户以手工操作为主的季节性修造船工场。

蚌埠、怀远、正阳关、阜阳、太和、泰州、清江浦等地，聚集了一批掌握木帆船修造技术的工匠。他们或组建工场，或分散经营。如泰州的渔行庄就是里下河地区木帆船修造工匠的聚居地之一。据统计，1931 年聚居该处的造船工匠多达 270 多家，全庄 90% 以上的劳动力都从事修造船劳动①。又如在盛产梓树、柏树等优质造船材料的太和，一度有 60 余家造船主②。在怀远，东自年家窝，西至龟山头，有 30 余家从事造船业。他们所造之船工艺较高，质坚耐用，得到船民的一致赞许。如胡玉生、张孟平、李凤友、倪献忠等工匠，不仅拥有高超的造船技艺，而且讲究信誉，善于招揽生意，在船民中久负盛名③。

修造木船有较强的季节性，夏秋两季以修理为主，冬春两季则集中制造木船。造船季节，造船业主雇用一部分临时技工，就地采购木材，沿水边滩地造船。值春秋运输旺季，船主将船出售，获利较丰。由于一些船户缺乏资金购船，有的船主则收取少量船价作抵，将船只出租。如泰州渔行庄周邦余、严登绪等造船业主，就有 90 多条盐船出租给船民，获利十分可观④。

---

① 郭孝义：《江苏航运史》（近代部分），人民交通出版社，1990 年，第 158 页。
② 马茂棠：《安徽航运史》，安徽人民出版社，1991 年，第 235 页。
③ 蚌埠市政协文史办公室等：《蚌埠工商史料》，安徽人民出版社，1987 年，第 306 页。
④ 郭孝义：《江苏航运史》（近代部分），人民交通出版社，1990 年，第 174 页。

为了适应不同水系的航道条件与运输需求，淮域造船工匠求变求新，制造出类型各异的优质木帆船。通常可分为货船、客船两种，"橹部高船舱高，一望而知其为客船；货船概不载客，常揭红旗以示区别，一般客船叫做太平船，其他货船常以地方而得一种名称，如扬州船号曰淮南方子……寿州船号曰万子"[1]。具体如下：

（1）粮划子，是航行于苏皖淮河下游与大运河的一种老式木帆船，因在宋、元、明时期承担南粮北调而得名，主要产于安徽及两淮一带。粮划子"船幅广而体短，有桅二根或三根……载重约八票（一票是一万斤）"[2]，以载重量大、稳定性好而颇受欢迎。

（2）对连划，是航行于淮河水系皖北、豫南一带的木帆船，由首尾两节结构基本相同的船体连接而成，又名两节头。对连划船型较小，船体细长，阻力小，航行快，载货利用率较高。两节船的首尾处用钢丝缆、链环和铁销连接，可根据需要随时拆拼。如遇狭窄河道，可解体掉头；遇弯曲航道，可分节航行；遇滩多搁浅，可解体脱浅，是适航于水浅、滩多、航道狭窄弯曲的淮河水系的优良船型之一。对连划的载重量因河段而异，从5至100吨不等，如在沙颍河上可载重30~50吨，在洪河、汝水上可载重20~30吨，在史河上可载重5~20吨[3]。由于对连划由两节船体连接而成，无纵向固定结构，节点处强度差，只适航于内河支流，不宜在大风大浪中航行。

（3）子船，航行于运河和洪泽湖之间，大多由运河各地及正阳关制造，主要用于运载盐及其他货物。

（4）小划子，是小商人于水上贩卖商品时乘坐的船只，主要往来于停泊的客船及民船之间，也有作摆渡之用，"长二丈余，宽四五尺，成一长方形"，可乘六七人[4]。

（5）南湾子船，主要用于运送旅客，形似房屋，吃水较深，通航于淮河至南京、芜湖、镇江等地。

（6）江斗子船，归税务局所属，主要用来监视偷漏税船只及河上巡逻，形状与南湾子船类似。

此外，还有用以保护商旅的河上巡逻警备船——驳划子、装运淮盐的盐船、政府官员来往乘坐的江船、运输杂粮的鲍杰子船、客货混装的扁子船与沙船等。除对连划外，其他均为单体船。单体船具有结构强度好、坚固耐久、抗风浪能力强、装卸方便等优点，适合航行于河宽水深的河段。兹将淮域江苏主要木帆船类型，列表如下（表4-6）：

① 曹觉生、龚光朗：《安徽交通之一瞥》，《安徽建设》第3卷第4号，1931年4月。
② 曹觉生、龚光朗：《安徽交通之一瞥》，《安徽建设》第3卷第4号，1931年4月。
③ 曹觉生、龚光朗：《安徽交通之一瞥》，《安徽建设》第3卷第4号，1931年4月。
④ 曹觉生、龚光朗：《安徽交通之一瞥》，《安徽建设》第3卷第4号，1931年4月。

表4-6 淮域江苏木帆船类型一览表

名称	吨位	航行区域	产地	备注
泰州关驳	15~70	长江、运河、内河	泰州渔行庄、扬州一带	江苏主要木帆船船型之一
海刁子	20~200	沿海	赣榆、新浦、墟沟一带出海口	—
粮划子	30吨左右	运河、苏北内河及长江	淮安、淮阴一带	—
米包子	20~45	运河	淮安	原为漕船，因以运粮为主而得名
伥粮划	20~30	江苏北部及山东等地	邳县、淮阴等地	原为漕船，因以运粮为主而得名
淮船	10~30	苏北内河	淮阴	—
淮摇子	30~40	苏北内河、长江下游	淮阴下厂、中洲一带	—
柴杆子	7~15	苏北内河	赣榆、新浦等地	盐运船
鸦稍船	20~30	苏北水网地区	泰州、淮阴	—
邵伯划子	10~30	里下河及苏皖邻近水域	扬州	航力较强的单桅粮船
高邮湖船	10~20	高邮湖及邻近内河	高邮	二桅木帆船
快口	10~20	长江下游、运河	泰州渔行庄	—
洪泽湖船	15~30	洪泽湖及邻近内河	淮阴、淮安	双桅运输船
钓钩船	15吨左右	苏北内河	泰州	盐运船
南河忙子船	30	长江、内河	淮阴、淮安	—
兔儿灯	15吨左右	苏北内河	海安	单桅运粮船
淮斗子	10~20	苏北内河	淮安	—
大运船	20~30	苏北内河	淮阴	双桅双篷运煤船
龟盖子	10	苏北内河	泗洪	单桅双桨杂货船
江船	30~70	长江下游	扬州	
南湾子	30~40	内河	淮阴	原系官船，后演变为"香船"，接送朝山进香客人，可供饭菜
横快子	—	苏北内河	扬州、泰州	
邵伯子斗子	10吨左右	苏北内河	泰州、扬州	客运航船
黄跨子	—	苏北内河	扬州	原系扬州、淮阴一带老先生乘用，可载客20多人，后为客运航船

资料来源：郭孝义：《江苏航运史》（近代部分），人民交通出版社，1990年，第159~162页。

从表4-6可见，这些木帆船载重量不等，功能与型号各异，是航行于淮域各水系的主要运输工具，对加强淮域各地物资交流、推动沿河集镇商品经济的发展起到了不可忽视的作用。

淮河上游及其南侧的浉河、小潢河、竹竿河、寨河、潢河、白露河、史河等支流，"穿行于山地和丘陵之间，具有山溪性河流的特点，河道比降较大，平均为 0.5‰，水流湍急，洪水暴涨暴落"[1]，仅能通行排筏。排筏又称毛排、乌排或竹排，是用加工油漆后的毛竹并列编扎而成，浮力大，吃水浅，无篷桅，全靠人力拉纤撑篙，航速较慢。排筏装货设备简陋，但对山区粮食、百货杂物等的运输，极为安全方便。抗战时期，安徽省政府迁至大别山腹地的立煌县，主要依靠排筏进行运输。1940 年 12 月安徽省驿运管理处成立后，还特别设置了管理排筏运输的机构，并制定了利于排筏运输的政策，如发给排民贴有照片的执照，凭证可免除兵役，鼓励民众从事排筏运输。当时，仅浉河就有排筏 541 对，史河有 300 对。这些排筏均被纳入驿运编组管理中，悉为军事编制，年运量可达 3 万吨左右[2]。

2. 轮船修造业的初创

20 世纪初，淮域各水系民营轮船公司相继建立。以机械为动力的轮船在与以人力、风力为动力的木帆船的同台竞争中，显示出极大的优越性。为利所诱，一些商人、官僚争相投资创办轮船公司。但在早期，外商和华资创办的船厂大都集中于上海，淮域官商购买、修理船只都要远赴上海，十分不便。为适应轮运业不断发展的需要，淮域出现了一些规模较小的民营轮船修理厂。如 1921 年在蚌埠成立的元昌机器厂，即是淮域较早开设的轮船修理厂，资本总额达 8000 元，由经理人马元成独立投资。由于资金有限，元昌机器厂的生产工具极为简陋，除斥资 3000 元从上海购置一架车床外，无造船台、船坞和其他设备。厂里无工程师，只有年龄在 14 ~ 18 岁之间的学徒 6 人，每年仅能修理 10 吨以内的小轮数只[3]。元昌机器厂的生产能力虽然极为低下，但却迈出了淮域民族轮船修造业自主发展的关键一步。解放以前，类似的私营船舶修造厂在蚌埠港区达 50 多家。这些船舶修造厂多为独资经营，少数为两户以上集资经营，规模小，技术力量薄弱，只能修造小型轮船的木质船体部分，大多采用来料加工和预付款项定购的形式，从事船舶修造业务。招揽到生意后，若自家人手不充足，则临时雇用一些工人露天作业。工程完毕后，工人便被辞去[4]。

1920 年后，淮河沿岸的蚌埠、正阳关、阜阳、太和、界首等地均可制造木质轮船。

---

① 水利部淮河水利委员会淮河志编纂委员会：《淮河综述志》，科学出版社，2000 年，第 88 页。
② 马茂棠：《安徽航运史》，安徽人民出版社，1991 年，第 262 页。
③ 《十八年度安徽航政概况》，《安徽建设》第 3 卷第 6 号，1931 年 6 月。
④ 蚌埠市政协文史办公室等：《蚌埠工商史料》，安徽人民出版社，1987 年，第 158 页。

淮域早期自制的木质轮船，主机多采用旧式烧球式柴油机或用旧汽车引擎改烧煤气，吨位较小，以载客为主，兼载货物。木质轮船的建造，标明淮域轮船制造业已向近代化迈进。

1935 年，华商淮南大通煤矿机厂为解决产煤外运问题，由煤矿代理人王德淄组织带领机厂职工，仿照航行于淮河的钢质轮船，在田家庵淮河岸边制造了淮域安徽第一艘钢质拖轮——大通三号。该船船体为铆焊结构，锅炉、蒸汽机及船体的传动推进系统均为自制，拖力和航速在当时淮河钢质拖轮中位居领先地位。"大通三号"的问世，充分彰显了淮域造船工人的创新精神。淮域以木帆船为主要航运工具的时代正逐步向轮运时代转型。

四、航运法规及航运组织

为维护航权，加强对航运的管理，民国建立后，从中央到淮域地方政府都建立了相应的航政管理机构，并颁行了一系列相关的航运章程与法规。同时，航业公会在淮域部分地区相继建立，有效扼制了行业间的恶性竞争，维护了行业的共同利益。此外，一些控制民船运输的船行和民船帮会依然活跃于淮河流域。

1. 航政管理机构的演变与航运法规的出台

1912 年，北京政府交通部成立，下设航政司，主管航务、船舶、海事等相关事项，但实权仍操纵在海关手中。1928 年，经行政院明确规定，全国航政属交通部管理。1930 年，交通部专门设立航政局，接管了海关移交的部分航政权。1931 年 7 月，上海航政局成立，兼管苏、浙、皖三省航政。随后，上海航政局在蚌埠、海州等地设立办事处，并在盱眙、正阳、扬州、清江浦等地设立登记所，专门负责船舶的丈量、检查及注册等事宜。1933 年，交通部对中央航政与地方政府办理航船行政事务的范围进行划分，规定总吨位在 20 吨以上的轮船、容量在 200 担以上的航海帆船及 200 担以上的机动帆船归中央航政管理。1933 年，交通部规定，设有航政办事处的地方必须设立船籍港，未设立者，由邻近航政局或办事处兼理。

除上述管理机构外，南京国民政府成立后，淮域四省建设厅对地方航政拥有兼管权。此外，河南省淮河通航河段的民船，大都由安徽省蚌埠、寿县、界首等地的水上组织机构管理。如 1929 年，蚌埠长淮水上警察局下设三河尖分局与新蔡派出所。1941年，安徽省驿运管理处在三河尖、乌龙集（今淮滨）、新蔡等地设立驿运站，对民船运送军粮进行管理。1942 年，国民党第三十一集团军汤恩伯部在安徽省界首一带，设立"鲁、苏、皖、豫边区总司令部沙河船舶管理处"，并先后在河南境内沙颍河沿河的水寨、周口、漯河、襄城、淮河上游沿河的三河尖、乌龙集与洪河的新蔡等港口设立了

"船舶管理所"。该船舶管理处对西自襄县东迄正阳关沿沙河河内所有船舶拥有指挥管理权[①]。

为使国家航政机关有效地行使船舶管理及技术监督的权力，1928 年，交通部拟订《航政海政大纲》，确定航政职权，主要包括：关于航班路及航行标识之管理监督事项；关于管理并经营国营航运事项；关于民营航业监督事项；关于船舶发照注册事项；关于计划筑港及疏浚航路事项；关于管理及监督船员、船舶、造船事项；关于改善船员待遇事项；其他航政事项。1932 年后，南京国民政府陆续颁布多项航政管理法规，如《海商法》、《船舶法》、《船舶登记法》、《船舶国籍证书应行遵守办法》、《码头船注册给照章程》、《驳船管理章程》、《船舶丈量章程》、《水轮丈量检查注册发照章程》等。

除全国性法规外，淮域四省还制订了一些地方性法规。如 1923 年江苏省航政局成立后，颁行《江苏省航政局暂行章程》，但因其时政权更迭频繁，海关分庭抗礼，该章程并未落到实处。1930 年 11 月，江苏省政府委员会通过《江苏省建设厅内河轮船行驶证请领手续》，对行驶证的办理手续、各轮船的始发时间及起讫地点等均作了明确规定。该章程的出台，"直接可以消弭纠纷，使各航商不得霸占航路，间接可以支配全省航轮匀布于各航线之内"[②]。

1929 年，河南省建设厅颁布《河南省商船领照暂行简章》，规定：凡以营运为目的的各种船只，均应呈请建设厅核发执照；凡领有商船执照的船只，"由建设厅行知地方官厅妥予保护"；凡未领有商船执照的船只，不得在河南省境内行驶营运，但过境而不承揽客货的船只，不在此限；航业执照有效期为一年；呈请领照者，凡载重在 10 吨以上的，纳费 5 元，载重未满 10 吨者，纳费 3 元[③]。同年，河南省建设厅还颁行了《河南省航业公会暂行简章》。简章规定："航业公会于航业繁盛地方设立之，但同一地方不得更设性质相同之公会"，并且"须由经营航业者五人以上之发起，并缮拟会章及发起人名册直接呈请河南省建设厅或由地方官厅转呈设立之"[④]。

航政管理机构的建立与航运章程的制定，使淮域航运管理趋于规范化，对维护航权、保护航商利益、抑制行业间的恶性竞争大有裨益，有效推动了淮域航运业的进一步发展。

2. 航运组织

航业公会，原名商船公会，设立于 1906 年[⑤]。20 世纪初，为保护航业，维护航权，

---

① 参见张圣城：《河南航运史》，人民交通出版社，1989 年，第 193、194 页。
② 赵如珩：《江苏省鉴》第 5 章，上海大文印刷所，1935 年，第 2 页。
③ 河南省地方史志编纂委员会：《河南省志·公路交通志、内河航运志》，河南人民出版社，1991 年，第 105、106 页。
④ 参见张圣城：《河南航运史》，人民交通出版社，1989 年，第 195 页。
⑤ 交通部铁道部交通史编纂委员会：《交通史航政编》第 1 册，1935 年，第 103 页。

盐城、清江浦、扬州等地曾设有商船分会。但是，在少数地方势力的把持下，一些地方分支会以保护、整顿航业为名，强令轮船、民船船户入会，对其进行任意勒索。如"淮北支会竟然募匪集船，派旗索费……江都分会苛捐划船……兴化分会强封船只，逼勒捐钱"①，完全违背了船会保护航业的初衷。1913 年，江苏省政府根据省议会"诚恐借公会之名，抑勒商民，请即撤销"的决议②，将商船总会及分支会撤销。

1927 年 12 月，南京国民政府交通部颁行《交通部航业公会章程》，规定："航业公会于航业繁盛地方设立之，但同一地方不得更设性质相同之公会"。航业公会管理的事务主要有：关于维持航业上公共营运并研究改良发达事项；关于条陈航业之利弊及一切进行事项；关于办理航业上公益事项；关于调查航业事项；关于编制航业表册事项；关于研究造船转运事业之改良发达事项；关于航业上争议经双方请求调查之事项；关于交通部委托事项；关于条陈收回外航事项；关于条陈改良港务及疏浚河道事项；关于调查水上保险之利弊及条陈改良事项；关于条陈旅客安宁及防盗事项；关于条陈开辟航线事项。航业公会如有"违背本章程及妨害公益或受人把持利用时"，交通部依法给予程度不同的处分，包括：取消议决事项、解免职员职务、令行改组、停止或解散该会③。从章程内容看，航业公会是集轮船业与民船业于一身的具有官方性质的航商同业航运机构，以"发展航业，增进同业利益"为宗旨，代行地方建设厅管理航运业。

该章程公布后，淮域一些地方航业公会相继成立。如蚌埠航业公会由长淮航商孙子斌、刘殿友等人发起，原定名称为"长淮航业公会暨长淮航业公会筹备所"，后经交通部核定，定名为"蚌埠航业公会"，并"令刘殿友与孙子斌等暨该会全体航民联合办理，以资团结，而免纠纷。"但自该会成立以来，派别分歧，互控不休，"刘殿友等则控孙子斌等勒索敛财，卷逃公款。孙子斌则控刘殿友等肆词诬蔑，乘机捣乱。"发起人各分派别，互相攻击，显然与"该会主旨，大相违背"，成立不久即被勒令解散④。从蚌埠航业公会兴衰的短暂历程可以看出，处于初始阶段的航业公会还很不成熟，在人员配备及财物管理上存在诸多漏洞。

轮船和帆船差别较大，统一进行管理确有诸多弊端。轮船由轮船公司经营，并具体规定航线、码头等，对于航道的要求较高。民船属个体经营，对航线、码头等无明确规定，对航道要求亦较低，几乎有水道即可通航。所以，随着航运业的发展，将二者分开管理已势在必行。从 1931 年起，淮域各地航业公会分别改为轮船业公会与民船业公会。1932 年，在蚌埠商会组织下，"蚌埠轮船同业工会"成立。翌年，为协调矛盾，轮船同业工会协商将十多家轮船公司联合组成"长淮民营轮业合组公票处"⑤。所

---

① 江苏省行政公署实业司：《江苏省实业行政报告书》第 9 编，第 13 页。
② 江苏省行政公署实业司：《江苏省实业行政报告书》第 9 编，第 13 页。
③ 蔡鸿源：《民国法规集成》，黄山书社，1999 年，第 305 页。
④ 《十八年度安徽航政概况》，《安徽建设》第 3 卷第 6 号，1931 年 6 月。
⑤ 蚌埠市政协蚌埠市志编纂委员会：《蚌埠古今》第 1 辑，1982 年，第 68 页。

有入股公司共同签订合同，统一班次与票价，实行联合经营。同业公会的成立，有效扼制了同行业之间的恶性竞争。

此外，一些控制民船运输的船行和民船帮会依然活跃于淮河流域。船行，大多由当地士绅或船主开设。船行通常提取5%的运费作为佣金，主要为船主招揽货源、代办装卸、代结运费，兼及协调船民之间、船民与货主之间的关系。船行在成立之初，着实在承托运方面为货主和船民提供了一定便利。但不久，船行即演变为由安青帮头目控制的帮会组织。他们仗势从货物装卸、运输配载、运费结算等环节，对当地的民船运输施行严格控制。各港口的货物大都被当地的船行包揽，港口越大，船行越多。船民到港必须向船行"贡献"礼物，否则，或不予配货，或不予装卸，或施以重罚，甚至私设公堂，非法处置船民。

民国时期，沙颍河上的周口为豫东一大重镇与中原水上枢纽。民船从周口起航，溯沙河西上通漯河，可直达襄城；下航经阜阳、正阳关通蚌埠，并可跨长江，直达上海。商水、西华、扶沟、太康、淮阴等地的粮食、芝麻、金针菜等土特产外运，天津、上海、汉口等地的百杂货内销，大都以周口为转运中枢。当时，周口有船行20多家，所有粮食、杂货、煤炭、油料等货源均掌控于船行之手。沙颍河上的其他港口亦然，如槐店有船行4家，水寨有1家，漯河有6家，襄城有3家。船行为船民介绍运输业务，所收佣金高达运费的20%~60%。此外，淮河上游的乌龙集、三河尖等处还有"过载行"多处，专门为大小船只或船只与排筏之间中转货物办理手续并解决商务纠纷，收取30%运费作为佣金。

在船行的垄断和操纵下，淮域航运运价往往因河、因时而异，没有统一而固定的标准，十分混乱。如沙颍河，较早运价按银元、铜钱计算，后又改为按粮食折价计算。淮河上游及其南侧支流史河、潢水上的帆船、竹排等运价亦无定规。其中，运送食盐按总价的10%计费，运送粮食按每石五升至一斗计费，运送麻、茶等其他货物，按总价的一至三成计费。在"货大压行，行大压货"的复杂情况下，运价随时涨落，个体民船和广大船工生活极其艰难。

船帮，是指常在外省或外港营运的同一乡籍或同一地区的船民，按同业或同乡关系自发结成的航运组织，以便于合心经营，增强对外竞争力，保护自身利益，从而更好地谋生经营。从这个意义上讲，船帮可以说是建立在经济和乡土观念基础上的一种封建性、排他性的船民组织。如颍上、阜阳的"颍河帮"、淮河上的"淮河帮"，即是按地缘关系组织的船帮。船上插有"三角形旗子"，旗边镶有红、黄、蓝、绿等颜色，以示帮别。苏北的三江帮，则是因运载淮盐而结成的同业船帮，拥有各类帮船上千只。淮域民船较多，船帮组织亦是多种多样，这一点从下面的1913年苏北民船船帮概况表即可窥见一斑（表4-7）。

表 4-7　1913 年苏北民船船帮概况表

船帮名称	往返地点	载重量（石）	船只数（只）
洋木头帮	徐州窑湾至济宁等处	300～1000	约 2000
黄跨子帮	镇江至济宁等处	300～600	约 300
新河帮	清江浦、杨庄至台儿庄等处	100～200	约 1000
山河扁帮	徐州窑湾至三河等处	100～200	约 400
粮划帮	镇江至台儿庄等处	600～2000	约 400
淮河帮	清江浦至常州	400～1000	约 500
湖北黄陂扁子帮	常州、镇江至瓜洲、亳县、寿县、颍上等县	300～700	约 2000
西河帮	镇江南至苏州、常州；北至正阳关、周家口	200～800	约 3000
小贩帮	常州、无锡至安徽等处	100～400	约 1000
湖北鸦梢帮	徐州窑湾至正阳关，南行至常州、镇江	100～600	约 3000
南湾内载帮	扬州、邵伯至镇江、常州	100～400	约 300
邵伯划子帮	扬州、邵伯至镇江、常州	100～200	约 1000
宝应板船帮	宝应、扬州至镇江、常州	数十至百余石	500
高邮湖船帮	高邮、扬州至镇江、常州	100～200	2000
下河涵划帮	兴化、盐城至扬州、镇江	50～100	1500
柴船帮	江宁至镇江、扬州等处	100～700	1000
票盐湖贩帮	清江西坝至正阳关	100～800	2000

资料来源：郭孝义：《江苏航运史》（近代部分），人民交通出版社，1990 年，第 75 页。

由表 4-7 可知，苏北地区的船帮规模较大，从船只数量来看，大部分拥有民船千只以上，千只以下的只有 7 家，仅占总数的 39%。

第二节　近代公路体系的初步建立

淮河流域地处南北交通要冲，区位优势独特。民国时期，在南京国民政府的督建和豫、皖、苏、鲁四省政府的努力下，淮域公路从无到有，突破省界，彼此联络，基本形成了以主要城市为中心向外辐射的公路网络。与此同时，淮域民族工商业发展步伐加快，商旅往来和物资流通日益活跃。适应经济发展的需要，一批以经营汽车运输为业的汽车公司应运而生。以社会经济发展为契机，为物资集散和流通服务的传统城镇短途运输业和搬运装卸业获得了新的发展空间。

一、公路机构的设立与公路建设

"盖公路之效用，不惟对于农产之调节，原料之转运，物殖之货迁，有相当之饮助。即在国防上，政治上，文化上，亦具莫大之使命"①。民国建立后，随着新式筑路方法和汽车的引入，新式道路逐步取代了旧有驿道。此种新兴之道路，初称"汽车路"。1927年国民政府定都南京后，改称公路，其效用愈益为各界所认识。

（一）公路体系建设

1. 公路机构的建立及公路网的厘定

南京国民政府成立前，除安徽省于1922年设立管理道路的省级机构——省道局外，苏、豫、鲁三省均"未设有专司公路之机关，一切设施，均各自为政，散漫简陋，在所难免，更无标准之可言"②。

1914年，淮扬护军使调集军队修筑从清江浦沿古驿道至新安镇的军用道路，宽4米，这也是淮域较早修筑的汽车路。随后，该路向北延伸至海州，部分路段可通行汽车。1925年7月，江苏省兵工筑路局成立，计划在海州至清江浦、灌云至如皋、赣榆至双墩埠、清江浦至瓜洲等线路上，利用当地驻军试行兵工筑路。1925年10月，直奉战争爆发，除修筑海州至清江浦的几段公路外，大部分计划落空。1926年，徐州驻军总司令招集铜山、沛县、丰县等8县知事开会，拟修筑铜山至沛县、丰县、萧县、睢宁及宿县等地的汽车路，结果亦是虎头蛇尾，不了了之。

随着汽车在陆路交通上的大量使用，淮域出现了一批以经营汽车运输为业的商办汽车公司。由于旧有道路无法满足汽车行驶的需要，为行车谋利，一些商办汽车公司自筹资金修筑道路。1920年，商办淮北长途汽车公司在原骡马车道的基础上，修筑泗县至五河的汽车路，全长45公里，宽7～8米。1923年，该公司又修建蚌埠至亳县、蚌埠经阜阳至颍上的汽车路，但因"经济人才之缺乏"，所有路线、桥涵"未能适合工程标准"③。同年，扬州江北长途汽车公司修竣扬州至六圩的镇扬路。该路全长仅有14.56公里，以碎砖煤屑铺筑，雨天可以通车，堪称淮域汽车路的优质工程与典范。镇扬路通车后，清江浦的绅商也不甘落后。1924年春，部分绅商集议修筑汽车路。经地方政府批准，江北路政总局于清江浦成立。1926年，在该局的主持下，修成清江浦至宝应、清江浦至泗阳众兴镇、清江浦至涟水、清江浦至沭阳钱家集的4条汽车路，计长175公里。

除军工和商人筑路外，华洋义赈会采用以工代赈的办法也在淮域修筑了一些汽车路。如1920年，修筑济宁至曹州（今菏泽）的汽车路，1922年，修成蚌埠至怀远、蒙城至怀远、蒙城至阜阳、涡阳至亳县、亳县至太和、宿县至泗县、灵璧至固镇等多条

①　吴时霖：《江苏公路建设之过去现在与将来》，《中国建设》第10卷第1、2期合刊，1934年2月。
②　吴时霖：《江苏公路建设之过去现在与将来》，《中国建设》第10卷第1、2期合刊，1934年2月。
③　王景萱：《安徽省公路工程概况》，《经济建设半月刊》第9期，1937年2月16日。

汽车路。

1927 年以前，在公路建设上，淮域四省各自为政，没有统一的规划和技术标准。所修公路大部分是在原有驿道和大道基础上因陋就简改建而成的土路，工程标准极低。商办汽车公司只注重眼前利益，很少注意公路的养护和修理，稍遇雨雪，车辆便无法通行。但应该肯定的是，汽车路的出现和汽车的使用，开启了淮域陆路交通革命之先河，公路建设热潮接踵掀起。

公路作为一项关系国计民生的重要基础设施，须由主管机构进行统一规划与建设。南京国民政府成立后，淮域各省相继成立了主管公路建设与运输的机构。

1927 年 7 月，江苏省建设厅成立，公路建设与交通运输划归建设厅主管。随后，隶属于江苏省建设厅的省辖各县建设局亦相继建立，负责全县道路的修筑等一切交通事宜。同年，为"从事于公路之规划，厘定公路网"[1]，设立全省公路筹备处。在公路筹备处的统筹下，经全省建设人员会议集中讨论，统一道路修建标准：（甲）省与省之间的重要交通道路及重要城市、商埠、要塞、港口之间互相联络的道路，统称为省道，宽 9 米；（乙）县与县之间的主要交通道路及重要乡镇通达县治、港口、铁路、工厂、矿山、名胜之道路，统称为县道，宽 7 米；（丙）镇与镇之间的交通道路及各村镇与县道及学校工厂等相衔接之道路，统称为乡道，宽 6 米[2]。会议根据"与邻省之重要城市联络，以谋声气相通"的原则[3]，将全省省道规划为 18 条，其中有 9 条经过淮河流域，具体详见下表（表 4-8）：

表 4-8　1928 年淮域江苏省道规划一览表

路名	途经淮河流域的地点	里程（里）
通榆路	东台、盐城、阜宁、灌云、海州、赣榆等	800
东滁路	扬州	苏境长 234 里
徐海路	八义集、新安镇、山后街等	405
瓜鱼路	扬州、高邮、宝应、淮安、淮阴、泗阳、睢宁、徐州、丰县等	893
泗邳路	众兴、宿迁、邳县等	250
江淮路	天长、淮阴等	苏境长 305 里
淮海路	胡家集、沭阳等	239
徐宿路	南望、姚楼、萧县杜家集等	苏境长 105 里
沭郯路	新安镇、红花镇等	苏境长 80 里

资料来源：《江苏全省公路大纲》，《中央日报》1930 年 1 月 1 日。

---

[1]　国民党中央党部经济计划委员会：《十年来之中国经济建设》（1927～1936）下篇第 3 章，南京古旧书店，1990 年影印，第 26 页。

[2]　吴时霖：《江苏公路建设之过去现在与将来》，《中国建设》第 10 卷第 1、2 期合刊，1934 年 2 月。

[3]　吴时霖：《江苏公路建设之过去现在与将来》，《中国建设》第 10 卷第 1、2 期合刊，1934 年 2 月。

1928 年 11 月，在公路筹备处的基础上，江苏省公路局在南京正式成立，主管全省公路的设计、修筑、管理与营运等。1931 年 10 月，省公路局在机构紧缩中被裁并，省建修建工程由建设厅直接设立工程处具体负责施工。1932 年后，因时事变迁，江苏省道线路屡有增废，但公路网的基本结构布局却大体如故，只是在具体实施中，受经费制约，"数年于兹，已成公路不及十分之二"[①]。

1929 年 6 月，河南省公路局成立，负责全省公路的修筑与管理，先后修成开郑（开封至郑州）、开考（开封至兰考）、开周（开封至周口）、开许（开封至许昌）、许南（许昌至南阳）、信固（信阳至固始）等多条线路，均能通行汽车[②]。1930 年，中原大战爆发，"路政工程，悉行废弛"[③]。战争平息后，公路局重新恢复，并依据各地经济状况及人民需要，拟定第一期省道干线修筑计划。兹将经过淮域的公路线路，列表如下（表4-9）：

表 4-9　1930 年淮域河南省道干线计划表

路名	经由地点	里程（里）
考邓线	考城、兰封、开封、尉氏、洧川、许昌、襄县、叶县等	920
安商线	封邱、开封、陈留、杞县、太康、淮阴、项城、新蔡、潢川、商城等	1280
陕三线	信阳、罗山、潢川、固始、三河尖等	1870
永叶线	永城、商丘、鹿邑、淮阳、周口、鄢城、舞阳、叶县等	840
郑南线	登封、临汝、鲁山等	640
洛许线	临汝、郏县、禹县等	490

资料来源：张静愚：《二十一年河南省之交通建设》，《交通杂志》第 1 卷第 5 期，1933 年 2 月。

南京国民政府成立后，山东省公路事业由省政府下设的建设厅主管。1928 年，建设厅实行干线设局制，分设利菏、济曹等汽车路局。1930 年，建设厅为统筹运输及便于公路的管理与养护，改行分区设局制，将全省公路划为兖曹、泰沂等六个区，"以期所有各路线平均发展，籍交通以维持路政"[④]。同时，建设厅拟定县道建设计划，并筹集修路专款，"通令各县依限兴修，于是新路骤增"[⑤]。

1932 年安徽省政府改组，由省府委员、前省道局局长程振钧接任建设厅厅长。为了督建苏、渐、皖三省联络公路，于建设厅下设安徽省公路局，负责本省公路的建筑、修养与管理。

---

①　沈百先：《江苏一年来之交通》，《交通杂志》第 2 卷第 5 期，1934 年 4 月。

②　《河南新志》，卷 12，1929 年刊本，中州古籍出版社，1990 年重印，第 771 页。

③　张静愚：《二十一年河南省之交通建设》，《交通杂志》第 1 卷第 5 期，1933 年 2 月。

④　《中央日报》1931 年 7 月 7 日。

⑤　国民党中央党部经济计划委员会：《十年来之中国经济建设》（1927～1936）第 14 章，南京古旧书店，1990 年影印，第 24 页。

从整体上看，在 1927～1932 年的五年时间里，淮域公路建设进展较快。通过下表，可以窥知这一时期的公路修建绩效（表 4-10）。

表 4-10　1927～1929 年 4 月淮域公路修筑情况一览表

路名	起讫地点	全线里数（里）	已成里数（里）	备注
瓜徐路	瓜洲—徐州	220	36	测量中
赣海路	赣榆—小东关	45	45	整理中
青洋港路	青口—三角洋	19	10	—
东海	新东新大二线及东灌路	60	60	已通车
大开路	大浦—开泰码头	18	10	—
清涟路	清江浦—涟水	20	20	已通车
沭淮路	清江浦—钱集	80	80	—
淮盱路	清江浦—张圩	42	42	—
江北路	清江浦—宜兴 清江浦—涟水 清江浦—高邮	80 70 110	250	—
镇扬路	镇江—扬州	50	50	已通车
沭淮路	沭阳—钱集	60	60	修理中
沭海路	沭阳—东海	60	60	修理中
沭新路	沭阳—新安镇	90	90	修理中
泗宿路	泗阳—洋河镇	56	56	修理中
泗沭路	泗阳—潘庄	63	63	尚未完成
宿泗路	宿迁—洋河镇	38	38	修理中
宿睢路	宿迁—沙集	20	20	修理中
铜睢路	—	100	100	—
铜沛路	徐城—沛县	90	90	修理中
铜萧路	萧县—姚楼	16	16	—
萧砀路	萧县—杨凹	54	54	—
丰沛路	丰县—朱截桥	20	20	—
丰鱼路	丰县—纪楼	25	25	—
丰砀路	纪楼—砀山	42	42	—
萧砀路	萧县—砀山	51	51	—
潍峄路	潍县—峄县	580	195	—
利菏路	利津—菏泽	750	750	已通车
济孔路	济宁—孔庄	300	300	已通车

续表

路名	起讫地点	全线里数（里）	已成里数（里）	备注
济泰路	济宁—泰安	240	240	已通车
济汴路	济南—开封	480	480	已通车
定砀路	定陶—砀山	210	210	已通车
金虞路	金乡—虞城	140	140	已通车
嘉鱼路	嘉祥—鱼台	120	120	已通车
开周路	开封—周家口	330	330	—
开郑路	开封—郑州	53	53	—
开尉大道	开封—尉氏	70	70	民工修筑
尉氏衙前马路	尉氏城内衙前街路	3	3	商民修筑
尉洧大道	尉氏—洧川	50	50	
开兰路陈留段	陈留县招讨营—曲兴集	20	20	民工修筑
兰封城厢道路	城内四街道路及赴车站道路	3	3	民工修筑
兰考大道	兰封—考城	40	40	—
商丘赴车站马路	商丘县城北门外至车站	15	15	民工修筑
宁陵城西大道	宁陵县城西关起至交界止	30	30	民工修筑
虞城赴车站马路	虞城—马牧车站	30	30	未竣
柘睢大道	柘城—睢县	30	30	民工修筑已完工
睢县东大路	东关外—甫君庙	25	25	民工修筑
睢县西大路	西关—赵楼村	35	35	民工修筑
睢县北大路	北关—花园	40	40	民工修筑
西扶大道	西华—扶沟	80	80	民工修筑
鹿邑东赴亳大道	鹿邑东门—薛庙	18	18	民工修筑
鹿邑西赴淮大道	鹿邑西门—仁兴集	70	70	民工修筑
鹿邑赴皖大道	鹿邑南门—白马驿	70	70	民工修筑
鹿邑赴商大道	鹿邑北门—十字河	60	60	民工修筑
许长大道	许昌北关—长葛	60	60	民工修筑
许襄大道	许昌西关—襄县	90	90	民工修筑
长许大道	长葛南门—许昌	12	12	民工修筑
长和马路	长葛西门—和尚桥车站	15	15	民工修筑
鄢陵赴扶沟大道	鄢陵城关—扶沟	40	40	民工修筑
鄢陵赴许昌大道	鄢陵城关—许昌	80	80	民工修筑
鄢陵赴西华大道	鄢陵城关—西华	110	110	民工修筑

续表

路名	起讫地点	全线里数（里）	已成里数（里）	备注
鄢陵赴尉氏大道	鄢陵城关—尉氏	80	80	民工修筑
尉许大道	尉氏—许昌	40	20	民工修筑
郾舞大道	郾城—舞阳	100	100	民工修筑
郾城赴车站大道	郾城城关—漯河车站	8	8	民工修筑
归亳路	归德—亳州	190	190	已通车
蚌亳路	蚌埠—亳州	380	380	已通车
宿阜路	宿州—阜阳	280	140	已通车
固泗路	固镇—泗州	160	160	已通车
五泗路	五河—泗州	90	90	已通车
寿亳路	寿县—亳州	450	450	已通车
寿舒路	寿县—舒城	330	50	已通车
怀正路	怀远—正阳关	220	220	已通车
蚌合路	蚌埠—合肥	350	350	已通车
寿六路	寿县—六安	180	180	已通车
六霍路	六安—霍山	120	120	已通车

注：另有淮淮、淮宝、淮阜、淮涟四路，总长300里，均已筑成。

资料来源：刘郁樱：《全国道路一览表》，《安徽建设》第3、4号合刊，1929年4月。

从表4-10可见，淮域公路多为民工修筑。从已成公路总长看，淮域山东位居第一。

2. 七省公路会议与公路网的修正

南京国民政府建立后，淮域公路建设虽取得一定进展，但省自为政的局面仍然没有改变，省际联络路线较少，不利于各省之间的经济发展及商旅往来。对此，全国经济委员会亦有深刻认识："鉴于公路为国家经济建设之要政，并因以往各省建筑公路，大多各自为政，不相联络，非有统筹之规划不为功。"[1] 1932年11月，国民政府军事委员会在汉口召开苏、浙、皖、赣、鄂、湘、豫七省公路会议，议定11条七省联络公路干线，规定工程标准，由全国经济委员会负责督造。其中，有5条经过淮河流域，即京陕干线，途经六安、叶家集、张老埠、商城、潢川、罗山、信阳等地；汴粤干线，途经开封、周家口、潢川等地；商祁干线，途经商丘、太和、正阳关、六安等地；京鲁干线，途经蒋坝、淮阴、宿迁、邳县、台儿庄等地；海郑干线，途经东海、宿迁、

---

[1] 周一士：《中国公路史》，文海出版社，1957年影印，第127页。

睢宁、铜山、萧县、永城、商丘、睢县、杞县、开封、郑州等地[①]。此后，淮域各省以七省公路联络干线为基础，对已有筑路计划作了进一步调整。

1932 年冬，江苏省"将全省路网，根据七省公路会议议决案，并参酌本省交通需要，更加厘定。除将七省公路线列入外，并以各县县治所在地，均有路线可通，俾边陬县份，亦可于最短时间内，直达省会为原则"[②]，规划 8 条干线，37 条支线。翌年，江苏省建设厅制定"公路建设的三年实施计划"，议定从1934～1936 年的三年内，分三期完成上述规划。期间，公路"组织虽经更变，而事业之进行，则曾未稍行停顿"[③]。至1934 年12 月，淮域江苏新增干支各线达 1462.2 公里[④]。

七省公路会议后，安徽、河南两省也对原有筑路计划进行调整，并制定具体实施计划，公路建设进程加快。至1934 年，淮域安徽土路通车路段 36 条，计长 2783 公里；培修已通车土路 11 条，计长 908 公里；督修军用土路 12 条，计长 649 公里；自办行车及商办行车的路段有合蚌路及合六路两线，计长 179 公里[⑤]。建设初期，因"需要上缓急之不同"，"全力于皖南各路之修筑"[⑥]，长江以北"仅就干线加以整理改善，支线则遴派工程人员，指导各县征工，修筑路基，搭建临时桥涵，勉维土路通车而已"。1935 年，皖南各路已次第完成。1936 年后，"因国防需要，及谋农村兴复并促进全省公路路线网之完成"，公路修筑重心从皖南转移至"皖东西北"[⑦]，"将全部人员调筑皖北各路，并成立工程处多处"[⑧]，"凡路线之应联络互通者，分别测量施工，原有土路之不合工程标准者，取直培宽，并重建桥涵，使敷载重，铺筑路面，以利行车"[⑨]。

经过调整，淮域河南已成路段主要有汴粤干线开项路、京陕干线信潢段、京陕干线商叶路、开宛干线开郑路等 22 条，计长 2276 公里。正在修筑的有京陕干线潢商路、商立支线方黄路、沙泾路、易陡路、固方路、固三路及汴粤干线项潢路等 7 条，计长362.58 公里。

山东省虽未被纳入"七省公路联络路线"，但因经济基础较好，公路建设亦蒸蒸日上。尤其是1934 年7 月六区路局裁并改组为"山东全省汽车路管理局"后，增辟线路多条。

以"七省公路联络线"筹建为契机，淮域公路建设进入民国以来发展的黄金时期。

---

① 周一士：《中国公路史》，文海出版社，1957 年影印，第 127、128 页。

② 吴时霖：《江苏省公路建设之过去现在与将来》，《中国建设》第 10 卷第 1、2 期合刊，1934 年 2 月。

③ 吴时霖：《江苏省公路建设之过去现在与将来》，《中国建设》第 10 卷第 1、2 期合刊，1934 年 2 月。

④ 根据吴时霖：《江苏省公路建设之过去现在与将来》中"江苏省公路干支各线进行概况表"计算，《中国建设》第 10 卷第 1、2 期合刊，1934 年 2 月。

⑤ 《最近安徽建设概况》，《安徽政务月刊》第 14 期，1935 年 12 月。

⑥ 王景萱：《安徽省公路工程概况》，《经济建设半月刊》第 9 期，1937 年 2 月 16 日。

⑦ 姚世濂：《四年来之安徽公路建设》，《经济建设半月刊》第 8 期，1937 年 2 月 1 日。

⑧ 王景萱：《安徽省公路工程概况》，《经济建设半月刊》第 9 期，1937 年 2 月 16 日。

⑨ 姚世濂：《四年来之安徽公路建设》，《经济建设半月刊》第 8 期，1937 年 2 月 1 日。

据不完全统计，至 1936 年底，途经淮域已通干支路线计长 6422.95 公里，具体路线详见下表（表 4-11）：

表 4-11　1936 年淮域已通干支公路一览表

线名	段名	起讫地点	长度（公里）	路面	完工时间
镇沭支线	镇扬	镇江—扬州	16.80	有	1923 年
	扬邵	扬州—邵伯	—	土	1934 年
	邵清	邵伯—清江浦	176	土	1934 年
	清沭	清江浦—沭阳	76	土	1934 年
浦启支线	扬浦	扬州—浦口	93	土	1934 年
南赣支线	伊新	新浦—大伊山	53	土	—
	盐阜	盐城—阜宁	54	土	1932 年
淮陈支线	淮新	淮阴—新安镇	73	土	—
京鲁干线	蒋台	蒋坝—台儿庄	269	土	—
海郑干线	墟沭	墟沟—沭阳	112	土	1930 年
	宿萧	宿迁—萧县	158	土	1930 年
	铜宿	铜山—宿迁	60	土	—
	铜沛	铜山—沛县	120	土	—
	铜砀	铜山—砀山	—	土	—
	铜丰	铜山—丰县	92	土	—
支线	开禹	开封—禹县	173.86	土	—
干线	开周	开封—周家口	201.60	土	—
支线	开菏	开封—菏泽	136.20	土	—
干线	开项	开封—项城	175.02	土	—
干线	开道	开封—道口	108.87	土	—
支线	许太	许昌—太康	115.20	土	—
支线	许南	许昌—南阳	227.52	土	—
支线	亳保	亳县—保安驿	305.38	土	—
干线	开郑	开封—郑州	53	土	—
干线	项麻	项城—麻城	—	土	—
京陕干线	信潢	信阳—潢川	100	土	—
	潢叶	潢川—叶家集	—	土	—
	合叶	合肥—叶家集	158	土	1933 年
	潢固	潢川—固始	50	土	—
	郾汝	郾城—汝南	150	土	—
	驻汝	驻马店—汝南	40	土	—
	商亳	商丘—亳县	65.50	土	—

续表

线名	段名	起讫地点	长度（公里）	路面	完工时间
	台潍	台儿庄—潍县	395	土	—
	青沂	青州—沂水	130	土	—
	利菏	利津—菏泽	450	土	—
	菏济	菏泽—济宁	120	土	—
店睢支线	店蚌	店埠—蚌埠	161	土	1929 年
舒霍支线	舒霍	舒城—霍山	77	—	—
六霍支线	六霍	六安—霍山	53	—	—
归祁干线	阜亳	阜阳—亳县	138	—	—
	正阜	正阳关—阜阳	92	—	—
	六正	六安—正阳关	77	—	—
蒙阜支线	蒙阜	蒙城—阜阳	88	—	—
蒙宿支线	蒙宿	蒙城—宿县	72	—	—
蚌鹿支线	蒙埠	蒙城—蚌埠	94	—	—
	蒙亳	蒙城—亳县	108	—	—
定浦支线	滁定	滁县—定远	88	—	—
正叶支线	正叶	正阳关—叶家集	135	—	—
睢店支线	五泗	五河—泗县	45	—	—
	固泗	固镇—泗县	88	—	—
宿归支线	宿永	宿县—永城	72	—	—
临正支线	临正	临淮—正阳关	165	—	—
阜固支线	阜三	阜阳—三河尖	65	—	—
毛山支线	毛山	毛坦厂—山旺河	20	—	—
霍诸支线	霍诸	霍山—诸佛庵	18	—	—
青独支线	青独	青山—独山	20	—	—
六石支线	六石	六安—石婆店	40	—	—
	宿泗	宿县—泗县	100	—	—
	宿涡	宿县—涡县	100	—	—
	宿睢	宿县—睢溪口	38	土	—
	宿时	宿县—时村	38	土	—

资料来源：铁道部秘书处：《铁道年鉴》第 3 卷，商务印书馆，1936 年，附表；刘郁樱：《全国道路一览表》，《安徽建设》第 3、4 号合刊，1929 年 4 月。

3. 县道规划与建设

"建国大纲，以四境纵横之道路修筑完成，为县自治程序之一。是修筑县道，为训政工作之中心；亦为各县之主要职责。且国道省道尤需纵横之县道，密切联络以利交通。"[1] 为便于联络，淮域四省将县道亦纳入修筑计划，由各县自办。

1927 年 9 月，河南省道办事处成立，督促各县修筑公路。"豫省各县县道，虽迭经督促各县陆续修筑，惟因无整个计划，选线既无一定之标准，施工亦无一定之规则，全县商务之状况及路线之连络，亦未注意"[2]。1931 年 7 月，河南省建设厅"拟具计划，规定范围，令饬各县分二期兴筑"[3]。七省公路会议后，"为使互相衔接计，复规定全省县道网计划"[4]，计划兴修县道 7962 公里，其中大部分途经淮河流域，计长 4472 公里，占计划修筑总里程的 56% 强[5]。

1928 年 12 月，江苏省也拟定了县道建设规划，"每县自数十公里至二百公里不等，各依其面积之大小与需要而定，六十一县计共九千七百余公里"[6]。江苏省河流纵横，建筑桥梁，耗资甚巨。而各县建设经费极为有限，少者年仅数千元，多者亦仅十数万元。据不完全统计，至 1936 年，淮域江苏修筑县道计长 424.56 公里[7]。

至 1937 年，安徽省已成县道共约 2000 公里，但因"仓卒修建，未能尽符工程标准"[8]。

经过 1927~1937 年近十年的建设，淮域公路已由萌芽时期的互不连贯状态，发展成为以济宁、临沂、徐州、扬州、蚌埠、阜阳、郑州、开封等主要城市为中心向外辐射的放射状公路体系，公路覆盖面积明显扩大，诸如独山、时村、石婆店等边远山区都通了公路。这种由多个小放射状网络联结成的公路体系，将淮域与全国联接为一个整体，不仅推动了淮域工业、农业、商业及城镇的规模化发展，同时还辐射全国产生一定的社会效益和经济效益。在此十年间，淮域公路建设步伐之所以较快，是由以下多种因素合力促成的。

第一，经济发展的客观要求。得益于政权的短暂统一和政局的相对稳定，淮域四省纺织、面粉、卷烟、火柴、煤矿、铁矿等民族工业有了较快发展。工业的持续、规模发展离不开交通支持。与铁路相比，公路投资少，见效快，技术要求相对较低。受资金、技术等因素的制约，淮域公路建设获得了优先发展。

---

① 徐百揆：《河南省公路建设之过去现在与将来》，《中国建设》，第 10 卷第 1、2 期合刊，1934 年 2 月。

② 徐百揆：《河南省公路建设之过去现在与将来》，《中国建设》，第 10 卷第 1、2 期合刊，1934 年 2 月。

③ 国民党中央党部经济计划委员会：《十年来之中国经济建设》（1927~1936）下篇第 15 章，南京古旧书店，1990 年影印，第 13 页。

④ 国民党中央党部经济计划委员会：《十年来之中国经济建设》（1927~1936）下篇第 15 章，南京古旧书店，1990 年影印，第 13 页。

⑤ 根据徐百揆：《河南省公路建设之过去现在与将来》，《中国建设》第 10 卷第 1、2 期合刊，1934 年 2 月中的《河南省县道一览表》计算。

⑥ 吴时霖：《江苏省公路建设之过去现在与将来》，《中国建设》第 10 卷第 1、2 期合刊，1934 年 2 月。

⑦ 刘荫棠：《江苏公路交通史》第 1 册，人民交通出版社，1989 年，第 106 页

⑧ 姚世濂：《四年来之安徽公路建设》，《经济建设半月刊》第 8 期，1937 年 2 月 1 日。

第二，从南京国民政府到淮域四省地方政府，都非常重视公路建设，将其视为"一切建设之基本"[1]。淮域四省先后建立主管公路事业的机构，制定公路发展规划，统一技术规范，加强施工管理。在政府政策的导向下，淮域公路建设进展较快，不仅公路里程显著增加，公路质量也有明显提高，公路布局更加合理，大部分县城及相当一部分重要集镇都有公路相连。

第三，淮域地处南北交流的要冲，资源丰富，区位优势独特，战略价值极高，故得到南京国民政府的特别"重视"。如大别山区，山岭丛错，地形复杂，出于军事需要，修建了部分军用公路。南京国民政府指示安徽省政府"开发交通，以利绥靖"，要求六安至舒城、合肥、霍山、大固店、苏家埠等地所有"军旅彼此联络之路线，均须克期兴修"。其中，途经淮域的公路计 9 条，长达 1340 里[2]。

第四，筑路经费的多方筹措。公路建设需要大量的资金投入。按当时的修路标准计算，"完成土路通车，每公里亦须五六千元，若加铺路面，则每公里建筑经费，约需八九千元。"[3] 在地方财政紧张、无力承担如此巨额修筑经费的情况下，淮域四省因时因地制宜，利用多种方式筹集资金。如，发行建设公债，带征建设特捐和筑路亩捐，向银行、商营汽车公司及全国经济委员会借款等。融资渠道的多样化和灵活化，为淮域四省筑路计划的实施提供了有力的资金支持。

第五，民众的积极配合。公路网的厘定出自于政府决策部门，公路的具体修建则离不开民众的支持。这一时期，淮域所成公路多半采用征工制，由沿线民众自带工具修筑。如在修建蚌埠至固镇、蚌埠至寿县、蚌埠至亳县及蚌埠至临淮关等段公路时，沿线群众踊跃支援，有的地方出工人数超过征工人数的一倍。大家自带口粮，忘我劳动，不取任何报酬。有的地方缺乏砂石材料，为赶铺路面，大家千方百计地搜集碎砖瓦片等，及时运送上路[4]。民众的热情支持，为淮域公路建设提供了源源不断的人力保证。

（二）融资渠道与筑路方式

1. 融资渠道

"任何事业之设施，必先以经费为基础……建筑道路亦然。必先待经费有具体之办法，然后着手从事，乃能首尾相顾，一贯进行。当经费无相当之解决，不但实施不

---

① 张孟陶：《安徽建设事业之回顾》，《建设季刊》第 1 期，1932 年 9 月。

② 《安徽省建设厅二十年五月份行政报告》，《安徽建设》第 3 卷第 6 号，1931 年 6 月。

③ 国民党中央党部经济计划委员会：《十年来之中国经济建设》（1927～1936）下篇第 3 章，南京古旧书店，1990 年影印，第 27 页。

④ 周昌柏：《安徽公路史》第 1 册，安徽人民出版社，1989 年，第 116 页。

能着手，即能着手，亦终无成功之望"①。民国初期，淮域四省政府在公路建设经费的筹措上毫无成法。一般来讲，资金筹集方式即是早期的筑路形式。以淮域江苏为例，主要有两种。第一，地方筹款筑路，包括地方政府拨款和田赋带征。如苏北淮阴地区从1924年起实行田赋带征。其中，盐城、阜宁每亩带征一分，淮阴、淮安、涟水、泗阳每亩带征铜元一枚②。第二，开放路权，招商投资，"路成之后，予以行车专营之权。既已成路线亦可招商承办行车，而由承办人补偿工程费，以供建筑其他路线之需"③。如镇扬路，即由江北长途汽车公司投资修筑。

南京国民政府成立后，公路的作用与地位日益突出。淮域四省政府为发展经济，巩固统治，均拟定了公路发展规划。在省库竭蹶、收支不敷的情况下，为实施庞大的筑路计划，淮域四省政府设法通过多种方式融通筑路资金。

第一，田赋附加，即在每亩地正常赋税之外附带加征部分税款，作为筑路费用。田赋附加是相对比较固定的筑路专款，被江苏、安徽等省采用。其中，江苏省"亩捐五分，每年征收额达3 000 000元，省县各用半数"。安徽省"田赋附加一成之半数，拨供筑路之需"④。

1931年，淮域部分地区遭受特大水灾，农村经济出现萎缩。从1931年开始，筑路亩捐的征收日益减少。1931年为240万元，1932年216万元，1933年214万元，1934年仅有170万元⑤。

第二，建设特捐。1927年11月，江苏省建设厅开始在全省征集建设特捐，即在契、牙、屠宰各税项下附带加征税额，具体捐率为：卖契每百元加征1元，典契减半；牙帖每张加征1元，长期者于每年营业税下再加征1元；屠宰税每头猪加征0.1元，每只羊加征0.08元。建设特捐收入的一部分用于公路建设，由省建设厅制订保管支存的具体办法⑥。

第三，发行筑路公债，具体视各省经济情形办理。江苏省于1930~1931年间曾发行"建设公债700万元，用于公路者约380万元"⑦，占公债总数的54.3%。安徽省以各项赋税为担保，于1934年发行短期筑路公债50万元⑧。两省发行的公债，均有条例公布，以法规形式确保专款专用。如1935年12月，安徽省公布"安徽省公路公债基金保管委员会组织规程"，规定公路公债基金由基金保管委员会保管，非经保管委员会

① 李葆发：《修筑道路之先决问题》，《安徽建设》第3、4号合刊，1929年4月。
② 刘荫棠：《江苏公路交通史》第1册，人民交通出版社，1989年，第79页。
③ 吴时霖：《江苏省公路建设之过去现在与将来》，《中国建设》第10卷第1、2期合刊，1934年2月。
④ 周一士：《中国公路史》，文海出版社，1957年影印，第176页。
⑤ 《江苏建设经费收支概况》，《江苏建设季刊》第1卷第1期，1934年3月。
⑥ 刘荫棠：《江苏公路交通史》第1册，人民交通出版社，1989年，第117页。
⑦ 《江苏建设经费收支概况》，《江苏建设季刊》第1卷第1期，1934年3月。
⑧ 周昌柏：《安徽公路史》第1册，安徽人民出版社，1989年，第77页。

议决不得动支，不得移作他用①。

第四，向银行或汽车公司借款。向银行借款"需要确实担保，手续麻烦"②。1935年，为提前完成公路计划，安徽省向农民银行芜湖分行借款120万元，分六期拨付③。向汽车公司借款是一种官筑商营的集资筑路办法，路成后由借款公司专营行车，政府不仅可以征收专营税，还可照征营业捐、牌照税及杂税等。

第五，全国经济委员会拨款。1931年10月，全国经济委员会筹备处成立，负责督造省际联络公路。各省修筑联络公路所需的工程费，除路基、地价、迁移等费由各省自行负担外，其建筑路面、桥梁、涵洞及特殊工程等费，可向该会申请筹借，但不得超过总工程款的40%。从1932年至1935年6月，全国经济委员会拨借给江苏、安徽、河南三省的筑路经费达317万余元④。具体分配情形如表4-12：

表4-12　全国经济委员会拨借江苏、安徽、河南三省筑路经费一览表

（单位：元）

年　月 省　别	1932 年	1933 年	1934 年	1935 年 6 月	合计
江苏	331 800	208 145	563 288	146 849	1 250 083
安徽	210 000	432 000	654 000	50 000	1 346 237
河南	40 000	80 000	410 000	48 720	578 720

资料来源：周一士：《中国公路史》，文海出版社，1957年影印，第178页。

第六，车务营运余利。受各种因素制约，长途汽车营运收入浮动性较大，无法列入筑路经费预算，不易把握。1934年，江苏省曾拨用车务营运余利30万元作为筑路经费⑤。

2. 筑路方式

公路兴筑以来，淮域四省路工制度主要有征工、包工、兵工和以工代赈几种。

第一，征工制，即利用农闲，征集公路沿线民工修筑公路的路工制度。征工筑路主要用于路基及简易工程。其优点是"赶工迅速，经费节省"，而且利用农闲时间，"于农人固无妨碍，于路政则可速成"⑥，故被淮域四省广泛采用。1929年1月，江苏省建设厅公布《江苏省征工建筑公路暂行条例》、《江苏省征工建筑公路实施细则》及

①　《民国二十四年安徽省公路公债基金保管委员会组织规程》，《安徽政务月刊》第14期，1935年12月。

②　周一士：《中国公路史》，文海出版社，1957年影印，第177页。

③　《银行界投资协助皖地方建设》，《经济建设半月刊》第3期，1936年11月16日。

④　周一士：《中国公路史》，文海出版社，1957年影印，第177、178页。

⑤　周一士：《中国公路史》，文海出版社，1957年影印，第177页。

⑥　龚光朗：《新安徽之初步建设》，《安徽建设》第1号，1929年1月。

《各县实施征工筑路程序》，对征工筑路的办法、程序、工程内容及民工待遇等，均作了明确而具体的规定。同年底，江苏省建设厅制订第一次征工筑路计划，此后，征工制作为一种定制，逐渐在苏北地区推广。在江苏省征工筑路实践的示范作用下，山东、河南、安徽三省纷纷效仿。如淮域安徽的正阜路、宿蒙路、蒙太路、蒙永路、蒙凤路、涡永路、涡宿路、涡凤路、阜涡路、阜方路、阜凤路、阜三路等，均由征工修筑而成①。

第二，包工制，即以公开招标、签订合同的方式，将公路工程包给承包商承办的路工制度。承包商不仅拥有专业的施工队伍和较强的技术力量及施工设备，还有丰富的施工经验。淮域许多干支路线的路面及桥涵工程，都采用包工制修筑而成。如，河南省开郑路的郑州至黄河大堤一段由"包商松茂昌承修"，信南路桥涵工程由"大兴公司承包"，石方则由"同成公司、大兴公司、复元公司三家分段承包"②。就价格而言，如安徽省"其单价系就当地情形而别，大抵坚石每立公自一元四角至九角，软石每立公自六角五分至四角五分"③。

第三，兵工制，即利用军队闲暇时间修筑公路的路工制度，其优点是"人员多则易举，纪律严则易成"④。如六安至大固店、六安至苏家埠、霍山至洛儿岭、霍山至诸佛庵等路段，即由军队修筑而成⑤。

第四，工赈制，即在遭遇自然灾害的地区，通过赈济令灾民修筑公路的临时性路工制度。"筑路可以防灾，并且可以免灾"⑥。工赈制作为一种积极的赈灾方式，在自然灾害频发的淮河流域使用较广，其中尤以华洋义赈会赈灾最力。如蚌埠至怀远、五河至泗县、固镇至灵璧、怀远至亳县、蒙城至阜阳、蒙城至移村、亳县至太河等多条公路，都是由华洋义赈会采用以工代赈的形式修筑而成⑦。

（三）公路的养护与管理

1. 日常养护

受资金、技术等因素的制约，淮域所修公路大多因陋就简，土路便桥，极易损坏，因此，养护工作至关重要。淮域四省对公路的经常性养护，在具体措施上有所差异。如安徽采用招雇方式组建养路工程队，其具体职责有：路基的保养及修理；路面的改

---

① 《督修正阜阜亳宿蒙蒙太等路报告书》，《安徽政务月刊》第 6 期，1935 年 4 月。
② 刘世永、解学东：《河南近代经济》，河南大学出版社，1988 年，第 259 页。
③ 王景萱：《安徽省公路工程概况》，《经济建设半月刊》第 9 期，1937 年 2 月 16 日。
④ 田耕园：《皖省建筑道路之刍议》，《安徽建设》第 3、4 号合刊，1929 年 4 月。
⑤ 《安徽省建设厅二十年五月份行政报告》，《安徽建设》第 3 卷第 6 号，1931 年 6 月。
⑥ 齐群：《赈灾与筑路》，《安徽建设》第 3、4 号合刊，1929 年 4 月。
⑦ 《中国经济年鉴》下册第 12 章，商务印书馆，1934 年，第 472 页

良及翻修；桥梁的保护及修理；水管、涵洞、水沟的疏通及修理；站场、房屋及其他设备的修造；种植树木，培养草皮；清除路面杂草及行车视线障碍物，保持路段清洁；修筑防水设备；保管公路地产等①。工程队再根据路段长度，组设道班。普通道班，每人修养路段 1.5 公里，特殊情形，可酌量增加人数②。

与安徽类似，山东省公路管理处根据路况好坏与交通量大小，亦组设道班若干，负责公路的养护工作。1934 年公布的《修正雇用养路工暂行办法》规定，雇用的养路工人必须在 20～35 岁之间，身体强壮，忠实可靠。如发现有吸食毒品嗜好，曾受盗窃和其他罪行处分，或不守路规，不听指挥者，立即开除。工作不负责任者，则按情节轻重，给予记过、扣工资、开除等惩处。成绩卓著者，给予记功、颁发奖品、加工资等奖励③。该办法赏罚分明，有利于养路工人规范行为的养成和工作积极性的提高。

江苏省则根据道路的所属权和经营权，规定修养之责。其中，商营长途汽车公司经营的路线，无论自筑还是公有，均由该公司负责修养。省公路管理机构"酌量减收其专营费，即以减收之数，作为贴补修养道路之经费"。县属公路，由县政府或建设局就近修养，经费"在代收汽车季捐款下照核准数目坐支"；省营公路，由公路管理处工务股分段负责修养。每段设常工一班，平均每位常工负责 2 公里的修养任务，主要负责培养路基、疏通侧沟、栽植行道树、整理路面、修理桥涵等，必要时集中翻修路面。省营公路的修养经费，列入管理费预算，在营运收入项下支付，平均每年每公里约需养路费 20 元④。

2. 公路绿化

我国古代素有沿路、沿堤植树的优良传统。路旁植树，可以"巩固路基，庇荫路面，减杀风力，清鲜空气，既给予行人以快感，复促进道路之美化。且有木材或果实之经济的收入，可为养路之准备金"⑤。淮域四省对行道树的栽植、保护和管理均有详细规定，如树种的选择、株距尺寸与排列、栽植方法及管护等。山东省建设厅颁发的《栽植行道树暂行办法》规定：省道、县道两侧，除河川山岭不能植树外，均各植树 1 行，株距以 3.33～5 米为准。树苗以直径 3.3 厘米、高度 2.2～3.3 米为合格。公地、民地分别由各该县政府和田主负责行道树的栽植、保护与浇培⑥。

针对行道树常被盗伐及养路工损坏树木的不良现象，1936 年，安徽省建设厅颁发

---

① 《安徽省公路管理处养路工程队办事暂行细则》，《安徽全省公路管理处工作报告》，1929 年 7 月至 1930 年 2 月，第 23 页。

② 《安徽省公路修养规程》，《安徽政务月刊》第 1 期，1934 年 11 月。

③ 黄棣侯：《山东公路史》第 1 册，人民交通出版社，1989 年，第 110 页。

④ 沈圻：《最近江苏省公路管理概况》，《中国建设》第 10 卷第 1、2 期合刊，1934 年 2 月。

⑤ 储韵笙：《安徽全省公路行道树之计划》，《安徽建设》第 3、4 号合刊，1929 年 4 月。

⑥ 黄棣侯：《山东公路史》第 1 册，人民交通出版社，1989 年，第 111 页。

《安徽省公路行道树保护规则》，责成公路经过各县县政府帮助所在地保甲长协同居民负责保护行道树，具体措施：设置支柱，以防风害及人畜之害；施行灌溉，以防旱害；施行排水，以防四季积水及冬季结冰之害；防治虫害、病害；禁止拔揉树干及攀摘枝条。凡发现有人侵害行道树，应立即上报当地公安局、区署或保甲长，援照"森林法盗伐罚则"，对侵害树木者予以处罚。罚金半数留供补植费，半数奖励上报人。各县政府每隔两月派人切实检查行道树的存活及生长情况，并以此作为考核的依据。其中，成活株数在80%以上者列甲等；成活株数在70%以上者列乙等；成活株数在60%以上者列丙等；成活株数在50%以下者列丁等。成绩列甲、乙等者酌予奖励，列丙、丁等者不予奖惩，不及丁等者酌予惩戒。各县政府于每年年终将考核成绩汇具表册，送报上级核查①。

3. 限制民间车辆通行

铁木轮牛马车、手推车是淮域农村的主要运输工具。由于其轮硬面窄，车身笨重，对路基、路面的损坏较甚。为保护公路不受车马践轧，淮域四省制定相关章则，限制或取缔这些车辆在公路上行驶。1929年，安徽省公路管理处颁布《修正安徽全省公路管理处取缔车辆规则》，对马车、四轮小车、二轮小车的轮盘、轮辐及载重量等均作了严格限制，兹列表如下（表4-13）：

表4-13　安徽省公路行驶车辆规范表

车辆种类	轮盘半径	轮辐	载重量
马车	8寸以上	1寸半以上	600斤以下
四轮小车	6寸以上	2寸半以上	800斤以下
二轮小车	15寸以上	2寸半以上	500斤以下

资料来源：《修正安徽全省公路管理处取缔车辆规则》，《安徽全省公路管理处工作报告》，1929年7月至1930年2月，第34、35页。

1931年，河南省公路局制订的《限制车马行驶章程》规定，汽车与大车分辙行走，凡擅自走公路者，重载大车罚款5元，轻载大车罚款2元，重载独轮车或重载牲口罚款1元。在资金及技术力量十分薄弱、难以全面提高公路质量的情况下，限制或取缔传统车辆在公路上行驶，不失为一种合乎时宜的养路举措。

4. 设置护路警察

为维护交通秩序，保护公路财产及行旅货物的安全，淮域四省仿效铁路，在公路

---

① 《安徽省公路行道树保护规则》，《安徽政务月刊》第15期，1936年1月。

上设置护路警察，并颁布了一系列相关法规。1929 年，安徽省公路管理处颁布《安徽全省公路管理处护路警察队组织暂行规程》、《安徽全省公路管理处警察奖惩暂行规则》、《安徽全省公路管理处警察服务暂行规则》、《安徽全省公路管理处警察请假暂行规则》。同年，山东省汽车路管理局颁布《山东省护路警察组织章程》和《山东省护路警察服务规则》。1933 年，河南省政府颁布《河南省公路警察组织章程》和《河南省公路警察服务规则》。1935 年，江苏省建设厅颁布《江苏省建设厅保卫各公路办法章则》，内容侧重于护路警察的设置。各省规章在细微处虽有一定差异，但对护路警察的性质、组织、职责、纪律等均作了详细规定。如《安徽全省公路管理处护路警察服务暂行规则》，对护路警察的职责与纪律规定如下：一、护路警察通常应遵守的信条：与公路无关之事不得干预；不向外人谈论公务；报告事件须据实陈述，不得怀挟私见；除执行特别任务经长官许可外，通常须统一着制服；着制服时非执行职务，不准涉足游戏场所；禁止饮酒、赌博及一切不规则行为。二、护路警察通常应尽的职务，包括公路的保护，车辆、购票及行车秩序的维护，行车障碍与违反规定乘客的取缔，乘客携带的危险品及妨碍卫生物品等的取缔，对乘客询问之事的解答及行人行车方向的指示等，对于偷窃、火灾等危险事项及乘客斗殴等的防范，等等。三、护路警察执行公务时应遵守的事项：佩带警棍、警笛、捕绳及铅笔、日记簿等；不得撤离岗卫，不得与人谈笑，不得有假寐及倦怠情绪；超过值勤时限，若无人接替，不得离岗。四、日记簿的记载及报送等相关事宜。五、枪械的使用与服装、械弹及一切佩带物品的保管①。

为提高护路警察的服务质量，淮域各省分期对护路警察进行培训。其中，安徽省的训练期限为 2 个月，主要学习党义、服务规则、路务规章、法律常识、侦探常识、敬礼、操法等。训练期满后实习 1 个月，成绩合格者分派各护路警察队服务②。护路警察作为近代公路的派生群体，对于维护车站秩序、防止刑事犯罪活动、保护公路及旅客的生命财产安全起了积极作用。

二、汽车运输业的缓慢成长

第一次世界大战爆发后，淮域民族工商业获得较快发展，商旅往来和物资流通日益增多。适应不同阶段、不同地区经济和公路运输发展的需要，一批以经营汽车运输为业的汽车公司应运而生，主要以商人自办与地方政府官办为主。

---

① 《安徽全省公路管理处护路警察服务暂行规则》，《安徽全省公路管理处工作报告》，1929 年 7 月至 1930 年 2 月，第 123~127 页。

② 《安徽全省公路管理处附设护路警察训练所组织暂行规程》，《安徽全省公路管理处工作报告》，1929 年 7 月至 1930 年 2 月，第 78、79 页。

（一）灵活多样的经营方式

1. 商办汽车运输业的发展

商办汽车公司是淮域出现较早的公路运输经营方式。早在 1918 年，扬州士绅卢殿虎等人，为改善苏北地区闭塞落后的交通运输状况，倡议开办瓜清长途汽车公司。1920 年直皖战争爆发，招股筹办瓜清长途汽车公司的计划夭折。1921 年 5 月，卢殿虎等人在扬州集议，决定将瓜清长途汽车公司改为江北长途汽车股份有限公司（简称江北公司），先修筑瓜洲至扬州段公路。7 月，江北发生水灾，筑路工作又一次陷入困境。1922 年 4 月，在华洋义赈会的资助下，筑路工程再度展开。1923 年 1 月，扬州至六圩段客运开通，不久又筹资铺设了碎砖煤屑路面，全路可晴雨通车。

除瓜清长途汽车公司外，淮域许多地方都尝试开办了一些类似的汽车公司或汽车行。如 1920 年，许昌商人郑开先等在开封至漯河线上试办汽车公司。同年，泗县绅商筹组汽车公司，经营泗县至五河一线，烈山煤矿经理倪腾辉购买小汽车 4 辆，经营蚌埠至阜阳一线。1921 年，商人袁世斌创办汽车公司，经营漯河至周口一线的运输。胡汝麟组织汽车公司，开展开封至周口的运输业务。南洋兄弟烟草公司，则专门从事蚌埠至刘府间的烟叶运输。1923 年，信阳公署与巨商薛承谟等人组建股份有限公司，开办信阳至固始线的公路运输。同年，阜阳商人集资开设三民汽车公司，在阜阳至蚌埠间不定期行驶。1924 年，鄢陵商人苏鑫开办太禹汽车公司，经营太康经扶沟、鄢陵、许昌至禹县一线的运输。

随着公路修筑里程的增加，大大小小的汽车公司已遍及淮域大中城镇。从总体上讲，这些公司经营规模均较小，少者有汽车一二辆，多者四五辆，规模较大的江北汽车公司也不过十余辆。为减少或避免彼此间的恶性竞争，也有一些公司自愿联合在一起，采用联营方式营运。如在河南、安徽两省物资交流捷径的归亳线上，一度出现十几家汽车公司争夺货源的混乱现象。为保护行业共同利益，1924 年 12 月，十几家公司联合组成归亳汽车公司。该公司采用统一票价、统一分配标准、编号排队等办法，专营商丘至亳县一线。联营公司的出现，既减少了彼此间的营运矛盾，又提高了抵御风险的能力。

综观商办汽车公司经营的路线，主要呈现如下特点：其一，早期商办汽车公司往往是先集资修路，再购车营运，集筑路、运输为一体。其所经营的路线，有招股修筑、捐款自筑和利用官道等多种形式。如江北汽车公司经营的扬圩线，由卢殿虎等招股集资筑成。南洋兄弟烟草公司为运送烟草方便，捐款修筑了蚌埠至刘府间的公路。许昌商人郑开先等经营的开封至漯河线，则属官道。其二，绝大多数汽车公司经营的路线都在一省之内，跨省联运路线较少。其三，为追求利润，各公司开行的路线多在工商业较繁荣的大中城镇，"于是竞争激烈，意气用事，以致两败俱伤者，所在多有，对于偏僻之处，则群虞亏累，无人过问！"[①]

南京国民政府建立后，政权渐趋稳定，淮域各地的经贸往来逐步增多。随着省道和县道的快速发展，为招商引资，推动公路运输事业和地方经济的进一步发展，淮域四省先后制定并完善招商行车规章。1928 年，河南省建设厅拟定《管理汽车公司营业暂行章程》，后修改为《招商承办长途汽车条例》。1932 年，河南省建设厅制定《河南省建设厅招商承办长途汽车营业章程》及《河南省建设厅招商承办县道长途汽车营业章程》。同年 6 月，安徽省建设厅颁布《安徽省已成公路招商行车规则》，江苏省政府颁布《江苏省招商投资筑路行车办法大纲》及《施行细则》。1934 年 8 月，江苏省政府通过《江苏省建设厅招商投资筑路行车招标委员会规则》。各省规章虽在具体条款上各异，但基本内容大致相同，主要包括：经办人申请注册立案应填报的材料；营运执照与牌照的领换；营运线路的养护事宜等。

招商行车的规范化，一方面赋予商办汽车公司以合法经营权，极大地激发了商民筑路行车的热情；另一方面则扼制了多家汽车公司在同一条线路上竞争的混乱局面，对减少营运纠纷、维护公路运输的良性发展起到了积极作用。

适应流域各地经贸往来不断增多的需求，流域商办汽车运输业获得较快发展，几乎所有通车线路都有商办汽车公司，有效改变了初期营运线路分布不均的状况。但受资金、技术等多种因素的制约，大部分商办汽车公司规模仍然较小，有的甚至不堪承担注册费用，未办任何手续即私自营运。以蚌埠为例，至 1928 年底，商办汽车公司计16 家，申请备案者仅 6 家。具体详见下表（表 4-14）：

表 4-14　蚌埠长途私营汽车公司营运情况表

公司名称	开办时间	已否立案	资本（元）	汽车数量（辆）
利皖	1924 年 3 月	已	独资 5000	3
惠民	1928 年 5 月	已	合资 40 000	9
慎泰	1928 年 6 月	未	独资 6000	4
飞轮	1928 年 3 月	已	合资 3000	2
启民	1928 年 8 月	未	合资 10 000	5
飞龙	1928 年 5 月	未	合资 2800	2
龙飞	1928 年 7 月	未	合资 8000	3
华通	1928 年 4 月	未	合资 14 000	9
云飞	1928 年 8 月	未	独资 2000	3
万通	1926 年 8 月	未	独资 4000	3
三民	1928 年 9 月	已	合资 20 000	4

---

① 《山东省公路概况》，《中国建设》第 7 卷第 4 期，1933 年 4 月。

公司名称	开办时间	已否立案	资本（元）	汽车数量（辆）
同和	1928 年 4 月	未	合资 12 000	8
亨利	1926 年	未	独资 7000	4
中南	1928 年 10 月	未	合资 3000	2
万通记东	1928 年 6 月	已	合资 6000	3
中山	1928 年 8 月	已	合资 4000	2

资料来源：《蚌埠长途汽车公司调查表》，《安徽建设》第 3、4 号合刊，1929 年 4 月。

　　蚌埠商办汽车公司共有汽车 66 辆，多从美国、英国进口，厂牌、车型复杂，因缺少汽车配件，维修极为困难，除三民公司的 4 辆汽车机件完好外，大部分被列入勉强应用或不能应用之列。详细情况列表如下（表 4-15）：

表 4-15　蚌埠长途私营汽车公司汽车检验结果表

公司名称	汽车名称	引擎年代	驾驶机关	轮制	车身	踏板
利皖	道机	1923 年	○	丙	乙	丙
利皖	丽特	1921 年	○	○	乙	丙
利皖	福特	—	○	—	—	—
惠民	道机	1924	○	—	—	—
惠民	歇佛来	1927	甲	甲	丙	甲
惠民	强达勒	—	—	—	—	—
惠民	道机	1925	甲	甲	丙	甲
惠民	歇佛来	1927	甲	甲	丙	甲
慎泰	别而克	1918	乙	乙	丙	乙
启民	福特	1923	丙	丙	丙	丙
飞龙	福特	—	—	—	—	—
飞龙	福特	1920	甲	丙	乙	丙
华通	福特	1925	乙	乙	乙	乙
云飞	惠立斯奈	1923	甲	乙	乙	乙
万通	黑福马皮	1923	乙	乙	乙	丙
三民	歇佛来	1928	甲	甲	甲	甲
三民	歇佛来	1928	甲	甲	甲	甲
三民	歇佛来	1928	甲	甲	甲	甲
三民	歇佛来	1928	甲	甲	甲	甲
同和	别而克	1925	乙	乙	乙	乙
同和	道机	1923	乙	乙	乙	乙
同和	别而克	1927	丙	丙	丙	丙
亨利	福特	1923	乙	乙	乙	丙

公司名称	汽车名称	引擎年代	驾驶机关	轮制	车身	踏板
中南	倍里表	1926	甲	甲	乙	丙
中南	飞得尔	1926	甲	甲	乙	乙
万通东记	纳喜	1920	○	—	—	—
万通东记	道机	1923	乙	乙	乙	乙
万通东记	司蒂华	—	○	—	—	—
中山	法国厂造纳喜	1920	丙	丙	丙	丙

注：甲为机件完好；乙为勉强应用；丙为不能应用；○为正在修理。另：万通东记汽车公司的司蒂华牌汽车为"三吨半货车"。

资料来源：《蚌埠长途汽车公司调查表》，《安徽建设》第3、4号合刊，1929年4月。

　　淮域汽车公司或汽车行多以个体经营为主，自订运价，盈亏自负，哪里经济活跃、货源较多，商车就云集到哪里。但因财疏力薄，多兴衰无常，即使维持营运的汽车公司，也存在滥报运价、无序竞争的恶劣现象。为整顿商办汽车公司的运营秩序，淮域各省在招商行车的同时，不断加强对商营汽车的管理。1932年6月，安徽省建设厅颁布《安徽省民营汽车暂准通行土路管理规则十九条》，准许民营汽车在已成公路上营运，并对行驶路线、票价、行车速度及行车设备等作了明确规定。由于皖北商办汽车向无组织，规则颁布后，各商办汽车公司多不遵办，擅自行驶事件时有发生。1934年4月，安徽省建设厅在蚌埠成立民营汽车管理处，拟订详细办法，加强对皖北地区的商车管理。1936年3月，江苏省公路管理处组建清、徐、海区汽车整理委员会，负责督促本区各民营公司之整理改建；调解区内汽车行车纠纷；处理区内汽车违章事项等①。经过整顿，清、徐、海地区的商办汽车运营秩序得到了明显改善。

2. 官办汽车运输业的发展

　　1924年，江北路政总局在淮阴成立，下设长途汽车公司，主要办理汽车运输业务。1926年，江北路政总局从上海购买客车8辆、篷车5辆，在清江浦至宝应、清江浦至泗阳众兴镇、清江浦至涟水、清江浦至沭县钱家集等4条线路上营运，这也是淮域较早成立的官办汽车公司。

　　南京国民政府建立后，淮域四省政府将修筑公路和发展公路运输事业作为经济建设的重中之重，官办汽车运输业因而获得进一步发展。1929年冬，河南省公路局长途汽车营业部成立，经营开封至许昌、开封至周家口及开封至曹州（今山东菏泽）等地的客运。1930年3月，中原大战爆发，所有车辆均被征用，运输业务被迫中止。12

---

① 刘荫棠：《江苏公路交通史》第1册，人民交通出版社，1989年，第293页。

月，战事平息，汽车恢复营运。1931 年，公路局呈请省政府拨款 6 万元，定购汽车 20 辆，恢复长途汽车营业部，开行开封至许昌一线，营运极为发达。山东省以汽车路管理局、江苏省以公路管理处、安徽省以车务管理处作为官办汽车运输组织，分段、分线经营客货运输。官办汽车公司凭借其官办地位及经济上的优势，逐步扩大业务范围，增加营运车辆，增辟营运线路，增设车站、仓库等营运设施，客货业务发展较快，初步形成了以开封、蚌埠、扬州、济宁等城市为中心的淮域官办汽车运输网络。

为使客货运输有所遵循，淮域四省还制定了相关规章制度，如《安徽全省公路管理处长途汽车货运暂行章程》、《安徽全省公路管理处长途汽车货物分等表暨价率暂行规则》、《河南省长途汽车营业部及各站办事细则》、《河南省建设厅长途汽车货运章则》等。这些章则的制定与实施，使淮域官办客货运输逐渐走上了制度化的轨道。

另外，与商办汽车运输相比，官办汽车公司在组织、管理和经营上有许多特色和优势。第一，行有定时，价有定规；第二，根据营运地区的经济状况及人口疏密程度，灵活设置车站与配备车辆；第三，不以营利为唯一目的。对于客货源较少的线路，仍坚持营运；第四，注重调查研究。如 1929 年，安徽省公路管理处对蒙城、太和、霍山、霍邱、定远、颍上、天长等地的交通及物产流通状况等作了详细调查，调查事项包括与邻县距离、至邻县大路经过的山岭名称、山路长度、山岭与平路的相对高度、至邻县大路经过的沟河宽度、沟河与平路的相对高度、沿路地价、大路的土质种类、大路来往车马种类、每日来往车马数目、本县运出货物种类、货物运往地点及必经重要埠镇、邻县运来货物种类及运输路线，等等[1]。如此详细的调查，对于营运线路与车站的合理设置及车辆的合理配备大有裨益，有利于官办汽车运输业的进一步发展。

3. 官商合办汽车运输业的发展

官商合办汽车公司作为公路运输经营方式的一种，仅在信阳、开封等地有过短暂尝试。1923 年，信阳公署与商会会长薛承谟等合办信阳至固始的长途汽车股份有限公司，营运路线连接潢川、光山、固始、罗山、信阳 5 县，营运状况良好。不久，直奉战争爆发，车辆被潢川驻军全部扣留[2]。

1929 年，公路局与商人合营的共济汽车公司在开封成立，拥有汽车 16 辆，经营开封至周家口、开封至南阳、开封至考城、开封至郑州、开封至安阳 5 条线路的运输。营运仅几个月，中原大战爆发，共济汽车公司随之夭折。战争平息后，为使官商合办汽车公司有所遵循，河南省建设厅颁行《河南省官商合办长途汽车公司营业章程》，章程规定：为保证营运需要，官商双方需有汽车 4 辆以上[3]。因一般商人不具备这样的经

---

① 朱世明：《安徽省公路管理处工作报告》，1929 年 7 月至 1930 年 2 月，第 17 页。

② 《道路月刊》第 4 卷第 1 号，1922 年 12 月。

③ 杨克坚：《河南公路运输史》第 1 册，人民交通出版社，1991 年，第 135、136 页。

济实力，至抗战爆发前，官商合办汽车公司鲜有问世。与商办和官办汽车公司相比，无论经营规模，抑或经营绩效，官商合办汽车公司都相距甚远。

（二）专业人才的培养与技术革新

汽车运输业是 20 世纪 20 年代出现于淮河流域的一种新兴产业。发轫之始，专业人才培养相对滞后。尤其是随着公路的大规模修建和投入运营，"以原有之人才支配复不足以应数路之用"[①]。培养专业技术人才，已成为推动其时淮域汽车运输业发展的燃眉之急。

1. 驾驶人员培训

公路运输专业技术人才包括车务、机务、工务等各种人员，与社会民众直接联系，"用非其人，直接足以致业务于失败。而其行为不正，亦随时随事，足以引起民众厌恶之心与鄙弃之念，即间接绝公路之新机"[②]。可见，专业技术人才的素质与公路运输事业的发展密切攸关。

1929 年安徽省公路管理处成立伊始，即创办技术人员训练所，"造就技术人才，以应通车各路之需"[③]。为培训汽车驾驶人员，特设驾驶速成班，其招生章程规定：凡具有高小程度，品德端正，身体强健，年龄在 18～25 岁者，均可报名。入学考试包括口试及党义、国文、算术等笔试科目。经严格筛选，9 月 9 日，驾驶速成班正式上课，学习时限为 2 个月。所授科目及学时分配如下表（表4-16）：

表4-16　1929 年安徽省技术人员训练所驾驶速成班课程表　（单位：学时）

周别 科目	第一周	第二周	第三周	第四周	第五周	第六周	第七周	第八周	总计
党义	1	1	1	1	1	1	1	1	8
附修理汽车学	12	12	12	12	12	12	12	12	96
附线路电学大意	12	12	12	12	12	12	12	12	96
驾驶练习	48	48	48	48	48	48	48	48	384
汽车管理法	2	2	2	2	—	—	—	—	8
行车规则	—	—	—	—	2	2	1	1	6
英文机件名称	3	3	3	3	3	3	3	3	24
训话	1	1	1	1	1	1	1	1	8
体操	4	4	4	4	4	4	4	4	32
机司日报	—	—	—	—	—	—	1	1	2

资料来源：《安徽省公路管理处工作报告》，1929 年 7 月至 1930 年 2 月，第 16 页。

---

① 李葆发：《一年来安徽建设之概况》，《安徽建设》第 12 号，1930 年 5 月。

② 唐仲和：《训练公路从业人员之我见》，《安徽全省公路管理处工作报告》，1929 年 7 月至 1930 年 2 月，第 32 页。

③ 唐仲和：《处务进行概况》，《安徽全省公路管理处工作报告》，第 15 页。

由上表4-16可见，学员除学习党义及相关专业知识外，主要以驾驶实践操作为主。学习期间，公路管理处提供食宿、制服、讲义、文具等。11月6日，学习期满考试。考试及格者，统一分派至通车路线见习一年。见习期间，月给津贴15~30元。见习期满，正式录用为驾驶人员。

1929年开封官商合营的共济汽车公司，也采用开办速成班的办法，设立司机训练班，招收学员16名，对汽车驾驶技术进行严格训练，考试合格者方予录用[①]。

2. 车务人员培训

"公路车务事宜，情形至为复杂，非具有交通智识及专门技术，办理颇感困难"[②]。为培养专业车务人员，1936年6月，江苏省公路管理处设立车务人员训练所，除由公路管理处及各商办长途汽车公司保送学生50名外，另招新生50名。凡初中毕业或具有同等学力，体格健全，无嗜好，年龄在18~25岁的男性均可报名。每周授以"车务管理"、"交通法规"、"道路概要"、"统计大意"、"电话用法"、"汽车大意"、"应用文"、"英文"、"会话"、"货币识别"、"珠算"、"卫生急救"、"薄记"、"党义"、"军事训练"等14门课程，总计34学时。训练期满后，保送生仍回原公司任职，录取学生成绩列入甲、乙等者，择优分派至公路管理处及省营各线路服务[③]。1930年，安徽省公路管理处也以类似方式招考车务练习员20名，期满合格后，服务于通车各路。

作为一种应急措施，车务人员速成班的开办，在短期内培养了一批车务人员。但从江苏省车务人员训练所开设的课程与学习时间看，严重存在着学习内容多与学习时间少的矛盾，14门课程仅安排34学时的学习时间，势必影响学员对相关专业知识的深入理解与把握。随着流域公路运输业务的不断扩展，无论从数量上，抑或从素质上，类似培养模式都已无法满足汽车运输业对专业人才的渴求。

3. 木炭车的发明与推广

近代以来，淮域汽车所需燃料完全依赖进口。受国际形势的影响，汽油价格走高，且时常紧缺，以至仅燃料一项即占运输成本的50%左右。难怪1935年江苏省公路管理处在工作报告中惊呼："公路事业近虽发达，然诸凡汽油与汽车零件，均仰给于国外，每岁漏挹之数，殊足惊人"[④]。1928年，为研制代用燃料，河南省留法工程师汤仲明锲而不舍，反复进行试验，在经历无数次失败和不断改进后，终于1931年3月研制成中国第一辆以木炭为燃料的煤气发生炉汽车，简称"木炭车"。经实验，木炭车的效力与

---

① 杨克坚：《河南公路运输史》第1册，人民交通出版社，1989年，第130页。
② 《办理江苏省车务人员训练所经过》，《江苏建设季刊》第1卷第4期，1934年12月。
③ 《办理江苏省车务人员训练所经过》，《江苏建设季刊》第1卷第4期，1934年12月。
④ 刘荫棠：《江苏公路交通史》第1册，人民交通出版社，1989年，第276页。

汽油车接近，每公里平均耗炭 0.5 公斤，耗资仅及汽油的 1/10。

为降低运输成本，淮域大部分汽车改装成了木炭车。抗战期间，该技术还在全国得到普遍推广。木炭车的研制成功，为民国汽车运输业做出了不可磨灭的贡献。

（三）行车安全管理的规范化

行车安全与否，是关系人民群众生命安危的头等要事。流域四省公路管理机构成立后，先后制定了一系列维护交通安全与秩序的规章制度。

1. 交通事故的处理

汽车伤人是常见的交通事故。为妥善、规范处理此类事件，1930 年安徽省公路管理处颁布《安徽全省公路管理处汽车伤人处理章程》，1932 年河南省建设厅颁行《河南省公路长途汽车伤人处理规则》，两章则均为 11 条，内容基本一致。

以《安徽全省公路管理处汽车伤人处理章程》为例，将汽车伤人分为四种情况：汽车司机的过失；被伤害人的疏忽；被伤害人故意所为；不可避免的意外事件。章程还对每种情形分别作了具体界定。其中，汽车司机过失包括：汽车驶出车道幅以外；汽车倒退或必须超越前面车辆时，不鸣喇叭示警而肇祸；汽车在下坡或转弯时，不鸣喇叭示警而肇祸；汽车经过人行道、交叉站或人烟稠密之处，或前面有与汽车同方向的行人，不鸣喇叭示警而肇祸；司机违反行车规则、交通规则或司机服务规则而肇祸。章程还规定：因司机过失伤人，应视被伤害人受伤情形给予相应的抚恤金。如受轻伤者，给 5 元以下医药费；受重伤者，给 50 元以下医药费；致残疾者，除给 50 元以下医药费外，另给抚恤费 100 元；因伤致死者，除给 50 元以下医药费外，另给丧葬费 150元；绞死者，给予丧葬费 200 元。由于被伤害人疏忽而致肇祸，无论受伤轻重或死亡，主管机构酌情给予一定医药费或丧葬费。但因在公路上放牲畜或散置器物而致牲畜器物损伤，主管机关概不赔偿，并追究妨害行车过失之责。若因上述原因而致汽车损坏或伤及他人时，应由牲畜或器物的主人负全责。由于被伤害人故意而肇祸，无论受伤轻重，主管机构概不给予医药费，但若致死亡，可酌情给予丧葬费，以示抚恤[1]。

从以上条款看，对汽车伤人的责任界定及处理措施比较具体、客观，同时也体现了一种人文关怀。当然，淮域安全法规在许多方面还需不断完善，如对司机在事故中伤亡应如何处理未作任何规定。

2. 行车规章的出台

随着流域汽车数量的逐渐增多，安全隐患日益突出。为维护交通秩序，保证行车

---

[1] 《安徽全省公路管理处汽车伤人处理章程》，《安徽建设》第 13 号，1930 年 6 月。

安全，1929 年安徽省建设厅颁布《安徽各地公路管理局管理交通规则》，对行车速度、转弯、会车、停车、超车及车灯的使用等作了详细规定。具体内容如下：凡在公路上行驶的各种车辆，时速不得超过 45 里；各种车辆均应靠左行驶；车辆左转弯时应靠左行驶，右转弯时应大转弯向其中线之左，然后驶入新路；车辆如遇迎面驶来的车辆，应向左边经过；车辆如欲超过同一方向行驶的车辆时，须向右边前行；车辆应随时随地接受各局所派人员的检查；若在公路上发生事故，其有关联的车辆应立即停止，并向巡管人员报告，静候解决；夜间行车应开照明灯；车辆不准停止在公路右边或中央，如欲停车应靠左边①。

1931 年 12 月，河南省建设厅颁行《长途汽车驾驶规程》，对行车速度、会车、超车、停车、出车前的准备工作及收车后的检查工作等都作了详细规范。

3. 汽车驾驶员的考核与管理

汽车驾驶员的技能与素质，直接关系到行车安全。为此，流域四省颁布相关规章，对驾驶员的考核及管理做了较为严格的规定。

1929 年，安徽省颁行《安徽省各公路管理局考验汽车驾驶人规则》和《修正安徽省全省公路管理处驾驶人执照规则》，主要内容有：一、报考条件与要求，凡年满 20 岁、身体健康者均可报考驾驶员；二、考试科目，包括驾驶常识、驾驶能力及交通规则等；三、驾驶执照相关规定。考试合格者由公路管理处核发驾驶执照。领取私人汽车执照，缴费 4 元，领取汽车营运执照，缴费 8 元。驾驶速成班的学生欲从事驾驶员职业，准予免试，但须按规定领取执照。驾驶执照不得借给或转让他人，如有遗失，须立即补发。驾驶员如违反交通规则，依情节轻重分别处罚或吊销其驾驶执照②。

1934 年，江苏省建设厅出台《江苏省建设厅公路管理处考验驾驶人办法》，考试内容包括：交通规则、机械常识、驾驶技术、桩考路考、地理常识③。该考核办法对驾驶员的综合素质要求较高。同年，江苏省公路管理处对驾驶人员进行总考核，经考试合格者，发给驾驶执照，准予在本省境内服务。此后"凡未经考验给照者，均不得在本省驾驶汽车"④。其中，宿迁考区计有 229 人报名，录取 108 人。综合考试成绩，东海、灌云两县驾驶员技术最为优良⑤。此后规定每月 21 日在省会对驾驶人员进行一次考核，以"严厉取缔无照驾驶汽车，俾不致再有滥竽充数，妨碍行车安全"⑥。驾驶人员的考核由此走上了规范化轨道。

---

① 《安徽各地公路管理局管理交通规则》，《安徽建设》第 3、4 号合刊，1929 年 4 月。
② 朱世明：《安徽省公路管理处工作报告》，1929 年 7 月至 1930 年 2 月，第 39、40 页。
③ 《江苏省建设厅公路管理处考验驾驶人办法》，《江苏建设季刊》第 1 卷第 4 期，1934 年 12 月。
④ 沈圻：《最近江苏省公路管理概况》，《中国建设》第 10 卷第 1、2 期合刊，1934 年 2 月。
⑤ 《江苏省二十三年份考验汽车驾驶人之经过》，《江苏建设季刊》第 1 卷第 4 期，1934 年 12 月。
⑥ 沈圻：《最近江苏省公路管理概况》，《中国建设》第 10 卷第 1、2 期合刊，1934 年 2 月。

4. 机动车的管理

因缺乏自主研发能力，近代淮域机动车及配件主要依靠进口，厂牌、型号极为复杂，维修、保养比较困难。大部分机动车车况较差，仅能维持通车而已，是行车安全的一大隐患。

1929 年，安徽省公路管理处制定《安徽全省公路管理处取缔车辆规则》和《安徽省各地公路管理局颁发行车执照规则》。不久，管理处又对部分条款作了进一步地完善、补充，重新颁布《修正安徽全省公路管理处取缔车辆规则》和《修正安徽全省公路管理处颁发行车号牌执照章程》，对机动车的检验标准、行车号牌及执照的颁发等作了明确规定。在办理行车号牌及执照前，车辆所有者首先应到公路管理处或其指定机关填写号牌领取申请表，然后在指定日期接受检验。检验标准为：引擎完善、附件完全、马力充足、控制便利、车身牢固；传动机关及车架各部坚强稳固；轮制完善，车速在每小时 30 里时停车灵便；驾驶员领有驾照；喇叭洪亮、前后车灯明亮；车长不超过 7 尺，宽不超过 6 尺，货车载重不超过 4000 斤[①]。查验合格的车辆在领取号牌及执照时，须按规定标准缴纳号牌费及执照费。号牌可长期使用，但汽车执照须按季换领，每季换领时仍须按规定标准缴纳执照费。凡未领取号牌及执照、借用他车号牌与执照、季终未换领执照而在公路上行驶的车辆，一经查出，即处以罚款。在罚款未如数缴纳以前，公路管理处将该车辆扣留。号牌及执照须分别挂在车辆前后明显处，以便巡查，如有遗失，随时申请补发，并缴纳原定号牌费或执照费的半数。车辆所有权出让时，承购人应按规定重新申请换领号牌及执照。未按上述规定而私自在公路行驶者，处以一定数额的罚金[②]。

1935 年 1 月，江苏省对所有汽车进行总检验，发现许多车辆多年失修失养，极易引发交通事故。1936 年，江苏省政府颁布《修正江苏省管理汽车章程》，对汽车的登记、检验及执照、号牌的换领等作了明文规定。同年，再次对全省汽车进行总检验，吊销了所有不合格车辆的牌照，并勒令其停驶。以上规章的出台，为流域行车安全提供了法律保障，同时也是淮域汽车运输业不断发展的一个侧影。

三、传统运输业的新发展

交通运输方式由传统向近代嬗变是一个渐进的过程。适应近代淮域社会经济的需

---

① 《修正安徽全省公路管理处取缔车辆规则》，《安徽全省公路管理处工作报告》，1929 年 7 月至 1930 年 2 月。

② 《修正安徽全省公路管理处颁发行车号牌执照章程》，《安徽全省公路管理处工作报告》，1929 年 7 月至 1930 年 2 月。

要，经过改良的传统运输工具依然在民间与短途运输中广泛使用。抗战爆发后，淮域安徽、河南大部分公路、铁路及新式运输工具遭受严重破坏。为维系战时交通，驿运古制再度恢复。在战争这种特殊的环境中，传统运输方式在补充前方给养及调剂后方金融与物质方面发挥了十分重要的作用。

（一）传统运输工具的革新与管理

近代以来，在火车、汽车等新式运输工具传入淮河流域的同时，传统陆路运输工具不但继续在民间运输中发挥着举足轻重的作用，而且有所改进和发展，运载能力明显提高。兹择其要缕述于下：

畜力车。淮域常见的畜力车多以牛马驾辕。车的构造大体相似，车厢多为平板、两轮（铁轮或木轮），车厢前伸出两木作辕。牛马车又称大车，西汉以来主要用以载人。清末，人们将车轮、车型改小，根据牲口的多少每车可载重一二千斤，载重量明显增加。畜力车也是近代淮域平原地区常用的民间载货工具之一。

平推车。早在东汉时期，淮域已有独轮车使用。经过历代的传袭演变，至清末时，式样繁多，名称不一，有的叫小车、土车、鹿车、独轮车，也有的叫拱车、二把头、平头车。独轮车构造简单实用，车身为一平板，车轮位于车身下面居中位置，后有两个车把，一人推行，既可载人，也可载货。独轮车最初全为木质结构，后将木轴改为铁轴，实心木轮改为空心木轮，以铁皮包裹车轮外缘，载重量可达一二百斤，是人挑畜驮的几倍。另外，独轮车价格低廉，轻巧灵活，不受地形、道路限制，是淮域民间广泛使用的运输工具。

板车。板车有大小之别。小板车又称架子车、平车、排子车，结构简单，两轮，铁质，外裹橡胶，轮盘较大，中间用铁轴相连，上置木板或木排载货，后置两个木制把手，可供一人正推或倒推，比较灵活方便，主要用于城镇短途运输。大板车又称塌车或老虎车，结构与小板车类似，体积和载重量较大，需多人操纵牵引，适合笨重物资的短途运输。

1930年代后，铁木轮马车、手推车、板车、人力车等逐渐使用充气轮胎，车轮改小，并装上轴承与钢丝辐条支撑轮盘，车速和载重量大大提高。充气轮胎和轴承的使用，是近代淮域民间陆路运输工具的一大革新。

各种车辆，无论公有还是私有，营运抑或非营运，经主管部门检验合格，发给号牌及执照后，方准在公路上行驶。执照每季换领一次，换领时仍须按标准缴纳执照费。各种车辆领取号牌及执照后，如检查发现有不合规定标准者、未领或借用他车号牌与执照者、季末未换领执照者、丢失号牌或执照未补者，除禁止行驶外，并处以罚金。其中，马车罚50元，人力四轮车、二轮塌车、黄包车罚20元。淮域四省加强对民间运具的规范管理，有利于公路交通安全和交通秩序的维护。

（二）传统运输业的发展

交通与社会经济之间存在着双向需要和促进的互动关系。南京国民政府建立后，淮域城乡贸易日益活跃，煤炭、棉纺织、榨油、烟草、面粉、蛋品加工等民族工业逐渐生长起来。淮域民族工业多为资源加工型产业，大量原料的运入和产品的输出，带动和刺激了交通运输业的发展。但受资金、技术等多种因素的制约，处于转型时期以机械为动力的新式运输工具，不仅数量少，价格高，分布也不普遍。以社会经济发展为契机，为物资集散和流通服务的城镇短途运输业和搬运装卸业不但未被新式运输方式排挤出局，反而获得了更为广阔的发展空间。

1. 城镇短途运输业

淮河流域人口稠密，物产丰富，城乡间的物资交流量极大。由于传统运输方式（如马车、骡车、人力车）运价低廉，只相当于"汽车三等货（三等货价每公里每吨三角二分）运费三分之一至四分之一"①，故在短途货运中仍占有一席之地。赣榆县附近盛产食盐、海货，而临沂等地杂粮颇丰，两地有大道直通，牛车成为两地间物资交流的主要工具。运输时，往往一二十辆牛车结队而行，既可以互相照顾，又便于承运大宗货物②。河南省省会开封，每天需要消费数十万斤的粮食、蔬菜、瓜果等，除一部分远程货物由火车运输外，大部分依靠民间运具从附近的陈留、杞县、尉氏、通许等县运进。各县所需的日用品、布匹、绸缎、煤油、食盐等物资，也主要依靠民间运具运入。北京政府时期，开封经常有上千辆马车、牛车和手推车为各地的物资交流服务。许昌是当时闻名遐迩的烟都，襄县、郏县、长葛、鄢陵等县出产的烟叶，大都集中到许昌外销。每当烤烟上市，由各县赶往许昌、漯河路上的牛车、马车、架子车、独轮车及人挑畜驮等络绎不绝③。

津浦铁路通车后，位于铁路线上的蚌埠很快发展为淮河流域的一大物资集散地。每月在蚌埠改装火车运至浦口的大麦、小麦、高粱、药材、牛皮等物资多达三四万吨，由蚌埠分销至淮河上下游各地的食盐、洋布、煤油、杂货等，每月也有二三千吨。④ 这些物资的集散主要由人力及传统运输工具承担。济宁虽不位于津浦铁路干线，但如面粉厂、煤厂、蛋厂等机制工业与磨坊、榨油、酱菜等手工业比较发达，仅磨坊一业就有22家⑤。此外，济宁还盛产杂粮、花生、瓜子、大蒜、瓜果、蔬菜等农副产品。这

① 《中行月刊》第12卷第5期，1936年5月。

② 刘荫棠：《江苏公路交通史》第1册，人民交通出版社，1989年，第249页。

③ 杨克坚：《河南公路运输史》第1册，人民交通出版社，1991年，第122页。

④ 郭学东：《蚌埠城市史话》，新华出版社，1999年，第40页。

⑤ 实业部国际贸易局：《中国实业志·山东省》第4编，1934年，第225页。

些产品除在本地销售外，大部分依靠马车、手推车和畜驮等中转集散，销往外地。

随着集散物资的逐渐增多，在淮域一些车站、码头出现了货栈、骡马店和车行，亦称脚行、转运行或转运公司，主要代客运输、代雇脚力、代购代销货物、为运输工人提供住宿及出租篷布、被褥等。清末民初，许昌有利丰、振昌、豫叶等33家以运销烟叶为主的行栈或公司。各地货栈收费标准不一，转运货物一般从运费中提取 8% ~ 10% 的佣金；租用站房囤货，每月每吨收取租银 0.5 元，若是零担，每件收取租银 0.1 元，超过 1 个月另加租银 20%[①]。

骡马店在中小城市较多，有供客人食宿和喂养牲畜的设备，并为车主、驮运组织货源，从中收取佣金。有的骡马店还备有车辆和牲畜出租，代客人运送货物。车行或车厂是承运货物的组织，有的自备运输工具，有的临时组织他人承运，从运费中提取一定比例的佣金。淮阴、郑州、开封等大中城市都建有多家车厂，为客货转运提供了诸多便利。货栈、骡马店、车厂等运输组织的增多，在一定程度上提高了传统陆路运输的能效。

2. 搬运装卸业

地处南北要冲的淮河流域，在历史上曾经富饶一时。生活在这里的人民，世代繁衍，生生不息。但南宋以降，黄河夺淮打乱了淮域原有水系，这里成了全国罕见的灾害频发地区。自然灾害的频仍，人口的激增，政局的动荡，赋税的异常沉重，导致成千上万的农民因破产而流离失所。

新式运输方式出现后，借助交通运输的便利，一些码头和铁路沿线的城镇开办了许多工厂、仓库。就业机会较多、生存环境相对稳定的城镇，成了破产农民的首选去处。以蚌埠为例，"被招募充当搬运工人的多是逃荒来蚌的穷苦农民。他们多来自山东、河南、河北及阜阳、涡阳、怀远、灵璧等地，也有部分是本地穷人和农民"[②]。这些外移的农民和城市贫民因主体素质较差，无一技之长，只好涌向车站、码头附近，从事专业性的搬运装卸。这些人通常被称为"脚子"或"脚夫"，是一支稳定的搬运装卸队伍。最初，他们没有行业组织，也不受任何规章限制，往往自寻生意，自由经营。但随着人数的增多，争货源、争旅客的事件时有发生。一些有势力的封建帮会头子和流氓地痞等利用这一形势，划地为界，成为统治管理某一地段装卸搬运工人的把头。如在蚌埠，最初码头货物都是由附近的穷人和破产的农民搬运，客商们给一点脚力钱。不久，镖客李老干带着一帮徒弟闯到码头，殴打穷人搬运的组织者，霸占码头，成立搬运班子，并宣布凡加入其搬运班者，必须缴纳班费，服从调遣，若不加入其班子，就不能在码头上干活。穷人为了活命，不得不投靠其门下。一时间，蚌埠码头的

① 杨克坚：《河南公路运输史》第1册，人民交通出版社，1991年，第123、124页。

② 蚌埠市政协文史办公室等：《蚌埠工商史料》，安徽人民出版社，1987年，第153页。

货物搬运工作全部被其包揽。水旱码头形成后，地方恶霸各自争分地盘，扩大势力，组建搬运队伍。在李老干之后，又有陈宝元、张云山、蒋六等封建把头各霸一方，招募人员，成立形形色色的搬运组织。依据搬运货物和搬运地域的不同，搬运组织可分成票班、斗班、盐班、洋油班、香油班、里街市班、船头班、出仓班、信丰小车班、宝兴什货班、宝兴小车班、砂石班、打捆班、烟叶班，等等。其中，尤以票班和斗班势力和规模最大，前者拥有 36 班工人，后者拥有工人达 285 班[①]。由此可见，搬运工人是近代蚌埠颇具影响力的产业工人队伍。

3. 人力车的盛行

与轿子、马车相比，人力车具有轻便、快捷、廉价等优点，自清末传入淮河流域以后，很快占据了城市短途运输市场，成为短途客运的主要工具。

人力车结构简单，不需要什么技术和专业培训便能操作。很多破产农民、逃荒流民和城市贫民无业可就，便选择出卖体力，以拉人力车为生。1905 年开封的振泰源车行，即是淮域较早兴办的车行之一，仅有 5 辆人力车出租。1912 年，郑县阎春明组织的人力车公司，拥有人力车 200 辆[②]。20 年代初，蚌埠有人力车行 18 家，人力车近千辆，车夫数千人[③]。1933 年前后，开封的人力车多达近万辆。[④] 人力车业迅速在淮域各大中城市盛行开来。

人力车的经营方式不一，除少数自车自拉外，多数向车行承租。人力车行的规模大小不等，少者有人力车一两辆，多者可达几十辆，甚至几百辆。租车者或请殷实店铺作保，或缴纳一定数额的保证金，即可向人力车行租车运营。租金主要有日租和包租两种形式。日租按日结算，车夫于每晚将车送还车行时缴付，包租是将车辆长期租给车夫，不论营运与否，车夫均须按日或按月计租。

此外，人力车夫必须参加所在地的人力车夫职业工会。入会时，车夫须缴纳登记费、会费、牌照费、月票费、号衣费等。若不按时交纳，轻则受打骂，重则被开除，甚至遭遇刑狱之灾。事实上，工会无非是搜刮钱财的组织而已，丝毫不保护会员的利益。除工会的各种费用外，人力车夫还要承担政府部门征收的捐税和号牌费等。由于车多客少，竞争激烈，人力车夫的收入在扣除各种捐税后，难以养家糊口。全家人只能过着食不果腹、衣不蔽体的贫困生活。

① 蚌埠市政协文史办公室等：《蚌埠工商史料》，安徽人民出版社，1987 年，第 152、153 页。
② 河南省地方史志编纂委员会：《河南省志·公路交通志、内河航运志》，河南人民出版社，1991 年，第191 页。
③ 安徽省地方志编纂委员会：《安徽省志·交通志》，方志出版社，1998 年，第 175 页。
④ 杨克坚：《河南公路运输史》第 1 册，人民交通出版社，1991 年，第 172 页。

（三）抗战时期的驿运事业

驿运是中国古已有之的一种传统运输方式，"肇始于周汉，唐继之，至清代而制度大备"①。其主要功能为传递公文军令、接待使臣官员、运送政府及军需物资等，在官办运输系统中扮演了极其重要的角色。近代以来，随着火车、汽车、轮船等新式运输工具的引入和工商业的迅速发展，古老的驿运因无法适应时代的要求而逐渐衰落。抗战爆发后，淮域大部分交通点线及新式运输工具逐渐被日军占领或毁坏。同时，东南沿海海口被封锁，俱待舶来的汽车、汽油及配件几乎断绝，严重影响了公文的递送和军需民用物资的供应。为克服困难，打破封锁，南京国民政府根据当时的客观条件，决定建立驿运机构，复兴驿运古制。驿运作为战时应急措施，在抗战中发挥了重要作用。战时驿运包括陆路运输与水路运输两种，但以陆路运输为主，为完整勾勒淮域战时驿运的发展轨迹，姑且将水运置于此一并论述。

为统一规划，1940年7月15日，国民政府军事委员会在重庆召开全国驿运大会。河南、安徽等15省均派代表出席了会议。会议决定，在交通部内特设驿运总管理处，主持全国驿运的计划设计和指导监督；并规定凡与国际运输有关的线路称驿运干线，由中央主办；各省驿运线称驿运支线，由各省主办。会议还制定驿运工作的三项基本原则：发动人力、畜力及一切运输工具分站运输；分站路程，以能当日往返为原则，免人民有离乡背井之苦；运量不宜过重，免人力、畜力过于疲劳②。同年9月1日，驿运总管理处成立。在其领导和协助下，淮域安徽和河南两省根据行政院《各省驿运管理处组织通则》规定，相继建立驿运组织，开展驿运业务。兹以淮域安徽为例，对抗战时期的驿运事业作一评述。

1. 多方动员、组织民众力量

与现代化交通工具相比，传统运力运量小，运输时间长，故战时驿运"不在求一时一地之快速，而在求经常源源不断"③。这就需要"依照我国从前所行驿站办法，或三十里一站，或五十里一站，组织当地的运夫、驿马、手车，每天只求运送一站，站站衔接，节节递运，路程近的运夫一天一来往，远则隔天一来往，如此，人民没有远离家乡之怨，又能获得生活之资，必能尽出其牲口马匹，与车辆工具，相率乐于从事"④。可见，战时驿运事业的开展离不开民众的支持与参与，驿运兴办绩效的大小，关键在于政府的社会动员能力和民众的参与程度。1941年4月，安徽省驿运管理处

---

① 王沿津：《战时交通》，独立出版社，1976年影印，第176页。
② 王沿津：《战时交通》，独立出版社，1976年影印，第199页。
③ 王沿津：《战时交通》，独立出版社，1976年影印，第202页。
④ 王沿津：《战时交通》，独立出版社，1976年影印，第163页。

（以下简称"驿管处"）成立后，设置驿运段站，开展驿运宣传，统编运夫运具，添建服务设施，广泛动员、组织民众力量。

第一，设置驿运段站。根据分站运输、节节递运的原则，驿管处按照原有的水陆交通路线，避开因军事破坏或为敌伪所控制的地点，并结合当时的运输需要，先后在淮域安徽设置界正、正立舒两驿运支线总段和直属怀蒙驿运段。其中，界正驿运支线总段设于阜阳，下设界阜、阜正、临蒙 3 个驿运分段和 9 个驿运站，陆路里程 155 公里，水陆里程 95 公里，可由界首集经太和、阜阳、颖上至寿县的正阳关，并分赴涡阳、蒙城、凤台、临泉等县境。正立舒驿运支线总段设于六安，下设正流、颖叶、叶流、流毛、毛庐 5 个驿运分段和 20 个驿运站，陆路里程 502 公里，水路里程 590 公里，可由正阳关经六安、立煌、霍山至舒城县的芦镇关，并由立煌分赴霍邱达颖上。直属怀蒙驿运段，指导处设于龙亢，共辖 6 个驿运站，陆路里程 259 公里，水路里程 556 公里[①]。随着驿运线站的不断增辟调整，至 1944 年 3 月底，"皖北有站三十九，分站三十一"[②]。站与站之间的距离基本以脉络相通、当天能往返为原则，这样，民众"既无离乡之苦，器物又无散失之虞"[③]。

第二，扩大驿运宣传。抗日战争作为一场正义的民族战争，广大民众给予了积极的支持。但是，驿运创办之初，民众对其知之甚少。在民众对驿运事业毫不知情的情况下，利用行政手段强制民众参与，驿运绩效显然将大打折扣。为使社会各界认识、了解驿运，各段站依照交通部颁发的驿运宣传大纲，或利用各种集会，或印刷多种小册子，进行广泛宣传。宣传的内容主要包括：第一，驿运的重要性。若不发动所有人力、兽力及运输工具，则"不能补充我之输力，输力不能补充，则内地物资何由转移，前方军实何由补给，物资不能转移，则经济滞塞，民生日困，军实无由补给，则军无以为战，不战则国危，民困国危，则一人之身岂能独存"。第二，征雇夫具的有偿性。"驿运机构征雇民夫运具，系采用有偿办法。其最低限度，能使民夫维持生活，运畜得其保养，绝非无价，亦非给以低微之补偿。"第三，运费收取的必要性。"驿运费系根据合理之运输成本计算而出。驿运机构对社会供给以人力兽力或运具，又供给社会以修整之驿道，自不能不向社会取得适当之报酬，非无故勒索，更非苛捐杂税。"[④] 通过广泛的宣传，民众"晓然于驿运之重要性"，主动提供人力和运具，踊跃参加各种战时物资的运输。

第三，添置、统编夫具。长期以来，官办驿运虽已废弛，但在许多乡村仍沿用旧

---

① 许汉三：《安徽"驿运"一周年》，《安徽建设》第 2 卷第 4、5 期合刊，1942 年 5 月；许汉三：《一年来之安徽驿运管理》，《安徽一年》，1944 年，第 41 页。"水路里程 556 公里"一句，原文单位为"里"，似有误，应为"公里"。

② 黄同仇等：《安徽概览》，1944 年，安徽省档案馆，1986 年重印，第 236、237 页。

③ 王沿津：《战时交通》，独立出版社，1976 年影印，第 170 页。

④ 金琮：《驿站工作之检讨及其补救方法》，《安徽驿运周刊》第 16 期，1943 年 12 月 15 日。

式运输工具，可资利用的潜在运力十分雄厚。在现代交通工具十分匮乏的情况下，若能对传统运力进行全面动员、合理运用，可弥补机械运力的不足。因此，加强对民夫及一切运输工具的统制，成为驿运工作中极为重要的一个方面。各驿运段站在筹设之际，即着手与当地的保甲组织取得联系，对各种运输工具（夫、马、车、船、筏、轿等）实行全面管制。采取的措施主要有：对民间运力全面登记编组，统一调用；与公营机构的运力订立合约，统一支配；对各地的民营车驮登记审核后，发给牌照，统一管理。具体的夫具统制情况，详见下表（表4-17）：

表4-17　淮域安徽运夫与运具统计表（1941年5月至1942年10月）

类　别 段　站别	夫（人）			马（匹）			车（辆）			船（只）		
	自备	征雇	总计	自备	征雇	总计	自备	征雇	总计	自备	征雇	总计
正立舒支线	23	5819	5842	—	—	—	172	410	582	—	1496	1496
界正支线	—	507	507	—	15	15	—	1175	1175	—	965	965
直属怀蒙段	—	—	—	—	—	—	—	2428	2428	—	420	420

资料来源：根据安徽省驿运管理处：《安徽驿运一年》，1942年，第29页表格统计。

由表4-17可见，夫、马、车、船大部分都征雇于民间。由于农业具有很强的季节性，一遇农忙时节，征雇工作即出现困难，从而影响了物资的运输。为增加运力，驿管处尽财力所及，在自制与购置各种运具的同时，还提供免息贷款，修制各种民营运具。如1941年，自制手车210辆，购置胶轮架车50辆，手车100辆，修造史淠两河竹筏300对；1942年，贷款制造排筏20对，修理史河被焚排筏16对，修理史淠两河排筏199对，修理长淮轮业公票处轮船6艘[①]。为更好地配合淮域军公物资的运输，各驿运段站逐渐加强对夫具的规范管理。首先，运具到站或行至中途，由各站检查登记证及号牌，如发现登记证未带或号牌未悬钉，及时劝导或依章惩戒。其次，随时考核各种水陆运输工具，依照运具报到的先后顺序，公平配载运输物资。再次，招募长期运夫，组建运输队。由于各驿运段站对于运具的编调工作极为重视，可资调度的夫具逐年增多，基本保证了战时军公物资的源源输送。

第四，设置服务场所。欲更好地调动民众的积极性，保持运输效力的持久与畅通，应给予民夫必要的待遇，提供具有福利性质的人性化服务。为此，驿管处划拨专款在叶集、胡店、苏家埠、流波疃、立煌、独山、界首、阜阳等处各设服务所一处。办理的业务主要有：为来往客商及运夫提供食宿；为运夫发放免息贷款；举办义务教育；代客托运货物及雇佣车轿等。多数服务所房间整齐干净，设备齐全，收费低廉。如流波疃服务所，拥有"粉白的墙壁，明亮的窗儿，清洁的床铺，配着那整齐桌椅，使旅

---

① 黄同仇等：《安徽概览》，1944年，安徽省档案馆，1986年重印，第244、245页。

客们无形中消失了他那跋涉的疲劳"①。驿管处为改善运输条件，还特拨专款，在流波瞳、毛坪、苏家埠、叶家集、柳树店及皖北一些重要段站，附设茶水站或车棚、马厩，作为运夫、驮兽的休息场所。由于服务所和茶水站不以营利为目的，收费低廉，服务周到，设立以来，得到客商、民夫的一致称道，民众效力于驿运的积极性因之高涨。

2. 推进驿运工作的举措

战时驿运，是旧制新用，毫无成规可循。为在异常艰苦的条件下，以拙胜巧，以缓济急，充分发挥传统运力的效用，驿管处想方设法提高从业人员的专业技能，引入适当的竞争机制，并辅以科学的管理，从而使古老的驿运在抗战中迸发出了惊人的潜力。

第一，培训驿运人员。驿运所特运力主要散布在民间，量大效率低，而且素无组织，管理难度不言而喻。为使从事于驿运基层工作的人员，人人执简驭繁，管理科学，必须对他们"施以重新训练，使具有若干革命精神，健全之驿运知识不为功"②。也就是说，驿运专门人才的培养成为推进驿运工作的当务之急。1941 年 5 月，驿管处特设驿运人员培训班，一方面对现职人员进行培训，学成后仍回原职；一方面对考取的优秀青年进行严格训练，结业后分发各段站实习，并根据成绩分别予以委任。对于业绩突出的工作人员择优提拔，以期学以致用，人尽其才。由于会计人员极其缺乏，同年，驿管处招考会计练习员 20 人，实习后分发各段站工作③。此项工作的开展，有效缓解了驿运初兴时期人才短缺的紧张局面。

第二，开展业务竞赛。为奖励先进，鞭策后进，推动驿运业务的开展，1943 年 6月 12 日，驿管处成立工作竞赛委员会，拟订组织简则及各段站工作竞赛实施推动方案，通令各单位切实推行。竞赛内容包括：一般事务竞赛，涉及服务精神、法令规章、各项报表之造送、各项牌示、工作情形等项；营运业务竞赛，包括货物的保管、运送、交接、计费等项；编调夫具竞赛，涵盖运具保护、运夫福利、运夫素质、调度情形、编组情形、编调夫具数量等项。1944 年，驿管处为提高各段站会计人员的工作积极性及工作绩效，拟定各段站会计工作竞赛实施办法。竞赛项目包括账表的处理及上一年度账款的清理等，均以迅速、正确、整洁为标准。满分为 100 分，迅速占 30 分，正确占 50 分，整洁占 20 分。竞赛成绩共分五等，平均分为 90 及 90 分以上者为甲等，80 ~89 分者为乙等，70 ~ 79 分者为丙等，60 ~ 69 分者为丁等，60 分以下者为不及格。凡经审定后列甲等者奖励 400 元，列乙等者奖励 200 元，不及格者分别予以记过或撤职处

---

① 卢成：《流波瞳的服务所》，《安徽驿运周刊》创刊号，1943 年 9 月 1 日。

② 金琮：《驿站工作之检讨及其补救方法》，《安徽驿运周刊》第 16 期，1943 年 12 月 15 日。

③ 许汉三：《安徽"驿运"一周年》，《安徽建设》第 2 卷第 4、5 期合刊，1942 年 5 月。

分①。驿运业务竞赛的开展，使驿运从业人员增长了知识，熟练了本职工作，极大地提高了其工作积极性与工作效能。

第三，制定驿运章程。为使驿运工作有所遵循，驿管处参照各地实际情况，制定了一系列相关法令章则及单行办法。据笔者粗略统计，从驿运兴办至 1942 年的一年多时间里，安徽省制定的驿运章则多达 46 种②。其中，有关于运夫运具的，如《安徽省驿运夫马车船征雇附则》、《安徽省驿运运具报到开行施行办法》、《安徽省驿运管理处胶车手车保管使用办法》等；有营运方面的，如《安徽省驿运管理处沙淮两河轮船客货营运办法》、《安徽省驿运客运附则》、《安徽省驿运货运押运附则》等。另外，还有管理及组织方面等，如《安徽省驿运管理处沙淮两河轮船客货营运办法》，分别对沙淮两河轮船的营运区域、票价的拟订及变更程序、营运收入的使用管理、营运业务的办理、客货票证的查验以及私带乘客和货物的处理等问题作了明确规定③，从而保证了驿管处对沙淮两河客货营运业务的有效统制。规章制度的日渐细密和涵盖面的日渐扩展，使驿运工作逐步走上了制度化的轨道。

第四，实行负责运输。货运的安全稳妥直接关系各驿运段站的信誉，也是驿运工作本身的最高要求。为使承运的货物安全到达目的地，各段站采取种种措施厉行负责运输。所谓负责运输是指：运输机构在承运货物时，应遵守有关运输章则及办理程序，尽其所能保护货物的安全。若非因天灾、事变或不可抗拒因素而致货物发生损失，应负赔偿责任。为落实负责运输，驿管处采取了如下措施：①办理货物损失赔偿。办理负责运输，首先要落实货物损失赔偿资金。驿管处根据"安徽省驿运管理处货物损失赔偿费筹集保管支配办法"及"安徽省驿运管理处货物损失赔偿基金之提取及支用程序"的规定，按月从各驿运站收取的运费中提存 5‰，作为专项赔偿基金，一旦发生货运损失，及时估价并予以赔偿④。②厉行押运制度。驿管处制订"安徽省驿运货物押运附则"，要求各驿运段站派遣押运人员随货押运，并足额支付押运人员差旅费，以保证其生活所需。③不断添置仓库、堆栈及防雨防潮等用品，确保运输业务的顺利开展。

3. 驿运工作的总体评价

驿运是在面临日伪经济封锁、现代交通工具匮乏的情况下所采取的应急措施，同时也是因应时局变化的有效措施。淮域安徽驿运业务的有序开展，为支援抗战、推动当地社会经济的发展做出了历史性贡献。

---

① 《各段站会计工作竞赛实施办法》，《安徽驿运周刊》第 51 期，1944 年 8 月 18 日。
② 安徽省驿运管理处：《安徽驿运一年》，1942 年，第 9、10 页。
③ 《安徽省驿运管理处沙淮两河轮船客货营运办法》，《安徽驿运周刊》第 19 期，1944 年 1 月 5 日。
④ 《本处业务报导》，《安徽驿运周刊》第 53 期，1944 年 9 月 1 日。

第一，各驿运线段承运的货物量大且种类多，较好地保障了前方军需品和后方人民生产生活必需品的供应。下面是各驿运线段起运货物分类比较表（表4-18）：

表4-18　淮域安徽各驿运线段起运货物分类比较表

货物别\线段别	饮食类	被服类	器材类	燃料类	杂项	合计
界正支线	75.629	0.457	20.05	2.912	1.672	100.00
正立舒支线	45.394	0.573	43.972	9.225	0.836	100.00
直属怀蒙段	87.893	3.36	5.964	0.464	2.023	100.00

资料来源：安徽省驿运管理处：《安徽驿运一年》，1942年，第63页。

其中，饮食类包括豆、杂粮、食盐、茶、瓜果、麦、稻米、肉类、油脂、蔬菜等；被服类包括布匹、衣服、鞋袜等；器材类包括铜铁、生漆、碱皂、皮革、猪鬃、军用品、文具等；燃料类包括柴草、木炭、火柴、燃油等；杂项包括京货、化学用品、行李等。各线段承运的货物种类之多，范围之广，由此可见一斑。在各类货物中，饮食类所占比例位居第一，其中，尤以粮食运量最大。据统计，1941年5月至1942年10月，界正支线运输公粮95 600公吨，民粮25 875 271公吨；正立舒支线运输军粮2 422 793公吨，公粮3 968 995公吨，民粮7 331 521公吨；直属怀蒙段运输民粮1 026 630公吨[①]。

第二，运输统制的实行，有效缓解了物资流通困难，起到了调剂盈虚、平抑物价的作用。驿运创办前，淮域安徽运输漫无统制，运输行会任意抬高运价的现象时有发生。商人为争取货物的最佳销售时间，不惜重价雇用运夫运具，货物成本因之提高，物价随之上涨。驿管处成立后，对淮域各段站的运力进行统编统调，统订运价，有效扼制了各地随意抬高运价的不良行为。以食盐为例，抗战爆发后，东南沿海各省相继沦陷，海盐无法运进内地，淮域安徽盐源中断，盐价暴涨。为接济军用民需，缓解食盐供不应求的紧张状况，驿管处于1944年采取如下措施：通令各站与各物资管理机关保持联系，利用夫具返回之机，代运盐斤；督饬各站依照代客买卖办法，扩大宣传，尽量提倡民营食盐运销事业；通令各驿运段站就地与各盐务机构洽订代运食盐合约，或依章大量承运，务使盐源流畅，民食无匮[②]。通过上述措施，各段站的盐源稳定而流畅，盐运业务日益繁忙。尤其在直属怀蒙段，食盐运量占饮食类运输总量的93.477%[③]。在怀远县龙亢镇，1943年1～8月间，经运的食盐的多达59 925 284公吨[④]，成为战时淮域安徽食盐的运输枢纽。

---

① 安徽省驿运管理处：《安徽驿运一年》，1942年，第59页。
② 黄同仇等：《安徽概览》，1944年，安徽省档案馆，1986年重印，第242页。
③ 安徽省驿运管理处：《安徽驿运一年》，1942年，第66页。
④ 《安徽省驿运管理处施政概况》，《安徽驿运周刊》第13期，1943年11月24日。

此外，在驿运线路的选择上，"尽量利用水运，凡可以顺河运输的货物，决不使用陆运，即使水运不能直达，必须陆运者，亦要尽量延长水程，减短陆运"[1]。因为水运不但运量大，而且运费较低，可收降低货物成本、平抑物价之效。这一情况可从下表得到佐证（表4-19）。

表4-19　皖西与皖北地区夫具运量运价比较表

项目名称		每单位载重量（公斤）	每公吨公里平均运费（元）	运量比	运价比
皖西	挑夫	40	5	1	3.3
	手车（单人）	80	30	2	2
	史河竹筏（每只）	1600	1.5	40	1
皖北	挑夫	40	7.5	1	15
	手车（单人）	120	4	3	8
	大车	1200	2.5	30	5
	颍河木船	2000～10000	0.5	50～250	1

注：（1）运价比：皖西以竹筏为基位，皖北以木船为基位；（2）运量比以挑夫运量为基位；（3）运费系参照1942年4月1日驿运处颁订的水陆驿运运费表为标准；（4）船筏运费系上下水平均数。

资料来源：张学新：《当前的安徽交通问题》，《安徽建设》，第2卷第4、5期合刊，1942年5月。

以上表4-19中的皖西地区为例，运量从大到小依次为竹筏、手车、挑夫。其中，竹筏运量是手车的20倍，是挑夫的40倍，船筏的载重量远大于人力挑夫。运价从高到低则依次为挑夫、手车、竹筏，挑夫运价是竹筏的3.3倍，是手车的1.65倍。由此可见，选择水运路线，使用船筏等水运运具最为经济。

第三，战时客运的开展，便利了商民出行。各地在驿运工具的运用上，大多因地制宜，兼筹并举。如皖西有史河的簰筏，霍邱有沣湖的木船，淮南有淠河下游的木船，淮北有陆行的车辆及水行的船划等。其次，开辟的客运路线兼顾各地。以水运为例，有界首经太和、阜阳、洄流集、永兴集、颍上、杨湖镇、正阳关而达六安的界六水运路线，长305公里，有木船50只；有霍邱至王截留的沣湖木船客线，长50公里，有木船20只；有立煌经叶家集直达三河尖的史河竹筏路线，长200公里，有客筏10只。再次，客运经营规模较大。如皖北各站的驮车客运，拥有大车285辆，驮兽475头以上，胶轮架车48辆，手车238辆，竹轿10乘，抬篮5乘[2]。

战时驿运虽然成效显著，但仍存在一些制约业务发展的消极因素。

首先，运价过低，严重挫伤了民众参与运输的积极性。驿运创办之初，淮域安徽运价是由各主管线段根据当时当地私营运价，按"七分雇用、三分征用"的原则自行

① 郜干卿：《安徽的驿运事业》，《安徽建设》第2卷第4、5期合刊，1942年5月。

② 《驿讯》，《安徽驿运周刊》第26期，1944年2月23日。

制订，并以三个月为改订周期。在运价增订前，各线段主要驿站首先应调查当地的物价及力价，然后再根据各月份物价及力价指数的升降趋势进行调整。应当说，此运价原则比较切合实际。但在具体运作过程中，有的线段运价增订周期过长，运价与物价严重脱节。如麻埠驿运站1944年6月所用的运价及力价费率还是1943年10月份颁订的标准，与当时民间最低运价相比，约低一半[①]。尤其到抗战后期，随着法币的贬值和物价的飞涨，运价调整的频率和幅度远不及物价上涨的速度。军运运价则更低，至1942年，军运运价"仅等于商运运价百分之二十五"[②]。力夫和驿运工具大部分来自民间，如此低的运费难以维持车船夫马的最低支出。民众对承运各种物资尤其是军品皆望而生畏，以致率相逃匿、毁坏运具、减少畜力的现象时有发生，严重影响了驿运工作的实效。

其次，管理费使用不当，引发了民众的极大不满。在财政拮据的情况下，南京国民政府为解决兴办驿运所需的巨额经费，规定各省驿运管理处可以从驿运运费内加收5%的管理费，作为管制民间运输、补充驿运设备及推行驿政的费用。在执行过程中，有些段站只征收管理费，对于工具管制工作却漠不关心，"以致已编组之运具，不但其态度如何，有无私揽货运情形，不得而知，且于待运物资拥挤时，调度亦感困难。至沿线自由营运之工具，触目尽是，而各站不予查编登记，仅收管理费用，引起外界误会，目为税收机构，颇为社会所诟病"[③]。管理费的滥用，有违驿运兴办的初衷。

另外，淮域安徽运输行帮较多，情形极为复杂。为争夺货源，谋取利润，各行帮不服从所在段站的管理，肆意违反驿章，把持操纵运输工具，以致贻误军公运输的事件屡见不鲜，难免影响驿运效能的发挥。

第三节　铁路的筹建

早在洋务运动时期，清政府既已认识到修建铁路的重要性。20世纪初，随着收回利权运动的兴起，在各级政府与各地士绅的合力推动下，铁路建设得以推进。京汉、津浦、陇海三大铁路干线和淮南铁路的建成通车，将淮域与全国各地紧密联系为一个整体，不仅改变了淮域交通运输结构，同时也对淮域社会经济的发展产生了深远影响。

一、中央政府开发铁路的举措

"铁路者，一切实业之母也。觇一国之强弱贫富与夫经济能力者，必以其铁路线之

---

① 杨道敦：《麻埠驿运站业务之实况》，《安徽驿运周刊》第44期，1944年6月28日。
② 章勃：《驿运事业新动向》，《交通建设》第1卷第8期，1943年8月。
③ 何一环：《夫具编组与管制工作之检讨》，《安徽驿运周刊》第16期，1943年12月15日。

长短为比例差，即课一时期行政设施之迈进，亦恒以铁路为称首"①。铁路作为一种为以机械为动力的新兴运输方式，是社会经济由传统向近代演进的强大驱动力。从晚清政府到南京国民政府，都对铁路建设给予高度重视，不仅设立了专门机构，还制定了一系列关于铁路修建与管理的法律规章。

1889 年，清政府发布上谕，称修筑铁路为"自强要策，必应通筹天下全局……但冀有益于国，无损于民，定一至当不易之策，即可毅然举办，毋庸筑室道谋"②，正式确定了铁路修筑政策。

1898 年 8 月，为维护路权、促进中国路矿事业的发展，清政府设立全国第一个主管铁路建设的专门机构——矿务铁路总局。同年 11 月，矿务铁路总局会同总理各国事务衙门制定《矿务铁路公共章程》。该《章程》共 22 条，涉及申办铁路的手续与条件、集资修路与借贷国外资本、对商办铁路的态度与政策等多方面内容，在一定程度上遏制了西方列强对中国路权的大肆掠夺。1903 年 9 月，清政府设立商部，将铁路事宜划归该部专管。同年 12 月，商部奏定《铁路简明章程》，共 24 条，向民间开放了铁路修筑权。受此章程鼓舞，1904 ~ 1907 年间，全国掀起了自办铁路高潮。

适应形势的需要，清政府于 1906 年设立邮传部，专管铁路、电报、邮政、航运四政，同时起草《商办路律》、《铁路营业律》和《商办路律施行细则》等法规。1909 年，邮传部又组织专门人员编订铁路法规，历时两年半，起草完成《职司篇》、《公司篇》、《车务篇》、《厂务篇》、《工程篇》、《公司编施行条例》、《车务章程》、《车务章程施行细则》、《铁路犯罪条例》、《铁路征地通行条例》等 10 种铁路法规③。1911 年 5 月，清政府在西方列强的压力下，宣布将铁路干路收归国有，改变了自 1903 年以来实行的铁路修筑权开放政策。

北京政府时期，铁路归交通部路政司主管，继续实行铁路国有政策。1914 年 3 月，交通部鉴于"商办各路不可无法以绳"，遂在 1911 年邮传部草拟的"商办路律"基础上进行删改，更名为《民业铁路条例》，计 65 条。次年 11 月，交通部又对《民业铁路条例》进行修订，改名为《民业铁路法》，计 74 条。此后，交通部又陆续颁布了一系列铁路法规，如《国有铁路建筑标准及规则》、《国有铁路钢桥规范书》、《国有铁路材料规范书》、《国有铁路机车制造规范书》、《国有铁路行车规范书》、《国有铁路办事通则》、《国有铁路客车运输通则》、《国有铁路货车运输通则》、《国有铁路货物负责运输通则》等，对铁路建设、铁路管理及客货运输等都做了统一规定。

南京国民政府成立后，将铁路建设作为经济建设的重点进行规划。1928 年 11 月，

① 国民党中央党部经济计划委员会：《十年来之中国经济建设》（1927 ~ 1936），南京古旧书店，1990 年影印，第 1 页。

② 宓汝成：《中国近代铁路史资料》第 1 册，中华书局，1963 年，第 171 页。

③ 曾鲲化：《中国铁路史》，文海出版社，1973 年影印，第 508、509 页。

成立统筹全国铁路建设和铁道事务的专门机构——铁道部，委任孙科为铁道部部长，负责制定铁路建设计划。1929 年 1 月，孙科向中央政治会议提出《庚关两款筑路计划提案》，提出利用庚款的 2/3 和新增关税的 1/2 作为专款拨给铁道部，用作发行"筑路公债"的担保，修筑以南京为中心的全国铁路网，计划在 6 年内完成陇海铁路等四组铁路①。

1931 年，南京国民政府制定了一个名为"中国工业化"的十年计划。为落实此计划，铁道部在 1929 年提案的基础上，提出铁路"五年建设近期计划"。该计划以"贯通旧路、建筑新路"为原则，计划在 5 年内修筑 8000 余公里铁路②。1932 年 7 月，国民政府颁布《铁道法》，计 22 条，对铁路的经营原则、修造及管理等均做了规定。继《铁道法》之后，南京国民政府于 1935 年 11 月又颁布《民营铁道条例》、《公营铁道条例》及《专用铁道条例》等。铁路计划的制订及铁路法规的颁行，掀起了近代中国铁路建设的又一高潮。

二、铁路干支线的修建

铁路作为一项大型基础设施建设，需要有全盘规划及大量的资金投入。在中央政府的主导下，几经周折，京汉、津浦、陇海三条贯穿淮河流域的铁路干线及淮南铁路先后建成通车。

1. 京汉铁路

京汉铁路的修建源于 1889 年两广总督张之洞的奏请，"其时筑路之议方开始，未敢遽言筑至北平，故以北平城外十余公里之卢沟桥为起点"③。卢汉铁路"计程三千余里，计费三千余万元"④，在当时号称"新的长城"。经批准，每年由户部拨银 200 万两，作为兴筑专款。然而，翌年沙俄修筑的西伯利亚大铁路迅速东进，对我国东北虎视眈眈。同时，日本对朝鲜的侵略也日益深入，东北局势异常紧张。清政府权衡利弊，决定移用卢汉铁路专款，先行修筑关东铁路。卢汉铁路的修建计划因此而被搁置数年。

甲午战败后，"朝野均感筑路之必要"⑤。在商股难筹、官款毫无把握的情况下，清政府"不得不出于借债一途"⑥。围绕卢汉铁路的借款权，各国资本巨头展开了激烈的

---

① 国民政府铁道部铁道年鉴编纂委员会：《铁道年鉴》第 1 卷，上海汉文正楷印书局，1933 年，第 419～425 页。

② 参见宓汝成：《帝国主义与中国铁路》（1847～1949），上海人民出版社，1980 年，第 286 页。

③ 凌鸿勋：《中国铁路志》，文海出版社，1983 年影印，第 177 页。

④ 宓汝成：《中国近代铁路史资料》第 1 册，中华书局，1963 年，第 180 页。

⑤ 曾鲲化：《中国铁路史》第 3 册，文海出版社，1973 年影印，第 669 页。

⑥ 曾鲲化：《中国铁路史》第 3 册，文海出版社，1973 年影印，第 670 页。

竞争。经过对比权衡，清政府认为美国"非为借款而来，意在包扫一切"①，而英国有可能"随时借端生风，渐图干预"②，以致后患无穷，惟独比利时"仅购料雇工斤斤较量，别无他志"③。1898 年 6 月，督办铁路大臣盛宣怀与比利时代表签订《卢汉铁路比国借款续订详细合同》及《卢汉铁路行车合同》。合同规定：借比款 1125 万法郎，年息五厘，按九折折扣，以全路财产及进款为担保，期限 30 年，光绪三十三年（1907）后随时还清④。一切行车事务由比利时铁路公司代理，"中国总公司准于每年公同结账后，除摊还各项借款本利各费外，于余利中酌提十分之二，酬给比公司"。届期，借款如未还清，比利时铁路公司"自有展限之权，以展至借款清讫为度。如该款不及三十年之限先行全数还清，则行车合同亦即于还清之日销废"⑤。卢汉比债的成立，导致中国路权严重丧失，为日后中国向外国借债筑路开了一个恶劣的先例。

卢汉铁路修筑期间，英、法、比三国强行将北端由卢沟桥延展至北京正阳门，卢汉铁路遂改称"京汉铁路"。1906 年 4 月，全线正式通车。1898 年，应运煤需要，在淮域内修建了一条由琉璃河站至周口店煤矿的"周口店"支线，长 15.2 公里。

京汉铁路地处中原，是第一条贯穿淮域南北的大动脉。沿线人口稠密，物产丰富，通车以来，客运业务十分发达，行车利润逐年增加。但受借款合同限制，行车管理权操于比利时铁路公司之手，京汉铁路俨然成了外国人统治下的"独立王国"。当时，收回路矿权利运动在各省风起云涌地展开，"时人亦多以代管行车，分享余利，损失权利甚大，乃筹商赎路"⑥。1908 年 1 月，清政府将向比利时铁路公司借贷的比款本息金悉数付清后，将京汉铁路的行车管理权收归国有。1927 年国民政府定都南京后，京汉铁路改称"平汉铁路"，路局由北平迁至汉口。

2. 津浦铁路

1864 年，印度殖民者斯蒂芬生要求修建北京至镇江的京镇铁路，未被清政府接受。1886 年，卸任驻俄公使曾纪泽奏请速修此路，未获允准。1898 年，江苏候补道容闳再次奏请借用美款修建津镇铁路，终于得到清政府的批准。

迫于英、德的压力，1899 年 5 月，中、英、德三方签订《津镇铁路借款草合同》。合同规定，将津镇铁路分为南北两段，由英、德两国分任修筑。不久，义和团运动爆发，筑路之事被迫中止。运动平息后，清政府进一步与英、德两国协议筑路正约，"惟

① 顾廷龙等：《李鸿章全集》（三），电稿三，上海人民出版社，1987 年，第 704 页。
② 顾廷龙等：《李鸿章全集》（三），电稿三，上海人民出版社，1987 年，第 728 页。
③ 交通铁道部交通史编纂委员会：《交通史路政编》第 8 册，1935 年，第 588 页。
④ 曾鲲化：《中国铁路史》第 3 册，文海出版社，1973 年影印，第 670、671 页。
⑤ 中国第一历史档案馆馆藏，光绪二十四年六月十四日湖广总督张之洞呈卢汉铁路与比公司订定行车合同清单，档号：03-9659-039。
⑥ 凌鸿勋：《中国铁路志》，文海出版社，1983 年影印，第 179 页。

因条件过多，与原议不符，而德使又要求添造德州至正定、兖州至开封两支路，且南北两段不能同时兴工"①，贷款之事陷于停顿。1904 年后，朝野间收回路权、自办铁路的呼声日高。直、鲁、苏三省京官以"此路北起天津，南抵镇江，中历山东全省，迤逦一千七百余里，为南北枢纽，贯我腹心。若使路权利权俱落外人之手，将来患害，不可胜言"② 为由，多次联合呈文清政府，要求收回路权，筹款自办。然而，在绅商筹款之际，"德国派工程师在兖州一带勘路如故，中德铁路合同终难废止"③。

　　1906 年，经外务部左侍郎梁敦彦与英、德代表磋商，并依照直、鲁、苏、皖四省商民的请求，津镇铁路路线改自天津经安徽以达浦口，定名为"中国国家天津浦口铁路"，简称"津浦铁路"。1907 年 12 月，梁敦彦与上海德华银行及伦敦华中铁路公司代表签订津浦铁路正式合同。该合同规定：其一，"取消提给行车余利，改在首次发售债票时一次提留二十万镑为公司酬金"，从法律上撤销了列强的铁路收益权；其二，取消铁路作抵，而以直、鲁、苏三省厘金作保④，在某种程度上减少了外国资本对路权的干预和控制。津浦铁路合同是全国收回路权运动以来，将借款与筑路分为两端的首例，是清末借款筑路的重要转折点，对中国借款筑路事业产生了深远影响。

　　根据合同规定，津浦铁路以山东峄县韩庄运河桥为界，分南北两段兴筑。其中，"天津经过德州、济南府至附近山东南界之峄县"称为北段，借德款修筑。"由峄县至附近扬子江南京对岸之浦口"⑤ 称南段，借英款修筑。"铁路工程向以桥梁一项至为艰巨，津浦全路桥工除北段之黄河外，则以南段淮河为最著。"1909 年 12 月，淮河路桥开工，1911 年 4 月 16 日，全桥告成⑥。1912 年 11 月，南北两段工程在韩庄接轨，津浦铁路如期全线通车。津浦铁路全长 1009.5 公里，途经淮域邹县、滕县、临城（今薛城）、韩庄、徐州、符离集、宿县、蚌埠、临淮关、明光等地，是纵贯淮域四省的交通大动脉。

　　津浦路的修建主权虽属中国，总工程师却由外国人担任。在勘路过程中，德国工程师"以德人在山东享有沿路开矿权，济南以下舍济宁而就曲阜、滋阳、邹县，即因其地多丘陵，富煤矿"⑦。德人借修筑铁路掠夺山东矿产的野心由此可见一斑。济宁绅商认为："修路之目的在发展商业，济宁为鲁西南商业中心，津浦路不经济宁，实屈从

　　① 实业部国际贸易局：《中国实业志·山东省》第 11 编，1934 年，第 3 页。
　　② 宓汝成：《中国近代铁路史资料》（1863～1911）第 2 册，中华书局，1963 年，第 795 页。
　　③ 张玉法等：《民国山东通志》第 3 册，台湾山东文献杂志社，2002 年，第 1569 页。
　　④ 凌鸿勋：《中国铁路志》，文海出版社，1983 年影印，第 187、188 页。
　　⑤ 中国第一历史档案馆藏，录副奏折，光绪三十四年三月初九日军机处大臣张之洞等奏为津浦南段铁路取道皖境请饬安徽巡抚会办事，档号：03-7147-019。
　　⑥ 中国第一历史档案馆藏，录副奏折，宣统三年闰六月初九日督办津浦铁路事务徐世昌、督办津浦铁路事务沈云沛奏报津浦铁路南段淮河桥工告成并工程进步情形事，档号：03-7567-035。
　　⑦ 张玉法等：《民国山东通志》第 3 册，台湾山东文献杂志社，2002 年，第 1570 页。

德人之目的，而忽视中国经济利益"①。鉴于"济宁商业发达，人材鼎盛"②，几经争议周折与多次复勘审议，邮传部以重勘费工费时、影响工程进展为由，批准修筑自兖州至济宁支线进行补救。1912 年 11 月，兖济支线竣工通车，长 31.52 公里。

1907 年 8 月，为运煤方便，山东峄县中兴煤矿公司代表张莲芬与直、鲁、苏、皖四省京官会商，筹组中兴运煤铁路有限公司，拟修建一条由煤矿至台儿庄的运煤铁路。经邮传部详细核查，认为"该公司所办煤矿质佳苗旺，成效久著，只因艰于转运，未能即时扩充"，允准中兴煤矿公司"自修铁路"③。1907 年，中兴煤矿公司向礼和、瑞记两洋行订购各项材料货款计 160 万马克，先付 80 万马克，余下货款作为贷款，分 5 年还清，年息 6 厘④。因路线较短，需资较少，1910 年 3 月，台枣支线完工通车，长 41.5 公里。此后，枣庄煤炭经由台枣支线运至台儿庄后，或由运河运往江苏，或北上济宁。

1912 年津浦铁路通车后，中兴煤矿公司以运河枯浅、运量有限为由，要求修建一条自枣庄至临城的津浦铁路支线。"因铁路与煤矿有运煤与供煤的互惠关系，遂应所求"⑤。1912 年 5 月，临枣支线完工通车，长 31.01 公里。

此外，为方便贾汪煤矿产煤的运销，1914 年，又修筑了柳泉至贾汪的柳泉支线，长 15.6 公里。兹将津浦铁路及其支线的修筑情况，列表如下（表 4-20）：

表 4-20　津浦铁路及其支线修筑情况一览表

路名	起讫点	开工至通车时间	里程（公里）	资本
津浦铁路	天津至浦口	1908 年 8 月至 1912 年 11 月	1009.5	英德借款
兖济支线	兖州至济宁	1911 年 10 月至 1912 年 6 月	31.52	商款
临枣支线	临城至枣庄	1911 年 4 月至 1912 年 5 月	31.01	商款
柳泉支线	柳泉至贾汪	1914 年	15.6	商款

资料来源：①曾鲲化：《中国铁路史》第 3 册，文海出版社，1973 年影印，第 767、768 页；②王开济等：《中国铁路建筑编年简史》，中国铁道出版社，1983 年，第 188、189 页。

津浦铁路沿线农副产品及煤炭等资源十分丰富。津浦铁路的修通，对沟通南北交通，加速城乡物资交流，促进淮域经济发展发挥了重要作用，成为淮域陆路运输的一大交通命脉。

---

① 张玉法等：《民国山东通志》第 3 册，台湾山东文献杂志社，2002 年，第 1570 页。

② 林传甲：《大中华山东地理志》，中华印刷局，1920 年，第 98 页。

③ 中国第一历史档案馆馆藏，附片，光绪三十三年奏为峄县华德中兴煤矿有限公司拟就续招华股及公司存款购办料物自修运煤铁路事，档号：04-01-36-0114-037。

④ 《各省铁路汇志》，《东方杂志》第 4 年第 10 期，1907 年 10 月 25 日。

⑤ 金士宣、徐文述：《中国铁路发展史》（1876～1949），中国铁道出版社，1986 年，第 135 页。

3. 陇海铁路

横贯淮域东西的陇海铁路发端于汴洛铁路。1899 年，卢汉铁路开工后，督办铁路大臣盛宣怀奏请清政府借用比利时款项修筑开封府至河南府的铁路，作为卢汉铁路的支线。开封府旧称汴梁，河南府即洛阳，故此路简称为"汴洛铁路"。义和团运动爆发后，中比谈判暂被搁置。1903 年 11 月，盛宣怀与河南巡抚陈夔龙仿照卢汉铁路办法，与比利时铁路电车公司代表签订《汴洛铁路借款合同》及《行车合同》，借款 2500 万法郎作为修筑款项。

1904 年，汴洛铁路开始勘测，次年 6 月，郑州至开封段首先动工。1910 年 1 月，汴洛铁路竣工通车，全长 185 公里[1]。

汴洛铁路开工之际，商部尚书载振建议修筑一条由开封经徐邳等处至海州的铁路，以与汴洛铁路衔接，构成东西大干线。后因清江浦至徐州间运河淤浅不能通航，应苏北人民请求，清政府准予商办江苏全省铁路公司兴筑此段铁路。清江浦为苏北重镇，为使铁路通至此地，邮传部决定将载振所拟之路线绕至清江浦后再至海州，定名为开徐海清线。1909 年，邮传部派阮惟和至开封筹办此线。除徐清一段归江苏省铁路公司筹款修筑外，综计其余路段工程尚需银 1400 万两左右。因经费不足，1911 年 4 月，商办徐清段除筑成清江浦至杨庄西坝的一段长 17.3 公里的运盐路线后，无力继续西展。为减少筑路经费，邮传部将路线改由徐州经邳州直达海州。1911 年，路线勘测完毕，但因铁路总局年拨 100 万元工程款的承诺没有兑现，开徐海之议拖延数载而毫无进展。

在汴洛铁路展筑线路商办、官办均遭失利的情况下，比利时铁路电车公司同意放弃"代办汴洛行车及应分余利二成的利益，要求展筑汴洛西至兰州，东至海州海岸之投资权"[2]。1912 年 9 月，北京政府与比利时铁路电车公司签订《陇秦豫海铁路借款合同》（简称陇海铁路），借款 2.5 亿法郎，年息 5 厘，40 年还清。

1913 年 3 月，发行第一批债票 1 亿法郎，开封至徐州段开工。1914 年"一战"爆发，第二批债票无法发行，陇海铁路工程遂陷于停顿。1915 年 4 月，铁路总公司呈准交通部发行国内短期公债 500 万元，工程得以继续。5 月，开封至徐州间的 274 公里路段临时通车。1920 年，督办施肇曾亲自赴欧筹款。5 月 1 日，北京政府邀请荷兰治港公司与比利时铁路电车公司合作投资，与其签订了《陇海铁路比荷借款合同》。其中，荷兰治港公司允发行公债 5000 万荷币，先以 1667 万荷币供徐（州）海（州）段和海口工程使用[3]。

---

① 田鋆：《陇海铁路筑路纪要及二十余年之见闻》，《文史资料存稿选编》（经济下），中国文史出版社，2002 年，第 735 页。

② 凌鸿勋：《中国铁路志》，文海出版社，1983 年影印，第 203 页。

③ 交通铁道部交通史编纂委员会：《交通史路政编》第 14 册，1935 年，第 552 页。

关于陇海铁路徐州以东的出海路线，早期曾有过争执。其中，江苏淮扬两地人士主张从徐州横贯江苏腹地经南通天生港，再衔接崇明大港，是为南线。海州人士主张由徐州就近直达海州西连岛，是为北线。因海州人沈云沛与交通部有较深的人脉关系，争执多日后，路局采纳了北线[①]。可见，当时路线的选择并非完全由工程费用及沿线经济状况决定。人情因素的掺杂使选线的合理性大打折扣。

1921 年，徐海段工程动工。1923 年 2 月，徐州运河间 74 公里铁路筑竣通车。然而，就在路局拟于 1923 年 5 月 1 日起，从海州和运河继续兴工之际，河南议员陈某提出查办陇海路前督办施肇曾、现督办张祖廉改用南线案。一时间，由此而引发的陇海路东端终点问题聚议纷纭。主南线代表称："北线所经沿马陵山脉工程困难，南线沿运河及里下河工程易就；北线沿途荒瘠无客货可以输送，南线……城市栉比，……铁路收入必增。"而主北线代表说："陇海路东段终点，迭经工程师测勘考虑，几经审慎，而后定以西连岛为最适宜，……断无因少数人意见之分歧置全路工程于停办之理……若再将正在积极进行之路工骤然停止，恐筑室道谋之事难成。而人民怨讟之声遍起"[②]。两派之间各持己论，争执不休，工程进展严重受阻。经权衡，陇海铁路当局最终选择了线路较直、费用较省的北线。1925 年，运河至海州大浦间的 126 公里路段完成通车[③]。但因工款不足及军阀混战，无力继续东筑。1927 年，陇海铁路局为应付铁路营运之需，在临洪口修建了三座长 35 米的临时木质码头。但随着临洪河淤塞日益严重，大浦码头渐失效用，将铁路向东展筑至老窑、建设海港工程已迫在眉睫。1932 年 8 月，工程正式施工。1934 年底，大浦至老窑段完工，全长 27.8 公里。1936 年，连云港一号、二号码头完工。至此，陇海铁路淮域段干线全部竣工。

此外，为方便运煤，1933 年 12 月，由中兴煤矿公司垫款兴修了由运河站迤西的赵墩至台儿庄的支线。台赵线全长约 30 余公里，1935 年赶修竣工[④]。台赵支线的建成，使中兴产煤可以经陇海铁路向东直接运至陇海港口，然后再通过轮运转运至全国各埠销售。

4. 淮南铁路

30 年代初，中国政局进入相对稳定时期。为发展经济，巩固统治，南京国民政府制定了"中国工业化"十年计划，并将铁路建设视作全盘规划中的关键一棋。在新一轮的铁路修建高潮中，南京国民政府把建设的重点放在了长江以南，关涉淮河流域的

---

① 《陇海铁路东段终点的争执》，《东方杂志》第 20 卷第 10 号，1923 年 5 月 10 日。

② 《陇海铁路东段终点的争执》，《东方杂志》第 20 卷第 10 号，1923 年 5 月 10 日。

③ 国民党中央党部经济计划委员会：《十年来之中国经济建设》（1927～1936）上篇第 1 章，南京古旧书店，1990 年影印，第 7 页。

④ 国民党中央党部经济计划委员会：《十年来之中国经济建设》（1927～1936）上篇第 1 章，南京古旧书店，1990 年影印，第 9 页。

仅有以田家庵为起点的淮南铁路。

淮南铁路的修建源于淮南煤炭的开发。1930 年 4 月，国民政府建设委员会"提倡国煤生产，供给长江沿岸"[①]，在安徽怀远县淮河南岸的舜耕山创办淮南煤矿局。1931年 4 月，官办淮南煤矿投产运营，因采用机械化生产，年采煤量达百万余吨。为解决煤炭运输问题，同年 9 月，九龙岗至洛河边 12.3 公里长的窄轨铁路竣工。一年后，九龙岗经大通至田家庵的小铁路也开始运煤。但是，轻便铁路的建成未能彻底解决淮南煤矿的运输问题，"仅恃矿洛轻便铁道（长十二公里）运至洛河镇，然后船装蚌埠转津浦车南下，供浦口、无锡、上海各埠之需要，徒以辗转运输，装卸频繁，每日仅能运出八百吨，除在矿洛蚌三处销售每吨可获利三元外，津浦路运出者，几亏血本，然淮河流域销场不广，非另谋出路，实不足以言扩张职是之故"[②]。因此，修建一条从淮南煤矿直通长江沿岸铁路的呼声日高。

淮南煤矿局初拟路线有二：一由矿区至蚌埠与津浦路接轨；一由矿山经合肥、巢县而达长江边。第一条路线虽短，但受津浦路牵制，煤运难以自由发展。经详细比勘后，最终选择了第二条路线[③]。1931 年 9 月，路线勘测工作完成，因无修建专款而未予施工。随后，建设委员会向中央、中国、交通、农民等四家银行借款，未获成功，遂转向外国银行借款，因条件苛刻，利息高昂，亦作罢论。经辗转曲折，最终向江浙财团私营的中南、盐业、金城、通商四家银行借款成功[④]。

1933 年 12 月，建设委员会指定淮南煤矿局时任局长程士范以专门委员兼总工程师的身份，筹组淮南煤矿铁路工程处。工程处下设总务、工务、会计三课，专门负责铁路的筹建工作。在淮南铁路设计施工过程中，几经踏勘，路线起点决定由淮南煤矿展筑至淮河南岸怀远县的田家庵，终点选在了长江北岸和县的裕溪口，全长 214.71 公里。1936 年 1 月，淮南铁路正式完工通车，可谓"进展迅速，成绩惊人"[⑤]。淮南煤矿从勘测、设计、施工至运营管理，全部由中国人独立承担。桥涵工程以招标方式承包修建。综计总务、勘测、土石方、桥梁涵洞、石碴、轨道枕木、站房、机件等，共耗资 480 万元。

淮南铁路通车后，"产煤得运输上之便利，成本减轻"[⑥]。过去，淮南煤炭经津浦路

① 国民党中央党部经济计划委员会：《十年来之中国经济建设》（1927～1936）上篇第 1 章，南京古旧书店，1990 年影印，第 43 页。

② 《淮南煤矿概况》，《经济建设半月刊》第 9 期，1937 年 2 月 16 日。

③ 国民党中央党部经济计划委员会：《十年来之中国经济建设》（1927～1936）上篇第 1 章，南京古旧书店，1990 年影印，第 43 页。

④ 安徽省地方志编纂委员会：《安徽省志·交通志》，方志出版社，1998 年，第 270 页。

⑤ 《淮南煤矿概况》，《经济建设半月刊》第 9 期，1937 年 2 月 16 日。

⑥ 《淮南煤矿概况》，《经济建设半月刊》第 9 期，1937 年 2 月 16 日。

运至浦口，再转上海，每吨运费约 6 元余。淮南铁路完工后，运至上海仅需 4 元余①，节省运费 2 元左右。运输成本的降低，运输渠道的畅通，带动了沿线煤矿的大规模开采。1935 年，淮南煤矿东西厂产煤增至 290 480.58 吨，比 1933 年多 125 668.16 吨②。煤炭的大量开采为淮南铁路提供了充足而稳定的货源，煤炭成为淮南铁路的最主要货源。"全路十五辆机车，二百辆客货车，几有不敷应用之势，连同代运大通之煤，暨本矿产煤运费，日可收入万四千元，再加上日出煤千八百吨，路矿两方日已可进款三万元"③。

"皖北向称繁庶之区，淮河横贯，沘颍纵流，农产特丰，自食之余尚足以运销他处"④。除煤运功能外，淮南铁路还为淮域货物的输出及商旅往来，提供了一输出孔道。"是以豫东之杂粮，皖西之菝麻，怀寿豆、麦、烟草，合巢米、花生、鹅鸭毛，含山青麻，合县菜籽，咸从此路运出以求厚利，复兴农村，繁荣城市，造福八皖，洵非浅鲜"⑤。

三、淮域地方政府和社会力量筹建铁路的努力

在中央政府制定的铁路政策及铁路法规的推动下，淮域地方政府为发展地方经济，成立商办铁路公司，制定铁路修筑计划，掀起了自建铁路的热潮。社会精英"咸以倡办本省铁路为唯一大事"⑥，亦四处奔走，积极筹款。然而，受政局动荡、战事迭起、资金短缺及利益分配不均等多种因素的掣肘，多项铁路兴筑计划均未能付诸实施。

1. 江北路线

1905 年，安徽省京官翰林院编修吕佩芬等呈请商部，拟自行筹筑安徽境内的铁路。因修筑铁路"工大费巨，经始非易，必须得名望素著之大员为之督办，庶内可以鼓舞人心，外可以杜绝干预"⑦。商议再三，吕佩芬等人决定公举候补四品京堂李经方为全省铁路督办，设立"商办安徽全省铁路有限公司"，负责招股、勘路、购地、兴工等事宜。李经方乃大学士李鸿章之子，才思敏捷，威望颇高，曾出使日本，游历各国，"于路政素所讲求，以之督办安徽全省铁路事务，诚足以资提倡而胜委任"⑧。

---

① 谢国兴：《中国现代化的区域研究：安徽省》（1860～1937），"中央"研究院近代史研究所，1991 年，第308 页。

② 淮南煤矿局：《淮南煤矿六周年纪念特刊》，1936 年，第 69 页。

③ 《淮南煤矿概况》，《经济建设半月刊》第 9 期，1937 年 2 月 16 日。

④ 淮南煤矿局：《淮南煤矿六周年纪念特刊》，1936 年，第 101 页。

⑤ 《淮南煤矿概况》，《经济建设半月刊》第 9 期，1937 年 2 月 16 日。

⑥ 曾鲲化：《中国铁路史》，文海出版社，1973 年影印，第 103 页。

⑦ 宓汝成：《中国近代铁路史资料》（1863～1911）第 3 册，中华书局，1963 年，第 1009 页。

⑧ 宓汝成：《中国近代铁路史资料》（1863～1911）第 3 册，中华书局，1963 年，第 1009 页。

在京皖人初将安徽省铁路路线规划为 4 条，其中，江北路线由裕溪口起，经合肥、含山、凤阳、蒙城、亳州等地，以期与卢汉铁路相接，全程 500 余里[①]。李经方上任后，根据全省地势，主张"干路应由皖北与河南交界处颍州府之太和县，或亳州起，直达庐州府之无为州江岸，复自对江太平府之芜湖县至广德州，与浙江交界处止。然后北越皖界至河南之确山或郾城，与已成之卢汉路相接，南越皖界至浙江湖州或杭州与未成之苏杭甬铁路相接"[②]。1905 年 12 月，《安徽全省铁路招股章程》颁行，决定先行修筑芜湖至广德段的铁路。然而，经费筹措异常艰难，截至 1911 年，仅募集股款 124 万元[③]，途经淮河流域的江北路线始终未能正式列入安徽省铁路修筑日程。

2. 安正铁路与安颍铁路

1913 年，安徽省农务总会、商务总会及正阳商务总会联合商办安正铁路有限公司，呈请交通部修筑由安庆经六安等地而达正阳关的安正铁路。该路长 180 里左右，是联络长江、淮河的主要路线[④]。1913 年 1 月，安正铁路有限公司代表与日本朝日商会代表在上海签订《安正铁路借款合同》，拟借款 1000 万日元，先期借 20 万元作为创办费，以皖北米捐股抵押[⑤]。9 月，交通部致电安徽都督倪嗣冲，以安正路与津浦、浦信两路在利益上有"分沱之嫌"，饬令取消所设的筹备处。

安正铁路筹建的挫折，丝毫没有削减安徽地方商界自办铁路的热情。1914 年初，颍州、正阳、六安等地商会代表刘文凤等人向交通部呈请修建由安庆经六安等地而至颍州的安颍铁路。在呈文中，刘文凤等从五个方面力陈修建此路的必要性："乡曲物品，积滞堪虞；轨道既通，运销自易，此利于商务者一。森林矿质，随地皆是；路线所至，必可兼营，此利于实业者二。皖北旱灾，游手日多，寓赈于工，足消隐患，此利于贫民者三。东联浦信，西接京汉，脉络贯通，朝发夕至，此利于行旅者四。运输军队，由皖至淮，刻日可达，征调迅速，此利于军事者五。无论为国计，为省计，此路实有兴筑之必要"[⑥]。从线路的设计上看，安颍铁路其实是安正铁路的翻版，只不过将终点由正阳关改为颍州而已，故仍未逃脱被终止的命运。1914 年 4 月 27 日，交通部下达文件，明确表示"碍难准行"，理由是安颍一线与浦信铁路"参错其间，虽为掎角之形，实显有冲突之虑，其为有害无利"[⑦]。

①　宓汝成：《中国近代铁路史资料》（1863～1911）第 3 册，中华书局，1963 年，第 1010 页。
②　宓汝成：《中国近代铁路史资料》（1863～1911）第 3 册，中华书局，1963 年，第 1011 页。
③　宓汝成：《中国近代铁路史资料》（1863～1911）第 3 册，中华书局，1963 年，第 1149 页。
④　曹觉生、龚光朗：《安徽交通之一瞥》，《安徽建设》第 3 卷第 4 号，1931 年 4 月。
⑤　宓汝成：《中华民国铁路史资料》（1912～1949），社会科学文献出版社，2002 年，第 234、235 页。
⑥　宓汝成：《中华民国铁路史资料》（1912～1949），社会科学文献出版社，2002 年，第 71 页。
⑦　宓汝成：《中华民国铁路史资料》（1912～1949），社会科学文献出版社，2002 年，第 72 页。

3. 开海铁路与通海铁路

1906 年 2 月，苏州商会倪思九等致电商部，称苏省全路绅商已认定底股 20 余万，请求注册。同月，商部章京阮惟和向商部请求修建开（封）海（州）路。4 月，尚书陆润庠、翰林院侍读恽敏鼎等 256 人先后函呈商部，拟修建苏路，并推举商部右丞王清穆、雇问修撰张謇为总协理。他们以长江为界，将江苏划分为南北两部分，"首先筹筑"由海州经徐州而达河南的江北铁路[①]。屡经商议，拟先筹集股款 1000 万元，设立"苏省铁路有限公司"，由创办发起人先认定百余万元，作为勘路兴工之费。

对此筑路方案，苏抚不甚赞同，称："开海之议，诚为握要，唯当起自海州，以清江浦为中心，由此而徐州、归德，直趋开封，与汴洛接。"江督则主张，"北线应先筑开海，以次递及宿毫"[②]。路线规划上的分歧与争执，使开海铁路以不了了之而告终。

1934 年，为发展苏北一带的垦殖业，江苏省政府计划用两年时间修筑由南通经如皋、东台、盐城、淮安、淮阴、涟水等地而达海州的通海铁路。该路长约 470 余里，计需工费 7220 万元，由江苏省政府会同实业部、江苏农民信托公司及面粉大王荣宗敬一并筹措[③]。仅就资金一项而言，就注定了此路失败的命运。

4. 兖豫铁路与胶沂铁路

随着各省自办铁路呼声的日益高涨，山东绅商也不甘落后，制定了兖豫、胶沂等铁路修筑计划。1907~1908 年间，济宁人潘复先后草拟了《筹办兖豫铁路议略》、《为兖豫路事上山东同乡诸公说帖》等文件，倡议修建兖豫路。潘复认为胶济铁路时已通车，山东省东部路权已丧失，西南部路权可赖兖豫路以维持，且兖豫路将来与拟议修筑的汴洛、洛潼、西潼等线连接，不仅有助于山东与内陆各省的联络，而且有益于河南、山西等省的开发。而且，津浦铁路合同曾规定，由兖州经济宁至开封的支路，在 15 年内可由中国人自行筹办，若用外资，须向德华公司商借。潘复称：15 年内中国如不自办，德国将要求兴办。为确保兖豫路的主权，潘复主张自办，尤其主张商办，并呼吁山东省绅学各界，广设铁路研究事务公所，以开通风气。经过两三年的酝酿，1910 年 7 月，济宁绅商正式呈请山东巡抚孙宝琦自建济宁至开封的铁路。孙宝琦咨请邮传部立案，邮传部却决定改归部办。济宁与开封绅商界虽就此事几经努力，仍毫无成效。

由胶州经莒州、沂水、沂州等地而至济南的胶沂路路权原为德国所有。因胶州、沂州间山势迂回复杂，1906 年，德国将胶沂路权交还中国。1909 年，山东民众推举王

---

①　宓汝成：《中国近代铁路史资料》（1863~1911）第 3 册，中华书局，1963 年，第 1007 页。

②　宓汝成：《中国近代铁路史资料》（1863~1911）第 3 册，中华书局，1963 年，第 1006 页。

③　《路界纪闻》，《津浦铁路月刊》第 4 卷第 3、4 期合刊，1934 年 4 月。

锡蕃调查股款，拟筹款自办。1910 年初，邮传部函电山东巡抚勘测胶沂路，拟作为津浦路的支线，待津浦路完工后，由邮传部负责修建。德国虽让出了胶沂路权，但仍保有沿线开矿权。山东省与外务部及德国进行多方交涉，主张将路矿权一概收回自办，然未获邮传部批准。1911 年，清政府寿终正寝，修建胶沂路的呼声亦随之销声匿迹。

5. 禹许铁路与周漯铁路

河南禹县位于开封西南 270 里，"昔时商业发展，人民富庶，其繁荣情形，从前在全省中，仅亚开封，为其他各县所不及！"[1] 但自平汉铁路通车以来，禹县商业"一落千丈"，所开采的煤炭因运输困难，无法长距离运销。为扭转颓势，振兴实业，1918～1919 年间，禹县办理煤矿业的方坤彦等人四处奔走，倡议修建由禹县至许昌的禹许铁路，以与京汉铁路衔接。因时局变化，此事被搁浅。1927 年，方坤彦与县绅王凤林再度呼吁修建禹许铁路，并拟由两县集资 100 万元自行修建。1932 年，河南省建设厅委派马仙洲督办此事。惟因两县商业凋敝，决定先筹 40 万元开工兴筑。其中，禹县负担 25 万元，许昌负担 15 万元。"关于机件材料，由洋行购买，价目分议交付，待营业后，再用赢余补还"[2]。1933 年 4 月，禹许铁路筹备委员会在许昌成立，8 月，颁行章程。但终因款项难筹，工程一直未正式启动。

1929 年，周口总商会代表李万盛等呈请河南省政府，拟采用以工代赈的形式修筑周口至漯河的周漯铁路。鉴于经费难筹，经省务会议议决，"拟先修筑周漯汽车路，以资救济而便交通，并作将来基础。俟该埠商务发达后，再行补修铁路"[3]。此办法虽然可行，但因财政支绌，周漯铁路修筑计划始终未付诸实施。

6. 周襄铁路与乌信铁路

为缓解各地铁路建设资金短缺的难题，1933 年 6 月，铁道部决定将棉麦借款划出一部分用于铁路建设事业。此决定一经公布，许多地方都提出了划拨棉麦借款筑路的要求。

1934 年 1 月，河南省党务指导委员会委员张善兴等三人，致函全国经济委员会，呈请将棉麦借款划拨 1000 万元，修筑曾被美国觊觎的周襄铁路（由河南周家口经漯河至湖北襄阳）。他们认为周口衰落"悉因交通不便，无铁路以资运输故耳"[4]。事实上，修筑周襄铁路的呼声已有多年，河南省建设厅早已将路基测量完毕，惟"奈频年内战，

---

① 高秀桐：《禹许铁路筹筑经过之调查》，《河南建设季刊》创刊号，1934 年 1 月。
② 高秀桐：《禹许铁路筹筑经过之调查》，《河南建设季刊》创刊号，1934 年 1 月。
③ 《河南建设月刊》第 2 卷第 2 期，1929 年 2 月。
④ 宓汝成：《中华民国铁路史资料》（1912～1949），社会科学文献出版社，2002 年，第 754 页。

国库支绌，农商破产，公私交困，无资兴修，遂寝其事"①。河南地方党部借此契机，再次大声疾呼"为强国计"、"为裕国富民计"、"为繁荣周口计"，不能不"速成"周襄铁路②。

同时，河南特区救济会常务委员戴湄川等，致函全国经济委员会委员长宋子文，呈请酌拨棉麦借款修建乌信铁路，并力陈修建此路与赈灾、农产品运输等密切关联。然而，用于铁路建筑上的棉麦借款毕竟有限。虽然以上两路的代表力陈各路修建的紧迫性和重要性，但均从地方利益出发。若从全国角度考察，其紧要程度须"重加考量"。两路虽提倡多年，但终未列上议事日程。

7. 蚌信铁路与合叶铁路

皖北、豫东之间物产丰富，"为打开两省蔽塞之交通，发展货物运输起见"③，1936年，南京国民政府把蚌信铁路列入铁路"五年建设近期计划"④。蚌信铁路由蚌埠经正阳关、霍邱、固始、潢川直达信阳，"上与津浦，下与平汉铁路接轨"，长379公里，预计需款1000余万元，由安徽、河南两省各出450万元，余由铁道部承担。蚌信铁路由蚌正、正固、固信三段组成。其中，蚌正、固信段因与浦信铁路同线，早经勘测。9月，铁道部派工程师由正阳关出发对正固段进行踏勘。历时一个多月，勘测工作结束⑤。

"皖西一带，出产丰富，并有茶、麻、木材、油漆、药材等物产以及煤、铁各矿，惟以交通不便，货弃于地，不能调剂经济，而启利源"⑥。为解决皖西一带的物资运输难题，安徽省政府决定兴修浦信铁路合肥至叶家集一段。此路筑成，向东可与"淮南铁路接线，叶家集以西再能接展至信阳，即可与津浦、平汉两路衔接，并可与江南、京赣铁路遥相联络，其于国防军事及农村经济方面关系甚为重大"⑦。1936年，合叶铁路勘测工作结束，全长140公里，约需工程费7 696 100元。预计初期路基、桥梁等费，约需400万元，由安徽省政府筹借250万元，淮南铁路局分期筹拨150万元。另外，铁轨材料、车辆机件等约需300万元，拟商请铁道部担保，向外商筹借⑧。路基桥涵工程预定一年半至二年完成。但时不待我，抗日战争爆发后，修建蚌信铁路与合叶铁路的美好愿望随之灰飞烟灭。

---

①　宓汝成：《中华民国铁路史资料》（1912～1949），社会科学文献出版社，2002年，第754页。

②　宓汝成：《中华民国铁路史资料》（1912～1949），社会科学文献出版社，2002年，第754页。

③　《安徽公路铁路展筑状况》，《经济建设半月刊》第3期，1936年11月16日。

④　宓汝成：《帝国主义与中国铁路》（1847～1949），上海人民出版社，1980年，第286页。

⑤　《安徽公路铁路展筑状况》，《经济建设半月刊》第3期，1936年11月16日。

⑥　《安徽省政府二十六年度建设行政计划》，《经济建设半月刊》第16期，1937年6月1日。

⑦　刘贻燕：《安徽近年来之经济建设》，《经济建设半月刊》第9期，1937年2月16日。

⑧　《安徽省政府二十六年度建设行政计划》，《经济建设半月刊》第16期，1937年6月1日。

从以上数路的倡建可以看出，近代淮域地方政府和绅商兴办铁路的热情极高，但无一例外都是奔走数年而尺寸未成。究其原因，主要有：

第一，财力薄弱，资金缺乏。中国铁路建设起步较晚，囿于技术落后，建国前，与铁路相关的重工业尚未建立。铁路所需的钢轨、桥梁、机车车辆，甚至大宗枕木及木料等都须从外国进口，铁路建设成本无形加大。铁路作为一种新兴运输方式，具有运量大、运输距离长、受气候影响小等优点。因目睹和感悟了铁路的强大优势，各地要求和需要建筑的铁路较多。但在百业待兴、财力有限的情况下，中央政府只能扶持铁路干线的建设，无力满足各省修筑铁路的需求。各地呈请兴办的铁路经批准立案后，筑路经费多数由地方政府和绅商自行解决。建国前，淮河流域主要以粗放型的农业经济为主，工业发展较为缓慢。经济的落后使地方官绅难以筹集到修建铁路所需的巨额款项。可以说，资金缺乏是淮域自办铁路无法突破的一大瓶颈。

第二，战乱迭起，和平环境缺失。经济的发展离不开安定和谐的社会环境，铁路建设尤然。自从 20 世纪初淮域社会精英倡办铁路之始，淮河流域乃至全国都一直被战乱的阴霾沉重地笼罩着。大大小小的战争此起彼伏，地方土匪势力时常扰攘乡里，即使偶获短暂的和平，地方政权也如走马灯似的变换不停。频繁的战乱，不仅消耗了大量的军费，同时也阻碍了经济的持续发展。许多动议兴办的铁路都因时局动荡而被搁置下来。如前述 1936 年南京国民政府计划兴建的蚌信铁路和 1937 年安徽省政府拟筑的合叶铁路，均因抗战的爆发而被迫停办。和平环境的缺失，是阻碍淮域地方政府与社会精英自建铁路的美好愿望无法实现的重要因素。

第三，在线路规划上，缺乏充分的调研和长远眼光。"交通之开发，其有利与否，仍视本国实业是否发达以为断"[①]。地方铁路建设亦然。铁路是社会经济发展到一定阶段的产物。通常情况下，一条铁路建设与否，主要取决于铁路沿线社会经济的发展状况。在近代，淮域社会经济虽有一定发展，但受多种因素制约，发展十分缓慢而滞后。在全国收回利权运动高涨的氛围下，一些地方绅商忽视已有线路及铁路建设后的经济效益，往往凭借满腔热情，大力倡办地方铁路。因其规划的线路与已有线路距离较近，难免分流本不充足的货源，影响铁路的正常运营。线路选择的任意性，是淮域自办铁路难获批准的一个不可忽视的重要因素。如，1902 年初，山东御史高熙喆上奏外务部，请求修筑德州至滕县段铁路，并称此路修成，"天下之形势与天下之利权，尽归掌握"[②]。外务部考虑该路与津镇铁路中段均在山东境内，"方轨并行，断不能坐收其利"[③]，故对其奏请未加批准。

第四，在路线选择上，各自为政，缺乏必要的沟通和统一规划，是淮域自办铁路

---

① 竹书：《陇海铁路东端兴业投资献议》，《江苏月报》第 4 卷第 2 期，1935 年 8 月。

② 《德宗实录》卷四百九十四，光绪二十八年正月辛卯，中华书局，1986 年。

③ 《德宗实录》卷四百九十四，光绪二十八年正月辛卯，中华书局，1986 年。

难有突破的另一因素。铁路作为一项基础设施，本应由国家统筹规划和建设。但在近代，由于始终没有一个强有力的政府承担此责，以致各地自办、商办铁路的呼声甚高。淮河流域虽是一个完整的地理单元，但行政区划的分属性与割裂性使各地方政府与绅商在路线的选择上，往往着眼于地方局部利益，以致省界分明，各存轸域，带有浓重的地方主义倾向。全局及团结合作意识的淡薄，使地方政府与绅商各为己思，无法联手共谋铁路建设的整体发展。

四、铁路对社会经济的驱动

近代以来，京汉、津浦、陇海、淮南等铁路的建成和通车，有力推动了淮域社会经济由传统向近代的嬗变。受惠于铁路运输的廉价与便利，农产品与工矿产品的销量倍增，一些市场前景较好的农作物在铁路经行地区大规模种植，主要或骨干的工矿企业在铁路沿线地区建立并取得发展，大量货流被铁路所吸引，传统以水运为主的交通运输格局受到一定程度的冲击，铁路沿线城镇迅速成长，运河、淮河沿岸城镇转趋衰落。

1. 农产品商品化的提高与农业生产区域化倾向的增长

津浦、陇海等铁路在淮河流域的贯穿，为淮域大量农产品的输出提供了交通运输上的便利，越来越多的内地农村被纳入市场经济网络。尤其在铁路沿线地区，农业生产受市场信号影响较大，农产品的商品化程度越来越高。在市场价格和利润的刺激下，一些适应市场需求的经济作物开始大规模种植，农业生产的区域化倾向日益明显。

农产品的商品化程度是衡量农业生产发展水平的一个重要指标，毫无疑义，交通运输条件通畅与否是制约其程度高低的重要因素之一。铁路的贯通，延长了淮域农产品流通的链条，农产品的市场交易量迅速提高。山东植棉历史悠久，在未有铁路之前，所产棉花除做衣被外，农家多用来纺织土纱土布，外运很少。陇海铁路通车之后，曹县、菏泽、巨野等处的棉花除自用外，余则集中于济宁、兖州，由陇海路运往郑州，再转运汉口、天津及上海等地[①]。位于津浦线上的邹县、滕县盛产小麦，津浦路通车后，小麦作为商品大量外销。以 1933 年为例，邹县、滕县的小麦县外销量分别达 50% 和 60% ，而离铁路较远的定陶小麦县外销量只有 8%[②]。

铁路运输不仅方便了农产品的运输，提高了农产品的商品率，部分农副产品的商品化程度亦有很大提高。养鸡是农家的普遍副业，在铁路未修筑以前，淮域蛋产品主要用于农家的生活补养和"以物易物"的余缺调剂。铁路通车后，蛋产品的运输成本

---

① 实业部国际贸易局：《中国实业志·山东省》第 5 编，1934 年，第 120 页。

② 实业部国际贸易局：《中国实业志·山东省》第 5 编，1934 年，第 24~25 页表格。

大大降低，一些蛋厂在淮域相继建立，鸡蛋的输出贸易十分兴盛。据不完全统计，1933 年，淮域山东各县共产蛋 660 820 千枚，其中县内销售量为 309 820 千枚，占总数的 46.88%，县外销量为 351 000 千枚，占总数的 53.12%①。京汉铁路纵贯淮河流域西部，沿线一带农副产品极为丰富，每年经该路输出的农副产品都有很多。以驻马店为例，每年所产的牛皮、鸡蛋、牛油、香油约达四千余吨，几乎全部由京汉铁路运往各地销售②。此外，泗水、嘉祥、鱼台、成武、巨野、定陶等县的菜牛集中于济宁后，多经津浦铁路运往徐州、南京及上海等地销售③。

　　淮域铁路沿线地区的农作物种植呈现区域化、集中化的倾向。烟叶作为淮域重要经济作物，在铁路建成前，种植面积极为有限。铁路通车后，在市场需求和利润的诱使下，农民种植烟叶的积极性大大提高，区域化种植倾向日趋明显。以许昌为中心，附近十几个县，除佃农、雇农外，几乎每家必种烟叶，1934 年烟草种植面积占耕地面积的 24%~40%④。凤阳、定远、怀远一带也形成烟叶集中种植区域。据统计，1919 年，凤阳烟叶种植面积达 3 万亩，怀远为 1315 亩，定远为 1.15 万亩，凤台则高达 6.6 万亩⑤。

　　淮域部分经济作物的种植面积亦迅速扩大。河南、山东的花生种植历史悠久，但种植面积不大，产量亦不高。但自京汉、津浦、陇海等铁路相继通车后，外销渠道畅通，所产花生大量运销于西欧、美、日等国，花生种植面积迅速增加。如，1933 年滕县花生种植面积为 10 万亩，年产量达 30 万担，邹县种植面积为 5.5 万亩，年产量达 22 万担⑥。通许在未通铁路的 1900 年，花生种植面积约占耕地面积的 10%，通车后的 1920 年，增至 40%；陈留在 1920 年，花生种植面积约占耕地面积的 20%，到 1924 年，一半耕地种植的都是花生⑦。随着榨油业的发展，芝麻的种植面积也不断扩大。1936 年，河南南部芝麻种植面积（加上一些黄豆种植面积）占耕作面积的 49%，即几乎一半⑧。原来很少种植芝麻的山东各地，1912 年津浦铁路通车之后，种者增多，在铁路沿线开始形成集中产区⑨。

2. 工业整体布局的确立与工矿产品产量的提高

　　工业的发展离不开铁路的支持。铁路作为现代交通运输方式，极大地便利了工业

---

① 实业部国际贸易局：《中国实业志·山东省》第 5 编，1934 年，第 493~495 页。
② 《铁道年鉴》第二卷，上海铁道部秘书厅图书室，1935 年，第 1811 页。
③ 实业部国际贸易局：《中国实业志·山东省》第 5 编，1934 年，第 414 页。
④ 《我国烟叶之产销近状》，《工商半月刊》第 7 卷第 2 号，1935 年 1 月 15 日。
⑤ 王鹤鸣、施立业：《安徽近代经济轨迹》，安徽人民出版社，1991 年，第 120 页。
⑥ 实业部国际贸易局：《中国实业志·山东省》第 5 编，1934 年，第 193 页。
⑦ 宓汝成：《帝国主义与中国铁路》（1847~1949），上海人民出版社，1980 年，第 641 页。
⑧ 宓汝成：《帝国主义与中国铁路》（1847~1949），上海人民出版社，1980 年，第 640 页。
⑨ 宓汝成：《帝国主义与中国铁路》（1847~1949），上海人民出版社，1980 年，第 640 页。

原料、燃料的获取和工业品的运销。铁路在淮河流域通车后，一批新式的工矿企业在陇海、津浦等铁路沿线纷纷建立起来，同时，一些传统手工业因位于铁路辐射区也获得不同程度的发展。淮域工业呈现出向铁路沿线转移的趋向。

　　淮域盛产花生、芝麻等油料作物，榨油业作为农家的重要副业，由来已久，但规模都不大，产油主要供当地食用，发展较为缓慢。自从铁路在淮域筑成通车后，受惠于铁路运输的便利，"榨油业愈形发达"①。据 1934 年调查统计，在淮域山东的 19 个县，榨油厂多达 535 家。其中，曲阜 5 家，宁阳 10 家，泗水 1 家，汶上 20 家，济宁 18 家，金乡 46 家，鱼台 15 家，菏泽 26 家，曹县 30 家，成武 20 家，定陶 36 家，巨野 16 家，郓城 20 家，日照 5 家，郯城 70 家，蒙阴 70 家，单县 63 家，鄄城 18 家，嘉祥 34 家。30 家以上的有金乡、曹县、定陶、郯城、蒙阴、单县、嘉祥等县②。除蒙阴等少数县份外，多数分布于陇海和津浦铁路沿线一带。淮域江苏亦然，1933 年，宿迁有榨油厂 35 家，邳县 45 家，睢宁 109 家，铜山 105 家，丰县 133 家，沛县 35 家，萧县 45 家，赣榆 30 家，砀山 19 家，灌云 7 家③。上述 10 个县份榨油厂数量占当时江苏榨油厂总数的七成多，且主要分布于陇海铁路沿线。

　　酿酒业也是近代以来淮域发展较快的行业之一。所产酒类除自给外，一部分通过铁路运销至浦口、上海等地，占据了全国酒类的主要市场。仍以淮域江苏为例，1933 年，泗阳有酿酒厂 8 家，年产白酒 6040 担；宿迁 36 家，年产 8000 担；砀山 17 家，年产 2200 担；丰县 32 家，年产 4536 担；沛县 42 家，年产 9000 担；邳县 31 家，年产 6000 担；萧县 43 家，年产 1500 担；铜山 81 家，年产 9500 担；睢宁 16 家，年产 3000 担；沭阳 24 家，年产 5500 担；赣榆 49 家，年产 9280 担；东海 26 家，年产 7930 担；盐城 35 家，年产 5880 担；兴化 23 家，年产 3920 担；东台 245 家，年产 47 040 担④。与榨油厂一样，这些白酒酿造厂也多集中分布于陇海铁路沿线。

　　相对于其他地区，一些位于铁路线上的交通枢纽城市，因直接受益于铁路的强大运输效能，工业发展速度较快。铜山县位于陇海与津浦铁路交汇点上，1933 年，已有各类工厂 160 余家，包括织布、毛巾、织袜、制帽、制蛋、面粉、酿酒，榨油、火柴、玻璃、制革、肥皂、水电、印刷、煤炭等行业，尤以织布、酿酒、榨油等工厂居多。其中，织布厂 20 家，毛巾厂 5 家，织袜厂 5 家，织毡厂 5 家，制帽厂 10 家，制蛋厂 2 家，面粉厂 1 家，酿酒厂 35 家，油坊 40 家，火柴厂 1 家，玻璃厂 1 家，制革厂 3 家，肥皂厂 5 家，水电厂 1 家，印刷厂 25 家，煤矿公司 1 家⑤。再如蚌埠，1913 年始办第一家工厂，1916～1919 年，利兴转运公司、亨利翻砂厂等手工业厂家相继开办，以后

---

①　实业部国际贸易局：《中国实业志·山东省》第 8 编，1934 年，第 153 页。

②　实业部国际贸易局：《中国实业志·山东省》第 8 编，1934 年，第 165～168 页。

③　实业部国际贸易局：《中国实业志·江苏省》第 8 编，1933 年，第 388～390 页。

④　实业部国际贸易局：《中国实业志·江苏省》第 8 编，1933 年，第 455、456 页。

⑤　实业部国际贸易局：《中国实业志·江苏省》第 4 编，1933 年，第 85、86 页。

又出现了大来烟草公司、信丰面粉公司等近代工业企业[1]。津浦铁路的通车是蚌埠工业从无到有、从小到大迅速发展的最重要因素。另外，郑州的打包厂、打蛋厂、发电厂、纺纱厂以及开封的河南机械局、矿务局、自来水厂、火柴厂等都是铁路修建后兴办起来的。一些骨干企业在铁路沿线地区的建立和发展，反映了淮域工业分布的特点及其走向。

　　铁路的修建推动了工业生产的向前发展，工业生产越发展，对铁路的依赖性也越强。淮域矿产资源丰富，近代以来受铁路运输影响最深的工矿企业，莫过于煤炭工业。兹以煤炭工业为例，对铁路对淮域工业生产的影响作一深入考察。

　　一般来说，煤矿企业的定位主要以煤炭资源的自然分布为考量。淮域恰好位于铁路线上的煤矿企业相对较少，一些煤矿企业虽位于铁路沿线，但距铁路车站尚有一段距离，不得不通过船只或马车等其他运输方式与铁路连接。"煤业之发达，全赖交通之便利，交通不便，虽有良好之煤田与丰富之产额，亦终归失败"[2]。相对于其他运输方式而言，铁路运输量大价低，是煤炭外运的理想方式。以徐州贾汪煤矿为例，1912年津浦铁路运营后，柳泉成为津浦线上的一个停靠站，但因贾汪煤矿至柳泉仍有15公里的路程。大量的煤炭只能靠人力、畜力运至柳泉车站。如果以牛车运费计算，从贾汪至柳泉每吨约需7角，每年运煤10万吨，需支付运费达7万元[3]。传统运输方式不仅运费高，而且运输效率低下，损耗极大，煤炭的生产成本大大增加。为解决煤炭的运销问题，1914年建造了柳泉至贾汪的贾柳铁路支线。贾柳铁路支线建成后，煤炭年产量直线上升。1915年，煤炭年产量为3万吨，至1923年达183 462吨，几年间增长6倍多[4]。与贾汪煤矿一样，位于铁路沿线的中兴和淮南煤矿也分别修建了铁路支线。具体详见下表（表4-21）：

表4-21　中兴煤矿与淮南煤矿铁路支线一览表

煤矿名	路名	起讫点	通车时间	里程（公里）	备注
中兴煤矿	台枣铁路	台儿庄至枣庄	1910年	41.5	在台儿庄与运河连接（当时津浦铁路尚未建成通车）
中兴煤矿	临枣支线	临城至枣庄	1912年	31.01	在临城站与津浦铁路连接
中兴煤矿	台赵支线	台儿庄至赵墩	1935年	30.3	在赵墩站与陇海铁路连接
淮南煤矿	淮南铁路	田家庵至裕溪口	1935年	214.071	在裕溪口与长江连接

　　资料来源：曾鲲化：《中国铁路史》第3册，文海出版社，1973年影印，第767、768页；铁道部秘书处：《铁道年鉴》第3卷，商务印书馆，1936年，第1417页。

①　程必定：《安徽近代经济史》，黄山书社，1989年，第212页。
②　张玉法：《民国山东通志》第2册，台湾山东文献杂志社，2002年，第20页。
③　余明侠：《徐州煤矿史》，江苏古籍出版社，1991年，第185页。
④　余明侠：《徐州煤矿史》，江苏古籍出版社，1991年，第190页。

　　铁路支线建成后，煤矿企业开采的煤炭以更为低廉、便捷的方式运销至全国各地，煤炭产量因之逐年增加。如中兴煤矿，其"规模之伟大，营业之发达，在我国矿业中，可称首屈一指，津浦一停，则中兴亦不能继续其营业，存煤完全雍滞，工作亦归停顿，由此可知'运输实为矿业之命脉'"[①]。与中兴、贾汪等煤矿公司形成鲜明对照的是，那些无力修建铁路支线或铁路专用线的煤矿企业，受交通运输条件的掣肘，生产规模不可同日而语。如 1934 年，中兴煤矿公司日产煤量为 3263 吨，离铁路较远的费县裕民煤矿公司和郯城大成公司分别仅为 18 吨和 31 吨[②]。

　　煤炭运输的便利与产量的提高，带动了以煤炭为原料的炭窑厂的兴建和发展。如蚌埠中兴炭厂就是在津浦铁路通车后，随中兴煤矿的发展而诞生的。为降低运费，方便煤炭的运输，1917 年，黎华亭任经理后，租用津浦铁路岔道，从而使中兴煤炭经岔道直接运进炭厂内。此后，中兴炭厂的进销量直线上升。炭厂专用线每次进煤二百余吨，年进煤量达万吨。同时，黎华亭还建起焦窑，聘技工，烧窑炼焦，十立方左右的焦窑每窑可装煤五十吨，一周出一窑，生产规模之大由此可见一斑[③]。

　　铁路为煤炭工业的发展提供了运输上的便利，同时，煤矿增产也为铁路提供了丰富的货源。"我国国有铁路，每年运货，矿产品几居半数，其中自以煤斤为主要"[④]。下面是京汉、津浦、陇海铁路矿产品运量占运输总量比例一览表（表 4-22）：

表 4-22　京汉、津浦、陇海铁路矿产品运量占运输总量比例一览表

路　别 时　间	平汉路（%）	津浦路（%）	陇海路（%）
1916 年	46	21	56
1921 年	51	24	30
1922 年	54	32	45
平均（%）	50.3	25.7	43.7

　　资料来源：胡荣铨：《中国煤矿》，商务印书馆，1935 年，第 21、22 页。

　　煤矿产量的提高，一方面增加了铁路的运量，另一方面也为铁路的正常运行提供了充足的燃料。下面以京汉、津浦、陇海铁路为例，具体观察一下铁路机车用煤情况（表 4-23）：

---

①　包左辉：《道路与矿冶》，《安徽建设》第 3、4 号合刊，1929 年 4 月。
②　实业部国际贸易局：《中国实业志·山东省》第 7 编，1934 年，第 5 页。
③　蚌埠市政协文史办公室等：《蚌埠工商史料》，安徽人民出版社，1987 年，第 119 页。
④　胡荣铨：《中国煤矿》，商务印书馆，1935 年，第 20 页。

表 4-23　京汉、津浦、陇海铁路机车用煤情况一览表

时间 数量 路别	1932 年 7 ~ 12 月		1933 年 1 ~ 6 月	
	半年消耗 总额（公吨）	每公里用煤 平均数（公斤）	半年消耗 总额（公吨）	每公里用煤 平均数（公斤）
京汉铁路	109 237	26.87	107 981	23.66
津浦铁路	105 775	24.94	96 146	20.74
陇海铁路	42 247	34.04	44 961	30.55

资料来源：根据铁道部秘书处：《铁道年鉴》第 2 卷，商务印书馆，1936 年，第 550 ~ 556 页。

由上表 4-23 可见，铁路的年耗煤量极为可观。1927 年，中兴煤矿全年煤炭销售量为 36 万多吨，供给铁路用作燃料即达 21 万多吨，占总销售的 58.3% 。1930 年代，大约每年供给津浦铁路用煤 20 万吨左右①。

为扶植煤矿公司的发展，铁路通车初期即给予煤矿运煤专价待遇。1912 年 6 月，津浦铁路局在与中兴煤矿公司订立的《减价运煤合同》中规定：凡运往浦口和天津有外煤竞争的车站，载重量为 20 吨的专列，每英里运价为 1 角 6 分，即每吨公里 5 厘。运往徐州、济南等其他八个大站的煤，载重量为 20 吨的专列，每英里运价自 1 角 9 分至 2 角 1 分不等②。在贾汪煤矿的请求下，1913 年津浦铁路局亦给予贾汪煤矿以运煤专价待遇。而且，这种极为低廉的优惠运价相沿多年未变。1930 年，津浦铁路货物运价共分六等，其中第六等货物的运价为每吨每公里 1 分 7 厘，而对于中兴煤矿的运煤仍然按 1912 年签订的《减价运煤合同》执行③。受惠于铁路运输的便利和铁路运价的差别待遇，煤矿公司的市场竞争力增强，煤炭的销售半径亦得到延长。如在铁路未修建以前，中兴煤矿公司的煤价贵，销场窄，销路 "仅限于运河沿岸"。铁路修成后，运价减少，煤价降低，中兴煤矿公司的煤炭畅销于南至济宁、北至徐州、东抵海州、西达开封及洛阳的广泛区域。④

其他工业、手工业产品也因铁路运输的便利而销路日开。如 "海州之海丰及徐州之宝兴的面粉，以陇海、津浦两路之交通，其所出之粉除两厂所在地外，得行销于湖南、安徽、山东、陕西各省"⑤。通过津浦铁路，"宁阳之酒，运销泰安、鱼台、莱芜、东平、汶上等地，滕县之酒运销济宁、浦口等处"⑥。铁路将淮域工业产品与全国市场紧密联系在一起，铁路在淮域工业发展中发挥着越来越重要的作用。

---

① 张玉法：《民国山东通志》第 2 册，台湾山东文献杂志社，2002 年，第 1326 页。
② 交通铁道部交通史编纂委员会：《交通史路政编》，第 2 册，1935 年，第 2133、2137 页。
③ 金士宣、徐文述：《中国铁路发展史》（1876 ~ 1949），中国铁道出版社，1986 年，第 340 页。
④ 实业部国际贸易局：《中国实业志·山东省》第 7 编，1934 年，第 22 页。
⑤ 实业部国际贸易局：《中国实业志·江苏省》第 4 编，1933 年，第 356 页。
⑥ 实业部国际贸易局：《中国实业志·山东省》第 4 编，1934 年，第 311 页。

3. 铁路与其他运输方式的竞争与互补

在铁路修建前，货物的运输与人的位移主要依靠人力、畜力完成的时期，被称为"前运输化"阶段。淮河流域河流众多，在"前运输化"阶段，淮域农矿产品主要依赖水路运输，传统驿道作为水运的补充，多用于短途运输，为水运集散物资。铁路的出现，极大地冲击了淮域原有以水运为主体的交通运输格局，铁路成了淮域交通运输的命脉。

运河纵向贯穿淮河流域，是淮域一大运输动脉，在铁路修筑以前，"江苏北部、安徽北部、河南东部以及山东南部等处货物，向来利用运河转运各方"①。在与运河平行的京汉、津浦铁路建成通车后，大部分货源被铁路所吸纳。"中国东部贯通南北的重要水道——运河继受海运影响之后，又一次遭受致命的打击"②。河南东部的商城、淮阳一带的物产，"原来多经水运往东，循运河至镇江外运；有了铁路，遂改往西向，由火车转趋汉口"③。济宁"在昔以运河为沟通南北之要道，上溯津沽，下达余杭，百货辐辏，商贾云集，自筑津浦铁路后，客货多半改由火车载运，迩时通行运河之船只，仅黄胯子及渔船二种而已"④。同样，与陇海铁路平行的淮河也逐渐"失去了向来作为安徽、江苏（扬州）之间货运通道的价值，货运大半舍河道而改由铁路。淮河在运输上的价值减少到只是对铁路起些辅助作用而已"⑤。如在津浦铁路通车之前，宿县恒隆商号主要通过水路将从沿海地区采购来的货物运抵县城。如购自南方的山货由长江转入运河后，转入淮河，然后再转入浍河。水位高时还可再转入运粮河，到县城南关的万里桥卸货。水位低时就在蕲县集卸货，然后再用牛车运抵县城。有时也将货物由淮河转入濉河，到老符离集卸货。这样虽然能保证货源充足，但却费时费力⑥。津浦铁路通车后，大多数货物改由铁路运输。

近代淮域经济发展速度较慢，货源十分有限。铁路通车后，公路运输亦受影响。如淮南铁路通车后，"合蚌及合巢间汽车客货骤减……终因赔累过甚，遂即停顿"⑦。

铁路以其低廉的运价、快捷的速度和强大的运力，冲击着淮河流域原有以水运为主导的传统运输方式。为了将产品推向更远、更广阔的市场，那些远离铁路的地区总是想方设法通过水路、公路或修筑铁路支线等途径与铁路连接。如前述贾汪煤矿，清

---

① 宓汝成：《帝国主义与中国铁路》（1847～1949），上海人民出版社，1980年，第598页。
② 宓汝成：《帝国主义与中国铁路》（1847～1949），上海人民出版社，1980年，第600页。
③ 宓汝成：《帝国主义与中国铁路》（1847～1949），上海人民出版社，1980年，第598页。
④ 实业部国际贸易局：《中国实业志·山东省》第4编，1934年，第223页。
⑤ 宓汝成：《帝国主义与中国铁路》（1847～1949），上海人民出版社，1980年，第599页。
⑥ 宿州市政协文史资料研究委员会：《宿州市文史资料》第2辑，1992年，第44页。
⑦ 姚世濂：《四年来之安徽公路建设》，《经济建设半月刊》第8期，1937年2月1日。

末至民国初年，所产煤炭主要运至距煤矿 12 里左右的泉河，然后转运至运河各埠行销[①]。1917 年贾柳支线通车后，贾汪所产煤炭主要通过津浦铁路外销。与贾汪煤矿一样，津浦铁路附近的中兴煤矿、大通煤矿以及京汉铁路附近的周家口煤矿，都筑有支线与干路衔接。宿州烈山煤矿虽未兴筑铁路支线，但通过牛车将煤拉到津浦线上的符离集站，然后装火车外运[②]。铁路将大量的货物吸引到铁路沿线，从而改变了淮域货物运输的基本流向。

水路和公路作为铁路的延伸线，发挥着补充和辅助的作用。一方面，水路、公路将产品从铁路无法触及的地区集中运至铁路沿线，然后再由铁路运销至各地。另一方面，那些通过铁路运至淮河流域各商埠的产品，也经水路和公路分销至淮域各地。如津浦铁路通车后，"淮河流域的农产品、土特产品、工业原料，通过水运，络绎不绝地运到蚌埠，再经铁路火车转运，向南运往沪宁，向北运到平津；城市的工业品从这里运往两淮广大农村"[③]。在一些铁路沿线城镇，以传统运具为主的短途运输得到不同程度的发展。如在开封，城市所需的各种日用品和必需品除部分通过火车运输外，大部分依靠马车、牛车和手推车从附近的陈留、杞县、尉氏、通许等县运进。再如许昌和漯河，一到烤烟上市季节，附近的襄县、郏县、长葛、鄢陵等县的烟叶，都要集中到许昌或漯河外销。各县至许昌、漯河的路上，牛车、马车、架子车、独轮车、人担畜驮，络绎不绝[④]。

同样，铁路因其线路稀疏，在运力不足的情况下，也离不开其他运输方式的支持与补充。如，1912 年台枣铁路支线建成通车后，中兴煤矿产量骤增。1934 年，年产煤炭量达 100 余万吨。津浦铁路因车辆少而无法保证煤炭的正常运销。中兴公司不得不增购运输工具，并扩建台儿庄码头。据统计，仅船只一项，从 1912 年前的 30 多艘增加到 1922 年的 70 余艘。1930 年，又新增各类船只 48 只。到 1934 年，又购入海轮 7 艘、拖轮 3 艘、铁驳 6 只。台儿庄码头的煤炭吞吐量不断增大，由每年数万吨增加到数十万吨，最高时达 55 万吨左右[⑤]。1911 年 5 月，津浦铁路淮河铁桥竣工通车后，蚌埠逐渐成为江浙一带城市与皖豫一带乡村物资交易的枢纽。皖北二十一县，豫东鹿邑、柘城、信阳及鄂东北一带共四十余县的小麦、蚕麻、烟叶、皮毛、油茶、大豆、高粱、芝麻等土产杂粮，以及皖南山区的竹木，六安的茶叶、山货，通过铁路从上海、南京等地运来的工业品，淮阴板浦所产的"淮盐"及青岛、天津等地的食盐等物资，均运

①　上海社会科学院经济研究所：《刘鸿生企业史料》（上册），上海人民出版社，1981 年，第263 页。
②　宿州市政协文史资料研究委员会：《宿州市文史资料》第 2 辑，1992 年，第 14 页。
③　蚌埠市政协蚌埠市志编纂委员会：《蚌埠古今》第 1 辑，1982 年，第 66 页。
④　杨克坚：《河南公路运输史》第 1 册，人民交通出版社，1991 年，第 122 页。
⑤　武醒民：《山东航运史》，人民交通出版社，1993 年，第 233、234 页。

至蚌埠集散，而承担这种集散功能的主要为船只①。蚌埠"遂为沿淮上下民船荟萃之区"②。最初，"盐粮船停泊在淮河铁路桥到老大街尽头的一号码头处，最多时从宋家滩一直摆到王营孜家后河边，桅樯如林，船舶如市"③。为适应船舶装卸货物和停泊避风的需要，蚌埠港扩大港区停泊区域，先后开挖了两只船塘，面积达 17.8 万平方米。基础设施扩建后，蚌埠港的日吞吐量最高可达 5000 吨，成为淮河中游的水运中心，常泊于此的民船多达千余只，小轮 10 余艘④。津浦铁路不但带动了蚌埠水运的发展，同时也促进了蚌埠公路运输业的发展。据调查，1929 年，蚌埠长途汽车公司达 16 家之多⑤。可见，即使在铁路运输相对发达的地区，也离不开其他运输方式的合作和辅助。

4. 城市布局与城市功能的转变

　　城市是社会经济发展到一定阶段的产物，城市在历史发展的长河中，从来不是一成不变的。铁路的兴建，推动了淮域商品经济的发展，密切了淮域腹地与铁路沿线城市间的经济联系，从而使淮域原有城市（镇）布局与城市（镇）功能发生重大变迁。铁路沿线及其辐射区的一批新兴城镇迅速崛起，一些原本位于铁路沿线的城镇更加繁荣兴盛。与此同时，一些远离铁路线的城镇则日趋衰落。

　　铁路的修建加快了近代淮域城镇化的进程。在铁路经济的助推下，淮域内一些位于铁路沿线的"蕞尔小村"成了物资集散地，商贸繁荣，人口骤增，迅速成长为大中型城市。蚌埠和连云港即是因铁路修建而发展起来的城市典型。蚌埠原是一个仅有 500 余户人家的渔村。1912 年，津浦铁路通车后，蚌埠成为津浦铁路与淮河水运的交汇点，"三河尖、正阳关之商务，皆合并于此，水陆交通衢，淮水流域出入百货，俱由此集散"⑥。皖北、皖西、河南东部、苏北西部同时成为这个中心的影响圈，各种物资交易日益频繁。"粮食淮盐、农副产品要从这里下船上车，五洋杂货工业产品要从这里下车登船运往各地"⑦。据统计，由蚌埠改用火车装运浦口的淮域物产，每月达三四万吨。而由浦口等地运至蚌埠的货物每月亦有二三千吨，然后再分销至淮河上下游各地⑧。商贸的繁荣，人口规模的扩大，使蚌埠一跃"从昔日的穷乡僻壤、地旷人稀的小渔村，逐渐发展成为津浦铁路线上水陆联运、货物集散的重镇"⑨。再如，连云港原是一个仅

---

① 蚌埠市政协文史办公室等：《蚌埠工商史料》，安徽人民出版社，1987 年，第 232、233 页。

② 林传甲：《大中华安徽省地理志》，中华印刷局，1919 年，219 页。

③ 蚌埠市政协文史办公室等：《蚌埠工商史料》，安徽人民出版社，1987 年，第 233 页。

④ 马茂棠：《安徽航运史》，安徽人民出版社，1991 年，第 231、232 页。

⑤ 柴志明：《蚌埠长途汽车公司调查表》，《安徽建设》第 3、4 号合刊，1929 年 4 月。

⑥ 林传甲：《大中华安徽省地理志》，中华印刷局，1919 年，第 219、220 页。

⑦ 蚌埠市政协文史办公室等：《蚌埠工商史料》，安徽人民出版社，1987 年，第 152 页。

⑧ 郭学东：《蚌埠城市史话》，新华出版社，1999 年，第 40 页。

⑨ 蚌埠市政协蚌埠市志编纂委员会：《蚌埠古今》第 1 辑，1982 年，第 66 页。

有 39 户居民的滨海渔村。1933 年，在陇海铁路向东展筑的同时，筑港工程也随之展开，连云港成为陇海铁路这一东西交通大动脉的最东部城市。

在一些大中城市从小到大、快速发展起来的同时，铁路沿线及其辐射区的一大批小城镇也勃然兴起。陇海铁路经过的朱集，原先只是一个名不见经传的乡村集市，铁路在此设站后，旅客、货物齐聚于此，商业贸易日渐发展。县城商丘因不在铁路线上而日渐萧条。朱集不仅在经济地位上取代了商丘，连名称也改为商丘，成为豫东一大经济中心①。

历史上，沿交通要道而兴的城市，大多数为政治中心或军事重镇。铁路的敷设，使原为交通枢纽而又恰处铁路要冲的城镇迅速发展起来，城市的经济功能不断加强。郑州历史上虽是军事要地，但商业并不发达。京汉、陇海两条铁路大动脉在此交汇后，郑州一跃成为集散中原乃至关中货物的重要商业中心②。同样，津浦、陇海两路修通后，处于两大铁路枢纽的徐州，城市功能不断扩大，成为淮域重要城市和商业集散中心。

铁路的修建改变了淮域原有沿水路分布的城市格局。受铁路运输的冲击，淮域传统商路发生变迁，货物运输渠道和货流流向发生转移。一些分布于运河或淮河沿线，在历史上曾经繁盛一时的旧城古镇，因远离铁路线而趋于衰落。如地当淮河与大运河交汇处的清江浦，是一座有着两千多年历史的商业重镇，南船北马，盛极一时，素有江北首府之称。1912 年，津浦铁路通车后，这座昔日与扬州、苏州、杭州齐名的繁华古城日渐衰落。同样，作为淮河中游水运中心之一的临淮关，在铁路通车前，每月进出船只有 1000～3000 只之多。正阳关，为淮河中游最大的商业港口，常年有大批民船停泊于此③。津浦铁路通车后，临淮关与正阳关的商业贸易中心地位渐被蚌埠取代。历史上，地当沙河、贾鲁河汇入颖水之处的周家口，舟楫上达朱仙镇，下通正阳关，为民船往来中心。东南各省的丝、茶、米、纸等货物由淮河运到周家口，再转运至北方各省，山西的铜铁、豫西的山货亦由此运出，日成交额曾高达 8 万元④。但随着京汉铁路的开通及贾鲁河的淤塞，各地物产多转往铁路运输，周家口的繁荣逐渐让位于郾城、漯河两地。

诚然，近代淮河流域经济变迁是多种因素合力作用的结果。但毋庸置疑的是，铁路是其中十分重要的因素之一。正如孙中山指出："交通为实业之母，铁路又为交通之母。国家之贫富，可以铁路之多寡定之；地方之苦乐，可以铁路之远近计之"⑤。铁路对民国淮域经济的扩散性影响和作用涉及农业、工业、交通及城市等多个层面，尽管这一进程比较缓慢，但却反映了淮域社会经济发展的趋向。

---

① 李占才：《铁路与近代中国城镇变迁》，《铁道学院学报》1996 年第 5 期。
② 宓汝成：《帝国主义与中国铁路》（1847～1949），上海人民出版社，1980 年，第 609 页。
③ 马茂棠：《安徽航运史》，安徽人民出版社，1991 年，第 221 页。
④ 刘世永、解学东：《河南近代经济》，河南大学出版社，1988 年，第 279 页
⑤ 孙文：《孙中山全集》，第 2 卷，中华书局，1986 年，第 383 页。

第四节　通讯方式的近代转型

　　人类的发展与社会的进步离不开彼此之间的交往和信息传递。邮电出现之前，信息传递主要由官办的驿站和民办的民信局维系。其中，驿站负责政府信息的传递，民信局负责民间信息的传递。晚清以降，随着经济的发展及人们交往范围的扩大，臃肿腐败、效率低下的驿传体系与各自为政、过于分散的民信局，已无法满足人们信息传递的需求。淮域固有的信息传递系统逐渐让位于邮政、电报、电话等先进通讯方式。

一、近代邮政体系的构建

　　19 世纪末，古邮驿日渐衰落，驿站成为一个"传递效率最低、贪污腐化最严重的官僚机构"[1]。与此同时，管理严格、快捷安全的通讯方式——邮政开始传入中国。邮政作为一种全新的信息传递方式，不断引起晚清部分社会精英的关注和思考。在时人大声疾呼与外国邮政示范作用的合力推动下，清政府于 1896 年正式开办大清邮政。同年，归德（今商丘市）邮局建立，淮河流域近代邮政的序幕由此拉开。

1. 邮政局所的增辟

　　淮河流域近代邮政事业创办较早，继归德邮局建立后，淮域各地相继设置邮局和代办所，邮政业务获得广泛的拓展空间。1899 年，济宁、临沂创设邮局。其中，济宁邮局管辖代办所 8 处，甲种信柜 6 处，乙种信柜 7 处，丙种信柜 6 处[2]。1900 年，开封、罗山、信阳等地建立邮政局。1901 年，西平设邮政局，上蔡、通许设代办所[3]。同年，滕县、曲阜设邮政支局[4]，开封改设邮政副总局，仍隶属于北京邮政总局。1902年，郑州、许州（许昌）、遂平设邮政分局[5]，禹县、鄢陵等地建代办所[6]。

　　1903 年，清政府实行新政，于北京设邮传部，综理全国邮政。此后，淮域各地邮政局所不但逐年增多，而且凸显从政治、经济中心向边远地区发散的趋势。以淮域山

---

　　① 邮电史编辑室：《中国近代邮电史》，人民邮电出版社，1984 年，第 39 页。

　　② 张玉法：《中国现代化的区域研究：山东省》（1860～1916），"中央"研究院近代史研究所，1982 年，第 496、497 页。

　　③ 河南省地方史志编纂委员会：《河南省志·邮电志》，河南人民出版社，1993 年，第 49 页。

　　④ 张玉法：《中国现代化的区域研究：山东省》（1860～1916），"中央"研究院近代史研究所，1982 年，第 496、497 页。

　　⑤ 《河南新志》卷 12，1929 年刊本，中州古籍出版社，1990 年重印，第 734 页。

　　⑥ 河南省地方史志编纂委员会：《河南省志·邮电志》，河南人民出版社，1993 年，第 49 页。

东为例，至 1904 年，曲阜、兖州、济宁、金乡、单县、曹县、邹县、滕县、费县、沂州、日照、沂水、莒州、蒙阴、峄县薛富壮、石臼所、郯城张店等地，都设置了邮政局所[①]。

中华民国建立后，将"大清邮政"、"邮传部"分别改为"中华邮政"与"交通部"，部内设邮政司，管理全国邮政事务。为"保证全程全网通信的经济性与合理性"[②]，从 1914 年 1 月 1 日起，全国邮政实行新邮区制，以一省为一邮区，每区于省城设邮务管理局，取消以前以海关区域为标准设置的邮界与分局，改总局和副总局为邮务管理局。分局和内地支局统称邮局，并将原有局（所）按其业务繁简与是否转口局，划分为一、二、三等邮局，每等分甲、乙两级。其中，一等邮局设在工商业发达与交通要道城市，二等邮局设于较重要城镇，三等邮局设于次要城邑。同时，"先在设有邮局之附近地方，另觅殷实商家，遍设邮政代办所，以次及于内地。复就次要之村镇开办信柜，择定户口稍多之村落，酌设邮站，雇用郊外信差，规定邮递班次，按期周行其间，收发邮件，更就都市繁盛之区，察看情形，添设支局与代售邮票处，并于通衢要道，设置信筒，以便民众之投寄信件"[③]。可见，淮域邮政机构依次可分为一等局、二等局、三等局、支局、代办所五级，另有城邑信柜、村镇信柜、村镇邮站、邮票代售处四种设置[④]。各邮政机构分属豫、鲁、苏、皖四邮区，均隶属于交通部邮政总局。各邮区实行邮务长、局长负责制，垂直领导，分层管理，不完全受地方行政区划的制约，更加讲求工作效率与邮政的营利性。

南京国民政府成立后，设置邮政总局，重新制定邮政总局章程。随着政局的相对平稳与经济发展步伐的加快，淮域邮政事业逐渐步入稳定发展阶段。兹将 1931 年 12 月淮域各地邮局与代办所的分布情况，列表如下（表 4-24）：

表 4-24　淮域邮政局所分布情况一览表

县名	邮局等级	所辖邮政局所					邮局所在地	县名	邮局等级	所辖邮政局所					邮局所在地
		一等邮局	二等邮局	三等邮局	邮政支局	邮政代办所				一等邮局	二等邮局	三等邮局	邮政支局	邮政代办所	
淮安	二			1	1	12	淮安	阜宁	二			1	1	17	阜宁
盐城	二		2	2		17	盐城	涟水	三					1	涟水
泗阳	三			1		6	众兴	淮阴	二			1	1	11	淮阴

① 《各省邮政汇志》，《东方杂志》第 1 卷第 3 号，1904 年 3 月 25 日。

② 邮电史编辑室：《中国近代邮电史》，人民邮电出版社，1984 年，第 100 页。

③ 曹觉生、龚光朗：《安徽交通之一瞥》，《安徽建设》第 3 卷第 4 号，1931 年 4 月。

④ 张玉法：《民国山东通志》第 2 册，台湾山东文献杂志社，2002 年，第 1611 页。

续表

县名	邮局等级	所辖邮政局所					邮局所在地	县名	邮局等级	所辖邮政局所					邮局所在地
		一等邮局	二等邮局	三等邮局	邮政支局	邮政代办所				一等邮局	二等邮局	三等邮局	邮政支局	邮政代办所	
东海	二		1			4	东海	灌云	二			3		8	灌云
赣榆	代		1			1	青口	沭阳	二					4	沭阳
江都	二		4	1	1	64	江都	高邮	二		1			11	高邮
兴化	二			1		5	兴化	宝应	二			1		6	宝应
泰县	二		3	1		12	泰县	东台	二			2		20	东台
铜山	一			2	2	12	铜山	萧县	三			1		4	铜山
砀山	二					5	砀山	丰县	三					2	丰县
沛县	二					3	铜山	邳县	三		1	2		9	邳县
宿迁	二		1	3		6	宿迁	睢宁	二					4	睢宁
凤阳	三	蚌埠	1		1	6	凤阳	怀远	二			1		5	怀远
定远	三					10	临淮关	寿县	二		1	1		15	寿县
凤台	三					3	凤台	宿县	二			3		11	宿县
灵璧	三			1		5	泗县	阜阳	二					14	阜阳
颍上	三					6	颍上	霍邱	三			2		8	霍邱
亳县	二					5	亳县	涡阳	二					9	涡阳
太和	二			1		6	太和	蒙城	二					6	蒙城
六安	二			2		21	六安	霍山	三					3	霍山
泗县	三					5	泗县	盱眙	三			1		8	明光
天长	三					4	浦口	五河	三					1	五河
开封	管				4	7	开封	陈留	三			1		4	兰封
杞县	二					3	兰封	通许	三					6	开封
尉氏	二					2	开封	洧川	三					1	许昌
鄢陵	三					5	许昌	中牟	三					4	开封
禹县	二					4	禹县	新郑	二					3	郑县
郑县	一				2	4	郑县	荥阳	二					4	汜水
兰封	三					3	兰封	荥泽	三					3	郑县

续表

县名	邮局等级	所辖邮政局所					邮局所在地	县名	邮局等级	所辖邮政局所					邮局所在地
		一等邮局	二等邮局	三等邮局	邮政支局	邮政代办所				一等邮局	二等邮局	三等邮局	邮政支局	邮政代办所	
商水	三		1			2	周家口	西华	三					6	周家口
项城	三					6	周家口	沈邱	三				1	8	周家口
太康	三					8	周家口	扶沟	二					3	许昌
许昌	二				1	9	许昌	临颍	二					3	许昌
郾城	二				1	19	郾城	长葛	二				1	2	许昌
商丘	二		1	1		15	商丘	宁陵	二				1	4	商丘
鹿邑	二					6	周家口	夏邑	三					4	商丘
永城	二					6	商丘	虞城	三					4	商丘
民权	代					4	兰封	考城	三					2	兰封
柘城	二					1	商丘	登封	三					4	临汝
舞阳	二			1		9	叶县	汝南	二					12	汝南
正阳	三					10	确山	上蔡	三					7	驻马店
新蔡	二					1	信阳	西平	二					9	西平
遂平	三					5	驻马店	确山	二			1		11	确山
信阳	二		1	1	1	18	信阳	罗山	二					17	罗山
潢川	二					4	潢川	光山	二					17	潢川
固始	二					11	固始	息县	二					7	信阳
商城	二					1	潢川	临汝	三					5	临汝
鲁山	三					5	鲁山	曲阜	二					2	曲阜
宁阳	二					2	滋阳	泗水	二					2	曲阜
滕县	二		1	1		8	滕县	峄县	二			2		14	峄县
汶上	二					7	济宁	济宁	二					11	济宁
金乡	二					5	金乡	嘉祥	三						嘉祥

续表

县名	邮局等级	所辖邮政局所					邮局所在地	县名	邮局等级	所辖邮政局所					邮局所在地
		一等邮局	二等邮局	三等邮局	邮政支局	邮政代办所				一等邮局	二等邮局	三等邮局	邮政支局	邮政代办所	
鱼台	二					2	金乡	临沂	二					23	临沂
郯城	二			1		8	郯城	费县	二					6	临沂
莒县	二					15	沂水	沂水	二					10	沂水
蒙阴	二					3	沂水	日照	二				1	9	日照
鄄城	代					5	菏泽	郓城	二					8	郓城
单县	二					6	单县	成武	二					2	曹县
定陶	二					2	菏泽	巨野	二					7	巨野

注：表格邮局等级栏"管"指邮政管理局、"二"指二等邮局，"三"指三等邮局，"代"指邮政代办所。

资料来源：《邮政局所汇编》，下编，《分省邮政局所汇编》，第 270～277、290～294、335～349、393～401页，出版社及出版年代不详。

由表 4-24 可见，淮域邮政局所分布较广，其中，邮政管理局一处，位于开封；一等邮局三处，分别位于铜山（今徐州）、郑县（今郑州）与蚌埠；二等邮局 101 处；三等邮局 79 处；支局 15 处；邮寄代办所 872 处。另外，在一些村镇还设有许多信柜、信筒、信箱，既方便了百姓的信息传递，又提高了信息的传递效率。

然而，作为一种新式信息传播手段，近代邮政对传统通讯方式的取代是一个渐进的过程。"近代以前，中国官方邮传，责成驿站；商民通信，则委镖局或民信局"[①]。邮政创办之始，由于覆盖面较窄，一度形成与邮驿、民信局竞争并存的局面。为统一邮政，1912 年 5 月，北京政府下令"裁驿归邮"，"驿递夫马全行裁撤，无论何项公文，概由邮寄"[②]。至此，在中国存在了几千年的邮驿制度正式退出了历史舞台。民信局因分布广泛，经营手段灵活多样，深受广大商民的钟爱与信任，在与邮局的竞争中一度占据上风。为排挤打压民信局，北京政府强行要求民信局到邮政官局登记挂号，"凡未挂号民局及他项商民，擅自私行收寄投送邮政应寄之信函为业者，一经察悉，每一封可酌量罚银五十两"[③]。至 1910 年，淮域大部分民信局已在邮局挂号。1934 年 3 月，南京国民政府交通部以邮政为国家专营乃世界通例为由，限

① 张玉法：《中国现代化的区域研究：山东省》（1860～1916），"中央"研究院近代史研究所，1982 年，第 495 页。

② 《河南新志》卷 12，1929 年刊本，中州古籍出版社，1990 年重印，第 734 页。

③ 转引自黄福才：《试论近代海关邮政与民信局的关系》，《中国社会经济史研究》1996 年第 3 期。

令各地民信局在年内一律裁撤。1934 年底，淮域民信局全部宣布停止营业，各经理机构统归邮局管理。

2. 邮政网络的构建

邮件的递送，需依恃其他运输方式的辅助。"在中国封建社会千余年间，信息主要靠邮递来传播，传播工具主要是马、车、船等，而军事信息的传播主要靠烽燧、鸣炮等原始手段"[①]。近代以降，随着轮运、铁路、公路、航空等先进运输方式的引入和发展，传统信息传播工具逐渐让位于轮船、火车、汽车等现代交通工具，邮件的递送日趋现代化。

邮件递送的路线，称"邮路"。为提高邮件的递送效率，淮域邮政局所开辟多条邮路，逐渐形成了以郑州、开封、蚌埠、济宁等主要城市为中心，连接各主要城镇的辐射状邮政网络。依据运输工具的不同，邮路又可分为邮差邮路、铁道邮路、汽车邮路、轮船民船邮路与航空邮路五种。

邮差邮路，亦称"步班邮路"，是"一种人工运邮方法，系邮局自雇邮差组织在不通火车及汽船地方之距离间往返负运邮件"[②]。1896 年，随着淮域邮政的创办，归德至朱集（今商丘）的邮差邮路应运而生。与其他邮路相比较，邮差邮路速度慢、费用多。但受多种因素制约，淮域以机械为动力的交通运输工具相对匮乏，就邮路里程和运邮量而论，邮差邮路实为近代淮域各种邮路之首，"凡人力能通之处，几无不有邮差之踪迹焉"[③]。连接各城镇之间的邮差邮路，定线、定点、定班期，分段接力，常年奔驰，风雨无阻。根据邮件的多少和紧要程度，分别实行昼夜兼程快班、昼夜兼程班、每日班、逐日班、三日班、五日班等。

以淮域山东为例，1899 年，仅以沂州为起点的邮差邮路就有 4 条：沂州—莒县—诸城—胶州；沂州—郯城，连接宿迁；沂州—蒙阴—新泰，连接泰安；沂州—费县—滕县—济宁[④]。1903 年，新辟邮差邮路两条，分别是济南—沂州，途经泰安、蒙阴；济南—开封，途经泰安、兖州、济宁、曹县。同年，济南局新辟济南至开封的昼夜兼程邮路，途经泰安、宁阳、兖州、济宁、金乡、单县、成武、曹县。另外，沂州—费县—滕县—济宁的邮差邮路，于同年改为昼夜兼程班，运邮时间缩短一半。1912 年，增开沂州—青口、费县—曲阜的两条邮差邮路。1913 年，增开济宁—铜山的邮差邮路。1916 年，济宁—南阳镇的日班邮路改为昼夜兼程班[⑤]。中华邮政时期，邮件主要依靠

① 许毅：《从百年屈辱到民族复兴》，经济科学出版社，2002 年，第 313 页。
② 陈世阴：《中国近年邮政事业概观》，《东方杂志》第 31 卷第 16 号，1934 年 8 月 16 日。
③ 《河南新志》，卷 12，1929 年刊本，中州古籍出版社，1990 年重印，第 734 页。
④ 山东地方志编纂委员会：《山东省志·邮电志》，山东人民出版社，2000 年，第 355 页。
⑤ 山东地方志编纂委员会：《山东省志·邮电志》，山东人民出版社，2000 年，第 356 页。

邮差（含马车、架子车、驮班）邮路运输。

铁道邮路，即利用火车运输邮件的邮路。铁道邮路便捷迅速，既省时间，又省费用。铁道邮路的开辟是与铁路的修建相伴而生的。因近代贯穿淮河流域的铁路较少，此种邮路只能惠及铁路经行地区。1906 年和 1908 年，陇海铁路开封—郑州与郑州—洛阳段建成通车，并开始运邮①。1911 年，津浦铁路由临淮关延伸至徐州，计长 175 公里，用于运邮②。1912 年，津浦铁路淮域段全部建成通车，并负责运送邮件。1915 年，陇海铁路徐州至开封段建成，1917 年，徐州至观音堂段通车，负责运送沿线邮件③。从 1937 年 4 月起，淮南铁路运邮车次由每日往返各一次改为各二次。沿淮城镇洛河、凤台、寿县、正阳关、霍邱、三河尖、永兴集、阜阳等局与皖南怀宁、宿松等局互寄的轻、重类邮件，改由田家庵取道淮南铁路经转④。

汽车邮路比铁道邮路开办稍晚，但因其轻便易举，成绩斐然，大有后来居上之势。汽车邮路分自办和委办两种，由邮局自备汽车、自辟邮线的运邮方式称"自办汽车邮路"，由邮局委办汽车公司代运邮件的运邮方式称"委办汽车邮路"。近代以来，汽车、汽车配件及汽油等均须进口。受资本瓶颈的制约，淮域汽车邮路多以委办为主，由邮局派员押运，沿站交换邮件。

1921 年，安徽邮区与华北汽车公司签订包运契约，开辟亳州—朱集的委办汽车邮路，长 67.5 公里，运送轻班邮件⑤。1929 年 7 月，山东邮区开办台儿庄—潍县的委办汽车邮路，长 402 公里，途经沂州；10 月，开办菏泽—济宁、高密—郯城两条委办汽车邮路，前者长 129 公里，途经金乡、巨野，后者长 310 公里，途经诸城、莒州⑥。1930 年 1 月 22 日，交通部颁发汽车代运邮件规定：凡长途客运汽车均应代运邮件，不得拒绝。信函轻件不收费，包裹重件每公斤每百公里收银 1 分。此后，淮域委办汽车邮路一度发展较快。1933 年，开通枣庄—临沂汽车快班邮路，1935 年，开通台儿庄—临沂汽车邮路⑦。由于当时的公路修建标准较低，一遇雨雪，路面便泥泞不堪，汽车无法通行。为免邮件积压，雨雪天气即由邮差邮路替补。

轮船、民船邮路，即利用轮船与民船代运邮件的邮路，仅限于水运条件较好、有轮船（汽船）或民船（木帆船）开行的区域。1924 年，临淮关至五河一线开辟小轮邮路，长 90 公里。据 1933 年 6 月调查，镇江—宿迁、蚌埠—正阳关间可小轮通邮，宿

---

① 河南省地方史志编纂委员会：《河南省志·邮电志》，河南人民出版社，1991 年，第 41 页。
② 安徽省地方志编纂委员会：《安徽省志·邮电志》，安徽人民出版社，1993 年，第 72 页。
③ 河南省地方史志编纂委员会：《河南省志·邮电志》，河南人民出版社，1991 年，第 41 页。
④ 安徽省地方志编纂委员会：《安徽省志·邮电志》，安徽人民出版社，1993 年，第 72 页。
⑤ 安徽省地方志编纂委员会：《安徽省志·邮电志》，安徽人民出版社，1993 年，第 74 页。
⑥ 山东地方志编纂委员会：《山东省志·邮电志》，山东人民出版社，2000 年，第 380 页。
⑦ 山东地方志编纂委员会：《山东省志·邮电志》，山东人民出版社，2000 年，第 380 页。

迁一运河间可民船通邮①。1946 年，蚌埠至田家庵的内河航线维持小轮通邮②。

淮域航空邮路开辟较晚，且因其费用昂贵，举办维艰，使用面较窄。1925 年 5 月，郑州至洛阳航空线路开通，并负责代运邮件。但因中途机身发生障碍，所运邮件被迫改由火车运往洛阳③。此次空运邮件虽未成功，但不失为淮域邮运史上一种开风气之举。1934 年，河南航空邮件交换点移至郑州，航空邮路有北平—郑州—汉口—长沙—广州与上海—南京—郑州—乌鲁木齐两条④。1945 年 7 月，立煌、重庆间有军用飞机往来，负责代运邮件⑤。抗日战争时期，途经郑州的航空邮路停运，抗战胜利后渐次恢复。1948 年 5 月，途经郑州的邮路有 3 条：上海—南京—郑州—西安—兰州，每星期三在郑州接发邮件；上海—南京—郑州—西安，每星期一在郑州接发邮件；上海—南京—郑州—西安—兰州—乌鲁木齐，每隔一周的星期三在郑州接发邮件⑥。

3. 邮政业务的拓展

邮政作为国营事业，其业务范围由国家统一规定，但具体业务种类及开办时间则视各地情形而定。近代邮政在淮河流域创办后，开办了信函、包裹及汇兑等业务。此后，因应淮域各地经济文化日益发展的需要，邮政业务不断拓展，经营范围涉及通信、金融、代理三个层面。其中，通信业务主要有信函、明信片、邮转电报、包裹、新闻纸、贸易契约；金融业务主要有汇兑、储金、支票划拨、保险、信托等；代理业务包括代理国库券、代收税款、代售印花、代购书籍、代订刊物等。

经济的发展及交通运输方式的现代化，密切了人与人之间的联系与交往，自给自足、老死不相往来的闭塞静止局面被打破。地区之间、部门之间、人与人之间的频繁沟通既为邮政通信业的发展提出了较高的要求，同时也为其提供了发展的契机和空间，通信业务因此成为近代邮政的主营业务。函件作为社会各个部门和人民群众广泛使用的通信方式，是近代淮域各邮政局所较早开办的业务之一，也是主要业务之一。1903 年 9 月，开封邮局创设，"初仅寄送商民信函，官署公文仍由驿递。嗣于各县及稍繁盛之市镇，劝谕商人代办，厚给薪粮，民间寄信得便益，邮务遂日形发展，官署公文逐渐托其代寄，遂议废邮传而专任邮局"⑦。淮域邮局创办后，不仅承办商民信函传递业务，多年来一直由邮传递送的官署公文，也逐渐交由邮局寄送。另外，函件的业务种类也不断扩大，1905 年，凤阳府、颍州府、六安府等地邮局，除信函业务外，还办理

---

① 张樑任：《中国邮政》中卷，商务印书馆，1936 年，第 29 页。
② 安徽省地方志编纂委员会：《安徽省志·邮电志》，安徽人民出版社，1993 年，第 84 页。
③ 河南省地方史志编纂委员会：《河南省志·邮电志》，河南人民出版社，1991 年，第 47 页。
④ 河南省地方史志编纂委员会：《河南省志·邮电志》，河南人民出版社，1991 年，第 47 页。
⑤ 河南省地方史志编纂委员会：《河南省志·邮电志》，河南人民出版社，1991 年，第 71 页。
⑥ 河南省地方史志编纂委员会：《河南省志·邮电志》，河南人民出版社，1991 年，第 47 页。
⑦ 《河南新志》卷 12，1929 年刊本，中州古籍出版社，1990 年重印，第 734 页。

明信片业务①。一些交通便利的邮局还开办了快信业务。1919 年，津浦铁路沿线的蚌埠、宿县、临淮关和可通行小轮的正阳关、寿县、怀远等地邮局，均可寄送快信②。

此外，淮域一些邮局还兼办邮政储金及邮政汇兑业务。这两项业务，虽为邮局办理的附属业务，但因迎合了社会需求，开办以后，发展很快。1919 年，淮域由交通部议定开办邮政储金业务的邮局有徐州、扬州、兖州、济宁（即济宁市）、滕县、驻马店、郑县（即郑州）、许县（即许州）、信阳（即信阳市）、郾城等多处。1920 年，开封南关支局续增储金业务③。1926 年，曲阜邮局添办储金业务，1929 年又添办汇兑业务④。

邮政机构的增辟，邮政网络的构建，邮政业务的拓展，极大地方便了淮域百姓的信息传递与物资交流。

二、电讯事业的初兴

电讯事业，主要包括电报、电话两端。电讯事业发轫于有线电报，1837 年由美国人莫尔斯发明。电话则由美国科学家贝尔于 1876 年发明。作为近代科技文明发展的产物，电报和电话于 19 世纪末 20 世纪初传入淮河流域。电讯事业的开创和迅速推广，实现了信息的瞬间传递，极大地缩短了彼此间的时空距离，是淮域近代信息、通信领域的一场革命，也是淮域信息通讯现代化的重要标志与里程碑。

（一）电报网建设

与邮政相比，电报是更为进步的通信手段，"能于最短时间，传达远处的消息"⑤。依信息传递方式的不同，电报可分为有线电报与无线电报两种。淮河流域电讯事业肇始于有线电报。1881 年，清政府为方便军事信息的传递，请丹麦大北公司架设上海、天津间的电报线路，并于济宁、清江浦等地设电报局，次年，由济宁接线至烟台⑥。此后，随着电报优越性的日渐呈现和对电报需求量的日益加大，淮域电报局屡有增设。以淮域山东为例，至 1908 年，增辟电报局 11 处，其中，兖州府 3 处（兖州府、峄县之韩庄、台儿庄）、沂州府 3 处（沂州府、郯城、日照）、曹州府 4 处（曹州府、巨野、

---

① 安徽省地方志编纂委员会：《安徽省志·邮电志》，安徽人民出版社，1993 年，第 92 页。

② 林传甲：《大中华安徽地理志》，中华印刷局，1919 年，第 195～196 页。

③ 《交通部订定开办邮政储金各邮局》，《江苏实业月刊》第 8 期，1919 年 11 月；《交通部续定开办邮政储金之邮局》，《江苏实业月刊》第 11 期，1920 年 2 月。

④ 张玉法：《民国山东通志》第 2 册，台湾山东文献杂志社，2002 年，第 1617 页。

⑤ 刘光华：《交通》，商务印书馆，1928 年，第 7、8 页。

⑥ 张玉法：《民国山东通志》第 2 册，台湾山东文献杂志社，2002 年，第 1599 页。

单县、曹县之贾庄）、济宁直隶州 1 处①。淮域安徽也设立电报局多处，兹将 1920 年淮域安徽电报局的设立情况，列表如下（表 4-25）：

表 4-25　淮域安徽电报局设立情况一览表

局名	局址	设立时间	局名	局址	设立时间
寿州	寿县	1902 年	正阳	正阳关	1902 年
颖州	阜阳	1909 年	亳州	亳县	1909 年
太和	太和	1909 年	六安	六安	1910 年
明光	明光	1914 年	临淮	临淮关	1914 年
霍山	霍山	1914 年	凤台	凤台	1915 年
蚌埠	蚌埠	1915 年	霍邱	霍邱	1915 年
蒙城	蒙城	1915 年	泗县	泗县	1920 年

资料来源：《安徽通志稿》十三，据安徽通志馆 1934 年编纂的铅印本影印，第 4538～4541 页。

　　另据业务繁简与重要性，电报局可划分为一等局、二等局、三等局、四等局和支局五级。如徐州电报局为一等局；扬州、海州、蚌埠、青口电报局为二等局；盐城、宿迁、仙女庙、泰州、东台、淮安、阜宁、高邮、兴化、宝应电报局为三等局；正阳关、阜阳、亳县、六安、宿县电报局为四等局；邵伯、沭阳、东坎、邳县、沛县、丰县、砀山、界首、睢宁、五河、寿县、怀远、凤阳、颖上、涡阳、太和、明光、霍山、蒙城、临淮、凤台、霍邱、泗县、定远、麻埠、时集、西平、汝南、鲁山及徐州电报分局为支局②。可见，淮域电报局虽然分布范围较广，但多以支局为主，规模均不大。

　　因应军务、政务、商务等多种需要，淮域各地架设了多条电报线路。黄河泛滥，时常殃及淮河流域。为"消息灵通，以便随时防御"③，淮域在电报兴办之初，即架设了多条河工电报。如 1881 年，济宁"因河工而设电报，自运河道署直达各工次。后有线北达津京，南至镇江，西至曹县。1908 年又有线东至烟台、青岛，西至开封、郑州、汉口。1905 年又有线东至兖州，西通巨野、曹州"④。1887 年，黄河决口，驿路断绝，信息阻塞，出于黄河防务需要，河南巡抚倪文蔚奏准架设开封府（开封）至山东济宁的电报线路，次年 2 月建成，长 219 公里。1901 年，为给慈禧"庚乱回銮"提供通信方便，架设洛阳经郑州至开封的备用线路，长 220 公里，与山东电报线相接，史称

---

　　① 张玉法：《民国山东通志》第 2 册，台湾山东文献杂志社，2002 年，第 1599 页。

　　② 柳肇嘉：《江苏人文地理》，上海大东书局，1930 年，第 94、95 页；安徽省政府统计委员会：《安徽省统计年鉴》，1934 年，第 317 页；《河南新志》卷 12，1929 年刊本，中州古籍出版社，1990 年重印，第 742、743 页。

　　③ 张玉法：《中国现代化的区域研究：山东省》（1860～1916），"中央"研究院近代史研究所，1982 年，第 503 页。

　　④ 张玉法：《中国现代化的区域研究：山东省》（1860～1916），"中央"研究院近代史研究所，1982 年，第 501 页。

"回銮改道线"①。

　　为改善通报紧张的状况，在增辟新线路的同时，淮域各地加强了对原有线路的整修和扩充工作。如1911年7月，山东巡抚孙宝琦奏请扩建电报线路，其中，莒州至沂州间工程120里，日照至青口间工程180里，滕县至韩庄间工程130里，峄县至韩庄间工程60里，巨野至郓城间工程60里②。不久，辛亥革命爆发，计划中止。1912年，交通部加挂郑州—石家庄、郑州—汉口、开封—铜山、郑州—铜山、许州—老河口等线，同时整修郑州—洛阳线路③。1919年，加挂开封—铜山三线，1924年，加挂许州至老河口二线④。

　　淮河流域地处南北冲要，自古以来，一直是各方争夺的多事之地。有线电报因战乱频起而时遭破坏，限于财政支绌，修复、扩充均感不易。无线电报通信因不受时空距离限制，"在时间上，经费上，比一切通讯的方法都要敏捷经济"⑤。适应军政信息传递的需要，无线电报于20世纪20年代末传入淮河流域，因备受政府部门的重视而迅速发展起来。

　　1928年冬，开封、郑州设无线电台，由西北无线电管理处承办⑥。1929年，蚌埠、霍山、寿县、阜阳等处各设无线电台一座⑦。1930年以后，在铜山、东海、灌云、盐城、连云港、东坎、蒋坝、赣榆、睢宁、沛县、丰县、萧县、砀山、扬州、淮阴等地，增设无线电台多处⑧。淮域无线电报网络由此而初见规模。兹将1934年淮域安徽无线电台的设置及技术状况，列表如下（表4-26）：

表4-26　淮域安徽无线电台设置与技术情况一览表

名称	所在	呼号	波长（米）	电机种类	电力（瓦）	经费来源	备注
蚌埠电台	蚌埠	XPP	65	直流式	15	经费由省库支给	1934年时呼号改为XIK2
阜阳电台	阜阳	XFY	59	直流式	5	经费由县府支给	1933年时波长增至64米，1934年呼号改为XIK3
天长电台	天长	XTC	65	直流式	5	经费由县府支给	1934年呼号改为XIN6
怀远电台	怀远	XHY	65	直流式	5	经费由县府支给	1933年呼号改为XWY

---

①　河南省地方史志编纂委员会：《河南省志·邮电志》，河南人民出版社，1991年，第69页。
②　张玉法：《中国现代化的区域研究：山东省》（1860～1916），"中央"研究院近代史研究所，1982年，第505页。
③　河南省地方史志编纂委员会编纂：《河南省志·邮电志》，河南人民出版社，1991年，第69页。
④　《河南新志》卷12，1929年刊本，中州古籍出版社，1990年重印，第737页。
⑤　徐承惠：《整理本省无线电台之我见》，《建设周刊》第96期，1934年5月7日。
⑥　《河南新志》卷12，1929年刊本，中州古籍出版社，1990年重印，第746页。
⑦　龚光朗：《新安徽之初步建设》，《安徽建设》第1号，1929年1月。
⑧　王文清等：《江苏史纲》近代卷，江苏古籍出版社，1993年，第418页。

续表

名称	所在	呼号	波长（米）	电机种类	电力（瓦）	经费来源	备注
涡阳电台	涡阳	XKY	64	直流式	5	经费由县府支给	1934 年呼号改为 XIN7
凤台电台	凤台	XFT	62	直流式	5	经费由县府支给	
宿县电台	宿县	XSH	61	直流式	5	经费由县府支给	1934 年呼号改为 XIM7
颍上电台	颍上	XYS	65	直流式	5	经费由县府支给	
寿县电台	寿县	XSZ	62	直流式	5	经费由县府支给	1934 年呼号改为 XIL4
六安电台	六安	XLA	60	直流式	5	经费由县府支给	1934 年呼号改为 XIK8
泗县电台	泗县	HSS	62	直流式	5	经费由县府支给	1934 年呼号改为 XHSS
太和电台	太和	XTH	66	直流式	5	经费由县府支给	
潢川临时电台	潢川	XHY	68	直流式	5	经费由省库支给	
第一临时电台	立煌	XHY	62	—	5	经费由省库支给	
第二临时电台	六安	XLC	66	—	5	经费由省库支给	
灵璧电台	灵璧	XIM4	68	—	5	经费由县府支给	
立煌电台	立煌	XIN9	64	—	5	经费由县府支给	
临泉电台	临泉	KLN	60	—	5	经费由县府支给	
盱眙电台	盱眙	XHN	60	—	5	经费由县府支给	
亳县电台	亳县	XPC	60	—	5	经费由县府支给	
蒙城电台	蒙城	XMC	70	—	5	经费由县府支给	

资料来源：《建设季刊》第 1 期，1932 年；安徽省政府秘书处：《安徽省概况统计》，1933 年，第 225 页；安徽省政府统计委员会：《安徽省统计年鉴》，1934 年，第 314 页。

抗战爆发后，公路、铁路、轮船港埠、邮政局所等交通通讯设备多遭破坏，严重影响了军情政令的传达。而无线电报"效率卓著，机价又廉"[①]，经不断调整扩建，在战时获得了畸形发展。至 1938 年，"扬州、开封均已建设一万启罗瓦脱的发电厂及无线电台；淮安、淮阴、铜山、潢川、周家口、济宁均已建成五千启罗瓦脱的发电厂及无线电台；宿迁、亳县、阜阳、固始均有一千启罗瓦脱的发电厂及无线电台"[②]。抗战时期，淮域安徽无线电台亦有所发展，这一点可从下表窥知（表 4-27）。

① 《十八年度安徽省无线电建设方案》，《安徽建设》第 7 号，1929 年 8 月。
② 焦颂周：《一九三八年的中国》，《东方杂志》第 30 卷第 1 号，1939 年 1 月 1 日。

表 4-27　1939 年淮域安徽无线电台一览表

台名	地址	设立时间	电台概况				电台职工数（人）		全年收发报件数及字数				全年经费（元）
			呼号	波长	射程	电力	职员	工役	收报		发报		
									件数	字数	件数	字数	
省总台	立煌	1938 年 11 日	XGF	47～65m	2000	100	16	16	6237	714 609	8494	965 213	21 792
省一台	立煌	1938 年 5 月	XWRA	40～80m	1300	15	8	10	7318	924 316	7688	779 592	8784
省二台	立煌	1931 年 7 月	XWRB	55～62m	1000	5	5	4	6847	723 315	7254	693 247	5568
省三台	立煌	1934 年 6 日	XWRC	55～70m	1000	5	5	4	7423	707 634	3512	417 305	4368
省四台	立煌	1933 年 4 月	XWRD	64m	1000	5	5	4	7612	813 215	956	1 014 112	4368
省五台	立煌	1934 年 5 月	XWRE	55～70m	1000	5	5	4	7312	714 543	7815	833 442	4368
省六台	立煌	1935 年 3 月	XWRF	68～70m	1000	5	5	4	6271	521 049	5314	610 741	4368
省十二台	立煌	1939 年 11 月	XWRL	62m	1000	5	5	4	4767	42 903	4774	40 579	4368
六安电台	六安	无	HLA	66m	1000	5	3	2					2040
寿县电台	寿县	无	XSZ	64m	1000	5	2	1					1164
霍邱电台	霍邱	无	XHO	65m	1000	5	2	2					900
立煌电台	立煌	无	LHW	64m	1000	5	2	1					1560
霍山电台	霍山	无	XWN	65m	1000	5	2	2					840
阜阳电台	阜阳	无	XFY	66m	1000	5	2	1					1560
临泉电台	临泉	无	XLN	60m	1000	5	2	2					1140
亳县电台	亳县	无	XPC	57m	1000	5	2	2					1560
太和电台	太和	无	XTH	54m	1000	5	2	1					1560

续表

台名	地址	设立时间	电台概况				电台职工数（人）		全年收发报件数及字数				全年经费（元）
			呼号	波长	射程	电力	职员	工役	收报		发报		
									件数	字数	件数	字数	
涡阳电台	涡阳	无	XKY	52m	1000	5		1					840
蒙城电台	蒙城	无	XMC	62m	1000	5	2	1					720
凤台电台	凤台	1934年5月	XKT	64m	1000	5	1	1					876
颍上电台	颍上	无	XYS	60m	1000	5	1	1					660
盱眙电台	盱眙	无	XBO	65m	1000	5	1	1					—
泗县电台	泗县	无	HSS	62m	1000	5	1	1					720
灵璧电台	灵璧	无	XNB	63m	1000	5	1	1					—
天长电台	天长	无	XIN6	64m	1000	5	2	2					1560
定远电台	定远	无	XDL	65m	1000	5	2	2					1320
凤阳电台	凤阳	无	XFG	62m	1000	5	2	2					1560

注：（1）怀远、宿县、五河等县电台尚未恢复。（2）射程单位为公里，电力单位为瓦特。

资料来源：安徽省政府统计委员会：《安徽省二十八年度统计年鉴》，1939年，第298、299页。

电报通讯的使用，不仅提高了政令传达和军情通报的效率，同时也为及时捕捉商业信息提供了方便。如宿县临涣镇岐丰号杂货店的老板周岐山，为掌握最新市场信息，派专人常驻上海、无锡、常州等地。他们每天晚上都以自编的密码向杂货店发回电报。当时，电报局设在临涣镇东关外的观音堂，晚间城门关闭后无法将电报传入城内。周岐山不惜重金买通城门看管人，以便在城门关闭后仍可以收到外地发来的电报，并进而决定次日商品的价格及相关措施。如1936年秋，他从电报中获悉：一大批由日本人走私贩卖的食粮、海味即将运抵上海。于是，他果断将库存的食粮和海味降价赊销。

别人对他的这种做法很不理解，实际上他却从中受益良多①，有效规避了一场即将到来的商业恶战。电报在信息传递方面的优越性，由此可见一斑。

（二）电话网建设

与电报相比，电话可以说是一种更为先进便捷的通信手段。因为"电报不能把发信人的声音直接传到受信人的耳里，往往因电报局拍错，使其确实性不能令一般人满足"②。而电话"入手而能用，著耳而得声，坐一室而可对百朋，隔颜色而可亲謦欬，此亘古未有之便宜"③。作为一大"交通利器"，20世纪初，电话通讯事业已在淮河流域悄然兴起。

淮域电话公司创办伊始，数量较少，且多以军事用途为主。如1922年，吴佩孚驻守洛阳期间，在郑州、开封、归德、许昌等地设置长途电话，"专备军用"④。即便有少数营利性的民营电话，发展也十分缓慢。如创立于1918年5月的济宁电话公司，拥有资本5万元，电话容量三百号，经过此后7年的苦心经营，至1925年仅有用户157家⑤。1930年政局相对稳定后，淮域电话事业建设步伐有所加快，至抗战爆发前，已基本建成了以主要城市为中心、沟通各主要县镇的电话网络。根据距离远近，电话可分为市区（城市）电话与长途电话两种。民国时期，淮域电话主要为长途电话，且以省有长途电话和县有长途电话为建设重点。

1. 省有长途电话

一般来讲，凡是省与县相通，县与县相通，及其与重要市镇相通的电话，均由省建设厅主持建设，名为"省有长途电话"。省有长途电话也是近代淮域电话网建设的骨干，即干线。以淮域山东为例，1930年3月，为满足军事需要，仅用3个月的时间，就将济宁、嘉祥、巨野、郓城、菏泽、成武、单县、金乡、汶上、宁阳等县的电话线全部架设完毕，"此为鲁省最初经办省有长途电话之情形"⑥。然而，战争结束后，电话线路亦损失殆尽。同年9月，改组长途电话管理处，并积极架设新线。至1934年，菏泽、曹县、曲阜、单县、宁阳、成武、定陶、巨野、滕县、泗水、郓城、汶上、金乡、嘉祥、鱼台、鄄城等地均可通长途电话。兹将1936年6月淮域山东省有长途电话线路建设情况，列表如下（表4-28）：

---

① 宿州市政协文史资料研究委员会：《宿州市文史资料》第2辑，1992年，第28页。

② 刘光华：《交通》，商务印书馆，1928年，第8页。

③ 赵尔巽等：《清史稿》卷151，志126，中华书局，1976年。

④ 《河南新志》卷12，1929年刊本，中州古籍出版社，1990年重印，第746页。

⑤ 张玉法：《民国山东通志》，台湾山东文献杂志社，2002年，第1606页。

⑥ 实业部国际贸易局：《中国实业志·山东省》第11编，1934年，第139页。

表 4-28　淮域山东省有长途电话一览表　　　　　（单位：公里）

线路名称	经过县份	路线长度	电线长度	铜线号数及其条数	铁线号数及其条数	电杆根数（根）	备考
济南济宁段	汶上、金乡、单县、成武等	248	744	十二号单线	十二号双线	3334	
济宁曹县段	金乡、单县、成武等	161	322	十二号单线	十二号单线	3394	城武、曹县系十号单铁线
泰安曲阜段	大汶口	93	93			1380	
滋阳枣庄段	邹县、滕县等	161	161	十号单线		2315	
滋阳济宁段		35	105	十号单线	十号双线	619	
滋阳泗水段	曲阜	52	52			787	
济宁曹县段	嘉祥、巨野、菏泽、定陶等	188	188		十二号单线十号单线	2949	济宁至菏泽十二号单铁线 120 公里，菏泽至曹县系十号单铁线共 66 公里
巨野郓城段		35	35		十二号单线	468	
郓城菏泽段		46	46		十号单线	696	
金乡鱼台段		23	23		十二号单线	304	
汶上宁阳段		35	35		十二号单线	595	
濮阳郓城段		29	29		十二号单线	384	
泰安郯城段	蒙阴、临沂等	317	317		八号单线	4518	
安丘枣庄段	莒县、临沂、台儿庄、峄县等	433	433		八号单线	6754	
临沂费县段		52	52		八号单线	900	
临朐日照段	沂水、莒县等	259	259		八号单线	3699	
日照石臼所段		10	10		十二号单线	189	
日照涛名佳段		26	26		十二号单线	319	

资料来源：国民党中央党部经济计划委员会：《十年来之中国经济建设》（1927～1936）下篇第 14 章，南京古旧书店，1990 年影印，第 29～31 页。

在山东省积极架设电话线路的同时，淮域其他三省也分别建立了省有长途电话管理机构，电话线路逐年增加。至 1933 年，淮域河南已有 36 条长途话线建成通话，分别为开封—郑州、开封—商丘、开封—淮阳、开封—许昌、郑州—洛阳、郑州—许昌、郑州—新乡、郑州—广武、郑州—汜水、许昌—南阳、许昌—郏县、许昌—鄢城、鄢城—驻马店、鄢城—周口、驻马店—信阳、驻马店—汝南、信阳—潢川、潢川—固始、潢川—新店、潢川—沙窝、潢川—光山、潢川—明港、郏县—南阳、郏县—临汝、西平—上蔡、西平—舞阳、周口—淮阳、周口—西华、周口—沈邱、周口—商水、商丘—永城、商丘—睢州、商丘—鹿邑、商丘—虞城、罗山—宣化等，线路里程合计达 5585 华里[①]。

淮域江苏省有长途电话起步较晚，但发展很快。1934 年 3 月，"为沟通大江南北天然隔阂并开发江北经济计"[②]，江苏省将省有长途电话建设的重点由江南转移到了江北。江北长途电话主要有两大干线，一线由江阴经靖江、如皋、东台、盐城、阜宁、灌云、东海而达赣榆，一线由镇江经江都、泰县而达如皋，与靖如段连接，同时于靖江向西经泰兴展筑至泰县，与扬如线衔接。江苏省建设厅先后分设三个工程队分段进行架设，至 1934 年 11 月，全线完成通话，建设费累计达 205 700 元。1935 年 4 月，架设由江都经高邮、宝应、淮安、淮阴而达泗阳的扬泗线，长 210 公里，建设费为 53 510 元，5 月底全线完成通话。6 月初，泗阳至宿迁的泗宿段电话建成通话，长 60 公里，建设费为 13 160 元。同时架设的还有淮涟阜线和高兴线，其中，淮涟阜线自淮阴经涟水而达阜宁，与通榆线衔接，为扬泗与通榆两大干线间的联络线，全线长 98 公里，建设费为 24 350 元。高兴线自高邮至兴化，计长 56 公里，建设费为 11 099 元[③]。据笔者所见资料统计，至 1937 年 5 月，淮域江苏省有长途电话线路合计长 1652.88 公里，其中，1934 年新增线路为 546.98 公里，1935 年新增 566.1 公里，1936 年新增 347.5 公里，受战争影响，1937 年仅新增 69.63 公里。兹将 1934～1937 年 5 月淮域江苏省有长途电话的具体建设情况，列表如下（表 4-29）。

淮域省有长途电话，最初专为传递军政信息而设，并不对外营业。然而，随着通话地区渐多，部分地区开始受理长途电话业务。如江苏省在线路到达各县，设交换分所，负责长途电话交换及业务的办理[④]。1928 年，江苏省制订《江苏省有长途电话暂

---

① 《河南省长途电话通线地点及里程统计表》，《河南建设》创刊号，1934 年。

② 国民党中央党部经济计划委员会：《十年来之中国经济建设》（1927～1936）下篇第 3 章，南京古旧书店，1990 年影印，第 33 页。

③ 国民党中央党部经济计划委员会：《十年来之中国经济建设》（1927～1936）下篇第 3 章，南京古旧书店，1990 年影印，第 33、34 页。

④ 国民党中央党部经济计划委员会：《十年来之中国经济建设》（1927～1936）下篇第 3 章，南京古旧书店，1990 年影印，第 34 页。

表 4-29　1934～1937 年 5 月淮域江苏省有长途电话一览表

年份	段别	起讫地点	里程（公里）	电杆		电线		碍子		交换机	
				长度（市尺）	梢径（市寸）	号数	质别	号数	质别	程式	门数
1934	镇扬	镇江至扬州	31.70	22	3	12	铜	1	磁	五磁石式	扬州 20
	扬泰	扬州至泰州	53.90	22	3	12	铜	1	玻璃	五磁石式	泰州 20
	如东	如皋至东台	60.20	22	3	12	铜	1	磁	五磁石式	东台 20
	泰如	泰州至如皋	72.90	22	3	12	铜	1	磁	五磁石式	
	东盐	东台至盐城	69.70	22	3	12	铜	1	磁	五磁石式	盐城 20
	盐阜	盐城至阜宁	56.60	22	3	12	铜	1	磁	五磁石式	阜宁 10
	阜灌	阜宁至灌云	103.30	22	3	12	铜	1	磁	五磁石式	灌云 10
	灌新	灌云至新浦	17.20	22	3	12	铜	1	磁	五磁石式	新浦 10
	新海	新浦至东海	6.72	22	3	12	铜	1	磁	五磁石式	东海 10
	新青	新浦至青口	33.40	22	3	12	铜	1	磁	五磁石式	青口 20
	青赣	青口至赣榆	5.36	22	3	12	铜	1	磁	五磁石式	
	淮涟	淮阴至涟水	36.00	22	3	12	铜	1	磁	五磁石式	淮阴 20　涟水 10
1935	扬高	扬州至高邮	51.50	22	3	12	铜	1	磁	五磁石式	高邮 20
	高宝	高邮至宝应	57.60	22	3	12	铜	1	磁	五磁石式	宝应 20
	宝安	宝应至淮安	40.30	22	3	12	铜	1	磁	五磁石式	淮安 20
	安淮	淮安至淮阴	17.30	22	3	12	铜	1	磁	五磁石式	
	淮泗	淮阴至泗阳	43.30	22	3	12	铜	1	磁	五磁石式	泗阳 10
	泗宿	泗阳至宿迁	60.00	22	3	12	铜	1	磁	五磁石式	宿迁 10
	涟阜	涟水至阜宁	63.00	22	3	12	铜	1	磁	五磁石式	
	邮兴	高邮至兴化	45.70	22	3	12	铜	1	磁	五磁石式	兴化 10
	镇扬	镇江至扬州	31.70	22	3	12	铜	1	磁	五磁石式	
1936	海运	东海至运河站	123.00	22	3	8	铁	1	磁	五磁石式	
	铜台	铜山至台儿庄	67.50	22	3	8	铁	1	磁	五磁石式	铜山 30
	铜睢	铜山至睢宁	82.00	22	3	12	铜	1	磁	五磁石式	睢宁 30
	睢宿	睢宁至宿迁	37.50	22	3	12	铜	1	磁	五磁石式	
1937	盐兴	盐城至兴化	69.63	22	3	12	铜	1	磁	五磁石式	

资料来源：《江苏建设月刊》第 4 卷第 6 期，《电气专号》，1937 年 6 月 1 日。

行通话规则》，对通话作了种种限制。规则将通话分为五类：一、公事通话，通话报告及其他各种因公通话；二、普通通话，专差呼出及递送电话；三、加急通话，话费为普通通话的三倍；四、定时通话，两地商店、居户于每日或间日一定时刻指定通话，话费面议，另订合同；五、特种公事通话，以地方上有军事需要或其他特别紧急通话为限。用户请求通话时须向交换所说明或书明通话类别、被叫县名及被叫电话号数（专差呼出及递送电话应书明被叫者姓名、详址）及请求者电话号数（专差呼出及递送电话书明请求者自己姓名、详址）等，除普通通话可改为加急通话外，通话种类既经指定后不得更改。用户每次通话以 5 分钟为 1 次，通话次数至多连续 3 次（即 15 分钟）[1]。电话通话手续虽然较为烦琐，但因其灵活快捷，仍被许多用户使用。从 1936 年 5 月至 1937 年 2 月，淮域江苏各交换分所去话次数合计达 95 161 次，话费收入合计 42 404.08 元。其中，淮阴分所话费收入达 4947.15 元，营业情况最好，东台分所次之，为 4745.32 元，盐城分所又次之，为 4000.05 元，其他分所均在 4000 元以下。关于各交换分所的去话次数及话费收入，详见下表（表 4-30）：

表 4-30　淮域江苏长途电话交换分所去话次数及话费收入统计表

分所名称	去话次数	话费收入（元）	分所名称	去话次数	话费收入（元）
盐城分所	8253	4000.05	东台分所	8976	4745.32
灌云分所	3858	1685.99	阜宁分所	9560	3780.55
青口分所	1263	399.81	新浦分所	3880	1349.65
江都分所	5901	2803.36	泰县分所	7058	3404.72
兴化分所	2448	1454.47	高邮分所	7973	2910.01
淮安分所	6897	2637.47	宝应分所	5779	2514.19
泗阳分所	1331	545.65	涟水分所	3439	1592.98
铜山分所	640	417.99	宿迁分所	2644	1711.61
东海分所	554	249.32	睢宁分所	521	253.79
淮阴分所	13 986	4947.15			

注：统计时段为 1936 年 5 月至 1937 年 2 月。

资料来源：根据徐恒寿：《江苏省营长途电话一年来业务概况》及《江苏省各县乡镇电话最近概况》（《江苏建设月刊》第 4 卷第 6 期，1937 年 6 月）中的相关表格统计汇制。

因话费甚为昂贵，除公事电话外，用户基本以商人为主。如蚌埠华盛街以做五洋[2]生意而闻名的"钱泰源"字号老板翟松如，每天晚上都要同上海通电话，询问行情的

---

① 陈世璋：《江苏省有长途电话暂行通话规则》，《江苏建设公报》第 13 号，1928 年。

② "五洋"，通常指香烟、火柴、煤油、卷烟、蜡烛等，因这些东西以进口居多，所以都之以"洋"字。

涨跌与发货计划安排①。可以说，电话的使用，加快了淮域市场信息的传递速度，降低了交易成本，在一定程度上助推了淮域商业经济的发展。

2. 县有长途电话

凡是县与村镇相通，及村镇与村镇相通的电话，由各县主持建设，名为"县有长途电话"，又称"环境电话"。1930 年后，在省有长途电话积极架设的同时，淮域县有长途电话亦掀起建设高潮。1931 年，山东省建设厅"以各县县政府与县党部及各乡镇区公所等，在行政上，均有直接之关系，特令各机关在办公室内装设长途电话，以备一旦遇有重要事项，各地均可直接通话，以为本省县有长途电话之嚆矢"②。此后，山东各县陆续装设电话，截至 1933 年，全省 108 县已完全通话。"举凡城内各机关，以及重要村镇，均设有话机，对于政令之传达，异常灵便"③。各县均设有长途电话事务所一处，作为管理该县县有长途电话的总机构。所内设主任一人，视事务繁简，酌设管理员及巡线士。1933 年后，各县"因应事实之需要，陆续扩充线路者，亦复不少"④。仅以淮域所属各县而言，至 1936 年 6 月，各电话事务所话机、交换机等重要设备的数量均较 1933 年有显著增加。据笔者统计，其中，淮域各县电杆线路总里数增加 1415.83 公里，电线总里数增加 1785.13 公里，话机增加 196 部，交换机增加 72 门、499 部，电杆增加 25 555 根，具体情况详见下表（表 4-31）：

表 4-31　1933 年和 1936 年淮域山东县有长途电话一览表

县名	电杆线路里数（公里）		电线里数（公里）		话机部数		交换机				电杆根数	
							部数		门数			
	1933 年	1936 年	1933 年	1936 年	1933 年	1936 年	1933 年	1936 年	1933 年	1936 年	1933 年	1936 年
曲阜	98.04	102.6	148.77	154.8	19	24	2	5	25	55	716	700
宁阳	131.10	128.5	159.03	148.3	19	24	2	3	20	40	1393	1393
滕县	137.94	198.1	145.92	317.8	41	40	4	6	85	70	1289	2945
邹县	180.12	278.6	225.15	303.3	21	56	5	8	40	130	2710	3073
泗水	94.05	125.8	111.15	147.6	22	33	5	5	36	36	1256	1584
汶上	131.98	160.4	123.69	161.0	17	28	1	3	20	55	1722	2525
峄县	194.65	228.5	211.49	288.5	25	43	10	13	65	130	2824	3284

---

① 蚌埠市政协文史办公室等：《蚌埠工商史料》，安徽人民出版社，1987 年，第 215、216 页。

② 山东省临邑县政协文史资料委员会：《临邑文史资料》第 5 辑，第 98 页。

③ 国民党中央党部经济计划委员会：《十年来之中国经济建设》（1927～1936）下篇第 14 章，南京古旧书店，1990 年影印，第 32 页。

④ 国民党中央党部经济计划委员会：《十年来之中国经济建设》（1927～1936）下篇第 14 章，南京古旧书店，1990 年影印，第 32 页。

县名	电杆线路里数（公里）		电线里数（公里）		话机部数		交换机				电杆根数	
							部数		门数			
	1933 年	1936 年	1933 年	1936 年	1933 年	1936 年	1933 年	1936 年	1933 年	1936 年	1933 年	1936 年
济宁	146.49	189.7	146.49	220.7	29	35	4	4	35	35	2310	2814
金乡	101.46	101.1	131.10	112.1	22	14	3	1	30	30	1247	1391
嘉祥	54.72	46.2	73.24	61.6	21	22	2	2	32	32	691	600
鱼台	136.80	154.8	164.16	186.1	30	36	5	5	75	75	2021	2255
临沂	274.74	337.9	290.13	401.4	21	29	2	5	30	90	3098	3990
郯城	185.82	283.7	206.34	312.8	14	29	1	3	20	55	2730	4019
费县	168.72	251.5	193.23	297.0	16	19	2	5	28	55	2153	3001
蒙阴	206.34	240.9	234.17	276.6	18	20	2	7	28	40	3034	3463
莒县	262.20	281.9	523.26	550.9	15	20	5	6	40	70	—	3494
沂水	140.50	350.0	147.06	406.7	34	41	1	4	25	55	1201	4426
菏泽	201.78	317.7	217.74	336.5	35	48	5	5	55	55	1706	3550
曹县	241.29	396.0	241.29	404.1	92	92	12	13	175	175	2798	6368
单县	349.98	422.3	346.80	472.3	52	55	6	8	75	95	6140	7024
成武	111.72	143.4	120.84	151.4	20	25	1	1	20	20	1581	2036
定陶	99.18	112.7	144.78	158.8	25	31	2	4	25	45	1654	1879
巨野	108.87	177.5	111.72	188.5	15	20	2	3	25	25	1521	3730
郓城	117.99	174.4	128.25	184.4	32	35	6	7	50	80	1868	2579
鄄城	89.49	62.1	89.49	62.1	15	32	2	5	25	45	1106	747
日照	140.50	256.0	144.78	260.3	13	28	2	6	25	70	1690	3144
合计	4106.47	5522.3	4780.07	6565.2	683	879	65	137	1164	1663	50 459	76 014

注：（1）1933 年是截至 4 月份的统计数字。（2）1936 年是 6 月调查统计的数字。

资料来源：实业部国际贸易局：《中国实业志·山东省》第 11 编，实业部国际贸易局编纂发行，1934 年，第 145～147 页；《山东省各县电话事务所重要设备调查表》，《山东建设半月刊》第 2 卷第 7 期，1937 年 4 月。

县有电话"关系各县电讯交通，及防范匪患"[1]，与长途电话同等重要。河南省建设厅多次督令各县政府，"于万难之中，设法筹款，尽量架设环境电话，使长途电话不能通之处，以环境电话联络之，藉利交通"，并在技术上予以支持[2]。为统一电政，使各县电话彼此联络，河南省建设厅令电话管理局对各县电话进行兼管[3]。经过各县的积极架设和对已有电话线的整理，至 1934 年底，淮域河南各主要县镇的电话线都已架成

① 《电政》，《河南建设季刊》创刊号，1934 年 1 月。
② 《河南建设述要》，1935 年，第 28～34 页。
③ 《河南建设季刊》创刊号，1934 年 1 月。

互通，线路长度总计达 12 009.5 华里。兹将 1932 年 8 月至 1934 年底淮域河南县有长途电话，列表如下（表4-32）：

表4-32 1932 年 8 月至 1934 年 12 月淮域河南县有长途电话一览表

县名	通话地点	线路长度（华里）	备考
郑县	县政府及各机关各区等七处	140	
禹县	县政府及各机关各区等 136 处	1504.5	
开封	县政府及各机关各区等 8 处	124	
荥阳	县政府及各机关各区等 12 处	170	
长葛	县政府及各机关等 6 处	130	
中牟	县政府及各机关各区等 45 处	1140	
洧川	县政府及各机关等 5 处	89	
新郑	县政府及各机关第一区等 4 处	110	
尉氏	县政府及各机关各区等 5 处	100	
商丘	县政府及各机关各区等 10 处	330	
兰封	县政府及各机关各区等 5 处	200	
考城	县政府及各机关各区等 6 处	120	
宁陵	县政府及各机关各区等 7 处	126	
民权	县政府及各机关各区等 6 处	134	
睢县	县政府及各机关等 7 处	176	
柘城	县政府及各机关各区等 5 处	160	
虞城	县政府及各机关各区等五处	148	
许昌	县政府及各机关各区等 15 处	230	
鄢陵	县政府及各机关各区等 6 处	151	
郾城	县政府及各机关等 4 处	230	
鲁山	县政府及各机关各区等 6 处	180	
宝丰	县政府及各机关各区等 25 处	310	
淮阳	县政府及各机关等 10 处	434	
项城	县政府及各机关各区等 13 处	330	已令架设，除八区、九区未通话外，余均通
商水	县政府及各机关各区等 10 处	140	
鹿邑	县政府及各机关各区等 14 处	230	
太康	县政府及各机关各区等 13 处	400	
汝南	县政府及各机关各区等 15 处	520	
上蔡	县政府及各机关各区等 10 处	320	
遂平	县政府及各机关各区等 8 处	180	

续表

县名	通话地点	线路长度（华里）	备考
正阳	县政府及各机关各区等5处	115	
新蔡	县政府及各机关各区等10处	593	
光山	县政府等8处	80	
固始	—	—	正拟架设
潢川	县政府及各机关各区等16处	280	除三区外，余均通话系用军用电话
息县	县政府及各机关各区等7处		
信阳	县政府及各机关各区等15处	805	
罗山	县政府及各机关等9处	240	
经扶	—	350	正拟架设
登封	县政府及各机关等20处	197	

资料来源：河南省政府建设厅：《河南建设述要》，1935年，第28～34页。

江苏各县城乡电话，经过五六年的建设，成效显著。至1937年3月，除宝应、灌云两县正在购料筹建外，淮域其他各县均可通话，通话村镇达530个。从线路长度看，萧县1530余公里，位居第一；铜山950余公里，丰县710余公里，次之；盐城、阜宁、涟水、淮阴等县，均在300公里左右。从通话乡镇看，已通话者以萧县最多，丰县、铜山、沛县次之[①]。具体情况详见下表（表4-33）：

表4-33　淮域江苏县有长途电话一览表

县别	线路长度（公里）	程式	已通话乡镇
淮阴	296.50	十二号铁线双线	王营、朱集、袁集、丁集、渔沟等21个
淮安	131.23	十二号铁线双线	河下、石塘、钦工、马厂、季家桥等9个
泗阳	32.00	十二号铁线单线及双线	众兴、王集、里仁集、张圩、史集等18个
涟水	32.80	十二号铁线双线	马圩、新安镇、程集、周集、余圩等25个
阜宁	327.00	十二号铁线双线	东坎、羊寨、夹河、七套、瓦房庄等26个
盐城	359.00	十二号铁线单线及双线	北洋岸、南洋岸、沙沟、北任庄等25个
江都	26.00	十二号铁线双线	邵伯
东台	264.80	十二号铁线双线	安丰、富安、小海、大中集、角斜等12个
兴化	159.50	十二号铁线双线	中堡、沙沟、唐子镇、大垛、丁溪等13个
泰县	180.00	十二号及十四号铁线单线及双线	港口、野营、樊岔、姜堰、蒋垛、海安
高邮	170.50	十二号铁线双线	三垛、临泽、张家庄、桂家庄、永安等6个

———————

①　《江苏省各县乡镇电话最近概况》，《江苏建设月刊》第4卷第6期，1937年6月。

续表

县别	线路长度 （公里）	程式	已通话乡镇
铜山	956.00	十二号至十六号铁线单线	奎山、子房山、下店、下洪、段庄等61个
丰县	717.50	十四号铁线双线	沙庄、张庄、蒋老庄、郭庄、张河等90个
沛县	250.00	十四号铁线单线及双线	大王庙、大屯、孙庄、孔庄、沈桥等36个
萧县	1533.91	十二号及十四号铁线单线	刘村、陶村、郝集、马场、胡庄等104个
砀山	136.50	十四号铁线单线	大寨、焦集、周寨、店楼、唐寨等16个
邳县	225.50	十二号铁线单线	铁佛寺、运河站、下邳、土山等14个
宿迁	206.30	十二号铁线单线	埠子集、皂河、洋河、蔡集、堰头等9个
睢宁	200.40	十四号铁线单线	高作、沙溪、古坯、古城、王集等19个
东海	179.00	十二号铁线双线	新浦、大浦、白塔埠、吴集、桃林等6个
沭阳	273.00	十二号及十四号铁线单线	官田、丁集、湖集、钱集、吴集等18个
赣榆	207.50	十四号铁线单线	青口、大沙河、城头、海头、敦尚等7个

注：截至1933年7月底。

资料来源：《江苏省各县乡镇电话最近概况》，《江苏建设月刊》第4卷第6期，1937年6月。

淮域安徽各县县有长途电话建设进展亦较快，不仅通话里程显著增加，通话村镇覆盖面也明显扩大。至1933年，已通话线路达2349里，其中，阜阳最长，1091里，蒙城次之，450里，太和324里，亳县195里，寿县195里，泗县160里，定远110里，五河100里，颍上65里，凤台30里，宿县29里[①]。兹将淮域安徽县有长途电话建设情况，列表如下（表4-34）：

表4-34　淮域安徽县有长途电话一览表

县名	路线名称	起讫地点	全线长度 （华里）	架成日期
泗县	泗青	县城—青阳镇	70	1932年9月18日
	泗双	县城—双沟镇	90	1932年9月27日
五河	五忠	县城—双忠集	20	—
	五双	县城—双河集	30	—
	五新	县城—新集	30	—
	五窑	县城—黄盆窑	20	—
寿县	寿正	寿县—正阳关	60	1933年5月
	寿曹	寿县—曹家庵	60	1933年6月
	曹炎	曹家庵—炎刘庙	75	1933年4月
凤台	凤寿	凤台—寿县	30	1930年3月10日

---

① 安徽省政府秘书处：《安徽省概况统计》，1933年，第226页。

续表

县名	路线名称	起讫地点	全线长度 （华里）	架成日期
颍上	颍二路	县城—江刘集二区公所	35	1933 年 8 月
	颍三路	县城—垂冈集三区公所	30	1933 年 8 月
亳县	亳归	县城—宋颜集	53	1933 年 8 月
	亳太	县城—鸿同寺	63	1932 年 9 月
	亳鹿	县城—薛庙	37	1931 年 7 月
	亳涡	县城—王楼庄	62	1931 年 9 月
	双古	双沟—古城集	30	1932 年 12 月
	城十	县城—十九里沟	19	1931 年 9 月
蒙城	双涧	县城—双涧镇	30	1931 年 1 月
	界沟	城区—界沟集	55	1932 年 1 月
	立仓	城区—立仓集	85	1932 年 1 月
	陈桥	城区—陈仙桥	50	1932 年 1 月
	黄集	城区—黄家集	60	1932 年 1 月
	坛城	城区—坛城集	50	1932 年 1 月
	赵集	城区—赵家集	50	1932 年 1 月
	联络线	城区—西阳集	50	1932 年 1 月
太和	东干线	县城—双河集	18	1931 年 2 月 2 日
	东北干线	县城—原墙集	36	1931 年 2 月 2 日
	太阜	县城—三官庙（归阜阳管辖）	21	1932 年 5 月 30 日
	西南干线	县城—付桥集	12	1931 年 2 月 2 日
	太亳	县城—樊桥集	102	1931 年 2 月 2 日
	北支线	倪邱集—李兴集	30	1931 年 2 月 2 日
	西北干线	县城—界首集	60	1931 年 2 月 2 日
	西北支线	税镇铺—光武庙	45	1931 年 2 月 2 日
阜阳	阜周线	县城—周家栅	18	1929 年 7 月
	阜插线	县城—插花庙	36	1929 年 8 月
	阜王线	县城—王老人集	55	1929 年 8 月
	王宫线	王老人集—宫集	45	1929 年 9 月
	阜太线	县城—行流集	42	1933 年 3 月
	阜杨线	县城—杨桥集	90	1930 年 5 月
	阜鲖线	县城—鲖阳城	180	1933 年 6 月

续表

县名	路线名称	起讫地点	全线长度 （华里）	架成日期
	阜刘线	县城—刘集	150	1933 年 9 月
	阜华线	县城—华集	90	1933 年 6 月
	华寨线	华集—吕大寨	12	1933 年 3 月
	华玉线	华集—玉桥	8	1933 年 9 月
	阜中线	县城—村集	90	1929 年 12 月
	阜化线	县城—王化集	120	1933 年 10 月
	阜泗线	县城—口子集	70	1931 年 9 月
	阜口线	县城—口子集	85	1933 年 8 月
	阜延线	县城—延陵集	—	—
宿县	宿濉线	县城—濉溪口	29	1932 年 11 月
定远	临合线	县政府—萧家港、张家集	110	1932 年 2 月

注：所有线路均为单线。

资料来源：安徽省政府秘书处：《安徽省概况统计》，1933 年，第 228～230 页。

1936 年，淮域长途电话建设达到高潮，大部分乡镇都有电话相通，沟通城乡的长途电话网络已初步建成。县有长途电话与省有长途电话有所不同的是，省有长途电话除传达政令之外，尚兼营业，而县有长途电话则专供政务之用①。县有长途电话的经济和民用价值虽未体现，但对提高政府部门的行政效率不无裨益。

在近代，淮河流域始终未被划作一个完整的经济板块，故无统一的经济开发机构。在电话建设方面，淮域四省多各自为政，没有统一的架设规划和技术标准，均把建设的重点放在省内各地的沟通与联系上，对于省际联络线路的建设则重视不够。1934 年1 月，交通部为改善长途电话线路的传输条件，提出苏、皖、豫、鲁等"九省长途电话联络计划"，拟定兴修徐州至郑州等 5 条电话线路，总计长 417 公里。至 1936 年 2 月，九省长途电话网络除徐州、济南一段未修外，其余均已完工②。九省长途电话线路的架设，便利了淮域四省之间的电话联络，开启了淮域与邻近省份重要城市电话直通的新纪元。

然而，淮域电话事业正值蒸蒸日上之时，抗日战争爆发。此后，随着淮域大部分地区的相继沦陷，初见端倪的长途电话网络遭受严重破坏。抗战期间，因电话材料来源缺乏，除以有限的余料临时架设一些军政通讯急需的重要线路外，多数线路损失过半，线路总里程与战前相比减少甚多。透过下表，即可窥见一斑（表 4-35）。

---

① 实业部国际贸易局：《中国实业志·山东省》，第 11 编，1934 年，第 145 页。

② 陆仰渊、方庆秋：《民国社会经济史》，中国经济出版社，1991 年，第 482 页。

表 4-35　1936 年和 1942 年淮域安徽部分县份长途电话一览表

县别	交换机（部）		话机（部）		线路里程（华里）	
	1936 年	1939 年	1936 年	1939 年	1936 年	1939 年
六安	5	23	94	41	580	234
霍山	2	12	21	23	375	316
立煌	—	32	—	28	902	365
寿县	2	11	—	36	583	164
霍邱	4	13	12	69	672	613
凤台	5	1	5	4	295	46
颍上	2	12	9	8	214	194
涡阳	2	13	9	13	222	150
太和	3	12	34	31	378	657
蒙城	4	1	6	4	243	50
临泉	—	12	23	43	427	275

资料来源：《安徽省各县长途电话一览表》，《经济建设半月刊》，第 2 期，1936 年 11 月；余寿佛：《一年来之本省电话事业》，《安徽建设》第 2 卷第 1 期，1942 年 2 月。

在上表 4-35 所列的 11 个县中，除太和因战事需要，电话线路有所增加外，其余 10 县均大幅度减少。泗县、宿县、灵璧、五河、定远、盱眙、天长、凤阳等游击区县份的电话线路已破坏殆尽，无法修复[①]。抗战胜利后，虽对一些线路进行整理和修复，但因内战爆发、和平环境缺失，始终未能恢复至抗战前的状态。

（三）人才培养

经济的发展，离不开人才和技术的支持。电报和电话作为近代淮河流域新兴的通讯方式，对技术人才的渴求显得尤为迫切。为推动电讯事业的大规模发展，淮域四省经常不定期开办相关训练班，培养所需的专业技术人才。

1927 年，河南省开办电报传习所一班，有男生 40 名，女生 10 名。"闻中国电界有女职员纪录者，自豫省始"[②]。安徽省建设厅附设无线电训练班，培训报务人员，培训时间为 3 个月，由各县出资 50 元，保送两名学生来班学习，教授报务、机务技能，期满后回原县服务[③]。

1929 年 9 月，山东省筹设长途电话训练班，委任技士胡学蠡为主任，主要教授架设线路与管理电话技能，期限为 6 个月。至 1930 年 2 月，已有毕业生 93 人。适值中原大

---

① 黄同仇等：《安徽概览》，1944 年，安徽省档案馆，1986 年重印，第 234、235 页。

② 《河南新志》卷 12，1929 年刊本，中州古籍出版社，1990 年重印，第 745、746 页。

③ 《建设季刊》第 1 期，1932 年 9 月。

战，急需军用电话。于是，建设厅将训练班毕业生组成架线队，架设泰安、济宁一带的电话。训练招生工作，遂暂行停顿。9月，张鸿烈出任山东省政府主席，决议恢复训练班，改名为电气训练班，委任技士胡学鑫、韦树屏为正、副主任，负责拟定规程，聘请教授。11月，电气训练班成立，自第2期至第4期，期限均为6个月，共培训毕业生300余人。1932年2月，适应工程建设发展的需要，电气训练班改为工程人员训练班，下设土木、水利、电气、机械四科。为提高电气科毕业生管理电话的技能，电气科的学习期限由6个月延长至1年。工程人员训练班前后办了7期，共培养毕业生821人。因预计毕业人数已足敷用，1935年6月底第7期学生毕业后，训练班暂行裁撤。

为培养技术娴熟的长途电话接线工，1929年，安徽省制订《安徽省有长途电话工务处招考练习线工生简章》，决定以招考的形式，选取15人开办培训班。简章对考生的报考资格要求如下：高小毕业，或具有同等学力，身体强健，年龄在19岁以上者，均可报名。考试科目有党义、国文、算术等。学习期限为2个月，开设课程包括线工须知、接线须知、电话浅说、线工实习和电话修理实习。学习期间不收膳宿学费，毕业后由长途电话管理处按照成绩优劣，酌给薪酬，派往各线长途电话处服务。学员上岗工作后，三年以内不得借故辞职，否则追偿教育费200元[①]。

1928年，江苏省制订《江苏省有长途电话暂行电话生录用章程》。该章程对电话生的录用条件、培养规程、薪金待遇、工作职责、工作时间、业绩考核及福利保障等均作了明确规定[②]。援照章程，1933年1月，江苏省通过招考方式录取新生20名。训练结束后，分派各县交换所实习2个月，考核通过者，分别派充正式话生或试用生[③]。

1931年，山东省长途电话管理处分期抽调全省线工，开班进行训练。训练班主要教授架设及巡修线路技能，先后培训125人，均派往山东各县分局工作[④]。

1936年6月，江苏省公开面向社会招考话务员。凡16～25岁之间，熟练国语，视听聪明的初中毕业生，均可报考。经过考试和体格检查，最终从260余名的报考者中录取40名正式生和10名候补生。7月13日，训练正式开始，训练时间为6个星期，除军训和实习外，还开设了电话法规、服务细则、接线方法、机线障碍、线路建筑等课程。训练结束后，根据考试成绩派往各交换所工作[⑤]。具体课表如下（表4-36）：

由表4-36可见，话务员的培训内容十分全面，既有相关理论知识的学习，又有专业技能的培训，亦兼及身体素质的提高。类似培训班的开设，为淮域电讯事业的发展培养了各类急需人才。重视人才和技术，也是近代淮域电讯业发展较为迅猛的因素之一。

①　《安徽省有长途电话工务处招考练习线工生简章》，《安徽建设》第2期，1929年2月。
②　《江苏省有长途电话暂行电话生录用章程》，《江苏建设公报》第13号，1928年。
③　董修甲：《二十一年江苏省之交通建设》，《交通杂志》第1卷第5期，1933年2月。
④　张鸿烈：《山东电话事业概述》，《山东建设半月刊》第2卷第3期，1937年2月。
⑤　《江苏建设月刊》第4卷第6期，1937年6月。

表 4-36　　江苏省第六届话务员训练班课程表

	7：00～8：00	8：30～9：20	9：35～10：25	10：40～11：20	14：20～16：20
星期一	军训	纪念周	线路建筑	接线方法	实习
星期二	军训	电话大意	机线障碍	接线方法	实习
星期三	军训	电话大意	电话法规	服务细则	实习
星期四	军训	电话大意	线路建筑	接线方法	实习
星期五	军训	电话大意	机线障碍	接线方法	实习
星期六	军训	电话大意	电话法规	服务细则	实习

资料来源：《江苏建设月刊》第 4 卷第 6 期，1937 年 6 月。

综上所述，传统与近代、落后与先进的二元交通运输方式同时并存，既相互竞争，又彼此互补，是近代淮河流域交通运输业的典型特征，也是近代淮域社会经济由传统向近代嬗变的一个缩影。尽管这一嬗变进程比较缓慢且充满曲折，但却反映了淮域经济发展的方向。

毋庸置疑，作为区域经济发展的"生命线"，轮运、公路、铁路、邮政、电信等新式交通方式的引入，对近代淮域社会经济的发展起到了一定的助推作用。然而，受战乱、灾害、资金、技术以及淮域社会经济整体发展状况的制约，从宏观上看，无论以机械为动力的新式交通方式，抑或以邮政、电报、电话为标志的先进通讯方式，与长江流域等经济相对发达的地区相比，其发展水平都相对不高，仍存在诸多不足。轮运业虽已引入，并有所发展，但多数轮运公司规模较小，轮船数量较少，而且航道经常淤塞，通航能力十分有限，除淮河干流和较大支流外，多以木帆船为主，在皖西等山区，因河浅滩多，仍是排筏等驰骋的天地。以主要城市为中心向外辐射的公路网虽已基本建成，但公路质量较低，多为土质路面，一遇雨雪等恶劣天气，便无法通行，而且汽车及其配件等多靠进口，数量有限，运价较高，民间运输仍多由牛车、马车、人力车及肩挑畜驮等传统运输方式承担。京汉、津浦、陇海、淮南等铁路的建成通车，极大地拓展了淮域对外交往的空间，不仅改变了淮域传统以水路为主导的交通运输体系及城市的功能与布局，同时还推动了淮域农业、工业等的进一步发展。然而，由于铁路线路稀疏，设备简陋，技术标准不一，而且各线路各自为政，经营管理分散混乱，严重影响了铁路对淮域经济驱动作用的发挥。邮政、电报、电话等新式资讯方式逐渐取代了古老的驿邮，极大地便利了彼此之间的沟通与联系。不过，电报、电话设备较为简陋，价格较高，多用于军情及政令的传达，商用和民用较少，其经济价值和民用价值尚未体现。可以说，交通运输发展水平不高，是近代淮域社会经济发展滞后、并与周边地区经济发展差距逐渐拉大的重要因素之一。这无疑也是值得我们深思与探讨的一个重要问题。

第五章　近代淮河流域的商业、城市和金融

近代以来，随着外国资本主义对华商品和资本的输出，民族工业的发展和交通的改进，以及中央和淮域地方政府对商务的重视，淮域的商业有了新的发展和进步。而运道淤塞，漕粮海运，以铁路、公路为主的淮域新商路取代以水运为主的传统商路而成为主导，则相应地促使了淮域传统商路城市的衰颓和新商路沿线城市的兴起。同时，淮域广大内陆地区的中小城市以及淮域城市金融业，也在缓慢地向前发展。1927 年以后，中国共产党还在淮域开辟有一些革命根据地，实行新民主主义的商业贸易和货币政策，新民主主义公营和私营商业都获得了一定程度的发展。

第一节　商业的发展和进步

为挽救利权，19 世纪末 20 世纪初，中央和地方政府逐渐改变了传统的"抑商"政策，出台了一系列促进和振兴商务的政策和措施。随着这些"恤商"政策的实施，以及民族工业的兴起和近代交通业的变革，淮域的商业获得了进一步的发展，并在商业种类、商业和商人组织方面出现了一些新变化。

一、中央和淮域地方政府振兴商务的举措

为了与列强进行商战，在各界的努力与推动下，清政府逐渐放松了对工商业的严格控制，开始变"抑商"为"恤商"，实行了"通商惠工"政策。辛亥革命后，国民政府继续这一"恤商"政策，并有所发展。

（一）中央政府振兴商务的政策

晚清政府振兴商务的首要举措是建立全国统一的商业行政管理机构。之前的历代王朝都没有建立专门管理商业的行政机构。1860 年清政府成立总理衙门，设有南、北洋通商事务大臣。不过，南、北洋通商事务大臣主要应付对外通商事务，并不掌管国内商业。1898 年维新变法期间，清政府下令各省设立商务局，以作为保商护商和推动

实业发展的地方性商业管理机构。后又在京师设立协调各省商务局的农工商总局。1902 年载振奏请设立商部。1903 年 8 月，商部正式成立，原矿务铁路总局也一并归入商部。商部设有尚书、左右侍郎、左右参议等官职，主要负责农垦、农牧、路矿、工商等事务。下辖保惠司、平均司、通艺司、会计司和司务所。商部设立之后，各省商务局转为商部的下属机构，商务局的总办同时为商部的商务议员。这样，从中央到地方，中国的商业行政管理机构开始走上了正轨。1906 年，内阁奉上谕将工部并入商部，改为农工商部。次年，奏准归并工部办法，并定农工商部权限。农工商部成立后，原商部的保惠司改为商务司，专司商会、商埠、商勋、赛会、专利、保险、厘定商货运输及水面商货保险规划，保护商船、航业、招商，设立工业、商业、储蓄等银行，农、工、商、矿各公司暨一切提倡、保护、奖励、调查、报告、涉讼、禁令事宜，统辖京外各商务学堂、公司、局、厂及管理商政人员，兼管商律馆、商报馆、公司注册局、商标局、商务官报局、印刷科。商务司下设商业科、商政科，各以其职分掌之。

晚清政府在设立全国商业行政管理机构的同时，还制定了有关商务的法律法规以及各种奖励工商业发展的章程。在商部建立以前，清廷就派载振等人先订商律。商部建立以后，又先后制定了商人通例 9 条、公司律 131 条、破产律 69 条[1]等。当时的这些法律制度虽然还比较简单，但却是我国近代商务法律的开始，使工商业者创办实业公司得到政府的正式承认和法律保护，其意义也是十分重大的。晚清政府还制定颁布了奖励工商业发展章程，主要有：1898 年总理各国通商事务衙门议定的《振兴工艺给奖章程》12 条，1903 年商部制订的《奖励公司章程》20 条，1906 年商部颁布的《奖给商勋章程》8 条，1907 年农工商部颁布的《华南办理农工商实业爵赏及奖牌章程》10 条和《改进奖励公司章程》10 条，1910 年农工商部颁布的《奖励棉业章程》等 6 个奖励工商章程[2]。这些奖励章程，提高了工商实业家的社会地位，有利于振兴商务风气的形成。

辛亥革命以后，以孙中山为临时大总统的南京临时政府也制定和颁布了一系列保护工商业发展的章程、则例，对促进民族工商业的发展起了积极的作用。此后的北洋政府仍继续了清末开始的"恤商"势头，进一步制定和颁布了不少有关工商业发展的政策措施和法令。据政府农商部参事厅编纂的《农商法规》统计，1912～1916 年间所公布的有关发展实业的条例、章程、细则、法规等共有 86 项之多[3]，涉及商务的主要有《公司条例》、《公司保息条例》、《商人通例》、《商会法》、《商业注册规则》、《商业注册规则施行细则》、《农商奖章规则》等等。1927 年以后的南京国民政府对各地商

① 上海市档案馆：《旧中国的股份制》（1868～1949 年），中国档案出版社，1996 年，第 11～28 页。

② 汪敬虞：《中国近代工业史资料》第 2 辑（上册），科学出版社，1957 年，第 637 页。

③ 参见刘景泉：《民国初期华北区域经济的发展》，江沛、王先明主编：《近代华北区域社会史研究》，天津古籍出版社，2005 年，第 164 页。

务振兴更加重视，出台了大量的整顿和规范商业发展的法律和法规。1928 年还在南京创设国货陈列馆，隶属工商部（1930 年改为实业部），陈列本国出产的各种货物，馆内附设国货商场，除任人参观国货状况外，还任人购买所需用物品。南京国民政府还接收了北洋政府的全国经济讨论处，将之迁移上海并改组为工商访问局，1932 年 12 月复改组为国际贸易局，发展对外贸易，并从事国内外商业之调查、研究及统计之制作。此外，该局又收集有关经济商业之资料，并指导各业状况①。抗战爆发后，鉴于军事国防需要，国民政府对商业实行了统制政策，加之日军对战略物资的疯狂掠夺，商业发展严重受挫。抗战胜利不久，又爆发了大规模的内战，商业发展不仅得不到政府的促进和保护，反而因战争破坏而日趋艰难。

（二）淮域地方政府促进商业发展的措施

在中央振兴商务的背景下，淮域安徽、江苏、河南、山东各地方政府也采取了一些相应的促进商务发展的措施，主要有以下几个方面：

其一，对中央振兴商务政策予以贯彻实施，相应成立地方商务管理机构，执行中央促进商务发展的政策。如 1901 年山东省设立省商务局，后扩大为农工商务局，旋改为劝业道，负责推动全省的农业、工业、商业、矿业和交通的开发建设，并倡导各地组织商会，以便官商联为一体，协调促进工商业的发展。对全省物产开展调查，以此为有计划地发展实业之依据，并倡导各地商人兴办实业②。抗战时期，统制是国民政府商业贸易活动的中心。淮域地方政府在所驻地区设立中心区检查站，在各地专区、县设立检查站及经济游击队。这些机构与组织专司货物的出入检查，对重要商品如花纱布、丝、茶、桐油、猪、矿产等实行统购统销；对食盐、糖、火柴等日用必需品实行专卖；从 1943 年 12 月起还对主要商品实行限价。

其二，兴办商业学校或普通学校加设商业课，以传播商务知识，培养地方商业人才。随着清末新式教育运动的兴起，1903 年 11 月，清政府颁布《奏定学堂章程》，实业学堂正式纳入了学制。清末学堂分为初等、中等、高等三级，各分设农业、工业、商业、商船四种，其中商业学堂直接关系商业人才的培养。如按照学堂章程规定，中等商业学堂本科除了要学习修身、中国文学、地理、历史等普通科目外，还要学习商业地理、商业历史、外国语、商业理财大意、商事法规、商业的簿记、商品学、商事要项、商业实践及其他有关商业的科目。在此背景下，清末淮域地方政府也重视商业学堂的兴办。如 1905 年在清江浦设立了商务学堂。开设的课程主要有簿记、书算、卫

---

① 参见王孝通：《中国商业史》，上海商务印书馆，1936 年，第 299、300 页。
② 参见王守中、郭大松：《近代山东城市变迁史》，山东教育出版社，2001 年，第 637 页。

生、地理、体操等科①。辛亥革命后，实业学堂改为实业学校，分甲、乙两种。于是又有甲、乙两种商业学校的创办。甲种多属省立，乙种多属县立。如河南开封贡院设有河南省立第一甲种商业学校，安徽正阳关设有省立甲种商业学校，江苏江都有省立代用甲种商业学校。在山东滕县、临沂、济宁，江苏铜山、淮阴、泰县等地还办有县立乙种商业学校②。如邳县窑湾镇有乙种商业学校，附设于国民学校内，学额计 40 名。经费由窑湾镇商会筹办③。济宁县乙种商业学校设在南关冰窖街④。1919 年，江苏省第四届省教育行政会议议决兴办实业教育办法，其中就规定商业学校必须附设商场，以供学生实习⑤。如淮阴县立乙种商业学校，内设商业实践室、贩卖部，学生分期轮班练习，教员考验成绩，评定分数，以期毕业后即入商界，不致失业⑥。南京国民政府成立后，于 1929 年 7 月公布《专科学校组织法》，根据这一组织法，实业学校改为职业学校。经此改革后的商业学校实行 6 年学制，前 2 年为初级商科，中 2 年为中级商科，后 2 年为高级商科，"均设双组制"。有的还设二年期专修科，"至多以二科为限。每科以一二年各一级为限"⑦。另外，淮域有的地方还在县立高等小学中加设商业课，以普及商业知识。如安徽亳县商业繁盛，故"县立高等小学照章加课商业，学习手工，均有本地原料，就学校园中，每人拣土产植物一种，栽培之"⑧。

其三，制定颁布有关整顿和规范、促进地方商务发展的法规和章程。如 20 世纪 30 年代初期，江苏省政府在促进工商团体的组织与完善、公司注册的规范、典业的救济等方面做了不少努力⑨。伍崇德曾发表文章指出，振兴江苏工商业应在工商业之互助联络、集中资本联合经营、督促各工商团体完成健全组织、提倡国货与改良土产土货、注重奖励工商事业、改进典业等方面下大工夫⑩。江苏省政府还制定颁布了《江苏省度量衡划一程序》（1930 年）、《江苏省考核各县县长推行度量衡新制奖惩暂行办法》（1933 年 5 月）、《江苏省各县取缔商店廉价竞卖规则》（1934 年 5 月）、《江苏省各县

① 参见王树槐：《中国现代化的区域研究——江苏省》（1860～1916），"中央"研究院近代史研究所（台北）印行，1984 年，第 431 页。

② 璩鑫圭、童富勇、张守智编：《中国近代教育史资料汇编·实业教育·师范教育》，上海教育出版社，1994 年，第 318～322 页。

③ 临时实业视察员唐绍垚：《徐海道区邳县实业视察报告书》，《江苏实业月志》第 9 期，1919 年 12 月，第 29 页。

④ 民国《济宁县志》卷 3，《教育篇》；《山东教育月刊》1922 年第 1 卷。

⑤ 蒋维乔编：《江苏教育行政概况》，商务印书馆，1924 年，第 44、46 页。

⑥ 临时实业视察员陈时泌：《淮扬道区淮阴县实业视察报告书》，《江苏实业月刊》第 2 期，1919 年 5 月，第 52 页。

⑦ 蒋维乔编：《江苏教育行政概况》，商务印书馆，1924 年，第 85 页。

⑧ 《大中华安徽省地理志》，第 302 页。

⑨ 《江苏省商业行政概况》，《江苏建设月刊》第 2 卷第 5 期，《实业专号》（下），1935 年 5 月 1 日。

⑩ 伍崇德：《发展江苏工商业之要点》，《江苏建设》第 2 卷第 5 期，《实业专号》（下），1935 年 5 月 1 日。

国药用衡推行办法》（1935 年 1 月）以整顿和规范市场秩序[①]。河南省政府"为了明了各县商业实在情形，并谋改进起见，拟制定商业概况调查表，颁发各县转饬遵照表式。将各县市镇商业上之种类，及变迁事项，以及贸易状况，详密查填，以备编造统计，而谋改进。此外，如取缔不登记各公司，及取缔不登记银钱业商号，仍将继续办理，不稍宽假，以固社会金融，而维商业经济"。在开封设有河南省第一国货商场和国货市场，以提倡国货，但也出现了假借国货名义行售卖外货之实。因此，河南省政府特饬商场经理进行整理，严厉施行[②]。山东省政府在 1934 年前后亦出台了《山东省国货陈列馆规程》、《山东省国货陈列馆征品规则》、《山东省国货陈列馆售品部代售货品暂行办法》、《山东省国货陈列馆国货竞卖会营业规则》、《山东省国货商场管理处组织章程》等商业规条[③]。

其四，设立商品陈列所和积极参加各种商品展览会。1903 年《商部新订出洋赛会章程》规定："外国遇有赛会，由商部咨行各省督抚，晓谕商人，有愿赴会者，务于限期内呈报本省商务局、商会，转报督抚汇咨商部办理"；"外国会场应设立总事务所，经理华商赛会事宜，届时或奏派监督，或出使大臣就近照料，或派员监理，由外务部、商部，酌核办理"；"商人呈报时应预备检查书，开明赴会人之籍贯、姓名、职业、营业之牌号、地址、赴赛物之品类、号数、重量、容积、产地、价值，呈报总事务所检查"[④]。此后，淮域各地劝业场、商品陈列所、实业学堂等纷纷建立，出国参加博览会等也日益增多。如 1905 年，安徽商务局为了振兴商务，"拟请酌量变通，即于本局附设陈列商品馆所。饬令全皖州县，各将境内所出物产广为选购，装饰齐全，配制精采，准将价值、运费据实开报，并注明产地、制法，解送本局核收，转发馆所代售，所获价值随时发还，俾令陆续解运，用资考察，仍由本局责成员司悉心经理，以免损失。并由本局刊刷劝设商品陈列所启，分致省城内外各寅僚绅商。窃愿大众集资襄城此举，所有穷乡僻壤之产，寻常日用之需，无论本省外省所出，皆可送局寄售，酌中定价，随时填发收据，售后领价缴据，酌取经费一成，津贴局用，此外，不许分毫需索"。经安徽巡抚批准，并咨部立案，于是月开办。专派司事二人，经理委员一人，由商务局员兼充[⑤]。宣统年间，南洋劝业会召开，高邮、江都县地方政府皆选送当地土特产品参加展览，如高邮陈赛物品有早稻、晚稻、糯稻、小麦、大麦、青豆、黄豆、蚕豆、绿豆、芝麻、稀荠、靛、银鱼、鲐鱼、虾米、虾子、醉蟹、双黄蛋、糟烧酒、醋、干茧、

① 《江苏建设月刊》第 2 卷第 5 期，《实业专号》（下），1935 年 5 月 1 日。
② 张静愚讲述：《河南建设述要》，河南省政府印刷所，1935 年，第 60 页；第 58、59 页。
③ 山东省政府建设厅：《山东省政府建设厅现行各项章则汇编》，1935 年，第 306~328 页。
④ 《东方杂志》第 3 卷第 3 号，1906 年。
⑤ （清）冯煦主修，陈师礼总纂：《皖政辑要》卷 91，《农工商科·商会·附陈列所》，黄山书社，2005 年，第 849 页。

蚕丝、棉纱波布、斗纹被面[1]。江都县参加南洋劝业会赛会还有很多物品获奖，如梁福盛漆器、谈湧茂、厚昌祥锡器、胡顺兴镰刀、何恒茂入漆縣花、习艺所柳条布、发网、吕丰合染色绒、一言堂染色布、和记元色丝绸、乾顺泰雪青官纱、何公盛酱油、酱菜、吴正泰卫生香、窦霞银楼银船、大生裕旱烟、庆瑢女士刺绣帐、沿桌帏、朱蕊仙女士线制桌䙓、郑桐雕刻扇骨、詹介臣选送乌江旱稻水晶晚稻、韩永喜选送糯米青豆、窦念祖选送蚕豆、宜陵商会选送乌豆[2]。河南省也成立了各县物产交易所，以"为代本省人民谋幸福，运销土产以促进生产之活动，力输入货物以减轻生活之负担，并藉以繁兴市面，调剂社会经济与官吏消费之配给为宗旨"[3]。1914 年，美国为庆祝巴拿马运河开航，在旧金山举办了一次万国商品赛会。当年 3 月，河南省在巡按使田中玉的支持下，组织了筹备巴拿马赛会河南出品协会，这是有史以来第一次在国外展出开封市土特产品及工艺品。征集的土特产品有花屏、各色汴绫、汴绸袍料、珍皮制品、皮条、蚕豆、青豆、芝麻、小麦、高粱等 100 多个品种[4]。

二、传统商业的发展和新式商业的出现

在外国资本主义经济入侵的刺激下，在中央和地方政府劝商、重商政策的推动下，淮域商业获得了比较大的发展，主要表现在：

（一）传统商业进一步发展

茶叶、粮食、经纪、皮货、中药材、京货杂货业、绸缎绸布业等传统商业继续发展，并出现了向近代转型的趋势。

茶叶贸易。江北所产茶统名"北茶"，又称"六安茶"，不仅一度曾成为"贡茶"，而且还销往全国各地。六安之满地冈、独山之绿茶、霍山大化坪之黄茶、诸佛庵之绿茶、立煌麻埠、流波瞳之绿茶，一直为外地茶商所重视[5]。"霍山茶行，不下四五十家之多。其中以张泰来茶行资本为最雄厚，每年收买毛茶，数约万篓，子庄收买更多"，"每当茶季，各地茶商，纷纷进山投行采买，行家则不过收得佣金耳"[6]。抗日战争爆发后，安徽省会一度内迁至立煌县，淮域产茶区的茶叶贸易因此更加兴盛，外省茶商在六安、立煌、霍山、霍邱纷纷投资茶号行号或托购茶叶。据

---

① 民国《三续高邮州志》卷 1，《实业志·物产》。

② 民国《续修江都县志》卷 6，《实业考第六》。

③ 公署建设厅：《河南建设月刊》1938 年第 1 期，第 24 页。

④ 参见程子良、李清银主编：《开封城市史》，社会科学文献出版社，1993 年，第 234 页。

⑤ 《一年来之皖西茶叶指导所》，《安徽建设》第 2 卷第 1 期，1942 年 1 月。

⑥ 陈序鹏：《皖北茶业状况调查》，《安徽建设》第 8 号，1929 年 8 月。

《一年来之皖西茶叶指导所》记载，1941 年，六安茶叶行号有 731 家，交易量达 155 430 篓；立煌县有茶行 82 家，交易量为 113 939 篓；霍山县有茶行 113 家，交易量为 85 427 篓；霍邱县茶行 6 家，交易量为 4600 篓①。但在津浦铁路以及淮河被日军占领并封锁后，淮域茶叶的外销通道严重受阻。淮域茶叶集中于六安后，不得不改由正阳关顺沙河逆水西上至太和县原墙集下船，换民用牛车到商丘，运往济南销售。因路途遥远，且辗转周折，不但运费太高，而且茶叶损失也大。于是在 1941 年，杨湖镇双盛茶麻行与蒙城的王星五合作，在蒙城建立了汇通茶叶转运公司。由于货源充足，汇通茶叶转运公司生意非常兴隆。入秋后，因阴雨连绵月余，淝河泛滥成灾，当时唯一的运输工具牛车无法通行，茶叶运输公司的茶叶受潮霉烂，损失极为惨重，最后宣告倒闭。1942 年初，由正阳关九家茶行集资开设的"义大茶叶中转站"发起集股金 40 余万元，和王星五再次合作，在蒙城重建了茶叶中转站，当年就盈利 200 余万元。1943 年，国民党政府增加税收，在茶叶产地就增加 30%。对出山早、没增税的茶叶，在蒙城拦截补税。由重庆派来的直接税局对该茶叶中转站进行封锁查账，茶叶运销业务大受影响。1944 年，该茶叶中转站还与新四军合作，在涡南购买土布、医药和其交换②。1945 年抗战胜利后，中转站宣告结束，茶叶运输改由战前的原路线，即"由霍山顺淠河而下，达六安、正阳，则为茶运主要路线，再由正阳而至原墙集以达于济南"③。淮域非产茶区的茶叶贸易也比较兴盛，如 1905 年，刘景韩在扬州府兴化县城内创办源泰和号，独立投资本银 5000 元，从事茶叶贸易，并于当年 9 月在商务部注册④。民国初年，开封"城内经营茶业者不下四十家，中以义利及王大昌贸易为最著"，"二者均系都门之分店，资本宏大，价廉物美，故能受各界之欢迎，为全省茶业冠也"⑤。

粮食贸易。淮域是我国重要的粮食产区，粮食商品化生产的提高，促进了粮食商业的进一步发展。以淮域安徽为例，据 1919 年《安徽省六十县经济调查简表》记载，六安有城内广兴、裕源、义源、豫泰、义泰、双河裕丰、德成 7 家米行，将四乡所产之米用车船运到正阳关、合肥一带售卖；霍山城内有长春、永昌 2 家粮行，以人力挑负米、麦在本地销售；凤阳小溪、蚌埠、临淮、郡城、长淮集、总铺等地有齐公和、史三益恒、钱元和、刘协盛、王隆盛、董宝兴、朱恒丰、陆聚泰、赵公和、卢鼎与隆、杨义昌、张协成、胡隆泰、吕义兴、永源祥、聚和祥、申详盛隆、

----

① 《安徽建设》第 2 卷第 1 期，1942 年 1 月。

② 参见葛北辰：《抗战时期的蒙城汇通茶叶转运公司》，中国人民政治协商会议安徽省蒙城县委员会文史资料研究委员会编：《漆园古今》，《文史资料》第 10 辑，第 180~182 页。

③ 《皖西茶业之过去与未来》，《安徽建设》第 2 卷第 6 期，1942 年 6 月。

④ 《商务官报》第 5 期，1908 年，《商务官报》第 3 册，国立故宫博物院印行，第 91 页。

⑤ 本校毕业生洪尔鲁所作调查：《各省商业之调查·开封》，中国商业函授学校：《商业杂志》第 1 年第 3 期，1917 年 6 月 10 日。

义兴公、李义泰恒 19 大粮行，通过陆运津浦、沪宁铁路，将米、麦、豆类粮食运往上海、大通、南京、浙江、镇江、天津等地销售；寿县有县城黄永丰、正阳关俞泰记、庄墓桥谢同兴、吴山庙陶公义、隐贤集赵万盛、马头集许正泰粮行，贩运米、豆、麦到凤台、怀远、合肥等地售卖；阜阳有城内福兴公、同发、魁盛、三兴，北关松盛、荣昌，北门内恒兴，东一镇恒丰，东三镇协泰，东北镇全盛，南一镇同兴、全和，南二镇王兴，东南镇德和、振兴，西一镇协兴，西二镇福泰、协同，西五镇新盛，西南镇锦昌，西北镇宝成，北一镇双兴，北四镇荣发 23 家粮行，主要贩卖小麦、黄豆，由客商投行购买，用船装运至江苏南京、镇江等地售卖；颍上县有西门外福隆号、新河口永兴号、江刘集长盛号、永兴集振兴号、江口集源和永、南照集元隆号、留陵集聚成号 8 家粮行，贩卖小麦、黄豆，"陆道者人力、车装，运水道者帆船装运"至正阳、蚌埠销售；霍邱城南关汤恒丰、城南关谢天成、城东关孟顺成、河口集扈泰昌、三流集程万和、叶家集叶裕兴、三河尖杨兴隆、张家集邵德昌、高塘集周天盛、路家集林万和 10 家粮行，以船装载稻、麦、豆、芝麻至怀远、蚌埠、临淮售卖；亳县油河集鸿兴、小奈集瑞丰、双沟集启泰、涧清集金盛、丁固寺三盛、涡河北同兴、白布街豫泰号、老砖街同记 8 家粮行，水陆两路将大麦、小麦、黄豆、绿豆运往本地、镇江、上海等地销售；太和本城西门立兴、万和兴、同兴和，北门外宋义顺，大门南泰兴，河岸鸿发 6 家粮行，"皆系贫民负粮资赴粮行售卖"，粮行也主要将小麦、豆、芝麻售往本地；涡阳涡河北岸路西泰兴、东门内街路北聚兴隆 2 家粮行，用船装载黄豆至蚌埠、江苏无锡销售；天长城区薛大同、复鑫昌、天益、铜城镇复盛、公永丰、金家集金桂生 6 家粮行，由行号代粮商收买米、麦、豆，销往高邮、无锡、南京、镇江；五河城区有兴盛、元恒隆、正昌 3 家粮行，由各商自行采办米、麦、豆在本境销售①。临泉商业向以盐粮为盛，因县城靠泉河，凡来购办小麦、黄豆者，均带食盐，"县西南一带之来临买盐者无不载粮，是以县城西北泉安洲，业盐粮业者五十余家"②。在蒙城县，据《蒙城县政书》记载，1915 年，县城有粮行 10 家，除一家设在河北外，其余均设在城北关，年约销售 2230 石，其中最大的瑞兴号粮行年售各种粮食约达 280 石，最小的大顺号粮行年销售量也在 100 石左右，各粮行都取有粮号，因此城里粮油市场极为兴隆③。灵璧县固镇粮行较为发达，城关有 47 家粮行，比较大的有东关城外吕荣新、代全德、吕荣项，东关城内有庄尚武、魏廷生、魏学珠、魏廷金、侨四銮、金广大。在粮食市场旺季，这些粮行多与

① 《安徽省六十县经济调查简表》（下），第十九类，《贩卖商业》，第 2548～2552 页；第 2612～2629 页；第 2637～2639 页。

② 民国《临泉县志略·经济》。

③ 蒙城县粮油食品局蒙城县粮食志编写组：《蒙城县粮食志》（1910～1985），未刊稿，1986 年 9 月，第 49、50 页。

外地粮食贩子联系，低价收购粮食，淡季高价抛售①。民国初期，宿城震兴公、中一、同兴、新济、仁丰等粮栈，在粮食收购季节收购粮都在40万斤左右。收购的品种主要是小麦、大豆、绿豆和芝麻等②。盱眙"县沿淮百里，淤滩甚多，以麦产为大宗，稻、秫等谷亦为主要农产"，"故业陆陈者不下百家"③。

牙行业。牙行即中间商，又称牙侩或牙人，自汉代即有之。明清以来府州县城市乡镇货物集散之地，皆有牙行居间买卖，政府对之管理极其严密，领帖买卖，是为长期沿袭的旧规。牙行营业主要有几种：一是代客买卖；二是代客收账；三是支配土货市场；四是设客商宿舍；五是代办运送；六是设立货栈等。因资本之厚薄不同，业务之繁简也异，有独资开办者，有三四人或五六人合资开设④。淮域牙行业俗称经纪业，大致分两种，一为领帖纳税者，即普通所谓牙行或牙纪，一为不领帖而纳税者，是为商行。牙行完全为代客买卖性质，无固定资本，也无固定店址。凡欲经营此种行业者，只需先向政府备案领帖，纳定额之税，即可开始营业，其名称往往即用本人姓名，并不另立字号。且其营业地点往往限于一村，或于市集行之。营业种类，以牲畜为对象，而牲畜又以牛马驴骡为主。他如营炭、柴、山货者，亦名秤行，经营米麦杂粮者，亦名斗行。凡货主欲于某村或某集出售货物，必须经牙纪之手，由其介绍，始能售出，故牙纪无需资本，营业额亦较少。商行则不然，既有固定资本，又有固定店址，其所纳之税，非为牙税，而为营业税。商行除代客买卖外，有时并为货主垫款，或自行收买货物出售，故其营业额较大⑤。淮域山东经纪业经营的主要种类为五：一是经营植物及其产品者，包括杂粮、花生、棉花、水果、木炭、木材、烟叶、蔬菜、麻等；二是为经营动物及其产品者，包括牲畜、水产、鸡鸭、蛋、猪鬃、生皮、毛皮、羊毛等；三是为经营矿物及其产品者，包括盐、铁、煤、煤油等；四是经营工艺及制造品者，包括油饼、油、布、纱线、绸缎、丝茧、粉丝、草帽辫、竹柳货、花边发网、席、窑器等；五是经营杂货者，包括杂货、土产、洋广货、肥料等。行数以杂粮行、杂货行、牲畜行比较多，若营业额论则棉花行、杂粮行、布行、牲畜行、杂货行为大，花生、油、水果、水产、土产为次⑥。近代淮域的牙行业发展十分兴盛，如"五邑地瘠民贫，人多逐末，故牙帖之多过于他邑"⑦。至于淮域江苏、山东、河南各县经纪业的发展情况可参见下表（表5-1）。

① 灵璧县粮油食品局：《安徽省灵璧县粮食志》，未刊稿，1986年12月，第113～115页。

② 宿县地区行政公署粮食局编：《宿县地区粮食志》，黄山书社，1996年，第152页。

③ 民国《盱眙县志略·经济·商业》。

④ 《中国经济年鉴续编》（1935），第（N）153页。

⑤ 《中国实业志·山东省》，第38（壬）页。

⑥ 《中国实业志·山东省》，第39（壬）页。

⑦ 光绪《五河县志》卷8，《食货二·杂课》。

表 5-1 民国时期淮域江苏、河南、山东牙行业分布情形表

省别	县别	业别及其家数	备注
江苏	丰县	粮行 13、鱼行 4、布行 8、鸡行 2、油行 10、猪行 3、木行 1、草行 1、粪行 3、碱行 1、皮行 1、麻行 1、炭行 3、豆秸行 1、茧行 2、芝麻行 3、木柴行 8、石炭行 1、棉花行 3、棉绒行 1、杂货行 7、干果行 7、糖稀行 1、山芋行 1、青菜行 1、过载行 1	
	东海县	粮行 10、鲜果行 14、木行 5、油饼行 5	多数盈余
	淮阴县	杂粮 86、米行 20、豆行 10、猪行 70、牛行 62、花生行 28、鱼行 5、水果行 10、船行 14、过运行 11、估产行 38、柴草行 12、蔬菜行 5、鸡行 18、牛皮行 6、蛋行 5、斗斛行 3、棉花行 2、估衣行 1	
	萧县	六陈行 30、棉行 11、油 8、牛行 3、柴行 2	常年收支大体平衡
	高邮县	陆陈行 8、杉木行 25、油酒行 8、鱼行 20、牛行 10、蛋行 20、鸡鸭行 3、猪行 10、八鲜行 20、柴草行 20、过载行 5、船行 10、石炭行 5、灰粪行 10、树行 2、花叶行 8	多数盈余，且多数兼营农业，少数兼营商业
	睢宁县	杂粮行 60、布行 10、牛行 12、棉花行 20、粉丝行 15、花生行 13、草行 7、粪行 7	牙行户主多无正当生活，店员集股捐帖，露天营业
	铜山县	面行 18、猪行 10、杂货 35、皮行 40、粮米行 210	多数亏累
山东	临沂县	牛行 91、猪行 81、屠宰行 62、秤行 68、布行 12、木行 12、驴行 2、棉花行 2、山果行 5、杂货行 4、石炭行 1、洋线行 2、油行 1、皮行 1、银花行 1、海货行 1、估衣行 1、花生行 36	多数盈余，牙行为四乡各集牙行，无商行
	蒙阴县	牙行 21、斗行 21、秤行 21	多数盈余
	金乡县	粮行 27、牛驴行 8、猪行 1	
	泗水县	斗行 3、牛行 3、秤行 3、猪行 3、驴行 1、皮毛行 1、花生行 5、五行 18	五行系斗秤牛驴猪等项营业
	汶上县	集斗行 68、皮羊行 1、鱼行 2、花布行 4、香行 3、牙行 2、河斗行 11、麻行 4、牛行 4、秤行 2、屠行 1、炭行 1、花生行 6	皆有盈余
	鱼台县	斗行 39、牲口行 7、柴草行 15、鱼行 13、麻席行 3、油行 1、菜果行 3、纸行 1、屠行 2	多有兼营附带业务，且皆有盈余
	菏泽县	丝行 2、斗秤行 41、酒行 1、油行 1、棉花行 6、杂皮行 2、渣饼行 1、煤炭行 2、牛头行 1、枣行 1、烟叶行 2、木料行 2、柴草行 5、石炭行 1、花生行 9、金汁行 12、猪羊行 2、白布行 1、小米行 1、金针行 1	

续表

省别	县别	业别及其家数	备注
山东	嘉祥县	粮行 12、牛驴行 3、烟叶行 3、蒜行 5	
	单县	粮行 58、棉花行 3、油行 2、布行 3、柴草行 2、肉行 3、花生行 1、牲畜行 11、饼行 1、皮行 1、芝麻行 1、京货行 1、杂货行 1、丝行 1、烟行 3、猪行 1、金汁行 1、石炭行 1、鸡鱼行 1、羊毛行 1、秤行 22、窑行 1	皆有盈余
	郯城县	粮食 72、牛行 15、猪 17、花生 7、纸鱼业 1、牲畜 12、粮粒 24、秤物 8、布匹 1、皮货 1、炭业 1	多数盈余
	宁阳县	牙行 29	多数亏累
	沂水县	棉花行 1、花生行、杂皮行、羊毛行	有盈余，只有棉花行有行庄，其他皆无
	城武县	粮行 24、秤行 4、骡驴行 1、烟叶行 1、花行 3、油行 4、金水行 1、木料行 1、布行 2、牛头行 1	多数盈余
	巨野县	提鞭业 1、秤行 23、斗行 30	皆盈余
	滕县	花生行 9、花果行 11、银花行 8、丝行 6、鸡鸭子行 3、粮升尺牙秤屠等行 199	稍有盈余
	郓城县	牙行 1、猪羊行 1、粪行 14、斗秤行 60、皮毛行 1	无亏本情形
	定陶县	洋布行 12、烟丝业 2、杂货业 12、广货业 6、粮业 9、油业 9、酒业 8、鞋业 3	多数盈余
	峄县	斗粮行 77、牛行 30、花生行 46	
	日照县	牙行 18、花生行 2、鱼行 4、山果行 1、奶猪行 1	因经济恐慌，多数亏本
	曹县	斗秤行 80、金汁行 12、花行 16、布行 5、木料行 1、瓜子枣行 1、油行 1、羊毛行 1、石炭行 1、牛驴行 1、皮货行 1、皮油行 1、条子柳货行 1、饼行 1、牲畜行 1、席行 1、麻行 1、杂货行 6、花生行 3、猪羊行 3	
	曲阜县	牲口 4	
河南	商水县	牲畜业 48、粮食业 45、竹木业 7、油饼业 5、皮货业 8	多数盈余
	襄城县	烟叶商 42、粮商 35、花商 5、布商 5、干果商 8、牲畜商 160、煤商 3、过载商 5、石货商 3	
	民权县	粮行 110、棉花行 25、木料 8、白布行 38、草行 24、鸡鱼行 20、猪行 20、羊行 11、花生行 9、牲畜行 48、瓜子行、粪行 31、麻行 6、油行 10	多数盈余
	鹿邑县	粮行 500、布行 500、板行 20、席行 200、车行 10、洋车行 1、花行 300、鱼行 100、猪行 200、羊行 200、牲口行 250、草行 150、柴行 160、丝行 10	多有附带业务

续表

省别	县别	业别及其家数	备注
河南	商城县	南货7、北货6、六陈8、猪牛10、山货2	南北货商业凋零，六陈行兴旺
	商丘县	粮行266、牲畜行91、油8、花生行15、布行6、板行10、皮行13、花行9、鱼行6	多数亏损
	尉氏县	油行15、粮行8、棉花、花生行3	多数亏损，各行于领帖外，尚须代征千分之三营业税
	通许县	粮行48、牲畜行48、柴草行13、煤行5、木料行5、席行2、皮行3、棉花行9、油行2、布行3	多数盈余，通许商业凋敝，牙行均按三等牙帖办理
	考城县	木柴行3、斗行17、干果行2、猪行2、布行3、花行4、草行1、盐行1、碱行1、席麻行1、牲畜行6、小鸡行1、油2、羊行2、苗金行4	皆盈余
	确山县	牛行10、粮行9、布行11	无附带业务，有帖税和营业税，皆盈余
	鄢陵县	斗行200、牲口行50、猪行40、鸡行20、木板行2、瓜行8、棉花行30	牙帖牙捐
	登封县	牙商16、斗商52、秤商16、尺商13	多数亏损
	新蔡县	粮行业72、牲口行业30、花布行业30、油盐行业10、杂货行业2、皮行业3、山货行业2、猪行业20、细粉行业1、青果行业1	多数盈余
	宁陵县	烟叶行2、牲畜行16、粮行17、干果行5、花生行8、油粮行1、羊行1、猪行2、木料行2、花行2	多数盈余
	长葛县	牲畜65、干果42、油饼62、土布27、棉花22	皆亏损

资料来源：《中国经济年鉴续编》，第（N）154～（N）308 页。

皮货业。淮域安徽、河南、山东是重要的皮货产地。安徽太和县的牛羊皮"岁售约三万张，皆豫鄂省商人贩此"[1]。汉口的牛皮十分之七八为河南货，而以信阳为多。郑州、许昌、鄢城、驻马店、信阳皆牛皮集散地。信阳多水牛匹，郑州概黄牛皮[2]。皮货业在开封占有重要地位，"该业之具悠久历史者，厥惟永裕长一家。自前清康熙年间开设，迄今已有 271 年。其他或 20 年，或 10 余年不等，亦有开设三四年者"。皮货业一般三、四等月为休业时间，五、六、七等月，为办货时期，自九月起至次年一月止，为营业时期。其营业时间短促，每年共计五月，因此，凡开设皮货铺的，多兼营别项

<hr>

[1] 民国《太和县志》卷4，《食货·物产》。

[2] 《分省地志·河南》，第 38 页。

附业。如马道街之同丰、华丰、义丰厚，以百货商店而兼卖皮类。南土街之泰顺义、泰昌，以皮货商店而兼卖夏布、苏席。然也有不营附业，如山西帮之泰记、永裕长、义生祥等，每年于九月间，运货来汴，至次年二月收货返籍。1921 年以前，开封皮货业达极盛时期，"该业之在汴市，几有莫能比拟之势"。此后，生意日减，"然以其同业之多，在汴市商务中，亦能独树一帜"。后受九·一八事变影响，生意锐减，至 1934年"几减至零度，其原因盖在麦价低廉，田家无力购买"。1935 年，"因赔累停业者，有开设多年之福聚和及泰记、裕丰 3 家，其余未停业之铺户，率多奄奄不振"。皮货业所经营之皮类，有羊皮、狐皮、狼皮数种，而羊皮则有北口、西口、怀庆之分，运自绥远、张家口的，为北口皮；来自甘肃、宁夏的，则为西口皮；其产自怀庆府的，则为怀庆皮。西口皮毛甚细白，皮板甚薄；北口皮毛略粗黄，皮板略厚，故西口皮不如北口皮耐久，而北口皮不如西口皮漂亮。"又有顺德府皮者，质颇轻白，能充西口，究之与宁夏滩羊皮相比，则有上下床之别。至若怀庆皮，因其制法不精，皮厚色黄，在羊类中，以此为最劣"。开封市场上的狐皮有黑狐、白狐二种，玄狐则属少数。狼皮有白狼、黄狼之分，"各铺均亦贩此，买者用制被褥"[1]。济宁的皮货贸易也十分兴旺，至清末民初时，皮毛栈达 30 多家，年经营各种皮数十万张。到 20 年代后期，外国资本开始渗入济宁皮毛业，最多时有 17 家。1937～1938 年，济宁皮行 53 家，皮栈 30 家，从业人员 3000 余人[2]。

中药材业。如安徽亳州在清末民初时，中药材贸易十分发达，城内纸坊街、里仁街、老花市三条大街为药商的主要经营区域。三条大街上，药商摩肩，行栈毗连，"川广云贵，西北怀山土，地道药材"的镂金匾额随处可见。主营亳州白芍的行、栈、号等不同经营形式的店铺，大多在此期间开办，所谓"在昔药号，共二十余家，营业十分畅旺，如德泰、保全、吉胜祥数家，每年营业达三十万元"[3] 即是也。太和中药材以城内南大街"万森堂"为主，进行零售批发，中药材来源大部分是川、广、云、贵产品，是河南和亳县进货，到太和县加工炮制[4]。蒙城存仁堂药号，1882 年，由杨呈祥创办。从 20 年代到 40 年代初，为该店生意最兴隆时期。当时的流动资金为 5000 银元，固定资产为 8000 银元。该店的主要货物来源于上海恒康药行、亳州仁和昌药行、河南禹州信大药行、蚌埠德和裕药行等，经营品种约 700 余种。存仁堂药店还设有收购处，收购药材以当地野生药材为主，有半夏、虫蜕、桑白皮、土枸杞、何首乌、地骨皮、花粉、全虫、土鳖等 80 余种。收购的野生药材除一部分满足本店销售外，一部分运往

---

①　《中国经济年鉴续编》(1935)，第 (N) 505、(N) 506 页。

②　参见黄扬濂：《建国前的济宁皮毛行业》，山东省政协文史资料委员会编：《山东工商经济史料集萃》第 1辑，山东人民出版社，1989 年，第 129、130 页。

③　民国《亳县志略·经济·商业》。

④　太和县工商志编纂领导小组：《太和县工商行政管理志》，未刊稿，1986 年。

外地与其他药店交换货物。该店自创办到 1938 年生意一直很好，在全县颇负盛名[1]。江苏"扬城内外，大小药铺不下数十家，生涯不为不旺"[2]。河南禹县和吴城、樟树、常德合称全国四大药材集散地，两百年来昌盛不衰。清末以前的每年春三四月，秋八九月，禹县"荟萃药商，陈列药材"，民国时期因近交通变革，"禹县之会移于郑州"[3]。不过，由于禹县附近所出药材，"绝非他处所可比拟，且国人泥于固习，虽一再有人倡言迁移郑县，便于运销，终不以此改变其位置"，故至抗战胜利后，禹县经营药材的仍不下 200 余家，有药庄、药行、药棚、药铺 4 种[4]。济宁的中药材贸易历史悠久，明代就有药材行栈 100 余户，迄清末前后，设立的中药材行栈达 44 家[5]。

京货业和杂货业。如安徽太和京货业和杂货业的货源主要来自蚌埠、苏杭，其次是河南商丘漯河、周口等地，运输方式多用船载，少量的用独轮车，每年以当地的小麦、大豆、高粱，从水路运往蚌埠、上海，再从那里运回各种布匹、大小百货、煤油、纸烟、盘纸、红白糖及山里杂货等，在外地销售。太和县除几家大的商行以外，其余多数商业是资本家经营的[6]。盱眙县"杂货为一般日用必需之品，故销路稳于他业。惟因凋敝之余，中上货品究不若往昔之畅销"，1935 年全部营业达 50 万元[7]。

绸缎、绸布业。安徽亳州原有绸布业商店，大小共 30 余家。1921 年前后，添设武安帮大绸布庄 10 余家，"营业畅旺，盛极一时"，每年营业达 300 万元。1931 年后，"因谷贱民贫，营业大受影响，前去两年，收成颇丰，较之前年稍有起色"[8]。民国以来安徽太和的丝绸业主要以孙相时为首，同业者在太和城乡有 3 大家。每年的初夏小满以后，蚕茧上市。从事茧丝业者收购来自农村的养蚕户所出售的蚕茧，加工制造，然后将成品或半成品到市场上销售[9]。淮河下游地区毗邻绸缎业发达的江南，故传统的绸缎商业一直很繁盛。江南各县绸缎"销行江北，年在 500 万元左右"，"江北绸布业约有 620 余家"[10]。盱眙县"绸布商店大小二十余家，资本在千元及万元之谱"[11]。河南开封丝织业有 1000 多年的历史，产品有汴绫、汴绸、汴绉等。清末民初最发达，以后逐渐衰落，1915 年间年产约 7000 匹，1935 年间减至 5000 匹，销售山东、河北、山西等

①　杨玉琦口述、邵明政整理：《蒙城存仁堂药号》，《工商史迹》，安徽人民出版社，1987 年，第 205 ~ 208 页。

②　《会馆落成》，《申报》1892 年 5 月 14 日。

③　《河南方舆人文志略》，第 51 ~ 70 页。

④　王修：《调查·禹县经济概况》，《河南农工银行月刊》第 1 卷第 3 期，1946 年 3 月，第 27 页。

⑤　张继武等：《济宁药材古市的沿革与经营》，山东省政协文史资料委员会编：《山东工商经济史料集萃》第 3 辑，山东人民出版社，1989 年，第 205 页。

⑥　太和县工商志编纂领导小组：《太和县工商行政管理志》，1986 年。

⑦　民国《盱眙县志略·经济·商业》。

⑧　民国《亳县志略·经济·商业》。

⑨　太和县工商志编纂领导小组：《太和县工商行政管理志》，1986 年。

⑩　《中国经济年鉴续编》（1935），第（N）435、（N）436 页。

⑪　民国《盱眙县志略·经济·商业》。

省。鲁山县以山丝产为大宗，"业丝商有三晋川、长盛蔚、长顺永、通盛祥各行号。其零星丝商，不下百余家。客商坐购则有久成、大丰。茧成由各户自行缫丝织绸，或由行商雇各机户织造"①，"豫蚕全盛时期，仅鲁山一县，丝行达三百余家，售丝总值达百余万元"②。

　　当然，淮域也有部分传统商业如京广杂货业，在面对外来商品冲击时却能及时地调整自己的经营策略，把京广杂货店改为洋广杂货店，开始兼营起洋货，进而使杂货业这种传统商业出现了新的因素，逐渐实现了杂货业的近代转型。如 1908 年，周铭创设泰州福记洋广杂货店，总号在江宁府泰州北门坡子街，并设分号在兴化县东门阜宁县益林镇地方，1909 年正式注册，"资本洋一万五千元，为独资商业，专办洋广货"③。

（二）新式商业的出现

　　近代意义上的商业资本不同于传统的商业资本，是主要为产业资本服务的。中国近代商业与产业的关系，虽然还不完全像先进资本主义国家那样，"商人所扮演的，是为工业资本家分劳的任务；商业的流通过程，被包容在总生产过程中"。但也不能说在自鸦片战争起的近百年时间里，中国商业"不曾同工业建立起现代的关系"，"不为中国工业服务"④。事实上，随着外国资本主义对中国进行商品和资本输出，淮域各地就不断产生出了诸如经营煤油、西药、洋糖、香烟为主的新式商业。这些为外国资本主义推销洋货的新式商业，在中国民族工业兴起以后，又与本国产业资本相结合并为其服务，成为中国民族资本商业的重要组成部分。

　　洋油业。1916 年前后，英、荷商"亚细亚"牌和美商"美孚"牌煤油进入蚌埠。1930 年左右美商"德士古"牌煤油亦相继进入。三家营业处和库址均设在老船塘至公栈路一带。他们通过经理商的业务网把煤油销到皖北、苏北和豫东广大地区。1935 年前后，每年销量均在 60 万听（每听 15 公斤）以上⑤。按照规定，洋商不能在内地直接开设行栈。因此，淮域安徽境内的蒙城、涡河、五河等地的洋油业一直和南京亚细亚公司总部订立合同运货代售。如蒙城亚细亚公司升昌栈，就是股东前后集合银 3 万两作押本，与南京亚细亚公司订立合同，从而合法地运输煤油以代售。这种商业贸易形式与由华商转运贩卖和洋商直接开设行栈者不同。1913 年，南京亚细亚公司在安徽蒙城、涡河、五河的代售部，遭受匪抢。蒙城的升昌栈也被抢劫一空，不久隆康衡洋油

---

① 《大中华河南省地理志》第 5 篇，第 260 页。
② 缪毓辉：《中国蚕丝问题》，商务印书馆，1937 年，第 77 页。
③ 《商务官报》第 10 期，1909 年，《商务官报》第 4 册，第 172 页。
④ 王亚南：《中国半封建半殖民地经济形态研究》，人民出版社，1980 年，第 351、355 页。
⑤ 安徽省地方志编纂委员会：《安徽省志·商业志》，安徽人民出版社，1995 年，第 208 页。

号接做升昌生意，"系批售之家，街市铺户分销商油者尚有十数家。原各家多有二三十箱不等，若商号只准有数十箱，尚不足一日分销，因此报呈商会转县署准许照升昌原存 300 箱之数。但县署以防火灾安全起见，不予批准，无论批售、零卖，存油不许超过 20 箱"①。亳县也有美国煤油大王于 1912 年开设的元升东煤油栈，经理为亳州人陈鹏九，专门经销美国的美孚牌煤油。皖北、豫东、鲁南以及江苏的丰、沛、萧、砀等地都有人到亳县大量的购买煤油②。河南商丘县城也有美孚、亚细亚两煤油公司，商业流通范围比较广③。1918 年后，美孚石油公司、英商亚细亚石油公司、美商德士古石油公司也在临颍找到代理人，开设了煤油栈④。

西药业。早期西药进口，限于上海、广州等少数口岸。20 世纪以来，西医西药的疗效为社会更多的人所承认，西药行销内地城市渐多。1911～1918 年，山东峄县城关镇齐鲁药房、日照县岗山头廷芳药房相继开业⑤。1913～1920 年间，上海五洲药房在扬州、蚌埠等内地城市设立分店 9 处⑥。1935 年春，苏北一带因"天气不一，患时疫者甚多"，故西药业"大为投机，利市三倍"⑦。到抗战前夕，蚌埠已有西药店 20 家⑧。1945～1949 年，淮域山东菏泽、枣庄、济宁的私营西药房分别达 18、28、22 个⑨。安徽阜阳在临近解放时西药房有华美、元昌、中英、永大、中西（东城）、庆泰、中西（北城）、五洲、仁和、钧和、亚洲 11 家⑩。太和县的西药大部分从蚌埠、上海、南京和河南进货，过去有"黄金有价药无价"之称，药材昂贵，价格不定⑪。亳县在新中国成立前后有五洲、华孚、华洋、中法、永康、太康、普生、新生等药房⑫。河南郑州自1915 年开设第一家西药房以后，至 1930 年已增加至 10 余家。1930～1949 年，郑州西

---

① 《呈复煤油栈系由华商转运贩卖文》；《咨复商会城内不得多存煤油文》，见《蒙城县政书》乙编《吏治》，第 47～49 页。

② 参见陈秀琳：《解放前外商在亳州的贸易情况》，政协亳县委员会文史资料研究委员会编：《亳县文史资料》第 4 辑，1990 年，第 67 页。

③ 《陇海全线调查·商丘县》，1932 年，第 105 页。

④ 参见韩富领：《"洋油"兴衰在临颍》，中国人民政治协商会议临颍县委员会文史资料研究委员会编：《临颍文史资料》第 6 辑，1989 年，第 180 页。

⑤ 《民国山东通志》编辑委员会编：《民国山东通志》第 3 册，山东文献杂志社，2002 年，第2014 页。

⑥ 参见许涤新、吴承明主编：《中国资本主义发展史》第 2 卷，《旧民主主义革命时期的中国资本主义》，人民出版社，2003 年，第 1034 页。

⑦ 《中国经济年鉴续编》（1935），第（N）435、（N）436 页。

⑧ 安徽省地方志编纂委员会编：《安徽省志·医药志》，方志出版社，1997 年，第 83 页。

⑨ 《民国山东通志》第 3 册，第 2015 页。

⑩ 安徽省档案馆藏档案：全宗号 1，目录号 1（2），卷号 628。

⑪ 太和县工商志编纂领导小组：《太和县工商行政管理志》，1986 年。

⑫ 孙世钧：《亳县解放前中西医药状况》，政协亳县委员会文史资料研究委员会编：《亳县文史资料》第 2 辑，1985 年，第 52 页。

药房又发展至 73 家。同时，市场上还有 20 余家西药摊贩[1]。漯河在 1926 年开办第一家西药房，到 1936 年间共开业西药房 5 家。1939～1944 年间，相继开办的西药房达 26 家。1946～1948 年间，先后开设西药房 17 家。总计西药房 48 家[2]。

洋糖业。如清末至抗日战争前夕，淮域市场销售食糖以台湾棉白、两广赤砂、赣红泥为主，曾一度行销进口荷兰等国的"洋糖"。凤台县城中福泰恒、瑞成公司就经营批发这种来自荷兰的"洋糖"，因糖价昂贵，销量不大[3]。又如河南商丘市场中就有大量洋糖的销售，白糖有英国的"太古四五"、"太古三七五"，日本的"宇"字和荷兰的"荷兰白"等；红糖有英国太古公司的"冰青"及"袋子红"等[4]。

香烟业。清末民初，淮域各地流行的是土烟，民众多用烟袋或水烟袋吸食，故杂货店多经销烟丝为主，而烟丝多为土推烟作坊产品，品种有净丝、皮丝、黄条等。民国初年，卷烟进入淮域各地市场。如在安徽凤台城关，有祥泰号等商号从上海、蚌埠等地购入英美卷烟公司、南洋兄弟烟草公司出品的大前门、炮台、老刀、司太飞、仙女、欢迎、大香槟等 20 多个品种。1925 年，城关谢海楼卷烟店生产金卫、仙岛、欢迎、胜利、中华等卷烟，以价廉受到平民的青睐。抗日战争中，沦陷区香烟销售由日伪洋行垄断，国统区香烟以土推烟为主。1945 年，寿县卷烟厂生产的罗汉、艳丽牌卷烟，还有 50 支装的大包烟，另有从外国进口和沪产大前门、三一三、三一四、宝钱、派克、飞机牌等卷烟进入凤台市场[5]。

与此同时，淮域的商贸公司、百货商场、百货商店、商业合作社等新式商业经营组织，也伴随着中央和地方政府重商劝商政策的实施和近代民族工业经济的发展而开始兴起。如 1898 年，高邮人马维高在闵家桥镇招集扬镇茧商租赁陈公祠地基，开设兴利茧庄公司。两次共立茧灶 10 座，行名"江公益"，约集股本 5 万元。每年春季收茧，炕制运沪销售。其分庄有二：一在金沟镇，行名"马公成"，收茧运至总庄炕制；一在三洋河，系马氏借书院仓地设立，有茧灶 5 座，"一载即行停止"[6]。1907 年，唐殿冥等在河南光山县之新集地方，创专办火柴胰烛造纸等项业务的合资有限公司，并在湖北麻城县宋埠镇设分号，合资 6 人，共资本银 9500 元，并于 1908 年正式注册[7]。1920 年，马义臣等 20 余人集资 8 股，资金 12 万银元，以马义臣为股

---

① 王天翔口述，魏述人整理：《解放前郑州的药业》，中国人民政治协商会议河南省郑州市委员会文史资料研究委员会：《郑州文史资料》第 5 辑，1989 年，第 22 页。

② 参见刘国胜：《西医西药传入与建国前漯河西药业状况》，中国人民政治协商会议漯河市委员会文史资料委员会编：《漯河文史资料》第 5 辑，1993 年，第 99、100 页。

③ 凤台县地方志编纂委员会编：《凤台县志》，黄山书社，1998 年，第 382 页。

④ 冀鹤龄：《解放前商丘县的"舶来品"》，政协河南省商丘县委员会学习文史委员会编：《商丘文史资料》第 7 辑，1993 年，第 41 页。

⑤ 凤台县地方志编纂委员会编：《凤台县志》，黄山书社，1998 年，第 381 页。

⑥ 民国《三续高邮州志》卷 1，《实业志·营业状况·商业》。

⑦ 《商务官报》第 29 期，1908 年，《商务官报》第 3 册，第 578 页。

东代表，以高秀岩为经理，在开封筹办了"同丰百货商店"，1922 年正式营业。同丰百货商店还在郑州、汉口、天津、上海设立了四个分店，即郑州"同生"百货商店、汉口"同庆"百货商店、天津"同记"百货商店、上海"大同袜厂"，各分店独立经营，由开封总号统一核算。1928 年，开封建立了河南省第一个"国货商场"，场内环周店铺林立，仅固定铺面就有 40 余家，临时摊位还有不少，经营商品以时货、布匹居多，全部属于零售①。民国初年，山东滕县的李子丹，从乡村卖酒步升为酒店伙计、掌柜，后自组生意，开办了糟坊。1926 年，在滕县开设了"理和转运公司"，后又在邹县、官桥、临城、徐州、南京、上海等地设理和分公司。理和公司不仅对客商用款由公司代出汇票，而且代替外埠人收购转运粮、油、花生米、黄梨、柿饼、红枣、山楂、金银花、皮、毛等土特产品。不久，李子丹又开办了从滕县城开往城前镇的长途客货运输公司②。

　　民国时期，随着合作运动的开展，合作社商业也得到了一定程度的发展。如1934 年 1 月，国民政府豫皖赣四省农民银行郑州分行组织河南合作委员会，指导农民组织合作社，业务范围主要为信用、利用、供给、运销。是年，在淮阳就组成 1 个供给合作社，社员 39 人，股金 90 元；灵宝、开封、洛阳 3 县组成 9 个运销合作社，社员 770 人，股金 914 元，因经济不景气，1938 年后即取消③。在抗战前的安徽，运销合作社中专营 148 家，兼营 54 家；抗战以后的 1938 年分别为 220 家、67 家；1939 年分别为 294 家、113 家。消费合作社在抗战前专营、兼营缺，到 1938 年分别为 6 家、4 家，1939 年分别为 25、36 家。抗战时期，有信用合作社、供给合作社、生产合作社、运销合作社、消费合作社、利用合作社、互助社等合作经济组织，而主要的是信用、生产、运销、消费合作社。在各种合作社中，因具有商业性质的信用、运销、供给、消费合作社在合作社总体中，占有相当大的比重，表明淮域各地合作商业有了一定的发展。

　　由上可知，近代淮域无论是传统商业还是新式商业皆有一定程度的发展，但就整体情况看，其发展是很滞缓的，与邻近的江南、华北地区相比，商业发展还相当的落后。这在淮域豫、皖、苏、鲁四省境内皆有普遍的反应，如安徽寿州"州城内负贩所鬻，不过布粟鸡豚及竹木器用而已"④，可见商业发展的程度相当有限。淮域江苏"风

　　① 参见颜泽淮等：《记开封最大的百货商店——"同丰"号》；《开封百货文化行业志》编辑室：《建国前后开封的"模范商场"》，中国人民政治协商会议河南省开封市委员会文史资料研究委员会编：《开封文史资料》第 7 辑，1988 年，第 144、145 页；第 128 页。

　　② 李广星：《滕州史话》，《商业巨子李子丹》，中华书局，1992 年，第 175～180 页。

　　③ 邵文杰总纂、河南省地方史志编纂委员会编纂：《河南省志》第 42 卷，《商业志》，河南人民出版社，1993 年，第 33、34 页。

　　④ 光绪《寿州志》卷 3，《舆地志·风俗》。

气闭塞，商业尚无足观"①，"每有江南一市镇，其商业发达过于淮北一县城者"②。1930年，吴寿彭在丰县、沛县、萧县、砀山四县境内，"不能见到比无锡、苏、常一小镇上那么多的店铺。在东海城内及赣榆、灌云、沭阳、涟水、泗阳等也相仿佛。在邳县，进城去，如同走入乡村一样，人民都在耕作。若是有人推了小车，上面堆着土布，沿路叫买的就是这里的衣店了。此外我们还可以找见的是如同江南小摊样的铺子而已。邳县政府曾做了一个全县商店店伙人数的调查，结果，官湖市商业最发达的一乡所有市镇合计起来不足四百人。县城内外及城厢所包括的店铺，不足三百个。而其他的市乡竟只有几爿铺子的，或者大都的铺子是简单到如原始交易的状态，不用有店伙。据说下邳县有一千元以上的资本的店铺只有三十余家。这些县的商业资本合起来，还只是上海的一爿小商号而已。而下邳却是占领了三倍于无锡县那么大的一个地域"③。河南扶沟县"民无他业，卒岁衣食足给于农稼，为商贾者十无一二"④。夏邑县"邑人安土重迁，多老死不出境外者。至梯山航海、奔竞商途者，得未曾有也。所谓商，日中为市，交易而已；受物而鬻，贾街而已"⑤。即使商业相对比较发达的商水县，商人也是"求利于市者，不过粮行、牙行、油行、杂货等类，亲自经理尤是农家性质。他项商业须假手于人者，不敢轻试尝见，偶一为之，倾家抵偿者多矣"⑥。山东金乡县"地僻而狭，不通商贾"⑦，曲阜境内私人资本不发达，境内无一近代工厂，县城市面颇称萧条景象⑧。

　　近代淮域商业发展之所以长期滞后，除了农村残破、工业不甚发达以外，还有以下三个主要原因：

　　一是多发的水患对商业的打击。如安徽临淮关"叠经水患，城内居民多半远徙"⑨。在涡阳，有家名"长发祥"的店号，在当地原本是资财十分雄厚的商铺，后因购进一大批红糖，先是军阀混战没有及时卖出去，后经夏季炎热溶化，秋季存放地点又遭遇大水灾，故红糖被大水冲走殆尽，损失巨大，最后资不抵债，倒闭关门⑩。在淮域江苏，光绪《清河县志》云："镇之废也，废于水"，"黄淮灾数镇，六塘灾数镇，霆霖

---

① 《江苏人文地理》，第33页。

② 《分省地志·江苏》，第159页。

③ 吴寿彭：《逗留于农村经济时代的徐海各属》，《东方杂志》27卷6号，1930年3月。

④ 光绪《扶沟县志》卷10，《风土志·风俗》。

⑤ 民国《夏邑县志》卷1，《地理·风土·商贾》。

⑥ 民国《重修商水县志》卷5，《地理·风俗》。

⑦ 民国《济宁直隶州续志》卷4，《风土志》。

⑧ 民国《续修曲阜县志》卷5，《政教志·实业·工商业》。

⑨ 光绪《凤阳县志》卷3，《市集》。

⑩ 马镇南：《解放前涡阳工商业概况》，政协安徽省涡阳县委员会文史资料委员会编：《涡阳史话》第4辑，1986年，第139页。

积潦，便民河所不及泄，又延及数镇"①。又有史料记载，"江苏省江北各县——江北淮、徐、海等县商业，在昔素称繁盛"，迄民国时期，"距近年以来，迭受水灾旱灾影响，因之商业凋敝，现金缺乏，各业均呈不景气景象"②。在淮域山东，单县城就"因迭罹水灾，城内未见繁盛"③。

二是频繁战乱的破坏。如宝应城临运河东岸，"津浦有事，则淮扬为战线之侧面，势在必争"，19 世纪 20 年代"因驻兵之故，其逃散者与土匪结，遂并为匪声，势日大，而祸益烈。丙寅正月兵变一次，劫肆数十，焚肆三。今年九月北兵过境，劫肆及住户三百余，距宝应之南县大镇者，曰氾水，曰界首，且劫一空，损失可知。匪则据刘家堡，俨然称寨，众则过千，前锋时及城下，遇船必掠，逢人即掳，近之大案，有北运南下豆麦数十艘，船主等竟为绑去百八十余人，商旅不行，乡民逃遁，于是小刀会又复蜂起。图与匪敌，因之剟堡被焚一空，草田烧至二十余里，火光烛天，熊熊达数十里，外距城之北曰黄浦，曰戴家湾，镇集也。亦焚一空。近者城东之望直港，亦以焚毁闻，数年之间，变迁如此，救死不遑，安云商业？"④ 1933 年农历六月初八，江苏泗阳股匪张志高率 200 多人洗劫盐城的益林镇，全境商店大多数遭劫，只有几家幸免，"整个市场因此萧条，两年后才稍有恢复"⑤。抗战时期，日军对蚌埠腹地的淮北等抗日根据地实行严格的经济封锁，禁止军用品及食盐、布匹、百货、医药、纸张等进入根据地，结果导致外地的土特产品也很难进入蚌埠，这样就割断了蚌埠市场与腹地的经济联系。军事上的割据，造成各地区自己发行货币的状况，华北币与华中币不能流通，沦陷区与抗日民主根据地的货币更不能通用，这样就限制了市场流通。蚌埠商业经营环境急剧恶化，商户不断倒闭，到 1941 年，向伪省政府警察局申请开业并领有营业执照的商户只有 2809 家，比沦陷前减少 50% ⑥。全面内战爆发后，蚌埠又为一重要的军运枢纽，"每日大军往来过境，都住食于斯，地方供应浩繁，加之皖北苏北既为战区，货物来源断绝，一般购买力急遽减低，于是稍形复生的工商业又遭致命的打击"，1947 年"九月份停歇的商号计三十三家，十月份又歇闭十七家，中以土布行与制革店最多。预计年关前后倒闭者更将数倍此数"⑦。1937 年以后的连云港因战争破坏和军事动荡，导致港口贸易萎缩。据中国第二历史档案馆藏陇海局《民国三十六年陇海概况》载，1946 年连云港输出入货物计

---

① 光绪《清河县志》卷 3，《建置·乡镇》。
② 吴醒亚：《到经济建设之路》，上海市社会局，1935 年，第 69 页。
③ 《分省地志·山东》，第 233 页。
④ 《各省商会报告商界痛苦情形·宝应》，《商业杂志》第 3 卷第 2 号，1928 年 2 月，第 2 页。
⑤ 陈恩沛：《益林镇第一家百货商店》，盐城市工商业联合会等：《盐城文史资料选辑》第 11 辑，1992 年，第 131 页。
⑥ 李强等编：《蚌埠市场大观》，蚌埠史志办公室印，第 6 ~ 10 页。
⑦ 狄超白主编：《中国经济年鉴》，太平洋经济研究社，1947 年，第 30 页。

177 362 吨，只相当于连云港 1934 年吞吐量。而 1947 年连云港输出入货物共计235 731. 18 吨，仅是 1936 年连云港货物吞吐量的 46. 3%，远未达到战前水平。铜山县商业多中小商人，"并无大资本家之营业，加以连年兵燹，捐务纷繁，商业凋敝，一落千丈，故无商场之建筑"[①]。徐州是"盗寇充斥，四郊多事，安居不易，则乐业亦属空谈"[②]。抗战时期，以徐州为中心的苏北、皖北、豫东、鲁南是日军轰炸的重点，1938 年 5 月，苏北地区的主要交通线和城市均沦为敌手。日军占领徐州后，大肆烧杀抢掠，至 1945 年徐州仅有面粉、烟草、染织、针织、肥皂等大小工厂数十家[③]。1946 年内战爆发，徐州再次成为主要战场，徐州城市处于极度衰败之中。城区面积 1927 年即已达到 12 平方公里，1948 年 12 月徐州解放时，城区面积仍维持1927 年的规模而没有任何发展，且市政公用设施极其陈旧落后[④]，城市人口也不足10 万人[⑤]。河南郑州，因"地居中原，适当冲要，受军事之影响，致投资者裹足不前"[⑥]。1937 年 10 月开始，日军对郑州、开封等地进行了轰炸，仅 1938 年上半年，郑州就被炸 20 多次，大量民房被毁，生灵涂炭。

三是苛捐杂税的盘剥。1854 年，雷以諴在里下河试办厘捐以济军饷，后在各地推行。厘捐所及米麦黄豆、菜籽靛烟叶、桐油、鸡鸭、香油、豆油、菜籽油、烧酒、猪、棉花、布匹、估衣、木排、药材、杂货、洋货、京货、绸缎、毡皮货、锅、皖、漆、盐、糖、纸、海味以及未载一切等货，均照票行货，查验收捐。"抽厘之弊，尤不忍言。一石之粮，一担之薪，入市则卖户抽几文买户抽几文。其船装而车运者，五里一卡，十里一局，层层剥削，亏折已多，商民焉得不裹足！百物焉得不涌贵乎！"[⑦] 在高邮的车逻镇，"本为漕台两捐局包去，每年归官若干金，因此苛上加苛，凡大小船过者无论货之多寡，捐金必浮于昔时数倍，于是民不堪命，有罢市之举"[⑧]。民国时期，地方军阀势力为一己之利，亦对工商业主苛以沉重杂税，影响了工商业的正常发展。如郑州商务本以棉花为大宗，棉商店占全市营业之大部。河南地方当局乃不惜横征暴敛，仅棉花一项，除厘税以外，又有地方花捐、军用棉捐种种名目。冯玉祥督陕时，还在潼关创设花包捐，委任赵文光为局长，每花 1 包，抽捐 1. 5 元，"而吏役例外之苛索，尚不与焉。行之半年，竟收捐款三十五六万元之多。迄今仍沿例征收，虽民怨沸腾不顾也"。后冯玉祥督河南，又信薛笃弼言，"复援陕例在陕州地方设河南花捐局一所，

① 《中国实业志·江苏省》，第 88 页。

② 临时实业视察员唐绍垚：《徐海道区铜山县实业视察报告书》，《江苏实业月志》第 9 期，1919 年 12 月。

③ 单树模：《徐州历史地理》，南京师范学院地理系江苏地理研究室编：《江苏城市历史地理》，第 70 页。

④ 曹洪涛、刘金声：《中国近现代城市的发展》，中国城市出版社，1998 年，第 219 页。

⑤ 徐州市地方志编纂委员会编：《徐州市志》上册，中华书局，1994 年，第 735 页。

⑥ 《河南方舆人文志略》，第 139 页。

⑦ 尹耕云：《心白日斋集》卷 2，《请查捐输积弊停止抽厘疏》。

⑧ 《时评：一线民权》（评高邮罢市），《觉民》第 9、10 期合本，1904 年 8 月。

仍委赵某征收，半年以来，收款较潼关为尤佳"。"驻陕州某军探悉此情，见猎心喜，遂串通匡口铁谢（在黄河禹门口上下）两司事，每逢花船经过，鸣枪示威，逼令靠岸，勒索四五十元，方令过去"，郑州棉业"因之生意骤形减色，折本停业者，比比皆是"[1]。1934 年河南当局竟将棉花营业税增加千分之四，进而导致全体罢市数日，"各业受其影响至巨"，棉市交易中心也因之移至豫西、陕州、灵宝等处，"郑地棉市较之往年减色殊多"[2]。时至抗战结束，郑州还是"一般商民除受高利贷之压榨外，并受各种摊派与供应之压迫，以致叫苦连天，多感无法维持"[3]。

三、商人组织的新变化

伴随着淮域商业种类的增多，商业规模的扩大，传统商业的新发展和新式商业的出现，商人组织也开始出现了一些新变化。

（一）商帮与会馆、公所

商帮亦称行帮，是某一地区或某一行业同籍商人的总称。按隶籍划分，商帮有外帮和乡帮之分。按省籍划分的称外邦，按本省乡籍划分的称乡帮。按地区籍组织商帮的趋向，还延伸到某些行业中，在行业内形成商帮。如在海州新浦经商的有"山东帮、河北帮、山西、安徽帮、江南帮、清江帮"等，据统计，建国初期连云港"原有门面子号的私营商业 400 余户，其中山东帮就有八十余户……两千余人，河北帮有二十余户，先后在此经商的近千人，其他帮只有二、三家"。其中山东帮以经营粮油、布庄、饭店为主，而烟台、青岛商人主要开土产行，经营大宗粮油。潍坊的商人以开布庄、织布卖为主[4]。据记载，清末河南各县商业以盐店、典当、钱行为较大。"典当、钱行，操于晋人，盐务则津、皖巨商，实左右之。"20 世纪初，"轮轨既便，风尚奢华，商业开一新局面，而大宗之贸易，半为津、保、沪、汉资本家先着祖鞭"。开封市商业向分银行业、钱业、盐业、面粉业、绸缎业、杂货业、海味业、酱园业、煤油业、煤业、银楼业、旅栈业、南货业、估衣业、书店业、转运业、电气业、五金行业、皮革业、西药业、中药业、粮业、花行业、山货业（绳铁之类）、鲜果业、饭庄业、酒行业、澡堂业、板厂业、果店业、陶布业（禹县布）、洋布业、洋纱行业、鞋店业、帽业、皮货业、建筑业、茶店业、钟表业、夏布业、印刷业、笔墨业、古玩业、牲畜行业、铜货

---

①　《实业界消息：郑州商务近况》，《安徽实业杂志》第 3 卷第 5 号，第 20～22 页。

②　《中国经济年鉴续编》（1935），第（N）506 页。

③　《中国经济年鉴》，第 137 页。

④　政协江苏省连云港市委员会、文史资料委员会编：《连云港文史资料》第 7 辑，1989 年，第 29、30 页；第 30 页；第 33 页。

业、洋货业、织染业、纸烟业、旱烟业等 51 帮，"各帮之经理及投资家，半藉外省"，
"开封麻、煤、书栈等商，半籍巩、氾、荥阳"①。又有记载说，开封商业主要有三派，
即天津派、上海派、本省派。上海人在开封主要经营广货店、南纸店、绸缎庄、大药
房之类，天津商人于开封主要经营洋货，东洋货尤占多数。河南本省之商业以贩运土
布为大宗，而药材、毛巾、皮革、木器次之。河南商人以河北的怀庆府为多。譬如开
封城内马道街之劝业场，其中设市售货者，93% 为怀庆府人②。在济宁的商业贸易中，
也有商帮的存在，如中药材行业就有陕西帮、亳州帮、天津帮、上海帮、江西帮、祁
州帮、苏州帮、张家口帮、镇江帮以及山东省临沂、青州、烟台、日照、菏泽、滕县、
单县、鱼台等地药商③。

　　商帮是相对松散的商人组织，帮内商人有很大的独立性。商帮能够凑合在一起，
并有固定议事联系场所的商人组织便是会馆。会馆之称，出现在明代，并非为商人所
专设，其性质也不是单一的。但后来的发展使供在外地经商的同乡住宿、贸易、协商
业务的功能日益增强。清中期以前，域外商人和域内商人在淮域各地城镇建立的地域
性和行业性会馆就比较多。近代淮域的商业会馆虽然由于商会、同业公会的发展而逐
渐地衰落，但是并没有完全退出历史舞台，在淮域某些地方和某些行业，还一定程度
地获得了发展。如在安徽亳州，据光绪《亳州志》记载，有楚商会馆、宁国、池州二
府客民会馆、西商会馆、药商会馆、江西会馆、徽州会馆、染商会馆、浙人会馆、闽
商会馆等④。在阜阳，外地商人建有山西会馆、江西会馆作为保卫同乡利益的公开组
织⑤。在太和县，山西商人在县城内西南隅建有"山西会馆"⑥。在六安城关和苏家埠，
外地商人就建有金陵会馆（金陵巷口）、徽州会馆（火神庙巷）、旌德会馆（观音寺
巷）、泾川会馆（小竹丝巷）、金斗会馆（十八层后街）、江西会馆（南大街）、山陕会
馆（便门口）、太平会馆（唐子巷）、太湖会馆（北外教化街）、湖北会馆（北门倒牌
坊）、福建会馆（云路街西）等⑦。五河县治东旧有金龙四大王庙，建于 1526 年，"创
始者众鱼商也"。"立庙祀神，即以庙之客房而为会馆"，后来因其地滨淮，迭经变迁，
多坍塌大半，1848 年，众鱼商推鱼商孔毓成为领袖，兴工重修了鱼商会馆⑧。

　　清末时，扬州"不论大小行业，皆有公所会馆，地方之繁富，商务之兴隆，即此
亦可概见矣"。其中经营中药材的不下数十家，但"会馆尚未建造，个中人引以为憾。

---

① 《河南方舆人文志略》，第 125～127 页。

② 渊如：《开封商业衰败之原因》，《申报》1923 年 3 月 13 日。

③ 张继武等：《济宁药材古市的沿革与经营》，《山东工商经济史料集萃》第 3 辑，第 201 页。

④ 光绪《亳州志》卷 4，《营建志·寺观》。

⑤ 安徽省《阜阳商业志》编纂小组：《阜阳市商业志》，未刊稿，1986 年 1 月，第 18、19 页。

⑥ 太和县工商志编纂领导小组：《太和县工商行政管理志》，1986 年。

⑦ 六安县地方志编纂委员会：《六安县志》，黄山书社，1993 年，第 288、289 页。

⑧ 光绪《重修五河县志》卷 18，张佩芬：《重修金龙四大王庙鱼商会馆碑记》。

遂于上年集议，凡药材行代客买卖，每百金抽收买客银三钱，卖客银二钱；大小药铺每售货至百千，抽提三百，日积月累，为数颇有可观。上年经药业首董曹君，即以此款在城内南柳巷选购地基，建造药业会馆一所，禀请地方官出示立案，以垂久远。近日落成，堂皇富丽，颇壮观瞻。曹君肆筵设席，邀约同业者诸君畅饮，并雇小清音一堂，清歌侑酒，猜拳行令，其乐陶然"①。时至清末，扬州会馆的发展还有一定的规模，城内分布的会馆主要有湖南会馆、江西会馆、湖北会馆、安徽会馆、岭南会馆、浙绍会馆、嘉兴会馆、山陕会馆、安徽旌德会馆等②。在淮安，外来商人建立会馆，从事各种经济活动，"每当春日聚饮其中，以联乡谊"。迄清末，淮安仍有新安会馆、江宁会馆（句容等江宁附近商人）、福建会馆、润州会馆（镇江商人）、浙绍会馆、定阳会馆（山西商人）、四明会馆（宁波商人）、江西会馆、楚公所等③。在阜宁县，也有江西会馆、戴氏会馆、吴氏会馆、昆陵会馆、镇江会馆、福建会馆、润东会馆④。

在开封，光绪年间还有浙江会馆、山西会馆、江苏会馆、安徽会馆、江西会馆、两广会馆、两湖会馆、山东会馆、八旗会馆（又名直奉会馆、冀宁会馆）、天后宫（福建会馆）、覃怀祠（怀庆会馆）、炉食会馆、盐梅会馆等⑤。其中两湖会馆，在省府后街，建于1857年。山东会馆，在省府后街，曾于1877年重修。氾水会馆，在菜胡同路南，由在开封经营的河南氾水商人集资，于1905年修建⑥。陶布业会馆，1898年由山东定陶6家富商集资创建，坐落于开封财政厅街，主要为山东旅汴商人推销陶布。厨业会馆，1897年由郭兰亭等发起创立，馆址在开封花井街⑦。"截止解放前夕，省内外旅汴同乡会与同乡会馆共四十九家，包括全国二十一个省和五十个县、市，占有房舍一百余处，星罗棋布于汴城五十余条街巷，土地（含义地、花园）二十九处，一千余亩，遍及城垣四郊"⑧。据1918年统计，河南永城有山西会馆、两江会馆、福建会馆，归德有湖广会馆、山西会馆，舞阳有山西会馆⑨。而禹州商务繁盛，会馆也众多，建有山西会馆、怀帮会馆。禹州药材尤为出产大宗，故在禹州经营药材的13个行帮于1903年集资修建了十三帮会馆。这个会馆实力雄厚，1907年，"现经该业会馆倡议，捐集十五万两，并运动各绅富合力筹款，建筑禹州至和尚桥支路，以便交通灵捷，振兴商业

① 《会馆落成》，《申报》1892年5月14日。

② 李寅：《扬州的会馆》，扬州市政协文史资料委员会编：《扬州文史资料》第10辑，1991年，第196页。

③ 《淮安河下志》卷16，《杂缀》。

④ 民国《阜宁县新志》卷15，《社会志·会馆》。

⑤ 光绪《祥符县志》卷1，《舆图志·实测县城图》。

⑥ 王兴亚：《明清河南集市庙会会馆》，中州古籍出版社，1998年，第206、207页。

⑦ 参见程子良、李清银主编：《开封城市史》，第237、238页。

⑧ 冯荫楼：《旅汴同乡会馆钩遗》，政协开封市委员会文史资料研究委员会编：《开封文史资料》第3辑，1986年，第133、134页。

⑨ 〔日〕东亚同文会：《支那省别全志·河南省》。

云"①。会馆一般都有自己的章程，又称行规。1929 年《河南新志》载：河南各会馆，"凡市价之涨落，及一切应办各事，即由值年，搜集同业，开一茶话会，公议决定。如遇对外事项，即以值年同业代表"②。

公所比会馆出现的稍迟，会馆是一种地缘性组织，但各业不同，问题不一，故在会馆内有同业之帮、会、堂等组织，然后再进而有同业公所的组织。同业公所最初也以地缘为主，加上同业的关系。不过，公所与会馆功能上还是有点区别，会馆是综合性的商旅羁留之所，而公所则专为工商界的组织，其主要功能为订立商务上的规则、承办税课厘捐之事、解决商事纠纷、协助或救济同业的困难等。如 1917 年，庐（州）、镇（江）、扬（州）等地商人在江苏宿迁县城成立"庐镇扬公所"，以为同乡团体集会之处③。兴化县"南货业公所在县桥南。木业公所在长安桥西鸿福园庵内。粮行公所在雷祖殿内。菜业公所在东城外菜桥东"④。而钱业公所则是江苏淮阴钱业中重要的组织之一，在金融市场上占主导地位。该公所于 1904 年由钱业董事张瑞臣等，在城外河北路海神庙内，筹办商务局，次年又移局于城内双桥巷口设钱业公所，由张董事管理一切。淮阴钱业公所办理钱业同行业间资金余缺调剂、异地款项划拨等业务。只有钱业同业组织的成员才能参加，并定有规则。淮阴各钱庄在每日上午十时左右派一名经理或跑街上公所。上公所的任务是：一是集议行情，定出行市，根据市场银元需要的松紧，作出"洋厘"（即一元银元折合银两的比价）市价，各钱业参加者，将当日"洋厘"价目，记入本庄行情簿内，带回挂牌公告；二是同行业间所收票据相互交换，找清尾数，当日收支两清。如遇资金余缺，亦可相互拆借；三是同外地钱业公会保持联系，主要是镇江、上海等地互通信息，做交易、汇划款项等。如上海的行情每天用电报告知同昌钱庄，再由同昌派人转知各钱庄，成为惯例。本埠王营、西坝、淮安等钱业公会或钱庄，每日亦来淮阴钱业公所听取信息。上公所的目的是为了垄断金融市场⑤。

迄清末民初，会馆或公所由于地域、行帮界限很严，组织又较为松散，愈来愈不能适应商业交往与竞争的需要。于是，一种跨乡籍、跨行业，实行各业商人联合的商会组织便在淮域应运而生。

①　《记事：议修禹州支路》，《南洋商务报》第 28 期，1907 年 11 月 6 日。

②　民国《河南新志》卷 5，《商业》。

③　陈恒新等：《"庐镇扬"商帮在宿迁》，宿迁市政协文史资料委员会编：《宿迁文史资料》第 12 辑，1991 年，第 58 页。

④　民国《兴化县续志》卷 1，《舆地志·建置·公所》。

⑤　蒋兆兰：《淮阴钱庄业》，江苏省金融志编辑室编：《江苏典当钱庄》，南京大学出版社，1992 年，第 170 页。

（二）商会

商会属于近代商人组织，"各商所营之业务，不必皆同，即商业之团体，亦由分而合，如开封绸缎业公会、矿业联合会、工厂联合会是也。合各业而组织团体，曰商会"①。可见，商会为一超省籍、超行业的组织，对于整个商业活动，有协调促进作用。

清末民初经济有所发展，商业日渐兴隆，行业增多，事务纷繁，亟须一个既能执行政府指令又能熟悉商务活动和内部情况的组织。于是，清政府为了加强对商业的监督指导，便于征收课税，更好地解决商贸间的纠纷，以减轻对地方官署的压力，也出于准备立宪的需要，敦促"各地方行政长官所在地或所属地工商业繁盛者，得设立商会"②。清政府为此制订了《商会法》，其中规定："各县及各市均得设立商会，繁盛之区镇也得单独或联合设立分会。"设立商会"须由该商会区域内有为会员之资格者三十人以上发起"，并禀请地方主管官署转呈省府核准报中央备案，"其各州县所设分会，均就近隶于总会"。1903 年，清政府颁布《商会简明章程》，1906 年，商部又颁发商会章程附则六条，第四条内开："各省商务情形不同，往往一州县中，商务繁、富之区不止一处，彼此相同，无可轩轾，自应量予变通，两处均准设立分会"③。辛亥革命后，淮域各地出现了兴办实业的高潮，商会成立日多。1914 年，北洋政府又颁布新商会法和商会施行细则，次年 8 月又重新修订。新商会法规定：行政长官所在地及工商业总汇之大商埠得设立商总会，地方行政长官所在地和工商繁盛之区得设立商会。此外，还规定已有商会必须按新商会法改组，以吸收更多的商人入会。根据清末《商会法》规定以及北洋政府新商会法和商会法施行细则，清末民初淮域各地城市和重要集镇多建立或改组了商会。

淮域安徽境内的正阳，于 1908 年成立商务总会，总理方皋，协理为王炳先。同年，成立的隶属于总会的有定远县商务分、宿州商务分会、霍邱商务分会、六安商务分会、霍山商务分会、天长商务分会④。怀远县商会，建于 1899 年，初称"商办局"，主管人称总办。内配书记（文书）、帐先生（会计）、勤杂人员，会址设兴街（现为复兴街）。1911 年，商会下设商团，团丁十多人，配有枪支，巡更守夜，维护市面治安。至 1915 年，商办局改称"怀远县商会"，主管人改称会长⑤。太和县"商会在太平门内，士民购把总署基址建"⑥。1904 年，凤台县商会成立，设在厅门署捕西旧外，负责

---

①　《河南方舆人文志略》，第 129、130 页。

②　民国《太和县志》卷 4，《食货·物产》。

③　《皖政辑要·农工商科》卷 91，《商会》，第 846 页。

④　《皖政辑要·农工商科》卷 91，《商会》，第 847 页。

⑤　怀远县商业局编印：《怀远县商业志（1911～1985）》上册，未刊稿，1986 年 12 月，第 61～66 页。

⑥　民国《太和县志》卷 1，《舆地·公廨》。

市场管理工作①。凤阳县，在 1912 年先后在府城、临淮两处设立了凤阳县商会和临淮商会。会址分别设在府城花铺廊大街及临淮东后街，后迁移马滩街。天长县铜城镇为商货往来之地，距城有百里之遥，该镇商民拟设商务分所。获商务部批准，隶属于天长县分会②。定远县商业集中在本城、池河镇、炉桥镇、张桥镇、藕塘镇。其中炉桥有商务分会③。

　　淮域江苏的淮阴，商会成立较早，初名清江商会，1915 年遵章改组，乃定名淮阴县商会。时任会长王文藻为商会事务任劳任怨，创利济局，并"创立商团，保卫街市。凡于商家有利益之事，靡弗竭力维持"④。江都县商会，原称扬州商务分会，会址设在左卫街。1906 年，由毕序、王辅等联合 42 业，"遵农工商部定章办理。次年六月成立，公推周树年为总理。后奉部颁商会法及施行细则，复改称扬州商会。因与甘泉同为府治附郭，故合并设立。其乡镇分会属江都者，为瓜洲、为仙女庙、为宜陵、为大桥，凡四所"⑤。"其乡镇分会属甘泉者有邵伯镇"⑥。1907 年，兴化县商会成立。设于斗姥宫内，会长王鹤庭。1910 年改组，由各商店代表选举王开泰继任。1914 年，奉令改选，王庭芳为会长，1917 年连任，1920 年成启昌任会长时，迁移前如意庵内办公。1922 年郭钟琦被选为会长，设商事公断处，1926 年连任。1927年由副会长茅木廉代理会务⑦。盐城在 1915 年，也改组成立了县商会，伍祐市、龙冈市、大冈乡三处设有商会分事务所，皆隶属于县商会。另外在上冈镇、沙沟镇，也分别于 1916 年、1918 年改组成立了商会⑧。1910 年，高邮商民组织商务分会，票选总理 1 人，推举义董 4 人，会董 12 人，业董无定额，文牍、书记、庶务、会计各 1 人，一年一任。会所设长生庵，总理詹鼐当选。七月，奉部颁给图记札文成立。"入会商店初仅一百数十家，后乃渐次扩张。注册费分三级，甲三元，乙二元，丙一元。常年费亦分三级，每月甲八百文，乙六百文，丙四百文。年开常会，月开职员会各一次。商务交涉由会解决，或呈请地方官核办。"是年八月，"职商曹源聚等组织界首商务分所于药王宫内，会员一百十余人，举陈宝森为议董，并举会董二人，业董四人"。同年十一月，"职商张金阔等组织临泽商务分所，典用孙姓民房。会员五十余人，举房绪昌为议董，其会董、业董与界首同"。1911 年，"职商姜世铭等组

　　① 《安徽凤台县商业调查表》，《安徽实业杂志》第 7 期，1913 年 5 月。

　　② 《商务官报》第 8 期，1909 年，《商务官报》第 4 册，第 149 页。

　　③ 《安徽定远县商业调查表》，《安徽实业杂志》第 7 期，1913 年 5 月。

　　④ 临时实业视察员陈时泌：《淮扬道区淮阴县实业视察报告书》，《江苏实业月刊》第 2 期，1919 年 5 月，第 49、50 页。

　　⑤ 民国《续修江都县志》卷 6，《实业考第六》。

　　⑥ 民国《甘泉县续志》卷 6，《实业考第六》。

　　⑦ 民国《兴化县续志》卷 4，《实业志·县商会》。

　　⑧ 临时实业视察员陈时泌：《淮扬道区盐城县实业视察报告书》，《江苏实业月刊》第 2 期，1919 年 5 月，第 93、94 页。

织三埞商务分所于元宫内。会员三十余人，举陆恩飔为议董，其会董、业董与界首同。凡分所均隶商务分会，滕州转详劝业道发给戳记"。是年七月，"商务分会总理举詹鼐连任，入会商店较前增多百余家"①。

淮域河南开封于 1903 年 2 月设立总商会，以后在各县逐渐建立。最初，一些商人不了解加入商会的好处，后来看到事关重大，也就纷纷加入。如"汴中商人，初不知商会之益，后因此事关系甚重，非先立团体不克有成，故近日省城商号及周口、道口入会者已有一千余家矣"②。我们可以从河南商务议员胡翔林的报告《河南全省乙巳年农工商政简明表》中窥见一斑：上蔡县商会设在山西会馆内，逢五逢十齐集会馆，讲求商务；正阳县商会及商务学堂均已筹办，渐有就绪；汝阳县于 1906 年在城内炎帝庙内成立商务公会；舞阳县商会附设于县城开源局内，选举商绅四人长用经理；郑州境内商务简淡，各商立有公议会，筹议商务，略具商会形式；淮宁县与商会县同辖之周家口镇设立商务分会；尉氏县于 1906 年筹设农工商务会一所；祥符县成立省城商务总会。此外，还有鹿邑县、襄城县、郾城县境内漯河镇、禹州、杞县、祥符县各市镇、通许县、鄢陵县、商丘县的商会正处于筹办或者劝办中。而叶县、桐柏、登封县、考城县、柘城县、长葛县、宁陵县、夏邑县、永城县、虞城县、睢州、荥阳、许州、临颍县、项城、扶沟、沈邱县、中牟县、密县、新郑县、陈留县还未设商会。太康县在光绪末年就在棉花小厂内附设商会，以时会集众商，考究商情，并陈列土货，任人游览，以开风气③。至 1910 年，太康"商会设治城东大街"，"原名商务会，至民国改为商会。其组织有会长、文牍、会计、董事会、商事公断处"④。民国时期，河南"全省百余县，开封省会及郑州商埠与商水县周口镇各有总商会一处，其余各县以设一分会者居多"⑤。至 1932 年时，王幼侨还说"各县均有商会，而繁盛之区如漯河、郑州则车站与县城，分设两商会焉"⑥。

淮域山东济宁商会在黄家街⑦。郓城县商会，1908 年设立⑧。滕县"本县社会聚散无常，惟商会尚有团体也"⑨。曲阜县，1916 年设立商会事务所，1921 年始正式依法组织成立⑩。清末民初淮域各地商会成立及规模情况，还可参见下表（表 5-2）。

---

①　民国《三续高邮州志》卷 1，《实业志·营业状况·商会》。

②　《各省商务汇志》，《东方杂志》第 3 卷第 3 号，1906 年。

③　《商务官报》第 18 期、第 20 期、第 22 期、第 25 期、第 27 期，1906 年，合订本第 1 册。

④　民国《太康县志》卷 3，《政务志·商业》。

⑤　民国《河南新志》（上册）卷 5，《商业》。

⑥　《河南方舆人文志略》，第 129、130 页。

⑦　民国《济宁县志》卷 2，《法制略·实业篇·商业》。

⑧　光绪《郓城县乡土志·商业》。

⑨　宣统《滕县续志稿》卷之 1，《土地志·社会》。

⑩　民国《续修曲阜县志》卷 4，《政教志·民治·商会》。

表 5-2　清末民初淮域各县商会设置基本情况表

地方	商会名称	设立年月	会董数	会员数
山东	济宁县商会	1908 年	20	130
	临沂县商会	1908 年	23	150
	费县商会	1909 年	20	113
	单县商会	1910 年	3	30
	滕县商会	1911 年	24	130
	郯城县马头镇商会	1911 年	24	90
	莒县商会	1912 年	14	40
	鱼台县商会	1912 年	43	20
	沂水县商会	1913 年	24	220
	曹县商会	1913 年	24	112
	宁阳县商会	1914 年	20	130
	金乡县商会	1915 年	18	？
	菏泽县商会	1916 年	16	110
	峄县商会	1916 年	27	120
	汶上县商会	1916 年	24	110
	蒙阴县商会	1917 年	18	51
	曲阜县商务分会	1912 年	21	168
	山东全境商会		2167	14 160
河南	开封总商会	1903 年	60	540
	商水县周口镇商会	1905 年	52	484
	汝南县商会	1905 年	24	40
	许昌县商会	1906 年	30	166
	禹县商会	1907 年	20	160
	郾城县商会	1907 年	30	206
	罗山县商会	1907 年	25	74
	息县商会	1907 年	16	96
	鄢陵县商会	1908 年	20	30
	柘城县商会	1908 年	15	25
	光山县商会	1909 年	10	47
	长葛县商会	1909 年	30	105
	睢宁县商会	1908 年	15	125
	信阳县商会	1910 年	13	36
	襄城县商会	1910 年	28	160
	商丘县商会	1911 年	16	54
	固始县商会	1911 年	28	280

地方	商会名称	设立年月	会董数	会员数
河南	正阳县商会	1911 年	18	32
	鲁山县商会	1912 年	15	32
	南阳方城两县赊旗镇商会	1912 年 8 月	27	30
	淮阳县商会	1912 年 10 月	27	23
	扶沟县商会	1912 年 11 月	16	44
	郑县商会	1913 年 1 月	51	250
	虞城县商会	1913 年 4 月	16	22
	商城县商会	1913 年 5 月	30	330
	信阳县柳林镇商会	1913 年 7 月	28	164
	太康县商会	1913 年 8 月	16	180
	永城县商会	1914 年	15	36
	通许县商会	1914 年 5 月	15	108
	上蔡县商会	1915 年 10 月	18	88
	确山县商会	1915 年 12 月	28	35
	叶县商务分商会	1904 年	35	150
	沈邱县商务分会	1911 年	24	38
	桐柏县商务分会	1918 年 11 月	24	120
	新蔡县商务分会	1913 年 2 月	20	24
	陈留县商务分会	1915 年 4 月	15	61
	荥阳商务分会	1916 年 10 月	15	85
	中牟县商务分会	1911 年	24	35
	河南全境商会		1972	11 450
江苏	赣榆县商会	1905 年	18	129
	萧县商会	1906 年	18	126
	宝应县商会	1906 年	20	586
	宿迁县商会	1907 年	34	162
	泰县商会	1907 年	30	420
	泰县海安镇商会	1907 年	27	50
	盐城县上冈镇商会	1908 年	36	323
	东台县商会	1908 年	28	420
	砀山县商会	1908 年	24	140
	邳县瑶湾镇商会	1908 年	30	150
	铜山县商会	1908 年	30	470
	兴化县商会	1908 年	30	330
	泰县姜堰镇商会	1908 年	30	325

续表

地方	商会名称	设立年月	会董数	会员数
江苏	东海县商会	1908 年	43	169
	沛县商会	1909 年	16	72
	沭阳县商会	1909 年	24	86
	睢宁县商会	1910 年	30	180
	丰县商会	1910 年	25	90
	高邮县商会	1910 年	36	500
	盐城县商会	1911 年	26	310
	灌云县商会	1912 年 8 月	4	24
	阜宁县东坎镇商会	1913 年 2 月	30	420
	淮安县商会	1913 年 9 月	30	450
	阜宁县益林镇商会	1914 年 3 月	30	323
	阜宁县商会	1914 年 5 月	30	430
	淮阴县商会	1916 年 4 月	36	284
	涟水县商会	1915 年 7 月	26	160
	江都县扬州商务分会	1905 年	30	500
	泗阳县商务分会	1908 年	28	110
	江苏全境商会		2032	17 220
安徽	寿县正阳关总商会	1907 年	60	130
	六安县商会	1906 年	28	882
	霍山县商会	1907 年	28	216
	天长县商会	1909 年	32	74
	蒙城县商会	1909 年	30	24
	定远县炉桥镇商会	1909 年	19	21
	凤台县商会	1911 年	27	31
	五河县商会	1910 年	18	130
	颍上县商会	1912 年 10 月	24	192
	怀远县商会	1912 年 11 月	30	400
	盱眙县商会	1912 年 11 月	30	30
	太和县商会	1913 年 1 月	29	152
	凤阳县临淮镇商会	1907 年	30	150
	亳县商务分会	1909 年	30	347
	定远县商务分会	1909 年	16	49
	凤阳县商务分会	1909 年	36	109
	宿县商务分会	1912 年 9 月	15	384
	阜阳县商务分会	1912 年 9 月	24	356
	泗县商务分会	1912 年 12 月	16	80
	涡阳县商务分会	1912 年 4 月	20	300
	凤阳蚌埠镇商务分会	1913 年 11 月	24	197
	安徽全境商会		1802	13 684

资料来源:《中国年鉴》(1934 年),《商会志·各省商会详表》,第 1544~1560 页。

　　1927 年南京国民政府建立后，颁布了新商会法，各地方政府多依据新商会法第六条、第七条之规定，制定了县镇一级商会章程准则。如 1936 年安徽省政府就制定颁布了《安徽省某县（或某县某镇）商会章程准则》。章程准则规定：县镇设商会，有必要时还可以设置商会事务所和分事务所。县镇商会的主要职能是筹议工商业之改良及发展、工商业之征询及通报、国际贸易之介绍及指导、工商法规之研究及建议、工商业统计之调查及编纂、工商业之调处及公断、工商业之证明及鉴定、设办商品陈列商业学校或其他关于工商业公共事业但须呈经某县政府之核准、遇有市面恐慌等事有维持及请求地方政府维持之责任等事项①。江苏省政府在 1930 年以来，"已迭饬各地商人，分别组织商会，及各业同业公会"，嗣后于 1933 年，"各工商团体，复届于改选之期，又经迭令依法举行改选"②。

　　此后，商会实际上被列入人民团体，受国民党党部和政府社会科双重领导，商会已成为国民党在商业口的代表机构和基层政权管理商业的一个派出单位。按照新商会法规定，1929 年 8 月以前成立的商会，皆依国民政府颁布的改组大纲重新改组。1929 年 8 月后成立的商会，皆依新商会法组织之。如根据安庆档案局所藏《安徽省商会组织及改造材料》中记载："灵璧县商会于十七年六月（1928 年 6 月）自动改组，举吕维周主席、胡云停二人为常务委员。又于十九年六月（1930 年 6 月）依商会法改选，举吕季石主席，胡云停、孔爱普三人为常务委员。由县政府专呈建设厅备案，因县党部指责手续未完办法不合至今未予立案"③。盱眙县"商人团体，在县城者有县商会一所，各业同业公会十所。在乡镇者，有蒋坝商会一所，各业同业公所一所，均系遵照部章，报经党政机关指导组织"④。淮域安徽各县商会改组和依照新商法重组情况，参见下表（表 5-3）。

表 5-3　　淮域安徽商会统计表

名称	所在地点	改组年月	主席姓名	常务人数	执监人数	备考
蚌埠总商会	蚌埠	1929 年 4 月	张孝蓝	6	33	1929 年 8 月
凤阳县商会	凤阳县	1929 年 2 月	葛楚屏	2	25	
怀远县商会	怀远县	1929 年 2 月	杨乃炎	4	31	
寿县商会	寿县	1930 年 2 月	朱元盛	2	22	
灵璧县商会	灵璧县	1930 年 6 月	吕季石	2	10	
阜阳县商会	阜阳县	1929 年 2 月	陈和鸣	4	31	
霍邱县商会	霍邱县	1929 年 5 月	姚仲明	4	35	

---

①《安徽省政务月刊》第 16 期，《本省法规》，1936 年 2 月，第 19、20 页。

②《江苏省商业行政概况》，《江苏建设月刊》第 2 卷第 5 期，《实业专号》（下），1935 年 5 月 1 日。

③ 灵璧县商业志编纂办公室编：《灵璧县商业志》，未刊稿，1987 年 12 月，第 20 页。

④ 民国《盱眙县志略·经济·商业》。

续表

名称	所在地点	改组年月	主席姓名	常务人数	执监人数	备考
蒙城县商会	蒙城县	1930 年 3 月	李麟阁	5	22	
涡阳县商会	涡阳县	1929 年 9 月	马成骥	2	14	
泗县商会	泗县	1928 年 6 月	罗少泉	2	25	
五河县商会	五河县	1928 年 4 月	雷绍中	2	22	
凤阳县临淮镇商会	临淮镇	1929 年 1 月	朱同甲	4	31	1929 年 5 月 工商部备案
灵璧县固镇商会	固镇	1930 年 9 月	徐德夫	2	5	
盱眙县蒋坝镇商会	蒋坝镇	1929 年 11 月	蔡子受	4	17	

资料来源:《统计·安徽省商会统计表》,《安徽建设》第 22 号,1930 年 10 月。

在淮域江苏,至 1935 年核准改选备案合法的商会有铜山县商会、贾汪镇商会;江都县商会、瓜洲镇商会、邵伯镇商会、仙女镇商会;高邮县商会;宝应县商会、氾水镇商会、仁和镇商会;砀山县商会;萧县商会、黄口镇商会;宿迁县商会、窑湾镇商会;兴化县商会;涟水县商会;阜宁东坎镇商会、益林镇商会;淮阴县商会;盐城县商会、上冈镇商会、伍祐镇商会、沙沟镇商会;赣榆县商会;东海县商会;丰县商会;泗阳县商会;淮安县商会;邳县商会;睢宁县商会;泰县商会、海安镇商会、姜堰镇商会;东台县商会、拼茶镇商会、安丰镇商会[①]。淮域河南省各县商会,在商会法颁布后,多系 1931 年改组成立的,如舞阳、中牟县等商会[②]。

清末商会实行总理制,1914 年北洋政府颁布新商会法后,商会改为会长制。王幼侨曰:河南的商会"昔为会长制,设评议员若干人"[③]。太和县商会成立于 1920 年 12 月,公举正副会长各 1 人,主持全会一切事务,会董 30 人,并举特别会董 4 人,"办理工商业一切学术及技艺等项。均有法定任期,其中途补充者仍按前任者之任期接算。定期会议,分年会、职员会,年会每年一次,职员会每月须二次以上,特别会议无定期。每年遵章将事业之成绩报告农商部备核,经费由会员负担之"[④]。1929 年以后,按国民政府商会改组大纲和新商会法,商会委员制取代了会长制。如河南商会,"由各委员中推一人为主席,在开封者曰开封市商会,另设河南全省商业联合会,委员五人,东西南北各道,至低限度,各占委员一席。其主席率由开封市商会主席兼充"[⑤]。太康县商会"至十九年遵章改为委员制,二十年由县党务整委会指导成立。同业十七,选举执行委员十五人,监察委员七人,执委中又选常委五人,常委推选主席一人,经费

---

① 《江苏省商业行政概况》,《江苏建设月刊》第 2 卷第 5 期,《实业专号》(下),1935 年 5 月 1 日。
② 张静愚讲述:《河南建设述要》,1935 年,第 59 页。
③ 《河南方舆人文志略》,第 129、130 页。
④ 民国《太和县志》卷 4,《食货·物产》。
⑤ 《河南方舆人文志略》,第 129、130 页。

仍由会员负担，月收商捐六十元"①。安徽亳县城有商会1所，直属商店12家，"县商
会设执行委员十五人，监察委员七人，候补执行委员七人，候补监察委员三人，由执
行委员推举常务委员五人，复由常务委员选举主席委员一人"②。抗日战争胜利后，商
会改称"商业联合会"（简称"商联会"），会长改称理事长。设常务理事、理事、常
务监事、监事。1949年随着各地的解放，商联会改组重建，改称理事长为主任，设有
主任、副主任③。商会为法定团体，会长或委员会主席或理事长应由商界公选当地商界
领袖担任。会长的威望和处事能力事关商会发挥作用的大小，乃至影响着当地事业振
兴与否。如高邮商会会长宋子联品望兼优，颇为商界所推重，"惟办理会务，素持保守
主义，以致商业进步，未免迟滞"④。因为商会要接受国民党党部和政府社会科双重领
导，根据1931年国民政府行政院经济部颁发的《商会及同业公会法》的规定，商会还
有办理"主管官署委办事项"之权力，所以淮域有些政治中心城市的商会会长则以有
势力的官员充任，进而商业的发展增添了政治因素这一变数，如"开封商界受政治之
影响，往往以官吏头脑来充商人领袖，故时局一摇动，开封金融，即生波折，或受莫
大之损失"⑤。

　　关于淮域各地所成立的商会职能，我们可以根据民国《续纂泰州志》卷之九《商
会》中记载："泰州州城、海安、姜堰三商会先后成立，脉络贯通，均以振兴商务，保
护商人为宗旨，凡商人报告关于商界之事，得由会代为清理，有屈抑不平之事，得由
会代诉地方官为之清理。"⑥ 以及民国《兴化县续志》所云：该县商会"自民十一年
后，关于商务、军事、交通、水旱灾振暨政府委托事宜，均踊跃从事"⑦；再结合淮域
其他各地史料，就能梳理个大概：

　　其一，研究促进商业发展的方法。如在商会的领导和协调下，开封有些相关商业
展开了商业合作，"省垣内之小煤铺，近设煤商联合购买社，集资赴矿运煤，不受大煤
厂之压迫，为一新组合"⑧。1946年7月2日宿县商会第10次理事会会议就讨论了孔庙
商场如何进行案、本会有给职员工柴薪如何调整案以及估货、钟表、照相、自行车各
业如何进行组织案。同年9月22日，宿县商会联会召开选举大会，其中就讨论了提请
商联会呈请中央发放商贷案、提请商联会呈请令饬机关部队从速让出占住之商店民房
以利商民复业案、提请商联会呈请中央豁免三十四年度所得税以苏民困案、提请商联

① 民国《太康县志》卷3，《政务志·商业》。
② 民国《亳县志略·经济·商业》。
③ 怀远县商业局编印：《怀远县商业志（1911～1985）》（上册），未刊稿，1986年12月，第61～66页。
④ 《选言：视察高邮实业之报告》，《安徽实业杂志》第18期，1918年12月。
⑤ 《河南方舆人文志略》，第129、130页。
⑥ 民国《续纂泰州志》卷9，《商会》。
⑦ 民国《兴化县续志》卷4，《实业志·县商会》。
⑧ 《河南方舆人文志略》，第129、130页。

会呈请中央配给糖棉布燃料等日用品案、提请商联会呈请省府饬令公路局恢复省公路交通以利商业发展案。1947 年 1 月 29 日，宿县商会理事会举行第 18 次会议，讨论了摊贩及行商如何使其纳入组织案，最后形成决议，摊贩由本会派会同各有关同业公会彻底登记。1948 年 10 月 31 日，宿县商会根据沪、蚌埠煤油调整了价格，油价大幅上升的实际情况，呈请政府予以调整。宿县商会还附设贷款处，并制定了贷款处组织暂行办法。贷款处为着发挥商人互助精神，使商会会员能继续维持其生业及活跃社会金融之目的，规定：凡愿参加贷款处合作者得为该处之股东，每一股东至少须认一股，每股金额定为国币 10 万元，但一人不得超过 20 股；贷款处所集股金，专以贷放方式救济会员中资本微薄，不足以维持生活者为贷放对象，但非会员不得享受此种权利。贷放金额以国币 10 万元至 50 万元为限，贷放期限暂以 3 个月为一期。贷时必须以殷实商号戳记及其负责人签名盖章为有效[①]。

其二，答复政府和有关单位关于商业的咨询。如"临淮缩毂南北，为水陆交通孔道，乃盱、五两县商旅往京、徐必经之途，在昔航轮通行临镇轮船码头即设立于店口街中段，自昔迄今数十年来，旅客上下均称便利，而西关一带，商业亦渐趋繁荣"。而蚌埠长淮水上警察总局所属临淮分驻所令将码头迁移东关，临淮商会出面协调，最后还是迁移至东关，但经过几个月后，西关商业衰退，东关商业也没振兴起来，最后商会还继续出面协调，要求迁移回西关[②]。宿县商会在 1946 年 9 月 3 日召开第 13 次理事会，讨论了"商号店员回家住宿时，如何报告案"，最后形成决议，"商号店员回家住宿时，由本店报告本甲甲长，并招此项办法函请警察局查照"[③]。

其三，执行政府命令，催缴会费，摊派课税和为驻军捐款。如 1946 年 7 月宿县油业公会就奉令代五十八军购员食油 24 000 斤，因为受转运商人源源输出境的影响，以致食油供不应求，价格腾涨，所以同业公会要求商会转呈县府明令管制，禁止转运商人输运食油出境，等完成足额后再解禁[④]。临淮居浦徐线中断，镇非富庶之区，地系驻防要隘，故部队殷繁，驻军甚众。1947 年中秋节，循例慰劳驻军，商会余 9 月 17 日召集各业公会商讨进行，按照现驻官兵人数，应行分配猪肉 11 口，合计需款 30 万元，议由各业按成摊募，而各业以商业萧条为由，议请全县统筹摊派，但县府还是对各业进行劝募。1947 年 9 月，临淮驻军以急制弹药箱、缺乏木材为由，向临淮竹木行商摊派木料 30 根，加上以前已经摊派的 20 余根，而临淮竹木行仅仅数家，接受如此巨额摊派实属不堪重负。临淮商会出面要求予以减免摊派，以苏商困[⑤]。

其四，调节商贾之间的纠纷及争议事项。商会未设之前，淮域商事纠纷一般自行

①　安徽省档案馆藏档案：全宗号 37，目录号 2，卷号 272；卷号 224；卷号 272。
②　安徽省档案馆藏档案：全宗号 35，目录号 1，卷号 211。
③　安徽省档案馆藏档案：全宗号 37，目录号 2，卷号 272。
④　安徽省档案馆藏档案：全宗号 37，目录号 2，卷号 272。
⑤　安徽省档案馆藏档案：全宗号 35，目录号 1，卷号 215。

解决，或者由当地绅董调处，大事则仍请县署之类的司法机关判决①。商会设立后，"遇有商民口头争执，均由该会代为解决"②。1913 年 1 月北洋政府颁布了《商事公断处章程》，根据此章程，淮域各地商会一般都"附设公断处、调解处，处理各商之纠纷"③。商事公断处为法定机关，尽管"似商会代行职权，似于部章不合"④，但各商会还是普遍设立了这一调节商业纠纷的机构，并在调处商业争议事项方面起着积极的作用。如民国初年淮阴商事公断处处长闻溥，老成练达，任事一年多，"结理商事案四十八件，并经县署暨高等分厅函请代为理结本县及他县商人讼案数起，持论平允，商民翕服"⑤。近代"工商两业界限，率以资力生产为标准，以资财生产者为商，以力技生产者为工"，在业界已经形成了共识，但是 1946 年宿县工会却强行将属于商会管辖范围的买卖布匹、化妆品、毛巾袜的店号予以登记，这引起了商会的不满，于是商会出面和工会交涉⑥。有些行业或商户之间发生纠葛，商会可以出面调处。有的行业与政府之间的摩擦，商会也从中斡旋。如临淮镇布商广聚成、华盛、同兴泰、泰和祥等四号，因临淮缺乏棉布供应，于是派员去上海采购，结果被上海警察局误认为囤积商品，将四号店员移送地检处侦询，并被上海地方法院检察官起诉。临淮镇商会、同业公会出面与政府沟通，积极地交涉⑦。

其五，协助政府取缔非正式商业经营商业。如 1946 年 6 月 1 日宿县商会召开了第 9 次理事会，讨论了"一银器业函知白铁业商加入本会，请准注册案"、"浴业筹员函请辞职案"、"菜馆业会函请转免征税捐，应如何办理案"，"本县借名诊疗所之西药房拒不入会如何办理案"⑧。

其六，有些商会还组织商团武装，以保护市面。如扬州府属江都瓜洲，当地商会于民国年间置步枪六、七枝，组成一支由小老板和店员约十数人的商团。团长是行伍出身的木业同业公会理事长、曾裕记木行老板曾湘庭，而他的另一个身份即是第二届瓜洲商会的商董。与他同时期的另一位商董、布业同业公会理事长刘泰顺布店老板刘子铭在商团中也担任了团副职务，并且在后来又成为第三届瓜洲商会会长。瓜洲商团所有成员制服都统一由商会筹款买黄布定制，每天列队进行军事操练，保护工厂店铺正常生产营业。赣榆县青口镇，因商贾辐辏，屡遭土匪光顾。于是该镇商会会长筹饷练团，募兵 150 名，维持保护，市面赖以无惊。又因滨海，海盗活动甚炽，商船动遭

① 临时实业视察员李鹍声：《淮扬道区东台县实业视察报告书》，《江苏实业月志》第 8 期，1919 年 11 月。
② 《选言：视察高邮实业之报告》，《安徽实业杂志》第 18 期，1918 年 12 月。
③ 《河南方舆人文志略》，第 129、130 页。
④ 《选言：视察高邮实业之报告》，《安徽实业杂志》第 18 期，1918 年 12 月。
⑤ 临时实业视察员陈时泌：《淮扬道区淮阴县实业视察报告书》，《江苏实业月刊》第 2 期，1919 年 5 月。
⑥ 安徽省档案馆藏档案：全宗号 37，目录号 2，卷号 272。
⑦ 安徽省档案馆藏档案：全宗号 35，目录号 1，卷号 211。
⑧ 安徽省档案馆藏档案：全宗号 37，目录号 2，卷号 272。

损失，该镇商会会长"复于下口设炮船二只，募水勇五十人，梭巡洋面，往来侦缉，迄今青口一隅，水陆安谧"①。

此外，商会还有上报商业活动统计报表、设立商品陈列室（馆）及举办各种物资交流会的职能。上报商业活动统计报表，目的是便于上级部门及时了解各地商情，以便更好地制定各项管理和促进商业发展的政策。报政府批准，设立商品陈列室（馆）及举办各种物资交流会，可以更好地促进当地商业的发展。

近代淮域商会在社会政治生活中还有着相当的权威，在政界亦是有影响的社团组织。如江苏各城之商会，"不但支配商人，并支配市民，每与政府机关对立，成代表市民之团体"②。有些地方商会的一些委员因在当地经济势力之强，往往入选当地的参议会。如1946年，太和县参议会第一届大会委员中就有商会理事评议委员曹贯斗、商会财委会委员桑振亚、商会理事孙鹤龄。太和县候补参议员当中，就有界首镇商会主席饶绍周，商会理事长曹正明（后来曹正明还被任命为县长）③。

正因为商会在政界有如此大的影响力，所以商会除了振兴发展当地商业经营活动、维持商民权益外，在社会事业上也发挥着重要作用。如1904年，怀远县商会曾集资创办养正学堂，发展国民教育。1911年11月初，怀远商会为响应武昌起义，派员参加淮上军东路指挥袁家声在寿县召集的举事会，并以饷粮支持义军东进。1919年，五四运动爆发时，怀远商会又积极组织市民罢市，并支持学生罢课，还两次致电北平商联，反对巴黎和会蛮横决定。1926年，怀远商会建成怀远电灯厂。1927年，怀远商会会长代表皖北21县盐商，到南京国民政府请愿，迫使安徽省主席陈调元免征皖盐附加税。1928年，外地商人买通县衙，欲盗运荆山绵羊石，商会得悉，严加斥责，使外商图谋告吹④。五四时期，扬州商会在抵制日货方面也发挥了积极的作用。1919年5月21日上午10时，在会长周谷人的召集下，扬州商会传召各商店举行会员代表大会，共同讨论抵制日货，坚持永远方法，决定由各业业董负责调查行业中所"存日货总数照实售罄，永不再进，如于轮埠查有运进日货，愿弃河中"，并将日货种数查明，标示众知，以免误购。30日，商会召开第二次各业业董会议，"通过四项决议，除维持前次会议决定外，还决定如发现由外地运进日货抵扬，由业董证明，即行烧毁"⑤。1931年"九·一八"事变后，扬州地区"绸、布、药、广货、钟表等18个行业，停市一日，决心反日，不买日货"，商会还"组织各行各业商人集中游行，后齐集校场，推选各业代表演

---

① 临时实业视察员俞训渊：《徐海道区赣榆县实业视察报告书》，《江苏实业月志》第10期，1920年1月。

② 《分省地志·江苏》，第159页。

③ 太和县工商志编纂领导小组：《太和县工商行政管理志》，1986年。

④ 怀远县商业局编印：《怀远县商业志（1911～1985）》（上册），1986年，第61～66页。

⑤ 中共扬州市委党史办公室：《中国共产党扬州史》第1卷，中共党史出版社，2001年，第14页。

讲，倡言'不买日货，藉救危亡'"①。1937 年 7 月 7 日，日军制造卢沟桥事变，开始了全面的侵华战争，7 月 28 日，扬州江都县商会组织抗战议援团，通电慰问在卢沟桥抗击日军的二十九军，函告各业征集药物和日用品，寄给前方抗日将士。

由此可见，在独立于官方的"公共领域"中，淮域商会发挥了自己的一定作用，尽管这种作用极其有限，在淮域各地发展也很不平衡，但还是或多或少地促进了淮域城乡基层社会的社会空间得以扩展，并一定程度上推动了淮域地方社会的近代转型。

(三) 同业公会

同业公会是由同一区域内之工商同业者设立的，以维持同业公共利益、矫正营业上之弊害为宗旨的、非营利性的社会团体。民国时期淮域各地同业公会虽接受当地商会的领导，系商会的基层组织，但是同业公会也是依照政府颁布的相关法令成立并接受当地政府指导，具有独立的法律主体地位的社会组织，在维护同业利益、矫正同业发展弊端以及为地方社会经济发展和稳定方面曾发挥过重要作用，故在此单独设目予以详细论述。

民国时期出现的淮域同业公会，是由清末的行业会馆、公所组织转化而来。1918 年 4 月 24 日，北京政府农商部公布《工商同业公会规则》，令各省将旧有之同业团体——会馆及公所等依照规定组织同业公会②。这些法令的颁布大大促进了淮域各地各行业组织由会馆、公所向同业公会转化的步伐。如 1920 年江苏宿迁窑湾镇、高邮州、睢宁、盐城上冈镇、铜山县、江都邵伯镇、萧县黄口镇、阜宁县益林镇、阜宁县东坎镇、萧县、河南中牟、安徽六安工商同业公会所属会员数分别为 113、395、224、186、1409、114、120、216、298、201、12、450 人，1922 年山东菏泽县、定陶县、临沂县城关镇工商同业公会所属会员数分别为 121、72、299 人，1923 年江苏宝应县、盐城沙沟镇、兴化、泰县、山东郯城县工商同业公会所属会员数分别为 171、150、1068、204、190 人③。

到了 20 世纪二三十年代，随着农产品商品化趋势的增强以及民族资本主义商业的发展，各地工商业行业门类日渐增多，而商会的职能又难以直接延伸到各行业基层，于是就产生了隶属于商会的同业公会。1927 年 11 月 21 日，南京国民政府农工部"为保护工业团体，及促进技艺发达起见"，颁布了《工艺同业公会规则》，规定"凡属于机械及手工之工厂、作坊、局所等，操同一职业者，得依本规则之规定，呈请设立工

---

① 中共江苏省委党史工作委员会、江苏省档案馆编：《江苏革命斗争纪略》，档案出版社，1987 年，第585 页。

② 彭泽益主编：《中国工商行会史料集》下册，第 985 页。

③ 《中国经济年鉴续编》(1935)，第 (N) 73 ~ (N) 79 页。

艺同业公会"[1]。1929 年 8 月 17 日，国民政府颁布《工商同业公会法》，1930 年 1 月 7 日公布了《工商同业公会法施行细则》，要求"凡在同一区域内经营各种正当之工业或商业者均得依本法设立同业公会"。该法对同业加入公会作了强制性规定，"同业之公司行号，均得为同业公会之会员，推派代表，出席于公会"，而且要求"原有之工商各业同业团体，不问其用公所、行会、会馆或其他名称，其宗旨符合于本法第二条之规定者，均视为依本法而设立之同业公会，并应于本法施行一年内，依照本法改组"[2]。根据国民政府的有关同业公会法规，淮域各地多对原有同业团体进行了改组或重新组建。如江苏兴化县在 1928 年将商会改组商民协会，同时也成立了各业公会。兴化当时的各业公会主要有京广业公会、南货业公会、布业公会、油业公会、粮食业公会、银楼业公会、酒业公会、酱业公会、茶食业公会、国药业公会、米业公会、衣业公会、苏货业公会、贷款业公会、钱业公会、烟业公会、茶叶公会、材板业公会、竹木业公会、草业公会、磨坊业公会、菜业公会、渔业公会、瓷业公会、猪业公会、木业公会、蛋业公会、香业公会[3]。

商会与同业公会都是依据政府明令而成立的社会团体，两者有着紧密的联系。1929 年 8 月 15 日，国民政府颁布的《商会法》规定："各特别市、各县、及各市均得设立商会"，"商会之设立，须由该区域内五个以上之工商同业公会发起之，无工商同业公会者须由商业的法人或商店五十家以上发起之"。商会会员分为公会会员和商店会员两类，由公会或商店举派"代表出席商会"。这个法规明确了同业公会和商店为商会的基层组织，使二者的隶属关系有了法律依据。同业公会与商会在法律地位上是平等的法人主体。同业公会是单一的同业组织，而商会是一个集各业公会为一体的联合组织，二者构成直接的上下级团体组织关系。商会作为同业公会的上级组织机构，对内整合各业同业公会，维护商人的共同利益；对外代表各业同业公会参加各项活动。

国民政府颁布新的工商同业公会法及细则后，淮域各地方政府多依据工商业同业公会法制定了县镇一级的商会章程细则和同业公会法章程准则。如 1936 年，安徽省政府就依据工商业同业公会法第四条之规定，制定颁布了《安徽省某县（或某县某镇）某业同业公会章程准则》。章程准则规定，同业公会下设事务所，"以维持增进同业之公共利益矫正营业之弊害为宗旨"，主要职能为筹议同业应兴应革事宜、计划同业发展方案、筹划同业职工生活改良方法、消弭同业间无谓之竞争、调节同业劳资争执、处置会员一切纠纷、办理同业公共事业等。为了更好促进各县镇同业公会开展工作，以谋同业营业之发展及国货之推广起见，1936 年安徽省政府还制定颁布了《安徽省各县

① 彭泽益主编：《中国工商行会史料集》下册，第 995 页。
② 中国第二历史档案馆编：《民国史档案史料汇编》第 5 辑第 1 编，《财政经济》（八），江苏古籍出版社，1994 年，第 690、691 页。
③ 民国《兴化县续志》卷 4，《实业志·县商会》。

镇同业公会研究委员会通则》，规定研究委员会至少半月开会一次，办理的主要事项为研究本业营业之救济及发展、本业营业状况之调查统计、本业所销国货之改良、以国货代替舶来品等。研究结果及意见必须由同业公会函报当地商会及党政主管机关分别·转呈省党部省政府审核①。

　　淮域各地商业同业公会均系遵照奉颁章则，报经当政机关指导的组织。同业公会成立的日期、设立的地点、公会名称，有多少商号组成等详情均须上报，对共同宗旨、经费来源等都有详细的规定。其内部组织机构，从民国《亳县志略》的记载可略知一二。亳县同业公会共23所，"各同业公会，亦各设主席委员一人，常委执委人数，视其会员人数，有所增减"②。同业公会的主要职能是直接管理本业商户，摊派并催收一切苛捐杂税和临时派款，研究本业发展，受理申报开业申请，上传下达，办理政府、党部、商会交予的各项事宜。如1947年3月10日，在立煌县龚家畈成立山纸商业同业公会，发起人数为53家，就是"以维持增进其同业之公共利益，矫正弊害，谋求福利，并协助政府推行功会为宗旨"。此外，"办理本会目的事业及计划推广营业改良出品等有关生产事项"③。蚌埠粮食公会规定，在粮食成交时，必须到粮食公会领取斗斛，再下河去过载量斗。另外，过斛以后，轮船不能直接靠岸，必须由驳运划子从船上运到岸边，再交由工人搬运。还规定任何一个外地商户，欲到蚌埠经营，必先经同业公会同意，交纳会费，再报请商会批准，否则不能开业。这样，商会通过同业公会这个基层组织，进而控制着全市的商业④。由此可知，近代淮域同业公会仅仅是商会为便于有效控制商业而成立的下属组织，故其权力以及所发挥的社会影响力非常有限，完全不同于14世纪欧洲的同业公会。因为中世纪末的欧洲同业公会已经被承认为一种政治集团，"同业公会的代表和领袖可以进入议会和担任长官职位"⑤，同业公会实际上成了享有经济与政治特权的联合体。

　　尽管同业公会发挥的社会影响力有限，但是近代淮域的有些同业公会在履行日常工作职务中，为了维护本行业和广大人民群众的利益，也曾发挥过一些积极的作用。如1941年，太和县稽征处对饮食业增添了"宴席捐"，规定顾客除付饭菜外，还要另给10%的"宴席捐"，吃便饭者、军人、官府人员则不付。饭馆业同业公会认为向顾客索取额外收入，减少上座率，直接影响经营，因此拒付款，软抗"宴席捐"，结果稽征处取消了此项税捐。1945年，由商会出面向旅店业和饮食业征收所得利税，此项税款较之其他行业多，旅店业和饭馆业认为极为不合理，当即组织了"请愿团"。并派出李

　　① 《安徽省政务月刊》第16期，《本省法规》，1936年2月，第27、28页；第33、34页。

　　② 民国《亳县志略·经济·商业》。

　　③ 安徽省档案馆藏档案：全宗号8，目录号4，卷号20。

　　④ 傅华昌整理：《蚌埠的商业和商会》，中国人民政治协商会议安徽省委员会文史资料研究委员会：《安徽文史资料》第28辑，安徽人民出版社，1988年3月，第45页。

　　⑤ （法）P. 布瓦松纳：《中世纪欧洲生活和劳动》，商务印书馆，1985年，第221页。

天生、丁瑞云、王修德、哈毕忠、赵利青等 15 人作为代表在商会集中，前往税捐稽征处找负责人端木恒请愿，要求按营业总额总的百分比各行业平均出税款，税捐稽征处最后同意减少本业的税额。1946 年，太和县稽征处邢学辅将太和县征收的 3 万斤小麦，未经过太和县粮业公会而欲卖往外地。粮业公会获此消息，即根据太和县当年是歉年，又处在青黄不接的春季，饥民甚多的实际情况，认为此粮不应外运销售。因此，粮业公会立即采取果断措施，一面向县商会反映情况，一面派人监视船只，不准起运；县商会随即向县长仇天明报告。与此同时，粮业公会发动同业全体人员及社会上的势力，四处张贴标语口号，示威抗议。结果粮食未能外运，而是将之分给各保公所卖给群众，解决了当地灾民当时缺粮的困难①。

第二节　商路变迁与城市的兴衰

伴随着外国资本主义的入侵，以及民族经济和近代新式交通的发展，加之黄河长期夺淮对运河系统的破坏，运河阻塞，漕运废止，迄 19 世纪末 20 世纪初时，淮河流域以淮河干支流和运河为主干的传统商路受到了巨大冲击，以京汉、津浦、陇海铁路以及众多的省道、县道公路为主干的新商路迅速崛起。商路的变迁导致传统商路城市如宿迁、淮阴、淮安、扬州、临淮关、正阳关、朱仙镇、亳州等日趋衰落，而位于新商路沿线的众多中小城市如郑州、驻马店、连云港、蚌埠等，则由于交通区位的优势而获得了迅速发展，海州（今连云港市）、郑州、济宁（有津浦铁路兖济支线通过）、徐州、蚌埠纷纷自开为商埠。同时，由于近代因素的渗透，传统行政中心城市如省会城市——开封和大量的县治城市之经济功能逐渐得到了增强，开始了缓慢的城市近代化进程；而在一些交通条件好而农副产品商品化程度较高的地区，则出现了众多的市镇，这些市镇或因商而兴，或因铁路、公路、轮运线的开辟而起，或因工矿业的兴办而得以发展。

一、商路的变迁

商路是商品流通的重要载体和渠道，商品流通的发展与迟滞，城市的兴与衰，相当程度上取决于商路的通畅与否。20 世纪以前，淮河流域以水运为主，依靠淮河、运河，与黄河、长江水系相沟通；在淮河、运河的周围又分布着众多的内河渠道，形成纵横交错的运输网络。当时淮河流域商品集散中心，主要有周家口、正阳关、临淮关以及运河沿线的扬州、清江浦、济宁等，辐射面及豫东、鲁西南、皖北、苏北。20 世

---

① 太和县工商志编纂领导小组：《太和县工商行政管理志》，1986 年。

纪以来，随着京汉、津浦、陇海等铁路的通车，以及近代淮域公路网的基本形成，淮域商路发生了重大变迁，逐渐形成了以铁路、公路运输为主，水运为辅的商路格局。

（一）传统水运商路的式微与提升

清末民初，由于运道淤塞，漕粮海运，轮轨通车，淮域传统水运商路逐渐衰微。但是，一方面因其运价相对价廉，在近代交通发展格局中依然有着较强的竞争力；另一方面，因轮机船的投入使用和新式轮运航道的开辟，又给传统水运商路注入了新的交通元素，故淮域传统水运商路的运力仍在不断提升，并融入了近代淮域商路网络系统而成为其不可分割的组成部分，继续发挥着促进淮域商业贸易的重要作用。

1. 淮河商路

淮河干流，是沟通江苏、安徽、河南的良好商路，其下游入洪泽湖可进入大运河。淮河在桐柏至信阳段无舟楫之利，自长台关至息县，可通竹排木筏。"息县以下，舟楫颇盛，直达正阳关。贩盐木商，夏秋间，结队往返。其支流史河，以固始东门外为船舶聚集至埠，下达三河尖，与淮河会"。所谓"左船右筏，生意繁昌"，此言不虚①。淮河从河南进入安徽境内，沿干流河道，经正阳关、田家庵、临淮关、蚌埠、小溪集、五河各港口，进入江苏盱眙港。正阳关，淮河中游最大的商业港口，是下游大民船的终点港，运行的货物在此由小民船散送上游各地，常年有大批民船停泊。田家庵即淮南港，为货客两用的水运码头，常年民船云集。临淮关，位于凤阳县东北 8 公里，地处淮河中游南岸，"各地货物辐辏，民船碇泊常数百只"②。蚌埠，位于淮河中游南岸，属凤阳县，距凤阳东 50 华里。晚清时期，蚌埠为沿淮著名的私盐集散地之一，常有大量木帆船云集。1908 年，利淮河工小轮有限公司从正阳迁入蚌埠，蚌埠成为轮船运输的重要中转站。1911 年 5 月，蚌埠淮河铁桥竣工通车后，蚌埠进出往来货物骤增。小溪集港，位于五河县淮河上游 20 华里处，常泊民船 30 余只。五河港，位于淮河与浍河会合处，因附近有潼河、浍河、南沱河、北沱河、岳家河 5 条河，故称为五河，停泊的民船约 40 只以上。盱眙港，距淮河河口 40 华里，常有民船数 50 只左右③。

颍河，是淮河最大的支流，颍河流经河南周家口，经安徽太和、阜阳、颍上，到正阳关对岸之八里垛入于淮，四季能通航。货物溯淮河而上至正阳关，经颍河至周家口及西华、临颍、禹县；若由周家口入贾鲁河，可通扶沟县；由沙河口入沙河可通郾城县及襄县、邓县。《河南》一书载，"自周家口登舟，溯沙河，经赵兰埠口、逍遥镇、宿砦，至漯河镇，约一百八十里，夏日水盛，上水须三日，下水仅一日夜"，1925 年 7

---

① 《河南方舆人文志略》，第 25 页。

② 龚光朗、曹觉生：《安徽各大市镇之工商现状》，《安徽建设》第 3 卷第 2 号，1931 年。

③ 马茂棠主编：《安徽航运史》，安徽人民出版社，1991 年，第 231 页；第 221 页。

月后，行使小轮，下水仅 6 小时①。"沙河一道，商船颇多"②。从周家口若转小黄河，然后入大黄河，即可到达中原、华北各地。据史料记载，"皖北六安霍山一带盛产麻茶约二千余万斤，除当地及附近各县行销外，要以山东、河北等省各商采办为大宗，计输出之数约计百余万篓，计千余万斤"，"在津浦路未成之前，凡运山东者，向分水陆两途，水运则用竹排从山河、溡河达正阳，换民船，经沙河抵河南之周家口，转小黄河南泥口，复转入大黄河，抵距济南十二里之洛口起卸"③。颍河水运最繁盛的是在秋季，"安徽正阳关、蚌埠挽舟自界首沂流而上，阜阳、太和之船最多，由安徽阜阳之沈邱集来者，视隔省如近邻，船名对连划，一船可分为两截，体轻而易转"④。从颍河外运的本地产品主要有麦、大豆、芝麻、高粱、西瓜及西瓜子，从河南周家口镇经颍河运往淮河下游的货物有铁、烟草、药材、杂货等。由镇江运至正阳关，再由颍河运往上游各地的货物有布、药品、杂货、石油、砂糖等。在颍河流域有"十里五十只船"之说，可见颍河水运较为旺盛⑤。

涡河，是淮河的又一条较大支流，从河南进入安徽亳县经涡阳、蒙城、怀远，至凤阳临淮关注入淮河。涡河水流缓慢，水位较浅，约有 3/4 的水面有妨碍民船通行的水草，通航的只有 1/4 左右的水面。涡河主要外运的货物有麦、豆类、胡麻、黄花菜、花生等⑥。民国《亳县志略》云："涡河可通舟楫，往来于淮、泗之间，商货赖以转输"，"亳县水路交通，端赖涡河航运，帆船往来，络绎不绝"，"在陇海路未通车前，皖北豫东以及鲁西各县，运输货物，胥惟涡河是赖"。但到 19 世纪 30 年代，因"水势略减，不能通行水轮，殊为憾事"⑦。不过，仍不失淮河水运的重要商路，据 1932 年调查，该年豫东、皖北农产均丰稔，"其由亳县水运赴蚌埠者，虽无明确统计，约估当不在少数。亳县每年产量之合计约三万余吨"⑧。

淮河南岸支流发源于大别山地，短促流急，能通航运货的支流比较少，仅有史河、溡河略具通航条件。史河出商城县南 70 里的牛山，曰大牛山河、小牛山河，下流合为史河，迤逦北流，经过固始县东门外，东北至三河尖入淮河，"下游通舟楫，以固始东

---

① 《分省地志·河南》，第 200 页。

② 《大中华河南省地理志》第 5 篇，第 148 页。

③ 蚌埠运输业同业公会代表：《津浦路局亟宜招徕皖北六安茶商恢复车运以增铁路收入案》，全国铁路商运会议秘书处编：《全国铁路商运会议汇刊》（1931 年），沈云龙主编：《中国近代史料丛刊》（236）三编第二四辑，文海出版社有限公司印行，第 77、78 页。

④ 《大中华河南省地理志》第 5 篇，第 156 页。

⑤ 马茂棠主编：《安徽航运史》，第 223 页。

⑥ 马茂棠主编：《安徽航运史》，第 224 页。

⑦ 民国《亳县志略·交通》。

⑧ 《陇海全线调查·商丘县》，1932 年，第 99 页。

门外为大埠"①。淠河"起六安之两河口,至正阳关而入于淮。淮南之货于是汇焉"②。

津浦铁路通车后,安徽北部和涡河、颖水、淮河上游一带商货的流向彻底改变。这些物产向来循淮河经临淮关,出清江浦(今淮阴),顺运河而下,现在则循旧道淮河到蚌埠,即舍舟登陆,改由津浦铁路南运到浦口,然后南往无锡、上海,北趋济南、天津,分散各处。横穿东西、流经千里的淮河,因此失去了向来作为安徽、江苏(扬州)之间货运通道的价值,淮河在运输上的价值减少到只是对铁路起些辅助作用而已。

2. 运河商路

运河在山东黄河南岸段经过东平、汶上、济宁、鱼台、滕县、峄县等,为南运线路,以济宁为中心,藉汶、泗水源。原是南北交通之要津,自海线开通后,逐渐废弃,后津浦铁路通车,乃更失其效用。不过,汶上到江苏清江浦一段,春夏秋尚可通航。据济宁船捐局民国初年统计,鲁运河南端往来民船数一年约为6000只③。汶上县境内运河段经过袁家口、开河镇、南旺桥、柳林闸,通行帆船,主要运输农产品;在济宁县境内运河段通行民船,经过长沟镇、安居镇、鲁桥镇,运输以杂粮、煤炭为主;鱼台县境内运河段通行民船,经过南阳镇,运输麦、豆、湖草;滕县境内运河段通行小船,经满家口、夏镇,运输的货物主要是焦炭、地瓜、小麦;峄县境内运河段通行的是帆船,经过韩庄、曹庄、台儿庄,货物运输多木、杂货④。

运河从山东进入江苏境内,经邳县、宿迁、泗阳、淮阴至清江浦。邳县运河段可由台儿庄通窑湾,沿岸所经之重要市镇为滩上、徐塘、猫儿窝等处。平时可以通行民船,运输之货物以杂货为最多。运河至宿迁境内,在县城之东北,经过县属之窑湾、皂河、陆圩等镇。其往外之航线中,以宿清线为最繁盛。宿清线由宿迁关口起,至清江之杨庄镇止,为宿迁、淮阴两县常经之航线,全年可通航,通行民船及小轮,有通运轮船公司。货物之运输,以布匹、京广杂货等为最多。运河由宿迁县窑湾起进入泗阳,至淮阴县之杨庄止,为泗阳通宿迁、淮阴等地之重要干河,其沿岸所经过市镇为宿迁县城、象兴等处,通行民船、轮船。装运之船极多,所运之物品以小麦、金针菜、花生、酒、煤炭等项为最多。运河在淮阴境内有镇清线、宿清线,其沿岸所经过市镇有码头镇、杨庄镇等处。通行汽船、帆船、轮船,帆船多运货,所运货物有食粮、油类、木材、柴炭、猪、布匹等⑤。

从淮阴县以达瓜洲镇东,为淮扬运河,亦称里运河。沿途经过重要城市和市镇有

---

① 《分省地志·河南》,第197页。

② 《皖政辑要》卷91,《农工商科·商会·附全省商路》,第850页。

③ 〔日〕青岛军政署:《山东研究资料》第1编,1917年,第75页,转引自庄维民:《近代山东市场经济的变迁》,第107页。

④ 《中国实业志·山东省》,第99(子)、100(子)页。

⑤ 《中国实业志·江苏省》,第164页;第154、155页;第152页。

露筋镇、邵伯镇、江都县城、三汊河、瓜洲镇等。在江都之福钞关两门外，轮船公司林立，均自建码头，约 11 家，可见货物运输之繁忙。与运河汇合之河流有运盐河、东湾河、西湾河、凤凰河，重要货运为日用品及食粮①。淮安境内运河段为淮安联络镇江及淮阴之重要干河，经过的重要市镇为板闸、河下、县城、平桥、泾河等处，货运以粮食、煤炭居多。运河在宝应境内，经过重要的市镇有宝应县城、黄浦、刘家堡、氾水镇、界首镇等处，经营本航线的轮船公司在宝应境内也有 9 家，货运以稻麦、杂货居多。运河在高邮境内，为镇清线所经过，沿途由露筋至界首，经过高邮的市镇有车逻、高邮县城、马棚湾等处，运输方面之重要者，有稻麦、杂货等②。

运盐河即里下河，自江都县流入泰县，又东流经过姜堰、海安，入如皋境，此为正流。还有一支，自泰县东泰坝分出，东北流入东台县境，与串场河汇合，"运盐河畅通小轮，与附近诸县及较为兴盛之市镇，俱有小轮往来"③。蚌蜒河为运盐河之中支，横贯东台县之东西，与串场河、运盐河为东台三大干河，"畅通舟楫，尤以串场河为最便利"④。

3. 海上商路

长江口以北的黄、渤海海上航线，为中国的北洋航线。随着近代近海航运和远洋航海技术的发展，淮域沿海的海上运输商路也颇为发达，并形成了山东日照石臼所、夹仓、涛雒口、江苏海州（连云港）、青口、阜宁、浠浦、潮河、盐城等地港口。民国初期，据上海江海关统计，由山东沿海驶抵的货船每年 1300 余只，而由海州、青口、阜宁、浠浦、潮河、盐城等港驶往山东各港口运货的民船则数倍于此⑤。日照港，有利泰号轮船来往于青岛及海州（连云港）之间。来往运输货物以花生油、花生米、豆油之类较多。连云港可泊巨舰，有航路至山东青岛、烟台、威海卫，运输货物以麦和鱼虾最多⑥。东海海运有申浦、申宁、合众、大通、大兴、大振等六公司，船只共 15 艘，航行上海、青岛、大连等口岸⑦。赣榆县濒临黄海，有唐家口、朱蓬口、青口等 11 港口，"以青口为最大，利于舟楫，口外潮退，一片浅滩，沙船任其搁置，秦山东北，水道颇深，大轮亦可停泊，朱蓬口内已经淤塞，荻水口与山东交界。三角洋港为本邑沿海之一大良港，密迩青口，为商业重地，前以淤塞，致失利用，今已开始修筑。大沙

①《中国实业志·江苏省》，第 145 页。

②《中国实业志·江苏省》，第 149 页；第 148 页；第 147 页。

③《江苏六十一县志》下卷，第 216 页。

④《江苏六十一县志》上卷，第 131、132 页。

⑤ 参见庄维民：《近代山东市场经济的变迁》，第 121 页。

⑥ 参见徐德济主编：《连云港史》（古代、近代部分），人民交通出版社，1987 年，第 62 页。

⑦《中国实业志·江苏省》，第 69 页。

河亦曰庙湾子河，自山东郯城县入县西南境，东南流入海，雨集水涨，商船可行"①。射阳河口，原来只有民船出入，20世纪30年代，试航成功，可由上海直通阜宁②。盐城县新洋港为江苏省海门以北的第一大口，孙中山先生《建国方略》中曾将其列为渔港之一③。

20世纪30年代初，淮北盐的运销由于铁路运价高昂，而改海运，由淮北经海道运至浦口，候车转运蚌埠④。在津浦路未通车之前，安徽六安、霍山一带所产茶叶"凡运山东者，向分水陆两途"，"其运天津者，则用小车载至舒城之桃溪镇，转载民船至芜湖，再换轮舟，由长江过沪，直赴天津"⑤，也就是先陆运，再经长江商路运往上海，然后走北洋航线到达天津。

此外，淮域靠近黄河或黄河穿过（如黄河就穿过中牟县、郑县北境）的部分县份，还依靠黄河商路对外进行进出口贸易，如考城县的芝麻、棉花、百合除了供应本地消费外，"分黄河、铁路两途出口，而河运反较车运为多"，原因在于"河运价廉"。开封靠近黄河，故陇海线开封站货物运输受到黄河水道之竞争，并不如理想中之畅旺。郑县因境内黄河深宽，"舟楫往返，运输利便"⑥。淮域山东菏泽境内有贾庄、临濮等黄河河运码头，每年贾庄自洛口运入的盐约200余万斤，菏泽由各码头输往沿黄各地的土产主要为牛羊皮、棉花、胡麻、定陶布、药材等货物⑦。郓城境内黄河沿岸码头设有粮栈，河运输出的有粮食、草辫、蚕丝、花生油、药材等货物，输入货则以棉纱、煤油为主⑧。

（二）陆上新商路的形成与发展

传统的陆上商路主要是官马大道，随着近代铁路、公路的不断修筑和里程的延长，以及官马大道路面状况的改变和新式交通工具的投入使用，近代淮域陆上商路网络也出现了新变化。

---

① 《江苏六十一县志》下卷，第233页。

② 《江苏六十一县志》上卷，第8页。

③ 朱沛莲：《江苏各县市志略·盐城县》，《江苏文献》第7期，1978年8月15日，第27页。

④ 蚌埠淮盐运卸公会商会：《拟请陇海津浦平汉等路迅定联运办法交换车辆准予盐车过道案》，全国铁路商运会议秘书处编：《全国铁路商运会议汇刊》（1931年），沈云龙主编《中国近代史料丛刊》（236）三编第二四辑，文海出版社有限公司印行，第194页。

⑤ 蚌埠运输业同业公会代表：《津浦路局亟宜招徕皖北六安茶商恢复车运以增铁路收入案》，全国铁路商运会议秘书处编：《全国铁路商运会议汇刊》（1931年），沈云龙主编《中国近代史料丛刊》（236）三编第二四辑，文海出版社有限公司印行，第77、78页。

⑥ 《陇海全线调查》，1932年，第112、141、158页。

⑦ 光绪《菏泽县乡土志·商务》，1907年；〔日〕东亚同文会：《支那省别全志·山东省》。

⑧ 光绪《郓城县乡土志·商业》；林修竹：《山东各县乡土调查录》卷2，《郓城县》，1920年。

1. 铁路运输商路

1904 年 3 月 15 日，青岛至济南的胶济铁路全线通车，这是近代新式铁路交通给以淮河、运河运输为主的淮域传统商路带来的第一次大的冲击。该铁路建成后，使得鲁南、河南地区的许多农副产品、手工业品的流通方向开始改变，部分商路的货流量也因之发生变化。之前的鲁南、河南地区的土货大都经由运河运镇江输出，铁路建成后，越来越多的货物由南运改为北运。1909 年镇江海关报称："山东、河南两省来货逐年减少，向来该两省由运河抵本口之货物，显然已趋向青岛"；翌年又称："山东以南之土货，以前均由河运来镇，现因运河一带关卡林立，大半改由火车运往胶州"[①]。

1912 年 12 月，津浦路的通车给淮域传统商路又带来了一次大的冲击。在津浦路未修以前，"北方货物便由平汉铁路运至汉口，再转上海，为时甚久。现在则可由郑州运至徐州，由徐州再转浦口，在浦口或迳用汽船运申，或在下关转京沪线运沪均可。两相比较，省时多矣"，"以全国而论，乃南北经济运输上极重要之路线也"[②]。淮域六安、霍山一带盛产的麻茶，运往山东、河北等省的商路也因此发生了改变，"至津浦通车后，经蚌埠转运公司十余年之招揽，该茶商等始纷纷由正阳运茶至蚌埠，改由火车运输"[③]。津浦铁路由北而南，将曲阜、兖州、济宁、滕县、徐州、蚌埠等地市场连接在一起，使上述地区的商品流通沿着这条运输线，北可与天津相通，南可与南京相连，并可通过沪宁线与上海相接。津浦路在济南与胶济铁路会接，货物运输由宁、津可直达青岛，这不仅加强了整个鲁南地区与青岛港的贸易联系，而且使豫东、苏北、皖北的部分地区也纳入到青岛市场的影响范围之内。运河商路货运量也因津浦铁路的通车和与胶济铁路的对接而日渐减少，这标志着淮域传统运河商路在津浦新商路兴起后，已经开始趋于衰落，甚至逐渐为新商路所取代。

1905 年，比、法投资的芦汉铁路（卢沟桥—汉口）通车。后延至京师，始名京汉铁路，"路商互动，铁路营业，赖商家以扩充，商家货物，籍铁路而运送，二者互为表里，关系实深"[④]。平汉铁路在淮域河南境内各站"客货繁多"[⑤]，商运大宗，如郑州之棉花、牛皮、瓜子、柿饼、核桃，新郑之麦、煤、药材、鸡蛋、面粉，许昌之烟叶、粮食、药材，郾城之杂粮，驻马店之芝麻、小麦、牛皮，信阳之稻米，柳林之木炭等，年在千万吨以上，"至于食盐、花生米、煤油，及凡百杂货，各站起卸之物，未能备

---

① 《宣统元年通商各关华洋贸易总册》，1910 年，镇江口，第 74 页，转引自庄维民著：《近代山东市场经济的变迁》，第 89 页。

② 《中国实业志·江苏省》，第 18 页。

③ 蚌埠运输业同业公会代表：《津浦路局亟宜招徕皖北六安茶商恢复车运以增铁路收入案》。

④ 平汉铁路管理委员会编：《平汉年鉴》，沈云龙主编：《近代中国史料丛刊》第三编，（台北）文海出版社，2005 年，第 325 页。

⑤ 林传甲总纂：《大中华河南省地理志》第 4 篇，第 95 页。

载，诚一最有利益之国有铁路也"①。

1907 年，比、法投资的汴洛铁路（开封—洛阳）通车，1914 年后汴洛铁路扩展为陇海铁路，东达徐州与津浦铁路相连接，西达潼关。沿线分布有集散农副产品的大站和重要市镇，是沿线农村对外交通的重要商路。就连远离陇海线的山东曹县由于距离河南宁陵县之柳河站较近，其中有 30% 农副产品都经过此站输出②。据《陇海全线调查·本路沿线出产概况表》记载，1922 年陇海线 30 个县的输出物资总数约为 31.2 万吨。其中大宗运输货物为煤、盐、棉花、小麦、花生、黄豆、杂粮等，除去煤盐两项外，农产品的输出量约占其余物产的 80%。

安徽淮南铁路通车后，"客货运极为畅旺，每日营业近一万余元，较浙赣江南两路超出倍余"，"正阳关已于上月下旬成立营业所，淮河上游之货，今后可望改该路运输云"③。

铁路的发展，使得沿上述铁路线的淮域各类市场的商品流通开始逐步脱离传统封闭的旧模式，并随着流通规模和流通距离的不断扩大，逐步与国内外市场建立起商业联系。

2. 公路运输商路

民国年间，随着淮域公路网络的初步形成和汽车运输业的兴起，以省道和县道为主体的内陆商路日益发达，这也极大地冲击了淮域传统水运为主的商路网络格局。在淮域安徽，经过阜阳的省道有归信公路、归祁公路、界立公路等。此外还有阜（阳）蚌（埠）公路、阜临（泉）公路、阜涡（阳）公路、阜正（阳关）公路、阜三（河尖）公路、阜板（桥集）公路、阜地（里城）公路、阜中公路、阜方（家集）公路等，"凡乡村集镇均可通行汽车"④。太和县因居偏僻地，水陆交通滞阻，1924 年由土绅创组汽车公司营业，"在于豫皖交界处，先自太和勘定路线，北通亳县，西达豫省周家口，购汽车两辆，逐日开驶，以期上行货物，联络运输，便利交通"⑤。亳县对外陆上商路，有南北、东西二大干线：一为归信公路，一为蚌鹿路⑥。蚌埠辖区也有蚌埠至怀远、蚌埠至长淮卫、蚌埠至刘府、怀远至蒙城、怀远至临淮关、蚌埠至宿县等 7 条公路。

淮域江苏境内的省道主要有淮海路、瓜鱼路、通榆路。淮海路由淮阴起至东海止，中途经过沭阳，运输货物以布匹为最多。淮海路在淮阴境内路段运输货物除布匹以外，

---

① 《河南方舆人文志略》，第 33、34 页。

② 《陇海全线调查》，1932 年。

③ 国民经济建设运动委员会安徽分会：《经济建设半月刊》第 9 期，1937 年 2 月 16 日。

④ 民国《阜阳县志续编》卷 1，《舆地志·行政区域》。

⑤ 民国《太和县志》卷 2，《舆地·汽路》。

⑥ 民国《亳县志略·交通》。

还有柴、盐、炭、铁、木料等，在沭阳、东海境内路段运输货物除纱布外，尚有其他商品杂货等。瓜鱼路由江都之瓜州起，至山东之鱼台止。瓜鱼路在高邮、宝应境内因有运河运输货物，所以此段除有少量粮食运输外，运货比较少，在淮安、淮阴境内的路段所运货物以柴、盐、炭、木料、铁、布匹等居多。在铜山境内路段运输货物以杂粮及柴两项为最多。在丰县境内路段，交通地位非常重要，盖丰县所需之货物如煤油、煤炭、布匹、杂货等类，均须由铜山或山东之济南等地输入，而其输出之物，如五谷杂粮、油饼、花生之类，亦以该二处为主要输出地段，故本线对丰县贡献之极大。通榆路全线由南通起，至赣榆县止，中途经过南通、如皋、泰县、东台、兴化、盐城、阜宁、灌云、东海、赣榆等 10 县，后乃入山东界。在灌云路段，运输货物常以五谷、杂货、布匹等等为最多。在东海境内路段所运货物以杂货、布匹两项最多。在赣榆境内路段，运输货物以土产品粮食及日用品为最多，"盖通榆路为赣榆土产品输往陇海路之要道，同时又是青岛、上海之洋货日用品等输入赣榆之要道"①。

淮域江苏境内县道更为密集，主要有：萧县铜萧路由萧县城通铜山，沿途转运之货物，为豆麦、瓜子、白菜、桃子、石榴等。铜山县境内的徐宿路由铜山通宿迁县，所运货物为杂粮、柴等；徐海路，由铜山通东海县，所运货物以杂粮及柴两项居多；铜萧路，为铜山物品输出时之唯一干道，沿路运输以杂粮、菜蔬、水果等项为最多。砀山县境内砀丰路由砀山北堤门起，至城北吕楼止；砀单路由砀山城北堤门通马良集；砀萧路由城东堤门通城东张暗楼；砀夏路由砀山城西堤门通唐洼。砀山通向外界的四条商路，所运货物以麦、豆、杂粮及京广杂货居多。丰县境内的丰砀路，由丰县西关外起，可通砀山县城北关，所运货物以粮食、杂粮、两项为最多；丰单路由丰县城西郭外起，通单县之东郭，所运货物以粮食、杂货为大宗。沛县境内县道有铜沛路，由沛县通铜山，所运货物以粮食等类居多；沛丰路，由沛县通丰县，所运货物以粮食等类为大宗；沛龙路，由沛县城通龙冈集，为沛县城镇间互相联络之要道，所运货物以粮食之类最多；沛栖路由沛县城通栖山，为沛县乡镇间互相联络之重要干道，所运货物以粮食为大宗。东海县境内新墟路，由东海之新浦通灌云之墟沟，"为东海各地与陇海铁路联络之时常经之干道，所载货物以布匹、杂货两项为最多"；新大路由新浦通大浦，为东海各镇来往之干道，"现因大浦为陇海路之终点，同时又为海船停泊之口岸，故货物由大浦输出输入者极多，其地位甚关重要"。灌云县境内的灌坎路，由板浦通阜宁之东坎，中途经过涟水，为灌云来往涟水、阜宁之要道，牛车运输五谷；灌东路由板浦通杨庄，来往货物以五谷为大宗；墟新路由墟沟通新浦，为灌云、东海两县联络之要道，运输货物以五谷及建筑材料为大宗；沭陈路由涟水县通陈家港，为灌云与涟水沭阳等县的联络之要道，来往货物以杂粮为最多；杨港路，由杨家集通双港，为灌云南境运输土产出口之要道，运输货物以杂粮为大宗；响南路，由响水口通东海之南

---

① 《中国实业志·江苏省》，第 35～42 页。

岗，为灌云与东海联络之要道，运输货物以杂粮为最多；板坝路由板浦通东海之新坝，为灌云县城与东海联络之要道，运输货物以杂粮为最多。赣榆县境内三临路，由赣榆之三洋港通山东之临沂，为赣榆、临沂两地来往之干道，是山东之土产物输入赣榆及赣榆日用品输往山东之要道。涟水县境内之涟新路，由县城通灌云之新安镇，为涟水、灌云两县之交通要道，运输货物以米粮、杂货两项居多；涟佃路由县城通佃湖镇，为涟水城镇间之交通要道，运输之货物以米粮、杂货为大宗；涟阜路由县城通阜宁之童营，运输货物以米粮、杂货为最多；徐苏路由涟水之徐集镇，通阜宁之苏嘴镇，为涟水、阜宁两县交通之要道，运输货物以米粮、杂货为大宗；陈马路，由涟水之陈师巷镇，通沭阳之马厂镇，为涟水、沭阳两县交通之要道，沿途经过重要市镇为梁岔麻垛、周集等处，运输货物以粮食、杂货为最多。淮阴县境内的淮南路，由淮阴之北门外，通泗阳之南新集，来往运输之货物以柴、盐、炭、木料、铁、布匹等为最多；渔悦路，由淮阴渔沟镇，通涟水县悦来集，运输货物以柴、盐、炭、木料、铁、布匹等项为最多。宝应县境内的宝甸路，由宝应县城通淮安之曹甸，货运以粮食最多。泰县境内的重要县道为泰海道，由泰县城起，至海安与通榆省道相接处止，全线横贯泰县中部，为县城与海安在商业交通方面之重要干道①。

淮域河南公路运输商路网也较为密集，20 世纪 20 年代逐步修筑了商丘经柘城、淮阳、周家口达郾城的商郾路；自潢川经息县、汝南达郾城的潢郾路；自洛阳经临汝、襄城以达郾城的洛郾路；自南阳经赊旗店、方城、舞阳以达郾城的南郾路；自开封经陈留、通许、扶沟、西华以达周家口的开周路②，等等。1931 年，河南公路局开始在淮域开辟了 6 条官办长途运输线，即开封至许昌、开封至杞县、开封至菏泽、开封至周口、开封至禹县、开封至扶沟。1932 年至抗战前夕，又在淮域连续增辟许昌至南阳、开封至项城、周口至亳县、周口至舞阳、开封至道口、许昌至临汝、信阳至潢川、周口至驻马店、潢川至经扶（今河南新县）、潢川至叶家集、周口至颍州、潢川至固始、许昌至鲁山、商城至沙窝等公路运输线。起初，由于河南人力、畜力运输低廉，故汽车货运并不太发达。但随着公路与平汉、陇海、津浦等铁路的衔接，沟通了各城镇与汉口、上海等商埠的贸易往来，以及商品市场价格的经常性波动，商人逐渐选择了快速便捷的汽车货运。1933 年，河南的汽车货运就达 39 万余公斤，运费收入 15 583 元，占长途汽车营业部总收入的 4.6%。抗战时期，由于花园口大堤决口，豫东南成了黄泛区，公路和桥梁多遭破坏。抗战后，逐渐得以修复并恢复营运，迄 1947 年，淮域河南形成了以开封、许昌、信阳、商丘、潢川为中心的公路商道网③，辐射式的通向各地。

---

① 《中国实业志·江苏省》，第 66～76 页；第 64 页；第 63 页；第 78 页。
② 《大中华河南省地理志》第 4 篇，第 99 页。
③ 参见杨克坚主编：《河南公路运输史》第 1 册，人民交通出版社，1991 年，第 139～141 页；第 152 页；第 217 页。

　　淮域山东境内省道主要有济菏路、济曹路、兖郓路、菏曹路、兖郓路、菏曹路、金单路、南宁路、高莒路、益临路、石莒路、日涛路、胶日路。济菏路由济宁至菏泽，途经济宁、嘉祥、巨野、菏泽，运输货物以布匹、红白糖、洋火、洋油、纸烟、洋线、纸张、杂货居多。济曹路由济宁至曹县，沿途经过济宁、金乡、城武、曹县，所运货物以农产品、药材、煤油、纸张、布匹、棉纱、纸烟、糖为主。兖郓路由滋阳至郓城，途经滋阳、济宁、嘉祥、巨野。菏曹路由菏泽至曹县，途经菏泽、定陶、曹县，货物以农产品居多。金单路由金乡至单县，货物运输以农产品、煤油、棉纱、纸烟、布匹、糖、杂货为主。南宁路由济南至济宁，经历城、长清、肥城、平阴、东阿、东平、汶上、济宁，所运货物有麦、豆、麻、棉花、杂货及其他农产品。高莒路由高密至莒县，途经高密、诸城、莒县，运输的货物有杂货、花生米、杂粮、食盐、席、陶器。益临路由益都至临沂，途经临朐、沂水、临沂，所运货物以布匹、食盐、鱼、豆饼、五谷、煤炭、山果、烟叶、杂货居多。石莒路由石臼至莒县，沿途经过日照、莒县，所运货物有煤油、洋火、糖、纸、粗布、花生米、花生油、豆饼、面粉、披猪。日涛路由日照县城至涛雒，运输的货物有花生米、花生油、猪、豆饼、面粉、洋油、布匹。胶日路由胶县至日照，途经诸城、日照，所运货物有海产品、杂货①。

　　淮域山东县道也较为繁密，曲阜县境内曲宁路为曲阜、宁阳两县联络之县道，运输货物有花生米、小麦等。宁阳县境内的宁汶路由宁阳县治起，入汶上县境，运输货物以高粱酒、炭最多；宁泗路由宁阳县治通泗水之要道，货运方面以大瓮及泥罐较多；宁滋路由宁阳县治起，通滋阳，运输货物以焦炭、纸烟两项较多；宁曲路由宁阳县治与曲阜县治之间的联络要道，来往运输之货物有洋线、花生米、麦子等项。邹县境内邹泗路，由邹县治起，至南辛，与泗水隔界处止，运输货物以杂粮及花生米最多；邹济路由邹县治至李集止，运输货物以农产品居多；邹滋路由邹县通滋阳之要道，运输货物以杂粮及花生米居多。滕县境内的滕费路由滕县县治起，可通费县，运输货物以花生、梨、枣较多。泗水县境内的泗曲路，由泗水县城通陶洛，来往运输之货物有煤油、火柴、红白糖、食盐、布匹、茶叶、面粉、高粱、大豆、麦子、花生米、花生油等项；泗费路有泗水县城至舜皇庙，运输之货物有花生米、花生油、豆油、高粱、麦子、面粉等项。汶上县境内汶滋路，由汶上县治通滋阳县津浦车站之要道，来往运输之货物以五谷及杂货最多；汶郓路由汶上县治通郓城县之要道，运输之货物以杂货及五谷类较多。鱼台县境内鱼金路由鱼台县城起至陈集止，运输货物以米麦杂粮居多；鱼丰路由鱼台县城起，至胡阁止，运输货物以杂粮及洋货最多。临沂县境内临枣路由临沂县城起，至峄县枣庄止，输入之货物以广货较多。郯城县境内除省道经过外，重要县道为郯峄路，由郯城县治起可通峄县，来往运输之货物以广货及杂货较多。费县境内费临路为费县通临沂之干道，来往运输之货物以山东、金银花、花生油最多；费泗路为费县与泗水县联络之要道，运输之货物则以花生油、金银花较多。莒县境内除省道外，有莒临路运输货物煤炭居多；莒沂路运输货物以山果及烟叶最多；莒安路为莒县通安丘县之要道，运输货物以铁器、布匹、绸缎之类较多。沂水县境内除省道经过外，县道有沂莒路，为沂水县城通莒县县城之要道，来往运输货物以食盐、鱼及各种杂货居多。曹县境内曹柳路由曹县城起，通河南省境，沿途经过之重要地点为青山集，来往运输之货物以农产品最多；曹商路由曹县城南关起，可通河南省境，沿途经过上山集，货运以农产品最多。单县境内单归路由县城起至郭村集止，运输货物以粮食及杂货最多①。

公路的修筑和公路运输的兴起，公路交通网的形成，对于近代交通与商货运输有着广泛而深刻的影响。公路不仅延长了商路运输里程，更增加了商路网的密度，而且还进一步改变着商路分布格局，使之更趋合理。同时，由于旧有的商路路面状况得到了改善，商路货运能力也大大提高。

二、传统水运商路城市的衰落

随着道光以来盐政的改革，黄河北徙，运道阻塞，海运兴起，以及津浦、陇海等铁路的通车，近代淮域公路网的形成，淮域以水运为主的传统商路格局被打破，逐渐形成了新的以铁路、公路运输为主，以水运为辅的商路格局，这导致了淮域传统水运商路网节点上的多数城市，如淮河沿岸的盱眙、怀远、临淮关、正阳关，运河沿岸的淮阴、淮安、扬州等，出现了持续性衰落的局面。

（一）淮河干支流沿岸城市的衰落

盱眙，1913 年时城内钱业 3 家，铁货 3 家，布业 10 余家，糖纸、杂货 10 余家，其余各店铺皆无大营业，原因在于"今津浦火车通行，凡陆陈之运出者、洋货之输入者，均由临淮蚌埠转运，而盱眙商务遂减少矣"②。

怀远，外河口北岸的舢河街，是一个交通较为发达的水陆码头。淮河从正阳关奔腾而来，涡河从西流到舢河入淮，这两条河流把豫东、皖北十多县的粮食及农产品用帆船装运到怀远出售，其中以小麦、黄豆为数最多。津浦路尚未通车，蚌埠还未成市之前，这些装运粮食和农产品的帆船，一年四季都停泊在舢河街附近的涡淮之滨，有时几百艘运粮大船首尾相接，停泊靠岸。周围百十里的农民，也从几条陆路上把粮食运到舢河各粮行出售和寄售，粮食售出以后，就把从淮河运来的食盐装到附近集镇街

---

① 《中国实业志·山东省》，第 47（子）~57（子）页。
② 《报告·安徽盱眙县商业调查表》，《安徽实业杂志》第 4 期，1913 年 2 月。

上去卖；也有卸掉粮食的帆船就整船地买盐回去贩卖①。津浦线通车后，"由于先前向其输送粮食的亳、涡、蒙、怀四县离蚌埠更近一些，四县输出的粮食均为蚌埠市场所吞并，而一落千丈，甚至连自立都困难了"②。

临淮关，位于淮河右岸，濠水河口，与正阳关同为淮河沿岸有数之商业重镇。"清废为乡，设户部榷课，称临淮关。滨淮河南岸，沿津浦铁路，自古为商业交通军事之要地，今为皖东各县出入之孔道，商业甚佳"，津浦铁路通车后，虽在该处设站，但其地位逐渐"为蚌埠所夺，繁盛远不如从前"③。不过，在 20 世纪 20 年代，商业贸易并未十分衰落。当时临淮关全镇人口约 2 万，镇上大小商店林立，河街一带货栈栉比，商户以行号居多或经理店。临淮关交通全赖水运，各方来集之民船常数百艘，出口经清江浦走运河，将淮河本支流一带农产品运至浦口，入口由运河将自镇江输进的洋货及其他杂货分销各地④。自抗战军兴，惨遭战祸，炮火所及，商场邱墟，人烟断绝，为灾之惨，津浦路无过于此。沦陷期间，备受敌伪摧残，八年长期搜刮，加上抗战胜利后又遭水灾。而泗、五、灵璧、定远邻近商业向以临淮为吐纳，但多为奸伪所占据，交通梗阻，货源未畅其流。附近乡村以水灾所及，购买力无形薄弱，以致营业萧条，商场冷落。而负担繁重，开支浩大，入不敷出，消耗亏折。十店九空，破产倒闭，日有所闻。纵有勉力维持，也是门可罗雀。临淮自抗战胜利后，因昔日受敌伪摧残过甚，以致市面萧条。复又遭沿淮大水，受灾较重，是以营业不振，多数商店已濒破产之境，每日营业收入连同血本，均不足弥补店员生活之消耗。1946 年，自秋徂冬，镇上各商号因亏累而报倒闭者，大半均因亏折过甚，不得不息借高利，以图挽救，不料营业依然不振。以布业为例，外表虽设有门面，"其内货资犹不及蚌市摊贩丰富"，其他衰弱之状，可以想象⑤。

正阳关，属寿县重镇。在淮河南岸，当淮、颍、淠三水之会，为水陆要冲。在传统水运商路为主的时代，是皖西、皖北、豫东南水运之中枢，及货物之集散地，称淮河上流第一巨镇。晚清学者李应珏云："正阳关尤为南北枢纽，贸易最盛。土产鸦片斗，岁值十五万"⑥。全镇约 3 万人，镇上米行等商店栉比林立，码头极多。交通主要凭舟楫，水路西北可至河南周家口，沿淮河东下可至江苏的南通等地，陆路东接寿县城。20 世纪初，正阳关继续为安徽西北之商业中心⑦，津浦铁路通车后，"淮河沿岸工

---

① 参见怀远县粮食局编：《怀远县粮食志》，未刊稿，1985 年 7 月，第 47～49 页。

② 中支建设资料整备委员会编著：《安徽省北部经济事情》，1940 年。

③ 《安徽概览》，第 14 页。

④ 冯之：《二十世纪初安徽主要城镇商业简况》，中国人民政治协商会议安徽省委员会文史资料研究委员会编：《工商史迹》，1987 年 8 月，第 170 页。

⑤ 安徽省档案馆藏档案：全宗号 35 目录号 1 卷号 214。

⑥ 李应珏：《皖志便览》卷 3，《凤阳府序》。

⑦ 冯之：《二十世纪初安徽主要城镇商业简况》，《工商史迹》，第 170 页。

商均集蚌埠，该地工商亦难免有江河日下之势了"[1]。此后虽"一直没有失去周边地区要冲之地的地位，但是近年来此地盗匪迭起，由于灾害饥荒频发，农产品数量减少，市场形势也逐渐衰微，往昔的繁荣也不复存在了"[2]。

朱仙镇，在开封城西南45里，地处贾鲁河河畔，清代被人们誉为全国四大名镇之一。据光绪《祥符县志》记载："朱仙镇，天下四大镇之一也。食货富于南而输于北，由广东佛山镇至湖广汉口镇，则不止广东一路矣；由湖广汉口镇至河南朱仙镇，则又不止湖广一路矣。朱仙镇最为繁夥，江西景德镇则窑器居多"[3]。乾嘉以前，朱仙镇市街南北长12里，东西阔5里，分东西二镇，商业繁盛。所谓"东南食货，西北土产，江南竹瓷，悉以朱仙镇为汇集地"。当时居民有4万户，人口达10余万，乾隆以后逐渐衰落，至1906年，只剩15 000人。朱仙镇衰落的主要原因有二：一是黄河泛滥与贾鲁河的淤塞。1723年，河决中牟十里店，由贾鲁河南下，漫溢朱仙镇，房屋多被破坏。九月河决中牟杨桥，朱仙镇复被水患，贾鲁河淤塞，影响商业。1843年河决中牟，贾鲁河改经镇西，商业繁盛的东镇受水患最甚，朱仙镇精华损失殆尽。1887年，河决郑州石桥，贾鲁河被淤塞，航行困难。1900年，河被沙填，舟楫完全不通[4]。二是平汉、陇海两条铁路陆续建成，朱仙镇逐渐失去了在商业上的重要地位。据《河南省志》记载："朱仙镇在铁路未开通之前，此地为开封运输孔道，贾鲁河纵贯镇中，可南达周家口，舟楫林立，百货云集，为全县商业最盛之区，今铁路建设，此镇失其效用，日就衰微矣"[5]。

周家口，市街挟沙河分南北两部分，南部称南寨，属商水县；北部又因贾鲁河过镇分为两区，分别称西寨和北寨。西寨属西华县，北寨属淮阳县。各寨均有城墙围绕，城门各有数座。明永乐年间，由于淮河、颍河、沙河漕运的开通，集市由明初的沙河北岸扩展到沙河南岸。为了方便两岸的物资交流，在沙河南岸的子午街（今老街）辟一渡口，有一周姓船户往返摆渡，因而取名周家渡口，周家口即从此得名。明成化年间，贾鲁河在周家口与沙河汇流，舟楫达朱仙镇，航运事业大为发展，码头工人增多，周围百余里的商贩亦多迁入，沿河三岸鼎足之势形成。清代的周家口因地当颍水航路的终点，沙河与贾鲁河在此会合，水运便利，"水陆交通商业素盛"[6]，有"小汉口"之称。据许檀考察，乾隆至道光年间是周家口镇商业的鼎盛时期，这从诸多商人会馆频繁而大规模的重修与扩建可明显地反映出来。道光年间，全镇商号数量估计达1500～2000家，镇上街道116条街道，全镇人口达20万。全镇除沙河北岸的山陕会馆

① 龚光朗、曹觉生：《安徽各大市镇之工商现状》，《安徽建设》第3卷第2号，1931年。
② 中支建设资料整备委员会编著：《安徽省北部经济事情》，1940年。
③ 光绪《祥符县志》卷9，《市集》。
④ 参见李长傅：《开封历史地理》，第39～48页。
⑤ 自眉初：《河南省志》，1925年传抄本，第35页。
⑥ 《申报》1919年10月1日。

之外，南岸还有一座山陕会馆，此外还有安徽、江西、福建、湖广、覃怀、陆陈、油业会馆等共计 10 余座①。但是清末平汉及津浦铁路通车以后，周家口商品集散功能逐渐为郑州、郾城、蚌埠所夺，"商务他移，市况日形萧条"②。屠仁守曾说："天下民困久矣，腹地为尤甚，如河南之周家口、湖北之樊城、江苏之王家营、山东之德州等处，昔称孔道，繁庶无比；今皆井里萧条，往来之车，日无数两（辆），顿宿之舍，镇无几家"③。尤其是津浦路通车使得皖西大宗茶叶不再经过周家口转运，而改经蚌埠北上直鲁，"今日商务，改以蚌埠为中心"，周家口亦因"茶商改道，已归衰敝"④，"茶叶贸易十减八九，观夫茉莉园之存者，今不过一二处，可见一斑矣"⑤。

亳州，位于涡河沿岸，在传统水运为主的商路时代，十分兴盛。故光绪《亳州志》云："涡河为域中之襟带，上承沙汴，下达山桑，百货辇来于雍梁，千樯转输于淮泗，其水陆之广袤，固淮西一都会也"⑥。"商贩土著者什之三四，其余皆客户。北关以外，列肆而居，每一街为一物，置有货别，队分气象，关东西、山左右、江南北百货汇于斯，分亦于斯。客民既集，百货之精，目染耳濡，故居民之服食器用，亦杂五方之习"。可见，新商路形成之前，亳州乃为皖北重镇，其腹地覆盖豫东、鲁西，"四乡类多沃壤，农产丰富，商业繁盛"，"虽不能与都市并驾齐驱，实为颍属经济之中心"⑦。但由于陇海铁路的开通以及战乱的影响，"往昔极称发达"的亳州逐渐衰落，市面益形凋敝，"各业之亏累闭歇者，时有所闻"。受清末民初淮域商路变迁影响最大的为杂货业，"在陇海路未通车前，豫东、鲁西各县，麇集贩运，杂货营业极为发达，大小不下百余家。迨陇海通车，以上批货县份，均由铁路直接运输，营业方面，大有一落千丈之势"，亳州已经从一个区域经济都会，跌落为"现在仅能批销本县各集镇，较之往昔，有霄壤之殊矣"⑧的小城市。

此外，还有一些地处淮河干支流水运商路上的一些小市镇，也因近代铁路、公路的兴起而日趋衰落。如河南正阳县"陡沟镇旧时花布市业最称兴盛，淮岸盐船货牌亦多。铜钟镇市面范围颇大，地与南北通衢，旧有山西祁环生贞元和等当商，暨湖北覃怀油饼杂货各行店。以上商业，前清均极发达，有裨地方缓急。自铁道兴，汽车通，惟黄豆出售时期，日可收价过巨万，余则退化不堪矣"⑨。

---

① 许檀：《清代河南商业重镇周口——明清时期河南商业城镇的个案考察》，《中国史研究》2003 年第 1 期。

② 《分省地志·河南》，第 200～202 页。

③ 屠仁守：《奏陈铁路宜慎始疏》，中国史学会主编、中国科学院近代史研究所史料编辑室：《洋务运动》（六），上海人民出版社，1961 年，第 203 页。

④ 《河南方舆人文志略》，第 23、24 页。

⑤ 《分省地志·河南》，第 202 页。

⑥ 光绪《亳州志》卷 1，《舆地志·形胜》。

⑦ 民国《亳县志略·经济·工业》。

⑧ 民国《亳县志略·经济·商业》。

⑨ 民国《重修正阳县志》卷 2，《实业·商业》。

（二）运河商路城市的衰落

由于明成祖迁都北京后，政治中心与经济重心区域再次分离，大运河成为全国经济的主要命脉，通都大邑林立两岸。明清时期济宁、清江浦（今淮阴）、淮安、扬州实际上已经成为当时的商品交换中心，步入全国性经济中心城市行列。但运河在道光年间就淤塞严重，1855 年，黄河北徙，运河再次遭到阻滞。太平天国战争，又对运河造成阻断。故道光年间就尝试的漕粮海运逐渐从河、海并运而成为专运。1912 年津浦路通车，以海运、铁路为主沟通南北的交通运输遂成定局，为当时众多官员所普遍认可。卫荣光曾对河运转为海运的过程有一概括性的论述："道光季年，海运费省而运疾，上下咸以为便，而犹河海并运也。至粤匪肆扰、中外互市以来，宸谟远布，海运专行，而河运遂废。江南之由河运者不过江、安数万石而已。海运踵行之后，已三十余年，功效大著，火轮骠迅，与沙卫船分成揽运，尤开亘古未有之奇，此变则通之候欤"①。随着运河体系的解体和崩溃，新式交通的兴起，传统运河商路城市日呈凋敝之状。

济宁，为运河沿岸之中心地点，在铁路未筑以前，"东自沂州，西自汴梁，南自徐州，北济南，莫不以此为百货转运之起点，商业之盛，甲于全省"②，"盖由漕运时代每岁粮舶往来携带糖、米、磁器、竹、杉各种货物，届时卸置河浒，堆积如山。商家雇脚搬运，各号批发零售，计敷周岁之用"③。"及粮运改途，河道废弛，津浦通车，于是四方商贩，均改由铁路运输，贸易重心，渐移向济南、徐州一带，该县市况，顿见停滞，不复如昔之蒸蒸日上矣"④，"资本家及劳动者交受影响，商业遂艰形凋敝，虽有一二富商大贾派夥前往苏杭沪上购办大宗货品，然较曩时船舶运来想去不啻霄壤"⑤。后由于修建了津浦路兖济支线和多条通向外界的公路，较为成功地实现了交通从运河水运为主向铁路、公路为主的近代转型，才使济宁勉强保持住鲁南商业贸易中心的地位。

宿迁，沿运河及淤黄河之间，内城而外有土圩，市街以东大街为盛。在运河交通极盛时代，宿迁县治为淮北商业中心，"商贾辐集，市街兴盛"⑥。"凡南北各项货物，多于此为交易之所"。"迨后黄河改道，漕运更张，市面已渐有就衰之势。及至津浦路告成，所有从前由宿转输之货，概行绕道徐州，改用火车装运，不复由此经过"⑦。从此，宿迁县城商业一落千丈，已经"远不如前，人口三万三千"⑧。

---

① （清）刘锦藻：《清朝续文献通考》卷 75，《国用十三》。
② 《中国实业志·山东省》，第 226（丁）页。
③ 《选载门：近闻：济宁商业之最近观》，《农商公报》第 32 期（第 3 卷第 8 册），1917 年 3 月 15 日。
④ 《中国实业志·山东省》，第 226（丁）页。
⑤ 《选载门：近闻：济宁商业之最近观》，《农商公报》第 32 期（第 3 卷第 8 册），1917 年 3 月 15 日。
⑥ 《江苏六十一县志》下卷，第 148 页。
⑦ 临时实业视察员俞训渊：《徐海道区宿迁县实业视察报告书》，《江苏实业月志》第 10 期，1920 年 1 月。
⑧ 《分省地志·江苏》，第 361 页。

　　沛县城东有夏镇，"运河流行之时代，水从夏镇穿过，往来利便，故该镇商务盛于县城"。漕运废弃、津浦路通车后，该镇由于运河水小，不能行运，又中隔昭阳湖，离县城远，交通不便，"反不如县城矣"①，仅有商店多家而已②。

　　泗阳众兴镇，距城迤北 5 里，"为黄、运两河交汇之区，水陆衔接，南去北来之货，悉以该镇为转输之枢纽，商业因以繁盛"，"然自津浦路成以后，形势变迁，一落千丈。重以盗匪，乡处难安，土著既资本缺乏，客商亦裹足不前，遂致企业无闻，阖县冷落"③。尽管该镇因濒临运河的便利交通，后来仍缓慢发展，依然是"商贾荟萃，物货集中，为泗县首镇"，商店一百数十家，居民 1 万余人④，但发达情形已不能同运河极盛时代同日而语。

　　淮阴，俗称"清江浦"，城沿运河南岸。有土圩跨运河两岸，小轮码头在东门外。"在海道未通以前，为南方诸省北上舍舟登陆之要道，帆樯林立，盛极一时"⑤。据《古今图书集成》记载，清江浦自明代在沙河以上开运河后，凡南北"货船悉由清江过"，于是成为"千舳丛聚，侩埠擅集两岸，沿堤居民数万户，为水陆之康庄，冠盖之孔道，阛阓之沃区"⑥ 的中等市镇。至 1775 年清江浦人口增至 54 万余人，发展成为大型商业城市⑦，"舟车鳞集，冠盖喧阗，两河市肆，栉比数十里不绝"⑧。迄晚清时，清江浦还是"百货屯集，争先售卖"，人称"为内地商业总汇之区"，"商业不减镇江"⑨。但是，"自海道开通，河运失效，商业遂一落千丈，津浦铁路通车后，出此途者益鲜"⑩，"舟车辐辏，竞赴捷足，昔之都会遂成下邑"，民国《续纂清河县志》纂者为此发出"俯仰数十年间，有风景不殊之感焉"⑪ 之感慨。进入民国以后，清江浦仅是苏北一个区域性的商品集散地，虽"仍不失为江北交通经济一中心，可称江北第二大都会"，但毕竟风华不再，"工业不盛，仅面粉厂及蛋厂数家"，"城内市街以纪家楼、屏门街、草市口为繁盛，人口 8 万"⑫。1949 年解放时，清江浦的人口仅剩 3.6 万人⑬。

　　西坝镇，为淮北盐区之总囤积地，当地居民赁地租房，外来客旅盖屋行商，一时盐栈达 22 家，"间阎相接，日益繁浩"。清政府在该镇设立税卡，驻扎下"缉私"的文

---

① 临时实业视察员唐绍垚：《徐海道区沛县实业视察报告书》，《江苏实业月志》第 9 期，1919 年 12 月。

② 《中国实业志·江苏省》，第 88 页。

③ 临时实业视察员陈时泌：《淮扬道区泗阳县实业视察报告书》，《江苏实业月刊》第 2 期，1919 年 5 月。

④ 《中国实业志·江苏省》，第 84 页。

⑤ 《江苏六十一县志》上卷，第 135 页。

⑥ 刘献廷：《广阳杂记》卷 4，中华书局，1985 年。

⑦ 淮阴市地方志编纂委员会：《淮阴市志》（上册），上海社会科学出版社，1995 年，第 17 页。

⑧ 乾隆《淮安府志》卷 5，《城池》。

⑨ 《清江浦商董请设商务公所举绅董禀》，《江南商务报》第 14 期，1900 年。

⑩ 《江苏六十一县志》上卷，第 135 页。

⑪ 民国《续纂清河县志》卷 1，《疆域》。

⑫ 《分省地志·江苏》，第 335 页。

⑬ 淮阴市地方志编纂委员会：《淮阴市志》（上册），第 281 页。

武官员。至清末民初时，西坝仍有盐栈 18 家，即永隆源、公茂、利和兴、公泰、协同泰、德兴、福昌、长发、同和、南北元亨、同兴、同春、协泰、三盛、义源、景鑫、信泰、谦福。栈门外，有所谓"三街"（杨家码头、太平码头、茂盛街）之盛，妓院、酒馆、茶坊、书场"势派之大、兴隆之盛、资金之厚"，江淮之间"莫能与比"。清江浦的名宦大贾宴请也多来西坝，茂盛街即有茶馆 12 家，杨家码头街的中药店有庆生祥、青芝堂、恒德昌、同庆余等数家。其他京广杂货、布匹、酱园、糟坊、木厂、寿材等店遍布 3 条大街。此外还有米店、糕点茶食店、浴室、理发铺、寺庙、文教学校、警察、邮电，与县城不相上下[①]。"昔日繁盛已极。近受海车两运影响，不完全依赖该镇为转运之地，市况萧条，失业日众，此后恐益将不振也"[②]。也就是说陇海路通车，津、沪海轮通航后，淮盐已无迁道西坝之必要，因此，繁华的西坝遂渐渐衰败。

淮安，俗呼"淮城"，"城内城为政治区，河下为商业区"[③]。明清时"为淮北纲盐顿集之地，任鹾商者皆徽扬高赀巨户，役使千夫，商贩辐辏。秋夏之交，西南数省粮艘衔尾入境，皆停泊于城西运河以待盘验，牵挽往来，百货山列。河督开府清江浦，文武厅营，星罗棋布，俨然一省会。帮工修埽，无事之岁，费辄数百万金，有事则动至千万。与郡治相望于三十里间，榷关居其中，搜刮留滞。所在舟车阗咽，利之所在，百族聚焉。第宅服食，嬉游歌舞，视徐海特为侈靡"，"自纲盐改票，昔之巨商甲族夷为编氓。河决铜瓦厢，云帆转海，河运单微，贸易衰而物价滋。皖寇陷清江浦，河员裁而币金拙，向之铜山金穴湮为土灰。百事罢废，生计萧然"，"暨时事迁移，重之以兵火，富者日益贫，贫者日益偷"[④]。其中，黄河北移，海运兴起，对淮安社会经济所造成的冲击最为严重而直接，"冀、豫之物不能南来，一也；漕艘不行湖广，江汉之产不能运京，二也"；"礼字河不闭，东省皖境之货绕越而去，三也"；"闽越江浙之财，半附轮船转运他处"[⑤]，淮安南北物质流通地域大大缩小，商品流通的规模已经缩减，"迨津浦铁道成，北发燕齐，南抵江皖，一日千里，称捷径焉。自是而山阳几成僻壤，形势又一变矣"[⑥]。迄 20 世纪 30 年代，淮安城沿运河东岸，市街分内城、外城、河下三部，作南北排列，"城西南隅商店约有三百余家，较东北隅为繁盛"[⑦]，人口只有 5.1万，已"衰落成一老年都市矣"[⑧]。

高邮城，"濒运河，为淮南之冲，旧日帆影车声，往来不绝，亦颇极一时之盛。自

————————————

　①　胡伯超：《西坝镇小史》，中国人民政治协商会议江苏淮阴委员会文史资料研究委员会编：《淮阴文史资料》第 2 辑，1984 年，第 195～201 页。

　②　《中国实业志·江苏省》，第 85 页。

　③　《分省地志·江苏》，第 330 页。

　④　光绪《淮安府志》卷 2，《疆域》。

　⑤　同治《重修山阳县志》卷 4，《漕运》。

　⑥　民国《续纂山阳县志》卷 1，《疆域》。

　⑦　《中国实业志·江苏省》，第 84 页。

　⑧　《分省地志·江苏》，第 330 页。

扬州淮阴相继衰落后，此地市况，遂亦大受影响，今虽居户尚多，而阛阓之间，殊形寥落"[1]。据 1922 年《三续高邮州志》统计，当地服装业在其盛时，"城内彩衣街凡数十家，城外东台巷十数家"，而漕粮海运后，大都衰落下去，"阖城不过十余家而已"[2]。

扬州，为历史名都，明清时期为南北交通要道，两淮盐运之中心，富商大贾，多卜居于此，富丽繁华甲天下。民国《续修江都县志》云：扬州"地当南北之冲，商贾辐辏，百货云集。在昔鹾业之盛，莫与伦比"。迄道光年间，盐法改变，改引为票，煊赫一时的盐商从此江河日下。太平天国时期，扬州又遭战争摧残，然"犹为江淮间一都会也"[3]。清末时，因淮南盐场产盐短绌，加速了淮北盐场的建设，盐业中心日益北移。且由于漕运舍运河而取海运，长江航运又因南岸的镇江更靠近江岸，货运也多数在镇江装卸，加以津浦、京汉两条南北铁路干线相继建成，商船不再由扬州北上或南下，"自津浦路通，运道变迁，（漕、捐）岁收俱减"[4]，"慨自海运道通，扬州之商务一变；津浦路成，扬州之商务再变，浸趋浸下，遂成寂寞无闻之内地"[5]，作为贸易中转的扬州地理优势完全丧失。光绪年间，"海内渐趋实业，知时之士，闻风而兴。宣统初，当道设南洋劝业会于江宁省城，其与会得奖者，颇不乏人"[6]。民国时期，扬州人口还有 16.5 万，"商业供本城消费为主，仍不失为江北第一都市"，"风俗在江北称为奢华者"[7]。但是总的来说，扬州"世隔沧桑，不殊曩昔"[8]，"街市以新城较繁盛，有辕门桥、多子街、教场街、左卫街为商业集中之区，其余均甚荒凉"，"商业为镇江之附属地，不过一消费都市而已"，"为第一老年期之都市"[9]。至 1947 年，城市人口已不足 5 万[10]。新中国成立前夕，扬州只有两个半工厂，不到 400 名工人；只有两所中学，中小学生仅 1100 多人。街道狭窄，房屋破烂，到处是一片衰败凄凉景象[11]。

瓜洲，为江北门户之一，"在昔商船往来多于此停泊购买什物，贸易甚盛"。随津浦铁路的通车，漕运废弃，加之"运河轮舶通行，商船日少，市面远逊于前"[12]。

---

① 《江苏六十一县志》下卷，第 198 页。

② 民国《三续高邮州志》卷 1，《实业志·营业状况·商业》。

③ 民国《续修江都县志》卷 6，《实业考第六》。

④ 倪在田：《扬州御寇录》，转引自向达等编：《太平天国》，上海人民出版社，1957 年。

⑤ 徐谦芳：《扬州风土记略》卷之下，《交通》。

⑥ 民国《续修江都县志》卷 6，《实业考第六》。

⑦ 《分省地志·江苏》，第 320 页；第 319 页。

⑧ 《江苏人文地理》，第 115 页。

⑨ 《分省地志·江苏》，第 320 页；第 319 页；第 320 页。

⑩ 曹洪涛、刘金声：《中国近现代城市的发展》，中国城市出版社，1998 年，第 35、36 页。

⑪ 王煦桱、王庭槐：《略论扬州历史地理》，南京师范学院地理学江苏地理研究室编：《江苏城市历史地理》，江苏科学技术出版社，1982 年，第 178 页。

⑫ 民国《续修江都县志》卷 6，《实业考第六·商业》。

三、新商路自开商埠的兴起

自 1898 年戊戌变法开始，清末民初政府主动对外开放了一批口岸，与按照不平等条约被迫开放的"约开商埠"相对而言，这些口岸被称为"自开商埠"。在此后的 30 余年，自开商埠逐渐取代条约口岸，成为中国对外开放的主要形式。清末民初，随着淮域近代铁路、公路等新式交通的发展，铁路、公路沿线的新商路取代传统水运商路而成为主导，位于新商路沿线的海州、郑州、济宁、徐州、蚌埠 5 个城市，因其便利的交通条件和可以集聚资源的广阔腹地，而获得较快的发展，并纷纷自开为商埠。

（一）自开商埠的动因和条件

从清末到北洋政府时期，中国先后自开商埠达 30 余个。晚清自开的商埠主要是沿海、沿江的一些水陆交通要冲，江苏海州便是其中之一。辛亥革命后，中国的国体和政体发生了巨大的变化，但是中国的现代化进程却并未中断，因而民国初年又相继自开了一些商埠。河南郑州、山东济宁、江苏徐州、安徽蚌埠便是这一时期所自开。

自开商埠是中国现代化变迁进程中的必然产物，是在多种因素的推动下出现的。清末民初政府在淮河流域自开商埠，既有 19 世纪中叶以来中国发生巨大社会变迁的宏观基础，也有交通领域近代化的发轫和商务振兴大潮涌动的具体动因和条件。

第一，抵御外来侵略，防止主权外溢，振兴商务，是清末民初政府自开商埠的初始动机，也是淮域自开商埠的宏观背景。19 世纪中叶以后，随着洋务运动的兴起和中国资本主义的起步，以郑观应、陈炽等人为代表提出了重商和商战的主张，并力倡大兴商埠。官员中则以端方、李鸿章等人为代表，开始认识到开埠通商一方面有利于外国商人，但另一方面对于中国经济的发展也有一定的促进作用。因此，越来越多的官员对于开埠通商不再持否定的立场，认为一些重要的口岸与其在外国人的压力下被迫约开埠，"转致授柄于人，不如自开口岸，尚可示以限制"[1]。于是，清政府在 1898 年首先将吴淞、岳州、秦皇岛、三都澳自动开辟为商埠。同年 8 月，发布广开口岸的上谕，指出："著沿江、沿边各将军督抚就各省地方悉心筹度，如有形势扼要、商贾辐辏之区，可以推广口岸展拓商埠者，即行咨商总理衙门办理"[2]。自此以后，一些地方陆续自辟商埠。淮域自开商埠就是在这一大的背景下进行的。如光绪末年就有不遵条约的洋商在济宁开设行栈[3]。清末政府批准在海州临洪口自辟商埠，主要原因在于"俾扩

---

[1] 《上海研究资料》，上海书店，1984 年，第 86 页。

[2] 《总署议复桂抚黄槐森奏开南宁商埠折》，北洋洋务局：《约章成案汇览乙篇》（下）第 7 卷。

[3] 《顺天时报》，1905 年 9 月 14 日，转引自张玉法：《中国现代化的区域研究——山东省》（1860～1916），"中央"研究院近代史研究所（台北），1982 年，第 598 页。

商业而保利权"①。时至民国初年，海州又有某国代为开辟之风说，其事为三江联合会陈沧等所闻，乃"以该处为天然海口，当通告苏人注意，速谋自辟，以兴商业而保主权"②。1919 年河南督军赵倜、省长张凤台在催促郑州自开埠的电文中也说："现列强以商战惟天下，多一商埠即多一财源，商埠早开一日，即财源日盛一日。非特使国货之流通，且以杜外人之觊觎。需款较巨，受益实多"③。

第二，清末民初淮域交通运输条件的改善也为淮域自开商埠创造了条件。陇海、京汉、津浦铁路的开通以及淮域内陆公路运输、海上运输的发展，使得淮域一些城市成为新的交通枢纽。如海州"居胶州、上海之中，为航路往来必经之道"④，常有小汽船来往青岛、临洪口、青口之间，"载重千担至三四千担者，每年二三百艘，重载一百担内外者，每年五六百艘"；而海州的内河交通也颇为发达，可通过临河到达清江浦，入临河经六塘河可达沭阳或刘家涧；⑤ 陇海路东段的开通，又使之成为铁路的终点口岸。蚌埠"自津浦路通车后，渐成镇集"，"南通京沪，北达平津，又为蚌寿、蚌阜、蚌亳、蚌泗、蚌合诸公路之交点。水运由淮河西至皖北豫南，东抵苏扬，运输便利"⑥。其他如郑州是京汉、陇海铁路交汇点，徐州为津浦路、陇海路所经，济宁为津浦路兖济支线之终点，地势扼要，商贾荟萃，故开设商埠最为相宜。

第三，自开商埠之地因新式交通而带动商务的逐渐振兴，构成了淮域自开商埠的物质基础。淮域自开商埠的城市，在自开之前后多因新式交通的出现而商贸活动日趋频繁。如海州在前近代时期还是"民风勤朴，素务农业"。19 世纪末受沿海开放风气的熏染，工商业有较大的发展，1905 年海州绅商翰林院编修沈云沛、道员许鼎霖等先后设立豆饼、面粉、垦牧三个公司，效益较佳，"风气较从前开辟"，群起仿效者渐多⑦。工业的发展扩大了农副产品商品化的趋势，每年由沭阳、宿迁一带运入海州的豆饼、麦及杂粮达 80 万石，多为豆饼、面粉两公司所消纳。赣丰公司所产的豆油也行销海州附近，年约千篓内外⑧。农副产品及工业品大量投放市场后，却因无轮船贩运而不畅销，于是海州绅商呈请开临洪口为商埠，以利中外商业。徐州在自开商埠之前，城关北和东关之间的坝子街一带，就已经形成一大粮食市场，成为铜山县东北乡和丰、

---

① 《外务部等议复署两江总督周奏请海州开埠折》，《东方杂志》第 3 卷第 3 号，1906 年。

② 《海州自辟商埠之提议》，《申报》1921 年 1 月 21 日。

③ 《申报》1922 年 2 月 26 日。

④ 《外务部等议复署两江总督周奏请海州开埠折》，《东方杂志》第 3 卷第 3 号，1906 年。

⑤ 杨志洵：《海州情事》，《商务官报》第 4 期，1909 年。

⑥ 《安徽概览》，1944 年编，安徽省档案馆，1986 年，第 14 页。

⑦ 《外务部等议复署两江总督周奏请海州开埠折》，《东方杂志》第 3 卷第 3 号，1906 年。

⑧ 杨志洵：《海州情事》，《商务官报》第 4 期，1909 年。

沛二县农产品的集散中心①，"交通日便，渐有兴发之象，贸易品以麦、豆、高粱为最盛"②。山东济宁居运河沿岸，"在昔即为繁盛之区，出产丰饶，商贾辐辏"，自津浦路兖济支线通车，商业交易倍于曩昔，"北而聊城阳谷，南而巨野金乡，一切货物之出入运输，无不集中于此"③。1919 年出版的《山东各县乡土调查录》称，济宁自津浦支路通车后，"百货往来，尤觉便利，是以商业一途，甚为发达"，城内各商号总计 100 余家④。郑州在 19 世纪末时只是一个规模仅 2.3 公里，人口约 2 万余人，既无现代化工业，商业也十分落后的城市。1904 年以后，京汉、开郑、洛汴铁路（陇海铁路的前身）相继通车，给郑州商务增添了生机，"城外车站左近，渐繁华"⑤，"各省商界，迁移至郑者，尤为不可胜数"⑥。蚌埠号称是近代"火车头拉出来的城市"，大批商人在此云集，商业、交通、服务业也随之兴起，城市人口激增，到 1914 年蚌埠的人口即达 10 万余人。由蚌埠运浦口的货物，每日达六七百吨，待运货物常有 5000 吨⑦。

（二）自开商埠的概况

淮域自开商埠始于清末新政时期，1905 年海州绅商沈云沛、许鼎霖等呈请两江总督周馥开放海州临洪口和青口集为通商口岸，周馥乃派人到海州查勘，认为实际情况与海州绅商所汇报的大致相同，即函商海关总税务司赫德遴派善于测勘海道之理船厅戴理尔，会同地方官绅勘查临洪口。随后，戴理尔即将勘测结果向赫德进行了汇报，称宜于临洪口开设商埠，因为"其口内数十里，吃水深八尺之船可以停泊。北距临洪口数十里有青口地方，口内河水较浅，应作为分卡。将青口之河择其路近处所开通，并归临洪一口，则于河道商务均有大益。每年土货出口可值银五六百万两，洋货进口尚难预计，惟该处淤滩宽远，应建码头、栈房、驳船、筑路等工，尚须筹画。至口外十余里海中，有数岛可以泊船，不能避风。若欲加筑堤岸，费工太巨，不如迳用浅水船运货较为合算"。据此，周馥向朝廷上《海州商务渐兴拟请自开商埠折》，请求朝廷饬外务部和户部议准施行。同时，海州绅商又呈《请行驶小轮船片》，称拟于海州自雇小轮装运货，往来行驶，并希望以轮船所纳税厘留作建筑码头等费，如费尚缺，各绅商愿息借银两凑用，随后由官归还。外务部和户部对开放临洪口表示赞同，并同意海州绅商照章行轮等款项，但有一条要求是"行轮开埠原为自保利权，切不可借用洋

---

① 单树模：《徐州历史地理》，南京师范学院地理学江苏地理研究室编：《江苏城市历史地理》，江苏科学技术出版社，1982 年，第 67 页。

② 《江苏六十一县志》上卷，第 59、60 页。

③ 静观：《济宁与海州两商埠问题》，《申报》1921 年 3 月 13 日。

④ 林修竹：《山东各县乡土调查录》第 2 卷，山东省长公署教育科，1920 年，第 68 页。

⑤ 《中华地理全志》，中华书局，1918 年，第 88 页。

⑥ 《郑州商埠之起色》，《农工商报》第 10 期，1907 年 9 月 18 日。

⑦ 〔日〕东亚同文会：《支那省别全志·安徽省》。

款"，以免出现外交纠纷。其关名称海州关，由两江总督查照各处自开口岸办法妥议章程开办。赣榆县的青口及其余各口，一并设立分卡①。是年，海州奉旨允行自开商埠。但临洪口沙涨水浅，不宜轮船行驶，而修堤筑码头所花经费甚巨，故而开埠工作进展缓慢。不久，辛亥革命爆发，晚清官府难以自保，商埠开发遂搁浅。直到1920年，陇海铁路即将开筑，"缘该路入海终点，业已决定海州属境之西连岛地方"，"铁路终点，既定岛上，则该岛在国际贸易上占有重要价值，自不待言，开埠本属当然之事"，"于是西连岛开辟商埠之声，喧称中外"②。是年，海州旅京绅士沈蕃等在京呼吁政府重新派员筹备继续开辟临洪口为商埠，经北洋政府各主管机构议定后，由江苏详细查勘核办。不久，沈蕃等又呈请将商埠地点东移，开辟西连岛为商埠。1921年，经北洋政府批准，江苏督军派段书云督办海州商埠事宜。1924年改任田步蟾为海州商埠督办，次年又命刘文揆督办海州商埠。为便于与省府接洽，海州商埠督办起初在南京设立了筹备处，刘文揆任督办时，才将之移至海州东北的新浦镇，以便就近勘察商埠情形③。"因海港尚未完全决定，故商埠范围，亦未贸然从事规画"，而海州人则希望开埠早日成功，以有利于当地实业的振兴。为此，旅京海州同乡邵长镕等多次呼请和督促政府，并就商埠经费筹措、筹备期间必须进行的商埠调查等问题，提出了自己的建议。关于开埠经费筹措，"查吴淞商埠业将临时经费，定为二十万元，而海州商埠，未闻议及"，于是，他们要求政府"重念海州商埠关系重要，援照吴淞成案列入临时经费二十万元，呈请追加，俾款有着"④。1922年6月，邵长镕等还呈请提交国务会议，就关税加成项下，岁拨经费，以资开办。次年7月，邵长镕等又请就海州临时车站暂设临时商埠，并拟定筹款办法三条：一是就土地增价范围内，略课税收；二是在临时商埠内筹设鱼市场，任售鱼购鱼之人到场交易，缴纳佣金；三是建筑鱼市场等所需经费，由商埠筹备处向江苏省署请求借垫，指定以鱼市场所收佣金及土地增价税作抵，分年归还⑤。关于开埠的先行调查工作，旅京海人认识到在"陇海车段尚未完全通车，而海州海港，正在进行测量，亦未正式开筑，故商埠一时不克开办"之时，"调查一项，关系最为紧要。爰拟具意见书，胪陈调查办法、调查地点、调查时期三要项"，缮寄商埠督办，请其酌予采择施行⑥。经过多年的筹划，1926年海州商埠督办公署最后划定"以灌云、东海、赣榆县属之东西连岛、墟沟、苍梧、北乡、新安乡、郁林乡、临洪镇、石湫、半镇、申明亭镇、泰山岛、保和乡、沿河一部等处为商埠区域"⑦。除去盐田及山岛灯

①《外务部等议复署两江总督周奏请海州开埠折》，《东方杂志》第3卷第3号，1906年。
②市隐：《海州商埠之各方面》，《申报》1921年2月28日。
③《各省区开设商埠一览》，中国第二历史档案馆：全宗号十二，案卷号2050。
④静观：《海州海港及商埠之京讯》，《申报》1921年12月4日。
⑤《各省区开设商埠一览》，中国第二历史档案馆：全宗号十二，案卷号2050。
⑥市隐：《旅京海人对于商埠之督促—条陈注重调查事项》，《申报》1921年12月22日。
⑦《海州商埠区域划定之通告》，《申报》1926年10月12日。

塔外，商埠区域共 60 080 方里。

除海州外，江苏还有一个曾经自开的内地商埠即徐州。1922 年，农商部应江苏督军和省长的请求，批准在西抵徐州城旧河堤，南至下洪鸡嘴坝，东南至骆驼山，北至坝子街及东北的二坝窝，总面积约 12 890 亩的范围内，开辟徐州商埠，并委任徐州籍段书云为督办。次年 1 月，段书云在徐州东门外租定新安武军统领尹凤山旧宅为局址，成立徐州商埠局，共有员役 103 人。商埠局所需开办费，由省长公署拨付，常年经费为 4.9 万元，全部在江苏省应解国税项下截用。1924 年 1 月，江苏省财政委员会召开会议，决定从 2 月份起停拨徐州商埠经费。3 月，商埠局除有少数杂役看守外，科长、咨议等员早已星散。25 日，段书云对局内人说："吾以老病寝循，将退居萧县故里休养，局内各事应立即收束。"① 徐州开埠最后成了一纸空文。

清末民初的山东地方政府比较重视商埠的自开，曾自开了济南、周村等多个商埠。在此风影响下，济宁地方政府及绅商也积极筹划自开商埠。1921 年，由潘声航等人发起，要求将济宁辟为商埠，并得到内务、农商两部批准。济宁开埠，政府还专门助券二十万②。先是在济南设立筹备处，在济宁划定商埠界域，详加测量。然后在济宁设立商埠局，直辖于省长公署。内分三科或四科，其职责：一为管理商埠警察；二为征收各项捐款；三为核收外人营业执照。除商埠局外，又设建筑公司，资本总额为 200 万元，由商埠局任筹备之役，招商投资，兼任组织。迨公司既成，官商两方，始划分为二，权限各清。公司所预定的营业种类为：一收地，即代商埠局购买商埠界域内之地皮，购价由局预定为三级，最高者每亩五十元，低者十余元；二为租地，即将商埠所有之地，由公司承租或转租于他人；三为收租，即代商埠局征收租款；四为承揽工程，所有商埠界内一切工程，均由公司承揽包工；五为承办公共工程，如道路、地沟以及公用建筑物等，均由公司包办；六为自建房屋出租③。

郑州地处中原冲要之地，清雍正初年升为直隶州，辖荥阳、荥泽（今属郑州市）、氾水三县。1904 年，因交通之便利，河南地方政府奏请自行开放为商埠，地点在西门外的车站附近，未被批准④。1908 年，清政府批准郑州自开为商埠，但因经费困窘，仍未切实经营⑤。1916 年，在驻华外交使团、各商业会所纷纷要求开放的情况下，北洋政府再次酝酿自开郑州为商埠。1919 年河南当局再次向北洋政府请示郑州开埠，1920 年冬，经由河南省议会表决通过，"由豫省简员筹办，而郑州开辟商埠一事，始为定议"；并拟定由省长兼任商埠督办，"其内部之组织，悉照汉口商埠局先例，暂设办

　① 靖建国、王毅臣：《开辟徐州商埠的前前后后》，《铜山文史资料》第 9 辑，1989 年。

　② 《申报》1921 年 2 月 19 日。

　③ 静观：《济宁与海州两商埠问题》，《申报》1921 年 3 月 13 日。

　④ 《河南方舆人文志略》，第 138 页；武堉干编：《商业地理》，中华书局，1939 年，第 267 页。

　⑤ 《分省地志·河南》，第 72 页。

事处于郑州，其一切手续，仍操诸省长之手"①。1922 年 3 月 2 日，经过中央政府内阁会议议决，并于 3 月 31 日正式发布了开埠的命令。郑州商埠划定在老城以西的区域，即北部限于海棠寺一带，东部以胜冈杜岭起经郑县城西壁，至陇海线路，南限陇海铁路，西限京汉铁路②。1924 年，北京政府任命孙丹林为郑州商埠督办。1925 年北京政府又任命李可亭为商埠督办，并将原商埠筹备处改为"郑州商埠督办公署"，设在福寿街南段路东，负责旧城以西商业区的市政建设。

津浦铁路的开通给蚌埠城市社会经济发展带来了千载难逢的历史机遇，地方绅商感到有进一步开放的必要，于是纷纷吁请自开蚌埠为商埠。1923 年，安徽督军马联甲在蚌埠筹备自行开埠，任命程沉泉为商埠局督办。程沉泉赴任后，即以淮泗道尹办公处为临时局所，着手组织。次年 9 月 1 日蚌埠正式开埠。从蚌埠商埠局组织章程来看，比较有地方特色的是两款，一是对于警务，商埠内警察暂行成立一署，就地筹费。但职权仍隶属于蚌埠警察厅，而由商埠督办节制；二是商埠区域划定，拟向南部发展，因蚌埠地势，北有淮河，西有席家沟，东有车站，仅向南一隅可以扩充③。

（三）自开商埠与淮域社会经济的发展

海州、郑州、济宁、徐州、蚌埠等城市自开商埠后，对淮域社会经济的发展产生了一定的促进作用，这主要表现在：

首先，加快了自开埠城市市政建设的近代化步伐。如海州开埠以后，随着港埠的建设，工商业的发展，市政建设也开始起步。1935 年 1 月，国民党江苏省政府决定在连云港港埠设置普通市，定名为连云市。其水陆区域，暂以临洪口以南，烧香河口以北，东沿东西连岛，西沿临洪河、新浦，板浦以东为范围④。同年 4 月 23 日，委任赖琏为连云市政筹备处处长，市政筹备处设于墟沟。该处拟就了《连云市政筹备处组织章程大纲》，提出了市政建设规划，即以连云市的老窑一带为港务区，墟沟为住宅风景区，大浦为工业区，黄九堆一带为市政中心区和商业区。在此之前，民间对连云市区的规划也很有见地。如汪寿康等人在"擘画墟沟商埠意见书"中认为，商埠设置极宜与海港衔接，并应放大眼光，作大规模筹备。具体设想是，以小山、平山、汪庄一带为辐之中心，斜射五线成五大通衢，并规划短距离的市街，与五大通衢成切线，使商业中心和海岸以及公共场所都能贯通。为了使市区能成为港口的依据，全商埠分为行政区、商业区、工业区、渔业区、学校区、居住区、工村共七个区。各区内可根据具

---

①　《郑州商埠之筹备——督办一席仍在竞争中》，《申报》1922 年 3 月 11 日。

②　王书成：《解放前的郑州商业》，《中州今古》1987 年第 2 期。

③　《蚌埠商埠局组织近讯》，《申报》1924 年 2 月 28 日。

④　《连云市划界范围确定》，《申报》1935 年 8 月 15 日。

体情况，设置公园、菜市场、娱乐场所及中小学校①。

郑州计划开埠后，政府实行了修整道路、改造建筑物、整理市场以及建设新街市等一些措施，使郑州的街市面貌初步得到了改观，"火车站两旁，马路已修有五区之广，而马路旁之巷里，亦修有十七道之多"②。1927 年，河南省政府决定设立郑州市，由市政筹备处编制出《郑埠设计图》。此次市政规划，重点突出生活居住用地，而工业用地很少。人口规模为 25 万人左右，城市发展方向全部在京汉铁路以东，陇海铁路以北。1928 年，市府又制定出《郑州新市区建设计划草案》③，新市区拟建在京汉、陇海两铁路交会处的西南方向，南北长 7 公里，东西宽 5 公里，面积为 35 平方公里，人口规模为 28 万人。新市区建设采用欧美各国最新都市分区制度，将全市划为工业、商业、住房、公房四种区域；市区道路分大工商业区道路、小工业区道路、住房区道路数种，路宽各不相同，各支线衔接各干路，各干路皆达京汉、陇海车站；公房、住房、商店建筑能消防火灾及满足最低限度之卫生，各区之间植树绿化；市内还建各类学校、各种医院、公园、游戏场、博物馆、图书馆、美术馆等公共设施；全市分为若干行政区，每区设一公安分局及若干派出所④。《郑埠设计图》和《郑州市新市区建设计划草案》是郑州辟埠后对城市发展方向的两种不同设想：一种是在铁路东围绕旧市区向南向北发展；一种是在铁路西开辟新市区。这两种郑埠的设计方案尽管还只是初步设想，但代表了郑州市政建设近代化的方向。遗憾的是，1930 年"蒋（介石）、冯（玉祥）、阎（锡山）"中原大战中断了该方案的实现。抗战期间，"豫自割入战区，郑州顿成为军事上重要据点，敌我必争之地，市内建筑，迭经炮火，损坏甚剧，满目疮痍，不堪言状"、"抗战之时，被毁于炮火者，约计百分之二十。以铁路车站附近地带受害最烈"。为了安定社会，稳定人心，1946 年郑州市成立了"复兴规划指导委员会"，负责对战后郑州城市发展的规划，编制了《郑州市规划指导委员会初步建设计划纲要》。并在 1947 年 6 月 23 日至 28 日连续刊登在当时的《郑州日报》上。规划的城市分区除了确定铁路以西为工业区外，铁路以东的区域基本上按照城市当时的发展状况，没有调整。"行政区在市区东部，住宅区则分布于市区东南北三面，大致与实际情形，不甚出入"⑤。商业区仍然集中在火车站附近的德化街、大同路一带；行政区仍然划定在以前商业区以东，原来旧城区的衙门集中所在地；居住区则分布在市区的东北南三面。民国期间的两次规划虽没有得以实现，但是规划后的郑州城市近代化水平也得以不断的提高。

---

① 参见徐德济主编：《连云港史》（古、近代部分），第 99、100 页。
② 《郑州商埠之起色》，《农工商报》第 10 期，1907 年 9 月 18 日。
③ 《郑州市政月刊》1928～1929 年第 3～7 期。
④ 《郑州市近况及将来设计要点》，《河南建设月刊》第 1 卷第 4 期，1928 年。
⑤ 《郑州市复兴规划指导委员会初步建设计划纲要》，《郑州日报》1947 年 6 月 23 日。

徐州开埠后，伴随工商业的发展，人口也稳步增长。1843 年，徐州人口为 49 800 人[1]，1919 年为 125 000 人[2]，1935 年则已达 160 013 人[3]。为缓解人口压力和加快经济发展，徐州市当局积极进行了筑路等市政建设。1924 年筑成大路约 200 英里，以联络火车站与县城[4]，1926 年又"因津浦陇海两路处错城下，人物日以喧闹，市政有改进之必要"，于是"竭力整理城内各街道"，并"将新城门内外之马路，皆依次修理竣事，任人往来通过"[5]。1928 年，更顺应城市发展大势，拆除"南门新东门"的城墙，"以利交通，并推广市场，以发展商业"[6]。

蚌埠城市近代化步伐也逐步加快，1929 年，蚌埠成立市政筹备处，裴益祥任处长[7]。市政筹备处和工务局共同拟定了蚌埠城市发展的规划，制定了《十九年度蚌埠市之建设方案》。该方案涉及人口统计、城市测量、功能分区、交通计划、市政工程及城市管理等各种计划[8]。虽然后来因为机构撤销而规划中止，但毕竟是蚌埠城市建设史上第一部正式的规划文件，对蚌埠的城市建设产生了一些后续影响。1932 年，时任安徽省长的方振武，以"市区益形扩大，商业益趋繁盛"为由，"设公安局治理"[9]，城市管理系统初步形成。到 1936 年时，全市人口从清末民初的万余人，增加到 115 427 人[10]。抗战爆发后，蚌埠为伪安徽省维新政府所在地，城市近代化受挫。抗战胜利后，于 1945 年 11 月，成立蚌埠市政筹备处，翌年接管市区行政。1947 年 1 月 1 日，蚌埠正式设市，为安徽省直辖市。按原市政筹备处规划，设东安、国庆、中山、西市、小蚌埠 5 个区。人口 206 690，其中流动人口 3 万[11]。1949 年，蚌埠人口达 231 057 人[12]。

其次，促进了自开埠城市工商业的发展，并加强了商埠城市与其腹地社会经济的联系。如海州辟埠后，"居民日众，已成街市"[13]。据统计，1933 年新浦大型工业有面粉业 1 家，资本 20 万元，油坊业 7 家，资本 7 万元，酒坊业 13 家，资本 35 000 元，酱园业 13 家，染坊业 8 家，资本 2870 元，电灯业 1 家，资本 75 000 元[14]。随着连云港口的加快建设，连云港的贸易发展相当快。1935 年连云港的吞吐量是 1934 年的 1.99 倍，

---

① 据顾朝林《中国城镇体系——历史现状展望》，商务印书馆，1996 年，第 154 页数据推算所得。
② 何一民：《中国城市史纲》，四川大学出版社，1994 年，第 324 页。
③ 曹洪涛：《中国近现代城市的发展》，中国城市出版社，1998 年，第 36 页。
④ 《徐州筑路西迅（造成二百英里）》，《民国日报》1924 年 5 月 29 日。
⑤ 《徐州市政之新改进（修筑环城马路）》，《民国日报》1926 年 5 月 12 日。
⑥ 《徐州实行拆城》，《民国日报》1928 年 1 月 18 日。
⑦ 《安徽建设》第 19、20 号合刊，1930 年。
⑧ 许百揆：《蚌埠十九年度建设方案》，《安徽建设月刊》第 19、20 号合刊，1930 年。
⑨ 《蚌埠市政筹备报告》，蚌埠市政筹备处编印，1946 年 12 月，第 1 页。
⑩ 《皖北日报》1936 年 6 月 14 日。
⑪ 《蚌埠市政筹备报告》，1946 年 12 月，第 1 页。
⑫ 张晓芳：《蚌埠城市历史地理研究》，复旦大学博士学位论文，2007 年，第 157 页。
⑬ 杨志洵：《海州情事》，《商务官报》第 4 期，1909 年。
⑭ 刘洪石：《一座神奇的城市——新浦》，《连云港论坛》2002 年第 3 期。

1936 年又比 1935 年增长 47%，而 1937 年上半年的吞吐量已达 1936 年全年吞吐量的 82%①。

　　郑州主动对外开放，出现了"堆栈业、转运业、药材业、北货业、旅馆业等营业均甚可观"的局面②。外国商人也纷纷涌入郑州，计有英国福中公司、亚细亚公司及美国美孚石油公司、中蛋粉公司等。日商早在郑州开埠初期，就"亲到郑州调查一切，凡在鲁、豫、晋、秦、甘、川、鄂、湘等之产品，皆逐一咨询。复在流域调查河流情形，如果能以试行浅水轮船，尚拟设法转运甘陕货物，以期向来未能运载各货，得以畅行"③。至 20 世纪 20 年代初，汉口的日商黄泰、三宜各洋行开始在郑州收购棉花、牛羊皮、杂谷等。之后，三井、太仓、高田、铃木、安部、茂木等日商在郑州开设有十二三家店铺，每年贸易额达 400 万两白银④。1927 年《河南》记载：郑州"繁盛街市为大通路、钱塘里、敦睦里、天中里、三多里、福寿街，皆在车站之东，经商多汉口人、天津人，河南竞争于商业者，颇不多见"⑤。1932 年调查资料记载，郑州"南站东部商市栉比，街道整洁，中央之大同路由东往西，可直达城中。此外，德华街、福寿街、兴隆街、钱塘里东西、敦睦里等纵横交错，为郑州商业之中心，即前商埠地带也"⑥。抗战前，郑州的工业也颇为发达，"大工厂及大公司，不下数十家"⑦。其中穆藕初所办豫丰纱厂，"在京汉铁道以西，资本雄厚，规模宏大"。在该厂工作的达 4000 多人，资本总额 200 万，每年可用棉花 10 余万包，出纱 1500 万斤，出布 1 万匹⑧。交通、工商业的发展又带动了房地产、服务业的兴起，地价急剧上涨，"其与车站相近者，每方已值千元，车站相距三五里之麦地，每亩值五百元"，"与车站相距三里遥者，业已夏屋渠渠，美轮美奂"⑨。

　　济宁辟埠以来，城垣扩大，市街繁密，商肆林立，贸易繁盛，"其中以南门外沿途一带，尤菁华之所聚。自火车通行后，火车站附近商业亦一日千里。居民稠密，号称十五万"⑩。1927 年出版的《济宁县志》则谓："迩年来商务渐兴，田价倍增，工业亦日有起色。"统计 1926 年城厢各商号已增至 250 余家，较 1918 年增加了约 1.5 倍，进

---

① 参见徐德济主编：《连云港史》（古代、近代部分），第 106 页。
② 《陇海全线调查·郑县》，1932 年，第 160 页。
③ 《日人注意郑州商业》，《农商公报》第 108 期，1923 年 7 月 15 日。
④ 王书成：《解放前的郑州商业》，《中州今古》1987 年第 2 期。
⑤ 《分省地志·河南》，第 72 页。
⑥ 《陇海全线调查·郑县》，1932 年，第 163 页。
⑦ 《河南方舆人文志略》，第 138 页。
⑧ 《实业界消息：郑州商务近况》，《安徽实业杂志》第 3 卷第 5 号，第 20～22 页。
⑨ 《郑州商埠之筹备——督办一席仍在竞争中》，《申报》1922 年 3 月 11 日。
⑩ 《分省地志·山东》，第 225 页。

出口贸易畅旺①。到 1933 年时，济宁城油业、药材业等商行达 191 家②。

徐州自开商埠后，"市况繁盛，麦豆高粱落花生之集散甚多"③。至抗战前夕，徐州人口已增加到 13 万多人，工矿企业 15 家，手工作坊 105 家，酒坊 80 多家，制革 30 多家，服装数十家，银行 7 家，钱庄 10 家，转运公司 11 家，此外，还有众多的行栈、货栈、旅馆和饭店④，而"以东门大街、西门大街、县署街等处较为宽平，亦为城内最繁盛处"⑤，是苏、鲁、豫、皖、四省之交的第一大城和农副产品集散中心。

蚌埠开埠后短短数年，一跃成为皖北地区盐粮和津沪等地工业品的集散市场。行业日渐增多，街市不断扩大，到 1931 年时，"该处以二马路、白飞路、大马路东段，东通车站，西达河岸为商务最繁盛之区。他如华昌街、中山路等处，商业亦甚可观"，"盐粮两业为本埠最著之商业"，拥有盐行 40 余家，粮行 50 余家，京广洋货大小约 40 余家，旅馆 50 余家，浴池 20 余家⑥。1945 年，就工商业而言，当时工业 40 余种，工人达 3 万以上；商业种类 60 余种，大小商号 8000 余家⑦。

淮域一些城市主动对外开放，尽管对淮域社会经济的发展产生了积极影响，但是我们并不能因此而作出过高的估计。淮域自开商埠在与外界的经济社会交往、城市化水平上，以及所给予自开埠城市自身及其腹地社会经济的推动作用方面，与约开口岸甚至同属于自开埠城市之列的济南、昆明等地相比，明显处于后列，并没有达到人们预期的成为一方经济中心，诸如济宁为济南第二、郑州比肩津沪之类的效果。郑州、蚌埠尽管自开初期情况稍好，但后来也是每况愈下。细究之，除了前文已论及的战乱、苛税对城市商业的破坏原因以外，还有以下两个重要因素：

一是开埠初期，各方利益集团争权夺利，使得开埠的筹备工作和开埠政策的出台颇收掣肘，从而丧失了主动开放的先机。如海州开埠时，利益各方围绕开埠时间、开埠地点和督办人选问题一直争论不休。关于开埠时间，"国务员中或有不以此时开辟该处商埠为宜者"；关于开埠地点，有灌河口、临洪口、西连岛三种主张；⑧关于如何经营海州商埠和商埠督办人选，有上海派、交通派、议会派、军阀派、官僚派之分，各方竞相角逐。此外，海州所属的商会及旅京同乡，对于此事也有自己的主张⑨。徐州籍的段书云尽管最后获得海州商埠督办一职，但就任并不顺利，自江苏省当局保荐段书云任督办之电到京后，搁置 20 余日而未发表，据人推测"其中显系有人梗阻，政府因

---

① 民国《济宁县志》卷 2，《法制略》。

② 《中国实业志·山东省》，第 226（丁）页。

③ 《江苏人文地理》，第 116 页。

④ 赵如珩：《江苏省鉴》上册，第五章《建设》，上海大文印刷所，1935 年。

⑤ 《江苏六十一县志》上卷，第 60 页。

⑥ 龚光朗、曹觉生：《安徽各大市镇之工商现状》，《安徽建设》第 3 卷第 2 号，1931 年。

⑦ 《蚌埠市政筹备工作计划》，蚌埠市政筹备处编印，1946 年 1 月。

⑧ 静观：《济宁与海州两商埠问题》，《申报》1921 年 3 月 13 日。

⑨ 市隐：《海州商埠之各方面》，《申报》1921 年 2 月 28 日。

此由视为难题也"①。又如蚌埠商埠局组建时,拟向城南发展。但倪嗣冲主政蚌埠时,曾以建筑长江巡阅使署名义,在蚌山附近圈地数十亩,长江巡阅使虽经裁撤,但所圈地亩仍未归还。这使得刚就任商埠督办的程沅泉,"颇有难色,视为鸿沟之梗"②。郑州商埠局督办一职的争夺更为激烈,"垂涎者颇不乏人","欲图此席者,计有十余人之多"。而以前财政厅长陈善同和实业厅长张之锐之间的争夺闹得最凶,彼此明争暗斗达一年之久,局长人选仍未议定③,商埠督办最后还是由省长兼任,这显然严重干扰了郑州自开商埠的进程。

二是民间社会力量的普遍认可和支持的缺失,也是导致淮域自开商埠极少取得成功的重要原因之一。因为淮域自开埠城市除海州地处沿海外,多处于内陆,开放观念明显落后于早受欧风美雨洗礼的东部沿海地区;加上地方政府既无甚开埠的长远规划,又乘开埠之机争权夺利,使得民众对政府自开商埠失去了信任,从而对自开商埠普遍比较冷漠。如郑州商埠督办以及后来的市长"因于全市之辟展,无甚计划,而惟增索捐收",民众甚为反感④。徐州自开埠之所以流产,主要是因为没有得到地方民众的理解和支持。1922 年,段书云就任徐州商埠督办,由于省府拨付的筹办资金有限,拟借丰、沛、萧、砀、铜、睢六县水利亩捐 300 万元,作为购置商埠建筑及其材料的费用,后因遭到属县农民的反对而作罢。为筹集开埠经费,商埠局又决定自 1923 年 5 月份起,在陇海、津浦铁路驻铜山及其他各县车站内,设立机构,抽收货捐,值百抽五,作为开辟商埠的挹注,这又遭到铜山商会公断处处长、纱布业同业公会业董、恒丰纱庄业主赵雪芩等商户的抵制。欲征收亩捐而农民反对,欲征货税而商民不赞同,徐州自开商埠因无钱而停歇的命运难以避免⑤。

淮域的自开商埠是清末民初政府为保主权、振兴商务而主动实行对外开放的重要一环,也是 19 世纪初以来淮域新式交通快速发展以及由此带动的商务逐渐振兴的必然产物。淮域自开的 5 个商埠,从时间看,自开时间都比较迟,多系北洋政府时期所开。海州、郑州虽在清末就议自开,但因各种原因或未获批准或筹备工作被外力中断,一直拖延到民国初年才正式开埠。从地域分布及其类型看,海州处于沿海的上海、青岛之间的枢纽位置,属于沿海型自开商埠;而其他 4 个自开商埠都处于内陆铁路交通枢纽位置,属于内陆型的自开商埠。淮域无论哪一种类型的自开商埠,其开放度和所造成的域内近代化内在驱动力,都无法与邻近的华北、江南通商口岸相提并论,有着被边缘化的趋向。不过,由于这些商埠城市主动实行了对外开放,这对淮域社会经济的发展还是有一定的促进作用的。开埠城市化水平因之有了提高,开埠城市与腹地的经

---

① 静观:《济宁与海州两商埠问题》,《申报》1921 年 3 月 13 日。

② 《蚌埠商埠局组织近讯》,《申报》1924 年 2 月 28 日。

③ 《郑州商埠之筹备——督办一席仍在竞争中》,《申报》1922 年 3 月 11 日。

④ 《河南方舆人文志略》,第 138 页。

⑤ 《徐州商埠局停顿之原因》,《京报》1924 年 3 月 27 日。

济联系以及商品集散地功能也相应地得到增强，淮域传统的封闭经济形态正逐渐地被打破。

今天，我们站在历史的高度重新审视清末民初政府在淮域自开商埠的种种努力，目的是为了反思其正误得失，从中提炼出对当代淮域社会经济发展有益的信息与启示。清末民初政府在各方面的压力和推动下，实行主动的局部对外开放，从而加速了近代中国现代化的进程。淮域地方政府也抓住这一重要契机，将一些基础好的城市自开为商埠，以期在淮域造就若干个经济中心，从而带动域内经济社会的整体发展和提升。但事与愿违，由于兵燹匪乱、政治动荡等因素的破坏，自开商埠成了淮域历史上的一现昙花，留给后人的是深刻而久远的教训和启示：一是主动开放要抓住先机，机不可失，时不再来。淮域自开商埠相对较迟，虽然有诸多自开商埠可作蓝本，避免了不少弯路，但此时就全国来说，清末民初国人主动开放却接近了尾声，政府的注意力已经转移，主动开放的政策环境趋于不利。1937 年 5 月 15 日，内政部在核复江苏灌云县响水口镇商会呈请自开该镇为商埠时，以"少数地方，在前北京市政府时代，曾自动辟为商埠，然亦为限制外人杂居内地起见，要皆不无外交关系。且商埠一经实行开放，照章须许外人居住贸易，设厂制造，不无利权外溢之虞，故商埠制度，允宜逐渐设法废除"和内政部成立以来"对于开辟商埠一事，向未举办"之由，否决了响水镇商会的请求①。此一案例，便是民国政府收缩开放政策的佐证。二是对外开放必须是政府和民间社会双向合力才得以推动的，双方相互抵牾或者一方力量的弱化，都会使得开放的良好愿望落空。在郑州、徐州自开商埠的过程中，我们看到的却是官府为私利倾轧，民众开放观念淡薄冷漠，对开放的一些具体政策不予以理解和支持。三是开放和发展必须要有安定的社会环境。在近代中国主权都不能独立的情况下，"感盼国内和平，早日实现，军队减少，商民负担减轻，始可逐渐繁荣"②，成了时人的一种奢望。直到新中国成立，安定才最终有了保障。

四、内陆中小城市的发展

据顾朝林研究，1933～1936 年我国城市人口达 200 万以上的 1 个，100 万～200 万的城市 4 个，50 万～100 万的城市 5 个，淮域无此类大城市。中等城市中，城市人口达 20 万～50 万的全国有 18 个，淮域仅有开封属于中等城市之一。小城市中，10 万～20 万的城市全国有 48 个，淮域有徐州、扬州、盐城、蚌埠、济宁、临沂，共 6 个；城市人口在 5 万～10 万的全国有 113 个，淮域有淮阴、灌云、泰县、高邮、阜宁、宝应、

---

① 《江苏省灌云县响水镇商会等呈请开辟响水镇为港埠》，1937 年 5 月，中国第二历史档案馆：全宗号四二二（4），案卷号 2613。

② 《中国经济年鉴》，第 137 页。

沛县、沭阳、兴化、淮安、亳州、阜阳、六安、郑州、商丘、许昌，共 16 个。还有大量的人口在 5 万以下的城镇，淮域此类小城镇也比较普遍①。近代淮域无带动和辐射区域发展的比较发达的大城市，作为区域中心城市的中等城市也只有开封，可见淮域城市的主体是中小城市和小城镇。在近代淮域众多的中小城市中，依据城市的主体功能划分，大致可以分成传统行政中心城市和工商业城市两大类。

（一）传统行政中心城市

1. 省会行政中心城市

开封是北宋的首都，曾是全国的政治经济中心，繁华一时。南宋以后，开封还一直是河南的政治经济中心。辛亥革命后，于 1913 年 2 月废开封府建置，改祥符县为开封县，仍为河南省会。1925 年，设立"开封市政筹办处"，一年后撤销。1927 年再次设立"开封市政筹办处"。1929 年，拟定"开封市组织条例"，以原开封县管辖的省城城关区、四郊区为开封市行政区域。同年 11 月，开封市政府正式成立，1930 年 12 月又撤市，市区仍归属开封县。1938 年 6 月被日军侵占，在此设伪开封市。1945 年抗战胜利，撤销伪开封市，仍以开封县为河南省会。1948 年 10 月，开封解放，设立开封市，河南省人民政府驻此。

20 世纪以前，开封对外交通以陆路为主，自开封北经卫辉、彰德至北京，西经郑州、洛阳、陕州至西安，南经许州、信阳至汉口，东经归德至安徽达南京，都通驿道。水路以贾鲁河为主，自朱仙镇经周家口由淮河、运河达镇江。此外，黄河水运可上达孟津，下至徐州清江浦。自雍正（1723～1735 年）时起，贾鲁河经常淤塞，商路交通大受影响。20 世纪以后，开封对外交通以陇海铁路为主。1918 年后，开封对外县还修筑了开郑（开封—郑州）、开许（开封—许昌）、开周（开封—周家口）、开项（开封—项城）、开菏（开封—菏泽）、开道（开封—道口）诸公路。

新式交通的兴起，使得开封的近代工业得到了一定程度上的发展，出现了电气工厂和 3 家火柴厂。第一次世界大战以后，又建立了面粉、榨油、蛋品、烟草等轻工业以及小型铁工厂，而以面粉工厂规模较大。从清末以来，如织布、针织、砖瓦、印刷、肥皂、制革等半机械半手工业工厂也有设立②。城市工商业的发展，促进了开封城市人口的增长。1861 年，开封人口为 20 193 户，92 730 人。1898 年，增至 120 000 人，1907 年为 150 000 人，1910 年达 159 729 人。1925 年为 226 758 人，比 1910 年增加了 67 029 人，年均增长 4468 人。1933 年，总计 258 304 人。1938 年上半年，开封市人口因大量群众西逃，滞留开封，故激增至 460 086 人。抗战时期，开封人口锐减，1940 年开

---

① 参见顾朝林：《中国城镇体系——历史·现状·展望》，商务印书馆，1992 年，第 151、152 页。

② 李长傅：《开封历史地理》，商务印书馆，1958 年，第 39～48 页。

封人口为 191 647 人，1943 年为 198 997 人①。抗战胜利后，国民党机构和军队以及西逃群众又涌进开封，人口再次回升，1946 年底达 281 488 人②，较 1943 年增长41.45%。1948 年 6 月，开封城市人口为 338 412 人③。城市人口的增加，又导致开封城市规模不断向外扩展。1927 年，在南门之东开辟新门，又改龙亭为中山公园，相国寺为中山市场，放宽了鼓楼街、中山路等几条街道④。就全市的发展看，由于陇海路车站在南门外，开封老城之南与火车站之间形成了新市区，利用现代交通之便，一些新的工厂，商店多建在这里，形成了一个与旧城区截然不同的街区——南关行政区，使开封城市空间结构产生了一些变化。

近代开封因一直为政治经济中心，故其商业发展呈现的是消费性城市的特点。吴世勋曰："本城商务之盛，甲于全省，然多舶来奢侈品，消耗多而输出少。商人多来自外省，亦本省一大漏卮。以商货区之，市籴米谷者曰坊子，曰粮行，在东门及南门内，以小麦为盛。牲畜市在宋门及南门瓮城中，贸易不盛。绸缎布匹、洋广杂货多在马道街、鼓楼街及土街。书籍、纸墨、文具等多在书店街，北书店街尤多；土街亦多纸店；杏花园制造毛笔。古玩书画店多在土街及南书店街。箱柜多在河道街。旧衣店多在徐府街。裘葛店多在东西大街。旧式杂器店多在老府门街。海味店多在东西大街及河道街。宋门外有花生行。鱼市口多鸡鱼。"⑤ 这段话述及的是 1926 年间开封城市商业的情况，很能反映近代开封消费性城市的商业特点。

开封的商业在 20 世纪二三十年代，开始出现了衰颓趋势。1923 年 3 月，渊如就发表文章说："河南全省之商业，自远言之，三五年来，可谓只有退步而无进化，自近而言之，去岁一年，其衰落可达于极点"⑥。又据 1935 年《中国经济年鉴续编》记载，"汴垣在昔商贾云集，商业兴旺，自民二十一年以来，因受连年内战及东北事变之影响，商业乃一落千丈。商店冷落萧条之象，已属常见。现今开封之时货，如西装、摄影、茶庄、酱点、杂货等六项商业，每项倒闭者俱占十分之三四，而倒闭又多属资本巨大，后起者固亦寥寥可数，甚或超过倒闭者，然二者资本相较，无形中营业收入，相差悬殊。民二十一年，开封商店达 8400 余家，全年买卖流水超过一千元以上者，有二千八百余家，而至民二十二年能超过千元流水以上者，仅二千四百余家。以今年豫省之商业观之，其萧条之状，迨逾往昔，倒闭歇业者廉价自拍卖，屡见不鲜。以此推计，则至年终，则卖买流水能超过千元以上者，绝难超过二千家"⑦。同年 9 月，萧愚

①　参见程子良、李清银主编：《开封城市史》，社会科学文献出版社，1993 年，第 212～216 页。

②　《河南统计月刊》，河南省政府统计室编印，1947 年，油印本，第 12 页。

③　参见程子良、李清银主编：《开封城市史》，第 212～216 页。

④　李长傅：《开封历史地理》，第 39～48 页。

⑤　《分省地志·河南》，第 54、55 页。

⑥　渊如：《开封商业衰败之原因》，《申报》1923 年 3 月 13 日。

⑦　《中国经济年鉴续编》（1935），第（N）505、（N）506 页。

在《开封小记》的文章中指出："开封商人有行商和坐商之分。前者多为外来商人，以营花生、皮革、药材、粮食、鲜货等业者为多。有专门招待此类商人者，名行商。行商各就专业设有专行，行商买卖均为经手。交易一成，抽取一定行用。坐商以布匹、绸缎业及百货店业为主要。近三年中，此三业败坏殆尽。前年年底，布匹业之同时歇业者闻达七十余家，同业之仅存者不过勉强维持，不致亏累而已。绸缎业表面上尚可维持，然据商会中人言，实无一家不赔，想歇业而官厅不准"；书业"在民二十一二年前，俱获利无算。一折小说初发卖时，售价之廉震动全城，每日往各书店购买者络绎不绝，其发卖别县者，日以二三十麻袋计。然花无常好，一二年间风气丕变，书业顿成萧条"；旅馆业、浴业、饭馆业、电影业、戏业近年亦不大好做①。

至于开封商业之所以衰败，渊如作了精辟的分析，认为有三个方面的原因：一是社会动荡不安，商业大受影响。"全省皆土匪。去年一年中，河南全省108县，几乎无一县无土匪，甚至距省甚近如朱仙镇、归德、中牟、白沙等处，土匪尚成群结党，公然出没劫掠，人们救死不暇，何心购货？因之各属都不到本省运货，而省城货物遂不能畅销于各县"；二是频繁的战争与匪乱叠加，使商业雪上加霜，"兵事之未有止息。先是直皖之战，继之以奉直一役、成慎之变、冯赵之争，兵与匪循环交织，区区商业焉不得因此而凋零？加以去年冯玉祥督汴，力主节俭，不特只禁止宴会，还不许穿绸缎，以致全城官绅士庶，人人各穿一爱国布衫，马道街大纶等绸缎庄向来卖数百千元一日者，至是日售一二十元，甚或至于不开张。省城大小饭庄，皆一律闭歇。城内卖花生糖果诸小本卖商，几于绝迹。晚上七点钟即静街，不准人民往来，车夫尤叫苦连天。穷民觅一饱而未可得，何言商业？"三是河南当地人经商观念远不如外地商人，即"河南人有一种病根，居室富贾不肯经营大商业，即使有所组织，亦不如山西人观念之坚决，所以河南全省绝少大公司之组织，只煤矿一项只是少数人发财，于一般民人生计不生丝毫之影响。纱厂数处，不甚发达。开封总商会对于商界绝无所贡献，例如子口税重征一案，商会至不敢向官厅说话，此河南商务所以不能遽抱乐观也"②。

2. 县治行政中心城市

近代淮域众多的县治行政中心，由于近代交通的改进和农村商品化、近代工业化的推进，其城市商业也得到了缓慢发展。

淮域安徽境内寿县城四门四街，十字形。北果子巷、南果子巷、大寺巷亦繁盛③。霍邱的"经济停滞在封建经济之下，以致城市的工业不发达，合计城内与大市镇如河口集、叶家集、洪家集等处，无任何一种产业工场之建立。但在商业方面，因近年来

---

① 萧愚：《开封小记》，《禹贡》（半月刊）第4卷第1期，1935年9月1日。

② 渊如：《开封商业衰败之原因》，《申报》1923年3月13日。

③ 《大中华安徽省地理志》，第286页。

水陆交通稍行便利，所以较发达"①。六安县城因茶叶畅销，商业兴旺，全县城人口约有 2.5 万人，商业以制茶业为主，次为钱业、盐行、杂货行等②。颍上县城东近颍水，有四门，西门最为繁盛，阜阳、太和之船最多③。1940 年，颍上县城内商号达 246 家，其中京货业 38，粮业 32，烟业 31，爆业 11，杂货业 35，药业 22，油业 15，五金业17，旅业 32。商业经营的京广杂货日用品均由涡阳、蒙城、凤台及正阳、六安等地输入，大米、土布、茶、麻、棉、土纱等，均由六安、霍邱、立煌及商城，而土布一项则以潢川输入为大宗，均在该县销售。颍上出产之麦豆，除运往阜阳外，别无销路④。阜阳"沿颍河右岸，当颍商二水之会，为皖北公路之中心，东至蚌埠，南达六安，西出豫省周家口，北通豫之商丘，交通便利，不亚蚌埠，故商业发达"⑤，城内大街横贯东西，"人以陆陈行为盛，牛皮赴汉亦多，对连划小舟，载货至此，改装大船赴正阳关"⑥，"且光绪年间，人民于咸同以后休养生息，日臻富庶，商业中有多主张出会者。其法每日按商业之大小捐钱，积少成多，至次年十一月一日以前出城隍会"，"每次出会，各处来观者动一二十万人，商贩旅店，均获利甚丰"⑦。太和县城区即第一区，"自东门起，至县署东（市肆少），再自县署西至十字街口止，俱市肆"；"自西门起至关楼（市肆无），再自关楼至十字街口止，俱市肆"；"自南门起至十字街口止，市肆繁盛"。而"自北门起至十字街口止，市肆寥落"；"自小南门起至清真寺街止（市肆少），近南往东转为书院街，再近南往西转为学前街，市肆寥落"⑧。临泉县是原属阜阳的第七、八、十三区及第四区一部组成，设治沈邱集，1935 年 1 月经过安徽省府批准正式设立。临泉县商业，"向以盐粮为盛，因县城靠泉河，凡来购办小麦、黄豆者，均带食盐。本县西南一带之来临买盐者无不载粮，是以县城西北泉安洲业盐粮业者五十余家。余如绸布、杂货、油行等业，亦尚稳妥"⑨。蒙城"全境五镇二乡集市均有商店，但乏大资本家经营，惟城内商业较大"⑩，"商店数十家，农隙较盛，阴历年关，市上年货极多，亦拥挤如五都之市。夏秋市场不旺，游民嗜赌"。宿县城自津浦入界，"百业发皇，车站附近地皮，尤为昂贵，旅馆业、仓库业、运输业、保险业次第进行。行车夫苦力生计亦裕。车站设在城外，一切酒楼、妓寮、浴塘、炭栈、洋油栈、纸烟广告，

①　《霍邱县委报告第二号·政治经济情况》，安徽省档案馆藏，1930 年 6 月 3 日。

②　冯之：《二十世纪初安徽主要城镇商业简况》，中国人民政治协商会议安徽省委员会文史资料研究委员会编：《工商史迹》，1987 年 8 月，第 170、171 页。

③　《大中华安徽省地理志》，第 292 页。

④　安徽省档案馆藏：全宗号 1 目录号 1 (2) 卷号 628。

⑤　《安徽概览》，1944 年编，第 14 页。

⑥　《大中华安徽省地理志》，第 290 页。

⑦　民国《阜阳县志续编》卷 5，《风俗志·咸同光宣时代之风俗》。

⑧　民国《太和县志》卷 1，《舆地·区堡》。

⑨　民国《临泉县志略·经济·二商业》。

⑩　江汪虎：《蒙城县政书》癸编，《统计表·兵要地理调查表》。

皆环绕车站左右"①。五河县市肆在东城外，"以其地濒水次，便于懋迁，关厢完缮，防护周严，亦淮北都会也"②。泗县县城汴水贯其中，居民2000户，"街道狭隘，市面凋零，空气污秽，夏日尤甚"③。定远县城，民国初年就有钱业4家，未开市。糖纸、杂货7家，布业5家，铁货店5家，洋货店6家，陆陈行10余家，酱园4家④。天长县城内商业不甚发达，厘局岁收仅有13 700元⑤。

淮域江苏赣榆县"城内多茅屋，市廛冷落，惟马厂四街，较为兴盛"⑥。东海县治以僻处海滨，商业向不发达，自陇海铁路开通后，城市商业较前稍有起色⑦。铜山县城当陇海、津浦二路之交点，故称四省通衢。城周约五里，辟为四门。津浦及陇海总车站在东关外，此一带为新辟市街，市廛颇盛，人口16万。萧县城濒临龙山河，城垣狭小，商业不振，人口1万⑧。砀山县城"向无商业之可言，自陇秦豫海铁路通车后，市面略见活动，渐有发展之象"⑨。丰县城在全县中央，商业不盛，人口6万。沛县县城周约3里，人口5.6万，商业尚繁盛⑩，"贸易多居圩寨，按日而集，市廛中谓之逢集，商贾多齐鲁人。百货杂陈，人涌如潮，自辰至午始散"⑪。邳县城有人口3.7万，商业不盛。睢宁县城在县中央，商业不盛，人口3.9万⑫。1946年，该县商业在南关大街，分城厢镇及南关镇，居民增至8万人⑬。灌云县治在板浦镇，沿运盐河，以产盐著名，人口7.3万，市廛颇盛。沭阳县城"介前后沭河之间，以城内东西大街市廛为盛"⑭，"商店约有一百余家，较他集镇为繁盛"⑮，人口约5万。泗阳县城沿淤黄河，市廛寥落。涟水县城沿盐河，人口1.7万，商业不盛。1936年时，该县城因"与河埠场相连，商业颇盛，以聚宝门大街东大街市廛为盛"，人口达6.8万。盐城县城沿串场河东岸，城市交通四达，商场繁盛仍推城市为主要，城内以西大街为最盛，人口10.2万，商业较阜宁发达。兴化县城濒乌斤荡，四面环水，人口约5.7万⑯，"市重心集中于城，铺

---

① 《大中华安徽省地理志》，第298页；第288页。
② 光绪《重修五河县志》卷3，《疆域五·市集》。
③ 《大中华安徽省地理志》，第310页。
④ 《安徽定远县商业调查表》，《安徽实业杂志》第7期，1913年5月。
⑤ 《大中华安徽省地理志》，第316页。
⑥ 《江苏各县市志略·赣榆县》，《江苏文献》（台北）第9期，1979年2月15日，第23页。
⑦ 《江苏六十一县志》上卷，第139页。
⑧ 《分省地志·江苏》，第353页；第354页。
⑨ 《江苏各县市志略·砀山县》，《江苏文献》（台北）第22期，1976年2月20日，第23页。
⑩ 《分省地志·江苏》，第357页；第358页。
⑪ 《江苏六十一县志》下卷，第274页。
⑫ 《分省地志·江苏》，第360页；第363页。
⑬ 《睢宁概述》，《江苏文献》第1期，1977年2月15日，第30页。
⑭ 《分省地志·江苏》，第367页；第370页。
⑮ 《中国实业志·江苏省》，第84页。
⑯ 《分省地志·江苏》，第338页；第337页；第328、329页；第333页；第325页。

面约七百余家，大者仅数十家，通年营业数额只一百七八十万元"①；"商业区以县城东门内外为繁盛，北门次之"。据 1937 年商业统计资料，兴化县城有米业、南货业、猪业 3 业各 80 余家，酱业 60 余家，香业 50 余家，京广业、苏货业、草行业、粮行业、五洋业 5 业各 40 余家，机米业、茶菜业、茶食业、菜行业、磨坊业 5 业各 30 余家，布业、油业、酒业、竹行业、银楼业、衣业、材板业、国药业 8 业各 20 余家，鱼行业、茶叶业、烟业、蛋业、钱业、贷款业、木行业 7 业各 10 余家，瓷业、石炭业 2 业各 5 家。其他各业约共 100 家以上。"右列各业就城厢统计，各区乡镇不在此内"②。阜宁县城当射阳河与串场河之交会点，商业不十分发达，以南门外市廛较盛，人口 6.2 万③。东台县治，濒临串场河，没有筑城，道光时"阛阓通衢多茶坊酒市肆，而城市之间踵事增华，近有'小扬州'之目，靡费日不下数千金"④，迄民国时，"主要商场以城区为最盛，商店有数百余家，人口有数万人。商业交易年约八九万元"⑤。宝应县城在运河东岸，西望宝应湖。城内人口 4.8 万⑥，商业只有南北一条大街，商店约有 300 余家，较他处繁盛⑦。高邮县城在运河东岸，人口 6 万⑧，商业整体不旺，"以粮食为大宗，城南陆陈、过载营业尚称发达"⑨。泰县城即泰州城，当扬盐河与东泰盐河之会合点，交通便利。城内外皆有市街，而以城外市街为繁盛。城内商店大小 1000 余家，每年交易数目约 1000 万元以上。商业之盛，甲于下河诸县，人口 6.6 万⑩。

淮域河南陈留县居民 7000 余人，"城内无大商巨贾，惟南关粮市，适当东南颍、亳、鹿、柘等县，赴省要冲，故其商业颇称繁盛"。杞县"当其盛时，丁口号三万"，1920 年时"户数在二千家以上，人口犹在一万以上"，"商况以城内太平街最为繁华，其次则城隍庙前街、坊籽街、盐店街、文化街交易亦盛"。通许县城多回民聚居，城周围粮行十余家，农产荟萃。因地处开封赴周家口要道，多商人往来，旅店业颇为发达。鄢陵县城居民 3 万，"每年棉布、棉花、纱线市，为各县冠。粮市如芝麻、黄米，地省商贩多来籴者"⑪。商丘县城，车站大街有商铺，住户约一千二三百家，城内比较繁盛⑫，"南衙门附近，屋宇栉比，人烟稠密，多富户宅舍，衣饰奢丽，远过淮阳。商务

---

① 《中国实业志·江苏省》，第 86 页。

② 民国《兴化县续志》卷 4，《实业志·商店》。

③ 《分省地志·江苏》，第 332 页。

④ 道光《东台县志》卷 15，《风俗》。

⑤ 《中国实业志·江苏省》，第 86 页。

⑥ 《分省地志·江苏》，第 326 页。

⑦ 《中国实业志·江苏省》，第 83 页。

⑧ 《分省地志·江苏》，第 323 页。

⑨ 《中国实业志·江苏省》，第 83 页。

⑩ 《分省地志·江苏》，第 327 页；《中国实业志·江苏省》，第 86 页。

⑪ 《大中华河南省地理志》第 5 篇，第 108 页；第 110 页；第 112 页；第 118 页。

⑫ 《陇海全线调查·商丘县》，1932 年，第 100 页。

以估衣街为盛，多新式门面，大隅首亦颇发达，西门外多回民，以牛羊皮贸易为业者不少"①。鹿邑县城居民 3 万余，"布市散置街中，粮坊居四关"②。柘城县城居民99 000 余人，"茧市、丝市冠各县，粮行布行贸易颇盛，其余以酿酒造烟者为多，糟坊五十四处，烟铺十七处"③。淮阳县城"道路未修，商务不盛，仅南北大街有小商店，售日用货品"④。中牟县城内有商号数十家，贩卖什物外，别无商业可言⑤。太康县"城内商号二百余家，类为小本营业，其中满二千元资本者绝少。货物多来自亳县、周家口、开封、许昌等处，以糖纸、布疋、洋广杂货为多，纸烟亦甚充斥"⑥。郾城县为河南著名之车站，铁路通车后，"商务日盛"⑦，"东关最盛，每年当春夏之交，草帽市颇为繁盛"⑧。信阳，原本物产丰富，但是由于交通不便，商业并不兴盛；京汉铁路开通以后，市面即日益繁荣⑨。许昌县治自铁路通车，商业日形起色，1920 年时，居民53 000 人，"每年油市冠全省，若布市、干果市、洋纱布略见发达"⑩。火车站有襄八盐厂、猪厂、蛋厂、煤炭、煤油转运各公司，西关有收买烟草，城内有中国银行、河南银行、丝绸庄、钱纱庄、棉花庄、洋货庄、皮庄、香油庄、杂货庄等业，均较前发达⑪。禹县城垣，周约 7 里，"以西大街为荟萃之区，生意繁盛"，民国年间"城内商号，统计五百余家，有钱业十五家，当商一家，余为药材、杂货、洋货等贸易，药材业最为多数，钱业中如同裕公、永庆德，以殷实著名，客商采办药材，出入汇兑，获利亦颇厚"⑫。汝南县治濒临汝水，河中可通行小舟，运麦、豆、芝麻等，但自铁路通车后，"形胜商务皆移集信阳及驻马店"，"城内南门大街多粮店，二龙里、考棚街、东门内较为繁盛"⑬。鲁山县城居民三四万，"西关筑寨，商贾辐辏。山茧丝绸市，为全省中枢，外人争购之"⑭。其他如西平、确山因铁路经过而商业日渐发展。而光山、方城、桐柏县地处山区，商务比较冷落，如光山"在满清，极鄙陋；五十年前，市少难得之

---

①　《分省地志·河南》，第 206 页。

②　《大中华河南省地理志》第 5 篇，第 134 页。

③　《大中华河南省地理志》第 5 篇，第 146 页。

④　《分省地志·河南》，第 202 页。

⑤　《陇海全线调查·中牟县》，1932 年，第 151 页。

⑥　民国《太康县志》卷 3，《政务志·商业》。

⑦　《分省地志·河南》，第 166 页。

⑧　《大中华河南省地理志》第 5 篇，第 168 页。

⑨　参见张瑞德：《平汉铁路与华北经济发展》，台湾"中央"研究院近代史研究所专刊（55），1987 年，第56 页。

⑩　《大中华河南省地理志》第 5 篇，第 162 页。

⑪　民国《许昌县志》卷 6，《实业·商业》。

⑫　桂绍熙著：《最近各省金融商况调查录》，上海国光印刷厂，1916 年，第 24 页。

⑬　《分省地志·河南》，第 178 页。

⑭　《大中华河南省地理志》第 5 篇，第 260 页。

货"①。方城县城周9里余，人民富庶，贸易以谷为盛，多大豆、芝麻、小麦，输至各县及汉口。桐柏县城城内"惟东大街商铺较多，余皆寂寥。东门外较繁盛，米市在焉"②。

淮域山东蒙阴县"城居汶河北岸，舟运不通，而公路颇便，西经新泰、通泰安，可连津浦铁路，东出沂水，南入费县。长途电话亦四通八达；商务之发展颇有希望"。汶上"县城居北泉河东岸，顺流而出，运河水运甚便。陆为南宁公路之所经，北经东平、东阿、平阴、长清，可达济南。南至济宁，并通单、曹，交通便达，城市甚见殷盛"。宁阳城居宁山南麓，交通以公路为主，东南至曲阜，南达滋阳，东通泗水，西抵汶山，"城内户口稠密，商肆栉比"。曲阜县治"居沂水北岸，顺流而下，小舟径达运河，陆距津浦铁路停车场尚须四公里，惟公路可北通宁阳。城内居民稀疏，商场冷落"。滋阳"城跨泗水支流府河上，交通陆便于水，乘津浦铁路，北通泰安，南下邹县，西南至济宁公路；东至泗水，西南经济宁分达单、曹、汶上、东平各县。府河、泗水亦可通民船，下入运河，舟车辐辏，贸易频繁"③ 滕县城居北沙河南岸，津浦铁路车站在其西门，北入邹县，南通江苏。公路北至界河，入邹县，东南至黄楼出峄县；又西通鱼台，东达费县。水路由北沙河下溯运河，水陆交通皆甚便利。"城内户口殷繁，居民稠密，市街皆以石板砌成，康庄平坦，商肆林立，贸易繁盛；尤以东门内之生意街为精华所聚"。峄县城居汯河东岸，有津浦支线经过，南至台儿庄以衔接运河，西北至临城以联络津浦干线。公路东北至抱犊崮，北入费县，东越西泇河，抵临沂，"交通便达，城内商贾辐辏，贸易兴盛"④。临沂城濒临沂河西岸，顺流而下，南达江苏，入于运河。溯流西上，西至费县。在宣统年间，商业就已兴盛，周村、潍县、昌邑、沙河、青岛、曹州以及直隶、河南、山西等处商人遍廛市，城内楼阁纵横，金碧辉煌，商业较前有较大进步⑤。公路南至郯城，西至费县，南至峄县，北入沂水，东北通莒县，水陆交通甚为便达。"城内市街已加修整，康庄平坦，商贾萃至。气象殷盛，人口十万，为南部最重要之都会"。费县治居祊河西岸，"市街湫隘，人烟寥落，交通不便"。沂水县居沂河东岸，顺流而下，通临沂、费县一带，溯流而上，西北达东里店，民船往来甚繁。公路南经王庄、葛沟，下出临沂，北经七里堡子越穆陵关入临朐，东经兵防岭至莒县，"握水陆交通之枢纽。市况活泼"。郓城县治在赵王河北岸，西通鄄城，东南至嘉祥，北入东阿，交通纯赖公路⑥，"商号银号二十五家，酒行九十家，

① 民国《光山县志约稿》卷1，《地理志·市集志》。

② 《分省地志·河南》，第134页；第164页。

③ 《分省地志·山东》，第208～213页。

④ 《分省地志·山东》，第216、217页。

⑤ 《山东通讯》，《顺天时报》，1909年，转引自张玉法：《中国现代化的区域研究：山东省》（1860～1916），"中央"研究院近代史研究所，1982年，第599页。

⑥ 《分省地志·山东》，第218页；第220、221页；第228页。

京货七十家，杂货二百家，油坊四十家，药铺三十家"，"粮栈客商颇称发达"①。金乡县治位于万福河之南，当济宁至曹县、滋阳至单县两汽车路之中枢，与巨野、鱼台、城武亦各有县公路互相联络，陆路交通颇便，"城内商店林立，贸易尚见繁盛"②。菏泽，据1907年《菏泽县乡土志》载，有钱商（多晋人所开）、洋布商（多周村人所开）、盐商、当商、烟商、酒商、牡丹商等。

　　总之，淮域的传统行政中心城市在近代已经逐渐被卷入了世界市场，只是在程度上比沿海、沿江口岸城市低，而外国市场对其影响只是通过口岸城市间接作用而已。近代因素的日益渗透，也逐渐改变着淮域传统政治中心城市的商业性质，开始了向近代商业和城市的缓慢转型。如开封南关辟为商埠，以火车站为中心，逐渐发展起居民住宅区，老城之外还形成了新城区。

（二）工商业市镇

　　19世纪60年代以后，由于洋货在淮域各地的大量倾销，加上近代新式工业和新式交通的发展，使得淮域农村商品流通扩大和农产品商品化趋势大大加快，进而促进了淮域工商业市镇的普遍发展。与明清以来较为闭塞的状况相比，有了明显的变化。其中最突出的是市镇的商业功能逐渐强化，沿新商路出现了一批新兴的工商业市镇。

　　据丛翰香的研究，18世纪末叶以前，淮河流域山东、河南境内商业市镇还比较少，主要有祥符县的朱仙镇、荥阳县的须水镇、扶沟县的吕家潭镇以及商水县的永宁集（商贾辐辏，为县巨镇）、周家口集。山东境内有鱼台县南阳镇、谷亭镇。这些市镇多分布于河流两岸，此外大部分州县仍未见工商市镇分布。到19世纪后期至20世纪二三十年代，上述情况有了很大改观。方志中，"市"、"镇"并提，"镇"、"集"连称，或将集镇、市集、庙会置于同一条目下合并考察的史料，俯拾即是。光绪朝部分县志开始列出"商务"专项，"市镇"即在其中，不言而喻，从此，镇与商务密不可分，有镇必有集，有镇必有市街③。市镇数量增长之快，也是此前所无法比拟的。如光绪年间的安徽寿州境所隶东南西三面广袤各150里，周600余里，分为3乡，乡分12里，里分10甲，市镇120余所④。光绪时萧县有35个市镇，其中永丰集（又名张大屯，在县西受西乡）、西杜集（在县西受乡）、南杜集（在县南智乡）、张新集（在县西红乡）、洪河集（在县西受乡）、穆家集（在县北坊乡）、苏家集（在县西南红乡）、官桥集（在县东都乡）8个市镇属于新增⑤。河南上蔡县在清顺治、康熙年间，全县除县城外

① 光绪《郓城县乡土志·商业》。
② 《分省地志·山东》，第234页。
③ 参见丛翰香主编：《近代冀鲁豫乡村》，中国社会科学出版社，1995年，第119~122页。
④ 光绪《寿州志》卷首，《图》。
⑤ 同治《续萧县志》卷4，《疆域志·集镇》。

共出现 35 个市镇，同光年间，物价平稳，集贸有所发展，新兴市镇 18 个，消失 7 个，增减后分布全县城乡的市镇为 46 个。尤其是位于汝宁府至同家口大道沿途的留盆店、贺道人桥、雷音堂、张乡集、东岸镇尤为兴盛。过往客商，大小车辆、人担畜驮往来如梭。洪河沿岸的贺道人桥，塔桥、东西洪桥商业异常繁盛①。淮域市镇数量的具体增长情况，还可参见表 5-4。

表 5-4　民国时期淮域山东、河南省各县市镇数量情况表

县别	集镇数	县别	集镇数
山东省			
曲阜	2	宁阳	15
滕县	3	泗水	17
汶上	6	峄县	3
金乡	5	济宁	2
嘉祥	3	鱼台	8
临沂	19	费县	9
蒙阴	11	莒县	4
沂水	11	菏泽	8
曹县	9	单县	9
城武	7	定陶	4
巨野	6	郓城	9
郯城	3	东平	10
日照	15		
河南省			
开封	42	陈留	4
杞县	13	通许	7
尉氏	2	鄢陵	13
中牟	3	禹县	19
密县	9	新郑	4
郑县	16	民权	6
商丘	22	宁陵	3
鹿邑	15	夏邑	4
永城	5	虞城	5
睢县	11	考城	6
柘县	3	淮阳	15

---

① 上蔡地方志编纂委员会：《上蔡县志》，生活·读书·新知三联书店，1995 年，第 413 页。

续表

县别	集镇数	县别	集镇数
商水	5	西华	8
项城	5	沈邱	8
太康	12	扶沟	9
许昌	13	临颍	8
襄城	10	郾城	4
长葛	8	荥阳	3
登封	7	临汝	16
鲁山	7	郏县	6
宝丰	4	伊阳	2
桐柏	5	舞阳	4
叶县	8	信阳	5
汝南	11	正阳	5
上蔡	5	新蔡	12
西平	8	遂平	13
确山	15	罗山	9
潢川	21	光山	3
固始	3	息县	7
商城	4		

说明: 据丛翰香所制民国时期冀鲁豫地区重要集镇地域分布改编, 参见丛翰香主编: 《近代冀鲁豫乡村》, 第 123~125 页。

资料来源: 《中国实业志·山东省》, 《山东各县商业市镇数统计表》, 实业部国际贸易局编纂发行, 1934 年; 陈其采等编: 《中华民国统计提要》, 《表20 河南各县自治施行》, 1935 年; 白眉初编: 《中华民国省区全 志》第 3 册, 《河南省志》, 1924 年; 林传甲总纂: 《大中华河南省地理志》, 武学书馆, 1920 年; 河南相关 县志。

近代淮域众多的市镇, 有的因商而兴, 有的因便利的交通而起, 有的因手工业或 者近代工矿业的发展而发达, 还有少数因抗战军兴而畸形发展。

1. 商贸市镇

淮域安徽蒙城县有五镇, 即高皇、骆驼、双涧、板桥、小涧, 商业贸易较盛①。涡 河县义门镇, 民国时镇四关设有 "鼎裕杂货行"、"瑞昌杂货行"、"程何成粮坊" 等大 小商店 120 余家; 高炉镇临涡河北岸, 民国初, 集上已经有各类日用品批发点, 并输 送农副产品, 商品靠水路输送; 石弓镇原名兰店子, 距县城东北 30 公里, 包河绕集西

---

① 《大中华安徽省地理志》, 第 298 页。

侧流经东南，清末集上有店铺 10 余家，民国年间京广杂货有六七家；龙山集位于县城东北，清末集上有居民 450 户，有南北大街 1 条，开设百货、杂货、饮食等商店①。灵璧县"双庙、渔沟、杨疃，亦号繁华"。颍上巨鱼集、老庙集为县北所走集。县南的润河集，在淮润之间，商业也盛。霍邱县东北新店埠，霍邱河口汪集，新河口张集，减河洪家集，淝河滨孟家集、东生集，史河濒临水镇，贸易均佳。县南叶家集，为各村店中心，三流集厘金局岁收 6300 元。三河尖厘金局岁收 36 000 元。开顺集、孙家沟厘金局岁收 14 500 元。寿县除了正阳关外，"李木店、三觉寺、隐贤集，商业亦盛"②。六安有苏埠镇、马头镇、毛坦厂镇、双河镇、新安镇，商业贸易都比较发达，其中以苏埠镇、马头镇、毛坦厂镇为最盛，向有"一埠（苏家埠）、二厂（毛坦厂）、三马头"之称③。凤台县的下蔡滨淮，"居正阳、临淮间，舟楫之会也"。"阚疃北贸胜亳，南贾潜、霍，多牛马驴骡，硝盐私贩辄取道于此，其民杂处，又界蒙城、阜阳，俗益剽急而事末矣"④。定远县商业繁盛之镇有池河镇、炉桥镇、张桥镇、藕塘镇⑤。宿县东乡东三铺，亦比昔年为盛。天长北乡铜城镇，俗误作桐城，因别为东桐城，有厘局，商务兴旺。西乡市镇，以汊涧为最要，南乡市集以郑家集为要，东北城门乡龙冈镇，有大纪恒源茧行，糖食最佳⑥。

淮域江苏东海县桃林镇，有商铺 20 余家，为周围 20 里各村居民集市之地，"逢大集，则摩肩击毂，十分热闹"⑦。赣榆县大沙河距城 20 公里，"枕冈带河，居民千家，以二、七、五、十日为市集，商贾辐辏，马厂每逢市集，商业亦盛"，"欢墩、上林二镇，豆麦之市极盛"⑧。沙河镇有商店 20 余家，营业不过供局部农人消费而已⑨，铜山县属商贸市镇有贾汪、利国驿、柳泉、三堡、房村、双沟、敬安集、郑家集、梁寨等，皆不甚繁盛。萧县县属镇集有王寨、黄口、郝寨、曲里堡、孤山寨、白土寨、张山店、褚兰等⑩。砀山县属镇集有五，"即城区、李店、杨集、唐寨、迴龙集等处是也。城区、李店、杨集三处均沿陇海路，惟其中以城区为最繁盛，杨集、李店次之。唐寨与迴龙集又次之，但以最后两处互相比较，则唐寨又较迴龙集为繁盛"⑪。丰县的赵庄镇，"商

---

① 安徽省涡阳县地方志编纂委员会主编：《涡河县志》卷 2，《地理·集镇》，黄山书社，1989 年，第 36 ~ 39 页。

② 《大中华安徽省地理志》，第 284 页；第 292 页；第 296 页；第 286 页。

③ 六安县地方志编纂委员会编：《六安县志》，黄山书社，1993 年，第 269 ~ 272 页。

④ 光绪《凤台县志》卷 4，《食货志·物产》。

⑤ 《安徽定远县商业调查表》，《安徽实业杂志》第 7 期，1913 年 5 月。

⑥ 《大中华安徽省地理志》，第 288 页；第 316 页。

⑦ 《陇海全线调查·东海县》，1932 年，第 19 页。

⑧ 《江苏各县市志略·赣榆县》，《江苏文献》（台北）第 9 期，1979 年 2 月 15 日，第 23 页。

⑨ 《中国实业志·江苏省》，第 86 页。

⑩ 《分省地志·江苏》，第 353 页；第 354 页。

⑪ 《中国实业志·江苏省》，第 88 页。

业兴盛，为境内巨镇"①。沛县镇集有"夏镇（沿运河）、龙堌集为巨，大屯、栖山、鹿楼等次之"②。邳县除了官湖镇发达外，还有窑湾镇、土山镇、八义集、徐塘、龙池、猫儿窝、滩上、四户等。窑湾镇，"整个虽较官湖繁盛，唯属邳县境仅为小部分地面，商业上大致一切情形均同。至土山镇、八义集镇两处土布交易特为大宗"。沛县城西北有龙堌集，离城40余里，设有小铺商号甚多，"然其交易情形上较夏镇稍逊"③。宿迁县市镇以窑湾为最大，皂河集、新安（沿陇海路）、埠子集、仰化集、大兴、耿东、邵店、堰头次之④。其中新安镇，距县治90里，在铁路未通之前，就是南北冲要，"驿路过往频繁，商贾辐辏，为江北重要市镇之一。未通邮政时，官书文件均由驿马传递"，新安镇乃转驿地点。至1932年时，该镇有居民百余户，小商铺10余家，转运公司3家，小客店12家，因离车站较远，商业不易发展⑤。睢宁县以大李集为巨，近皖界。其次有邱集、高作、凌城等。灌云县市镇有双港、杨家集、大柴市、中正南城（一名凤凰城）、大村、新县等。墟沟在云台后山，沿岸为渔业中心。其东有老窑，为陇海终点。北对西运口以南，烧香河以北，东至东西连岛，西沿临洪河、新板浦以东为范围。将来发达，未可限量。大伊山及新安镇为沿盐河市镇。高邮镇市以界首为最大，临泽、王营、三垛、东汇等次之⑥，而"商业则以一沟镇为最盛"⑦。兴化县属市镇以刘庄为大，濒临串场河，交通尚便。白驹、北安丰、大垛、竹横港、中堡、凌云镇等次之。宝应县属市镇以氾水为巨，其次则有射阳、仁和、黎城等⑧，湖西之黎王城"濒湖百里，万瓦鳞次"⑨，氾水镇的"商业情形亦殊可观"⑩。甘泉县最大市镇为邵伯镇，"昔年豆业最盛，洪杨乱后遂微而油麻业继起，纸业次之。邵伯迤东为产米区域，近年米业大兴，镇有南北两市，中稔之岁，米麦可销银币近百万。有鸡鸭行贩运鸡鸭，江南为数甚巨。附近邵伯有真武庙，产豆油、豆饼运销各地，亦为大宗"⑪。仙女庙为江都最大之镇，"昔年米、木两业甚盛。光绪季年禁米出口，米业遂微，木业亦远逊于前。惟皮毛、骨角行收买牛皮、猪鸭毛及各种骨角，运销上海，颇获利"⑫。江都大桥镇，在三江营北，"商业最盛"⑬。泰县有曲塘、姜堰（皆沿运盐河）、樊川（一作樊汊，沿

① 《江苏六十一县志》下卷，第262页。
② 《分省地志·江苏》，第358页。
③ 《中国实业志·江苏省》，第85页；第88页。
④ 《分省地志·江苏》，第361页。
⑤ 《陇海全线调查·宿迁县》，1932年，第31、32页。
⑥ 《分省地志·江苏》，第363页；第367页；第323页。
⑦ 《江苏六十一县志》下卷，第198页。
⑧ 《分省地志·江苏》，第325页；第326页。
⑨ 民国《宝应县志》卷32，《摭记》。
⑩ 《中国实业志·江苏省》，第83页。
⑪ 民国《甘泉县续志》卷6，《实业考第六·商业》。
⑫ 民国《续修江都县志》卷6，《实业考第六·商业》。
⑬ 《江苏六十一县志》上卷，第49页。

山阳河，近江都、高邮界）等市镇①。泰县的西溪则"向为商贾辏集之所"②。东台县市镇有时堰、溱潼（皆沿运盐河）、白驹、安丰（沿串场河）、西团、新丰（皆沿门龙港，后者大丰垦牧公司所建设）、小海、（沿王家港）、拼茶（沿菱港，近如皋界）等。阜宁县属市镇以东坎、八滩、益林为巨，东沟、海河、惩洋港、鲍家墩、合兴镇（棉垦地之新兴市镇）、沟墩镇次之③。东坎镇"商业兴盛，为治北巨镇"④。盐城县市镇以伍佑、上冈（均沿串场河）、湖垛、建阳（皆沿建阳河）、沙沟（滨大纵湖，近兴化界）为巨，其次有北洋岸（沿新洋港）、冈门、秦南仓（皆沿蟒蛇河）、大冈（沿冈沟河）等⑤，"上冈、伍佑、南洋、北洋向为产盐之区，市面繁盛，近因改煎为垦，商场一落千丈，较数年前减为十成五六"⑥。江苏涟水县除了佃湖镇、程集商业较盛外，还有陈师庵、灰墩集、百禄沟等。泗阳除了众兴镇、洋河镇商业发达外，还有王家集、南新集、金锁镇等⑦，不过南新集、王家集等处虽也有客商采办土货，"惟以交通不便，商业均较逊于众兴矣"。沭阳县属市镇有钱集、高沟、马厂、桑墟、高流等，"高沟镇商业情形亦可，惟交通均不便利"⑧。

淮域河南陈留县"曲兴镇之粮坊、煤炭、铁石等厂林立，为各县乡镇冠"。淮阳城南新站集、城北临蔡城集，"商业亦甚发达"。商水县永宁集与周家口毗连，"是以商业极发达"。沈邱县纸店集，"为安徽人入界第一市镇，水陆要冲"，新安集、刘庄店、刘福集"皆繁盛"。鲁山县西南有瀼河镇、交口镇，"均以工商致富庶"。信阳县五里店、明港镇、游河镇、吴家店、平昌关"向称全县繁盛之地"。舞阳县西卸店镇、县南武功镇，"皆一方之大市"。叶县南 60 里的保安镇，"颇繁盛"⑨。

淮域山东蒙阴县坦埠在县东 40 公里，为梓河及其支流鹿川回合之地，"商业为腹地之菁华"。堂阜在西北 17 公里，"市集亦盛"。汶上县沙河镇当西北要道，马庄为东南之冲，"交易皆盛"。宁阳县白马庙镇为县北要冲，"贸易亦多"。泗水县卞桥镇在县东 29 公里，为卞庄子故里，桥跨泗水上，"往来终驿"。拓沟镇、西岩店，"商务颇为发达"。滕县城头位于东，杨庄位于西，沙沟在于南，"皆重要市镇也"。临沂县向城镇在县西 52 公里，西距峄县亦 52 公里，旅店林立。半程镇在县北 26 公里；又北 22 公里青驼镇，市集皆盛。郯城县的磨山镇在县北 40 公里，昔为第一大镇，近渐零落，"今

①　《分省地志·江苏》，第 327 页。

②　《江苏各县市志略·泰县》，《江苏文献》（台北）第 28 期，1976 年 8 月 20 日，第 23、24 页。

③　《分省地志·江苏》，第 329 页；第 332 页。

④　《江苏六十一县志》下卷，第 227 页。

⑤　《分省地志·江苏》，第 333 页。

⑥　《中国实业志·江苏省》，第 85 页。

⑦　《分省地志·江苏》，第 337、338 页。

⑧　《中国实业志·江苏省》，第 84 页。

⑨　《大中华河南省地理志》第 5 篇，第 108 页；第 148 页；第 150 页；第 156 页；第 260 页；第 268 页；第 290 页；第 292 页。

市况以马头镇、大兴镇、重坊镇、红花埠、大李庄较为繁盛"。沂河镇"商业颇繁，距郯城只十余公里"。费县固城在县西北46公里，南武城在西南52公里，东阳城在西南40公里，华城在西北34公里，皆为重镇，"商况则以平邑、梁邱、地方、仲村、上治为盛"。沂水县东里店在西北57公里，沭水镇在县北34公里，临沭水上。苏村集在县南29公里，又南14公里为界湖镇，"市况并盛"；垛庄在西南，"亦当要冲"。莒县十字路在县南63公里，为日照、临沂往来之孔道。大店在县南5公里，为南下临沂之中枢。姑幕城即今石埠镇，地连安丘，当南北之门户，地位重要，"市集殷繁"。日照县"以安东、梁乡、洪凝、碑廊为四镇，市集亦盛"。嘉祥县获凛堆在县西14公里，遂山里在县南30公里，"市场颇盛"，其次推纸房集为交易之场。曹县仲堤圈距县西南20公里，南距归德车站只43公里，"市面甚盛"。青堌集距县东南34公里，南距归德23公里，"商品出入尤便"。孙老家在东南17公里，"亦有市集"。城武县郜城在东南11公里，秅城在县南，"市集颇兴"，东北之古村集、西北之秦家铺，"亦稍有交易"。单县终兴集距县东20公里，与江苏丰县交界，"市场亦盛"。其他有曹马集、辛羊庙、郭村集，"近亦渐见进步"。三家河、杜家店、刘家店则"昔盛今衰"。鱼台县市镇以滨湖之沙河、谷亭及北部之武唐亭为著①。

2. 交通型市镇

　　水路交通为传统运输的主要方式，凡是濒临能通航的河沿市镇，其商业在近代继续得到了发展。如太和旧县集四门四堡，"沙河下游，商业、工业日盛，为县境巨镇"；玄墙集堡"临茨河，商业昔替而今兴，素称名镇"；界首集堡，"居沙河上游，商业麦豆为大宗，舟车络绎，境内镇称第一"②。阜阳沈邱集近河南沈邱，"附近村落距县远者，皆以此镇为中心，为西乡最重之"。他如行流集、茨河铺、洄溜集、溜陵集，"皆沿颍水，可泊船"，商业较为繁盛。颍上县江口集、新庙湾集，皆因颍水通舟，为停泊之所，商业颇盛；而刘集、赛涧集在下游，商船起卸亦便③。霍邱县"三河尖为淮水所经，上通颍、亳，下达江湖，稻米菽麦贩籴，皆出于此"④。亳县丁固寺"为乡镇中最重要之地，滨于涡水，商务亦县城之亚"。怀远因近邻蚌埠，故商业日兴，"洛河街当洛河入淮之口，舜耕山之煤由此输出"，"街市百货略备"；过河之界沟集、龙亢集、沙沟集，"贸易亦因临水而盛"。五河县水乡之民，临河而集，则有安淮集，在淮北岸，其西为新集，皆淮上船舶所经，"商市稍盛"。殷家湖溃，"双河集亦为舟人交易之

① 《分省地志·山东》，第208~211页；第214页；第216页；第218、219页；第80页；第220~223页；第226页；第231~233页；第235页。
② 民国《太和县志》卷1，《舆地·区堡》。
③ 《大中华安徽省地理志》，第290页；第292页。
④ 同治《霍邱县志》卷2，《营建志四·市镇》。

所"。泗县县南 70 里双沟镇居民千余户，处长淮北岸，交通便利，商业繁盛。其次，青阳镇，在汴河之滨，"商务并旺，灵璧、泗县由汴以达洪泽，水道所经也"①。定远县境池河，源出本县分水岭东峡山，下至河池镇，又 30 里至三河集，又 15 里至盱眙之明光集，北行至于淮。重要市镇有三河集、明光集。洛河源出本境分水岭西峡山下，经过朱家湾，至北炉桥，西北过怀远沈家桥，进窑河口达于上窑镇。重要市镇有炉桥镇、上窑镇②。淮域江苏宿迁的窑湾镇（地跨宿迁和邳县，宿迁境内占 2/3，邳县境内占 1/3），因"靠近运河，绾毂南北，为商贾荟萃之地，亦全县诸镇之首"③。淮安河下镇，濒临运河为市，"人烟繁庶，商业兴盛"④。东台县的安丰镇沿串场河，可直达长江，交通发达，商贾辐辏，为苏北较大集镇之一。民国初年，全镇共有纯商业行业 40 多个，店铺 800 多家，商贩 2300 有余，经营棉布、酒酱、八鲜、南北货、鲜肉、茶叶、家具、中西药品、瓷器等几千种商品，收购棉布、粮食、草鞋、鲜蛋等农副土特产品，生产食油、糖料、茶干、茶食、糕点、旱烟、首饰等几百个具有地方特色的产品；全镇饮食行业更盛，据统计当时有烧饼店 18 家、熟食店摊 56 家、浴室 5 家、理发店 25 家⑤。扬州"地处适宜，又临水口，贸易较盛者，惟秦潼与瓜洲已耳。东之秦潼，河面较阔，上下货无误期，故能为稻麦集中地。瓜洲为江北内河门户，输转百货，往来如织"⑥。淮域河南项城县槐店镇，临沙河，"帆船往来，络绎不绝"，是故"商业颇为繁盛"⑦。淮域山东汶上县袁口镇在县西 14 公里，即汶水入运河处，"控扼航路，帆樯所萃"。宁阳堽城坝在县东北 20 公里，"当汶河分流之点，地位重要，渐成大市"。临沂县李家庄在县南 26 公里，当沂河东岸，"舟运甚便，亦居冲要"⑧。1910 年津浦铁路通车以后，运河流域的贸易明显地受到打击。可是，运河水路运输费用低廉并有随时靠岸装卸之灵活性，运河经济的活力因而得以保持，运河沿岸的一些市镇商业仍很兴盛。根据 1921 年的一份调查资料，济宁以南有这样三个集镇，他们是鱼台县南阳镇、峄县韩庄镇、滕县夏镇。南阳镇居民一千七八百户，商店 150 余家。夏季船舶通行繁忙时期，一日过往船只达 200 只左右。韩庄有居民 1500 余户，商店 150 家。镇上街道跨运河而立，规模较大的商店中，仅粮行就有 8 家。镇内除了有一般行政机构以外，还有

---

① 《大中华安徽省地理志》，第 302 页；第 282 页；第 312 页；第 310 页。

② 《安徽定远县航陆路交通调查表》，《安徽实业杂志》第 7 期，1913 年 5 月。

③ 《陇海全线调查·宿迁县》，1932 年，第 34 页。

④ 《江苏六十一县志》下卷，第 218 页。

⑤ 顾学礼等：《文化古镇——安丰》，政协江苏省东台市委员会文史资料研究委员会编：《东台市小城镇发展史料》，1995 年，第 55 页。

⑥ 徐谦方：《扬州风土记略》卷之上，《地势》。

⑦ 《大中华河南省地理志》第 5 篇，第 154 页。

⑧ 《分省地志·山东》，第 210 页；第 211 页；第 218 页。

厘金局 1 处。夏镇居民 2000 户，商店 200 余家，包括盐店、杂货店、粮行和蛋厂①。据杜士绍等《夏镇民国时期的工商业调查报告》称，夏镇有工业 18 个门类 74 家，商业有 17 种行业 193 家②。由此可见，尽管有并行的津浦铁路与之竞争，可是即使是在 20 年代初年，运河两岸市镇的人口和商业，仍保持住相当大规模。

　　随着近代内河和海上轮运业的发展以及铁路、公路交通的兴起，许多近代型交通市镇也发展起来。因轮运业而兴的市镇，如涟水县属市镇，以陈家港最大，沿灌河下流，可通巨船，有外海小轮船通海州。泰县市镇以海安为第一，为串场河及盐河小轮船航路之中心③，"为江北南部诸县土产之集中市场，豆饼交易，尤为兴旺"④。因海上汽轮的发展，促使淮域沿海有良好港湾条件的一些地方发展为对外贸易的重要市镇。如江苏赣榆县有青口、柘汪、沙河三处重要市镇，"以青口为商业中心，为外商荟萃之所"，约有商店 160 家，人口 14 500 余口，每年交易额约 500 万元，"交通方面有三角洋、海口停泊轮船"⑤。因青口镇"东西濒临大海，北可直达胶州湾，南则遥立沪江之上游，青口地方水道，交通便利"，"以故该处外国商船往来于上下游流域者，数亦不在少矣。抑且外商货舶凡运销内地之一切货物，在该处起卸，输往各内地者，多半下椓于此"，所以一度被看做是"一绝好之商埠地点焉"。于是，曾经有当地士绅建议自开商埠，不果。但传出开埠消息和动议后，多数商人以为将来必成开埠之事实，于是趋之若鹜，"或建设行栈，或购地行商，意在将来发达之秋，得占捷足先登之优胜。是以该处虽未实行通商，而海滩情形，已非荒凉可比，且渐成商贾荟萃之区。一般外人每乘运货之便，或测量水势，或屡勘地点，此等无形有形之手续，固非今日始也"，甚至有"某商贩运煤油数百箱，依恃洋商势力，不服盘查，当由该处厘局将货扣留"，因为没有开为商埠，处理起来颇为棘手⑥。此外，赣榆的柘汪镇"有柘汪口可以停泊轮船"，但规模比青口小，有商店 40 家，人口 3000 余，每年营业额 100 余万元⑦。阜宁县庙湾镇又名大套，"射阳河会诸水由此出海，为近海唯一要地，海舟鳞集，商货阜通"⑧。山东日照县沿海石臼所，距城 8 公里，为山东省二等海港，"青岛、海州、上海间来汽轮，皆寄椓于此。又为沿岸民船之中心，帆樯林立。长途汽车西通莒县，南至涛雒，东至胶县，握日照、莒县、诸城海道出入之门户"，故"商旅云集，地方富庶"，

　　① （侵华日军）青岛守备军民政部铁道埠编：《调查资料》第 27 辑，《大运河及盐运河沿岸都邑经济事情》，1921 年 6 月，日本东京大学东洋文化研究所藏，转引自丛翰香主编：《近代冀鲁豫乡村》，第 138、139 页。

　　② 参见政协山东省微山委员会文史资料委员会编：《微山文史资料》第 3 辑，1992 年，第 101～136 页。

　　③ 《分省地志·江苏》，第 337 页；第 327 页。

　　④ 《江苏各县市志略·泰县》，《江苏文献》（台北）第 28 期，1976 年 8 月 20 日，第 23、24 页。

　　⑤ 《中国实业志·江苏省》，第 86 页。

　　⑥ 《商界要闻：江苏赣榆县青口拟开商埠之动机》，《全国商会联合会会报》第 2 卷第 7 号，1915 年 6 月 1 日。

　　⑦ 《中国实业志·江苏省》，第 86 页。

　　⑧ 雨香：《江苏各县市志略·阜宁县》，《江苏文献》第 8 期，1978 年 11 月 15 日，第 26、27 页。

只是"沿岸水浅，海轮未能靠岸，货物旅客须由民船驳运"，甚为不便。涛雒镇，位石臼所之南，"亦沿岸一要港也。与县城石臼所汽车往来甚便"，"商业亚于石臼所"。夹仓口，位石臼所、涛雒镇之间，传瞳河入海处之南岸，"与石臼所、涛雒鼎足而三"。其余的张洛口、岚山口、安家口、宋口，与前三口，共号七口①。

因铁路经过而兴的市镇，如安徽定远池河镇濒临池河，"水运较便，商户所集"，当定远县与盱眙、滁县交界之点，为津浦铁路所经，"附近商贾由此上下，日有进"。宿县北有夹沟、福履集两车站，县南有西寺坡、任桥两车站，快车不停，慢车则停，货均上下，"四站遂为冲繁之四镇，为县城之亚。福履集商务较他处尤旺"②。江苏新浦因海道东迁，"河流环绕，民船运盐咸集中于此，后又兼营粮食商业，始逐渐繁兴，以成今日之市廛"，陇海路通车后，"此地愈形发达，前后大街两条，商店栉比，规模具备"③。萧县黄口镇，原在车站西北四五里地方，陇海路通车后，镇即移至黄口车站，"为萧县进出口商业重要地点，每年出口以花生、小麦、瓜子、黄菜（即金针菜）、芝麻、棉花、梨为大宗，进口则以煤、杂货、布匹、糖等为多"。该镇有居民 2000 余户，大小商铺 300 余家，经营进出口业务之转运公司 12 家，小客店五六家，"商货殊发达"④。宁陵县柳河镇，因陇海路在此设站，又为豫、鲁交界，"商业比较可观"，居民约 200 余户，商铺 20 余家，其范围较广者为粮栈⑤。河南漯河镇，在京汉铁路完工以前，即与河南省的大市场周家口相通，商业本已繁盛，自铁路开通后，"舟车之所辐辏，商贾于此萃焉，视昔且倍蓰过之"⑥，成为周围 50 多个县市的商业集散市场。中牟县的韩庄自设火车站后，"交易较有进步"。长葛县和尚桥，距县东 15 里，"为本县最繁盛之地"，车站"有转运公司数十，禹县药材每年由此上车者，恒二三百车，为出口货大宗"⑦。山东宁阳"南驿为县东第一大镇，原为驿路，现为津浦铁路之所经，盖加繁盛"。滕县南 34 公里有临城，原为荒寒农村，自津浦铁路通过，临枣支线建筑后，"地方发达一日千里"⑧。峄县台儿庄台系枣铁路终点，是粮食集散地。该镇居民 4000 户，3 万余人，"为次于济宁之运河贸易枢要地"⑨。

因公路而兴的市镇众多，如江苏省道泗邳路经过的重要市镇就有宿迁境内的仰化

①　《分省地志·山东》，第 223 页。

②　《大中华安徽省地理志》，第 278 页；第 288 页。

③　《陇海全线调查·东海县》，1932 年，第 16 页。

④　《陇海全线调查·萧县》，1932 年，第 74～76 页。

⑤　《陇海全线调查》，1932 年，第 110、114 页。

⑥　陈全台纂辑：《郾城县记》卷 4，第 18 页，1934 年，转引自武斯作：《中原城市史略》，武汉人民出版社，1980 年，第 146 页。

⑦　《大中华河南省地理志》第 5 篇，第 120 页；第 170 页。

⑧　《分省地志·山东》，第 211 页；第 216 页。

⑨　《中华民国省区全志》第 3 册第 4 卷，《山东省志·实业》，转引自丛翰香主编：《近代冀鲁豫乡村》，第 193～202 页。

集、皂河窑湾；邳县境内的炮车镇、土楼、官湖、台儿庄。淮海路沿途经过的重要市镇在淮阴境内有王营镇、小营镇、丁集镇、五里镇、庄湖镇、庄涧镇、徐溜镇；沭阳境内有钱集镇、吴集镇；东海境内新坝镇、龙苴镇。瓜鱼路沿路经过的重要市镇有江都瓜州、高邮六安闸、马棚湾、高邮城、车逻镇；宝应境内黄浦镇、刘家堡、氾水镇、界首镇；淮阴境内的石码头、西坝浪、石渔沟；泗阳境内众兴；睢宁境内凌城镇、五林集、小王集、大王集、双沟镇；铜山境内房村、柳集、拾屯郑集、湾里集、崔家集。通榆路沿途经过的重要市镇有泰县海安市、黄家集；东台富安、安丰、梁垛、东台城、丁溪、草垈；兴化刘庄、白驹；阜宁沟墩、北沙、佃湖；灌云新安镇、张店、大伊市、板浦；东海和尚渡、蒲南；赣榆小东关①。山东境内省道济菏路沿途重要市镇有龙堌集、沙土集、辛寨。济曹路沿途市镇主要有八里庙、马庙集、大田家集、九女集。兖郓路沿途重要市镇有安居镇。菏曹路沿路重要市镇有佃户屯、高河、十里铺、王店、大黄集、降花店。金单路沿途重要市镇有鸡黍集、芳桂集。石莒路沿线市镇主要有三庄、邱家庄②。此外，山东汶上县程村在县南 14 公里，"为赴济宁公路之冲要，皆甚发达"。临沂县东 23 公里的相公庄，"居临莒公路中枢，亦东乡首镇"，而该县的兰陵镇西连峄县，当西泇河之西岸，"公路迳通县城，地居要冲"。莒县招贤镇在县东北 26 公里，将军岭之南，当公路至日照之冲途，故商业发达③。

淮域有些市镇由于便利的交通和农副产品的大宗集散，其商业繁盛程度甚至超过了县治行政中心城市。如安徽灵璧县城垣颓毁，街道狭隘，商业不兴。而"其北之固镇，居民亦多，自津浦路开通，地方繁，县治遂不及"。明光临河为津浦路大车站，"舟车相接，换载其货，百业繁昌，逾于大县，近设新关，属凤阳"④。淮域江苏的邳县官湖离城 8 里，"昔入都孔道也。其中具五民，多晋、冀、齐、鲁、徽歙之贾，而太原为之魁。以当以洋庄岁运洋纱数千万，他货亦锱至而辐辏。北贾济南，贾沪而泰西瑰奇亦络绎焉。居民日用多取足于此，洵各镇之冠冕也"⑤，"商业盛于县城"⑥，有居民870 余户，3000 余人，商店 300 余家，"以洋杂货、粮业、煤油、香烟等营业为最广"，"每遇地方派款或征用军事特捐，官湖一镇几占全县派额总数十分之八"⑦。睢宁县的大李集居睢宁之西南，距城约 40 里，"与皖省灵、泗毗连，自皖北新河告成，辟出湖田甚多，出产实富。该镇商业逐渐发达，营业已胜于城市之上"⑧。沭阳县的钱家集"扼

① 《中国实业志·江苏省》，第 35～43 页。
② 《中国实业志·山东省》，第 20（子）～29（子）页。
③ 《分省地志·山东》，第 210 页；第 218 页；第 222 页。
④ 《大中华安徽省地理志》，第 284、314 页。
⑤ 民国《邳志补》卷 5，《建置》。
⑥ 《分省地志·江苏》，第 360 页。
⑦ 《陇海全线调查·邳县》，1932 年，第 45、47 页。
⑧ 《中国实业志·江苏省》，第 85 页。

前后六塘河之交，与涟水、淮阴、泗阳三县毗连，清季官道所经，地势重要，六塘河同知及县丞均驻于此，龙钱捐厘局亦设该处，商业繁盛，超过县城"①，只是在津浦铁路通车后，形势转变，情形已不如昔。阜宁县东硕兴镇，"西襟涟、泗，南通兴、宝，北带海、沭，水陆要冲，商贾骈集，工商物品，贸易交通，显据本邑行政区域最为繁盛之点"②。淮域河南陈留县的曲兴集，居民有 5000 人，"筑有城墙，俨然一小都会"，毗邻开封，商业往来频繁，其"盛容超过县城"③。扶沟县的吕潭镇，因贾鲁河横贯其间，船载运货方便，商务繁盛，居民 2 万余人，而扶沟县城居民只有 7000 人④。荥阳县的须水镇，距县城 4 里，居民七八百户，商店 30 余家，"商市尚较邑治为胜"⑤。许州的五女镇，"京广杂货，银钱庄号，列廛设市，均较城治之营业为优"⑥。桐柏县的平氏镇，"繁盛过于县城"⑦。罗山县的宣化店，"商业繁盛，过于县城"⑧。淮域山东单县黄岗集距县南 35 里，与河南虞城交界，"商况之发达，过于县治"⑨。确山县的驻马店，昔为小店，平汉铁路在此设站，遂成大镇，粮商居多。史书称"虽数千百年资格之府城县城亦不足比其繁盛，或转而仰给焉"。而确山县城却十分狭小。郾城县的漯河镇，为水陆码头，豫中重镇，居民 1 万人，"埒于县城"⑩。

3. 工矿业市镇

随着传统手工业和近代工业的发展，近代淮域也逐步形成了一些工矿业市镇。如淮域安徽凤台的阚疃集因冶房铸铁犁铧镢头而出名，西陈集一带，则多制草帽辫而名闻⑪。淮域江苏铜山县的利国驿，则以铁矿业而兴起。贾汪镇则以煤矿开采而兴，"柳泉有支线通贾汪，专为运煤之用"⑫。江苏黄珏桥一带乡民多制草履，"转贩镇江、上海、江宁、芜湖等地，业虽微，销行颇广"⑬。可见，黄珏桥镇是以制草履这种手工业

①　《江苏各县市志略·沭阳县》，《江苏文献》（台北）第 6 期，1974 年 8 月 20 日，第 23 页。

②　《江苏阜宁县东硕兴镇筹备商会致总事务所函》，《中华全国商会联合会会报》第 3 年第 6 号，1916 年 6 月 1 日。

③　（侵华日军）青岛守备军民政部：《调查资料》第 8 辑，转引自丛翰香主编：《近代冀鲁豫乡村》，第193～202 页。

④　河南省政府秘书处统计室编印：《河南统计月报》第 2 卷第 7 期，1936 年；东亚同文会馆：《支那省别全志·河南省》。

⑤　《陇海全线调查·荥阳县》，1932 年，第 176、177 页。

⑥　民国《许昌县志》卷 8，《商业·集市》。

⑦　《分省地志·河南》，第 158 页。

⑧　《大中华河南省地理志》第 5 篇，第 308 页。

⑨　《分省地志·山东》，第 233 页。

⑩　《大中华河南省地理志》第 5 篇，第 306 页；第 168 页。

⑪　《安徽凤台县商业调查表》，《安徽实业杂志》第 7 期，1913 年 5 月。

⑫　《分省地志·江苏》，第 352 页。

⑬　民国《甘泉县续志》卷 6，《实业考第六·商业》。

发展起来的。泗阳县的"洋河镇以产酒著名"①，洋河之高粱酒，名曰洋河大曲，驰名全国。高邮张家庄酒业也很著名，"行销东台"②。淮域河南禹县神垕镇向以产钧瓷闻名中外。明清以后钧瓷精制一蹶不振。然而，该镇作为民生饮食日用陶瓷器皿烧造地，仍颇昌盛。1881 年，神垕镇芦氏兄弟开始小型试制，因资产淡薄，中途而废。1904年，禹州知事曹广权纠集工匠进行仿制钧瓷，后又成立瓷业公司制造瓷器，"运销日本，甚见欢迎"③。民国《禹县志》记载："神垕一镇，雄于全境村庄者，皆以制造粗器故也"，"其质料皆土产，其工匠皆农户"，"其价值至廉，其销路至普"，其常供需数千人④。该镇粗瓷烧造规模之大，可以想见。1925 年在该镇还设立陶瓷职业学校，直到1943 年才停办⑤。禹县下顺店镇，丝织业发达，凡禹县、荥阳、密县等地所产生丝，皆归顺店镇织户织成绫帕，远销南方各省。该镇寻常织户有 500 家，操此业者数千人。只因质量不稳，不能招徕商人，所以需要商行自行贩运汉口，赢亏无定⑥。淮阳城东 35 里之戴集及黄集二镇，"织布者极多，为全县之冠"。鲁山县物产以山丝为大宗，鲁山乃河南山茧和丝绸市场之中枢，该县所辖赵村镇和二郎庙镇，均以缫丝精致著名。北锡安镇以磁器兴，郎店以琉璃制造而盛⑦。另外，许昌县"尚集毡帽、沙埠口楮皮纸、众店石固水潮店发网、杜寨席、石固棉布、繁城辫带、滍河保毛笔、土城保窑器，皆工业卓著者"⑧。繁城镇，地处许昌城南 30 里，寨墙周 9 里余，四面环水，临颍河之上，街巷宽平，商业发展，以辫庄为大宗⑨。光山县泼镇以布业而闻名，孙铁铺则"亦以铁著。山中人民能用土法取铁砂，镕成铁，以为世业，亦获大利"⑩。淮域山东峄县北的枣庄，有公路迳达临沂，因富有煤矿，为中兴煤矿公司所在地，"每年产煤八十万吨，居全国第七位"，故"矿工麇集，交易甚繁"⑪。这些近代工矿业市镇都在不同程度上受制于区域内外市场，与传统小手工业那种自给自足、利用当地原料，在当地加工并在当地销售的状况相比较，这显然是一次突破性进展。

　　此外，还有少数在抗战时期敌我双方展开大规模争夺战的条件下畸形发展起来的市镇，如皖西金家寨、颍上杨湖镇、太和界首三镇、天长铜城镇等。抗战胜利后，此

---

① 《分省地志·江苏》，第 338 页。

② 民国《三续高邮州志》卷 1，《实业志·营业状况·商业》。

③ 《"钧瓷"今昔》，《大公报》1961 年 5 月 1 日；《记事：提倡磁业》，《南洋商务报》第 28 期，1907 年 11月 6 日。

④ 民国《禹县志》卷 7，《物产志》。

⑤ 《"钧瓷"今昔》，《大公报》1961 年 5 月 1 日；《记事：提倡磁业》，《南洋商务报》第 28 期，1907 年 11月 6 日。

⑥ 民国《禹县志》卷 7，《物产志》。

⑦ 《大中华河南省地理志》第 5 篇，第 148 页；第 260 页。

⑧ 民国《许昌县志》卷 6，《实业·工业》。

⑨ 《分省地志·河南》，第 125 页。

⑩ 《大中华河南省地理志》第 5 篇，第 312 页。

⑪ 《分省地志·山东》，第 217 页。

类市镇多因战时特殊时期所造就的有利政治或交通条件消失而迅速衰落。

金家寨，在六安西北，原属小镇。抗战后，由六安、霍山、霍邱及河南商城、固始等县各划割一部而设立煌县，治所便设设金家寨。1938 年 6 月，安徽省政府迁徙金家寨，军政要员、富商大贾云集山城。金家寨由 3 千人骤增至 8 万余人，并迅速形成了包公祠-石稻场-戴家岭五里长街，一时"冠盖云集，商贾麇聚，为皖西一新兴都市"①。1945 年 12 月，安徽省政府迁回合肥，立煌县城商业顿时变得冷落，特别是饮食业、被服业，多数倒闭停业。

杨湖镇，在颍上县淮河北岸。1941 年，淮河下游的蚌埠、淮南、凤台、寿县被日寇占领，京广杂货及人民生活必需的食盐、火柴被日寇设卡禁运，商业发展受阻。杨湖镇因南近淮河，面临沙河（即颍河），水陆交通运输比较方便，四方客商多集于此地。北由河溜、龙亢来的盐车，每日高达 1000 余辆（人推独轮车），日夜往来不停，运至杨湖，分销河南固始、三河尖、临水集、霍邱、六安、叶集、孟集、金寨以及涡阳、蒙城、界首等地。南以六安为中心的茶、麻、木、竹等山区物资，从淠河、淮河入颍运到杨湖分销各地。西有界首、阜阳烟叶船运到杨湖，由官商运到蚌埠销售。涡、蒙、亳的土布也有大量输入，当地小麦、黄豆等也大量由此输出，河下码头有黄河帮 2000 多只大船停驻杨湖两岸，因此市场十分繁荣。当时杨湖有 72 家盐粮行，京货店、棉、百、杂 36 家，土布摊 200 多户，另外有木行 5 家，旅社 6 家，戏园 2 个，楼房浴池 2 个，游艺场 1 个，饭店 40 余家。每天外来行商多达 2000 多人，昼夜喧闹，时有"小上海"之称。1942 年，杨湖遭受日寇袭击，烧杀抢掠，于是资产较大的商户纷纷转移资金，迁到县城或其他地方经营，杨湖商业日渐萧条②。

河溜集，原称河家溜集，位于怀远县城西 50 华里。北濒涡河，南靠公路，车船通达，商业繁荣。清嘉庆年间，河溜集已是重要集市，长期以农副产品、日用消费品为主营。1938 年春，日军侵占怀远县城，河溜处于抗日根据地、国统区与沦陷区的交界处，成为连接苏、皖与中原地区的缓冲地。因此，江浙一带和本地的行商，为打破敌伪的经济封锁，将各种紧缺物资贩运到河溜，转售给抗日根据地和大后方。陕西、四川、湖北、河南等省客商也携资而来，竞相采购，进而形成了闻名遐迩的集散地，有"小上海"之称。1940～1944 年，是河溜商业的鼎盛期。仅商行即达 200 家以上，其中专营及转运的商行有 50 多家，较有名气的是远东商行、宏大商行、大公商行、天新商行、震升商行、求和商行、聚隆兴油行、大华盐行、烟叶转运公司等。文昌、顺河、鸣凤、怡安等主要街道，店铺鳞次栉比，各种经营门类分布有序。东门阁到东岳庙一段，主要是京广百货、香烟西药；火星庙以西"大柳树"下一段，为食盐、布匹、山货；集西南设有日上市千头以上的牲口行；怡安街、兴隆街有 3 座戏园；集南空地上

---

①　《安徽概览》，1944 年，第 13 页。

②　颍上县商业局《商业志》编纂领导小组：《颍上县商业志》，未刊稿，1987 年 3 月，第 11～14 页。

设有露天游艺场、赌场。饮食服务网点遍布大街小巷。饮食业中有地方风味的菜馆"永乐园"、"小洞天"、"三仙居"，惟扬菜馆"五味斋"，清真饭店"西月楼"及四川人开设的"川帮"菜馆。服务业中知名浴池有新华池、大观园、大兴池、月华池。各种交易日达银元30万。抗战胜利后，商业中心转回县城，河溜则日趋衰颓①。

界首，在宋时设有驿站，元朝改为界沟店，明末设有界沟关。1850 年，当地商人饶云章、饶锦章等，因惧捻军袭击，督民筑城为堡，一度改名为"界首堡"，堡内有大小商店、当铺、饭店数十家，人口 5000 余。民国初，改称为"界首集"，隶属太和县五区管辖。据 1925 年《太和县志·食货篇》记载，"界首商业以麦、豆为大宗，舟车络绎，经济繁荣，为太和县境内最大集镇"。1937 年日寇侵华，附近的徐州、蚌埠、商丘、开封相继沦陷，西自漯河、水寨，东至河溜、龙岗，南从淮河沿岸，北到涡河南岸，已成一个四不管的真空地带。界首集位于沙河中游，上通周口、漯河，下达正阳关，顺淮河至蚌埠，一度成为上海、南京、商丘、蚌埠等敌占区进入内地的第一门户。东南、华中一带沦陷区的商人携资蜂拥而至，万商云集。1938 年以后，国民党第七战区沙河警备司令部设于界首，导致人口骤增，市区急剧扩大。到 1942 年，昔日荒冢旷野的皂庙四周，已建成了街道纵横、行店林立、货物充盈、百货俱全的集贸市场。与此同时，河南岸仅有几条小街的刘兴集，也建成了卫民路、牛行街等十多条街道。如此，界首镇分成三部，河之南者名为刘兴集（属安徽临泉县），河之北者为界首集（属安徽太和县）及皂庙（属豫之沈邱县）二集，"公路有叶家集，西有公路通洛阳及老河口，抗战后且为西北及川鄂商品输入之孔道，为抗战后我国进出口最大市场之一"②。据 1944 年 11 月统计，界首镇仅较大的零售商店就有 657 家，行栈行商不计其内。小商及服务业小摊贩近万户。此时界首商行林立，商旅如鲫，人声鼎沸，十里可闻，繁盛之况，犹如大上海市场，故有"小上海"之称③。抗战胜利后，国民党当局军政要员撤离界首，黄泛区难民纷纷回乡，界首镇骤然冷落，商业一蹶不振。

第三节　金融业的缓慢发展

金融是资金的融通及货币的流通，是调节货币流通和组织信用活动的总称。近代淮域金融业的发展主要体现在货币的发行和流通以及资金融通机构的建立方面。资金融通机构则主要是指传统的票号、典当、钱庄以及新式的银行等。票号是清末出现的金融机构，多山西帮所开，但在淮域比较少，只有开封等少数地方有票号的分号。如自 1818 年大德恒票号在开封设立分号起，到民国时期前后才有 10 余家。其主要业务为

---

① 怀远县商业局编印：《怀远县商业志》（上册），未刊稿，1986 年 12 月，第 97、98 页。

② 《安徽概览》，1944 年，第 14 页。

③ 界首市工商行政管理志编纂委员会：《界首市工商行政管理志》，黄山书社，1995 年，第 25～28 页。

国内汇兑，兼营存放款项。往来主顾多是官府、贵族和富商大贾。辛亥革命以后，淮域票号多关闭或转向银号。因此，下文只对淮域的货币发行和流通以及典当、钱庄和新式银行三种主要的金融机构作一重点论述。

一、货币的发行和流通

清代的币制，大体上是根据银钱并行本位，大数用银、小数用钱。所以，晚清时在淮域市面上流通的主要是银锭和制钱（即官炉所制的铜钱）。如清末安徽萧县的城镇上流通有纹银与银两，纹银一两等于制钱一千文，银元亦分"宝银"即马蹄形重五十两。中绽银"小元宝"重十两，小绽重一、二、三、五两不等，一两以下为碎银[①]。在开封，铸造的银锭有园底园宝银，每锭重五十两；净面银，每锭重五两。铸造银锭的机构称作"银炉"，又叫"炉房"，民间叫"银楼"，也有因兼营金银首饰而称为"金店"的。在扬州，流行一种"扬二七宝银"，为扬州银炉所铸之元宝。同、光年间扬州大钱庄曾自设炉房，销铸宝银。1909 年，扬州和大商业银行也自设炉房，代商民销铸宝银[②]。道光以前，制钱轻重适中，便利了市场流通。咸丰初年，太平天国运动爆发，清政府为应付庞大的军费开支，开始铸造各种大钱、铅钱和铁钱。如 1854 年，开封就开设宝河钱局，铸当制钱十文、五十文、一百文的大钱，次年春停铸[③]。1904 年设立的江苏裕宁官银钱局以销售制钱为大宗，每年售出制钱一百二千万串（每串一千文）。扬州行使制钱，与他埠不同，有其地方特色。扬州的运商向场商购盐，场商向灶户收盐，普遍使用制钱。自咸丰以后，制钱减重降质，所以银两与制钱之间的比价经常变动无居。官府虽然规定了银钱之间的比价，但民间并未遵照执行。通常是每日由钱业公会议定价格，挂牌公布。如在扬州，自 1880 年起，《申报》每日公布行情，扬州与上海制钱交易，须按此行情为准[④]。与大钱、制钱相辅而行的还有咸丰年间由户部发行的"户部官票"和"大清宝钞"之类的纸币。官票以银两为单位，宝钞以铜钱为单位。但由于发行过多，造成通货膨胀，难以兑现，咸丰末年就形同废纸。

光绪末年，清廷实行货币改革，以银元、铜元逐渐取代银两和制钱。如清末萧县市面上就有正面刻"光绪之宝"的银元，每枚重七钱二分，含银九成，因背面中央有蟠龙纹，故又称"龙洋"。此外，随着外国货币打入国内流通领域，国内货币受到冲击。清末流入淮域的外国银元有西班牙银元、日本银元等，而以墨西哥银元为多。如清末民初萧县市面上就流行有当五千、重七钱二、背面有"老鹰"的"鹰洋"，此种

---

① 萧县工商志编写领导小组：《萧县工商行政管理志》，未刊稿，1984 年 12 月，第 45、46 页。

② 扬州金融志编纂委员会编：《扬州金融志》，中国金融出版社，1996 年，第 6 页。

③ 参见程子良、李清银主编：《开封城市史》，第 238、239 页。

④ 《扬州金融志》，第 4 页。

银元就系墨西哥铸造，也称"墨洋"①。清末阜阳市面上流通的还有"站洋"，系英国造，有女神站像②。清朝铜元为自行铸造，始于1900年，每枚库平二钱、当制钱十文，每百枚换银元一元。1901年，扬州城区及所属各县均流通江南银圆局铸造的当十铜元（江苏巡抚聂仲芳委托该局代铸）③。1904年，河南巡抚在开封设铜元局，每日可铸当制钱十文的"光绪元宝"铜币9万余枚。以后又铸当制钱十文、二十文的"大清铜币"和一文小铜币④。与之相辅助的是银两票、银元票和制钱票以及各种兑换券等纸币的通行。1904年，大清户部银行成立，淮域曾流通过该行发行的银两、银元、制钱票三种。1906年，大清户部银行改为大清银行，淮域曾流通过该行发行的银两票和银元票两种。银两票面额分一两、五两、十两、五十两、一百两五种；银元票分一元、五元、十元、五十元、一百元五种。此外，清末成立的一些官银钱局之类的地方官办金融机构，也发行了地域性流通的银元票和铜元票。如1906年，安徽裕皖官钱局共计发行银元纸币40万元，铜元纸币30万串。裕皖官钱局正阳、亳县、怀远、六安、临淮分局发行的一千文铜元票上一般都盖有地名签章，已发现的有"驻正阳"、"驻正阳、驻怀"、"驻正阳、驻怀远"、"驻正阳、驻蒙"、"驻正阳、驻怀、裕皖分局"、"驻正阳、驻怀、裕皖分局、饷用"、"驻亳"（直型章）、"驻亳"（横型章）、"驻怀远"、"驻怀远、驻亳、裕皖分局"等。1907年，为弥补铜元不足，又发行40万元银票，面额为一元、五元两种，银元票上也盖有很多地名签章，如"驻正阳"、"驻淮镇"、"驻怀、裕皖分局"、"驻亳、裕皖分局"等⑤。为适应大宗交易之需要，裕宁官银钱局于1907年发行票面为一百枚的铜元票，与该局发行的"九八制钱一串文"直形龙票同时通行。该制钱票票面上，盖有"兑抵当拾铜元一百枚"戳记（一串一千文，银两每两合制钱一千六百文）。同时，该局还发行了以扬州地名为首的通用银元票。银元票分一元、五元、十元三种，钞票正面下端印有"扬州、江宁、上海、镇江、清江通用银元"字样。光绪末年，各种银元、银两之类的兑换券在淮域也比较常见，如1898年，中国通商银行扬州分行发行了银元和银两两种兑换券。银元券面额分一元、五元、十元、五十元、一百元五种；银两券分一两、五两、十两、五十两、一百两五种⑥。

民国初期，仍以银两、银元为主币，以铜元为辅币，制钱虽然继续流通，但为数日少，兼有各种兑换券大量发行。1914年铸造的袁世凯头像银元，俗称"袁头"，北洋政府称之为国币，流通甚广。在江苏东海，据1933年《中国实业志》记载，"现币

① 《萧县工商行政管理志》，第45、46页。

② 刘志贤、茆修文：《阜阳通货面面观》，《安徽文史资料》第28辑，安徽人民出版社，1988年，第124页。

③ 《扬州金融志》，第10页。

④ 参见程子良、李清银主编：《开封城市史》，第238、239页。

⑤ 参见周葆鉴：《中华银行史》，商务印书馆，1923年，第49页；第131页。

⑥ 《扬州金融志》，第14页。

之流行者有鹰洋、龙洋、袁头、民国币"①。民国初年，开封的河南铜元局铸当十、二十、当五十的铜元，每日铸50万枚。1928年秋，改铸当百文铜元。次年春，又铸当二百文铜元。铜元面值越铸越大，使铜元与银元比价日益悬殊②。财政部平市官钱局徐州分局，在民国初年"发行铜元百枚、五十枚，纸币竟至百万千之多"，至1921年6月18日午时，"无款兑现，遂即倒闭"③。1918年，扬州城流通一种"双铜元"，较单铜元二枚为轻，铸造者费铜少而获利优，使用者则因质轻往往被商店拒收。因此，造成了当年5月至7月扬州城的铜元价大幅度跌落，钱业公所因而停市3日。年余，钱价才趋于平稳④。1921年，由于"轻质铜元充斥市场，致钱价暴落，盐务民生，均受影响。运商、场商会议函请江都县出示入境，以维持小民生计"⑤。1930年，吴寿彭在江苏徐海各属农村进行调查时发现，农村"尚通行铜元；银洋是宝贵的难见的货币"，"现在所流行的铜币以双铜子为最多，单铜子兑价比双铜子高，如今逐渐被吸收而为轻质的双铜子所代替。张宗昌鲁军几次的进占，就带了许多轻质铜元到这里。直、鲁军及孙传芳的军队屡进屡退，他们筹饷是银元，发饷是铜元及军用票。还有我们在市面上看见当五十及当百文的铜元；这个亦是军队带来的。当五十的铜元重量约及平常当十铜元二个半。当百文的很少，分量更轻。这样农民售出其农产，收进铜元；等几天，以此铜元购买用品，已损失百分之几的价值了。在不知不觉间，被剥削的数目是无可计数的"⑥。1933年，东海"铜元则通行双铜元，单铜元不之见"⑦。1934年，据扬州中国银行调查，扬州城区流通银元，向以孙中山肖像币、袁头币居十分之七八，江南、大清、湖北、广东、北洋等币，市面亦照常通用，其他杂币流通甚少。孙中山肖像币均系自沪运扬，袁头币及江南各币，多数系由里下河运来⑧。抗战爆发，扬城沦陷后，乡间仍使用铜元。1943年11～12月，日军为战争需要，大量收购钢铁物资。日本三河兴业株式会社扬州支店、石富金属株式会社扬州出张所、扬州南河下庄保洋行，登报收购铜币。以伪中储券30元的代价，收购铜元50枚，并赠给"特别配给香烟券"1张；以伪中储券65元的代价，收购铜元100枚，并赠给"特别配给香烟券"2张。由于日商在扬州城乡大量收购铜元，加以铜元的币材价值超过其面值，扬、泰地区铜元在市场上逐渐消失。民国初年，淮域还有地方银行发行的银元票，如安徽中华银行发行的银元⑨。民国初年，扬州流通的各行兑换券，主要是中国、交通二行。交行曾于

①　《中国实业志·江苏省》，第76页。

②　参见程子良、李清银主编：《开封城市史》，第239页。

③　《徐州平市官钱局倒闭》，《申报》1911年6月21日。

④　《扬州金融志》，第10页。

⑤　《申报》1911年6月24日。

⑥　吴寿彭：《逗留于农村经济时代的徐海各属》，《东方杂志》27卷7号，1930年。

⑦　《中国实业志·江苏省》，第76页。

⑧　《扬州金融志》，第9页。

⑨　参见周葆鉴：《中华银行史》，第49页。

1913 年发行印有"扬州"地名的钞票，面额有一元、五元、十元、五十元和一百元五种。1921 至 1927 年，扬州地区市面上流通的银行兑换券还有中南、四明、中国实业、中国通商银行的钞票。中南、四明、中国通商等银行在扬州未设直接的发行钞票机关。其发行之钞票，均委托各地钱庄代兑①。在东海，据《中国实业志》记载，"纸币则以中国、交通、中央、等为主，辅币则有中国、中央之角票，惟寥寥不多，当地出有单角、双角之兑换券，种类不一，流行甚广，均以一地为限"②。

1933 年，南京国民政府"废两改元"，正式规定银元为本位币。1935 年 11 月 3 日，财政部公布《法币政策实施办法》，规定：从 11 月 4 日起，以中央、中国、交通三银行（1936 年 2 月又增加中国农民银行）发行的钞票为法币，凡是完粮纳税及一切公私收付，一概用法币，不得再使用现银。所有持有银币、银锭或生银的银钱行号、商店及个人，从 11 月 4 日起，限于 3 个月之内，就近到各地兑换部门兑换法币。同时，还规定每法币 1 元兑换银辅币以 12 角为准，兑换铜元以 300 枚为准。《法币政策实施办法》颁布后，民间凡藏银的，多向中央银行进行了兑换。自此以后，淮域市面上已不再流通银元。国民政府实行法币政策后，于 1936 年 2 月发行五分、十分、二十分镍币 3 种，与新发行的半分、壹分铜币，同时作为辅币流通。当时中央银行在扬州设有分行，自沪运来新镍币较多，每次发出镍币以合法币 20 元为限。镍币正面为孙中山像，反面为古代布币图案。扬城沦陷后，镍币即在市场上消失。1938 年，江苏省政府撤至兴化县，将江苏省农民银行兴化办事处改为苏北分行，经报已迁至重庆的财政部批准，发行江苏省农民银行壹元券 400 万元，与法币等价流通③。

抗日战争时期，在淮域沦陷区，日军先是强迫人民使用军用票、伪满票，禁止法币流通。后日伪政府又在淮域沦陷区发行伪币。如 1939 年 4 月，华北伪政权的"中国联合准备银行"在开封设立分行，发行巨额"联银券"，投入流通领域。到日本投降前夕，仅开封地区就发行近 30 亿元。1941 年 1 月，汪精卫伪政权"中央储备银行"发行"中储券"，在淮域沦陷区与法币同等流通。后又不断压低法币，直至 5 月宣布禁止法币流通。伪中储券发行初期，淮域人民对该券并不信任，持有伪中储券者，皆随时购买日用物品，留存甚少。1945 年 6 至 7 月，伪中储行先后发行面额为五千元和壹万元的中储券，8 月，市面上又出现了面额为十万元的伪中储券，导致通货膨胀，物价一日数涨，伪中储券几已贬为废纸。抗战胜利后，伪中储券退出淮域流通市面。在淮域抗日根据地，为了展开对敌货币斗争，抗日民主政权也成立淮北、江淮等银行，发行货币予以流通，因在本章第四节有专门论述，故此不再重复。

抗战胜利后，淮域市面上流通的国民政府货币有法币、关金券、金圆券 3 种。

---

①　《扬州金融志》，第 10～15 页。

②　《中国实业志·江苏省》，第 76 页。

③　《扬州金融志》，第 11 页；第 16、17 页。

1947 年 2 月 11 日，黄金狂跌，法币急剧贬值，物价飞涨，人民深受其害。江都县政府遵奉财部令转饬各税收机关，征收各项税款，百元以下者四舍五入，法币 50 元以上以百元计，不满 50 元的尾数免予征收。1948 年 4 月，扬州城区银钱业遵奉江苏省财政厅通令，自下旬起，往来收付，一律以"元"为记账单位，"元"以下四舍五入，从此，角分即退出银钱业账册。法币的价值以 1937 年每万元能购白米 1000 担至 1200 担，至 1946 年只能购 3 斗左右，至 1948 年即等于零。至此，作为流通和支付手段的法币已完全崩溃，同年 8 月 19 日为"金圆券"所取代①。关金券是 1936 年 5 月发行，专供缴纳关税之用。1942 年 2 月，以 1 元关金折合法币 20 元的比率投入流通。抗战后期，皖北后方以及苏北农村甚为流通。抗战胜利后，淮域各地还继续使用关金券。1948 年 8 月 19 日，国民政府以金元为本位币，发行金圆券，法币、关金在淮域各地停止流通。国民政府在发行金圆券时，还出台了"八·一九"限价，企图稳定币值，但造成黑市猖獗，米珠薪桂。11 月 1 日，国民政府又废止了限价，金圆券日益贬值。随着人民解放战争的节节胜利，淮域各地的相继解放，金圆券也逐渐退出了淮域流通领域。

在淮域货币流通市场上，除了上述国家和地方政府官办金融机构发行的各种货币以外，民间的钱庄和商号也发行小额货币流通于地方市场。如清末阜阳有钱庄 14 家，都发行一串、两串、五串、十串不等的票券，大的钱庄出的票子在 10 万串以上，小钱庄出的票子在 5 万串以上②。抗战前，在江苏宿迁县之钱庄有甡泰永、立大、宝徐、德隆、康泰、福和恒、恒生、元和，其中"立大、宝徐、恒生、福和恒、恒生等五庄并在当地印发票子，流通市场，信用甚佳"③。睢宁县"各商号多发门票，其信用卓著者，流行四方，乡民争相存储，经年收藏"④。邳县"至于钱票一项，不特钱庄发行，即京杂货店、糟油坊之大者，其发出之钱票，亦能通用"⑤。光绪中叶，江苏高邮州"纸币以钱铺所出戳票为大宗，其米布杂货各业及乡镇富户，亦有出戳票者。……其额巨者百、千及数千。每年惟清明时暂出，缘邮人田价兑付悉在此时，无大票不足以资周转。其平日流行市上，多一、二千，三、五千文者"⑥。民国初年，政府就规定凡资金在二千吊以上，实际家业在四千吊以上者，均可发行钞票，发行者自选票样，以自己的店号作为票名盖上店主私章，打印号码，即可在市面流通。如安徽萧县在民国年间有笃信昌、源源、馨昌、振兴城、大有行、梅柳村、顺元、元顺公、永贞吉、鑫记炭厂、

---

①　《扬州金融志》，第 17 页。

②　参见刘志贤、茆修文：《阜阳通货面面观》，《安徽文史资料》第 28 辑，安徽人民出版社，1988 年 3 月，第 126 页。

③　《江苏各县市志略·宿迁》，《江苏文献》（台北）第 9 期，1975 年 1 月 20 日，第 22 页。

④　《睢宁概述》，《江苏文献》第 1 期，1977 年 2 月 15 日，第 59 页。

⑤　临时实业视察员唐绍垚：《徐海道区邳县实业视察报告书》，《江苏实业月志》第 9 期，1919 年 12 月，第 30 页。

⑥　光绪《三续高邮州志》卷 2，《风俗》。

太德昌、万昌祥、醴泉公、同泰行、全泰行、公裕栈、美信和、豫太、有和祥、协茂、同顺公、新德太、华丰、德裕、福兴隆 25 家商号发行过钞票①。民国时期，太和县出兑换券（即流通券）的商号有丙陞信、保泰昌、万泰永、万森堂、盈丰谦、仁和昌、福盛祥、全胜利、福盛永、裕泰昌、宏盛号 11 家②。盱眙县"城内既无银行，又无钱庄，市面金融全恃有数之殷实商号为之周转，故各业皆难见活跃"③。1927 年以后，徐州还有许多商号、行栈、槽坊任意发行钱票。而有的钱庄则利用信用膨胀，发行庄票。钱庄发行的庄票因携带方便，且可以到钱庄兑换现金，故民众多以庄票作为货币来直接使用。例如裕源钱庄，原本是经营烧酒的酒坊，后用裕源庄名义印发庄票。当裕源收购用以酿酒的高粱时，付给农民的就是裕源庄票。当裕源庄将酿造的酒销售出去之后，才收兑该庄票付给现钱④。

　　尽管发行兑换券的商号必须由当地政府批准，出票的面额数目要视其经济基础而定。但是有些地方的商号为了赚取利润，扩大经营，不惜私自多出票额，而还有少数商号甚至非法印行兑换券在当地市场流通，这造成了地方金融市场的混乱。如光绪年间，高邮钱铺和商号发行兑换券就"贪其虚本实利，任意多出，一遇金融停滞，互保者齐倒。官府莫可如何，而闾阎之损失不堪设想"⑤。霍山城内陈天兴号，在 1948 年曾出荣字号本票 1000 张，50 元者 5000 张，100 元者亦为 500 张，合计票额为 7 亿 5 千万元。而在 1941 年，据档案资料记载，霍山县各商店均非法发行大量有期及无期红条流通市面，扰乱了金融⑥。在江苏省江北各县，由于"地瘠民贫，中小资产阶级及小本经营，居其多数，辅币之需要，实较一元以上之法币为多，而市面既乏铜元，及鲜合法之辅币券，商民交易，周转不灵"，"以致私人杂票，乘机而出"。但是这些私人杂票，其"发行者或为地方未经立案之金融机关，或为商会商店，既无发行之定额，复无充分准备"，"其结果非根本倒闭，即中途停顿，商民受累尤深"。最后，江苏省府不得不对此进行整理，一方面，利用"徐州平市官钱局设立有年，其初发行铜元券，流行江北，商民称便"的良好信誉，推行徐州平市官钱局辅币券为之代替，"惟以数量无多，供不济求，不足以制杂票之充斥。省府遂利用该局已往之信用，核准发行角票三百万元，将准备金分存江苏银行及江苏省农民银行，以资监督。发行以来，市面乐于行使，私人杂票无形减少，近复请准财政都由农民银行发行辅币券三百万元，调换徐局已发行之角票，基础益臻巩固"；另一方面则严令各县政府取缔杂票。如在铜山县，因为公

---

① 《萧县工商行政管理志》，第 48、49 页。

② 太和县工商志编纂领导小组：《太和县工商行政管理志》第一章，1986 年。

③ 民国《盱眙县志略·经济·金融》。

④ 参见徐州市金融志编写室：《徐州钱庄兴衰简史》，江苏省金融志编辑室编：《江苏典当钱庄》，南京大学出版社，1992 年，第 203 页。

⑤ 光绪《三续高邮州志》卷 2，《风俗》。

⑥ 安徽省档案馆藏档案全宗号 8 目录号 2 卷号 66。

裕等 7 家商号之票纸发生挤兑风潮,因而倒闭,"由县政府查明各该号财产,其数额足敷收回者,即以财产向银行抵借现金开兑。其财产不敷收回者,即照破产处分。将财产估价折抵,准以各该票纸折价购买。虽商民不无损失,而该县杂票从此绝迹"。在睢宁境内,杂票据报原额为 9 万余元,除已销毁 4.9 万余元外,尚余 4.1 万余元,"其漏匿未报者甚多,流通数额尚不至此",于是该县政府现定,征收各项税款,一律停收杂票。同时,商请省农民银行睢宁办事处尽量供给辅币,以应市面之需要。在赣榆县境内,杂票据报数额为 2.4 万余元,最后由县政府勒令各商店陆续收回 1.6 万元之谱。邳县杂票据报数额约 9.6 万余元,经县政府遴派专员负责取缔,计已先后焚毁 7.9 万余元。"此特举其荦荦大者,其余江北各县杂票,均在严行取缔之中"。在取缔民间杂票的同时,江苏省农民银行在苏北各地也扩大了营业范围,"在偏僻地带或增设支行,或添设办事处,或成立代理处,已有相当成绩"[①]。

二、典当业的衰颓和振兴

典当是以物质抵押方式经营放款业务的传统金融机构。近代淮域的典当业依照其性质之不同,可分为典当、押店、质店、代步、小押店几种。主要是规模和资本的大小以及经营项目上有差别,典当资本较为雄厚,押店较典当规模小,一般资本在 3 万元以下。质店与押店相似,唯规模较押店小,一般资本在 1 万元以下,赎期较短,且手续费和方包费皆不像典当、押店有定例。代步常开于乡镇,有本代及客代之分。本代的牌号与总典相同,资本也由总典供给,其经营也与总典相同。客代则是指因资本不足而与他典发生附属关系之小典,创立时,先与较大之当铺订立合同,载明全年移交资本若干,所需款项,随时向大当支取,每逢月终清结一次。此种代步向质户仍取月息 2 分,但交当典则以 1 分 5 厘计,其中抽取佣金。此外,尚有其他折扣。如存箱费之分配,客代步得 60%,典当得 40%。"此种代步,江苏各县,甚为普通"[②]。淮扬一带的代步当,大都资本无多,而开在村镇,"既收各质物后,自度当本不能周转,则又将各物汇当于城中大典,故扬人又名之曰'接典'者。按接典亦奉宪示出票,并非小押可比"[③]。小押店分官私两种,一般无牌号,抵押物品也不给当票,"系秘密性质,专做极贫家之生意"。月息一般为 3 分,赎期短,不过 3 个月,且不准延期[④]。1867 年,扬州府城"小押甚多,每押钱一百文,扣钱五文,实给钱九十五文;以一百天为满,

①　《十年来之中国经济建设》(1927~1936)下篇,第三章《江苏省之经济建设》,南京古旧书店古籍部复制,1990 年 2 月,第 12、13 页。

②　《中国实业志·江苏省》,第 1、2 页。

③　《申报》1881 年 2 月 4 日。

④　《中国实业志·江苏省》,第 1、2 页。

本利足串共二百文，方准取赎，贫苦小民，不堪其累"①。还有一种官押，"则各衙门皆有陋规，为费既多，扣利更重。查律载典当财物，每月取息不得过三分"，"今小押每月取息较例定直增至十余倍之多。其名为官押者，于衙门多出一分之费，较私押必更增一分之息，罔利病民，莫此为甚"②。每当淮域灾歉年度，这种官私小押就急剧增多，如1892年，高邮州旱蝗为灾，秋收荒歉，"乡民呼庚呼癸，饥瘵不堪"，到次年入春以后，"狡猾之徒，开设小押，借以渔利，无论何物，皆可典质，取利三分，百日为满"③。即使到了1931年前后，宿迁县城的小押店还不下百数十家，各市镇也有数家至十数家，乡村亦间有之④。

清末时期，随着各类外国银行及中国自办银行、中外合办银行的创办，淮域典当业受到了一定的冲击。但在以小农自然经济为主要经济形态的淮域，资本主义经济并未能获得长足发展，典当业仍然是调剂人们、尤其是广大下层社会平民经济生活的一种尚无可取代的行业。如在江苏盐城，1848年，安徽宋日新在盐城上冈镇创设盐城第一家典当，名为日新号典当，资本额3千银元。1864年，南京人蒋姓在冈门（今龙冈镇）开设茂昌号典当。1875年，扬州人杨静涵之父在米市镇开设集仁号典当。1907年，盐城洋岸人陈幼香与盐城陶守先集资在米市镇创建同兴号典当。由于清官府鼓励设典，亦因经营典当业获利较高，开设典当日增。东台、阜宁两县，从1806年至清末的百十年间，相继开设的有吴义新、戴达源、刘隆兴、戴树昌、程振和、程振泰、汪道生、钟益大、鼎泰、恒顺、和大、李振新、李恒裕、刘福隆、李振元诸典。1911年，盐城全市辖区计有17家典当⑤。在高邮，"乾隆时，典铺有6家，同治中，增至11家"⑥。

但总的来说，清末民初时期，淮域的典当业无论是规模、资本，还是开业家数，同清初和中叶时的繁荣景况相比，都显示出衰落的趋势。事实上，这种趋势在清末就已经出现。如在安徽太和县城，清末开业的"公兴当铺"，于1927年停业；1911年开业的"丙陞信"当铺，1920年停歇⑦。江苏淮徐海各属原有典当达50家，辛亥以后金融艰窘，又加匪患，陆续关闭40家⑧。徐州康家典当，明末设立，经营到清末停业，人称"老当典"。谨丰典当，清初设立，20世纪20年代即歇业，人称"外当典"。公

① 丁日昌：《抚吴公牍》卷18，《饬议开典》。
② 《抚吴公牍》卷31，《饬禁小押并议招商开典》。
③ 《益闻录》第1263号，1893年3月14日。
④ 参见蒋兆兰：《淮阴典当业》，江苏省金融志编辑室编：《江苏典当钱庄》，第56页。
⑤ 参见盐城市金融志编纂领导小组办公室：《盐城市典当业》，江苏省金融志编辑室编：《江苏典当钱庄》，第57页。
⑥ 民国《三续高邮州志》卷1，《实业志·营业状况·商业》。
⑦ 太和县工商志编纂领导小组：《太和县工商行政管理志》第一章第二节《同业公会》，1986年。
⑧ 《申报》1919年4月5日。

兴典当，清代中期设立，1917 年遭乱兵抢劫而停业，人称"里当典"①。宿迁县有典当多家，散布在城厢内外，后逐渐收歇，仅余城内同升当典 1 家②。高邮在同治年间有典当 11 家，至光绪初，减少到 5 家③。在扬州（含江都、甘泉两县）和四乡集镇，雍正（1723 ~ 1735 年）时，计有大小典当 72 家（其中许长年在扬州大东门开设之当铺"有几万之巨"），光绪时只有 23 家，民国初仅有 15 家。到 1927 年，扬州城区的典当只有元和、济源、德新、协成、朱长龄、敦吉、阜成 8 家。其中素称殷实的有朱长龄、阜成、敦吉 3 家④。河南省城开封原有典当 2 家，为尉氏县人刘氏独资经营。其营业范围不限于省城，凡是附近各县人民每多携带大量衣服来求质。月息 3 分，3 年为满。同时，市内尚有小押多所，利率颇重。其所收当之物，率多破旧零件。至民国初年，该 2 家典当均因故停业，而小押典也相继关闭。故近十数年来，市内并无此项营业机关。山东省在光绪年间有典当 200 余家，民国初年相继倒闭，至 1928 年当业公会呈省长文全省仅存 21 家。1930 年据内政部调查只有 15 家而已⑤。淮域河南、山东典当业在清末民初的衰退，从中可窥见一斑。

清末民初淮域典当业的衰退，既有着战乱、国家政策的客观原因，也有典当自身经营的主观原因。一是频繁的战乱对典当业的致命打击。在发生战乱时，典当往往成为抢劫对象。1936 年就有人指出："自民国开元而后……连年内战，遍地盗匪，败军残匪所经之处，莫不以典当为劫掠之目标，此实为典当业之致命伤。资本稍长之当铺，虽事后犹能恢复，重行整顿，而资本微弱者，一经洗劫，即无恢复能力，不得不宣告倒闭。此种军事及匪患之摧残，一方面直接使当业破产，他方面复间接使富有者不敢以开设当铺为利库"⑥。如光绪年间，安徽阜阳城内有南北二当，南当典为长江水师提督程炳文所开，店号"裕丰"，附设有裕丰钱庄和两淮织布厂，辛亥革命后闭歇。北当典最初为山西巨商开设，店号"世隆"，资本白银 20 万两，职工 20 余人，后为安徽督军倪嗣冲占有，拨款 10 万银元充实资金，从业人员达 30 余人，店号"阜益"。民国初年，宁栋巨开设"同裕"当典兼营钱庄，从业人员 20 余人，1922 年关闭。1925 年尹幼亭开设"裕皖"当典，资金 3 万银元，职工 10 余人；王庆芳开设"庆和永"当典，职工 5 人，资金 4000 银元。1926 年，军阀混战，各当典先后停业⑦。在江苏淮阴城区，经地方政府许可营业的有公济、同仁、义永、履祥 4 家典铺。1911 年 11 月 4 日，清江浦驻军十三混成协发生兵变，少数士兵进城后到处抢掠，公济、义永、履祥等典皆遭

---

①　参见周丽云、窦茂群：《徐州典当》，江苏省金融志编辑室编：《江苏典当钱庄》，第 86 页。

②　参见蒋兆兰：《淮阴典当业》，江苏省金融志编辑室编：《江苏典当钱庄》，第 54 页。

③　民国《三续高邮州志》卷 1，《实业志·营业状况·商业》。

④　参见许明：《扬州典当业概况》，江苏省金融志编辑室编：《江苏典当钱庄》，第 32 页。

⑤　参见宓公干：《典当论》，商务印书馆，1936 年，第 240 页。

⑥　陆国香：《中国之典当》，《银行周报》第 20 卷第 11 期，1936 年。

⑦　阜阳市地方志编纂委员会：《阜阳市志》，黄山书社，1994 年，第 237 页。

抢劫而停业①。1927 年，直鲁联军过境，盐城伍佑镇同德典被劫掠一空，他典也多有损失②。在山东各县，1935 年调查全省 1934 年度有典当 28 家，大部分开设于 1928 年以后。"自张宗昌祸鲁，滥发纸币，其部下更到处强迫民众行使纸币，典当不能拒收，于是典当资金全变为不能兑现之纸币，不得以乃全部倒闭。后又军阀争战不断，而典当资金耗尽，数年来鲁省典当业几至绝迹"③。二是典当业经营环境的愈趋不利。官府发行的纸币、银角、铜元时常贬值，加上繁重的苛捐杂税，都不断增大典当业的营业开支，其生存和发展环境逐渐恶化。典当多以贫民作为自己的放款对象，随着近代淮域社会经济受到频繁战乱和灾荒的打击而崩溃，人民生活日益贫困化，以致许多贫民往往无力赎当。典当虽然可以变卖贫民到期无力赎回的抵押品，但往往得不偿失，反而不如一般高利贷资本获利之厚。这些都是淮域典当业被不断淘汰的客观原因。三是囿于陈规陋习，缺乏创新的经营意识。无论近代社会环境发生了何种深刻变化，典当业经营少见有创新性的改革，多一味抱残守阙，墨守成规，以致其市场适应能力和竞争能力日趋弱化。如江苏灌云县典业只礼和一家，系皖人朱谱爵所开设，无论衣物价值若干，每票至多以 3 千文为率，月息 2 分 5 厘，"因是地方人民多称不便"④。高邮"各典开设地点，地烟较为稠密。历年以来，颇有赢余。唯断赎期限，仅十八月，未免太促。且利息二分五厘，亦似稍重。而尤可虑者，每日开当仅三四小时，且无一定时间，乡民典赎物件，往往以延误时期，坐候翌日者，似与远道贫民诸多不便"⑤。在传统钱庄近代化步伐加快、新式银行和信用合作等金融机构日渐发展，淮域金融市场竞争异常激烈的情况下，淮域典当业却一直恪守传统的经营方式，方便群众的经营意识极其淡漠，因此不可能摆脱被淘汰的命运。四是典当行业与注重信用的钱庄、银行金融机构相比，历来形象不佳。典商唯利是图，重利盘剥，书写当票都预留"有眼同估值，当价某某元，倘有虫伤鼠咬霉烂，各听天命，认票不认人"之类转嫁经营风险、推卸经营责任的话。这往往会引起社会民众的反感，从而降低典当行业的社会声誉。章元善在宓公干所著《典当论》的序中说："在经营典当业者，以为非苛刻剥削，不足以获得利润。非获得利润，则不足以达到典当业之目的。于是日夜孜孜，思所以获得利润之道。从而社会之厌弃也亦愈甚。"如在江苏高邮，同治兵燹之后，"典当长利三分"，以致当地士绅"履清与同人控诸大吏，因得减为二分"⑥。1919 年，盐城计有典

---

① 参见蒋兆兰：《淮阴典当业》，江苏省金融志编辑室编：《江苏典当钱庄》，第 53 页。

② 参见盐城市金融志编纂领导小组办公室：《盐城市典当业》，江苏省金融志编辑室编：《江苏典当钱庄》，第 58 页。

③ 参见宓公干：《典当论》，第 244 页。

④ 《选载：徐海道区灌云县实业视察报告》（江苏省长公署第四科投稿），《农商公报》第 53 期（第 5 卷第 5 册），1918 年 12 月 15 日。

⑤ 《选言：视察高邮实业之报告》，《安徽实业杂志》（复刊）第 18 期，1918 年 12 月。

⑥ 民国《高邮州志》卷 4，《笃行》。

当 8 家，典息较高，月息为 2 分，规定 25 个月（后改为 18 个月）的期限，当期满时要赎清。后来各典协议，月息升为 2 分 5 厘，引起社会舆论大哗，大部分商户争向政府反映，连续数年未曾见效①。五是典当业内部管理制度不利于经营人才的脱颖而出。典当业的人事管理按照人员进当的时间先后作为升迁的唯一标准，论资排辈，不得破格提升。这样，庸劣无能的因入当早而尽可长居要位；勤奋有才的又因僵化的人事管理制度而得不到及时的提升和奖掖。这种缺少现代经营理念和不重视人力资源开发的制度，在同钱庄、新式银行等金融机构展开竞争时，无疑会败下阵来。

近代淮域典当业的日趋式微，并不是说典当会很快消逝。因为典当的放款对象主要是处于下层社会的贫民，有着一定的群众基础。典当业以其服务对象的特殊性而还能在银行、钱庄的缝隙中生存、逐利。调剂资金的灵活性，是典当业为人称道的显著特点。而银行、钱庄一般不办理小额贷款。"银号（钱庄）侧重对人信用，放款数额较大，贫民信用既难得银号之青睐，小额拆放更非贷者所屑为。银行虽重押品，而不收衣饰贱物，贷额硕大，远非小民之所需要。其能收取廉价零星押品，贷与贫民需要之小额款项，舍典当莫属。"② 如在淮河下游的苏北，因"地瘠民贫，农人籽种肥料春贷秋赎，全恃典质。各业小本营业，尤赖典当，以资周转。……各县农工银行未能普设，小本营业每恃典质，以资周转"③。也就是说，在近代淮域人民生活水平还十分低下的情况下，典当业同他们的生计有着密切的联系。当平常年景而遇到生活拮据之尴尬，乃至遭遇天灾人祸而难以度荒时，都不得不依赖典当而没有别的可以替代的行业，以应付燃眉之急。

正是典当业有其存在的必要性和合理性，所以民国中央和地方政府曾一度采取措施，以图再度振兴典当业。如安徽省在民国元年、二年迭遭兵燹，全省当铺停歇殆尽。民间遇有急需，往往借高利贷之不可得，困苦情形不可言喻。于是，省政府于 1914 年订立章程，月息 3 分，满期 12 个月，招商开设典当，但效果不大，应者寥寥。不久，由财政厅拨款在省城设立惠济公质，以资提倡。后省城及各县逐渐增设，至数十家之多。春当秋赎，人民称便④。南京国民政府也非常重视典当事业的振兴，彭学沛在为《典当论》所作序言中就称："行政院农村复兴委员会，有鉴于典当为我国最普遍之有组织的农村金融机关。当此农村金融枯竭之际，斯业有维持之必要。乃于第一次全体会议时，决议：各地已有典当，关系农民生计，仍由各省市尽力扶持。……现在行政院已通令各省市筹设公益典当矣"⑤。此后，淮域地方政府也为着刺激当地典当业的发

---

① 参见盐城市金融志编纂领导小组办公室：《盐城市典当业》，江苏省金融志编辑室编：《江苏典当钱庄》，第 58 页。

② 吴石城：《天津典当业之研究》，《银行周报》第 19 卷第 36 期，1935 年。

③ 《申报》1919 年 4 月 5 日。

④ 参见宓公干：《典当论》，第 211 页。

⑤ 宓公干：《典当论》，第 16 页。

展，做了不少努力。1936 年，六安县城内二道巷处就设立一家官办当铺，即中国农民银行抵押贷款所，资本 2 万元（法币）。当期分为 12 个档次，利息为月息 18%。至次年 6 月，共接办抵押贷款 37 151.4 元①。面对典业日趋衰落，江苏省政府也曾"拟在江北各县择要设立公典五处"，但后因事实上发生困难，"未能按照原定计划进行"②。江苏省典业公会联合会还屡请建设厅，请求设法救济，省政府乃于 1935 年 1 月成立改进典业设计委员会，由建设厅函邀省党部、省府秘书处、民政厅、财政厅等各机关，会同农民银行、江苏银行及全省商联会、全省典业公会联合会各推派代表，任为委员。该会每半月开会一次，讨论及设计范围包括：典业失败原因之研究与救济；典业内部组织及营业范围之改善；缺乏典当各县之典业提倡；创设公营典当之设计；典当及代典利率暨满当期限之拟定；人民兴办典当之奖励。上述设计于同年 7 月完成，编制报告，呈省政府会议通过。其议决事项，自 1936 年 1 月起开始实行。此外，江苏省政府还于 1932 年 4 月制定颁布了《江苏省代典营业规则》③。河南省政府鉴于城乡典业的衰敝，也在 1931 年间咨复内政部文中强调筹设官当的必要，云："典当业调剂平民金融，实有筹设必要。……本省为内地区域，人口不甚繁密，以衣饰而求融通者，为数较少。若营业区域，仍如以前之广大，非有雄厚资本，不足以资周转。若仿外埠情形，多多开设，则营业不振，无利可图。有力之商人，未必愿投资经营。是私营典当，一时恐不易实现，自以为公营为宜。"在山东，韩复榘主政时，开始在济南设立裕鲁官当，不久又拟推广之各县，令财政、建设两厅草拟计划大纲上报定夺。经过多次研究，最后决定在济宁等地先行开设，预定资本每典 5 万元，官股 2 成，商股 8 成。其他各县或每县设一处，或数县设一处，资金分为 1 万、2 万、3 万、4 万元不等，由省预备费项下动支。当期 12 个月，保留 1 个月，月息 2 分，另收保管费 1 分。1933 年 2 月 20 日，山东省府会议将之提出讨论，并照原文修正通过④。

　　除了官府对典业的提倡和救济外，一些典当业主也开始与新式银行发生联系，利用银行筹措当本，扩大营业。如淮阴的华兴典在民国初年曾歇业改组，1931 年改组后复业，地点设在城内观音寺巷。此后，清江典当业仅此 1 家，可称独市，资本雄厚，历年颇有盈余。股东周元恺、曹介川，资本 10 万元。周、曹二人并设有泰恒、恒记等盐号，故华兴典的资金来源比较充裕。但华兴典为了扩大营业，也向银行大量借款。1934 年 10 月，华兴典同清江浦交通银行订立长期质押借款合同，以实存架本向清交行按 8 折押洋 8 万元，以备上架需要。利息定为 1 分，每月结清，一次随时付清利息。1936 年，该典又向清交行商请，在原合同中加批押款 2 万元⑤。

---

① 六安县地方志编纂委员会编：《六安县志》，黄山书社 1993 年版，第 367 页。
② 《江苏省商业行政概况》，《江苏建设月刊》第 2 卷第 5 期，《实业专号》（下），1935 年 5 月 1 日。
③ 《江苏省改进典业设计委员会规则》，《江苏建设月刊》第 2 卷第 5 期，《实业专号》（下），1935 年 5 月。
④ 参见宓公干：《典当论》，第 240 页；第 244 页。
⑤ 参见蒋兆兰：《淮阴典当业》，江苏省金融志编辑室编：《江苏典当钱庄》，第 53、54 页。

经过中央和地方当局的示范和提倡，以及民间典当业主的努力，在20世纪30年代初，淮域各地典当业开始渐有恢复。至1936年，扬州所辖各县市共有典当铺44家，合计资本227.95万元。其中江都（含今扬州市和江都、邗江两县）15家，占34.1%，资本56.1万元，占24.6%；泰州（含泰县）12家，占27.3%，资本59.4万元，占26.1%；泰兴11家，占25%，资本58.75万元，占25.7%；兴化3家，占6.8%，资本26万元，占11.4%；靖江、宝应、仪征各一家，共三家，占6.8%，资本27.7万元，占12.2%。资本在10万元以上的有6家，其中江都敦吉25万元，阜成15万元，德新10万元；仪征肇大10万元；泰州同泰10万元；兴化同兴12万元。但是，随着日本侵略者的大举侵华，淮域各地典当业再次遭遇战火而纷纷停业。如1937年12月14日，扬州沦陷，日寇冲破敦吉当铺大门，肆意劫掠，并纵火烧毁该典全部房屋。《扬州文史资料第五辑·陈含光遗稿》中记载了当时日寇抢劫的真实情况："日未及昧旦已纷然入城，对门二丈许为典肆，竟入卤掠，汹若沸羹，兼闻枪声，骇人心魄。"到1943年时，扬州城区仅剩裕民、集成、天成3家典当[①]。抗日战争胜利后，内战再起，淮域典当业再遭重创，连恢复到抗战前的水平都已经不可能。如1947年4月3日，淮阴商民刘写杨、郑一汾呈请开设惠民当典，经县政府呈报江苏省建设厅。7月22日，转呈内政部、经济部。10月20日，经济部、内政部才联合下文批准，并发给典当业执照。惠民当典营业后，原定利率为每元月息1角7分。后因当时银行拆息上升为2角，该当典要求改为月息2角2分。经县政府向省建设厅呈报，转呈经济部核准。层层呈报和下达，耗费时日，等到下文核准时，刘写杨已经病故，该当典也随之停业。1948年9月淮阴县政府奉令收缴执照，惠民当典遂告结束[②]。这再次说明了，频发的匪乱兵燹是近代淮域典当业发展的重大障碍。

三、钱庄业的发展与改革

淮域典当业在清末日趋式微的同时，山西票号在淮域的经营同样举步维艰。如清末开封山西票号有大德昌、大德通、日升昌、纯义公和志诚信5家，但是在银号、钱庄、银行的竞争下，很快败下阵来，1925年时基本就全部垮台[③]。而钱庄这种传统的金融形式，在新式银行的压力下，却没有立即消逝，而是一直在曲折中得以发展。

钱庄是从我国宋明时期的"钱铺"逐步演变而来的一种金融机构，在近代它以悠久的历史和外国银行、国内银行共同成为三大金融主干之一。它的最初形式可能是兑

①　参见许明：《扬州典当业概况》，江苏省金融志编辑室编：《江苏典当钱庄》，第33页；第34页。

②　参见蒋兆兰：《淮阴典当业》，江苏省金融志编辑室编：《江苏典当钱庄》，第56页。

③　参见王仲成：《新乡同和裕银号始末》，中国人民政治协商会议河南省委员会文史资料研究委员会编：《河南文史资料》第1辑，河南人民出版社，1979年，第192页。

换店，设备极其简陋，大多仅以兑换为主要业务。我国各地通行元宝和制钱，银色既不统一，平砝又极复杂，零星兑换，非有专门机关不可。近代以后，随着我国区域贸易的扩大，大宗粮食副产品和近代工业品的远距离贩运，极须银钱之周转，于是专门兑换的钱庄将业务渐渐扩展至放款。淮域的钱庄，有银号、汇兑庄、放账铺、钱铺、钱店、兑换店等名称。如许昌"金融业向以银号、钱庄为主，专作放款、汇兑，惟汇兑贴水视用途之紧松，并有贴进贴出之分"①。银号为钱业中规模之最大者，资本较为雄厚，营业上主要经营存放款及汇兑。钱庄资本大者不过万元，小者在千元以下。经营上多带有地方性，只经营存款和放款，而少营汇兑。汇兑庄其业务全以汇兑为限。放账铺及钱铺，其资本均甚微小，大致均为五六百元，所营业务仅放款一项，不收存款，亦无汇兑，放款也有限。兑换店营业仅现钱之兑换。

在清末民初时期，淮域钱庄业一直呈现良好的发展态势。如亳州城市金融，在1925年前，多由质号钱庄，周转调剂，极呈灵活之象。有钱庄30余家，每家资本均在2万元以上。大小商店，无论资本之多寡，均因周转灵动，各业行况，无不蒸蒸日上。且各行号与外境多系联号（上海、蚌埠），来往汇兑，毫无阻滞，"此亳县金融极活动之时代也"②。安徽六安，在清末时经官府批准的有宝源、同泰2家钱庄，除经营一般钱业外，尚为官府代收田赋。民国初年，相继开办有汇源、怡康、万康、庆和、远大等几家钱庄，资本多寡不一，多与外埠商贾相互通应。1923年，开设于城内花井栏巷的阜丰银号，罗致各乡镇士绅财主、城内军政巨商，集数十股之多，资本雄厚，曾发行纸币，声誉很高③。1919年的徐州"城内业钱行者二十余家"④。在砀山县，"当前清鸦片弛禁时代，土庄颇发达，间有钱庄兼营烟土者，金融亦比较活动"⑤。在淮阴，清末有同昌、增源泰、阜康、复兴、甡大、福康、律生等钱庄。辛亥革命后，分别改组为宜昌、常泰祥、同康祥、谦吉、福生永、德泰恒等号。后有庆生、崇德、润大、裕泰、德生、乾泰恒、怡昶润、庆和恒、同仁源、衡丰等号，在城厢内外还有门市店铺数家，做兑换银洋及本街小商贩调拨等业务。淮阴北郊的西坝，民国初年有巨泰恒、裕昌、巨昌、同巨恒、崇余等钱庄，主要做盐业运销资金收付的业务。淮安，清末民初有谦泰、鼎泰、宝盛、宝义、万通、恒和、宝丰、镇泰、济元丰、厚德、源盛、瑞泰、豫康恒、永丰、德泰、祥源泰、源长、源泰、鼎义祥等钱庄。宿迁，清末有隆源长、泰康、福和信、协成、庆昌、祥兴等钱庄24家。盱眙城内有钱摊4家⑥。民国初年，高邮州"境内向无银行，名为钱庄者近来日见增加。高邮市有恒泰、同兴公、荣

① 《中国经济年鉴续编》（1935），第（N）506、（N）507页。
② 民国《亳县志略·经济》。
③ 六安县地方志编纂委员会编：《六安县志》，第367页，黄山书社，1993年。
④ 《申报》1919年7月29日。
⑤ 《陇海全线调查·砀山县》，1932年，第84页。
⑥ 参见蒋兆兰：《淮阴钱庄业》，江苏省金融志编辑室编：《江苏典当钱庄》，第167、168页。

兴、德大等六七家，临泽市有恒丰、乾德等两家，三垛镇有同泰昌一家，界首镇有裕生、元兴、兴泰、乾泰、昌福成等五六家"[①]。1916 年，高邮有钱庄 29 家，共有资本565 000 元。扬州钱庄有文献资料记载牌号的，在 1855 年前，邵伯镇东街有森泰钱铺；同治年间，扬州有鸿德、德春、聚和等钱庄；1875 年，扬州聚盛钱庄开业。后周扶九、萧恰丰又创设裕丰隆钱庄。光绪六年，旧城四望亭有裕新钱铺，教场街有裕泰钱铺。同年正月二十一日夜间，扬州闹市区辕门桥（今国庆路）大火，计被焚房屋百余家，其中就有 14 家钱铺被焚。1901 年，扬州又开久孚钱庄，资本 10 万两。1914 年，恰生钱庄开业，资本 15 万元。1916～1919 年，先后有立丰、达昶、生元、鸿大、衡昌、恒丰、立昌等钱庄开业。1920～1923 年，扬州钱庄家数由原来 14 家猛增到 31 家，资本额增至 60.8 万两。1924 年，宝应县钱庄达 18 家，其中鼎升恒钱庄拥有资本 5 万元[②]。在盐城，1889 年，镇江人朱立言出资本，召集徐雨花、陶慎甫股东开创复顺钱庄。主要经营汇兑、押款、信用放款等信用业务。东台县在光绪年间也设有义顺、德安、裕康、震泰祥、通源、通裕、春和、元和诸钱庄。1915～1922 年期间，由于垦殖事业的兴起，商业随之繁荣，钱庄业迅速发展。这一时期开设的钱庄，盐城有永茂兴、同昌、盈记、久康、德隆、正和、永源、源泰、久昌等钱庄，东台有吉成、同兴、义顺、德安、裕康、震太祥等钱庄，阜宁有裕隆、恒康钱庄[③]。

　　清末民初淮域钱庄业的快速发展，以淮河下游的苏北最为典型。而苏北钱庄业的发展，则有赖于当地盐业生产和运销的长足发展。有些盐商大贾既经营盐业，同时又开设钱庄。如光绪年间高邮州，"某甲，家有良田数十顷、淮北票盐数十号，固俨然一富家也。复出资千余串，设钱肆于西坝"[④]。当然，这种盐商兼开钱庄的毕竟是少数，更多的盐务资金往来，则必须与钱庄形成长久的合作伙伴关系来维持。如 1917 年扬州盐商向各行庄借款 34 万元，恰大钱庄一家就承借 10 万元[⑤]。据 1933 年《中国实业志》记载："江苏钱庄营业对象以商界为最多，放款多为商家……此种情形，各地并无大异，惟有一端不可不注意者，即扬州钱庄与盐务之关系是也。"钱庄与盐务的关系，即是"钱庄营业赖盐务出路，盐帮赖钱庄为周转之机关。"扬州为盐务中心，故扬州钱庄营业，"以盐帮为主干，用款多赖申镇之供给，自有其特殊之性质。盐商存款用款，皆在钱庄。缴价、缴税、缴捐、付水脚等，亦皆由钱庄代为经理。而盐运到岸售销，'回课'汇扬，仍非存放钱庄不可"[⑥]。是故，扬州"盐随钱走"，近代以来一直为盐务金

　　① 《选言：视察高邮实业之报告》，《安徽实业杂志》（复刊）第 18 期，1918 年 12 月。
　　② 参见华梦渔：《扬州钱业话沧桑》，江苏省金融志编辑室编：《江苏典当钱庄》，第 119、120 页；第 137 页。
　　③ 参见盐城市金融志编纂办公室：《盐城的钱庄》，江苏省金融志编辑室编：《江苏典当钱庄》，第 213、214 页。
　　④ 《申报》1883 年 12 月 6 日。
　　⑤ 参见华梦渔：《扬州钱业话沧桑》，江苏省金融志编辑室编：《江苏典当钱庄》，第 124 页。
　　⑥ 《中国实业志·江苏省》，第 38、39 页。

融之枢纽。民国《续修江都县志》记载:"郡城市面以盐业为根源,而操奇计赢,牢笼百货,能为之消长者,厥惟钱业,岁获利甚丰"①。可见当时钱庄业地位之重要。民国以后,淮南地区海势东迁,各盐场产不敷销。为接济淮南盐之不足,扬州盐商汪鲁门、徐静仁、毕儒臣、叶翰甫等集资在淮北灌河东西两岸购地,创办大德、大阜、公济、大源、大有晋、裕通、庆日新等七个制盐公司。铺设新圩计达 145 条之多,并有巨轮通过运盐河直驶十二圩。七公司的有些创办人员是"盐、钱两栖人物",如徐静仁是中南银行常务董事、扬州怡大钱庄主要股东,又是大阜、大有晋两个制盐公司的创办人;毕儒臣曾任扬州聚盛钱庄经理,并一度任裕宁官银钱局扬州分局管事;叶翰甫与丝商合作,在扬州创设大生钱庄,在创办大德制盐公司时,叶在资金调拨方面,颇多贡献②。苏北的灌云县也是因为钱业与盐务的关系,钱庄"尚属殷实"③。海州自 1927 ~ 1932 年六年时间,先后有裕民、裕源永、同和裕、和泰、汇泰、恒余、义生、阜祥、盛泰、升泰、谦益、厚康、同和公、源润、源泰、同德昌、新生永、联丰、袁怡和、震余、天泰等 21 家钱庄在板浦、新浦、大浦等地开业,这些钱庄都主要围绕盐业进行业务活动④。

　　19 世纪下半叶至 20 世纪初期,淮域钱庄业之所以得到了一定程度的发展,主要原因在于开埠后国内外贸易蓬勃发展的推动。但是,上海这个全国金融中心的带动也是一个不可忽略的重要方面。在上海逐步成为全国贸易中心和金融中心的过程中,以上海为枢纽的国内资金流动十分的频繁,而且规模越来越大。这种资金的大规模频繁流动,有相当一部分就是通过上海钱庄和银行等金融机构汇兑的。上海钱庄业有着左右内地金融之势力,淮河流域各地钱庄多或直接或间接地仰赖上海之调剂。在淮河下游一带,清江浦、扬州皆是区域金融中心。江苏的淮河以北及沿淮地区钱业行市以清江浦行市为标准,苏中多以扬州或镇江行市为标准,而清江、扬州行市又多以镇江行市为标准。如民初淮安钱业有 10 余家,成本大的有鼎泰、宝盛、巨康、镇源 4 家,每年出入均约五六万左右,"洋价银厘,以扬、镇为标准,每日各赴钱业公所规定一次"⑤。灌云县钱庄"银厘银折,本地无行市,胥视清江行市以为涨落"⑥。而清江钱业行市则以镇江行市为起落。镇江钱业为江北金融之调节机关,而镇江又直接以苏州钱业间接以上海钱业等为仰赖之所。据史料记载,1935 年江北各县钱庄统计不下 300 余家,资

　　① 民国《江都县续志》卷 6,《实业考》。

　　② 李寿如:《淮南盐务现状》,《中央银行月报》第 2 卷第 8 号,1933 年 8 月。

　　③ 《选载:徐海道区灌云县实业视察报告》,《农商公报》第 53 期(第 5 卷第 5 册),1918 年 12 月 15 日。

　　④ 参见撰稿人庄复珩、调查人庄复珩、刘长富等:《连云港市钱庄业》,江苏省金融志编辑室编:《江苏典当钱庄》,第 216 页。

　　⑤ 临时实业视察员陈时泌:《淮扬道区淮安县实业视察报告书》,《江苏实业月刊》第 2 期,1919 年 5 月。

　　⑥ 《选载:徐海道区灌云县实业视察报告》,《农商公报》第 53 期(第 5 卷第 5 册),1918 年 12 月 15 日。

本较大者七八万元，小者万余元，"银钱周转直接仰给于镇江，间接依赖于上海"[①]；兴化县商款往来"大都以镇江转来之上海行情为标准"[②]。"淮阴为沿运河一带中心，新浦为海关中心，徐州为徐属中心，又率多仰给赖镇江金融之调节。故淮河流域钱庄之分布，实错综复杂互相关连者也"[③]。淮阴西坝镇的钜泰钱店资金雄厚，为镇江人周元凯所开，负责各种流动资金的存放，信贷可与上海、镇江两地相互融通调剂[④]。高邮钱庄"洋价及银厘拆由钱业公所规定，其行市一以镇江为标准"[⑤]。进入 20 世纪 20 年代以后，上海、天津、汉口等沿海沿江城市的各大银行开始大力发展国内汇兑业务，通汇地点遍布全国各地。但是，该时期银行开展的汇兑业务，还是必须依赖钱庄的协助。因为当时内地的许多地方都还没有银行的设立，而钱庄则遍及各地大小城镇。以上海银行为例，该银行的通汇点除了本行的分支机构外，还包括其他银行和钱庄。1925 年，上海银行的国内汇兑通汇代理庄号，设在淮域的就有江苏盐城吉泰钱庄、兴化吉泰钱庄、宝应泰元钱庄、东台裕顺钱庄、高邮同兴钱庄、淮城鼎泰钱庄、泰州熙记钱庄、姜堰元泰钱庄、白蒲福源钱庄、安徽六安庆和钱庄、阜丰钱庄、正阳关泰生兴钱庄、河南许州豫盛乾银号等[⑥]。1934 年，《扬州金融调查》一文中曾提到，扬州"本地的钱庄与银行有共同维持市面金融的关系，平时钱庄使用银行钞券，而银行遇市面银根紧急时，则拨款分存钱庄，以期调剂"[⑦]。正是钱庄与银行有着这种相互合作的良好关系，反过来进一步促进了淮域钱庄业自身的发展。

不过，淮域钱庄业的发展也不是一帆风顺的。在清末民国时期，由于战乱、商道变迁以及国民政府的政策变化等原因，使得钱庄业的发展也遭遇了相当的困难，呈现出日益衰颓的趋势。在安徽亳县，自 1925 年开始，"豫废陷城，城市精华，付之一炬，八家质号，同遭浩劫，钱庄亦倒闭殆尽。次年各资本家，方拟投资营业，藉谋商业之复兴，讵意十六年，直鲁军南下，尽量征发，极端剥削，一线生机，复遭摧残，于是市面冷落，金融枯滞。中小商店，周转不灵，无法维持，因而闭歇者，不知凡几。迨南北统一，方图谋恢复，乃喘息未定，而二十年大水，二十二三两年，旱灾接踵而至，农村经济，全部破产，内无生产，外无来源，市面金融，整个崩溃，陷于无法收拾状态"[⑧]。淮域山东的钱庄业，就因为津浦路通车，商业中心的东移，衰退趋势出现的更

① 《中国经济年鉴续编》，第（N）435、（N）436 页。

② 临时实业视察员李鹗声：《淮扬道区兴化县实业视察报告书》，《江苏实业月志》第 8 期，1919 年 11 月。

③ 《中国实业志·江苏省》，第 38、39 页。

④ 参见胡伯超：《西坝镇小史》，中国人民政治协商会议江苏淮阴委员会文史资料研究委员会编：《淮阴文史资料》第 2 辑，1984 年 12 月，第 200 页。

⑤ 《选言：视察高邮实业之报告》，《安徽实业杂志》（复刊）第 18 期，1918 年 12 月。

⑥ 中国人民银行上海市分行金融研究所编：《上海商业储蓄银行史料》，上海人民出版社，1989 年，第 123～127 页。

⑦ 中央银行扬州支行：《扬州金融调查》，《中央银行月报》第 3 卷第 10 号，1934 年 10 月。

⑧ 民国《亳县志略·经济·金融》。

早。在曲阜，1914 年有钱庄 3 家，到 1920 年只有 1 家；金乡在 1914 年有钱庄 9 家，至
1920 年减为 5 家。济宁在津浦路未通以前，为沿运河重要商业中心，当时钱业至为发
达，钱庄多达 30 家。自铁路筑成后，商业因交通而转移，钱业乃失其向日之势力，后
仅存钱庄二三家。营业也只限于汇兑一项，昔年发行纸币，供市面流通，现已全数收
清，放款能力，亦逐年减低，仅堪勉维持现状而已。至 30 年代上半期，淮域山东钱庄
业已有相当之变迁，出现了"有昔有而今无者，亦有昔无而今有者，有由多而少者，
亦有由少而多者，亦由始终未有成立者，亦有今昔相同者"。其中，"昔有而今无者"
包括曲阜、滕县、汶上、峄县、金乡、嘉祥、鱼台、郯城、费县、蒙阴、莒县、沂水、
菏泽、单县、巨野、东平、日照，"昔无而今有者"没有，"由多而少者"包括济宁、
临沂，"由少而多者"包括定陶、郓城，"始终未有成立者"包括泗水、曹县、城武，
"今昔相同者"没有①。可见，淮域山东钱庄业一直在走下坡路。河南开封也由于京汉
铁路的通车，商业贸易为郑州所夺，于是银钱业，在五六年内变迁最大，倒了 3 个
银号②。

　　淮域江苏的钱庄业，尽管也受漕运阻塞、津浦路开通、运河商业衰落的影响，但
由于一直有盐务的支撑，衰败趋势出现的比淮域山东等地稍迟些。至 20 世纪 20 年代末
起，苏北的钱庄业才开始出现萧条趋势。如扬州钱庄的经营在 1927 年遇到了困难，军
阀孙传芳盘踞扬州，发行流通券 100 万元，市面凋敝，钱庄业被摊派的负担亦重。
1928 年初，即有润康、恒和等 12 家钱庄闭歇③。到 30 年代上半期，淮域钱庄业达到了
真正的阶段性低谷。这是因为进入 30 年代以后，钱庄受到世界经济危机的间接影响和
白银风潮的直接冲击，再加上南京国民政府实行废两改元、推行法币改革等因素的综
合作用，终于导致其不可避免地陷入极度萧条的境地。在连云港，1927～1932 年，先
后有 21 家钱庄业开业④，但自 1933 年以后，大部分钱庄业务减少，入不敷出，裁减人
员，走向衰退。在 1933～1935 年的 3 年中，相继有 14 家钱庄撤庄停业。剩下的阜祥、
同和裕、厚康 3 家钱庄到 1938 年也全部停业⑤。徐州因受 1931 年大水灾影响，经济萧
条，所有发行庄票的钱庄时常发生挤兑风潮（俗称票号抢险）。为此，政府不得不对天
保育、世兴冒、春泉、卜信记、聚和昌、公裕等钱庄业主进行追押，各钱庄因之纷纷
停业，代之而起者为银号。嗣后，各银号也因营业不佳，国内经济不景气，先后宣布
收歇⑥。扬州在 1930 年时还有钱庄 24 家，1931 年便减为 18 家，1932 年更减为 13 家，

　　① 《中国实业志·山东省》，第 28（癸）～31（癸）页；第 132（乙）、133（乙）页；第 227（丁）、228
（丁）页；第 27（癸）页。

　　② 萧愚：《开封小记》，《禹贡》（半月刊）第 4 卷第 1 期，1935 年 9 月 1 日。

　　③ 参见华梦渔：《扬州钱业话沧桑》，江苏省金融志编辑室编：《江苏典当钱庄》，第 120、121 页。

　　④ 刘俊峰：《陇海铁路终端海港》，《工程》第 12 卷第 2 号，1937 年 4 月 1 日，第 113 页。

　　⑤ 参见《连云港市钱庄业》，江苏省金融志编辑室编：《江苏典当钱庄》，第 217 页。

　　⑥ 参见徐州市金融志编写室：《徐州钱庄兴衰简史》，江苏省金融志编辑室编：《江苏典当钱庄》，第 204 页。

到1935年初仅剩7家。1937年4月，扬州钱庄仅存3家，只做零星交易，大宗交易均转入银行。扬州城区沦陷前，仅存的钱庄也宣告停业。泰州的钱庄，据《中国实业志》记载，设立较早的为谦益丰钱庄，创于1909年。其后陆续增设，至1933年，共有钱庄14家。1933年4月，国民党财政部实施"废两改元"后，钱庄在洋厘上无利可得，多数闭歇，一度只剩增泰、福泰、永丰、德源、江泰、永泰6家[①]。

20世纪30年代前后，淮域钱庄业发展受挫，除了钱庄业经营环境趋于不利的客观原因外，也与钱庄业自身的经营传统不无关系。钱庄和银行都有经营放款的业务，因此钱庄与银行既有互利合作的关系，也存在竞争的关系。随着淮域各省银行以及各大国家银行在淮域各地分支机构的设立，钱庄与银行之间的矛盾和冲突在越来越多的领域表现出来，逐渐演变为两者关系发展的主要特征，规定并制约着各自的成长方向。对于这种"内国银钱两业之不能合作"的现状，著名学者杨荫溥曾就此作出分析："吾国各埠内国银行界及钱业，因本身利害之关系，每有不能通力合作之趋势。钱业成立较早，仍保持其固有之一部势力，对新进之内国银行界，实处于对立竞争地位。于是银钱两业于理论上，虽似具一致之利害，而于事实上则俨然如泾渭之分流。吾国各市场内国金融界，遂有两大'巨头'同时并存"[②]。钱庄是中国传统的金融机构，而银行则是伴随资本主义的发展而出现的新式金融机关。银行放款主要是抵押放款，降低了自身运营的风险性。而钱庄多属于信用放款，常常伴随巨大金融风险。钱庄倒闭多属贪做信用放款，到期不能收回，导致资金周转不灵所致。如1921年前后，扬州钱庄因信用放款而受江西大昌信等盐号倒闭风潮而不能收回的影响，营业趋于不振。1930年5月，扬州钱庄倒闭风潮，即系扬州永吉恒、裕隆全两盐号倒闭所造成。至1930年末，各庄放款未能收回的，就达120万元之巨[③]。

鉴于钱庄自身经营传统越来越难以适应社会经济的发展和银行业的强势竞争，淮域地方政府和钱庄业自身都在积极探索钱庄业改革发展的新路。河南省政府为了维持全省金融稳定，颁行了《河南省管理银号业暂行办法》，对省内各钱庄实施严格管理，并敦促其大力推行内部改革，更好地为当地经济发展服务[④]。钱庄自身的经营也借鉴银行的做法，在制度建设、机构设置、业务品种等方面进行一系列局部性的变革，开始了"银行化"的改革进程。淮域钱庄业在银行业的刺激下最终走上了从传统金融业向现代金融业转变的新的发展道路。对于包括淮域在内的各地钱庄业出现的一系列革新变化，当时曾有人撰文予以了充分肯定："近年新式银行势力日增，钱庄营业不免较前逊色。不过因其历史悠远，商情熟悉，信用优良，及借贷方便之种种优点，在我国金

---

①　参见华梦渔：《扬州钱业话沧桑》，江苏省金融志编辑室编：《江苏典当钱庄》，第121页；第135页。

②　杨荫溥：《杨著中国金融论》，黎明书局，1936年，第17页。

③　参见华梦渔：《扬州钱业话沧桑》，见江苏省金融志编辑室编：《江苏典当钱庄》，第129、130页。

④　《中行月刊》第14卷第5期，1937年5月。

融界中仍具有极大的潜力，并且近年以来，一般目光远大的钱庄，渐觉从前组织的畸形不善，都纷纷转换方向，采用新政策。……所以钱庄在我国金融界中，仍不失为一个重要分子，适与新式华商银行及外商银行分庭抗礼，而成为一个鼎足的局面"①。

然而，钱庄业的这种"银行化"改革进程，不久就被日本侵华战争所打断，淮域钱庄业再次受到战争的沉重打击而变得一蹶不振。在河南禹城，沦陷前有钱庄 13 家，主要业务为放款。敌人侵占后，因敌人对经济统治甚严，且根本禁止银钱业者活动，故纷纷停业或改字号以掩饰②。在盐城，1937 年仅有的 3 家钱庄，因日军侵犯而被迫关闭。1938 年 4 月 26 日，日军占领盐城后，钱庄房屋在大劫中全被烧毁，所藏账册也化为灰烬，至此，盐城全境无一钱庄。抗战爆发，淮域大部沦陷。汪伪国民政府在淮域各地建立政权后，钱庄业又获畸形发展。1939 年 3 月 1 日，淮阴沦陷。在日伪统治下，有承裕、钧康、汇昌、元丰四家钱庄营业。东台伪县长吕景颜组织合资开设永大钱庄，相继又有新兴、远东、协康、福和、协和、大源、同业 7 家钱庄③。1941～1945 年，日伪统治时期，泰州为商品进出口集散地，里下河盛产之特麦、黄豆、棉花、生猪等经泰州出口，而上海、苏南及外省的五洋、百货、绸缎、布匹、漆、木、竹等亦由泰州进口转销各地，一度市场繁荣，钱业畸形发展，多达 60 多家。扬州城区沦陷后，金融枯竭，1941 年 10 月以前，城区无银行机构，仅有钧泰、高康等钱庄 7 家。1944 年 6 月，有宝大和泰厚德等钱庄 40 家。1945 年 5 月，有源丰、鼎兴、大康等钱庄 53 家；同年 7 月，又有懋业、裕商钱庄先后开业④。但是，日伪时期开设的这些钱庄，多在抗战胜利前夕闭歇。

抗战胜利后，按照财政部规定：凡抗战前领有执照之钱庄，受敌伪影响停业，且在敌伪盘踞期间从未经营钱业者，可申请复业，而日伪时期新开的钱庄则予以取缔。不过，很多在抗战前开设的钱庄因长期战乱，资料多已丧失。而申请复业需要较为完备的各项证件，是故很多钱庄从申请到被财政部批准，中多曲折。加之内战爆发，时局不靖，真正能复业的钱庄少之又少。即使有少量被核准开业的钱庄开始重整旗鼓，也多经营不到一二年，就随着淮域各地的不断解放，而宣告结束。

四、新式银行的创办与发展

银行是最重要的现代金融机构，是经营货币资本、充当债权人和债务人中介的金融企业。1859 年，洪仁玕在《资政新篇》中就比较早地提出了"设银行"的思想。不

---

① 沈参廷：《我国银行业概况及今后动向》（上），《钱业月报》第 16 卷第 10 号，1936 年 10 月 15 日。

② 王修：《调查·禹县经济概况》，《河南农工银行月刊》第 1 卷第 3 期，1946 年 3 月。

③ 参见盐城市金融志编纂办公室：《盐城的钱庄》，江苏省金融志编辑室编：《江苏典当钱庄》，第 214 页。

④ 参见华梦渔：《扬州钱业话沧桑》，江苏省金融志编辑室编：《江苏典当钱庄》，第 135 页；第 121 页。

过，洪仁玕对新式银行的作用了解并不多，所以只是把银行理解成发行"银纸"（钞票）的机构，"出入便于携带，身有万金，而人不觉，沉于江河，则损于一己，而益于银行，财宝仍在也"。不久，郑观应在《盛世危言》中专门写了"银行"上、下两篇，不仅提出"夫洋务之兴，莫要于商务，商务之本，莫切于银行。泰西各国，多设银行以维持商务，长袖善舞，为百业之总枢"的主张，还充分认识了银行有"聚通国之财，收通国之利，呼应甚灵，不形支绌"；"国家有大兴作，如筑铁路，设船厂，种种工程，可以代筹"等十大方面的作用。这种创办银行的主张，是 19 世纪 60 年代以来中国近代产业资本得以壮大，信用之利用越来越广的一种客观反映。货币和信用的发展需求，促使了近代中国新式银行业的诞生，这也构成了近代淮域新式银行业逐步兴起和发展的宏观基础。

近代淮域社会经济相对落后，大型区域性乃至全国性的工商业城市无多，淮域苏、皖、豫、鲁四省的省会除了河南省会开封在淮域，其他三省省会都不在淮域。因此，淮域的新式银行业发展有一个重要特点是域内自办的银行较少，多是全国性银行和地方银行的分支机构。而大银行建立分支机构都是选择在交通方便、商业贸易相对发达的城市。故淮域银行的发展也多限于县级以上的城市，而不能像典当、钱庄之类的传统金融机构能深入广大的乡村市镇。

清末民初，伴随着一些全国性银行的建立，它们多在淮域的一些重要工商业城市建立分行或办事处。如 1907 年，户部银行即中央银行成立，次年户部改为度支部，户部银行改为大清银行。总行设于北京，分行遍设于各省。在大清银行则例中规定："凡分行附近之地，交通较便，贸易较繁，而其营业收入，又不足供设立分行之销费者，于是乃设分号，以隶于分行"。大清银行在淮域设立的分行和分号有：1909 年，在开封西门内设立分行；1911 年，在扬州设立大清银行江宁分行的分号。大清银行开封分行的主要业务是存款、放款、汇兑、代收公司股票、买卖生金生银、经营各种期票的贴现或卖出。开封分行还在周家口成立了分号，并由周家口分号派人在漯河湾，常川往来办理申、汉汇兑之事，以资接应[1]。民国成立，大清银行遭清理而改为中国银行。1911 年 6 月，设中国银行筹备处。同年 8 月，中国银行总行成立。1913 年 4 月 1 日，在开封设立中国银行河南分行，简称汴行。同月，开封分行停业清理，业务移交中国银行河南分行。12 月 5 日，在河南信阳、漯河设立汴行管辖的信号、漯号。12 月 24 日，在周口成立汴行管辖的周号。1915 年 9 月 22 日，在禹县成立汴行管辖的禹号。10 月 5 日，在许县成立汴行管辖的许号。1916 年 2 月 23 日，在归德成立汴行管辖的德号。1913 年 7 月 4 日，中国银行在扬州成立宁行管辖的扬号。1914 年 5 月 15 日，在清江浦成立宁行管辖之浦号。5 月 20 日，在山东滕县成立鲁行管辖的滕号。6 月 1 日，在

---

[1]　参见金三：《大清银行开封分行始末记》，中国人民政治协商会议河南省开封市委员会文史资料研究委员会编：《开封文史资料》第 7 辑，1988 年。

济宁、临沂分别成立鲁行管辖的济号和沂号。1916 年 3 月 6 日，在蚌埠成立皖行管辖的蚌号。济宁、临沂、信阳、漯河、禹县各号，于 1918 年 2 月裁撤。归德号于同年 5 月停业。中国银行还在分号下设汇兑所，"由总管理处拟设，或由分行呈请总管理处设立"。1915 年 3 月 1 日，在徐州设立宁行管辖的徐所。1916 年 1 月 15 日，在六安设立皖行管辖的六所。11 月 15 日，在亳州设立皖行管辖的亳所①。

1907 年，清政府邮传部为经理铁路、电报、邮政和船运等筹集款项支付，设立了交通银行。总部设在北京，在全国各地设有分行。投资 500 万两，其中官股 200 万两，余为商股。民国改元，交通银行归财政部、交通部管辖，继续经营。总行仍设在北京，在国内外贸易重要之处设立分行或分号，或与他银行订立代理或汇兑契约。交通银行在淮域开封、扬州、徐州设立 3 个分行，在山东济宁、滕县设立济南分行所属的 2 个汇兑所，在河南周家口、漯河、信阳、郑县、归德、禹州设立开封分行所属的 6 个汇兑所；在安徽蚌埠、江苏清江浦、板浦汇设立江苏分行所属的 3 个汇兑所；在安徽亳州设立芜湖分行所属的亳州汇兑所②。

中日甲午战争后，列强加紧对中国的政治经济侵略，清朝政府从中央到地方财政金库日形枯竭，淮域各省更莫能外。为解决财政危机，淮域各省竞相设立自己的官钱局，发行地方券、以图自救。安徽裕皖官钱局、江苏徐州平市官钱局和裕宁官银钱局、河南豫泉官钱局、山东官银号就是清末官府兴办的带有现代银行性质的省级地方金融机构。这些官银钱局在辛亥革命后，或改组为省银行，或将之清理而另组省银行。是故，这里将涉及淮域的清末官银钱局和与之有着渊源关系的省银行放在一起来论述。

安徽裕皖官钱局，创办于 1906 年，总局设在省城安庆。总局成立后，陆续成立了 4 个分局。1907 年设正阳分局，1898 年设怀远和芜湖分局，1909 年设亳州分局。由筹议公所加拨银 5 万两，以 2 万两为正阳分局成本，以 2 万两为芜湖分局成本，以 1 万两为怀远分局成本。亳州分局经牙厘局移请皖北道拨还垫发之巡防营饷银 2 万两作成本，因未领到，即由总局暂筹③。裕皖官钱局的营业宗旨是"联络商情，维持财政，与宁、赣等省合为一气，务在浚本省之财，而不夺商家之利"④。发行的铜元票、银票上一般盖有地名签章。裕皖官钱局共计发行银元纸币 40 万元，铜元纸币 30 万串。辛亥革命爆发，金融恐慌，纷纷请求兑现，所发纸币如数收回。民国成立，组织中华银行，资本 50 万元，总行设于怀宁县，分行设于上海、芜湖、大通、临淮、亳县、屯溪等地，发行钞票，皆系银元，1913 年 2 月即停闭⑤。

---

① 参见周葆鉴：《中华银行史》，商务印书馆，1923 年，第 21、23、26、91 页；第 94～96 页；第 98、99 页；第 101 页；第 106 页。

② 参见周葆鉴：《中华银行史》，第 17～23 页。

③ 安徽财政清理局编：《皖省财政沿革利弊说明书》（下卷），1910 年。

④ 民国《安徽通志稿·财政考》卷 22。

⑤ 参见周葆鉴：《中华银行史》，第 49 页。

　　安徽地方银行成立于 1936 年 1 月，总行设于芜湖。总行开业后，于怀宁、蚌埠、屯溪设分行。3 月至 6 月间又于六安、寿县、泗县、宿县、阜阳、亳县等 16 县设立办事处，以便代理省县金库。7 月至 10 月间，又于霍邱、凤台、怀远、凤阳、定远、天长、蒙城、颖上、涡阳等 18 县续设办事处。"七七"事变前，计设 3 处分行，49 个办事处。安徽地方银行创立的宗旨是"为应政府经费之周转，社会金融之调剂，即应遵奉省府命令，筹设全省金融网，使各地金融流通，得免壅塞枯竭之患"，"其资金之运用，皆以救济农村，扶助工商，发展国民经济建设为前提"。初期业务主要为当局采办军粮，代募"救国公债"，并发行安徽地方银行钞券和小额本票。该行在皖西侧重的是汇兑业务，为沟通省际汇兑，在与河南等省交界处设办事处、寄庄，并在上海设申庄，经营套汇，吸收游资内移。抗战伊始，安徽省政治、经济中心移至立煌，安徽地方银行总行随而迁至六安。为救济皖西六安、立煌、霍山等县绿茶起见，特商准农本局中国茶叶公司并安徽省政府合办皖西茶贷。预定贷额 60 万元，三机关各认 1/3。所有经放手续均由安徽地方银行协助办理。时值徐州会战开始，合肥、六安一带，情势俱紧，而该行仍一秉初衷，贷放事务顺利进行①。自日寇深入后，为适应环境，作持久抗战计，业务更偏重于物资运销。抗战中，该行大做远销生意，业务一度兴旺，盈利大幅度增长，收益也颇为可观②。

　　淮域江苏的官银钱局有徐州平市官钱局和江苏裕宁官银钱局。徐州平市官钱局起初隶属于北洋政府财政部，后隶属于江苏省财政厅。1928 年，平市官钱局改为官商合办，发行铜元券及兑换券、辅币券，以官股利益全数拨作整理平市官钱局所发铜元券的基金。局内设有会计、出纳、文书、业务四股，经营存、放款和汇兑业务，并发行纸币。发行的纸币是彩印模式，上面有"财政部平市官钱局"的字样（原拟发行全国性的货币，故印有财政部字样）。平市官钱局因与南京通汇钱庄和上海新华银行有较好的关系，故其汇兑业务也很发达③。裕宁官银钱局总局设于南京，在淮域江苏扬州、泰州、高邮、盐城、宝应、东台等地设有分局。其中扬州分局创办于 1904 年，经营的主要业务是发行银元票、铜元票，调拨与兑换银钱，受理藩库存款，办理官方或商民的存放款和汇兑。该分局与盐务关系紧密，1907 年，扬州同福祥钱庄等呈准淮南盐务局，将南北盐价于 10 成中分 3 成发交裕宁局扬州分局，而该分局则要求发 5 成，以扩充资金运用力。该分局的业务量较大，其盈余量，据兵部侍郎铁良光 1905 年《清查江宁司库局进出款情形单》记载："在扬州盈余项下抵还该分局购办物件押租等项漕平银一千九百二十六两七钱九分二厘。"可见该分局盈余应在 2000 两以上④。辛亥革命以后，裕

---

①　安徽地方银行经济研究室编：《三年来之安徽地方银行》，1939 年 8 月，第 9 页；第 19 页；第 20 页。

②　参见姜宏业主编：《中国地方银行史》，湖南出版社，1991 年，第 302 页。

③　参见徐州市金融志编写室：《徐州钱庄兴衰简史》，江苏省金融志编辑室编：《江苏典当钱庄》，第 210、211 页。

④　参见姜宏业主编：《中国地方银行史》，第 80 页。

宁官银局停业。而徐州平市官钱局独立经营至 1933 年后，也被划归设在上海的江苏省银行管辖。此后，平市官钱局须按时将其发行纸币所收之款，全部上交省行，并同时停止放款业务。不久，该局又划归江苏农民银行总行管辖。

江苏省银行，起初叫江苏银行。1911 年 2 月 1 日，由江苏都督府程德全在上海倡立，是最早的省立银行。创立之初，即在淮阴、新浦、扬州、徐州设有分行。扬州分行在 1914 年 1 月消歇。1915 年又在徐州、蚌埠设立汇兑处，归南京分行管辖。江苏银行主要是发行纸币，代理省库、专业库，代理税收，代发公债，经办存放汇、储蓄、信托、仓库、保险、买卖有价证券、生金银、经营商业等业务①。1946 年 10 月 16 日，江苏银行改为江苏省银行，并在泰县、扬州、淮阴设有分行，徐州、新浦设有支行，姜堰、东台、盐城、兴化、宝应、淮安、宿迁砀山等设有办事处②。1928 年 7 月，江苏省为了调节农村金融，促进农业生产，供给农民资金，扶助农民合作，又在镇江成立江苏省农民银行。该行在淮域徐州、扬州、泰县、东台、盐城、清江、兴化建有分行，宿迁、阜宁建有支行，沭阳、东坎、宝应、涟水、丰县、睢宁、姜堰、安丰、海安、邳县、沛县等地建有办事处或分理处。抗战爆发后，江苏省农民银行总行迁往汉口，后又迁至重庆。而苏北各分支机构则先后集中于兴化分行，不久被改为苏北分行，撤至淮安曹甸镇。此时的江苏省农民银行苏北分行除了留守以外，已无业务可言。抗战胜利后，才逐渐恢复③。

河南豫泉官钱局，创自 1896 年，总局设在开封。原领司库成本银 9 万两，及历年余利改作护本银 1 万两。自 1904 年起，又添设银柜，续领司库成本银 2 万两，计先后共有成本 11 万两、护本银 1 万两。开办之始，用意便于兑换，故命名为官钱局。这是河南最早的官办金融机构。局内原设有官银号，1911 年 9 月，官钱局和官银号合并，更名为豫泉官钱局。该局曾在淮域的安徽蒙城、涡阳以及河南的漯河、永城、郑州等处设立分局，以办理汇兑、放款业务。由于放款难以回收，以及武昌起义的影响，该局亏累很大。民国初年，该局进行了资产清理。除了保留了郑州、周口 2 分局外，其他各分局全部撤回。中国银行、交通银行在河南分设以前，河南金融向以豫泉官钱局为枢纽，"公家出纳，悉经其手，即藉以流通市面者，亦以该局纸币为多"④。袁世凯称帝后，中国银行、交通银行两行纸币一度停兑，引发金融风潮。豫泉钞也被波及，价格因而下跌，营业大受影响。至 1920 年时，豫泉票已是"省城以外，信用最薄"⑤。

① 《江苏银行章程》，中华民国江苏军政府公布，1911 年，蔡鸿源主编：《民国法规集成》第 4 册，黄山书社，1999 年。

② 参见周葆鉴：《中华银行史》，第 20 页；姜宏业主编：《中国地方银行史》，第 258 页。

③ 参见陈山洪：《江苏省农民银行史略》，中国人民政治协商会议江苏省委员会文史资料研究委员会编：《江苏文史资料》第 31 辑，《江苏工商经济史料》，1989 年，第 227～238 页。

④ 参见周葆鉴：《中华银行史》，第 16 页。

⑤ 《大中华河南省地理志》第 4 篇，第 94 页。

1923 年，豫泉局因滥发纸币，丧失信用而倒闭。

豫泉官钱局倒闭后，1923 年 7 月在开封成立了河南省银行。该行是在一片反对声中以名义资本 500 万元成立起来的，其中省财政厅拨付 150 万元。在筹备时，就有部分河南籍国会议员致电总统曹锟、直鲁豫巡阅副使吴佩孚等表示反对。他们指出：省政府已亏空 600 万元，河南省银行资本实际上 1 元不名，成立后滥发纸币，一旦现金吸尽，纸币等于废纸，豫省商民必受其害①。河南省银行总行设有铜元部及公债处，下设郑州分行，以及陕州、洛阳、商丘、安阳、新乡、焦作、道口、许昌、漯河、驻马店、信阳、潢川、南阳、淮阳等办事处。主要经营存放款、汇兑、代理金库及发行纸币等业务②。所发行的纸币，除流通河南全省外，还在河北、山东、湖北等省大量流通。1924～1926 年，军阀吴佩孚以及岳维俊先后大肆洗劫了河南省银行。银行总理方瑞麟、协理孙鹏见银行已不可收拾，先后出逃③。1926 年 4 月，河南省银行的纸币发行额为 926 万元，而库存现金只有 1.5 万元。8 月，河南省议会查封了河南省银行。该行所发纸币也都成了废纸，"每现洋一元，开封可换二十二吊，郑州可换二十五吊，洛阳、许昌可换三十五吊至四十吊，较远之县则一概不用。开封行面涨至两千钱一斤，鸡子一枚索钱一千，水一斗索价五百，所谓米珠薪桂，于今见之。贫民生计，大受打击，几至终日劳动，不得一饱"。于是 9 月初，开封"南关方面集聚男女老幼千余人，将各钱店捣毁，且打且骂；南关暨南门内各钱商，首先蒙难，其余各街，闻风闭门。自一日至今，各钱商均不敢公然开门营业。而其他小营业铺户，以不愿收受小票之故，亦纷纷停市"。"贫民于大打钱商之后，群赴督署省署请愿，要求小票兑现，维持生活，否则即死在署前，老年之妇女，多号啕大哭，呼天唤地，声震遐迩"④。1928 年春，因河南省银行的债权债务绝难相抵，且纠纷尤多，遂不得不改弦更张，另设河南农工银行，成立基金为 200 万元，筹集办法是官股与商股各半。分支机构则在原河南省银行基础上，在外县多处设立办事处。抗战期间，河南农工银行还在重庆、西安设立分行。该行在省外专办汇兑的，最初只有上海、天津、汉口、徐州等处。业务有存款、汇款、放款以及代理金库、发行纸币等。1930 年秋，刘峙主豫，财政厅长万舞请准财政部于 1931 年又将河南农工银行改为河南省银行，并发还商股，完全改为官办，资金是 500 万元，财政厅长兼任该行董事长。1942 年，省府迁鲁山，该行随迁。抗战胜利后，又回迁至开封。1948 年，省府又迁至信阳，该行则迁至汉口。汉口解放后，河南省银行被武汉军事管制委员会接管⑤。

① 参见叶世昌、潘连贵：《中国古近代金融史》，复旦大学出版社，2001 年，第 233 页。

② 参见王竹亭：《解放前的河南省银行》，中国人民政治协商会议河南省委员会文史资料研究委员会编：《河南文史资料》第 1 辑，河南人民出版社，1979 年，第 178 页。

③ 参见叶世昌、潘连贵：《中国古近代金融史》，复旦大学出版社，2001 年，第 233 页。

④ 《豫省钱票风潮》，《晨报》1926 年 9 月 20 日。

⑤ 参见王竹亭：《解放前的河南省银行》，《河南文史资料》第 1 辑，第 178 页。

　　山东官银号，原名通济官钱局，创办于1896年，总局设于济南。1901年，通济官钱局改名为山东官银号。1904年，官银号在济宁州设立分号。该官银号办理长期存款和来往存款，长期存款皆有利息，来往存款除了同行因惯例付息外，其他概不付息。所办理的放款业务则分特别放款、长期放款、来往放款三种。办理存放款业务外，该银号还发行库平银票、济平银票、银元票、京钱票四种银票。1911年，山东兵燹，山东官银号被抢劫一空①。同年8月，山东省府又组织山东银行，并于济宁、滕县、上海等地设立分行。该行开办后不久，即与中国银行签定合同，归并中国银行办理。所发行的纸币也由中国银行收兑。但后又由山东总商会接办，撤销官股，改为商办。该行成立时资本总额为50万两，先由山东省行政公署拨交库平银147 430余两，商办后资本改为100万元②。该行发行有银领票、银元票和制钱票。1925年，因与山东军阀张宗昌所创办的山东省银行重名，故改名为山东商业银行。此后，山东又成立有山东省银行（1924～1928年）、山东民生银行（1932～1948年）、山东平市官钱局（1930～1937年）等省级金融机构。

　　淮域新式银行在20世纪初得到了很大的发展，除了上述官办国家银行和地方银行以外，还有很多商业银行和地方银行纷纷在淮域工商城市兴办或者设立分支机构。如1913年冬，商部筹议设立劝业银行，"以兴实业"。"以放款于农林垦牧竖立矿产工厂等事业为目的。"1915年8月财政总长周学熙呈请设立中国实业银行，"以辅助实业发达或改良为宗旨"。紧接着，又成立农工银行。农工银行与劝业银行同，"亦以农业工业之改良发达借出资本为目的"，唯规模较劝业银行为小，劝业银行服务于大农业、大工业的资金融通，而农工银行则服务于小农业、小工业之资金融通。劝业银行设于中央，营业区域遍于全国，农工银行则设于各县，营业区域局限一方。劝业银行经常对农工银行放款，劝业银行实际上为农工银行之总店，农工银行为劝业银行之支店③。农工银行条例颁布后，由财政部通行各省，劝导殷实富商，提倡筹办，各省便次第举办农工银行。1917年9月由苏省财政厅组织筹办农工银行事务所，并委调查员分赴各县竭力劝导。1934年调查资料显示，全国各地银行总行共171处，其中，淮域有4处，即徐海实业银行、1929年创办的徐州国民银行、1919年创办的沛县裕沛银行、1928年创办的开封河南农工银行④。

　　新式银行在淮域设立分支机构最多的，当属工商业相对发达的商埠城市和交通条件比较好的城镇。如蚌埠有江苏银行蚌埠支行，中国、交通银行分行，上海银行、金

---

　　① 参见中国人民银行总行参事室金融史料组编：《中国近代货币史资料》第1辑，中华书局，1964年，第1022页；张家骧：《中华币制史》，民国大学，1925年，第2编，第218页；姜宏业主编：《中国地方银行史》，第56～58页。

　　② 参见周葆鉴：《中华银行史》，第17页。

　　③ 参见周葆鉴：《中华银行史》，第1页；第11页；第29页。

　　④ 吴承禧：《中国的银行》附录一，国立中央研究员社会科学研究所，丛刊第一种，商务印书馆，1934年。

城银行支行，合称蚌埠的"五行"。1920 年，五家银行合股经营公记堆栈，后改为五行仓库，使用仓库栈单可向各银行办理抵押放款。1933 年 4 月鄂豫皖赣四省农民银行在汉口成立，1935 年改为中国农民银行，总行改设南京，1946 年在蚌埠正式设立其分支机构①。连云港口在 1933 年开始动工修造后，就有中央银行、交通银行、中国农民银行、江苏银行、江苏农民银行、上海商业储蓄银行、徐州国民银行、金城银行、浙江兴业银行、实业银行、大中银行、长安银行等陆续进驻设置分支机构。在郑州，据统计，1906～1948 年间，设立的银行机构就有 28 所，在 20 世纪 20 年代之前设立的有 3 所，而随后的 20 年代、30 年代和 40 年代除以前的银行延续外，新设立的银行呈增加趋势②，"银行放款常在十余万至数十万，以前棉业发达时，放款有多至一二百万的"③。在开封，1935 年，据萧愚所见"则有一个而七个。当民十七八年间，只有一个省银行，中央银行，后来添上个交通银行，中国银行，上海银行，中央银行，又添上个金城银行储蓄处，去年正式改为金城银行。再添上个豫鄂皖赣四省农民银行，去年改为中国农民银行。这七个银行，各有各的做法，在开封人心目中尚有其相当的信用"④。济宁之银行，有中国银行及上海银行两办事处，均系 1930 年设立。中行存款计 10 万元，放款 20 万元，每年汇兑款项，约 200 万元；上海银行存款计 8 万元，放款 25 万元，每年汇兑款项，约 300 万元。金融来源，悉由青岛分行调拨，去路则限于本地。营业种类，分押汇、汇兑、抵押放款 3 种。1932 年，因农村谷价低落，商业不振，是年放款数量，较往年约减 34%⑤。其他县治城市也有新式银行的分支机构，如江苏灌云县有中国、交通各分行一，系专为运盐收税而设，并不营业⑥。1932 年，江苏宿迁、沛县、东台等县商会经江苏省商联会联合会转呈中央、中交各银行，要求在宿迁、沛县、东台等地酌情设立分行或兑换所⑦。在淮阴，除了江苏省农民银行分行外，1947 年 2 月，中央银行亦在东门大街设立分行，未几，交通银行支行、中央合作金库支库及中国农民银行办事处，也先后组织成立⑧。

抗战时期，淮域大部沦陷，敌伪政权曾在淮域设立了一些伪银行。如日伪时期，在蚌埠先后开设有 14 家银行，即除了官商合办的富淮银行，国民党政府遗留资金经营的蚌埠中国银行和蚌埠交通银行，民族资本家经营的蚌埠大阜银行、蚌埠大北银行、上海实业银行、环球信托银行和震寰银行外，还有日本的正金银行和华兴商业银行，

---

① 参见人民银行编志组：《蚌埠金融琐谈》，《蚌埠市志资料》第 2 辑，内部资料，第 147、148 页。
② 参见杨达口述，杨惠兰整理：《民国时期郑州的银行机构》，人民政协河南省郑州市委员会文史数据委员会：《郑州文史资料》第 1 辑，1993 年，第 120～131 页。
③ 《陇海全线调查·郑县》，1932 年，第 161 页。
④ 萧愚：《开封小记》，《禹贡》（半月刊）第 4 卷第 1 期，1935 年 9 月 1 日。
⑤ 《中国实业志·山东省》，第 227（丁）、228（丁）页。
⑥ 《选载：徐海道区灌云县实业视察报告》，《农商公报》第 53 期（第 5 卷第 5 册），1918 年 12 月 15 日。
⑦ 《商业消息》，《江苏省实业厅半月刊》第 9 期，1932 年 6 月。
⑧ 《江苏各县市志志略·淮阴县》，《江苏文献》（台北）第 2 期，1971 年 2 月 16 日。

日伪合资的安民银行和蚌埠商业银行，汪伪政府投资经营的中央储备银行和安徽省银行[①]。1940 年 1 月 7 日，蚌埠伪安民银行于开业，资本总额也为华兴券 50 万元。但实收除伪华兴银行所占份额 50% 即 25 万元以外，其余由伪安徽省政府邀集商人集资。财政厅长方尔梅任董事长，业务范围为发行辅币券，抵押放款，汇兑信用放款、押款等。该行也一度代理伪安徽省库[②]。许昌在 1944 年 5 月沦陷后，日伪于 6 月即设立朝鲜银行，随之又设立中国联合准备银行，不经营工商放款，仅发行伪钞，供应军需而已[③]。驻扎武汉的日军部队设立了伪中江实业银行，并在信阳也设立了分行，代发各种债券、借款，从事保险业、仓库业经营投资，以及其他商业银行业务。其目的是整理该地区的法币，并把法币统一到军票之下。日伪还操纵扶植了一批伪商业银行。淮域的日伪银行通过强制推行金票和伪钞，压低法币价值，借以掠夺淮域沦陷区的战略物资；通过控制汇兑，控制淮域经济，并造成物价飞涨、货币贬值的局面，进而挤垮民族资本家的银行，对淮域社会经济发展造成了极大的破坏。为了展开与国统区、沦陷区的贸易和货币战，淮域抗日根据地政府也成立了自己的抗日银行。具体论述可参见本章第四节。

综上可知，近代淮域的金融业尽管有所发展，但其发展却是相对迟滞的，甚至还带有点畸形。形成这一特点的主要原因为：一是近代淮域经济发展较为落后，故地方社会对货币和信用的需求不旺，进而影响了新式金融机构的产生和发展。近代淮域新式银行总行较少，多域外银行设立的分支机构，就是明证。二是近代淮域战乱不断、水旱频仍，这对典当、钱庄、银行这些金融机构的打击往往是直接而沉重的。上文已述及很多案例，证明了近代淮域有不少金融机构就是受到战乱或者水旱灾害的侵袭而倒闭歇业的。三是近代淮域城市工业资本普遍的不发达，金融资本无法找到坚实的基础。这样，淮域大量的金融资本只能另寻他路，开始与商业资本相结合，进行着较多投机性和冒险性的经营。淮域银钱业行情多以镇江、上海行市为标准，以及上海、武汉、青岛等地金融机构对淮域金融资本的渗透和控制，都较好地说明了淮域金融资本经营的投机性和冒险性。

金融在经济发展中有着重要的地位和作用，邓小平说："金融很重要，是现代经济的核心。金融搞好了，一着棋活，全盘皆活"[④]。金融体系与经济发展之间存在相互促进、相互影响的关系，经济决定金融，经济的发展水平决定金融的发展水平。但是，金融在服务于经济的过程中，又反作用于经济，金融的发展和信贷结构影响着经济发展的速度和结构。总体而言，近代淮河流域社会经济发展长期滞后，也就制约了淮域

① 参见《蚌埠金融琐谈》，《蚌埠市志资料》第 2 辑，第 169 页。
② 黄美真主编：《日伪对华中沦陷区经济的掠夺与统制》，社会科学文献出版社，2005 年，第 137 页。
③ 《调查·许昌收复前后经济概况》，《河南农工银行月刊》第 1 卷第 3 期，1946 年 3 月，第 24 页。
④ 《邓小平文选》第 3 卷，人民出版社，1993 年，第 366 页。

金融业的发展；反过来，这种发展迟滞的金融业，相当程度上又阻碍了淮域社会经济的进一步发展。

第四节 根据地的商业

1927 年大革命失败以后，淮域的桐柏山、大别山区则是鄂豫皖革命根据地的重要组成部分。抗战爆发后，共产党八路军一一五师在山东纵队的配合下，在淮域山东创建了鲁南、鲁中、滨海、湖西、鲁西、苏皖边区根据地。共产党新四军在淮域开辟了豫鄂边、豫皖苏、淮北、淮南、苏北、苏中等抗日根据地。抗战胜利后，淮域有共产党建立的山东解放区和豫皖苏解放区，直至全国解放。

淮域革命根据地的商业，属于新民主主义经济的有机组成部分，在商业政策、货币发行与流通、公私贸易等方面都呈现出自身的特点，是近代以来淮域商业发展史中比较独特的一个重要内容。

一、奖励和保护商业的基本政策

淮域的鄂豫皖苏维埃政权建立初期，因受国民党的军事围剿和经济封锁，经济异常的困苦。而苏维埃政权领导者一些“左”的思想和政策又加剧了苏区经济发展的困难。当时，苏维埃政权将商人分为大商人及中小商人，加以区别对待。经营工商业兼出租少量田地的，田地一律没收；如被划为地主，则田地连同工商业都没收；囤积投机者，坚决惩办。如在河南商城，1929 年 12 月红军第一次解放该县时，苏维埃政府对大资本家的财产就采取没收归公的政策，对三五百元资金的富商，没收其部分资金，允许其继续经营以维持生活。在六安麻埠镇，蔡明顺因投机买卖，被苏区政府逮捕、罚款，资金也全部被没收。迄 1929 年前后，这种比较“左”的工商业政策，使得金家寨、流波疃、麻埠等街镇商号流动资金在 1000 元以上者，多数已携资潜逃。而苏维埃政府又对流波疃镇携资外逃的流动资金 2000 元以上的 40 多家较大商号，如江元顺、江光茂、徐惠丰等，采取没收归公或交给店员经营的政策。由于区分大中小商人很难有一个统一的标准，故一度造成“赤色区域中之商人经济完全破产”[①] 的局面。苏区商业的发展因此遇到了重大的挫折，一方面是域内所产的茶、麻、竹、树等物产不能输出，另一方面，则苏区必需的盐、煤油等物资不能运进，苏区经济因而日渐枯竭。

为摆脱苏区经济的困境，鄂豫皖苏维埃政府逐渐扭转了“左”的做法，制定了奖励、保护商业的基本政策。1931 年 2 月，中共鄂豫皖特委扩大会议提出：“放任对外贸

---

① 金寨县商业局编纂：《金寨县商业志》，未刊稿，1986 年 8 月，第 7~9 页。

易，并设法专门帮助丝、茶、药等物之运出"、"原料与药品及军械要建立特别的组织来输入"①。4月25日，《皖西北特委给霍邱县委的一封指示信》中也指出："奖励苏区与非苏区的革命群众互相贸易"，"特别要鼓励非苏区的茶商、树客，将苏区里面茶叶、竹、树运输出去"，以输进苏区缺乏的盐、煤、油等物资。4月30日，中共皖西北特委第一次扩大会作出决议："建立和发展苏区内部贸易及苏区对外贸易各种必要设施和主持机关……并往非苏区招募工商业一切技术人才到苏区来工作"。为此，鄂豫皖苏维埃政府还采取了一些促进商业贸易的具体措施，如派遣经济公社的工作人员乔装成商人进入白区，与当地商人恰淡贸易业务，购置敌人禁运的商品；派遣工作组、游击队到白区建立秘密据点，转送敌人禁运的商品；吸引外地人进入根据地经商，而以商人身份出面接待；帮助其收购山货和运输出山；鼓励小商小贩通过各种关系从白区输入食盐、布匹、军用物资，并给予免税、贷款乃至武装护送；在边界地区设立"接头处"即贸易点，以方便苏区与非苏区之间的贸易②。在对待中小商人的态度上，鄂豫边革命委员会开始采取的是"保护中小商人利益"、"防止乡村群众无原则的侵犯中小商人的利益"③ 的政策，至1931年8月鄂豫皖区苏维埃政府将之改为"商人服从法令，生意由你经营"④ 的政策。在税收政策上也积极向中小商人倾斜，规定：凡在苏区开设商店且在苏维埃税务局注册立案、按月抽税者，其货物进口即可按照税务局注册为凭，免征进口税；每月营业额不到150元者完全免税。1931年10月，苏区开展财政经济政策运动周期间，又采取了向商人征收累进税的办法。商业累进税是由一系列税种所组成的，包括对猪行、米行、茶行以及一切以商业中间交易人的佣金收入为征税对象的佣金税；对比较固定的有一定铺面的私人商店按月征收的营业税；对过往根据地的行商或私营者所征收的过境货物税，以及对纸烟、烟叶、酒、丝绸及各种肉类征收的特种税。其中，对于佣金税的征收，由税务局负责派员检查各行家账目，按每日营业收入的多少，分14级超额累进税率进行征收⑤。累进税使商人越富，纳税越重。这就保护了工农群众及中小商贩的利益，促进了苏区的商业建设。

抗日战争时期，敌顽对淮域抗日根据地进行了疯狂的经济掠夺和经济封锁，极大地阻碍了抗日根据地商业贸易的发展。但是，淮域各抗日根据地还是存在着开展内外贸易的有利条件的。因为抗日根据地需要从区外输入大批棉花、布匹、纸张等军需民

① 《鄂豫皖特委报告》，1931年2月10日，安徽省财政厅、安徽省档案馆编：《安徽革命根据地财经史料选》（一），1983年8月，第40页。

② 参见谭克绳、欧阳植梁：《鄂豫皖革命根据地斗争史简编》，解放军出版社，1987年，第330~333页。

③ 《鄂豫边第一次全区代表大会群众运动决议案》，1929年12月2日，见中国人民解放军政治学院党史教研室：《中共党史参考资料》第5册，1979年4月。

④ 《鄂豫皖区苏维埃政府布告》，商城县志编纂委员会：《商城县志》，中州古籍出版社，1991年，第811页。

⑤ 《鄂豫皖区苏维埃政府关于商业累进税之规定》，1931年10月，《安徽革命根据地财经史料选》（一），1983年8月，第106~110页。

用物资，而根据地也拥有敌顽所需要的食盐、粮食、皮毛、各种土特产等物资资源。这是根据地商业贸易可以利用的有利因素。为此，淮域各抗日根据地政权制定和运用了既有利于对敌斗争又有利于根据地贸易发展的商业政策。

第一，实行对内贸易自由的护商政策。对内贸易自由是指在根据地内，只要不违反政府法令，不破坏抗日，不贩卖毒品等，均可自由经营贸易。凡遵守法令，合法经营的私营商业，无论独资或合资，政府一律加以保护，维护其合法利益；对有利抗战与民生的工商业，政府还通过资金、税收、运输等给予优待和奖励。如淮北苏皖边区行政公署在1941年12月就发布了保护工商业条例，其中第四条规定：境内私人经营工商业，无论独资或合股，一律准其营业贸易自由，并保障其合法利益与账款之收回；境内有利于抗战与民生之工商业由政府以武装保护、运输上之便利、低利或无利贷款、减收或免收税捐等方法保护优待奖励之；工商业主小贩之合法营业，任何人不得非法干涉①。1942年10月，淮北根据地发布的施政纲领也规定："保护商业自由营业，奖励盐运，奖励各种抗战必需品之进口，取缔奸商居奇垄断，禁止操纵物价，欢迎各地实业家来边区投资，取缔伪币，维护法币，巩固边币，保证金融之流通"②。1943年7月7日，苏中行政公署为发展根据地内的经济，发布经济建设方案，其中就对商业做出了"鼓励城市商人到乡村中多设小店或合作社"③的规定。

第二，对粮食、棉花等物资进行统购与专卖，实行严格的贸易统制与管理。如1945年7月，淮北的濠城区"以近来敌人在边缘，每区向保要二百袋小麦。在各集镇添设粮行，准备大量收购粮食"，特制定禁粮出口办法九条：乡村成立粮食管理委员会，约束粮食运出；实行五家联保，互相监督，保证不出口；大量宣传今年午季减收及揭露敌人收买粮食企图，使农民自觉禁运；每村建立积极分子密报小组；运用基干队缉私，当即提奖；坚决执行区乡证明书制；调查内外奸商，即时给以惩办；固定濠城集为买卖集镇；规定通浍沟为封锁线④。当然，根据地的贸易统制与管理，还需要配合以货检与税收工作，才能收到实效。货检工作对外能和敌人的经济侵略做斗争，对内能够保护自己的工商业，一切的货检工作以对敌封锁上需要（如据点附近交通线等）为单位，实行从价征税（即规定每个货物征值百分之几，随物价之涨落而增减）。利用货检网与敌进行商战，在一禁一放的方法下，争取农业商品的高价出售，打破工业品

① 《政府工作》第5期，1941年12月25日，淮北行署编印，安徽省财政厅、安徽省档案馆编：《安徽革命根据地财经史料选》（二），安徽人民出版社，1983年，第70、71页。

② 《淮北行署施政纲领》，1942年10月，江苏省财政厅、江苏省档案馆、财政经济史编写组合编：《华中抗日根据地财政经济史料选编》（江苏部分）第1卷，档案出版社，1984年，第285页。

③ 中共江苏省党史工作委员会、江苏省档案馆：《苏中抗日根据地》，中共党史资料出版社，1990年，第231页。

④ 丁铁重：《濠城区禁粮出口制定办法九条》，《拂晓报》1945年7月1日，《安徽革命根据地财经史料选》（二），第318页。

与农业品交换过程中的剪刀差，在根据地没有工业不能自给自足的条件下，商战是有特殊意义的①。贸易统制政策的实施，使边区政府掌握了根据地内外贸易的主动权，促进了边区农产品同敌区工业品之间的顺利交换。如1944年夏秋之交，敌人阴谋大量收购小麦。在同我方谈判中，敌人提出以伪币收买，并企图将价钱压得很低。当时，蚌埠的小麦市价已上涨到每石五六千元，而敌人还企图以每石3000元收进，且不以实物交换，坚持以伪币支付。淮北行政公署则提出，敌区必须以洋布交换，否则不出粮食，并积极准备用别的办法来解决解放区布匹的需要。最后敌人因收不到粮食而大起恐慌，被迫运来大批洋布交换粮食，两天之内就完成了2000多匹洋布的交易②。不过，在根据地统制贸易工作中，也存在过两种不良倾向：一是绝对的贸易统制，使大宗进出口物品自己经营，一定程度上妨碍了商业的发展和经济繁荣；二是贸易的发财主义，即在商业经营中出现了一种操纵利大商业的现象。边区政府及时地发现了上述问题，并给予纠正。

第三，创建贸易局，以推动根据地的商业建设。如淮北根据地为搞好贸易工作，创设淮北贸易局。作为专门的贸易机构，其主要作用和任务是：调剂根据地内物资，平抑物价；组织商人，推动商业发展；举办公营事业登记，限制不利于边区人民的行业盲目发展；有计划地组织物资的进出口。通过贸易业务的开展，淮北贸易局同一些敌区的进步商人建立了良好的合作关系。双方曾在安徽的明光、蚌埠等地合资开办过商店。1943年夏，淮南抗日根据地也成立了贸易局，属淮南行政公署财经处领导。1944年春，淮南行政公署根据抗战形势发展的需要，决定货物检查处与贸易局合并，成立各县货物管理局（简称货管局）。货管局的成立，进一步加强了对运往敌占区的物资管理，增强了抗日根据地内税收与管理的紧密配合，也有利于开展贸易，繁荣市场，更好地支持了抗日根据地内工农业生产的发展③。

抗战胜利后，淮域各革命根据地继续采取奖励和保护工商业的政策。1945年11月，《华中财经委员会致各行署关于处理华中各新解放大小城市工商业与货币金融之指示》中就明确规定了六条保护和发展商业的政策措施：其一，保护一切公私商业，取消前敌伪颁布之一切不合人民利益的配给与限价及妨碍商业自由发展的法令条例。凡在我新旧解放区之内，一律执行贸易自由之政策，以迅速恢复商业，繁荣市场；其二，以贷款及其他办法帮助公私商业恢复并发展，取缔操纵市场，制止奸商投机行为，特别是人民生活必需品（燃料粮食等）的囤积垄断，应严加取缔；其三，凡我解放区之

---

① 《路东区党委关于根据地建立以来的总结报告》，1941年12月25日，《华中抗日根据地财政经济史料选编》（江苏部分）第1卷，第106页。

② 参见朱超南、杨辉远、陆文培：《淮北抗日根据地财经史稿》，安徽人民出版社，1985年，第135～140页。

③ 杨联：《天高抗日根据地财贸工作的回忆》，见龚意农主编：《淮南抗日根据地财经史》，安徽人民出版社，1991年，第438～440页。

对外进出口货，一律须照章缴纳进出口税，并严厉取缔过去敌伪原有对物资流通上之一切苛捐杂税，力谋都市与农村间之物资交流，以便利自由买卖；其四，过去敌伪对工商业所征之消费特税与各种苛捐杂税一律取消。待秩序安定、市面恢复之后，各城市大小商店有向民主政府照章缴纳营业税之义务；其五，对国民党地区进出口货物，仍继续实施物资管理；其六，物价一律按华中币计算，但法币允许流通之地区，暂许以法币依照其与华中币折合率计算，并依市场价格，进行公平合理交易①。根据这一指示精神，淮域各解放区结合自身实际情况，又制定了较为详细的条例和办法。如1946年6月，苏皖边区颁布了《苏皖边区商品商标注册暂行办法》、《苏皖边区银行钱庄注册暂行条例》、《修正苏皖边区营业税暂行征收章程》。1948年8月，豫皖苏边区颁布了《豫皖苏边区金融货币暂行条例》、《豫皖苏边区贸易暂行条例》、《豫皖苏边区统一市场货币暂行办法》、《豫皖苏边区外汇管理办法》、《豫皖苏边区农村市场管理办法》等。

不过，随着解放战争的胜利推进，淮域有的革命根据地由于对城市管理工作缺乏经验，普遍把对待地主富农斗争的方法用到市场上来对待工商业，以致侵犯工商业的事情时有发生，形成富商逃走，资金外流的局面。如豫皖苏解放区之涡阳义门镇原有406家工商业，经过1948年春的土改，勉强维持营业者仅142家（主要是小商贩），逃跑146家，且绝大部分是富商，并有一部分中小商人。未逃跑而停止营业者118家。高炉集酒锅资金之雄厚，为潜雪县首位，而且都是双锅。但是，经过所谓"□□高炉集"后，全部跑到蚌埠营业。濉溪市也是产酒名区，在所谓的"大闹濉溪口"后，原来28家酒锅最后只剩下1家半还在勉强支持门面，其他工商业逃跑者在半数以上。另外，还有取消市集、取消私人行店、限制贸易自由一些错误的做法②。1948年界首市的土改也侵犯了工商业，计共没收22家。其实，大部分都是不应没收的。后来，界首市政府承认了过去乱没收的错误，并对错被没收者进行道歉。还时常召开市民大会、各行业公会及进行个别访问，一再明确表示保护工商业的态度。在行动上，界首市政府对工商业者也积极地加以扶助。如此这般，才渐渐打消一般工商业者的顾虑，纷纷恢复营业③。

二、金融机构的建立与货币的发行

鄂豫皖苏区政府建立后，一直重视境内金融机构的建设和货币的发行。1930年10月，在黄安县七里坪正式成立鄂豫皖区苏维埃银行。1931年3月29日，苏区银行随中

---

① 《中国共产党的政策》，1945年11月，《安徽革命根据地财经史料选》（三），第17、18页。

② 《豫皖苏三分区恢复工商业的概况》，1948年9月，《安徽革命根据地财经史料选》（三），第343页。

③ 《界首市工商情况》，1948年9月，《安徽革命根据地财经史料选》（三），第337页。

共鄂豫皖特委机关迁驻到新集市（今河南新县县城），随后开业。同月，皖西北特区苏维埃银行在金家寨成立，后移至麻埠。7月，鄂豫皖特区苏维埃政府成立后，苏维埃工农银行改为鄂豫皖省苏维埃银行。省苏银行进一步健全了印币、铸币工厂，在所辖区县设立了代办处、信用社；同时还委托各级经济公社办理银行业务。苏维埃银行经营的主要业务是发行货币以及放贷。鄂豫皖区苏维埃银行、皖西北苏维埃银行、鄂豫皖省苏维埃工农银行在鄂豫皖根据地境内共发行了纸币、布币、铜币和银币等四类货币，共29种，其中纸币18种，银币2种，铜币4种，布币（油布币）5种。为保证苏区银行发行的货币能正常流通，苏维埃政府采取了抵制和限制国民党银币和现金流通的政策，规定："旧纸币或银元（即孙中山头像或袁大头）禁止在苏区通行，只收不出。所有收入的旧币，一律上交作外汇（到白区买东西用）。旧铜板、铜钱允许作辅币通用。"同时，允许用苏区货币与国民党货币进行兑换。鄂豫皖中央分局于1931年10月9日给中央的综合报告中说：国民党"中央"、"交通"等银行发行的纸币在苏区一概九六折扣[1]。在放贷方面，主要是对苏区贫困群众发放部分用以发展生产的低息贷款，或直接贷放种子、口粮。为打破敌人的经济封锁，苏区银行还对经济公社、合作社发放生产和经营贷款，并鼓励小商贩积极向苏区银行贷款到白区购进食盐、布匹、药品等急需品，以支援前方[2]。鄂豫皖苏区地处偏僻山区，经济落后，商品经济很不发达，市场上甚至还保持不少以物易物的原始交换方式。苏区银行的建立和货币的统一发行，在很大程度上改变了原来落后的商品交易形式，促进了苏区商品经济的发展和市场的繁荣。

抗战时期，日寇和敌伪通过建立银行发行各种军票和伪币，以吸纳各种抗战物资。而国民政府的法币则由于自身的滥发和伪币的排斥，而日趋贬值。这都严重威胁着各抗日根据地的生存与发展。因此，淮域各抗日根据地为了对敌斗争的需要，都积极地建立了独立的抗日银行，发行了自己的货币。

第一，发行抗日流通券。抗战初期，根据地政权不稳，部队给养严重短缺。为开辟财源，减轻人民负担，淮域一些根据地开始发行抗日流通券和法币一同在根据地内流通，同时禁止伪币的使用。如1938年10月，中共山东分局湖西特委领导的萧县抗日民主政府开始发行抗日流通券。随后，河南永城、夏邑两县抗日政权也于1939年下半年和1940年2月分别发行了抗日流通券。1940年10月，边区统一发行了豫皖苏边地方银号币，抗日流通券始停止发行。新四军撤离该地区后，永、夏、萧三县为国民党顽固派军队占据，他们在消极抗日、积极反共的同时，征收田赋，滥发纸币，鱼肉百姓。因此，永、夏、萧三县在1942年和1943年还曾发行过抗日流通券[3]。抗日流通券的发行额有限，流通地区也不广，因此，还不能在流通领域中发挥主导作用。

---

① 信阳地区金融志编纂委员会编：《信阳地区金融志》，河南人民出版社，1989年，第77页。
② 参见高贵海：《鄂豫皖苏维埃银行苏维埃货币及其对革命战争的贡献》，《党史纵览》1996年第3期。
③ 参见王流海：《豫皖苏革命根据地货币探疑》，《中国钱币》1999年第4期。

　　第二，创建豫皖苏边地方银号和淮北地方银号，发行抗币。1940 年秋，由于豫皖苏边区根据地的许多县已连成一片，为使边区有自己统一的货币，当年 10 月由豫皖苏边区联防委员会创建了豫皖苏边地方银号，并在永城设印刷厂，开始印制发行"豫皖苏边地方银号"纸币。纸币面额有伍分、壹角、贰角、伍角、壹元、贰元六种①。因纸币的纸质较好，且印制精细，加之民众对边区政府的信任，于是很快在根据地内广泛流通。1942 年 5 月初，淮北苏皖边区行政公署也成立了淮北地方银号。银号内设金库及会计、营业、统调、发行等科。银号存在期间，先后共发行一角、五角、一元、两元、五元、十元和二十元 8 种面额、32 种版面的淮北地方银号币。经营的主要业务为：一是举办低利贷款。银号创办头几个月，就发放贷款 111.5 万元（合当时法币 334.5 万元），其中农业贷款占 50%，商业贷款占 20%，工业贷款 20%，合作社和其他贷款 10%。放款利率一般为 1 分 2 厘，最高不超过 1 分 5 厘。二是办理供销业务。银号于分县内设有供应社，主要负责收购粮食、棉花、土纱、土布，并附设供应站日用品供销业务，重在调剂市场余缺，方便群众生活，阻止物价上涨。三是开展存款、汇兑业务。由于法币贬值和日伪掠夺，存款业务没有展开。但在根据地之间和根据地内部各县之间都开展了汇兑业务，一则解决外贸需要，兑换外币或硬通货；一则解决本区群众兑换抗币的问题。为此，各县都相继成立了分号和兑换所②。

　　淮北抗币虽然有较大的发行量和可靠的信誉，但仍未在抗日根据地内占据主导。时至 1943 年底，淮北根据地仍然同时流行法币、抗币和伪币等多种货币。法币虽然受到边区政府的各种限制，但仍为本位通货。伪币在日寇的支持下，发行量和流通范围还在继续扩大。重要敌伪据点及附近农村市场，物价已由法币本位变为伪币本位。法币在上述地区已不能公开流通或变为次要的流通工具。为抵御法币的冲击并建立和巩固抗币的本位币地位，1944 年 5 月华中局财经会议特意通过了《关于货币问题的决议（草案）》，制定了相应的政策。淮北抗日民主政权根据上述指示精神，采取了以下两大举措：一是扩大抗币发行量。1944 年下半年，因伪币狂跌，法币也一再贬值，淮北急需增加抗币流通量，以充实市场筹码，平准外汇并扩大生产基金。淮北地方银号特于是年 12 月发行抗币 20 元券一种，共计 600 万元。抗币发行量的迅速扩大，并没有引起物价的上涨。这是因为边区政府掌握有大量的实物作保证。据估计，当时淮北边区政府有粮食 11 万石，价值 2 亿元以上。另有实物如纸张、布匹、油料、烟叶等总值 1 亿元，还有未收回的债款七、八千万元③。二是排斥已贬值的法币，继续打击伪币。法币的不断贬值，伪币的经济掠夺，都造成了根据地边沿地区物价的大幅度上涨，群众皆

　　① 参见丁乃祥：《试析淮北地方银号和豫皖苏边地方银号间的关系》，《中国钱币》2004 年第 1 期。
　　② 《淮北苏皖边区三年来的政府工作》（1942 年 10 月），《华中抗日根据地财政经济史料选编》（江苏部分）第 1 卷，第 312～314 页。
　　③ 刘瑞龙：《进一步巩固团结建设淮北根据地》，1944 年 12 月，《安徽革命根据地财经史料选》（二），第 281 页。

不愿用法币和伪币。对于伪币，除了由政府有计划地吸收和储备若干，以便去敌伪区采购物品以外，淮北抗日民主政府一贯坚持严厉打击、明令禁止使用的政策。对于法币，鉴于它在经济上已基本成为一种消极的因素，边区政府坚决采取将其排斥出根据地的方针。不过，在政治待遇上又严格区别于伪币，具体做法是：逐步压低其与抗币的比值，即在 1944 年 1:50 的基础上继续压低法币的比值；加速抗币的发行，收回早期发行的边币，做到统一使用抗币，养成群众以抗币为计算单位的习惯；在食盐及其他物品进入敌伪和国统区时，力争以货易货，拒不收受法币①。这场货币战，经过 1944～1945 年一年多的时间，已取得决定性的胜利，伪币与法币的地位空前衰落。

第三，创立淮南银行，发行淮南币。抗战前以及抗战初期，淮南抗日根据地城乡市场中流通的货币主要是法币、安徽地方银行发行的辅币券、日本发行的日币和军票、伪中央储备银行发行的中储券，其中占主导地位的是法币。为了抵制境外通货膨胀对根据地经济的冲击，稳定物价，平衡对外贸易的收支，以保障民生，打破敌人的经济掠夺和经济封锁，保持根据地经济的安定，并促进经济的发展与壮大，从而实现支持持久抗战以战胜敌人的总目标，淮南根据地党组织根据中共中央的指示精神，于 1942 年春在津浦路东的盱眙县葛家巷正式成立淮南银行，发行淮南币。淮南银行的主要职能为代理金库、统管根据地各项财政收支的现金、印制发行货币、管理货币市场。起初，银行不设分支机构，只在各县和根据地交界处设立兑换所，负责淮南币兑换法币以及兑换各根据地来往军政人员使用的各地抗币，兑换比率均参照法币和各类抗币的购买力而定②。后来为了适应淮南银行业务的开展，才在货管局内设立银行办事处，对外办理银行业务，组织上受货管局领导，业务上受淮南银行领导。1944 年冬，各县在银行办事处的基础上逐步成立县支行，并任命县货管局副局长兼任县支行行长③。从 1942 年 2 月到 1945 年 10 月，淮南银行共发行壹角、伍角、壹圆、伍圆、拾圆、壹佰圆等 6 种面值、18 种版别、40 种色别的淮南银行币。这些淮南币通过抗日民主政府收购粮棉等农副产品、扶持根据地农村经济发展而投放的生产性贷款、军政机关的经费支出、收兑法币和伪币以及金银（含铜元）、对外贸易的支出等渠道，投放了市场。其中，工商贷款是淮南币投放的主要渠道。如 1942 年 7 月新新纺织厂创办时，经费仅 5 万多元，后获得淮南银行 10 万元贷款的支持。不久，淮南银行又批准半塔民众合作社自印 50 万元辅币算作贷款，并给予流动资金贷款，以扶持根据地内纺织业的发展。淮南银行还曾先后贷给天高农具厂 90 万元。此外，为繁荣根据地经济，银行还发放了小业主贷款、贫商贷款和小本贷款等，帮助一些因缺少资金而停业的油坊、手工业作坊

---

① 参见陆文培：《淮北抗日根据地的货币发行与货币斗争》，《财贸研究》1986 年第 3 期。

② 参见龚意农：《淮南抗日根据地的财政、贸易和金融》，载《淮南抗日根据地》，中共党史资料出版社，1987 年。

③ 杨联：《天高抗日根据地财贸工作的回忆》，载龚意农主编：《淮南抗日根据地财经史》，安徽人民出版社，1991 年，第 440～442 页。

的业主和一些小商店商贩们得到必需的周转资金而尽快复业。淮南币还有相当一部分用于对外贸易的支付①。

第四，建立江淮银行，发行江淮币。1940年11月，刘少奇、陈毅在江苏海安召集当时负责财经工作的朱毅、李人俊等人研究，决定迅速筹建银行和印钞厂。银行和印钞厂由刘少奇定名为"江淮"。在中原局和新四军军部的领导支持下，1941年4月1日，江淮银行总行在苏北盐城正式成立。行长由苏北财政经济部部长朱毅兼任，副部长李人俊任副行长（5月以后又新增副部长骆耕漠兼任副行长）。内部分设营业、合计、秘书三科。江淮银行成立后，曾在盐城县举办借贷所。1941年6月，拨款3万，调剂阜宁农村金融。1941年6月15日，在泰东县拼茶镇（泰东县即今海安县东部，东台南部，如东北部部分地区，现拼茶属如东县），开设江淮银行苏中分行。不久，又在泰东县县政府所在地李堡镇（现属海安县）设立办事处，在四分区掘港（现掘港属如东县）设立掘港支行。江淮银行营业项目为汇兑、存款、放款、信托等。从1942年起，江淮银行业务主要集中在苏中分行。苏中分行下设5个支行，各县和部分大的集镇都设立了江淮银行办事处。1942年11月1日，苏中行署发出布告，正式发行江淮币②。

抗战胜利初期，随着革命根据地的进一步扩大，原有各军区发行之地方抗币，已不敷市场之需求。为此，1945年11月，华中财经委员会决定，由政府会同华中银行或地方银行全面接收敌伪政府所办之银行及金融机关，并责成华中银行统一之华中币与各地方抗币等价使用。为适应新形势，自华中统一币公布发行之日起，凡新四军到达之地区，各地方抗币应不分军区界域到处一律等价通用。华中币发行之后，各地方抗币之发行权，应有华中银行有步骤的统一管理。老解放区一概不准再用伪币，而在新解放之城市，当华中币及地方抗币尚未足够市场流通需要时，伪币暂时可以使用。但禁止5000元以上之大额票面的流通，1000以下的伪币流通时，则按照银行逐日公布之汇价折成抗币计数，不得再以伪币作为计算单位。在新解放之城市，国民党前发行之老法币暂准通用，但以中央、中国、交通、农民四行及关金券为限。其他国民党地区发行之地方券、流通券一律不准通用。法币使用时须按照1比50（华中币1元折国民党法币50元）之比率折算。如国民党之法币日益继续膨胀、信用下降时，得随时提高华中币之比值。在原老解放区内，法币不得在市面直接流通。新解放之大城市在市场货币严重短缺时，可允许殷实工厂、大商号及私人经营之银行、大钱庄等联合保证发行定额之流通券，于该城市内通用。但必须向华中银行缴纳50%实物与现金及50%不动产作保证，并报当地最高政府批准，经华中银行同意后方能发行。禁止外国货币直

①　参见章书范编著：《淮南抗日根据地货币史》，中国金融出版社，2004年，第62～65页。

②　参见王兴圣：《刘少奇与江淮银行》，《湖南党史》2000年第1期。

接在市面流通及买卖①。根据华中财经委员会的指示精神，淮北地方银号于 1945 年 8 月并入华中银行，改称华中银行七分行。而八分区因地处豫皖交界，处于国民党军队包围状态中，与华中各分区没有连成一片，相对孤立，故华中银行在八分区没有设立分行。因此，八专署必须独立考虑该地区的财经问题。为加速根据地建设，巩固政权，八专署于 1945 年下半年和 1946 年上半年发行了淮北地方银号币。由于八分区称淮北西路，故沿用了淮北地方银号的旧称。此次发行的淮北地方银号币有壹角、贰角、伍角、壹元、贰元五种面额 590 万张，计金额 519.2 万元②。

　　1947 年，豫皖苏区归属中原局领导。中原局于 1948 年元月 25 日决定由中州农民银行发行中州币。1948 年 5 月 15 日，中州农民银行豫皖苏分行成立，并在一、二、三分区设立支行，后又在四至八分区陆续设立支行。豫皖苏分行及其支行成立后，都积极地融通资金，扶持当地工商业。据初步统计，开业一周来，雪涡、雪商亳两县已有 2081 家工商业者获得贷款资本，生产贸易顿呈繁荣。如雪枫集小商贩得到贷款后就连续贩盐，马桥在 20 日集上顿为热闹，仅北头 1 家粮行 1 天就收入交易费粮 80 多斤。龙岗区 8 家酒坊、5 家油坊、2 家毛巾、4 家木匠、1 家铁匠，均已因贷到资本而完全恢复营业。裴桥酒锅从贷款后，已由集股粮 350 斗，增加到 500 斗。群众对中钞更加信赖，虽然白银有些上涨，但天帝庙 200 元中钞与壹元白银仍能买到同样价值的东西。群众说："还是中钞保险。"因此当共产党在各地征收时，群众不给中钞，光给冀钞。砀南尚未贷款，但张店集群众一看见别人手持中钞时，就要求兑下来，雪涡商民反映："共产党为老百姓想办法真周到，这样对咱关照自古以来还是第一次。"③ 就豫皖苏三分区银行贷款总的情况来看，共贷出（三县及沿涡）工商业贷款及少数农贷 7 548 100 元，共 1927 户，其中手工作坊 489 户，贷款 4 313 000 元，占全部贷款的 57% 强；商业贷款中坐商 357 户，贷款 1 412 000 元，占 19% 弱；小商摊贩 795 户，贷款 1 646 500 元，占 22% 弱；农业贷款（主要是种子）286 户，贷款 176 600 元，占 2% 强④。又如豫皖苏分行界首支行，曾以较低利息将 728 200 元分贷于 63 家私营工商业。界首市的大兴烟厂因管理不善，濒临倒闭。界首支行经调查后，发现该厂产品市场前景很好，乃贷给 2 万元。该厂在界首支行的扶助下，重新挂起了新华烟厂的牌子。不但还清了 28 万元旧债，还净赚中钞 6 万元（内有过去余存原料一部）。生产效率也逐渐提高，过去每个盘纸只出 280～320 条烟，现在每个盘纸能出 380 多条。界首的另一华中烟厂，也因内部关系复杂，经营不善，眼看即要破产。界首支行积极地加以资金支持，使之改善了生产管理，生产日益兴旺⑤。苏区政府在以低息贷款扶持工商业的同时，还在群

　　① 《中国共产党的政策》，1945 年 11 月，《安徽革命根据地财经史料选》（三），第 15、16 页。

　　② 参见王流海：《豫皖苏革命根据地货币探疑》，《中国钱币》1999 年第 4 期。

　　③ 《豫皖苏第三分区经济情况》，1948 年 6 月 26 日，《安徽革命根据地财经史料选》（三），第290～292 页。

　　④ 《豫皖苏三分区贷款介绍》，1948 年 9 月，《安徽革命根据地财经史料选》（三），第 329 页。

　　⑤ 《界首市工商情况》，1948 年 9 月，《安徽革命根据地财经史料选》（三），第 338 页。

众中普遍开展驱逐蒋币的斗争，以稳定苏区金融市场和促进苏区经济的发展。至1948年6月，雪商亳全境，除宋集外，全县蒋币已大体肃清，本币已占领市场。雪涡之丹城蒋币由2/3降为1/3。雪枫集马桥由3/10降至不及5%，牌坊由1/2降至不及1/10。其他地区凡经贷款集镇，周围之靠近集市，蒋币均日见大减，比值亦狂跌。如义力冀币1比蒋币100，赵屯1∶100，雪枫市1∶100，小滩溪1∶100，界沟、乌马沟1∶120，龙岗黑市1∶150①。

三、私营商业和公营商业的发展

鄂豫皖苏区原是一个农业和手工业相结合的自然经济占绝对优势的农业区。在这里，没有较大规模的工矿企业，很少工业产品；没有大的商埠，商业不发达；甚至有些地方的农业生产还停留在几乎是原始刀耕火种的水平②。皖西所属的六安、霍山等县，在全省比较起来算是一个出产丰富的地方，但由于交通极不发达，物资不流通，小生产的自然经济仍高于一切③。霍山的城市工业只有两个织布厂和几处木匠铺，乡村大的市镇如黑石渡、落儿岭、诸佛庵、管驾渡、磨子潭等处都没有工厂和作坊，城内和市镇的商店，具有2万元资本的不到20家，最多的就是一般小商店，借以维持他本身的生活。城市的交易，虽是货币交易，但还保留着极少的物质交换④。自然经济的强势和战争环境的制约使得苏区商业长期处于迟滞状态，如"霍山的市镇，现只有流波瞳、朱佛庵两个地方有小商人在经营商业；其他五六区各市镇，有的因白匪时来骚扰，有的被白匪焚毁皆没有生意了，所以农村需要品（布洋货）已感觉到非常困难。经济在苏区是不怎样流动，群众生活现亦非常痛苦，尤其是粮食的困难，已成为普遍的现象，市郊区（流波瞳）更是缺吃的"。"商城赤区内几个小时市镇如汤家汇、南溪、丁家埠、余子店已被敌人破坏得人烟绝迹，苏区一切日用品甚感困难"⑤。但是，随着苏区农业、工业的恢复和发展，以及奖励、保护商业和对外贸易政策的实施，苏维埃区域的商业和城市很快得到了发展。1931年5月，《皖西北特苏给鄂豫皖特区苏维埃政府报告》中说："整个皖西北苏区的经济中心，要算麻埠（六七区）。麻埠是皖西六霍等县生产集中的地方，外客大部分集中在此地，小商正发达，茶叶上市，街上挤满了四乡来往得行人，小贩比较旧时候虽然赶不上，但在整个皖西北苏区几个城市比较起来，

---

① 《豫皖苏第三分区经济情况》，1948年6月26日，《安徽革命根据地财经史料选》（三），第290～292页。

② 《鄂豫边特委综合报告》，1930年12月，参见谭克绳等主编：《鄂豫皖革命根据地财政经济史》，华中师范大学出版社，1989年2月，第4页。

③ 《六霍六县联系会议关于政治任务决议案》，1930年4月，参见谭克绳等主编：《鄂豫皖革命根据地财政经济史》，第4页。

④ 《霍山县委工作报告》，1930年4月17日，《安徽革命根据地财经史料选》（一），第12页。

⑤ 金寨县商业局编纂：《金寨县商业志》，第7～9页。

总算热闹极了！徐集市镇比较麻埠要大，生意赶不上麻埠，丁集、南岳庙、莲花庵、清凉寺（六安四区）亦有相当的恢复，独山、龙门冲、卖钱店子、西两河口（六安三区）以及六区之金家寨，均渐由萧条冷落而繁盛起来了。"

鄂豫皖苏区商业发展比较快的是公营的经济公社和合作社。经济公社是由各级苏维埃政府投资创办的区、县以上的国营商店，是苏区商业的领导力量。如 1929 年，在金寨县成立了漫水河、道士冲乡、舞旗河、烂泥坳、白灵岩、歇马台、新浦沟等 8 个经济公社。1931 年初，鄂豫皖苏维埃政府在新集成立了经济公社总社。各公社工作人员大都选用了办事公道、不谋私利的政府工作人员和前线回来的红军伤员。人员按规模大小不等，一般设主任 1 人，业务员 3~5 人，工人若干。工作人员实行供给制，家属享受代耕。各公社资金由苏维埃政府拨给，红军打开城镇和地主圩寨所没收的财物，也移交经济公社。公社货物的销售价格由苏维埃政府划定，利润为 1%，所得到利润上缴为苏维埃政府财政收入。经济公社的主要任务是组织地方农副土特产品的收购运销，促进生产和物资交流，供应革命根据地人民日常生活必需品和红军军用物资，同时负责管理市场物价、打击投机垄断及管理合作社及私商。经营品种主要有食盐、粮食、药品、布匹、军械、弹药、日用百货、生产用品等。以批发为主，还兼零售①。与经济公社相呼应的是设在区、镇、乡、村的合作社。合作社有消费合作社和贩卖合作社两种，是带有社会主义因素的集体商业经济组织，由群众集股而组成。股金额各地不等，少者 1 元，多者 5 元，每人限一股，地主、富农、资本家等不得入股，打土豪分配后的剩余物资和货币等也有移交充作资金的。为照顾群众的入股困难，各种土产物可充股金。也有少数合作社由苏维埃政府或经济公社给予一定资助。各地合作社均从属当地政府和经济公社领导，管理人员由群众选举，政府任命。合作社设立比较普遍，每乡至少 1 个。合作社的货源由经济公社批发，经营各种小百货、杂货及农具，利润为 1%，盈利归集体所有，年终按股分红。合作社收购仔种、土特产品上交经济公社。有的合作社还附设有染坊、宰坊、榨油坊、铁工场等②。有的合作社规模很大，如金寨县金家寨附近的红石岩合作社，入股 370 多户，2500 多人，有股金 1850 元。该合作社以经营食盐为主，到 1931 年时，生意已十分兴旺。又如 1931 年 5 月在诸佛庵镇成立的大同经济合作社，生意也很红火。起初，该合作社出售的只有土纸、土布、铁器、针头线脑等小商品。苏区食盐很紧张且价格昂贵，一块光洋能买七八斤肉，却买不到半斤盐。合作社则组织人员冒着生命危险到白区购回食盐，卖给群众。春茶上市，合作社大量收购，通过商人到中心城市去出售，换回急需物资。合作社还收购金、银、首饰，给部队提供军需。此外，合作社与商人还合资办油坊，收购农村桐籽、叶籽，将油品外运出售，

---

① 金寨县商业局编纂：《金寨县商业志》，第 4~6 页；第 84、85 页。
② 参见谭克绳、欧阳植梁：《鄂豫皖革命根据地斗争史简编》，第 330~333 页。

再购买货物运回。大同合作社贯彻苏维埃政府的经济政策，开展灵活的经营活动，吸引了漫水河、上土市、大化坪、闻家店、舞旗河、管家渡的商人都到诸佛庵镇做生意，给苏区商业贸易一度带来繁荣①。1932 年底红军撤离苏区后，各经济公社和合作社也随之停办。

抗日战争期间，淮域城市多被日伪占领，广大农村市场则多在抗日民主政府管辖之下，农村集镇商业经济活跃、繁荣，商品流通渠道随着战争环境变化而变化。抗战初期，日军占领蚌埠、怀远、徐州以后，东边控制津浦铁路，北边控制陇海铁路，南边封锁淮河，对淮南和淮北、津浦路西等淮域抗日根据地实行经济封锁，需要的工业品运不进来，土特产品运不出去。如在苏中，棉花受日寇控制，其他农产品之出口数量亦趋减少。商人往来上海各地采办商品货款常被敌伪抢劫一空，因此商人进行经商之方式，采取以货办货办法，即从本地带几十几百条猪仔到上海，把猪仔销售后，买货回来，这样，影响到商业资本的周转与物价提高②。由于边区政府采取了贸易自由与保护商人的政策，吸引了不少敌占区商人来边区内地经商。刘瑞龙同志在 1942 年淮北边区二届参议会议的报告中就指出：某地在一年中，便有 77 家敌区资本较大的商人迁入根据地经商。我们的商业，曾经遭遇过敌人的严重破坏，双沟、蒋坝、归仁集均被敌人烧得不成样子。盐路中断，各业凋零。抗日民主政权建立之后，由于秩序安定，土匪绝迹，民生改善，商业在逐渐恢复中。许多小村庄如罗岗、黑土地，现在都变成了集镇，小贩子增多了，货物流通的程度，也比从前增加了③。如津浦路东的天（长）高（邮）县的泥沛镇、天长的铜城镇以及江苏益林镇，私商云集，商业繁荣。在民国十六、七年时，泥沛镇只有小商店 4 家。当时之苛捐杂税，已使商业很难发展，加以土匪横行，到处抢掠，该镇房屋几被烧光，有"宁过万重山，不过泥沛湾"之谚。抗日民主政权建立后，社会秩序安定，人民负担减轻，商店之营业税只收获利所得 3%。到 1944 年底，该镇已有商店 10 家（内有油坊 1 家，药店 2 家，余为杂货店）。其中陈明一家以 500 元资本开业，扩资到 2 万元。又小贩郑传义一家以几十元资本开业，营利所得已购置田地 70 余亩④。

天长的铜城镇，交通极为便利，有公路西通盱眙高良涧，西南通六合的马集、竹镇。东有铜城河通运河，南至扬州、镇江，北至宝应等地。是故，抗战时期该镇商业发达，商铺达百余家，流动人口每天在 1000 人以上，有"小上海"之称。参见下表（表 5-5）。

① 金寨县商业局编纂：《金寨县商业志》，第 6、7 页；第 85、86 页。

② 《苏中区党委一年来工作总结报告》，1942 年 2 月，《华中抗日根据地财政经济史料选编》（江苏部分）第 1 卷，第 133、134 页。

③ 刘瑞龙：淮北苏皖边区三年来的政府工作》，1942 年 10 月，《安徽革命根据地财经史料选》（二），第 102、103 页。

④ 《淮南路东恢复繁荣》，《解放日报》1944 年 1 月 12 日，《安徽革命根据地财经史料选》（一），第 278 页。

表 5-5　抗战时期天长县铜城镇商铺家数表

业别	户数
布业	36
百货	12
茶食业	12
文具店	3
日杂	38
山窑店	7
五金店	1
纸扎店	1
肉铺	9
旱烟店	2
杂货铺	1
药店	8
合计	142

说明：以上统计，各业摊铺未列入，工商兼营的行业统归工业，未列入，故合计数字与所列户数不等。

资料来源：转引自龚意农主编：《淮南抗日根据地财经史》，第199～207页。

　　铜城镇的私营商业以经营粮食、油料、花生、瓜子、禽蛋、烟叶、食盐等农副产品为主。粮行在抗战前为22家，民主政府成立后增加到53家，从业人数也由原来的76人增加到133人（包括路口设摊收购的20多人）。粮食来源除铜城四周的农户外，北自三河边，西到盱眙县的各乡村镇，都经常运粮来销售。秋收大熟逢集上市粮食达斛量2000石，主杂粮一起合计32万斤；背集每天上市粮食千石，合16万斤。午季小麦逢背集平均每天上市量千石以上（20万斤上下）。全年粮食上市总量达2000万斤，其中稻麦约占七成，各种杂粮三成左右[1]。油市交易也极为活跃，每逢集市，购销的箱篓行贩，均在百人之上。秋后，平均每个集市油的成交量至少在3000～4000斤，多则超过万斤。油的来源主要是洪泽湖附近地区的盱眙老子山、高良涧（今属江苏洪泽县）、淮阴的顺河集、泗阳的黄圩镇和泗洪的太平集等地[2]。花生行则经营收购花生或花生仁，9至12月，花生大量上市，平均每集市可收购50～100担。瓜子行主要是为各粮行代购代销。在收获季节，平均每集市可收购100～150石（每石120斤）。每年市场收购总量在15万～22万斤[3]。铜城一带盛产禽蛋，商品率高，故蛋行买卖也十分兴隆。收购的禽蛋不仅有本地上市的，还有盱眙、嘉山、来安、滁县等地的禽蛋成批运至铜城出售，旺季时每天每个蛋行平均收购高达30件，每件75斤，年收购鲜蛋总量

①　《新路东报》1943年11月3日。

②　中共安徽省天长县委党史资料征集领导小组办公室编：《战斗的天长》，1985年9月，第76页。

③　《铜城镇志》，未刊稿，下集，1985年5月，第9页。

达 335 万斤。烟行交易亦盛，当时津浦路东是烟叶的主要产区，烟农商贩运销烟叶到铜城，烟行由少到多，规模逐渐扩大，平均每天上市烟叶或烟丝约 30 ~ 40 担。食盐的交易规模也很大，盐船多时有 150 ~ 160 艘（以 1942 年和 1943 年两年计算），每天盐的上市量在千担左右，最高曾超过 2000 担。外地在铜城购运食盐的驴骡马匹，肩挑小贩数以千计，往返络绎不绝。素称恬静的铜城南园，顿时成为热闹繁华的商业区①。

　　江苏益林镇，于 1940 年秋为共产党领导的八路军第五纵队（1941 年改为新四军第三师）一举解放。由于抗日民主政府允许自由贸易，保护合法经营，并对私营工商业给予财政、经济上的支持，从而促进了益林市场的繁荣和发展。据统计，1944 ~ 1945 年，益林镇有上行（北货）下行（南货腌腊）202 户，石灰、毛竹行 16 户，八鲜行 10 户，皮骨行 3 户，米行 10 户，柴草行 16 户，木行 24 户，布店 34 户，南货店 72 户，百货店 83 户，中西药店 33 户，酱园店 7 户，茶食店 9 户，豆制品店 16 户，瓷器店 3 户，香店 8 户，油坊 16 户，油栈 15 户，槽坊 10 户，糖坊 2 户，磨坊 30 户，铜匠店 12 户，铁匠店 21 户，银匠店 4 户，鞋匠店 30 户，理发店 51 户，缝纫店 30 户，旱烟店 6 户，酒店 2 户，估农店 2 户，书店 2 户，家具店 7 户，窑货店（行）27 户，洗染坊 8 户，茶炉 30 户，茶馆 30 户，鞭炮店 9 户，浴室 5 户，各类摊贩 200 余户。共有 1280 多户，从业人员 3297 人。1945 年全年销售额比 1936 年上升 69%（公营企业未统计在内）。由于工商业的发展和人口的增多，1944 年 10 月，中共盐阜地委决定划东沟、益林和大东乡为东益市。东益市政府成立后，开展了城镇建设，整理市容，拓宽街道，修建东大桥，兴建西大桥，统一全市度量衡等工作②，益林镇出现了一片前所未有的兴旺景象。

　　淮域抗日民主政府为了引导根据地商业经济发展方向和调节市场物价，保护人民利益，坚持敌后抗战，在各根据地还发展起了公营商业。淮南抗日根据地的公营商业，始于 1942 年初新四军第二师供给部开办的"永丰祥商号"。其经商活动侧重于通过爱国商人，将收购的农副产品运往敌占区，换回抗日所需的军用物资，日常商业中也经营京广杂货。同年末，并入利华商行。1942 年以后，津浦路东的利华商行易名为利华贸易公司。公司设在铜城镇，下设一些分公司和门市部。津浦路西各县则在主要集镇上设立民生商店。1945 年底，民生商店改名为裕民商店，并在淮阴、盱眙等县设 3 个分店。"利华公司"和"民生商店"都处于商业领导地位，未经公营商业贸易部门允许的货物，一律不准运往敌占区③。淮北的邳、睢、铜（邳县、睢宁、铜山即今徐州）地区公营商业则充分利用党外人士关系，到徐州、双沟等敌占区采购弹药、药品、布

---

　　① 参见龚意农主编：《淮南抗日根据地财经史》，第 199 ~ 207 页。

　　② 参见杨欣吾撰稿，王景阳整理：《益林镇市场的形成和发展》，中国人民政治协商会议江苏省盐城市委员会文史资料研究委员会：《盐城文史资料选辑》第 12 辑，1993 年，第 12 ~ 14 页。

　　③ 参见杨联：《天高抗日根据地财贸工作的回忆》，见《淮南抗日根据地财经史》，第 438 ~ 440 页。

匹。1941 年 7 月，苏北淮海抗日民主根据地（辖地相当于今徐州市、连云港市、盐城市一部，淮阴市大部）建立了公营的大昌布庄。该布庄主要经营布匹、枪械、弹药、盐、粮食等军需品。1944 年，大昌布庄改称大昌商行，并增设鸿昌、永昌商行，并称"三昌"。大昌担任新浦（今连云港市）方面的贸易工作，鸿昌负责淮阴、宿迁方面的贸易工作，永昌负责徐州方面的贸易工作。1943 年，盐阜区成立公营裕记商店，不久改称丰民商行，以采办军需物资为主。同年，苏北财委在东坎建立德兴公司。公营商业还曾在射阳县八大家镇吸收私商入股，成立公私合营新东商行。苏中抗日根据地（约当今南通市全部，今扬州市、盐城市一部）公营商业在 1942 年开始发展。苏中一分区（辖高邮、江都、邗东、淮宝县、淮宝盐办事处）在 1943 年开始设立公营利民公司，各县设大江、大兴、大成、大盛、大昌商店，利民公司由分区财经处贸易局领导。苏中二分区（辖泰东、东台、东北、兴东县）1943 年在台北万盈墩开设隆茂商行，主要业务是收购棉花，给棉农调剂粮食。在三仓河开设新华商店，输出食盐，吸取军需品。在东台设有南号、北号同济商店。这些商店均由分区财经处贸易局领导，1944 年改归工商局领导。苏中三分区（辖如西、泰县、泰兴、靖江、紫石即今海安、泰东等县，黄桥市）于 1943 年在海安开设公营申记商行，在黄桥开设益民商店，直属贸易局领导。益民商店并在各县开设分店。1945 年 1 月，在泰县营溪设立裕民粮行，次月改称裕民公司①。

公营商业中的合作社则属集体性商业，是淮域抗日根据地商业的主体力量。商业合作社主要有运销合作社、消费合作社、利用合作社。运销合作社主要经营运销社员自身及兼营非社员所生产之物品。消费合作社则主要采购社员自身及兼营非社员所需之工具种子肥料及其他日用品。利用合作社的业务则为征集与采购生产工具，以供社员共同利用②。合作社里的商品价格比私商的商品价格略低。社员或抗日军人家属购买合作社商店里的商品时，减价 5%；非社员购买也比市场价低 2%③。因此，广大民众入社的积极性很高。1941 年，古沛四乡群众因反盐行垄断盐业，在政府协助下一共成立了 3 个盐业合作社。1943 年夏天，发展到了 18 个合作社。后经过整合，正式经营的合作社有 14 个，包括 32 个乡，总计股金 438 655 元，红利计 418 633 元，合计 877 288 元，社员数目 12 000 人，计整理起来的行业有油行、盐行、草行、蹄角行、粮行、布行、麻饼行、木行、鱼行、面粉行④。1943 年，洪泽县踊跃组织了陆地合作社 3 个，即蒋岗、临淮、自立，共有社员 600 余，股金六七万。为集中资金，便于营业，联合成立了三益合作社。一切合作社社务计划，都经过乡农救理事会的集体讨论决定，只卖

---

① 参见王波：《江苏抗日根据地、解放区公营商业》，《江苏经贸职业技术学院学报》1992 年第 1 期。

② 《华中抗日根据地财政经济史料选编》（江苏部分）第 1 卷，第 447 ~ 450 页。

③ 参见龚意农主编：《淮南抗日根据地财经史》，第 199 ~ 207 页。

④ 《一年来盱凤嘉合作社建立经过》，《拂晓报》1944 年 9 月 14 日，《安徽革命根据地财经史料选》（二），第 227 ~ 231 页。

香油、洋火、旱烟、布、盐纸等七种日用品，货价比市价便宜。因为本钱少，所以只能供给社员。因货价比较低廉，临淮关商人也跟着把物价降低①。1944 年，淮北泗南县半城区成立了四乡合作社，一个半月就发展社员 1464 名，1940 股，股金共计 58 200元。主要开办粮食买卖，贩盐、洋火、芝麻等②。到 1944 年，淮北根据地已拥有 347个合作社，社员总数达 23.4 万人，股金总额达 1635.6 万元③。淮南根据地的来安半塔合作社是一个综合合作社，成立于 1942 年。起先由工人合伙集资兴办，后发展到全社会民众参股的（含商人和地主）股份制综合合作社。下设有榨油、纺织、卷烟、运输、商业登记部门和 6 个分社，资产由创办时的 174 元发展到 1944 年 9 月末的 877.3 万余元。半塔合作社入社社员占当地总户数的 90% 左右，设有商业经销处 40 家。1944 年，该社商业营业额达 1857 万元，其中 3/4 以上为该社自产工业品的销售额，一年为群众谋利 887 万余元④。

　　抗战胜利后，随着解放区的扩大以及商业政策的正确实施，淮域革命根据地的私营商业和公营商业皆有大的发展。如河南的商柘自纠正交易所的改造方向后，市场阵容为之一新，即拿粮行一项来说，牛市集增加 11 家，枣子集增加 13 家，宋集增加 15家，马铺增加 18 家，魏岗增加 16 家，张集增加 5 家，十八里增加 3 家。在上缴政府交易费来说，枣子集交易所未改造前每月只能交 400 斤，现在自认 1850 斤，并说七月份要多认 400 斤。牛市集过去只交不到 300 斤，现在自认 3000 斤。又据裴桥讯，交易所未改造前每月只付交易费 256 斤，现在坊子增加 9 家，月交 1300 斤，而夏邑现在初步统计月收交易费麦子 13 000 斤，比过去增加 2/3⑤。又商柘大小酒锅已恢复 12 家，龙岗区恢复 8 家⑥。安徽界首市的商业也得到了可喜的发展，据 1948 年 8 月底不完全统计，全市工商业（行商不在）在 3 月到 5 月内恢复至 1932 家，8 月内已增至 2506 家，仅在 8 月 1 个月内就增加了 337 家。具体情况还可参见表（表 5-6）。

　　界首河下的船只也日益增加。1947 年 12 月间，河下没有一只停船；次年 4～5月内，恢复到七八十只，6～7 月间经常有 100 只左右在河下停泊。1948 年 8 月初阜阳解放后，最多时每天来界首的船有百余只，半个月内共 400 余只。同年 8 月下旬，颍上、凤台解放后，又来船只 200 余只。至 1948 年 9 月，停泊在界首内河边的船，共有 700 多只。各条街市都呈现着繁荣气象，市房每座租金不断上涨，并且还租赁

　　① 《解放日报》1943 年 11 月 14 日，豫皖苏鲁边区党史办、安徽省档案馆编：《淮北抗日根据地史料选辑》第 5 辑，内部资料，第 103～104 页。
　　② 《解放日报》1944 年 2 月 12 日，《淮北抗日根据地史料选辑》第 5 辑，第 118 页。
　　③ 邓子恢：《政治形势与努力方向》，《淮北建设》，1945 年。
　　④ 《淮南半塔合作社为群众谋利八百万》，《解放日报》1944 年 11 月 10 日。
　　⑤ 《豫皖苏第三分区经济情况》，1948 年 6 月 26 日，《安徽革命根据地财经史料选》（三），第 294～295 页。
　　⑥ 《经济通报》第 2 期，1948 年 6 月 26 日；《豫皖苏第三分区经济情况》，1948 年 6 月 26 日。

不到，店主和摊贩争执门面的纠纷，也时常发生。[1] 江苏益林镇的工商业在抗战后期处于鼎盛，但在全面内战爆发后，就遭遇战火的破坏而趋于萧条。迄 1948 年初，人民军队再次攻占该镇，出外避乱的商户、市民陆续归来，恢复了营业。尽管已是无巨资商店和工厂企业，多为混生活的小字号、小手工业和摊贩，但在当时历史条件下，该镇仍与南通、扬州、淮阴、徐州并列为苏北五大市场。据《益林镇调查》记载，1948年底，全镇合计户数 1144 户，从业人员 2960 人，营业额 35 112 651 元。至建国前夕，益林镇还在恢复中发展。1949 年七、八月间，经过工商业全面登记发证，益林镇共有工商业户 1089 户，资本额 1 044 178 083 元。其中工业、手工业 140 户，从业人员 395人，资本额为 65 633 925 元；商业 949 户，资本领 978 544 158 元[2]。

表 5-6　1948 年界首商业发展概况表

行业	过去	今春（1948 年）	现在（8 月）	附注
杂货行	28 处	33 处	48 处	
花布行	20 多处		87 处	
粮行		118 处	156 处	
牲口行		39 处	48 处	
牲口市场		每天上 100～200 头	每天上 400 头左右	8 月 17 日统计该日成交 146 头
马车行		没有	6 处	经常来往周口、淮阳、亳州、阜阳等地之间
架车			17 辆	每日各有 20 只 30 辆

资料来源：《界首市工商情况》，1948 年 9 月，《安徽革命根据地财经史料选》（三），第 339 页。

在私营商业得到恢复和发展的同时，淮域解放区的公营商业也在逐步壮大。在苏皖边区，1945 年 10 月，边区政府在淮阴设立盐务管理局、货物管理局，公营商业归货管局领导。同年，苏皖边区增设义昌、裕昌、顺昌、盛昌、荣昌商行，连同抗日战争时就设立的大昌、鸿昌、永昌商行合称"八昌"。苏皖边区政府还在东台设立利丰棉花公司。这个公司分南北两个子公司。北利丰设在射阳合德，南利丰设在大丰大中集。利丰公司直属苏皖边区政府领导。1946 年 1 月 1 日，在海安成立江海贸易总公司。1947 年 9 月，华中办事处建立以后，各公营公司转属华中银行贸易科领导。在淮海解放区，1946 年底，货管局货管科组建物资供应总站，采购物资，供应军队。1947 年，成立淮海贸易总公司，下设一、二、三、四、五分公司和兴海公司。淮海贸易总公司的业务原隶属华中银行六分行领导，1948 年淮海贸易总公司被撤销后，全部业务遂移交华中银行六分行。1949 年 2 月，淮海贸易总公司恢复建制，不久改称淮阴专区贸易公司，业务由专区工商局领导。在盐阜区解放区，1945 年底，将丰民商行改称丰民贸

---

① 《界首市工商情况》，1948 年 9 月，《安徽革命根据地财经史料选》（三），第 340 页。

② 江苏省盐城市政协文史资料研究委员会：《盐城文史资料选辑》第 12 辑，1993 年，第 15、16 页。

易总公司，并于各县设立其分支公司。1946年下半年，解放区军队北撤，丰民贸易总公司撤销，业务交由华中银行五分行领导，各县公司业务由分行领导。1948年，盐阜地区解放，丰民贸易总公司重新成立，并恢复对各县公司的领导。1949年2月，苏北行署成立，辖区为原苏北、苏中解放区全部，淮南区一部。1949年8月，苏北行署建立苏北贸易总公司，属工商处领导，各分区设立分公司，县和重要集镇设立支公司或办事处，原公营商店名称取消[1]。在淮北解放区，徐州于1949年7月10日成立公营百货、粮食、信托、油盐4公司，开展商业贸易工作。淮域革命根据地的公营商业通过组织商业流通，在打破敌人封锁，组织商品交易，促进生产发展，保证市场供应，解决军需民用方面发挥了重要作用。

总而言之，淮域革命根据地的商业是在一种特殊的战争条件下产生的，商业发展呈现出自身的一些特点：一是淮域根据地由于所处的历史环境、地理条件有所不同，所以各区的商业发展不尽平衡，有的发展较快，有的显得相对薄弱。二是因为淮域根据地基本处于被分割包围之中，不仅对外的正常物资交流被时常打断，而且经济还直接受到战争的打击和破坏，所以商业贸易、货币发行皆服从对战争的需要，具有特别明显的不稳定性和战时特征。当淮域根据地比较巩固、战争策略灵活、保护工商业政策执行没有偏差时，其商业就比较活跃，反之则低落、萧条。三是从商业格局看，国营商业和合作社商业是淮域根据地商业的主体力量，私营商业一定程度上也得到保护和发展。可以说，在经济普遍落后的淮域根据地，除了少数地方外，商业较其他行业来说，公有制经济成分比重和作用都处于主导地位，这既是淮域根据地商业的特点，也是其经济上得以存在的基础。四是从经济发展水平和运行特征来看，淮域根据地经济在绝大部分时间里是处于偏僻落后的农村，交通不发达，物资不流通，小生产的自然经济占绝对主导地位。而随着土地革命的深入，又加重了农民的自给自足程度，进一步降低了农副产品的商品率，从而延缓了淮域根据地民间私营工商业的恢复和发展。

---

① 参见王波：《江苏抗日根据地、解放区公营商业》，《江苏经贸职业技术学院学报》1992年第1期。

第六章　近代导淮方略及其实践

淮河介于黄河、长江之间，历史上的淮河独流入海，泽被两岸。1194 年黄河夺淮开始打乱了淮河水系，滚滚黄水挟带的泥沙不仅使淮河支流水道淤塞，而且导致淮河干流下游地势高扬，出路不畅，使淮河由一条独流入海的河流逐渐演变为一条内陆河，各种灾害频发。到了近代，政治的腐败，社会的动荡，更加剧了灾情的严重。黄河北徙后，"导淮"呼声开始出现，并提出了各种导淮方略。

第一节　清末民初的导淮方略

晚清时期，黄河北徙以及各种灾害的频发，使导淮呼声开始出现，其中张謇对淮河的导治尤为重视，他不仅创办学校，培养导淮人才，而且在实地勘测和科学研究的基础上，提出了他的导淮方略。

一、黄河北徙与导淮呼声的出现

清政府建立后，鉴于淮河的重要及其与漕运关系的密切，对淮河治理较为重视。康熙亲政后，将治淮作为其三大任务之一，并开始在洪泽湖大堤上设置水志，以便了解水情的变化。乾隆对淮河的治理同样较为重视，在康熙设置水志的基础上，"视情况变化，对水志设置地点作了较大调整，并要求地方官逐年记载，查验对比……自此以后的 200 多年间，洪泽湖逐年均有详细水文记录，为洪泽湖防汛积累了宝贵的历史水文资料"[1]。但是，晚清时期，国势衰微，政局动荡，淮河年久失修。1855 年，淮河在河南铜瓦厢决口，改由大清口入海，从此结束了黄河夺淮的历史。但长期淤积的泥沙使淮河下游地势高扬，"淮失故道，乃至无所归宿，于是犯运侵江，浸淫于淮扬之间，每遇洪水，即苏皖北境辄成泽国。"[2] 为减轻灾情，1866 年山东士绅丁显提出"导淮"之议。此后，"导淮"一直成为治理淮河的基本思路。

---

① 水利部淮河水利委员会《淮河志》编纂委员会：《淮河人文志》，科学出版社，2007 年，第 328 ~ 330 页。

② 《全国经济委员会工作报告》，参见《统一全国水利行政事业纪要》，文海出版社，第 13 页。

二、《江淮水利施工计划书》的提出

对于淮河灾害之由，黄泽巷指出，淮河之大病，"在失其归海之路"。黄河夺淮后，"淮水虽欲别得一自由入海之新路，为其自身之发展；但以淮河冲积地之倾斜，似较黄河冲积地为平坦，因之辄为所阻。"① 因此，给淮水以出路，成为这时期治理淮河的基本主张。张謇自幼生长在南通，对淮域灾情的严重感同身受，对淮河导治更为关注。这时期淮河灾害的不断加深，使社会各界治理淮河的愿望更为迫切。其中，1906 年张謇提出复淮浚河、标本兼治的主张。为促使导淮工程的尽快实施，1909 年江苏咨议局成立后，在张謇的倡议下，咨议局通过了整治淮河的议案，并决定筹办江淮水利公司，从事测量，为科学导淮创造条件。1911 年张謇设立了江淮水利测量局，开始对淮河的平面、断面、流量、雨量、含沙量等进行测量。1913 年北京政府设立导淮总局，任命张謇为督办，柏文蔚、许鼎霖为会办。这一年在科学测量的基础上，结合已有研究成果，张謇的导淮思路更加清晰，他明确提出了江海分疏的导淮主张。1917 年江淮水利测量局对淮河干流进行第二次全面测量，并将测量结果汇编成《勘淮笔记》。1919 年在科学研究的基础上，张謇提出了《江淮水利施工计划书》，为淮河的导治提出了可操作性的解决方案。

在《江淮水利施工计划书》中，张謇指出，淮河灾害频发对淮域乃至全国产生的负面影响不容忽视，尤其是对淮域的影响，使"肥美可耕之地"颗粒无收，导致淮域成为"制造土匪之场，媒介盗贼之主"，"直接之患，江北独受之，间接之患，全国同受之"。他指出，在科学技术发达的时代，治理淮河，"非抄袭陈言凭虚臆测所能了事"。他在对淮河水系进行全面测量的基础上，对导淮的几种观点进行了分析，认为淮水全部入江或入海都有其缺陷，"全部入海，则工程太大，且下河灌溉之水来源不易，难望成立。全部入江，固为最捷之策"，但通过对水量、流量的测量，高峰期水量全部入江，可能对长江下游造成不利影响，"全淮入江，设遇江淮并涨之年，必仍泛滥为淮扬患，绝无疑义"。为此，他提出江海分疏的导淮方略，对淮水的处理，他认为，不仅要除害，还要兴利，除害与兴利相结合②。

第二节　南京国民政府的导淮方略及其实践

南京国民政府成立后，在朝野各界的重视与推动下，成立了导淮委员会，制

---

① 黄泽巷：《导淮考略》，《东方杂志》第 32 卷第 2 号，1935 年。

② 《江淮水利施工计划书》，《张季子九录·政闻录》卷 13。

定了《导淮工程计划》，导淮工作开始提上议事日程，导淮开始从议论进入实践
层面。

一、导淮委员会的成立

淮河支流众多，水系复杂。淮河的治理，需要有一个统一的机构，以便从总体上
进行规划与设计。1929 年 1 月国民政府成立了导淮委员会，蒋介石担任导淮委员会委
员长，黄郛为副委员长，吴敬恒、张人杰、赵戴文、吴忠信、麦焕章、李仪祉、陈其
采、陈仪、陈辉德、段锡朋、陈立夫为委员，并指定蒋介石、黄郛、陈其采、陈仪、
陈辉德、段锡朋、陈立夫为常务委员。国民政府制定了导淮委员会组织条例，颁布了
《导淮委员会组织法》①：

导淮委员会组织法

（1929 年 1 月公布，同年 8 月 2 日修正，1931 年 10 月 25 日及 1933 年 5
月 8 日修正，1935 年 7 月 2 日修正公布）

第一条　导淮委员会直隶全国经济委员会，掌理导治淮河一切事务。

第二条　淮河流域所有滩荡湖田之公地以及工程实施后之新涸地亩及受
益之地，在导淮施工期内其清丈登记征用整理等事项暂由本会处理之，前项
处理办法由本会呈请全国经济委员会与行政院商定之。

第三条　本会设委员会长 1 人，副委员长 1 人，特派委员 20 人至 26 人，
简派委员长因事不能执行职务时，由副委员长代理之。

第四条　本会设总务工程土地三处

第五条　总务处掌理左列事项

一、关于文书收发编撰保管事项

二、关于职员考核任免事项

三、关于典守印信事项

四、关于统计实核事项

五、关于会计预算决算事项

六、关于庶务及读工作事项

七、其他不属于各处事项

第六条　工程处掌理左列事项

一、关于查勘及测绘事项

二、关于工程设计事项

---

① 蔡鸿源：《民国法规集成》第 34 册，第 16 页。

三、关于工程之实施及　养事项

四、其他一切工程事项

第七条　土地处掌理第二条所定之左列事项

一、关于土地清丈事项

二、关于土地调查及登记事项

三、关于土地征用事项

四、关于土地整理事项

第八条　总务处、土地处各设处长1人、简任科长1人或4人，委任科员18人至24人。

第九条　工程处设技正11人至13人，委任技士12人至16人，委任技佐30人至50人。

第十条　本会因事务上之必要得酌用雇员

第十一条　本会得呈准全国经济委员会聘任国内外富有水利工程森林学识经验者为顾问或专门委员

第十二条　本会于必要时得呈准全国经济委员会设立测勘隧工程队管理局及土地整理处，其组织章程由全国经济委员会定之。

第十三条　本会每六个月开大会一次，于必要时得由委员会长召集临时大会。

第十四条　本会执行主管事务各该地行政机开及驻在实业界队有协助保护之责

第十五条　本法自公布之日施行

《导淮委员会组织法》对导淮委员会的组织定位、功能、职责等事宜都作了相应规定。从人员组成看，蒋介石亲自担任导淮委员会委员长，一些政界要人也担任相应职务，有助于对工程的推动；导淮作为一项技术性、专业性非常强的工作，委员会聚集了一批当时最优秀的工程技术人才，如水利专家李仪祉1909年和1913年到法国留学，专攻水利科学，回国后长期从事水利教学、研究和实际工作，他被聘为总工程师；须恺1917年毕业于河海工程专门学校，1921年到美国深造，获工科硕士学位，长期从事水利工作，他被聘为副总工程师。此外，一批受过良好专业训练的技术人才亦被聘请，担任相应职务。同时，还聘请德国水利专家方修斯担任顾问工程师。这对充分发挥工程技术人员在导淮中的作用，利用现代科学技术，采用科学理念，导治淮河，具有重要的作用。导淮委员会由一批重要人物和水利专家组成，又隶属全国经济委员会，一定程度上显示了其地位的重要。导淮委员会成立后，先后修改通过了《修正本会组织条例》、《各处组织规程》，《工务人员训练班简章》及《招考办法》，《大会常会会议规则》及《请拨工款》并《指拨庚款为导淮基金》等重要文件①。委员会下设工务处、

---

① 导淮委员会：《导淮委员会工作报告》，第93、94页。

财务处、总务处，国民政府任命李仪祉兼工务处处长，陈其采兼财务处处长，杨永泰兼总务处处长。6 月 17 日，蒋介石等在南京宣誓就职。7 月 1 日，导淮委员会借监察院房屋开始正式办公。

导淮委员会的成立，使全国第一次建立了一个统一的导淮机构，从而有助于推动对淮河的治理。1929 年 6 月国民党第三届中央执行委员会第 2 次全体会议通过了《积极进行导淮治河工程案》，将淮河的治理开始纳入国民党的决策之中。

二、《导淮工程计划》对导淮的初步规划

导淮委员会成立后，成立了总工程师办公处，办公处设设计组、测绘组，并组织了两个测量队，"一面偕同各工程师亲历江淮运沂沭泗及黄河各处查勘，一面搜集已有资料，分途研究，既悉淮域之形势，复明洪湖之水理"，同时派队测量入江入海线路，并与所请顾问工程师方修斯教授"申勘要害，详究图籍"，"乃择其对于防洪、灌溉、交通三事最有利益，最经济者定为计划，具为报告"。导淮委员会多次组织测量队对淮河进行测量，并在参考以往有关淮河水文资料的基础上，制定了《导淮工程计划》（下称《计划》）。鉴于治淮事关大局，导淮委员会"召集导淮计划讨论会议，集合淮河流域各省政府代表与导淮有关之中央水利机关代表、华洋义赈会代表及对于水利素有研究之专家暨本会委员与工程师荟萃一堂，博咨周议，以为最后之决定"，最后报国民政府备案。1931 年 4 月 12 日国民政府批准了《计划》。《计划》正式上升为国家层面的治淮规划。

《计划》分析了明清时期的治淮之策，指出"自明至清，河臣所亟急者，抬高洪泽湖面，蓄清以刷黄耳，洪湖不高，则清口故渎有黄无清可知，淮河之水早以出三河入江为正轨，及黄河北徙，涓滴断流，故道之弊乃显然"，于是有"导淮"之议[1]。从《计划》看，导淮的指导思想是：除害与兴利相结合，根据轻重缓急，先除害后兴利。"导淮之目的，曰防洪灾，便航远，裕农利，而发水电附之。洪灾为目的之主要者，先祛害而后言利"[2]。治淮要达到集防洪、灌溉、航运三位一体的效果。因此，导淮工程包括三个互相关联的方面：防洪工程、灌溉工程、航运工程。

导淮的原则是：循序渐进，统筹兼顾。根据各方面尤其是财政状况，将导淮工程分为三期。具体计划是，"以全部论，先去害，继兴利，故排洪为首，灌溉航运为次。以局部论，害先去其重者，利先兴其大者，故于排洪工程，须先以下游着手，尾闾既畅，在下游固免泛滥之灾，在上游亦减壅阻漫溢之害。于航运工程，先办日前通航重要之道，于灌溉工程，首及农产重要之区及新涸之地。此外则择需费少而成效速者，

---

① 导淮委员会：《导淮工程计划》，第 1 页。

② 导淮委员会：《导淮工程计划》，第 3 页。

提前建设之，务就目前财务之所及，举办收效益最宏之工程，而后逐渐以及其余"。同时将导淮与运河治理联为一体，加强对沂河、沭河的治理。

防止洪水泛滥是导淮的主要目的，也是《计划》的着力点所在。其指导思想是：江海分疏，以洪泽湖为枢纽，充分发挥洪泽湖的蓄洪功能。导淮委员会根据所掌握的水文资料，在《计划》中指出："淮河最高洪水量达每秒 15 000 立方公尺，入江之量，仅有每秒 6 000 至 9 000 立方公尺，来量与去量相较，相差悬殊，是不得不另求消纳之道。淮运现状，上已言之，上游之来量大而速，下游之泄量小而缓，中赖洪泽高宝诸湖，为暂时游波停蓄之所，因是得稍杀狂澜之势，稍减沉沦之灾。今洪泽湖面积既大，容量既多，其自然拦洪之效亦甚焉。故凭已往之经验，知利用洪泽湖为拦湖水库，以尽量消纳尾闾一时所不能排泄之洪水，乃治淮中最经济之方策也。"在入海水道开辟之前，加强洪泽湖堤坝的修筑，"入海水道未辟以前，洪泽湖之最高水位，或恐泛滥周围之农田，拟治湖造围堤以障之"。

至于入江水量，根据历年所积累的水文资料，《计划》规定，以不使长江超过 1921年最高水位为原则，在于蒋坝洪泽湖口，"设活动坝以调节入江之量，即江水若涨至民十高水位时，则减泄至每秒六千立方公尺，水落则逐渐增至每秒九千立方公尺。淮水入江之量一经活动坝之调节，不致尽量下泄入江，故于江为有利而无害。"

淮河是一个整体，下游的疏浚须与中上游及其支流的治理相结合，才能真正取得成效。对干流下游，《计划》侧重导治，开挖入海、入江水道，给洪水出路。由于洪泽湖承接中上游水量，在治淮中具有极其重要地位，对于江海分疏，总的设计是："经三河张福河，由里运河之归海归江各坝，分泄于江海。"入江线路，"由洪泽湖经三河，高宝邵伯诸湖，至六闸穿运河，出归江十坝，取道董家沟，廖家沟至三江营而达于江"。淮河中游地势平坦，"淮河自洪河口以下，河底降度极平，断面复狭小，其载量几不及最大洪水量之半"，现有堤坝"卑矮不足防范"。对中游，总的思路是，侧重加固堤坝，同时采取"截弯取直"，"开浚拓宽"之法，提高防洪能力。

对支流，《计划》侧重导治，以减轻干流负担。淮河支流众多，"自三河尖以下，支流众多，来量巨大，本身河槽既已不能容纳，而凤台、怀远、浮山之山峡，复一再束缚洪流，于是上壅下阻，横流旁溢，溃决堤防，洪流所被，胥成泽国。至于各支流下游，亦皆浅狭不胜，漫溢之灾，因之更烈"。受地势与河槽淤塞的影响，淮河支流所经之地不仅泛滥成灾，而且也无法涵养水量，从而加重了干流负担。

对沭河、沂河的治理，《计划》主张沂沭分导。基本思路是，在河流上游修筑拦洪水库调节洪水，下游浚深、疏通，"导沭循其旧道至沭阳，经前沭河，蔷薇河入临洪河，与沂河隔离"。

对运河的治理，《计划》同样高度重视。鉴于"运河全体以微山湖为枢纽"，《计划》拟充分发挥微山河的拦洪防涝功能，"中运载量专以承输山东之水，沂河下游，亦兼顾此水之消纳，山东水患，亦得从此免除"。

淮域经济的落后，不仅在于频繁的洪涝灾害，干旱同样是制约流域经济发展不可忽视的因素。《计划》指出抗旱与防洪同等重要，不可偏颇，"其有望于灌溉之发展，固一如望洪水之祛除也。"强调指出："今各河洪水，已有治导之规划，对于农田灌溉，允宜统筹兼顾，庶害除而利亦随之以兴矣。"根据流域土质气候以及农作物类别对灌溉的不同需求，《计划》以旧黄河为界，将灌溉区域划分为旧黄河以南和旧黄河以北。"旧黄以南，灌溉之地，可概分为四区：即里下河区，高宝湖区，通扬运河区及沿海垦殖区"。"根据上述之需水量，输水损耗量，灌溉面积，及其农作类别，可估计各分区之需水总量，计里下河区需水 2670 兆立方公尺，高宝湖区 570 兆立方公尺，通扬运河区 351 兆立方公尺，沿海垦殖区 512 兆立方公尺。共计旧黄河以南各地之需水总量为4094 兆立方公尺"。灌溉水源的来源则主要依靠洪泽湖的储蓄。《计划》拟定洪泽湖的水位，"历洪水期之始终，最低应在 12.5 公尺，洪水之后，灌溉之前，应在 13.6 公尺。于是拦洪与给水，兼顾而无一失矣"。

旧黄河以北，中运河以西，主要种植旱地作物，灌溉主要依靠微山湖，《计划》指出，"淮沂泗沭导治以后，微山湖操纵成为水库，每年存水，可供灌溉之用者，约有 2400 兆立方公尺，以之灌溉旱地作物，可达二千万亩，徐海旧属，悉蒙其利。中运河及不牢河可利用为输水干渠。不牢河，就其现有载量，当微山湖水位高时，可输送每秒一百立方公尺左右，其余则纯由中运河输之。中运河既兼顾排洪，载量固甚充足也。"

淮河流域经济的不发达，交通的滞后也是一个重要的制约因素，《计划》认为充分发挥淮河干支流及运河的航运功能，是推动流域经济发展的重要手段，也是兴利的重要内涵。《计划》指出，流域陆路交通的落后是影响其经济发展乃至社会稳定的重要原因："吾国腹地之广，淮域居民之繁，仅恃津浦一路，纡绕而委输其货物，工商之不振，民生之憔悴，匪盗之繁兴，交通不便，为其大原也"。流域的水路交通受季节影响较大，"各湖河均为天然水道，雨季来源畅盛，则水深广，较大之船舶，均能行驶自如。一遇干旱，来源枯涸，仅存之水量仍日夜奔赴江海，斯时即浅滩毕露，而航运为之阻断。"为减少季节的影响，充分发挥航运功能，《计划》提出了"河流之航渠化"的主张，亦即设置船闸与活动坝，以调节水量，从而保持河流常年深度，保障河流的常年航运。《计划》设计的航运线路主要有两条：一条是"斜贯西北至东南通江者为运河，第一期建设时自微山湖之丛家口闸起，南经淮阴邵伯至三江营以达于扬子江。设船闸凡五"。另外一条则"斜贯西南亘东北通海者，为淮河、洪泽湖、张福河、盐河及灌河之联络线，借运河之淮阴一闸，并于盐河蔡工渡灌河上段及新浦镇各设一闸，即可通航。将来于怀远附近增设一闸，交通即可及于淮河上游。又于高良涧至泾河闸之灌溉渠道上，建设一船闸，则淮河通江之航道，即可以此为捷径。至洪水期内，则船泊仍可由三河而下，以达于江。"

关于导淮的步骤，根据当时的实际情况，《计划》认为，必须量力而行，指出：

"排洪、航远、灌溉各工程，经纬万端，需款孔多"，拟分为三期，最终完成治淮工程。第1期计划5年，进展及经费分配如下（表6-1）：

表6-1　第1期工程分年经费计算表

（1931开始至1936年完成）　　　　　　　　　　　　　（单位：元）

年别 工程类别	第一年	第二年	第三年	第四年	第五年	总计
排洪工程	8 218 200	8 218 200	7 718 200	7 818 200	600 000	32 572 800
（1）建筑蒋坝与洪泽湖口活动坝及船闸鱼道	1 000 000	1 000 000				2 000 000
（2）开挖淮河入江水道	7 218 200	7 218 200	7 218 200	7 218 200		28 872 800
（3）修筑洪泽湖围堤及泄水闸				600 000	600 000	1 200 000
（4）建筑中运河活动坝三座			500 000			500 000
灌溉工程	150 000	750 000	3 050 000	2 300 000	3 350 000	9 600 000
（1）添置里运河各闸洞新式闸门	100 000					100 000
（2）改建通扬通运河口闸门	50 000					50 000
（3）开挖洪泽湖至泾河闸之干渠及建筑进水闸		750 000	750 000			1 500 000
（4）兴办高宝湖区垦辟工程			2 300 000	2 300 000		4 600 000
（5）开挖盐河至串场河之渠					1 110 000	1 110 000
（6）开挖泾河闸至串场河之渠					2 240 000	2 240 000
航运工程	1 925 200	1 630 900	1 651 600	2 000 000	160 000	7 367 700
（1）建筑淮阴邵伯二船闸	750 000					750 000
（2）自刘老涧至三江营及怀远至蔡工闸航道浚深及筑堤	875 200	800 000			160 000	1 835 200

续表

年 别 工程类别	第一年	第二年	第三年	第四年	第五年	总 计
（3）建筑蔡工新浦龙沟三船闸	300 000	600 000				90 000
（4）建筑龙沟活动坝及草坝共三座		200 000				200 000
（5）自蔡工闸至新浦闸航道浚深及筑堤		30 900				30 900
（6）建筑刘洞河定得胜三船闸			1 100 000			1 100 000
（7）自丛家口至刘洞闸航道浚深及筑堤并改造铁路桥			551 600	2 000 000		2 551 600
总计	10 293 400	10 599 100	12 419 800	12 118 200	4 110 000	49 540 500

资料来源：导淮委员会：《导淮工程计划》。

《计划》对第 2 期、第 3 期工程也进行了筹划，见表 6-2：

表 6-2　第 2~3 期工程一览表

工程期数	工程项目	工程细目	工费估计（元）
第 2 期工程	排河工程	（1）沂河治导工程	＄9 596 400
		（2）泗河治导工程	372 200
		（3）沭河治导工程	7 759 200
		（4）淮河上游干治导工程	70 000 000
	灌溉工程	（1）里运河开浚汜水至高邮之河槽及增高淮安至汜水之堤顶	＄757 600
		（2）建造串场河通海及通扬运河通江诸闸	待估
		（3）中运河不牢河两岸建闸开渠	待估
	航运工程	（1）疏浚山东南运河并建造船闸以达黄河	待估
		（2）淮河怀远建造船闸及活动坝	待估
		（3）临洪口灌溉口海楗工程及灌河港埠工程	待估

工程期数	工程项目	工程细目	工费估计（元）
第3期工程	排洪工程	（1）淮河上游各支流治导工程	待估
		（2）山东南运河湖上游治导工程	待估
	灌溉工程	（1）山东南运河湖各区农田水利	待估
		（2）淮河上游各区农田水利	待估
	航运工程	（1）添筑船闸运连络里运河盐河与串场河之航道	待估
		（2）浚深各河渠并添筑船闸航行二千吨之船只	待估
	水电工程	（1）蒋坝洪泽湖口水电工程	
		（2）微山湖口水电工程	待沽

资料来源：导淮委员会：《导淮工程计划》。

三期的规划，基本体现了统一规划、分步实施的导淮原则。对导淮后之收益，《计划》也从可以减少农田损失、增加新垦田地以及增加农田灌溉面积等方面进行了计算，见表6-3：

表6-3　导淮后之利益表

一、可以被免洪水之地面	
洪泽湖以上淮河流域	20 000 000 亩
里运东西	18 000 000 亩
沭泗沂流域	12 000 000 亩
共计	50 000 000 亩
二、可以涸湖增垦之地面	
盱眙五河之间	500 000 亩
废黄河	950 000 亩
高宝邵伯等湖	1 000 000 亩
共计	2 450 000 亩
每亩平均价值以 25 元计约共 60 000 000 元	
三、可以得水灌溉之面积	
高宝湖区	2 250 000 亩
里运以东范公堤以西	11 740 000 亩
沿通扬运河	2 500 000 亩
范公堤以东沿海	5 000 000 亩
微山湖以南	20 000 000 亩
共计	41 490 000 亩

资料来源：导淮委员会：《导淮工程计划》。

预计增加的收入如下："每亩征水捐每年以一角计，每年共征 4 149 000 元，开通航路共 913 公里。初办数年，每年运输货物以二千五百兆公里计，每吨公里平均征货运捐三厘，每年可征 7 500 000 元。闸捐码头捐不在其内"①。从《计划》看，财力状况是其考量的一个极其重要的因素。如第 1 期顺利完成，"凭此各项产业及收益，即可以继续建设第二期第三期工程，以底于全部之完成，不必更筹巨款矣。"

《计划》在前人研究的基础上，运用现代科学技术，进行实地勘测，掌握大量第一手资料，通过科学分析，提出了集防洪、灌溉、航运于一体的科学的导淮方略。时人沈百先在《导淮为民生建设之首要工程》中指出："大害既去，大利亦兴，导淮之最后目的得达；此项计划，似不可谓非中国科学治水之先河也"②。

三、导淮工程的初步实施

导淮委员会成立五年后，随着导淮工程的逐渐展开，导淮委员会发布了《导淮委员会工作报告》（下称《报告》），《报告》包括正文和附录两部分，对 1929 年 6 月到 1934 年 12 月导淮的"经过择要叙列"，《报告》是在江苏省政府于 1934 年 11 月已经征用民工实施入海工程的情况下发布的。此后，导淮委员会相继发布《导淮委员会半年刊》。据此，导淮委员会实施的导淮工作，主要包括：

（1）在组织测量队测量，根据前人留下的水文资料并参考长江的水文记录，以及研究前人成果的基础上，制定了《导淮工作计划》。

（2）组织了对入海线路的多次测量，确定了入海线路，并推动了江苏省政府对入海工程的实施。淮河的泛滥成灾与其下游水道淤塞，没有出海口密切相关。因此，开辟入海水道，让部分淮水入海成为导淮的重要内容，也成为检验治淮是否取得成效的重要标志。而受黄河夺淮的影响，淮河下游地势高扬，水系紊乱，民初以来，在入海线路问题上一直争议不断。因此，选择合适的入海线路成为导淮委员会的一项重要工作。从《报告》看，从 1930 年 2 月 1 日组织第一次入海线路测量队，到 1934 年 7 月 12 日组织入海水道施工测量队，乃至同年 10 月 30 日举办导淮入海工程开工典礼，导淮委员会倾注了大量心血。1931 年 4 月 13 日，导淮委员会组织第二次入海路线测量队。在此基础上，6 月 23 日，常务会议议决"导淮入海线路尽先利用废黄案"。到 8 月 25 日，常务会议进一步议决"由张福河经废黄河至套子口为导淮入海之路线，"至此，导淮入海线路基本确定，并在政府备案，成为中央政府确定的入海线路。10 月 12 日，导淮委员会按国民政府指令，制定了导淮入海路线工程计划，12 月开始征收入海水道路线土地。

---

① 导淮委员会：《导淮工程计划》，第 11 页。

② 沈自先：《导淮为民生建设之首要工程》，《水利月刊》第 1 卷第 2 期，1932 年。

入海水道主要在江苏省内，1933 年 6 月导淮委员会咨请江苏省政府饬县征工继续开辟入海水道，在导淮委员会的推动下，10 月江苏省成立了导淮入海工程处，颁布了组织规程，11 月 1 日导淮委员会副委员长陈果夫在淮阴举办了导淮入海工程开工破土典礼仪式。此后，导淮入海工程主要由江苏省导淮入海工程处负责实施。

（3）设立了若干水文站。科学技术的进步一方面为淮河的治理提供了先进的技术、设备，一方面也要求必须采用科学手段对淮河流域的地形、雨量、流量、含沙量等进行科学测量。导淮委员会先后成立了皖淮测量队、濉河测量队、微山湖测量队、淮河干线水准测量队、入海水道各比较线测量队、入海水道施工测量队。到 1937 年 2 月，淮河中上游水道测量工作基本完成，此后进行下游水道测量，到 11 月底，"以抗战局势严重，交通阻滞，暂告结束"。

进行水文测量，同样是科学治淮的基础，到抗战全面爆发前夕，在流域先后设立水位站 88 处，雨量站 59 处，"均逐日观测"。流量站常年施测者 2 处，洪水时期施测者 7 处。"二十六年照常继续进行。是年冬，因受战事影响，不能工作，先将各流量站撤销。""各水位雨量站大都沦陷战区，乃于二十六年六月择要保留水位站二十处，雨量站十五处，其余各站，一律暂行停止观察"①。

（4）疏浚张福河。"张福河为排洪工程中入海水运之第一段，兼为灌溉及航运工程中引淮济运之干道，自洪泽湖口高良涧起，至入运口码头镇止，全长约三十一公里，年久失修，淤垫日甚。"导淮委员会从 1933 年 1 月开始展宽浚深，到同年 7 月完成。开坝通流，入海工程顺利完成了第一步。张福河的初步疏浚，不仅有利于航运畅通，也有助于农业灌溉。如 1934 年"各地苦旱，但里运河一带，全恃此河疏浚后，给水裕如，江北运东，因以大熟"②。

（5）建立邵伯、淮阴、刘老涧三大船闸。除害与兴利相结合是贯穿《导淮工程计划》的基本指导思想，与此相结合，对淮河之水，不是简单采取泄的方式，而是蓄、泄兼顾，具体措施是建筑船闸、活动坝，以控制水量，达到既防洪，又利于灌溉和航运的目的。邵伯、淮阴、刘老涧三个船闸不仅是调节入海水量的重要机关，也对调节运河的航远及农田灌溉非常重要。到 1936 年 7 月，邵伯、淮阴、刘老涧船闸工程先后完竣。除刘老涧船闸外，淮阴等船闸先后放水通航，效果良好。如淮阴船闸通航后，"向日船只道经码头镇绕行三十余里，并过惠济、通济、福兴三闸，兹则既省时间又获安全"。随着邵伯船闸的通航，"上下游来往船只，日夜放行，商民称便"。高邮船闸亦于 1936 年建成，到 11 月 27 日开放通航。"上下游过闸船只，安全便利"③。

到抗战全面爆发时，正在建设的船闸有惠济闸工程；正在建设即将完工的有杨庄

---

① 导淮委员会：《本会工作概述》，《导淮委员会半年刊》，1939 年第 3 期。
② 《导淮工程实施概况》，《安徽政务月刊》第 6 期，1935 年。
③ 导淮委员会：《导淮委员会工作报告》，《导淮委员会半年刊》1937 年第 2 期。

活动坝工程、三河活动坝工程、周门活动坝工程以及皖淮涵洞工程等，其中杨庄、三河两个活动坝工程对调节入海、入江水量作用至关重要。此外，整理安丰塘工程亦正在积极推进。但是，"抗战军兴，各工程局所，照常工作。嗣以各区有逼近战区而工人星散者，有被敌侵略而无法工作者，盖以工程材料运输困难，以致未能赓续进行，延至十二月中，各项工程，均次第暂行停止，分别派员留守保管"[①]。日本发动的侵略战争使治淮工程被迫中断。

（6）整理运河东西两堤。导淮与治运密不可分，相互关联。整理运河西堤工程主要包括堵闭缺口，修理涵洞，随着高邮船闸的建成，"越河港堵口工程，遂与邵伯船闸之截流坝，同在大汛以后堵筑合笼"。到 1936 年底取得阶段性成果。西堤工程的修筑，有利于农业灌溉，"自运河各船闸完成后，里运河水位抬高，沿运及里下河到各县农田，灌溉便利"，淮阴、淮安、宝兴、高邮、江都、泰县、东台、兴化、盐城、阜宁各县，一般土地价值，已见逐渐抬高[②]。东堤年久失修，主要是加高培厚。

（7）设立了公地整理处，制定了公地整理办法。

四、导淮入海工程处的成立与入海水道的开挖

淮河下游主要在江苏境内，入海水道主要由江苏省政府承担。国民政府为推动此项工作，在人事上亦作了重要安排。1933 年任命导淮委员会副委员长陈果夫为江苏省政府主席。1934 年江苏省政府在淮阴成立了导淮入海工程处，专门负责入海工程。工程处设正副处长各 1 人，工程师 3 人，副工程师 4 人，助理工程师若干人，分别办理各项工程。

导淮入海工程虽由江苏省承担，但入海线路基本按照导淮委员会原有设计方案，"由张福河经杨庄循废黄河槽至七套，改向东北离废黄河迄套子口入海"，全程约 170 公里。与《计划》相比，工程规模有所缩减，两堤距离由原来的 350 公尺缩减为 230 公尺，河底宽度由 120 公尺缩减为 35 公尺，两堤内外坡为 1∶2.5，计需开挖土方 6800 万公方，筑堤土方 500 余万公方[③]。计划完成时间为二年。完全采用征工办法，"即利用每年十一月至次年五月间之农隙，为征工期间，中间除去雨雪停工休息日期之外，实际工作日期，不到五个月，故名为二年，实际则仅十个月。"

晚清以迄民国时期，经费问题始终是制约导淮难以开展的一个极其重要的因素。开挖入海工程，耗资巨大，江苏省政府为解决入海水道经费问题，"呈准中央发行水利建设公债二千万元，由省府决议提拨三分之一为工程经费"，初步解决了经费问题。

工程处将170余公里的入海水道划分为12段，设立段工程事务所12处，分别主持各段工程，并将工程长度和民工人数作了分配，见下表（表6-4）：

表6-4　导淮入海工程处段事务所一览表

段制	段事务所地点	工程长度（公里）	工伕人数
淮阴	淮阴西坝镇北盐公栈	20.7	20 000
泗阳	淮安马厂	11.2	10 000
江都	淮安谷家圩	5.1	5000
泰县	涟水城外大王庙	3.8	5000
高邮	涟水城外大王庙	10.5	10 000
宝兴	淮安大陵集	11.4	10 000
淮安	涟水下营	23.0	20 000
涟水	涟水甸湖	23.0	25 000
兴化	阜宁东坎	10.3	10 000
东台	阜宁东坎	3.0	5000
盐城	阜宁七套	11.3	15 000
阜宁	阜宁瓦房庄	23.1	15 000

资料来源：杨哲明：《导淮入海工程之现阶段》，《东方杂志》第32卷第15期，1935年。

入海工程涉及淮阴、泗阳、江都、泰县、高邮、宝兴、淮安、涟水、兴化、东台、盐城和阜宁共12县，根据工程需要，每县征工自五千名至二万五千名不等，工程处以各县征工人数，配定土方，划分为十二段，合力进行。规定全部有征工办法，这样12县的农民都有承担工程的责任和义务。随着工程的展开，征工办法，亦不断调整。1935年2月江苏省政府召开有各县县长和工程处负责人参加的会议，讨论完善征工办法，最后决定：将单一的征工改为征工、征收贷金和征工贷金并用，"即不愿出伕，准交纳贷金，由工程处代为雇伕，贷金款项，由财政厅统收统支，以杜流弊"。此外，淮阴、涟水、泗县三县"照原额征足工伕，每方额外增加津贴五分，以资鼓励。"为利于工程的进行，又将原来的12段合并为9段。经过此番调整，1935年春天工程进展顺利，"据工程处之报告，自并段以后，淮阴、泗阳、淮安、涟水、盐城、高宝等段，仍照征工办理。江都、兴化、阜宁等段，则采用包工制。自开工以后，工伕到工已臻踊跃，故工程之进展颇速。现每日到工之工伕，已有二十万五千余人"①。

工程处还重视舆论宣传，它主要从两方面展开，一是使入海工程的重要性为社会各界所认识，减少阻力；一是活跃工地气氛，充分调动民工的积极性。为此，"省县各级党政机关（县为与导淮有关之十二县）几于全体动员"。宣传的方式，灵活多样，"或以演讲，或以文字，或以图画，或以音乐，或以电影，应有尽有，务期深入民间，

① 杨哲明：《导淮入海工程之现阶段》，《东方杂志》第32卷第15期，1935年。

遍及妇孺，使晓然于导淮关系本身利益之切，出力出钱，毋需犹豫"。工程处还于 1935 年 1 月成立了巡回演讲队。演讲队设演讲员兼队长 1 人，演讲员 3 人，电影员 1 人，放映员 2 人，播音员 1 人，演讲的内容包括：关于水利问题；关于导淮完成后之福利；关于政府举办的导淮之苦心；关于公民常识。演讲的时间则根据劳动时间灵活决定，一般应在"1、用餐时间。2、晚间停工后。3、雨雪停工时。如在工伕工作时间，可作个别谈话，但以不妨碍工作为准，遇有机会，并得举行临时演讲"。同时播放音乐，放映电影。据统计两年来，巡回演讲地点 73 处，演讲 447 次，广播音乐 2607 片，放映电影 984 本，听众 931 760 人，以额定工伕 16 万人计，则每人接受宣传平均为 5.8 次，以曾到工伕 23 万余人计，每人接受宣传平均约 4.5 次，以 12 县人口总数 9 272 155 人计，则平均每 1000 人中，约有 10 人与闻演讲、音乐、或观看电影。

此外，时任江苏省政府主席的陈果夫"鉴于导淮入海为江苏省空前伟大工程，宜有歌曲，以垂久远"，创作了《导淮入海歌》，发交各校学生歌唱，并在省政府电台播音，歌词如下：

导淮入海歌①

淮河！淮河　利我江北乎？害我江北乎？

全在我江北人能力如何？

我有能力，水为我用，我无能力，我为水用，

我善用我力，淮水为我操纵，

导淮入海要将西水导入东海中。

大水不为我害，大旱亦收灌溉之功。

大家齐用力为了大家安乐与年丰！

大家多用力为了永久安乐与年丰！

工程处还成立了医疗队，负责工地民工医疗保健。

入海工程在 1935 年 5 月底顺利完成第 1 期工程。第 2 期工程在同年 10 月启动。整个工程计划在 1937 年元旦完成。入海水道命名"中山河"。《大公报》1936 年 11 月 13 日以《导淮入海年底完成》为题报道了入海工程进展情况："江苏省政府以导淮入海工程完成在即，为加紧督促起见，特派冯思定、张国增分赴导淮十二县驻工视察。应征民工，目下异常踊跃，总数已逾十万人。省当局本定本月底完成放水，惟剩余工方尚有九百余万，决难如期赶竣，不得已，展期至年底完工，二十六年元旦日放水通航"②。"限定今年年底完工，故迩来工程进行，异常紧张，各县长均驻工督进，淮泗段与淮安段，因土方较巨，淮阴、淮安两县奉省府令即日各再增伕一倍，每县应到工伕六万人，工次工伕数，已达二十万人以上，期在今后一个月内，能依限完成，俾在二十六年元

①　《江苏省导淮入海工程处工作总报告》，《江苏建设》第 3 卷第 10 期，1936 年。

②　《导淮入海年底完成》，《大公报》1936 年 11 月 13 日。

且，导淮入海新河线，与导淮委员会主办之淮阴、邵伯、刘老涧三航闸，同时举行放水完工典礼"[1]。但"以天时人事之阻碍，未能如期竣事"。入海工程，到1936年12月底，已挖土5528万公方。尚余705万公方，约当全工十分之一，"仍在继续开挖中，二十六年春，可期挖竣"[2]。工程紧张进行，但是，由于抗战的全面爆发，入海工程功亏一篑。

重视流域环境的保护，是这时期导淮工作的有机组成部分。在导淮入海工程展开时，入海工程处对入海水道堤防两岸的造林工作较为重视，通过与江苏省建设厅协调，江苏省建设厅"以导淮入海瞬将成功，所有该入海水道堤防两岸，亟应营造林苗，以资维护，所需苗木，并应就近培育，以期适应，附送造林育苗实施计划草案，并经费预算，请予审核办理"，在建设厅的支持下，1935年4月江苏省政府成立了苗圃筹备处，设筹备主任1人，技佐2人，制定了"导淮入海水道两岸营造堤防林育苗实施计划草案"，计划认为，"导淮入海工程浩大，为保护堤防以垂永久计，筹备苗圃培育苗木，以供堤防造林之需，实为当务之急"，先后在淮阴的洪福庄、涟水的甸湖镇成立了苗圃，根据土壤情况进行育苗工作[3]。重视工程与非工程因素的结合，这样的导淮理念是较为先进的。

此外，为使导淮入海工程发挥最大效益，工程处还同时举办了沂沭尾闾工程。"苏北重要水道，淮、运、沂、沭各河，失修既久，互相侵袭，淮涨犯运，运涨犯淮，沂涨犯沭，沭涨犯沂，时或沂沭并涨，势成中满，下游宣泄不及，辄复侵及中运，淮亦受患，水流愈纷，酿灾愈重"，因此，必须淮、运、沂、沭并治，才能有所收效。鉴于经费原因，主要对沂沭下游进行疏浚和堤坝加固工作，到1935年6月完成情况如下（表6-5）：

表6-5　沂沭尾闾区疏浚各河工程概况表

河道名称	长度（公里）	河底宽（公尺）	岸坡	河底比降	土方数（公方）	工数
总六塘河浅段	13.5	30	1:2	0.00014	291 566	382 844
柴米河下游	20.475	20	1:2	1:10 000	917 766	517 468
后沭河	16.8	26.2	1:2	1:10 000 1:12 000	394 425	171 499
烧香河	23.197	25	1:2	1:20 000	1 124 273	
驳盐河	5.51	10	1:1.5	0	118 655	

资料来源：《导淮入海工程专号》，《江苏建设》第3卷第10期，1936年。

---

[1]　《导淮工程紧张进行》，《大公报》1936年12月5日。

[2]　导淮委员会：《导淮委员会工作报告》，《导淮委员会半年刊》1937年第2期。

[3]　《导淮入海工程专号》，《江苏建设》第3卷第10期，1936年。

但是，在疏浚工程实施之时，1935 年春夏之交，"黄水南侵，势成夺溜，漫淹面积达一千五百平方公里，致使尾闾工程，大受冲刷"，于是，又进行堵口工程。导淮工程的艰难，由此可见一斑。

五、淮河复堤工程

导淮工程不仅因日本侵华被迫中辍，而且抗战期间，流域的水利设施，"多遭敌伪破坏"，加之花园口决堤，"黄水南决，经沙颍以入海，横溢旁决，颍涡之间，平地泛滥。造成广大黄泛灾区，其间河道淤塞，田庐陆沉，堤防涵洞，坍塌毁坏，损失惨重"。安徽地处淮河中游，地势平坦，影响更为严重。抗战胜利后，导淮委员会于 1946 年 4 月 1 日成立了"淮河流域复堤工程局"，导淮委员会即行撤销。鉴于淮河中游淤塞的严重，工程局将复堤的重点放在淮河中游。工程局与善后救济署安徽分署以及安徽省政府合作办理复堤工程，规定工程局为主办机构，皖救济署和安徽省政府为协助机关，分别负责领发工粮，招募工佚。

复堤工程原计划 1946 年 4 月上旬开工，到次年七月上旬告一段落。计划工程主要有三项：第一，淮河干支流复堤工程。第二，修复淮河干支流涵洞工程。第三，皖境黄泛区水道整理工程。但因"黄河溃口堵复甚晚，工区水位过高，若干工程，无法如期实施，兼以物价节节上涨，所列工款，较之工粮价值，殊属渺小"，原定计划，无法全部展开，乃权衡轻重缓急，"拟定复堤工程为重要工作，积极办理；水道整理工程为次要工作，择要先办淮河正阳关至沫河口段及密河、浍河入淮水道之疏浚工程；至修复涵洞工程，则候复堤工程告一段落后，继续实施"。到 1947 年 7 月，复堤工程取得的成绩如下（表6-6）：

表6-6（a）　复堤土方工程完工成效表

堤圈编号	岸别及起迄地点	长度（公里）	估计土方数量（公方）	完成土方数量（公方）	工程成效					备注
					捍卫面积（市亩）	人口（人）	财产估计（亿元）			
							固定财产	每年农产收益		
L1	淮河左岸盛营子至五叉沟右岸洪集乡	10.3	264 670	31 328						
L2	五叉沟左岸钐岗至淮河左岸南照集	78.7	1 462 087	357 815.5	840 000	400 000	378 000	3 780		

堤圈编号	岸别及起迄地点	长度（公里）	估计土方数量（公方）	完成土方数量（公方）	工程成效				备注
					捍卫面积（市亩）	人口（人）	财产估计（亿元）		
							固定财产	每年农产收益	
L3	淮河左岸南照集至润河口	12.1	315 721	74 225	50 000	10 000	22 500	225	
L4	润河左岸刘小庄至淮河左岸庙台集	43.8	84 672	71 790	450 000	350 000	202 500	2025	旧堤大致完好仅堵筑灵台湖堤溃口1.05公里即得上列成效
L5	淮河左岸庙台集至垂岗集	5	296 417	79 466.5					尚未完成
L6	淮河左岸垂岗集至颖河右岸王岗集	35.6	291 784	144 428	154 000	30 000	1322	370	垂岗集至沫河口内有一段淹没水中，尚未完成，表列成效乃沫河口至王岗埠段者
L7	颖河右岸王岗集至回流集								交地方政府办理
L8	淮河左岸回流集至西淝河右岸朱大圩	130.8	1 869 527	1 651 096.5	1 435 000	108 400	2810	2733	回流集之沫河口段系交地方政府办理者，尚未完成表列成效系指
L9	西淝河左岸磨盘山至淮河左岸大孤堆	2.7	77 253	79 109	58 700	38 750	26	13	沫河口以下干堤及西淝河右岸朱大圩段而言
L10	淝河左岸凤台至涂家郢								工粮不敷分配缓办
L11	淮河左岸平家岗至芡河右岸石山子	62.4	3 944 672	3 922 388.5	725 200	400	9180	2306	
L12	芡河左岸魏家桥至淮河左岸荆山脚	18.8	1 637 464	28 852.5					工粮不敷分配缓办

续表

堤圈编号	岸别及起迄地点	长度（公里）	估计土方数量（公方）	完成土方数量（公方）	捍卫面积（市亩）	人口（人）	固定财产	每年农产收益	备注
							财产估计（亿元）		
L13	涡河右岸河溜至龟山头	23.9	206 773	238 263.5	60 600	27 500	441	182	
L14	涡河左岸丁家沟至沱河右岸枣林庄	131.8	2 884 492	3 064 103	1 313 000	267 000	67 410	4665	
L15	淮河左岸五河至卡村	45.2	914 811	440 409.5	300 000	50 000	30 000	1500	该堤圈包括天井湖堤在内
L16	淮河左岸潼河口至双沟	12.0							津贴工粮指导地方政府办理尚未完成
已着成效堤圈小计		567	12 051 792	10 043 628.5	5 386 500	1 430 050	714 189	17 799	

资料来源：导淮委员会：《导淮半年刊》1947 年第 19 期。

表 6-6（b）　复堤土方工程完工成效表

堤圈编号	岸别及起迄地点	长度（公里）	估计土方数量（公方）	完成土方数量（公方）	捍卫面积（市亩）	人口（人）	固定财产	每年农产收益	备注
							财产估计（亿元）		
R1	三河尖圈堤	27.1	811 620	98 844	40 000	10 000	18 000	180	
R2	史河右岸临水集至淮河右岸四百丈	93.8	3 004 574	95 959	200 000	50 000	67 500	675	
R3	淮河右岸孟家湾至澧河左岸民生闸	25.0							工粮不敷分配缓办
R4	澧河左岸冯集至民生闸	19.1	65 365	62 217	40 000	10 000		160	
R5	澧河右岸稳贤集至迎河集	13.7	100 529	84 034.5	20 000			80	

续表

堤圈编号	岸别及起讫地点	长度（公里）	估计土方数量（公方）	完成土方数量（公方）	工程成效					备注
					捍卫面积（市亩）	人口（人）	财产估计（亿元）			
							固定财产	每年农产收益		
R6	淠河右岸洪家油坊至淮河左岸五里铺	29.3	1 687 219	227 343.5						堤圈尚未完成未着成效
R7	淮河右岸冯家圩至牛尾岗	24.6	1 075 850	816 442.5	80 000	42 000	240	120		冯家圩至赵台子段已完成并着成效，赵台子至牛尾岗段尚未竣工
R8	淮河右岸黑龙潭至张家楼	11.5	705 906	687 666	28 000	16 436	100	60		
R9	淮河右岸石头铺至姚湾	11.1	973 426	928 668	40 000	50 000	160	240		
R10	淮河右岸洛河街至密河左岸徐台	17.7	1 512 000	1282						因工粮不敷列入缓办，密河左岸有一溃口长140公尺，业已堵塞
R11	淮河右岸黄潼至苏家岗	11.8	838 466	225 357.5	160 000	22 000	910	480		
R12	淮河右岸蚌埠至曹山	5.5	67 589	66 661.5	24 000	60 000	360	36		
R13	淮河右岸曹山至琉璃岗	22.5	613 079	624 763.5	70 000	40 000	1050	105		
R14	淮河右岸琉璃岗至临淮关	6.0	380 345	371 781.5						
R15	淮河右岸晏公庙至相庙子	36.3	998 105	757 391	114 000	50 000	1710	171		

续表

堤圈编号	岸别及起迄地点	长度（公里）	估计土方数量（公方）	完成土方数量（公方）	工程成效				备注
					捍卫面积（市亩）	人口（人）	财产估计（亿元）		
							固定财产	每年农产收益	
R16									因工粮不敷分配缓办
R17									同上
R18									津贴工粮指导地方办理
已著成效堤圈小计		283.0	9634 854	4 819 786	816 000	350 436	90 030	2307	

资料来源：导淮委员会：《导淮半年刊》1947 年第 19 期。

第三节　多元利益格局下的导淮方略

自古以来，防灾、救灾是国家政权的一项重要功能，士绅在其中同样扮演了不可或缺的角色。晚清以来对导淮方略的探讨，以及实践的初步展开，国家权力系统、绅商和社会团体均参与其中。导淮既体现了各方追求目标的一致，入海线路的选择等诸多方面也反映了国家与社会、地方与地方以及官绅之间错综复杂的利益格局。

一、国家与社会的矛盾

加固堤坝，疏浚河流、兴修水利是政府的重要职能，也是备荒的重要手段。康熙亲政以后，鉴于淮河与漕运的密切关系，他关注的重点之一即是淮河的治理。康熙中期，"总河张鹏翮塞六坝，辟张福河、裴家场、烂泥浅、三岔河、张家庄引河，并天然、天赐二引河为七引河。口门广百余丈，于是清流澎湃，北与黄会，淮且高黄数尺"[1]。鸦片战争后，内忧外患，战败的巨额赔款，以及权力中心的下移，"加以治河之官，贪污尤甚，咸以河患为利以侵蚀中饱，国家靡帑防堵，毫无实效，河防日弛，河患日亟"[2]。

民国初年，军阀混战，中央政府形同虚设，不仅缺乏统一的导淮规划，更不可能有实质性的举措和行动。国民政府定都南京并在形式上统一全国后，由于淮河在江苏、

---

[1] 杨杜宇：《导淮之根本问题》，新亚细亚月刊社，1931 年，第 40 页。
[2] 邓云特：《中国救荒史》，第 484 页。

安徽境内的频繁泛滥，对苏北、皖北经济社会发展造成了严重阻碍，而苏皖两省是国民政府控制区域，经济社会状况对其政权的巩固有重要影响；淮河流域人口众多，是重要的粮食生产基地；不断加重的灾情，治淮呼声的高涨，使南京国民政府将导淮提上议事日程，不仅在 1929 年成立了导淮委员会，而且在国民党三中全会上通过了"关于积极进行导淮治河工程案"，正式启动了导淮工作。此后，国民政府通过了导淮委员会制定的《导淮工程计划》，蒋介石亲自担任导淮委员会委员长。蒋介石虽然亲任委员长，但是从导淮的实施情形看，导淮经费并无着落。从《导淮委员会工作报告》中我们不难看到经费问题对导淮工程的严重掣肘。导淮工程的启动，经费来源是庚款中英赔款的部分资金，入海工程中央政府所做的只是同意江苏省政府发行建设公债。在《导淮工程计划》中，第 2 期和第 3 期建设经费，拟从第 1 期建设后的获益中支付，实际上反映了导淮委员会的无奈。导淮工程作为政府的一项重要建设工程，政府没有专项经费的支持，反映了中央政府在导淮问题上地位的弱化和角色的缺失。

导淮从总体上符合流域民众的共同利益，但导淮入海线路的选择对下游民众尤其是绅商的利益有不同程度的影响，在国家与社会之间存在一定的冲突。宗受于的《淮河流域地理与导淮问题》记载，清初淮河泛滥，泗城沦陷，靳辅提议"于高邮坝下筑堤束淮出海，为黄淮分治之计划"，被宝应豪绅乔莱所阻。他认为民国初年张謇对入海水道线路选择的变化，同样是由于当地人的反对。这也是导淮委员会选择入海线路的重要原因。在宗受于看来，淮河水系变迁的历史和流域下游的地理形势，表明"引淮出灌，距海不足三百里。自张福口穿过废黄高槽不过数十里，下入盐河两岸地平，仅高出海平四公尺，较洪湖之底已低六公尺，倾斜一丈八尺，不须浚深，仅挖土筑两堤。……以江北之土工估计，不足二千万元，可告完成"，"河成之后，全淮害水不三日而可达于海"，"导淮者何惮而不决，则虑海属人之反对也"[①]。张謇曾指出，淮水由黄河故道入海，有几方面的有利条件，其中之一即是"期于地方关系较少"，即有利于减少阻力。它反映了国家与社会在导淮问题上的冲突。当时对入海线路，大致有三条可供选择，见下表（表 6-7）：

对以上线路，当时人的评价是："以上之三路线，如以工程经费为比较之中心，则以第一路线为最经济，但以盐河两岸居民颇多，悉令迁移，亦属不易。第二路线之路程最短，河槽最直，唯悉由平地开挖，征用民地，亦多困难。第三路线虽工费较多，征用民地则较少。经导淮委员会于民国二十年九月全体大会议决采用第三条路线"。苏北盐产地清末开始放垦，已成立了一批垦殖公司，涉及绅商的切身利益，第一条线路被否定反映了国家与社会在利益冲突中的妥协，也从一个侧面反映了地方社会势力对国家导淮政策方面的影响。

---

① 宗受于:《淮河流域地理与导淮问题》，第 144 页。

表 6-7　导淮入海三路线计划经费比较表

路线	第一路线	第二路线	第三路线
起讫地点	由张福河经盐河至套子口	由天然河直达套子口	由张福河经废黄河至套子口
长度（公里）	169.04	165.42	171.97
水面比降	（一）0.000 057 5（张福河） （二）0.000 058 1（盐河） （三）0.000 092 6（新辟河）	0.000 078 5（新辟河）	（一）0.000 057 5（张福河） （二）0.000 078 5（废黄河）
河底宽度（公尺）	（一）162 （二）78 （三）110	120	（一）162 （二）120
两堤相距（公尺）	（一）450 （二）300 （三）350	350	（一）450 （二）350
水量满槽时之 深度（公尺）	（一）7 （二）9.75 （三）7.5	7.5	（一）7 （二）7.5
满槽时之流量 （立方公尺秒）	1500	1500	1500
开挖土方（公方）	110 280 000	143 640 000	177 707 000
筑堤土方（公方）	15 057 000	14 582 000	10 942 000
收用民地（亩）	125 070	140 110	（黄河旧槽不在内）65 850
迁让民房数目（户）	2555	3126	1600
活动坝及船闸数目	活动坝 2 座船闸 1 座	活动坝 2 座船闸 1 座	活动坝 2 座船闸 1 座
经费总数（元）	25 017 000	30 561 600	34 269 100

资料来源：杨哲明：《导淮入海工程之现阶段》，《东方杂志》第 32 卷第 15 期，1935 年。

　　导淮作为一项重大工程，需要地方势力的支持，同样也需要民众的配合。入海工程采用征工办法，征工能否顺利进行，民工的积极性能否得到充分调动，都对工程进展产生一定影响。从统计资料看，入海工程开始以来，从 1934 年 11 月至 1936 年 6 月，发生各种纠纷多起，其中既有阻挠征工，鼓动工潮，也有民工与所在地居民之间的种种冲突，如此等等，不一而足①。战后，在复堤工程中，因伙食问题，再次发生观望逃散事件，如"皖分署四月上中旬所发面粉，全系四等面粉，品质低劣，工夫不敷食用，发生观望逃散之现象"②。被征调的民工不仅要进行繁重的劳动，而且伙食质量得不到

---

①　《江苏省导淮入海工程总报告》，《江苏建设》第 10 期，1936 年。
②　《淮河复堤第一期工程之进展》，《导淮半年刊》1947 年 19 期。

保证，不能不影响民工的积极性。此外，作为农民，每到农忙季节，必须从事农业劳动，工程的连续性难以保证，工程进展因而受到影响。

二、地方之间的冲突

淮河贯穿四省，淮河的导治不仅需要中央政府的统一领导，也需要四省之间的通力合作，尤其是安徽、江苏饱受灾害之苦，更需通力合作。张謇指出，"淮之腹在皖，尾闾在苏，治水必先治下游"，为此，他强调"省有疆界，淮河无疆界"，主张中下游的安徽、山东、江苏三省通力合作，共同导淮，尤其是与淮河有密切关联的安徽、江苏两省政府"协力合筹"："江、皖之关系密切……良以治百里之河者，目光应及千里之外；治目前之河者，推算应在百年以后，使非统筹远虑，将来流弊丛生，谁任其咎"，"警告皖人，治水果能协力合筹，无在不事半功倍。江、皖同一淮水流域，划界为治，两省不利。""警告苏人，勿以上游拟治无期，而下游之计划仅顾目前，致贻将来无涯之大戚"①。

张謇的言论反映了省与省之间在导淮问题上的利益冲突，尽管从总体上看，治淮符合流域各省的共同利益，但各省考虑的侧重点并不完全相同，导致在导淮问题上步调往往难以一致。对于淮河对流域四省的不同影响，黄泽巷指出："淮水之病，影响及于鲁豫皖苏四省。然鲁豫皖均居上游，其所受淮水之病，不过水泄稍欠畅旺耳。江苏则适当淮河尾闾，西水东流，漫无归束，于是淮域数十县膏腴之地，遂成为上游三省洪水屯集之所，十年九灾"。② 导淮入海工程由江苏省政府实施，与江苏省地处淮河下游，"入海路断，入江路淤，水一大至，漫溢四出"，江苏受害深重，求治之心更为迫切密切相关。1932 年 11 月江苏省召开全省各县建设局所负责人会议，其中讨论的一个重要议题即是导淮问题，并向导淮委员会提交《大会电导淮委员会请导淮分疏计划及早实现》，强调："导淮问题直接关系江北水利问题，影响江南水利，是为江苏全省整个水利问题，亦即江苏根本建设问题……江海分疏早一日实现，即江苏水利早一日解决，亦即江苏建设早一日进展"，表示"及早实施不胜迫切待命之至"。如果说这是对导淮委员会的建议，那么对地方各县，江苏省建设厅厅长则提出："导淮工程关系运河巨大，中央虽已设置委员会专理其事，江北各县应如何设法促进以期早日实现"。"导淮工程今已由理论而进于实施，淮之尾闾在苏皖，入江入海将同时并举，工程之步骤分排洪、灌溉、交通三项，影响所及，几遍江北全部，尤与江北运河有密切之关系。此项巨大工程，中央为郑重起见，虽已设置导淮委员会专任其事。惟兹事体大，地方利害关系尤切，必须多方促进，通力合作，庶可早袪水害而享水利。江北各县既泰半

① 《张季子九录·政闻录》卷13。

② 黄泽巷：《导淮考略》，《东方杂志》第 32 卷第 2 号，1935 年。

与长淮有直接之关系，对于工程之实施，自应负切实促进责任"①。苏北地处淮河下游，长期受淮河泛滥的影响，严重制约了苏北乃至江苏全省的发展。在中央政府开始对淮河导治给以关注的时刻，江苏省及时召开会议，充分反映了江苏省政府希望抓住难得的机遇，解决困扰其发展的淮河水患的迫切心情。它表明：第一，导淮与江苏江北各县乃至全省关系密切，江苏省力图以此为契机，消除水患。第二，导淮工程巨大，必须"多方促进，通力合作"。在导淮备受关注的时刻，即时启动入海工程，有助于充分调动各方面的积极性，推动导淮工程的展开。江苏省入海工程的启动和实施正是这一思路的产物。

此外，由于所处位置，江苏省除了受淮河干流的影响，往往也受到山东省南下之水的影响："查铜沛两县迭受水灾，实以鲁水南注，宣泄不畅所致。兹鲁又单独治运，开浚赵王牛头万福洙泗等河，引鲁南之水，导入苏境，每届洪水泛滥之际，铜沛两县首当其冲，势成泽国……故为治本之计，惟有疏治中运，使鲁水下注能畅所宣泄，以免水灾，早为各界人士所洞鉴"②。

水利纠纷往往还引起相邻省份之间的武力冲突，如 1932 年 6 月 22 日江苏的萧县疏浚龙山、岱山两河，"为恐水发下注，淹没该处田地"，"邻近皖省之宿县人民，突聚两千余人，携带武器，拟用武力填塞，形势殊为严重"。到 7 月 5 日，演变成激烈的武力冲突，"双方开炮激战极烈，萧属村庄，中弹损毁多处，伤农民三"。萧、宿两县，"均电省请示"③。

对于各省在导淮方面的分歧，宗受于在 1931 年指出，导淮"事关四省，利害异形，缓急异势……欲求苏皖齐豫四省公开为一致之进行，决不可得"。解决之策，只有将"长淮流域自立为一行省"，"以河南省之归德，山东之兖沂，安徽之凤颍泗，江苏之徐淮海，并为长淮一省"。以流域的自然形势设置行省，不仅风俗、习惯、语言相通，而且"长淮流域，沃野千里，滨海有盐田之利，铜山有兴国之矿。其交通则水路自清江通航而上可达河南之朱仙镇，循运而下出瓜口直达江浙，陆路则津浦铁道已成。海徐开铁道业已规划。徐州为纵横二大铁路之交点。故长淮流域固具天然一大省之形势，而徐州亦长淮流域一大都会也"，"以同一之民俗，同一之利害，而议同一之政治，无有不欢欣鼓舞赞成斯举者。而后公推才识冠时、威望素著者，界以统治全权，发布长淮行省之政纲，以导淮、兴屯、练兵三者为唯一之政策"，"十年之后，长淮富庶，必超过江浙"。他指出："治淮者必先明了全淮地势，乃能不惑于一隅之利害，而误入歧途也。又必以导淮最大利益为标准，使巨款易集，且免上下段利害之冲突也。"④

① 《提案》，《江苏建设》1933 年第 1 期。
② 《提案》，《江苏建设》1933 年第 1 期。
③ 冯和法：《中国农村经济资料》，第 535 页。
④ 宗受于：《淮河流域地理与导淮问题》，第 146 ~ 148 页。

淮域各省以及淮域与其他区域的关系，需要中央政府的统筹管理，统一调度。但是，晚清至民国时期中央政府的软弱，使协调很难真正实行。各地利害不同，考虑的侧重点相异，不能不影响导淮的成效。

三、近代以来治淮的经验教训

淮河流域在我国经济社会发展中的重要性，不论动机如何，历代政府对淮河治理都给予一定程度的重视。到了近代，随着科学技术的引进，首次开始运用现代水利工程技术进行导淮工程。新中国建立后，淮河是新中国第一条全面、系统治理的河流。灾害的频发，发展生产，提高人民生活水平的需要，党中央、国务院将淮河的治理作为一项重要工作，多次制定治淮规划，并计划到2007年基本将淮河治理好。2007年淮河发生洪水灾害，由于治淮工程的效益，取得了抗洪斗争的胜利。从近代以来治淮的历史看，淮河的治理不仅与人们的认识水平不可分割，也与社会环境息息相关。其历史经验主要表现在以下几个方面：

（1）除害与兴利相结合是近代以来导淮方略的基本思路

淮河为害，主因是黄河夺淮导致的淮河水系的紊乱。从近代的治淮方略看，其对淮河的导治，不仅侧重除害，同样侧重兴利，排洪、灌溉、航运相互关联，不可分割。对淮河之水，不是简单的为其寻找出路，而是蓄、泄兼顾，在科学测量的基础上，统筹分配淮水的去路。蓄泄兼筹同样是贯穿新中国的治淮方略的基本指导思想。

如果说对淮水的处理考虑到除害与兴利的统一，那么对淮河的治理，还包含着改善流域环境，发展全国经济的内涵。时人指出，流域"土壤肥沃，气候温和，人口稠密，物产丰盛"，"其水势清澈，最足以资利用。况在中国陆道交通未开发以前，西部各地物产之输出，尤须假道于此以出黄海，如杨惠人先生之所言，则疏浚淮河，以发达国家产业经济，又为刻不容缓之问题"[①]。认为淮河水系作为沟通东西南北交通枢纽，有助于推动全国经济的发展。

1951年5月中央治淮视察团在《告淮河流域同胞书》中指出："治淮工程不只是除患救灾的紧急任务，同时也是国家长期建设的一个部分。过去淮河虽然长期失修，以致经常发生水患，但就淮河的基本形势看，也是具有非常优越的发展条件"。在1991年的《关于进一步治理淮河太湖的决定》中则从人口、资源与环境协调发展的高度提出对淮河进行治理，这不仅是认识上的飞跃，更有助于对淮河的统筹治理，促进淮域乃至全国经济社会的协调发展。

---

① 杨杜予：《导淮之根本问题》，第6、7页。

（2）团结治水，共建共享是治理淮河的基本原则

淮河水系跨省河道多，河流上下游、左右岸、干支流水系关系复杂，历来矛盾多，利益难以平衡。晚清以来，虽然共同治淮的呼声不断出现，但中央政权的衰弱，政局的动荡，政治的不修，统一治淮的愿望难以实现。新中国的建立，共同利益的一致，不仅为团结治水提供了前提条件，同时也将团结治水作为基本原则。1950年8月毛泽东在《关于导淮问题的批示》中指出："导淮必苏、皖、豫三省同时动手，三省党委的工作计划，均须以此为中心"。同年11月政务院总理周恩来在政务院讨论治淮报告的常务会议上指出，治淮的原则之一是"统筹兼顾"，这个"统筹"不仅包括蓄泄兼顾，还包括"上下的利益都要照顾到"，强调治淮必须"有福同享，有难同当"，"事情总是大家应该分担一些才能解决，哪一方面想单独保持安全都不行"。新中国的领导人一开始就将团结治水作为治淮的基本原则，体现了他们的战略眼光。

治淮委员会的建立为流域的统一规划和治理提供了有力的组织保障。此外，20世纪90年代成立的由国务院副总理任组长，流域各省及财政部、水利部等有关部门领导参加的国务院治淮领导小组，也有利于进一步发挥统一管理的职能，推动了治淮协调工作的展开。

（3）强有力的组织领导，稳定的社会环境是治理淮河的基本保证

现代意义上的治淮，不仅需要一定的技术条件，还要有相应的政治、经济保障。清末虽开始出现"导淮"之议，但处于内忧外患中的清政府根本无力组织实施。国民政府定都南京后，形式上的统一为其导淮提供了一定的条件。虽然成立了导淮委员会，但导淮委员会在协调各方时心有余而力不足，国民政府导淮20余载，淮患并未减轻。

中华人民共和国的建立不仅使淮河的治理有了坚强的中央政府的统一领导，而且社会政治的安定，也为淮河的治理提供了稳定的社会环境。1981年12月国务院召开由流域四省主要负责人、淮委和有关部门参加的治淮会议，形成了《国务院治淮会议纪要》。《纪要》强调指出，淮河流域是一个整体，上、中、下游关系密切，必须按流域统一治理，才能以最小的代价取得最大的效益。统一治理包括统一规划、统一计划，统一管理、统一政策。在统一规划下充分发挥地方的积极性。在工程的规划与设计上，如临淮岗工程对豫皖两省的影响，因为中央的协调，统一规划，工程顺利实施。

此外，1980年国务院批准设立了局址设于徐州的沂沭泗水利工程管理局，下设南四湖，沂沭河，骆马湖3个管理处，对主要河道、湖泊和枢纽进行统一管理和调度，大型工程施工，并研究流域管理中的有关问题，提出建议。

（4）不断深化对治淮规律的认识，为根治淮河提供了科学依据

人们的认识是在实践中不断深入的，对淮河的治理也在实践中不断深化。如果说20世纪对淮河的治理经历了从"导淮"向"治淮"的转变，那么进入21世纪，治淮理念则发展到：由"导淮"向"人与水和谐共处"的转变，这不仅是认识上的提升，它也为本世纪对淮河的根治提供了思想上的保证。

2003 年淮河再次发生水灾，此次抗洪救灾不再强调"严防死守"，人与水和谐共处成为治淮的基本指导思想。2003 年水利部部长汪恕诚发表《中国防洪减灾的新策略》，指出："通常所说的自然灾害其实并非都是自然发生的，近百年来导致水灾害损失上升的主要原因是人类活动"。不仅要防止水对人类的侵害，也要防止人类对水的侵害。中央政府"在防洪策略调整上的重大突破是：在建设方面强调在流域生态系统重建的大框架下部署防洪建设；在管理方面运用系统治理论和风险管理方法，从控制洪水向洪水管理转变。"[①]

人与水和谐相处，人与自然和谐相处，以人为本的治淮理念，带来的是治淮思路的根本转变。治淮新思路强调尊重水的自然规律，要从侧重改造自然、约束洪水为目标，转向以约束和规范人类自身活动，改善人类行为，保护生态环境，解决人与水争地的矛盾，实现人与水和谐相处，实现流域经济社会环境的协调发展为目标。

近代以来治淮经验值得总结，其教训同样不可忽视：

（1）对非工程措施的忽略影响了治淮工程效益

淮河变成灾害频发的河流，既源于黄河夺淮的影响，也由于人类过度开垦，生态环境的恶化，因此，单纯的工程措施不可能从根本上解决问题。1981 年《国务院治淮会议纪要》指出："许多山区滥伐森林，陡坡开荒，水土流失日益加剧。"20 世纪末，虽然治淮思路开始注重尊重自然规律，但从治淮的 19 项骨干工程看，对生态环境的修复并没有给予足够的重视，水土保持只是其中的极小部分。从流域中上游看，水土流失越来越严重，潜在威胁在增加。只有真正建立流域生态环境保护屏障，修复生态环境，才能从根本上防灾、减灾。此外，流域是我国人口密度较高地区之一，行、蓄洪区的设置不仅影响了淮水的出路，也使区内民众生活长期动荡不定，生活水平低下，"由于对这些地区的群众生产、生活长期缺乏妥善的安置，没有明确统一的政策，行洪、蓄洪后，群众生产、生活相当困难，有的安全也缺乏保障。在这种情况下，行洪区内的群众，不断加高圩堤，阻碍行洪，加上河道内其他阻水设施，大大减少了淮河的行洪能力。许多蓄洪的湖泊洼地，也被擅自围垦，调蓄能力不断削弱"[②]。因此，要改变这种状况，真正实现"以人为本"，除对行、蓄洪区实行相应补偿机制外，还需控制人口的过快增长，这一点在 20 世纪 80 年代已提出，但要真正取得成效，还必须有一系列的社会措施相配套，如大力发展教育，提高人口素质；建立社会保障机制，使老有所养等。因此，诸如地区文化传统、社会改革措施等社会因素在治淮中的作用同样极其重要，不可忽视。

工程与非工程措施的结合是治淮不可缺少的手段，非工程措施不仅包括水土保持

---

① 汪恕诚：《中国防洪减灾的新策略》，水利部淮河水利委员会：《治淮汇刊》（年鉴）2004，第 103、104 页。

② 《国务院治淮会议纪要》，《淮河人文志》，第 461 页。

等自然因素，社会因素同样缺一不可，这一点往往不被重视。要实现治淮目标，必须更加放宽视野，开阔思路。

（2）蓄泄兼顾须真正做到统筹兼顾，综合治理

蓄、泄兼顾是近代以来治淮方略的主轴，但灾害救治的迫切、资金的限制等诸多原因，实际的工作中往往以排洪救灾为主，"泄"占主要地位，"蓄"往往不被重视。20世纪60年代初水利部就指出："以蓄为主，以排为辅"的方针虽然早经提出，但是贯彻此项方针的具体措施并没有完全解决，加以不少地区对这个方针的理解有片面性，在工作中造成了一些损失。在平原地区如何蓄，在平原地区如何排？由于措施没有解决，在治水中产生只蓄不排和只排不蓄两种偏向①。淮河治理是一个系统工程，除害兴利是一个整体，重"泄"轻"蓄"反映的实际上是对淮河的总体研究不够，全面性、前瞻性、战略性研究还有待加强。

（3）流域合作要进一步加强

"淮河流域省际边界长约3000公里，涉及20余市（地）70余县（市），流域面积20平方公里以上的省际边界河沟达169条"②。淮域的水事纠纷由来已久，这种纠纷不仅包括泄洪时的上下游在防洪上的矛盾，也包括水资源利用时的省际矛盾、边界矛盾。新中国建立后，虽然反复强调团结治水，但水事矛盾并未能够从根本上解决，无论是第一代领导人毛泽东、周恩来的讲话，还是其后历次治淮文件都强调的大局意识，它实际上反映了水事矛盾的存在及其对治淮工程的影响。1951年4月《关于治淮方略的初步报告》提出后不久，7月又提出《关于治淮方略的补充报告》，补充报告一个重要的方面是对下游开挖入海水道的否定，而改为开挖洪泽湖至黄海的苏北灌溉总渠。民国时期入海水道线路的选择就是一个敏感问题，最终选择废黄河是由于与地方矛盾较少。

1961年水利电力部党组专门就《关于解决冀鲁豫三省边境地区水利问题的初步意见》呈文中央，中央作专门批示。1962年水利电力部将《关于冀鲁豫苏京五省一市平原地区水利问题的处理原则》给中央专文报告，中央同意了这个报告，并指出："那种只顾本区，不顾邻区，只顾局部，不顾整体，只顾眼前，不顾长远利益的做法"，是不能解决问题的。"那种损人利己，以邻为壑的做法更是错误的。"

20世纪80年代以来，随着淮域经济的发展，生产和生活用水矛盾突出。1980年南四湖地区因水事纠纷甚至发生武装械斗，国务院副总理杨静仁到徐州主持南四湖地区安定团结问题座谈会，达成了《关于加强微山湖地区安定团结的几项临时协议》，就

---

① 《关于解决冀鲁豫三省边境地区水利问题的初步意见》，水利部淮河水利委员会：《淮河水文志》，第440、441页。

② 《淮河流域省际边界水事协调工作规约》，水利部淮河水利委员会：《治淮汇刊》（2006），第61页。

湖田纠纷、用水安排达成临时协议①。1994 年 4 月，在淮委协调下，淮委与流域四省共同签署了《淮河流域省际边界水事协调工作规约》。《规约》要求省际边界地区的水利建设与管理必须遵循《水法》，防止和避免水事纠纷。省际边界双方市、县之间应建立相互交流、共同规划，谋求互利的边界水利协商机制，建立定期例会交流制度。同时成立了淮河流域边界水事协调工作联络小组，联络小组每年召开一次会议，互通情况，研究有关调解方案和处理意见。1999 年 4 月淮委和四省水利厅代表对《规约》作了修改。2005 年 5 月，根据新的《水法》和水利部《省际水事纠纷预防和处理办法》，结合淮域实际情况，对《规约》再次进行了修改。修改后的《规约》对省际边界地区的水利建设与管理、协调机制的建立、纠纷处理方式等作了可操作性的规定，为解决省际边界水事纠纷提供了基本的依据。为加强对突发事件的处理，淮委还制定了《淮河流域省际水事纠纷应急处置预案》，对工作机构及职责、预警和处置机制作了一系列规定②。然而，长期积累的矛盾，水利关系的复杂，现实利益的冲突，决定了问题的复杂性和艰巨性。

淮河水利委员会在流域内行使水行政管理职责，负责流域水资源的管理、监督、保护，统筹协调流域生活、生产和生态用水等等，沂沭泗地区重要控制性闸坝和河道管理等事务，然而，淮委如何协调与四省在流域管理上的关系还需加强，机制尚需创新，流域管理与区域管理的关系还要进一步理顺。治理淮河，是流域民众长久以来的期盼，共同治淮，统一步伐，则是实现这一美好愿望的有效手段。

---

① 水利部淮河水利委员会：《淮河大事记》，第 238、239 页。
② 参见《淮河流域省际边界水事协调工作规约》，水利部淮河水利委员会：《治淮汇刊》（2006 年），第 61 ~ 66 页。

参 考 文 献

一、档　案

《湖广总督张之洞呈卢汉铁路与比公司订定行车合同清单》，中国第一历史档案馆馆藏。

《军机处大臣张之洞等奏为津浦南段铁路取道皖境请饬安徽巡抚会办事》，中国第一历史档案馆馆藏。

《津浦铁路事务徐世昌、督办津浦铁路事务沈云沛奏报津浦铁路南段淮河桥工告成并工程进步情形事》，中国第一历史档案馆馆藏。

《峄县华德中兴煤矿有限公司拟就续招华股及公司存款购办料物自修运煤铁路事》，中国第一历史档案馆馆藏。

《市县设立民生工厂办法及劝办工厂考成条例》，中国第二历史档案馆馆藏。

《河南省各县民生工厂章程》，中国第二历史档案馆馆藏。

《行政院交办核拟河南省府呈关于民生工厂等》，中国第二历史档案馆馆藏。

《实业部蚌埠平民工厂1934年5月至9月营业收支表》，中国第二历史档案馆馆藏。

《中国蛋制品出口失败之原因》，中国第二历史档案馆馆藏。

《铁道部提议烈山煤矿根本救济办法》，中国第二历史档案馆馆藏。

《陇海全线调查》，中国第二历史档案馆馆藏。

《农林部农业推广委员会办理面粉换取改良小麦种子贷放工作实施报告》，中国第二历史档案馆馆藏。

《河南省农业改进所三十七年度元月份推广工作月报表》，中国第二历史档案馆馆藏。

《安徽省粮食增产总督导团三十二年度粮增成效报告》，中国第二历史档案馆馆藏。

《农林部农业推广委员会三十五年度粮食作物推广实施计划》，中国第二历史档案馆馆藏。

《农商部第四棉业试验场民国十年度试验成绩报告》，中国第二历史档案馆馆藏。

《河南省农业改进所二十九年至三十三年棉增工作总报告》，中国第二历史档案馆馆藏。

《江苏省立麦作试验场民国十九年度工作报告》，中国第二历史档案馆馆藏。

《河南农作物产量及病虫害损失调查表》，中国第二历史档案馆馆藏。

《江苏省立麦作试验场民国十九年度工作报告》，中国第二历史档案馆馆藏。

《江苏组织螟虫考察团》，中国第二历史档案馆馆藏。

《皖省战区农贷》，中国第二历史档案馆馆藏。

《各省关于农田水利工作专报》，中国第二历史档案馆馆藏。

《农业推广贷款总类》，中国第二历史档案馆馆藏。

《农业生产贷款登记单》，中国第二历史档案馆馆藏。

《关于实施二五减租具体办法，健全农会组织，彻底推行二五减租办法》，中国第二历
　　史档案馆馆藏。

《江苏省各县农村概括调查及有关农贷的来往函件》，中国第二历史档案馆馆藏。

《江苏省农业改良计划》，中国第二历史档案馆馆藏。

《豫省战区救贷》，中国第二历史档案馆馆藏。

《历年农贷利率及农贷转抵押利率一览表》，中国第二历史档案馆馆藏。

《各省之农佃分布及近年来之变迁》，中国第二历史档案馆馆藏。

《各省棉花加工运销贷款概况》，中国第二历史档案馆馆藏。

《农业概况调查表》，中国第二历史档案馆馆藏。

《修正农业推广章程》，安徽省档案馆馆藏。

《蒙城县农业推广所概况调查表》，安徽省档案馆馆藏。

《安徽省建设厅关于农业改进计划纲要及预算方面的电文》，安徽省档案馆馆藏。

《安徽省农业推广辅导委员会第三次会议》，安徽省档案馆馆藏。

《省府关于填报各县农业推广所概况调查表与各县府的来往文电》，安徽省档案馆馆藏。

《发展安徽棉业计划大纲》，安徽省档案馆馆藏。

《安徽省农林局散发推广病虫药械数量分配表》，安徽省档案馆馆藏。

《安徽省建设厅农林局关于捕蝗发粉情形与各省来往文电》，安徽省档案馆馆藏。

《安徽省农业推广辅导委员会无代价散发推广肥料分配表》，安徽省档案馆馆藏。

《省水利局、淮域赈委会关于水利工程、水利气象等文书材料》，安徽省档案馆馆藏。

二、资　料　汇　编

王彦威：《清季外交史料》，1933～1935年铅印本。

《第二次全国财务会议汇编》，华东印书局，1934年。

河南省政府建设厅：《河南建设述要》，1935年。

交通铁道部交通史编纂委员会：《交通史航政编》，1935年。

冯和法：《中国农村经济资料》，黎明书局，1935年。

山东省政府建设厅：《山东省政府建设厅现行各项章则汇编》，1935年。

安徽省驿运管理处：《安徽驿运一年》，1942年。

孙毓棠、汪敬虞：《中国近代工业史资料》，科学出版社，1957年。

章有义:《中国近代农业史资料》,三联书店,1957年。

彭泽益:《中国近代手工业史资料》,中华书局,1962年。

姚贤镐:《中国近代对外贸易史资料》,中华书局,1962年。

宓汝成:《中国近代铁路史资料》,中华书局,1963年。

中国人民银行总行参事室金融史料组编:《中国近代货币史资料》,第1辑,中华书局,
　　1964年。

许道夫:《中国近代农业生产及贸易统计资料》,上海人民出版社,1983年。

上海社会科学院经济研究所:《英美烟公司在华企业资料汇编》,第2册,中华书局,
　　1983年。

安徽省档案馆等:《安徽革命根据地财经史料选》,安徽人民出版社,1983年。

豫皖苏鲁边区党史办公室等:《淮北抗日根据地史料选辑》第1~5辑,1984~1985年。

山东省档案馆等:《山东革命根据地财政史料选编》,1985年。

中央档案馆等:《鄂豫皖苏区革命历史文件汇集》第4册,1985年。

黄同仇等:《安徽概览》,1944年,安徽省档案馆1986年重印。

湖北省档案馆等:《鄂豫皖革命根据地财经史资料选编》,湖北人民出版社,1989年。

中国人民银行上海市分行金融研究所编:《上海商业储蓄银行史料》,上海人民出版社,
　　1989年。

国民党中央党部国民经济计划委员会:《十年来之中国经济建设(1927~1936)》,南京
　　古旧书店,1990年影印。

中国第二历史档案馆:《中华民国史档案史料汇编》,江苏古籍出版社,1994年。

彭泽益:《中国工商行会史料集》,中华书局,1995年。

朱寿朋:《光绪朝东华续录》,台北大通书局,1995年。

蔡鸿源:《民国法规集成》,黄山书社,1999年。

宓汝成:《中华民国铁路史资料》(1912~1949),社会科学文献出版社,2002年。

李文海:《民国时期社会调查丛编》,福建教育出版社,2004年。

上海市档案馆:《日本在华中经济掠夺史料》,上海书店出版社,2005年。

三、调查报告、年鉴

赖继光:《中华矿产一览表》,北京文明书局,1912年。

顾琅:《中国十大矿厂调查记》,商务印书馆,1916年。

江苏省长公署第四科:《江苏省实业视察报告书》,商务印书馆,1919年。

安徽省政府:《安徽省六十县经济调查简表》,1919年。

林修竹:《山东各县乡土调查录》,商务印书馆,1920年。

王清彬等：《中国劳动年鉴》，第 1 次，北平社会调查部，1928 年。

安徽省政府秘书处：《安徽省概况统计》，1933 年。

行政院农村复兴委员会：《河南省农村调查》，商务印书馆，1934 年。

行政院农村复兴委员会：《江苏省农村调查》，商务印书馆，1934 年。

《河南矿业报告》，第 3 号 1 次，河南省地质调查所印行，1934 年。

《安徽省二十三年度统计年鉴》，1934 年。

《中国经济年鉴》，商务印书馆，1934 年。

安徽省政府统计委员会：《安徽省统计年鉴》，1934 年。

赵如珩：《江苏省鉴》，1935 年。

实业部中国经济年鉴编纂委员会：《中国经济年鉴续编》 （1935），商务印书馆，
　　1935 年。

陈伯庄：《平汉沿线农村经济调查》，交通大学研究所生活经济组专刊第 4 号，1936 年。

金城银行总经理处天津调查分部：《山东棉业调查报告》，1936 年。

铁道部秘书处：《铁道年鉴》，商务印书馆，1936 年。

淮南煤矿局：《淮南煤矿六周年纪念特刊》，1936 年。

安徽省建设厅：《安徽一年来之农村救济及调查》，1936 年。

安徽省政府统计委员会：《安徽省二十八年度统计年鉴》，1939 年。

安徽省政府统计委员会：《安徽省二十九年度统计年鉴》，1940 年。

《亳县县政年刊》，1944 年。

林修竹：《茂泉实业文集》，民国间石印本。

华东军政委员会土地改革委员会：《山东省华东各大中城市郊区农村调查》，1952 年。

四 、 近 代 报 刊

《安徽建设月刊》、《安徽政务月刊》、《安徽实业杂志》、《安徽半月刊》、《安徽实业志》、《安徽建设季刊》、《经济建设半月刊》、《江苏建设月刊》、《江苏省建设季刊》、《江苏实业杂志》、《江苏省实业厅半月刊》、《江苏实业月志》、《建苏》、《江苏建设公报》、《江苏月报》、《河南建设月刊》、《河南建设季刊》、《河南实业周刊》、《河南实业公报》、《河南统计月报》、《河南统计月刊》、《河南农工银行月刊》、《郑州日报》、《郑州市政月刊》、《山东建设半月刊》、《山东建设月刊》、《山东省立水产试验场季刊》、《东方杂志》、《商务官报》、《农商公报》、《纺织时报》、《纺织年刊》、《纺织建设》、《国民政府公报》、《农商公报》、《实业公报》、《农矿公报》、《中华农学会报》、《实业周刊》、《实业季报》、《实业部公报》、《工业月刊》、《工矿建设》、《劳工月刊》、《农学报》、《商业杂志》、《商业月报》、《工商半月刊》、《地学杂志》、《中国棉产改进

统计会议专刊》、《中国农村》、《国际贸易情报》、《国风报》、《时报》、《统计月报》、《水产月刊》、《国际贸易导报》、《皖北日报》、《安徽地方银行旬刊》、《中行月刊》、《经济建设半月刊》、《中华全国商会联合会会报》、《南洋商务报》、《农业周报》、《银行周报》、《中央银行月报》、《钱业月报》、《晨报》、《时事月报》、《中国建设》、《中国工业》、《社会月刊》、《中外日报》、《安徽驿运周刊》、《建设周刊》、《道路月刊》、《津浦铁路月刊》、《交通建设》、《交通杂志》、《农业推广通讯》、《农业推广》、《农报》、《农友》、《导淮委员会半年刊》、《水利月刊》、《经济建设》、《政务周刊》、《教育周刊》、《阜阳县政》。

五、方　　志

咸丰《重修兴化县志》，中国方志丛书本。

同治《叶县志》，中国方志丛书本。

同治《金乡县志》，中国方志丛书本。

同治《续萧县志》，中国地方志集成本。

同治《霍邱县志》，中国地方志集成本。

光绪《寿州志》，中国地方志集成本。

光绪《亳州志》，中国地方志集成本。

光绪《凤台县志》，中国地方志集成本。

光绪《宿州志》，中国地方志集成本。

光绪《重修五河县志》，中国地方志集成本。

光绪《凤阳县志》，中国地方志集成本。

光绪《凤阳府志》，中国地方志集成本。

光绪《盐城县志》，1895 年刻本。

光绪《淮安府志》，中国方志丛书本。

光绪《清河县志》，中国方志丛书本。

光绪《光州志》，中国方志丛书本。

光绪《鹿邑县志》，中国方志丛书本。

光绪《祥符县志》，1898 年刻本。

光绪《扶沟县志》，中国方志丛书本。

光绪《郓城县乡土志》，中国方志丛书本。

光绪《费县乡土志》，光绪末抄本。

光绪《菏泽县乡土志》，1907 年刊本。

光绪《峄县乡土志》，1904 年刊本。

光绪《宁阳县乡土志》，1907 年刊本。

宣统《滕县续志稿》，中国方志丛书本。

民国《临泉县志略》，中国地方志集成本。

民国《太和县志》，中国地方志集成本。

民国《亳县志略》，中国地方志集成本。

民国《阜阳县志续编》，中国地方志集成本。

民国《甘泉县续志》，中国方志丛书本。

民国《三续高邮州志》，中国方志丛书本。

民国《续修江都县志》，中国方志丛书本。

民国《宝应县志》，中国方志丛书本。

民国《盱眙县志略》，中国地方志集成本。

民国《续纂泰州志》，中国地方志集成本。

民国《续纂山阳县志》，中国地方志集成本。

民国《续纂清河县志》，中国地方志集成本。

民国《太康县志》，中国方志丛书本。

民国《许昌县志》，中国方志丛书本。

民国《重修正阳县志》，1936 年铅印本

民国《光山县志约稿》，中国方志丛书本。

民国《禹县志》，中国方志丛书本。

民国《商丘县志》，中国方志丛书本。

民国《夏邑县志》，中国方志丛书本。

民国《西华县续志》，中国方志丛书本。

民国《鄢陵县志》，中国方志丛书本。

民国《中牟县志》，中国方志丛书本。

民国《续荥阳县志》，中国方志丛书本。

民国《淮阳县志》，中国方志丛书本。

民国《商水县志》，中国方志丛书本。

民国《邳志补》，中国方志丛书本。

民国《临沂县志》，中国方志丛书本。

民国《重修莒志》，莒县新成印务局 1936 年刊本。

民国《续修曲阜县志》，1934 年济南同志印刷所铅印本。

民国《济宁县志》，中国方志丛书本。

民国《续修巨野县志》，中国方志丛书本。

李应珏：《皖志便览》，中国方志丛书本。

《扬州北湖小志》，中国方志丛书本。

阮元：《扬州北湖续志》，扬州丛刻本。

顾琅：《中国矿产志》，上海文明书局，1907 年。

孔廷章、郑宇等编译：《中华地理全志》，1914 年。

林传甲总纂：《大中华安徽地理志》，中华印刷局，1919 年。

林传甲总纂：《大中华河南地理志》，武学书馆，1920 年。

陈重民编纂：《今世中国贸易通志》，商务印书馆，1924 年。

汪篯：《蒙城县政书》，1924 年抄本。

白眉初：《鲁豫晋三省志》，1925 年。

吴世勋：《分省地志·河南》，中华书局，1927 年。

吴承洛：《今世中国实业通志》，商务印书馆，1929 年。

杨大金：《近代中国实业通志》，南京中国日报印刷所，1933 年。

实业部国际贸易局：《中国实业志·江苏省》，1933 年。

实业部国际贸易局：《中国实业志·山东省》，1934 年。

《分省地志·山东》，上海中华书局，1935 年。

李长傅：《分省地志·江苏》，中华书局，1936 年。

殷惟龢编：《江苏六十一县志》，商务印书馆，1936 年。

杨大金：《现代中国实业志》，商务印书馆，1940 年。

萧县工商志编写领导小组：《萧县工商行政管理志》，1984 年。

怀远县粮食局：《怀远县粮食志》，1985 年。

安徽省《阜阳商业志》编纂小组：《阜阳市商业志》，1986 年。

太和县工商志编纂领导小组：《太和县工商行政管理志》，1986 年。

金寨县商业局：《金寨县商业志》，1986 年。

蒙城县粮油食品局蒙城县粮食志编写组：《蒙城县粮食志》（1910～1985），1986 年。

怀远县商业局：《怀远县商业志（1911～1985）》，1986 年。

灵璧县粮油食品局：《安徽省灵璧县粮食志》，1986 年。

颍上县商业局《商业志》编纂领导小组：《颍上县商业志》，1987 年。

灵璧县商业志编纂办公室：《灵璧县商业志》，1987 年。

民国《河南新志》，1929 年，河南省地方史志编纂委员会整理，河南省地方史志编纂
　　委员会书刊发行部发行，1988 年。

安徽省涡阳县地方志编纂委员会：《涡河县志》，黄山书社，1989 年。

信阳地区金融志编纂委员会：《信阳地区金融志》，河南人民出版社，1989 年。

河南省地方史志编纂委员会：《河南省志》，河南人民出版社，1991 年，1993 年，
　　1995 年。

山东省地方志编纂委员会：《山东省志》，山东人民出版社，1991 年，1993 年，1997
　　年，2000 年。

许昌市地方志编纂委员会：《许昌市志》，南开大学出版社，1993 年。

枣庄市地方史志编纂委员会：《枣庄市志》，中华书局，1993 年。

安徽省地方志编纂委员会： 《安徽省志》，安徽人民出版社，1993 年，1998 年，1999 年。

六安县地方志编纂委员会：《六安县志》，黄山书社，1993 年。

江苏省地方志编纂委员会：《江苏省志》，江苏科学技术出版社，1994 年，1996 年，1997 年，1999 年。

徐州市地方志编纂委员会：《徐州市志》，中华书局，1994 年。

王命钦：《开封商业志》，中州古籍出版社，1994 年。

蚌埠市地方志编纂委员会：《蚌埠市志》，方志出版社，1995 年。

淮阴市地方志编纂委员会：《淮阴市志》，上海社会科学出版社，1995 年。

定远县地方志编纂委员会：《定远县志》，黄山书社，1995 年。

界首市地方志编纂委员会：《界首县志》，黄山书社，1995 年。

邗江县地方志编纂委员会：《邗江县志》，江苏人民出版社，1995 年。

淮阴市地方志编纂委员会：《淮阴市志》，上海社会科学出版社，1995 年。

上蔡地方志编纂委员会：《上蔡县志》，三联书店，1995 年。

桐柏县地方史志编纂委员会：《桐柏县志》，中州古籍出版社，1995 年。

宿迁市地方志编纂委员会：《宿迁市志》，江苏人民出版社，1996 年。

扬州金融志编纂委员会：《扬州金融志》，中国金融出版社，1996 年。

宿县地区行政公署粮食局：《宿县地区粮食志》，黄山书社，1996 年。

商丘地区地方志编纂委员会：《商丘地区志》，三联书店，1996 年。

阜阳地区地方志编纂委员会：《阜阳地区志》，方志出版社，1996 年。

六安地区地方志编纂委员会：《六安地区志》，黄山书社，1997 年。

兖州市地方史志编纂委员会：《兖州市志》，山东人民出版社，1997 年。

扬州市地方志编纂委员会：《扬州市志》，中国大百科全书出版社上海分社，1997 年。

淮南市地方志编纂委员会：《淮南市志》，黄山书社，1998 年。

淮北市地方志编纂委员会：《淮北市志》，方志出版社，1998 年。

凤台县地方志编纂委员会：《凤台县志》，黄山书社，1998 年。

菏泽地区地方史志编纂委员会：《菏泽地区志》，齐鲁书社，1998 年。

盐城市地方志编纂委员会：《盐城市志》，江苏科学技术出版社，1998 年。

郑州市地方史志编纂委员会：《郑州市志》，中州古籍出版社，1999 年。

漯河市地方志编纂委员会：《漯河市志》，方志出版社，1999 年。

连云港市地方志编纂委员会：《连云港市志》，方志出版社，2000 年。

水利部淮河水利委员会淮河志编纂委员会：《淮河综述志》，科学出版社，2000 年。

济宁市地方志编纂委员会：《济宁市志》，中华书局，2002 年。

张玉法等:《民国山东通志》,台湾山东文献杂志社,2002 年。

开封市地方志编纂委员会:《开封市志》,北京燕山出版社,2004 年。

六、文 史 资 料

河南省政协文史资料研究委员会: 《河南文史资料》第 1 辑,河南人民出版社,
  1979 年。

蚌埠市政协蚌埠市志编纂委员会:《蚌埠古今》第 1 辑,1982 年。

江苏淮阴政协文史资料研究委员会:《淮阴文史资料》第 2 辑,1984 年。

亳县政协文史资料研究委员会:《亳县文史资料》第 2 辑,1985 年。

开封市政协文史资料研究委员会:《开封文史资料》第 3 辑,1986 年。

徐州市政协文史资料委员会:《徐州工商史料》,1986 年。

安徽省政协文史资料委员会:《工商史迹》,安徽人民出版社,1987 年。

蚌埠市政协文史办公室等:《蚌埠工商史料》,安徽人民出版社,1987 年。

淮南市政协文史资料委员会:《淮南近现代经济史料》,1987 年。

江苏省政协文史资料研究委员会:《江苏工商经济史料》,1989 年。

山东省政协文史资料委员会:《山东工商文史集萃》,山东人民出版社,1989 年。

江苏连云港市政协文史资料委员会:《连云港文史资料》第 7 辑,1989 年。

河南临颍县政协文史资料研究委员会:《临颍文史资料》第 6 辑,1989 年。

河南郑州市政协文史资料研究委员会:《郑州文史资料》第 5 辑,1989 年。

亳县政协文史资料研究委员会:《亳县文史资料》第 4 辑,1990 年

扬州市政协文史资料委员会:《扬州文史资料》第 10 辑,1991 年。

安徽蒙城政协文史资料研究委员会:《漆园古今》第 9 辑,1991 年。

山东微山政协文史资料委员会:《微山文史资料》第 3 辑,1992 年。

宿州市政协文史资料研究委员会:《宿州市文史资料》第 2 辑,1992 年。

山东省政协文史资料研究委员会:《工商经济卷》,山东人民出版社,1993 年。

河南郑州市政协文史数据委员会:《郑州文史资料》第 1 辑,1993 年。

沂水文史精粹编委会:《沂水文史精粹》,山东文艺出版社,1999 年。

全国政协文史资料委员会:《文史资料存稿选编》,中国文史出版社,2002 年。

七、专   著

周葆鉴:《中华银行史》,商务印书馆,1923 年。

冯次行:《中国棉业论》,上海北新书局,1929 年。

龚仲皋：《中国近代工业发展概论》，上海太平洋书店，1929 年。

黄著勋：《中国矿产》，商务印书馆，1930 年。

柳肇嘉：《江苏人文地理》，上海大东书局，1930 年。

杨杜宇：《导淮之根本问题》，新亚细亚月刊社，1931 年。

胡去非、严新农：《安徽省一瞥》，商务印书馆，1931 年。

王幼侨：《河南方舆人文志略》，北平西北书局，1932 年。

吴翰青，赵耕莘：《开封城市一瞥》，审美书局，1932。

宗受于：《淮河流域地理与导淮问题》，钟山书局，1933 年。

武堉干：《商业地理》，中华书局，1933 年。

方显廷：《中国之棉纺织业》，商务印书馆，1934 年。

吴承禧：《中国的银行》，商务印书馆，1934 年。

胡荣铨：《中国煤矿》，商务印书馆，1935 年。

宓公干：《典当论》，商务印书馆，1936 年。

王孝通：《中国商业史》，商务印书馆，1936 年。

卜凯：《中国农家经济》，商务印书馆，1936 年。

缪毓辉：《中国蚕丝问题》，商务印书馆，1937 年。

安徽地方银行经济研究室：《三年来之安徽地方银行》，1939 年。

韦光周：《界首一览》，1944 年。

刘大均：《工业化与中国工业建设》，商务印书馆，1944 年。

简贯三：《工业化与社会建设》，中华书局，1945 年。

储应时：《安徽战时经济建设论丛》，1945 年。

蚌埠市政筹备处：《蚌埠市政筹备报告》，1946 年。

谷春帆：《中国工业化通论》，商务印书馆，1947 年。

谭熙鸿：《十年来之中国经济》，中华书局，1948 年。

周一士：《中国公路史》，文海出版社，1957 年影印。

李长傅：《开封历史地理》，商务印书馆，1958 年。

景甦、罗崙：《清代山东经营地主的社会性质》，山东人民出版社，1959 年。

中共枣庄矿务局委员会：《枣庄煤矿史》，山东人民出版社，1959 年。

陈禾章等：《中国战时经济志》，文海出版社，1973 年。

曾鲲化：《中国铁路史》，文海出版社，1973 年影印。

王沿津：《战时交通》，独立出版社，1976 年影印。

郭荣生：《中国省银行史略》，文海出版社，1976 年影印。

薛暮桥：《抗日战争时期和解放战争时期山东解放区的经济工作》，人民出版社，
  1979 年。

武斯作：《中原城市史略》，武汉人民出版社，1980 年。

王亚南：《中国半封建半殖民地经济形态研究》，人民出版社，1980 年。

宓汝成：《帝国主义与中国铁路》（1847～1949），上海人民出版社，1980 年。

张玉法：《中国现代化的区域研究——山东省》，"中央"研究院近代史研究所印行，
　　1982 年。

李则纲：《安徽历史述要》，安徽省地方志编纂委员会，1982 年。

南京师范学院地理学江苏地理研究室：《江苏城市历史地理》，江苏科学技术出版社，
　　1982 年。

江苏省中国现代史学会：《江苏近现代经济史文集》，1983 年。

汪敬虞：《十九世纪西方资本主义对中国的经济侵略》，人民出版社，1983 年。

王开济等：《中国铁路建筑编年简史》，中国铁道出版社，1983 年。

凌鸿勋：《中国铁路志》，文海出版社，1983 年影印。

邮电史编辑室：《中国近代邮电史》，人民邮电出版社，1984 年。

王树槐：《中国现代化的区域研究——江苏省》，"中央"研究院近代史研究所印行，
　　1984 年。

〔美〕珀金斯：《中国农业的发展（1368～1968 年）》，上海译文出版社，1984 年。

孙家山：《苏北盐垦史初稿》，农业出版社，1984 年。

邓云特：《中国救荒史》，上海书店，1984 年。

傅崇兰：《中国运河城市发展史》，四川人民出版社，1985 年。

朱超南、杨辉远、陆文培：《淮北抗日根据地财经史稿》，安徽人民出版社，1985 年。

金士宣、徐文述：《中国铁路发展史》（1876～1949），中国铁道出版社，1986 年。

上海市粮食局等：《中国近代面粉工业史》，中华书局，1987 年。

张瑞德：《平汉铁路与华北经济发展》，"中央"研究院近代史研究所专刊（55），
　　1987 年。

徐德济：《连云港史》（古、近代部分），人民交通出版社，1987 年。

张仲礼：《中国近代经济史论著选译》，上海社会科学院出版社，1987 年。

谭克绳、欧阳植梁：《鄂豫皖革命根据地斗争史简编》，解放军出版社，1987 年。

刘世永等：《河南近代经济》，河南大学出版社，1988 年。

程必定等：《安徽近代经济史》，黄山书社，1989 年。

祝慈寿：《中国近代工业史》，重庆出版社，1989 年。

许烺光：《美国人与中国人：两种生活方式比较》，华夏出版社，1989 年。

谭克绳等：《鄂豫皖革命根据地财政经济史》，华中师范大学出版社，1989 年。

朱玉湘等：《山东革命根据地财政史稿》，山东人民出版社，1989 年。

刘荫棠：《江苏公路交通史》第 1 册，人民交通出版社，1989 年。

周昌柏：《安徽公路史》第 1 册，安徽人民出版社，1989 年。

朱玉湘：《山东近代经济史述丛》，山东大学出版社，1990 年。

中国近代煤矿史编写组:《中国近代煤矿史》,煤炭工业出版社,1990年。

许涤新、吴承明:《中国资本主义发展史》,人民出版社,1990年。

李占才:《中国新民主主义经济史》,安徽教育出版社,1990年。

翁飞等:《安徽近代史》,安徽人民出版社,1990年。

李洪甫:《连云港地方史稿》,上海社会科学出版社,1990年。

郭孝义:《江苏航运史》(近代部分),人民交通出版社,1990年。

谢国兴:《中国现代化的区域研究——安徽省》,"中央"研究院近代史研究所印行,1991年。

龚意农:《淮南抗日根据地财经史》,安徽人民出版社,1991年。

马茂棠:《安徽航运史》,安徽人民出版社,1991年。

姜宏业:《中国地方银行史》,湖南出版社,1991年。

杨克坚:《河南公路运输史》第1册,人民交通出版社,1991年。

杜恂诚:《民族资本主义与旧中国政府(1840～1937)》,上海社会科学院出版社,1991年。

余明侠:《徐州煤矿史》,江苏古籍出版社,1991年。

王鹤鸣、施立业:《安徽近代经济轨迹》,安徽人民出版社,1991年。

陆仰渊、方庆秋:《民国社会经济史》,中国经济出版社,1991年。

刘国良:《中国工业史(近代卷)》,江苏科学技术出版社,1992年。

孙祚民:《山东通史》,山东人民出版社,1992年。

江苏省金融志编辑室:《江苏典当钱庄》,南京大学出版社,1992年。

戴均良:《中国城市发展史》,黑龙江人民出版社,1992年。

程子良等:《开封城市史》,社会科学文献出版社,1993年。

王文清等:《江苏史纲》(近代卷),江苏古籍出版社,1993年。

武醒民:《山东航运史》,人民交通出版社,1993年。

申春生:《山东抗日根据地史》,山东大学出版社,1993年。

〔美〕费正清等:《剑桥中华民国史》,中国社会科学出版社,1994年。

何一民:《中国城市史纲》,四川大学出版社,1994年。

宁越敏等:《中国城市发展史》,安徽科学技术出版社,1994年。

丛翰香:《近代冀鲁豫乡村》,中国社会科学出版社,1995年。

赵冈:《中国城市发展史论集》,联经出版事业公司,1995年。

李文治、江太新:《清代漕运》,中华书局,1995年。

安作璋:《山东通史》,山东人民出版社,1995年。

李文海:《世纪之交的晚清社会》,中国人民大学出版社,1995年。

顾朝林:《中国城镇体系-历史现状展望》,商务印书馆,1996年。

章有义:《明清及近代农业史论集》,中国农业出版社,1997年。

曹洪涛等：《中国近现代城市的发展》，中国城市出版社，1998 年。

李正华：《乡村集市与近代社会——20 世纪前半期华北乡村集市研究》，当代中国出版
　　社，1998 年。

许檀：《明清时期山东商品经济的发展》，中国社会科学出版社，1998 年。

隗瀛涛：《中国近代不同类型城市综合研究》，四川大学出版社，1998 年。

张海鹏：《追求集——近代中国历史进程的探索》，社会科学文献出版社，1998 年。

靳润成：《中国城市化之路》，学林出版社，1999 年。

宁可：《中国经济发展史》，中国经济出版社，1999 年。

孙宅巍等：《江苏近代民族工业史》，南京师范大学出版社，1999 年。

郭学东：《蚌埠城市史话》，新华出版社，1999 年。

汪敬虞：《中国近代经济史》，人民出版社，2000 年。

庄维民：《近代山东市场经济的变迁》，中华书局，2000 年。

丁长清、慈鸿飞：《中国农业现代化之路——近代中国农业结构、商品经济与农村市
　　场》，商务印书馆，2000 年。

王守中等：《近代山东城市变迁史》，山东教育出版社，2001 年。

傅英：《中国矿业法制史》，中国大地出版社，2001 年。

姜新：《苏北近代工业史》，中国矿业大学出版社，2001 年。

虞和平：《中国现代化历程》，江苏人民出版社，2001 年。

王鑫义：《淮河流域经济开发史》，黄山书社，2001 年。

徐建生、徐卫国：《清末民初经济政策研究》，广西师范大学出版社，2001 年。

汪敬虞：《中国资本主义的发展与不发展》，中国财政经济出版社，2002 年。

吕伟俊等：《山东区域现代化研究（1840～1949）》，齐鲁书社，2002 年。

徐谦芳：《扬州风土记略》，江苏古籍出版社，2002 年。

杨国安：《中国烟业史汇典》，光明日报出版社，2002 年。

马俊亚：《混合与发展——江南地区传统社会经济的现代演变（1900～1950）》，社会科
　　学文献出版社，2002 年。

唐文起等：《江苏近代企业和企业家研究》，黑龙江人民出版社，2003 年。

马敏：《官商之间：社会巨变中的近代绅商》，华中师范大学出版社，2003 年。

罗荣渠：《现代化新论》，商务印书馆，2004 年。

厉以宁：《资本主义的起源》，商务印书馆，2004 年。

李金铮：《近代中国乡村社会经济探微》，人民出版，2004 年。

章书范：《淮南抗日根据地货币史》，中国金融出版社，2004 年。

〔美〕罗兹曼：《中国的现代化》，江苏人民出版社，2005 年。

〔德〕弗兰克：《白银资本——重视经济全球化中的东方》，中央编译出版社，2005 年。

程有为等：《河南通史》，河南人民出版社，2005 年。

程民生：《河南经济简史》，中国社会科学出版社，2005年。

复旦大学历史地理研究中心：《港口——腹地和中国现代化进程》，齐鲁书社，2005年。

江沛、王先明：《近代华北区域社会史研究》，天津古籍出版社，2005年。

王赛时：《山东沿海开发史》，齐鲁书社，2005年。

冯煦主修，陈师礼总纂：《皖政辑要》，黄山书社，2005年。

沈世培：《文明的撞击与困惑：近代江淮地区经济和社会变迁研究》，安徽人民出版社，2006年。

王友明：《解放区土地改革研究：1941~1948——以山东莒南为个案》，上海社会科学院出版社，2006年。

戴鞍钢：《发展与落差——近代中国东西部经济发展进程比较研究（1840~1949）》，复旦大学出版社，2006年。

张崇旺：《明清时期江淮地区的自然灾害与社会经济》，福建人民出版社，2006年。

朱荫贵、戴鞍钢：《近代中国：经济与社会研究》，复旦大学出版社，2006年。

蔡云辉：《战争与近代衰落城市研究》，社会科学文献出版社，2006年。

何一民：《近代中国衰落城市研究》，巴蜀书社，2007年。

张民服、戴庞海：《豫商发展史》，河南人民出版社，2007年。

傅崇兰、黄志宏等：《中国城市发展史》，社会科学文献出版社，2008年。

朱英：《近代中国商会、行会及商团新论》，中国人民大学出版社，2008年。

八、论　　文

王礼琦：《山东抗日根据地公营工厂劳动报酬制度的演变》，《中国工业经济》1983年第10期。

王礼琦：《山东抗日根据地公营工业的改革》，《历史教学》1984年第2期。

余明侠：《左宗棠和徐州利国驿煤矿的创办》，《徐州师范大学学报》（哲社版）1985年第2期。

余明侠：《洋务运动时期的徐州煤矿》，《社会科学战线》1986年第1期。

庄维民：《近代山东的商人组织》，《东岳论丛》1986年第2期。

施立业：《近代安徽茶业述论》，《安徽史学》1986年第2期。

陆文培：《淮北抗日根据地纺织运动初探》，《阜阳师范学院学报》（社科版）1986年第3期。

余明侠：《左宗棠和徐州近代化煤矿》，《史林》1987年第2期。

王鹤鸣：《安徽近代工业的发展过程及其特点》，《江淮论坛》1987年第6期。

严学熙：《张謇与淮南盐垦公司》，《历史研究》1988 年第 3 期。

张利民：《试论近代华北棉花流通体系》，《中国社会经济史研究》1990 年第 1 期。

唐文起：《论江苏近代工业化的特点》，《学海》1990 年第 4 期。

张丽：《江苏近代植棉业概述》，《中国社会经济史研究》1991 年第 3 期。

解学东：《试论民国时期河南工业经营发展的特点》，《史学月刊》1992 年第 1 期。

解学东：《试析民国时期的河南工业》，《河南大学学报》1992 年第 5 期。

郑国良：《倪嗣冲与安徽近代矿业》，《安徽大学学报》（哲社版）1994 年第 4 期。

张利民：《论近代华北商品市场的演变与市场联系的形成》，《中国经济史研究》1996
年第 1 期。

黄福才：《试论近代海关邮政与民信局的关系》，《中国社会经济史研究》1996 年第
3 期。

戴鞍钢：《近代上海与长江流域商路变迁》，《近代史研究》1996 年第 4 期。

林刚：《张謇与中国特色的早期现代化道路》，《中国经济史研究》1997 年第 1 期。

王兴亚：《清代河南的商业会馆》，《中州学刊》1997 年第 6 期。

余明侠：《晚清时期（1882～1911 年）徐州近代工业发展概述》，《学海》2000 年第
1 期。

姜新：《近代苏北食品工业发展初探》，《江海学刊》2000 年第 5 期。

季鹏：《地理环境变迁与城市近代化——明清以来扬州城市兴衰的思考》，《南京社会科
学》2002 年第 12 期。

许檀：《清代河南商业重镇周口——明清时期河南商业城镇的个案考察》，《中国史研
究》2003 年第 1 期。

王卫星：《论江苏近代民族工业的启动模式与发展特点》，《学海》2003 年第 3 期。

徐畅：《抗战前中国棉花产销合作社述论》，《中国社会经济史研究》2004 年第 3 期。

马俊亚：《工业化与土布业：江苏近代农家结构地区性的演变》，《历史研究》2006 年
第 3 期。

赵泉民：《进化与异动：合作社对乡村借贷关系影响分析》，《江海学刊》2006 年第
5 期。

鲍成志：《近代中国交通地理变迁与城市兴衰》，《四川师范大学学报》（社科版）2007
年第 4 期。

金兵、王卫平：《论近代清江浦城市衰落的原因》，《江苏社会科学》2007 年第 6 期。

刘晖：《铁路与近代郑州棉业的发展》，《史学月刊》2008 年第 7 期。

张晓芳：《蚌埠城市历史地理研究》，复旦大学博士学位论文，2007 年。

马俊亚：《从武松到盗跖：近代淮北地区的暴力崇拜》，《清华大学学报》（哲社版）
2009 年第 4 期。

陈业新：《清代皖北行政区划及其变迁》，《清史研究》2010 年第 2 期。

后　记

经过八年的努力，《近代淮河流域经济开发史》终于定稿并即将付梓。

我们对近代淮河流域经济开发的研究始于安徽大学的长期探索与深厚积累。20世纪80年代初，安徽大学一批学者对淮河流域的历史文化进行研究，到1992年，随着古代淮河流域经济开发史研究国家社会科学基金项目的立项，淮河流域经济社会史逐渐成为学者们探究的重点。2002年，近代淮河流域经济开发史研究获得国家社会科学基金的立项支持，对淮河流域经济开发轨迹的探讨从古代拓展到近代。近代是中国经济的转型期，也是淮河流域经济转型的开始。为深入探讨淮河流域近代经济开发的动因、进程及其影响，总结经验教训，八年来，课题组成员多次奔赴各地查阅文献资料，深入实地进行考察。这样的上下求索，不仅加深了我们对近代淮域经济开发的深层次了解，也从社会、文化等方面拓宽了我们对近代淮域整体发展的认识与思考。从近代中国经济转型发展的视角，我们以专题的形式，对淮域经济开发的各个方面进行了较为系统的考察。

感谢课题组成员八年来对这项研究的全身心投入，对我工作的大力支持和热情鼓励。八年来，在查找资料、研讨大纲和统稿过程中，我们既有对相关问题与观点的激烈争论，更有激烈讨论后达成共识的愉悦，和谐共事的快乐，大家发挥专长，克服困难，保持了课题研究进程的一致，保证了项目的顺利完成。期间，吴春梅主要承担了第一章第一节、第二节、第三节第一、二、三目和第六章的写作；张崇旺主要承担了第二章和第五章的写作；朱正业主要承担了第一章第三节第四目根据地的土地改革和第三章的写作；杨立红主要承担了第四章的写作。在大家共同讨论和提供资料的基础上，我对导论进行了整合。

随着课题研究的深入，我们对淮河流域的感情与责任也与日俱增，这里曾是令人留恋的美好家园，虽历经各种变故，经济发展相对滞后，但其在中国经济社会全局中的重要性不言而喻。中部崛起战略的实施，为淮域经济的快速发展提供了难得的机遇，作为学界的一分子，作为长期从事淮域研究的团队，我们将继续关注淮域的发展，为淮域经济、社会、文化等方面的进步贡献我们的一份智慧。

本书的出版离不开相关专家学者和单位的大力支持和热情帮助。南京大学的茅家琦教授、崔之清教授、马俊亚教授，安徽大学的王鑫义教授、王成兴教授对课题研究大纲提出了宝贵建议，尤其是崔之清教授，他给我们提出了课题研究的很多具体意见；在课题结项时，各位评审专家进行了认真细致的评审，并提出了中肯的修改意见；本书的出版还获得了华夏英才基金的资助,全国哲学社会科学规划办公室、安徽省哲学社会科学规划办公室、安徽大学文科处等部门在课题立项和管理上给予了大力支持;中国第二历史档案馆、水利部淮河水利委员会、南京大学图书馆、江苏省档案馆、安徽省图书馆、安徽省档案馆、安徽省地方志办公室、安徽大学图书馆等单位为课题组成员提供了调研和查阅资料方面的诸多便利;科学出版社的责任编辑郝莎莎女士为本书的编辑出版付出了大量心血;刘强、苏庆、孟凡胜等同学为本书做了大量的文字校对工作。在此,一并感谢!

　　本书的研究涉及豫皖苏鲁四省,资料分散,搜集的难度较大,加之水平有限,疏漏之处难免,敬请方家同行批评指正!

吴春梅

2010 年 9 月 5 日于安徽大学